公路建设百问丛书

Qiaoliang Shigong Baiwen

桥梁施工百问

（第二版）

张俊义　等　编著

人民交通出版社

内 容 提 要

本书依据最新《公路桥涵施工技术规范》(JTG/T F50—2011)及其他最新行业和国家标准,针对桥梁施工中所遇到的实际问题以问答的方式提出,并逐题作了较为详细的回答,内容具体明确,实践性和可操作性较强。本书可供桥梁施工技术人员、监理人员、质量监督人员使用,也可供有关设计、公路管理等人员参考。

图书在版编目(CIP)数据

桥梁施工百问/张俊义等编著.—2版.—北京:人民交通出版社,2011.6

(公路建设百问丛书)

ISBN 978-7-114-09200-8

Ⅰ.桥… Ⅱ.张… Ⅲ.①桥梁施工—问题解答 Ⅳ.①U445-44

中国版本图书馆 CIP 数据核字(2011)第 114946 号

公路建设百问丛书

书　　名:桥梁施工百问(第二版)
著 作 者:张俊义　等
责任编辑:曲　乐
出版发行:人民交通出版社股份有限公司
地　　址:(100011)北京市朝阳区安定门外外馆斜街3号
网　　址:http://www.ccpress.com.cn
销售电话:(010)59757973
总 经 销:人民交通出版社股份有限公司发行部
经　　销:各地新华书店
印　　刷:北京市密东印刷有限公司
开　　本:720×960　1/16
印　　张:55
字　　数:943千
版　　次:2003年9月　第1版　2011年8月　第2版
印　　次:2016年8月　第2版　第3次印刷　总第8次印刷
书　　号:ISBN 978-7-114-09200-8
定　　价:95.00元

《公路建设百问丛书》
再版说明

《公路建设百问丛书》自出版以来，深受读者欢迎，多次重印，丛书累计总印数已达10余万册。为使本套丛书在今后继续更好地为公路建设服务，我们将根据新规范的修订情况及公路科技的最新进展，及时修订再版，以使本套丛书能真正满足公路建设的实际需要。

限于我们的能力和水平，本套丛书中难免存在一些缺点和不足，热忱欢迎广大读者提出意见和建议，我们将在修订中逐步予以完善。

人民交通出版社

2005 年 11 月

《公路建设百问丛书》
出版说明

“十五”期间，交通基础设施建设尤其是公路建设仍将快速发展，培养与造就一支高水平、高素质的公路施工队伍，是确保公路建设质量的关键。虽然目前公路建设市场相当活跃，公路建设大军也不断壮大，但广大公路从业人员的技术水平却是参差不齐，既有需要普及公路基本知识的，也有需要进一步提高的，而他们面临的共同问题都是：工期紧、任务重，无暇阅读大量书籍来提高自己。为了解决这一矛盾，提高从业人员的技术水平，解决他们在工作中面临的实际问题，保证公路建设质量，我社特邀请一批既有丰富实践经验又有较高理论水平的专家学者，编写一套适合工程一线人员阅读的《公路建设百问丛书》。该丛书采用一问一答的形式，把广大工程技术人员在工作中经常遇到的重点、难点、疑点问题分门别类地罗列出来，一一予以解答。其主要特点是针对性强、形式自由，读者可带着问题翻阅、迅速找到答案或得到启发，既节省时间，又增长才干，并可在较短时间内成长为岗位能手。本套丛书主要供公路建设一线的技术人员和管理人员阅读，先期拟推出以下十一个分册：

1. 公路设计百问　李　嘉 主编
2. 桥梁设计百问　邵旭东 主编
3. 路基路面施工百问　雒　应 主编
4. 桥梁施工百问　刘吉士　张俊义　陈亚军 编
5. 桥梁检测与维修加固百问　徐　犇 编著
6. 桥梁预应力技术百问　李国平 主编
7. 隧道设计与施工百问　李宁军　曹文贵　刘　生 编著
8. 公路建设管理知识百问　杨　琦 主编
9. 公路工程概预算百问　邢凤岐 主编
10. 公路施工项目管理知识百问　廖正环 主编
11. 公路工程质量问题及防治措施百问　王国清 主编

相信本套丛书的出版，定会受到公路从业人员的欢迎，我们也将逐步补充完善，使之成为大家工作中的好帮手。

2004 年 1 月

第二版前言

DI'erban QIanyan

近十年来,我国的公路建设得到了飞速的发展,取得了丰硕的成果,先进的、高技术含量的大桥数不胜数,新材料、新设备、新技术、新工艺层出不穷,已达到世界先进水平。十年前的东西大多已被淘汰,需要更新。

本书在《桥梁施工百问》第一版的基础上,根据最新《公路桥涵施工技术规范》(JTG/T F50—2011)及目前国内外先进的经验做了大量的修订、增补。该书的特点是从施工角度出发,以文字、表格、示意图并存的方式,一问一答,通俗易懂,目的是使广大施工技术人员和现场监理人员,根据此书就能进行现场的技术指导工作。对设计人员而言,可以借鉴该书中的经验,使设计更趋于完美。

本书涵盖面较广,共分二十一章。第一章　施工准备与施工测量;第二章　天然地基;第三章　沉入桩;第四章　钻(挖)孔灌注桩;第五章　沉井;第六章　地下连续墙;第七章　扩大基础、承台与墩台;第八章　模板、支架和拱架;第九章　钢筋;第十章　混凝土及钢筋混凝土工程;第十一章　预应力混凝土工程;第十二章　砌体;第十三章　钢筋混凝土和预应力混凝土梁式桥;第十四章　拱桥;第十五章　钢桥;第十六章　悬索桥;第十七章　斜拉桥;第十八章　海洋环境桥梁;第十九章　桥面及附属工程;第二十章　涵洞;第二十一章　通道桥涵的顶进施工。其中,扩大基础、承台与墩台及海洋环境桥梁是新增内容;其他章节中对过时的内容做了删除,对新鲜的东西做了补充,对不尽美的做了完善。

本书内容基本包括了桥涵施工中可能遇到的各种问题,并对提出的每个问题尽量做到详尽的回答,便于现场确实起到指导的作用。另外,对施工现场出现的或可能出现的施工难题谈得比较透彻,可以提前借鉴,防患于未然。编入的内容分类清晰,查找方便。

本书第一版由刘吉士、张俊义、陈亚军共同完成,本次修订主要由张俊义完成,另外还有敦建才、周顺文、冯毅三位同志参加了编写。以上编写人员均为施工第一线有着丰富施工经验的技术骨干。由于编者的局限性,本书内容有错误和不妥之处,恳请专家和读者指正。

本书在编写过程中参考和引用了很多有关的技术资料,在此向这些编著的专家们表示衷心的感谢!

人民交通出版社的领导和编辑人员为本书的出版给予了大力支持,付出了辛勤的劳动,在此一并表示感谢!

编　　者

2011 年 7 月于北京

重印说明

本书第二版上市后,深受读者欢迎,此次重印,修正了该书首印后发现的错误和不妥之处。

在该书重印之际,特别感谢福建省漳州市的黄国璋读者,是他经过十多天的细心校对,发现了该书的错误和不妥之处,我们对该读者表示衷心地感谢。

人民交通出版社

2012. 11. 29

目录

Mu lu

第一章　施工准备与施工测量

第二章　天然地基

第三章　沉入桩

第四章　钻(挖)孔灌注桩

第九章　钢筋

第十二章　砌体

第十三章 钢筋混凝土和预应力混凝土梁式桥

第十四章　拱桥

第十五章　钢桥

第十六章　悬索桥

第十七章　斜拉桥

第十八章　海洋环境桥梁

第十九章 桥面及附属工程

第二十一章 通道桥涵的顶进施工

附　录

第一章 施工准备与施工测量

一、施 工 准 备

1. 桥梁施工准备工作包括哪些内容?

答:在桥梁施工中,准备工作内容多且工作量大,要精心安排和准备,主要有以下几个方面:

1)调查现场及周边地区,收集资料,以对不完善的设计做进一步补充并提出建议,另一方面是为编制切实可行的施工组织设计。其调查项目一般为:

(1)地形、地貌调查。通过建设工地的实地调查,确定施工方法、施工力量的部署,并合理安排施工现场的施工总平面图。

(2)工程地质资料。对设计提供的地质资料进行复核,对缺少的部分要及时补充。对现场调查后,对设计所提供的资料有怀疑时,可与设计、业主、监理协商进行地质补钻。一般地质资料包括:钻孔布置图、地质剖面图、土的物理力学性质(天然含水率、天然孔隙比)、土的压缩试验和承载力的报告、古墓钻探报告等。根据这些资料确定施工设备类型、施工工艺、技术预防措施。

(3)水文地质资料。包括地下水文资料、地面水文资料和水质分析资料。通过对这些资料的分析,可以确定基础施工的方法及技术难度;掌握河水的涨落规律,合理安排工期;了解临时用水的情况。

(4)气象资料。气象资料虽不是工程的一部分,但它对施工的影响非常大,必须认真对待。通过当地气象部门或询问老百姓调查以下内容:

①降雨、降雪资料。全年平均降雨量、降雪量,雨季的大概日期,年暴雨天数。依据这些资料,按时准备相应措施,要将受雨、雪影响后施工难度较大的工程部分合理安排,与雨、冬季错开。

②气温资料。年平均、最高、最低气温,最冷、最热月的逐月平均温度;小于或等于-3℃、0℃、5℃的天数及起止日期。据之制订防暑、防冷措施,在高温

(32℃以上)应调整混凝土浇筑时间。

③风资料。这在多风及沿海地区较为重要。其内容主要包括风向、风速、台风季节及大风天数。通过资料确定临建的位置及方向,设计受风影响的支架、模板的加强措施及需停工的天数。

(5)相关材料企业及资源情况。主要了解大桥所用建筑材料在当地的分布状况及产品的名称、规格、生产能力、供应能力、质量状况、价格等;砂、石、胶凝材料在当地的生产情况是否符合该项目使用的质量标准及使用数量;或根据资源情况通过有关部门协调由施工单位自采石料。

(6)交通运输。主要了解交通线路、交通容量及交通运输企业的状况,对不理想地区要提前备料,以防由于交通问题而造成的不利局面。

(7)供电、供水。该地区供电能否连续,电压及电流能否满足现场施工设备的使用,以便及早准备足够数量的发电机。生活用水和施工用水的地点及运距,及时安排专用供水设备。

(8)了解当地劳动力和生活设施状况。当地劳动力及小型预制件的设备是否充足,有经验或已涉及过桥梁建设的人员情况;民用住宅的节余情况,尽量安排租住民用房,节省开支。

(9)设备的调查。了解当地运输车辆、混凝土设备、支架及架设临时梁所用的各种材料,以便租用或补充租用。

(10)征地状况。了解征地的条件、各种土地的分布情况、土地的租用价格,以便做临时征地计。

(11)临近施工场地的各种设施。有些施工对征地线以外周边影响较大,如铁路、轻轨、房屋等,可能由于施工方法不当产生下沉、不同程度的裂缝,为此提前选择适当工艺与预案。另外,应了解当地居民生活规律及学校、工矿情况,确定是否能进行夜间施工。

(12)地下各种管线情况。一般城市地区,地下管线纵横交错,电缆、煤气管道、自来水管道在施工中不能出现任何问题,须详细调查、了解,以免发生事故。

2)熟悉、审查设计图纸及有关文件,掌握设计意图,现场进行实地核对。

(1)熟悉并审查设计图纸,其主要内容为:

①熟悉水文地质、工程地质资料,并在现场核对。

②审查图纸是否符合国家有关的技术政策、标准、规范和批准的文件精神及招标文件的有关规定。

③图纸是否配套、齐全,文字、图表是否清晰。

④仔细阅读设计总说明,按总说明认真阅读每张图纸,对两者不符之处要及

时记录或凭经验进行更正,对所审问题在技术交底时向设计单位提出。

⑤掌握设计内容,了解设计意图,搞清楚结构的特点及质量、技术要求。

⑥详细阅读并分析设计中考虑的施工方法,根据施工经验,对有异议的及时提出意见上报监理或业主。

⑦根据图纸结合现场各种条件,考察图纸设计方案的可行性。

⑧对设计中的重大方案持怀疑的,提请业主进行第三方会审,避免耽误后续工程。如某桥主桥为预应力箱梁,在图纸审查中对箱梁断面受力有怀疑,请第三方会审后,需更改断面高度,结果造成相邻标段停工,等待调整纵断,造成误工损失。

(2)施工前的技术交底。该技术交底是在施工单位熟悉、审查完设计图纸及相关文件后进行,其主要内容是:

①施工单位项目技术负责人组织有关技术人员对审查图纸的问题进行讨论、汇总,并提出自己的处理及改进意见。

②施工单位在充分熟悉、审核图纸的基础上,向建设单位提出开工前技术交底会。

③技术交底会由建设单位、设计单位、监理单位、施工单位参加。首先由设计单位向施工单位、监理单位交清设计意图、施工的关键部位、质量要求等,尔后由施工单位向设计单位提出图纸中的问题及自己的处理意见,共同协商,征得设计单位同意;设计单位对不能立即回答的问题,要在研究之后给施工单位以书面答复。

④会议组织者须做好参加会议人员签到工作。参加会议人员一般为各专业设计负责人、监理主要人员、施工单位技术人员。

⑤会后及时整理编写会议纪要,会议纪要作为设计文件的补充部分,与设计文件具有同等的法律效力,下发各单位。

3)编制实施性施工组织设计。

实施性施工组织设计是施工准备的重要组成部分,是指导施工全过程活动的技术、经济文件。根据设计文件及有关资料、施工合同文件资料及投标书、施工技术规范及有关的技术标准、规程进行编制。其目的在于全面、合理、科学地进行施工活动,这些对施工有着重要的指导作用。

实施性施工组织设计是以工程项目、单项工程或单位工程为对象编制。编制时,要将整个工程项目分解为各单项工程,将各单项工程分解为单位工程,将单位工程分解为各分部工程,将分部工程分解为各分项工程并进一步分解为各道工序,是现场可操作的方案。

(1)编制说明:主要介绍工程的概况及相关问题。内容包括:建设项目地点、时间,工程性质,工程规模、工程期限,结构概况及复杂程度,采用了何种新结构、新技术、新工艺、新材料,桥位附近的地形、地貌、地质、气象等情况及地震烈度,劳动力及生活设施、交通、与桥梁所用材料相关企业的状况等。

(2)编制依据。主要内容为:国家的有关规定、规程和规范,上级的有关指示,计划和设计文件(包括已批准的计划任务书、初步设计、技术设计和施工图设计),自然条件资料,施工地区的技术经济资料(交通运输、资源、供水、供电等),施工单位的人、财、物的配给,相关合同。

(3)施工组织机构。根据工程大小及难易程度成立相应的经理部,下设领导班子及部室。对于特大、难点工程,还应设置专家组;对于专业性较强的工程,应组织相应的设计班子。组织机构图应划分到工班组。

(4)确定施工现场总平面布置图。其内容有:结构构件的预制场、堆放场的设计布置,钢材堆放和钢筋加工制作场、模板制作场、砂石、水泥堆放场及拌和站的布置,工地临时用房的布置,材料及预制构件运输通道,雷管、炸药库的设置位置,工地供电规划,工地供水规划。

(5)编制主要的施工准备工作计划。该计划结合总体计划编制,提出要求。

①按照桥梁工程的施工图纸做好现场测量控制网(导线测量控制网、水准基点控制网)。

②土地征用、居民迁移和障碍物的拆除工作。

③了解和掌握施工图出图计划、设计意图和拟采用的新结构、新材料、新技术,并组织进行试制和试验工作。

④有关大型临时设施工程、施工用水用电和临时工程(便道、便桥、码头)以及现场场地平整工作的安排。

⑤工程所需的技术培训工作。

⑥编制实施性施工方案和研究有关施工技术措施。

⑦材料、构件、加工品、半成品和机具的申请及准备工作。

(6)施工方案。施工方案是实施性施工组织设计的核心,是施工实施的技术性文件。它的优劣直接关系到工程的成本、进度、质量、安全,必须认真、慎重智慧的编制,具有可行性。编制中,对重大方案须由有经验的专家组来完成,应为集体智慧的结晶。

①确定施工流向,即解决桥梁构件在空间上能否合理施工的顺序问题。合理的施工流向既涉及到最佳排序问题,也涉及工程所处地区的地质、水文、气候等因素及经济问题。如在旱季,基础施工流向可安排从一岸到另一岸,或从河中

心分别向两岸延伸施工，桥墩升高一般随基础施工流向；在雨季，河水上涨，河床中间施工难度增大，一般安排施工流向为从两岸向河中间靠拢。

②确定施工顺序。施工顺序是指单位工程中各分部、分项工程施工的先后次序。根据施工工期、施工工艺、施工质量、安全及人、机、料合理安排各工序的施工顺序。

③合理选择施工方法。施工方法是工程成败的关键，但要坚持以经济原则为主。从若干个可以实现的施工方法中，选择适合本项目的较先进合理而又最经济的施工方法，以达到成本低、效率高、工期短的目的。确定施工方法应重点突出，凡采用新技术、新工艺和对本工程质量起关键作用的项目，以及工人在操作上不够熟练的项目，应详细且具体；对于常规施工方法和工人熟练的项目，则可适当简化，但要提出这些项目在工程中的一些特殊要求。

④合理选择施工机械，使各种机械的组织、搭配更经济，工期需要更合理。

⑤尽量组织平行、流水作业。在桥梁管理中，流水作业是最科学的一种组织方法，应根据各种资源，尽力安排流水作业。

⑥合理部署施工人员、施工设备、施工材料及水、电。

⑦季节性施工的技术组织保证措施。主要是冬期、雨期、酷暑期的施工方法及措施。

(7)临时工程施工设计。主要内容包括：临时工程设计，临时设施的设计，施工方案中施工方法的设计与计算，施工过程的工艺控制设计。

(8)资源计划。主要内容包括：劳动力需要量计划，各种材料需要量计划，施工机具、设备计划，资金供需计划。

(9)工程进度总计划。根据施工流向、施工顺序、施工方法、施工机械、施工人员编制施工进度。编制时要以网络图和横道图法进行，尽可能安排流水作业或平行作业。要细致详尽到最小工序。应考虑气候及环境因素，认真编制出切实可行的进度计划，杜绝计划不能指导施工的现象。

(10)工期目标及保证措施。从管理保证、施工计划保证、人料机保证、技术措施保证、天气变化等制订详细的制度、方案，确保工期目标。

(11)质量管理。建立健全质量保证体系和质量管理体系，明确质量方针、质量目标和质量责任；同时应建立质量管理机构、质量检测体系及流程，制定质量管理制度，提出质量保证措施，对工程按事前、过程、事后三个阶段进行控制(即初步控制、生产控制、合格控制)。

(12)安全生产。根据安全目标，建立健全安全保障体系，分工明确，责任到人。制订安全保障制度,如安全生产教育制度、安全生产例会制度、安全生产责任制、安全技术交底制度、安全生产检查制度、安全生产事故报告及处理制度、安全生产奖罚制度、班前安全讲话制度、安全交接班制度、安全操作挂牌制度等。

安全措施到位。在施工中,制订切实可行的安全组织措施;根据工程难易,制订技术保障措施。

(13)环境保护和文明施工。随着人们生活水平的不断提高,文明施工、环境保护越来越重要,主要包括:文明施工及环保目标、文明施工措施、生态环境防护措施、大气环境保护措施、固体废弃物处理措施、降低噪声的环境保护措施、节能减排等。

(14)应急预案。为保证工程顺利进行,应对突发事件,须提前做好各种预案,主要有防汛预案、防火预案、食物中毒预案、坍塌抢险预案等,并经过演练,切实可行。

4)编制施工预算。

施工预算是施工单位以单位工程为对象,根据施工图纸和施工定额等资料编制的文件,作为控制工料消耗和施工中成本支出的依据。

5)施工现场准备。

(1)对建设单位所交付的桥涵中线桩、三角网基点桩、水准基点桩等及其测量资料进行检查核对,并按工程要求实地进行放线。建立满足施工要求的平面和立面施工测量控制网。

(2)接通水源、电源和修建施工用的临时道路、临时设施,清除现场施工障碍和整平场地,即做好"三通一平"工作。

(3)建立工地实验室,标定试验机具。

6)物质、设备、人员准备。

(1)开展用于施工的原材料、商品构件的试验检测,并做好材料储备工作。

(2)先期施工的设备进场,并做好调试,能够满足施工需要。

7)工艺试验。

需要通过预先试验才能正式施工的分项工程及特殊环境下进行的施工工艺,应在开工前进行工艺试验。如一些特殊桥梁的风载试验、顶推桥梁的模拟试验等。

8)建立健全项目部组织管理机构。

按项目需求设立不同的部门,建立健全各项制度及体系,使各部门正常运转。

9）申请开工。

施工组织设计经监理工程师批准后，现场内外业已按前述事项准备就绪，施工后所用材料、设备能满足连续施工的条件时就可申请开工。

2. 编制施工组织设计应注意哪些事项？

答：由施工组织设计的内容、目的可以知道它的全面性及重要性，在编写时除尽心尽力外，应注意以下几个方面的事项。

（1）编写人员要熟悉图纸，对工地现场做较详细的调查。

（2）对主体工程实施要做方案比选，尽早拿出方案；对所需设备、材料的来源进行考察，落实能否按计划到达现场，满足现场所需。

（3）在工程概况中除简要叙述工程规模、结构特点、桥位特征及所在地的地质、水文、气候等因素外，还需对其特点进行分析，指出工程施工中的关键问题，并提出准备采取的措施。

（4）将主要工程项目的施工程序和施工进度编制成施工指示图表，对控制全桥进度的关键项目，应采取一定的有效措施。

（5）施工平面图的绘制比例一般为1∶500～1∶2000。施工平面布置图应包括：用地范围，原有地上、地下已有设施、建筑物位置，临时性生产、生活用房，预制场地与规模，各种材料堆放场地，施工临时便道、便桥，水、电供应及设备，控制网络的测点位置，安全、消防设施位置。

（6）对新技术、新工艺、新材料、新设备要重点描述，强调其优越性，并提出确保工程质量的技术措施和施工安全措施。

（7）要求特别控制工期的工程项目，做到保证重点，统筹安排。

（8）施工方案是施工组织设计的核心部分，编写时要突出重点、详细而具体，不仅要拟订出操作过程和方法，还应提出质量要求和技术措施。对以下几种主要的工程部分，必须单独编制施工详细方案。

①工程量大、在整个工程中占重要地位的分部或分项工程；

②施工技术复杂的工程；

③采用新技术、新工艺、新材料、新设备及对工程质量起关键作用的项目；

④不熟悉的特殊结构或工人在操作上不够熟练的工序。

（9）工、料、机的需求必须与相应阶段的进度计划相匹配，在做计划时，对材料来源应进行考察，对周围环境应做调查，要确确实实让计划起到指导作用；总体计划要采用计划网络图。

（10）尽最大努力（若工期紧、工程大时必须）安排流水作业，制订出最合理的施工组织方案。

(11)针对季节性,科学安排冬季、雨季施工项目,确保全年施工的连续性。

(12)在满足施工需要的前提下,尽量减少临时设施,合理储备物资,减少物质运输量;合理布置平面图,减少用地,以节约基建费用,降低工程成本。

(13)资金、材料计划要用柱状图形式体现,劳动力分配情况要以资源曲线来体现。

(14)质量保证体系,除质量检查组织机构、质量控制程序外,还要有用于质检的仪器、设备。

3.施工测量资料复核时要明确哪些事项?

答:施工准备阶段的测量资料,主要来自于设计单位,施工单位测量人员接到资料后,应对照有关图纸及现场做详细的复核,在复核时要明确以下内容。

(1)清理所提供测量资料是否齐全。

(2)图纸所提供中桩距及高程是否和结构尺寸标注相一致。

(3)桥位平面控制网应与路线控制点直接联测。独立的特大、大、中桥,在桥位附近(30km 以内)有国家或其他部门的三角点时,必须联测。

(4)确认设计测量数据所属的坐标系统、坐标投影面及分带情况。跨带坐标要进行换带计算,否则会造成放样上的错误。

(5)桥位水准点应与路线水准点直接联测。独立的特大、大、中桥位附近有国家或其他部门的水准点时,必须联测。水准点高程系统必须与路线一致,否则应进行换算。设于桥头两岸的水准点,联测高差不符值不得超过 $\pm 20\sqrt{L}$(mm)或 $\pm 4\sqrt{n}$(mm);桥头接线部分不得超过 $\pm 30\sqrt{L}$(mm)(L 为水准路线的长度,以千米计;n 为测段间单程测站数)。

(6)根据《公路桥涵施工技术规范》(JTG/T F50—2011)中的要求,对三角网进行必要的精度确定。对不能满足施工定线放样要求或原控制网基点桩已移动或丢失的,必须建立施工控制网。

(7)在资料复核时,各项测量记录、计算成果和图表应标注清楚,签署完善,未经复核的资料不得使用。

(8)根据交底所用的测量方法,其计算误差必须满足《公路工程水文勘测设计规范》(JTG C30—2002)的有关要求。

(9)桥轴线控制桩每岸不应少于两个,对于河(沟)面不宽的中桥,每岸可只埋置一个。桥位桩应设于土质坚实、稳定可靠、不被淹没和冲刷、地势较高、通视良好处。桩的点位标志要清晰明确。

(10)水准点应在两岸各设置一个(至少应有一个设置在不易被施工破坏的区域);河面不宽的中桥,可只在一岸设置一个;桥头接线部分一般每隔1km设置一个。水准点应设在离路线不太远、容易找到、土质坚固稳定、地势较高和通视较好处。

(11)平面控制三角点、导线点、桥位控制桩、水准点和水面比降点的高程应读至毫米,水文基线断面和桥位纵断面陆上部分、洪水位调查点、其他特征水位的高程可读至厘米。

(12)桥位平面图应包括总平面和桥址地形图。桥位总平面图比例尺一般为1:2 000~1:20 000,测绘范围应满足桥位比选、桥头引道、调治构造物和施工场地轮廓布置的需要。图内除包括一般平面图上所有内容外,还应包括平面控制闭合导线网或三角网及控制点。高程控制点、水准点、各方案的桥轴线、路线导线、引道接线、水文断面、洪水位调查点、历史最高洪水泛滥线、洪水或测时流向、航标和船筏走行线等,均应在图上标明。

桥址地形图,比例尺一般为1:500~1:5 000,测绘范围应能满足桥梁孔径、桥头引道和调治物的设计需要。图中除包括一般地形图上所有的内容外,还应包括平面控制点、导线网、高程控制点、水准点、桥轴线、路线导线、引道接线、历史最高洪水泛滥线等,并绘出桥梁和建筑物平面图。

(13)桥轴纵断面与引道陆上部分的测量应尽量与路线接线部分一次完成,在路线上的大、中桥桥轴线纵断面应与路线中线测量一次完成。水下断面应提供《公路工程水文勘测设计规范》(JTG C30—2002)规定的测深垂线最大间距相应的水深。

二、施 工 测 量

4. 施工测量的内容有哪些?

答:在桥涵施工准备阶段及施工过程中,测量工作一般按以下内容要求进行。

(1)对建设单位及监理工程师参加、由设计单位所交付的桥涵中线位置、三角网基点及水准点等桩位和有关测量资料进行复测核对。

(2)根据施工桥梁的形式、跨径及设计要求的施工精度,确定利用原设计网点加密或重新布设控制网点,以满足施工测量要求,无论加密或重建控制网都必须进行平差计算并评定点位精度。

(3)补充施工需要的桥涵中线桩和水准点。

(4)测定墩台中线和基础桩的位置。

(5)对构造物进行高程测量及施工放样。

(6)补充施工需要的水准点。

(7)在施工过程中,测定并检查施工部分的位置和高程,为工程质量的评定提供依据。

(8)对有关构造物及临时支架进行必要的施工变形观测和精度控制,例如对现浇梁进行支架沉降观测,对高墩身桥梁的墩身进行沉降、位移、垂直度、平整度等观测。

(9)对已完工程进行竣工测量。

5. 施工测量控制网布设应注意哪些事项?

答:桥梁施工平面控制网的测量方法可以采用三角测量、导线测量、三边测量及 GPS 测量,布设控制网时应注意:

1)桥涵工程施工的平面控制测量应符合下列规定:

(1)各等级平面控制测量,其最弱点点位中误差为 ±50mm,最弱相邻点间相对点位中误差为 ±30mm,最弱相邻点边长相对中误差不得大于表 1-1 的规定。

平面控制测量精度要求 表 1-1

测量等级	最弱相邻点边长相对中误差	测量等级	最弱相邻点边长相对中误差
二等	1/100 000	四等	1/35 000
三等	1/70 000	一级	1/20 000

(2)桥梁工程平面控制测量的等级不得低于表 1-2 的规定,同时桥梁轴线精度尚应符合表 1-3 的规定。对特大跨径及特殊结构桥梁,应根据其施工允许误差,确定控制测量的精度和等级。

平面控制测量等级 表 1-2

多跨桥梁总长 L(m)	单跨桥梁跨径 L_K(m)	其他构造物	测量等级
$L \geq 3\,000$	$L_K \geq 500$	—	二等
$2\,000 \leq L < 3\,000$	$300 \leq L_K < 500$	—	三等
$1\,000 \leq L < 2\,000$	$150 \leq L_K < 300$	高架桥	四等
$L < 1\,000$	$L_K < 150$	—	一级

桥梁轴线相对中误差　　表 1-3

测量等级	桥梁轴线相对中误差	测量等级	桥梁轴线相对中误差
二等	≤1/150 000	四等	≤1/60 000
三等	≤1/100 000	一级	≤1/40 000

(3)大桥、特大桥以及特殊结构桥梁的平面控制测量坐标系，其投影长度变形值不应大于10mm/km，投影分带位置不得选在桥址处。

(4)当采用独立坐标系、抵偿坐标系时，应确定与国家坐标系的转换关系。

(5)在布设平面控制点时，四等及以上平面控制网中相邻点之间的距离不得小于500m；一级平面控制网中相邻点之间的距离在平原、微丘区不得小于200m，重丘、山岭区不得小于100m；最大距离不应大于平均边长的2倍。特大桥及特殊结构桥梁的每一端应至少埋设2个平面控制点。

2)三角测量、三边测量、导线测量

(1)对于桥位勘测阶段所建立的控制网，在精度上能满足桥梁定线放样要求时，应予以复测利用，放样点位不足时，可予以补充。

(2)布网应考虑相互通视好，不受或少受施工干扰，施工测量方便；三角点不应位于可能被淹没及土质松软地区。

(3)基点或埋石应稳而牢固，编号清晰，编号、坐标、高程、相互间的距离、角度绘于桩态总图上，便于寻找以免弄错。

(4)应考虑到施工的程序、方法以及施工场地布置情况。

(5)控制网图形选择取决于桥长(或河宽)、设计要求、仪器设备和地形条件，常用图形见图1-1。三角网的边长一般在0.5～1.5倍河宽范围内变动，由于桥梁三角网边长一般较短，故三边网的精度不及三角网和边角网的精度。测角网能控制横向误差，测边网能控制纵向误差，故布设成带有基线的边角网为最好。

(6)构成三角网的各点，应便于采用前方交会法进行墩台放样，并使各点间能互相通视，如图1-1c)所示，可增设诸如1、2、3、4点。

(7)桥轴线应作为三角网的一边并与基线的一端相连，以确保桥轴线的精度，根据桥轴线的不同精度要求，三角测量的主要技术要求见表1-4、表1-5。两岸中线上应各设一个三角点，使之与桥台的距离适宜，以便于计算桥梁轴线的长度，并利于墩台放样。

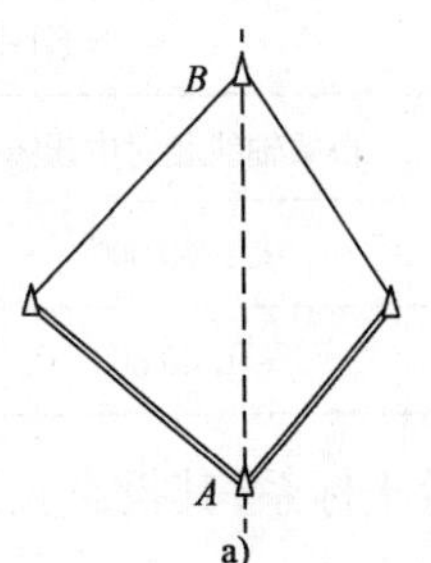

a)

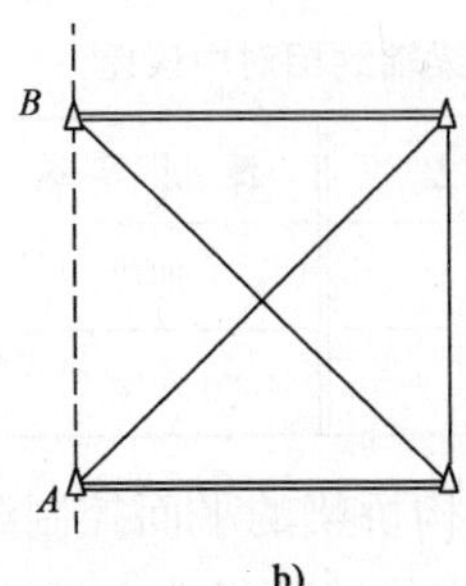

b)

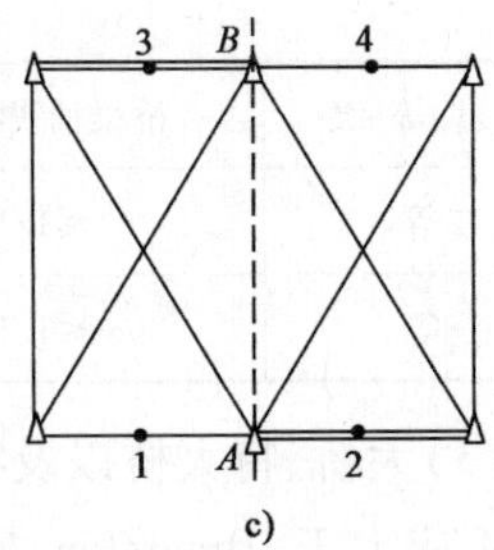

c)

图 1-1

三角测量的主要技术要求 表 1-4

测量等级	平均边长(km)	测角中误差(″)	起始边边长相对中误差	三角形闭合差(″)	测回数		
					DJ_1	DJ_2	DJ_6
二等	3.0	≤±1.0	≤1/250 000	≤3.5	≥12	—	—
三等	2.0	≤±1.8	≤1/150 000	≤7.0	≥6	≥9	—
四等	1.0	≤±2.5	≤1/100 000	≤9.0	≥4	≥6	—
一级	0.5	≤±5.0	≤1/40 000	≤15.0	—	≥3	≥4

水平角观测的主要技术要求 表 1-5

测量等级	经纬仪型号	光学测微器两次重合读数之差(″)	半测回归零差(″)	同一测回中2C较差(″)	同一方向各测回间较差(″)	测回数
二等	DJ_1	≤1	≤6	≤9	≤6	≥12
三等	DJ_1	≤1	≤6	≤9	≤6	≥6
	DJ_2	≤3	≤8	≤13	≤9	≥10
四等	DJ_1	≤1	≤6	≤9	≤6	≥4
	DJ_2	≤3	≤8	≤13	≤9	≥6
一级	DJ_2	—	≤12	≤18	≤12	≥2
	DJ_6	—	≤24	—	≤24	≥4

注:当观测方向的垂直角超过±3°时,该方向的2C较差可按同一观测时间段内相邻测回进行比较。

(8)单三角形内之任一角度值应在30°~120°之间,困难情况下不应小于25°。

(9)基线位置的选择,应满足相应测距方法、地形等因素的要求,一般应设在土质坚实、地形平坦且便于准确丈量的地方,如有纵坡,宜在1/12～1/10之间,与桥轴线的交角宜小于90°或接近垂直。

(10)为确保控制网的精度,基线不应少于2条,一般河的两岸各设1条。若地形条件允可,也可将之设于同一岸。基线一端应与桥轴线连接,且长度一般不小于桥轴线长度的0.7倍,困难地段也不应小于0.5倍。

(11)三角测量中,水平角观测的测回数是根据控制网水平角中误差与测回数的统计资料所采用的指标;同时,同一型号的仪器达到某一精度的测回数,有一定的波动范围。

(12)三边测量中,边长测量的测距中误差是根据测距仪的分级和标称精度、测距仪适用范围计算而求得,测距相对中误差是根据每边测距中误差和平均边长求得。

(13)导线测量中,附合导线长度、导线边数及导线全长相对闭合差均应根据最弱点点位中误差小于±50mm计算求得。

(14)三角形基边、测边网及导线网的边长测量,宜采用光电测距仪,光电测距仪应按表1-6选用,主要技术指标应符合表1-7的规定。在测量时应注意:

光电测距仪选用　　表1-6

测距仪精度等级	每公里测距中误差 m_D(mm)	适用的平面控制测量等级
I级	$m_D \leqslant \pm 5$	二、三、四等,一级
II级	$\pm 5 < m_D \leqslant \pm 10$	三、四等,一级
III级	$\pm 10 < m_D \leqslant \pm 20$	一级

光电测距的主要技术要求　　表1-7

测量等级	观测次数		每边测回数		一测回读数间较差(mm)	单程各测回较差(mm)	往返较差
	往	返	往	返			
二等	≥1	≥1	≥4	≥4	≤5	≤7	$\leqslant \sqrt{2}(a+b \cdot D)$
三等	≥1	≥1	≥3	≥3	≤5	≤7	
四等	≥1	≥1	≥2	≥2	≤7	≤10	
一级	≥1	-	≥2	-	≤7	≤10	

注:①测回是指照准目标一次,读数4次的过程。

②表中a为固定误差,b为比例误差系数,D为水平距离(km)。

①测距边宜选在地面覆盖物大致相同的地段。

②测线内不应有树枝、电线等障碍物,并应离开地面或障碍物 1.3m 以上。

③测线应避开高压线等强电磁场的干扰,并宜避开视线后方的反射物体。

④测距边的侧线倾角不宜太大。若采用对向三角高程测定,则高差应小于按下式计算的限值。当采用水准测量测定高差时,高差的大小可不受限制。

$$h \leqslant \frac{8D}{T} \times 10^3$$

式中:h——测距边两端点的高差限值,m;

D——测距边边长,m;

T——测距边要求的相对中误差。

⑤测距前仪器应严格整平对中,对中误差应小于 1mm。测距时,应在成像清晰、气象条件稳定时进行,雨、雪和大风天气不宜作业,不宜顺光或逆光且与太阳呈小角度观测,严禁将仪器照准头对准太阳。

⑥当反光镜背景方向有反射物时,应在反光镜后方遮上黑布。

⑦测距过程中,当视线被遮挡出现粗差时,应重新启动测量。

⑧观测数据超限时,应重测整个测回。当观测数据出现分群时,应分析原因并采取相应措施,重新观测。

⑨温度计宜采用通风干湿温度计,气压表宜采用高原型空盒气压表。

⑩测量四等及其以上的边时,应量取测边两端点始末的气象数据,计算时应取平均值。测量温度时应量取空气温度。通风干湿温度计应悬挂在距地面和人体 1.5m 以外的地方。气压表应置平,指针不应受阻。

⑪当测距边长度用三角高程测量的高差进行倾斜改正时,垂直角的观测要求和对向观测要求应符合四等三角高程测量的规定。

⑫一级小三角的边长测量,受设备条件限制时,才可采用普通钢尺进行丈量。采用普通钢尺丈量距离时,应对尺长、温度、拉力、垂度和倾斜度进行改正计算,其主要技术要求应符合表 1-8 的规定。

普通钢尺丈量距离的主要技术要求 表 1-8

定线偏差(mm)	每尺段往返高差之差(mm)	最小读数(mm)	三组读数之差(mm)	同段尺长差(mm)	外业手簿计算取值(mm)		
					尺长	各项改正	高差
≤5	≤10	1	≤3	≤4	1	1	1

注:每尺段指 2 根同向丈量或单尺往返丈量。

距离测量改正及长度计算公式：

a. 尺长改正(Δl)

改正数：

$$\Delta l = -\frac{L'l}{L}$$

$$L' = L - L_0$$

式中：L——钢尺总长(刻度数)；

L_0——钢尺检定时标准长度；

l——实测尺段长度。

b. 温度改正(Δt)

改正数：

$$\Delta t = lk(t - t_0)$$

式中：l——实测尺段长度；

t_0——钢尺标准长度时的温度；

t——测量时的实际平均温度；

k——经检定的钢尺的线膨胀系数，如不确知时，可用0.000 011 7/1℃。

c. 拉力改正(ΔP)

所施拉力不同于标准拉力时，改正数：

$$\Delta P = \frac{l(P - P_0)}{AE}$$

式中：l——实测尺段长度；

P——测量时的实际拉力；

P_0——检定时的标准拉力；

A——钢尺的断面积；

E——钢尺材料的弹性模量。

d. 垂度改正(Δf)

改正数：

$$\Delta f = -\frac{d}{24}\left(\frac{md}{P}\right)^2$$

式中：d——量距时钢尺两端支点间距离；

m——钢尺每单位长度的质量；

P——测量时的实际拉力。

e. 倾斜度改正(Δh)

改正数:

$$\Delta h = -\left(\frac{h^2}{2L} + \frac{h^4}{8L^3}\right)$$

式中:L——倾斜尺段长度;

h——两端高差。

f. 每一尺段之实际长(d_n)

$$d_n = l + \Delta l + \Delta t + \Delta P + \Delta f + \Delta h$$

g. 距离全长(d)

$$d = \sum d_n = \sum(l + \Delta l + \Delta t + \Delta P + \Delta f + \Delta h)$$

3)GPS 测量

GPS 平面控制网分为首级网、首级加密网、一级加密网及二级加密网 4 个等级,布设时应注意:

(1)点位不应选在大功率发射台或高压线附近,距离高压线不应小于100m,距离大功率发射台不宜小于400m。

(2)点位应避开由于地面或其他目标反射所引起的多路径干扰的位置。

(3)高度角为15°的上方,应无妨碍通视的障碍物。

(4)加密网应采用与全桥统一的坐标系统,且宜由三角形或大地四边形组成,并应一次完成网形设计、施测与平差。加密网应保证至少与最近的2个高级网点为起算点进行联测,任一加密网点应至少与另外2个控制点通视。加密网应按一级 GPS 测量精度施测,其精度应保证最弱相邻点点位中误差小于±10mm。

(5)控制网点应安全、稳定,在使用过程中应进行定期或不定期检测,当对控制点的稳定性有怀疑时,应立即进行局部或全面复测。加密网两次复测的间隔时间不应超过3个月。

(6)宜每隔1.5km左右选择一个桥墩先行施工其基础,并应在该基础上设立稳固可靠且带有强制对中观测装置的测量控制点,作为桥梁其他墩台施工放样的基准点。

(7)GPS 测量控制网的网形设计应遵循:

①GPS 网一般应采用由独立观测边构成的闭合图形,以构成检核条件,提高网的可靠性。

②GPS 网点尽量与原有地面控制网点相重合,以便可靠地确定 GPS 网与地

面网之间的转换参数。

③GPS 网点应考虑与水准点相重合,以拟合测区的似大地水准面形状。

④为便于观测和水准联测,GPS 网点一般应设在视野开阔和交通方便的地方。

⑤为了便于用常规方法联测或扩展,可在网点附近(大于 300m)布设一个通视良好的方位点。

(8)GPS 基线测量的中误差应小于下式计算的标准差,各等级控制测量固定误差 a、比例误差系数 b 的取值应符合表 1-9 的规定。计算 GPS 测量大地高差的精度时,a、b 可放宽至 2 倍。

$$\sigma = \pm\sqrt{a^2 + (b \cdot d)^2}$$

式中:σ——标准差,mm;

a——固定误差,mm;

b——比例误差系数,mm/km;

d——基线长度,km。

GPS 测量的主要技术要求　　表 1-9

测量等级	固定误差 a(mm)	比例误差系数 b(mm/km)
二等	≤5	≤1
三等	≤5	≤2
四等	≤5	≤3
一级	≤10	≤3

6. 曲线桥测量常用计算公式有哪些?

答:(1)曲线桥墩中心距 L,具体见图 1-2 及表 1-10。

墩中心距 L　　表 1-10

计算公式	说明
$L = l + 2F$	l——梁在直线上的预制长度,m; F——预制梁端至桥墩中心的距离,m
$F = b + (\pi W\alpha/360°)$ $= b + 0.0087265 \times W\alpha$	b——两跨简支梁间最小空隙之半,m; W——桥面宽度(包括弯道加宽),m; α——相邻两梁中线的交角,°

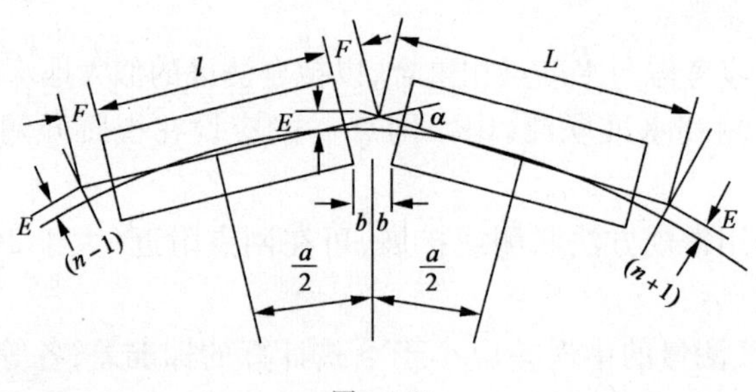

图 1-2

(2)偏距 E,见图 1-2 及表 1-11。

偏距 E 计算公式　　表 1-11

梁在曲线上的位置	E 值		符号说明
	切线布置	平分中矢布置	
圆曲线	$L^2/8R$	$L^2/16R$	t——缓和曲线起点至计算点长度,m; L_s——缓和曲线长度,m; R——圆曲线半径,m
缓和曲线	$L^2t/8RL_s$	$L^2t/8RL_s$	

(3)圆曲线加缓和曲线常用计算公式,详见图 1-3 及表 1-12。

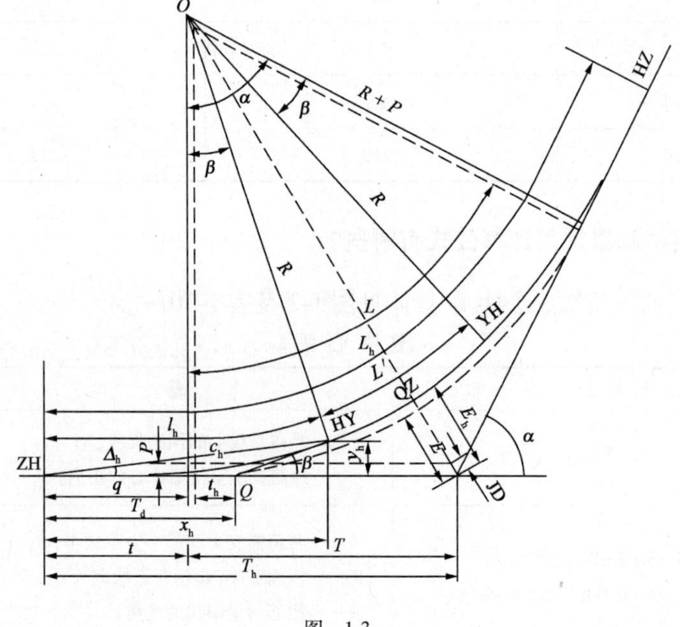

图 1-3

圆曲线加缓和曲线常用计算公式　　表 1-12

<table>
<tr><th>序号</th><th>公　式</th><th>符号说明</th></tr>
<tr><td>1</td><td>$T_h = T + t$</td><td rowspan="16">T_h——切线长(包括设置缓和曲线所增切线长),m;
T——圆曲线部分切线长,m;
t——切线尾加数(因设置缓和曲线而增加的部分切线长),m;
E_h——外距(包括设置缓和曲线所增外距长),m;
E——圆曲线外距,m;
e——设置缓和曲线所增外距长,m;
L_h——曲线全长(包括主曲线及其缓和曲线的长度),m;
L'——主曲线长(设置缓和曲线后的圆曲线长度),m;
l_h——缓和曲线长,m;
α——圆曲线所对应圆心角,°;
β——缓和曲线角(即缓和曲线所对中心角),°;
D_h——切线差(包括设置缓和曲线所增加部分在内的切线长与曲线长之差),m;
d——切线差尾加数(设置缓和曲线后所增的部分切曲差),m;
x_h——缓和曲线终点的横距,m;
y_h——缓和曲线终点的纵距,m;
q——切垂距(即圆心向切线引垂线与切线交点至缓和曲线起点距离),m;
Δ_h——缓和曲线总偏角;
T_d——缓和曲线终点的切线与 T_h 交点至缓和曲线起点的距离,m;
P——内移值(即曲线自切线向内移动的距离),m</td></tr>
<tr><td>2</td><td>$E_h = E + e$</td></tr>
<tr><td>3</td><td>$L_h = L' + 2l_h$</td></tr>
<tr><td>4</td><td>$L' = (\pi/180°)R(\alpha - 2\beta)$
$= 0.0174533R(\alpha - 2\beta)$</td></tr>
<tr><td>5</td><td>$D_h = 2T_h - L_h$</td></tr>
<tr><td>6</td><td>$\beta = \frac{\alpha}{2} - \frac{90°}{\pi} \cdot \frac{L'}{R}$</td></tr>
<tr><td>7</td><td>$x_h = l_h - ({l_h}^3/40R^2)$</td></tr>
<tr><td>8</td><td>$y_h = {l_h}^2/6R$</td></tr>
<tr><td>9</td><td>$q = x_h - R \times \sin\beta$</td></tr>
<tr><td>10</td><td>$l_h = x_h \times \sec\Delta_h$</td></tr>
<tr><td>11</td><td>$\Delta_h = \beta/3$</td></tr>
<tr><td>12</td><td>$T_d = x_h - y_h \times \cot\beta$</td></tr>
<tr><td>13</td><td>$P = y_h - R(1 - \cos\beta)$</td></tr>
<tr><td>14</td><td>$t = P \times \tan(\alpha/2) + q$</td></tr>
<tr><td>15</td><td>$e = P \times \sec(\alpha/2)$</td></tr>
<tr><td>16</td><td>$d = 2t - l_h$</td></tr>
</table>

(4)圆曲线常用计算公式,详见表1-13。

圆曲线常用计算公式 表1-13

序号	公　式	符 号 说 明
1	$T=R\times\tan(\alpha/2)=E\times\cot(\alpha/4)$ $=(C/2)\times\sec(\alpha/2)$ $=M\times\tan(\alpha/2)/[(1-\cos(\alpha/2)]$ $=\sqrt{E(2R+E)}$	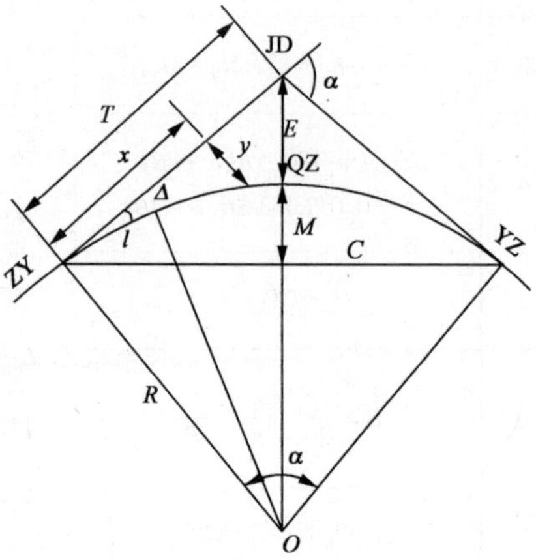 α——转向角或交角,°; R——圆曲线半径,m; L——圆曲线长,m; l——分段曲线长,m; T——切线长,m; C——曲线起点至终点弦长,m; C'——分段曲线间弦长,m; Δ——切线和弦线所夹的偏角; α'——分段曲线长l对应的中心角; x——切线横距; y——切线纵距或切线支距; E——外距或外矢距; M——正矢(中央纵距)
2	$L=(\pi/180°)\times\alpha\times R$ $=0.0174533\times\alpha\times R$	
3	$E=R[\sec(\alpha/2)-1]$ $=(C/2)\times\tan(\alpha/4)\times\sec(\alpha/2)$ $=M\times\sec(\alpha/2)$ $=T\times\tan(\alpha/4)$	
4	$M=R\times[1-\cos(\alpha/2)]$ $=T\times\cot(\alpha/2)\times[1-\cos(\alpha/2)]$ $=E\times\cos(\alpha/2)$ $=\sqrt{E^2-[T-(C/2)]^2}$	
5	$C=2R\times\sin(\alpha/4)$ $=2T\times\cot(\alpha/2)$ $=2E\times\cot(\alpha/4)\times\cos(\alpha/2)$ $=2M\times\cot(\alpha/4)$	
6	$\tan(\alpha/2)=T/R$, $\sin(\alpha/2)=C/2R$, $\cos(\alpha/2)=(R-M)/R$ $=R/(R+E)=C/2T$, $\tan(\alpha/4)=E/T=2M/C$	
7	$\Delta=(1/2)\times(180°/\pi)\times(l/R)$	
8	$\alpha'=(180°/\pi)\times(l/R)$	
9	$x=R\times\sin\alpha'$	
10	$y=R\times(1-\cos\alpha')$	
11	$C'=2R\times\sin(\alpha'/2)$	

(5)桥梁曲线偏角的计算公式,详见表1-14。

偏角计算公式　　表1-14

梁跨位置	平面示意图	计算公式
直线与缓和曲线	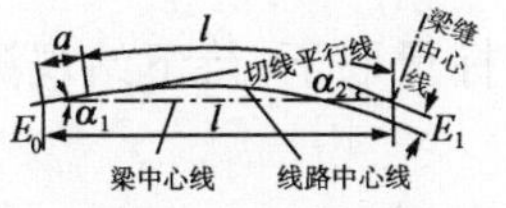 梁缝中心线、切线平行线、梁中心线、线路中心线、a、l、α_1、α_2、E_0、E_1	$\alpha_1=(3\,437.75/6RL)\times(t^3/l)+\Delta E\times(3\,437.75/l)$ $\alpha_2=(3\,437.75/6RL_s)\times t^2(2+a/l)+\Delta E\times(3\,437.75/l)$
缓和曲线	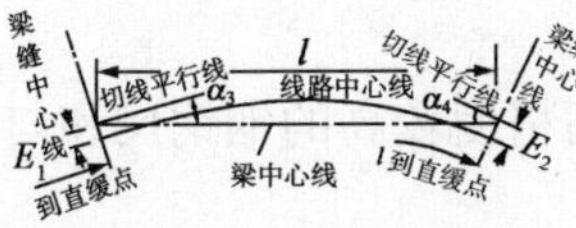 梁缝中心线、切线平行线、线路中心线、梁中心线、到直缓点、l、α_3、α_4、E、E_2	$\alpha_3=(3\,437.75/6RL)\times l(3t+l)+\Delta E\times(3\,437.75/l)$ $\alpha_4=(3\,437.75/6RL_s)\times l(3t-l)+\Delta E\times(3\,437.75/l)$
缓和曲线与圆曲线	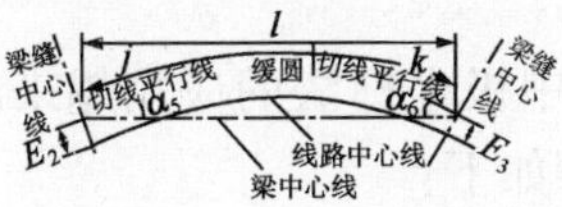 梁缝中心线、切线平行线、缓圆、线路中心线、梁中心线、l、j、k、α_5、α_6、E_2、E_3	$\alpha_5=(3\,437.75/6RL_s)\times l\times(3t+l)-(3\,437.75/6RL_s)\times(k^3/l)+\Delta E\times(3\,437.75/l)$ $\alpha_6=(3\,437.75/2R)\times l-(3\,437.75/6RL_s)\times(j^3/l)+\Delta E\times(3437.75/l)$
圆曲线	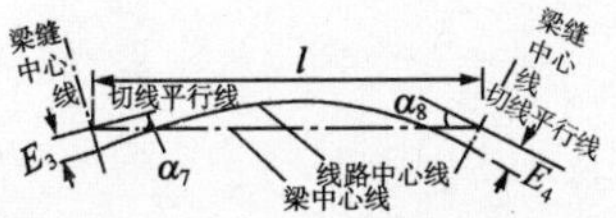 梁缝中心线、切线平行线、线路中心线、梁中心线、l、α_7、α_8、E_3、E_4	$\alpha_7=(3\,437.75/2R)\times l+\Delta E\times(3\,437.75/l)$ $\alpha_8=(3\,437.75/2R)\times l+\Delta E\times(3\,437.75/l)$

注:①表中l-交点距;t-计算点至直缓或缓直点的距离;R-曲线半径;L_s-缓和曲线长度;a、j、k如表中所示。

②α_1、α_2、……为梁与台中心线偏角(′)。梁与梁、梁与台两中心线的交角,等于交点处两侧偏角之和,即$\alpha=\alpha_n+\alpha_{n+1}$。

③前偏角$\Delta E=E_n-E_{n+1}$,后偏角$\Delta E=E_{n+1}-E_n$。

7. 一般水准测量中应注意哪些事项?

答:(1)测量工作开始前应对仪器进行检校。校核的主要内容为水准仪视准轴的倾斜误差和偏差及水准尺的零点刻度误差。

(2)应在坚实地面上设站和选定转点,并尽可能使前后视距相等。

(3)视线长度一般在100m以内,视线高度高于地面一般不小于0.3m,瞄准和读数时,须仔细对光,尽可能减少误差。

(4)读数前要使水准气泡居中,读数后应及时检查气泡的位置,对气泡不居中的情况,应居中后重新读数。

(5)读数要仔细,尤其是大数往往容易被漏掉。

(6)标尺要扶正、扶直。

(7)仪器搬站时,前视尺垫不能动,但可以将标尺取下,待下站观测时,再将标尺放上。

(8)观测时间应选在成像清晰的时间,中午温度高时不宜观测。

(9)阳光较强时,应用遮阳伞。

(10)风较大时,不宜观测。

(11)对数据精度要求较高的观测项目,要用精度较高的铟钢尺和与之匹配的水准仪。

8.如何利用极坐标法进行桥梁测量?

答:随着全站仪的推广普及,公路施工测量中极坐标法的应用越来越广,而且测量工作比较简单、准确。其计算公式及步骤如下:

1)临时测定一点坐标(支导线)

(1)如图1-4所示,在已知坐标点$A(x_a,y_a)$上安设全站仪;

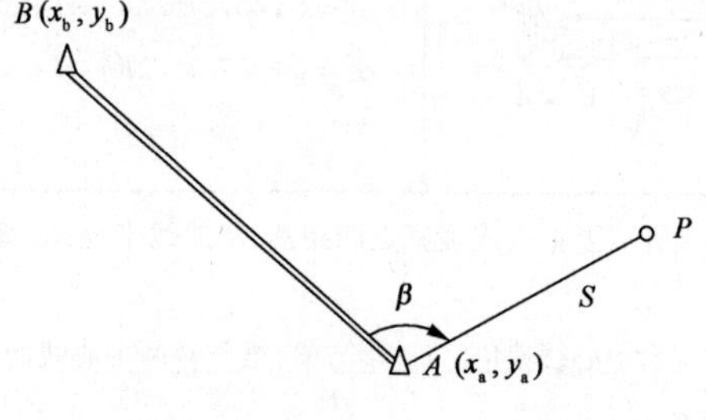

图 1-4

(2)后视已知坐标点$B(x_b,y_b)$;

(3)测水平角β及A到P点水平距离S;

(4)求AB的方位角$T_{AB}=\arctan[(y_b-y_a)/(x_b-x_a)]$;注意方位角的方向性,如$T_{BA}=T_{AB}+180°$;

(5)求AP的方位角$T_{AP}=T_{AB}+\beta$;

(6)求 P 点坐标$\begin{cases} x_p = x_a + S \times \cos T_{AP} \\ y_p = y_a + S \times \sin T_{AP} \end{cases}$

2)已知 P 点坐标,把 P 点放样于实地

(1)如图 1-4 所示,在已知坐标点 $A(x_a, y_a)$ 上安设全站仪;

(2)后视已知坐标点 $B(x_b, y_b)$;

(3)计算 AB 的方位角 $T_{AB} = \arctan[(y_b - y_a)/(x_b - x_a)]$;

(4)计算 AP 的方位角 $T_{AP} = \arctan[(y_p - y_a)/(x_p - x_a)]$;

(5)求夹角 $\beta = T_{AP} - T_{AB}$;

(6)求 AP 之间的水平距离 S,$S = \sqrt{(x_p - x_a)^2 + (y_p - y_a)^2}$;

(7)在全站仪上设置 β 角后,视准 AP 方向,在 AP 方向上测水平距离正好等于 S,即为 P 点。

3)不同线形上的计算公式

(1)直线

已知直线上 A、B 两点坐标为(x_a, y_a)、(x_b, y_b),如图 1-5 所示,A、B 桩号为 k_a、k_b,那么:

①该直线段上任意桩号点 P_i 的坐标为:

AB 的方位角 $T_{AB} = \arctan[(y_b - y_a)/(x_b - x_a)]$;

任意点 P_i 的坐标$\begin{cases} x_{pi} = x_a + S \times \cos T_{AB} \\ y_{pi} = y_a + S \times \sin T_{AB} \end{cases}$

式中:$S = |k_p - k_a|$。

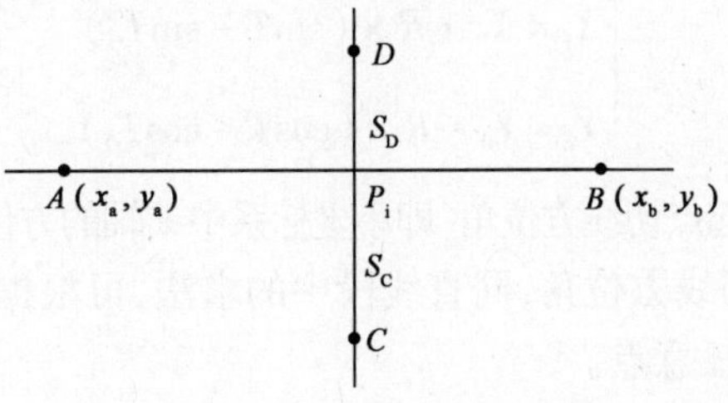

图 1-5

②A、B 为桥梁设计中线,C、D 为边线或桩位点,求 C、D 坐标。

P_iC 的方位角 $T_{P_iC} = T_{AB} + 90°$;P_iD 的方位角 $T_{P_iD} = T_{AB} - 90°$;

$P_iC = S_C$ 距离的 C 点坐标。

$$\begin{cases} x_c = x_{pi} + S_C \times \cos T_{P_iC} \\ y_c = y_{pi} + S_C \times \sin T_{P_iC} \end{cases}$$

同理可以求得 D 点坐标。

(2)圆曲线

圆曲线上的坐标有两种计算方法:

方法一:①曲线参数方程

$$\begin{cases} x_i = l_i - (l_i^3/6R^2) + (l_i^5/120R^4) \\ y_i = (l_i^2/2R) - (l_i^4/24R^3) + (l_i^6/720R^5) \end{cases}$$

其坐标系定义如图 1-6 所示。

a. 过 ZY 点或 YZ 点切线为 x 轴,方向指向 JD(交点);

b. 过 ZY 或 YZ 的半径为 y 轴,方向指向圆心;

c. 上式中的 l_i 是任意点 i 距 O 点的弧长,x_i、y_i 为 i 点在上述特定小坐标系中的坐标。

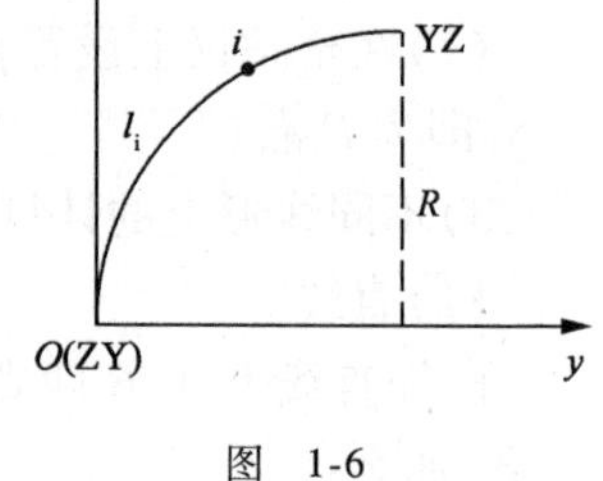

图 1-6

②i 点的线路坐标

求 i 点的线路坐标时,根据 Ox 轴在线路坐标系中的方位角 T_0 和 ZY 点的坐标对 x_i、y_i 进行平移、旋转,即

$$\begin{cases} X_i = X_0 + x_i \times \cos T_0 \mp y_i \times \sin T_0 \\ Y_i = Y_0 + x_i \times \sin T_0 \pm y_i \times \cos T_0 \end{cases}$$ (右转取上面符号左转取下面符号)

方法二:用积分坐标方程直接求圆曲线上任意 i 点的线路坐标,即

$$\begin{cases} X_i = X_0 + R \times (\sin T - \sin T_0) \\ Y_i = Y_0 - R \times (\cos T - \cos T_0) \end{cases}$$

式中:T_0——圆曲线起点切线方位角(即小坐标系中 x 轴的方位角);

T——i 点的切线方位角,同直线段中的求法,可根据 T 求得 i 点切线的法线上的任意点。

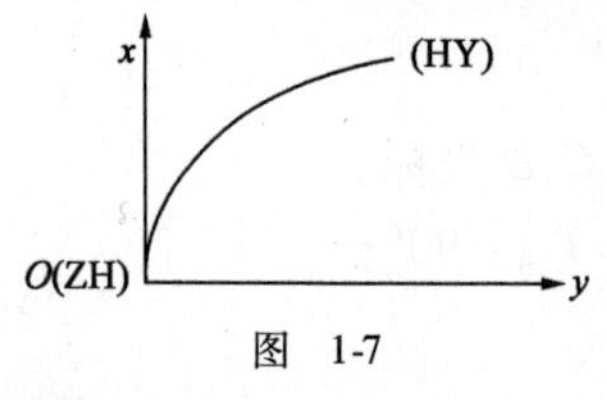

图 1-7

(3)缓和曲线

如图 1-7 所示,以曲线长 l 为参数的缓和曲线方程为(或距 ZH 或 HY 点为 l 的任一点 i 的小坐标)。

$$\begin{cases} x = l - (l^5/40R^2{L_0}^2) + (l^9/3\,456R^4{L_0}^4) \\ y = (l^3/6RL_0) - (l^7/336R^3{L_0}^3) + (l^{11}/42\,240R^5{L_0}^5) \end{cases}$$

式中：L_0——缓和曲线长度；

R——缓和曲线 HY 点的半径。

小坐标系的定义类似圆曲线。

求出任意点的小坐标后，进行平移、旋转转化为线路坐标系下的坐标，转换公式与圆曲线类同。

缓和曲线上任意一点 i 的切线方位角可用下式求得：

$$T_i = T_0 + (l^2/2RL_0) \times (180°/\pi)$$

式中：T_0——小坐标系 x 轴的方位角。

同上，可根据 T_i 求得任意一点 i 的法线方向上的距离点的坐标。

9. 什么叫 GPS？该系统由哪几部分组成？其主要功能如何？特点如何？

答：全球定位系统（Global Positioning System，GPS），是由美国研制的第二代卫星导航定位系统。该系统可提供一天 24 小时全球定位服务，能为用户提供高精度的信息。

GPS 系统主要包括三大组成部分，即空间星座部分、地面控制部分以及用户设备部分，如图 1-8 所示。

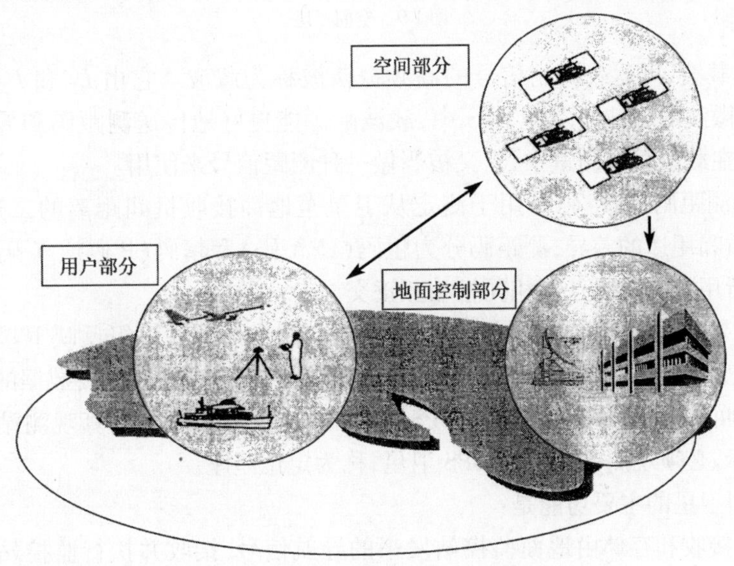

图 1-8　GPS 组成部分的关系图

1)空间星座部分

空间星座部分由21颗工作卫星和3颗在轨备用卫星组成,如图1-9所示。24颗卫星均匀分布在6个轨道平面内,轨道平面相对于赤道平面的倾角为55°,各个轨道平面之间的交角为60°。每个轨道平面内的各卫星之间的交角为90°,任一轨道平面上的卫星比西边相邻的轨道平面上的相应卫星超前30°。卫星采用先进的扩频技术,将GPS卫星信号24小时不停地发射给用户,覆盖全球。其信号是GPS卫星向用户发送的用于导航定位的调制波,它由载波、测距码及导航电文三部分组成。

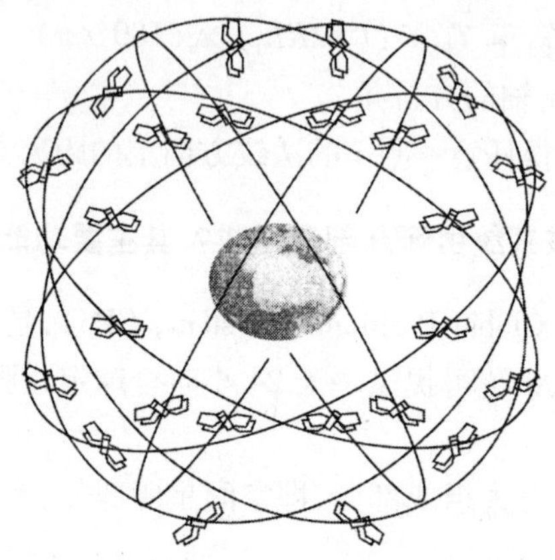

图1-9　空间星座

(1)载波,可运载调制信号的高频振荡波称为载波。它由 L_1 和 L_2 载波组成,处于微波的 L 波段。在GPS中,载波除了能更好地传送测距码和导航电文信息外,在载波相位测量中,它又被当做一种测距信号来使用。

(2)测距码,测距码是用于测定从卫星至地面接收机间距离的二进制码。根据性质和用途的差异,测距码分为粗码(C/A码)和精码(P码或Y码)两类,各卫星所用的测距码互不相同且相互正交。

(3)导航电文,导航电文是由GPS卫星向用户播发的一组反映卫星在空间的位置、工作状态卫星钟的修正参数、电离层延迟修正参数等重要数据的二进制代码,也叫数据码(D码)。在用GPS信号导航定位时,为了计算观测站的三维空间坐标,必须观测4颗以上GPS卫星,称为定位星座。

空间卫星的主要功能是:

(1)接收和存储由地面监控站发来的导航信号,接收并执行监控站的控制指令。

(2)卫星上设有微处理机,可进行必要的数据处理。

(3)通过星载的高精度原子钟产生基准信号,提供精确的时间标准。

(4)向用户连续不断地发送导航定位信号。

(5)接收地面主控站通过注入站送给卫星的调度指令。

2)地面监控部分

GPS 工作卫星的地面监控系统主要由分布在全球的 1 个主控站、3 个信息注入站和 5 个监测站组成,是整个系统的中枢,由美国国防部管理。主控站负责对地面监控站的全面控制。监测站内装置有接收机、原子钟、气象传感器及数据处理计算机,其任务是追踪及预测 GPS 卫星轨道,控制 GPS 卫星状态及轨迹偏差,维护 GPS 系统的正常运转。地面控制系统另一个重要作用是保持各颗卫星处于同一时间标准——GPS 时间系统。

地面监控系统的主要功能是:

(1)跟踪观测 GPS 卫星。各监测站所设 GPS 接收机对卫星进行连续观测,同时收集当地的气象数据。

(2)收集数据。主控站收集各监测站所测得的伪距和积分多普勒等观测值、气象要素、卫星时钟和工作状态的数据,监测站自身的状态数据以及海军水面兵器中心发来的参考星历。

(3)编算导航电文。根据收集的数据,计算每颗 GPS 卫星的星历、时钟修正、状态数据和信号的电离层延迟改正等参数,并按一定的格式编制成导航电文,传送给注入站。

(4)诊断状态。主控站还担负着检测整个地面监控系统是否正常工作,检验注入给卫星的导航电文是否正确,检测卫星是否将导航电文发送给用户等任务。

(5)注入导航电文。注入站在主控站的控制下,将卫星星历、卫星时钟钟差等参数和其他控制指令注入给各个 GPS 卫星。

(6)调度卫星。主控站能够对 GPS 卫星轨道进行改变和修正,还能进行卫星调度,让备用卫星去取代失效卫星。

3)用户设备部分

用户设备部分是适用于各种用途的 GPS 接收机,GPS 用户接收机是由主机、电源和天线组成,其任务是捕获卫星传来的信号,实时地计算出观测站的三维位置,最终实现利用 GPS 进行导航和定位的目的。

GPS 接收机的主要功能是接受 GPS 卫星播发的定位信息。

GPS 主要特点如下:

(1)全覆盖、全天候连续导航定位。GPS 观测可在 24 小时内的任何时间进行,不受白天黑夜、起雾刮风、雨雪等气候的影响,且系统可为全球任何地点及近地空间的用户提供全天候的导航定位服务。

(2)高精度三维定位、测速及授时。GPS 能连续为各类用户提供三维位置、三维速度和精确的时间信息,GPS 提供的测量信息较多,既可通过测距码测定伪距,又可测定载波多普勒频移载波相位。

(3)观测速度快。快速静态相对定位测量时,当每个流动站与基准站相距在 15km 以内时,流动站观测时间只需要 1 ~ 2min,然后可随时定位,每站观测只需要几秒钟,实时定位速度快。

(4)自动化程度高,经济效益好。随着 GPS 接收机的不断改进,自动化程度越来越高,执行操作越来越简单,而且其体积、质量也越来越小。大量的实践证明,在工程中应用 GPS 测量的费用仅为常规测量费用的 1/3。

(5)能提供全球统一的三维坐标信息。GPS 系统可提供 WGS-84(协议地球坐标系)中的三维坐标,这就意味着为全球测量成果的统一提供了方便。

(6)抗干扰能力强,保密性能好。由于 GPS 系统采用了伪随机噪声码技术,使 GPS 信号深埋于噪声之中,因而 GPS 卫星所发送的信号具有良好的抗干扰能力和保密性。

10. WGS - 84 坐标系是怎么回事?

答:WGS - 84 坐标系是一个地球(心)坐标系,其原点为地球质心,如图 1-10。坐标系的定向与 BIH(国际时间局)所定义的方向一致,亦即该坐标系的 Z 轴平行于协议地极(Conventional Terrestrial Pole,简称 CTP)的方向,首子午圈平行于 BIH 所规定的首子午圈;X 轴为 WGS 参考子午圈与平行于 CTP 赤道的平

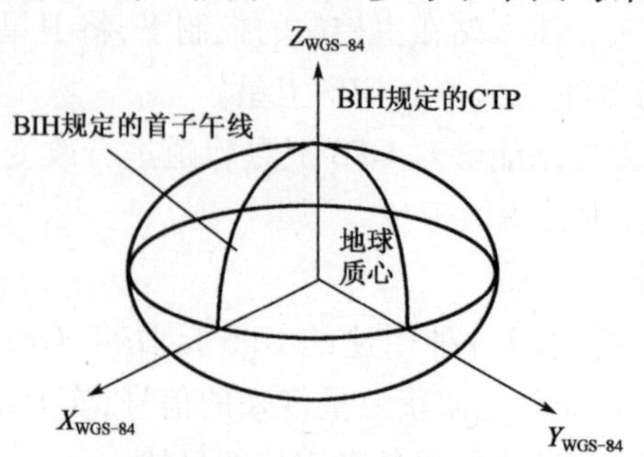

图 1-10　WGS-84 坐标系

面的交线，当然，该平面必通过 WGS 所定义的地球质心，Y 轴同 X 轴、Z 轴构成右手坐标系。WGS－84 的椭球采用的基本参数：

椭球长半轴　　　　　$a=(6\ 378\ 137\pm2)\text{m}$

扁率　　　　　　　　$f=1/298.257\ 223\ 563$

11. 什么是 GPS-RTK？其工作原理是怎样的？

答：RTK 测量是实时动态载波相位差分 GPS 测量，是指在运动状态下通过跟踪处理接收卫星信号的载波相位，从而获得很高的定位精度。为了和常规的码相位差分 GPS 相区分，称实时动态载波相位差分 GPS 为 RTK（也有称作 RTK/OTF），其测量精度可以达到几厘米或几分米的精度。

RTK 具有突出的特点：

（1）高精度。采用高性能双频机可达到 $2\text{cm}+2\text{ppm}\times D$，性能差的也可达到亚米级。

（2）实时性能。在现场既可得到三维坐标，并能实时放样出设计坐标。

（3）轻便灵活。设备小巧轻便，不包括电源基准台只有十几千克，移动台只有几千克，搬迁安装非常灵活。

（4）作用距离有限。一般情况下，要得到厘米级精度时，作用距离不能大于 10～15km，要得到亚米级精度，作用距离不能大于 50km。

（5）初始化时间的等待在动态下求解整周模糊度。即初始化需要一定时间（几秒到几分钟），因此在连续动态作业过程中，一旦信号失锁，需要重新进行初始化。

GPS-RTK 系统工作原理如下：

RTK 技术是大地测量、空间技术、卫星技术、无线电通信与计算机技术的综合集成。其系统主要由一个基准站、若干个流动站、通信系统和 RTK 测量的软件系统组成。其中，基准站包括 GPS 接收机（具备数据传输参数、测量参数、坐标系统等的设置功能）、GPS 天线、无线电通信发射设备、电源、基准站控制器等设备。流动站包括 GPS 天线、GPS 接收机、无线电通信接收设备、电源、流动站控制器。系统工作流程图如 1-11 所示。

在 RTK 作业模式下，基准站通过数据链——调制解调器，将其观测值及站点的坐标信息用电磁信号一起发送给流动站。流动站不仅接收来自基准站的数据，同时也采集 GPS 卫星信号，并获取观测数据，在系统内组成差分观测值进行实时处理,瞬时地给出精度为厘米级(相对于参考站)的流动站点位坐标。GPS-RTK 系统外业工作见图 1-12。

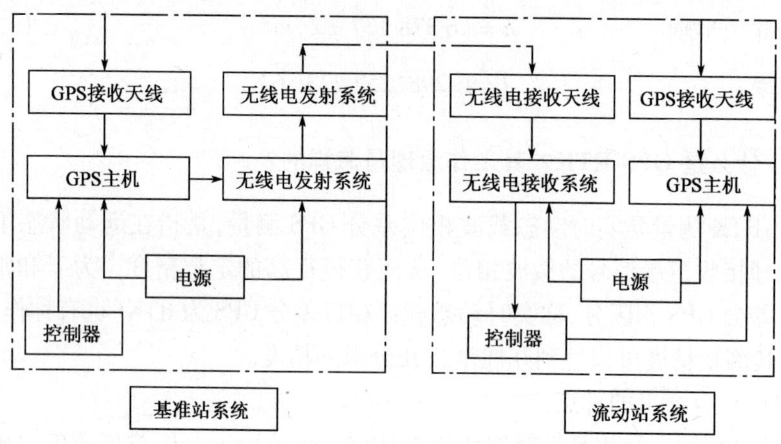

图 1-11 GPS-RTK 系统的工作流程

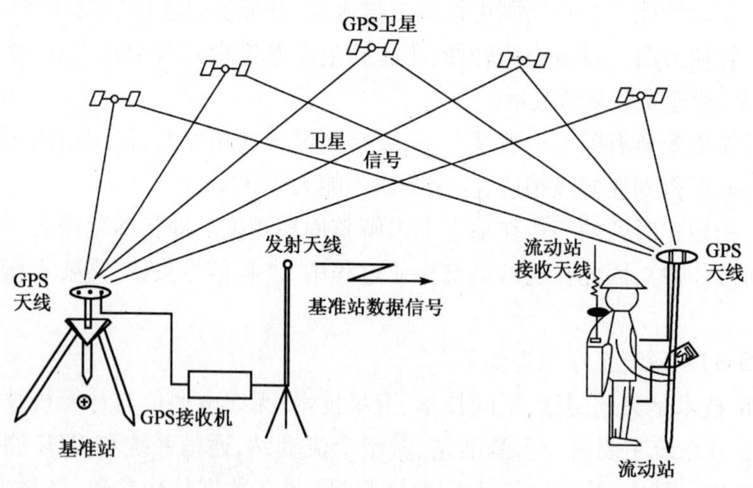

图 1-12 GPS-RTK 系统工作示意图

基准站通过数据链将其观测值(伪距和载波相位观测值)和测站坐标信息(如基准站坐标和天线高度)一起传送给流动站,流动站完成初始化后,一方面通过数据链接接收来自基准站的数据,另一方面自身采集 GPS 观测数据,并在系统内组成差分观测值进行实时处理,再经过坐标转换、高程拟合和投影改正,即可给出定位结果,系统数据处理流程见图 1-13。

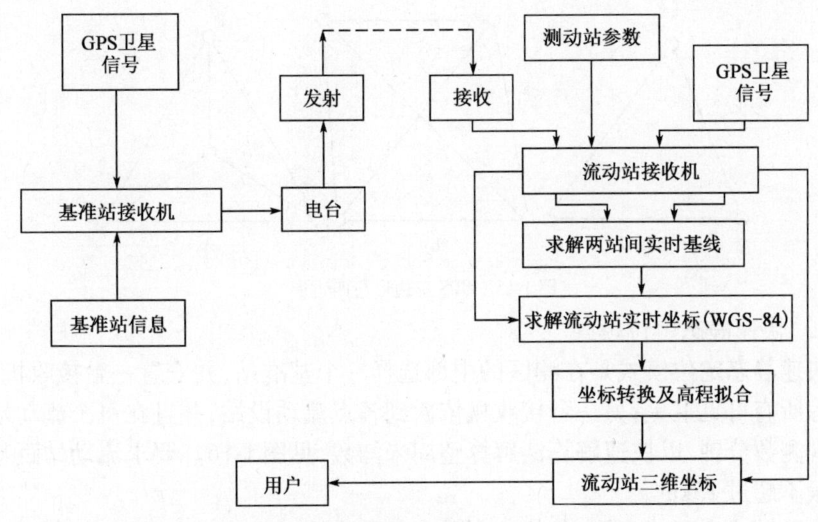

图 1-13 GPS-RTK 数据处理流程示意图

12. GPS 测量的作业模式有哪几种?

答:GPS 测量的作业模式有很多种,主要有静态定位模式、快速静态定位模式、准动态定位模式和动态定位模式。

(1)静态定位模式

静态定位模式是将 GPS 接收机安置在基线端点上,观测中保持接收机固定不动,以便能通过重复观测取得足够的多余观测数据,提高定位的精度。这种作业模式采用两套或两套以上的 GPS 接收设备,分别安置在一条或数条基线的端点上,同步观测 4 颗以上卫星。

静态定位测量是当前 GPS 定位测量中精度最高的作业模式,基线测量精度可达 $5\text{mm} \pm 1\text{ppm} \times D$,其中 D 为基线长度。该种测量广泛应用于大地测量、精密工程测量。

为有利于观测成果的检核,增加 GPS 网的强度,提高成果的可靠性及平差后的精度,静态定位模式所观测的基线边应构成闭合图形,见图 1-14。

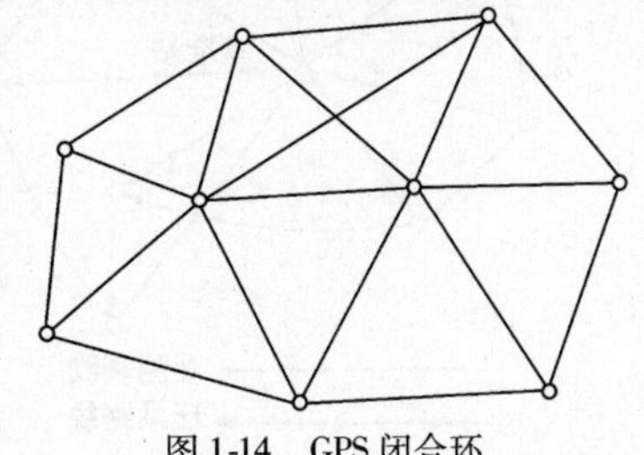

图 1-14 GPS 闭合环

静态定位测量一般需要几套接收设备进行同步观测,同步观测所构成的几何图形称为同步环路。若有三套设备,同步环路可构成三边形,若有四套设备,则可构成四边形或中点三边形,见图 1-15。

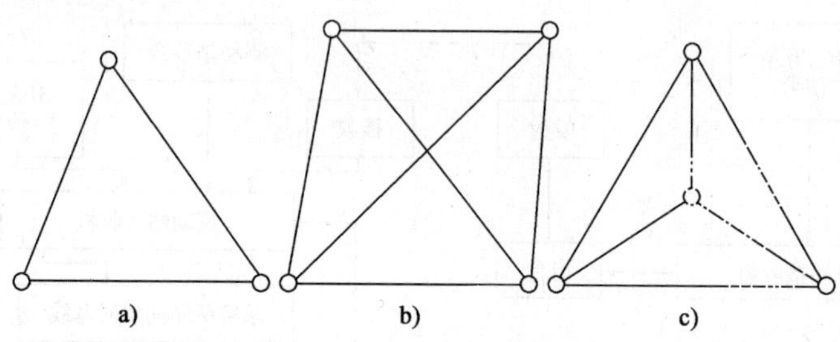

图 1-15 GPS 三边形与四边形

(2)快速静态定位模式

快速静态定位模式是在测区的中部选择一个基准站,并安置一台接收机,连续跟踪所有可见卫星;另一台接收机依次到各点流动设站,并且在每个流动站上静止观测数分钟,以快速解算法解算整周未知数,见图 1-16。要求流动站距基准站一般不超过 15km。

该种模式观测速度快,精度也较高,流动站相对基准站的基线中误差可达 $(5\sim10)\text{mm}\pm1\text{ppm}\times D$。由于直接观测边不构成闭合图形,缺少检核条件,一般用于工程控制测量及其加密、地籍测量和碎部测量。

(3)准动态定位模式

准动态定位模式是在测区选择一基准站,安置接收机连续跟踪所有可见卫星,另一台接收机为流动的接收机,将其置于起始点 1 上,观测数分钟,以便快速确定整周未知数。在保持多颗所测卫星连续跟踪的情况下,流动的接收机依次迁到测点 2、3……上各观测数秒钟,以获得相应的观测值。见图 1-17。在作业时,必须至少有 4 颗以上的卫星可供观测。在观测过程中,流动接收机对所测卫星信号不能失锁,如果发生失锁现象,应在失锁后的流动点上,将观测时间延长至数分钟。流动点与基准站相距宜不超过 15km。

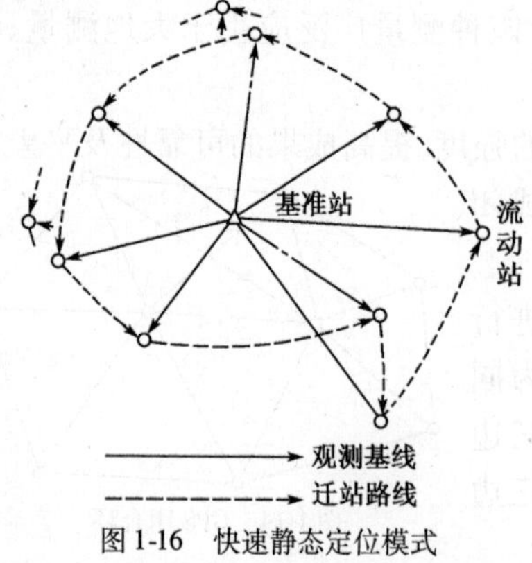

图 1-16 快速静态定位模式

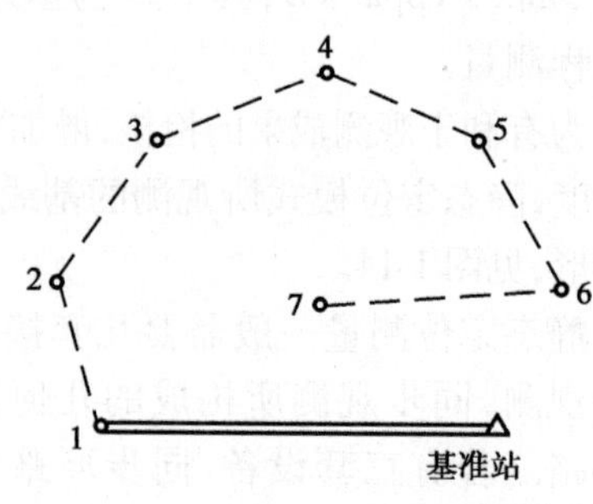

图 1-17 准动态定位模式

该模式工作效率高，精度可达(10~20)mm ±1ppm × D，适用于开阔地区的控制点加密、路线测量、工程定位及碎部测量。

(4)动态定位模式

动态定位模式是先建立一个基准站，并在其上安置接收机，连续跟踪观测所有可见卫星。另一台接收机安置在运动的载体上，在出发点静止观测数分钟，以便快速解算整周未知数。之后从出发点开始，载体按测量路线运动，其上的接收机就按预定的采用间隔自动进行观测，见图1-18。必须至少能同时跟踪观测到4颗卫星以上，运动路线与基准站的距离不能超过15km。

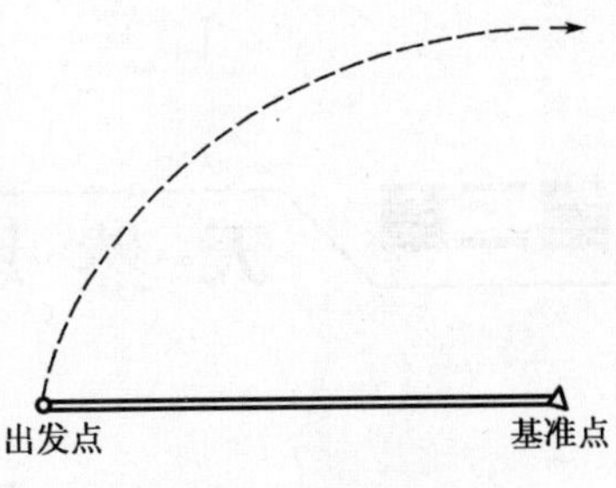

图1-18　动态定位模式

该模式的观测速度快，并可实现载体的连续实时定位。运动点相对基准点的基线精度可达(10~20)mm ±1ppm × D，适用于测定运动目标的轨迹、路线中线测量、开阔地区的横断面测量和航道测量。

第二章 天然地基

一、基 坑

1. 基坑开挖边坡失稳的主要原因有哪些？怎样预防及处理？

答：基坑开挖边坡失稳一般由以下几种情况引起：

(1)基坑深度过大，而坑壁坡度较陡。

(2)对于湿土而言，坑壁坡度陡于该湿度下土的天然坡度。

(3)地下水以下部分开挖，土质易坍塌却没有增设加固措施。

(4)基坑四周没有设置截水沟、排水沟拦截地表径流。

(5)弃土位置距基坑太近甚至放在基坑四周。

(6)在粗、细砂质土层中，水的渗流会挟带细砂颗粒流动，破坏土体结构，引起基坑壁坍塌。

(7)施工延续时间过长。

(8)施工所用大型设备在坑周边重复作业或振动较大等。

基坑开挖前，应采取相应的预防措施：

(1)基坑开挖之前，应先做好地面排水系统，在基坑顶外缘四周应向外设置排水坡或设置防水梁，并在适当距离设截水沟，且应防止水沟渗水，避免影响坑壁稳定。

(2)坑顶边缘应有一定的距离作护道，堆载距坑缘不小于0.5m，动载(包括机械及机车通道)距坑缘不小于1.0m。垂直坑壁坑缘边的护道还应适当增宽，堆置弃土的高度不得超过1.5m。

(3)挖基经过不同土层时，边坡可分层而异，并视情况留平台，平台宽度宜≥0.5m。

(4)在施工过程中注意观察坑缘顶面有无裂缝，坑壁有无松散塌落现象。

(5)对地质情况发生变化的地层应及时增设支护；水文地质条件欠佳时应

提前采取加固措施。

(6)基坑自开挖起,应抓紧连续不断施工直至基础完成,施工时间绝不可延续太久。

(7)严格按相关规范、图纸施工。

(8)基坑应尽量安排在少雨季节施工。

若基坑开挖边坡不稳出现坍塌时,要认真分析其原因,对症下药、及时处理。其处理方法主要是增设抗滑桩或木桩支护、钢板桩支护、锚桩式支护、锚碇板支护、喷锚支护等;待边坡稳定后,进行清理或继续施工,并尽快完成基础施工。

2. 如何计算黏质土的无支护垂直坑壁的最大深度?

答:在黏质土地区开挖基坑,其无支护垂直坑壁的最大深度可按下式计算:

$$H_{max} = 2c/[k\gamma\tan(45° - \phi/2)] - q/\gamma$$

式中:H_{max}——垂直坑壁最大深度,m;

k——安全系数,一般可采用1.25;

γ——坑壁土的重度,kN/m^3;

q——坑顶边缘均布静荷载,kPa;

ϕ、c——坑壁土的内摩擦角(°)与黏聚力(kPa),其值由试验确定或参照表2-1选用。

内摩擦角 ϕ 值和黏聚力 c 值　　表2-1

稠度 W_c	状态	内摩擦角 ϕ(°)			黏聚力 c(kPa)		
		土名					
		黏土质砂含砂低液限粉土	低液限黏土含砂低液限黏土	高液限黏土含砂高液限黏土	黏土质砂含砂低液限粉土	低液限黏土含砂低液限黏土	高液限黏土含砂高液限黏土
1.0~0.75	硬塑	25	22	20	12~15	30~40	45~60
0.75~0.5	软塑	22	18	15	8~10	15~25	20~40
0.5~0.25	极软塑	18	12	10	4~6	8~12	10~15

3. 在野外如何鉴别土的种类?

答:有时候,在施工现场需要及时知道土的类别,以便能很快判断并处理有关问题,其鉴别方法见表2-2。

土的野外鉴别方法 表2-2

项目		黏土	亚黏土	轻亚黏土	砂土
湿润时用刀切		切面光滑、有黏刀阻力	稍有光滑面,切面平整	无光滑面,切面稍粗糙	无光滑面,切面粗糙
湿土用手捻摸时的感觉		有滑腻感,感觉不到有砂粒,水分较大时很黏手	稍有滑腻感,有黏滞感,感觉到有少量砂粒	有轻微黏滞感或无黏滞感,感觉到砂粒较多、粗糙	无黏滞感,感觉到全是砂粒、粗糙
土的状态	干土	土块坚硬,用锤才能打碎	土块用力可压碎	土块用手捏或抛扔时易碎	松散
	湿土	易黏着物体,干燥后不易剥去	能黏着物体,干燥后较易剥去	不易黏着物体,干燥后易脱落	不能黏着物体
湿土搓条情况		塑性大,能搓成直径小于0.5mm的长条(长条不短于手掌),手持一端不易断裂	有塑性,能搓成直径为0.5~2mm的土条	塑性小,能搓成直径2~3mm的短条	无塑性,不能搓成土条

4. 不加支撑的坑壁以怎样坡度挖坑可使基坑坡壁保持稳定?

答:为保持基坑边坡稳定,减少支护,在对无水基坑施工时,采用适当的挖坑方法非常重要。黏性土在半干硬或硬塑状态,基坑顶缘无活荷载,少松土质基坑深度不超过0.5m,中等密实(锹挖)土质基坑深度不超过1.25m,密实(镐挖)土质基坑深度不超过2.0m时,均可采用垂直坑壁。基坑深度在5m以内,土的湿度正常时,可参考表2-3所示的基坑坑壁坡度值进行开挖,开挖坑壁可为斜坡形式或按坡度比值的阶梯形式,每梯高度应为0.5~1.0m。

基坑坑壁坡度 表2-3

坑壁土类	坑壁坡度		
	坡顶无荷载	坡顶有静荷载	坡顶有动荷载
砂类土	1:1	1:1.25	1:1.5
卵石、砾类土	1:0.75	1:1	1:1.25
粉质土、黏质土	1:0.33	1:0.5	1:0.75
极软岩	1:0.25	1:0.33	1:0.67

续上表

坑壁土类	坑壁坡度		
	坡顶无荷载	坡顶有静荷载	坡顶有动荷载
软质岩	1:0	1:0.1	1:0.25
硬质岩	1:0	1:0	1:0

注:①坑壁有不同土层时,基坑坑壁坡度,可分层选用,并酌设平台。

②坑壁土类按照现行《公路土工试验规程》(JTG E40—2007)划分。

③岩石单轴极限强度(MPa)<5、5~30、>30时,分别定为极软、软质、硬质岩。

④当基坑深度大于5m时,基坑坑壁坡度可适当放缓或加设平台,平台宽度至少0.5m。

⑤土壤温度较大,坑壁可能坍塌时坡度应采用该温度时的天然坡度。

⑥在山坡上开挖基坑,如地质条件不良时,注意防止坍滑,提前对山坡采取抗滑措施。

当基坑的上层土质适合敞口斜坡坑壁条件,下层土质为密实黏性土或岩石,可采用垂直坑壁开挖,在坑壁坡度变换处,应保留有至少为0.5m的平台。

5. 基坑开挖坑壁支护的方法有哪些?

答:基坑壁坡不易稳定并有地下水影响,或放坡开挖场地受到限制,或放坡开挖工程量大不符合技术经济要求时,可按具体情况进行坑壁支护。支护方法有以下几种:

(1)挡板支护

该方法是在坑壁辅以钢、木挡板,用横向、竖向的杆件支撑并固定挡板,阻止土体滑塌。还可以将钢板桩竖向打入土中,用以挡土,形成钢板桩支护;用钢筋混凝土板桩竖向打入,形成钢筋混凝土板桩支护。

(2)喷锚支护

喷锚是把长锚杆斜向打入土体,并用注浆等方式加强它与土体的黏结,在锚杆露出坑壁一端挂钢筋网,并喷射混凝土形成支护的加固方法。该法是应对不良土质坍滑的有效方法。孔深小于或等于3m时,宜采用先注浆后插入锚杆的施工工艺;孔深>3m时,宜先插入锚杆后注浆。

(3)混凝土护壁

它包括喷射混凝土护壁和现浇混凝土、钢筋混凝土支护。

①喷射混凝土护壁:用喷射机将混凝土喷向坑壁表面,先期集料嵌入坑壁并为后续料流所填充覆盖,在坑壁与喷层间形成嵌固层,喷层与嵌固层同具加固和保护坑壁使之免于浅层坍塌剥落。它适用于坑壁自稳时间较短的各类岩土和较深的基坑。

②现浇混凝土、钢筋混凝土支护:模板主要是以钢模板组合而成,模板宽度一般1.0~1.5m为一节,每挖一节即安装模板、浇筑混凝土,再挖下一段,拆上段模板立下段模板,浇筑下节混凝土,如此往复作业至设计深度。安装模板时应注意上下节之间预留20cm高度的浇筑口,且两节之间应有预留钢筋连接。一般支护厚度为8~15cm。对于混凝土,其强度等级≥C15;对于钢筋混凝土,其强度等级≥C20。

(4)锚杆支护

当基坑开挖不允许在坑内安设纵横支撑时,可采用锚杆支护代替支撑。简易的锚拉支护的锚杆用挖地沟方式埋设,沟宽尽量小,锚杆安装后预先拉紧,使各根锚杆受力一致。锚杆的锚固端应埋设在稳定性较好的土层中,并用砂浆灌注密实。大型基坑的锚拉支护一般由横梁(型钢)、托架及锚杆组成,其中锚杆采用钻孔插设。

(5)人工地层冻结

用人工制冷的方法把不稳定含水地层中的孔隙水冰冻,形成强度较高且有阻水作用的胶结冻土带,用于土层的临时加固支护和隔水。当自然条件许可时,也可利用自然冻结土层来加固支护和隔水。

(6)旋喷桩帷幕法

在基坑周围采用旋喷桩注浆形成不透水的帷幕,用以支护坑壁及隔水。

(7)地下连续墙护壁

对于地质情况较差,水位较高的地段挖基时,按设计要求沿基坑范围边缘在地下挖一段狭长的土深槽,槽内放入钢筋笼,浇筑混凝土,筑成一些钢筋混凝土墙段,最后用接头把这些墙段逐一连接起来,形成一道连续的墙壁。

(8)钻(挖)孔钢筋混凝土灌注桩支护

对于靠近结构物、铁路、公路等处的深基坑开挖,必须进行可靠的防护,否则会造成很大的损失。这种情况下,也可根据实地计算,采用钻(挖)孔钢筋混凝土灌注桩做支护,桩间距为20~30cm,之后进行挂网喷护。

6.旱地或浅水承台基坑开挖时应注意哪些问题?

答:旱地承台(扩大基础)的基坑开挖,根据不同土质采用1:0~1:1.5的边坡开挖,用潜水泵排除地下水,基坑底部尺寸,按承台(基础)尺寸每边多留出50~100cm,以便设排水沟及集水井之用;当不设模板且土质较好、无地下水时,可按基础底的尺寸开挖基坑,在承台底高程以下浇一层20~30cm强度等级低的混凝土作为封底层,或铺筑10~20cm的碎石,级配砂砾作为封底层。

浅滩(水深0.5~1.5m)承台基坑的开挖,一般最经济的办法是采用草袋围堰围水,开挖及排水的施工工艺同上所述。对于不良地质要增设防护设施,如河床硬土层走向为向河心的斜面,则需打入钢、木桩固定围堰,以防下滑。

水深在2~4m的河中,承台挖基宜先用编织袋筑岛,然后在岛上钻ϕ60~ϕ80的滤管水井排水挖基。施工时必须进行专项设计,设计时应考虑编织袋外围是否需要桩固定。在河床倾斜的地方,一定要设桩,而且重点要考虑桩打入硬土层的深度。通常其深度必须满足围堰回填后所能抵抗的下滑力及抗倾覆力。当操作采用机械挖基时,应把施工机械的影响力考虑进去。

用机械开挖基坑时,当挖至底高程以上30cm时,改用人工开挖,以避免超挖,造成不利影响。

7. 挡板支护中如何选择支撑方式?

答:支撑方式的选择与地质状况、基坑开挖深度有关。选择适当的支撑方式可以给工程带来很大的效益。若设计无要求或无经验时,可参照表2-4选择。对地域条件受限,紧邻铁路、房屋等重要设施或深度大于6m的基坑开挖,应具体分析设置桩护壁。临近铁路桩计算受力时,应考虑车辆经过时对地基振动产生的作用力。

支撑方式的选择 表2-4

土的类别	地下水情况	基坑深度(m)		
		<1.5	1.5~3.0	3.0~6.0
		支撑方式		
砂砾土	天然湿度	一般不设支撑,在特殊情况下可设间隔板撑	疏撑	疏撑
	少量地下水		密撑	密撑
黏土、亚黏土	天然湿度		井撑	疏撑
	高湿度或少量地下水		疏撑	疏撑
亚砂土	天然湿度		井撑	疏撑
	高湿度或少量地下水		疏撑	密撑
	大量地下水		密撑	板桩
细砂	天然湿度	断续板撑或无连续板撑	井撑	疏撑
	少量地下水		板撑	板桩
淤泥			板撑	板桩

注:疏撑系指间隔撑板;井撑则间距较大,形成横撑式的井字形板撑。

8.如何设计计算水平及垂直挡板连续支护?

答:1)水平挡板式连续支护的计算

(1)水平挡板计算

在挡板中处于最下一块的挡板受力最大,其厚度亦应为最大,因此仅计算以最下层挡板受力即可。如图2-1所示,为保证安全,将其简化为简支梁,最下层按承受主动土压力,计算可得挡板所需的厚度。

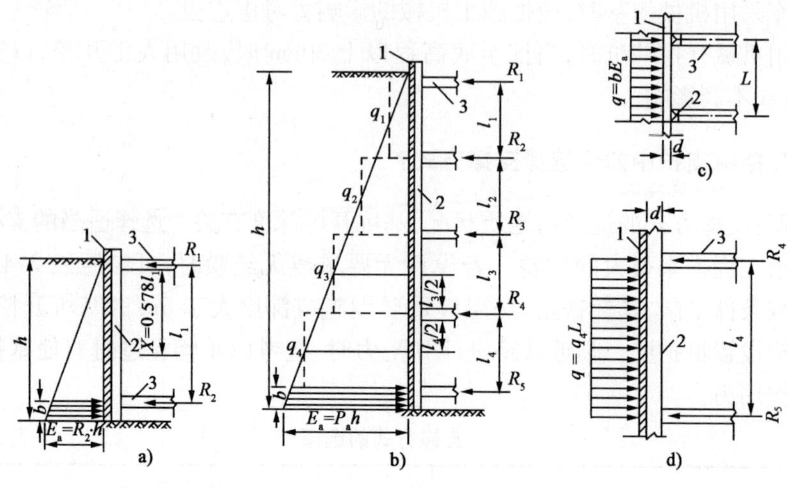

图 2-1

1-水平挡板;2-竖向背楞;3-横撑

$$d = \sqrt{6W/b}$$

式中:d——水平挡板厚度,m;

b——水平挡板宽度,m;

W——挡板的断面模量;

即 $$W = M_{max}/[\sigma_w]$$

其中:$[\sigma_w]$——水平挡板木料容许顺纹弯应力,MPa,可查表2-5;

M_{max}——块水平挡板在垂直立木之间跨中最大弯矩,kN·m;

即 $$M_{max} = bE_aL^2/8$$

其中:L——垂直立木间距,m;

E_a——最下一块挡板的最下一层主动土压力,kPa;

$$E_a = 10\rho h \tan^2(45° - \phi/2)$$

其中:ρ——坑壁土平均密度,g/cm^3;

ϕ——坑壁土平均内摩擦角(其参考值见表2-1),°;

h——基坑深度,m。

各种常用木材的容许应力和弹性模量(MPa) 表2-5

木材种类		树种名称	顺纹拉应力 (σ_1)	顺纹承压应力 (σ_a)	顺纹弯应力 (σ_w)	顺纹剪应力 (σ_j)	弯曲剪应力 (τ)	横纹承压应力(σ_{ah})			弹性模量 E ($\times 10^3$)
								全面积	局部表面及齿面	螺栓垫板面	
针叶材	A-1	东北落叶松、陆均松	9.0	14.5	14.5	1.5	2.3	2.3	3.5	4.6	11
针叶材	A-2	鱼鳞云杉、西南云杉、铁杉、红杉、赤杉、新疆落叶松	8.5	13.0	13.0	1.4	2.0	2.0	2.9	4.1	10
针叶材	A-3	红松、樟子松、华山松、马尾松、云南松、广东松、油松、红皮云杉	8.0	12.0	12.0	1.3	1.9	1.8	2.6	3.6	9
针叶材	A-4	杉木、华北落叶松、秦岭落叶松	7.0	11.0	11.0	1.2	1.7	1.8	2.6	3.6	9
针叶材	A-5	冷杉、西北云杉、山西云杉、山西油杉	6.5	9.5	9.5	1.2	1.7	1.6	2.3	3.1	8.5
阔叶材	B-1	栎木(柞木)、青冈	12.0	19.0	19.0	2.8	3.8	4.1	6.1	8.2	12
阔叶材	B-2	水曲柳	11.0	16.5	16.5	2.3	3.2	3.7	5.5	7.4	11
阔叶材	B-3	锥栗(栲木)、桦木	9.5	14.5	14.5	1.9	2.8	3.0	4.4	6.0	10

注:①弯曲剪应力(τ)仅用于整体梁的弯曲受剪验算。

②对于柱(桩)式墩盖梁,柱式座架墩底梁等在局部长度上的容许横纹承压应力为全面积容许承压应力的2倍。

③木材湿度超过30%或在水中的结构,木材横纹承压容许应力和弹性模量降低10%。

④原木顺纹受压和受弯的容许应力和弹性模量可提高15%。

⑤截面短边尺寸15≥cm的方木受弯容许应力可提高15%。

(2)立木计算

①当坑壁只设两层撑木时,立柱所承受的最大弯矩发生在距上端支点距离为$0.578l_1$(m)的截面上,其最大弯矩为:

$$M_{max} = 0.0642 q_1 l_1^2$$

立木最大应力为:

$$\sigma_{max} = M_{max}/W \leqslant [\sigma_w]$$

式中:q_1——下端承受土压力,$q_1 = LE_a$,kN/m;

l_1——两层支承点的距离,m,如图 2-1a)所示;

W——立木断面模量,$W = M_{max}/[\sigma_w]$。

②当坑壁设多层撑木时,如图 2-1b)、d)所示。按最下一跨 l_i 控制,最大弯矩为

$$M_{max} = ql_i^2/8$$

式中:q——均布荷载,kN/m,$q = q_i L$;

l_i——立木最下两支撑点间的跨距,m。

则

$$W = M_{max}/[\sigma_w]$$

$$d = \sqrt{6W/b}(\text{立木尺寸})$$

(3)撑木计算

撑木为承受支点反力的压杆,应按轴心受压验算其强度和稳定性。

①轴心受压按式:

$$\sigma_a = N/A_{ji} \leqslant [\sigma_a]$$

式中:N——计算轴向力,一般取支撑木上、下跨径各一半之和,即:$N_i = (q_{i-1}l_{i-1} + q_i l_i)/2$;

A_{ji}——受压构件的净截面积,计算时应将分布在 15cm 长度上的缺孔、齿槽投影在同一截面上扣除;

$[\sigma_a]$——木材容许顺纹压应力,MPa。

②轴心受压稳定性按式:

$$\sigma_a = N/(\varphi A_0) \leqslant [\sigma_a]$$

式中:φ——纵向弯曲系数,当撑木的细长比 $\lambda \leqslant 80$ 时,$\varphi = 1.02 - 0.55[(\lambda + 20)/100]^2$;

当撑木的细长比 $\lambda > 80$ 时,$\varphi = 3\,000/\lambda^2$;

A_0——计算稳定时的计算面积,可按表 2-7 所示选用;

λ——构件长细比,而

$$\lambda = l_0/r$$

其中:l_0——受压构件计算长度,m,见表 2-6;

r——计算截面回转半径,m;而

$$r = \sqrt{I_m/A_m}$$

其中：I_m——毛截面对其重心轴的惯矩，m^4；

$I_m = 0.08333bh^3$（方木）或 $I_m = 0.04909d^4$（圆木）；

A_m——毛截面的面积，m^2。

受压构件的计算长度系数 表 2-6

计算长度 l_0 = 实际长度 × 系数				
构件情况	两端铰接	一端固定，一端自由	一端固定，一端铰接	两端固结
系数	1.0	2.0	0.8	0.65

验算稳定时截面计算面积 A_0 取值表 表 2-7

序号	缺口情况	A_0 取值	受压构件缺口示意图
1	无缺口	$A_0 = A_m$	N→ ←N
2	缺口不在边缘	$A_0 = 0.9A_m$	N→ ←N
3	缺口在边缘且为对称	$A_0 = A_{ji}$	N→ ←N
4	缺口在边缘但不对称	按偏心受压构件计算	N→ ←N

注：A_m 为构件毛截面面积；A_{ji} 为构件净截面面积。

若撑木截面有不对称的削弱时，应考虑由截面偏心引起的偏心弯矩作用，按偏心受压杆件验算，其公式为

$$\sigma_a = N/(\varphi A_0) + M[\sigma_a]/(W_{ji}[\sigma_w]) \leqslant [\sigma_a]$$

式中：A_0——取值见表 2-7 所示，当 $\varphi = 1$ 时，取 $A_0 = A_{ji}$；当验算垂直于弯矩作用平面的稳定时，按轴心受压稳定公式验算，不必考虑弯矩的影响；

M——弯矩；

其余符号意义同上。

2）垂直挡板式支护的计算

（1）垂直挡板的计算如图 2-2 所示，横撑按等弯矩布置，各跨按简支梁考虑，则 h_1 跨单位长度的弯矩为

$$M_1 = E_{a1}h_1/8 = f_m d^2/6$$

式中：$E_{a1} = 1/2\gamma h_1{}^2\tan^2(45° - \phi/2)$；

f_m——木材的抗弯强度设计值，取 10MPa；

d——垂直挡土板的厚度，cm；

γ——土的平均重度,取 18kN/m^3;

ϕ——土的内摩擦角,参见表 2-1。

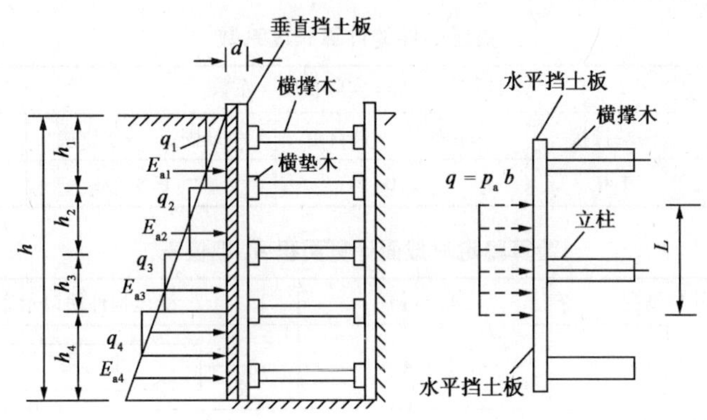

图 2-2　连续垂直板式不等距计算图

由上得

$$h_1 = 0.53[d^2/\tan^2(45° - \phi/2)]^{1/3}$$

根据等弯矩的条件可得:

$$E_{a1}h_1/8 = E_{a2}h_2/8 = E_{a3}h_3/8 = \cdots = E_{an}h_n/8$$

因而:

$$h_2 = 0.62h_1$$
$$h_3 = 0.52h_1$$
$$h_4 = 0.46h_1$$
$$h_5 = 0.42h_1$$
$$h_6 = 0.39h_1$$

若已知垂直挡土板厚度,即可求得横木的间距。一般垂直挡土板厚度为 50 ~80mm。横撑木视土压力的大小和基坑的宽、深采用 100mm×100mm ~160mm ×160mm 方木或直径为 80 ~150mm 原木。

(2)横撑按等间距布置时,承受土的水平压力,可取最下一跨的板进行计算,计算方法和连续水平板的计算相近。

9. 挡板支护应注意哪些问题?

答:挡板支护形式多样,应根据地质条件及造价选择适当方案。当使用挡板支护时,应注意以下问题:

(1)木挡板支护

①采用木挡板支护时,应根据坑壁的地质情况,采取挡板紧密铺设或间隔铺设、一次挖成或分段开挖,但每次开挖不宜超过2m。挡板材质宜采用质量良好的针叶材如松木、杉木,不宜用杂木。楔块、垫木宜用硬木。

②挡板支护中,挡板与坑壁间的空隙应用原土填实,不得留有空隙。随时检查支撑及挡板的受力情况,防止出现受力不均和应力集中等情况。对已变形和已开裂的支撑,应随即加固或更换。换移支撑时,应先设新撑再拆旧撑。

③在木挡板支护施工时,要防止对撑木的碰撞,在可能发生碰撞撑木的地方,应加强垂直护板或采取其他有效的保护措施。

④安装支撑时应事先考虑将来拆除支撑的顺序,一般应按立木或直挡板分段分层逐步进行,拆除一段(或一层)并经回填夯实后再拆一段(或一层),直至地面。

(2)基坑开挖深度小于4m时,也可采用简易钢板桩支护或圆木桩加黏土袋支护。

(3)钢板桩支护

①地下水位较高,基坑开挖深度为5~10m时,宜用锁口钢板桩。

②桩锤的质量不小于钢板质量的2倍,并设置桩帽。

③插打顺序一般自上游分两头插入到下游合龙。

④钢板桩挡板受力过大时,应加设临时支撑,支撑形式为拉锚或其他支撑。

当采用多层横撑支撑时,如图2-3所示采用等弯矩进行计算(其他计算方法可参考《公路施工手册—桥涵》上册)。

第一跨按简支梁计算,其三角形分布荷载的最大弯矩用下式计算:

$$M_{\max} = (1/7.8)W_0 h$$

式中:$M_{\max}$——第一跨的最大弯矩,kN·m;

W_0——第一跨上荷载的总和,kN;

h——第一跨跨度,m。

第一跨以下各层近似地按连续梁计算其最大弯矩:

$$M_{\max} = (1/10)W_i h_i$$

式中:W_i——第 h_i 跨上荷载的总和,kN;

h_i——第 i 跨跨度,m。

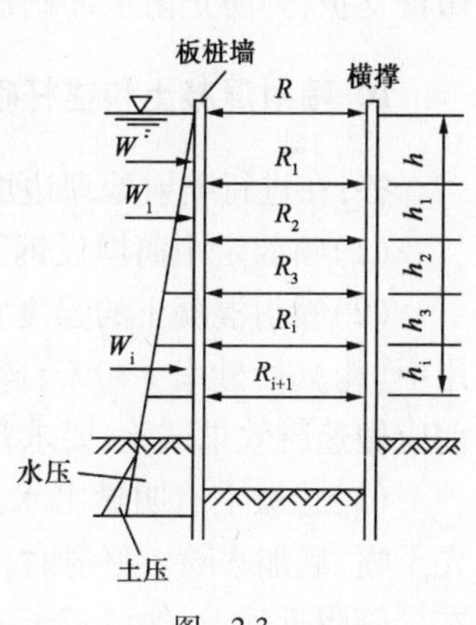

图 2-3

设计时按选用的板桩截面强度由上面公式反算求得 h,可参考表 2-8 进行横向支撑间距布置。

不同深度处横撑系统的跨度 表 2-8

跨度	按板桩内弯矩相等	跨度	按板桩内弯矩相等
h_1	$0.691h$	h_6	$0.408h$
h_2	$0.570h$	h_7	$0.388h$
h_3	$0.505h$	h_8	$0.372h$
h_4	$0.468h$	h_9	$0.358h$
h_5	$0.432h$	h_{10}	$0.346h$

⑤拔桩的开始点宜离开角桩 5 根以上,必要时还可间隔拔桩,拔桩顺序与打桩顺序相反。

⑥拔桩后,对基坑开挖立即回填。拔出的钢板桩要及时清除污泥,以备再用。

(4)钢木混合支护或钢结构支护

①施工中结合四周土质及荷载情况,合理布置千斤顶位置,用以减少预紧力的损失和控制坑壁变形。

②加强纵横杆件交叉处及与立柱连接处的连接,除三角形托架外,还要用 U 形夹具夹紧。

③杆件端部与千斤顶座及顶点接触的端头,应用混凝土将杆件截面填实。

(5)预制钢筋混凝土挡板除满足尺寸要求外,还应便于搬运。

(6)桩支护。临近铁路、房屋等重要设施,为保证其安全性,需对基坑护壁做桩支护,为防止雨水冲刷桩间土,还应做挂网锚喷。

10. 喷射混凝土和锚杆喷护的要求有哪些?

答:在进行喷射处理边坡时,应注意以下要求:

(1)喷前定距离埋设钢筋,露出岩面的长度即为喷射厚度。

(2)喷射混凝土的强度宜大于 20MPa,喷射厚度不小于30 ~ 50mm。混凝土用中(粗)砂,砂率 >30%;碎石最大粒径≤15mm;水泥强度等级≥32.5R;使用前应做速凝效果试验,要求初凝时间 <5min,终凝时间≤10min。

(3)边坡上有明显出水点处应设置导水管,并改变配合比,增加水泥用量,先干喷,后加水喷。喷射时,先喷渗水较少处,由远及近逐步向涌水点逼近,最后在导管附近喷射,保留管子引水排出。

(4)用锚杆挂网喷射混凝土支护时,锚杆要求进入稳定层的长度、间距一定要满足设计要求。

(5)喷前应对机械设备、各种电路、管路等进行系统检查,并试运行。

(6)控制好水灰比,要求混凝土喷射面平顺,无凹凸坑洼。锚杆的平均抗拔力不小于设计值,最小拔力不小于设计值的90%,回弹率应控制在20%以内,回弹物应废弃。

(7)喷射混凝土配套机具要密封性良好,生产能力满足要求。供水设施应保证喷头处水压为0.15~0.2MPa。

(8)喷射机作业开始时,应先送风,后开机,再给料;供料一定要连续均匀;喷射作业完成时,先停供料,供料喷完再停机。

(9)喷头与壁面垂直距离以0.6~1.2m为宜。喷射作业的气温应高于5℃;气温低于5℃时,不得喷水养护。

(10)喷射过程中,应随时观察基坑四周,若发现有开裂变形或起空壳脱皮等现象,应立即采用重喷和补强措施。

(11)对于注浆锚杆,每层注浆完成并喷射混凝土,需养生达到设计强度的70%后才可进行下层开挖。

11. 护壁喷射混凝土厚度的计算公式是什么?

答:基坑平面有矩形、圆形、椭圆形,其中以圆形坑壁喷射混凝土受力最佳,所以一般多用圆形。设圆形基坑土的侧压力为P(kPa),基坑直径为D(m),可按下式计算护壁厚度d。

$$d = PD/2[\sigma_a]$$

式中:$[\sigma_a]$——为混凝土早期抗压强度,kPa;

土的侧压力按库仑公式计算,即

$$P = \sum \gamma h \tan^2(45° - \phi/2)$$

式中:γ——土的单位重度,kN/m^3;

h——土层厚度,m;

ϕ——土的休止角,°。

施工过程中,视坑壁稳定及渗水情况,可根据经验适当增减。

12. 怎样进行喷射混凝土加固坑壁?

答:(1)按开挖基坑的大小现场开挖位置就地浇筑(或预制下沉)坑口混凝土护筒,护筒顶面高出地面10~20cm,护筒厚度为15~40cm,长度为100~

150cm,其中具体取值视土质及基坑大小凭经验而定。

(2)护筒强度达70%以上开始挖基。视地质情况以不坍塌为度,决定每次开挖的深度,挖一段喷一段,直至设计深度。

(3)用高压风管清理挖出节段坑壁,埋设控制混凝土厚度的钢筋。混凝土厚度除按公式计算外,还可以根据实际情况进行增减,但对无水基坑最薄不能低于3cm,对少量的渗水基坑壁厚最少不能小于5cm,对有大量渗水的基坑壁厚最少不能小于15cm,并且要辅助以木桩等抗坍塌物。

(4)喷射混凝土。喷射作业应分段分片由下而上呈环状进行,分段不宜过长,并以适当厚度分层喷射,初喷厚度不得小于4cm。后一层喷射在前一层终凝后进行,直至符合厚度要求。

(5)养护。喷射混凝土终凝2h后,应喷水养护,养护时间一般不少于7d。

(6)基坑达到设计高程,验收合格后,立即进行基础施工,且等待时间不宜过长。

13. 锚喷混凝土加固坑壁的锚杆主要有哪几种?

答:锚喷混凝土加固坑壁是在喷射混凝土的基础上,由喷射混凝土、各类锚杆和钢筋网联合支护加固坑壁的一种方法。其锚杆主要类型有:

(1)全长黏结型:普通水泥或早强水泥砂浆锚杆,锚杆一般采用$\phi16\sim\phi20$的螺纹钢,一般用于塌方面较小、地质较好的坡面。

(2)端头锚固型:机械锚固、快硬水泥卷锚固、树脂锚固;机械锚固又分楔缝式、胀壳式和倒楔式。适用性同上。

(3)摩擦型:缝管锚杆、楔管锚杆。

(4)预应力锚索或预应力锚杆:用预应力索或预应力筋对大块不稳定土或滑坡体进行锚固,可使被支护体变形较小。

14. 滑坡体锚索施工的工艺流程图是怎样的?

答:滑坡体锚索施工工艺流程,如图2-4所示。

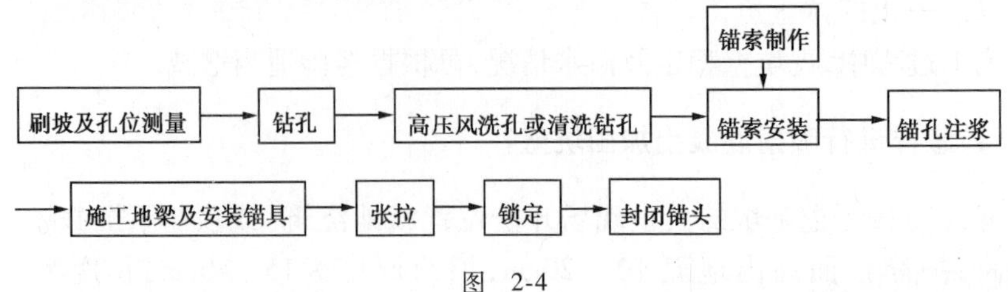

图 2-4

15. 如何用锚索处理位于桥梁墩台附近的滑坡体?

答:(1)造孔

①根据孔深、孔径及地质情况选用锚杆钻机。

②孔位测量使用经纬仪按设计图测放孔位。若由于地形原因或遇桥墩台或钻机架设困难,则允许孔位作少量调整,为保证锚固效果,孔位调整一般控制在20cm以内,但要同设计单位协商后共同确定。

③钻机安装,按孔位高程,在坡面上架设栈道式钻机平台,平台宽2.0~2.5m。钻机在平台上安装后,调整钻机主轴高度,使钻机主轴线与设计钻孔中心线重合,保证钻孔方位与倾角的正确,钻孔倾角使用地质罗盘仪测定。

④采用风动干钻时,应把土充分倒出后,再拔钻杆;应尽量减少孔内虚土,方便拔杆;如有掉块则采用跟管钻进;终孔后,则要使用高压风洗孔,保证孔内清洁,确保水泥浆体与孔壁岩体黏结牢固。采用湿作业时,注水钻进,并根据地质条件控制钻进速度;接杆前应反复冲洗外套管内的泥沙,直至水清;接套管时应保证接的套管与原有套管在同一轴线上;钻进过程中应随时注意速度、风压及钻杆轴线平直;钻到设计深度时应清洗钻孔到水清为止,用塑料管测孔深并作记录;如有外套管留在孔内,注浆后应拔出。

⑤钻孔深度要注意预留超长孔深0.5m,作为岩粉的沉淀用,保证下入孔内的锚索长度满足设计要求。

⑥钻进时要作好记录,对钻进速度、岩性、充填物、地下水要描述清楚。钻孔成孔后要做好自检,确定孔位、孔深、孔径倾角符合要求后进行下道工序。

⑦对钻孔的要求:水平方向孔距允许偏差≤50mm,垂直方向孔距允许偏差≤100mm,孔底偏斜不大于长度的3%,钻孔直径应符合设计要求。

(2)锚索制作

①锚索的下料长度L,即

$$L = L_1 + L_2 + L_3 - L_4$$

式中:L_1——钻孔深度(孔口至孔底深度,含超长孔深),cm;

L_2——通过地梁的锚索,cm;据地梁厚度定;

L_3——预留张拉长度,cm,一般取150cm;

L_4——超长孔深50cm。

②锚索的组装。锚索的组装应在搭制的平台上进行,并设有挡雨棚。在锚索制作时,应认真检查钢绞线的规格、型号,并符合要求;厂名、产地清楚。有损

伤的应剔除,要除锈、除污、保持钢绞线清洁。锚固端的导向头、扩张环、注浆管、防护套网的安装等应按设计大样图进行。捆扎要牢靠,自由端的钢绞线应套在塑料波纹管内。

③锚索入孔。锚索制作完成后,要请监理工程师确认孔深,锚索制作符合要求后,使用人力将锚索推送入锚孔内。

(3)锚孔注浆

锚索下入孔内后,应及时进行注浆,避免锚索在孔内滞留时间过长而引起生锈影响锚固质量。注浆可用纯水泥浆,亦可用配合比为1∶1～1∶2,砂粒直径不大于2mm的水泥砂浆,注浆宜使用强度等级42.5R以上的水泥,水灰比0.4～0.5,注浆压力0.6～0.8MPa,注浆采用孔底反浆法连续注浆,直至注满为止,通过观察孔口溢出来的浆液浓度与拌制的水泥浆液浓度是否相同来判断孔内浆液是否灌满,对孔口缩浆部分应补注浆。在注浆时,按规定要求取立方试块进行抗压强度试验。对于设计要求按二次压浆时,要等一次压浆锚固体强度达5MPa后,以2～3MPa的压力进行劈裂灌浆。

(4)地梁浇筑

注浆完成后,应立即进行地梁施工,要求地梁做得顺直美观,地梁施工前要将坡面整平、夯实,就地捆扎钢筋,立模灌筑混凝土,注意模板之间的连接与顺直,加强捣固与养护。锚索应尽量与地梁垂直,或采用特殊措施作一平面与其垂直。浇筑时,按规定要求做好立方试块,进行抗压强度试验,在地梁施工的同时要按设计要求预留锚孔和设置锚垫板。

(5)锚索的张拉、锁定

锚索的张拉在地梁强度达到设计要求后进行,选用匹配张拉设备。如YC120型穿孔式双作用千斤顶,行程300mm。张拉前要对张拉设备进行标定。安装时将外锚头的钢绞线穿入千斤顶。调整千斤顶的高度和倾角,固定千斤顶,以保证其轴心线与锚索受力中心线重合。

锚体强度达70%以上,方可进行预应力筋张拉。

锚索张拉可分三级进行,分级荷载为1/3预应力值,并按设计值超张10%考虑。前二级张拉分别稳定并持荷5min,第三级张拉稳定持荷30min,无问题后,临时锁定48h,再进行一次补张拉,以补偿锚索的松弛和地层徐变等因素造成的预应力损失,最后锁定在设计值上。加荷时应平稳均匀,正式张拉前,应取0.1～0.2设计预应力值,对锚索进行初张拉1～2次,以使钢绞线平直,各部位接触紧密。

张拉时应注意张拉顺序。有两根锚索的地梁应用两套张拉设备同时进行张拉、锁定;有三根锚索的地梁的张拉,应先两头同时进行张拉锁定,再进行中间一孔张拉锁定,其目的是防止地梁不均匀位移、开裂。

(6)封孔

张拉锁定后,切除外露多余部分,应留 8 ~ 12cm 以防曳滑。对锚具及垫板应用防护剂仔细涂刷,最后采用混凝土将外露钢件(锚垫板、钢绞线)封死,以作永久防护。

16. 预应力锚杆加固施工中应注意哪些事项?

答:(1)严格按设计图纸上的锚索间距、倾角、高程进行施工;特殊情况,在征得设计单位同意后,可适当调整。

(2)对滑坡体施工宜采用干作业,不应采用湿作业;对于其他护壁可根据具体情况选择操作方法。钻进过程应随时注意速度、压力及钻杆轴线的平直;钻到设计深度时应清理干净钻孔,用塑料管测孔深并作记录。湿作业如有外套管留在孔内,注浆后应拔出。遇松散、破碎地层时,应采用跟套管钻进技术,以使钻孔完整不坍。

(3)钻孔检验。水平方向孔距允许偏差不大于 50mm;垂直方向孔距允许偏差不大于 100mm;孔底偏斜度不大于长度的 3%;钻孔直径应符合设计要求。

(4)灌浆液分水泥砂浆、纯水泥浆两种;水泥砂浆的水泥强度等级宜在 42.5R以上,水灰比为 0.4 ~ 0.45,配合比为 1:1 ~ 1:2,砂粒直径不大于 2mm,纯水泥浆的水泥强度等级宜用 52.5R,水灰比 0.4 ~ 0.5。

(5)压浆可采用一次灌浆工艺或二次灌浆工艺。一次压浆工艺的压浆压力为 0.6 ~ 0.8MPa,二次压浆工艺的压浆压力为 2 ~ 3MPa。无论采用哪一种压浆工艺,每次压浆均应连续进行。

(6)所用的锚索应做好防腐处理,在运输及下锚过程中,不应损伤防护措施。

(7)锚体强度达到 70% 以上,方可进行预应力张拉;为避免相邻锚杆的应力损失,可以间隔张拉。

(8)张拉宜分级进行,加载时间 ≥5min 为宜,最后一级张拉(超张拉)应持荷 30min 以上,无变化锁定。锁定预应力以预应力材料设计轴拉力的 75% 为宜。

17. 抗滑桩施工时应注意哪些事项?

答:抗滑桩一般设置于滑坡体的坡脚部位,主要是阻止坡体滑塌而破坏桥梁墩台。施工时应注意以下问题：

(1)严格按设计图放孔开挖,并应跳孔开挖,跳孔灌注。

(2)在松散地层或易坍孔地层内开挖桩井时,应及时做好锁口、护壁,以利安全。若井内有地下水时,应备好抽水设备。桩井开挖完成后应立即灌注钢筋混凝土。在混凝土浇筑前,应对锁口、护壁按设计图上的位置及倾角开设锚索孔,并预埋设计要求的钢套,以便施工桩上锚索。桩上锚索施工完成后,将其周围的护壁凿毛,作一斜托与锚索垂直。

(3)抗滑桩纵向主筋在同一截面连接钢筋数量不应超过总数的1/3,最好错开连接,以利受力。

(4)在每根桩上预埋4根声波检测管(一般为镀锌钢管),其内径ϕ65mm、壁厚3.75mm,以作桩身检测之用。

(5)对桩体应做抽芯检验,其抽检频率按设计要求或按3%计。

18. 自钻式锚杆包括哪几部分?

答:自钻式锚杆由以下几部分组成：

(1)锚杆：

①材质应符合国家《结构用无缝钢管》(GB/T 8162—2008)标准、高抗张力无缝钢管;全杆冷轧有T形螺纹。

②连接杆除与杆身具有相同材质外,应有自动止锁密合设计。

(2)锚头：

①自钻式锚杆锚头为耐磨合金钢钻头,并预留浆液出孔。

②注浆式锚杆锚头为外凸状铁制或硬质塑料材质,在钻孔完成推入锚杆后可自行固定在孔壁不致脱落,并预留浆液出孔。

③预力式锚杆锚头为机械式扩张铁制材质,其扩张范围可使锚头完全固定在孔内岩壁,达到设计之施拉预力,并预留浆液出孔。

(3)承载板、螺帽,其承载力必须大于设计锚杆承载力。

19. 自钻式锚杆施工的一般要求及注意事项有哪些?

答:(1)锚杆安装。应按地层不同或各种功能来安装,对于易塌孔的破碎地层,采用自钻式锚杆,其锚杆本身即为钻杆,在前端装上合金钢钻头,钻机将锚杆依设计长度分段连续贯入。锚杆安装前,应检查锚杆体中孔和钻头的水孔是否畅通,若有异物堵塞,应及时清理。

(2)钻孔。锚杆体钻进至设计深度后,应用水和空气洗孔,直至孔口返水或返气，方可将钻机和连接套卸下并及时安装垫板及螺母，临时固定杆体。

(3)灌浆。灌浆从锚杆底部开始。若孔的方向朝下，待水泥浆满孔流出后，以快干水泥砂浆封住孔口，等5～10min，再套上垫板，并锁上螺帽。若需第二次补浆，压力须控制在1.5～4.5MPa；若孔深方向朝上，锚杆底端可先装上止浆套环，以防水泥浆外渗。

(4)浆液。浆液宜采用纯水泥浆或1:1水泥砂浆。采用纯浆时，水灰比宜为0.4～0.5。采用砂浆时，水灰比宜为0.35～0.45，砂子粒径不应大于1.0mm。灌浆稠度应为朝上灌注垂直孔而不致发生垂流。

(5)灌浆料应由杆体中孔灌入，水泥浆体强度达5.0MPa后，可上紧螺母。

(6)安装锚杆过程中，如塌孔锚杆无法插入孔底，灌浆不确定，无法达到规定的应力，或技术人员认为不合规定时，该锚杆应废除，并以指定位子重新装设。

(7)质量检查。完成的锚杆，须按每100支中任取一根进行承载检验，检验结果应满足设计要求。若上述抽检不合格时，应抽取双倍的数量进行检验，若检验合格，则除原抽检不合格的锚杆须补设外，该批100支锚杆均视为合格；若检验不合格时，则代表100支锚杆全部不合格。

抽检数量也可根据施工质量、稳定性由施工单位、监理单位、设计单位、业主共同研究决定。

(8)在正式施工前，工地现场应根据不同地层进行锚杆拉拔试验，试验数量至少应取3支，以作为设计锚杆长度的依据。锚杆的质量须经试钻及拉拔试验合格后方可使用。

20.什么条件下的基坑开挖需观测？观测点的位置如何选择？

答：基坑观测的目的是通过观察基坑的变形及早采取预防处理措施，以免基坑坍塌，发生安全事故。以下基坑开挖需设观测点：

(1)基坑土质很差，开挖后，坑壁不稳定；基坑较深，一般大于4m。

(2)基坑周边有建筑物或其他结构物，如铁路、轻轨、楼房等。

(3)周边有振动作业的施工点。

针对不同的周边环境及开挖情况，观测点的位置要能充分体现基坑及维护结构稳定性的特点，分别设置在坑顶周边、坡脚、坑壁中部维护结构；对于临近铁路作业，应考虑铁路的沉降与位移，在轨道附近还需设置观测点；对于有建筑物的观测点，应增设在建筑物附近，既能观测到位移又能观测到沉降的地方。

二、围　堰

21. 围堰的种类有哪些？其各自的适用条件是什么？一般要求有哪些？

答：围堰的种类、适用条件和一般要求，见表2-9。

围堰的种类、适用条件和一般要求　　表2-9

围堰的种类	适用条件	一般要求
土围堰	水深≤1.5m，水流速度≤0.5m/s，河床土质渗水性较小，迎水面流速稍大时，可对外坡进行防护处理，河床底平缓	(1)人工施工堰顶宽度为1～2m，机械施工堰顶宽度≥3m。外坡坡度迎水流冲刷的一侧一般为1:2～1:3，背水冲刷的一侧一般在1:2以内；内坡坡度宜为1:1～1:1.5。 (2)用土为黏性土或砂夹黏土，填出水面后应分层夯实，填土应自上游开始至下游合龙。 (3)在筑堰前必须清除堰底河床上的杂物。 (4)内坡脚距基坑边缘距离≥1m
土袋围堰	水深≤3m，水流速度≤1.5m/s，河床土质渗水性较小，河床底平缓，可筑土袋围堰。高出最高水位(包括浪高)0.5～0.7m	(1)围堰中心部分可填筑黏土及黏土芯墙。袋内宜用黏性土，装填量约为60%。水流大时，外围袋可装碎石或卵石。 (2)堰顶宽度为1～2m，堰外边坡度为1:0.5～1:1，堰内边坡度为1:0.2～1:0.5，坡脚距基坑顶边缘的距离≥1m。 (3)堆码的土袋其上下、左右层应相互错开，搭接长度为1/2～1/3，堆码密实整齐
木桩土袋围堰	水深≤3m，水流速度≤1.5m/s，河床土质渗水性较小，河底淤泥薄，床底向河中心倾斜，在外围打入木桩，内布土袋	木桩打入深度及数量要满足抵抗围堰及施工设备所产生的侧向滑力的需要。 其余注意事项同土袋围堰
竹(铅)丝笼围堰	水深1.5～4.0m，水流速度≤2.0m/s，河床难以打桩	(1)围堰上下宽要一致，其宽度为水深的1.0～1.5倍。 (2)采用单层竹(铅)丝笼时，内(外)侧堆填土袋；采用双层竹(铅)丝笼时，内填黏土。 (3)笼与笼之间，用铁丝连接成十字形，可使用钢筋串联、螺栓连接等方法加固。 (4)笼内以卵石(石块)填充。 (5)笼径为80～120cm，高度视水深而定

续上表

围堰的种类	适 用 条 件	一 般 要 求
双排木桩土围堰	水深 3 ~ 5m，水流速度 >1.5m/s，河床淤泥较薄、渗水少且床底易打桩	(1)两排木桩宽度在1.5 ~ 2.0m，桩与桩间距为1.0m，打入深度2.0 ~ 3.5m。 (2)以金属拉条拉紧，贴木桩放入竹笆，填入黏土。 (3)对于打入深度不能满足要求的可适当加密木桩
钢筋混凝土板桩围堰	流速较大的深水河床，对于黏性土、砂类土及碎石土类河床更适合，除用于挡水外，亦可用于基础的一部分。另外，还可拔出周转使用	(1)板桩断面应符合设计要求。沉入砂砾层的板桩桩头，应增加加劲钢筋或钢板。 (2)若采用射水下沉，板桩预制时，应预留射水道。 (3)每块板桩的榫口结合应顺直、紧密，确实起到挡水和导向的作用。 (4)生产板桩时，最好使用钢筋。 (5)从迎水面角桩起开始插打桩，在下游围堰角桩或直线上合龙，拔桩顺序相反
钢板桩围堰	流速较大的深水河床。更适合于砂类土、黏性土、碎石土及风化岩等坚硬河床，挡水性能好，可以成为结构的一部分，也可拆除利用	(1)采用定型规格的钢板桩接口类型一致，钢板桩与钢板桩的接口须连锁紧密。 (2)钢板桩的打设从上游开始向下游合龙，同时打设时要具备插桩夹板以利导向。 (3)钢板桩堆放、搬运、起吊时，应防止变形及锁口损坏。 (4)施打要求板桩竖直，接口严密。 (5)拔桩应在灌水后进行，宜从下游开始
套箱围堰	水流速度≤2.0m/s，埋置不深的水中基础，也可用于修建桩基承台，高出最高水位(包括浪高)0.5 ~ 0.7m	(1)一般可由木板、钢板或钢丝网水泥制作，内设木、钢支撑。 (2)清理河底树枝、石块、杂物。 (3)套箱设于岩层上时，整平岩面。若基岩岩面倾斜，将套箱底做成与岩面相同的倾斜度。 (4)在制作和吊装时，防止套箱接缝渗漏

续上表

围堰的种类	适用条件	一般要求
双壁钢围堰	大型河流的深水基础施工,覆盖层较薄、平坦的岩石河床	(1)双壁钢围堰应进行专门设计。 (2)围堰尺寸及高度根据基础尺寸及放样误差、墩位河床高程、围堰下沉深度和施工期间可能出现的最高水位及浪高等诸因素确定。 (3)双壁钢围堰应分设多个对角的隔水仓,下沉过程中对称灌水、砂砾石或混凝土。 (4)进行焊接质量检查及水密试验。 (5)清基完成后,由潜水员逐片检查,合格后,浇筑水下混凝土,封底。围堰拆除时,防止撞击墩身
钢管桩围堰	各类地层的深水基坑	(1)若水下有孤石、片石等障碍物时,钢管桩底口及其与围堰支撑接触处应做加强处理。 (2)当在水中或透水性土层中采用钢管桩围堰时,应对锁口进行止水处理

22. 钢板桩围堰一般有哪几种形式?选择哪种形式更有利?

答:钢板桩围堰一般有单层钢板桩围堰和双层钢板桩围堰两种形式,如图2-5适用于水深在6~10m的河床,但河床软泥厚度较浅的地方。软泥厚度太深,钢板桩的长度有限,不利于稳定其结构。

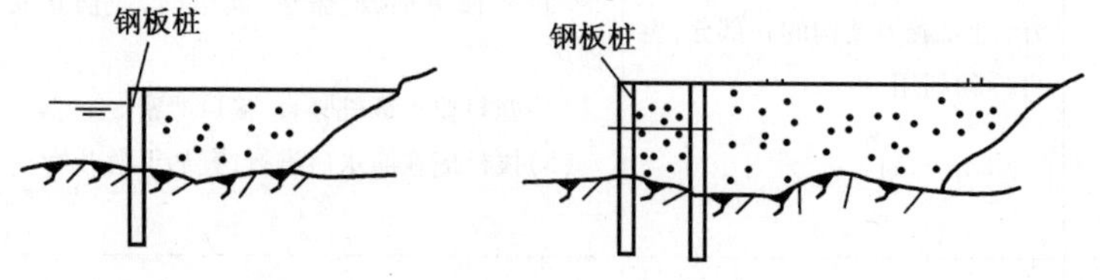

图2-5 各种形式的砂岛

为了使围堰周圈能较好地承受拉、压内力,不论结构物轮廓形状,均宜采用圆形平面布置(江中岛)和半圆形平面布置(岸边筑岛),并适当增大筑岛面积,保证结构在岛上有足够的稳定性,在沉井筑岛中,一般围堰直径大于沉井底节直径或边长约10m。当围堰受到内外水、土压力时,必须按稳定要求在堰体外侧抛石防护,堰身外箍内撑,并及时将撑环、撑杆移位或拆除,以利操作。

23. 施打钢板桩围堰应注意哪些问题?

答:(1)在打入钢板桩之前,应在围堰上下游一定距离及两岸陆地设置经纬仪观测点,用以控制围堰长、短边方向的钢板桩的施打定位。

(2)打入钢板桩之前,钢板桩锁口应用止水材料捻缝,以防漏水,一般用油灰及旧棉絮等材料嵌塞。由于插打不当、船只不慎撞击或大风浪等影响,使钢板桩锁口发生变形、出现渗漏,此时,应在漏水琐口处的围堰外侧利用导管投撒细煤渣,煤渣沉至漏水高度处即可堵塞漏水,或用麻袋盛装细煤渣沉入水中,用活扣倒在漏水部位进行堵漏。

(3)钢板桩打入之前,锁口均应涂以黄油或热的混合油膏(质量配合比为:黄油∶沥青∶干锯末∶干黏土=2∶2∶2∶1),在钢板桩与水下混凝土的接触范围内涂以隔离层。

(4)对组装拼接后的组桩,应每隔4~5m加一道夹板,使其固定以便插打,夹板在插打时逐步拆除。

(5)对需要拼制的角桩,可将一块钢板桩沿纵向一分为二,中间用角钢或弯制钢板焊接、铆接或螺栓连接成角桩。

(6)施打钢板桩必须有导向设备,以保证钢板桩的正确位置,内外导梁间距应比钢板桩有效厚度大8~10cm,以利插打。

(7)施打顺序按施工组织设计进行,一般由上游分两头向下游合龙。施打时宜先将钢板桩逐根或逐组施打到稳定深度,然后依次施打至设计深度。在保证垂直度的情况下,也可一次打到设计深度。

(8)砂砾层中打阴阳锁口的桩时,应将阳榫朝前进方向;对套形、环形锁口前进方向的锁口下方应用木或铁制的栓塞封闭,以防砂砾进入锁口。打桩锤要求宜大于桩重。

(9)钢板桩可用锤击、振动、射水等方法下沉,但在黏土中不宜使用射水法下沉。

(10)接长的钢板桩,其相邻两钢板桩的接头位置应上下错开。

(11)在同一围堰内使用不同类型的钢板桩时,为方便连接,宜将两种不同类型的钢板桩的各半块拼焊成一块异形钢板桩。

(12)施打钢板桩时,应随时检查其位置是否正确,桩身是否垂直,不符合要求时,应立即纠正或拔出重新施打。

一般纠偏方法常采用:复式滑车组纠正钢板桩的倾斜,如图2-6;在坚硬土地上插钢板桩时,可将桩尖截成一定角度,利用反力纠正倾斜,如图2-7所示。

对防止和纠正均无效的情况,可用特制楔形桩合龙,楔形桩分铆接和焊接两种。每块楔形桩的斜度不应超过2%。当一块楔形桩不够合龙需要时,可采用两块楔形桩,两块楔形桩应各有一个垂直边,其间至少应插一块普通桩。

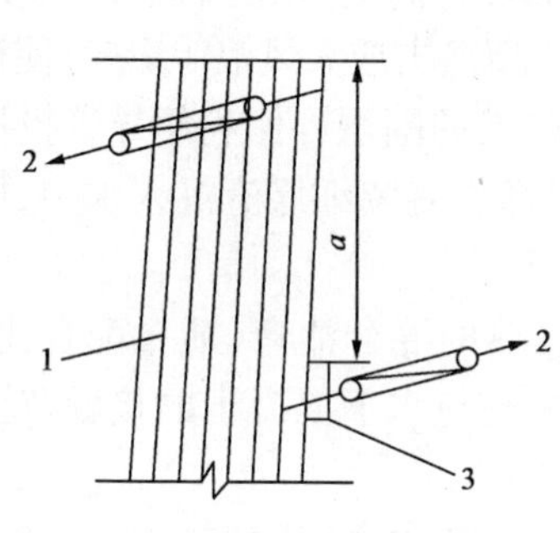

图2-6 采用复式滑车组纠正钢板桩倾斜
1-钢板桩;2-复式滑车组;3-短钢板桩
注:a大于钢板桩长度的一半

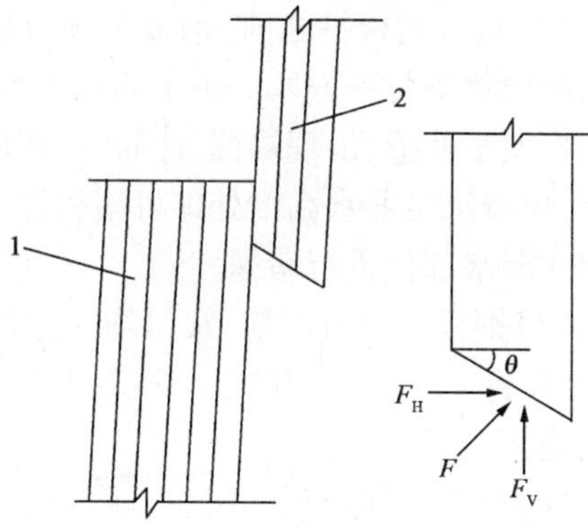

图2-7 利用桩尖倾斜反力纠正钢板桩倾斜
1-已插入钢板桩;2-桩尖倾斜钢板桩

(13)钢板桩吊起后,人工扶持并插入前一块钢板桩的锁口后,若下插困难,应采取以下措施。

①将桩吊起插入锁口后,快速放松吊桩绳,借桩自重急速下插。

②用锤压桩下插,必要时可加以低锤慢打。

③用倒链或滑车组固定于已插好的桩上进行绞拉。

(14)无论是单块桩还是组合桩均应安装桩帽,而且应有备用桩帽,以便及时更换打坏的桩帽。

24. 怎样减少拔除钢板桩的摩阻力?

答:(1)在打入钢板桩之前,将钢板桩与水下混凝土的接触范围内涂以隔离层。

(2)在灌注较厚水下封底混凝土的第一层完毕时,将钢板桩拔起少许以减小黏结力。

(3)采用振动附有液压装置打拔桩机拔桩,有必要时加高压射水以减小摩阻力。

(4)略加锤击,使钢板桩与水下混凝土脱离黏结。

(5)先拆除外导框,向围堰内灌水,使堰内水位高出堰外1.0~1.5m,利用堰内水压力抵消堰外挤压力,使桩壁与水下混凝土脱离。

(6)对于变形较大、难以拔出的桩,利用人工沿河床底进行水下切割。

25. 当河床是岩石时,需要采取何种方式筑岛?

答:河道中无覆盖层,当岛筑建完成后,沉井下沉穿越砂岛不存在问题,但要进入岩层一定的深度,在沉井内水中爆破凿岩就很困难。对此,可在筑岛前先在水上钻孔装药爆破,然后在船上用抓斗清渣,将沉井(或承台)需要的空间挖出后,即可回填砂石,进行水中筑岛,见图2-8,这样就可以很简单地挖到设计要求,进行下一步工作。

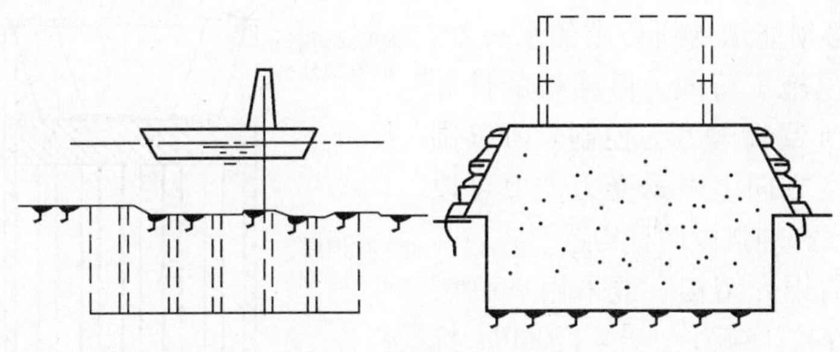

图2-8 江中岩石层上筑岛

26. 双壁钢围堰的结构形式是怎样的?

答:双壁钢围堰根据其受力特性,一般设计为圆形,由刃脚、堰身构成,见图2-9。

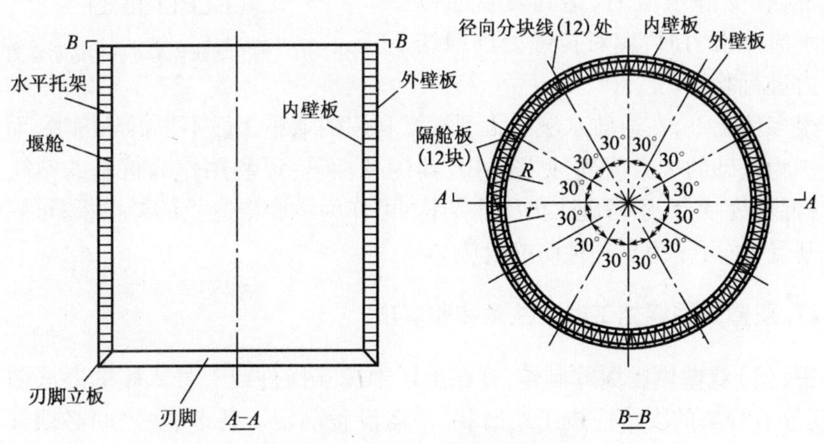

图2-9 圆形双壁钢围堰的构造图

刃脚部分采用楔形形状,刃脚处的楔形形状的斜板也是双壁间的封底底板。

堰身由内外壁、型钢加强肋构成。内外壁板、刃脚斜底板使堰身形成了可自浮的仓体结构。

刃脚斜底板、内外壁板均在其仓体内侧面设有型钢加强肋,在内外壁板间每隔一定的高度设置水平桁架托板,使内外壁板联结成牢固的整体。

在堰身的舱体内,以过圆心的半径线等分圆周,在分点处设置隔舱板,使堰身被分成数个互不相同的隔舱。设置隔舱板的目的是为了平衡围堰灌水压重。因隔舱板要承受相邻隔舱体内不平衡的水头差,所以在隔舱板上每隔一定的高度设置水平型钢加强肋。

围堰必须能承受所要求的水头差、自重及堰顶施工荷载。但结构的计算以水头差所致侧压力为控制。所以围堰在沿高度方向上根据受力需要可以分为标准段和加强段两种构造形式。

围堰的钢壳结构一般采用 A3 钢,其基本允许拉压应力$[\sigma_a]=170\text{MPa}$,抗弯应力$[\sigma_w]=180\text{MPa}$。工地手工焊缝允许拉应力 120MPa,允许剪应力 70MPa。

钢壳在悬浮状态及围堰内抽水的情况下,在受静水压力、达到覆盖层以前受水流冲击力时,应对拉缆处围堰结构受力进行验算。

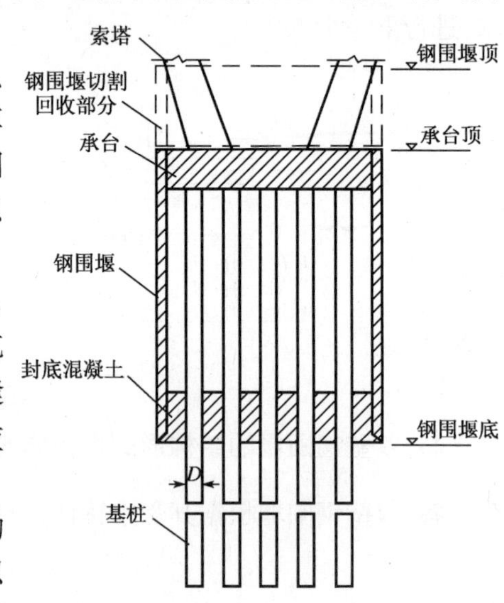

图 2-10　钢围堰联合基础的构造示意图

很多情况下,在通航水域的大型桥梁利用围堰施工后不再拆除围堰,而是把围堰作为基础的一个部分,见图2-10。其优越性是:可利用作为桩基的钻孔工作平台;可作为承台、索塔施工的围水结构;可作为承台混凝土的外模板;可同时参与桩基受力;可作为永久性防撞设施。

27. 双壁钢围堰施工时应注意哪些事项?

答:(1)双壁钢围堰的制作,宜在工厂中按互换件或对号入座的办法制成块件,其分节分块的大小应按工地吊装、浮运设备确定。各节、块之间必须安设防水胶条。围堰分块应该在工厂或工地车间的胎架上以平卧的形式制造,并且在组装后翻身,尽量避免立焊或仰焊,以保证焊接质量。

(2)双壁围堰拼焊后,应有一定的刚度。

(3)围堰内外壁应满缝施焊,无伤痕、无漏焊、无砂眼。对钢板与角钢水平杆的焊缝长度,宜大于100mm,间距≤80mm。角钢骨架间的焊接应满焊,在骨架块的外壁板上,焊接吊环。组装成型后,应对围堰尺寸、高度、倾斜角以及焊接质量进行检查验收。

(4)围堰定位。围堰在陆地拼装时,可拼装到满足浮运的高度,采用滑道入水;入水后与动力船相连,浮运到设计位置,固定后,对称焊接接高。完成拼装后,对称向仓内注水。在测量人员的指挥下,准确缓慢地沉落于河床上。施工时可采用精度高的测量仪器进行准确的测量定位,因实际的中心位置不易标出,可利用三点归圆原理推求出钢围堰的中心平面位置。

(5)双壁围堰第1、2节在拼装船上组拼,导向船运至墩位锚碇,用导向船上的设备,起吊围堰下水,在悬浮的状态下,分别接高。围堰的纵横向应牢固地固定于前后定位船和导向船之间,并保持定位船与导向船的稳定。

(6)双壁围堰定位、着床,受水流速度、河床土质、河床冲刷诸多因素的控制,着床前应采取仓内对称注水,冲刷区抛撒碎石等措施。下沉阻力较大、结构强度不够时,可在仓中对称灌填砂石或浇筑混凝土。

(7)采用吸泥下沉双壁围堰时,应向堰内补水,保持堰内水位不低于堰外。当下沉效果不好时,可在离围堰内壁一定距离处对称吸泥。吸泥时防止吸泥机直接伸到刃脚下吸泥或在刃脚附近吸泥过深。

(8)围堰下沉完毕,对堰内河床宜按方格网坐标分区域逐块吸泥,将泥砂清理干净,由潜水员下水逐块、逐片检查,量测坐标点高程,检查合格后才能浇筑水下封底混凝土。

(9)注意各施工阶段堰内外的水面高差平衡,防止出现翻砂现象。

(10)封底混凝土施工时,要根据封底面积设计好导管的布置及灌注顺序,应防止灌注的混凝土表面高差太大及出现进水现象。

(11)先下围堰后成桩,围堰必须在汛期、台风季节之前下沉完毕并且封底,绝大多数地方还要求成桩若干,以便安全渡汛、渡台。

(12)设计时,应尽量发挥材料的承载力,使围堰造价降到最低。

(13)围堰顶高程满足承台和墩身施工期间不被水淹没即可。一些工程围堰设计顶高程过高,不但徒增造价,对水位差较大的桥址,还可能造成枯水季钻孔施工气举反循环排渣困难。

(14)围堰的底高程应按基础受力要求和施工期稳定等要求来确定。当只需满足施工要求时,可以在确保围堰稳定、具有足够的竖向和横向承载力、能保证合理的封底厚度等条件下,尽可能提高堰底高程。

28. 封底混凝土浇筑前应做哪些准备工作?

答:(1)施工场地的布置。浇筑前首先在钢围堰上安装施工平台,平台上放置储料斗、料槽,空隙部分用竹架板铺满。为便于拆导管、测量及以后工作的开展,可在围堰内用槽钢搭设下平台一个,在钢围堰内均匀布设设计所需的导管及测点,以便控制浇筑混凝土量。为保证混凝土不间断供应,要充分确保机械设备数量及完好率。

(2)混凝土技术参数的选择。水下封底混凝土应满足强度保证率在95%以上,有很好的和易性、可泵性及导管可灌性,缓凝时间应满足浇筑完成所需时间。根据以上条件反复试验并计算,最后确定混凝土的最佳配合比。

(3)材料的准备。按初步配合比计算,各单项材料数量充足,质量合格。

(4)施工机械设备的准备。施工单位于施工前一周对所需调用的机械设备进行全面检修并编号,拌和站要试运行,运输方式要合理,以确保施工期间所有设备的完好率达到规定要求。

(5)施工前的其他准备工作。为保证混凝土连续作业,必须选择一个合适的天气为最佳浇筑时间。为保障混凝土的运输安全、畅通,要提前与航监、交警、轮渡及电力部门联系、协调,为施工创造一个良好的外部环境。

29. 如何保证浇筑封底混凝土的施工质量?

答:(1)确定封底混凝土的实际浇筑厚度。

为保证封底混凝土的有效厚度(设计厚度),实际浇筑厚度应为从钢围堰刃脚平面到岩面之间平均厚度加上刃脚平面以上有效厚度再加上浮浆厚度(一般考虑0.5m)。

如图2-11所示,封底混凝土的最小厚度计算式为

$$x = (\gamma_w hA)/(A\gamma_c + u\tau - \gamma_w A)$$

式中:γ_w——水的重度,kN/m^3;

A——封底混凝土面积,m^2;

h——抽水深度,m;

γ_c——混凝土重度,kN/m^3;

u——封底混凝土周长,m;

τ——水下混凝土与钢板桩间的单位黏结力,MPa;一般按实际情况根据试验确定,在估算时,也可考虑 $\tau=0$,这样更偏于安全。

由于水下混凝土的质量不易控制,故封底混凝土厚度不能完全按公式计算结果决定,还应参照实际经验。为防止渗漏,封底混凝土的最小厚度应为2m。

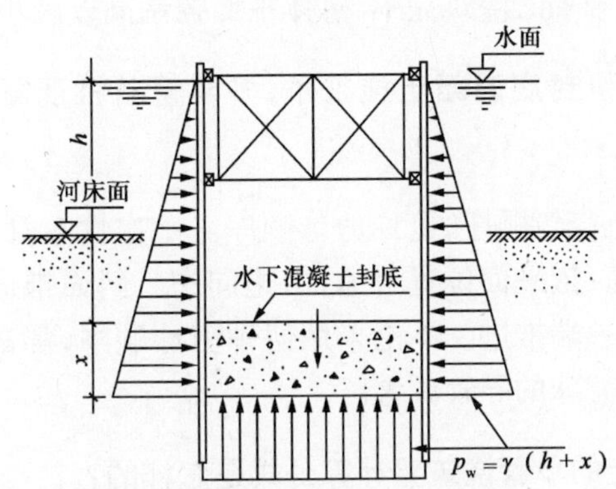

图2-11 封底混凝土厚度的计算图式

(2)导管选在附近岩面最低处压水,随时适当调整。

(3)导管做试压工作,取试管底面压力的1.5倍。试验方法见第5章第19题。

(4)采用砍球法压水时,应由专人制作球体,施工前球体应做通过导管试验。

(5)为使混凝土有良好的流动性,粗集料粒径以20~40mm为宜。坍落度应不小于180mm,一般倾向于更大一些。水泥用量比空气中同等级的混凝土用量增加20%左右。混凝土扩散半径一般按3~4m考虑。

(6)压水时,首批混凝土数量按下式计算

$$V=1/3\pi R^2 h$$

式中:h——中心高度;

R——流动半径。

(7)混凝土浇筑原则:由低往高,由边往中,严格控制混凝土浇筑高差,密切注意混凝土的扩散;在导管浇筑混凝土时,严格防止附近未浇导管进入混凝土,导管停注间隔时间不宜≥30min。

(8)储料保证,埋管足够,派专人检测,时刻报告。严格测深记录,防止导管脱空。在各测点分别引入高程,布设测绳。要将测点分区分班定时测量上报,还要设班组专门负责通知提升导管及压水。

(9)逐管进行压注,视量而行。导管下端务必埋入混凝土内,埋深一般不应小于0.5m。

(10)压水顺序宜先外圈后内圈,而且间隔导管进行较为妥善。如外围导管顺序排为1、2、3、4…,则先浇筑1、3、5…,后浇筑2、4、6…再浇筑内圈。浇筑时,控制混凝土高差小于1m,浇筑完毕,总体平面控制高差应小于50cm。

30. 水下大体积封底混凝土施工中,多导管首批混凝土的浇筑顺序是怎样的?

答:首批混凝土浇筑顺序,也称剪球顺序。一次性布管法的剪球顺序是:依地形考虑,先低后高;依平面位置考虑,由边向中。斜面推进法的剪球顺序是从地形较低一端向另一端推进。不论采用何种剪球顺序,都必须防止先剪球的导管混凝土扩散到未剪球的导管位置。

31. 首批混凝土的单管浇筑量计算公式是怎样的?

答:首批混凝土浇筑(如图2-12所示)的浇筑量是大体积水下混凝土施工成败的关键,其单管计算公式为

$$V = h \times (\pi d^2/4) + (H_c/3) \times (\pi D^2/4)$$

式中:D——混凝土扩散直径,与导管下口到水下混凝土底部的高度、混凝土的流动度及混凝土的下落速度有关,一般取5~6m,特殊情况取10~12m;

d——导管内径,一般取25~30cm;

H_c——首批混凝土作堆的高度,一般为0.8~1.0m;

h——导管内混凝土顶面至作堆混凝土顶的高度,m。而

$$h = H_w \gamma_w / \gamma_c$$

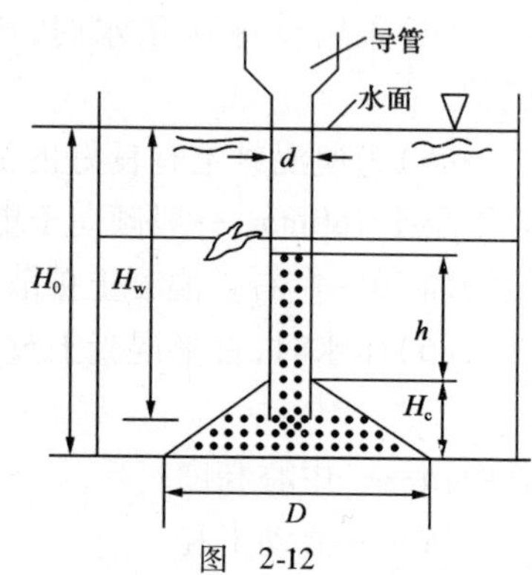

图 2-12

其中:γ_w——水下混凝土浇筑时,水的重度,取10~10.5kN/m^3(或由试验测得);

γ_c——混凝土的重度,取24~25kN,一般由试验测得;

H_w——封底区水深,m。

32. 常见的多导管浇筑混凝土的布料方式有哪几种?

答:布料方式的好坏直接影响到混凝土的浇筑能否顺利进行,所以应特别重视。其布料方式有:

(1)吊灌浇筑,利用起重设备与料斗配合上料。

(2)布料杆法,利用混凝土泵的输送管与既能旋转又能伸缩的导杆相结合的布料形式。

(3)在施工平台上搭设脚手架支承集中储料斗及滑槽,储料斗下部四周开设若干斗门,每个斗门接一滑槽的布料方式。斗门与滑槽,主、次滑槽之间均采用卡板控制;滑槽与各导管的料斗之间,采用翻板控制。集中储料斗在平台上的高度(以斗门底高程计),应使滑槽到各导管上方的料斗的坡度为1:3~1:4。

综合上述,通过实践,采用布料杆与储料斗加滑槽的布料方式,具有使用灵活、工效高的共同优点,其中储料斗加滑槽的布料方式最为灵活。

33. 围堰考虑抗浮时,应计入哪些有利因素来减小封底厚度?

答:封底厚度主要由两个因素决定:

(1)封底混凝土的厚度足够抵抗向上的水压力(扬压力)等荷载而不被破坏;

(2)封底混凝土提供足够的重力抵抗围堰内抽干水后所受到的浮力作用。

后一因素为控制因素。

考虑抗浮时,应计入以下有利因素:

(1)有上浮趋势时,土体对围堰的向下摩阻力;

(2)工程桩作用于封底的抗浮作用;

(3)围堰下沉至岩面时,封底混凝土与岩面结合,造成扬压力作用面积减小。

应该特别指出的是:要正确估计施工进度,以合适的水位来计算围堰所受的浮力,从而使封底厚度尽可能小,达到减少桩基受力、降低工程成本的目的。

34. 如何计算筑岛围堰的板桩入土深度?

答:板桩筑岛围堰一般用于钻孔和沉井,它同防水围堰的主要区分为:筑岛围堰不需抽水;仅受内侧筑岛填土的主动土压力和围堰外侧入土部分的被动土压力;当护道宽度 $B < H\tan(45° - \phi/2)$ 时,(H 代表筑岛高度,ϕ 代表土的内摩擦角)。须计算岛面上所有重物对围堰内侧所受土压力的影响。

(1)岛上所有重物及筑岛土作用围堰内侧的侧压力计算

设岛上全部重物的重量为 Q,筑岛顶面面积为 A,则岛上均布荷载为 $q = Q/A$(kPa)。其侧压力计算见图 2-13。

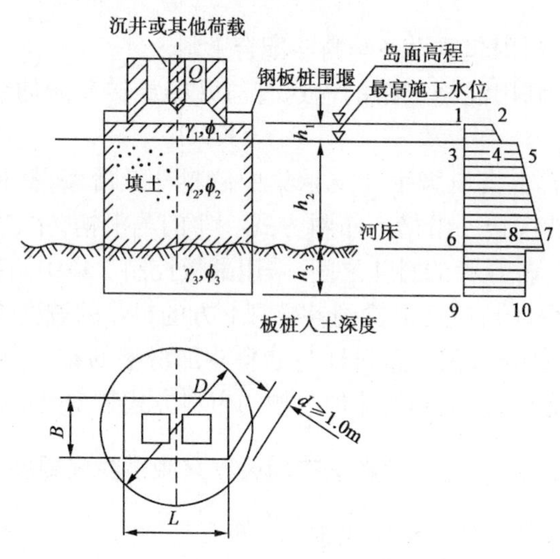

图 2-13

$$p_{1\text{-}2} = q\tan^2(45° - \phi_1/2) \quad \text{(kPa)}$$

$$p_{3\text{-}4} = (q + \gamma_1 h_1)\tan^2(45° - \phi_1/2) \quad \text{(kPa)}$$

$$p_{3\text{-}5} = (q + \gamma_1 h_1)\tan^2(45° - \phi_2/2) \quad \text{(kPa)}$$

$$p_{6\text{-}7} = (q + \gamma_1 h_1 + \gamma_2 h_2)\tan^2(45° - \phi_2/2) \quad \text{(kPa)}$$

$$p_{6\text{-}8} = p_{9\text{-}10} = (q + \gamma_1 h_1 + \gamma_2 h_2)\tan^2(45° - \phi_3/2) \quad \text{(kPa)}$$

式(图)中:γ_1、ϕ_1——填土的天然重度(kN/m^3)和内摩擦角;

γ_2、ϕ_2——填土浸水重度(kN/m^3)和内摩擦角;

γ_3、ϕ_3——河底土的重度(kN/m^3)和内摩擦角,当 $\phi_2 < \phi_3$ 时才有 $p_{6-8} < p_{6-7}$ 的图形。

(2)板桩入土深度的确定

当 $\phi_3 > 30°$时,不必考虑土被挤出,只要验算围堰底部压力不大于地基土的容许承压力即可;当 $\phi_3 < 30°$时需考虑土被挤出。板桩所需的最小入土深度可近似地用下式计算:

$$h_{\min} = 1.5p_A/[2\gamma_3\tan^4(45° + \phi_3/2) - 1]$$

式中:$h_{\min}$——自河床底算起的板桩的最小入土深度,m;

p_A——围堰底部侧压力,kPa;

γ_3、ϕ_3 的意义同前,必要时 γ_3 值应考虑浮力。

当底层为坚硬岩石或大石块时,板桩打入深度不能符合上式要求,可以在围堰外侧周围抛填片石。为防止围堰向内、外挤压,应在抛片石的同时填筑围堰土。

三、挖基和排水

35. 挖基排水的方法有哪些?其适用性是什么?选择时应注意哪些问题?

答:挖基排水的方法、适用范围及其注意事项,见表2-10。

表2-10

排水方法	适用范围	注意事项
明排水法(集水坑排水法)	适用性较广,除严重流砂外,一般情况均可采用。但最适合于粗粒土层或渗水量小的黏土	(1)在坑内基础范围外设排水沟和集水井,每隔20~40m设一个,井的直径或边宽一般为60~80cm,深度应低于基底100cm以上,并铺设碎石滤水层,集水坑宜设在上游; (2)排水沟的宽度应视土壤渗流量而定,深度≥30cm,有一定的坡度; (3)抽水设备根据渗水量配置,渗水量≤$60m^3/h$可用膜式水泵、潜水泵或离心式水泵,渗水量>$60m^3/h$用离心式水泵;排水设备的能力宜大于总渗水量的1.5~2.0倍; (4)地下水位较高,基坑开挖较深的多层坑壁土中,宜在坑壁上设置多层明沟排水
井点降水法	适用于基坑土质不好,主要土质成分为粉、细砂类土,地下水位较高,挖基较深,用集水坑有流砂涌泥现象,造成坑壁不稳定的基坑开挖;基坑大量地下水涌进,常导致坑壁滑坍,或引起附近建筑物下沉;为稳定坑壁,需采用大量支撑材料围护,或放大边坡,增加挖方及施工用地面积和土方回填,场地狭窄布置困难	(1)井管成孔,可根据土质分别用射水成孔、冲击型钻孔成孔、旋转钻机及水压钻探机成孔,孔深至少深于基底设计高程0.5m; (2)井点的布置应随基坑形状而定,但宜采用直线铺设,总管平面要考虑排水出路; (3)降低地下水位时,应尽可能将井点滤管设置于透水性较好的土层中; (4)加强对整个井点系统的维护和检查,保证不间断地进行抽水; (5)对降水区域附近的构筑物可能受降水的影响而产生的沉降,应做好沉降观测,必要时应采取防护措施; (6)在同一井点系统中,各井点滤管顶部应保持在同一高程,最大高差不应>10cm; (7)防止地面雨水径流,坑口周围应作围堰,并防抽出水流入基坑

续上表

排水方法	适用范围	注意事项
帷幕法	适用性主要用于隔断水源,减少渗流水量,防止流砂、突涌、管涌、潜蚀等地下水的作用,其方式有冻结法、搅拌桩法、硅化法、压力注浆法、高压喷射注浆法、沥青灌浆法、板桩法等	(1)采用时要做详细设计并按有关规定执行; (2)采用专用设备进行施工; (3)在搅拌法中,搅拌桩搭接宽度≥10cm,使用的固化剂可以是水泥、水泥浆、生石灰粉,固化剂掺量≥8%土方量; (4)砂浆防渗板桩法中,打入的管子或型钢应垂直,并且接触紧密,砂浆强度≥15MPa,或符合设计要求; (5)冻结法分自然冻结和人工冻结,当为自然冻结时,适用于平均气温低于-15℃的各种土质地基及河水深度小于2m的地基; (6)采用防水土工膜在围堰外侧铺底防渗时,应将河床面杂物清除干净并整平。土工膜应从围堰外侧的水位以上铺起,并超过堰脚不小于3m;土工布之间的接头应搭接严密。铺底土工布膜上应满压不小于300mm厚的砂土袋

36. 各种井点法的相应适用渗透系数范围如何?

答:井点法排水主要有以下几种,它的选用可根据土的渗透系数和要求降低水位的深度来确定,其数据如表2-11所示。

各种井点的选用数据及范围　　表2-11

序号	井点类别	土壤渗透系数(m/d)	降低水位深度(m)	序号	井点类别	土壤渗透系数(m/d)	降低水位深度(m)
1	一级轻型井点法	0.1~80	3~6	5	电渗井点法	<0.1	5~6
2	二级轻型井点法	0.1~80	6~9	6	管井井点法	20~200	3~5
3	喷射井点法	0.1~50	8~20	7	深井泵法	10~80	>15
4	射流井点法	0.1~50	<10				

注:井点管的下端滤水长度应考虑渗水土层的厚度,但不得小于1m。

37. 在井点排水法中,如何布设集水总管?

答:(1)铺设集水总管的地面,要求平整坚实,以免由于不均匀沉降引起总管高低不平,形成漏气,影响降水效果。

(2)井点系统集水总管的高程,最好安排在接近地下水的高程,或略高于天然地下水以上20cm左右。

(3)控制好总管铺设高程,并向泵浦(PUMP)一端设置0.25%～0.5%的纵坡,以免除由于空气在总管内形成气泡而增加水头损失,但总管亦可铺成水平。

(4)注意总管上的短接管,必须垂直向上,以便于安装弯连管接通井点并避免接装困难。

(5)总管与总管之间无论采用何种连接方式,必须严密,防止漏气。

38. 在井点排水法中,安装泵浦(PUMP)设备有何要求?

答:(1)泵浦基座必须平稳,一般应用垫木使之坚实平整;

(2)水泵浦安置的高程,须与总管高程相适应,总管连接泵浦的三通管,宜越平越好,以充分发挥抽汲功能;

(3)电源装置应安全可靠,符合电气规程要求,应有接地线;备用泵浦亦应有专用开关,以便随时启动,不需临时接换线路。

39. 人工冻结围幕法的工作原理是什么?

答:在所开挖的基坑周围以相同的深度均匀分布若干根冻结管,利用温度为-25℃的低温盐水从制冷站压出送入配液圈后,进入冻结管,与地层土进行热交换作用后,盐水以较高的温度回到制冷站,盐水再进入蒸发器与低温气态氨产生热交换,盐水又变成低温-25℃的盐水,利用输送设备再进入冻结管,就这样低温盐水与地层周而复始地进行热交换作用,致使冻结管周围的土层温度逐渐下降,冻结范围由小到大,直至基坑周围形成一冻结冰土墙,其厚度满足设计要求为止。当在基坑内抽水时,冻土墙能克服水位差的压力,阻止水进入坑内,达到止水阻砂的作用,从而确保基坑内进行人工挖土及凿岩的目的。

40. 冻土层上混凝土浇筑所设隔温层的设置方法有哪几种?

答:当采用冻结法施工时,在浇筑混凝土前,为防止浇筑混凝土时冻土层顶部受热融化而使冻结失去作用,造成漏水,需设置隔温层或保温层材料。其设置方法主要有以下几种:

(1)铺一层塑料板等新型保温耐腐蚀材料,对于缺少新型材料时,也可铺一层10cm厚的木板。

(2)先铺筑一层夯实厚度为3cm的炉渣,上面铺设2层油毛毡。

(3)浇筑一层10cm厚含氯盐的冷混凝土,当入模温度在0℃左右时,此层混凝土不计入基础厚度,相应基底高度此时也降低10cm。再在其上浇一层普通混凝土，其施工要求可按《公路桥涵施工技术规范》(JTG/T F50—2011)中混凝土、钢筋混凝土及预应力混凝土冬期施工要求浇筑。

以上方法铺筑宽度均应在基础外缘加宽1m。

为节省防寒费用，浇筑混凝土时，宜将结构体浇筑至水位以上，其余部分可待以后施工。

四、地 基 处 理

41.地基处理的方法有哪些？各适用于什么情况？选用时应注意哪些问题？

答：其处理方法适用情况及注意事项见表2-12。

地基处理方法、适用情况及注意事项 表2-12

序号	处理方法		适用情况	注意事项
1	换填土法		适用于深度<3m的淤泥、淤泥质土、湿陷性黄土等的处理	(1)经过计算确定换填厚度； (2)根据地形及开挖面大小决定压实设备，根据压实设备确定压实层厚度，一般大型机械控制层厚为20cm，小型机具控制层厚为10cm以内； (3)对所换填的砂、砂砾石要求黏土含量≤3%，粉土含量≤25%，砾石粒径≤10cm； (4)湿陷性黄土地区最好用石灰土分层压实，若用砂砾换填时必须严格做好防水工作
2	桩体挤密法	土及灰土桩	适用于处理地下水位以上的湿陷土，未经夯实的素填土和杂填土等地基，处理深度一般为5~15m。土桩多用于消除湿陷性，灰土桩多用于提高地基承载力	(1)加固宽度应不小于基础宽度的1.4倍，每边宜超出基础0.5m，对自重湿陷性黄土不宜小于1m； (2)桩径宜为30~60cm；桩间距为桩径的2~3倍； (3)灰土应拌和均匀，当天使用完毕； (4)含水率控制在最佳含水率±2%的范围，以两手紧握成团，两手指轻捏即碎为宜。土料取用不含粉软杂质的土，打碎过筛，粒径≤15mm，石灰粒径≤5mm，当用水泥时，水泥用量为土灰的4%~8%； (5)灰土桩顶宜高出基底面15cm； (6)桩孔内填料的压实系数应不小于0.95~0.97，灰土桩取大值，素土取小值

续上表

序号	处理方法		适用情况	注意事项
2	桩体挤密法	砂石桩	适用于松散砂土和杂填土地基及饱和粉质土的挤密;适用于软弱黏土的复合地基承载力和整体稳定性。该法多用于4~5m厚的软土层的加固,不受冲刷的中、小桥及涵洞基础加固	(1)砂石桩每边应在基础外放宽3排,对有特殊要求的地基,应按设计规定施工; (2)松土厚度不大时,砂桩长度宜穿透整个松软土层;松土厚度较大时,砂桩长度可根据不小于最危险滑动面的深度确定;松土厚度过厚时,砂桩长度应根据地基的允许变形值确定; (3)将砂石桩顶接近地面的0.5~1.0m连同被挤压隆起的地面同时清除; (4)材料要求级配好,强度较高的砂石混合料一般使用粒径0.5~3.0mm的中粗砂混合料,对需用砂砾回填的软塑黏质土,最大粒径≤6cm; (5)实际灌沙量,不应少于设计值的95%; (6)灌入砂石的含水率,对于饱和土层,可用饱和状态的砂石,对于非饱和土层,砂石含水率宜为7%~9%,在饱和黏质土中可使用干砂; (7)桩径应通过试验确定,但不宜大于4倍的桩径,桩径一般为300~800mm
		石灰桩	适用于较薄、较浅的软土固结	(1)所用生石灰块应用粉碎机粉碎成粒径1~5cm,并有一定的级配; (2)用砂填充石灰桩孔隙,灰砂体积比(2~4):1; (3)地下水位以下改掺粉煤灰
3	砂井		适用于软土地基,特别是用于软基中存在连续薄砂层时更为有效,而对含有大量腐殖物的土效果不显著,不宜采用	(1)砂井布置范围宜由基础轮廓线向外增大2~4m;平面布置采用等边三角形或正方形排列; (2)砂井直径一般为30~50cm,间距宜按井径比$n=6\sim8$m来确定,桩长宜按设计要求,无要求时应穿透软土层; (3)灌砂时可适当灌水,以利密实,拔管速度不宜过快; (4)砂井的用砂,不应有草根等杂物,其含泥量不能超过5%; (5)水冲法中除控制好灌砂质量外,孔内泥浆还须清除干净

续上表

序号	处理方法	适用情况	注意事项
4	袋装砂井	除具有砂井的适用性外,还具有适应软土固结产生的地基变位的特点,保证了连续性	(1)平面布置同砂井; (2)砂井直径一般为7cm,间距宜按井径比 $n = 15 \sim 25\text{m}$ 确定; (3)砂袋用聚丙烯和聚乙烯塑料编织袋或其他伸缩性大且抗拉强度高的袋,有效孔眼不宜大于0.09mm,砂袋长度应较井深长50cm; (4)砂料应干净、干燥; (5)位置偏差不应大于2倍井径; (6)倾斜度≤3°; (7)砂袋上端伸入砂垫层宜稍大于1/2垫层厚度
5	塑料排水板	其对地基变位有更强的适应性,与砂井比较具有更快的施工速度,且费用低	(1)排水板底部应有管靴,管靴与塑袋应连接牢固; (2)插入长度和间距应符合设计规定; (3)当板插入后,拔出插板设备时,要防止塑料排水板被带出或脱离设计高程位置; (4)允许位置偏差不宜大于板宽; (5)倾斜度不宜大于3°; (6)板上端伸入砂垫层宜稍大于1/2垫层厚度; (7)搭接应采用滤膜内芯板平搭接的连接方式,搭接长度宜大于20cm
6	预压法加固地基	一般为天然地基加载、砂井、塑料排水板加荷载进行预压及砂井、塑料排水板真空预压。适用于较厚、厚软土基的加固	(1)按设计要求进行荷载、超载预压; (2)横向排水层厚≥50cm,与横向排水相接应设纵向排水沟,及时排走地下水; (3)堆载预压应分级逐渐加载,每级加载厚度为30~40cm为宜,一般7d一层; (4)设置沉降观测,以此指导施工为宜; (5)控制沉降速率≤1.0cm/d为宜,横向位移≤3mm/d; (6)预压期宜大于6个月或以实际观测值为准; (7)真空预压:①真空管的距离要适当;②滤管的渗透系数宜大于10m/d;③泵及膜内真空度应保持在80kPa;④地面总沉降规律应符合加载预压的沉降规律;⑤砂垫层顶口铺设比基面积较大的塑料薄膜2~3层,四周挖沟填土压密薄膜,不使其透气; (8)预压期必须及时观测,预压后的地基应进行室内土工试验及十字板抗剪强度试验,以检验加固效果

续上表

序号	处理方法	适 用 情 况	注 意 事 项
7	强夯法	适应于地下水位以上的巨粒土、粗粒土、细粒土及特殊土地基。对于软土地基可以先回填碎石、块石或其他粗颗粒材料再进行强夯	(1)强夯前,应选取一个或几个试验区,进行试夯; (2)在条件许可时,宜选大落距; (3)夯点间距应根据地基土性质和处理深度确定; (4)加固范围不宜小于基础外侧边线之外3m; (5)夯实后土的干密度应符合设计要求,基坑底面总下沉量不小于试坑总下沉量的90%; (6)抽检数量为每基础至少1点或每100m^2 地基不少于2点
8	电渗法	适应于有机质土和饱和黏质土	(1)冲枪埋设管做阴极,用钢管或钢筋垂直打设做阳极; (2)阳极入土深度比井点管深约50cm,外露地面约20cm左右; (3)阴阳两极间距宜为0.8~1.5m,一般两极数量应相等; (4)通电前应将两极间地面上的导电物体处理干净,通电过程应按有关安全操作规定进行; (5)电渗排水时宜采用间歇通电
9	振动水冲法	分振冲置换法和振冲密实法两类。分别适应于处理不排水抗剪强度≥20kPa的细粒土、特殊土地基和黏粒含量<10%的砂类土与粉质土地基	(1)孔内分批填入坚硬碎石等材料,其粒径为5~50mm,最大不应超过80mm,含泥量不大于10%; (2)振冲置换的范围,一般为基础外缘扩大1~2排桩,有抗震要求时应扩大2~4排桩;振冲密实的范围一般为基础外缘每边放宽不得小于5m; (3)桩位布置应按设计进行,当相对硬层埋置深度不大时,应按相对硬层深度确定,一般为4~10m;当相对硬层埋置深度较大时,应按结构物的允许形变值确定;振冲深度:当可激化土层不厚时应穿透整个液化土层;当液化土层较厚时应按抗震要求确定; (4)成孔时水压宜控制在400~600kPa,水量在200~400L/min之内; (5)振冲桩完成后,应对桩身质量用标准贯入法和动力触探法按1%且不少于3孔进行检查;还应做桩间土对比试验; (6)允许桩顶中心偏差≤1/5桩的直径

续上表

序号	处理方法	适用情况	注意事项
10	深层搅拌桩法	适用于加固黏质土和有机质土、软土层较厚、工期较短的地基	(1)施工时,地基底面以上宜预留50cm厚度的土,搅拌桩施工到距桩顶1.0~1.5m范围内时,再增加一次输浆搅拌; (2)施工前应对机械及所需配料进行可行性的标定,确定各种施工参数;钻进过程中应注意钻进速度与喷浆(粉)速度的搭配,避免钻速快而浆液(粉体)少的现象出现; (3)桩位偏差≤5cm,垂直度偏差≤1.5%; (4)在成桩7d内进行无破损检测,其数量≥2%已完桩数,且不少于3根; (5)对有怀疑的桩进行取芯试验; (6)对有特殊要求的桩应做单桩静载及复合地基承载力试验
11	高压喷射注浆法	适用于黏质土、有机质土和特殊土、粗粒土的地基	(1)高压注浆前,应了解工程的水文地质资料以及地下有否埋设物; (2)在现场进行试验,确定施工参数及工艺; (3)高压喷射注浆的高压射流压力≥20MPa; (4)喷射由下而上,注浆管分段提升的搭接长度≥10cm; (5)可用开挖、钻芯、标准贯入及触探等方法检验,检验点数为注浆孔数的5%,不足20孔时,至少应有2个点
12	化学固化剂法	适用于被油脂和石油之类化合物污染之外的任何土类,对于地下水pH值>9的地区不适用	(1)硅化法加固: ①施工前宜在现场进行代表性试验工作,确定施工参数;②施工顺序:当土层渗透系数相同时,应自上而下逐层注浆,当土层的渗透系数随深度而增大时,则应自下而上进行注浆;相邻土层的土质不同,应首先加固渗透系数较大的土层;③硅化加固所用材料水玻璃模数宜为2.5~3.3,不溶于水的杂质含量不得超过2%;氯化钙溶液中的杂质含量不得超过60g/L,悬浮颗粒不超过1%,溶液的pH值以5.5~6.0为宜;④采用单液硅化法时,溶液应逐排灌注;采用双液硅化法时,溶液应先由单数排的孔压入,然后再由双数排的孔压入,即间隔压入;⑤灌注厚度一般不小于0.5m,对于需分层灌注完成者,每层厚度与工程要求和地基土的孔隙大小有关,并受注液管有孔长度限制,层厚一般需在灌注前由试验确定;⑥灌液时要防止冒浆。灌注深度较浅时,在要加固的土层之上应保留不少于1m厚的不加固土层,必要时可采用灌、停几次来完成加固厚度;⑦采用电动硅化法时,应对不需加固土层的注液管涂沥青绝缘;加固地区的地表水应予疏干;通电应由灌液时开始且与灌液同时连续进行,直至浆液灌完后电流曲线下降趋于平衡时为止,通电时间不得超过36h

续上表

序号	处理方法	适用情况	注意事项
12	化学固化剂法	适用于被油脂和石油之类化合物污染之外的任何土类，对于地下水 pH 值 >9 的地区不适用	(2)碱化法加固： ①NaOH 浓度大于 30% 或固体烧碱加水配制，杂质含量小于 1g/L，Na_2CO_3 不应超过 5%，氯化钙溶液中的杂质含量不超过 1g/L，pH 值以 5.5～6.0 为宜。加固前应在原位进行单孔灌注试验；②在孔中填入 20～40mm 的碎石至注浆管的下端。注浆管四周回填高度 300mm 的 5～20mm 小碎石，最后用素土分层填到地表；③灌浆孔应分期分批间隔打设和灌浆，同一批灌注孔的间距为 2～3m，并按设计要求，进行单、双液法施工；④灌注溶液应加热到 80～100℃，烧碱(NaOH)宜为加固土量的 3%，溶液浓度可用 100g/L，灌注速度宜控制在 1～3L/min

注：①井径比 $n = d_e/d_w$，其中：d_e 为根砂井有效排水圆柱体的直径，d_w 为砂井直径。

②每根灰土桩所需用填料数量为

$$S = (\pi d^2/4)K\rho_{max}(1 + 0.01w)L$$

式中：S——每根桩所需填料数量，kg；

d——桩孔直径，m；

L——桩身长度，m；

w——填料含水率，%；

K——要求压实系数；

ρ_{max}——桩体填料的最大干密度，应经试验确定，kg/m^3。

③单根砂石桩所需用填料数量为

$$S = (\pi d^2/4) \times [\rho(1 + 0.01w)/(1 + e_1)]L(1 + \Delta)$$

式中：ρ——砂石密度，kg/m^3；

e_1——要求砂石桩达到的孔隙比；

Δ——增加量，根据地层及施工条件的不同和桩径扩大的情况，一般取 0.15～0.25；

其余符号意义同上。

42. 如何确定换填土垫层尺寸？

答：(1)砂砾垫层平面尺寸的确定(图 2-14)

$$A = a + 2h_S\tan\phi$$

$$B = b + 2h_S\tan\phi$$

式中：A、B——砂砾垫层的长度和宽度，m；

a、b——基础的长边和宽边尺寸,m;

h_S——砂砾垫层的厚度,一般取1~3m;

ϕ——力的分布扩散角,根据换填材料取定,当换填材料为灰土、中砂、粗砂、碎砾石及砾类土时,$\phi=30°$;其他较细填料,$\phi=22°$;为减少垫层材料的竖向变形,ϕ取35°~45°。

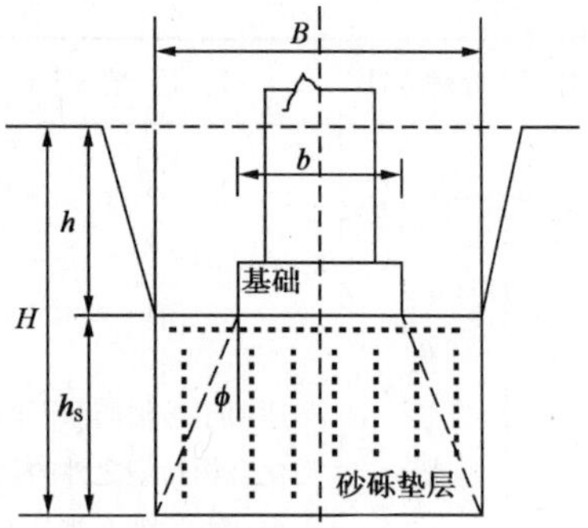

图 2-14

(2)砂砾垫层厚度 h_S 的确定

其计算式为

$$\sigma_H = \sigma'_H + \gamma h + \gamma_S h_S \leqslant [\sigma]$$

式中:σ'_H——基础底面平均压应力通过换填层扩散至下卧层顶面的压应力(或称附加应力),kPa;而

$$\sigma'_H = ab\sigma/[ab + (a + b + 3/4h_S\tan\phi)h_S\tan\phi]$$

σ_H——砂砾垫层底面的计算应力,kPa;对矩形基础,可按下式计算:

$$\sigma_H = \frac{ab\sigma}{ab + (a + b + 4/3h_S\tan\phi)h_S\tan\phi} + \gamma h + \gamma_S h_S$$

$[\sigma]$——砂砾垫层底面处软土地基的容许承载力,kPa;

σ——由荷载引起的基础底面的平均压应力,kPa;

γ——原地面至砂砾垫层顶面之间的土层(回填土)的重度,kN/m^3;

γ_S——砂砾垫层重度,kN/m^3;在地下水位以下应扣除水的浮力。

43.用水泥搅拌桩加固地基应注意哪些问题?

答:(1)根据地质条件的不同选择不同地段进行试桩,通过试桩确认原定施工工艺和水泥土配合比可否满足设计要求,对不合格产品调整配料及工艺过程后继续试桩,直至达到要求,并以此指导水泥搅拌桩施工。

(2)施工时必须使搅拌桩穿透软弱层,打至相对硬的土层作为桩长的控制指标。若设计桩长没穿透软弱层,要根据实际地质状况而定。

(3)桥头地段的搅拌桩施工时,要注意桥头灌注桩桩位,当两者相遇时,避开灌注桩位。

(4)喷浆要注意均匀性。由于各层土的性质不同,其软硬程度不一样,势必造成不同层次的土会有不同的钻进速度，所以必须控制喷浆速度，以使每层土的水泥含量相同。

(5)桩体完成一个月后才能上土预压。要严密进行沉降观测，当沉降量满足设计及当地沉降最小值要求时，才允许结构物施工。

(6)对结构物的地基处理及预压应先进行，以期符合全部路基施工计划的合理性。

(7)必须做好完整、严格的记录。

44. 对已成形的水泥搅拌桩应进行哪些检查？

答：当搅拌桩成桩28d后，进行取芯抽样检查，其抽样频率应按招标文件要求或当地交通部门有关规定执行。当无要求时，抽查3%～5%为宜。抽样检查内容包括桩长、水泥土强度、桩土搅拌均匀程度、桩身的完整性。对搅拌桩的强度检查应取上、中、下三个部分进行，只要桩体某一部分出现薄弱环节，该桩就失去了其使用性能。要求钻芯取样必须完整。

加固地基处理完成达到28d后，进行搅拌桩的单桩或复合地基承载力检验，以检验桩身质量及地基处理效果。随机抽查的桩位不宜少于总桩数的0.2%，并不得少于3根。对于特大桥和箱通地基最好每处必检。

45. 造成搅拌桩含灰量不均匀的主要原因是什么？

答：造成搅拌桩含灰量不均匀的主要原因在于喷浆的不均匀性，也即在土体本身强度较高的部位，由于土体阻力较大，钻机钻进速度较慢，而喷口喷浆的速度是一定的，该部位所吸纳的浆量就比较大，桩身强度就较高；反之，在最薄弱的土层，由于土体阻力较小，钻机钻进速度较快，该部位的喷浆量就少，桩身强度就较低。同时，在施工过程中，由于前半段喷的浆量较大，到重复喷浆时，往往发生无浆可喷的情况。

46. 对搅拌桩的质量控制有哪些措施？

答：水泥搅拌桩是地下隐蔽工程，为保证工程质量，必须采取有效措施。

(1)水泥浆相对密度控制。根据试验结果采用的水灰比配制水泥浆，即将一定数量的水泥加入到相应体积的水中，用搅拌器械将其充分拌和，直至水泥浆均匀一致，用比重计检测水泥浆稠度，以控制水泥浆的质量。

(2)总浆量的控制。对每一根水泥搅拌桩，根据设计深度计算出水泥用量，根据选定的水灰比配制出水泥浆，用控制总浆量的办法保证每根搅拌桩都达到设计要求的水泥用量。

(3)喷浆均匀性。在钻机钻进或提升过程中,应保证喷浆的均匀性,不应出现局部喷浆太多、局部喷浆太少的现象。由于钻机在不同土层中的钻进能力不一,所以在硬土层中钻进速度慢时,应调低喷浆流量;而在淤泥质土层中钻进速度快时应加大喷浆流量。

(4)完善自检体系。搅拌桩的施工,需要施工单位有一个完善的自检体系,各个施工环节都不允许有半点差错,因为所有缺陷将会在钻芯取样或静载试验的试验结果中反映出来。通过自检,施工操作人员根据记录数据对施工工艺作出恰当的调整。

(5)钻芯取样。为了检测搅拌桩桩身的完整性、桩土搅拌均匀程度、桩的施工长度及其强度,应对桩按合同或有关规范要求进行抽检。

(6)静载试验。在某些特殊地方,如特大桥桥台处,在成桩28d后,由监理工程师随机抽检搅拌桩的单桩或复合地基承载力,以检验桩身质量及地基处理效果。随机抽查的桩位不宜少于总桩数的0.2%,并不得少于3根。

(7)电脑计量装置的应用。在公路工程上用水泥搅拌桩进行软基处理的施工过程中,为保证工程质量,宜采用水泥土搅拌桩浆量监测记录仪。因为水泥搅拌桩成桩的三个主要质量参数,即钻头每次的钻入深度、注入的水泥浆总量、水泥浆沿垂直方向分布的均匀性,都可在这种自动监测记录仪上得到准确反映,并可同时对仪器反映的施工实时监控信息进行有控操作。监测记录仪可提供完整的实时数据和最终的数据记录及鲜明直观的桩形曲线,有利于长期质量跟踪和真正杜绝偷工减料。这种高新技术产品安装在搅拌桩机上,可进一步控制施工钻机的工作状态,如提喷速度与水泥浆泵送能力的匹配性;可了解堵管及停泵引起的断桩现象并在施工过程中复喷补救;可分析每根桩的记录数据及桩形曲线并归纳出每个施工段落的地基处理整体质量状态。根据不同工地的记录数据,施工单位可不断地调整和完善施工工艺。

47. 软土地基中桥两端进行预压施工时,应注意哪些问题?对已出现的问题如何处理?

答:在软土地基处理施工中,当利用加载加塑料排水板对桥两端头地基进行加固处理时,常会出现以下情况:

(1)由于加载的作用导致地基软土滑移,而使已施工完毕的桩向河中心偏移,甚至断桩;

(2)加载路段会沿路线方向向河中心大面积滑坍,造成河道堵塞。

当以上两种情况一旦出现，要当即立断进行解决，其解决的方法是：

对于第一种情况要：①对桩基进行无损检测，判断是否断桩；②对已废桩进行拍照并邀请有关部门证明，准备保险理赔；③待位移稳定，加载完成后，或加桩，或增大或减小桥梁跨径，重新施工。重新施工时注意桩基应避开最不利位置。

对于第二种情况，桩基还没有施工，此时要及时报请业主、监理、设计单位，一般采取增加桥长，跨过不良地质，使台身设于稳定土层上。

因此施工中，为防患于未然，应注意以下问题。

(1)尽量合理安排工期，不能违背自然规律抢工期；

(2)当桥两端进行预压时，靠近预压的桩先不施工，待路基预压沉降观测稳定后再进行桩基施工；对桥台桩宜进行反压；

(3)在进行加载时，必须认真作好沉降观测，做好记录，对有不符合要求的沉降或位移值要及时分析处理；

(4)要严格按设计及相关规范要求分层、分级加载，定期加荷，严格按沉降速率及位移速率控制加载速率，具体为多少宜通过现场试验确定，无条件进行现场试验时，可参照以下数据取用：

一般每7d加载厚度为30~40cm，沉降速率控制在10mm/d以内，位移控制在≤3mm/d；

(5)对已施工完成的桥墩，在加载的同时应进行变形观测，每1~3d观测一次，发现问题，立即停止加载。

48. 湿陷性黄土地区如何进行人工夯实和换土夯实处理地基?

答：人工夯实和换土夯实适用于处理浅层地基，处理厚度一般为1~3m。在地基以下挖至预定的深度，然后以三七灰土分层回填，并以夯实工具分层进行夯实。当垫层厚度不大于3m时，其夯实系数不得小于0.93；当垫层厚度大于3m时，其夯实系数不宜小于0.95，垫层宽度为每边超过基础边缘的宽度不小于垫层厚度的0.5倍，并不小于50cm，垫层顶面的承载力设计值为250kPa。该法的主要作用是增加土的密实度，从而提高其承载力和减少沉降量。它的计算方法与桥涵设计中人工地基砂砾垫层计算相同，见本章第42问。

49. 湿陷性黄土地区如何进行重锤夯实处理地基?

答：重锤夯实是黄土地区处理地基较为常用的方法，能消除湿陷性的土层厚度一般为1~2m。它不仅适用于湿陷性黄土，也适用于稍湿的黏性土、砂类土的加固处理。它是用1.8~3.2t的重锤,锤的底平面直径约1.1~1.4m,以2.5~4.5m的自由落下高度将土夯实,被夯打土的含水率必须接近于最佳含水率,夯打2~3遍,要求在同一夯位最后2击的沉量为1~2cm即可。夯实后顶面的承载力设计值为250kPa。该法的主要作用是使起夯面下一定深度内的土层达到密实状态,以消除湿陷性,提高承载力,因此经夯实处理后土层可作为良好的持力层。

50. 湿陷性黄土地基处理后的承载力提高系数是怎样的?

答:湿陷性黄土地基处理后的承载力提高系数,见表2-13。

湿陷性黄土地基处理后的承载力提高系数 表2-13

地基的处理措施	提高系数
人工夯实(用50kg重的石夯、落距50cm分别夯3遍)	1.2
换土夯实(三七灰土即三分石灰、七分土,电动蛙式机夯打3~4遍)	1.3
重锤夯实(包括表层1~1.5m厚度的夯实和回填夯实)	2.0
石灰土桩	4.0

51. 如何确定湿陷性黄土地基的容许承载力?

答:湿陷性黄土划分为一般湿陷性黄土和新近堆积黄土两个类别。前者指第四纪晚更新世Q_3马兰黄土;后者指人类文化期沉积黄土,土质较不均匀,压缩性较高,容许承载力较前低。它们的承载力参考值如表2-14和表2-15所示。

一般湿陷性黄土的容许承载力[σ_0](kPa) 表2-14

w(%) / [σ_0] / w_L(%)	≤10	13	16	19	22	25	28
22	190	180	170	150	130	110	—
25	210	190	180	160	140	120	100
28	230	210	190	170	150	130	110
31	250	230	210	190	170	150	130
34	—	250	230	210	190	170	150
37	—	—	250	230	210	190	—

注:w——天然含水率;w_L——液限。

新近堆积黄土的容许承载力[σ_0](kPa)　　表 2-15

w/w_L	0.4	0.5	0.6	0.7	0.8	0.9
[σ_0]	130	120	110	100	90	75

注:w——天然含水率;w_L——液限。

52. 季节性冻胀土在什么情况下考虑对基础的危害？如何处理？

答:(1)地基土按冻胀系数 K_d(冻胀变形量大小)及对结构物基础的危害程度可分为以下四类:

$$K_d = (\Delta h / Z_0) \times 100\%$$

式中:K_d——冻胀系数;

Δh——地面最大冻胀量,m;

Z_0——最大冻结深度,m。

Ⅰ类不冻胀土:$K_d \leqslant 1\%$,冻结时基本无水分迁移,冻胀变形很小,对各种浅埋基础均无任何危害。

Ⅱ类弱冻胀土:$1\% < K_d \leqslant 3.5\%$,冻结时水分迁移很少,地表无明显冻胀隆起,对一般浅埋基础亦无危害。

Ⅲ类冻胀土:$3.5\% < K_d \leqslant 6\%$,冻结时有较多的水分迁移,形成冰夹层,若结构自重轻,基础埋置过浅,会产生较大的冻胀变形,冻深大时会产生较大的切向冻胀力而使基础上拔。

Ⅳ类强冻胀土:$6\% < K_d \leqslant 13\%$,冻结时有大量的水分迁移,形成较厚较密的冰夹层,冻胀严重,即使基础埋深超过冻结线,也可因切向冻胀力过大而向上拔,甚至会在薄弱处拔断。

另外,季节冻土也可按表 2-16 的划分考虑冻胀对基础的影响,以便及早采取措施。

季节冻土冻胀性分类　　表 2-16

土 的 名 称	天然含水率(%)	冻结期间地下水位低于冻结线最小距离 h_w(m)	冻胀类别
岩石、碎石类土、砾砂、粗砂、中砂(粉黏粒含量≤15%)	不考虑	不考虑	不冻胀
碎石类土、砾砂、粗砂、中砂(粉黏粒含量>15%)	$w \leqslant 12$ ($S_r \leqslant 0.5$)	>1.5	不冻胀
		≤1.5	弱冻胀
	$12 < w \leqslant 18$ ($0.5 < S_r \leqslant 0.8$)	>1.5	
		≤1.5	冻胀
	$w > 18$ ($S_r > 0.8$)	>1.5	
		≤1.5	强冻胀

续上表

<table>
<tr><th>土的名称</th><th>天然含水率(%)</th><th>冻结期间地下水位低于冻结线最小距离 h_w(m)</th><th>冻胀类别</th></tr>
<tr><td rowspan="6">细砂、粉砂</td><td rowspan="2">$w \leq 14$</td><td>>1.5</td><td>不冻胀</td></tr>
<tr><td>≤1.5</td><td rowspan="2">弱冻胀</td></tr>
<tr><td rowspan="2">$14 < w \leq 19$</td><td>>1.5</td></tr>
<tr><td>≤1.5</td><td rowspan="2">冻胀</td></tr>
<tr><td rowspan="2">$w > 19$</td><td>>1.5</td></tr>
<tr><td>≤1.5</td><td>强冻胀</td></tr>
<tr><td rowspan="9">黏性土</td><td rowspan="2">$w \leq w_p + 2$</td><td>>2.0</td><td>不冻胀</td></tr>
<tr><td>≤2.0</td><td rowspan="2">弱冻胀</td></tr>
<tr><td rowspan="2">$w_p + 2 < w \leq w_p + 5$</td><td>>2.0</td></tr>
<tr><td>≤2.0</td><td rowspan="2">冻胀</td></tr>
<tr><td rowspan="3">$w_p + 5 < w \leq w_p + 9$</td><td>>2.0</td></tr>
<tr><td>$0.5 < h_w \leq 2.0$</td><td>强冻胀</td></tr>
<tr><td>≤0.5</td><td>特强冻胀</td></tr>
<tr><td rowspan="2">$w > w_p + 9$</td><td>>1.0</td><td>强冻胀</td></tr>
<tr><td>≤1.0</td><td>特强冻胀</td></tr>
</table>

注:①w_p——塑限含水率;

w——天然含水率;

S_r——饱和度。

②粗颗粒土在饱水情况下,若基础底面卧有不透水间层,未冻水无通路可挤渗出去时,应降级考虑。

③当含盐量超过0.5%时,应根据实际情况降级考虑。

(2)当基础位于冻胀和强冻胀地基土时,由于切向冻胀力的作用常引起结构物隆起或脆弱处被拉断,所以,冻土的危害主要从以下几个方面采取防治措施:

①基侧换土。将基侧冻胀土或强冻胀土挖除,换填粉黏粒含量不超过15%较纯净的粗颗粒土。

②改善基侧表面光滑程度。在季节冻土层范围尽量采用光滑基础表面,还

可用工业凡士林、渣油等涂壁，或在其表面铺油毛毡，或侧面涂刷沥青玛蹄脂，以减小冻结力。对桩基础，也可用光面混凝土护筒和分离式套管来减少或根除切向冻胀力。

③选用抗冻冻胀性基础。改变基础断面形状，利用冻胀反力的自锚作用来增加基础抵抗冻胀的能力。

④用渣油表面活性剂综合处理，活性剂采用铬盐和憎水性脂肪胺。

⑤圬工基础砌筑砂浆必须密实，防止有空洞积水而冻胀破坏，基础和墩台侧面应砌筑平整，并用水泥砂浆抹平；圬工接缝处容易冻断，宜尽量减少接缝，基顶截面处的薄弱环节，可插埋短钢筋进行加固。

⑥在结构物附近地面上采取覆盖炉灰等保温措施以提高土温，减小切向冻胀力。

五、地基检验

53.基底检验的内容有哪些?

答:基底挖至设计高程时，须及时进行检验，以免暴露时间过长，对基底不利；检验符合要求时方可砌筑基础或进行其他工序。

(1)检查基底地质情况，是否与设计文件相符合；

(2)检查基坑开挖高程、尺寸是否满足设计规定要求；

(3)检查基坑中线位置、形状是否与设计文件相符合；

(4)基坑尺寸、形状、位置、基底高程、中线位置如有变化，须查明设计变更依据文件；

(5)对基坑的排水及地下水处理，必须确保基坑施工的质量；

(6)对土质基底须检查有否超挖回填、扰动原状土的情况；

(7)对石质基底应检查岩层风化程度，对倾斜的基底还应检查台阶开挖情况；

(8)在永冻基底，应检查防融隔温层的敷设是否良好；

(9)对土质基底有疑问时，应作土壤分析或其他试验进行核实，以便确定是否进行基底加固处理；

(10)检查基底面土质及其均匀性、稳定性，坑壁坡面是否顺直稳定，容许承载力能否满足要求；

(11)检查挖基和地基加固处理过程中的有关施工记录和试验等资料；

(12)检验基底地基加固、处理后的效果是否达到设计要求。

54. 地基检验的方法有哪些?

答:按桥涵的大小、地基土质复杂情况及结构对地基有无特殊要求,可采用以下检查方法:

(1)小桥涵的地基检验可用直观或触探方法,必要时进行土质试验,以鉴定土的容许承载力。触探法分静力触探试验、动力触探试验、标准贯入试验。

静力触探试验,一般适用于软土、黏性土、砂土和黄土等,最大贯入深度为30m。

动力触探试验可用于土层较硬的地区。

(2)大、中桥和地基土质复杂、结构对地基有特殊要求的地基检验,一般采用触探和钻探(钻深至少4m)取样土工试验,或按设计的特殊要求进行荷载试验;必要时还应做土工试验与荷载试验核对。对已加固地基处理又经触探、密实度检验后,尚有疑问时,则应做荷载试验。其中荷载试验分鉴定地基土的变形和承载力能力的平板荷载试验及旁(横)压试验两种。

(3)特大桥按设计要求处理。

(4)对经过加固处理后的地基,应根据不同加固方法的质量要求,采用相应的检验方法,包括检测加固范围、桩位偏差和桩体垂直度偏差;用环刀法取样或灌砂法测定压实度或干密度;用静力触探或动力触探检验加固处理后的效果;对塑料排水板处理的地基用十字板剪切试验;用静压对搅拌桩地基进行单根桩或复合地基的测试。

55. 基底检验应注意哪些事项?

答:(1)地基经检验后,需做大的加固处理时,应由施工单位邀请建设单位及设计单位共同研究确定。加固处理完毕,应再经检验合格后,方可进行基础施工。

(2)桥涵地基检验,如设计上已经明确用何种检验方法,则按设计要求办理。但如现场发现一些情况与设计不太相符或设计无要求时,由于测试方法都有一定的局限性,故宜采用多种方法进行综合评价。现场测试要辅以取样做室内土工试验。

(3)在测试中,最好由同一组织、同一仪器按同一标准对加固前后两次的测试项目对应指标进行测试,有较好的可比性。

(4)检验完成后,应按规定格式填写“地基检验表”,由参加检验人员会签,作为竣工验收的原始资料。

56. 基底平面位置和高程允许的偏差是如何规定的？

答：基底平面位置和高程允许偏差规定如下：

（1）基底的平面位置应符合设计要求，且应满足基础施工作业的需要。

（2）基底高程：土质基坑为±50mm；石质基坑为+50mm，-200mm。

57. 岩石强度等级是怎样划分的？

答：在挖基施工中，常常会发现所挖出的基底岩石与设计的不相符或对岩石的硬度是否满足设计要求有所怀疑，这时便需要对岩石强度进行试验，让数据说话。用取岩芯机钻取直径为7～10cm的试件，试件高度与其直径相同，然后进行饱和单轴极限抗压强度试验，当其强度值>30MPa时，为硬质岩；当其强度值为5～30MPa时，为软质岩石；当其强度值<5MPa时，为极软岩石。

一般情况下，花岗岩、花岗片麻岩、闪长岩、玄武岩、石灰岩、石英砂岩、石英岩、大理岩、硅质砾岩等属硬质岩类；泥质砂岩、钙质页岩、小枚岩、片岩等属软质岩石；黏土岩、泥质页岩、泥灰岩等属极软岩石。

58. 何谓平板荷载（荷载板）试验？其试验步骤是什么？

答：平板荷载试验是通过向置于天然地基上的模型基础施加荷载，测量模型在不同荷载等级作用下的沉降量，根据荷载和沉降量的关系，计算地基土的变形模量和评定地基承载能力。由于该试验与地基的实际工作条件比较接近，比较直观，所以能比较真实地反映在天然埋藏条件下承受荷载作用时的压缩性能，比触探、取样更可靠。加载方式分两大类：一类为平台加载装置，如图2-15；另一类为千斤顶加载装置，如图2-16。

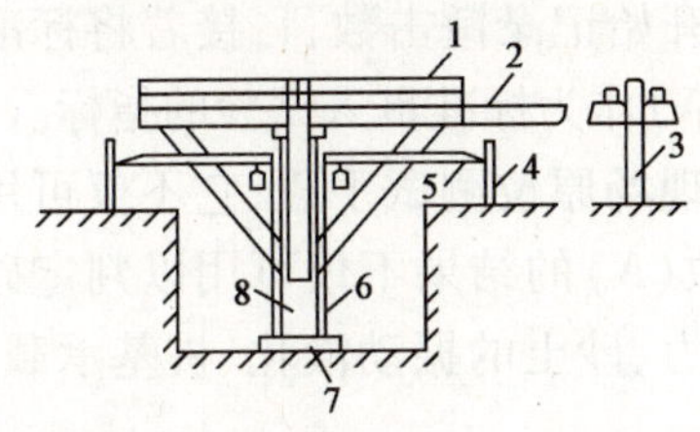

图　2-15

1-加载平台；2-导向梁；3-导向桩；4-标尺；5-杠杆；6-钢丝；7-压板；8-支桩

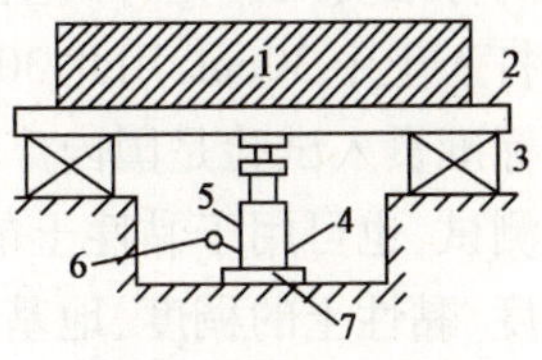

图　2-16

1-重物；2-梁；3-枕木垛；4-接油泵；5-千斤顶；6-压力表；7-压板

其试验步骤如下:

(1)在承建墩台基础的土层挖试坑,坑底高程与基础底的设计高程相同。坑的大小以不影响人员工作为原则,其宽度必须为平板宽度的三倍以上。为保证试验质量,挖土和排水都应特别小心,使坑底土尽量少受扰动。

(2)安放平板及试验设备就位。

(3)加载。加载方式分为两大类,一类为平台加载装置,荷载分级加在平台上;另一类为千斤顶加载装置,千斤顶直接压在平板上,其反力由上面的重物承受。每级荷载按地基破坏荷载的1/10~1/15进行分级加载。加载开始时,每5~15min观测沉降一次。1h后,对砂土可每30min观测沉降一次;对黏土则可每60min观测沉降一次。当每一次测出的沉降量不超过0.1mm时,即可认为该级荷载的沉降稳定,接着便可进行下一次加载。周而复始,直至地基达到破坏。

(4)逐级撤除设备,移至下一检测点。

59. 平板荷载试验时,如何判别基底已达到破坏荷载?

答:一般在满足下列条件之一时,便可认为基底已达到破坏荷载:

(1)荷载的沉降量超过40mm,且最后一级荷载施加后的沉降量比前一级的大5倍以上;

(2)最后一级荷载施加后的沉降量虽比前一级的大两倍以上,但沉降在24h内仍不能达到稳定标准;

(3)荷载板的沉降量虽不小于40mm,但荷载板周围的土层面上已出现裂纹(黏质较大土)或有明显的侧向挤压(砂类土)。

60. 何谓标准贯入试验?试验时应注意哪些事项?

答:标准贯入试验是采用质量为63.5kg的穿心锤,以76cm的落距,将一定规格的标准贯入器先打入土中15cm,然后开始记录锤击数目,接着将标准贯入器再打入土中30cm,用此30cm的锤击数(N)作为标准贯入试验的指标。

标准贯入试验是国内广泛应用的一种现场原位测试手段,它不仅可用于砂土的测试,也可用于黏性土的测试。锤击数(N)的结果不仅可用以判定砂土的密实度、黏性土的稠度、地基土的允许承载力、砂土的振动液化、桩基承载力,同时也是检验地基处理效果的一种重要方法。

试验时应注意下列事项:

(1)以15~30击/min的频率将贯入器打入土中,记录包括15cm预打锤击数,但后30cm要单独记录,如锤击数超过50次,按下式换算锤击数:

$$N = 30n/\Delta S$$

式中：n——所选取锤击数；

ΔS——相应于 n 的锤击量，cm；

N——30cm 的累计锤击数。

(2)到位后，旋转探杆，取出贯入器中的土样进行鉴别、描述、记录，必要时送实验室试验。

(3)根据杆长对锤击数进行修正，其修正公式为

$$N = \alpha N_0$$

式中：N_0——实际记录的锤击数；

α——修正系数，按钻杆长度由表 2-17 中选定；

N——修正后的锤击数。

(4)对于同一土层应进行多次试验，然后取锤击数的平均值。

标准贯入试验钻杆长度修正系数值　　表 2-17

钻杆长度(m)	3	6	9	12	15	18	21
α	1.00	0.92	0.86	0.81	0.77	0.73	0.70

第三章 沉 入 桩

一、试桩与基桩承载力

1. 试桩前应做哪些准备工作?

答:(1)根据设计要求及试桩目的确定试桩内容、试桩方法及试桩数量。

(2)检查试桩,桩顶如有破损或强度不足时,应将破损和强度不足段凿除,修补平整。

(3)做静推试验的桩,如系空心桩,则应在直接受力部位填充混凝土。

(4)做静压、静拔的试桩,为便于在原地面处施加荷载,在承台底面以上部分或局部冲刷线以上部分不考虑的摩擦力设计时应予扣除。

(5)做静压、静拔的试桩,桩身通过新近沉积尚未固结的土层或湿陷性黄土、软土等土层时,桩侧会产生向上的负摩擦力,应在桩的这部分表面涂设涂层,或设置套管以消除其负摩擦力。

(6)在冰冻季节试桩时,应将桩周围的土全部融化,其融化范围:静压、静拔试验时,离试桩周围不小于1m;静推试验时,离试桩周围不小于2m。融化状态应保持到试验结束。在结冰的水域做试桩时,桩与冰层间应保持≥10cm 的间隙。

2. 试桩时应注意哪些事项?

答:(1)清楚试桩的内容及目的。其主要包括:选择合理的施工方法和机具设备;根据桩的设计承载力,确定桩的入土深度;核实最终贯入度是否符合设计要求;选定射水沉桩的射水设备和射水参数(如水压、水量等);确定射水沉桩最后锤击的深度;验证锤击沉桩动力公式在该工点地质条件下的准确程度;确定沉桩桩尖形式和正确的接桩方法;查明沉桩土质是否有假极限和吸入现象,决定是否需要复打和复打前休止期限;确定施工时停止沉桩的控制标准;静推试验确定桩的容许承载力及桩顶位移和转角,并推求地基土水平抗力系数的比例系数 m 值;如系钢管桩试桩,尚需测出钢管桩的回弹量,控制柴油锤的贯入度,用动力公式推算桩的承载力;试桩所使用的设备和方法应与实际沉桩相同,并作详细记录。

(2)静压试验通常用来确定单桩承载力和荷载与位移的关系,以及校核动力公式的准确程度,静压试验应在冲击试验后立即开始。对钻(挖)孔灌注桩,应待混凝土达到能承受设计要求荷载后,方可进行试验。

(3)静拔试验用以检验设计承受拉力桩的容许上拔力,上拔试验一般在同一根桩静压试验后进行,其间歇时间不应少于 3d。试桩的入土深度应不计桩尖的长度。

(4)使用蒸汽锤时,预先将汽锤加热。

(5)用沉桩达到最后贯入度时相同的冲击功能进行锤击或振动,即以单动汽锤、柴油锤、坠锤相同的落锤高度进行锤击;用双动汽锤时,使汽压相同,并迅速送汽锤锤击;用振动锤时,要求在各项技术条件相同的情况下进行振动。

(6)用坠锤、单动汽锤沉桩,着实地锤击 5 锤,取其平均贯入度;用双动汽锤、柴油锤、振动锤沉桩,取其最后 10cm 的锤击、振动时间的每分钟平均贯入量作为停沉贯入度;贯入度的单位分别为 mm/击、mm/min。

(7)冲击复打试验应经过休止后进行,休止时间一般为:①桩穿过砂类土,桩尖位于大块碎石土、紧密的砂类土或坚硬的黏质土上,不少于 1d;②在粗、中砂和细砂里,不少于 3d;③在黏性土和饱和的粉性土里,不少于 6d。

(8)静推试验开始试桩与沉入到位后的时间间隔为:砂性土应≥3d;黏性土应≥2 周。静推试验用来确定桩的水平承载力、桩侧地基土水平抗力系数的比例系数。

(9)试沉桩的规格应与工程桩一致,所用机具应与正式施工时相同,试沉桩应作记录。

(10)贯入度在做完沉桩试验后与监理、设计单位研究确定。

当测得的贯入度大于要求的贯入度时,则桩的承载力不足,必须进行第二次试验;对于沙土、不饱和粉细砂应再待 3 昼夜以后进行试验,对于黏土、饱和粉细砂要再待 6 昼夜以后。为保证试验结果符合承载力要求,根据具体情况应考虑加深桩的入土深度。

(11)根据锤击贯入度或振动下沉速度,计算桩的承载力,并与设计荷载进行比较。

(12)当地质情况较复杂且缺乏沉桩经验时,可在施工前选择有代表性的区域进行试沉桩,试沉桩不宜少于2根,且附近应有钻孔资料。

3. 各种沉桩方法所适用的地质条件是什么?

答:(1)锤击沉桩法:一般适用于松散、中密砂土、黏性土,同时根据不同的土质,相应选择坠锤、单动汽锤、双动汽锤、柴油锤、液压锤等。

(2)振动沉桩法:一般适用于砂类土、黏性土、中密及较松的碎石类土。

(3)射水沉桩法:在密实砂类土、碎石类土的土层中,用锤击法或振动法沉桩有困难时,可用射水法配合进行。

(4)静力压桩法:适用于软黏性土及中密以下的砂类土。此类方法已不多用,规范中已取消。

4. 试桩数量是如何规定的?

答:(1)冲击试验的桩数,一般不少于2根。

(2)静压试验的桩数,按设计规定办理,设计无规定时,一般按下列规定办理:①宜根据设计要求和工程地质条件确定,并不得少于2根;②位于深水处的试桩,根据具体情况,由业主、监理、设计、施工单位共同研究决定。

(3)静推试验的桩数,应根据设计要求或合同要求进行;无要求时可以不做。

(4)静拔试验的桩数,据设计或合同要求而定。

二、桩 的 制 作

5. 钢筋混凝土桩制作应注意哪些问题?

答:(1)预制场地应考虑吊、运、存放的问题;地基应平整夯实,做好排水、防水措施。

(2)地基应夯实,底模采用5cm厚贫混凝土,并整平抹光,每桩范围内底模高差不得超过5mm;侧模宜用钢板加型钢制作,钢模具有坚固耐用、周转次数多、拆装方便、接缝严密等优点。当为空心桩时,要特别注意防止浇筑混凝土时胶囊芯模上浮及偏移。

(3)为节省场地,可以利用已完成的桩作为侧模进行另外桩的生产,但要求:①作为侧模板桩强度应达到设计强度的30%;②要在模板桩表面铺贴油毡或塑料布等隔离层。当第二批桩达到一定强度后，可以起吊第一批桩，再以第二批桩作为模板生产下一批桩。

(4)使用层叠法浇筑时，应由地基承载力及现场的施工条件而定，一般不超过4层。浇筑时模板不能左右摇晃。

(5)钢筋混凝土桩的主筋宜采用整根的钢筋，当需要接长时，应采用对接焊或机械连接，焊接处强度不得低于钢筋本身的强度，同一平面内钢筋接头的位置应错开，其距离不小于钢筋直径的30倍，且不小于50cm，在同一截面内的钢筋接头不应超过主筋总数的25%。在桩尖、桩顶各2m长范围内的主筋不应有接头。

(6)箍筋或螺旋筋与纵筋的交接处宜采用点焊焊接；当采用矩形绑扎筋时，箍筋末端应为135°弯钩或90°弯钩加焊接；桩两端的加密箍筋均应采用点焊焊成封闭箍。

(7)采用焊接连接的混凝土桩，应按设计要求准确预埋连接钢板。

(8)使用法兰盘连接的钢筋混凝土桩，法兰盘应对准位置连接在钢筋或预应力筋上；先张法预应力钢筋混凝土桩采用法兰盘连接时，应先将法兰盘连接在预应力筋上，然后进行张拉。

(9)预应力钢筋混凝土桩的预应力筋采用冷拉钢筋，如需焊接，应在冷拉前采用对接焊接；采用粗钢筋作预应力筋进行冷加工后，应按延伸率大小分组堆放，分别编号；长线张拉台座上的预应力钢筋骨架如不能及时浇筑混凝土时，应将已张拉好的预应力筋放松到张拉力的70%，待能浇混凝土时，再张拉到100%的张拉力。

(10)预制钢筋混凝土桩的粗集料宜采用碎石，粒径为5～40mm，同一根桩浇筑宜采用同一种配合比，浇筑顺序宜由桩顶开始向桩尖连续浇筑，不得留施工缝。

(11)后张法预应力混凝土大直径管桩的钢筋骨架的保护层厚度应满足设计要求，保护层垫块应牢固。

(12)后张法预应力混凝土大直径管桩混凝土浇筑须连续进行，在管节中不得留有施工缝。

6. 钢筋混凝土桩(包括预应力类)，在什么情况下属于合格产品?

答:预制钢筋混凝土桩和预应力钢筋混凝土桩的制作除符合表3-1、表3-2外，还应符合下列要求：

预制钢筋混凝土桩和预应力钢筋混凝土桩制作质量标准　　表 3-1

项　目		允许偏差
混凝土强度(MPa)		在合格标准内
长度(mm)		±50
横断面	桩的边长(mm)	±5
	空心桩空心(管心)直径(mm)	±5
	空心中心与桩中心偏差(mm)	±5
桩尖对桩纵轴线偏差(mm)		10
桩轴线的弯曲矢高(mm)		桩长的0.1%,且不大于20
桩顶面与桩纵轴线的倾斜偏差(mm)		1%桩径或边长,且不大于3
接桩的接头平面与桩轴平面垂直度(%)		0.5

法兰盘的允许偏差　　表 3-2

项　目	允许偏差(mm)
法兰盘顶面任意两点高差	≤2
螺栓孔中心对法兰盘中心径向偏差	±0.5
法兰盘顺圆周相邻两孔间距偏差	±0.5
法兰盘顺圆周任意不相邻两孔间距偏差	≤1

(1)钢筋混凝土桩的横向收缩裂缝宽度不得超过0.2mm,深度不得超过20mm;裂缝长度不得超过1/2桩宽;不允许存在纵向裂纹;用小锤敲击桩身,有大洞及断裂声者不得使用。

(2)桩表面应无蜂窝、麻面。若因特殊情况出现表面蜂窝时,蜂窝深度不得超过5mm,每面蜂窝面积不得超过该面总面积的0.5%。

(3)有棱角的桩,棱角碰损深度在5mm以内且每10m长的边棱角上只有一处破损,在一根桩上边棱破损总长度不得大于50cm。

(4)预应力混凝土桩桩身不得有裂缝。

(5)对商品预制桩,出厂时应有合格证;对现场预制桩应具备出场合格检验记录。

(6)空心方桩浇筑后,表面不得有气孔,混凝土表面在终凝前应进行压实抹光。

(7)法兰盘固定牢靠、无变形。

(8)预应力混凝土管桩:

①管节的外壁面不应产生裂缝；内壁面由于干缩产生的细微裂缝，其缝宽不得超过 0.2mm，深度不宜大于 10mm，长度不得超过 60mm；

②管节混凝土表面应密实，不得露筋、空洞和缝隙夹渣等缺陷；

③预制管节允许偏差应符合表 3-3 规定。

预制管节允许偏差　　表 3-3

项　目	允许偏差（mm）	项　目	允许偏差（mm）	项　目	允许偏差（mm）
管节外周长	+15，-5	管节壁厚	+10，-0	管壁端面倾斜	δ/100
				管节椭圆度	不大于 5
管节长度	±3	管节端面倾斜	d/1 000	预留孔直径	±3

注：d——管节直径；δ——管壁厚度。

7. 超长螺旋法钢管制作工艺流程是怎样的？

答：螺旋法制作钢管桩的工艺流程见图 3-1，过程示意见图 3-2。

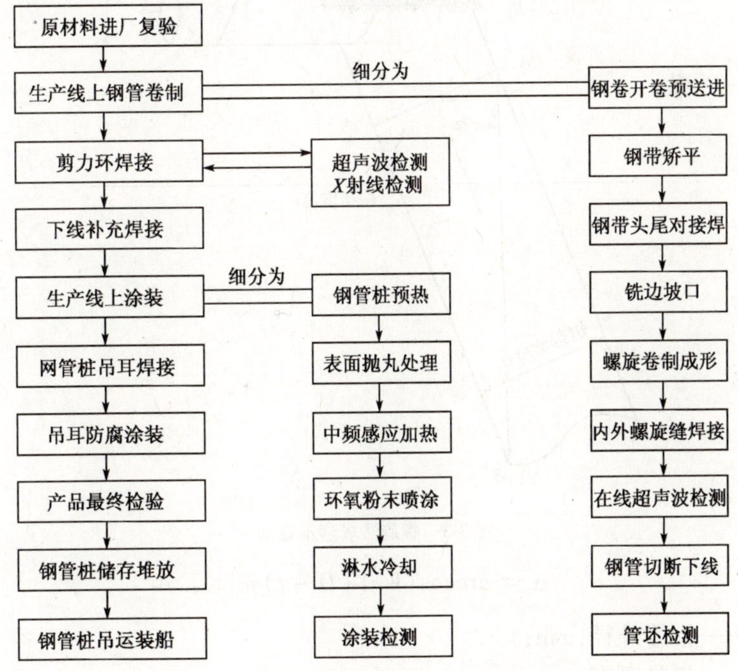

图 3-1　钢管桩制作主要工艺流程图

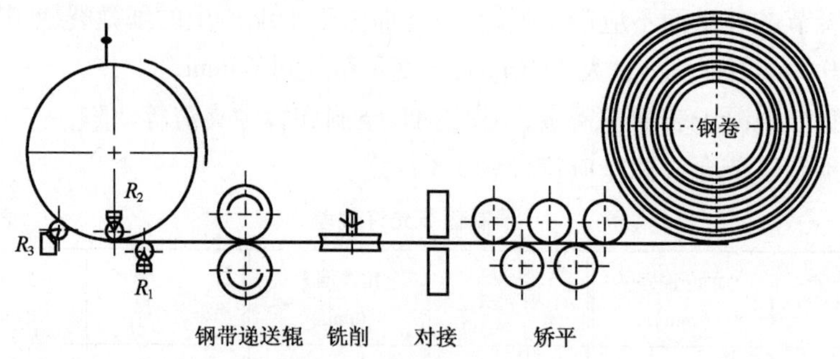

图 3-2 制管过程示意图

8. 如何计算卷制螺旋角及钢板下料长度?

答:螺旋法成形就是将一条等宽的钢带以一定的螺旋角度 α 和均匀的曲率半径卷曲成形,见图 3-3 所示。所以,螺旋成形角的计算方法:

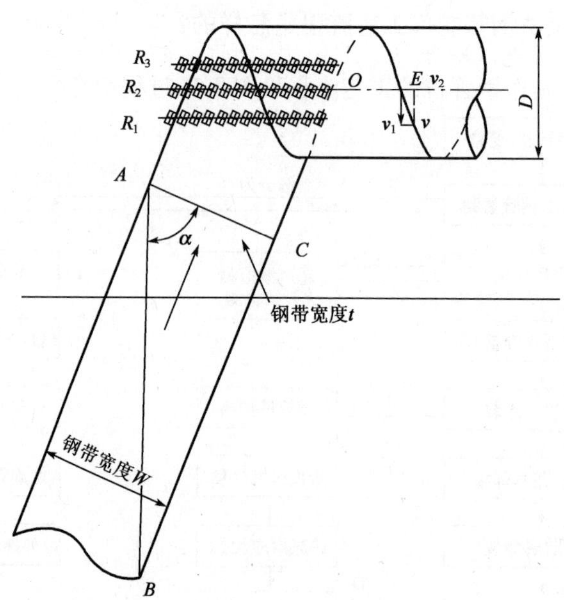

图 3-3 螺旋法成形示意图

$$\alpha = \arccos\{W/[(D-t)\pi]\}$$

式中:D——钢管外径,mm;

t——钢带厚度,mm;

W——钢带宽度,mm。

需要钢带长度:

$$L = L_1/\cos\alpha$$

其中:L_1——需制作钢管长度,mm。

9. 钢管桩制作应注意哪些问题?

答:(1)直径为25~30cm的小型钢管桩,可使用无缝钢管。长大的钢管桩可使用工厂焊接的直焊缝或螺旋焊缝钢管。

(2)钢管桩放样下料时,应根据工艺要求预放切割、磨削刨边和焊接收缩等的加工余量。在卷制前,应清除坡口处有碍焊接的毛刺和氧化物。

(3)纵向焊缝在同一段钢管桩内宜为一条,若必须使用两条时,纵缝的间距应大于30cm且平行;螺旋焊缝钢管所需钢带宽度可按所制钢管的直径和螺旋成形的角度确定,钢带对接焊缝与管端的距离不得小于10cm。

(4)管节拼装定位应在专门的胎架上进行,胎架应平整、稳定,管节对口应保持在同一轴线上,多管节拼接应减少累积误差。

(5)为了减少对接环缝的数量,管节制作长度应尽量加长。

(6)管节对口拼装检查合格后,应进行定位点焊,点焊高度应小于设计焊缝高度的2/3,点焊长度宜取40~60mm,点焊时所用的焊接材料和工艺均应与正式施焊相同,点焊处的缺陷应及时铲除。对接焊接焊缝应达到与母材等强度的要求。

(7)管节拼装所用的夹具等辅助工具不应妨碍管节焊接时的自由伸缩。

(8)焊接前,应将焊缝上下30mm范围内的铁锈、油污、水气和杂物清除干净。

(9)焊接定位点和施焊应对称进行,露天焊接时,应考虑由于阳光照射所造成的桩身弯曲和大风的影响。

(10)当气温低于-10℃时,不宜焊接。当采用有效技术措施,确能防止冷裂缝产生时,可不受此限。

(11)钢管桩成品外观表面不得有明显缺陷,当缺陷深度超过公称壁厚的1/8时,应予修补。

(12)对所有焊缝均应进行外观检查,焊缝金属应紧密,焊道应均匀,焊缝金属与母材的过渡应平顺,不得有裂缝、未融合、未焊透、焊瘤和烧穿等缺陷。焊缝外观缺陷允许范围和处理方法参见表3-4。

焊缝外观缺陷允许范围和处理方法　　表3-4

缺陷名称	允　许　范　围	超过允许的处理方法
咬边	深度不超过0.5mm,累积总长度不超过焊缝长度的10%	
超高	3mm	进行修整
表面裂缝未融合、未焊透	不允许	铲除缺陷后重新焊接
表面气孔、弧坑、夹渣	不允许	铲除缺陷后重新补焊

(13)焊缝应进行无损探伤检查,其检测方法和数量应按设计要求,当设计无规定时,可参照表3-5选用。

焊缝探伤的方法和数量　　表3-5

焊缝种类	探　伤　方　法	
	超声波	射线照相
	探伤数量	
环缝	10%	1% ~2%
纵缝	5%	超声波有疑问时,增加射线照相检查

注:①T形焊缝、十字形焊缝、焊接时的起弧点及近桩顶环缝应作重点检查。

②探伤数量可视工程的重要性、荷载特性、工厂焊接质量、焊接工艺、材料和技术熟练程度作适当增减。

③现场拼装焊缝的探伤数量应适当增加。

④柔性靠船桩等孤立建筑物的探伤数量应增加,增加数量根据实际情况确定。

⑤表中检测数量以每根桩的焊缝总长度计算。

当探伤结果不符合规定时,应对不合格焊缝段的两端分别向外做与该段长度相等的延伸补充探伤检查,并按下列规定进行修复:

①当补充检查的焊缝合格后,应对原不合格的焊缝段进行修补;

②当补充检查的焊缝仍不符合规定时,应及时进行研究,采取有效措施,确保焊缝质量;

③对修补后的焊缝仍应进行探伤检查,不合格焊缝的修补次数不宜超过两次。

(14)对钢管桩的焊缝应进行焊接接头的机械性能试验,在钢管上取样时,试样应垂直于焊缝进行截取;采用试板时,试板的焊接材料和焊接工艺与正式焊接时相同。试验要求见表3-6。

焊接接头的试验项目及要求 表 3-6

试验项目	试验要求	试件数量
抗拉强度	不低于母材的下限	不少于 2 个
冷弯角度 α 弯心直径 d	低碳钢 $\alpha \geqslant 120°, d = 2\delta$	不少于 2 个
	低碳钢 $\alpha \geqslant 120°, d = 3\delta$	
冲击韧性	不低于母材的下限	不少于 3 个

(15)螺旋法制管,不等厚的钢管卷制时,在钢带厚度变换段,制管直径将产生较大的波动,各操作人员要密切配合进行测量和控制。

(16)在螺旋焊缝焊接时,宜用强大电流交直流双电源多丝埋弧自动焊工艺。

(17)整桩或管节出厂(场)均应有产品合格证。

10. 钢桩涂敷防腐层时,应注意什么?

答:(1)钢桩涂层的范围一般为桩顶应伸入承台底以上 5~10cm 至河床冲刷线以下 1.5m,特殊情况可根据具体条件研究决定。

(2)在钢管桩的内壁与外部密闭隔绝时,内壁可不做防腐涂层。

(3)涂油漆施工应尽可能在工厂内进行,涂底前应将钢管桩表面的铁锈、氧化层、油污、水汽及杂物清理干净,除锈宜采用喷丸、喷砂和酸洗等工艺。

(4)施工场地应具有干燥和良好通风条件,并避免直接受烈日暴晒;在低温和雨季施工,必须有必要措施确保工程质量;当桩身表面潮湿时,不得进行喷涂。

(5)对空气湿度较大的地区,钢桩涂底应在生产完立即进行。

(6)钢管桩在涂装线喷涂时,生产线应具有自动改变粉末喷涂层别的功能,保证每根桩按设计预定的长度和涂层结构进行涂装。

(7)各层涂料厚度或涂刷层数应符合设计规定,必要时应采用测厚仪检查;各层涂料厚度应均匀,要有足够的固化时间。

(8)运输和吊装过程中,涂层有破损时应及时修补,修补时所用涂料应与原涂层材料相同。

(9)对已经沉好的钢桩进行涂漆修补前,应做好除锈、干燥等工作,并铲除已松动的旧漆;修补所用的涂料应具有厚浆及快干的特点。

三、沉　　桩

11. 沉桩时应注意哪些问题?

答:1)锤击沉桩

(1)钢筋混凝土桩和预应力钢筋混凝土桩,在锤击前桩身混凝土强度应达到设计要求。

(2)替打应有一定的刚度,以满足反复锤击的要求,长度亦应满足有关要求。沉斜桩时,替打出龙口的长度不宜超过其本身长度的1/2;沉直桩时,不宜超过本身长度的2/3。替打顶部应设置锤垫。

(3)在桩顶和替打之间,应设置有适当弹性的桩垫,以减少锤击应力保护桩顶。桩垫要求厚薄均匀,采用纸垫时,厚度宜为100~120mm;采用木垫时,宜为50~100mm;采用其他材料时,其厚度可根据经验或试验确定。

(4)开始沉桩时,宜采用较低落距,并在两个方向观测桩的垂直度,当桩入土达到一定深度,确认方向无问题时,再按要求落距锤击。在锤击过程中,应采用重锤低击,特别是在较厚的砂土层或黏质土层沉桩时,更应如此。

(5)锤击时应考虑锤击振动对周围新浇筑混凝土的影响,在30m范围内不能有强度小于5MPa的新混凝土存在。为避免损坏桩头,锤击时注意桩顶的锤击压应力:①对于钢筋混凝土桩,锤击应力应小于混凝土抗压强度的70%;②对于预应力钢筋混凝土桩,锤击应力应小于混凝土抗压强度的75%。

(6)沉桩过程中若遇贯入度剧变,桩身突然发生倾斜、位移或有严重回弹,桩顶或桩身出现严重裂缝、破碎等情况时,应暂停沉桩,分析原因,采取有效措施。

(7)锤击沉桩应考虑锤击振动和挤土等对岸坡稳定或临近建筑物的影响,可根据具体情况采取相应措施,并对岸坡和邻近建筑物位移和沉降等进行观察,及时记录,如有异常变化,应停止沉桩并研究处理。

(8)在(岸边)斜坡上沉桩时,应掌握桩的外移规律,桩身宜往岸向移动一定距离,以使桩沉到设计高程时,桩位能符合设计要求。

(9)锤击沉桩时,桩的最后贯入度不宜定得太小,柴油锤沉桩的贯入度不宜小于1mm/击~2mm/击;汽锤沉桩的贯入度不宜小于2mm/击~3mm/击,以免损坏桩和锤。或按设计或业主制定的贯入度标准执行。

(10)沉H形钢桩时,因桩截面较小,不宜采用4.5t级的柴油锤,且锤击过程中，在桩架前应有横向约束装置，以防横向失稳；遇有较硬的土层时，H 形钢桩不宜采用送桩。下沉 H 形钢桩时，除砂土外均不得采用射水。

(11)锤击时，要注意桩的疲劳，须控制单桩的锤击次数，一般由最终 10m 的锤击次数控制；钢筋混凝土桩锤击次数不宜超过 500 次，预应力混凝土桩不宜超过 800 次。

(12)沉桩时，桩帽不得紧箍在桩头上，应有 5～10mm 的间隙；导杆不能过分嵌制桩或发生转动；插桩时桩的垂直度偏差不得超过 0.5%，锤击时应严格控制桩的垂直度。

(13)锤击沉桩控制，应根据地质情况、设计承载力、锤型、桩型和桩长综合考虑，并应符合下列规定：

①设计桩尖土层为一般黏性土时，应以高程控制。桩沉入后，桩顶高程的允许偏差为 +100mm，-0。

②设计桩尖土层为砾石、密实砂土或风化岩时，应以贯入度控制。当沉桩贯入度已达到控制贯入度，而桩端未达到设计高程时，应继续锤击贯入 100mm 或锤击 30～50 击，其平均贯入度应不大于控制贯入度，且桩端距设计高程不宜超过 1～3m(硬土层顶面高程相差不大时取小值)。超过上述规定，应会同监理和设计单位研究处理。

③设计桩尖土层为硬塑状黏性土或粉细砂时，应以高程控制为主，贯入度作为校核。当桩尖已达到设计高程而贯入度仍较大时，应继续锤击使其贯入度接近控制贯入度，但继续下沉时，应考虑施工水位的影响；当桩尖距离设计高程较大，而贯入度小于控制贯入度时，可按本条第②项执行。

(14)做好沉桩记录。锤击记录应分阵次，一般情况下沉 1m 为一阵次。当桩尖穿越硬夹层或进入硬土层时，应取 0.1～0.5m 为一阵，当桩尖接近控制高程时，取 10cm 为一阵；打入硬土层的桩，最后贯入度可取 10cm 或最后 10 击的平均值；对沉桩过程中发生的任何异常现象均应作记录。

(15)沉钢管桩时，应考虑钢管桩桩尖形式的影响：封闭式桩尖应采取上浮措施；砂土中沉放开口或半开口桩尖应防止管涌。环境在 -10℃以下时，应暂停钢管桩锤击沉桩施工。

(16)水冲锤击沉桩时，为保证桩的承载力，桩尖距设计高程须在以下距离时停止冲水：桩径或边长≤600mm 时，为 1.5 倍桩径或边长；桩径或边长 > 600mm 时，为 1.0 倍桩径或边长。水冲锤击沉桩后，应及时与邻桩或固定结构夹紧，防止倾斜位移。

(17)接桩时，上下节应保持在同一轴线上，接头拼接应紧密贴实和牢固，经检查合格后方可继续沉桩。桩锤、替打、送桩和桩身宜保持在同一轴线上,替打应保持平整,避免产生偏心锤击。

(18)在超长桩施工时,选用合适的替打,以免由于能量过多损失造成沉桩困难。详见本书海洋环境桥梁。

2)振动沉桩

(1)合理选择振动锤,选锤时应验算振动上拔力对桩身结构的影响。

(2)振动锤、锤座、桩帽应连接牢固,振动锤、桩帽或送桩和桩身中轴线应保持在同一直线上。

(3)开始沉桩时宜用自重下沉或射水下沉,待桩身有足够稳定性后再采用振动下沉。

(4)沉桩作业应一次完成,不可中途停顿过久,以免土的摩阻力恢复,使继续下沉困难。

(5)振动时间的长短应根据不同振动锤和不同土质通过试验确定,一般不宜超过5~10min。

(6)为保证桩的承载力,高压射水振动沉桩时,当桩端沉至距设计高程为下列距离时,应停止射水:桩径或边长≤600mm时,为1.5倍桩径或边长;桩径或边长>600mm时,为1.0倍桩径或边长。

(7)振动沉桩时,应以设计规定的或通过试桩验证的桩尖高程控制为主,为最终贯入度(mm/min)作为校核。当桩端已达到设计高程,而最终的贯入度相差较大时,应查明原因,会同监理和设计单位研究处理。

(8)振动锤的振幅有异常现象时,应立即暂停施工,查明原因,采取措施后方可继续沉桩。

3)射水沉桩

射水沉桩下沉初期,应控制不使桩身下沉过快,以免堵塞射水嘴,并随时注意控制和校正桩的方向;在接桩和接射水管时,防止停水时泥砂涌入桩内堵塞射水嘴,要求连接时间越短越好,一般不宜超过10min;预制混凝土桩用射水锤击沉桩时,为避免射水后桩尖支承力不足,使桩身产生超过允许的拉应力,应用较低落距进行锤击。射水沉桩中停止射水时的桩尖高程应根据试桩和施工时具体地质情况决定,当缺乏资料时,一般不宜小于设计桩端高程以上2m。采用中心射水法沉桩时,应在桩垫和桩帽上留有排水通道;采用侧面射水法沉桩时,射水管应对称布设。采用射水锤击沉桩后,应及时将其与邻桩或稳定结构夹紧固定,防止桩倾斜位移。

12. 沉桩时如何计算锤击压应力?

答:锤击压应力可按下式计算:

$$\sigma_p = \alpha(2eE_p\gamma_pH_p)^{1/2}\left[\left(1+\frac{A_c\sqrt{E_c\gamma_c}}{A_h\sqrt{E_h\gamma_h}}\right)\left(1+\frac{A_p\sqrt{E_p\gamma_p}}{A_c\sqrt{E_c\gamma_c}}\right)\right]$$

式中:σ_p——桩顶锤击压应力,kN/cm^2;

α——锤型系数,柴油锤取 $\alpha=\sqrt{2}$,自由落锤取 $\alpha=1$;

H_p——锤的冲程(一般200cm左右),cm;

e——锤的效率系数,柴油锤取 $e=0.8$,自由落锤取 $e=0.6$;

A——实际截面面积,cm^2;

E——弹性模量,10MPa;

γ——重度,kN/cm^3;

h——桩锤;

c——桩垫;

p——桩身。

13. 如何计算、选用振动锤?

答:振动锤的振动力决定振动锤的选择,但振动力须大于克服桩在下沉中土的摩阻力。

振动锤的振动力:

$$P = 0.04n^2M$$

式中:P——振动锤的振动力,kN;

n——偏心锤转速,rad/s;

M——振动锤的偏心力矩,kN·cm;而

$$M = AQ$$

其中:A——振幅,在软土地基中 $A>0.7$cm;在其他地基中 $A\geqslant1.1$cm;

Q——桩和锤总重力,kN。

土的摩阻力:

$$R = fuL$$

式中:f——土单位面积的动摩阻力,kPa,按表3-7取值;

u——桩的周边长度,m;

L——桩的入土深度,m。

f 值 表3-7

砂性土		黏性土	
标准贯入击数	f(kPa)	标准贯入击数	f(kPa)
0~4	10	0~2	10
4~10	15	2~4	15
10~30	20	4~8	20
30~50	25	8~15	25
>50	40	15~30	40
		>30	50

14. 沉桩施工怎样选择打桩锤?

答: 桩锤的选择应根据地质条件、桩形、土的密实程度、单桩轴向承载力及现有的施工条件等来确定,在具体实施时,桩锤应综合下面条件进行选择(海上选择桩锤见本书海洋环境桥梁)。

1)按使用范围选用

(1)坠锤:适用于一般黏性土、砂土、含有少量砾石土的地质条件;一般在沉木桩及断面较小的钢筋混凝土桩时选用它。当沉钢筋混凝土桩时,应选择重型及特重型龙门坠锤。

(2)单动汽锤:适用于硬黏土层厚2.5~6.0m及中密砂土层厚在1.5~4m的地质条件,适合沉各种桩,更宜于沉沉管灌注桩及边长为40~50cm的钢筋混凝土方桩。

(3)双动汽锤:适用于硬土层较薄土质;适合沉各种桩;可用于沉斜桩;当用压缩空气时,可用于水下沉桩,并可用于拔桩;可吊锤沉桩。

(4)柴油锤的形式较多,不适宜在过软或过硬土中沉桩,用于浮船沉桩较为有利;杆式锤适宜沉小型桩、钢板桩;筒式锤适宜沉混凝土桩、钢管桩,也可以打斜桩,是使用最广的一种锤。

(5)振动锤:适用于持力层为亚黏土、软土、松散砂土、黄土的地层结构;宜沉各类桩及沉管灌注桩,可用于沉大口径钢管桩、混凝土管桩。

(6)液压锤:适用于黏性土、砂土含少量砾石土等;适合沉重型的钢筋混凝土桩、钢桩。

2)按锤的冲击能选择

根据单桩的设计荷载估算锤需要的冲击能:

$$E \geqslant 25P$$

锤的适用系数:

$$K = (Q + q)/E$$

式中:E——锤的一次冲击动能,N·m;

P——单桩设计荷载,kN;

K——锤的适用系数;

q——桩的重力(包括送桩及桩帽、桩垫),kN;

Q——锤的总重力,kN。

当K符合下列要求时可选择相应锤:对于坠锤 $K \leqslant 2.0$;对于单动汽锤 $K \leqslant 3.5$;对于双动汽锤和柴油锤 $K \leqslant 5.0$。

(注:下沉钢板桩、I形、H形钢桩及配合射水下沉各类桩时,上列系数可提高50%。)

3)按锤质量与桩质量的比值选择

根据桩的类型、锤的质量和桩的质量比值,参照表3-8选锤。

锤质量和桩质量比值 表3-8

桩 类 型	锤 类 别							
	坠锤		单动汽锤		双动汽锤		柴油锤	
	土 状 态							
	硬土	软土	硬土	软土	硬土	软土	硬土	软土
混凝土桩	1.5	0.35	1.4	0.4	1.8	0.6	1.5	1.0
钢桩	2.0	1.0	2.0	0.7	2.5	1.5	2.5	2.0

注:选用单动汽锤或坠锤时,其质量最好为桩质量的1.5~2.0倍。当超过两倍时,可以调整落锤高度。

15.沉桩时应注意怎样的顺序?

答:沉桩顺序一般由一端向另一端连续进行,当桩基平面尺寸较大或桩距较小时,宜由中间向两端或四周进行;当桩的埋深不一时,宜先沉深桩,后沉浅桩;在斜坡地带,应先沉坡顶桩,后沉坡脚桩。深水沉桩一般宜从上游开始逐桩、逐排进行,沉斜桩时,若其水平投影相交,要先沉位置在下的斜桩。固定桩架式打桩船沉桩顺序见本书海洋环境桥梁。

16. 使用打桩船时应注意哪些问题?

答:(1)使用打桩船时应考虑通航要求,对锚船和抛锚的位置应考虑周全,提前做方案,尽可能减少移动船只的次数。各锚缆布置点应设置明显标志,或采取其他安全措施。

(2)防止走锚,斜桩沉放应加强前后中心锚缆,必要时可采用双缆。

(3)在一个墩位沉多方向斜桩时,船体与水流近似正交,当流速又大于1.0m/s时,船体的迎流面和背流面的高差可能达30~40cm,应严格调节压船水,以保持船体平衡。如调节无效应立即停锤。

(4)当波浪超过二级(波浪峰高0.25~0.5m),或流速超过1.5m/s,或风力超过五级时(风速大于8m/s),均不宜沉桩;当其他船只通过施工区时,影响沉桩船的稳定性,应暂停沉桩。

(5)在开阔水域沉桩,当抛锚和埋设地笼有困难时,可按风向及水流方向等情况设置锚碇浮筒,锚碇重量和浮筒大小可按有关规定或经验确定。

(6)在潮落的2/5~4/5的历史水位阶段应停锤。

(7)在与驳船或其他船只共同作业时,双方(或几方)船长应共同研究施工方式,由1人统一指挥、密切合作。

(8)待深水桩打完后,应有巡逻船日夜巡逻防护,以策安全。

17. 什么情况下必须进行沉桩复打?

答:(1)在黏性土地区沉入群桩时,对每一桩下沉完成后,应测量其桩顶高程,待全部基桩下沉完毕后,再测量各桩顶的高程,若桩顶有隆起现象时,应进行复打。

(2)在砂性土地区沉入群桩时,沉桩会对已沉毕的桩产生下沉的影响,所以宜对各单桩预留高度,待所有的桩沉完后,测量各桩顶高程进行复打。

(3)在饱和的细、中、粗砂中连续锤击沉桩时,易使流动的砂紧密挤实于桩的周围,妨碍水分沿桩上升,在桩尖下形成很大水压的"水垫",对桩的贯入形成很大的阻力。这种阻力是暂时的,经一定时间后即行降低,这就是常说的"假极限",休息后沉桩应进行复打。

(4)在黏土、亚黏土中连续锤击沉桩时,因土的渗透系数小而造成桩周围的水不能渗透扩散而沿桩身向上挤出,形成桩周围的润滑层,使桩周摩阻力极大地减小,待休息一定时间后,随着桩周围水层消失而使得桩周摩阻力恢复,这种现象称为"吸入",休息满足要求后,沉桩也要进行复打。

18. 何谓送桩?

答:桩头低于导杆而仍须继续沉桩时,或用浮运驳船沉桩时,均需使用送桩。送桩一般是用钢制成,其长度应为桩锤可能达到的最低高程与沉入桩顶高程之差再加上适当的余量。对于配合射水的送桩应在其上留有插射水管的槽口。焊接的钢送桩应进行热处理增强其刚度,其结构强度应高于桩身的强度。一般送桩与桩头的连接采用螺栓联结,特殊情况下可用长螺栓联结成活节。安装送桩时应使送桩与桩的中轴线相吻合,特别是下沉斜桩时更应注意。

钢送桩使用一定时期后,必须检查它的垂直度,若偏心大于1:350时应即修理。

19. 沉桩常见问题有哪些? 造成的主要原因是什么? 应该如何处理?

答:(1)桩身破裂。其造成的主要原因是:桩的预制质量不符合设计要求,或设计本身不能满足要求;吊装或运输不当造成隐患;锤击或振动过甚。其处理方法是:混凝土预制桩可加钢夹箍,用螺栓拧紧后焊固补强;质量较差的不得使用。

(2)桩顶破裂。其造成的主要原因是:桩头混凝土强度不够或保护层太厚;桩顶表面不平整或锤与桩不垂直或桩帽垫层有问题;遇坚固土层。其处理方法是:凿除破碎部分并补强或用套箍加强,破裂严重者废弃。

(3)桩身倾斜。其造成的主要原因是:桩尖倾斜,桩头不平,桩靴套得不准;桩接头被破坏发生变形;在沉进过程中,桩尖一侧遇石块;打进过程中,桩尖遇硬斜面,桩沿斜面滑移;桩身桩帽不在一直线上。其处理方法是:偏差过大拔出移位重打;入土深度小于1m,偏差不大时,可利用木架顶正,再慢锤打入;障碍物不深时,可挖除回填后再继续沉桩。

(4)桩身扭转或位移。其造成的主要原因是:桩尖不对称;桩身不垂直。其处理方法是:偏差不大时,用铁棍逐渐撬正,用锤慢击低击纠正;偏差很小时,可不纠正;偏差太大时,应拔出重打。

(5)桩涌起。其造成的主要原因是:土较软或有流砂,并采用由两端向中间沉桩的顺序,使土基挤密。其处理方法是:对浮起量大的桩做静载试验后复打或重沉;对所有涌起桩进行复打。

(6)桩急剧下沉。其造成的主要原因是:沉桩遇软土层、土洞;接头破裂或桩尖劈裂;桩身弯曲或有严重的横向裂纹;桩锤过重、过高,接桩不垂直。其处理方法是:将桩拔起检查重打,或在原桩位处做补桩;调整锤重及落距。

(7)桩不能下沉或达不到设计高程。其造成的主要原因是:遇到障碍物、坚硬土夹层或砂夹层;沉桩间歇时间过长,摩阻力增大;桩锤太轻或落锤太低。其处理方法是:遇障碍物或硬土层,用钻孔机钻透后再复打;加大锤质量,提高落锤高度;或按海洋环境桥梁中的办法实施。

(8)桩身跳动,桩锤回弹。其造成的主要原因是:桩尖遇到树根或坚硬土层;桩身过曲,接桩过长;落锤过高。其处理方法是:采取措施穿过或避开障碍物;入土不深应拔起避开或换桩重沉。

四、沉桩质量标准

20. 沉桩施工允许偏差是怎样规定的?

答:预制混凝土桩(钢桩)的沉桩允许偏差的规定如表3-9。

沉桩允许偏差　　表3-9

项目		允许偏差(mm)	备注
倾斜度	直桩	1%	d为桩的直径或短边;深水中采用打桩船沉桩的允许偏差,按设计要求或现行行业标准《港口工程桩基规范》(JTJ 254)的规定办理;倾斜角θ为桩纵轴线与垂直线的夹角
	斜桩	$\pm 0.15\tan\theta$	
单排桩桩位	顺桥方向	40	
	垂直桥轴方向	50	
群桩桩位	外缘桩	$d/4$	
	中间桩	$d/2$且≤250	
桩尖高程(mm)		符合设计要求	
贯入度(mm)		符合设计要求	

第四章 钻(挖)孔灌注桩

一、钻　　孔

1.钻机种类及其适应性有哪些？

答：钻机种类及其适用范围可参看表4-1。

各种钻孔设备及适用范围　　表4-1

编号	钻孔机具（方法）	适用范围			
		土层	孔径(cm)	孔深(m)	泥浆作用
1	长、短螺旋钻机	地下水位以上的细粒土、砂类土、砾类土、极软岩	长螺旋钻 30~80，短螺旋钻50	26~70	干作业不需泥浆
2	机动推钻（钻斗机）	细粒土、砂类土、卵石粒径小于10cm，含量少于30%的卵石土	80~200	30~60	护壁
3	正循环回转钻机	细粒土、砂类土、卵石粒径小于2cm，含量少于20%的卵石土、软岩	80~300	30~100	悬浮钻渣并护壁
4	反循环回转钻机	细粒土、砂类土、卵石粒径小于钻杆内径2/3，含量少于20%的卵石土、软岩	80~250	泵吸<40，气举150	护壁

续上表

编号	钻孔机具（方法）	适用范围			
		土层	孔径(cm)	孔深(m)	泥浆作用
5	正循环潜水钻机	淤泥、细粒土、砂类土、卵石粒径小于10cm，含量少于20%的卵石土	80~200	50~80	悬浮钻渣并护壁
6	反循环潜水钻机	同编号4	80~200	100以上（泵吸<气举）	护壁
7	全护筒冲抓和冲击钻机	各类土层	80~200	30~60	不需泥浆
8	冲抓锥	淤泥、细粒土、砂类土、砾类土、卵石土	80~200	30~50	护壁
9	冲击实心锥	各类土层	80~200	100	短程浮渣并护壁
10	冲击管锥	淤泥、砂类土、砾类土、松散卵石土	60~150	100	短程浮渣并护壁
11	旋挖钻机	淤泥、细粒土、砂类土	80~300	30~105	护壁
12	行星式钻孔机	各类土层	280~600	—	护壁

注：①土的名称依照《公路土工试验规程》(JTG E40—2007)土的工程分类的规定。

②单轴极限抗压强度小于30MPa的岩石称为软岩，大于30MPa的岩石称为硬岩，小于5MPa的岩石称为极软岩。

③正、反循环回转钻机(包括潜水钻机)附着坚硬牙轮钻头时，可钻抗压强度达100MPa的硬岩。

④表中1~11所列各种钻机(方法)适用钻孔直径和孔深系指国内一般情况下的适用范围。

⑤行星式钻孔机适用于大孔径桩基。

2. 选择钻机时应注意哪些问题?

答：无论采用何种钻孔方法，对钻机扭矩功率、钻锥形式、钻杆截面、钢丝绳规格、泥浆泵泵量、泵压、真空泵真空度、吸泥泵吸量、气举法压缩空气的压力、排气量等都应按钻孔直径与深度、地层情况、工期、设备条件认真研究选择。

(1)用螺旋钻钻孔时宜选择配备有伸缩式钻杆的短螺旋钻机。

(2)用机动推钻(钻斗钻)钻孔的钻机,可选择国产带伸缩式钻杆的潜水钻机或俯着式短螺旋钻机,将短螺旋钻头换成回转钻锥(钻斗),钻锥应按地层土质软硬、颗粒粗细选择适当形式。

(3)用正循环钻机钻孔时应按钻孔直径、深度和地层情况等因素计算选择钻机扭矩、泥浆泵的泵量、泵压和钻锥形式。正循环钻机的钻杆截面强度须适应多种因素产生的弯曲应力和扭转应力,对大直径、深孔的钻杆应进行应力验算。

(4)用反循环钻机钻孔时,其钻杆内径宜 >127mm,吸泥泵所需泵量可按水流(泥浆)在钻杆孔内上升速度达到 3m/s 时计算确定。反循环采用气举法排渣时,压缩空气所需的压力与钻孔深度有关,需要的排气量与每小时净出土量、钻杆内孔的直径等因素有关,其风管宜设在排渣管外两侧。

(5)用反循环潜水钻机旋转钻进时,若不产生反扭矩且钻机本身具有钻进导向装置时,可采用软管装在钻机顶排渣钻进。若钻锥旋转时产生扭矩,则必须使用钻杆连接钻机,用作排渣和传递扭矩,并由井口钻台承受扭矩的反作用力。当潜水钻机本身无导向装置时,虽然用软管排渣,仍须在钻机中心连接实心钻杆至孔口钻台,作为钻进导向用。

(6)选用的冲抓锥钻机应既能配合全护筒钻孔,也能配合顶护筒钻孔;冲抓锥的提绳应采用自挂钩单绳式;冲抓锥的锥瓣不宜超过 4 瓣;锥径(抓瓣张开时)应为孔径的 85% ~90%,松散地层采用低限,较稳定地层采用高限;冲抓宜采用较重的锥;锥的高度不宜小于孔径的 1.5 倍。

(7)用实心锥冲击钻孔时,应选择提升速度较快、起重能力较大的钻机和质量较大的钻锥;钢丝绳与冲击钻锥之间必须设置自动转向装置并连接牢靠,钢丝绳应选用同向捻制、纤维芯柔软、无死褶痕迹和断丝者,其抗拉安全系数不应 <12,锥径不宜小于孔径的 95%。孔径 >1.5m 时,应分两级钻进,应准备不同直径的钻锥。

(8)使用管锥冲击钻孔时,应选择能调节冲击高度(即冲程)和冲击频率能调节的钻机;当孔径 >0.7m 时,应分级钻进,应准备不同直径的管锥。

(9)当桩身上部采用变截面大直径桩身时,可先设置桩身下部小直径护筒及钻锥,钻孔到底之后,利用该孔作为导孔,再设置大直径护筒与钻锥,扩大上部孔径,亦可先钻完上部桩孔之后,将钻机的钻锥换成小直径,完成下部钻孔。大直径钻孔机目前采用的有气举式反循环回转钻机和潜水冲击钻机,国内国外有很多钻机的型号可供选择。

(10)以上超长桩钻机见海洋环境桥梁。

3. 如何按土质选择钻机种类?

答:钻孔的方式归纳起来有三大类,即冲击法、冲抓法和旋转钻进。在岩性均匀的土层与岩层中适于用旋转钻钻进,即根据土体的强度等特性选择不同钻头旋转切削土体,然后通过泥浆的循环将钻渣清除。但在卵石、漂石层等软硬相间的地层中,由于孔底岩性不一,钻进时易引起钻杆剧烈跳动振颤,损坏钻具,此时可选用冲击钻。冲击钻即利用冲击锥自由下落的冲击力破碎岩石,将钻渣挤入孔壁或悬浮在泥浆中排除。遇有黏土糊钻或孔底软土内夹有局部的硬质岩块及出现梅花孔时,可在孔内撒入碎石填平再冲击,以免钻孔倾斜或卡钻。钻渣可用取渣筒取出。由于排渣不利,冲击钻钻进速度一般较慢。近年来国内开发出反循环冲击钻,即在冲击锥中空的孔中穿入泥浆管,冲击过程中泥浆管插入钻孔底部不动,用泥浆泵吸渣排出,大大提高了冲击钻的钻进速度。在粒径不大的卵石层和土层中施工时,可用冲抓钻。冲抓钻的冲抓锥自由下落,将锥瓣插入土层,然后抓取土体,提锥出孔卸土,如此往复以钻进成孔。但遇到大块孤石与探头石时无法抓出,可换用冲击锥破碎或用小药量爆破破碎,再用冲抓锥钻进。冲击钻与冲抓钻都无法施工斜孔,在土层性质不良时,要注意防止缩孔、卡钻及坍孔事故的发生。

4. 气举式反循环回转钻成孔时应注意什么问题?

答:气举式反循环回转钻在正常工作状态下的操作要点基本上与泵吸式相同,须注意的是空气压缩机送风要同钻锥回转同时进行。接钻杆时,须将钻杆稍提升30cm左右,先停止钻锥回转,再送风数分钟,将孔底钻渣吸尽,再放下钻锥,进行拆装钻杆工作,以免钻渣沉淀而发生埋钻事故。另外应随时注意护筒泥浆(水)面高程,如果逐渐往下降落,必须立即补水到护筒,以免因水头不够而发生坍孔事故。

5. 如何区别正、反循环回转法成孔?

答:正循环回转法的工作程序是电动机(或其他机体)将动力经由皮带(或其他传动系统)传送到转盘旋转设备,带动它中心的空心钻杆转动,将扭转动力传递至钻锥,钻锥受到重压切削泥砂;另外,泥浆泵将泥浆经空心钻杆压入孔底后,泥浆将钻渣悬浮,由孔口自然流出,并起护壁作用。反循环的泥浆工作方式与正循环相反,泥浆由储浆池流入或注入钻孔,到孔底与钻渣混合,在真空泵与吸泥泵配合或在空心吸泥机、水力喷射泵的抽吸力作用下,混合物进入钻锥的进渣口,由钻杆内腔吸上,再从出水控制阀经胶管排泄到沉淀池,净化后到储浆池循环使用。

反循环与正循环相比,除了钻孔进度快 4~5 倍外,还具有需用泥浆料少、转盘所消耗动力少,清孔时间较快等特点。

6. 选择大直径桩钻机应特别注意哪些方面?

答:随着钻孔的发展,大直径桩、变截面桩已较多出现,要求的钻机性能亦越来越高,因此在考虑适当的钻机时,必须注意以下两个方面。

(1)钻机能承担的扭矩

每种类型的钻进成孔机械各有所长短,无论优选何种机型和工艺,均应根据桩径、地质条件、水文情况、施工单位的设备条件及工期等诸多因素来综合考虑确定。大口径钻孔所需钻机型号主要取决于土壤的强度,即同一型号钻机在不同土壤中能直接钻不同的大直径桩孔。土壤是变化的,钻进时不同地层扭矩是变化的,而决定钻机性能的基本要素(动力)是已知的,所以钻机分类宜以扭矩 M 大小为准。

扭矩的计算方法如下式:

$$M = A \times M_0 \times F$$

式中:A——系数,考虑到在传递扭矩过程中扭矩的损失,取 1.4~1.7;

M_0——单位破岩面积所需之扭矩,直钻(即一次成孔)经验值为 0.6~0.8kN·m/m^2,而扩钻经验值为 0.4~0.8kN·m/m^2;

F——钻头破岩面积,m^2。

另一方面,计算出钻机在不同地质层能钻的最大孔径所需要的扭矩 M 的大小,此值应小于该钻机的扭矩额定值[M]。在小于[M]的情况下,钻机可以根据 M 值调整钻进速度。

另提示一点,我国目前所产钻机是按扭矩大小分类,以免给用户造成选择上的错觉,以为设计钻孔口径越大则必须要用大直径钻机。

(2)变截面桩特点

一般桥梁桩基的最大弯矩产生在上半部分,到了一定深度以后,由于土抗力的作用桩身所受的弯矩 M 越来越小,到了岩石层时 M 几乎为零,这时可认为桩基只承受垂直力,因此桩径又可减小。变截面桩正是为适应这种受力变化而设计的,其截面一般是上大下小。大直径桩主要是指上段最大截面直径而言的,上部直径虽大,但上部覆盖层的土壤强度一般较小,因而所受的扭矩也不是最大。待到钻孔进入岩层时或下段紧密土层时,虽然土壤强度增大了,钻杆增长了,而桩的直径却相应减小了,因此如果设计桩径和钻机选型适当,只要充分利用施工单位现有的 1.5m 和 2m 钻机设备,对其稍加改造,同样可完成 ϕ300cm ~ ϕ400cm 的大直径桩孔施工。这也是变截面大直径桩的特点之一。

7. 履带式旋挖钻机有何特点及其适用性?

答:履带式旋挖钻机的特点及其适用性见下表 4-2 所示。

表 4-2

序号	旋挖机特点	该特点适用性
1	适用于不同地质	配以不同钻掘工具配件,可适用于砂土、卵砾石及卵石、软岩及硬岩等不同地质
2	适合各种基桩工程	适用于旋挖式或冲击式泥浆工法及全套管或半套管工法等
3	机动性大、移位迅速。独立作业性高	施工移位中无需吊运,能适应恶劣地形的施工。 动力来源由主机供应,无须额外电源及动力源,一切吊装作业可由本机卷扬设备处理。在几分钟时间内可以处理留标沉淀
4	贴墙性佳	1.2m 以内桩径几乎可贴墙作业,对受场地限制之工地方便
5	环保性佳	低噪声,低震动,泥浆用量少,因为该机仅用泥浆护壁,而不用泥浆排渣。钻渣流动性小,便于用翻斗车外运

8. 几种常用泥浆原料的要求及用量是什么?

答:(1)黏土泥浆

一般可选用塑性指数 >25,小于 0.005mm 的黏粒含量 >50% 总量的黏土制浆。当缺少适合的黏土时,可用略差的黏土,并掺入 30% 的塑性指数 >25 的黏土。若用亚黏土时,其塑性指数不宜 <15,大于 0.1mm 的颗粒不宜超过 6%。所选黏土中不应含有石膏、石灰或钙盐类化合物。

若采用较差的黏土或亚黏土调剂的泥浆,其性能指标不符合要求时,可在泥浆中掺入碳酸钠(Na_2CO_3,通称碱粉或纯碱)、氢氧化钠($NaOH$)或膨润土粉末,以提高泥浆性能指标,掺入量与原泥浆性能指标有关,最好通过试验确定。一般碳酸钠的掺入量约为孔中泥浆的 0.3% ~0.5%。对于河床有浅水或潜流时,该复合泥浆 pH 值应在 10 以上。

通常情况下,所用黏土浸湿后有黏性润滑感,无砂或含砂量低于 2%,加水和成泥膏后,容易搓成 1mm 的细长泥条,浸水后能大量膨胀,胶体率不低于

95%,制浆能力的成分不低于40%。

(2)膨润土

膨润土有钠质和钙质两种,钠质膨润土较钙质为优,大量用于炼钢、铸造中,钻孔泥浆中用量也很大。膨润土泥浆具有相对密度低、黏度好、含砂量少、失水量少、泥浆薄、稳定性强、固壁能力高、钻具回转阻力小、钻进率高、造浆能力大等优点。

膨润土作为泥浆原料的一般用量为水的8%,即8kg膨润土可掺100L的水。对于黏土地层,可降低到3%~5%。较差的膨润土用量为水的12%左右。一般膨润土的造浆能力较普通黏土高3~4倍,即准备原料数量仅为黏土的1/5~1/4。

(3)冲积潮泥或亚黏土

冲积潮泥或亚黏土常用于湖区钻孔造浆,其性能技术不合要求时,一般在泥浆中掺碳酸钠、氢氧化钠或膨润土,以提高泥浆技术性能指标。终孔要求清洗孔后用膨润土泥浆置换,以保持孔底无沉淀或低于4%的沉淀(24h)。

(4)油田泥浆(P. H. P泥浆)

油田泥浆的基本原料是优质膨润土。其配制比例是水100%,膨润土6%~8%,泥粉质量5%的碳酸钠(Na_2CO_3纯碱)、泥粉质量0.3%的羟基纤维素(C. M. C)和泥浆量3×10^{-5}(30ppm)的聚丙烯酰胺水解溶液。由于膨润土造浆率特别高(1t可造10~20m^3泥浆),是黏土的4~8倍,所以使用P. H. P(聚丙烯酰胺絮凝剂)的总造价并不高。

9. 油田泥浆(P. H. P泥浆)有哪些优越性?

答:油田泥浆全称为聚丙烯酰胺不分散低固相泥浆(简称P. H. P)。其优越性如下:

(1)能提高钻进速度。使泥浆的密度下降到1.03~1.08,密度小对钻头所产生的阻力小,结果使钻速上升,机械效率可提高40%,成孔速度提高20%。

(2)延长机械寿命。油田泥浆循环沉淀净化后,钻头切削的阻力减小,减轻了设备的部件磨损。

(3)孔径顺直。使用油田泥浆钻孔时,由于它固相含量低、泥浆渗漏少,有利孔壁的稳定,使孔壁顺直,扩孔率小。

(4)有效防止孔漏和堵漏。由于油田泥浆密度低、低失水、高矿化、泥浆触变性较强,所以在整个钻孔过程中遇有渗漏性地层亦能充分发挥防漏堵漏的作用。

(5)能降低钻孔成本。油田泥浆用化学絮凝剂量仅为泥浆液的0.0003%，钻孔速度快，成孔质量高，加上泥浆的循环净化能重复利用，减少了泥浆的浪费，故大幅度地降低了钻孔的总成本。

(6)适用于大直径或超长钻孔灌注桩。

10.如何测定泥浆的各种性能指标?

答:(1)相对密度 ρ_x

用泥浆相对密度计测定泥浆的相对密度，其具体方法是将要量测的泥浆装满泥浆杯，加盖并洗净从小孔溢出的泥浆，然后置于支架上，移动游码，使杠杆呈水平状态(即气泡处于中央)，读出游码左侧所示刻度，即为泥浆的相对密度。若工地没有以上仪器时，可用一口杯，先称其质量设为 m_1，再装清水称其质量为 m_2，再倒去清水，装满泥浆并擦去杯周溢出的泥浆，称其质量为 m_3，则

$$\rho_x = (m_3 - m_1)/(m_2 - m_1)$$

(2)黏度 η(s)

工地采用标准漏斗黏度计测定泥浆黏度，黏度计如图4-1所示。用两端开口量杯分别量取200mL和500mL泥浆，通过滤网滤去大砂粒后，将泥浆700mL均注入漏斗，然后使泥浆从漏斗流出，充满500mL量杯所需时间(s)，即为所测泥浆的黏度。

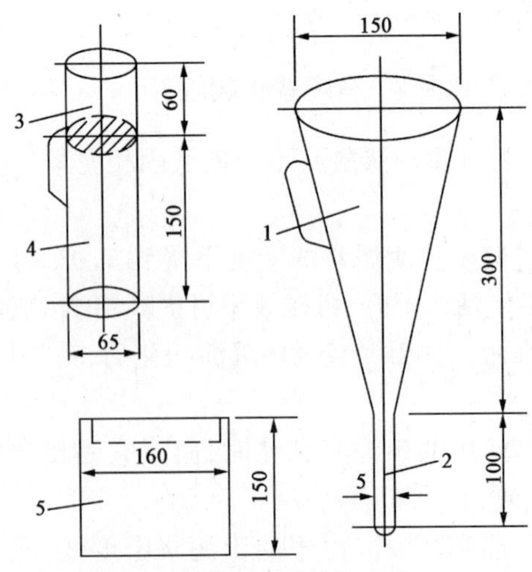

图4-1 黏度计(尺寸单位:mm)

1-漏斗;2-管子;3-量杯200mL部分;4-量杯500mL部分;5-筛网及杯

校正方法:漏斗中注入700mL清水,流出500mL,所需时间应是15s,如偏差超过±1s,则量测泥浆黏度时应校正。

(3)含砂率(%)

工地采用含砂率计测定泥浆含砂率,含砂率计如图4-2所示。量测时,把调制好的泥浆50mL倒进含砂率计,然后再倒450mL清水,将仪器口塞紧,摇动1min,使泥浆与水混合均匀,再将仪器竖直静放3min,仪器下端沉淀物的体积乘2就是含砂率(%)。(有一种大型的含砂率计,容积1000mL,从刻度读出的数不用乘2即为含砂率)。

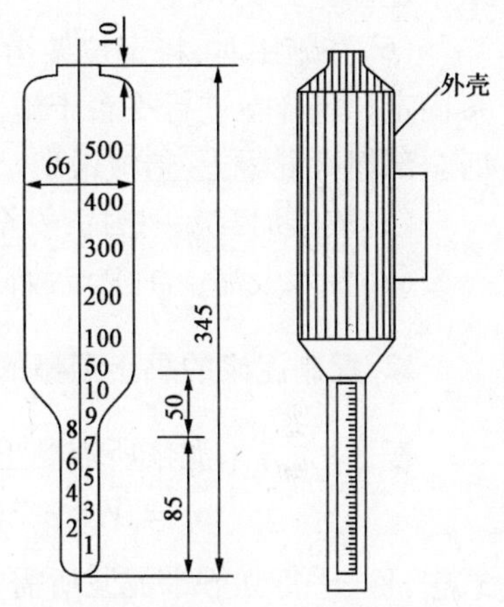

图4-2　含砂率计(尺寸单位:mm)

(4)胶体率(%)

它是泥浆中土粒保持悬浮状态的性能,亦称稳定率。其测定方法:可将100mL的泥浆放入干净量杯中,用玻璃板盖上,静置24h后,量杯上部的泥浆可能澄清为透明的水,量杯底部可能有沉淀物。以100mL－(水＋沉淀物)mL的值即为胶体率。

(5)失水量(mL/30min)和泥皮厚(mm)

用一张120mm×120mm的滤纸,置于水平玻璃板上,中央画一直径30mm的圆圈,将2mL的泥浆滴于圆圈中心,30min后,量算湿润圆圈的平均半径减去泥浆坍平成为泥饼的平均半径(mm)即失水量,算出的结果(mm)值代表失水量,单位:mL/min。在滤纸上量出泥饼厚度(mm),即为泥皮厚。泥皮愈平坦、愈薄,则泥浆质量愈高,泥皮厚一般不宜超过2~3mm。

11.在深水围堰中利用定位架整体安装钢护筒应注意什么?

答:在深水围堰中利用定位架整体安装钢护筒虽然体积大、质量大,但能较好地保证钢护筒的桩位和垂直度的施工质量,在安装时应注意:

(1)在钢围堰上精确放出悬挂吊耳的位置,便于固定定位架。吊耳的数量在满足设计的要求下尽量减少,这样易于调平定位架结构。

(2)起重设备必须满足要求。

(3)了解清楚每个钢护筒下的岩面高程,并对岩面有高差相对应的护筒进行处理,以排除下放时的困难。

(4)调平时,应先考虑调整平面位置,待其符合设计要求后,再进行平面高差调整。

(5)钢护筒定位架水下精确定位的施工方法比较适用于水流不是特别急的水下定位施工。

(6)在施工时,将定位架桁架尽量放于钢护筒顶部,下部用护筒间支撑杆连接固定。这样在进行平台干施工时,可以割除下来,以免靠近底部,在围堰封底时全部埋入混凝土,造成浪费。

(7)安装时,统一指挥,安全防护措施要到位。

(8)深水及海上护筒沉放详见本书海洋环境桥梁章节。

12. 配制泥浆的黏土用量的计算公式是什么?

答:每立方米泥浆所需黏土用量:

$$q = V \times \rho_1 = [(\rho_2 - \rho_3)/(\rho_1 - \rho_3)] \times \rho_1$$

式中:V——每立方米泥浆所需黏土体积,m^3;

ρ_1——黏土密度,$10^3 kg/m^3$;

ρ_2——要求的泥浆密度,$10^3 kg/m^3$,$\rho_2 = V \times \rho_1 + (1 - V)\rho_3$;

ρ_3——水的密度,$10^3 kg/m^3$,$\rho_3 = 1$。

13. 钻孔施工前,一般有哪些要求?

答:(1)在合理地方选定泥浆池并在钻前开挖或砌筑就位。

(2)钻机就位前,应对包括场地布置与钻机坐落处的平整和加固,主要机具的安装,配套设备的就位及水电供应的接通等钻孔各项准备工作进行检查。

(3)钻孔时,应按设计资料绘制的地质剖面图,选用适当的钻机和泥浆。

(4)钻机安装后的底座和顶端应平稳,确保钻进中不产生位移或沉陷,否则应及时处理。

(5)钻孔作业应分班连续进行,填写的钻孔施工记录,交接班时应交待钻进情况及下一班应注意事项。应经常对钻孔泥浆进行检测和试验,不合要求时,应随时改正。应经常注意地层变化,在地层变化处均应捞取渣样,判明后记入记录表中并与地质剖面图核对。

14. 钻孔灌注桩钻进时应注意哪些事项?

答:(1)无论采用何种方法钻孔,开孔的孔位必须准确,开钻时均应慢速钻进,待导向部位或钻头全部进入地层后,方可加速钻进。

(2)采用正、反循环钻孔(含潜水钻)均应采用减压钻进,即钻机的主吊钩始终要承受部分钻具的重力,而孔底承受的钻压不超过钻具重力之和(扣除浮力)的80%。

(3)用全护筒法钻进时,为使钻机安装平正,压进的首节护筒必须竖直。钻孔开始后应随时检测护筒水平位置和竖直线,如发现偏移,应将护筒拔出,调整后重新压入钻进。

(4)采用冲击钻机冲击成孔时,应小冲程开孔,并应使初成孔的孔壁坚实、竖直、圆顺,待钻进深度超过钻头全高加冲程后,才能进行正常的钻进。钻进时,孔内水位应高出护筒底口50cm以上。

(5)采用旋挖钻成孔时,保证孔内水位高出护筒50cm以上;钻斗升降速度宜控制在0.75~0.80m/s,在粉砂层或亚砂层更应该减缓升降速度。

(6)在钻孔排渣、提钻头除土或因故停钻时,应保持孔内具有规定的水位和要求的泥浆相对密度和黏度。处理孔内事故或因故停钻,必须将钻头提出孔外。

(7)对于较长时间的停钻,要加大泥浆的相对密度和黏度,并尽快排除事故,以防塌孔。

(8)变截面桩的施工,全断面一次成孔或再分级扩孔钻进。分级扩孔时变截面桩开始用大直径钻头,钻到变截面处换小直径钻头钻进,达到设计高程后,再换钻头扩孔到设计直径,依次作业2~3次直到完成符合设计要求的变截面桩。钻孔时为保持孔壁稳定,覆盖层进尺不能过快,宜采用减压吊钻钻进。

(9)为加快进度,采用多机同时作业时,应满足以下条件:钻孔桩,应在相距5m内的任何混凝土灌注桩完成24h后才能开始,以避免干扰邻桩混凝土的凝固。

15. 护筒埋设的要求是什么?

答:(1)护筒内径宜比桩径大200~400mm。

(2)护筒中心竖直线应与桩中心线重合,除设计另有规定外,平面允许误差:深水为80mm;其它为50mm。竖直线倾斜不大于1%,干处可实测定位,水域可依靠导向架定位。

(3)测量除定出桩中心位置外,还应在护筒外围设置2~4个指示桩,以最终校正护筒埋设的正确位置。

(4)旱地、筑岛处护筒可采用挖坑埋设法,护筒底部和四周所填黏质土必须分层夯实。

(5)水域护筒设置,应严格注意平面位置、竖向倾斜和两节护筒的连接质量均需符合有关要求。沉入时可采用压重、振动、锤击并辅以筒内除土的方法。

(6)护筒高度宜高出地面0.3m或水面1.0~2.0m。当钻孔内有承压水时，应高于稳定后的承压水位2.0m以上。若承压水位不稳定或稳定后承压水位高出地下水位很多,应先做试桩,鉴定在此类地区采用钻孔灌注桩基的可行性。当处于潮水影响地区时,应高于最高施工水位1.5~2.0m,并应采用稳定护筒内水头的措施。

(7)护筒埋置深度应根据设计要求或桩位的水文地质情况确定,一般情况埋深宜为2.0~4.0m,特殊情况应加深,以保证钻孔和灌注混凝土的顺利进行。

(8)护筒底端埋置深度:①对于黏性土不小于1.5m;对于砂土应将护筒周围0.5~1.0m范围内挖除,夯填黏性土至护筒底0.5m以下;②冰冻地区冬期施工时应埋入冻层以下0.5m;③深水及河床为软土、淤泥层较厚处,应尽可能深入到不透水层黏质土内1.0~1.5m;当不透水层很深时,应沉入到漂石、卵石层内1.0~1.5m;当漂石、卵石层亦很深时,护筒底端沉入砂类土的深度应使护筒顶端到河床底部之间的距离与自河底的入土深度相等,但不得小于4.0m;④有冲刷影响的河床,应沉入局部冲刷线以下不小于1.0~1.5m。

(9)护筒连接处要求筒内无突出物,应耐拉压,不漏水。

16. 对钻孔桩场地有何要求?

答:(1)场地为旱地时,应清除杂物、换填软土并整平夯实,清除面积应满足钻孔需要。

(2)场地为陡坡时,可用枕木、型钢等材料搭设工作平台,其高度应高于孔内水位。

(3)场地为浅水时,宜采用筑岛法施工。筑岛面积应按钻孔方法、机具大小等要求决定,高度应高于最高施工水位1.0m以上,在受波浪影响的水域,尚应计及波高。

(4)场地水位较深时,要搭设临时施工平台进行钻孔桩施工。水流平稳,水位升降缓慢,全部钻机、灌注工序可在船舶或浮箱上进行,但浮体必须锚固稳定,整个工序中应保证桩位准确;水流速度大,但河床可以整理平顺时,可采用钢板或钢丝水泥薄壁浮运沉井,就位后灌水下沉到河床,然后在其顶部搭设工作平台,在其底部安设护筒进行钻孔;水流较大,河床亦无法平整时,可采用钢管桩施工平台、钢板桩围堰平台、双壁钢围堰或钢套箱等。

17. 钢管桩施工平台的质量有何要求?

答:(1)钢管桩倾斜率控制在1%以内。

(2)位置偏差宜控制在300mm以内。

(3)平台必须平整,各连接处要牢固,钢管桩周围要抛砂包,并定期测量钢管桩周围河床面高程,冲刷是否超过允许程度。

(4)有通航要求的区域,平台首尾要有警示标志及钢管护桩,以防船只碰撞平台。

18. 造成钻机钻进速度缓慢的原因及处理方法是什么?

答:当钻机已钻较长时间,但钻机进尺非常缓慢,此时可能是:①遇软塑黏质土层,发生糊钻现象;②遇坚硬岩石;③钻头长时间工作,磨损严重。

针对上述情况,首先提升钻头空转一段时间后,再下落钻进,如仍不能符合进尺要求,要提出钻头,检查其磨损情况,清除黏泥,适当放慢钻速;若遇较硬岩石进尺缓慢,说明原钻头已不适合,需更换钻头或对钻头加以改造。

19. 钻进过程中遇见较硬岩石怎么处理?

答:当钻进过程中遇见较硬岩石时,要查明地质资料,了解岩石的硬度、厚度、走向。对地质资料不明确地段应进行地质补钻,地质补钻取样可由进入岩石开始,要确保样品的完整性及足够的长度。根据地质补钻所得岩石厚度及硬度,若能够满足桩的承载力,可通过设计及监理工程师,对该孔进行终孔。但嵌岩深度应满足设计要求,岩层厚度应满足桩的承载力要求,千万不能被薄岩层所"迷惑",给工程埋下隐患。

20. 钻孔灌注桩塌孔事故的原因及处理方法是什么?

答:在钻孔过程中如发现井孔护筒内水(泥浆)位忽然上升溢出护筒,随即骤降并冒出气泡,出渣量显著增加而不见进尺,钻机负荷显著增加,应怀疑是坍孔征象,可用测深仪探头或测深锤探测,工地现场一般采用测深锤。若在混凝土灌注中,原停留在孔内的测深锤不能上拔或放入测深锤,测得的孔深与原孔深相差较大,可证实属坍孔。

坍孔原因可能是泥浆性能不符合要求,护筒底脚周围漏水,孔内水位降低,或在潮汐河流中涨潮时,孔内外水位差减小,不能保证原有的落水压力;施工操作不当,如提钻头、下钢筋笼时碰撞孔壁;在松软砂层中钻进,进尺太快;以及由于护筒周围堆放重物或机械振动等,均有可能引起坍孔。

发生坍孔后,应查明原因,采取如保持或加大水头、移开重物、排除振动等,相应的措施以防继续坍孔。对少量坍孔,如不继续坍孔,可恢复正常钻进。坍孔不严重时,可回填土到坍孔位以上,并采取改善泥浆性能、加高水头、深埋护筒等措施,继续钻进;坍孔严重时,应立即将钻孔全部用砂类土或砾石土回填,无上述土类时,可采用黏质土并掺入5% ~8%的水泥砂浆,应等待数日待回填土沉实后,重新钻孔,此次钻进要记取上次教训,采取相应措施,如改善泥浆浓度,减缓钻进速度等。坍孔部位不深时,可采取深埋护筒法,将护筒填土夯实,重新钻孔。

21.钻孔施工如何保证成孔质量?

答:钻孔施工中可能出现的质量问题一般有坍孔、钻孔偏斜、弯曲、扩孔、缩孔、钻孔漏浆、梅花孔(或十字孔)、糊钻、埋钻等。为防止此类事故的发生,确保成孔质量,防患于未然,在施工时应注意以下几点:

(1)施工前要认真查看地质资料,掌握地质状况,分析可能发生的问题并制定预防措施。

(2)自开孔起在钻孔的日日夜夜,始终要注意泥浆的质量,并确保护筒内泥浆面高程不低于地下水位或河中施工水位1.5 ~2.0m,这是防止"坍孔"和"缩颈"的基本保证。

(3)护筒要埋入不透水土质层中,宁可深不可浅。对不能埋入不透水土质层中的护筒要增加泥浆的相对密度和黏度,倒入黏土使钻锥慢速转动、增加孔壁黏质土层厚度,防止漏浆。

(4)对于冲击钻锥来说,要注意观察自动转向装置,泥浆相对密度和黏度不能太大,冲程不能过小,防止梅花孔。

(5)对软塑黏质土层,应改善泥浆性能,对钻杆内径、钻渣进出口和排渣设备的尺寸进行检查计算,并控制进尺速度,防止糊钻。

(6)施工前注意钻机安装平稳;施工中经常检查钻架位移量并测量钻杆的倾斜度,当发现有倾斜趋势时,在倾斜处反复扫孔,并调整钻尺进度,以此控制斜孔;当发现钻杆摆动较大时,要对钻机检查并控制转速,以防扩孔。

(7)从开始清孔到浇筑前这一段时间里,由于换浆及吊装钢筋笼,要注意泥浆面的高程及钢筋笼下放的顺直,泥浆面要保持高于地下水位2.0m。

22.钻机卡钻、脱落钻物怎么办?

答:卡钻常发生在冲击钻孔时,多因先形成了梅花孔,或钻锥磨损未及时焊补、钻孔直径变小,而新钻锥又过大,冲锥倾倒,遇到探头石,或孔内掉入物件卡住等。卡钻后不宜强提,可用小锥冲击或用冲、吸的方法将钻锥周围的钻渣松动后再提出。

掉落钻物宜迅速用打捞叉、钩、绳套等工具打捞。若落体已被泥沙埋住时，宜先清泥沙，使打捞工具能接触落体后打捞。当钻锥断入孔内时，首先应尽快加大泥浆浓度，然后打捞，打捞无效时，应尽快寻找有经验的打捞队伍，不能搁置太长，以免坍孔。对确实捞不上来的钻锥，应会同业主、设计、监理单位共同研究终孔还是重新开孔的方案。

值得强调的是：在任何情况下，严禁施工人员进入没有护筒或无其他防护设施的钻孔中处理故障。当必须下入钻孔时，应邀请专业人员，并备齐防毒、防溺、防坍埋等安全设施后方可进行。

23. 超声波检测成孔质量时，需要检测的内容及检测中的注意事项有哪些？

答：随着检测技术的日益成熟，超声波检测成孔质量正在被广泛采用，尤其在特大桥及特殊地质的桥梁检测中多被采用，其需要检测的内容主要包括：①成孔的孔径；②成孔的孔深；③成孔的倾斜度。

用超声波进行成孔质量检测时，应注意：

（1）测试前要对仪器、设备进行全面检查、标定，以保证检测工作的顺利进行；

（2）传感器必须沿孔中心线垂直提升，以保证孔斜资料的准确、无误；

（3）由于超声波在泥浆中能量耗散较大，因此，测试时在保证孔壁原有状态的前提下，尽可能减小泥浆比重，以保证孔内的浆液和孔壁有比较明显的波阻抗差异界面，提高测试精度。

24. 旋挖钻机如何进行钻孔施工？

答：首先进行钻头对中孔位，人工依据护桩拉十字线，使钻头尖与十字线中心对中，调整桅杆的竖直度及钻机机身的水平。钻机提钻甩渣后的复位情况，在操作室中有仪表显示，该仪表对钻头复位对中的判断是根据桅杆的竖直度与机身的水平达到最佳时确定为中心。在钻进过程中，对于砂性土层及砂层，直接用旋挖筒钻进、取渣，遇到砾石层及卵砾层时，先用螺旋钻头将其搅松，再用旋挖筒取渣。钻头与钻杆用一钢销连接，钻头拆卸简便。由于钻渣可直接用旋挖筒提取，所以仅用静态泥浆护壁，这样大大减少了泥浆用量。钻渣可用翻斗车外运。旋挖钻机操作室中有深度显示仪，达到设计深度后，用测绳复测，这样可以控制超挖程度。另外旋挖筒取渣干净，如果控制好泥浆相对密度与黏度，在灌注混凝土前可将沉淀厚度控制在30cm以内。在钻进过程中若遇跑浆，可直接加膨润土于孔内,用旋挖机旋挖筒下入孔内跑浆位置反转不进尺,边加边搅,直到不漏浆为止。

25. 当承台底设计高程距河(海)床较高或进入土层不多时,基础与承台应选择何种方式施工?

答:当承台底设计高程距河(海)床较高或进入土层不多,或因为先下围堰却没有足够时间达到渡洪、防台风要求时,实践证明先成桩再下围堰干施工承台是一种较合理的选择。桩可以是预制沉入桩,也可以是就地灌注桩。围堰可能是单壁或双壁,有底或无底的。

预制沉入桩的直桩或斜桩,一般均应采用大型打桩船锤击沉入。在桩数不多且沉入深度不大的全直桩情况下,也可以用起重船吊振动打桩机振动沉入。

施工钻孔灌注桩的工作平台,一般均采用以钢管桩、混凝土方桩或钻孔钢护筒单独或混合支承的固定式水上平台。在一些特殊情况下,也可以采用可移动的水上自升式平台或船舶组拼而成的浮式平台。平台支承桩的数量、规格和平面布置,应充分考虑到墩位处的水文、地质条件、施工荷载的大小、设置围堰的需要和方便等因素。增加平台上部结构与支承桩的连接刚度,对增加平台稳定性很有帮助。当用护筒兼作平台支承而又未沉达岩层时,必须充分考虑到钻孔过程中护筒可能发生沉降的影响。

另外,已成桩给后期围堰的安装、定位带来了方便,,可以不再设定位锚碇系统。但要考虑围堰传给基桩的水平力的影响。

26. 如何处理卵石层局部坍孔埋钻?

答:在扫孔过程中,常常会出现孔壁局部坍塌,致使钻头被埋,既不能旋转,也不能提升。其处理办法是将导管做成空气吸泥机后,插入孔内,先投入一定量的锯末,然后投入膨润土,循环调浆,泥浆黏度调到25s,泥浆面比江(海)水面高出1m左右,待孔内泥浆面稳定了以后,下插导管抽出塌下的卵石,由于卵石直立性差,导管只在一个点便将大部分卵石抽出,使钻盘恢复转动,钻头能够提升。

二、清　　孔

27. 清孔前应做哪些工作?

答:(1)检孔器的选择。孔径、孔形和倾斜度的检测宜采用专用仪器,当缺乏专用仪器时,可采用外径为钻孔桩钢筋笼直径加100mm(不得大于钻头直径),长度为4~6倍外径的钢筋检孔器吊入钻孔内检测,目前工地基本采用此法。

(2)钻孔深度达到设计高程后,应对孔深、孔径、孔形、倾斜度进行检查,检查结果应符合表4-3,并填入施工记录表。

钻挖孔成孔质量标准　　表4-3

项　目	允许偏差	项　目	允许偏差
孔的中心位置(mm)	群桩:100 单排桩:50	孔径(mm)	不小于设计桩径
倾斜度	钻孔:小于1% 挖孔:小于0.5%	孔深	摩擦桩:不小于设计规定 支承桩:比设计深度超深不小于50mm

28. 清孔时要注意哪些事项?

答:(1)清孔方法有换浆、抽浆、掏渣、空压机喷射、砂浆置换等,采用何种方式应根据设计要求、钻孔方法、机具设备条件和地层情况决定。

(2)不论采用何种清孔方法,在清孔排渣时,必须注意保持孔内原有水头,防止坍孔。

(3)清孔后,从孔口、孔中部和孔底提出的泥浆的平均值应符合质量标准要求:相对密度1.03~1.10,黏度17~20Pa·s,含砂率<2%,胶体率>98%。

(4)在吊入钢筋骨架后,灌注水下混凝土之前,应再次检查孔内泥浆性能指标和孔底沉淀厚度,如超出规定,则应进行第二次清孔,符合要求后方可灌注水下混凝土。

(5)不得用加深钻孔深度的方式代替清孔。

29. 如何检测孔底沉淀厚度?

答:孔底沉淀厚度的大小,极大地影响着桩端承载力的发挥(特别对于支承桩)和混凝土的灌注质量,所以在施工过程中要严格控制孔底沉淀厚度。《公路桥涵施工技术规范》(JTG/T F50—2011)要求:

(1)摩擦桩符合设计要求,当设计无要求时,对于桩径≤1.5m的桩,沉淀厚度≤200mm;对于桩径>1.5m或桩长>40m或土质较差的桩,沉淀厚度≤300mm。

(2)支承桩不大于设计规定。根据以往经验支承桩孔底沉淀厚度应控制在50mm以下为宜。

虽然公路桥梁建设正处在大发展之中,但是对于孔底检测仍没有成熟的一套方法,目前所采用的方法有如下几种。

(1)重锤法

这是一种极简易又最常用的方法。将质量约1～2kg的自制的金属制品(一般常用铜或铁)系在测绳的始端,把重锤慢慢沉入孔内,凭手感判断沉淀土顶面位置,其施工孔深与量测沉淀顶面孔深之差值为沉淀厚度。为更进一步判定沉淀厚度,可以用管状金属制品做成重锤吊入,管长可根据桩类及地质状况控制在200～300mm。对于没特殊要求的桩均可用此方法。

(2)电阻率法

电阻率法沉淀土测定仪由测头、放大器和指示器组成。它是根据介质不同,如水、泥浆和沉淀颗粒具有不同的导电性能,由电阻阻值变化来判断沉淀土厚度。

检测时将测头慢慢沉入孔中,观察表头指针的变化,当出现突变时记录深度h_1,继续下沉测头,指针再次突变,记录深度h_2,直到测头不能下沉为止,记录深度h_3。实际量测的孔深为H,可以计算出沉渣厚度为$(H-h_1)$或$(H-h_2)$。

(3)电容法

电容法沉淀土厚度测定原理是当金属两极板间距和尺寸不变时,其电容量和介质的电解率成正比关系,水、泥浆和沉淀土等介质的电解率有明显差异,从而由电解率的变化量测定沉淀土的厚度。

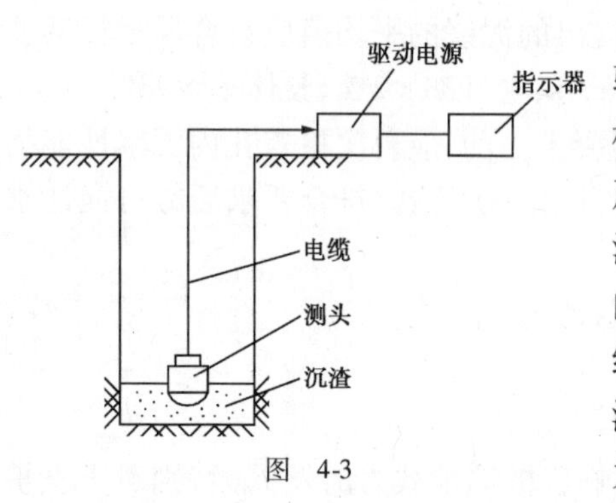

图 4-3

仪器由测头、放大器、蜂鸣器和电机驱动源等组成,见图4-3。测头装有电容极板和小型电机,电机带动偏心轮可以产生水平振动。一旦测头极板接触到沉渣表面,蜂鸣器就发出响声,同时面板上的红灯亮,记录深度;当测头重力不能继续沉入沉渣深部时,可开启电机使水平激振器产生振动,将测头沉至不能下沉为止。这时,沉渣厚度即为施工孔深和电容突然减小时的孔深之差。

(4)声纳法

该法测定沉淀厚度是利用声波在传播中遇到不同界面产生反射而制成的测定仪。同一个测头具有发射和接收声波的功能。其沉渣厚度计算公式为

$$h=(t_1-t_2)C/2$$

式中:h——沉淀厚度,m;

C——沉渣中声波速度,m/s;

t_1——声波遇到沉渣表面时,部分声波被发射回来有接收探头接收,由发

射至接收的时间差,s;

t_2——部分声波穿过沉渣厚度直达孔底原状土产生第二次反射,得到第二个反射时间差,s。

后三种方法精度高,但操作较麻烦,造价也较高,一般情况下可不用。在钻孔桩工程的初始阶段,可以用此法来验证采用方法(1)的准确度,总结经验,然后用方法(1)进行测量,更经济、简捷、可靠。对于特大型桥沉淀厚度控制较严,应用精确方法测量。

30. 清孔法有哪些?其适用性是什么?

答:常用清孔法主要有以下几种。

(1)换浆清孔法适用于正循环回转钻孔,在完成钻孔深度后,提升钻锥至距孔底钻渣面0.1～0.3m,以大泵量泵入符合清孔后性能指标的新泥浆,维持正循环4h以上,直到清除孔底沉渣、减薄孔壁泥皮、泥浆性能指标符合要求为止。本法清孔进度慢,对大直径、深孔可将正循环机具迅速拆除,改用抽浆法。使用此法清孔切忌将清水直接加入,否则会使稍大土颗粒不能清除,导致沉淀层过厚或孔壁泥皮变薄,给后续工程带来不必要的麻烦。

(2)抽浆法清孔较彻底迅速,适用于各种方法的钻孔,对于反循环回转钻孔完成后,可停止钻具回转,将钻锥提离孔底钻渣面10～30cm,维持泥浆的反循环,并向孔中注入清水。应经常测量孔底沉渣厚度和孔中泥浆性能指标,满足要求后立即停止清孔。对大直径、深孔可配合气举法清孔。应注意在清孔过程中,必须始终保持孔内原有水头高度。

(3)掏渣清孔法是用抽渣筒、大锅锥或冲抓锥清掏孔底粗钻渣,适用于机动推钻、冲抓和冲击钻孔的初步清孔。掏渣前可投入水泥1～2袋,再以冲锥冲成钻渣和水泥的混合物,提高掏渣工效。当要求清孔质量较高时,可用高压水管插入孔底射水,降低泥浆相对密度。对大直径、深孔应在掏渣清孔后,再用气举抽浆法清孔。

(4)喷射清孔法只宜配合换浆法或抽浆法清孔后使用,该法是在灌注水下混凝土前,对孔底进行高压射水或射风数分钟,使孔底剩余少量沉淀物漂浮后,立即灌注水下混凝土。

(5)砂浆置换清孔法适宜于掏渣清孔后使用。该法按下述工序进行:①用掏渣筒尽量清除钻渣;②以高压水管插入孔底射水,降低泥浆相对密度;③以活底箱在孔底灌注0.6m厚的以粉煤灰与水泥加水拌和并掺入缓凝剂的特殊砂浆,砂浆初凝时间应延长到6～12h;④插入比孔径稍小的搅拌器,慢速旋转,将孔底残渣搅入砂浆中;⑤吊出搅拌器;⑥吊入钢筋骨架;⑦灌注水下混凝土,搅入残渣的砂浆被混凝土置换后,一直被顶托在混凝土面以上而被推到桩顶后,再予以清除。

所用的特殊砂浆常用的配合比为:水泥∶粉煤灰∶砂∶加气剂 = 1∶0.4∶1.4∶0.007(质量比)。

31. 钻孔桩成孔沉淀过厚的原因是什么?

答:(1)泥浆的性能不能满足要求,造成较大颗粒土下沉。

(2)没有及时观察土层的状况,造成局部泥浆同土层不相适应,并没有及时调整泥浆成分,造成少量坍落。

(3)急于求成,直接用清水清孔,使较大颗粒土沉落或护壁发生问题而造成少量坍落。

(4)钻孔完毕后,用检孔器检查时,强行下放,造成孔壁滑落。

(5)下放钢筋笼不垂直,挂掉泥皮,造成沉淀过厚。

(6)清孔中钻机所提高度不妥或钻机转速与土粒不相应,使土粒不能上浮,造成沉淀过厚。

32. 如何测定检测成孔后的各项指标?

答:(1)孔位可采用红外线测距仪和钢尺测量。

(2)孔深可根据钻机的钻杆或钢丝绳下钻锥达到的深度确定,亦可采用测深仪或测锤检测。

用测锤检测时,测锤的形状一般采用锥形锤,锤底直径13~15cm,高20~22cm,质量4~6kg,绳具用标准测绳。

(3)孔的倾斜度可采用专用仪器检测,当缺乏检测仪器时,可采用钻杆测斜或圆球测斜法。

①钻杆测斜法:孔深钻到位后,先不提钻杆,在孔口处的钻杆上安装一个与孔径或护筒内径一致的导向环,使钻杆柱保持在桩孔中心线位置上,然后将带有扶正圈的钻孔测斜仪下入钻杆内,分点测斜,并将各点数值在坐标纸上描述作图,检查桩孔偏斜情况。用该法量测应从钻孔平台顶面起算至孔底。

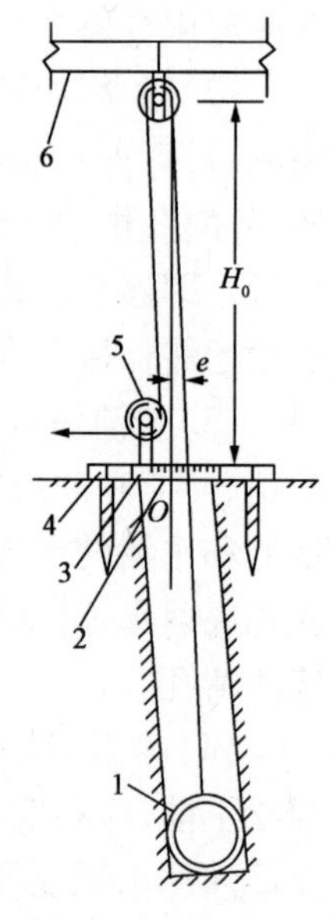

图4-4　桩的倾斜度检查
1-钢筋圆球;2-标尺;3-元钉;4-木枋;5-导向滑轮;6-钻架横梁

②圆球测斜法:如图4-4所示,在孔口沿钻孔直径方向设一标尺,标尺中点与钻孔中心重合,并使滑轮、标尺中点和

钻孔中心在同一铅垂线上,其高度为 H_0;穿过滑轮的测绳一端连接于用钢筋弯制的圆球(圆球直径比钻孔直径略小些),另一端通过转向滑轮用手拉住;将圆球慢慢放入钻孔中,待测绳静止不动后,测读测绳在标尺上的偏心距 e,再根据 $\tan\alpha = e/H_0$ 求得孔斜值并绘图。使用该法精度较低。

③当检查的桩孔较深且倾斜度较大时,可根据地质及施工情况选用 JDL-I 型陀螺测斜仪或 JJX-3 型井斜仪检查,也可采用声波孔壁测定仪绘出连续的孔壁形状和垂直度。

(4)有特定要求的钻孔桩一般指孔内有承压水、遇透水性很强的地层易坍孔、孔深超过 50m、柱桩等对泥浆有特定要求的钻孔桩,其泥浆性能检测指标可按原规范规定取值:相对密度 1.05~1.20,黏度 17~20Pa·s,含砂率 <4%。泥浆性能指标检测方法见《公路桥涵施工技术规范》(JTG/T F50—2011)附录 D。

(5)孔底沉淀厚度测定可用沉淀盒或测孔深的方法进行,亦可用专用仪器检测。

清孔后,将取样盒(即开口铁盒)吊至孔底,待灌注水下混凝土前取出检查沉淀在盒内的渣土。渣土厚度必须满足对钻孔桩沉淀要求的允许厚度,才可进行下道工序,否则须重新清孔。注意提盒上升时应均匀缓慢,尽量靠近孔中心轴线,以免碰挂护壁或钢筋笼。

三、钢　筋　笼

33. 制作钢筋笼时应注意哪些问题?

答:钻孔灌注桩的钢筋笼制作虽说比较简单,但也存在一些通病,需要在具体操作时加强管理。

(1)钢筋笼生产最好在硬化场地或在平整后的场地上直接铺设方木(或枕木),并在方木(或枕木)上进行生产,而不允许直接在泥土地上进行生产。

(2)钢筋笼的加强箍肋的间距除按设计要求布设外,亦可依据现场钢筋笼制作长度而定,一般情况可参考设计,根据钢筋笼吊装长度而定间距较为合理。

(3)加强箍肋必须设在主筋的内侧,环形筋在主筋的外侧。加强箍肋应同主筋进行焊接而不是绑扎。

(4)钢筋笼保护层(护壁)所用形式根据地质情况而定,软土地区尽量采用与孔壁接触面积较大的水泥砂浆预制块件,土质较好或挖孔桩可以用钢筋沿主筋并焊于主筋上,以保证钢筋笼保护层的厚度。其间距竖向为2m,横向圆周不得少于4处。

34. 安装钢筋笼时应注意哪些问题?

答:(1)起吊前应对清孔后的泥浆、孔底沉淀厚度进行检查。利用检孔器对孔内变形进行检查,各项指标符合要求后,方可进行钢筋笼的安装。

(2)钢筋笼可分次入孔或一次入孔。在起吊设备、场地许可的情况下,尽量采取一次吊装。为克服钢筋笼的起吊变形,除适当缩短加强箍的距离外,在起吊可能发生的最大变形处,应辅以硬杂木来加强。分段安装要注意配备足够的满足施工要求的焊工。对于上钢筋笼一次起吊也可用两台及以上吊车安装。

(3)下放钢筋笼时要缓慢均匀,根据下笼深度,随时调整钢筋笼入孔的垂直度,尽量避免钢筋笼倾斜及摆动,以防塌孔。

(4)起吊时要指挥统一,注意安全。钢筋笼下端宜提前绑2~4根拉绳,以便人工平衡其稳当入孔。

(5)钢筋笼应牢固定位,当提升导管时,必须防止钢筋笼被拔起。

四、灌注水下混凝土

35. 灌注水下混凝土前应做哪些工作?

答:(1)首先应检测成孔后护筒顶高程,根据护筒顶高程、设计孔底高程、设计桩顶高程、设计钢筋笼顶高程、预留破桩头的高度等数据,迅速计算出钢筋笼顶高程、混凝土浇筑顶高程(桩顶预加0.5~1.0m)及确定这两个控制面,一般是从护筒顶面向下反算、反测符合要求的米数,孔内有水头或淤泥时,用钢筋或其他硬质杆件探测。

(2)检查砂、石、水泥用量及质量是否满足要求,并根据现场原材料含水率调整现场配合比,要把配合比用油漆写到牌子上,实行插牌施工。

(3)计算导管上端漏斗储存的混凝土量是否满足第一次下灰后埋设导管下口深度的要求。埋设深度一般要求为100cm以上。

(4)检查泥浆相对密度是否符合清孔中所提的指标,并检查下沉钢筋笼的孔底沉淀层厚度,对不能满足要求的要重新清孔,直到满足要求为止。开灌前,应从孔底吊出一桶泥浆,检测其含砂率及泥浆相对密度。含砂率<2%,泥浆相对密度1.03~1.10,含砂量过大时,应使泥浆相对密度接近上限,以防砂子沉淀

过快,反之,应接近下限。同时要注意坍孔。

(5)核定拌和及运输设备的性能及数量,要求必须有备用设备及备用发电设备,并组织足够的劳动力,以保证灌注的连续性。

(6)对有外加剂的混凝土,要提前分袋称好每次拌和混凝土所需外加剂的重量,以便保证施工时的准确、及时,进一步保证了混凝土的质量。

(7)水下混凝土宜采用钢导管,导管内径宜为200~350mm。导管使用前应进行水密承压和接头抗拉试验,严禁用压气试压。进行水密试验的水压不应小于孔内水深1.3倍的压力,也不应小于导管壁和焊缝可能承受混凝土时最大内压力p的1.3倍,可按下式计算:

$$p = \gamma_C h_C - \gamma_w H_w$$

式中:p——导管可能受到的最大内压力,kPa;

γ_C——混凝土拌和物的重度,取24kN/m^3;

h_C——导管内混凝土柱最大高度,m,以导管全长或预计的最大高度计;

γ_w——井孔内水或泥浆的重度,kN/m^3;

H_w——井孔内水或泥浆的深度,m。

(8)导管应事先编好顺序,每次使用时都应对法兰盘、橡胶垫圈、连接螺栓、阀门做认真检查,必要时应再做充水试验。导管上口的浮球(一般为混凝土或泡沫材料预制),应能顺利沉入孔底。拌和站的上料斗上应放置5~6cm的控制筛,以防极少量超粒径颗粒进入导管发生堵管现象。

(9)孔内第一次混凝土浇筑时,导管下口距钻孔孔底间距以0.4m左右为宜。

36.在浇筑灌注桩水下混凝土时,如何计算首批混凝土的数量?

答:钻孔桩所需首批混凝土数量应能满足导管初次埋置深度(≥1.0m)的需要,其混凝土参考数量可按下式计算(图4-5):

$$V \geq (\pi d^2/4)h_1 + (\pi D^2/4)(H_1 + H_2)$$

式(图)中:V——首批混凝土所需体积,m^3;

d——导管内径,m;

D——井孔直径,m;

H_C——首批混凝土在孔内的高度$H_C = H_1 + H_2$,m;

H_2——导管初次埋置深度,m;$H_2 \geq 1.0$m;

H_1——导管底端至钻孔孔底距离,取0.3~0.4m。

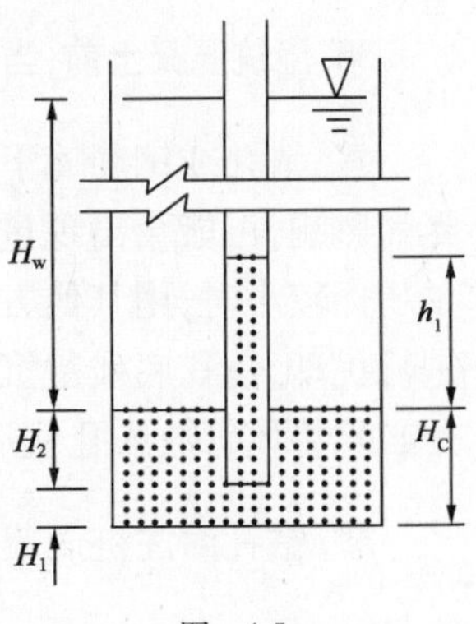

图 4-5

h_1——桩孔混凝土面高度达到 H_C 时,导管内混凝土柱的高度,m;而

$$h_1 = \gamma_w H_w / \gamma_C$$

其中:H_w——井孔内混凝土面以上水或泥浆深度,m;

γ_w——孔内水或泥浆的重度,kN/m^3;

γ_C——混凝土的重度,取 $24kN/m^3$。

由于孔径的不均匀,该式计算出首批混凝土数量后,需根据现场孔内情况适当增大混凝土量。

37. 浇筑混凝土过程中,如何控制漏斗高度?

答:漏斗底口高出桩孔水(泥浆)面或桩顶的必需高程可参考下式计算(图4-6):

$$h_C \geq (p_0 + \gamma_w H_w) / \gamma_C$$

式中:h_C——井孔内混凝土面以上至漏斗底口混凝土高度,m;

H_w——井孔内混凝土面以上至水(泥浆)面的高度,m;

γ_w——井孔内水或泥浆的重度,kN/m^3;

γ_C——混凝土的重度,$24kN/m^3$;

p_0——使导管内混凝土下落至导管底并将孔内混凝土顶升时所需超压力,钻孔灌注桩采用 100 ~ 150kPa,桩径 1m 左右取下限,桩径 2m 左右取上限。

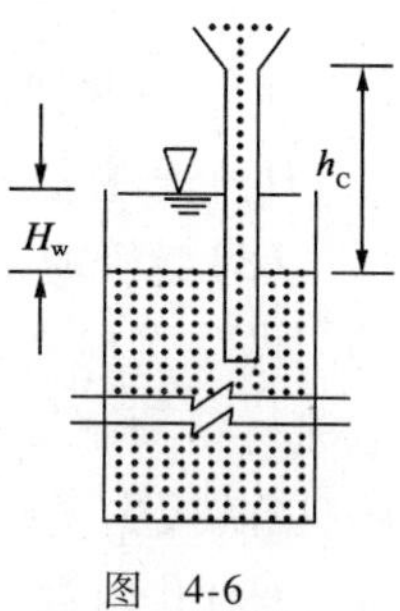

图 4-6

不论计算结果如何,当钻孔桩桩顶低于桩孔中水面时,漏斗底口高出水面不宜小于 4 ~ 6m;当桩顶高于桩孔中水面时,漏斗底口高出桩顶不宜小于 4 ~ 6m。当计算值大于上述要求时,应采用计算值。

38. 浇筑混凝土前,当孔底沉淀超标但又不太大时,应如何处理?

答:清孔或钢筋笼下完后,由于换浆的时间及浓度掌握不好,或受安装钢筋笼的影响,可能会出现过量的沉淀,当沉淀量超标过大时,要重新清孔。当沉淀量超标较小时,用其他方法处理会比较麻烦,这种情况下可用空压机风管对孔底进行扰动,使孔底残留沉渣处于悬浮状态,并立即进行混凝土浇筑。值得注意的是必须将风管放入孔底后再开机进行扰动,且扰动时间不宜过长。

39. 钻孔灌注桩混凝土配合比在设计时要注意哪些问题?

答:(1)水泥的初凝时间不宜早于 2.5h,水泥强度等级不宜低于 42.5MPa,

设计强度为 C25 及其以下可使用 32.5 强度等级的水泥。使用矿渣水泥时应采取防离析措施。

(2)水泥用量不宜≤275kg/m^3,水泥用量包括掺和料。当掺用外加剂且能有效地改善混凝土的和易性时,水泥用量可减少 25kg/m^3。

(3)粗集料宜优先选用卵石,如采用碎石宜适当增加混凝土配合比的含砂率。集料的最大粒径不应大于导管内径的 1/6～1/8 和钢筋最小净距的 1/4,同时不应大于 37.5mm。

(4)细集料宜采用级配良好的中砂。

(5)混凝土配合比的含砂率宜采用 0.4～0.5,水胶比宜采用≤0.55;有试验依据时,含砂率和水灰比可酌情增大或减少。

(6)混凝土拌和物应有良好的和易性,在运输和灌注过程中应无显著离析、泌水现象。灌注时应保持足够的流动性,当孔径 $D<1.5$m 时,其坍落度宜为 180～220mm;$D\geqslant1.5$m 时,宜为 160～200mm。混凝土拌和物中宜掺用外加剂、粉煤灰等材料。

(7)混凝土的初凝时间要大于灌注桩浇筑完成时间。

(8)对沿海地区(包括有盐碱腐蚀性地下水地区)应配制防腐蚀混凝土。

40. 灌注水下混凝土时,应采取哪些措施保证灌注质量?

答:为保证水下混凝土的灌注质量,在灌注时应采取以下措施。

(1)首批灌注混凝土的数量应能满足导管首次埋置深度(≥1.0m)和填充导管底部的需要。

(2)混凝土拌和物运至灌注地点时,应检查其均匀性和坍落度等,如不符合要求,应进行第二次拌和,二次拌和后仍不符合要求时,不得使用。

(3)首批混凝土拌和物下落后,混凝土应连续灌注。

(4)在灌注过程中,特别是潮汐地区和有承压力地下水地区,应注意保持孔内水头。

(5)在灌注过程中,导管的埋置深度宜控制在 2～6m。当导管内混凝土不满时,应徐徐地灌注,禁止在导管内形成高压气囊。

(6)在灌注过程中,应经常测探井孔内混凝土面的位置,及时地调整导管埋深,导管拆除要迅速。

(7)为防止钢筋骨架上浮,当灌注的混凝土顶面距钢筋骨架底部 1m 左右时,应降低混凝土的灌注速度。当混凝土拌和物上升到骨架底口 4m 以上时,提升导管,使其底口高于骨架底部 2m 以上,即可恢复正常灌注速度。

(8)灌注的桩顶高程应比设计高出一定高度,一般不小于0.5m,以保证混凝土的强度,多余部分接桩或承台施工前必须凿除,残余桩头应无松散层。

在灌注将近结束时,应核对混凝土的灌入数量,以确定所测混凝土的灌注高度是否正确。

(9)对变截面桩,应从最小截面的桩孔底部开始灌注,其技术要求与等截面桩相同。灌注至扩大截面处时,导管在提升至扩大截面下约2m,应稍加大混凝土灌注速度和混凝土的坍落度;当混凝土面高于扩大截面处3m后,应将导管提升至扩大截面处上1m,继续灌注至桩顶。

(10)使用全护筒灌注水下混凝土时,当混凝土面进入护筒后,护筒底部始终应在混凝土面以下,随导管的提升,逐步上拔护筒,护筒内的混凝土灌注高度,不仅要考虑导管及护筒将提升的高度,还要考虑因上拔护筒引起的混凝土面的降低,以保证导管的埋置深度和护筒底面低于混凝土面。要边灌注、边排水,保持护筒内水位稳定,不至过高,造成反穿孔。另外,在拔护筒的同时要考虑可能引起的钢筋骨架上浮问题。

(11)桩身混凝土灌注工作结束后,处于地面及桩顶以下桩孔口的整体式钢性护筒应立即拔出;处于地面以上并能拆卸的护筒,应待混凝土抗压强度达到5MPa后方可拆除。

41. 灌注水下混凝土时,导管出问题时应如何处理?

答:在灌注水下混凝土时,导管可能会出现进水、塞管、埋管等问题。当这些问题发生时,只有分清问题和其原因,并采取相应的方法进行处理,才能达到预期目的。

(1)导管进水

导管进水分初灌导管进水和中期导管进水。

初灌导管进水是由于首批混凝土储量不足或导管底口距孔底的间距过大,混凝土下落后不能埋没导管底端,造成泥水从底口进入。它的处理方法是:立即将导管提出,并将散落在孔底的混凝土拌和物用反循环钻机的钻杆通过泥石泵吸出,或者用吸泥机及抓斗清出,不得已时需要将钢筋笼提出采取复钻清除;然后重新下放骨架、导管并投入足够储量的首批混凝土或改正操作工艺,重新灌注。

在混凝土灌注过程中,由于导管接头不严,接头间橡皮垫被导管高压气囊挤开,或焊缝开裂,水从接头或焊缝中流入;导管提升过猛,或测深出错,导管底口超出原混凝土面,发生中期导管进水。对这种情况可按下面方法进行处理:

拔换原管重下新管。在操作时必须用潜水泵将管内的水抽干,才可继续灌注混凝土。同时为防止抽水后导管外的泥水穿透原灌混凝土从导管底口翻入，导管插入混凝土内应有足够的深度，一般宜大于200cm。由于潜水泵不可能将导管内的水全部抽干，续灌的混凝土配合比应增加水泥量，提高稠度后灌入导管内，灌入前将导管进行小幅度抖动或挂振捣器予以振动片刻，使原混凝土损失的流动性得以弥补。以后灌注的混凝土可恢复正常的配合比。

若混凝土面在水面以下不很深，且未初凝时，可将导管拔出，用吸泥机或潜水泥浆泵将原灌混凝土拌和物表面的沉淀土全部吸出，将装有底塞的导管压重插入原混凝土拌和物表面下2.5m深处，然后在无水导管中继续灌注。灌注时，将导管快速提升0.5m，继续灌注的拌和物即可冲开导管底塞流出。

假如前述混凝土面在水面以下不很深，但已初凝，导管不能重新插入混凝土时，可在原护筒内面加设直径稍小的钢护筒，用重压或撞击方法压入原混凝土面以下适当深度，然后将护筒内的水(泥浆)抽出，并将原混凝土顶面的泥渣和软弱层清除干净，再在护筒内灌注普通混凝土至设计桩顶。

(2)塞管

塞管分初灌导管堵塞和中期导管堵塞。

初灌塞管多因隔水栓卡管，有时也可能由于混凝土本身的原因，如坍落度过小、流动性差、夹有大卵石、拌和不均匀，以及运输途中产生离析、导管接缝处漏水、雨天运送混凝土未加遮盖等，使混凝土中的水泥浆被冲走，粗集料集中而造成导管堵塞。

处理办法可用长杆冲捣管内混凝土，用吊绳抖动导管，或提升导管迅速下落振冲，或用钻杆加配重冲击导管内混凝土，或在导管上安装附着式振捣器。如仍不能下落时，则须将导管连同其内的混凝土提出钻孔，进行清理修整(注意切勿使导管内的混凝土落入井孔)，然后重新吊装导管，重新灌注。一旦有混凝土拌和物落入井孔，需将散落在孔底的拌和物粒料等予以清除。

中期塞管多因灌注时间过长，表层混凝土已初凝产生；或因某种故障，混凝土在导管内停留过久而发生堵塞。其处理方法是：将导管连同堵塞物一齐拔出，若原灌混凝土表层尚未初凝，可用新导管插入原灌拌和物内2m深，用潜水泥浆泵下入导管孔底，将底部水泵出，再用圆杆接长的小掏渣桶下入管底，升降多次将残余渣土掏除干净，然后在新导管内继续灌注，但灌注结束后，此桩应作为断桩予以补强。

当灌注时间已久，孔内首批混凝土已初凝，导管内又堵塞有混凝土，此时应将导管拔出，重新安设钻机，利用较小钻头将钢筋笼以内的混凝土钻挖吸出，用冲抓锥将钢筋骨架逐一拔出。然后以黏土添砂砾填塞井孔，待沉实后重新钻孔成桩。

(3)埋管

灌注过程中导管提升不动,或灌注完毕后导管拔不出,统称埋管。造成此类现象的原因是:导管埋入混凝土过深,或导管内外混凝土已初凝使导管与混凝土间摩阻力过大,或因提管过猛将导管拉断。

若埋管事故已发生,初时可用链滑车、千斤顶试拔,如仍拔不出,凡属并非因混凝土初凝流动性损失过大的情况,可插入一直径稍小的护筒至已灌混凝土中,用吸泥机吸出混凝土表面泥渣,派潜水工下至混凝土表面,在水下将导管齐混凝土面切断,拔出小护筒,重新下导管灌注。此桩灌注完成后,上下断层间应予以补强。

若桩径较小,潜水工无法下去工作时,可在吸出混凝土表面上泥渣后,采用输送管直径100~150mm且水下连接一段钢管的混凝土泵,泵送余下的混凝土桩身。

为防止此类事故的发生,应严格控制埋管深度,一般不得超过6~8m或三节管长;在导管上端安装附着式振捣器,拔管前或停灌时间较长时,均应适当振捣,使导管周围的混凝土不致过早初凝;首批混凝土掺入缓凝剂,加速灌注速度;导管接头螺栓事先应检查;提升导管时不可猛拔。

42. 灌注水下混凝土时钢筋笼上浮的原因及防治措施有哪些?

答:钢筋笼上升,除了是由于导管提升钩挂等一些显而易见的原因外,主要的原因是由于混凝土表面接近钢筋笼底口,导管底口在钢筋笼底口以下3m至以上2m时,混凝土浇筑的速度过快,使混凝土下落冲出导管底口向上反冲,其顶托力大于钢筋笼的重力所引起的。

为了防止钢筋笼上升,当导管底口低于钢筋笼底部3m至高于钢筋笼底2m之间,且混凝土表面在钢筋笼底部上下1m之间时,应放慢混凝土灌注速度,允许的最大灌注速度与桩径有关。当混凝土面上升到骨架底口4m以上时,提升导管,使其底口高于骨架底部2m以上,即可恢复正常的灌注速度。除上述办法外,还应从钢筋笼自身加以考虑,一般的方法是将钢筋骨架顶端焊固在护筒上,或适当减少钢筋笼下端的箍筋(指下端2m范围内),或将钢筋骨架中的4根主筋伸长至桩孔底,或在孔底设置直径不小于主筋的1~2道加强环形筋,并以适当数量的牵引筋牢固地焊接于钢筋笼的底部。

当钢筋笼出现上浮时,立即停止灌注混凝土,利用护筒、钻机等设施对其进行控制。当上浮高度较小时,控制住后,放慢速度继续浇筑,浇筑完成后,会同设计单位对该桩进行验算,对不合要求的桩按设计要求增加相应的补强措施;当上浮高度较大时,桩的要求远不能满足设计要求,就要将钢筋笼拔出,清孔,重新进行灌注混凝土。

43. 桩的质量是如何分类和判定的?

答:根据桩的质量,可将桩分为:优质桩、合格桩、严重缺陷桩和不合格桩。这种划分分别对应于我们常说的Ⅰ类桩、Ⅱ类桩、Ⅲ类桩和Ⅳ类桩。其判定依据如下。

优质桩:动测波形规则衰减,无异常杂波,桩身完好,达到设计桩长,波速正常,混凝土强度等级高于设计要求。

合格桩:动测波形有小畸变,桩底反射清晰,桩身有小畸变,如轻微缩径、混凝土局部轻度离析等,对单桩承载力没有影响;桩身混凝土波速正常,达到混凝土设计强度等级。

严重缺陷桩:动测波形出现较明显的不规则反射,对应桩身缺陷如裂纹、混凝土离析、缩径1/3桩截面以上,桩身混凝土波速偏低,达不到设计强度等级,对单桩承载力有一定的影响;该类桩要求设计单位复核单桩承载力后提出是否处理的意见。

不合格桩:动测波形严重畸变,对应桩身缺陷如裂缝、混凝土严重离析、夹泥、严重缩径、断裂等;这类桩一般不能使用,需进行工程处理。

桩的检测应由专业单位进行,并出具正式报告及结论。

44. 产生短桩的原因是什么?

答:灌注结束后，若桩头高程低于设计高程，则属桩头灌短事故，即短桩。其产生的原因是：灌注将近结束时，浆渣过稠，用测深锤探测难于判断浆渣或混凝土面，或由于测深锤太轻，沉不到混凝土表面，发生误测，以致过早拔出导管终止灌注而造成短桩头事故；还有些是灌注混凝土时发生孔壁坍方未被发觉，测深锤或测深仪探头达不到混凝土表面，这种情况最危险，有时会缩短数米。

45. 如何预防短桩头事故?对其处理办法有哪些?

答:为预防短桩头事故的发生,可注意以下几个方面:

(1)在灌注过程中,必须注意是否有发生坍孔的征兆,如有坍孔,应按前述办法处理后再续灌。

(2)测深锤不得低于规范规定的重力及形状,如系泥浆相对密度较大的灌注桩,则必须取测深锤重力规定值。重锤即使在混凝土坍落度不大时也可能沉入混凝土数十厘米。测深错误造成的后果致使导管埋入混凝土面的深度较实际的多数十厘米,而首批混凝土的坍落度到灌注后期会越来越小,重锤沉入混凝土的深度也会越来越小,测深还是能够准确的。

(3)灌注将近结束时,加清水稀释泥浆并掏出部分沉淀土。

(4)采用热敏电阻仪或感应探头测深仪。

(5)采用铁盒取样器插入可疑层位取样判别。

对短桩头的处理办法可依据具体情况参照前述接长护筒;或在原护筒里面或外面加设护筒,压入已灌注的混凝土内,然后抽水、除渣,接浇普通混凝土;或用高压水将泥渣和松软层冲松,再用吸泥机将混凝土表面上的泥浆沉渣吸除干净,重新下导管灌注水下混凝土。

46. 钻孔灌注桩造成断桩的原因有哪几种?

答:断桩是泥浆或砂砾与水泥混凝土混合把灌注的上下两段混凝土隔开,使混凝土变质或截面积受损,是较严重的质量事故。其产生的原因主要有以下几种。

(1)灌注时间长,表层混凝土失去流动性,形成硬盖,而继续灌注的混凝土顶破硬层上升,将混有泥浆砂砾的表层覆盖包裹,该种断桩在灌注过程中不易被发现。

(2)对孔深及导管的埋置深度量测不准,使导管提出混凝土面。

(3)处理堵管时,将导管提升到最小埋置深度,猛提猛插导管,在此情况下有可能使导管内混凝土连续下落与表面的浮浆、泥土相结合,形成夹泥缩孔。

(4)当混凝土堵管或严重漏水或埋管拔出导管处理事故后,未能将已灌注的混凝土彻底清除干净。

(5)混凝土灌注过程中出现坍孔,无法进行清理或使用吸泥机清理不彻底,形成灌注中断或混凝土中夹有泥石。

(6)导管发生埋管或导管挂在钢筋骨架上,采取强制提升而造成导管脱节。

(7)施工中没有备用设备,由于机械故障而导致混凝土灌注无法进行。

(8)混凝土灌注过程中,发生了人力不可抗拒的自然灾害,迫使灌注停止。

47. 如何处理断桩事故?

答:(1)浇筑时间不长,混凝土数量不大时,将孔中混凝土及泥石全部清除,重新灌注。

(2)在距地面深度较浅时(小于15m),可用完整钢(钢筋混凝土)护筒的办法,抽干泥浆,凿出新混凝土面,再按无水混凝土浇筑至设计高程。对于钢护筒可边浇边拔护筒。若地质条件许可,在保证安全的情况下,可不加长护筒,清除泥浆及浮渣后直接进行浇筑混凝土,新旧混凝土接触面要进行凿毛处理。

(3)在距地面较深时,应分析原因,采取相应的措施,对于计划重做的桩,要立即拔出钢筋笼子,提出导管,重新钻孔,按新孔进行混凝土浇筑。

(4)对浇筑完成后才发现的断桩,要采取补桩的方案。方案要通过计算,并上报有关部门,一般采用扁担桩、压浆补强等办法来处理。

48.如何用压浆补强法处理夹层断桩及缩径?

答:经桩身质量检测后,发现有夹层断桩时,可用以下方法进行补强,但要经设计单位同意。

(1)可采用压入水泥浆补强。先钻2~3个小孔,分别作压浆和出浆用。深度应达补强处以下1m,对于柱桩应达基岩。

(2)用高压水泵向孔内压入清水,其泵压应大于20MPa。水流自下而上在缺陷段内进行喷射,喷管提升速度为10cm/min,旋转速度为20转/min,处理长度应为缺陷段上、下各延伸50cm。高压水将缺陷段内的软弱部分切割成泥浆状,当由一孔进行切割而另一孔有水溢出时则可认定病害区已被打通,可换另外一孔重复操作直至全部打通;钻孔之间连通后,压入清水利用水循环将废渣排出桩体,当所有孔内水流变为清水,清渣工作结束。

(3)用压浆泵先压入水灰比为0.8的纯水泥浆,进浆口应用麻絮填堵在铁管周围,待孔内原有清水从另一孔全部压出来之后,再用水灰比0.5的浓水泥浆(宜用52.5级水泥)压入。

(4)浓浆压入时应使其充分扩散,当浓浆从出浆口冒出时停止压浆,用碎石将出浆口封填,并以麻袋堵实。

(5)最后再用水灰比0.4的水泥浆压入,压力增大到0.7~0.8MPa时关闭进浆阀,稳压压浆20~25min,压浆补强工作结束。对于空洞和严重断桩,可在浆液中加入一定量的小粒径碎砾石。

(6)待水泥浆硬化后,应再钻孔取芯检查补强效果。

需要强调一点的是:对于混凝土严重离析,空洞等质量事故均可采用该方法补强。

若地质条件许可,在保证安全的情况下,可不加长护筒,清除泥浆及浮渣后直接进行浇筑混凝土,新旧混凝土接触面要进行凿毛处理。

对于桩基出现缩径的情况,可在桩基外围钻孔至缩径位置以下 0.5 ~ 1m,在缩径位置上、下各 0.5m 以高压旋喷数根旋喷桩,旋喷桩根数以能包裹缩径范围为宜,从而达到提高承载力的效果。

49. 怎样用挖孔桩处理断桩事故?

答:在灌注水下混凝土时,由于种种原因发生了断桩事故,此时可将导管拔出,在桩孔内填充砂土,将断桩部位以上填满填实至护筒脚部以上 1.5m,然后将孔内填土挖去 1m 深,下入一个钢制的锥形内模,其内模下大上小,上口小于钢筋笼 20cm,下口小于钢筋笼 10cm,高 1m。内模到位后浇筑内模与孔壁之间的护壁混凝土。如此类推,逐段挖出,逐段浇筑,直到断桩处。清理断桩处表面、凿毛,然后按挖孔桩进行混凝土浇筑。对大孔径桩,内模一般由四块模板组合而成。

当孔径较小时,内模可用钢板卷制成整体,待护壁全部完成后割碎取出。

当孔径更小时,不利于或不能进行挖孔作业,可逐段将钢筋笼割除,扩大内模口径,待全部护壁施工完成后,重新制作钢筋笼,与原钢筋笼焊接成整体。

该方法亦适用于反复回填、反复坍孔的桩位。

50. 怎样用空心桩技术处理大直径断桩事故?

答:对于大直径钻孔桩发生的断桩事故,一般采用加桩补桩的办法,这样容易使得单排双柱墩外形不协调,如果运用空心桩的钢内模预埋集料压浆混凝土处理,便可以解决该问题,其处理方法是:

(1)根据桩径大小,在断层以上立适当直径的可拆式钢内模(内模直径大于 1.5m 且孔心桩壁厚≥55cm)。

(2)在内模外侧埋设压浆管,四周先填 1m 厚的细砂垫层,再填大于 4cm 的卵石至桩顶,先压水清洗,后压水泥浆。

(3)待硬化后,抽干内模内的水,人下到孔底清除泥污及松散混凝土层,并凿毛凿平。

(4)拆除钢内模,再用 C30 钢筋混凝土填心处理为实心桩。

51. 注浆法处理灌注桩缺陷有哪几种方法?其适用范围是什么?

答:(1)单管注浆

单管注浆亦称花管注浆,其施工必须根据设计要求并考虑周围环境条件进行。它的施工步骤为:①钻机与灌浆设备就位并检查;②钻孔,孔径一般为 70 ~

110mm,垂直度应小于1%,宜用旋转式机械进行;③插入注浆花管进行注浆,注浆流量一般为7~10L/s,材料采用普通硅酸盐水泥,可适量加入粉煤灰,为改善浆液的性能,应在浆液中加入诸如凝固剂、表面活性剂等外加剂;④注浆完毕后,用清水冲洗花管中残留的浆液,以利下次再行重复注浆。

(2)套管注浆

套管注浆亦称塑料阀管注浆。其施工必须根据设计要求并考虑周围环境条件进行。它的施工步骤为:①钻机与灌浆设备就位并检查;②钻孔,同单管注浆;③当钻孔到设计深度要求后,从钻杆内灌注封闭泥浆,直到孔口溢出泥方可提出;当提杆至中间深度时,再次注入封闭泥浆,最后完全提出钻杆。封闭泥浆7天无侧限抗压强度宜为 q_u = 0.3~0.5MPa,浆液黏度80~90s;④插入塑料单向阀管到设计深度。当注浆孔较深时,阀管中应加入水;⑤待封闭泥浆凝固后,在塑料阀管中插入双向密封注浆芯管并进行注浆,注浆应连续进行,浆液的要求同单管注浆浆液;⑥注浆完毕后,应用清水冲洗塑料阀管中的残留浆液,以利下次注浆。对于不宜于用清水冲洗的场地,可考虑用纯水玻璃浆或陶土浆灌阀管内。

(3)埋管注浆

埋管注浆是利用注浆泵,通过在桩底和桩周埋设密封管和特制注浆芯管,将浆液注入地层,以达到处理缺陷的目的。其施工步骤为:①搜集资料并进行技术方案设计;②对灌注桩将实施的埋管注浆事先应做试桩;③根据施工要求,进行室内浆液配制,确定配比。浆液配制的顺序为:水→膨润土→粉煤灰→水泥;④用直径为密封管外径的1.5~1.8倍的钻头在设计孔位上钻孔,在钻穿底板前退出,安装密封套管,改用同钻杆等直径的小钻头,打穿底板混凝土,退出钻头,加盖待注浆;⑤卸下门盖,安装注浆管和双功能注浆头就位。利用钻机将注浆管压至设计极限深度,然后,根据需要可由下向上或由外向内进行分层注浆,也可根据要求进行固定点压密注浆。

注浆法适用于加固砂土、淤泥质黏土、粉质黏土、黏土和一般填土层,也适用于断桩、夹泥以及灌注桩承载力不能满足设计要求下的灌注桩缺陷处理。在冬天,当日平均温度高于5℃或最低温度高于-3℃的条件下,注浆时较好;在夏季,用水温度以低于30℃为宜。

52. 如何用压浆法处理混凝土离析产生的蜂窝、空洞等缺陷?

答:(1)根据桩径及缺陷的大小,用取芯机钻孔,最少应钻取两个孔,钻过缺陷部位为止。

(2)分别对各孔压注清水,封闭加压,使所钻孔在缺陷断面相通。

(3)用清水冲洗,直到冲出的水无混浊和碎屑为止。

(4)清孔完毕后,下灌浆管到钻孔内,由一个孔进行注入水灰比为1的稀浆,待另外的孔开始出浆后,封闭其余出浆口,仅留一个出浆口。此时,换用水灰比为0.45的灰浆进行灌注,待出浆口完全流出稠浆后,封闭出浆口,增压到0.5MPa,稳压30min,卸除压力。用同样方法完成其余各孔的压浆。压浆凝固后,撤去封堵。

该法是从实践中得出,对有些情况不一定适用,应具体情况具体分析,切不可盲目使用。

53. 如何用注浆法处理嵌岩桩沉渣过厚事故?

答:(1)根据实际情况确定钻孔数量,用取芯机钻孔至岩层,孔径最好采用100mm。

(2)用ϕ25mm的小钢管(通过现场试验,也可用更粗点的钢管,以达到处理干净沉渣为目的)插入孔内,钢管底部封闭,距底部3~5cm处对称钻两个孔径为6mm的小孔。

(3)钢管插入底部后,用高压泵将清水压入孔底,由小孔射出,把过厚的沉渣冲出。当排出的水为清水后,使钢管转一角度,继续清洗。周圈清干净后,提升几厘米,用同样的方法对其余层次进行清理。

(4)全部冲洗干净后,排出清水,再用空压机的高压风将水全部吹干。

(5)利用压水管做压浆管,用压浆泵将按设计要求强度的配合比水泥纯浆压入孔底,直至孔口排出浓浆为止。

54. 空心桩成桩技术有几种形式?

答:空心桩成桩技术按埋设桩壳的不同可分为以下两种形式:

(1)埋设普通内模,在内模与孔壁之间沉放钢筋笼,灌注水下混凝土,这种做法在性质上相当于将一般的灌注桩中心挖空。由于水下混凝土导管直径最少需要25cm(过细易卡管),又要下钢筋笼,因此桩壁厚度最少要60cm以上,上部变截面段护筒加粗部分壁厚最少75cm以上。因桩身直径较大,适用于灌注水下混凝土的普通灌注桩。

(2)埋设预应力桩壳,同时即充当内模,在桩壳与孔壁之间不放钢筋笼,只埋压浆管,填石压浆。桩尖也压浆。由于压浆管直径一般只有5~7cm,故填石压浆层壁厚14~20cm即可,这是一种全新的工艺。

55. 钻(挖)埋空心桩施工中,应注意哪些事项?

答:(1)预制桩壳底节上预留压浆、排浆孔。根据现场温度,及时将预应力管道的成孔器(直径为5cm)在初凝后拔出。

(2)桩壳接缝要求严密,不得漏水,以免桩壳掉入孔中。

(3)浇筑隔离层。当没有混凝土絮凝剂时,可用小导管水下混凝土的办法来浇筑水泥砂浆。

(4)对于桩周压浆管,由于要抽拔,所以连接形式很重要,最好利用套管对接。另外,压浆管底端以上1m范围内的四周均匀钻取若干放射状排浆孔(5～8mm),底部封死。每10m高布置一层压浆管。

(5)桩侧清孔完毕后,压上黏性土袋时要留排浆孔。

(6)水泥浆可以掺加适量的粉煤灰。压浆机的输浆管要采用能承受0.8MPa以上压力的特制高压管。

(7)接桩底压浆管和排气管时,不能松开设置的闸阀,以防桩底的高压水冒出,影响施工。

(8)对于百分表要特别注意表架不要与脚手架连在一起。关闭管底排气阀后,要注意测量百分表的读数。

(9)在压浆时,密切注意观察压力表的读数,当压力上不去时,有可能水泥浆渗到流砂和软弱层中,此时应停机10～20min,将水泥浆加浓后再压。当压力急剧增长到1MPa以上时,要立即停机,查明原因处理以后再压浆。压浆设备必须备用一套。

(10)钢护筒作为变截面桩的一部分,不能拔出。若拔出会扰动压浆混凝土,使受力最大部位强度减低。

56. 如何进行空心桩施工?

答:(1)钻孔。当钻孔到达设计高程后,按规范要求检查成孔质量,再进行清孔,在清孔中要求用新鲜油田泥浆来置换孔内混浊的泥浆,并严格控制泥浆的各项指标。

(2)桩底抛石。清孔符合要求后,进行桩底抛石,抛入的卵石粒径要大于4cm,抛石厚度按设计要求,一般不小于1m。

(3)桩壳节段拼接。在预制桩壳拼接前,上下端要烘干、吹净,并用丙酮清洗,再在两端面涂刷一层环氧树脂砂浆。解除吊点后,按设计要求对称张拉。张拉可一次,也可用多次多级张拉、多次拧紧的方法来达到终值。张拉要有专人负责,并要有完整的记录。

(4)灌水下沉落床。对接完成的桩壳松开抱箍缓慢下沉,当到一定程度,由于浮力作用需往桩节内灌水下沉。值得注意的是,在接缝处产生漏水现象时,应及时用潜水泵抽水使桩壳上浮,对接缝处理后,才能继续进行下一步施工。

(5)浇筑隔离层。桩节拼接到底并对中定位后,在桩的四周抛投0.5~1.0m厚的细砂及细碎石,然后浇筑50~100cm厚的隔离层混凝土。隔水混凝土采用水下不分散混凝土。

(6)空心桩周设置压浆管。压浆管由桩径大小确定后,分层均匀分布在桩身四周(每层高度8~10m)。

(7)桩周抛石。压浆管设置定位后,接着在桩周空隙内均匀地抛掷粒径大于4cm的卵石,直至护筒桩顶设计高程,抛石工作要连续进行。

(8)桩周清孔。现场配制用膨润土拌成的优质泥浆,通过压浆机将泥浆从桩周两根压浆管中压入,一直到从另外两根管流出新鲜泥浆为止。清孔后用装有黏性土的纤维袋压在护筒四周的填石上面,起封闭作用。

(9)桩侧压浆。水泥浆一般为微膨胀水泥或普通水泥掺入膨胀剂,水泥用量为500~600kg,灰浆流动控制度为14~24s。有条件时,要多根压浆管同时进行,无条件时,一台压浆泵交替进行压浆,直至排浆管孔口流出纯水泥浆为止。

(10)接桩底压浆管。预制桩底节下面为一钢板底,根据孔径的大小,在其上加工几个小孔,分压浆管与排气管两种,两种管在底部均为筛孔状,但压浆管比排气管长一些,一般为0.5~1.0m。在其上各接一闸阀与法兰,安装时闸阀始终关闭。在压浆管的顶部装压力表。

(11)桩底清孔。形同桩侧清孔,但为保证清孔更彻底,可取一根压浆管接空压管,利用压缩空气搅动桩底淤泥粉砂沉淀。

(12)桩底压浆。压浆前在桩孔周围独立搭设支架,安装8~10个百分表来测量桩底压浆时空心桩的上抬量。当安装检查完毕后,对其开始压浆,压浆要求同桩侧压浆。当排气管流出新鲜灰浆后,关闭排气管闸阀继续压浆,通过读表,孔心桩上抬2~5mm时,检查其压力是否相应在0.2~0.5MPa。若在此范围内,稳压5min,关闭机器和闸阀,同时记录好压浆机出口压力和排气管压力及上抬量的相关数据,供检测桩的承载力用。

(13)清除浮渣。待桩底混凝土初凝后,取出桩侧黏土袋,清除表面浮浆及松散部分,用干性混凝土封闭桩侧的顶部。

57. 预应力桩壳节段的预制步骤及要求是什么?

答:(1)预制场地的选择。为了减少水平运输,预制场地一般多设在桥位桩孔附近;当桩位附近生产条件差时,也可选择离工地不远的符合条件的场地做预制场。对于后者预制的方法质量较好,效率高,可以提前开工。

(2)模板的制作。模板长以2~3m为宜,内外模必须用钢结构,以确保外形及预应力孔位的准确性。模板的牢固程度根据周转次数来确定,一定要做好做牢。桩壳的底节与其余各节不同,带有底板,底板要留有安插桩底压浆管的孔(5cm为宜),并要在底板加设钢板和斜撑。

为保证桩壳外形竖直,接缝平顺无错缝,在生产桩壳时要准备两套模板,当第一节生产完成后,在其上放置第二套模板,浇筑混凝土。然后取出第一节的模板,第二节的模板及成品又成为第一节,依次类推。生产时,每套模板都要固定在混凝土底座上。

(3)预制桩节。将钢模板固定在混凝土底座上后,再在外模的面层涂刷一层HL-401型混凝土表面缓凝剂。待内外模板安装检查后,分层浇筑混凝土,并用插入式振捣器捣实。由于缓凝剂的作用,外表层经水一冲,桩身外表面便露出2~3mm深的集料层,这样可省去人工凿毛。值得提出的是前一节预制后就在该节的上端涂刷一层不掺固化剂的环氧树脂胶作为隔离层,在隔离层上预制后一节。圆环中心轴线均匀预留预应力钢筋孔道,桩节上端预留张拉螺母及套筒的位置,桩节内外设置双层构造筋及螺旋筋。现场振捣时要注意内外模的就位情况,以及垂直度和钢筋保护层误差是否在容许范围内。

58. 当前在我国常用哪些方法对桩进行检测?

答:当前,我国对桩的检测内容主要是单桩竖向承载力和灌注桩的缺陷检测。

针对单桩竖向承载力,其检测方法有:自平衡法、高应变法、动参数法、机械阻抗法(稳态、瞬态和随机激振)、水电效应激振频谱法和共振法。静荷载试验法称之为静力检验法,其他方法均称之为动力检验法。实践证明,迄今为止用静力检验法测试单桩竖向承载力,是其他任何动力检验法无法替代的基桩检测方法,其试验结果最可靠。而对于动力检验法确定单桩竖向承载力,目前仍处于发展和继续完善阶段。因此,应明确单桩竖向承载力的检测应采用自平衡法或可靠的动测法,其中自平衡法应符合行业标准《基桩静载试验自平衡法》(JT/T 738)的规定。

针对灌注桩缺陷的检测,其主要方法有:直观检查法和动力检验法。直观检查法中包括开挖检查法和钻芯检查法;动力检验法主要使用高应变动测法、低应变反射波法、超声波法(透射法、折射法)。

对于以上检测方法,可根据设计、业主要求进行选择。

59. 机械阻抗法检测混凝土桩包括哪些内容?有哪些步骤?

答:机械阻抗法检测混凝土桩主要是检测桩身与实际施工长度,并判定桩身夹层、缩颈、密实等缺陷及其位置。其检测分以下几个步骤。

(1)首先应进行桩头的清理,去除桩头浮浆,露出密实的桩顶。将桩头顶面大致修凿平整,并尽可能与周围地面保持齐平。

(2)在桩顶面正中和径向两侧边沿,精心修凿出直径约 20cm 的 1 个圆面和直径各 10cm 的 1 ~4 个圆面,并使平整度要求≤3mm,清扫干净以备使用。

(3)黏贴桩顶钢板。要求在放置激振装置和传感器的一面必须用磨床加工成光洁度在 0.8 以上的光面;接触桩顶的一面则应保持粗糙。大钢板黏贴在桩顶中心处,并使其中心与桩中心重合。

(4)黏贴完毕后,立即用水平尺反复校正,务必使钢板表面水平。

(5)待黏结剂完全固化后,即可进行检测,同时在钢板上涂上黄油,以防锈蚀。

(6)用螺丝紧固半刚性悬挂装置和传感器到桩头的钢板上。

(7)设置接地线,要求整个系统一点接地,减少电噪声干扰。

(8)安装完毕后,由现场专业人员测试并记录。

60. 机械阻抗法测试过程中,应该注意哪些问题?

答:(1)桩头上不要放置与检测无关的东西。

(2)主钢筋露出桩头部分不宜过长,过长时应切割至可焊接和绑扎的最小长度,否则将产生谐振干扰。

(3)桩径 <0.6m 时,应布置 1 个测点;桩径为 0.6 ~1.5m 时,应布置 2 ~3 个测点;桩径 >1.5m 时,应在互相垂直的两个径向布置 4 个测点。

(4)在基桩检测中,当只布置 2 个测点时,其测点应位于顺流向的两侧;当布置 4 个测点时,应在顺流向的两侧和顺桥向的两侧各布置 2 个测点。

(5)全部设备安装完毕后,应确认各项仪器设备处于正常的工作状态。

(6)在测试前,应正确选择仪器系统的各项工作参数,使仪器在设定的状态下进行试验。

(7)在瞬态激振试验中,重复测试的次数应大于或等于4次。

(8)在测试中,应观察各设备的工作状态,当全部设备均处于正常状态时,则该次测试有效。

(9)在同一工地,当某桩的实测机械导纳曲线幅度明显过大时,应增大扫频上限,并判定桩的缺陷位置。

61. 机械阻抗法推算单桩竖向承载力标准值的推算公式是什么?

答:用机械阻抗法测试并预估单桩极限承载力标准值,主要是通过对低频段求刚度的方法。一般在1~30Hz的频率范围内,步长用1Hz,通过步进扫描获得,由速度导纳曲线低频段求得刚度,然后推算出其单桩竖向承载力标准值R,其计算公式为

$$R = (K_d/\eta) \times [S]$$

式中:K_d——单桩的动刚度,kN/mm;

η——桩的动静刚度测试对比系数,宜为0.9~2.0;

$[S]$——单桩的容许沉降值,mm。

62. 反射波法试验的主要步骤是什么?

答:(1)现场勘察及收集资料。检测人员在检测前应对施工现场的概况、基桩的种类及设计要求、水文地质条件进行了解。

(2)由设计或业主、设计、监理、施工单位共同参加制定检测桩的数量、部位。其主要根据是有关的技术规范、标准,并参考现场施工记录、工作日记以及基桩在工程中所发挥的作用。

(3)被测桩应凿去浮浆,桩头平整。

(4)仪器设备检测前应进行检查,性能正常方可使用。

(5)每个检测工地均应进行激振方式和接收条件的选择试验,确定最佳激振方式和接收条件。

(6)激振点一般选择在桩头中心部位,传感器应稳固安装在桩头上,大直径桩可安装两个或多个传感器。

(7)锤击要由实践经验丰富的熟练技术工人操作。保证做到:落锤到实处,动作干脆利索,锤击方向垂直于桩头平面。

(8)在检测桩身浅部缺陷的同时,采用横向激振和水平速度型传感器接收,进行辅助判定。

(9)每一根被测单桩最少应进行三次以上的重复测试,在波形一致性良好

的情况下方可存入仪器。测试时出现异常波形应在现场及时研究,排除影响测试的不良因素后,再重复测试。

63. 反射波法试验中,应注意的事项有哪些?

答:(1)凿去桩头浮浆时,切忌用风枪冲击处理桩头,造成桩头破裂或隐性裂缝,导致检测曲线混乱,造成误判。

(2)混凝土龄期应在14d以上,才能实施检测。但有时由于考虑到施工工期的影响,可根据工地气候、温度、湿度及混凝土设计强度等因素,适当提前,但不应少于7d。

(3)当随机干扰较大时,可采用信号增强方式,进行多次重复激振与接收。

(4)为提高检测的分辨率,应使用小能量激振,并选用高截止频率的传感器和放大器。

(5)一般情况下,当基桩较长时,应选择如尼龙锤等能产生低频的力锤;反之,应选用铁锤等能产生高频的力锤。应注意的是,无论选择什么锤均应经过现场试验确定。

(6)为有利于检测结果的分析判断,检测时可选择不同频率参数采集数据,得到三条以上测试曲线,尤其是对于初判有缺陷或有严重缺陷的基桩更应如此。

(7)对露出的桩头钢筋尽量缩短,但应满足搭接长度,同时将检波器用细砂或粒土屏蔽起来,使检测器收不到声波信息。

64. 反射波试验中,传感器的安装应注意哪些方面?

答:为保证检测数据的真实、可信,除要配备高质量的仪器和传感器外,检测时传感器的安装也是非常重要的环节之一。传感器的安装应注意以下几个方面:

(1)由于弹性反射波法是建立在一维纵向振动的波动理论的基础上,传感器的轴线与桩身的纵轴线是否平行是至关重要的,否则,入射波与反射波产生夹角(相位角),二维效应将难以克服。因此,在传感器安装时,应必须确保传感器的轴线与桩身的纵轴线平行(或确保传感器的轴线与桩头平面垂直)。

(2)传感器的安装可采用胶黏接、石膏黏接、薄蜡或润滑脂黏接和橡皮泥黏接等方法与桩连接。但是,不论采用何种方式黏接,都必须保证传感器与桩顶之间有一个良好的偶合效应。在保证黏接效果的前提下,尽可能减少传感器和桩顶之间的黏接材料厚度,并在黏接物材料完全固化后进行检测。

(3)为排除检测过程中面波、直达波及其他干扰波对有效反射纵波的干扰,传感器应安装在基桩平面中心位置,在桩中心距(或桩半径)的1/2处锤击激发,基桩较大时,可绕基桩半径1/2范围处不同点激发。

65. 声波测试法的基本原理是什么?

答:声波测试法的基本原理是发射换能器被置于被测桩的声测管中,它把发射系统送来的电信号转换成脉冲声波并向桩身内辐射,声波在桩身混凝土中传播后到达另一个声测管,被安置在其中的接收换能器接收,接收换能器将声波转换成电信号,由接收放大器放大,并由数据采集系统将数据离散化(按一定的时间间隔采样)转化成二进制数据送入微型计算机(PC机),一方面计算机将采集到的时间序列的数据信号储存,另一方面把它显示在显示器上加以观察、判读,即可作出被测混凝土的质量判断。

接收到的声波信号随混凝土的质量、缺陷性质的客观情况,使穿透的声波信号在传播过程中发生绕射、折射、多次的反射及不同的吸收衰减,使接收信号的传播时间、声波的振幅、频响特性、主频以及脉冲波的波形、波列长度发生变化,即可对桩身混凝土是否完整、致密(胶结的优劣)及缺陷是否存在,及其分布情况作出判断,从而完成检测工作。

66. 声波测试法中,埋管的数量及方法是怎样的?

答:声波(超声波)检测法是检测混凝土灌注桩连续性、完整性、均匀性以及混凝土强度等级的有效方法。桩径不同时声测管的埋设数量不等,其埋设形式均为对称埋设。其埋设数量为:桩径为0.8~1.5m时埋设三管,三管位于等边三角形的顶角;桩径大于1.5m时埋设四管,埋设在过桩心的两条垂直线上。管口宜高出桩顶面30cm以上。

声测管可采用金属管或塑料管,管内径为50~60mm。金属管可以用螺纹连接,塑料管可以用套管连接。声测管必须保持平行,预埋时可绑在钢筋笼内侧或可用钢管替代相应钢筋笼的竖筋,和钢筋笼一起入孔。其管底一定要封牢,管顶在检测前应加盖或塞,以防杂物落入。一般钢筋笼的设计不是整桩长,但声测管必须是整桩长。为保证底部钢管不变形,要用加强箍给予固定。实测时管内应注满清水,作为声波耦合介质。

由于塑料管在实施时多发生变形,故尽量不用。

67. 现场如何进行声波测试?

答:(1)施测前,必须对声时给予修正,其修正公式如下:

$$t' = (D - d)/v_t + (d - d')/v_w$$

式中:t'——声时修正值,μs;

D——检测管外径,mm;

d——检测管内径,mm;

v_t——检测管壁厚度方向声速,km/s;

d'——换能器外径,mm;

v_w——水的声速,km/s。

(2)接收、发射换能器装好扶正器后置于检测管内,并能顺利升降。

(3)测量可采用水平同步、高差同步、扇形测法进行实测。

(4)不论是水平同步检测或高差同步检测,在测试时两换能器必须同步升降,各测点两个换能器累计相对高差不允许超过2cm,并随时校正。宜由测管底部开始检测。

(5)检测时应先采用水平同步或高差同步进行全孔扫描,当发现有桩身缺陷时,宜用各种方法综合,进一步确定。

(6)测试过程中,发射电压和放大器增益均应固定在适当值且始终保持不变。衰减器衰减量的调节应以接收信号初至波幅度在光屏上为2或3格为宜。由光波确定首波初至;读取声波传播时间及衰减器衰减量,依次测取各测点的声时及波幅,并进行记录。

68. 对缺陷桩的声波检测应注意哪些方面?

答:(1)应制定较为合适的检测方案,尽可能做到各种检测方法综合使用,检测结果充分反映桩体实际缺陷类型。

(2)在检测过程中应对检测数据进行及时的分析研究,对原检测方案中未预计到的问题及时补充修正。

(3)在数据分析时应充分利用声时、波幅和视频率等三个参数。一般情况下,缺陷部位相对于完整部位,声时大、波幅小,频谱分析结果主频不明显、频率成分较复杂;而完整部位却恰恰相反,声时小、波幅大,频谱分析结果主频明显、频率成分较简单。

(4)在分析判断过程中,注意搜集与工程施工有关的施工记录、工程地质、水文地质条件等,进行综合分析,对提高分析结果的精度,也是非常重要的。

69. 抽芯验桩的基本要求是什么?

答:(1)目前国内对钻孔灌注桩采用无破损检测进行桩基检查,对试验中怀疑有缺陷的桩为进一步判定其缺陷程度,可采用钻芯取样或按设计要求进行钻芯取样。取样数量根据现场具体情况或设计要求执行。

(2)钻头应根据混凝土设计强度等级选用合适粒度、浓度、胎体硬度的金刚石钻头,且外径不宜小于100mm。

(3)每根受检桩的钻芯孔数和钻孔位置宜符合下列规定:

①桩径小于1.2m的桩钻1孔,桩径为1.2~1.6m的桩钻2孔,桩径大于1.6m的桩钻3孔。

②当钻芯孔为一个时,宜在距桩中心10~15cm的位置开孔;当钻芯孔为两个或两个以上时,开孔位置宜在距桩中心0.15~0.25D内均匀对称布置。

③对桩端持力层的钻探,每根受检桩不应少于一孔,且钻探深度应满足设计要求。

(4)钻机设备安装必须周正、稳固、底座水平。钻机立轴中心、天轮中心(天车前沿切点)与孔口中心必须在同一铅垂线上。应确保钻机在钻芯过程中不发生倾斜、移位,钻芯孔垂直度偏差不大于0.5%。

(5)钻取的芯样应由上而下按回次顺序放进芯样箱中,芯样侧面上应清晰标明回次数、块号、本回次总块数,及时记录钻进情况和钻进异常情况,对芯样质量进行初步描述。

(6)截取抗压芯样试件应符合下列规定:

①当桩长为10~30m时,每孔截取3组芯样;当桩长小于10m时,可取2组,当桩长大于30m时,不少于4组。

②上部芯样位置距桩顶设计高程不宜大于1倍桩径或1m,下部芯样位置距桩底不宜大于1倍桩径或1m,中间芯样宜等间距截取。

③缺陷位置能取样时,应截取一组芯样进行混凝土抗压试验。

④当同一基桩的钻芯孔数大于一个,其中一孔在某深度存在缺陷时,应在其他孔的该深度处截取芯样进行混凝土抗压试验。

⑤当桩端持力层为中、微风化岩层且岩芯可制作成试件时,应在接近桩底部位截取一组岩石芯样;遇分层岩性时宜在各层取样。

⑥每组芯样应制作三个芯样抗压试件。

70. 钻芯取样孔封孔的基本操作是怎样的?

答:取样到达要求深度后,下入钻杆,向钻孔内泵压清水,将孔内沉渣冲出孔外;清孔完成后,仍用钻杆向孔内泵压配制好的水泥浆,一般采用高标号水泥,掺入微膨胀剂,水灰比为0.45,孔口返出水泥浆后,逐渐减少孔内钻杆数量,并继续压浆直至水泥浆充满全孔。

该道工序一定要认真完成,且不可草率处理。

71. 如何将芯样试件的混凝土强度换算为标准试件强度?

答:芯样试件的混凝土强度换算值,可按下式计算:

$$f_{cu}^{c} = \alpha(4F/\pi D^2)$$

式中:f_{cu}^{c}——芯样试件混凝土强度换算值,MPa;

F——芯样试件抗压试验测得的最大压力,N;

D——芯样试件的平均直径,mm;

α——不同高径比的芯样试件混凝土强度换算系数,可根据下表4-4选用。

芯样试件混凝土强度换算系数　　表4-4

高径比(h/D)	1.0	1.1	1.2	1.3	1.4	1.5	1.6	1.7	1.8	1.9	2.0
系数(α)	1.00	1.04	1.07	1.10	1.13	1.15	1.17	1.19	1.20	1.22	1.24

五、挖　孔　桩

72. 什么条件下适合挖孔桩施工?

答:挖孔成桩的方法适用于孔径比较大、无地下水或少量地下水、且较密实的土层或风化岩层。尤其在黄土地区修桥时,由于气候干旱,地下水位低,黄土直立性好,采用挖孔桩施工更显其优越性。

在多年冻土地区,当季节融化层处于冻结状态且不受地层和水文地质情况的影响时,可采用挖孔桩施工,在孔底热融时开挖。而在夏季融化的季节融化层地区,则不宜采用挖孔桩施工。

73. 挖孔桩的支护种类及要求有哪些?

答:挖孔桩对孔壁要采取有效的支护措施,工程上广泛采用砖砌支护、钢套管支护、混凝土护壁、波纹钢板护圈支护。钢套管支护用于处理复杂地层,防渗防坍塌效果好。混凝土护壁的形式有内齿式和外齿式两种,如图4-7所示。

护壁节段高度在土质好的情况下,一般约1.0~1.5m左右,土质不良时,宜0.4~0.8m为一施工节段,开挖后及时支模现浇混凝土护壁,外齿式护壁抗坍孔性能更好一些。其厚度应>10cm,强度不宜低于桩基混凝土强度,各节护壁间用钢筋拉接,节段接缝用砂浆密封防渗水,严禁工人上下时踩踏凸边,以防破坏支护。

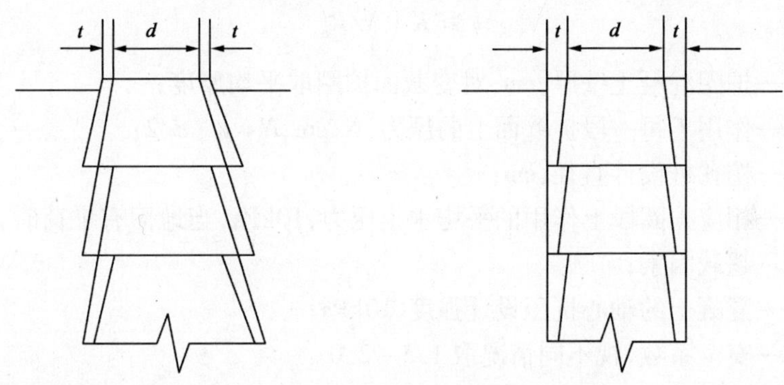

图　4-7

混凝土支护可用木模和钢模,当采用钢模时,可考虑类似滑模施工的方法。

对于大孔径挖孔桩亦可用人工冻土法在桩周土层形成一个冻土保护层进行支护与防水。

波纹钢板护圈可拆除,也可以不拆。

另外,还有木框架、竹篱、柳条、荆芭等非永久性支护及喷射混凝土护壁。非永久性支护在浇筑混凝土时要拆除。护壁形式多样,选择时要因地制宜。

74. 挖孔桩常用施工工具有哪些?

答:常用挖孔桩的施工工具有:

(1)井口吊架。主要是用来支撑吊具,可以用木材或钢材制作而成。

(2)吊具。目前多用电动葫芦,轻巧灵活,而且自带支架;还可以用辘轳、卷扬机。

(3)鼓风机。当桩长大于10m时必须强制通风换气,最好用电机送风,送风量一般为25L/s。

(4)潜水泵。在有地下水时使用,水泵大小根据出水量来定。

(5)铁锹、铁镐、提土用提框或提桶、凿岩工具,对于需爆破的,还要配备风钻。

(6)挡土板。在人工作业的上方安装,主要是保护人员安全。

(7)护圈模板及振捣器。

75. 如何计算挖孔桩护圈厚度?

答:护圈混凝土强度一般采用 C25～C30,钢筋一般采用 6～10 光圆钢筋。护圈厚度可用以下公式计算作为参考。

$$t \geqslant K \cdot N/R_a$$

式中:t——护圈混凝土壁厚,cm,对变截面护圈取平均厚度;

N——作用于每一段护壁面上的压力,N/cm,$N=p \cdot d/2$;

d——挖孔桩设计直径,cm;

p——相应护圈段上作用的平均水土压力,10kPa,当地面有堆荷时,应考虑超载因素;

R_a——混凝土的轴心抗压设计强度,10kPa;

K——安全系数,视不同情况取 1.5～2.0。

值得注意的是,该公式没有考虑动载,如铁路附近或铁路线间挖桩施工,在计算时应考虑列车经过时的振动荷载,在没有具体参数的情况下,根据地质情况,一般经验值取 $t \geqslant 20$cm。

76. 挖孔桩施工应注意哪些事项?

答:(1)挖孔施工应根据地质和水文地质情况,因地制宜地选择孔壁支护方案报批,并应经过计算,确保施工安全并满足设计要求。

(2)孔内遇到岩层须爆破时,应专门设计,宜采用浅眼松动爆破法,严格控制炸药用量并在炮眼附近加强支护。孔深 >5m 时,必须采用电雷管引爆。

孔内爆破后应先通风排烟 15min,并经检查无有害气体后,施工人员方可下井继续作业。

(3)挖孔达到设计深度后,应进行孔底处理。必须做到孔底表面无松渣、泥、沉淀土。如地质复杂,应钎探了解孔底以下地质情况是否能满足设计要求,否则应与监理、设计单位研究处理。

(4)设计桩长 >15m 时,应加强通风和安全措施。挖孔时应经常检查孔内的 CO_2 含量,如超过 0.3% 或孔深超过 10m 时,应采用机械通风。

(5)同一墩台各桩孔开挖顺序,应视地层松紧、桩孔布置而定。地层紧密、地下水不大的可同时开挖;但渗水量较大的孔,应超前开挖,集中抽水,降低其他孔的水位;地下水较大者宜对角开挖;若桩孔为梅花式布置,宜先挖中孔。

(6)摩擦桩的支护。摩擦桩的非永久性支护(如木框架、竹篱、柳条、荆芭),应在灌筑混凝土时逐步拆除;无法拆除的非永久性支护,不得用作摩擦桩支护。

(7)混凝土护壁。以混凝土护壁作为桩身一部分时,只能用于桩身截面不出现拉应力的桩(摩擦桩或柱桩),其混凝土等级不得低于桩身混凝土等级。

(8)挖孔时如有水渗入,应及时支护孔壁。根据渗水量的大小,可应用水桶或水泵排走,但应保证工人的施工安全。地质条件适宜时,可采用井点法降低孔中地下水位。

(9)挖孔时应注意施工安全。挖孔工人必须配备安全帽、安全绳、设置安全的吊笼、抓梯,必要时应搭设掩体。提取土渣的吊桶、吊钩、钢丝绳、卷扬机等机具,必须经常检查。井口围护应高出地面0.3m,不得使土、石、杂物滚入孔内伤人。挖孔工作暂停时,孔口必须覆盖。

(10)当孔底岩层倾斜时,应凿成水平或台阶。

(11)孔口四周严禁堆放料具,孔口四周设置围栏,3m之内不许有重车通过。

(12)每次交接班时,要认真检查起吊设备和架子是否可靠,采用风镐凿岩时,要注意气管的畅通。

77.挖孔桩中,边挖边护法(或称梯套法)施工的一般步骤是什么?

答:边挖边护法(或称梯套法)是旱地施工挖孔桩最早也最常使用的方法,适用于各种地层和从小到大的各种孔径。其施工工艺的关键是:每挖深1m左右(视土质而定)即放入一个小于挖孔孔径的截锥形模板,在模板与孔壁之间浇筑混凝土护壁,如此挖一段护一段,形成一个“梯套”式护壁,直至要求深度。其施工的一般步骤为:

(1)制作木制或钢制的截锥形模板,并注意设置吊环。

(2)准备工作。其一般程序为:平整场地→施放中线→布置排水沟→桩位顶上搭雨棚→安设提升设备→布置出渣道路。当孔深>5m时,孔内还应有照明和通气设备。用2~3盏200W的防爆灯照明,采用鼓风机和风管通气。

(3)挖孔。设立孔口架以精确定位桩中心,在地面上画出护壁外径,即可进行挖孔。挖孔一般可用锹、镐,当深入风化岩层必要时应配备凿岩机。一般条件下每挖 1m 即设置内模浇筑护壁混凝土;当地层坚硬,不致坍陷时可加大到 1.5m;而当地层松软,如细砂土或含水率大的黏土层时,可减小层厚至 0.8 ~ 0.5m。

(4)护壁。每挖完一段后,应立即放置模板,浇筑护壁混凝土。每次浇筑时,必须将内模定位一次,以保证基桩的垂直度和有效直径。护壁厚度一般下口为 7 ~ 8cm,上口 14 ~ 15cm,每段内宜配置钢筋。

(5)浇筑桩身混凝土。对开挖后的孔底进行检查合格后,即可下放钢筋骨架,浇筑桩身混凝土,孔底无积水时方可不采用水下灌注混凝土方法施工。混凝土浇筑方法与前述相同,用串筒或导管进行,分层振捣密实。

78. 在砂砾夹淤泥的地质情况下,水中挖孔桩采用什么方法进行施工?

答:在砂砾夹淤泥的地质情况下,水中挖孔桩可采用钢筋混凝土套筒法。其具体做法是在河床上先筑岛,在墩位上就地浇筑外径为桩径 +20cm、厚 10cm 的钢筋混凝土套筒,用大功率抽水机在邻孔抽水来降低水位,人工在套筒内开挖。筒底部挖孔直径要扩大,以利于套筒下沉,然后在其上增接套筒,逐次类推,直到满足设计要求。

79. 坚硬土质上挖孔桩的施工方法是怎样的?

答:(1)确定桩混凝土护壁的厚度。其厚度决定于岩层倾斜度和裂隙发育程度,太厚既增加开挖工程量又增加混凝土方量,不经济;太薄则易被爆破破坏,不能起到应有的保护安全的作用,相反还会增加不安全因素。厚度一般为 10cm。

(2)确定孔径。当桩为一次挖孔成形时,孔径可按设计桩径加护壁厚,再加 10cm 偏差消除厚。当桩的施工采用先挖孔后钻孔的方式施工时,其孔径可按设计桩径加护壁厚度、加 10cm 偏差,再加 10cm 钻头下落预留间隙。

(3)测量定位。主要是孔径和中心偏位,一般要求桩中心偏位≤5cm,半径误差≤1cm。承台基坑开挖完成后,浇筑混凝土垫层,由测量将桩中心点引测到垫层混凝土上作为前段施工的控制点,待挖孔桩做完第一次护壁时,将其爆接固定在垫层混凝土里的预埋铁板上,尔后再将桩位中心引测到护壁上。

(4)确定药量及布置眼位。爆破安装工程药量确定及眼位的布置主要考虑两个原则:一是要满足设计要求,爆破后不能破坏周围岩体;二是要方便施工,爆破后岩石较破碎,便于人工出渣。为保证爆破质量,每次在装药前都要按设计要求检查孔深及孔距,不符合要求的孔必须重钻。风钻施工时,必须单独接一根气管进孔内通气,以保证孔内空气的通畅。

(5)出渣。采取小推车直接放入孔内,人工装渣,由卷扬机吊出孔外,或由人工轱辘吊小桶将渣土运出孔外。为保证安全,小推车要采用钢丝绳四点吊起,卷扬机由专人操作,专人指挥,专人检修。

(6)凿修孔壁。为尽量减小爆破对周围岩体的影响,周边打眼安排在要求孔径20cm左右,爆破后人工用风镐凿修到施工确定开挖孔径,保证护壁混凝土有足够的厚度。

(7)混凝土护壁施工每节段爆破清渣,并按设计直径凿修孔壁后,再爆一次,然后整平孔底、绑扎钢筋、支模板、浇筑混凝土。这样做一是为护壁混凝土终凝赢得了时间,保证施工连续不断,二是岩层坚硬、孔底不易整平,而爆破后则极易整平,方便支模。每节段混凝土浇筑前,必须用锤球吊中检查模板,符合要求后才能浇筑混凝土,这样直到成孔为止。

当挖孔到一定位置后,再进行钻孔,需在以上的基础上按以下步骤进行:

(1)钻机工作平台的设计。桩基工作平台不但承受其上的钻机和其他荷载,同时还要抵抗钻机工作时传来的扭矩,所以工作平台必须牢固、可靠。工作平台可由万能杆件或型钢组成。

(2)搭设工作平台。清理场地,测量放出平台支撑位置,按设计要求搭设平台。

(3)钻机定位。钻机就位前,首先由测量根据钻机外形尺寸,将钻机的边线和钻头中线引测到工作平台上,钻机就位时严格控制,保证钻机定位准确。

(4)钻机补水、排渣。当钻孔桩位于基岩上时，只须补水即可，若条件不允许仍需泥浆护壁。排渣注意地形，保护好环境。

(5)水下混凝土浇筑。施工中严格按水下混凝土施工规范要求操作。

80. 挖孔桩止水方法有哪些?

答:一般来说,只有当渗水量非常小时,才用挖孔桩,但有时难免会遇到渗水,特别是孔底渗水。当渗水量小时,可用潜水泵抽水;当渗水量大时,目前实践中采用先止水,后挖孔。护筒脚或沉井刃脚主要有以下三种止水方法。

(1)内套筒压浆止水

如果刃脚附近及以下皆为粗砂砾石层,则可放入一个钢内套筒,直径比沉井或外套筒内径小1m左右,使与井壁之间有50cm的空隙,用空压机吹砂等方法使之沉入岩面,在内套筒与刃脚之间插入ϕ50mm压浆管,每1~2m设一根,并将空隙用砾石填满,顶面用纤维袋装混凝土封闭,然后从井上压注水泥浆,将刃脚下砂砾石固结封水。沉放内套筒等工序可在抽水情况下进行,而压浆则宜在静水状态下进行,以免水泥浆流失;如必须在抽水状态下进行时,水泥浆中应加速凝剂(如盐类、水玻璃等)。

(2)内套筒填灌混凝土止水

当沉井或外套筒在下沉过程中,因抽水而有大量粉细流砂涌入刃脚、或刃脚尚难下到风化岩层,其间的地层尚夹杂粉细颗粒,既不宜抽水,又不宜压浆时,则应采用静水沉放内套筒,向井内灌水使水位高于井外,由潜水员下到刃脚,将刃脚与内套筒之间的流砂等清除干净,从井上用套筒将不分散混凝土(或砂浆)封闭止水。

(3)孔壁预留钻孔,旋喷止水

该做法用于沉井直径较大的情况。预留孔 ϕ30cm,当沉井抽水不干时,用地质钻机在井面向下钻孔,并旋喷水泥浆,将刃脚以下砂砾、黏性土等与水泥浆通过水力搅拌形成混凝土,强度可达 5MPa 左右。旋喷有效范围视土质而异,一般为 60 ~ 100cm,因而预留孔间距不宜过大。如果一次旋喷完了后,抽水时仍有较大的漏水情况,还可在沉井之外进行补钻旋喷。这个方法适宜于处理各种带淤泥砂土、软黏土等,但造价略高。

81. 在砂砾层采用人工边挖边沉混凝土护筒施工时,遇岩石后孔底渗水量过大怎样处理?

答:(1)首先用水泵将孔内水基本排干,然后沿筒底凿除岩石约 30cm 深,再往四周开挖环形槽,保证其外缘比护筒外缘宽 10cm。

(2)为了省工、省料,便于继续开挖,在抽干水时,可根据桩径大小,在桩中间部分人工码砌砂卵石,要求稳定。

(3)灌注水下混凝土封底。待桩内水稳定后,可进行水下混凝土灌注,强度等级 C15,厚约 40cm。

(4)封闭完成继续开挖。封闭完成 72d 后可将水抽尽,用风镐将桩内混凝土凿除,如渗水量较小,即可继续挖孔工作。

(5)混凝土护筒接头部位应留有锚固头筋,接高时对混凝土接头表面凿毛达到基本不漏水。

82. 怎样纠正砂砾层挖孔的护筒偏斜?

答:(1)发现护筒偏斜后,分析偏斜原因:挖土不对称;井内流砂导致护筒突然下沉;护筒遇到较大卵石顶住未及时发现;筒内挖出的土堆在护筒外一侧;护

筒外砂砾一侧沉陷,未及时回填等;

(2)护筒倾斜的纠正方法:在护筒高的一侧集中挖土,在低的一侧回填砂砾或黏土;必要时在护筒顶面施加水平力扶正;

(3)护筒中心位置偏移的纠正方法:先将护筒倾斜,然后均匀挖出砂砾,使护筒底中心线下沉至设计中心线后,再进行纠偏。

六、大直径、超长桩

本节参考本书第十八章海洋环境桥梁相关内容。

第五章 沉　井

一、沉井制作

1. 沉井的定义是什么？共分哪些种类？

答:在修建负荷较大的建筑结构物时,其基础应该坐落在坚固、有足够承载力的土层上,当这类土层距地表面较深、采用天然基础和桩基础受水文地质条件限制时,需用一种上、下开口就位后封闭的结构物来承受上部结构的力,这种结构物被称为沉井。沉井是基础的组成部分之一,其形状大小根据工程地质状况由设计而定,通常用混凝土或钢筋混凝土制成。它一般由井壁、刃脚、隔墙、井孔、预埋冲刷管、封底混凝土、顶盖板组成。

沉井划分一般有三种方法,其划分种类如下:

(1)按制造情况可分为:①就地浇筑混凝土或钢筋混凝土下沉沉井;②浮式沉井,该种沉井多是钢壳井壁,另外有空腔钢丝网水泥薄壁沉井、钢筋混凝土薄壁沉井。

(2)按竖向剖面形状可分为:①柱形;②锥形;③阶梯形。

(3)按横截面形状可分为:①圆形;②矩形;③圆端形;④椭圆形;⑤棱形。

2. 沉井制作应考虑的主要问题有哪些？

答:(1)制造方式。沉井位于浅水或可能被水淹没的岸滩上时,宜就地筑岛制作;沉井在制作至下沉过程中,位于不被水淹没的河滩上时,如地基承载力满足设计要求,可就地平整夯实制作,如地基承载力不能满足设计要求,应根据现场情况采取具体的加固措施;在地下水位较低的岸滩,若土质较好,可开挖基坑制作沉井;地质不良或深水作业时,选择岸边或船上进行沉井预制。

(2)筑岛。筑岛分无围堰土岛和有围堰岛,见本书第二章天然地基,填筑时应考虑:

①制作沉井的岛面、平台面和开挖基坑施工的坑底高程，应比施工最高水位高出0.5～0.7m，有流冰时，应再适当加高。

②筑岛材料应用透水性好、易于压实的砂土或碎石土等，且不应含有影响岛体受力及抽垫下沉的块体。无围堰筑岛的临水面坡度一般可采用1∶1.75～1∶3。

③筑岛尺寸应满足沉井制作及抽垫等施工要求，无围堰筑岛，宜在沉井周围设置不小于2m宽的护道；有围堰筑岛其护道宽度应满足下式要求：

$$b \geqslant H\tan(45° - \varphi/2)$$

式中：b——护道宽度，m；

H——筑岛高度，m；

φ——筑岛土饱和水时的内摩擦角。

当护道宽度 b 小于上式计算值时，则应考虑沉井重力等对围堰所产生的侧压力的影响，侧压力的计算方法参见第二章。护道任何情况下不应小于1.5m。

④施工期内，水流受压缩后，应保证岛体的稳定，坡面、坡脚不被冲刷。其稳定性与水流速度和填料种类有关，其参考值见表5-1。

筑岛土料与允许流速　　表5-1

筑岛土料	允许流速(m/s)	
	土表面处	平均流速
细砂(粒径0.05～0.25mm)	0.25	0.3
粗砂(粒径1.0～2.5mm)	0.65	0.8
中等砾石(粒径25～40mm)	1.0	1.2
粗砾石(粒径40～75mm)	1.2	1.5

⑤在倾斜河床面上筑岛时，围堰要坚固，防止沿斜面滑移；在淤泥等软土上筑岛时，应将软土挖除，换填或采用其他加固措施：软弱层较薄时可采用换填砂砾来加固，当软卧层较厚或沉井重力较大时，应采用打设砂桩和换填砂垫层结合的方法进行加固，要求地基承载力满足设计要求。

(3)平整场地。在岸上或筑岛上制作沉井，要先将场地平整夯实。若场地土质松软，应加铺一层30～50cm厚的砂层，必要时进行换填，这样可以避免由于地基问题而造成的不均匀沉陷。

沉井在基坑中制造时，应防止基坑被暴雨、洪水所淹没，最好是抓住枯水期进行施工。

(4)支垫布设。

①在支垫上立模制作沉井时,支垫布置应满足设计要求和抽垫方便;支垫顶面应与钢刃脚底面紧贴,使沉井重力均匀分布于各支垫上。

②模板及支撑应有足够的强度和较好的刚性。内隔墙与井壁连接处支垫应联成整体,底模应支撑于支垫上,以防不均匀沉陷。支垫一般采用垫木,垫木埋入岛面深度应为垫木高度的一半,垫木不平空隙应用砂填平。

③垫木铺设应长短相间,在刃脚的直线段应垂直铺设,圆弧部分应径向铺设。

(5)模板制作。沉井外侧为利下沉应尽量光滑,也就是外侧模板的板面应刨光,拼接要平顺,外模上口尺寸不得大于下口尺寸;外模的支撑、拉杆、紧箍等均应牢固顶紧,以免产生鼓肚而防碍下沉。

(6)用土模制作刃脚时,应考虑:

①刃脚部分的土模,应能承受井壁混凝土的重力在刃脚斜面上产生的水平分力。土模顶面的承载力应满足设计要求,土模顶面一般宜填筑至沉井隔墙底面。必要时应做静载试验。

②土模表面及刃脚底面的地面上,均应铺筑一层20~30cm的水泥砂浆,砂浆层表面应涂隔离剂。

③应有良好的防水、排水设施。

④振捣混凝土时,振捣棒不得接触土模。

(7)沉井分节制作高度,应保证其稳定性,又有适当重力便于顺利下沉。底节沉井的最小高度,应能抵抗拆除支垫或挖除土模时的竖向挠曲强度,除土条件许可时,尽可能高些,一般每节高度宜大于3m,若为松软土时,底节最大高度不得大于0.8倍的沉井宽度,并切实作好接缝处理。

(8)沉井混凝土浇筑时,应沿井壁四周对称进行,避免混凝土浇筑面高低相差悬殊,以防产生不均匀下沉造成裂缝。浇筑层厚度应符合表5-2。

沉井混凝土浇筑层厚度 h 值 表5-2

项目		厚度 h 应小于
1	使用插入式振捣器	振捣器作用长度的1.25倍
2	人工振捣	15~25cm
3	按浇筑一层时间不超过混凝土初凝时间考虑	$H \leqslant Qt/A$

注:Q——每小时混凝土产量,m^3/h;t——水泥初凝时间,h;A——混凝土的浇筑面积,m^2。

(9)混凝土养生时应考虑:

①混凝土终凝前,应将探测管、压浆孔道等预留孔的芯管上拔0.5~1.0m,使其与混凝土的黏结力减小,以利拔出。

②室外温度低于-3℃或室外平均气温低于+5℃时,应按冬季施工要求进行养生。

③混凝土强度达2.5MPa时,混凝土顶面才允许凿毛。

④洒水养生时,应用细水均匀浇筑,防止大量浇水使地基沉陷,对沉井造成影响。

⑤沉井下沉时底节混凝土强度必须达到100%,其余各节强度允许达到70%。若设计有要求时按设计要求处理。

(10)拆除模板时应考虑:

①模板的拆除顺序应为:井孔模板→外侧模板→隔墙支撑及模板→刃脚斜面支撑及模板。

②拆除隔墙及刃脚下支撑时,应对称依次进行,一般宜从隔墙中部向两边拆除。

③拆除时先挖去垫木下的砂,抽出支撑排架下的垫木,或当支撑排架顶面(或底面)设置有木楔时,可先打掉楔木,再拆除支撑。

④拆模后,下沉抽垫前,仍需将刃脚下回填密实,防止沉井不均匀沉陷,给下沉带来不必要的麻烦。

⑤设计有要求时按设计要求拆模;设计无要求时,混凝土强度达2.5MPa以上时,方可拆除直立的侧模板;混凝土强度达70%以上方可拆除隔墙底面、刃脚斜面的支撑与模板。

(11)浮式沉井制作应注意的问题如下:

①位于深水中的沉井,可采用浮式沉井。

②根据沉入水中方法,慎重选择沉井制作场地,一般宜选择在桥位下游水边处。

③根据河岸地形、地质、设备条件,进行技术经济比较,确定沉井结构、制作场地及下水方案。下水方案可采用滑道、吊机起吊、索道吊运、涨水自浮、除土及沉船等方法下水。

④在浮船上或支架平台上制作沉井时,浮船、支架平台的承载力应满足设计要求;并应注意防止波浪、漂流物和船只引起的振动冲撞。

⑤其他注意事项同筑岛沉井制作。

3. 浮运沉井制作有几种方式?

答:沉井底节制造一般有四种方法:

(1)干坞法。在岸边用围堰圈出一块浅水滩地,抽水、铺镇、整平后形成工作面;利用陆上机具在其中制造底节并适当接高井身,使能自浮;然后打开临水一边围堰,放进江水,用拖轮牵曳底节沉井到墩位处;继续接高下沉。当水深较大时,底节浮出后可先在岸边适当水深处锚泊,利用岸上的施工设备及水上吊船逐步接高井身,使之有足够入水深度及出水高度,再曳航到墩位工点继续接高,以至下沉落底。见图 5-1。

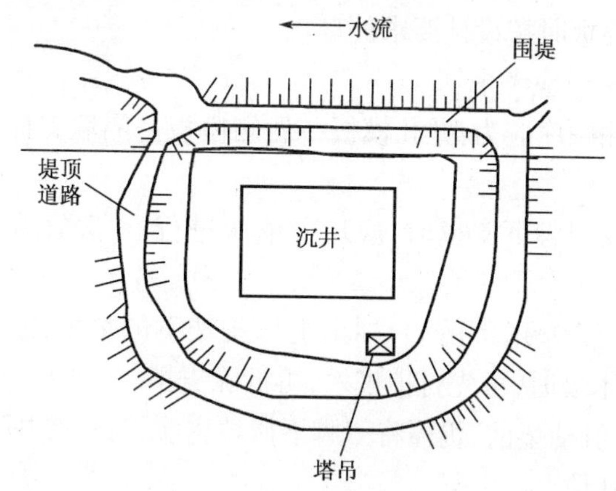

图 5-1　浮运沉井制作用干坞

(2)滑移法。在岸边场地上先施工一滑道,该滑道要足以承受底节沉井的质量,并可以使沉井滑入水中后能自行浮起。当底节沉井制成并达强度后,即利用绞车将底节沉井如同船舶躯体从滑道下水一样,慢慢滑向水中,直至起浮,随即就可进行舾装和浮运的准备工作,将其曳航到墩位接高下沉。见图 5-2。

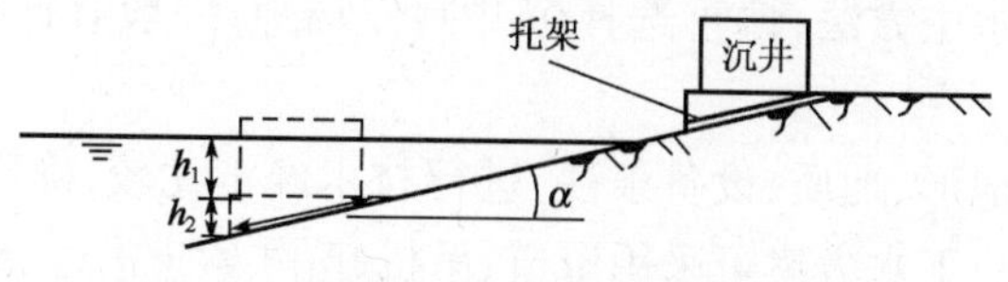

图 5-2　浮运沉井用滑道

(3)吊放法。底节在陆上制造后由龙门吊架吊起,在垂直于河岸上、下游方向两座平行栈桥上走行,到足够水深处在两栈桥间放落底节,使之自浮,然后曳航到墩位接高下沉。

(4)装驳运输法。将沉井构件半成品用码头吊机在岸边拼装在铁驳上,组拼成底节,由拖轮曳航浮运到墩位处,由浮吊起吊落水接高下沉。

方案(2)、(3)因井身接高有限制,在水深较大时,仍须在墩位继续补足接高工序,增加了岸上施工点的复杂设施,故现多为较简单的方案(4)所代替。但对小型沉井施工,现场又无大型机具设备时,方案(4)仍不失为一种实用的方法。方案(1)可以缩短墩位接高时间,对深水桥墩施工可减少风险,加快桥墩的施工进度,唯一要求是现场需有合适的干坞场地。

4. 如何确定浮运沉井用滑道长度?

答:滑道在施工前,应确定其长度,它与沉井的质量、滑道的坡度、沉井下水时的河道水位等有关,见图 5-2。

$$L = \frac{h_1 + h_2}{\sin\alpha} + S$$

式中:L——滑道长度,m;

h_1——沉井在水中起浮的最小水深,m;

h_2——托架的最大高度,m;

α——滑道坡度角,°;

S——为确保沉井起浮所增加的量,m。

在确定 h_1 时,如沉井浮运时的施工机具及其他材料,已在下水之前固定在沉井上,则需把这些质量计入;在确定 h_2 时,应将滑道上的轨道、枕木一并计入;α 的确定,一般是使滑道的斜度在 1:8 ~ 1:10 的范围内,S 一般为 1 ~ 2m。

滑道在土方开挖后,宜抛填块石,在水下部分需由潜水员做平整,然后再在其上铺以道碴并做细致调整,最后可铺设枕木和铁轨。

5. 在支垫立模制作沉井时,垫木铺设的数量计算及要求是什么?

答:垫木数量计算所用公式为

$$n = Q/Lb[\sigma]$$

式中:n——垫木根数,根;

Q——第一节沉井重力,kN;

L、b——垫木的长度、宽度,cm;

$[\sigma]$——基底土容许承压应力≤0.1MPa。

按上式算出垫木数量后,应按以下要求进行铺设:

(1)材料宜用质量较好的普通枕木及短方木。

(2)在刃脚的直线段,垫木顺长方向应垂直于直线铺设,圆弧段应沿径向铺设。

(3)垫木下承压应力应小于岛面容许承压力。

(4)刃脚下和隔墙下垫木应力应基本上相等,以免不均匀沉降造成井壁与隔墙连接处混凝土裂缝。

(5)铺垫应先从各定位垫木开始向两边铺设,支撑排架下的垫木要对正排架中心线铺设。

(6)垫木埋入岛面深度应为其高度的一半,对有空隙处应用砂填平来调整垫木。

(7)对垫木平整度要求:铺垫顶面最大高差≤3cm;相邻两垫木最大高差≤0.5cm。

6. 抽取木垫时,应注意哪些事项?

答:(1)垫木要进行编号。分组编号次序,应按设计拟定的次序写在沉井内外井壁上。

(2)抽取木垫之前,应将沉井内外的杂物清除干净,准备好回填所用的砂石材料及开挖回填工具。

(3)在沉井模板拆除后,先进行刃脚高程测量和沉井中线测量,并做好标记。抽除垫木时,每抽出一组应对沉井四角高程变化观测一次,如发现沉井向一侧倾斜过大时,应采取措施。

(4)抽除垫木应统一指挥,按规定的联络信号分组、对称、同步地进行抽除,每组抽完后,应立即用粗、中砂进行回填,待回填完毕后才可抽除下一组垫木。一般情况下,垫木以向沉井外抽除为宜。

(5)回填料不得从井内或筑岛上挖取,以防造成沉井歪斜。回填高度应以最后分配在定位垫木上的重力不致压断垫木以及垫木下土的承载应力不超出岛面极限的承载压力为准。

(6)抽垫过程中,如发现下列情况,应及时研究处理:①沉井向一侧倾斜,其倾斜度>1%,且继续向该侧倾斜时;②一次抽垫后下沉量超过上次的1倍时;③回填土被挤出,产生隆起或裂缝等现象时;④垫木被压断。

7. 沉井制作的允许偏差的规定有哪些?

答:沉井制作时的允许偏差见表5-3。

沉井基础施工质量标准 表5-3

项目		规定值或允许偏差
沉井混凝土强度(MPa)		在合格标准内
沉井平面尺寸(mm)	长度、宽度	±0.5%边长,大于24m时±120
	曲线部分的半径	±0.5%半径,大于12m时±60
	两对角线的差异	对角线长度的1%,且不大于180
沉井井壁厚度(mm)	混凝土	+40,-30
	钢壳和钢筋混凝土	±15
沉井刃脚高程(mm)		符合设计要求
中心偏位(纵、横向)(mm)	就地制作下沉	井高的1/100
	水中下沉	井高的1/100,+250
最大倾斜度(纵、横向)		井高的1/100
平面扭转角(°)	就地制作下沉	1
	水中下沉	2

注:①对于钢沉井及结构构造、拼装等方面有特殊要求的沉井,其平面尺寸允许偏差值应按照设计要求确定。

②井壁的表面应平滑、不外凸,且不得向外倾斜。

二、沉井浮运到位

8.浮运沉井前应做哪些准备工作?

答:浮式沉井下水、浮运前应进行以下工作:

(1)浮运前应全面检查钢刃脚的拼装工作,拆除每个井箱的临时吊点及支撑。各类浮式沉井均须灌水下沉,下水前应做水密性检查,如有渗漏,应修补完好;底节还应根据其工作压力,进行水压试验,合格后方可下水。

水密性试验的做法有两种。做法之一是在焊缝处涂抹石灰膏,待其干后在另一面(内侧)刷煤油,发现石灰膏变黄就说明此处渗漏,应进行补焊;做法之二是灌水试验,将隔仓按对称位置分成若干部分,并进行编号,对称位置属于同一编号。试验时,同一编号的隔仓按试验水头灌水,然后对外侧面的焊缝进行全面检查,将漏水处作好标志,放干该编号的水。接着进行下一编号隔仓的灌水试验,直到全部编号隔仓试验完毕为止。最后将不合格处补焊。值得注意的是灌水试验应按中心对称依次进行。

补焊时应铲除原有焊缝金属,烤干后重新电焊,不宜用堆焊的方式补漏。补焊完成后,应根据具体情况考虑是否再做灌水试验。

(2)应对所经水域和沉井位置处河床进行探查,所经水域应无妨碍浮运的水下障碍物,沉井位置处河床应基本平整,必要时要对河床做清理工作。

(3)周密准备并检查拖运、定位、导向、锚锭、潜水、起吊及排、灌水设施。

(4)掌握水文、气象和航运情况,并与有关部门取得联系、配合,必要时宜在浮运沉井过程中中断航运。在作业区上、下游各 200 ~ 300m 处应有明显的标志,在作业区附近设置护桩,以防船只撞击。

(5)应制订专项施工技术方案。浮运沉井的实际重力与设计重力不相符时,应重新验算沉入水中的深度是否安全可靠,倾覆稳定性是否安全可靠,在浮运过程中,倾斜后井顶露出水面的最小高度不宜小于 1m。

9. 浮式沉井浮运就位应考虑哪些问题?

答:(1)浮式沉井必须对浮运、就位和灌水着床时的稳定性进行验算。验算方法如图 5-3 所示,稳定应满足下式要求:

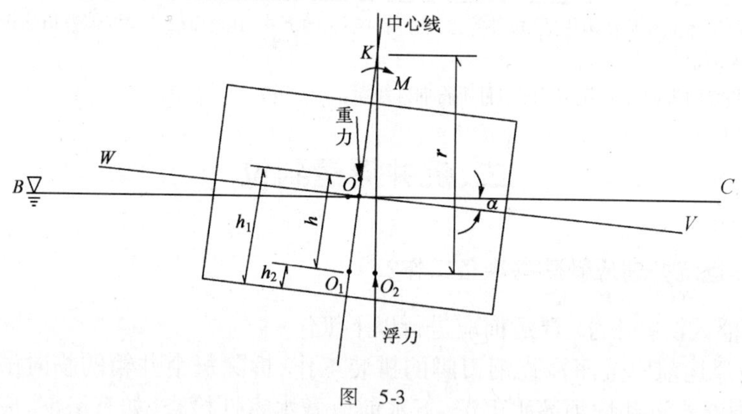

图 5-3

$$r - h > 0$$

式中: r——定倾半径,新浮心 O_2 至定倾中心 K 的距离,m;而

$$r = I/V$$

其中: I——沉井浸水截面绕倾斜旋转轴的惯矩,m^4;根据沉井的不同形状参照附表 2 求得;

h——原浮心 O_1 至沉井重心 O 的距离,m;而

$$h = h_1 - h_2,$$

其中: h_1——重心 O 距井壁刃脚底面的距离,m;$h_1 = M_1/V$;

h_2——浮心 O_1 距井壁刃脚底面的距离,m;$h_2 = M_2/V$;

其中: M_1——沉井各部分对外壁刃脚底面的弯矩,kN · m;

M_2——沉井排水体积对刃脚底面的弯矩，kN·m；

V——沉井排开水的总体积，即沉井浮运体总重力。

在外力作用下，需满足下式的要求：

$$\tan\alpha = M/[V(r-h)]$$

式中：M——指施工中所有外力（包括风力、流水压力、接高时可能产生的偏心外力）引起的力矩；

α——倾角，其值不应大于6°。倾斜过大时，产生不安全感，对施工带来不便。

（2）浮运和灌水着床应在沉井混凝土达到设计要求的强度后，并尽可能安排在能保证浮运工作顺利进行的低水位或水流平稳时进行。

（3）沉井浮运宜在白昼无风或小风时，以拖轮拖运或绞车牵引进行。对水深和流速大的河流，为增加沉井稳定，可在沉井两侧设置导向船，沉井下沉前初步锚定于墩位的上游处，在沉井浮运、下沉的任何时间内，露出水面的高度均不应小于1m。

（4）就位前应对所有缆绳、锚链、锚锭和导向设备进行检查调整，使沉井落床工作顺利进行，并注意水位涨落时对锚锭的影响。

布置锚锭体系时，应使锚绳受力均匀，锚绳规格和长度应相差不大，边锚预拉力要适当，避免导向船和沉井产生过大摆动或折断锚绳。

（5）沉井入水定位时，应注意观测井顶中线位置和井顶各点的高程，以防沉井倾斜。

（6）准确定位后，应向井孔内或在井壁腔格内迅速、对称、均衡地灌水，使沉井能迅速落至河床。在水中拆除底板时，应注意防止沉井偏斜。薄壁空腔沉井着床后，可对称、均衡地灌水、灌注混凝土和加压下沉。

（7）沉井着床后，应随时观测由于沉井下沉的阻力和压缩流水断面引起流速增大而造成的河床局部冲刷，必要时可在沉井位置处用卵、碎石垫填整平，改变河床上的粒径，减小冲刷深度，增加沉井着床后的稳定。

（8）沉井着床后，应采取措施使其尽快下沉，并加强对沉井上游侧冲刷情况的观测和沉井平面位置及偏斜的检查，发现问题时立即采取措施并予调整。

（9）浮式沉井初步定位一般在墩位上游10~30cm处。

三、沉 井 下 沉

10. 沉井下沉过程中，应注意哪些事项？

答：（1）下沉沉井时，不宜使用爆破方法，在特殊情况下，经批准必须采用爆破时,应严格控制药量。爆破作业应严格遵守现行国家标准《爆破安全规程》(GB 6722)的规定。

(2)下沉过程中,应随时掌握土层情况,做好下沉观测记录,分析和检验土的阻力与沉井重力的关系,选用最有利的下沉方法。

(3)下沉通过黏土胶结层或沉井自身重力偏轻下沉困难时,可采用井内高压射水、降低井内水位(抽水)等方法下沉。在结构受力容许的条件下,亦可采用压重或接高沉井下沉。

(4)正常下沉时,应自中间向刃脚处均匀对称除土。对于排水除土下沉的底节沉井,设计支承位置处的土,应在分层除土中最后同时挖除。由数个井室组成的沉井,为使下沉不发生倾斜,应控制各井室之间除土面的高差,并避免内隔墙底部在下沉时受到下面土层的顶托。一般情况下,不应从刃脚踏面下挖土。在软土层中以排水法下沉的沉井,当沉至距设计高程约2m时,应加强对下沉与挖土情况的观测,如沉井尚不断下沉时,则应向井内灌水,改用不排水下沉,或采取其他使沉井稳定的措施。

(5)下沉时,应随时注意正位,保持竖直下沉,至少每下沉1m检查一次。沉井入土深度尚未超过其平面最小尺寸的1.5~2倍时,最易出现倾斜,应及时注意校正。但偏斜时的竖直校正,一般均会引起平面位置的移动。

(6)合理安排沉井外弃土地点,避免对沉井引起偏压。在水中下沉时,应注意河床因冲淤引起的土面高差,必要时可用沉井外弃土来调整。冬期施工绝对不允许靠近井壁或井顶围堰弃土,防止因弃土冻结阻滞沉井下沉甚至造成井顶围堰开裂或向一侧倾斜。

(7)采用吸泥吹砂等方法在不稳定的土或砂土中下沉时,必须备有向井内补水的设施,保持井内外的水位相平或井内略高于井外水位,防止翻砂。吸泥器应均匀吸泥,防止局部吸泥过深,造成沉井下沉偏斜。

(8)下沉至设计高程以上2m左右时,应适当放慢下沉速度,并控制井内除土量和除土位置,以使沉井平稳下沉,正确就位。

(9)对大堤、桥址、民房等应布点监测,随时掌握由于降水引起的环境影响问题。

(10)沉井下沉遇到倾斜岩层时,应将表面松软岩层或风化岩层凿去,并尽量整平,使沉井刃脚的2/3以上嵌搁在岩层上,嵌入深度最小处不宜小于0.25m,其余未到岩层的刃脚部分,可用袋装混凝土等填塞缺口。刃脚以内井底岩层的倾斜面,应凿成台阶或榫槽后,清渣封底。

(11)通过粉砂、细砂等松软土层时,不宜以降低井内水位来减少浮力,应保持井内水位高出井外 1 ~ 2m，防止流砂向井内涌进而引起沉井歪斜并增加除土量。

(12)无论采用何种方法下沉，除纠偏外，井内除土应由中间开始，对称地由各井孔均匀清除，各井孔内土面高差不得超过 50cm。

11. 各种辅助下沉方法的适用性及注意事项有哪些？

答：各种辅助下沉方法的适用性及注意事项如表 5-4。

辅助下沉方法的适用性及注意事项　　表 5-4

序号	下沉方法	适用范围	注意事项
1	高压射水	适用于较坚硬土层中抓(吸)土较困难；黏土层中，当抓(吸)的锅底坑深已达 2m 以上而周围土层仍不坍塌	(1)当土层较坚硬时，难于形成深坑时，可用垂直射水嘴冲射，松动土层后再抓(吸)； (2)对于刃脚斜面下的土层，可使用斜度同刃脚斜度一致的三角形射水管冲射； (3)当局部地点难于定点定向射水时，可由潜水员在水下操作。为确保安全，在一个井内只可同时开动一套射水设备，并不得进行除土或其他起吊作业； (4)射水水压应根据地层情况、沉井入土深度等确定，可取 1.0 ~ 2.5MPa； (5)射水嘴不宜低于刃脚底面
2	抽水	适用于不排水下沉的沉井，当刃脚下已掏空不下沉时，可在井内抽水减小浮力而下沉	(1)易引起翻砂涌水的地层，不宜采用此法； (2)用空气吸泥机除土时，可顺便利用空气吸泥机抽水
3	压重	适用于土质颗粒均匀的土质；通过实际调查合理选用	(1)可直接用接井管加重，但不能造成新筑混凝土发生裂纹； (2)可在井壁顶部用钢铁块件或其他重物压重； (3)压重应均匀、对称旋转放置
4	炮振	当锅底坑已较深，刃脚下土层已掏空，沉井仍不下沉时，可采用炮振法	(1)一般不宜采用炮振助沉； (2)炸药应放置于中央底面； (3)应严格控制药量，一般为 0.1 ~ 0.2kg； (4)同一沉井每次仅能起爆一处；并应根据具体情况，适当控制炮振次数，炮震次数不宜多于 4 次； (5)药包宜用草袋等物覆盖

续上表

序号	下沉方法	适用范围	注意事项
5	泥浆套	设计若考虑摩擦力的因素,则不宜使用泥浆套;对于孔隙大、易漏失泥浆的卵石、级配良好砾石及容易翻砂、坍塌而破坏泥浆的地层,不宜用泥浆套	(1)砂夹卵石层宜用黏度大、静切力大、比重小的泥浆,黏土层宜用比重大、失水量小的泥浆; (2)采用内管法或井内外管法时,应设置压浆孔道,其射口应设在底节沉井台阶顶部处,射口方向与井壁周边须成45°斜角,在射口处应设置射口围圈,围圈一般用短角钢; (3)沉井在下沉中较易产生倾斜,故井内除土尤应对称进行,应避免掏空刃脚下的土层,防止泥浆流失及沉井突然下沉; (4)沉井在下沉过程中应随时调整偏斜,偏斜引起的最大水平位移值应小于泥浆套厚度; (5)地表围圈顶部应加盖防护,弃土应远离地表围圈。在沉井周围应利用井内出的土筑一个小堰,防止井内排除的泥水流入泥浆套引起土壁坍塌; (6)采用吸泥机取土时,应有向井内注水的设备,在刃脚处不宜吸泥过久过深; (7)当泥浆面迅速下降,有漏失现象时,应压入流动度小、黏度及静切力大的泥浆。若继续漏失时,不宜再继续压浆,应让沉井下沉切断其通路,然后压入稠浆; (8)施工至最后阶段,应注意提前停止压浆,防止下沉难于控制; (9)始终保持浆面不低于地表围圈,同时使井内外水位接近或井内水位略高
6	空气幕	适用于地下水位较高的砂类土、粉质土及黏质土地层,不适用于卵石土、砾类土、硬黏土及风化岩等地层	(1)气龛布置按等距离分布,上下交错排列,距刃脚底面以上3m左右可不设; (2)喷气孔在竖管上时,管尾端均应有防止砂粒堵塞喷气孔的储砂筒设施; (3)风压应大于最深喷气孔处的理论水压力的1.4~1.6倍,尽可能用压风机的最大值;地面风管尽量减少弯头、接头;压风机与井外送气管间,应设置必要数量的储气风包; (4)先除土后加压,一般除土面低于刃脚0.5~1.0m时,即应压气下沉; (5)压气时间一般为25~50s,最多不超过1min。压气时间过长,容易塞孔; (6)压气必须从上层气龛逐渐向下层进行; (7)压气时的堵塞问题,必须引起足够的重视,除注意压气外,钢管的锈皮、塑管毛刺、废渣泥土等都会造成堵塞;目前可在环形管的端头设置贮砂筒,以消除故障; (8)停气时应先从下部逐渐向上部进行,并缓慢减压

12. 如何制作沉井气龛?

答:气龛是指在井壁的水平环行管喷气孔位置上预留模板作成棱锥形凹槽,拆模后在凹槽内钻直径为1mm的喷气孔即可。凹槽的作用是保护喷气孔,避免与土壤摩擦,便于气体扩散,使喷出的高压气体有一个扩散空间,然后较均匀地沿井壁上升,形成气幕。

气龛数量的布设取决于沉井侧面积的大小,根据经验估计,沉井下部一般为0.7~1.3m^2/个,沉井上部为1.5~2.0m^2/个。其制作主要分以下四道工序:

(1)管材加工。按设计尺寸,将预埋在井壁内的环形管和竖管下料,短管的接长和端头的封闭采用专门的塑料焊枪和塑料条焊接。此外,还配有小空压机(风量为0.6m^3/min)及可调变压器,以供应焊枪的压缩空气及调节焊枪的温度。

(2)安装预埋管。立好模板后,即可安装预埋管。首先在模板内放线,钉气龛木模,再将环形管于气龛木模中心安设,并用U形扒钉固定在木模板上。最后安装竖管,竖管与环形管的联结是采用塑料三通管。竖管顶端应高出混凝土顶面20cm左右并及时堵严管口。

(3)钻喷气孔。拆除侧模后,先在气龛内找出外露的环形管,然后用手电钻在管上面钻一个直径为1mm的小孔。钻孔时应注意钻通,并将周边的毛刺清理干净,否则容易堵塞气孔。

(4)检查气龛。为保证气龛的畅通,每节沉井在下沉之前,必须对新制气龛进行压气检查;发现气龛不通,尽可能采取措施进行补救。

13. 沉井下沉接高时,应注意哪些问题?

答:一般情况下接沉井高应注意以下几方面的问题:

(1)陆地上接高沉井时,顶面距地面应不小于0.5m;水上接高沉井时,井顶面距水面应不小于1.5m。

(2)接高前应尽量纠正倾斜和正位,并使接高后各节竖向中轴线在一条直线上。

(3)接高模板不得将支撑直接支撑在地面上,并应考虑沉井接高增加质量后,不得使模板与地面接触。

(4)为保证上下节间紧密接合,除将下节混凝土顶面凿毛外,并设连接钢筋,增强其连接强度。

(5)接高前不得将刃脚掏空,必要时应在刃脚下回填或支垫,防止突然下沉。

(6)接高加重应均匀、对称地进行。

另外,浮式沉井处于悬浮状态下接高时应注意:

(1)沉井底节下水后接高前,应向沉井内灌水或从气筒内排气,使沉井入水深度增加到沉井接高所要求的深度,在灌筑接高混凝土的过程中,同时向井外排水或向气筒内补气,以维持沉井入水深度不变。

(2)在灌水或排气过程中,应检查并调整固定沉井位置的锚锭系统。

(3)在灌水、排气或排水、补气及灌筑接高混凝土的过程中,应均匀、对称地进行。

(4)带临时性井底的浮式沉井和空腔井壁沉井,应严格控制各灌水隔舱间的水头差不得超过设计规定。

(5)带气筒的浮式沉井,气筒应加防护。所有的风管路必须接头牢固、管身顺直,不得有死弯或压扁现象,以免影响通风;下沉时应放松通风管路,以免被拉坏。

14.沉井下沉过程中,造成倾斜、位移的主要原因及处理方法有哪些?

答:沉井下沉过程中,造成倾斜、位移的主要原因:筑岛被水流冲击损坏或沉井一侧土被冲空;刃脚下土层软硬不匀;未按规定操作程序对称抽垫或未及时填砂夯实;除土不均匀,井内底面高差过大;刃脚下掏空过多,沉井突然下沉;刃脚一侧或一角被障碍物搁住,未能及时发现和处理;排水下沉井内除土时大量翻砂;土层或岩面倾斜过大,沉井沿斜面滑动;井外弃土或河床高低相差过大,偏土压对沉井产生水平推移;在软塑至流动状态的淤泥土中,沉井易于偏斜,等等。

另外,因沉井下沉的位置地基的土质不同,下游的土质密实,土压力大于上游的土压力,沉井的底面中心随着下沉要偏离墩位设计中心,再加上水流压力的作用,形成一个力偶,在力偶的作用下,沉井的轴线与墩位设计中心的延长线在空中相交,所以沉井会随着下沉而向上游位移。

纠正沉井倾斜和位移可采用的以下几种方法。

(1)纠偏前,应分析原因,然后采取相应措施,如有障碍物应首先排除,排除方法为:

①刃脚下遇到倒木时可将其破碎或掏移,使其离开刃脚后取出。

②刃脚下遇到孤石时,小块的可将周围掏空取出;大块的可先清除其覆盖土,寻找弱点进行开挖,先将小块清除,形成逐渐扩大的坑后,再将其撬翻取出,或采用风动工具打眼爆破成小块取出。爆破刃脚下的孤石时,打的炮眼须和刃

脚斜面平行,装药量不得超过0.2kg,上面还应盖上装土的草袋、麻袋等重物。

③当为不排水下沉遇到大的孤石时,应潜水打炮眼或利用高压射水将石下冲出可以放药的小洞,安放炸药进行爆破。刃脚下遇铁件时,采用水下切割方法清除。

(2)纠正倾斜。

①除土纠正倾斜。在刃脚较高的一侧除土,在刃脚较低的一侧加撑支垫,随着沉井下沉,即可纠正。

②采取井顶施加水平力,刃脚低的一侧加设支垫纠正倾斜。如图5-4所示,根据沉井的大小在低的一侧用5~6组原木支撑沉井外壁预留的缺口内,原木与井壁呈30°左右的夹角,下面用枕木垫牢。在沉井的另一侧设置滑轮车组,一端固定在沉井顶部,另一端固定于附近特设的地锚(或已沉入的沉井)上,并加设平衡重增加持续拉力,进行牵引,同时在井内配合除土纠偏。在水平推力、拉力及适当的刃脚挖土综合作用下,使沉井的偏斜逐渐纠正到允许偏差范围内。当不采用低侧设原木支垫时,也可在另一侧沉井的外面埋设射水管,配合水平拉力除土纠偏。

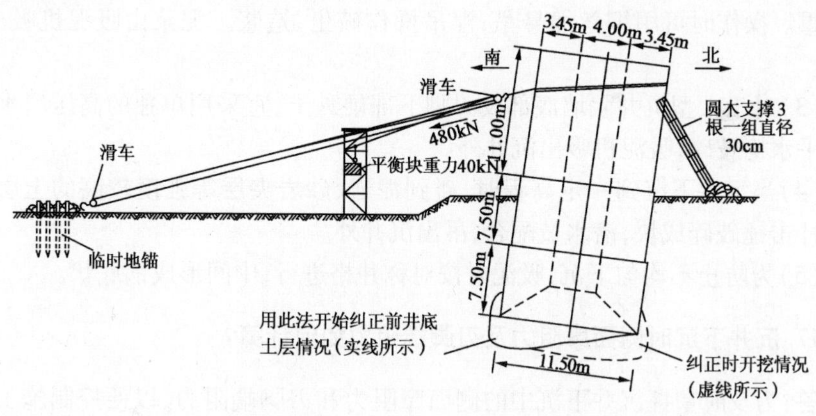

图 5-4

③增加土压纠正倾斜。在沉井偏斜的一侧抛石填土,使该侧土压力较另一侧大,从而随着井身逐渐下沉来纠正其倾斜角度。

(3)纠正沉井位移时,可先除土,使沉井的顶面向位移方向倾斜,之后,让其沿倾斜方向下沉,直至沉井底面中心与设计中心位置重合,再将其按偏斜纠正。当位移量较大时,一次不能完成纠正任务,可按以上方法反复进行,直到符合要求为止。沉井纠正位置时也不能使沉井倾斜下沉太多造成以后恢复竖直困难,应根据沉井将要下沉的深度及纠正的偏差量而定。

15. 怎样防止吸泥机堵塞?

答:为防止堵塞吸泥机,在吸泥机工作时应采取一定的措施:吸泥管口离泥面15~50cm为宜;停吸前应将吸泥机提升到一定高度后,再关闭风阀;经常注意风压,防止回风,避免导管内泥浆倒灌入吸泥器和风管内;弯头及异径排泥管的接头处易被堵塞,要经常注意勿使木块、草袋等杂物掉入井内,必要时可停机清理;随时注意井底面情况的变化,防止周围土层坍落或涌水翻砂而埋住吸泥机。

16. 在不排水沉井下沉中,各土层一般采用何种方式破土?

答:(1)对河床底部的淤泥和砂层,可采用低压水枪破土。一般情况下,水枪出口压力为1.2~1.5MPa,每支水枪流量50~70m^3/h。

(2)对河床底下部的黏土和密实砂层,可采用潜水钻机和高压水枪破土。单支高压水枪射水孔孔径宜为12~15mm,水压2~2.5MPa,流量70~100m^3/h。水枪应安装在吸泥机端头,这样可以提高吸泥效率;钻机要进行配置适当的钻头及配重。操作时可用钢丝绳悬吊,浮吊操作破土、造浆。泥浆由吸泥机吸出沉井外。

(3)对于大型沉井隔墙底部及刃脚下部硬黏土,宜采用单独的高压斜水枪,或水平水枪破碎,吸泥机吸出沉井外。

(4)当沉井下沉到一定高程时,碰到泥岩、砂岩夹层等强度较高的土层,应采用冲击锤破碎成块,潜水员配合,吊出沉井外。

(5)为防止不均匀下沉,吸泥时按对称井格进行,中间形成锅底状。

17. 沉井下沉时侧面摩阻力及刃脚端阻力如何计算?

答:为及时掌握沉井下沉中的侧面摩阻力和刃脚端阻力,以便控制施工,需要进行阻力监测。其方法是在刃脚斜面和沉井侧壁上埋设钢弦式土压力盒,在沉井下沉过程中,跟踪测试土压力。根据刃脚压力实测值,按下式计算沉井端部阻力:

$$R_b = pS\cos\alpha$$

式中:p——实测土压力值;

S——实测刃脚触土面积;

α——刃脚斜面与水平面夹角。

根据沉井侧面压力盒所测土压力,计算其侧面摩阻力:

$$R_f = pS \times f$$

式中：f——摩阻力系数，由现场不同土层材料与沉井壁混凝土进行室内直剪试验测得。

压力盒应分层布设，每层根据沉井大小、地质情况安排数量，并使其分布均匀。第一层应分布于沉井刃脚斜面处；其余各层依次分布于沉井外壁，越往上，距离越大。

当沉井下沉速度较快时，每天测试3次，间隔8h。当沉井下沉速度缓慢时，每天上、下午各测试1次。沉井接高期间一般不进行测试。

采用上述方法所测沉井下沉过程中端阻力及摩阻力是近似的，但为下沉和纠偏控制提供了很好的依据。

四、沉 井 封 底

18. 用导管法进行水下混凝土封底时，应注意什么问题？

答：用导管法进行水下混凝土封底时应注意：

（1）基底检验合格后，应及时封底。对于排水下沉的沉井，在清基时，如渗水量上升速度小于或等于6mm/min，可按普通混凝土浇筑方法进行封底；若渗水量大于上述规定时，宜采用水下混凝土进行封底。

基底检验要求沉井基底面应整平，无浮泥。基底为岩层时，岩面残留物应清除干净，清理后有效面积不得小于设计要求；岩层基底倾斜时，应将表面松软岩层或风化岩层凿去，并尽量整平，使沉井刃脚的2/3以上嵌搁在岩层上，嵌入深度最小处不宜小于0.25m，其余未到岩层的刃脚部分，可用袋装混凝土等填塞缺口。刃脚以内井底岩层的倾斜面，应凿成台阶或榫槽后，清渣封底。井壁隔墙及刃脚与封底混凝土接触面处的泥污应清除干净。

（2）混凝土材料可参照钻孔灌注桩水下混凝土有关规定，混凝土的坍落度宜为150～200mm。

（3）灌注封底水下混凝土时，需要的导管间隔及根数，应根据导管作用半径及封底面积确定。

导管在平面上的布设原则，应使各导管的有效流动半径不留间隙地互相搭接，形成一个完整的隔水面。导管间距一般以3～5m为宜。通常情况下，在每个井孔中央布一根导管，当井孔尺寸较大或基底有难以处理的深坑陡坎时，可适当增加导管数量。

(4)用多根导管灌注时的顺序,应防止发生混凝土夹层。一般浇筑按由低处向高处和先周围后中部的原则进行。若同时浇筑,当基底不平时,应逐步使混凝土保持大致相同的高程。

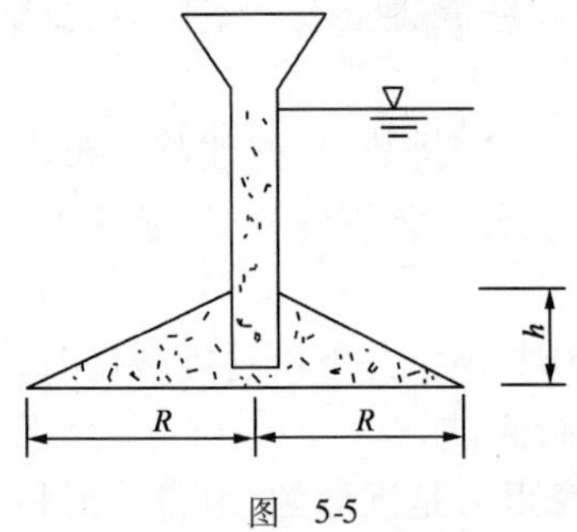

图 5-5

(5)每根导管开始灌注时所用的混凝土坍落度宜采用下限,以保证混凝土能形成一定的坡度埋住导管底口。首批混凝土需要数量应通过计算确定。如图5-5,每根导管首批混凝土的需要量为

$$V=1/3(\pi R^2 h)$$

式中:V——单根导管首批混凝土的需要量,m^3;

R——圆锥体坡率为i的扩散半径,从管中心起,通常取2.5~4.0m;

h——导管底口处混凝土埋高,一般不小于1.0m。

(6)在灌注过程中,导管应随混凝土面的升高而徐徐提升,导管埋深应与导管内混凝土下落深度相适应,一般不宜小于表5-5中的规定。用多根导管灌注时,导管埋深不宜小于表5-6中的规定。

不同灌注深度导管的最小埋深 表5-5

灌注深度(m)	≤10	10~15	15~20	>20
导管最小埋深(m)	0.6~0.8	1.1	1.3	1.5

多根导管灌注时,导管不同间距的最小埋深 表5-6

导管间距(m)	≤5	6	7	8
导管最小埋深(m)	0.6~0.9	0.9~1.2	1.2~1.4	1.3~1.6

(7)在灌注过程中,应注意混凝土的堆高和扩展情况,正确地调整坍落度和导管埋深,使每盘混凝土灌注后形成适宜的堆高和不陡于1∶5的流动坡度,抽拔导管应严格使导管不进水。混凝土面的最终灌注高度,应比设计值高出不小于150mm,待灌注混凝土强度达到设计要求后,再抽水凿除表面松弱层。

(8)泵送混凝土灌注时,导管直径应与混凝土泵的输送能力相适应,可参见表5-7。灌注将近结束时,应加大混凝土的塌落度和导管埋置深度,使混凝土均匀地扩展,从而形成较为平坦的混凝土表面。

导管直径与混凝土泵送能力的关系　　表 5-7

混凝土输送能力(m^3/h)	8	10	15	20	30	40
导管直径(mm)	180	200	240	260	300	350

19. 沉井封底常见事故及预防措施有哪些?

答:(1)导管断裂。在灌注混凝土的过程中,由于导管制造质量低劣而使导管断裂,从而导致灌注停止,若重新灌注,混凝土就会出现夹层及施工接缝,造成质量隐患。

为防止此类事故的发生,在购买时必须严格检验钢管质量,施工前应进行承压、过球、抗拉等试验,合格后方可使用。

进行承压试验的水压不应小于导管壁可能承受的最大内压力,最大内压力可按下式计算:

$$p_{max} = 1.3(\gamma_c h_{cmax} - \gamma_w H_w)$$

式中:p_{max}——导管壁可能承受的最大内压力,kPa;

γ_c——混凝土重度,取 $24kN/m^3$;

h_{cmax}——导管内混凝土柱最大高度,采用导管全长,m;

γ_w——井内水重度,取 $1kN/m^3$;

H_w——井内水的深度,m。

试验方法是把拼装好的导管先灌入 70% 的水,两端封闭,一端焊输风管接头,输入计算的风压力。之后,导管需滚动数次,经过 15min 不漏水即为合格。

(2)导管接头严重漏水。由于导管在组拼时操作不当,胶垫安放不平整或胶垫质量不良,组拼后未能做水密试验,若不注意可能形成混凝土松散或囊体,严重影响混凝土质量。

为防止此类事故的发生,在实施时必须提高组拼质量,组拼后应经水密试验,严格检查工地组拼接头的质量。水密试验时的水压力应不小于井内水深1.3倍的压力,其试验方法可按承压试验方法进行。

(3)混凝土堵塞导管。由导管轻微漏水、导管埋入混凝土内太深、含砂率偏低、混凝土拌和物的和易性欠佳引起,最后使混凝土灌注中断,造成夹层及施工缝的质量事故。

防止该类事故发生的主要措施是导管使用前应经水密试验,导管埋入混凝土不宜过深,改善配合比。

(4)埋管。由于以下原因造成导管不能拔出:①水泥初凝时间太短;②配合比选择不当;③和易性欠佳;④施工气温过高;⑤导管埋入深度过大,抖动时间过少。

防止该类事故发生的主要措施:选用初凝时间较长的水泥及和易性良好的配合比;导管应勤提动且埋入深度不要过深;多布置导管,减少封底混凝土的浇筑时间。

20. 水下压浆混凝土封底砂浆压注应注意哪些问题?

答:水下压浆混凝土封底砂浆压注应注意以下问题。

(1)当预填石料厚度小于2m时,可不提压浆管;当预填石料厚度≥4m时,宜在压注管下部套一有孔护管筒,护管筒应高出填石高度1.5m以上,管底口应切成45°的斜面。

(2)压浆管的内径与要求的压注量(L/min)和所填粗集料的粒径有关。一般最小粗集料粒径为30mm、60mm、80mm时,对于加压灌注,压浆管内径可分别为25~38mm、38~50mm、50~55mm;对于自流灌注,压浆管内径可分别为38~50mm、50~56mm、60~75mm。

(3)压浆管成正方形布置时,压浆管的中距≤$1.2R_c$;呈梅花形布置时,压浆管的中距≤$1.47R_c$,压浆管的排距≤$1.27R_c$,R_c为每根压浆管的扩散半径,其计算方法如下:

$$R_c = \{[p_0 + H_t\gamma_c - H_w\gamma_w - 4\tau_0(H_t/d_t)]D_h\}/(28K_h\tau_0)$$

式中:R_c——压注管的砂浆在石料中的扩散半径,cm;

p_0——压注管进浆的压力,10kPa;

H_t——压管长度,cm;

H_w——压注管处水深,cm;

γ_c、γ_w——砂浆及水的重度,N/cm^3;

d_t——压注管内径,cm;

D_h——集料平均粒径,cm;

K_h——集料的附加组阻力系数,碎石为4.5,卵石为4.2;

τ_0——水泥砂浆的极限切应力,10kPa,参见表5-8。

压注水泥砂浆极限切应力和黏度 表5-8

灰砂比	砂的种类	水灰比	水泥砂浆密度 (kg/m^3)	极限切应力 (Pa)	黏度 (Pa·s)
1:1	海砂	0.49	2.24	40	0.68
	细粒河砂	0.60	2.18	42.5	0.60
	河砂	0.52	2.20	42.8	0.63
1:2	海砂	0.55	2.16	40.0	0.5
	细粒河砂	0.78	2.10	41.5	0.52
	中粒河砂	0.79	2.13	41.5	0.48
1:2.5	海砂	0.64	2.20	39.5	0.54
	细粒河砂	0.81	2.15	44.5	0.48
	中粒河砂	0.79	2.17	50.5	0.48
1:3	海砂	0.78	2.21	43.0	0.52
	细粒河砂	0.91	2.08	46.0	0.46
	细粒河砂	0.88	2.03	40.6	0.47
	河砂	0.83	2.00	44.0	0.50
1:4	河砂	1.03	2.05	39.0	0.59

注：该式适用于无护管筒或护管筒与灌注管之间形成的环形空隙很小时。将上式中 p_0 取掉即为自流灌注时的扩散半径。

(4)压浆管埋入砂浆面的深度宜为砂浆上升极限高度的0.4~0.5倍，一般可控制在0.8~1.2m。

(5)采用加压灌注时，压注管上口的进浆压力按下式计算：

$$p_0 = p_1 + h_c\gamma_c - H_t\gamma_c$$

式中：p_0——压注管进浆压力，10kPa；

p_1——压注管下出口出浆压力，10kPa；而

$$p_1 = (28K_h R_c \tau_0 / D_h) + H_w\gamma_w$$

h_c——沿程阻力损失浆柱高，cm；而

$$h_c = (32\eta H_t v)/(d_t^2\gamma_c)$$

η——砂浆黏度，10Pa·s；

v——压注管内砂浆流速，cm/s，一般取0.6~1.2。

其他符号意义同上题。

(6)当采用自流灌注时，应计算压注管上口高出水面的最小高度，计算

式为:

$$H_c = [28K_h h_c \tau_0 - (\gamma_c - \gamma_w)(H_w - h_c)D_h + 4K_t H_w \tau_0]/(\gamma_c D_h - 4K_t \tau_0)$$

式中:H_c——压注管上口高出水面的最小高度,cm;

K_t——管径选择系数,石料最小粒径为30mm、60mm、80mm时,分别为0.6~0.79、0.92~1.2、1.07~1.33;

h_c——砂浆在集料中的上升高度,cm;而

$$h_c = \{[p_0 + H_t\gamma_c - H_w\gamma_w - (4H_t\tau_0/d_t)]D_h\}/[(\gamma_c - \gamma_w)D_h + 28K_h\tau_0]$$

式中符号同前,由于本处仅考虑自流状态,取$p_0=0$。

(7)压浆砂浆应掺入膨胀剂,但具体掺入量根据试验而定。其膨胀率可按下式计算:

$$E_h = E_p[1 + (h/10)]$$

式中:E_h——在h水深时,砂浆应具有的膨胀率;

E_p——在一个大气压下,砂浆应具有的膨胀率;

h——压浆管水深,m。

(8)水下压浆混凝土应连续施工,避免出现水下接缝。

21.怎样做压注水泥砂浆灌注度试验?

答:水泥砂浆灌注度是反映水泥砂浆在预填集料中流布范围的一项指标,其试验方法如下:

试验在100mm×200mm×1000mm的顶部开口、侧壁有玻璃的箱内进行。箱端下部设有一直径为20~25mm的金属连接管和带有漏斗的橡皮弯管,其试验装置如图5-6所示。

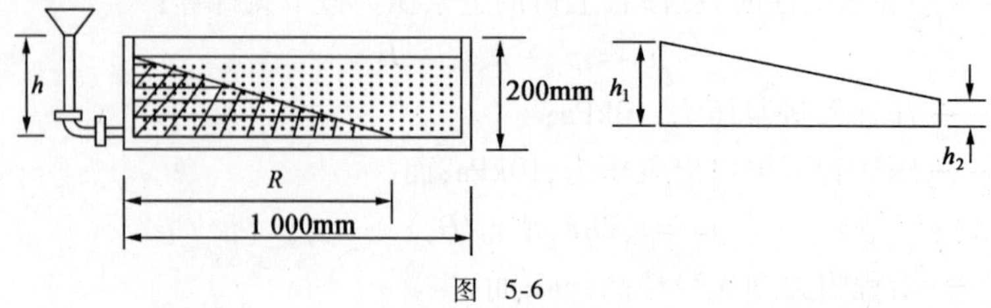

图 5-6

试验前在箱内灌水,灌水高度应等于抛投碎石高度,然后以自由抛投方式,抛投粒径40~50mm的碎石,高度达到120~150mm后,再通过软管漏斗向里压注水泥砂浆,直至端壁上高度达到100mm,再压注水泥砂浆3min,以水泥砂浆楔体的长度与高度之比[R/h或$R(h_1 - h_2)$]作为压注度,压注效果良好的水泥砂浆的压注度不应小于5。

第六章 地下连续墙

一、导　墙

1. 地下连续墙导墙施工时，应注意哪些事项？

答：在地下连续墙导墙施工中应注意以下各项。

(1)导墙的设置要稳定、不下沉、不变形。在土质差的情况下，埋置深度应适当加深，放置机械的地方应换填土，表面用草袋装土码放，用垫木分散机械的重力，以免应力集中破坏孔口土体的稳定。导墙有时还要用来固定钢筋笼，承受钢筋笼的重力，所以设置导墙时要考虑在导墙的可靠性上留有余地。

(2)导墙宜采用钢筋混凝土材料构筑。混凝土等级不宜低于 C20。

(3)导墙的平面轴线应与地下连续墙轴线平行，两导墙的内侧间距宜比地下连续墙体厚度大 40～60mm。

(4)导墙型式根据土质情况可采用板墙形、匚形或倒 L 形。挖槽弃土要远，墙体厚度应满足设计要求。

(5)导墙底端埋入土内深度宜大于 1m，具体深度与表层土质有关，如遇有未固结的杂土层时，导墙深度必须穿过该土层，特别是对于松散透水性强的杂土层必须挖穿，使导墙坐落在稳定性较好的基底上。导墙顶端应高出地面，遇地下水位较高时，导墙顶端应高于地下水位 1.5m 以上，墙后应填土与墙顶齐平，全部导墙顶面应保持水平，内墙面应保持竖直。

(6)导墙支撑应每隔 1～1.5m 距离设置道撑。

(7)混凝土导墙在浇筑及养护时，重型机械、车辆不得在附近作业行驶。

(8)安装预制导墙块时，必须按照设计施工，保证连续处质量，满足防止渗漏、传递应力的要求。预制导墙基坑底必须铺筑 10～20cm 素混凝土。

(9)现浇导墙可采用单侧立模(外侧为土模)，在遇到软弱松散的表层土时，可先立模构筑导墙，再在外侧回填好土并夯实。

(10)地下连续墙墙体混凝土浇筑完成后,导墙是否需要继续保存或予以拆除应按照设计文件执行。

(11)导墙应分段施工,段落划分应与地下连续墙划分的节段错开。导墙的水平钢筋必须连接起来,使墙体成为一个整体,防止因强度不足或施工不善而发生事故。

2. 导墙的施工顺序是怎样的?

答:导墙的施工顺序按以下顺序进行:

平整场地→测量定位→挖槽及处理弃土→绑扎钢筋→支立导墙模板(为了不松动背后的土体,导墙外侧可以不用模板,将土壁可以直接作为侧模浇筑混凝土)→浇筑导墙混凝土并养生→拆除模板并设置横撑→回填导墙外侧空隙并碾压密实(无外侧模的,可省此项工序)。

3. 导墙的质量标准是怎样规定的?

答:导墙的质量标准为:

导墙平面轴线应与地下连续墙的平面轴线平行,允许偏差为10mm;导墙内墙面应竖直,顶面应水平;两导墙内墙面间的距离允许偏差为±5mm;导墙顶面高程允许偏差为±10mm。

二、地下连续墙施工

4. 地下连续墙施工的注意事项有哪些?

答:地下连续墙施工的主要工序是沟槽开挖、泥浆护壁、槽段清底、钢筋骨架制作与安装、灌注水下混凝土等,在其施工时应予以注意:

(1)沟槽开挖

①地下连续墙的沟槽施工,应根据地质情况和施工条件选用能满足成槽要求的机具与设备,一般为挖斗式、冲击式或回转式挖槽机。

抓斗挖槽机一般多用蚌式抓斗挖槽机,适用于一般土层。挖槽前应先在槽位内钻两个导孔,孔径、深度与地下连续墙的厚度、深度相同,两孔中心距离与抓斗张开时的齿距相同;对于直径<0.6m,深度<20m的导孔,宜采用螺旋钻机;对于直径≥0.6m,深度≥20m的导孔,宜采用反循环单钻头回转钻机。

冲击式挖槽机分实心锥式、管锥式、带泥浆循环吸渣式。实心锥式适用于包括大卵石、漂石、岩石的各种地层;锥管式挖槽机适用于除前述三种地层的一般地层;带泥浆循环吸渣式挖槽机适用于一般土层。

回转式挖槽机分单头钻锥和多头钻锥。前者适用于除卵石、漂石地层外的一般地层,多用于钻导孔;后者适用于一般地层和卵石地层,用于挖槽。

②地下连续墙坑槽的稳定性是施工是否顺利的关键,在没有经验或没有有关资料的情况下开挖时应对其进行验算,其验算公式为:

A.对于黏性土常用临界深度和沟槽坍塌安全系数进行验算

临界深度公式:

$$H_{cr} = NC_u/(K_0\gamma' - \gamma'_1)$$

式中:H_{cr}——沟槽的临界深度,m;

N——条形基础的承载力系数,$N=(1+B/L)$;

B——沟槽宽度,m;

L——沟槽的平面长度,m;

C_u——黏土的不排水抗剪强度,MPa;

K_0——静止土压力系数;

γ'——黏土重度,kN/m^3;

γ'_1——泥浆重度,kN/m^3。

沟槽的坍塌安全系数公式:

$$K = (NC_u)/(p_{0m} - p_{1m})$$

式中:K——沟槽的坍塌安全系数;

p_{0m}——沟槽开挖面外侧的土压力和水压力,MPa,$p_{0m}=K_0\gamma'H$;

H——沟槽的最终开挖深度,m;

p_{1m}——沟槽开挖面内侧的泥浆压力,MPa,$p_{1m}=\gamma'_1H$;

其余符号同上式。

B.无黏性土的槽壁稳定性计算公式为

$$K = [2(\gamma\gamma_1)^{1/2}\tan\phi]/(\gamma - \gamma_1)$$

式中:γ——砂类土的重度,kN/m^3;

γ_1——泥浆的重度,kN/m^3;

ϕ——砂类土的内摩擦角,°;

其余符号同上。

进行验算时,要求安全系数大于1,否则,应改变泥浆原料、调整外加剂类别和数量、提高泥浆性能指标等措施。

③开挖前应按已划分的单元节段(单元节段长度一般为5~8m),决定各段

开挖先后次序,一般是按1、3、5和2、4、6段的次序开挖。挖槽施工开始后,应连续进行,直到节段完成。

④成槽机械开挖一定深度后,应立即输入调制好的泥浆,并宜保持槽内泥浆面不低于导墙顶面300mm。配制优质泥浆,起到良好的护壁作用是成槽的关键,重复使用的泥浆若性质变化,应进行再生处理或舍弃。

⑤为保证挖槽机的垂直精度,便于接头施工,宜每隔一定的距离设置导孔,导孔孔径一般与墙厚相同,导孔的设置距离与挖掘机种类及所挖地层的软硬有关。如采用蚌式抓斗挖槽时,其导孔设置的中心距为蚌式抓斗的开斗宽度。当挖槽地基为软弱层时,不宜钻导孔。

⑥挖掘的槽壁及接头处应保持竖直,竖直度允许偏差应符合规范规定。接头处相邻两槽段的挖槽中心线在任一深度的偏差值不得大于墙厚的1/3。槽底高度不得高于墙底设计高度。用抓斗法挖掘排土,为避免影响槽面的垂直度,须注意沟槽内残留砂土的清除和精心操作抓斗的上下运动。

⑦挖槽时应加强观测,如槽壁发生坍塌时,应查明原因,采取相应措施,妥善处理。对于严重大面积坍塌,应提出挖槽机械后,填入较好的黏质土,必要时可掺拌10%~20%的水泥,回填至坍塌处以上1~2m,待沉积密实后再进行挖掘。对局部坍塌,可加大泥浆相对密度和黏度,已坍入的土块宜清理后再继续挖掘。

⑧挖掘时如遇到槽沟偏斜等故障,应查明原因,采取措施,予以排除。如用抓斗挖掘砂砾层等坚硬地层时容易发生偏斜。解决的办法是在抓斗挖槽之前,先钻间距为1.5m,孔径等同于墙厚的导孔,以导孔作为抓斗挖槽的导向,保持垂直性。

⑨槽段开挖达到槽底设计高程后,应对成槽质量进行检查,检查合格后,方可进行下一工序清底、换浆。

⑩挖槽施工应做好施工记录,内容包括地下连续墙位置、挖槽机械、地下连续墙墙底高程、墙体宽度、单元节段编号、节段长度、本班挖槽长度、竖直度等,并妥善处理废弃泥浆及钻渣,防止环境污染。

(2)泥浆护壁

①地下连续墙挖槽时的护壁泥浆主要材料宜选用膨润土、外加剂,使用前应进行泥浆配合比试验。如采用其他黏质土时,应对其进行物理、化学分析和矿物鉴定。其黏粒含量应大于50%,塑性指数大于20,含砂量小于5%,二氧化硅与三氧化二硅含量的比值宜为3~4。

②地下连续墙挖槽的护壁泥浆的制备,其性能指标参照表6-1中的规定控制。当某些项目达不到表6-1中所列规定时,应掺入外加剂,改变其性能。不同

土层对护壁泥浆的要求是不同的，表6-2所列指标以供参考。

护壁泥浆性能指标　表6-1

地层情况	相对密度	黏度（Pa·S）	含砂量（%）	失水量（mL/30min）	泥皮厚（mm）	静切力（mg/cm²）	稳定性（%）	pH值
软土及易坍地层	1.15~1.5	19~21	<4	<10	1~2	10~20	100	8~9
一般地层	1.05~1.25	19~25	<4	<20	1~3	10~20	98	8~11

不同土层护壁泥浆指标　表6-2

土层	黏度（s）	重度（kN/m³）	含砂量（%）	失水量（%）	胶体率（%）	稳定性	泥皮厚（mm）	静切力（kPa）	pH值	备注
黏土层	18~20	11.5~12.5	<4	<30	>96	<0.003	<4	3~10	>7	—
砂砾石层	20~25	12.0~12.5	<4	<30	>96	<0.003	<3	4~12	7~9	—
漂卵石层	25~30	11.0~12.0	<4	<30	>96	<0.004	<4	6~12	7~9	—
碾压土层	20~22	11.5~12.0	<6	<30	>96	<0.003	<4	—	7~8	—
漏失层	25~40	11.0~12.5	<15	<30	>97	—	—	—	—	黏土球配浓浆堵塞

注：漏失层是指由于土层间隙较大、结构松散，有集中的渗漏通道。为防止泥浆漏失，要求采用黏度较高、重度小、静切力大的泥浆。同时，可加配泥球进行堵漏。

③根据地质和水文情况，泥浆中除主要原料和水外，尚应按照需要添加分散剂、增黏剂、防漏剂和加重剂等外加剂。

④地下连续墙挖槽护壁泥浆的试验方法见《公路桥涵施工技术规范》（JTG/T F50—2011）附录D。

⑤挖槽前，泥浆储备的数量宜按沟槽总体积、超挖数量和由于泥浆发生质变而废弃的损失数量等确定，据此经过试配后确定泥浆原料和外加剂数量。

⑥挖槽施工期间，槽内泥浆面必须高于地下水位0.5m以上，亦不宜低于导墙顶面0.3m。

⑦如地下水中含有盐分或泥浆受到化学污染，应掺入分散剂，维护泥浆

性能。

⑧在挖槽过程中每一节段内,静止泥浆每挖深5m时,应从槽内上、中、下三处抽取泥浆试样;循环泥浆应从沉淀池或浆、渣分离后的入槽处取泥浆试样,对相对密度、黏度、含砂率、失水量和泥皮厚度进行试验;必要时还应对稳定性、pH值进行试验。当试验的结果不符合表6-1中的规定时,应采取掺入不同的外加剂或膨润土粉粒等方法进行处理,处理后仍不符合要求时,该部分泥浆应予废弃,更换合格泥浆。

⑨泥浆循环回收后,应采用沉淀池、振动筛、旋流器等将土渣与泥浆分离,使泥浆净化再生处理后能重复使用。沉淀池要大些,一般沉淀池体积为一个单元槽段挖土量的2倍以上。由于泥浆中的较大颗粒土会损坏旋流器内壁、堵塞阀门,所以使用旋流器前应先用振动筛或沉淀池。

⑩无法回收使用的废泥浆不得随地淌流,应使用化学方法或机械方法进行泥、水分离处理。

(3)槽段清底

①清底之前应检测节段平面位置、横截面和竖面。如槽壁竖向倾斜、弯曲和宽度不足等超过允许偏差时,应进行修槽工作,使其符合要求。节段接头处应用刷子或高压射水清扫。

②清底工作宜根据设备条件采用抓斗排渣法、反循环泥浆泵排泥法、潜水电泵排泥法、空气升液排泥法等。采用泥浆置换法时应在挖槽结束后立即进行。

③清理槽底和置换泥浆工作结束1h后,应进行检验,槽底以上200mm处的泥浆相对密度不应大于1.15,槽底沉淀物厚度应符合设计要求。

(4)施工接头

①对受力和防渗要求较小的施工接头,宜采用接头管式接头。灌注水下混凝土时,应经常转动及小量提升接头管。待混凝土初凝后将接头管拔出,拔管时不得损坏接头处的混凝土。

②对受力、防渗和整体性要求较大的接头装置,宜采用接头箱式或隔板式接头。

③当地下连续墙设计与梁、承台或墩柱连接时,应于连接处设置结构接头。结构接头的型式应按照设计规定。施工时应在连接处按照设计文件埋设连接钢筋,待墙体混凝土灌注并凝固后,开挖墙体内侧土体,并凿去混凝土保护层,露出预埋钢筋。将其弯成所需形状,与后浇的梁、承台或墩柱的主钢筋连接。

(5)制作及安装钢筋骨架

①钢筋骨架应根据设计图和单元节段的划分长度制作,并宜在工地的工作台上试装配成型,骨架中间应留出上下贯通的导管位置,钢筋交错点数的50%宜用点焊固定。钢筋笼的临时绑扎铁丝在入槽前必须全部拆除。

②吊放钢筋骨架前,为防止钢筋笼或下接头时刮落槽壁泥皮,应在钢筋笼上安装适当的垫块或使接头管下端向内侧弯曲,竖向主筋底端也应稍向内弯折。钢筋外围的混凝土保护层垫距,采用钢筋环时应焊在竖向主筋上,亦可采用混凝土块、砂浆块或泡沫苯乙烯塑料块捆扎在主筋上,垫层厚一般为50mm。

③钢筋骨架横向端面与接头钢管或混凝土接触面之间应留出0.15~0.20m的空隙。

④全部钢筋骨架入槽后,应固定在导墙上,并应使骨架顶端高度符合设计要求。固定方法一般为用横杆穿搁在导墙上即可。

⑤当钢筋骨架不能顺利插入槽内时,应重新吊起,查明原因,解决后,重新放入,不得强行压入槽内。

(6)灌注水下混凝土

①水下混凝土的灌注应在清底完成,接头装置和钢筋骨架就位后4h以内进行。灌注前应再检测槽底沉淀物厚度,如超过设计的规定,应重新清底。

②混凝土等级应符合设计规定,其配合比应满足结构强度、抗渗和水下灌注混凝土的要求。

③灌注水下混凝土的过程中,尚应对接头管附近的混凝土流动情况进行检查,如发现混凝土有挤向接头管另一侧节段的现象时,应立即停止灌注,采用措施处理后,方可恢复灌注。

④单元槽段长度<4m时,可采用1根导管;单元槽段长度≥4m时,宜采用2~3根导管同时灌注;采用多根导管灌注时,导管间净距不宜大于3m;导管距节段端部不宜大于1.5m;各导管灌注的混凝土拌和物表面高差不宜大于0.3m;导管内径不宜小于200mm。

三、质量标准

5.地下连续墙施工允许偏差是如何规定的?

答:地下连续墙裸露墙面应平整,外轮廓线应平顺,无突变转折现象,允许偏差应符合表6-3中的规定。

地下连续墙的允许偏差　　表6-3

项　目	规定值或允许偏差
混凝土强度	在合格标准内
轴线位置(mm)	30
外形尺寸(mm)	-0，+30
倾斜度	0.5%墙身高度
顶面高程(mm)	±10
沉淀厚度	符合设计要求
槽底高程	不高于设计值

注:对作为永久基础的地下连续墙,其墙体混凝土宜进行超声波无损检测。

第七章 扩大基础、承台与墩台

一、扩 大 基 础

1. 通常对扩大基础有何要求?

答:我们说的扩大基础一般是指设置在天然地基上的刚性扩大基础。多采用 C15 以上的片石混凝土或浆砌块石,也有使用素混凝土或钢筋混凝土。基础可做成单层的,也可做成 2 ~3 层台阶式的。平面尺寸较墩身底截面尺寸每边放大约为 0.25 ~0.75m。

基础顶面一般应设置在最低水位以下不少于 50cm;在季节性河流或旱地上,不宜高出地面。另外,为了保证持力层的稳定性和不受扰动,除岩石地基外,基础的埋置深度,应在天然地面或河底以下不少于 100cm;如有冲刷,基底埋深应在设计洪水位冲刷线以下不少于 100cm;对于上部结构为超静定结构的桥涵基础,除非冻胀土外,均宜将基底埋于冻结线以下不小于 25cm。

二、承 台

2. 承台的一般要求有哪些?

答:(1)边桩外侧与承台边缘的净距不小于设计值。一般情况下,对于直径 ≤1m 的桩,不得小于 0.5 倍桩径并不小于 25cm;对于直径 >1m 的桩,不得小于 0.3 倍桩径并不小于 50cm。

(2)桩身嵌入承台内的深度可采用 10 ~15cm,盖梁可不受此限制。伸入承台中的主筋长度,光圆钢筋不小于 $30d$,而且末端设弯钩,螺纹钢筋不小于 $40d$,两者均不得小于 60cm。伸入承台的主钢筋做成约与竖线成 15°倾斜的喇叭形。其箍筋直径不应小于 8mm,箍筋间距可采用 15 ~20cm。

对于重力式墩台承台,应在其底部设置一层钢筋网,此网越过桩顶处应连续。

3. 深水承台施工应注意哪些事项?

答:(1)深水桩基础的承台一般均为大体积钢筋混凝土施工,必须进行温控防裂措施。

(2)混凝土中可掺入粉煤灰矿粉等,当加入粉煤灰后其强度龄期可按 60d 或 90d 计,这样更合理。

(3)处于最低水位以下的承台,特别是设计将围堰作为模板时,由于承台的施工偏差难以控制,所以必须在施工时考虑相应的控制措施。

(4)浇筑水下封底混凝土可以直接泵送,亦可以按灌注水下混凝土的导管法进行。采用直接泵送混凝土时,由于对采用未加絮凝剂的普通混凝土没有太多的施工经验,所以对于重要的、大体积的承台最好不要采用普通泵送混凝土,应采用水下不离析混凝土较宜。采用导管法时要注意扩散范围,经验值可取 6m。

(5)对围堰封底应全断面一次连续浇筑完成,并在整个封底混凝土初凝前浇筑完成。

(6)承台混凝土浇筑采用低热水泥和良好的粗、细集料,掺加合格的粉煤灰矿粉和适当的外加剂,使拌和物具有和易性好、可泵性好、初凝时间长、坍落度损失小等特性。

(7)混凝土浇筑应一次连续完成。对于二次浇筑的施工缝,除凿毛外还应增设凹型榫槽,并埋设槽钢或工字钢,以增强其整体性。分层浇筑时,上下层浇筑间隔不能过长,以免后浇的混凝土出现裂缝。

(8)浇筑前必须对储料、各类设备、器具做严格的检查,要有必要的备用设备。

(9)围堰详见第二章天然地基及第十八章海洋环境桥梁有关内容。

4. 靠近结构物承台深基坑开挖应注意什么事项?

答:在城市楼群地带或跨铁路桥梁施工时,深挖承台基坑应该注意:

(1)设计基坑边坡防护,一般情况下的防护方式有钢板桩、旋喷桩或减缓坑壁坡度,但在临近建筑物或铁路附近,地方有限,而且变形要求高,安全性非常重要,振动越小越好,因此,使用钢筋混凝土钻(挖)孔桩较好。

(2)开挖基坑时,要分层开挖,分层防护(如挂网锚喷),防止土、砂从桩缝隙中漏出,使周围土下沉。

(3)在防护桩顶的圈梁上靠近建筑一侧设置观测点,定时观测沉降和位移情况。同时,在结构物附近也相应设置观测点进行观测。当累积变形达到行业标准时,应采取相应的措施,满足要求。

5. 基坑内局部渗水、冒砂等情况如何处理?

答:在基坑挖开后,有渗水及冒砂等情况发生,如渗水不严重,可通过承台底板外走廊挖明沟或盲沟以及集水井来排水。图 7-1 为集水井细部图,在底板浇筑时,用潜水泵边排水边浇筑底板混凝土,待底板混凝土达到设计强度后,停止抽水,立即将钢封板用电焊封闭。这种集水井对有沼气的基坑也适用,由于盖板没有封闭,在底板混凝土浇筑时,从坑底逸出的沼气可通过盲沟由集水井排出,如果不留出逸气通道就进行底板混凝土浇筑,在混凝土未初凝时,大量气体便通过混凝土外逸,留下大量小通道,成为将来渗水的途径,而且这种缺陷很难弥补。当渗水量大时,如遇承压水,首先要查明水源,如能打深井降低部分水头此法可行,也可以用注浆或旋喷加固基坑底,形成一层隔水膜。

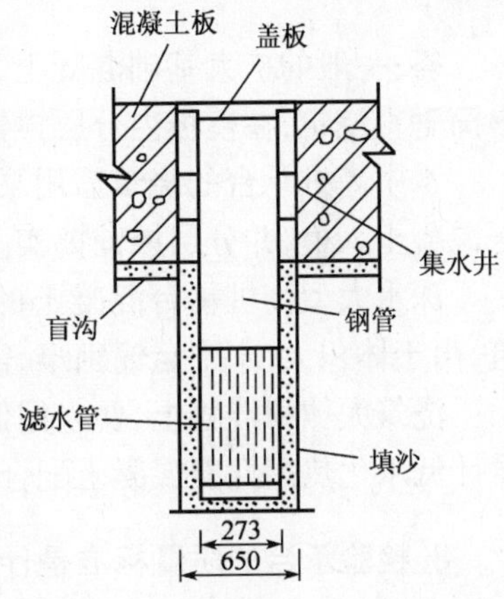

图 7-1 集水井细部图(尺寸单位:mm)

6. 保证温控所采取的措施有哪些?

答:对于大体积承台混凝土浇筑施工,一般要求混凝土内部最高温度不大于75℃、内外温差不能超过25℃的温控要求,这就需要:

(1)选择适当的配合比,配合比应满足设计强度、泵送施工、低水化热、缓凝时间长等要求,对加入粉煤灰的混凝土强度,采用标准养护条件下 60d 龄期的抗压强度。

(2)预埋水管,通水冷却。其水平间距、层距一般为 80 ~ 100cm。

(3)适当控制混凝土入模厚度和振捣工艺。浇筑采用斜面分层,单向自然放坡的方式或水平分层的方式进行,每层厚度为0.3 ~ 0.5m。

(4)蓄水养护。在用钢套箱施工时,承台四周的钢套箱内注满水,承台混凝土向套箱中散热,使套箱内的水逐渐升温,以达到侧面保温的效果。表面也可做围蓄水养护。

(5)保温保湿。对承台顶部无模部分用草袋和塑料薄膜的方式保温保湿,对无水承台施工全部可用此法进行。

(6)选择混凝土浇筑温度。宜在气温较低时进行,但混凝土的入模温度不应低于5℃;热期施工时,入模温度不宜高于28℃。

(7)承台内部安放温度传感器,检测、指导温控。承台内混凝土的最高温度应≤75℃,温度下降速率应<2.0℃/d,进出水口温差≤10℃,且水温与内部混凝土的温差宜≤20℃;养护水温度与混凝土表面温度的差值应≤15℃。

7. 承台混凝土浇筑有哪些方法?

答:一般的扩大基础混凝土,可用罐车在溜槽的协助下浇筑,或用大漏斗接串筒垂直浇筑,在模板内分层摊铺捣实。

水中高桩承台的浇筑需用泵车、地泵、吊车吊斗、皮带输送机等多种手段,运送混凝土入模,并分层摊铺捣实。

深水大型高桩承台混凝土的浇筑,或大型单、双壁围堰内封底混凝土的浇筑,由于体积大,水中运输困难,需用拌和船在墩位旁直接供应混凝土。

浇筑大体积混凝土,要采用低水化热水泥,掺入适量粉煤灰、矿粉及外加剂,设计低水化热高性能混凝土配合比,并在施工中做好温控措施。

8. 检验承台的质量标准是什么?

答:承台的质量检验标准见下表7-1所示。

承台的质量检验标准 表7-1

项　目	允许偏差(mm)	项　目		允许偏差(mm)
混凝土强度(MPa)	符合设计要求	平面尺寸	$B \leq 30$m	±30
			$B > 30$m	±B/1 000
轴线偏位	15	顶面高程		±20

注:①B为承台边长;

②深水基础中以围堰作为承台模板时,承台的轴线偏位应符合设计规定。

三、墩　台

9. 桥台的分类及形式有哪些?

答:桥台根据桥梁类型分梁式桥台和拱桥桥台两大类。

1)梁式桥台分为重力式桥台、轻型桥台、组合桥台、承拉桥台:

(1)重力式桥台。常用形式是U形桥台,由台帽、台身和基础等三部分组成。台后的填土压力靠自重来平衡,所以桥台台身多数由石砌、片石混凝土或混凝土等圬工材料建造。适用于填土高度在 8~10m 以下或跨度稍大的桥梁。该种桥台体积大,自重大,对地基的要求高。另外,要做好台后的防水措施。

(2)轻型桥台。一般由钢筋混凝土材料建造,体积轻巧、自重较小。它借助结构物的整体刚度和材料强度承受外力,从而可节省材料,降低对地基强度的要求和扩大应用范围。通常分设有支撑梁的轻型桥台、钢筋混凝土薄壁桥台、加筋土桥台、埋置式桥台。

①设有支撑梁的轻型桥台。该桥台台身为直立的薄壁墙,台身两侧有翼墙用来挡土。翼墙分为一字型、八字型及耳墙式。在两桥台下部一定位置设置钢筋混凝土支撑梁,上部结构与桥台通过锚栓连接,构成四角框架结构体系,并借助台后的土压力来保持稳定。

②钢筋混凝土薄壁桥台。该桥台是由扶壁式挡墙和两侧的薄壁侧墙构成,其形式有悬臂式、扶壁式、撑墙式及箱式,见图 7-2。两侧薄壁与前墙垂直时,称 U 字形薄壁桥台;两侧薄壁与前墙斜交时,称八字形薄壁桥台。

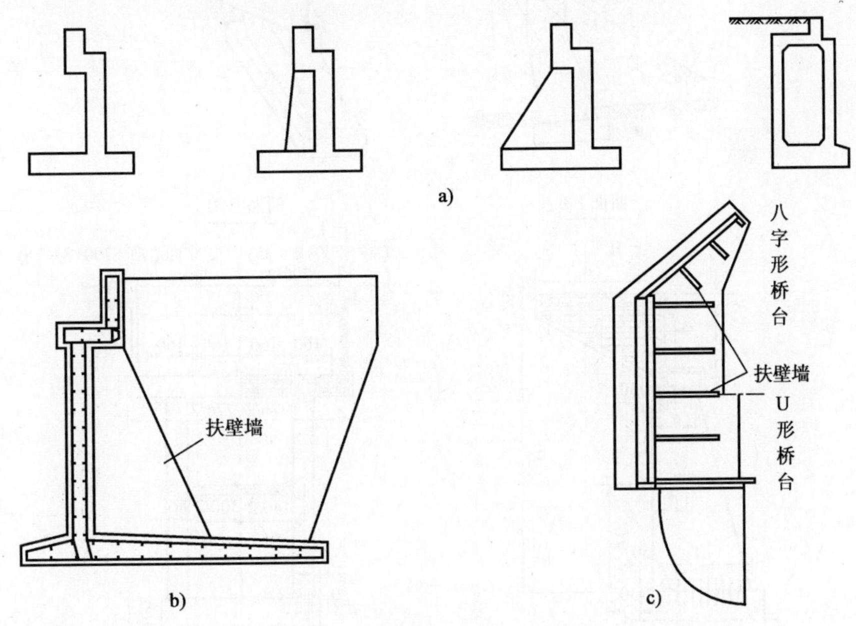

图 7-2　钢筋混凝土薄壁轻型桥台

③加筋土桥台。一般由台帽和竖向面板、拉杆、锚定板及其间填料共同组合的台身组成,见图 7-3。

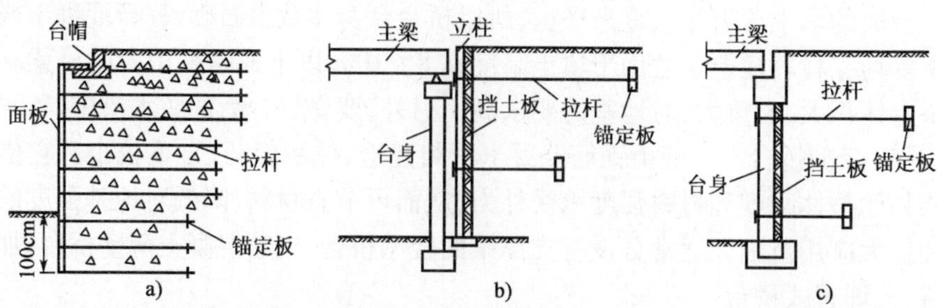

图 7-3　加筋土桥台和加筋土组合桥台

④埋置式桥台。埋置式桥台是将台身埋在锥形护坡中,只露出台帽在外以安置支座及上部结构,其目的是减小对桥台的土压力及台身体积。按结构形式分为后倾式、肋形埋置式、双柱式、框架式,见图 7-4。

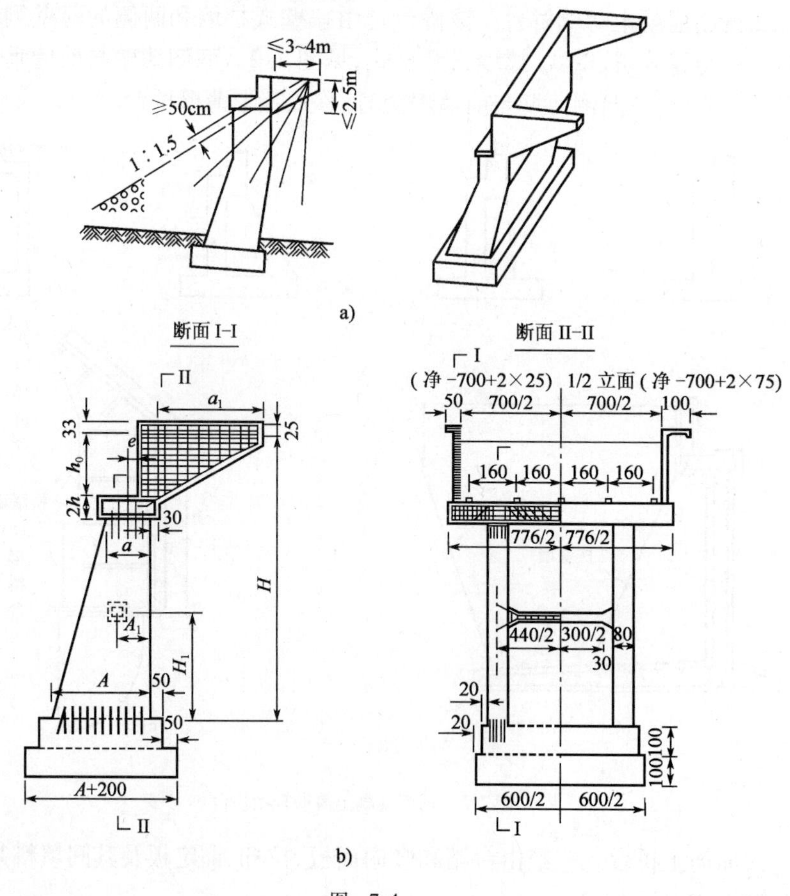

图　7-4

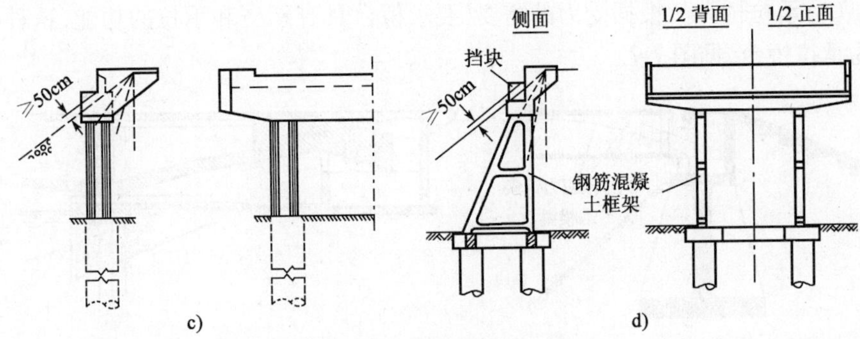

图 7-4　埋置式桥台示意图

a)后倾式桥台；b)肋形埋置式桥台(尺寸单位:cm)；c)双柱式桥台；d)埋置式框架式桥台

(3)组合式桥台。桥台本身主要承受桥跨结构传来的竖向力和水平力，而台后的土压力由其他结构来承受，形成组合式桥台。该桥台分加筋土组合桥台、框架式组合桥台、桥台与挡土墙组合桥台。

①框架式组合桥台。桥台与挡土墙由梁结合在一起的桥台为过梁式的组合桥台，桥台和桥墩的受力相同。当梁与桥台、挡土墙刚结，形成框架式组合桥台，见图 7-5。

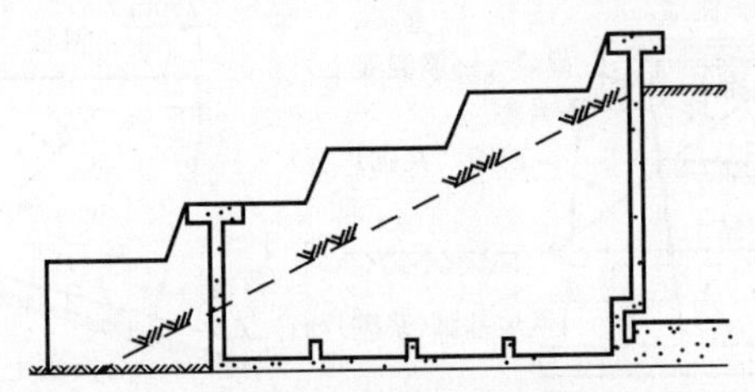

图 7-5　框架式组合桥台

②桥台与挡土墙组合桥台。该桥台由轻型桥台支撑上部结构，台后设挡土墙承受土压力，台身与挡土墙分离，上端做伸缩缝，受力明确。当地基较好时可将桥台和挡土墙放在同一个基础之上，结构见图 7-6。

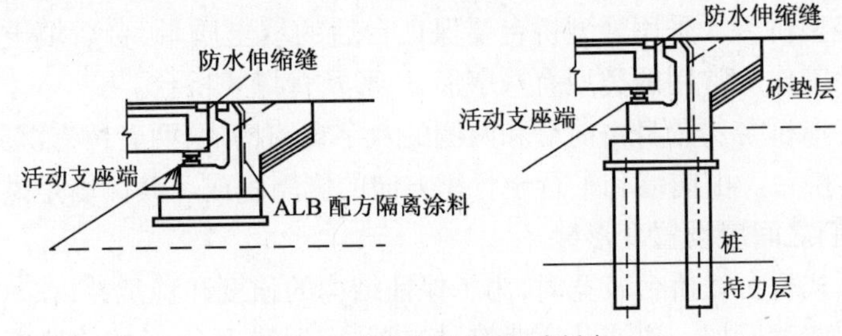

图 7-6　桥台与挡土墙组合桥台

(4)承拉桥台。根据受力的需要,要求桥台具有承压和承拉的功能,这种桥台为承拉桥台,见图7-7。

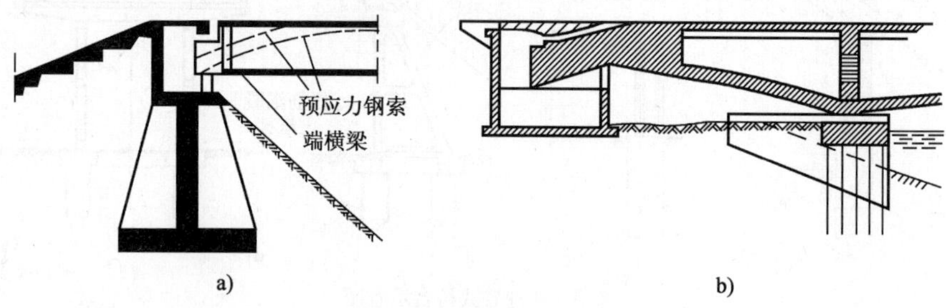

图7-7　承拉桥台

2)拱桥桥台

拱桥桥台须承受拱圈的推力、竖向力及弯矩,同时又要受台后填土的侧压力,和梁桥比一般结构尺寸较大,分重力式桥台、轻型桥台、组合式桥台、空腹式桥台和齿槛式桥台。

(1)重力式桥台。除台帽不同于梁式桥外,其余同,见图7-8。

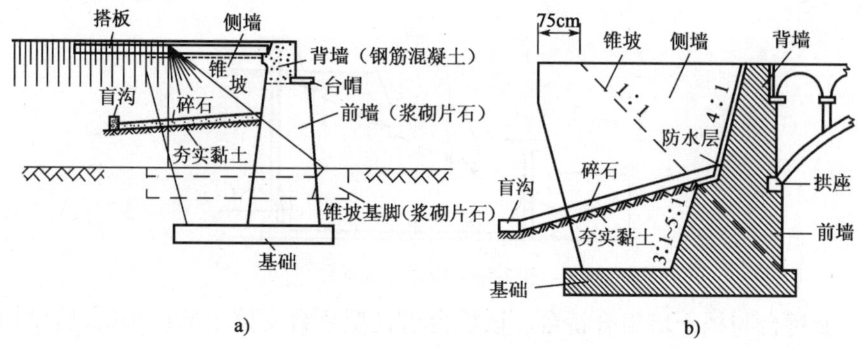

图7-8　重力式桥台示意图

a)梁桥U形桥台;b)拱桥U形桥台

(2)轻型桥台。采用轻型桥台要保证台后的填土质量,台后填土必须夯实并做好防护工作。常用的类型有八字形、U形及背撑式桥台。

①八字形桥台。台身由前墙和两侧的八字翼墙构成,两者留有沉降缝。

②U形桥台。由前墙和平行于行车方向的侧墙组成。其侧墙是拱上侧墙的延伸,但它们之间应设置变形缝。

③背撑式桥台。桥台较宽时,为了保证结构的强度和稳定性,在八字形或U形桥台的前墙背后加一道或几道背撑,构成Ⅱ字形或E字形的前墙。比较能适

应较大跨径的高桥和宽桥。

(3)组合式桥台。组合式桥台由台身和后座两部分组成,台身承受垂直力,一般采用桩基或沉井基础;水平推力由后座基底的摩擦力及台后的土压力来平衡,见图7-9。

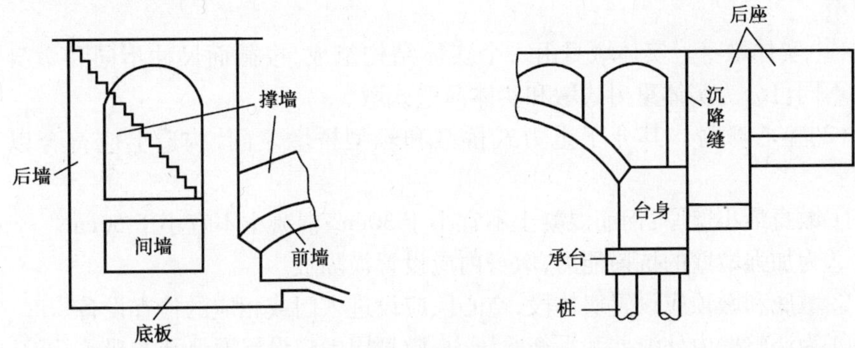

图7-9　组合式桥台

(4)齿槛式桥台。由前墙、后墙、基础板及撑墙组成,见图7-10。该种桥台适用于软土地基和路堤较低的中小跨径拱桥。

(5)空腹式桥台。由前墙、侧墙、底板及撑墙组成,其中空腹可以是敞口的也可以是封闭的,适用于软土地基、河床无冲刷或冲刷轻微、水位变化小的河道,见图7-11。

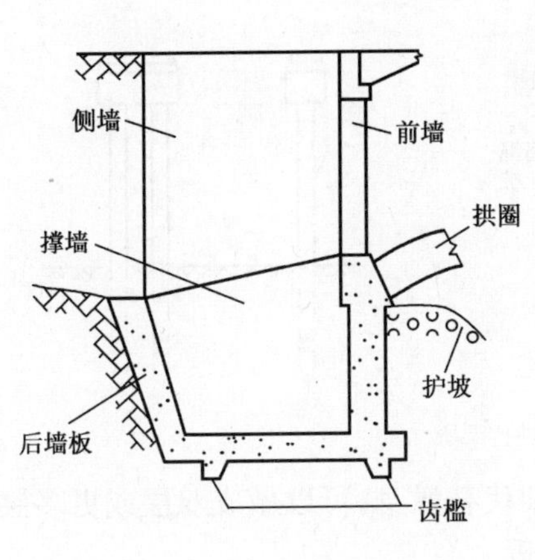

图7-10　齿槛式桥台

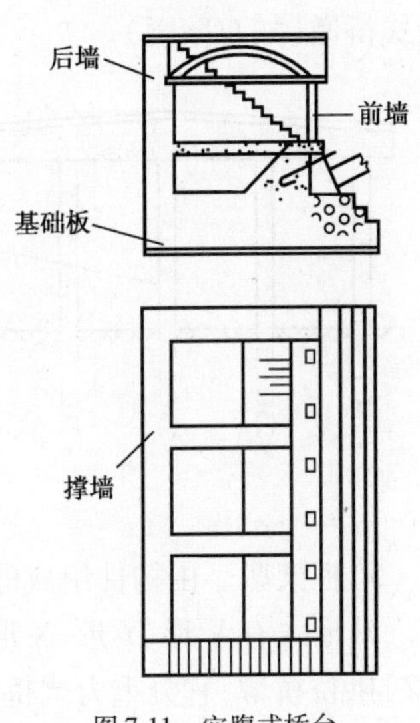

图7-11　空腹式桥台

10. 桥墩的分类及形式有哪些?

答:桥梁墩身按桥梁形式分梁桥墩台和拱桥墩台两大类。

1)梁桥桥墩。按构造可分为实体墩身、空心墩身、柱式排架桩墩、柔性墩及框架墩。

(1)实体墩身。实体墩身由一个实体结构组成,按截面尺寸不同和墩身重力的不同可分为实体重力式墩和实体薄壁式墩。

(2)空心墩身。其介于重力式桥墩和轻型桥墩之间,构造上应符合以下规定:

①墩身最小壁厚:钢筋混凝土不宜小于30cm;混凝土不宜小于50cm。

②为加强墩壁的抗撞能力,墩身内应设置横隔板。

③墩底和墩顶应设置实体段,空心段应设进入门或相应的检查设备。

④为调整壁内外温差和平衡水压力,墩身周围应设置通风孔或泄水孔,孔的直径不小于20cm。

(3)柱式桥墩。其主要由承台、柱式墩身和盖梁组成,目前是最广泛应用的墩身结构。当柱与桩直接相连,墩身高度又大于1.5倍的桩距时,应在桩柱之间布设横系梁。

(4)柔性排架桩墩(柔性墩)。由单排或双排的钢筋混凝土桩与钢筋混凝土盖梁连接而成,见图7-12。主要是减小桩墩截面积,可以为单排桩墩、柱式墩或薄壁式桥墩(如双壁墩)。

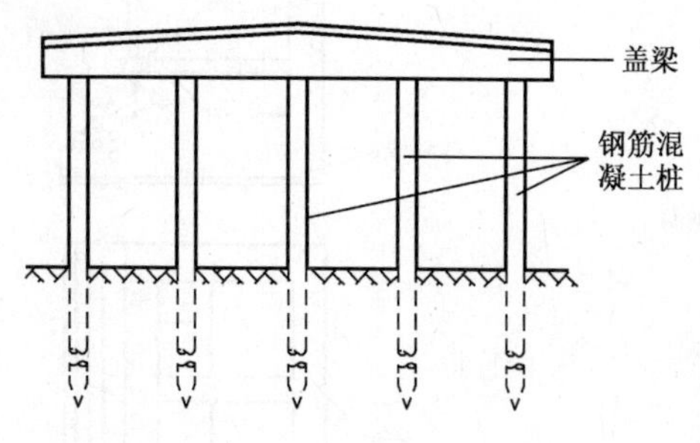

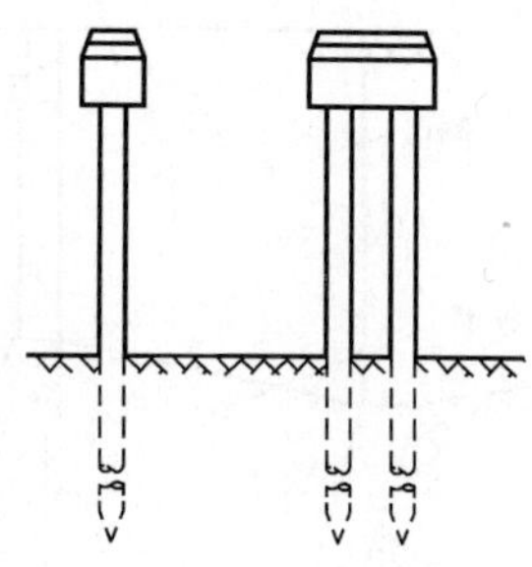

图7-12 柔性排架墩

(5)框架墩。由构件组成的平面框架代替墩身,可以做成双层或更多层的框架。其形式有V形、Y形、X形、倒梯形等。

2)拱桥桥墩,它分重力式桥墩和轻型桥墩。

(1)重力式桥墩。其又可分为普通墩和单向推力墩。普通墩除了承受相邻两跨结构传来的垂直反力外,一般不承受恒载水平推力,或者当相邻孔不相同时只承受经过相互抵消后剩余的不平衡推力,墩身可做得薄些。单向推力墩又称制动墩,其主要作用是在它一侧的桥孔因某种原因遭到毁坏时,能承受单侧拱的恒载水平推力,应做得厚实些。

(2)轻型桥墩。拱桥的轻型桥墩按构造可分为柱式墩、斜撑墩及悬臂墩。

①柱式桥墩。其结构和梁式桥基本相同,不同之处是,梁桥是支座,拱桥是拱座。

②斜撑墩。一般为单向推力墩,就是在普通墩的墩柱上,从两侧对称地设置钢筋混凝土斜撑和水平拉杆,也可采用预应力混凝土结构,见图7-13。

③悬臂墩。在柱式墩上加一对悬臂,拱脚支承在悬臂端,见图7-14,属单向推力墩。

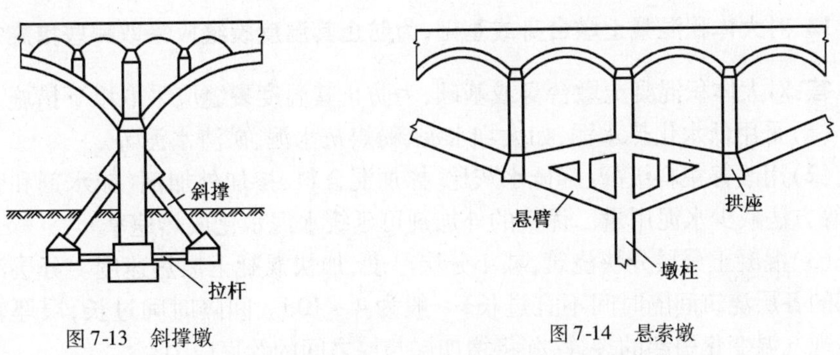

图7-13　斜撑墩　　　　图7-14　悬索墩

11. 高墩身施工在浇筑混凝土前,应注意哪些预埋件的安设?

答:当墩身施工到高空时,由于空间较高,采用地面支撑不仅费时、费力,而且造价高,有时甚至难以做到。对于这一类的问题,一般需要依靠墩身自身预埋支点来解决,所以,预埋件的重要性对高墩身施工来说可想而知了,是一个绝不可忽视或漏掉的问题。一般情况下,主要有以下几种预埋件。

(1)塔吊附着预埋件,用20mm以上钢板,垂直距离视塔吊的起重能力大小与塔吊生产厂家共同商定。

(2)施工电梯预埋件,该预埋件由厂家加工,与附着杆配套;一般预埋钢板厚度为10mm即可,间距为9m。

(3)混凝土输送管连墙预埋件,用20mm以上钢板,间距为6m一道。

(4)墩身箱内模支撑点预埋件,每6m一道,或具体距离为多长应视混凝土的浇筑高度而定。

(5)施工墩顶0号块牛腿预埋件,该预埋件的高度及受力分析要经过认真的计算,做到万无一失。在大桥中预埋件主要用角钢、工字钢及20mm的穿墙钢板,结构较复杂,安装时一定要考虑其与设计钢筋的位置关系,不能使二者冲突,如有冲突要让位于设计钢筋,无法避让时,要恰当处理。

(6)对有横系板的墩身,在横系板下部一定位置预埋脚手架及底模支撑预埋件。

(7)在横系板及0号块底板施工中,要留有一定数量的10cm左右的预留孔,以备拆除底模和牛腿时用。

由于预埋件的遗漏可能会给高空施工带来不必要的麻烦,所以施工前要作详尽的技术交底,在浇筑混凝土前还要由技术员、技术负责人、监理人员及专业工程师对预埋件的数量位移分层次进行严格检查。

12.对大体积混凝土墩台身或基础,为防止其温度裂缝应采取哪些措施?

答:对大体积混凝土墩台身或基础,为防止其温度裂缝应采取以下措施。

(1)采用低水化热水泥,如大坝水泥、粉煤灰水泥、矿渣水泥等。

(2)用改善集料级配、降低水灰比、掺加混合料、掺加外加剂(减水剂和膨胀剂)等方法减少水泥用量。优良的外加剂可延缓水泥水化放热速率。

(3)混凝土分层分块浇筑,减小分层厚度,加快混凝土散热速度。分层浇筑施工的各层浇筑间隔时间不宜过长,一般为4~10d。间隔时间过长,层厚较小易出现气温变化引起的裂缝,并将增加层与层之间的约束应力。

(4)高温季节施工时,应降低拌和混凝土时所用的集料及水的温度;可在水里加入冰块以降低水温。

(5)在混凝土结构体内布置适量的温控管道,通过不断地循环冷水,从而吸收混凝土中的热量。冷却水管使用前应进行试水,冷却水应在混凝土浇筑到冷却水管高程后立即进行,但冷却水与混凝土的温差不宜太大,应合理选用。冷却管通水应持续到混凝土浇筑完成后7d以上。一般冷却水管应在每层混凝土中布设,深度均位于层厚的1/2处,水平间距为0.8~1.0m。

在设计水管时,水管应顺结构的长方向布置,尽量减少弯头和接头数目,杜绝漏水的机会。

安装水管时,管与管之间的接头用橡胶管作套管,套管的两端则用铁丝缠紧,并设置定位架固定,避免水管在浇筑混凝土时受到冲击而位移。注意检查水管和接头质量,安装完毕后,及时压水检查,发现漏水,及时处理,消除隐患。

冷却水的限值为冷却水与混凝土之间的温度差限制在25℃以内。流量及水温应每2h监测一次，量测进、出水口温度，一般出水口温度应比进水口温度高5～6℃。通水量不宜低于18L/min。

一般冷却过程分两期进行：一期冷却，混凝土浇筑后即通水进行降温，使混凝土内最高温度不超过50～55℃，内外差不大于25℃；二期冷却逐渐交替进行使混凝土冷却到最终稳定温度。通水时间间隔根据混凝土温度回升情况而定，并控制混凝土降温速率<1.5℃/d，同时注意经常调换进、出水口。

冷却完毕后，对冷却管进行同混凝土强度的水泥压浆处理，水泥中应加入微膨胀剂。

(6)严格按规范要求进行各层间和各块间水平和垂直施工缝的处理，各水平施工缝间铺设金属扩张网，沿侧面混凝土表面布设防裂金属网，防止表面裂缝的产生。

(7)混凝土的养护。在遇气温骤降的天气或寒冷季节浇筑混凝土后，应注意覆盖保温，加强养生。保温覆盖材料以草袋效果为最佳，依次为油布、木模板、帆布。在夏季，混凝土表面应做到潮湿养护，一方面保证了混凝土强度的正常增长，另一方面降低了混凝土干缩应力，防止了混凝土表面裂缝的产生。

(8)在施工时应采取措施防止阳光暴晒混凝土用水和粗细集料。对受阳光暴晒的集料应用冷水冷却，但应注意材料含水率的变化。高温天气长距离运送混凝土，也应采取相应措施防暴晒。

(9)严格控制粗细集料：石子含泥量<1%；砂含泥量<2%。选择最佳集料级配，增加混凝土密实度，减少收缩、徐变。

13. 大体积混凝土温度裂缝产生的原因是什么？

答：在施工过程中，由于混凝土的水化作用，实心段（大体积段）内部温度变化经历升温期、降温期和稳定期三个阶段，与此同时混凝土的体积亦随之伸缩。若混凝土的体积变化受到约束，就会产生温度应力。如果该应力超过其抗裂应力，混凝土就会裂开。因此，必须对大体积段采取温控防裂措施。如某大桥墩身实心段（尺寸为11.5m×4m×4m），除采取了外部安装钢筋网片外，还在墩身内设置了冷却水管，预埋了测温点，适时测温监控并调温。在混凝土表面采取保温措施等，使最大水化热温升<30℃，内外温差<25℃，降温速度在1.5℃/d之内。混凝土未发现有害温度裂缝。

14. 在大体积混凝土浇筑中，针对埋石有何规定？

答：较大体积的混凝土墩台及其基础，在混凝土中埋放石块时应符合下列

规定:

(1)可埋放厚度不小于150mm且不大于300mm的石块,埋放石块的数量不宜超过混凝土结构体积的20%。

(2)应选用无裂纹、无夹层且未被烧过的、具有抗冻性能的石块。

(3)片石的抗压强度等级应符合设计规定;设计未规定时,小桥涵的墩台、基础应不低于MU30,大、中桥的墩台和基础以及轻型桥台应不低于MU40。

(4)石块应清洗干净,应在捣实的混凝土中埋入一半左右。

(5)石块应分布均匀,净距不小于150mm,距结构侧面和顶面的净距不小于150mm,石块不得接触钢筋和预埋件。

(6)受拉区混凝土或当气温低于0℃时,不得埋放石块。

15. 采用滑升模板浇筑墩台混凝土时,应符合哪些规定?

答:采用滑升模板浇筑墩台混凝土时,应符合下列规定:

(1)宜采用低流动度或半干硬性混凝土。

(2)浇筑应分层分段进行,各段应浇筑到距模板上口不小于10~150mm的位置为止。若为排柱式墩台,各立柱的浇筑进度应保持一致。

(3)应采用插入式振动器振捣。

(4)为加速模板提升,可掺入一定数量的早强剂。

(5)在滑升中须防止千斤顶或油管接头在混凝土或钢筋处漏油。

(6)每一整体结构的浇筑应连续进行,若因故中途停工,应按施工缝处理。

(7)混凝土脱模时的强度宜为0.2~0.5MPa,脱模后如表面有缺陷时,应及时予以修理。

16. 大体积墩台基础混凝土分块施工,应注意哪些事项?

答:大体积墩台基础混凝土,当平截面过大,不能在前层混凝土初凝或能重塑前浇筑完成次层混凝土时,可分块进行浇筑。分块浇筑时应符合下列规定:

(1)分块宜合理布置,各分块平均面积不宜小于50m^2。

(2)每块高度不宜超过2m。

(3)块与块间的竖向接缝面应与基础平截面短边平行,与平截面长边垂直。

(4)上下邻层混凝土间的竖向接缝,应错开位置做成企口,并按施工缝处理。

(5)后浇段宜采用微膨胀混凝土,并应一次浇筑完成。

第八章 模板、支架和拱架

一、模板的种类

1. 模板分哪几类？它们的适用性如何？

答：(1)模板按其面板所用材料可分为木模板、钢模板、土模板、砖模板、竹木模板、钢丝网水泥模板、玻璃钢模板、胶囊内胎模板等。在工程中常见、常用的通常为木模板、钢模板、土模板、砖模板、竹木模板及充气胶囊模板等，其中外模用钢、木模板较多，内模用木模、充气胶囊较多。

木模板包括胶合板、木板内侧钉铁皮等形式。胶合板作现浇梁外模较普遍，效果亦较好，其性能和质量应符合现行国家标准《混凝土模板用胶合板》(GB/T 17656)或现行行业标准《混凝土模板用竹材胶合板》(LY/T 1574)的规定；木板内侧钉铁皮现已不多采用，多用于墩身施工外模，其设计应符合现行国家标准《木结构设计规范》(GB 50005)的规定。

钢模包括工厂按结构要求加工的钢模板、组合钢模板。按结构加工的钢模板一般多用于重复次数较多的工程，如T梁预制、箱梁预制、高墩身施工、大型连续现浇箱梁等的外模，钢材的性能和质量应符合现行国家标准《碳素结构钢》(GB/T 700)的规定；组合钢模板一般用于大型现浇混凝土的内模、外侧混凝土表面不作严格要求的结构外模及防水胶合板下的衬模，其质量要求应符合现行国家标准《组合钢模板技术规范》(GB 50214)的规定。

(2)模板按其构造形式和安装方法可分为以下几种。

①固定式零拼模板。以零星板件在工地拼制，适用于分散的小工程。

②固定式拼装模板。在木工场或钢结构制品厂里，将木板或钢板按结构物类型制成大块的板扇，在工地组拼成型，拆除后的板扇可直接或略加修改后用于同一结构的下一工序或另一工程，如基础、墩台的拼装式模板。

③整体安装模板。用模板板件或板扇在工地附近组装成型,以吊机或其他起重设备将整体式模板安装就位,如分节浇筑的墩台最宜采用此类模板。

④滑动模板。滑动模板是将模板悬挂在工作平台的周圈上,沿着所施工的混凝土结构的周界组拼装配,并随着混凝土的灌注用千斤顶带动向上滑升。滑动模板的构造由于桥墩类型、提升工具的类型不同而各有差异,但其主要部件与功能大致相同,一般由工作平台、内外模板、混凝土平台、工作吊篮和提升设备组成,构造示意如图8-1。

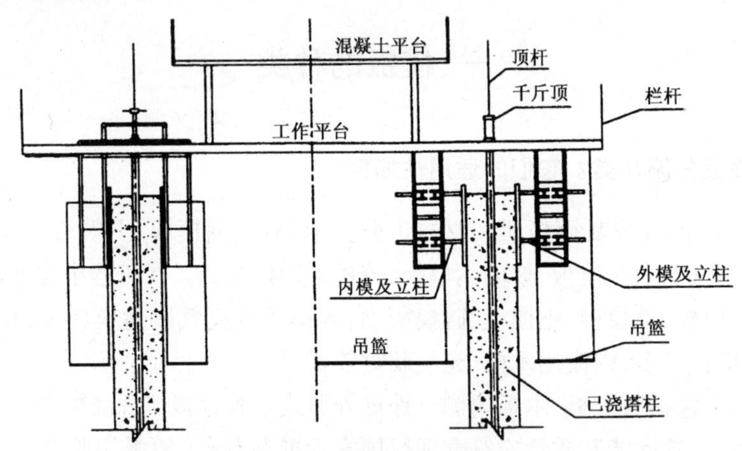

图8-1　滑模结构示意图

工作平台由纵横梁、栏杆、踏步板组成,除用作施工操作的场地外,还用它把滑模的其他部分与顶杆相互联接起来,使整个滑模结构支撑在顶杆上,工作平台是整个滑模结构的骨架,必须具有足够的强度和刚度。

滑升模板宜浇筑低流动度或半干硬性的混凝土,浇筑时分段对称进行,初次滑升时混凝土强度应达0.2~0.4MPa,正常气温条件下提升时间不能超过1h,混凝土顶面离模板顶口10~15cm间距,浇筑最后一次混凝土后,每隔1~2h将模板提升5~10cm,滑动2~3次即可避免混凝土与模板胶合。下次操作时接缝按施工缝处理。

由于滑模的工作原理,要求混凝土断面变化少、无其他预埋件等物体,因而有其局限性。它适用于横断面变化较小的高桥墩、吊桥或斜拉桥的索塔、高立柱等工程的施工。

⑤翻升模板。翻升模板是一种特殊的钢模板,一般由2~3层模板组成一个基本单元,每层模板均自成体系,自身与塔柱锚固在一起,在混凝土浇筑前及浇筑过程中支撑在下一层模板上,混凝土达到强度后将下层模板拆上拼装,并通过

其与混凝土的锚固力作为支撑，浇筑上一层混凝土，如此循环交替上升，混凝土的供应另外设支撑体系。

翻升模板的模板部分为整个结构的骨架，所有荷载均通过其传给主塔，因而模板必须具有足够的强度和刚度。构造示意见图8-2。

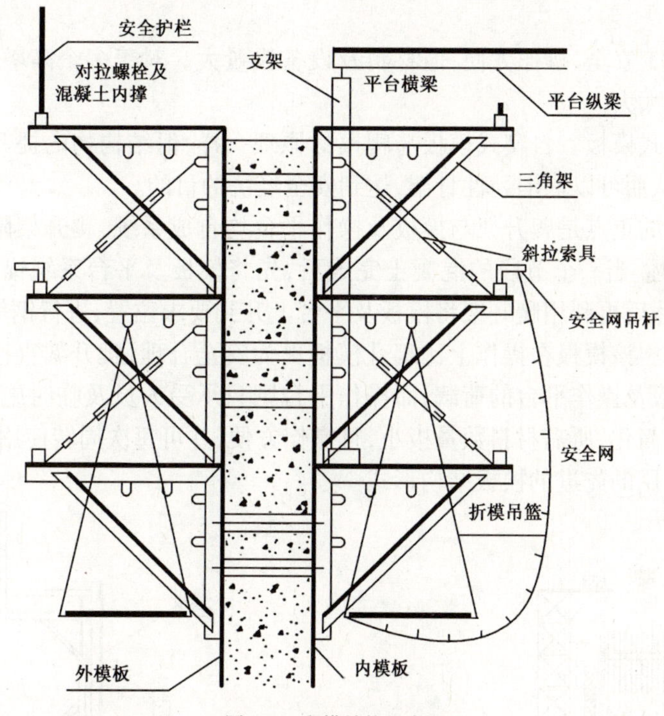

图8-2 翻模结构示意图

由于翻模利用模板作支撑体系，因而要求结构物断面变化较少，内伸出埋件等较少。

对于台风较大的区域和超高塔柱应限制使用。

⑥爬升模板。如图8-3，爬升模板与滑动模板施工相似，不同的是支架通过千斤顶支撑于塔壁中的预埋件上，待浇筑好的混凝土达到一定强度后，通过模板自身锚固在塔壁上，利用模板将爬架提升到上一节段锚固，然后放松模板，用爬架将模板提升到新的位置，就位后再继续浇筑塔身混凝土，如此循环，逐节爬升。

爬架系统由附墙架、工作架、接长架等组成，是一个集爬升架、操作平台、脚手架于一体的空间构架。

当爬架安装是利用模板的H型螺母锚固附壁时，要注意每节段模板安装中的H型螺母拉杆螺栓位置安装要准确；H型螺母安装时须上满丝扣，在螺杆上划标志线,以便于检查、复核丝扣是否上满,防止爬架承重后H型螺母拉脱丝扣而造成事故。

爬架安装后应在架体与劲性骨架之间挂钢丝绳作为保险,并在爬架提升过程中保险绳要随着一起收紧。爬架正式使用前必须进行静、动载试验,合格后才能使用。

爬模施工安全、操作方便,但材料及设备投量大。对于多个高墩同时施工,则一次投入太大。

⑦自爬式模板。自爬式模板与爬模的原理一样,但结构物的提升完全用爬升架完成,从而可以取消劲性骨架,达到安全经济的目的。

该模板的重点是爬升架与模板及操作平台均自成系统,爬升架附着在塔柱上,如图8-4。当一个节段的混凝土完成后,先将模板及平台系统锚固,爬升架上升到位,然后再利用爬升架将模板及平台上升到要求位置,进行钢筋及混凝土结构的施工。该模板在操作上比爬升模板更为安全合理,爬升架直接附着在塔上,承受模板及操作平台的荷载,而操作平台则只承受人员及临时施工荷载,而结构可大量简化,所需材料数量极小,且操作方便,并可每次周转使用,是当前国际上比较通用的先进的模板结构形式。

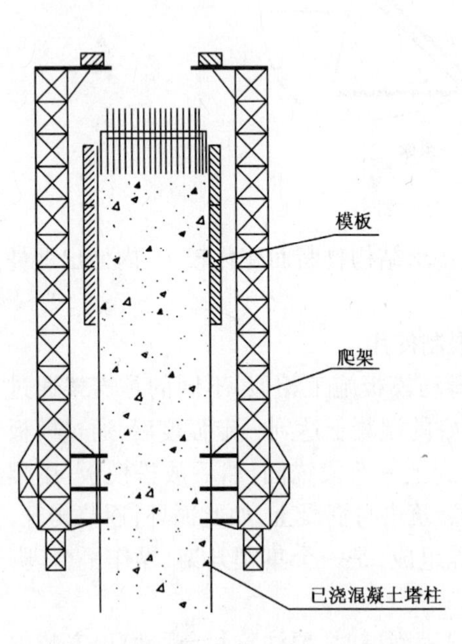

图8-3　爬模结构示意图

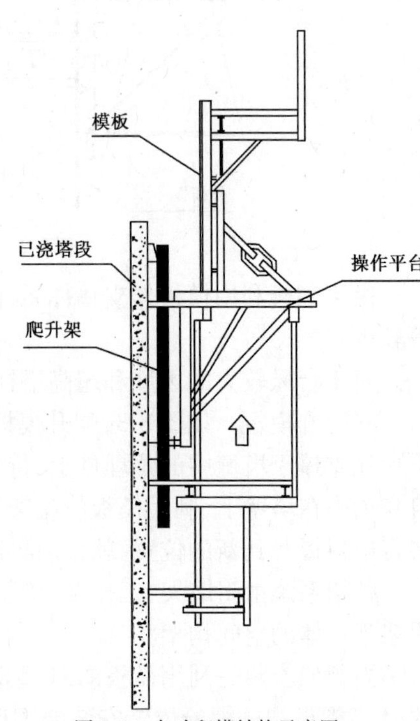

图8-4　自动爬模结构示意图

⑧水平滑动模板这种模板可用于制作预应力混凝土预制板、现浇的预应力钢筋混凝土箱梁或就地浇筑的钢筋混凝土 T 梁，前者构造较简单，后者构造较复杂，两者可使用钢板、木板及支托杆件等组成。

2. 支架分哪几类？适用性有哪些？应注意哪些问题？

答：支架的分类、适用性及其注意事项参见表 8-1 所示。

支架的分类、适用性及其注意事项　　表 8-1

序号	支架种类	适应性	注意事项
1	满布式木支架	主要适用于跨度不大、净高较小、且处于旱地施工的桥梁，在立交桥的匝道桥中也常使用。 不适用于高度大于 6m，跨度大于 16m 的桥梁	(1)在木材的选择上要保证施工质量，尽量选择原木。 (2)支架的排架，可设在枕木上或桩基上，基础要坚实可靠。 (3)排架较高时，为保证排架的整体稳定性，除在排架上设置斜撑木外，还应在排架两端外侧设置斜撑木或斜立柱。 (4)卸落一般采用斜度为 1∶8 的木楔，设置在支点处或桩顶帽木上。 (5)浇筑混凝土时，适当安排浇筑程序，均匀、对称地进行
2	钢木混合支架	适用于旱地且桥高为 10m 左右的桥梁。其临时立柱跨径一般为 8 ~ 12m	(1)临时立柱要选用优良木材，计算要满足要求。 (2)临时结构纵、横梁采用工字钢或六四军用梁、贝雷梁等桁架结构。 (3)立柱下面要有垫石，基础必须牢固。 (4)对立柱要采取防水措施。 (5)为保证稳定性，充分利用墩身对纵、横梁进行加固或用斜木支撑
3	万能杆件拼装支架	适用于各种跨度和高度的支架，其跨度须与杆件本身长度成倍数	(1)当万能杆件拼装的高度为 2m 时，腹杆拼为三角形；高度为 4m 时，腹杆拼为菱形；高度超过 6m 时，则腹杆拼成多斜杆的形式。 (2)用万能杆件拼装支架时，柱与柱之间的距离应与桁架之间的距离相同，柱高除柱头及柱脚外应为 2m 的倍数。 (3)应考虑预压荷载，荷载重量相当于钢筋混凝土、模板、操作机具及人员等

续上表

序号	支架种类	适应性	注意事项
4	装配式公路钢桥桁节拼装支架	适用于各种跨度和高度的支架,其跨度须与杆件本身长度成倍数	(1)若需加大桁架梁孔径或用墩台做支承,其支架也可拼成八字斜撑以支撑桁架梁。 (2)桁架梁与桁架梁之间应用抗风拉杆和木斜撑等进行横向联结。 (3)必须进行预压
5	轻型钢支架	适用于桥下地面较平坦、且有一定的承载力,木材极缺的地区。用钢管做支架,也可用于水上	(1)轻型钢支架一般采用工字钢、槽钢或钢管,斜撑和联结系等采用小号槽钢或角钢。 (2)构件应制成统一规格及标准件。 (3)支承基底要坚固,一般用混凝土、钢筋混凝土枕木或木板。基底应埋入地面以下适当的深度。 (4)当用钢管在水中时,钢管与水中临时基础的连结一定要牢固。 (5)一般卸落采用纵梁支点处设置木楔或型钢楔
6	墩台自承式支架	适用于跨度不大的桥梁	(1)施工时在墩台上留下承台式预埋件。 (2)对支架所用的工字钢或槽钢要计算其预拱度及伸缩状况。 (3)要注意支架卸落所具备的条件
7	模板车式支架	适用于跨径不大、桥墩为立柱式的多跨梁桥	结构混凝土浇筑完毕、强度达到要求后,才可移动模板车;移动车时,须将斜撑取下,并将插入式钢梁节段推入中间钢梁节段内
8	CKC 门式脚手架钢支架	适宜支撑各种形状的混凝土结构物,轻巧、灵活,但钢度小、连接间隙较大。一般用于旱桥	(1)对于多层门架叠合使用时,为确保支架整体稳定,应有纵横大交叉杆做加强。 (2)其底座依据地质和材料情况,可采用方木、钢管、型钢、混凝土垫块等等。 (3)承托应调整在同一平面
9	碗扣式多功能脚手架钢支架	适宜支撑各类形状的混凝土结构物,及短工期的工程,一般用于旱桥	(1)处理好地基及基垫。 (2)安装时要注意扣死。 (3)合理计算安排纵、横(模)间距。 (4)在多层支架中要搭设通长的大交叉杆。 (5)不可忽视横向联系的搭设
10	钢管支架	适用于结构小且较低的混凝土结构物,用于旱桥	除碗扣支架注意事项外,要使钢管变形很小,剪刀撑及横、斜撑必须扣接牢固;钢管要竖直

3. 拱架分哪几类？适用范围是什么？各有何注意要点？

答：拱架的分类、适用性及其注意事项可参见表8-2所示。

拱架的分类、适用性及其注意事项　　表8-2

序号	分类		适应范围	注意事项
1	木拱架	排架式	适用于干岸河滩上流速小、不受洪水威胁的、不通航的河流上的桥孔。均属于满布式支架	(1)满布式拱架分下支架、上拱架两部分。 (2)对支架部分要求纵横向均应设水平撑和斜撑；较高的支架可采用框架式结构，且两半跨应尽量对称，上下游应设斜撑或拉索。 (3)拱架一般采用方木。较轻的拱架和双曲拱桥的拱架可使用圆木。 (4)拱架的水平拉杆，当拱度不大、矢高不超过用于立柱或斜撑木料之长度时，可设置于起拱线的水平位置上；当拱跨较大和拱矢较高时，可提高拉杆位置。 (5)拱架各杆件的连接应当力求紧密，可用铁夹板、硬木夹板和螺栓等铁件或硬木连接，桁式拱架须采用榫接。 (6)拱架横向间距依拱圈重量而定，一般为1.2～1.7m。间距较大时须设横梁，间距一般为60～70cm。 (7)拱架的卸落设备一般设置于拱架水平拉杆与支架帽木间上下立柱相对应处；跨径较大时，可设于弧形木下支点处；当为扇形拱架或木桁架时，则设置于拱架支点之下
		撑架式		
		扇形式		
		木桁架式	不设支点，适用于经常性通航、水域较深或墩台较高的桥孔	
2	工字梁钢拱架	钢木组合拱架	适用于河滩上流速小、无水的桥孔	(1)工字钢顶面可用垫木垫成拱模弧线。 (2)工字钢梁接头处应适当留出间隙，以防拱架沉落时顶死。 (3)木支架宜采用框架式
		活用钢拱架	适用于施工期间需保持通航、墩台较高、河水较深或地质条件较差的桥孔	(1)用选配工字钢梁长度和楔形插节节数的方法，可使拱架适用于多种拱度和跨度的拱桥施工。 (2)横桥方向拱架的片数应根据拱圈的宽度和重力来确定，拱片间可用角钢或木杆等杆件联结。 (3)卸落拱架时，可采用拱顶复式楔、拱脚砂筒或弧形木下的木楔等卸拱架设备

续上表

序号	分类		适应范围	注意事项
3	钢桁架拱架	常备拼装式桁架型拱架	适用于各类条件拱桥施工,对最后一种更适用于双曲拱桥	(1)钢桁架采用三铰拱,每组拱片及各组间由纵横联结系联成整体。 (2)采用拱脚下设砂筒落架
		装配式公路钢桥桁节拼装拱架		(1)拱架两端应另外加设拱脚段及支座,以构成双铰拱架。 (2)拱架的横向稳定由各片拱架间的抗风拉杆、撑木及风缆等设备来保证。 (3)卸架应在弧形木下设置木楔
		万能杆件拱架		拼装时,先拼成桁架节段,再用长度不同的连接短杆连成不同曲度和跨径的拱架
		装配式公路钢桥桁架或万能杆件桁架与木拱盔组合拱架		其挠度可通过试验得到或在拱架安装后进行预压实测求得

二、模板、支架和拱架的设计

4. 模板、支架和拱架设计的主要内容是什么?

答:模板、支架和拱架设计的主要内容包括:

(1)工程概况和工程结构简图。

(2)结构设计依据和设计计算书。计算在总荷载作用下模板、支架和拱架结构的强度、挠度(刚度)及稳定性。拱架的计算参见《公路施工手册——桥涵》下册第十四章,其他结构支架计算见以后各题。

(3)绘制模板、支架和拱架总装图、细部构造图。

(4)制定模板、支架和拱架结构的安装、使用、拆卸、保养等有关技术安全措施和注意事项。

(5)编制模板、支架和拱架材料数量表。

(6)编制模板、支架和拱架设计说明书及使用说明书;编制模板、支架和拱架预算书。

5. 设计模板、支架、拱架时如何考虑荷载?

答:(1)模板、支架或拱架的自重力

①木材按重度取:松木 $6kN/m^3$;橡木落叶松 $7.5kN/m^3$;杉木、枞木 $5kN/m^3$。

②钢材按重度或面积重量取:一般取 $78.5kN/m^3$;对定型钢模、钢模板及连接件取 $0.5kN/m^2$;钢模板、连接件加钢板可取 $0.75kN/m^2$。

(2)新浇筑混凝土、钢筋混凝土或其他圬工结构物的自重力

①新浇混凝土、钢筋混凝土按重度取:混凝土或混凝土块砌体 $24kN/m^3$;钢筋混凝土中,当钢筋含量≤2%(以体积计)时为 $25kN/m^3$;当钢筋含量>2%时为 $26kN/m^3$。

②新砌砖石可取 $24kN/m^3$。

③拱圈自重乘 1.2 系数。

(3)施工人员和施工材料、机具等行走运输或堆放的荷载

人群荷载及施工料具运输或堆放的荷载按均布荷载取:当计算模板及其下肋条时,均布荷载为 $2.5kN/m^2$,应与集中荷载 2.5kN 进行比较,取产生弯矩较大者;当计算肋条下的梁或拱架时,均布荷载为 $1.5kN/m^2$;当计算支架立柱及其他支承构件时,均布荷载为 $1.0kN/m^2$。

(4)振捣混凝土时产生的荷载

振捣混凝土时产生的荷载对底板取 2.0kPa;对垂直侧板取 4.0kPa。

(5)新浇筑混凝土对侧面模板的压力

①使用内部振捣器时,新浇混凝土对侧面模板的侧压力

当采用插入式振捣器振捣且混凝土灌注速度在 6m/h 以下时,作用于侧模的压力可按下面两式进行计算,取两式计算值较小者为侧压力,如图 8-5,两式分别为:

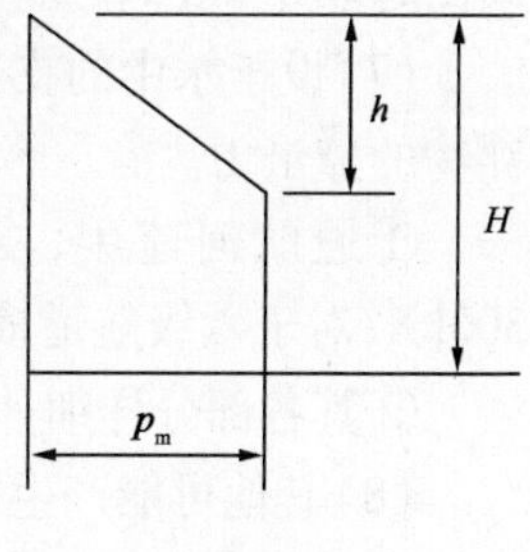

图 8-5

$$p_m = 0.22\gamma t_0 K_1 K_2 v^{1/2} \text{ 和 } p_m = 2.5H$$

式中:p_m——新浇混凝土对侧面模板的最大压力,kPa;

γ——混凝土的重度,kN/m^3;

t_0——新浇混凝土的初凝时间,h;

K_1——外加剂影响修正系数,不加外加剂时,$K_1=1.0$,掺缓凝外加剂时,$K_1=1.2$;

K_2——坍落度影响修正系数,坍落度小于30mm时,$K_2=0.85$,坍落度为50~90mm时,$K_2=1.0$,坍落度为110~150mm时,$K_2=1.15$;

v——混凝土的浇筑速度,m/h;

H——混凝土侧压力计算位置处至新浇筑混凝土顶面的总高度,m;

h——有效压头高度,m。

②采用外部振捣器时,新浇混凝土对侧面模板的最大侧压力可采用下式计算:

当 $v<4.5$m/h,$H\leqslant 2R$ 时,

$$p_{\max} = \gamma H$$

当 $v\geqslant 4.5$m/h,$H\leqslant 2R$ 时,

$$p_{\max} = \gamma(0.27v + 0.78)K_1K_2$$

式中:H——对模板产生压力的混凝土灌筑层高度,m;

R——外部振捣器作用半径,m,$R=1$;

γ——混凝土的重度,kN/m^3;

v——混凝土的浇筑速度,m/h;

K_1——混凝土的温度系数,5℃~7℃为1.15;12℃~17℃为1.0;28℃~32℃为0.85;

K_2——混凝土拌和物的坍落度影响系数,同上题。

(6)混凝土入模时产生的水平方向的冲击荷载。

倾倒混凝土时产生的水平冲击荷载:①用0.2m^{3}容器或用溜槽、串筒、导管倾倒时取2.0kPa;②用0.2~0.8m^{3}容器倾倒时取4.0kPa;③用大于0.8m^{3}容器倾倒时取6.0kPa。

(7)设于水中的支架所承受的水流压力、波浪力、流冰压力、船只及其他漂浮物的撞击力。

①通航河流中,支架立柱所受撞击力:对于五级航道横桥向上游端取300kN;对于六级航道横桥向上游端取110~160kN。

②其各部分详细计算见本章有关题。

(8)其他可能产生的荷载,如风荷载、雪荷载、冬季保温设施荷载等。

①风荷载可取0.5~1.0kPa,支架高于20m或处于沿海、海岛、峡谷口地区时,取大值,其他情况取平均值或小值。对于台风要根据当地气象部门的资料取值。

②冬期施工时,保温设施荷载和雪载可按实际情况考虑。

模板、支架、拱架的计算荷载组合，可参照表8-3进行。

模板、支架和拱架设计计算的荷载组合　　表8-3

模板结构名称	荷载组合	
	计算强度用	验算刚度用
梁、板和拱的底模板以及支承板、支架及拱等	(1)+(2)+(3)+(4)+(7)+(8)	(1)+(2)+(7)+(8)
缘石、人行道、栏杆、柱、梁、板、拱等的侧模板	(4)+(5)	(5)
基础、墩台等厚大建筑物的侧模板	(5)+(6)	(5)

6. 模板在设计计算时应注意哪些事项？

答：(1)根据当地的自然环境，设计所受荷载组合要考虑周详，模板的强度和稳定性的计算在沿海地区要考虑风力，风力计算见本章第11题。

(2)验算模板在自重和风荷作用下的抗倾倒稳定时，验算倾覆的稳定系数须≥1.3，即：

$$K_0 = M_{稳}/M_{倾} \geqslant 1.3$$

式中：$M_{稳}$——模板自重相对于转轴的弯矩；

$M_{倾}$——风荷作用下的弯矩。

(3)结构表面外露的模板，计算时考虑其挠度宜小于模板构件跨度的1/400；结构表面隐蔽的模板，其挠度宜小于模板构件跨度的1/250。

(4)支架受载后挠曲的杆件(横梁、纵梁)，其弹性挠度为相应结构计算跨度的1/400。

(5)钢模板的面板变形应≤1.5mm。

(6)钢模板的钢棱和柱箍变形宜小于$L/500$和$B/500$(其中L为计算跨径，B为柱宽)。

(7)在大钢模计算时，除整体刚度、强度外，还要考虑操作平台及钢吊环的强度与刚度，其计算参见本章第12题。

7. 支架在设计计算时应注意哪些事项？

答：(1)根据地质情况，首先考虑支架基础的稳定性。根据支架的结构种类考虑并计算地基的承载力。计算中主要考虑地基应力能否满足支架底部所产生的压应力的要求，梁式支架按条形基础处理，参见本章第24题。打入桩基础(包括振动下沉)单桩轴向受压容许承载力按下式计算：

$$[P] = 1/2[U\sum a_i l_i \tau_i + \alpha A\sigma_R]$$

式中:P——单桩轴向受压容许承载力,kN;当荷载为附加组合、临时施工荷载可予以提高;

U——桩的周长,m;

A——桩底截面积,m^2;

l_i——桩在自然地面或河床淤泥以下入土深度中各层土厚度,m;

τ_i——与 l_i 对应各土层对桩侧极限摩阻力,kPa,按表 8-4 查用;

σ_R——桩底处土的极限承载力,kPa,按表 8-5 查用;

a_i、α——分别为振动下沉对各土层桩侧摩阻力和桩底抵抗力的影响系数,按表 8-6 查用;对于打入桩其值均取为 1.0。

打入桩桩侧土的极限摩阻力 τ_i 值 表 8-4

土　类	状　态	极限摩阻力 τ_i(kPa)
黏 性 土	$1.5 \geq I_L \geq 1.0$	15.0 ~ 30.0
	$1.0 > I_L \geq 0.75$	30.0 ~ 45.0
	$0.75 > I_L \geq 0.5$	45.0 ~ 60.0
	$0.5 > I_L \geq 0.25$	60.0 ~ 75.0
	$0.25 > I_L \geq 0$	75.0 ~ 85.0
	$0 > I_L$	85.0 ~ 95.0
粉 细 砂	稍　松	20.0 ~ 35.0
	中　实	35.0 ~ 65.0
	密　实	65.0 ~ 80.0
中　砂	中　实	55.0 ~ 75.0
	密　实	75.0 ~ 90.0
粗　砂	中　实	70.0 ~ 90.0
	密　实	90.0 ~ 105.0

注:表中 I_L 为土的液性指数。

打入桩桩底处土的极限承载力 σ_R 值 表 8-5

土　类	状　态	桩底极限承载力 σ_R(kPa)
黏性土	$I_L \geq 1.0$	1 000
	$1.0 > I_L \geq 0.65$	1 600
	$0.65 > I_L \geq 0.35$	2 200
	$0.35 > I_L$	3 000

续上表

土　类	状　态	桩底极限承载力 σ_R(kPa)		
		桩底进入持力层的相对深度		
		$1>h'/d$	$4>h'/d\geqslant1$	$h'/d\geqslant4$
粉砂	中实	2 500	3 000	3 500
	密实	5 000	6 000	7 000
细砂	中实	3 000	3 500	4 000
	密实	5 500	6 500	7 500
中粗砂	中实	3 500	4 000	4 500
	密实	6 000	7 000	8 000
圆砾石	中实	4 000	4 500	5 000
	密实	7 000	8 000	9 000

注:表中 h'为桩底进入持力层的深度(不包括桩靴);d 为桩的直径或边长。

系数 a_i、α 值　　表 8-6

桩径或边宽 d (m)	土　类			
	黏土	亚黏土	亚砂土	砂土
$d\leqslant0.8$	0.6	0.7	0.9	1.1
$0.8<d\leqslant2.0$	0.6	0.7	0.9	1.0
$d>2.0$	0.5	0.6	0.7	0.9

(2)使用木支架时,要充分考虑木架的支承时间、潮湿状态下的木材受力状况及选材的质量。

木材有一个显著特点,在荷载作用下,随时间增长,强度逐渐降低,荷载的作用时间对木材的影响参考表 8-7。

木材强度与荷载作用时间关系　　表 8-7

受力性质	瞬时强度	当荷载作用时间为下列天数时木材强度百分率				
	%	1	10	100	1 000	10 000
顺纹受压	100	78.5	72.5	66.2	60.2	54.2
静力弯曲	100	78.6	72.6	66.8	60.9	55.0
顺纹受剪	100	75.2	66.0	58.5	51.2	43.8

木材顺纹受压强度为100%的条件是含水率在15%、温度为15℃时测定的，当含水率较高时，其受压强度会愈低，且温度也对之有较大的影响，所以木材在选用时，须选用不受潮湿的木材。

在搭设支架时还应严把木材质量关，其质量标准参见表8-8。

承重木结构木材的材质标准　　表8-8

项目	缺陷名称	构件类别		
		受拉或受弯构件	受弯或压弯构件	受压构件
1	腐朽	不容许	不容许	不容许
2	木节 方木（板材）在构件任一面的任何15cm长度内，所有木节尺寸（在木材宽度方向量取）的总和不大于木节所在面宽的	方木1/3 板材1/4	方木1/5 板材1/3	方木1/2 板材2/5
	当在连接部位时	方木1/4 板材1/5	—	—
	所有木节尺寸（在周长方向量取）的总和不大于所测部位周长的	1/4	1/3	—
	每个木节的最大尺寸不得大于所测部位原木周长的	1/10 （连结部位1/2）	1/6	1/6
3	斜纹 方木、板材—每平方米斜度不大于	5cm	8cm	12cm
4	扭度 原木—扭转每米平均斜度不大于	8cm	12cm	15cm
5	裂缝 方木—在连接部位的受剪面附近，其裂缝深度不得大于材宽的	1/4	1/3	—
	在连接受剪面上	不容许	不容许	不容许
	板木—在连接部位的受剪面及其附近	不容许	不容许	不容许
6	髓心 方木、原木 板材	应避开受剪面 不容许	不容许	不容许

(3)设于水中的支架,应考虑水流压力、流冰压力和船只及漂浮物等的冲击荷载。具体计算见本章第9、10题。

(4)对现浇梁式桥,计算支架时要考虑横隔板及腹板的超重,该处支架要加强,不应按均布荷载考虑。

(5)支架受载后挠曲的杆件,其弹性挠度应小于相应结构跨度的1/400。

(6)支架计算时,其强度安全系数 $k_1 \geqslant 1.5$,稳定性安全系数 $k_2 \geqslant 2.0$ 为宜。即:

$$k_1 = \sigma_{a1}/[\sigma_a] \geqslant 1.5; k_2 = \sigma_{a2}/[\sigma_a] \geqslant 2.0$$

式中:k_1——强度安全系数;

k_2——稳定性验算参见本章第13题;

σ_{a1}——计算压应力;

当为轴向受压构件时

$$\sigma_{a1} = N/A_{ji}$$

其中:A_{ji}——受压构件计算截面的净面积;

N——计算纵向力;

当为偏心受压构件时

$$\sigma_{a1} = N/(\varphi A_0) + (M[\sigma_a])/(W_{ji}[\sigma_w])$$

其中:φ——构件的纵向弯曲系数,参见本章第16题计算;

A_0——验算稳定时的计算面积,当 $\varphi = 1$ 时,可取 $A_0 = A_{ji}$;A_0 取值见本章第13题;

M——计算弯矩;

W_{ji}——构件计算截面的净截面抵抗矩,计算见附表2;

$[\sigma_a]$——木材容许顺纹承压应力,参见本书基坑部分;

$[\sigma_w]$——木材容许顺纹受弯应力,参见本书基坑部分。

8. 拱架在计算时应注意哪些问题?

答:(1)设计荷载除应符合本章第5题的规定外,尚应根据拱桥的结构特点和施工荷载特性分析取用,拱圈的自重荷载宜乘以1.2倍系数。组合箱形拱,如系就地浇筑,其拱架的设计荷载可只考虑承受拱肋重力及施工操作时的附加荷载。在计算荷载作用下,应按可能产生的最不利荷载组合验算拱架的强度、刚度和稳定性。

(2)拱架各截面的应力验算,根据拱架结构形式及所承受的荷载,验算拱顶、拱脚及1/4跨各截面的应力,铁件及节点的应力,同时应验算分阶段浇筑或砌筑时的强度及稳定性。拱架验算分有中间支架的拱架、无中间支架的拱架、扣件式钢管拱架三种类型,详细计算参见《公路施工手册—桥涵》上册第十四章。按《公路桥涵钢结构及木结构设计规范》、《钢结构设计规范》(GB 50017—2003)进行验算强度、刚度、稳定性。

(3)验算时,不论板拱架或桁拱架均应作为整体面考虑,验算倾覆稳定系数≥1.5。

(4)落地式拱架受载后,其弹性挠度不得超过相应结构跨度的1/2 000,最大不超过50mm。

(5)拱式拱架受载后,其弹性挠度不得超过相应结构跨度的1/1 000,最大不超过100mm。

(6)拱架的地基与基础设计应符合现行行业标准《公路桥涵地基与基础设计规范》(JTG D63—2007)的规定,并应对地基承载力进行验算。

9. 如何估算水中支架所受流水压力?

答:作用于支架立柱上的流水压力 P 可按下式计算:

$$P = 0.8A\gamma v^2/2g \qquad (\mathrm{kN})$$

式中:γ——水的重度,$\mathrm{kN/m^3}$;

v——水的流速(水流速度),m/s;

A——支架桩阻水面积,$\mathrm{m^2}$;

g——重力加速度,$9.80\mathrm{m/s^2}$。

10. 如何估算水中漂流物对支架立柱的撞击力?

答:漂流物撞击力 P 可按下式计算:

$$P = Wv/(g\theta) \qquad (\mathrm{kN})$$

式中:W——漂流物重力,kN;根据河流中漂流物情况,按实际调查确定;

θ——撞击时间,一般取1s;

v——水流速度,m/s;

g——重力加速度,$9.8\mathrm{m/s^2}$。

11. 对模板、支架、拱架,如何进行风载估算?

答:建桥时,由于模板、支架、拱架较集中,而且面积较大,对于风大地区按季节性应进行风载计算,其计算方法为:

(1)横向风力(横桥方向):

①横向风力为横向风压乘以迎风面积。横向风压按下式计算：

$$W = K_1 K_2 K_3 K_4 W_0 \qquad (\mathrm{Pa})$$

式中：W_0——基本风压值，Pa；当有可靠风速记录时，按 $W_0=(1/1.6)V^2$ 计算，若无风速记录时，可参照《全国基本风压分布图》，并通过实地调查核实后采用；V 为设计风速，m/s，按平坦空旷地面离地面 20m 高，频率 1/100 的 10min 平均最大风速确定；

K_1——设计风速频率换算系数，对于特殊大桥及在高速公路、一、二级公路上的大、中桥梁采用 1.0；其他桥梁采用 0.85；

K_2——风载体型系数，桥墩见表 8-9，其他构件为 1.3；

K_3——风压高度变化系数，见表 8-10；

K_4——地形、地理条件系数，见表 8-11。

②设计支架时，风力在上部构造的着力点假定在迎风面积的形心上。

③桥梁上部模板有可能被风力掀离支架时，应计算两者锚固的反力。

④迎风面积的计算可按模板的外轮廓线面积乘下列折减系数：

两片（三片以上）钢桁架或钢拱架为 0.4（0.5）；实体模板为 1.0。

桥墩风载体型系数 K_2　　表 8-9

截面形状		长宽比值	体型系数 K_2
→ ○	圆形截面		0.8
→ □	与风向平行的正方形截面		1.4
→ ▭（l, b）	短边迎风的矩形截面	$l/b \leq 1.5$	1.4
		$l/b > 1.5$	0.9
→ ▯（b, l）	长边迎风的矩形截面	$l/b \leq 1.5$	1.4
		$l/b > 1.5$	1.3

风压高度变化系数 K_3 表 8-10

离地面或常水位高度(m)	风压高度变化系数 K_3	附　注
≤20	1.00	表列高度变化系数只适用于空旷平坦地面
30	1.13	
40	1.22	
50	1.30	
60	1.37	
70	1.42	
80	1.47	
90	1.52	
100	1.56	

地形、地理条件系数 K_4 表 8-11

地形、地理条件	地形、地理条件系数 K_4
一般地区	1.00
山间盆地、谷地	0.75~0.85
峡谷口、山口	1.20~1.40
位于避风地点或城市市区内	0.80
沿海海面及海岛	1.30~1.50

(2)支架上的顺桥方向风力,可按横向风压的70%乘其迎风面积计算;拱架、桁架上部结构风力可按横向风压的40%乘其迎风面积计算。

(3)当支架高度<6m或风力较弱时,可不计风载。

12. 如何进行大型钢模板设计计算?

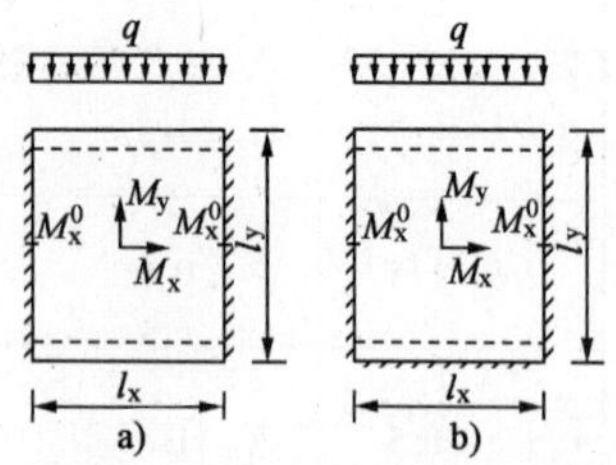

图 8-6　双向板钢面板计算简图
a)两边嵌固、两边简支;b)三边嵌固、一边简支

答:大型钢模板计算的主要内容有:①面板计算;②支撑面板的纵横加强肋计算;③操作平台强度与刚度计算;④钢吊环的强度与刚度计算;⑤穿墙螺栓的强度计算;⑥模板自稳角。

(1)面板计算

当长宽比<2时,按四边支撑双向板计算;当长宽比>2时,单向板按三跨或四跨连续梁计算。如图8-6。

①强度计算：板面最大正应力 σ_{max} 应满足下式的要求：

$$\sigma_{max} = M_{max}/(\gamma_x W_x) \leqslant [\sigma]$$

式中：M_{max}——板面最大计算弯矩设计值，根据板的嵌固形式及 l_x/l_y 查附表4，查表时应注意泊松系数，一般钢材的泊松系数 $\mu=0.3$，并根据之对跨中弯矩进行修正，即

$$M_{x-max} = M_x + \mu M_y; \qquad M_{y-max} = M_y + \mu M_x$$

其中：M_x——x 轴方向的弯矩，$M_x = K_x q l_x^{\,2}$；

M_y——y 轴方向的弯矩，$M_y = K_y q l_y^2$；

γ_x——截面塑性发展系数，$\gamma_x = 1.0$；

W_x——弯矩平面内净截面抵抗矩，$W_x = bh^2/6$；

h——钢板厚度；

b——板单位宽度，$b = 1\text{m}$；

$[\sigma]$——面板的允许应力；

K_x、K_y——内力计算系数，由附表4查得。

②挠度计算：板的计算最大挠度 f_{max} 应满足下式的要求：

$$f_{max} = K_f(qL^4/B_0) \leqslant [f] = L/500 \text{ 且小于 } 1.5\text{mm}$$

式中：q——新浇混凝土侧压力的均布荷载值；

L——计算跨长，当为四边支撑时取较小者；

K_f——挠度计算系数，根据板面不同的支承情况查附表4；

B_0——板的刚度，$B_0 = (Eh^3)/[12(1-\mu^2)]$；

E——钢材的弹性模量，取 $E = 2.1\times10^5\text{MPa}$；

μ——钢板的泊松系数，$\mu = 0.3$；

$[f]$——钢板的允许挠度。

(2)横肋计算

横肋紧贴钢板，是支承在竖向主梁上的连续梁(有些钢模板为纵肋，横向主梁，但计算方法基本相同，由于荷载为三角形分布，为安全计可仅根据最下一层计算)。计算简图为图8-7。

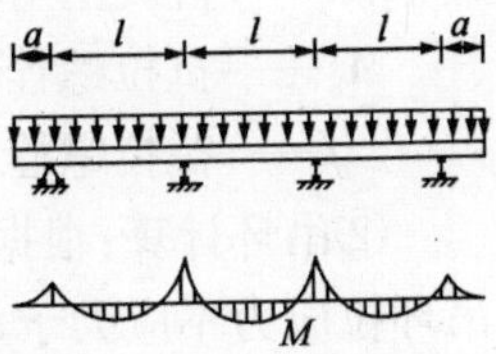

图8-7 横肋计算简图

①强度验算：横肋最大计算应力 σ_{max} 应满足下式的要求：

$$\sigma_{max} = M_{max}/(\gamma_x W_x) \leqslant [\sigma]$$

其中：M_{max}——横肋最大计算弯矩设计值；根据实际情况，可按相应的连续梁进

行计算,也可简单按两主梁为支点的简支梁进行计算;

γ_x——截面塑性发展系数,$\gamma_x=1.0$;

W_x——横肋在弯矩平面内净截面抵抗矩,见附表2;

$[\sigma]$——横肋允许应力。

②挠度验算:

悬臂部分挠度f_{max}应满足下式的要求:

$$f_{max} = (qa^4)/(8EI_x) \leqslant [f] = a/500$$

跨中部分挠度f_{max}应满足下式要求:

$$f_{max} = (ql^4)/[(384EI_x)\times(5-24\lambda^2)] \leqslant l/500$$

式中:q——横肋上的均布荷载标准值,$q=ph_1$;

a——悬臂部分的长度;

E——钢材的弹性模量,取$E=2.1\times10^5$MPa;

I_x——弯矩平面内横肋的惯性矩;

λ——悬臂部分长度与跨中部分长度之比,$\lambda=a/l$;

l——竖向主梁间距;

p——模板的最大侧压力;

h_1——横肋的间距。

(3)竖向主梁计算

竖向主梁一般用两根槽钢制成,可按支撑在穿墙螺栓上的连续梁计算,将集中荷载转化为均布荷载,$q_1=p_1$。

对挠度和截面应力的验算类同于横肋的计算。

(4)穿墙螺栓与吊环的计算

①对拉螺栓:对拉螺栓应满足混凝土对模板的侧压力:

$$N \leqslant A_n f$$

式中:N——混凝土对模板的侧压力;

A_n——抗拉螺栓面积;

f——抗拉螺栓设计强度。

②吊环计算:根据吊环应采用HPB235钢筋制作和严禁使用冷加工钢筋及吊环拉应力不应大于50MPa的规定,吊环截面面积计算式为:

$$A_n = P_x/(2\times50) = P_x/100$$

式中:A_n——吊环净截面面积,mm^2;

P_x——吊装时吊环所承受的钢模板的自重荷载设计值,并乘以动载系数1.3。

(5)模板自稳角计算

为保持大模板在现场堆放时的稳定，应具备其相应的自稳角β，如图 8-8。取 1m 宽面板分析，其自稳角计算公式：

$$\beta = \arcsin\{[-G \pm (G^2 - 4\omega^2)^{1/2}]/(2\omega)\}$$

式中：β——模板的自稳角，°；

G——模板的自重，kPa；

ω——风压，kPa，计算参照本节风压公式。

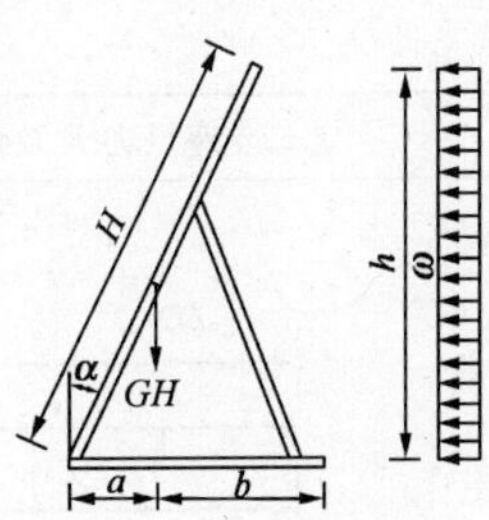

图 8-8　大模板的自稳验算简图

在实际生产中可能会遇到各种结果形式，表 8-12 所列形式可供计算参考。

静荷载梁的内力及变位公式　　表 8-12

支座反力 R 及计算简图	最大弯矩 M，挠度 f
q；L；A B $R_A = R_B = qL/2$	$M_{AB} = qL^2/8$ $f_{AB} = 1.30 \times 10^{-2} qL^4/(EI)$
q；L L；A B C $R_A = R_C = 3qL/8, R_B = 10qL/8$	$M_B = qL^2/8$ $M_{AB} = M_{BC} = 9qL^2/128$ $f_{AB} = f_{BC} = 0.542 \times 10^{-2} qL^4/(EI)$
q；L L L；A B B A $R_A = 4qL/10, R_B = 11qL/10$	$M_B = -qL^2/10$ $M_{AB} = 2qL^2/25, M_{BB} = qL^2/40$ $f_{AB} = 0.689 \times 10^{-2} qL^4/(EI)$ $f_{BB} = 0.0521 \times 10^{-2} qL^4/(EI)$
q；L；A B $R_B = qL$	$M_B = -qL^2/2$ 在 A 点　$f_A = 12.5 \times 10^{-2} qL^4/(EI)$

续上表

支座反力 R 及计算简图	最大弯矩 M,挠度 f
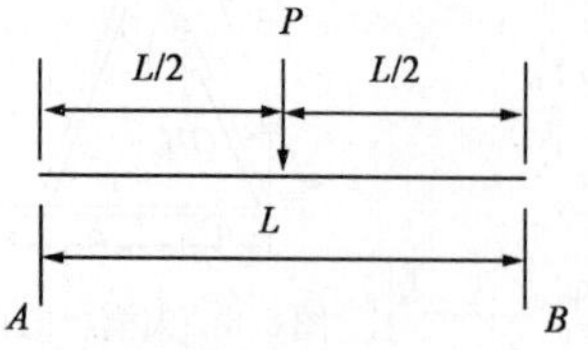 P; $L/2$ $L/2$; L; A B $R_A=P/2, R_B=P/2$	$M_{AB}=PL/4$ $f_{AB}=2.08\times10^{-2}PL^3/(EI)$
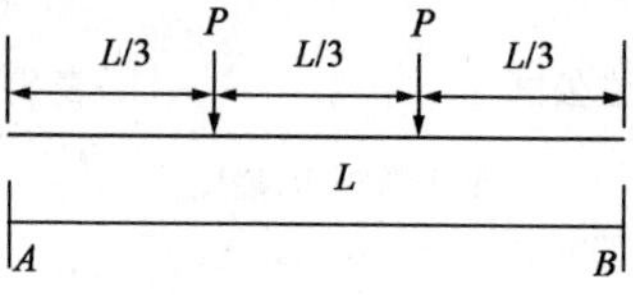 P P; $L/3$ $L/3$ $L/3$; L; A B $R_A=R_B=P$	$M_{AB}=PL/3$ $f_{AB}=3.55\times10^{-2}PL^3/(EI)$
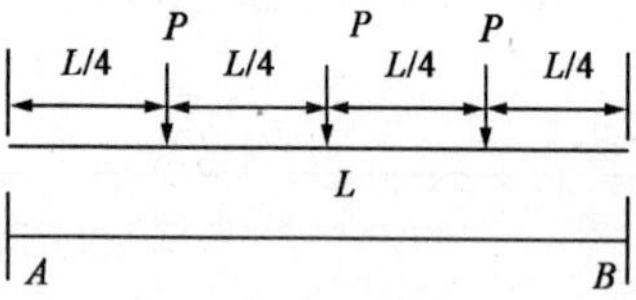 P P P; $L/4$ $L/4$ $L/4$ $L/4$; L; A B $R_A=R_B=1.5P$	$M_{AB}=PL/2$ $f_{AB}=4.95\times10^{-2}PL^3/(EI)$

13. 如何计算木材受压构件的稳定性?

答:(1)轴心受压构件

轴心受压构件的稳定性应满足下式要求:

$$\sigma_a = N/(\phi A_0) \leqslant [\sigma_a]$$

式中:σ_a——计算压应力,kPa;

N——计算轴向力,kN;

$[\sigma_a]$——木材容许顺纹承压应力(kPa),参见第二章表2-5;

A_0——验算稳定性时截面的计算面积,一般按下面规定采用:

①无缺口时,取 $A_0=A_m$,A_m 为构件的毛截面面积;

②缺口不在边缘时,取 $A_0=0.9A_m$;

③缺口在边缘且对称时,取 $A_0=A_{ji}$,A_{ji}为受压构件计算截面的净截面面积;

④缺口在边缘且不对称时,应按偏心受压构件计算;

ϕ——构件的纵向弯曲系数,按下式计算:

①当 $\lambda \leqslant 80$ 时

$$\phi = 1.02 - 0.55[(\lambda + 20)/100]^2$$

②当 $\lambda > 80$ 时

$$\phi = 3\,000/\lambda^2$$

式中:λ——构件的长细比;

$$\lambda = l_0/r$$

$$r = \sqrt{I_m/A_m}$$

其中:r——构件计算截面回转半径;

I_m、A_m——构件的毛截面惯性矩、面积;

l_0——受压构件计算长度;

l_0 = 实际长度 × 系数,其计算长度系数如表 8-13 所示。

受压构件的计算长度系数　　表 8-13

构件情况	两端铰接	一端固定,一端自由	一端固定,一端铰接	两端固结
系数	1.0	2.0	0.7	0.5

(2)偏心受压构件

$$\sigma_a = N/(\phi A_0) + (M[\sigma_a])/(W_{ji}[\sigma_w]) \leqslant [\sigma_a]$$

式中:W_{ji}——构件计算截面的净截面抵抗矩,见附表 2;

M——计算弯矩,当验算垂直于弯矩作用平面的稳定时,不考虑其影响;

$[\sigma_w]$——木材容许顺纹受弯应力。

(3)组合构件

验算组合构件的稳定性时,主要是确定其长细比,长细比确定方法,如图8-9所示。

对于 x-x 轴,(经过组合构件所有单肢杆件的截面重心)长细比的计算与整体构件相同。

对于 y-y 轴,长细比按下式计算:

$$\lambda = \sqrt{(\mu_y \lambda_y)^2 + \lambda_1^2}$$

式中:λ_y——整个构件对 y-y 轴的长细比,不考虑结合的松弛性,按构件长度 l_0 计算;

l_0——构件计算长度,m,系数见表 8-13;

λ_1——单肢构件对其自身重心轴 I-I 的长细比:

$$\lambda_1 = l_1/\sqrt{\sum I_1/A_m}$$

当 $l_1 \leqslant 0.7h_1$ 时,$\lambda_1 = 0$;

ΣI_1——各单肢杆件对其自身重心轴(平行于 y-y 轴)的惯性矩总和;

A_m——整个构件的毛截面面积;

l_1——各单肢构件的计算长度,采用连接件(螺栓、钉)间的长度;

h_1——单肢构件的计算高度;

μ_y——长细比的换算系数;而

$$\mu_y = [1 + k_c(bhn_f)/(l_0^2 n_j d^2)]^{1/2}$$

其中:b——整个构件的截面宽度,cm;

h——整个构件的截面高度,cm;

n_f——构件结合缝的数目,如图 8-9a),$n_f = 4$;如图 8-9b),$n_f = 5$;

n_j——每米长度内,每条结合缝中连接物(螺栓或钉)的计算剪力面数,如图 8-9b),

$$n_j = (2 \times 7)/l$$

l——构件长度,m;

k_c——松弛系数,见表 8-14,m;

d——螺栓或钉的直径,cm。

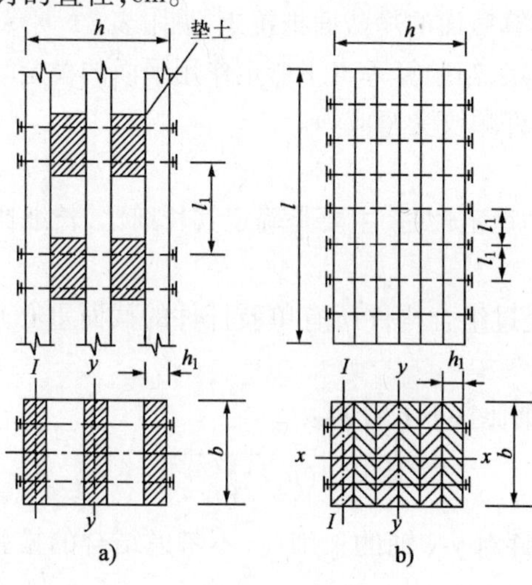

图 8-9

松弛系数 k_c(m)值　　表 8-14

结合形式	轴心受压	偏心受压
螺　栓	1/3	1/1.5
钉	1/10	1/5

14. 如何进行钢结构构件强度计算?

答:钢结构构件强度计算公式如表 8-15 所示,计算时应依据具体情况选用。

结构构件强度计算公式　　表 8-15

计算应力种类	构件受力情况	计算公式
法向应力	轴心受拉	$N/A \leqslant [\sigma]$
	在一个主平面内受弯曲	$M/W \leqslant [\sigma_w]$
	受压(或受拉)并在一个主平面内受弯曲或与此相当的偏心受压及偏心受拉	$N/A \pm M/W \leqslant [\sigma]$或$[\sigma_w]$
	受斜弯曲	$M_x/W_x + M_y/W_y \leqslant C[\sigma_w]$
	受压(或受拉)并受斜弯曲或与此相当的偏心受压及偏心受拉	$N/A \pm (M_x/W_x + M_y/W_y)1/C \leqslant [\sigma]$或$[\sigma_w]$
剪应力	受弯曲	$\tau_{max} = (QS_m)/(I_m\delta) \leqslant C_T[\tau]$
换算应力	受弯曲;受压(或受拉)并受弯曲	$\sqrt{\sigma^2 + 3\tau^2} \leqslant 1.1[\sigma]$或$1.1[\sigma_w]$

注:N、M、Q——验算截面的计算轴向力、弯矩和剪力。

A——验算截面的计算面积,受拉构件为净截面面积,受压构件为毛截面面积。

W、W_x、W_y——验算截面处对主轴的计算截面抵抗矩;验算受拉翼缘为净截面抵抗矩;验算受压翼缘为毛截面抵抗矩。为简化计,均可按毛截面的重心轴计算;

S_m——中性轴以上的毛截面对中性轴的静矩;

δ——验算截面处腹板厚度;

I_m——毛截面惯性矩,估算铆接板梁腹板的净惯性矩时,可近似地取其毛截面惯性矩的 0.85 倍;

σ——验算截面处按净截面计算的法向应力;

τ_{max}、τ——验算截面的最大剪应力和实际剪应力;

$[\sigma]$、$[\sigma_w]$、$[\tau]$——钢材的容许轴向应力、容许弯曲应力和容许剪应力,见附表 5;

C——斜弯曲作用下容许应力增大系数:

$$C = 1 + 0.3(\sigma_{w1}/\sigma_{w2}) \leqslant 1.5$$

其中:σ_{w1}、σ_{w2}——为验算截面上由于作用在两相互垂直平面的弯矩所产生的较小和较大的应力;

C_T——剪应力分布不均匀时容许应力增大系数;

当 $\tau_{max}/\bar{\tau}\leqslant 1.25$ 时,$C_T=1.0$;

当 $\tau_{max}/\bar{\tau}=1.50$ 时,$C_T=1.25$;

当 $1.25<\tau_{max}/\bar{\tau}<1.50$ 时,C_T 用直线插入法求得。

其中:τ_{max}——截面计算最大剪应力;

$\bar{\tau}$——假定全部剪应力 Q 传给腹板截面的平均剪应力;

$$\bar{\tau}=Q/(h_0\delta)$$

其中:h_0——腹板全高;

δ——腹板厚度。

15. 如何进行钢结构构件稳定性验算?

答:进行钢结构构件总稳定性计算时,采用下列计算式:

(1)轴心受压:$N/A_m\leqslant\phi_1[\sigma]$

(2)在一个主平面内受弯曲:$M/W_m\leqslant\phi_2[\sigma]$

(3)受压并在一个主平面内受弯曲或与此相当的偏心受压:

$$N/A_m+[\phi_1/(\mu\phi_2)]\times(M/W_m)\leqslant\phi_1[\sigma]$$

式中:N——计算轴向力;

A_m——毛截面积;

M——构件中部1/3长度范围内最大计算弯矩;

W_m——毛截面抵抗矩;

ϕ_1——轴心受压构件的纵向弯曲系数,根据钢种、截面形状及弯曲方向取定,见表8-16;

ϕ_2——构件只在一个主平面受弯时的纵向弯曲系数(若是压弯杆,可按 $N=0$ 的情况来确定 ϕ_2),在不作进一步分析时,可按下边公式计算构件的换算长细比 λ_e,由表8-16查得相应的 ϕ_1 代替 ϕ_2;

$$\lambda_e=\alpha\times(L_0/h)\times(r_x/r_y)$$

α——系数,焊接构件取1.8,铆接构件取2.0;

L_0——构件对 y-y 轴的自由长度;

h——构件高度,见图8-10;

r_x、r_y——构件截面对 x-x 轴(强轴)和 y-y 轴(弱轴)的回转半径(见图8-10);

轴心受压构件的纵向弯曲系数 ϕ_1　表 8-16

焊接 H 形（验算翼板平面内总稳定性）及焊接 T 形构件			焊接 H 形（验算翼板平面内总稳定性）、焊接箱形及铆钉构件		
λ	ϕ_1		λ	ϕ_1	
	A3	16Mn		A3	16Mn
0～30	0.900	0.897	0～30	0.900	0.900
40	0.877	0.841	40	0.900	0.877
50	0.828	0.775	50	0.867	0.826
60	0.772	0.705	60	0.824	0.766
70	0.713	0.630	70	0.773	0.695
80	0.651	0.547	80	0.715	0.616
90	0.583	0.483	90	0.651	0.529
100	0.521	0.426	100	0.581	0.450
110	0.469	0.376	110	0.510	0.391
120	0.422	0.330	120	0.446	0.333
130	0.380	0.288	130	0.395	0.291
140	0.341	0.248	140	0.347	0.258
150	0.305	0.222	150	0.308	0.227

对于下列情况，取 $\phi_2 = 1$；

①箱形截面构件；

②任何截面构件，当所验算的失稳平面和弯矩作用平面一致时；

μ——考虑弯矩因构件受压增大所引用的值；

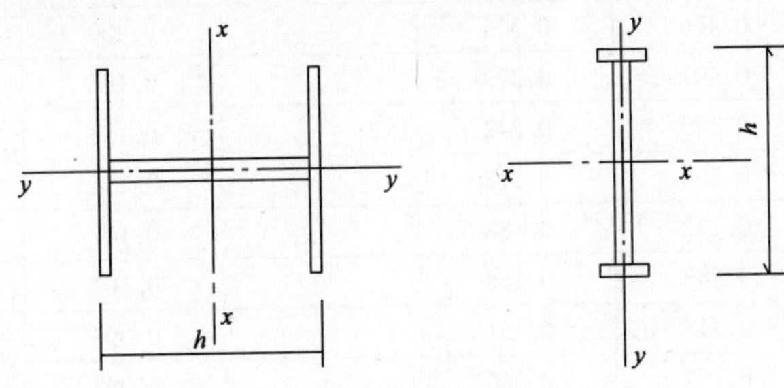

图　8-10

当$N/A_m \leqslant 0.15\phi_1[\sigma]$时,取$\mu = 1.0$;

当$N/A_m > 0.15\phi_1[\sigma]$时,取$\mu = [1-(n_1 N\lambda^2)/(\pi^2 EA_m)]m$;

λ——构件在弯矩作用平面内的长细比;

E——弹性模量;

n_1——受压杆容许应力安全系数,在荷载组合Ⅰ时取1.7,在荷载组合Ⅱ~Ⅳ时取1.4;

m——当弯矩由荷载组合Ⅰ产生时取1.0,在荷载组合Ⅱ~Ⅳ时取1.4。

16. 如何用压杆的稳定条件选择构件截面?

答:压杆的稳定方程为

$$P/(\phi A) \leqslant [\sigma]$$

若是要选择的材料满足要求,须使材料的截面积满足下式要求:

$$A \geqslant P/(\phi[\sigma])$$

式中:ϕ——压杆的纵向弯曲系数,可按表8-17取用。

压杆的纵向弯曲系数 ϕ 表8-17

λ	ϕ 值				
	A2、A3	16Mn	铸铁	木材	混凝土
9	1.000	1.000	1.00	1.000	1.00
20	0.981	0.973	0.91	0.932	0.96
40	0.927	0.895	0.69	0.822	0.83
60	0.842	0.776	0.44	0.658	0.70
70	0.789	0.705	0.34	0.575	0.63
80	0.731	0.627	0.26	0.460	0.57
90	0.669	0.546	0.20	0.371	0.51
100	0.604	0.462	0.16	0.300	0.46
110	0.536	0.384		0.248	
120	0.466	0.325		0.209	
130	0.401	0.279		0.178	
140	0.349	0.242		0.153	
150	0.306	0.213		0.134	
160	0.272	0.188		0.117	
170	0.243	0.168		0.102	
180	0.218	0.151		0.093	
190	0.197	0.136		0.083	
200	0.180	0.124		0.075	

它的截面选择用试算法进行,其步骤为:

(1)根据经验假定一个 ϕ_1 值(一般可取 0.5 ~ 0.6),初步定出截面尺寸;

(2)按初选尺寸计算长细比 λ(其计算方法见上题),根据 λ 查处相应的 ϕ_1' 值,并与 ϕ_1 值比较,当两者比较接近时,可对所选截面进行稳定校核;

(3)当 ϕ_1'值与 ϕ_1 值相差较大时,可再设 $\phi_2 = (\phi_1' + \phi_1)/2$ 重复上面步骤试算,直到求得的两个 ϕ 值接近为止。

17. 在钢模板生产中,对栓接(或铆接)构造有何要求?

答:螺栓(或铆钉)连接的布置,应尽可能使其与构件的轴线相对称,避免偏心。

位于主要构件的螺栓(或铆钉)直径,应不大于翼肢宽度的1/4。不得已时或在次要构件上,对肢宽 75mm 的角钢可用直径 22mm 的螺栓(或铆钉);对肢宽 90mm 的角钢可用直径 24mm 的螺栓或 25mm 的铆钉。

直径为 22mm 的螺栓(或铆钉),其栓孔(或钉孔)直径为 23mm;直径为 24mm 的螺栓和直径为 25mm 的铆钉,其栓孔(或钉孔)直径为 26mm。

铆钉最大铆合的厚度不宜大于钉孔直径的 4.5 倍。如用双铆钉枪、冲击式风顶或马蹄形铆钉机铆合时,则铆合的厚度可增至孔径的 5.5 倍。超过上述厚度时,每加厚 2mm,铆钉数目增加 1%。

螺栓在螺帽外露的长度应尽量缩短,但不宜少于 5mm。

结构的受力构件,在节点上连接的螺栓(或铆钉)数,或接头一边的螺栓(或铆钉)数,当一排时,螺栓不应少于 2 个,铆钉不应少于 3 个;两排及两排以上时,每排螺栓或铆钉不应少于 2 个。

角钢在连接或接头处采用交叉布置的螺栓(或铆钉)时,第一个螺栓(或铆钉)应排在靠近边角钢背处。

18. 普通螺栓连接和铆钉连接的容许承载力计算公式是什么?

答:(1)抗剪:$[N_j^m] = n_j(\pi d^2/4)[\tau^m]$;$[N_j^l] = n_j(\pi d^2/4)[\tau^l]$;

(2)承压:$[N_c^m] = d\Sigma\delta[\sigma_c^m]$; $[N_c^l] = d\Sigma\delta[\sigma_c^l]$;

(3)抗拉:$[N_l^m] = (\pi d^2/4)[\sigma_l^m]$; $[N_l^l] = (\pi/16)(2d - 1.8763t)^2[\sigma_l^l]$;

式中:$[N_j^m]$、$[N_c^m]$和$[N_l^m]$——每个铆钉的抗剪、承压和抗拉容许承载能力;

$[N_j^l]$、$[N_c^l]$和$[N_l^l]$——每个螺栓的抗剪、承压和抗拉容许承载能力;

n_j——每个铆钉或螺栓的受剪面数目；

d——铆钉孔径或螺栓杆的外径；

t——螺栓的螺纹间距，按螺栓说明；

$[\tau^m]$、$[\sigma_c^m]$、$[\sigma_1^m]$——铆钉的抗剪、承压和抗拉容许应力，按附表5-5采用；

$[\tau^1]$、$[\sigma_c^1]$、$[\sigma_1^1]$——螺栓的抗剪、承压和抗拉容许应力，按附表5-4采用。

19. 使用防水胶合板作为现浇混凝土面模板有什么优越性?

答:随着胶合板的优越性逐渐被发现，其越来越被广泛地应用于桥梁工程的建设中，既弥补了木材的缺陷又比钢材具有灵活性，使用防水胶合板作现浇混凝土面模板的主要优越性体现在表面平整光滑；价格便宜，重量轻便，便于装卸运输；防水、防渗，使用恰当，可以多次周转(一般可周转四次)；宜在工地现场支架上直接制作安装，解决了用钢板制作模板无法调整的平整度问题；关键时候可在工地现场增加木工，全面开花，适于抢工期；只要胶合板表面光洁，在浇筑混凝土时不刷涂脱模剂；拆卸模方便，易于加工成各种形状；周转几次后，表面已没光洁度，此时可用于内模或混凝土面不外露工程部位。

20. 如何进行柱箍间距计算?

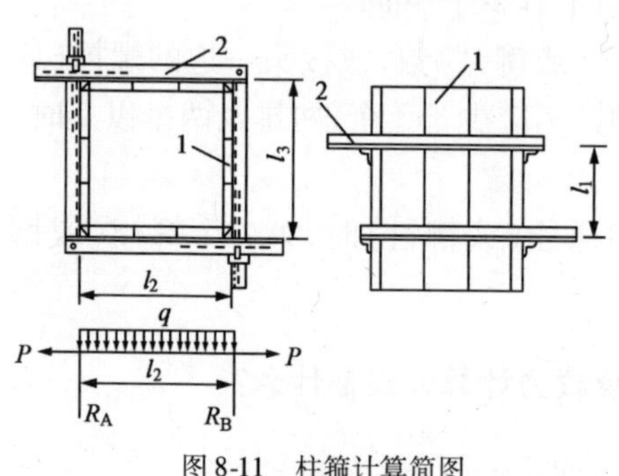

图8-11　柱箍计算简图

1-钢模板;2-夹板

答:柱箍直接用于支承柱模板块，既是抗弯构件，又夹紧模板起受拉作用。一般用扁钢、角钢或槽钢及钢管制作，如图8-11。

(1)按抗弯强度计算：

$$l_1 \leqslant 8[\sigma]WA/[p(l_2^2A+4l_3W)]$$

(2)按挠度计算：

$$l_1 \leqslant 384[f]EI/5pl_2^4$$

式中:p——混凝土侧压力，100kPa；

l_1——柱箍间距，cm；

l_2——长边柱箍跨距(=长边柱宽+两侧钢模板肋高)，cm；

l_3——短边柱箍跨距(=短边柱宽+两侧钢模板肋高)，cm；

W——截面抵抗矩，cm^3；

A——柱箍截面积，cm^2；

EI——柱箍抗弯刚度，$10N \cdot cm^2$；

$[\sigma]$——柱箍允许弯拉应力，100kPa；

$[f]$——柱箍允许挠度值，cm。

根据以上两式可以求得柱箍的分配间距，具体运用时可任取一式。

板肋常用钢管及槽钢的力学性能见表8-18。

常用钢管及槽钢的力学性能　　表8-18

规格		截面积 (cm^2)	惯性矩 I (cm^4)	截面模量 W (cm^3)
圆钢管	ϕ48 ×3.0	4.24	10.78	4.40
	ϕ48 ×3.5	4.89	12.19	5.08
	ϕ51 ×3.5	5.22	14.81	5.81
轻型槽钢	[80 ×40 ×3.0	4.50	43.92	10.98
	[100 ×50 ×3.0	5.70	88.52	12.20
内卷边槽钢	80 ×40 ×15 ×3.0	5.08	48.92	12.23
	100 ×50 ×20 ×3.0	6.58	100.28	20.06
轧制槽钢	[80 ×43 ×5.0	10.24	101.30	25.30

21. 如何计算组合钢模板的内钢楞跨度(即外钢楞间距)?

答: 内钢楞直接支承在钢模板上，可按均布荷载计算，见图8-12。

(1)内钢楞的计算原则

①连续内钢楞跨数不同时，按不同跨数的有关公式计算。

②连续内钢楞带悬臂时，应另行验算悬臂端的弯矩和挠度，取最大值。

③每块钢模板上宜有两处支承，每个支承上有两根钢楞。

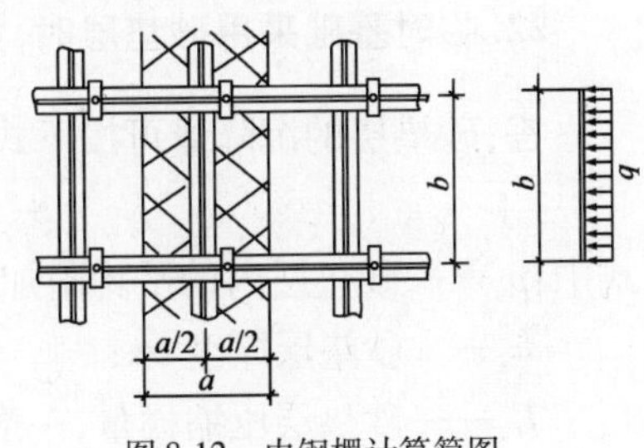

图8-12　内钢楞计算简图

④长度1500mm、1200mm和900mm钢模板的内钢楞间距 a 宜分别取750mm、600mm和450mm。

⑤热轧钢楞的容许应力 $[\sigma]=210MPa$，冷弯型钢钢楞的容许应力 $[\sigma]=160MPa$。

⑥钢楞的容许挠度 $[f]=0.3cm$。

⑦外钢楞的最大距离取决于抗弯强度及挠度的控制值,但不宜超过2 000mm。

(2)单跨及两跨连续的内钢楞计算公式

①按抗弯强度计算内钢楞的跨度:

$$b \leqslant \sqrt{8[\sigma]W/(p \times a)}$$

②按挠度计算内钢楞的跨度:

$$b \leqslant \sqrt[4]{384[f]EI/(5p \times a)}$$

式中:p——混凝土侧压力,100kPa;

EI——双根内钢楞的抗弯刚度,10N · cm^2;

a——内钢楞间距,cm;

b——外钢楞间距(或内钢楞跨度),cm;

W——双根内钢楞的截面最小抵抗矩,cm^3,见附表2;

$[\sigma]$——钢楞容许应力,100kPa;

$[f]$——钢楞容许挠度,cm。

(3)三跨及以上连续的内钢楞计算公式

①按抗弯强度计算内钢楞的跨度:

$$b \leqslant \sqrt{10[\sigma]W/(p \times a)}$$

②按挠度计算内钢楞的跨度:

$$b \leqslant \sqrt[4]{150[f]EI/(p \times a)}$$

符号意义同上。

22. 临时基础采用砂垫层时,如何计算砂垫层沉降量?

答:砂垫层的沉降量可按下式计算:

$$S_s = (p_s \times h_s)/E_s$$

式中:p_s——砂垫层内的平均附加压力,kPa;

h_s——砂垫层厚度,m;

E_s——砂垫层压缩模量,一般取 $E_s = 27$MPa,或由试验获得。

23. 临时立柱采用原木时,如何计算立柱弹性压缩量?

答:立柱弹性压缩可用下式计算:

$$\Delta L = (\sigma \times L)/E$$

式中:L——原木轴向长度,m;

σ——原木轴向压应力：

$$\sigma = P/A$$

其中：P——单根原木轴向压力，kN；

A——单根原木小头面积，m^2；

E——原木弹性压缩模量，MPa，根据不同材质取值。

24. 某立交 R_4 桥采用钢木组合支架是怎样设计及施工的？

答：R_4 桥全长 246.105m，该联桥共 7 跨，跨距不等，且在圆曲线及渐变段上。梁主体在旱地施工，高度 10m 左右。根据现有材料，决定采用原木立柱、六四军用梁作纵横梁的钢木混合梁式支架就地浇筑混凝土方案，如图 8-13。曲线部分用折线形式支架和调节悬臂模板长度来适应。支架由下至上结构材料依次为：砂砾换填基础、钢筋混凝土垫块、组合原木、硬方木、横桥向军用梁、纵桥向军用梁、木楔、20cm × 20cm 方木（分配梁）、防水胶合板。临时支架跨度最大 12m，最小 8m。当地为湿陷性黄土，地基允许承载力 $[\sigma] = 0.1\text{MPa}$。

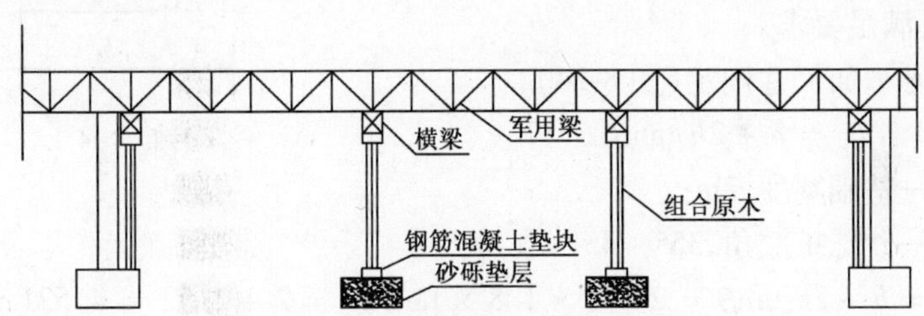

图 8-13 六四军用梁组合原木一般构造图

（1）基础承载力计算

立柱荷载以标准段和渐变段最大者考虑，以 12m 跨径荷载控制设计。基础承载力计算包括：箱梁自重荷载 $q_1 = 240\text{kN/m}$、其他临时荷载有模板自重荷载 $q_2 = 10\text{kN/m}$、每组立柱及钢筋混凝土垫块自重荷载 $P = 35.3\text{kN}$、军用梁自重荷载 $q_3 = 7.5\text{kN/m}$。经计算钢筋混凝土垫块底应力：

$$\sigma = (q_1 + q_2 + q_3) \times 12/4 + P = 0.202\text{MPa} > [\sigma] = 0.1\text{MPa}$$

结果不能满足要求，地基需进行处理，采用换填砂砾垫层。

（2）砂砾垫层

①砂砾垫层厚度计算。

根据《公路桥涵地基与基础设计规范》（JTG D63—2007）相关内容，如图 8-14计算厚度：

$$\sigma_{h+z} = \gamma_1(h+Z) + \alpha(p - \gamma_2 h) \leqslant [\sigma]_{h+z}$$

式中:h——基础的埋置深度,m,取 $h=0$;

Z——从钢筋混凝土基础底面到软弱土层顶面的距离,m,试算;

γ_1——深度$(h+Z)$之间各土层的换算重度,取 $\gamma_1=16.0\text{kN/m}^3$;

γ_2——深度 h 范围内的土的换算重度,取 $\gamma_2=18.7\text{kN/m}^3$;

p——由荷载产生的基底应力,取 $p=202\text{kPa}$;

α——土中附加应力系数,根据《公路桥涵地基与基础设计规范》(JTG D63—2007)附录附表查得,$\alpha=0.392$;

$[\sigma]_{h+z}$——软弱下卧层顶面处的允许承载力,取$[\sigma]_{h+z}=130\text{kPa}$。

经过试算,当 $Z=1.8\text{m}$ 时,根据钢筋混凝土垫块边长 $L=b=2.0\text{m}$,查得 $\alpha=0.392$,此时求得:$\sigma_{h+z}=108\text{kPa}>[\sigma]_{h+z}=100\text{kPa}$,基本符合要求,此时可采取开挖后的基底夯实(用打夯机夯三遍),地基应力提高到120kPa,可满足要求。

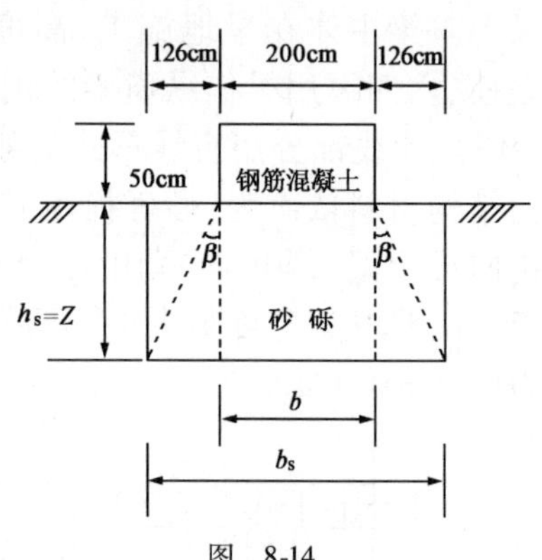

图 8-14

②砂砾平面尺寸确定(图 8-14)

$$b_s = b + 2h_s\tan\beta$$

式中:b——基础宽度,2m;

β——砂砾扩散角,35°~45°,取35°。

$$b_s = b + 2h_s\tan\beta = 2 + 2\times1.8\times\tan35° = 2 + 2.52 = 4.52(\text{m})$$

通过上式可知砂砾垫层每边应宽出钢筋混凝土底边126cm。

由于沿桥横向分布几个临时支墩,所以,基础横桥向挖成长条形,其长度为:

$$L_s = L + 2h_s\tan\beta$$

式中:L——横桥向临时支墩钢筋混凝土垫块外侧之距离。

③砂砾垫层换填

换填砂砾层厚度按以上计算为1.8m,在其上用2m×2m×0.5m的钢筋混凝土块来分布和传递荷载。钢筋混凝土垫块每边襟边宽度为126cm,以保证其扩散角不小于35°。施工时应注意以下几点:

a)该地区处于湿陷性黄土地区,应做好排水准备,防止雨水和施工水进入;

b)基坑开挖到设计高程后,要检查基底的承载力。对已挖出原状土的基底可视情况而定;

c)基坑回填前,对基底进行夯实,保证地基的承载力;

d)严冬施工时,基坑及时回填砂砾,以防新土冻结,严禁用冻土回填;

e)砂砾料要求黏土含量不大于5%,粉土含量不大于25%,最大粒径不大于5cm。采用蛙夯机夯实,每层夯实厚度不超过10cm,夯实程度达到中等密实。

(3)基础沉降

基础沉降包括砂砾垫层沉降量、地基土层沉降量、立柱弹性压缩、各种材料接缝处的非弹性变形四部分,其计算过程如下。

①砂砾垫层沉降量可按下式计算:

$$S_s = (p_s \times h_s)/E_s$$

式中:p_s——砂垫层内的平均附加压力(kPa),

$$p_s = (p_0 + p_{0s})/2$$

其中:p_0——基础底面附加压力,kPa,取 $p_0 = 20.2$kPa;

p_{0s}——传布到砂垫层底部的附加压应力,kPa;

当 $h_s \leqslant 0.5b$ 时,$p_{0s} = \alpha_1 (p - \gamma_p h)$;

当 $h_s > 0.5$b 时,条形基础:$p_{0s} = [b/(b + h_s)] \times (p - \gamma_p h)$;

矩形基础:$p_{0s} = \{Lb/[(L + h_s)(b + h_s)]\} \times (p - \gamma_p h)$;

其中:p——基础底面总压力,kPa;

α_1——压力系数,参见附表3;

γ_p——基础底面以上土的加权平均重度,kN/m^3,地下水位以下取浮重;

h——基础埋深,m;

L——基础长度,m。

在本项目中,由于钢筋混凝土垫块的平面尺寸为2m×2m,$h_s > 0.5b$,所以,取矩形基础值,其计算结果:

$$p_{0s} = \{Lb/[(L + h_s)(b + h_s)]\} \times (p - \gamma_p h) = 66\text{kN/m}^2$$

求得:

$$p_s = (p_0 + p_{0s})/2 = (202 + 66)/2 = 134\text{kN/m}^2$$

E_s——砂垫层压缩模量,取 $E_s = 27$MPa;

h_s——砂垫层厚度,m,取 $h_s = 180$cm。

得:

$$S_s = 0.70\text{cm}$$

②地基土层沉降量可按下式计算:

$$S_X = mp_0 \sum b(\delta_i - \delta_{i-1})/E_{1-2}$$

式中:S_X——地基最终沉降量,cm;

p_0——基础底面附加压应力,kPa;取 $p_0 = 202$kPa;

m——经验系数,

当 $p_0 \leqslant 60$kPa 时,$m=1.2$;

当 $p_0 \geqslant 100$kPa 时,$m=1.3$;

中间值可内插,本题取 $m=1.3$;

b——基础底面宽度,取 $b=2$m;

δ——沉降系数,可查附表 3;

E_{1-2}——地基土在 100 ~ 200kPa 压力作用时的压缩模量,根据地质资料,土层基本均匀,各土层均取 $E_{1-2}=18$MPa;

i——自基础底面往下算土层次数,1,2,3…,n。n 的取值为算到最后 1m 厚的土层变形值为总的变形值的 1/40 处。

在本计算中,为取参数方便,层厚取 0.8 ~ 1.1m,分 6 层计算,总土层厚 5.5m。最终求得:

$$S_X = 1.15\text{cm}$$

③立柱弹性压缩

立柱为松木,高 6m,其压缩变形量按下式计算:

$$\Delta L = (\sigma \times L)/E$$

式中:σ——原木轴向压应力,kPa,取 $\sigma=4\,920.3$kPa;

L——原木轴向长度,cm;取 $L=600$cm;

E——原木弹性压缩模量,MPa,取 $E=11\times10^6$MPa。

求得:

$$\Delta L = 0.27\text{cm}$$

④各种材料接缝处的非弹性变形

接缝处的非弹性变形,原木与钢筋混凝土调整石之间取 1mm,硬杂木与原木之间取 2.5mm,军用梁与硬杂木之间取 2mm,军用梁与木楔之间取 2mm,木楔本身与压缩取 3mm,木楔与方木之间取 2mm,方木与底模之间取 2mm,共计 1.45cm。

(4)立柱强度与稳定性验算

①组合原木立柱应力验算

组合原木每组由 4 根中心相距 50cm 的原木组成,原木最小直径为 25cm(量细头),长度 6m,材质为东北落叶松。其顺纹受压及承压允许压应力$[\sigma]=14.5$MPa,单根原木轴向压应力 $\sigma=P/A$(P—单根原木轴向压力,取 $P=202.5$kN;A—单根原木小头面积,取 $A=\pi R^2=0.049\text{m}^2$)$=4.13\text{MPa}<[\sigma]=14.5$MPa,符合要求。

②稳定性验算

为安稳和稳定考虑，其稳定性验算按单根原木进行。其计算公式为：

$$\sigma_a = N/(\phi A)$$

式中：N——单根原木轴向压力，取 $N = 202.5\text{kN}$；

A——单根原木小头面积，取 $A = 0.049\text{m}^2$；

ϕ——纵向弯曲系数；

$$\lambda = L_0/r$$

其中：r——回转半径，对圆形截面，$r = 0.25d = 6.25\text{cm}$；

L_0——受压构件的计算长度，两端按铰接考虑，取 $L_0 = 600\text{cm}$。

$\lambda = L_0/r = 600/6.25 = 96 > 80$，据本章 13 题知，$\phi = 3\,000/\lambda^2 = 0.326$。

从而求得：

$$\sigma_a = N/(\phi A) = 12.6\text{MPa} < [\sigma] = 14.5\text{MPa}(\text{符合要求})$$

(5)六四军用梁强度与挠度计算，按简支梁以 12m 跨径计算

①强度计算

最大弯矩：$M = 1/8 \times ql^2 = 1\,215.0\text{kN}\cdot\text{m} < [M_{\max}] = 1\,740.6\ \text{kN}\cdot\text{m}(q = 67.5\text{kN/m})$

最大剪力：$Q = 1/2 \times ql = 405.0\text{kN} < [Q_{\max}] = 580.2\text{kN}$

均符合要求，选择的梁式支架跨径适应。

②挠度计算，12m 跨径简支军用梁的跨中最大挠度

$$f = 5ql^4/(384EI) = 15(\text{mm})$$

式中：q——每道军用梁所承受的均布荷载(kN/m)，取 $q = 67.5\text{kN/m}$；

l——临时支架跨径，取 $l = 12\text{m}$；

EI——军用梁刚度，取 $EI = 1.171 \times 10^6\text{kN}\cdot\text{m}^2$。

(6)恒载、1/2 活载及第 1000 天时混凝土收缩徐变所产生的竖向挠度

连续箱梁梁底在自重恒载、一半活载及第 1000 天的混凝土收缩徐变所产生的竖向挠度值，利用设计代表的桥梁结构通用分析程序计算。计算徐变时，对《公路钢筋混凝土及预应力混凝土桥涵设计规范》徐变系数 $\varphi(t,\tau)$ 的计算加载龄期 τ 乘以一个经验修正系数，取值为 2。

由于跨径不同，其竖向挠度亦不相同，各跨最终结果值见表 8-20。

(7)预拱度

①预拱度计算

预拱度计算共考虑五部分：地基沉降；立柱弹性压缩；接缝处非弹性变形；梁式支架挠度；自重恒载、一半活载及第 1000 天的混凝土收缩徐变所产生的竖向

挠度。分配中,墩身处立柱支撑在承台,仅有原木弹性及接缝处非弹性压缩,计算值为17.2mm,但考虑实际施工中的接缝结合程度,施工时按20mm考虑。跨中最大预拱度值应减去20mm后,按二次抛物线进行分配。由于各跨不同,其预拱度计算值亦不相同,其值见表8-20。二次抛物线分配方程为:

$$y = 4f_{拱} x(L - x)/L^2$$

符号意义见图8-15。

②预拱度监测

施工中对墩身处、L/4、L/2、3L/4处进行了实测,实测采用标尺法,即在梁底模用细铁丝悬挂标尺(铁丝末端加配重),用水准仪测高程。测量时间为浇完混凝土后48h。墩身处最大沉降2.5cm,最小沉降1.6cm,其余结果如表8-19所示。

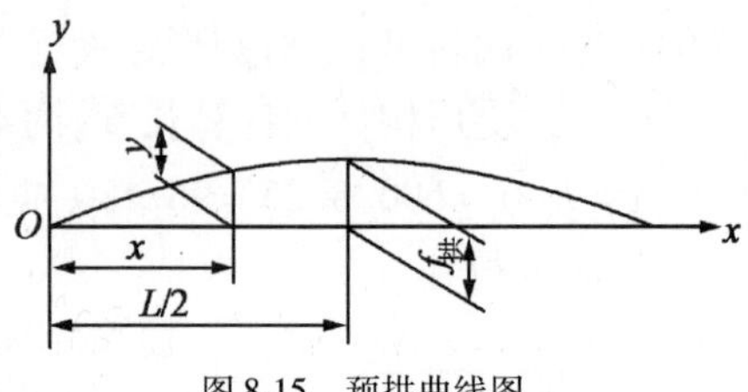

图8-15 预拱曲线图

预拱度实测值 表8-19

跨径		理论(cm)	实测(cm)	误差(cm)
10~11	L/4	4.59	3.5	1.09
	L/2	8.88	6.9	1.98
	3L/4	4.59	3.0	1.59
11~12	L/4	4.01	3.0	1.01
	L/2	6.18	5.0	1.18
	3L/4	4.01	2.6	1.41
12~13	L/4	4.01	2.9	1.11
	L/2	6.27	5.1	1.17
	3L/4	4.01	3.1	0.94
13~14	L/4	4.15	3.4	0.75
	L/2	7.19	5.8	1.39
	3L/4	4.15	2.9	1.25
14~15	L/4	4.16	3.5	0.66
	L/2	8.07	6.2	1.87
	3L/4	4.16	3.1	1.06

续上表

跨径		理论(cm)	实测(cm)	误差(cm)
15～16	$L/4$	4.17	3.6	0.57
	$L/2$	9.28	7.3	1.98
	$3L/4$	4.17	3.3	0.87
16～17	$L/4$	4.16	3.6	0.56
	$L/2$	7.95	6.0	1.95
	$3L/4$	4.16	3.5	0.66

25. 怎样进行碗扣支架的设计计算?

答:碗扣支架是近几年旱地桥梁建设中常用的临时支架,它安装简单、拆卸方便,是其他支架无可相比。在工地现场的实施,主要进行以下几方面的计算。

1)荷载单位面积重量计算

(1)结构物每延米重量 W

①如图 8-16 所示,将其横断面分成若干部分,求其面积为:

$$A = A_1 + A_2 + A_3 + A_4 + A_5 + A_6$$

$$q_1 = \gamma_c \times A = 26A(\text{kN/m})$$

式中:γ_c——钢筋混凝土的重度,26kN/m^3;

A——箱梁截面积,m^2;

q_1——箱身重量,每延米重量,kN/m。

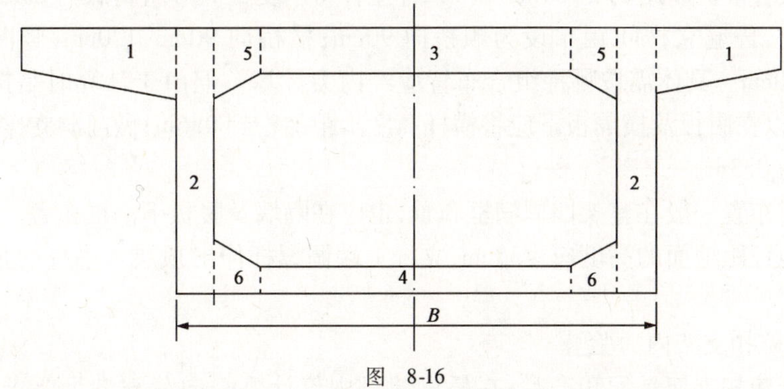

图 8-16

②箱梁中、端横隔墙重量。设每个中、端隔墙体积分别为 V_1、V_2,则每跨的横隔墙重量为:

$$W_2' = 26(nV_1 + V_2)(\text{kN})$$

在实际计算时,将其平均到整跨中:

$$q_2 = 26(nV_1 + V_2)/L$$

式中:q_2——每延米分配的中、端横隔墙重量,kN/m;

n——中横隔墙数量,个;

L——桥梁的跨径,m;

V_1、V_2——每个中、端隔墙体积,当跨径相同时取 V_2,当跨径不等时,应取各墩端横梁体积的一半,m^3。

(2)临时荷载重量

临时荷载主要有:内外模板的单位面积重量 g_1;内外模支撑的单位面积重量 g_2;施工人员及机具的单位面积重量 $g_3 = 1.0\text{kPa}$。

由上可得到结构物单位面积重量:

$$w = (q_1 + q_2)/B + g_1 + g_2 + g_3 \qquad (\text{kN/m}^2)$$

式中:B——结构物底面宽度。

2)WDJ 碗扣型多功能支架受力计算

(1)布置

根据 WDJ 碗扣型多功能脚手架使用说明书,支撑立杆的设计允许荷载为:

当横杆竖向步距为 600mm 时,每杆立杆可承受最大竖直荷载为 40kN;

当横杆竖向步距为 1200mm 时,每杆立杆可承受最大竖直荷载为 30kN;

当横杆竖向步距为 1800mm 时,每杆立杆可承受最大竖直荷载为 25kN;

当横杆竖向步距为 2400mm 时,每杆立杆可承受最大竖直荷载为 20kN。

目前,普遍立杆间距布设为顺桥向 90cm;横桥向 90cm、120cm;竖向步距 90cm、120cm。具体需按哪种组合布置应经内力计算。但由于计算时是按平均布载,所以在腹板及横隔板下应将横杆高度步距加密到 0.6m;做门洞支撑时,横向间距为 0.3m。

斜撑布置一般在整架四周满框布置,也应在隔墙及腹板下满框布置。

扫地杆距地面的高度应≤35cm;立杆上端调螺杆伸出顶层水平杆的长度应≤70cm。

(2)碗扣支架内力验算

由于碗扣支架是配套产品,在桥梁建设中仅计算竖向荷载满足要求即可。如图 8-17,每杆立杆所承受的竖向荷载为:

$$P = a \times b \times w < [P](\text{符合要求})$$

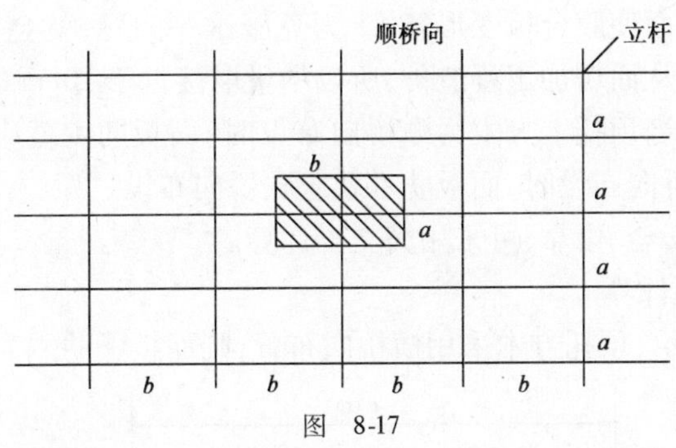

图　8-17

3) 支架数量计算

立杆在横桥向应每侧宽出翼缘板边缘1m,则其数量计算如表8-20。

支架用量计算　　表8-20

组框尺寸(m)	构件名称	构件型号	数量计算公式 A—支架体长,B—宽,C—高
$a\times b\times c$ $D_1=A/a+1$ $D_2=B/b+1$ $D_3=C/c+1$	底座	DZ—1	$N=D_1\times D_2$
	可调座	DZ—2	
	立杆	LG—300	$N'=C/l_{LG}\times N$
		LG—180	
	顶杆	DG—150	$N=D_1\times D_2$
		DG—90	
	横杆	HG	$D_3(2D_1D_2-D_1-D_2)$
	斜杆	XG	$2(D_3-1)[(D_1-1)+(D_2-1)]$

注:①A、B、C——分别为支架整架长、宽、高,m。

②a、b、c——分别为组框的顺桥向、横桥向、竖直步距间距,m。

③D_1——顺桥向立杆排数,D_2——横桥向立杆排数,D_3——竖直步距的数量;D_1、D_2、D_3——取值小数为四舍五入。

④斜杆数量仅为整架四周满框布置数量,还应加上腹板及横隔板下的斜杆数量。

⑤l_{LG}——立杆标准节长,有300cm和180cm两种。

26. 应用碗扣支架做临时支撑,如何计算木底模的受力?

答:底模所用材料:面板采用防水胶合板,面板下采用$b\times h$方木,其中b为方木宽度,取10cm左右为宜,h为方木高度,取15cm左右为宜。多数情况,该方木取用$b=h=a$,为正方形截面。若方木材料取用太大,则会增加方木与方木之间的水平间距,从而使胶合板变形较大,为克服这一问题,就会在胶合板与方木之间增加加强板,从而增加工程造价,所以尽量取接近于10cm的方木。

方木的布设,当顶托上方木为顺桥向布设时,面板肋木就应横桥向布设;当顶托上方木为横桥向布设时,面板肋木就应顺桥向布设。

为使计算更安全、可靠,可采用简支梁计算。

(1)方木间距计算

如图8-18所示,顶托方木采用横桥向布置,则面板下肋木为顺桥向。

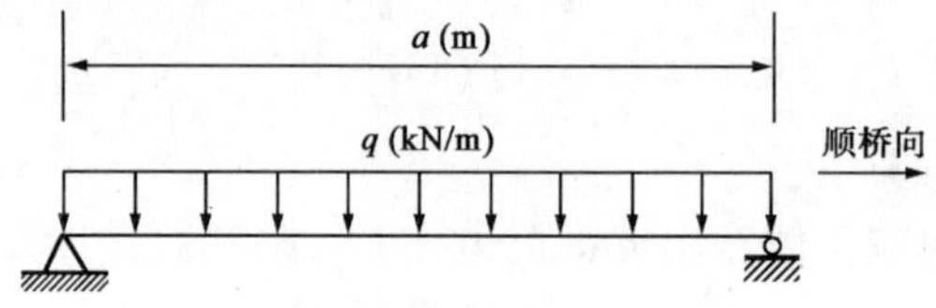

图 8-18

如图8-16所示:

$$q = q_1 + q_2 + (g_1 + g_2 + g_3) \times B' \qquad (kN/m)$$

$$M = (1/8)ql_2 = (1/8)qa^2 \qquad (kN \cdot m)$$

$$W = (bh^2)/6$$

则 $b \times h$ 方木的根数(n)为:

$$[\sigma_w] = M/(nW)$$

$$n = M/(W[\sigma_w])$$

式中:B'——桥面宽度,m;

n——方木的根数;

M——方木跨中最大弯矩,kN·m;

W——方木截面抵抗矩,m^3;

$[\sigma_w]$——木材顺纹弯应力,kPa,参见表2-5。

由上可知方木在梁底部的布置间距为:

$$d = B/(n-1)(m)$$

(2)每根方木挠度计算

$$f_{max} = (1/128) \times [(ql^2)/(EI)] = (1/128) \times [(qa^4)/(nEI)]$$

式中:E——木材的弹性模量,参见表2-5;

I——惯性矩,$I = (bh^3)/12$,m^4。

当 $f_{max} < l/400 = a/400$ 时,则该设计符合要求,否则应增加木肋的根数,减小间距再行计算,直到符合要求。

(3)胶合板抗弯强度的验算

为方便计算,可纵桥向取1m板长进行计算(图8-19)。

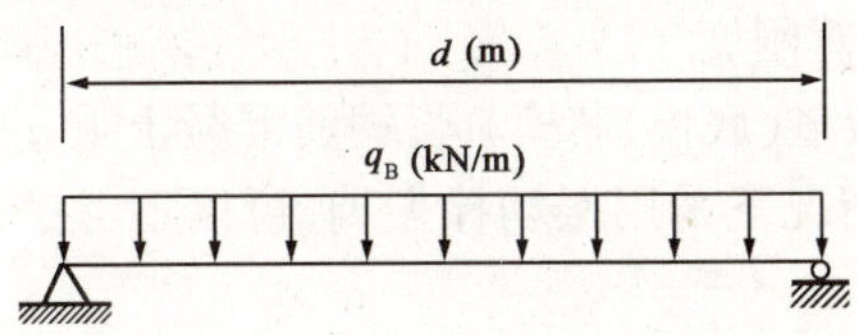

图　8-19

$$q_B = q/B$$

式中:q_B——1m宽板长沿桥横向的线荷载,kN/m。

$$M = (1/8)ql^2 = (1/8)q_B d^2 W = (bh^2)/6 = (1/6)\delta^2$$

式中:δ——胶合板的厚度,m;

当　　　$\sigma = M/W \leqslant [\sigma_w]$(符合要求)

式中:M——1m宽度内,沿d长度方向的胶合板弯矩,kN·m;

W——1m宽胶合板的截面抵抗矩,m^3;

$[\sigma_w]$——胶合板抗弯强度,MPa,根据胶合板出厂说明书取用,一般宜使用的胶合板厚度δ≥10mm。

否则重新排距或在胶合板下放组合钢模板或4cm厚木板重新计算。

值得注意的是,当在弯道桥上铺设底模时,计算方法相同,但底模的铺设需按折线设计,一般以底模内侧为准,顺胶合板长度方向每4块打一折线,出现放射状缝隙,该缝隙用小三角条来弥补。如胶合板为2.44m×1.22m,沿顺桥向按2.44m铺设,4块为一折线,见图8-20。

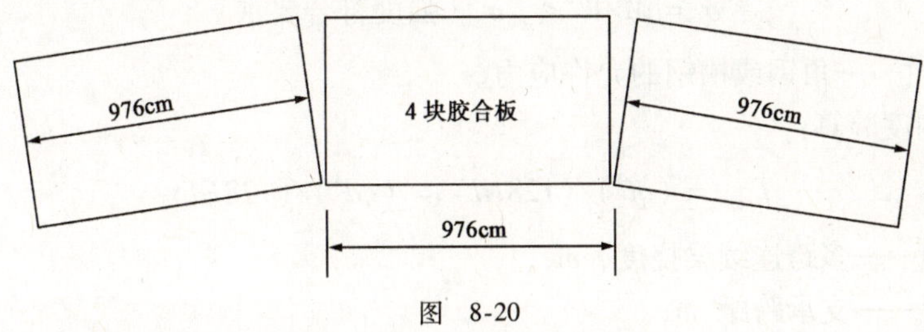

图　8-20

27. 某大桥钢模板的底模是如何进行设计的?

答:(1)选材

箱梁的钢模板的选材一般面板为4～6mm厚的冷轧钢板;面板之后的加

强横、竖肋用不等边角钢或槽钢,对于较低箱梁使用角钢,对高大的箱梁使用槽钢。

(2)计算强度、验算刚度

①设计荷载:模板重(底模、芯模)q_1;钢筋混凝土重 q_2;施工人员、施工材料等临时荷载 q_3,一般情况下采用振动棒振捣,可以不考虑振捣混凝土对模板产生的荷载。

②计算强度:在顺桥向每隔 d(cm)简支一道,在横桥向悬空,模板之间的连接认为是刚性连接(螺栓较多),这样箱梁的底模可近似地作为连续梁($n>3$),见图 8-21。

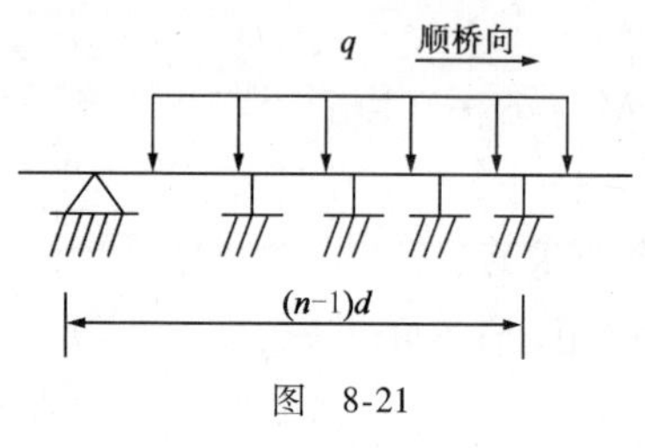

图 8-21

加劲肋最大弯矩:

$$M_{max} = (1/10)ql^2$$

式中:q——沿顺桥方向的均布荷载,$q = q_1 + q_2 + q_3$,kN/m;

l——每道支撑间距,$l = d$,m。

截面模量:

$$W = I/r_{max}$$

式中:I——沿顺桥方向的加强肋惯性矩,$I = n \times I_1$;

n——在横桥向宽度内的加强肋条数;

I_1——一根不等边角钢或槽钢的惯性矩,其中,模板面板的惯性矩可忽略不计;

r_{max}——形心到截面边缘的最大距离。

$$\sigma = M/W < [\sigma]\text{(强度符合要求)}$$

其中:$[\sigma]$——角钢或槽钢的允许应力。

③刚度验算:

$$f_{max} = (ql^4)/(128EI) = (qd^4)/(128EI)$$

式中:f_{max}——多跨连续梁挠度,cm;

d——支承跨距,m;

E——钢材的弹性模量;

其余符号意义同前。

$[f] = l/500 = d/500$,$[f]$为钢板及加强肋的允许挠度。

当 $f_{max} \leqslant [f]$,同时面板变形不超过 1.5mm,即$[f] \leqslant 1.5$mm 时,刚度符合

要求。

面板计算参照大模板面板计算进行。

当桥梁位于曲线上时，其底模可做成梯形放射状折线形，如图 8-22。

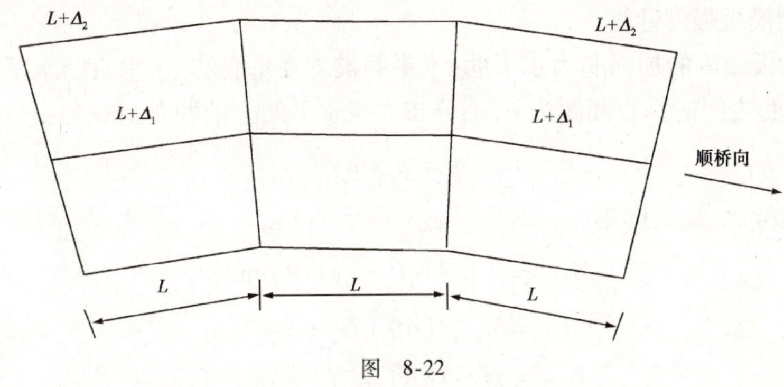

图 8-22

28. 如何进行箱梁侧模板的设计计算？

答：侧模板的构成材料一般为木模贴胶合板和钢模板，对木模来讲周转次数少，较适用于一次性投入或周转 2 次以内的施工；对于钢模板适用于多次周转及大型箱梁的施工。对于侧模板计算，多数仅做侧压力的计算，对翼板部分由于重量较轻，可不做计算。

1）侧模板所受侧压力的计算

（1）振捣混凝土时产生对垂直面模板的荷载为 4kPa；

（2）新浇混凝土对侧模的最大侧压力为：

$$p_{max} = 0.22\gamma t_0 k_1 k_2 v^{1/2} \quad 或 \quad p_{max} = \gamma h$$

式中：p_{max}——新浇筑混凝土对模板的最大侧压力，kPa；

h——有效压头高度，m；

v——混凝土的浇筑速度，m/h，$v \leqslant 6$m/h；

γ——混凝土的重度，kN/m^3；

t_0——新浇混凝土的初凝时间，可按实测确定；

k_1——外加剂影响修正系数，不掺外加剂时，取 1.0；掺缓凝作用的外加剂时，取 1.2；

k_2——混凝土坍落度影响修正系数，当坍落度小于 30mm 时，取 0.85；当坍落度为 50～90mm 时，取 1.0；当坍落度为 110～150mm 时，取 1.15。

上面两式的选用一般取两者计算结果中的较小者,若无具体资料时,可直接用 $p_{max}=\gamma h$ 计算。侧模板所受的最大侧压力:

$$p = 4\text{kPa} + p_{max}$$

2)侧模板强度计算

假设板面后的加强肋为水平肋,水平肋被支在垂直肋上,垂直肋水平间距为 l,两水平肋之间的垂直间距为 a,则分布在该水平肋上的均布荷载为:

$$q = p \times a$$

按简支梁考虑,最大弯矩:

$$M_{max} = (1/8)ql^2 = (1/8)apl^2$$

$$[\sigma] = M_{max}/(nW)$$

$$n = M_{max}/(W[\sigma])$$

式中:n——在混凝土有效压头内的水平肋的根数;

M_{max}——最大弯矩,kN·m;

W——截面模量,参照附表 2;

$[\sigma]$——水平肋的允许弯应力,kPa。

3)模板刚度计算

$$f_{max} = (1/128) \times (ql^2)/(EI) \leqslant [f] = l/400$$

$$\text{或}[f] = l/500\text{(对于钢模板)}$$

在模板设计中,由于工地现状及材料不同,可能使设计的框架形式不同,但计算模式应相同,其框架结构参见图 8-23 和图 8-24。

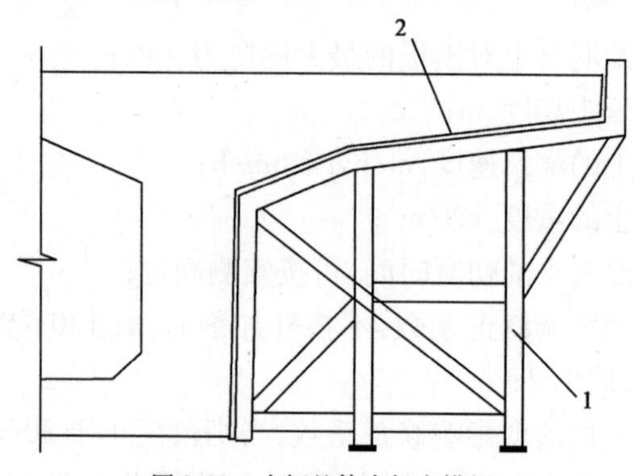

图 8-23　全钢整体支架大模板

1-支架(8 或∠75×50×6);2-钢板(δ=4~5mm)

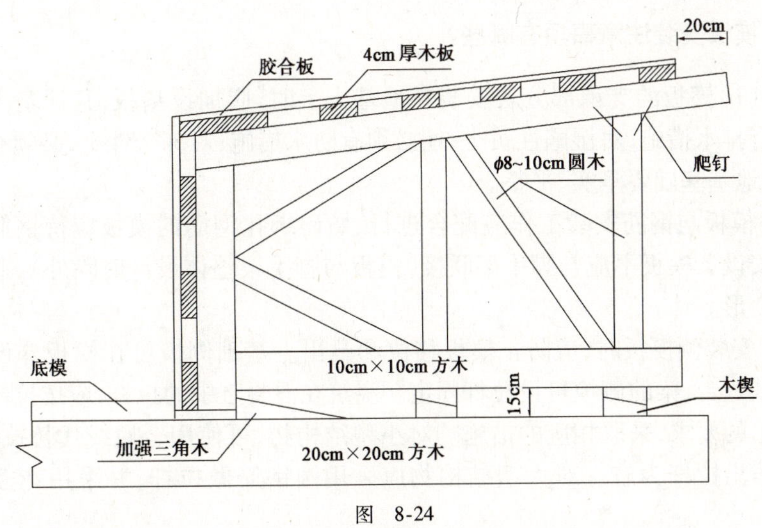

图 8-24

三、模板的制作及安装

29. 模板制作的基本要求有哪些?

答:(1)根据批准的模板设计图加工,成品检验合格后方可使用,非特殊要求的模板尽量在现场制作,以避免运输、装卸过程中造成变形;当生产木模时,最好在支架上制作面模。

(2)模板应具有足够的强度、刚度和稳定性,应保证其吊装、拆卸、安装变形减到最小。

(3)有条件时混凝土外露面尽可能不用组合钢模板,应采用光洁度高的模板,以保证混凝土外观光亮。一般采用整体钢模板或防水胶合板做面板。

(4)模板的接缝尺寸必须准确,接缝必须严密,对重复多次使用的模板更要严格执行。

(5)对大体积混凝土的模板力求采用较大钢模,具体视现场起吊能力而定。

(6)生产模板时要考虑装拆方便,保证安全。

(7)模板配件应符合要求,并经检验合格后才能使用。

(8)尽量采用标准化的组合模板。

(9)注意涂抹隔离剂或脱模剂,脱模剂应无杂色。

30. 模板安装注意事项有哪些?

答:(1)模板的支承部分若安装在地基土上时,应加设垫板,且地基土必须坚实并有排水措施;对湿陷性黄土,还必须有防水措施;对冻胀性土,必须有防冻融措施;地基基础要坚实、平整。

(2)模板与钢筋安装工作应配合进行,妨碍绑扎钢筋的模板应待钢筋安装完毕后安设。模板不应与脚手架联接(模板与脚手架整体设计时除外),避免引起模板变形。

(3)安装侧模板时,应防止模板移位和凸出。基础侧模可在模板外设立支撑固定,墩、台、梁的侧模可设拉杆固定。浇筑在混凝土中的拉杆,应按拉杆拔出或不拔出的要求,采取相应的措施。对小型结构物,可使用金属线代替拉杆,最好设置拔出拉杆为宜。对大型结构物应采用圆钢筋做拉杆,并采用花篮螺丝上紧。

(4)模板安装完毕后,应对其平面位置、顶部高程、节点联系及纵横向稳定性进行检查,签认后方可浇筑混凝土。浇筑时,发现模板有超过允许偏差变形值的可能时,应及时纠正。

(5)当结构自重和汽车荷载(不计冲击力)产生的向下挠度超过跨径的1/1 600时,钢筋混凝土梁、板的底模板应设预拱度,预拱度值应等于结构自重和1/2 汽车荷载(不计冲击力)所产生的挠度。纵向预拱度可做成抛物线或圆曲线。

(6)后张法预应力梁、板,应注意预应力、自重力和汽车荷载等综合作用下所产生的上拱或下挠,应设置适当的反拱或预拱。预拱应按设计计算或按经验设置。

(7)模板纵横肋的间距布置要合理,对不同材质的面模板要采用不同的纵横肋间距。

(8)固定于模板上的预埋件和预留孔洞尺寸、位置必须准确并安装牢靠,防止浇筑混凝土过程中的走动移位。

(9)在翻模施工中,应对模板做如下要求:

①模板生产后要编号,实施中一定要对号入座。

②由于模板是分块生产,所以,高度上可能有较小误差,当墩身很高时,误差的积累就会出现质量问题,所以,每浇筑二、三节后应对模板进行调整。

调整方式在已浇完混凝土的模板顶测高程和放中线,根据测量结果对模板进行中线和每块模板倾斜调整,以消除由于模板生产所带来的误差。

(10)采用爬升模板施工时,其结构应满足强度、刚度及稳定性要求。液压爬模应有专业单位设计和制造,并应有检验合格证及操作说明书。作用于爬模上接料平台、脚手平台和拆模吊篮的荷载应均衡,不得超载,严禁混凝土吊斗碰撞爬模系统。模板沿墩身周边方向应始终保持顺向搭接,在施工过程中,应随时检查爬模中线、水平位置和高程等。

(11)采用滑升模板施工时,其结构应满足强度、刚度和稳定性的要求。组装完毕经全面检查试验合格后,才可正式投入使用。支撑杆及提升设备应能保证模板竖直均衡上升。

31. 空心板制作时,使用芯模应满足哪些要求?

答:(1)充气胶囊在使用前应经过检查,不得漏气,安装时应有专人检查钢丝头,钢丝头应弯向内侧,胶囊涂刷隔离剂。每次使用后,应妥善存放,防止污染、破损及老化。

(2)从开始浇筑混凝土到胶囊放气时止,其充气压力应保持稳定。气囊内的气压应控制在0.04~0.05MPa。

(3)浇筑混凝土时,为防止胶囊上浮和偏位,应采取有效措施加以固定,并应对称平衡地进行浇筑。防浮措施为:

①沿板梁长度每隔1m绑扎一道ϕ6限浮定位箍筋(形状与气囊外形相同)并与梁的架立钢筋相连,绑扎牢固。

②在气囊顶部布置2~3根通长钢筋与限浮定位箍筋连为一体。

(4)胶囊的放气时间应经试验确定,以混凝土强度达到能保持构件不变形为宜。对于直径为250~300mm的胶囊,其放气时间见表8-21。

胶囊放气时间　　表8-21

气温(℃)	0~5	5~15	15~20	20~30	>30
混凝土浇筑完后(h)	11~12	8~10	6~8	4~6	3~4

(5)木芯模使用时应防止漏浆和采取措施便于脱模。要控制好拆芯模时间,过早易造成混凝土坍落,过晚会造成拆模困难。应根据施工条件通过试验确定拆除时间。

(6)钢管芯模应由表面匀直、光滑的无缝钢管制作,混凝土终凝后,即可将芯模轻轻转动,然后边转动边拔出。

(7)充气胶囊芯模在工厂制作时,应规定充气变形值,保证制作误差不大于设计规定的误差要求。

32. 修理胶囊应注意哪些事项?

答:胶囊修补类似于补车胎,但应注意:

(1)一般砂眼、局部刺穿可将伤口打磨粗糙,涂刷氯丁胶浆3遍,覆盖胶片修补。

(2)纤维撕裂处应以胶布覆盖修补。

(3)现场修补注意清洁,空气湿度不得过大;涂刷胶浆要均匀,每次晾干时间为10~15min。

(4)补块边缘应切成斜面,搭接长度4~5cm。

(5)补块贴合应由中心向外压紧,使贴面无气泡。

(6)修补后的胶囊应存放3~4d,并通过试验不漏气后才能使用。

33. 高墩身翻模模板施工中,可能会出现哪些问题?如何防治?

答:在高墩身翻模模板施工中,模板经多次周转使用,可能会出现以下几个问题:

(1)背楞间距过大,背楞之间面板有突出变形。

(2)由于模板面模薄,钢板与背楞联结仅能采用间断焊接,每段焊缝长度不超过80mm,相间100~150mm,焊缝高4~6mm。经多次用千斤顶和倒链调整模板后,焊接处就会脱离,造成变形。

(3)钢材材质较差,从而导致混凝土的外观质量较差,钢板经多次周转使用后不是发光、发亮,而是发暗、发涩。另一点,由于材质不同,强度亦不尽相同,从而造成一定的变形。

(4)模板沿竖向背楞有弓背现象,一般为模板上、下部分向内变形,中间部分凸出。

(5)整块模板沿对角线发生扭曲。

为克服以上问题,可以采取以下几方面措施:

(1)对母材要进行选择,选择时应从以下两方面考虑:

①钢板厚5~8mm为最佳,背楞使用[6.3cm槽钢,使间距缩短到边对边20~25cm较好。对于大于8mm钢板及太大的型钢不宜被采用,这样使模板的刚度太大,失去了弹性,使高空中模板的调整增加了很大的难度或根本无法调整。

②钢板的钢质要好,要使模板越使用,表面越光亮,做出的混凝土外表越美观。

(2)在修整、放置模板处,要专门设置一个模板修整平台,平台要平整,有一定的刚度,最好是混凝土平台,以便使模板放置后均匀受力,不发生扭曲变形。模板在安装吊运时,吊点位置要平衡。

(3)模板尽量做大,减少拼装块数,拐角边长不宜太短,以大于 1m 为宜;若有可能最好使拐角和短的那一面连成整体,做成凹型。这样除可以减少翻模之间由于上连接螺栓造成的变形外,又可使高空作业的工人易于操作安装。特别可以减少测量人员的高空操作。

(4)在模板外侧劲性骨架上设水平斜拉杆,以增强模板的整体稳定性,减少变形。

(5)固定模板的螺杆由于振捣棒的接触会使螺丝松动而引起模板变形。为克服这一困难,除对振捣人员作严格的培训及安排外,在振捣操作过程中应尽量避开拉杆,并加派专人去观察,发现有松动螺母及时紧固。

(6)在紧固拉杆螺母时,每一面最好由一人操作,这样可避免由于力度不同而引起的模板变形。

(7)模板在安装及拆卸过程中,严禁碰撞,以免变形。模板在调整安装时,注意其垂直度及接缝情况,避免千斤顶过量顶升。拆卸时应特别注意安全,因外形尺寸较大,单片重量较大,一般要采取在其顶部采用塔吊钩住吊环,另一方面每块模板采用 2 个 10t 倒链葫芦拉住其底端等措施,防止在拆卸时撞击墩身。模板拆卸后应及时修整,并在表面涂刷脱模剂备用。

(8)模板在周转使用过程中,要经常检查其表面及肋带,及时修整,以确保表面平整度及外形尺寸满足设计及规范要求。

34. 在安装大型箱梁钢模板时,可能出现的问题及预防措施是什么?

答:对于大结构箱梁来说,其钢模板一般都由工厂制造,而且面积较大,这样在安装时可能会出现:

(1)运输时,模板放位不对或车辆颠簸,造成模板变形。这就要求选择的生产厂家尽量靠近工地现场,模板在车上放置一定要平稳。

(2)吊耳设置不尽合理造成模板扭曲变形。为此,在设计、制作模板时,应注意吊耳的位置计算,对经吊装后发现不合理的地方要及时纠正。

(3)在安装底板、侧板,特别是翼缘板的模板时,在两块模板相接处会出现很大的高差。为克服之,在安装前最好利用场地进行试拼装,若遇高差太大,可用氧气烘烤、纠正;对已上架的模板,则可适当放宽平整度要求,对太差的模板要吊下重新修整。

(4)对接两模板有缝隙时,对较宽的缝隙可先用木条或小条钢板镶嵌,再在其上用胶带或腻子封堵。

(5)为防止漏浆可用海绵条嵌在两块模板相接处。

35. 模板制作安装的允许偏差是如何规定的?

答:模板制作安装的允许偏差规定如表8-22。

模板、支架及拱架制作时的允许偏差 表8-22

<table>
<tr><th colspan="3">项 目</th><th>允许偏差(mm)</th></tr>
<tr><td rowspan="8">木模板制作</td><td colspan="2">模板的长度和宽度</td><td>±5</td></tr>
<tr><td colspan="2">不刨光模板相邻两板表面高低差</td><td>3</td></tr>
<tr><td colspan="2">刨光模板相邻两板表面高低差</td><td>1</td></tr>
<tr><td rowspan="2">平板模板表面最大的局部不平</td><td>刨光模板</td><td>3</td></tr>
<tr><td>不刨光模板</td><td>5</td></tr>
<tr><td colspan="2">拼合板中木板间的缝隙宽度</td><td>2</td></tr>
<tr><td colspan="2">支架、拱架尺寸</td><td>±5</td></tr>
<tr><td colspan="2">榫槽嵌接紧密度</td><td>2</td></tr>
<tr><td rowspan="8">钢模板制作</td><td rowspan="2">外形尺寸</td><td>长和高</td><td>+0,-1</td></tr>
<tr><td>肋高</td><td>±5</td></tr>
<tr><td colspan="2">面板端偏斜</td><td>≤0.5</td></tr>
<tr><td rowspan="3">连接配件(螺栓、卡子等)的孔眼位置</td><td>孔中心与板面的间距</td><td>±0.3</td></tr>
<tr><td>板端中心与板端的间距</td><td>+0,-0.5</td></tr>
<tr><td>沿板长、宽方向的孔</td><td>±0.6</td></tr>
<tr><td colspan="2">板面局部不平</td><td>1.0</td></tr>
<tr><td colspan="2">板面和板侧挠度</td><td>±1.0</td></tr>
</table>

注:①木模板中第5项已考虑木板干燥后在拼合板中发生缝隙的可能。2mm以下的缝隙,可在浇筑前浇湿模板,使其密合。

②板面局部不平用2m靠尺、塞尺检测。

36. 预应力预制梁底模设置应注意哪些问题？

答：目前预制梁一般为预应力箱梁、预应力 T 梁及预应力工字梁，预制梁的好坏、台座的稳定性是关键，因此应注意：

(1)台座尽量设置于地质较好的地基上，对软土地基要用碎石或砂砾进行换填。

(2)由于梁体张拉后，中间部分一般要拱起一定的高度，所以在做底模时要根据梁长所起的高度设置反拱，最低点由底模中间起按二次抛物线或圆曲线依次分配。

(3)梁体张拉后，中部会架空，只是梁的两端支于台座上，所以台座两端的基础要加强。

(4)注意预留对拉螺杆孔及吊装时穿钢丝的预留槽口。

(5)底模采用混凝土底模时，要注意涂抹隔离剂，防止吊装梁体时，由于黏结而造成底模“蜂窝”，对周转使用不利。

(6)底模采用钢板时，要使钢板平整、光滑，及时涂抹脱模剂。钢板不宜太薄以防变形，宜采用厚 10mm 以上钢板。

(7)安装侧模时，在底模外边缘设置橡胶条或海绵条，以防漏水泥浆。

37. 常用的模板脱模剂有哪些？

答：常用的模板脱模剂有以下几种，可供选用时参考。

(1)肥皂液。用肥皂切片泡水，在模板表面均匀涂刷 1 ~ 2 遍。较适用于木模、混凝土模、砖胎膜、土模，但在冬季和雨季不宜使用。

(2)皂脚液。加水至皂脚液 1 ~ 2 倍煮沸，溶化后冷却使用，一般在模板表面均匀涂刷 1 ~ 2 遍，每遍间隔时间为 0.5 ~ 1.0h。适用于木模、土模、混凝土模、台座。

(3)机油:柴油 = 3:7。兑掺后搅拌均匀，在模板表面涂刷 1 遍。比较适用于钢模板，效果较好。

(4)废机油:滑石粉:汽油:水 = 1:1.3:0.15:0.4。先将废机油与汽油、滑石粉拌和，再加水拌至均匀乳状为止，在模板表面均匀涂刷 1 ~ 2 遍，适用于固定胎膜。

(5)废机油:柴油 = 1:1 ~ 4。将较稠废机油掺柴油(或煤油)稀释搅匀，在模板表面均匀涂刷 1 ~ 2 遍，适用于大模板、钢模、各种胎膜。

(6)石灰膏:黄泥 = 1:1。将石灰膏与黄泥加适量水拌和至糊状，在模板表面均匀涂刷 1 ~2 遍,适用于水泥面台座、混凝土模、土模。

(7)石灰水(相对密度 1.32)。将石灰膏加适量水拌成稀糊状,在模板表面均匀涂刷 1 ~2 遍,适用于土模、混凝土模、砖模、水泥面台座。

(8)107 号建筑水胶: 滑石粉: 水 =1:1:1。将水胶与水调匀,再与滑石粉调匀,在模板表面均匀涂刷 1 ~2 遍,适用于钢模板。

(9)海藻酸钠: 滑石粉: 洗衣粉: 水 =1:(13.3 ~40):1:53.3。先将固体海藻酸钠用水浸泡 2 ~3d 后,再与其他材料混合调匀用,喷刷使用,适用于钢模、大模板。

(10)商品脱模剂,在模板表面均匀涂刷 1 ~2 遍,适用于各种模板。

38. 在墩柱施工中,模板是如何安装定位的? 浇筑过程中如何对其进行检查?

答:模板的安装固定是立柱施工中一个很重要的环节,所以必须认真操作,做到定位准确,安装牢固,浇筑混凝土过程中不走模。不论木模或钢模,安装时首先对准底部,并从外边支撑牢固,对底部不平整的先用砂浆找平,再立模板,并要保证不漏浆,然后在模板顶找出中心,吊垂球与底面中心点通过地锚拉线调整对准。在混凝土浇筑过程中,为了检查模板偏移,事先在模板顶吊垂线两根(对角),在对准的底部划好记号。便可随时检查模板是否走偏,或用经纬仪在浇筑中进行观测。

39. 盖梁底模基座的支撑如何设置?

答:目前,常用的盖梁底模基座的支撑方法有满堂支架、落地框架支承、已完承台上设立柱支承、预埋牛腿、预留孔位及抱箍。

前三种方法比较适用于较矮墩身施工,后三种方法比较适用于较高墩身施工。其中预留孔位在近期使用最普遍。其施工方法是在生产立柱时,通过计算在立柱顶部的某一位置放置一方形或圆形芯模(一般为木材制作),此设施一定要水平。待立柱外模拆除后,取出预埋件。预埋件的大小比设计中起支撑作用的型钢略大 2 ~4cm,形状应与型钢一致。开始盖梁施工时,用所设计的型钢(一般为工字钢或槽钢)穿入预留孔,其长度要保证放上横桥向盖梁底模纵梁的安全,计算时仅考虑满足荷载作用下的剪切力即可。然后在纵梁上放型钢或方木,再铺模板形成盖梁底模。卸落支架用钢楔或砂筒置于型钢上。拆除模板后用相同强度等级的混凝土封孔。

40. 在现浇横隔板和桥面板施工中，如何安装挂模？

答：横隔板和桥面板的施工由于都离地面较高，采用落地支架施工时，既费材料、人力，速度又慢，所以在绝大多数桥梁施工中，采用吊挂模施工方法，具体方法如下。

(1)横隔板

施工的主要难点在支模。在钢筋焊接绑好之后，开始吊底模。底模用两个U形挂钩挂住，上面用两根方木横担在相应两根梁上。底模挂好后，就可在上面安装侧模，侧模可用套塑料管的螺杆对拉固定。

(2)桥面板(或湿接缝)

桥面板一般是和湿接缝整体浇筑的，与过去普通T梁的干接缝相比，其施工难度要大得多。底模的挂吊一般是在大梁上面顺桥向放方木，方木之上横桥向放方木(或型钢)，然后通过两根对拉螺杆将底模和方木(或型钢)连起。顺桥向方木的间距可采用2m左右，一块模板一般在2.5m左右。螺杆要打塑料套管以利拆模。留下的小孔及垫块洞可在最后做修补处理。

挂模施工的主要注意事项有：一是吊模的方木要有足够的强度和稳定性，特别是边板的外悬部分；二是模板支好后一定要测量高程，检查桥面板或接缝厚度是否能保证。

41. 在软土地基上用砂土加碎石处理预制梁台座底基础应注意哪些问题？

答：在软土地基上用砂土加碎石处理预制梁台座底基础应注意的问题有：

(1)基底处理要求将顶面杂物清除，对部分软弱地段采取挖淤换土，顶面应修理平整，用振动压路机及光轮压路机碾压，压实度应达到80%。

(2)砂土填筑层采用分层填筑，分层碾压，砂土采用中砂，每一层填筑厚度为25～30cm，用振动压路机及光轮压路机碾压至压实度达到85%为止，每层填筑应整平，砂土含水率应达到其最佳含水率。

(3)碎石垫层采用分层填筑，分层碾压，碎石宜采用不小于6cm级配碎石，每一层填筑厚度为30cm，填筑时应整平，用振动压路机及光轮压路机碾压至压实度达到90%，填筑碾压完成后，应将顶面整平，以使保证其上的构造物安放平稳。

(4)在地基处理完成后，应将预制场周围布设排水沟，排水沟断面采用40cm×40cm梯形边沟，排水沟以黏土整填，以防地表水进入基础垫层。

42. 高空作业的模板外围如何考虑安全设施?

答:一般情况下,设计高空作业(如盖梁、高墩等)的模板时,均应考虑其安全设施的布置,以确保施工的安全。一般考虑的安全设施有:

(1)挂安全网。安全网是用直径9mm的麻绳、尼龙绳编织而成,一般规格为宽3m、长6m、网眼5cm左右,每块安全网应能承受不小于16kN的冲击荷载。安全网架设时,其伸出结构物的宽度不应少于2m,外口应高于里口,两网扎接应牢固,每隔一定距离应用拉绳将斜杆与地面锚桩拉牢。安全网要随结构物升高而升高,对于超高结构物,施工要挂双层安全网。

(2)在模板的底模或模板顶端设1~2m行人、运物通道,沿通道外侧设置钢管栏杆。在底模设置时,应是底模支承型钢(方木)的延伸;在模板顶设置时应焊接牢固,并在下面以斜撑相助。

43. 高墩身施工用塔吊、电梯的安装,应注意哪些事项?

答:(1)塔吊、电梯虽是由厂家生产的成型产品,但针对地形及结构的不同,要注意其平面位置的布置。

(2)塔吊、塔身与墩身采用三杆式附着杆联系起来,其第一节自由高度可达27m,第一节以上每20m布设一道附着,在塔吊安装时要注意:

①塔身的垂直度,否则塔吊的起重能力会急剧下降,并且非常危险。如某大桥3号墩的施工塔吊,塔高150m,安装时,在80~90m之间塔身有点倾斜,按标准要求计算伸臂35m处能起吊4t,而结果仅能起吊2t,严重制约了工程进度。最后决定拆除,重新安装用时8d,导致施工中断8d。

②安装塔吊时,尽量使臂伸最短,这样可增大起吊吨位。

(3)电梯主要是用来载运施工人员及小的施工用件。在安装时要注意电梯标准件与墩身水平距离,距离太小可能会使电梯升至模板位置时被模板所阻,不能再升。在某大桥3号墩施工中,由于附着杆件的长度所限,电梯安装时没有采取相应措施,结果使用时只能达到外模板底部,然后再爬9~12m扶梯,才可达到模板顶部,增加了危险。针对这一情况,2号墩考虑较全面,对附着杆件进行了加长处理,使电梯直接可达到模板顶部,为施工减少了很多不必要的麻烦。

(4)塔吊、电梯安装时,都要本着安全第一的原则去做,要增大保险系数,以方便一些考虑不到的因素。

四、组合钢模板

44. 组合钢模板配板的原则是什么？

答：钢模板的宽度模数以 50mm 进级，长度模数以 150mm 进级，有很多规格型号。为了使配板设计能提高效率、保证质量，一般应考虑下列原则。

(1) 钢模板配板的优良标准应是使用钢模板的块数为最少，木材拼镶补量为最少，并使支承件的布置简单、受力合理，以节省支模用料。

(2) 钢模板规格型号的选用应从经济观点出发，优先取用最通用的规格。不能过分要求规格尺寸的齐全。实际使用时，个别部位不能满足的尺寸，可用少量木材拼补。

(3) 尽量使用规格最大的钢模板，以 P3015(或 P3012)钢模板为主板，其他规格的钢模板只作为拼凑模板面积尺寸之用。这样拼成的模板面积，有较好的整体刚度，并能节省连接件和支模材料，装拆也比较方便。

(4) 合理使用转角模板，对于构造上无特殊要求的转角，可以不用阳角模板，一般可用联接角模代替。阴角模板宜用于长度大的转角处；柱头、梁口及其他短边转角部位，如无合适的阴角模板，也可用 55mm 的木方代替。

(5) 配板时，一般应以钢模板的长度沿着柱子的高度方向和梁的长度方向排列。这种排列方法，有利于使用长度规格较大的钢模板和扩大钢模板的支承跨度。对于有些模板面积，其宽度正好是钢模板长度的倍数，也可以钢模板的长度沿着模板面积的短边排列；同时应考虑比较钢楞或桁架支承的合理布置。

(6) 对于面积比较方整的预拼装大模板以及钢模板端头接缝集中在一条线上时，直接支承钢模板的钢楞，间距布置要考虑接缝的位置，应使每块钢模板都能有两处钢楞支承。

(7) 在条件允许的情况下，钢模板端头接缝可以错开布置，这样的模板整体刚度较好，在长度方向易于保持平直，直接支承钢模板的钢楞或桁架，间距可以不受接缝位置的限制，有利于发挥钢模板的刚度和节省钢楞用量。

45. 组合钢模板及配件的容许应力和容许挠度值是怎样的？

答：为满足混凝土质量的标准要求，钢模板及配件的容许应力及容许挠度可参照表 8-23 和表 8-24。

钢模板及配件的容许应力(MPa) 表 8-23

材种	应力种类	符号	规范规定	钢模板及配件	
				提高系数	计算采用
冷弯薄壁型钢	抗拉、抗压、抗弯	$[\sigma]$	160	—	160
	抗剪	$[\tau]$	100	—	100
热轧钢材	抗拉、抗压、抗弯	$[\sigma]$	170	1.25	210
	抗剪	$[\tau]$	100	1.25	125
粗制螺栓	抗拉	$[\sigma_1^1]$	135	1.25	170
	抗剪	$[\tau^1]$	100	1.25	125
	抗压	$[\sigma_c^1]$	240	—	240

注:钢材的弹性模量 E 取 2.1×10^5 MPa。钢模板是过去生产的,不必考虑更新。

钢模板及配件的容许挠度(mm) 表 8-24

部件名称	容许挠度[f]	部件名称	容许挠度[f]
钢模板的面板	1.5	钢楞、柱箍	3.0
单块钢模板	1.5	钢模板结构体系	$L/1000$ (L 为相应的结构跨度)

46. 钢模板组装的质量标准是怎样规定的?

答:钢模板组装的质量标准规定见表 8-25。

钢模板组装质量标准 表 8-25

序号	项 目	允许偏差(mm)	检 查 方 法	量 具
1	两块模板之间的拼接缝宽	≤1.0	用 1.0mm 塞尺插拼缝通不过	塞尺
2	相邻模板面的高低差	≤2.0	用平尺靠模板拼缝,2.0mm 塞尺通不过	平尺、塞尺
3	组装模板板面平整度	≤2.5	用 2m 长平尺靠板面,可见缝 2.5mm 塞尺通不过	2m 平尺、塞尺
4	组装模板的长宽尺寸	±2.0	用 2m 长钢尺检查两端和中间部位	2m 钢尺
5	组装模板两对角线长度	≤3.0	用钢尺检查组装模板两对角线	钢尺

47. 组合钢模板做基础模板有何特点?

答:一般混凝土基础的模板组合,有下列共同特点:

(1)基础模板都为竖向,配板高度可以高出混凝土灌筑面,所以配板具有较大的灵活性。

(2)模板高度由两块以上钢模板拼成时,应有竖向钢楞连固。在钢模板端头接缝齐平布置的情况下,竖楞间距一般宜为750mm;在接缝错开布置的情况下,竖楞间距最大可到1 200mm。

(3)基础模板都有条件在基坑设置垫板或锚固桩作为支撑的着力点,或在混凝土垫层预埋锚固件,以支承混凝土侧压力,可以不用或少用穿过钢模板的拉筋。

(4)高度在1 400mm以内的侧面模板,所受的侧压力和竖楞间距,可从表8-26中取用。竖楞顶部和底部的拉筋或支撑,可按表8-26中竖楞所受的总荷载数值布置,竖楞均可采用1 - ϕ48 ×3.5钢管。高度在1 500mm以上的侧面模板,支承系统的布置应按墙模板进行设计计算。

侧面模板上的侧压力及竖楞间距表 表8-26

模板高度(cm)	最大侧压力(kPa)	竖楞间距(cm)	竖楞上的总荷载(kN)	模板高度(cm)	最大侧压力(kPa)	竖楞间距(cm)	竖楞上的总荷载(kN)
30	7.5	—	—	80	20.0	90	7.20
40	10.0	120	2.40	90	22.5	90	9.11
50	12.5	105	3.28	100	25.0	90	11.25
60	15.0	105	4.73	120	30.0	75	13.50
70	17.5	90	5.51	140	35.0	75	18.38

注:本表按三角形荷载计算。

48. 用高度在150cm以上组合钢模板进行大基础施工,配板设计及支架布置要点是什么?

答:(1)确定模板的荷载

大体积基础,混凝土都应水平分层灌筑,混凝土对模板的侧压力数值除按公式计算之外,尚应考虑插入式振动器每次振捣能使混凝土局部液化深度达到1m

左右,所以模板应考虑能承受1m高的混凝土压头,即最大侧压力应不小于25kPa。

(2)钢模板的拼配

钢模板一般宜横排,端头接缝错开布置。模板高度符合为主钢模板(即长度为1 500mm和1 200mm)的长度时,也可竖排。

(3)楞条布置

由于钢模板需要承受最大侧压力25kPa,直接支承钢模板的内楞,间距可固定为750mm。对于钢模板是单块就位安装的情况,又是横排错缝布置时,可以省去外楞,拉筋或支撑可以着力在内楞上。如有必要增强模板的整体刚度,可以加设外楞。

(4)拉筋或支撑的间距

大体积基础高度在1m以上时,模板都有可能承受25kPa的侧压力。更大的侧压力也可避免。所以模板的支承可以有固定的方式。内楞的规格如采用2－ϕ48×3.5钢管,则外楞、拉筋或支撑的间距可以固定为900mm。若使用不同的楞条规格,其间距可查有关资料或计算确定。

49. 基础组合钢模板安装的安全操作注意事项是什么?

答:基础组合钢模板安装的安全操作注意以下事项。

(1)地面以下支模,应先检查土壁的稳定情况,遇有裂纹及坍方等危险迹象时,应在采取安全防范措施后,方可下人作业。

(2)基坑上口的1m边缘内不得堆码钢模板及支承件。向基坑内运料应使用溜槽或绳索系下。同时上下的操作人员要互相呼应,运下的钢模板及支承件不要立靠在坑的土壁上。当坑的深度超过2m时,操作人员应设梯上下。

(3)用起重机向坑内运送组合钢模板时,应有专人负责指挥并注视上下安全,操作人员不得在起重臂下方操作或逗留。使用起重机安装预拼装大块钢模板时,基坑内不宜留有操作人员。

(4)高大长脖基础分层支模时,应边组装钢模板边安设支承件,下层钢模板经就位校正并支撑稳固后,方可进行上一层钢模板的安装。

(5)绑扎钢筋、灌筑混凝土等不得站立在钢模板上操作。振捣混凝土时应防止振捣器直接震击钢模板。

50. 组合钢模板清理要点及清理办法有哪些?

答:(1)拆下的钢模板应逐块进行检查和清理。发现板面翘曲,边肋变形、扭曲、开焊等情况时，应立即进行修理。翘曲的边肋应放在工字钢上，用铁锤轻轻砸平。翘曲的模板面，可用手动丝杠压力机压平，或者用调平机进行调平。开焊的肋条，应补焊好。钢模板板面不用的孔洞，应用与钢模板面板同厚度已冲好的小圆钢板补焊平整，并用砂轮磨平，也可用与孔洞同直径的塑料瓶盖塞入孔内，平面朝向混凝土，瓶盖因有弹性也不漏浆，效果很好。

(2)钢模板一经使用，必须进行清理。可用灰铲铲掉残余的灰浆，个别黏结牢固的混凝土，可用扁凿子轻轻剔去，再用砂纸打磨钢模板表面或用钢丝刷子除锈，至光亮无锈为止。有条件时，宜采用各种形式的钢模板清刷机清理，效果更好。清理时严禁用铁锤敲击钢模板的方法来清理钢模板上的混凝土，因为这样做，会造成板面凸凹不平或损坏。

(3)清理整修好的钢模板应刷脱模剂。钢模板背面或边肋上防锈漆脱落的，应及时补刷防锈漆。暂时不用的钢模板应刷一道防锈油，以防钢模板锈蚀。

(4)钢模板的配件，在使用后必须经过清理检查，损坏断裂的挑出，不能修复的报废。螺栓的螺纹处应整修、加油，然后按规格分类装于箱笼内备用。

(5)为了使钢模板背面不致黏结混凝土，减少钢模板清理时的用工量，延长钢模板使用寿命，有些工作需要在灌筑混凝土时注意配合，采用措施，防止混凝土倒在或洒落在钢模板背面。如已经散落在钢模板背面的混凝土，应在未凝结前及时用水冲洗干净，以免混凝土硬化后难于清理，或清理剔凿时造成钢模板和配件的损坏。对吊挂支模的基础侧模下部，更应注意不要使混凝土打高，埋没钢模板及边肋，而导致拆除困难。

五、支架、拱架的制作及安装

51. 如何进行支架的地基处理?

答:支架地基的处理原则是平整、稳定，满足支架所传到地基上的应力要求。

(1)梁式支架的地基处理:①在软基或水中用打入桩或钻孔桩较好;②在软土或一般性土类用换填土法，基础一般做成沿横桥向的条状，宽度应满足传力扩散角的要求，换填深度应按沉降量及地基承载力要求计算。在湿陷性黄土地区，应做好防水排水措施。换填时必须分层夯实，严格控制。支柱与地基间应设置钢筋混凝土块以分散传给地基的应力。

(2)满堂支架:由于满堂支架支柱的间距较小，一般为60～120cm，支点多，这就对地基承载力要求较低，一般情况下，针对不同土类进行施工面整体换填。

在软基可换填石灰土,在一般性土类可换填砂砾,换填厚度为 30 ~ 100cm,有条件的用压路机压实,在各支点下设置混凝土方块、条形方木、型钢等材料,分布承压面积。另外,也可以在土质较好的地基上直接浇筑 10cm 厚的砂浆或贫混凝土,将底托直接放在其上。

52. 六四军用梁做纵(横)梁时,如何进行加强?

答:虽然六四军用梁比较笨重,但在大跨径桥中还是能发挥其优越性;另一方面单位有该材料,就不能舍近求远,应充分利用。利用六四军用梁做纵(横)梁时,其上下支承处均应支在该梁节点的位置上,但由于桥梁的曲线和截面变化,支承处恰好不在节点处;另一方面,由于六四军用梁放置、使用时间较长,可能已发生微小变形。为弥补不足,保证工程顺利进行,根据以往经验,在六四军用梁节点和支承处均应用型钢做成门式框架予以支承;该框架可用槽钢[10。支承时不能采用焊接方式,这样会破坏其性能。注意:不得用木材进行支承,因以往用木材进行支承时曾发生过事故。

53. 如何设置支架的预拱度?

答:各类支架都应考虑支墩处的压缩位移和跨中预拱度两大项。对于梁式支架跨中预拱度总值是:

①梁的设计预拱度 + ②支架梁的挠度 + ③临时梁间的变形值 + ④临时墩的变形值 + ⑤不同材料接触面的压缩值 + ⑥地基沉降量。在各支墩处的预留值是:③ + ④ + ⑤ + ⑥(若临时支墩设在已完成的承台上,则不考虑该项)。由于③、④、⑤、⑥在整跨中平行下降,所以,由跨中分配时,仅将①、②两部分之和按二次抛物线进行。

对于碗扣、钢管等满堂支架的预拱度,除②外,其余各项相同。

在确定施工预拱度值时,应考虑以下因素:支架和拱架承受施工荷载引起的弹性变形;超静定结构由于混凝土收缩、徐变及温度变化而引起的挠度;承受推力的墩台,由于墩台水平位移所引起的拱圈挠度;由结构重力引起梁或拱圈的弹性挠度,以及 1/2 汽车荷载(不计冲击力)引起的梁或拱圈的弹性挠度;受载后由于杆件接头的挤压和卸落设备压缩而产生的非弹性变形;支架基础在受载后的非弹性沉陷。

54. 在支架施工中,怎样考虑预留沉落值?

答:根据经验,其参考值如表 8-27 所示。

预留施工沉落值参考数据　　表 8-27

分项内容		参考数据	说明
接头承压非弹性变形	木与木	每个接头的顺纹 2mm，横纹 3mm	
	木与钢	每个接头约 2mm	
卸落设备的压缩变形	砂筒	2～4mm	
	木楔或木马	每个接缝约 1～3mm	
支承基础沉陷	底梁置于砂土上	5～10mm	
	底梁置于黏土上	10～20mm	
	底梁置于砌石或混凝土上	约 3mm	
	打入砂中的桩	约 5mm	
	打入黏土中的桩	约 5～10mm	桩承受极限荷载时用 10mm 低于极限荷载时用 5mm

55. 如何进行支架预压？

答：通过多年全国各地的工程实践，支架预压已越来越被证实是非常重要的，因为计算支架沉降量的计算公式均是近似的、精度有限，通过预压后可以消除非弹性变形，得出弹性变形的较准确的数值，为所施工的结构更接近于设计提供了有利条件，并保证了施工期间的结构安全。

支架预压一般有砂袋法、千斤顶法、加水法或诸如加载钢筋、预制混凝土块的加载法等等，使用起来各有利弊，各具特色。加载时尽量符合浇筑混凝土的状态，按每级加载进行底模变形观测，并做详细记录。全部加载后，不可立即卸载，需等压一段时间（一般 24～72h）后，再逐级卸载、逐级测量并详细记录。卸载完成后就可以按加载顺序浇筑混凝土，或边浇筑混凝土边卸载。

56. 采用砂袋法、注水法预压，应注意什么问题？

答：采用砂袋法、注水法预压，应注意：砂袋应逐袋称量，要设专人称量、专人记录；称量好的砂袋一旦到位就必须采用防水措施，要准备好防雨布。加水法的贴膜必须完整，加水前须严格检查，以防漏水；加满载后，防止雨水进入；卸载时防止水流入支架基础内，防止浸泡支架基础；无论用何种加载方式均应派专人观察支架变化情况，一旦发现异常，立即进行补救。无论用何种加载方法均应分级进行,并及时进行测量、观测,加载的顺序应尽量接近于浇筑混凝土的顺序,不可随意堆放。卸载也应分级进行并测量。对以上测量过程应做详细记录。

57. 在混凝土浇筑过程中的模板及支架应注意哪些事项?

答:在混凝土浇筑过程中,对模板及支架应注意:

(1)派专人不间断观察支架的沉降及变形情况,特别是纵(横)梁的变形,对发现有变形的,要采取相应措施补救。

(2)黄土地区要防止水流进支架基础,雨天要组织人员排水。

(3)使用原木做支墩时,防止水浸原木,尽量避开雨季施工。

(4)派木工在每个作业面观察侧模变位,一旦发现跑模,立即停止浇筑,尽快处理问题,以免混凝土凝固出现工作缝。

(5)浇筑前应对支架及支架斜撑进行全面检查,防止漏装;对模板上下拉杆应做仔细检查。

(6)对漏浆处及时修补。

58. 制作安装拱架时,应注意哪些事项?

答:(1)木拱架。拱架所用材料的规格及质量应符合设计及规范要求。桁架拱架在制作时,各项杆件应当采用材质较好、无损伤及湿度不大的木材;夹木拱架制作时,木板长短要搭配好;纵间接头要错开,其间距应大于30cm;每个断面接头不可超过3个;面板夹木按间隔用螺栓固定,其余用铁钉与拱肋固定;应尽量减少长杆件;主要压力杆的纵向连接,应使用对接法,并用木夹板或铁夹板夹紧。次要构件的连结可用搭接法。

(2)钢拱架。常备钢拱架应根据实际情况合理组合,保证结构的整体性;钢管拱架,为保证排架的稳定应设置足够的斜撑、剪刀撑、扣件和缆风绳;钢拱架施工时要注意:

①立杆打入时,锤击钢管直至出现反弹现象。

②立杆间距应按计算确定,一般纵向1.0~1.2m,横向0.5~1.1m为宜。

③立杆垂直于地面,对接处端面应平整。

④相邻立杆接头不能在同一平面内,不宜采用搭接方式。

⑤横杆间距不宜大于1.5m。

⑥扣件在施工过程中,应派专人检查,严防松动。

⑦缆风宜设在3/8L和1/4L处,且对等收紧。

⑧避免洪水冲击及漂浮物撞击。

(3)安装拱架前，对拱架立柱和拱架支承面应详细检查，准确调整拱架支承面和顶部高程，并复测跨度，确认无误后方可进行安装。各片拱架在同一节点处的高程应尽量一致，以便于拼装平联杆件。在风力较大的地区，应设置风缆。

(4)拱架应稳定、坚固，应能抵抗在施工过程中有可能发生的偶然冲撞和振动。

(5)拱架应设置预拱度，拱式拱架尚应考虑其受载后产生水平位移所引起的拱圈挠度。

(6)为便于支架和拱架的拆卸，应根据结构型式、承受的荷载大小及需要的卸落量，在支架和拱架的适当部位设置相应的木楔、木马、砂筒或千斤顶等落模设备。

(7)拱架地基的处理要可靠，并做好防水。施工中要出问题大都是地基问题，如回填土压实不够，或土质差、强度低、处理不彻底，遇水后支架、拱架随地基的下沉而下沉。

(8)拱架安装完毕后，应按设计荷载进行预压，并应对其平面位置、顶部高程、节点联接及纵、横向稳定性进行全面检查，符合要求后，方可进行下一工序。

59. 模板、支架和拱架安装的允许偏差是如何规定的?

答:模板、支架和拱架安装的允许偏差，在无设计要求时，应符合表8-28所示中的规定。

模板、支架及拱架安装的允许偏差 表8-28

<table>
<tr><th colspan="2">项　目</th><th>允许偏差(mm)</th></tr>
<tr><td rowspan="3">模板高程</td><td>基础</td><td>±15</td></tr>
<tr><td>柱、墙和梁</td><td>±10</td></tr>
<tr><td>墩台</td><td>±10</td></tr>
<tr><td rowspan="3">模板内部尺寸</td><td>上部构造的所有构件</td><td>+5.0，-0</td></tr>
<tr><td>基础</td><td>±30</td></tr>
<tr><td>墩台</td><td>±20</td></tr>
<tr><td rowspan="4">轴线偏位</td><td>基础</td><td>15</td></tr>
<tr><td>柱或墙</td><td>8</td></tr>
<tr><td>梁</td><td>10</td></tr>
<tr><td>墩台</td><td>10</td></tr>
<tr><td colspan="2">装配式构件支承面的高程</td><td>+2，-5</td></tr>
<tr><td colspan="2">模板相邻两板表面高低差</td><td>2</td></tr>
</table>

续上表

项目		允许偏差(mm)
模板表面平整		5
预埋件中心线位置		3
预留孔洞中心线位置		10
预留孔洞截面内部尺寸		+10,-0
支架和拱架	纵轴的平面位置	跨度的1/1000或30
	曲线形拱架的高程(包括建筑拱度在内)	±10

60. 碗扣支架在连续梁施工时的安装步骤是什么?

答:碗扣支架在连续梁浇筑施工中,做临时支架所需各部分构件为:立杆、横杆、斜杆、可调底座、可调U托(顶托)。碗扣支架在连续梁施工时的安装步骤是:

(1)地基处理。换填砂砾或石灰土处理,对有弹簧的地方要着重处理,增加换填深度。

(2)地基处理完成后,按照现场地势在周围设置排水沟,使排水沟的水能及时排出。

(3)铺底层木板或型钢或混凝土板。压实度及平整度达到要求后,按设计间距铺设支架底层起分布荷载作用的支垫。

(4)按横向、纵向间距安放可调底座,并按各跨度不同的计算高度调整好底座上可调螺帽位置,使螺帽顶面位于同一水平面上,可调底座与木板间使用铁钉固定。纵横间距不宜超过1.2m,垂直间距不宜超过1.5m。

(5)检查脚手架有无弯曲、接头开焊、断裂等现象,无误后可实施拼装。

(6)拼装时,脚手架立杆必须保证垂直度。尤其重要的是必须在第一层所有立杆与横杆均拼装调整完成无误之后方可继续向上拼装,否则会引起以后各层的拼装困难。竖杆和竖杆之间必须搭斜撑,以增强结构整体稳定性。

(7)拼装到顶层立杆后,装上顶层可调顶托,并依设计高程将各顶托顶面调至设计高程位置。顶、底托悬出部分不宜超过2/3。

(8)铺设顶层纵向(或横向)方木,在铺设时注意使其两纵向方木接头处位于U形可调支撑处。

(9)铺设横向(或纵向)方木,铺设间距按设计进行,使用水准仪检查高程,使用木楔调整高程,无误后可拼装底板模板。

(10)支架的等重预压及高程预调整。

六、模板、支架及拱架的拆除

61. 模板拆除应注意哪些事项？

答：(1)非承重侧模板应在混凝土强度能保证其表面及棱角不致因拆模而受损坏时方可拆除，一般应在混凝土抗压强度达到2.5MPa时方可拆除侧模板。

(2)芯模和预留孔道内模，应在混凝土强度能保证其表面不发生塌陷和裂缝现象时，方可拔除，拔除时间应通过试验确定，以混凝土抗压强度达到0.4～0.8MPa为宜。采用胶囊作芯模时，其拔除实际可按现场试验确定。

(3)钢筋混凝土结构的承重模板，应在混凝土强度能承受其自重力及其他可能的叠加荷载时，方可拆除，当构件跨度不大于4m时，在混凝土强度符合设计强度标准值的50%的要求后，方可拆除；当构件跨度大于4m时，在混凝土强度符合设计强度标准值的75%的要求后，方可拆除。

如设计上对拆除承重模板、支架、拱架另有规定，则应按照设计规定执行。

(4)模板拆除应按设计的顺序进行，设计无规定时，应遵循先支后拆，后支先拆的顺序，拆除时严禁抛扔。拆除梁、板等结构物的承重模板时，在横向应同时，在纵向应对称均衡卸落。简支梁、连续梁结构的模板宜从跨中向支座方向依次循环卸落；悬臂梁结构的模板宜从悬臂端开始顺序卸落。

(5)墩、台模板宜在其上部结构施工前拆除。拆除模板时，不允许用猛烈地敲打和强扭等方法进行。对于钢模板应用吊车或塔吊为主进行拆除，拆除时为保证模板的平稳须在模板下部设置缆绳辅助完成。

(6)模板、支架和拱架拆除后，应维修整理，分类妥善存放。

62. 如何卸落模板和支架？

答：当梁体混凝土强度满足要求后，需要卸落模板和支架。卸落它们的方法：对于梁式支架一般采用设于底模带下的砂筒、木楔、型钢。砂筒放砂分次卸落，型钢卸落用气割斜切。对于满堂支架常在底模带下设木楔或直接用与管配套的螺旋顶托。

木楔分简单木楔和组合木楔。简单木楔如图8-25所示，由两块1:6～1:10斜面的硬木楔块组成，安设时须在上楔块的大头端斜钉入一个钉子，钉子长度应满足钉入下楔块深度达20～30mm，以保证楔块不在重力压迫下下滑。落架时，用锤轻轻敲击木楔小头，最终取出木楔，模板下落。组合木楔如图8-26所示，安

装时,为减少放松木楔时的摩阻力,木楔应刨光和涂油,然后,上紧螺丝调至所需高程即可上底模。螺栓所受的拉力按下式计算:

$$T = 2P\cos\alpha\sin(\alpha - \phi)/\cos\phi$$

式中:T——螺栓所受拉力;

P——作用于木楔的荷载;

α——木楔斜面倾角,为使木楔滑动,应大于 ϕ;

ϕ——木楔块件间摩擦角。

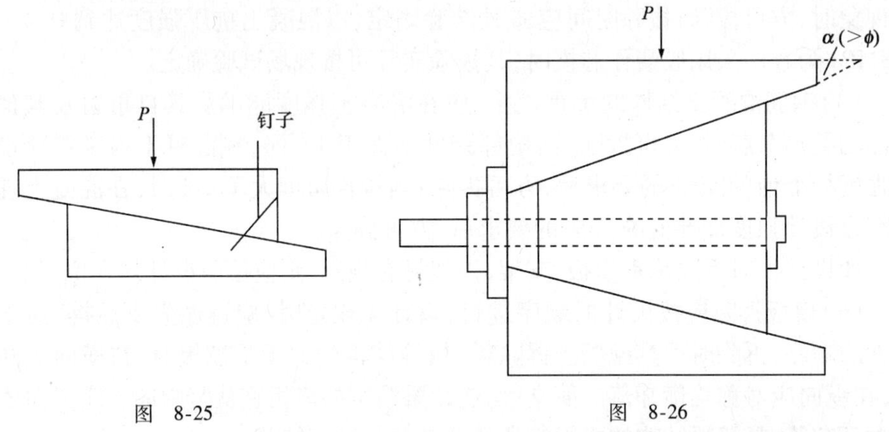

图 8-25　　图 8-26

砂筒适用于盖梁卸模和拱式拱架及大跨径拱架落架。如图8-27所示,砂筒由铸铁制成圆筒或用方木拼成方盒,砂筒上面的顶心可用方木或混凝土制成。圆形砂筒的尺寸确定及应力验算,可参照下列公式:

$$d_1 = d_0 + 2 = \sqrt{4P/(\pi[\sigma])} + 2$$

$$\sigma = T/[(H + h_0 - d_2)\delta]$$

$$= [4P/(\pi d_0^2) d_1 H]/[(H + h_0 - d_2)\delta]$$

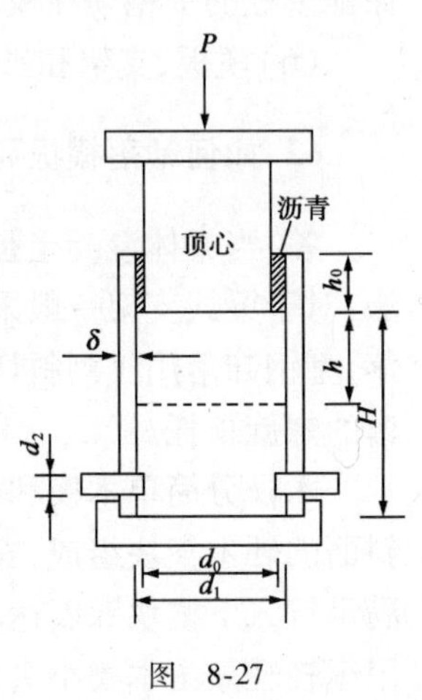

图 8-27

式中:d_0——砂筒顶心直径,mm;

d_1——砂筒内壁直径,mm;

d_2——泄砂孔直径,mm;

h_0——顶心放入砂筒的深度,mm,一般为70~100mm;

H——降落高度,mm;

T——筒壁受力,N;

σ——筒壁应力,MPa;

$[\sigma]$——筒内砂子的容许承压应力,MPa。

砂筒内装上砂子要进行预压,砂筒与顶心间的空隙应以沥青填塞,以免砂子受潮不易流出。卸架时,由砂孔分次开关、分次卸落。

型钢一般适用于大型箱梁的落架,一般采用槽钢、工字钢,安装时,按要求高程进行切割,然后竖向焊接于下部支承构件上。卸落时可用气割斜切。

当卸落处的荷载较大,卸落量较小时,宜选择预埋电热器通电可溶化的硫黄砂浆卸落,硫黄砂浆的参考配合比及其物理力学性能按重量计推荐以下几种:

(1)硫黄:水泥:石英粉:780 聚硫橡胶 =44:11:(44 ~43):(1 ~2)。

(2)硫黄:石墨粉:石英砂:780 聚硫橡胶 =60:5:(34.5 ~34):(0.5 ~1)。

(3)硫黄:石英粉:聚氯乙烯 =60:37:3。

(4)硫黄:水泥:砂:石蜡 =37:(12 ~24):(37 ~55):1。

抗拉强度 37 ~55MPa。

在60℃以下对强度无影响,低温0℃开始软化,高温情况下120 ~130℃时变液态,170℃开始焦化,200℃时燃烧。

卸落支架的顺序:简支连续梁顺桥向先跨中,后两端;横桥向先翼缘,后梁底;悬臂梁应先卸挂梁及悬臂支架,再卸无铰跨内的支架。

63.拱架卸落应注意哪些事项?

答:卸落拱架应按拟定的卸落程序进行,分几个循环卸完,卸落量开始宜小,以后逐渐增大。在纵向应对称均衡卸落,在横向应同时一起卸落。在拟定卸落程序时,应注意以下几点:

(1)卸落前应在卸架设备上画好每次卸落量的标记。

(2)满布式拱架卸落时,可从拱顶向拱脚依次循环卸落;拱式拱架可在两支座处同时均匀卸落。

(3)多孔拱桥卸架时,若桥墩允许承受单孔施工荷载,可单孔卸落,否则应多孔同时卸落,或各连续孔分阶段卸落。

(4)大跨径空腹式拱的卸架应考虑拱上后期砌筑物对主拱的影响,处理不好易出现事故,因此在卸落拱架之前,宜将拱上的小拱横墙砌好。必要时应对拱进行强度验算,以指导拱上建筑与卸落拱架的时间。

(5)卸落拱架时,应设专人用仪器观测拱圈挠度变化情况,并详细记录。另设专人观察是否有裂缝现象。

(6)拱架卸落过程中,更应注意安全问题,在以往卸架施工过程中,因不注意安全问题造成人员伤亡的事故常有发生,所以在此强调要高度重视拱架卸落,按程序操作,制定好安全措施。

64. 如何控制石拱桥拱架卸落的时间?

答:石拱桥的拱架卸落时间应符合下列要求:

(1)浆砌石拱桥,须待砂浆强度达到设计要求,或如设计无要求,则须达到砂浆强度的85%。混凝土拱桥需在其强度达到设计强度85%时才可进行。

(2)跨径小于10m的小拱桥,宜在拱上建筑全部完成后卸架;中等跨径的实腹式拱,宜在护拱砌完后卸架;大跨径的空腹式拱,宜在拱上小拱横墙砌好(未砌小拱圈)时卸架。

(3)当需要进行裸拱卸架时,应对裸拱进行截面强度及稳定性验算,并采取必要的稳定措施。其中稳定性验算要进行纵、横向验算,验算方法参见《公路桥涵设计手册—拱桥》(上册)及《公路圬工桥涵设计规范》(JTG D61—2005)。

65. 拆除承重模板的混凝土估计期限是如何规定的?

答:钢筋混凝土结构的承重模板、支架,应在混凝土强度能承受其自重力及其他可能的叠加荷载时,方可拆除,当构件跨度不大于4m时,混凝土强度达到设计强度的50%后,方可拆除;当构件跨度大于4m时,混凝土强度达到设计的75%后,可拆除。拆除承重模板的混凝土估计期限参见表8-29。

拆除承重模板的混凝土估计期限 表8-29

达到设计强度(%)	水泥		拆模期限(d)及混凝土硬化时昼夜的平均温度(℃)						
	品种	等级	+5	+10	+15	+20	+25	+30	+35
50	硅酸盐、普通	52.5	6.5	5	4.2	3	3	2.5	2
	矿渣	42.5	17	13	9.5	6	4	3	2.5
100	硅酸盐、普通	52.5	41	36	32	28	19	15	13
	矿渣	42.5	56	47	39	28	26	19	17

注:①本表按C20级以上一般混凝土考虑。

②火山灰水泥、粉煤灰水泥可参照表中矿渣水泥考虑。

③普通水泥强度等级小于或等于C42.5的,拆模期限应酌情予以延长。

④采用干硬性、低流动性或掺有外加剂的混凝土时,拆模期限可通过试验确定。

66. 拆除非承重模板的混凝土估计期限是如何规定的?

答:拆除非承重模板的混凝土估计期限参见表8-30。

拆除非承重模板的混凝土估计龄期　　表8-30

混凝土强度(MPa)	水泥品种及等级	混凝土强度达到2.5MPa所需时间(h)及硬化时昼夜平均温度(℃)						
		+5	+10	+15	+20	+25	+30	+35
C20	32.5矿渣水泥	23	16	13	10	9	8	7
C40	42.5矿渣水泥	22	10	9	7	6	5	5
	52.5矿渣水泥	15	11	9	8	6	5	4
	52.5硅酸盐水泥	14	9	7	6	4	4	4

注:①本表拆模期限按混凝土强度达到2.5MPa的时间考虑。

②当采用火山灰水泥、粉煤灰水泥时,可参照矿渣水泥考虑。

③混凝土强度小于或等于C15时,拆模时间应酌情予以延长。

第九章 钢　　筋

一、一 般 规 定

1. 钢筋的力学、工艺性能是如何规定的?

答:钢筋的力学、工艺性能规定见表9-1,冷弯试验时受弯曲部位外表面不得产生裂纹。

2. 钢筋验收的内容有哪些?

答:钢筋进场时应具有出厂质量证明书或专业权威机构的试验报告单,每捆(盘)钢筋均应有标牌,并按批号及直径分批验收。验收内容包括对标牌、外观的检查,同时按有关规定抽取试样进行外观、力学性能、冷弯及可焊性试验,合格后才允许使用。钢筋在加工过程中,发现脆断、焊接性能不良或机械性能显著不正常时,应进行化学成分检验或其他专项检验。钢筋验收和力学性能试验的组批规则及检验项目如下。

1)热轧光圆钢筋

(1)钢筋应按批进行检查和验收,每批由同一牌号、同一炉罐号、同一尺寸的钢筋组成。每批重量不大于60t。超过60t的部分,每增加40t(或不足40t的余数),增加一个拉伸试验试样和一个弯曲试验试样。

(2)允许由同一牌号、同一冶炼方法、同一浇筑方法的不同炉罐号组成混合批。各炉罐号含碳量之差不大于0.02%,含锰量之差不大于0.15%。混合批的重量不大于60t。

(3)每批钢筋的检验项目、取样方法和试验方法应符合表9-2的规定。

钢筋的力学、工艺性能表 表 9-1

品种外形	牌号	公称直径（mm）	屈服强度 R_{eL}（MPa）	抗拉强度 R_m（MPa）	伸长率（%） 断后伸长率 A	最大力总伸长率 A_{gt}	冷弯试验		反向弯曲 正弯 90° 反弯 20°	反复弯曲		应力松弛初始应力应相当于公称抗拉强度的 70%	备注
			不小于				d = 弯心直径 a = 钢筋公称直径			弯曲半径	次数	1000h 松弛率不大于（%）	
热轧光圆钢筋	HPB235	6 ~ 22	235	370	25.0	10.0	180°	$d = a$	—	—		—	摘自《钢筋混凝土用钢 第 1 部分：热轧光圆钢筋》（GB 1499.1—2008）
	HPB300		300	420									
热轧带肋钢筋	HRB335 HRBF335	6 ~ 25	335	455	17	7.5	180°	$d = 3a$	$d = 4a$	—	—	—	摘自《钢筋混凝土用钢 第 2 部分：热轧带肋钢筋》（GB1499.2—2007）
		28 ~ 40						$d = 4a$	$d = 5a$	—	—		
		>40 ~ 50						$d = 5a$	$d = 6a$	—	—		
	HRB400 HRBF400	6 ~ 25	400	540	16		180°	$d = 4a$	$d = 5a$	—	—	—	
		28 ~ 40						$d = 5a$	$d = 6a$	—	—		
		>40 ~ 50						$d = 6a$	$d = 7a$	—	—		
	HRB500 HRBF500	6 ~ 25	500	630	15		180°	$d = 6a$	$d = 7a$	—	—	—	
		28 ~ 40						$d = 7a$	$d = 8a$	—	—		
		>40 ~ 50						$d = 8a$	$d = 9a$	—	—		

续上表

品种外形	牌号	公称直径(mm)	屈服强度 R_{eL}(MPa)	抗拉强度 R_m(MPa)	伸长率(%) 断后伸长率 A	伸长率(%) 最大力总伸长率 A_{gt}	冷弯试验		反向弯曲 正弯90° 反弯20°	反复弯曲		应力松弛初始应力应相当于公称抗拉强度的70%	备注
			不小于				d = 弯心直径 a = 钢筋公称直径			弯曲半径	次数	1000h松弛率不大于(%)	
冷轧带肋钢筋	CRB550	4～12	$R_{p0.2}$ 500	550	$A_{11.3}$ 8.0	—	180°	$d=3a$	—	—	—	—	摘自《冷轧带肋钢筋》(GB 13788—2008)
	CRB650	4	$R_{p0.2}$ 585	650	—	A_{100} 4.0	—		—	10	3	8	
		5								15			
		6								15			
	CRB800	4	$R_{p0.2}$ 720	800	—	A_{100} 4.0	—		—	10	3	8	
		5								15			
		6								15			
	CRB970	4	$R_{p0.2}$ 875	970	—	A_{100} 4.0	—		—	10	3	8	
		5								15			
		6								15			
余热处理钢筋	RRB400	8～25	430	570	14.0	5.0	180°	$d=4a$	$d=5a$	—	—	—	摘自《钢筋混凝土用余热处理钢筋》(GB 13014)
		28～40					180°	$d=5a$	$d=6a$				

注：HPB—热轧光圆钢筋的英文缩写(Hot rolled plain bars)；HRB—普通热轧带肋钢筋的英文缩写(Hot rolled ribbed bar)；HRBF—细晶粒热轧带肋钢筋(在热轧带肋钢筋的英文缩写后加细的英文 Fine 首字母)；CRB—冷轧带肋钢筋的英文缩写(Cold rolled ribbed steel wires and bars)；RRB—钢筋混凝土用余热处理钢的英文缩写(quenching and deif-tempering ribbed stell bars for the reinforcement of concrete)

钢筋检验项目、取样方法及试验方法　　表 9-2

序号	检验项目	取样数量	取样方法	试验方法
1	化学成分（熔炼分析）	1	GB/T 20066	GB/T 223 GB/T 4336
2	拉伸	2	任选两根钢筋切取	GB/T 228 及 GB 1499.1—2008 中 8.2 节
3	弯曲	2	任选两根钢筋切取	GB/T 228 及 GB 1499.1—2008 中 8.2 节
4	尺寸	逐支（盘）		GB 1499.1－2008 中 8.3 节
5	表面	逐支（盘）		目视
6	重量偏差	GB 1499.1—2008 中 8.4 节		GB 1499.1－2008 中 8.4 节

注：对化学分析和拉伸试验结果有争议时，仲裁试验分别按 GB/T 223、GB/T 228 进行。

2）热轧带肋钢筋

（1）钢筋应按批进行检查和验收，每批由同一牌号、同一炉罐号、同一尺寸的钢筋组成。每批重量不大于 60t。超过 60t 的部分，每增加 40t（或不足 40t 的余数），增加一个拉伸试验试样和一个弯曲试验试样。

（2）允许由同一牌号、同一冶炼方法、同一浇筑方法的不同炉罐号组成混合批。各炉罐号含碳量之差不大于 0.02%，含锰量之差不大于 0.15%。混合批的重量不大于 60t。

（3）每批钢筋的检验项目、取样方法和试验方法应符合表 9-3 的规定。

钢筋检验项目、取样方法及试验方法　　表 9-3

序号	检验项目	取样数量	取样方法	试验方法
1	化学成分（熔炼分析）	1	GB/T 20066	GB/T 223 GB/T 4336
2	拉伸	2	任选两根钢筋切取	GB/T 228 及 GB 1499.2—2007 中 8.2 节
3	弯曲	2	任选两根钢筋切取	GB/T 232 及 GB 1499.2—2007 中 8.2 节
4	反向弯曲	1		YB/T 5126 及 GB 1499.2—2007 中 8.2 节
5	疲劳试验	供需双方协议		
6	尺寸	逐支（盘）		GB 1499.2—2007 中 8.3 节
7	表面	逐支（盘）		目视
8	重量偏差	GB 1499.2—2007 中 8.4 节		GB 1499.2—2007 中 8.4 节
9	晶粒度	2	任选两根钢筋切取	GB/T 6394

注：对化学分析和拉伸试验结果有争议时，仲裁试验分别按 GB/T 223、GB/T 228 进行。

3)冷轧带肋钢筋

(1)钢筋应按批进行检查和验收,每批由同一牌号、同一外形、同一规格、同一生产工艺和同一交货状态的钢筋组成,每批重量不大于60t。

(2)每批钢筋的检验项目、取样方法和试验方法应符合表9-4的规定。

钢筋检验项目、取样方法及试验方法 表9-4

序号	检验项目	取样数量	取样方法	试验方法
1	拉伸	每盘1个	在每(任)盘中随机切取	GB/T 228
2	弯曲	每批2个		GB/T 232
3	反复弯曲	每批2个		GB/T 238
4	应力松弛试验	定期1个		GB/T 10120及GB 13788—2008中7.3节
5	尺寸	逐盘		GB 13788—2008中7.4节
6	表面	逐盘		目视
8	重量偏差	每盘1个		GB 13788—2008中7.5节

注:表中试验数量栏中的盘指生产钢筋的原料盘

3. 钢筋外观检验有何要求?

答:(1)对热轧普通钢筋的外观检验有以下要求:

①钢筋的端头应切得正直(对圆盘钢筋允许不切头)。

②钢筋的表面不得有裂缝、结疤和折叠。

③钢筋表面允许有凸块,但不得超过变形钢筋纹肋的最大高度。

④钢筋表面上其他缺陷的深度和高度不得大于所在部位的尺寸的允许偏差。允许偏差值参见《钢筋混凝土用钢 第1部分:热轧光圆钢筋》(GB 1499.1—2008)及《钢筋混凝土用钢 第2部分:热轧带肋钢筋》(GB 1499.2—2007)。

(2)对热处理预应力钢筋的外观检验,除具有上述要求外,还要求钢筋表面不能沾油污;钢筋在制作过程中,除端部外,不得受到切割火花或其他方式造成的局部加热影响。

4. 钢筋进场应怎样保管?

答:钢筋进场后应尽量存放在仓库或钢筋棚内,若受条件限制,必须露天存放时,应选在地势较高、地形平坦、土质坚实(或经场地硬化)处,对于后者必须有防雨措施;无论采用何种形式存放钢筋,均不得将钢筋直接放在地面上,一般情况下采用垫木垫起；进场后的钢筋应按不同等级、牌号、直径、长度分别挂牌存放，并随时注明其数量；钢筋不能与酸、盐、油类物存放在一起，并避免靠近会产生有害气体的车间；在有可能被洪水、雨水淹没的地方，不得存放钢筋，无条件时要做好排水设施；存放时间不宜超过6个月。

5. 为什么不同规格的钢筋应分开存放？对已混放的钢筋如何处理？

答：钢筋按不同规格进行存放的主要原因是：

（1）堆放整齐，管理条理。

（2）方便及时了解各种规格钢筋的货源、型号、数量等，发现量少，可及时进货给予补充，以免影响工程进度。

（3）分开存放，可避免由于施工人员的粗心或不负责任而造成钢筋在结构中不能对号入座，杜绝不合理的浪费或质量事故。

（4）利于有关部门检查、验收。

在施工现场，当发现不同规格的钢筋发生混料后，应立即检查并组织人员进行清理，重新分类堆放；已发出去的混料钢筋应立即追回；对已用于工程的混料钢筋，应调查清楚所使用的部位，对其进行验算，并采取相应的补救措施，以免给工程埋下事故隐患。

6. 钢筋代换时，应注意哪些事项？

答：由于钢筋的供应问题，在施工中经常会以另一强度、牌号或直径的钢筋代替设计所规定的钢筋，这时应注意下列事项：

（1）应了解设计意图和代用材料性能，并须符合现行《公路钢筋混凝土及预应力混凝土桥涵设计规范》（JTG D62—2004）的规定。重要结构中的主钢筋在代换时，应由设计单位做变更设计。

（2）应将两者的计算强度进行换算，并对钢筋截面积做相应的改变。

（3）其直径变化范围最好不超过4～5mm，变更后的钢筋总截面积差值不小于原来的2%，或大于5%。

（4）钢筋强度等级的变换不宜超过HPB235级。用高一级钢筋代替低一级钢筋时，宜采用改变直径的方法而不宜采用改变钢筋根数的方法来减少钢筋截面积，必要时尚需对构件的裂缝和变形进行校核。

（5）以较粗钢筋代替较细钢筋时，应校核握裹力。

（6）当代用钢筋的排数比原来的增多，截面有效高度减小或改变弯起钢筋的位置时，应复核其截面的抵抗力矩或斜截面的抗剪配筋。

7.钢筋的代换原则及其计算公式是什么?

答:(1)当构件按强度控制时,可按强度相等的原则代换,称为等强度代换。其代换公式为:

$$A'_g \geqslant (A_g R_g)/R'_g$$

式中:A'_g——代换后钢筋总面积,mm^2;

R'_g——代换后钢筋设计强度,MPa;

A_g——设计图中所用钢筋总面积,mm^2;

R_g——设计图中所用钢筋设计强度,MPa。

按等强度代换时,除满足上式外,还必须注意:

①当原设计配筋较小,如用较高等级钢筋按等强度代换时,将使代换的钢筋直径和面积更小,甚至低于最小配筋率或不符合构件要求的最小直径的规定。此时只能采用"等截面代换"。

②当采用大直径或较高等级钢筋代换小直径或较低等级钢筋时,将出现钢筋根数小于原设计的根数,但在有些构件按照钢筋与混凝土黏结力的需要,规定了最少钢筋根数,若代换钢筋根数不符合这一要求,只能按钢筋等周长或等根数代换。

(2)当构件按最小配筋率配筋时,可按钢筋面积相等的原则代换,称为等截面代换。其代换公式为:

$$n_1 d_1^{\ 2} = n_2 d_2^{\ 2}$$

式中:n_1、d_1——分别为设计图钢筋根数和直径;

n_2、d_2——分别为代换钢筋根数和直径。

(3)当构件受裂缝宽度或抗裂性要求控制时,代换后应进行裂缝及抗裂性验算。不宜用光面钢筋代替变形钢筋。抗裂验算应按《公路钢筋混凝土及预应力混凝土桥涵设计规范》(JTG D62—2004)的规定进行。

(4)等弯矩代换。有时由于钢筋直径加大或根数增多,原有排数摆不下,需要增加钢筋排数,则构件截面的有效高度 h_0 减小,使截面强度降低。因此,应对代换钢筋后的截面强度进行复核,使其不小于原设计图抗弯强度。

对矩形截面,可根据抵抗弯矩相等,按下式复核:

$$A'_g R'_g[h'_0 - (A'_g R'_g)/(2R_w b)] \geqslant A_g R_g[h_0 - (A_g R_g)/(2R_w b)]$$

式中：A'_g——代换后钢筋总面积，mm^2；

A_g——设计图中所用钢筋总面积，mm^2；

R'_g——代换后钢筋设计强度，MPa；

R_g——设计图中所用钢筋设计强度，MPa；

h_0——原设计钢筋的合力点至构件截面受压边缘的距离，mm；

h'_0——代换钢筋的合力点至构件截面受压边缘的距离，mm；

R_w——混凝土的弯曲抗压强度，MPa；

b——构件截面宽度，mm。

二、钢 筋 加 工

8. 钢筋加工前应做哪些工作？

答：钢筋在下料前，首先应熟悉设计图纸，对各种规格的钢筋长度和数量进行认真的核对，并对各类不同的弯起钢筋的起弯点进行认真分析、试验，找出起弯的规律；其次应对钢筋进行调直，必要时对钢筋表面进行除锈，要保证钢筋表面清洁、平直；再次应对钢筋的下料长度进行计算，做到最合理的配料方式，以减少浪费。

9. 怎样对钢筋进行除锈？对除锈后的钢筋质量有何要求？

答：钢筋表面应干净，用铁锤能敲击剥落的锈皮和油渍、漆皮等，在使用前均应清除。一般除锈方法是：

(1)钢丝刷除锈。此法效率不高，只宜用于少量或个别锈痕的清除，是人工除锈。

(2)喷砂法。除锈喷砂器主要由空压机、贮砂罐、喷砂管和喷砂嘴组成，其喷砂效果甚好。钢筋应竖向密排成平面，在前后两面喷射清洁后，将钢筋旋转90°，再前后喷射。喷砂时注意控制对环境的污染。

(3)除锈机除锈法。利用小功率电动机带动圆盘钢丝刷，通过圆盘钢丝刷的转动来清除移动中钢筋的铁锈。对钢筋的局部除锈较为方便，效率高且效果好。

(4)利用冷拉钢筋或小钢筋拉伸调直的过程中来除锈，钢筋冷拉或小钢筋拉伸调直时，附着于钢筋表面的锈皮能随着内部主体伸长而脱落，故达到除锈的目的。采用钢筋冷拉或拉伸除锈、调直时，应注意控制冷拉率：热轧光圆钢筋不宜大于2%,HRB335、HRB400牌号钢筋不宜大于1%。

(5)砂盘法。砂盘高约90cm,长6~7m。盘内放粗砂,最好再掺一些碎石。钢筋穿入两端小槽内,并以移动套板套住,将钢筋来回冲击,在砂中摩擦即可把铁锈除去。此法效率高,宜于长而直的钢筋除锈。

钢筋除锈后的质量应满足以下要求:

(1)钢筋的表面应洁净,无油渍、漆污、锈皮、鳞锈等。

(2)除锈后的钢筋表面如有严重的麻坑、斑点等已伤截面的,应降级使用或剔除不用;带有蜂窝状的锈迹钢丝也不得使用。

10. 怎样对钢筋进行调直?对调直钢筋质量有何要求?

答:盘条钢筋和由于运输过程中发生弯折现象的直条钢筋,使用前均应调直,其调直方法如下:

(1)盘条钢筋人工调直。直径10mm以下的盘条可采用卷扬机、绞车绞磨或链滑车进行拉伸调直。

(2)粗钢筋人工调直。对于搬运过程中出现缓弯,可用横口扳手或大锤敲击调直。对于弯度较大的钢筋可自制台座,利用横口扳手在台座上用人力调直。

(3)细钢筋调直机调直。冷拔低碳钢丝和直径14mm以下的盘条钢筋都可采用钢筋调直机调直。

(4)粗钢筋机械调直。粗钢筋也宜采用和冷拉相结合的方法调直。当缺乏大吨位冷拉设备时,也可采用平直锤(或夹板锤、皮带锤、弹簧锤)机械调直,即用电动机经过皮带轮和偏心轮使平直锤做上、下竖直运动锤击钢筋弯曲处而调直。

钢筋调直质量要求:

(1)钢筋应平直,无局部弯折,钢筋的中心线对直线的偏差不得超过其全长的1/100。

(2)钢筋在调直机上调直后,其表面伤痕所损伤的钢筋截面积不得大于总截面的5%。

(3)采用冷拉方法调直钢筋时,热轧光圆钢筋的冷拉率不宜大于2%;HRB335、HRB400牌号钢筋的冷拉率不宜大于1%。

11. 钢筋加工成型的要点及注意事项是什么?成型后的质量要求有哪些?

答:(1)合理配料。钢筋下料前,应按照长短搭配、统筹排料和减少损耗的原则进行配料计算，并预先确定各种形状钢筋下料长度调整值。

(2)加工成型画线。为使画线简单、准确，可根据钢筋的弯曲类型和相应的下料调整值、弯曲处曲率半径、扳距等状况，制定一套完整的画线方法以及操作时搭扳子的位置规定备用。一般情况可采用下面的方法画线：画弯曲钢筋分段尺寸时，将不同角度的下料长度调整值在弯曲操作方向相反一侧长度扣除，画上分段尺寸线。划线时应注意：①根据不同的弯曲角度从相邻两段长度中将钢筋弯曲伸长值各扣一半；②钢筋端部长度带半圆弯时，该段长度应增加 $0.5d$(d 为钢筋直径)；③划线应从钢筋中间向两端分别进行，两端不对称的钢筋也可以从钢筋的一端划向另一端。④划线到结束时，若与钢筋料长不能闭合，则应调整后重划。⑤划线不可给钢筋造成伤痕。

(3)扳距大小应根据钢筋弯制角度和钢筋直径确定，其数值可参考表 9-5 所示。

扳距参考值 表 9-5

弯制角度	45°	90°	135°	180°
扳距	$(1.5\sim2.0)d$	$(2.5\sim3.0)d$	$(3.0\sim3.5)d$	$(3.5\sim4.0)d$

(4)在进行成批钢筋弯曲操作前，各类型的弯曲钢筋都要试弯一根，然后检查其弯曲形状、尺寸是否与设计要求相符，经适当调整后，才能进行成批生产。

(5)由于工作人员大意或其他原因，造成成型钢筋各部分误差超过质量标准允许值时，应根据钢筋所在结构位置及受力特征分别进行处理，对不能使用的坚决返工。

(6)返工时，如需重新将弯折处平直，则仅限 HPB235 钢筋返工一次，并且要在弯折处仔细检查表面状况，变形过大或出现裂纹者不能使用。

对成型的钢筋质量应做检查，并满足以下要求：

(1)钢筋形状与设计图相符，同一平面内无翘曲现象。

(2)钢筋弯曲点处不能有裂缝。

(3)钢筋弯曲成型后，允许偏差为：全长 ±10mm；弯起钢筋各部分尺寸 ±20mm；弯起钢筋的弯起高度 ±5mm；箍筋、螺旋筋各部尺寸 ±5mm。

12. 钢筋弯制和末端弯钩有何规定？

答：钢筋弯制和末端弯钩应符合设计图纸要求，当设计无规定时，应按表 9-6 所示执行。

受力主钢筋制作和末端弯钩形状 表9-6

弯曲部位	弯曲角度	形状图	钢筋种类	公称直径 d(mm)	弯曲直径 D	平直段长度
末端弯钩	180°		HPB235 HPB300	6~22	≥2.5d	≥3d
	135°		HRB335	6~25	≥3d	≥5d
				28~40	≥4d	
				50	≥5d	
			HBB400	6~25	≥4d	
				28~40	≥5d	
				50	≥6d	
			RRB400	8~25	≥3d	
				28~40	≥4d	
	90°		HRB335	6~25	≥3d	≥10d
				28~40	≥4d	
				50	≥5d	
			HRB400	6~25	≥4d	
				28~40	≥5d	
				50	≥6d	
			RRB400	8~25	≥3d	
				28~40	≥4d	
中间弯钩	≤90°		各类钢筋		≥20d	—

注:采用环氧树脂涂层钢筋时,除应满足表内规定外,当直径 d≤20mm 时,其弯钩内直径 D 不应小于4d,当直径 d>20mm 时,其弯钩内直径 D 不小于6d;直线段长度不应小于5d。

13. 如何计算钢筋的下料长度?

答:钢筋下料长度可归纳为以下三种:

直钢筋下料长度=构件长度-保护层厚度+弯钩增加长度;

弯起钢筋下料长度=直段长度+斜段长度+弯钩增加长度-弯钩调整值;

箍筋下料长度=箍筋周长+弯钩增加长度±弯曲调整值。

(1)弯钩增加长度

钢筋弯钩有半圆弯钩、直角弯钩和斜弯钩三种形式,图见表9-6。其计算公式:

①半圆弯钩　　　　$L=1.071D+0.571d+L_P$

②直角弯钩　　　　$L=0.285D-0.215d+L_P$

③斜弯钩　　　　$L=0.678D+0.178d+L_P$

式中：L——弯钩增加长度；

D——圆弧弯曲直径，允许值见表 9-6；

d——钢筋直径；

L_P——弯钩的平直部分长度。

在圆弧弯曲直径 $D=2.5d$（d 为钢筋直径），平直长度 $3d$ 的情况下，半圆弯钩增加长度应为 $6.25d$；平直长度按 $5d$ 计，直弯钩增加长度为 $5.5d$；平直长度按 $10d$ 计，斜弯钩增加长度为 $12d$。但在实际工作中，由于实际弯曲直径不能与理论弯曲直径值相一致，钢筋粗细不同，机具条件不同，平直段长度也不尽相同。一般手工弯钩时平直段可适当加长，机械弯钩时可适当缩短。因此，在实际配料计算时，常常根据钢筋直径而采用经验数据确定弯钩增加长度。三种弯钩形式各种规格钢筋弯钩增加长度参见表 9-7。

各种规格钢筋一个弯钩增加长度参考值　　　　表 9-7

钢筋直径(mm)	半圆弯钩(mm)	半圆弯钩(mm)(不带平直部分)	直角弯钩(mm)	斜弯钩(mm)
6	40	20	35	75
8	50	25	45	95
9	60	30	50	110
10	65	35	55	120
12	75	40	65	145
14	90	45	75	170
16	100	50		
18	115	60		
20	125	65		
22	140	70		
25	160	80		
28	175	85		
32	200	105		
36	225	115		

注：①半圆弯钩计算长度为 $6.25d$；半圆弯钩不带平直部分为 $3.25d$；直角弯钩计算长度为 $5.5d$；斜弯钩计算长度为 $12d$。

②半圆弯钩取 $L_P=3d$；直角弯钩 $L_P=5d$；斜弯钩 $L_P=10d$。

③本表为 HPB235 钢筋，弯曲直径为 $2.5d$，去尾数为 5 或 0 的弯钩增加长度。

(2)弯曲调整值

钢筋经弯曲或弯钩后，弯曲外侧伸长，内侧缩短，而钢筋中线长度不变。一般设计图纸中注明的是以钢筋中线处的计算值，而加工时量的是外包尺寸。这样，如果按外包尺寸进行下料，将会使弯钩尺寸太长或钢筋尺寸大于要求，造成钢筋安装困难及混凝土保护层厚度不够，有时甚至放不进模板去。故其下料长度应为：钢筋原型长 + 弯钩长 ± 弯曲处调整值。其中应减去对外测量的差值，加上对内侧量的差值。大量的钢筋加工，宜先试验确定弯曲差值。对于图9-1 所示的弯曲形式参见表9-8 及表9-9 计算。

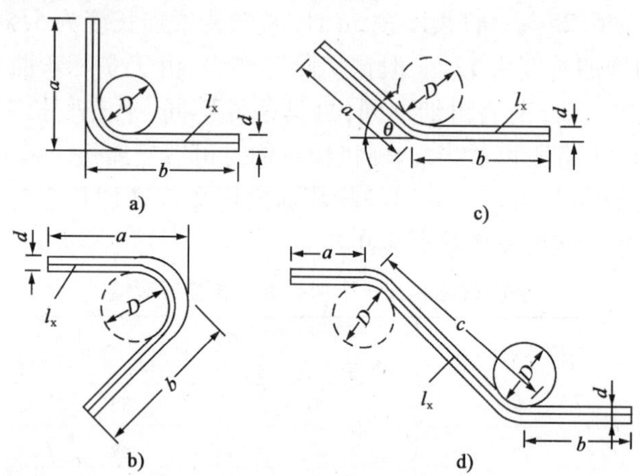

图9-1　钢筋弯曲调整值计算简图

a)钢筋弯折90°；b)钢筋弯折135°；c)钢筋一次弯折30°、45°、60°；d)钢筋弯折30°、45°、60°

钢筋弯折90°和135°时的弯曲调整值　　表9-8

弯折角度(°)	钢筋类别	弯曲调整值	
		计算式	取值
90	HPB235 HRB335 HRB400	$\Delta L = 0.215D + 1.215d$	$1.75d$ $2.08d$ $2.29d$
135	HPB235 HRB335 HRB400	$\Delta L = 0.822d - 0.178D$	$0.38d$ 0.11d $-0.07d$

注：弯曲直径：HPB235 钢筋 $D = 2.5$d；HRB335 钢筋 $D = 4d$；HRB400 钢筋 $D = 5d$。

钢筋一次弯折和弯起30°、45°、60°的弯曲调整值　　表9-9

弯折角度(°)	一次弯折的弯曲调整值		弯起钢筋的弯曲调整值	
	计算式	按 $D=5d$	计算式	按 $D=5d$
30	$\Delta L=0.006D+0.274d$	$0.3d$	$\Delta L=0.012D+0.28d$	$0.34d$
45	$\Delta L=0.022D+0.436d$	$0.55d$	$\Delta L=0.043D+0.457d$	$0.67d$
60	$\Delta L=0.054D+0.631d$	$0.9d$	$\Delta L=0.108D+0.685d$	$1.23d$

(3)弯起钢筋斜长计算

采用斜长计算系数进行计算,如表9-10所示,计算图见图9-2。

弯起钢筋斜长计算系数　　表9-10

名称＼弯起角度	30°	45°	60°	名称＼弯起角度	30°	45°	60°
斜边长度 s	$2h$	$1.414h$	$1.155h$	底边长度 l	$1.73h$	$1.0h$	$0.58h$
增加长度 $s-l$	$0.268h$	$0.414h$	$0.575h$				

注:h 为钢筋弯起高度。

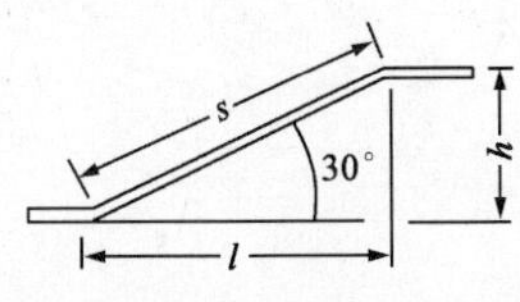

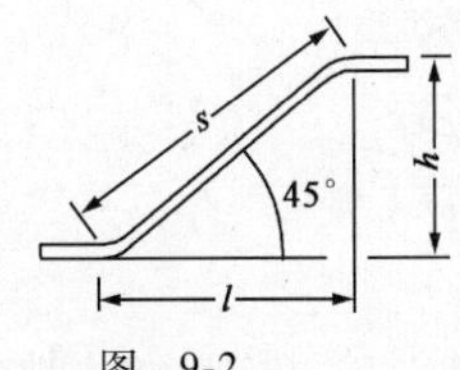

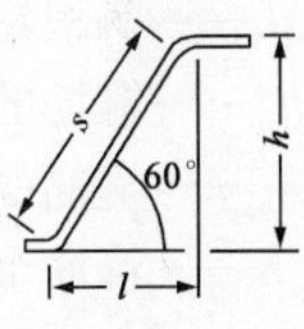

图 9-2

(4)箍筋弯钩增加长度

无设计要求时,通常情况下箍筋弯钩应采用图9-3形式,其中对有抗震结构要求时,采用图9-3c)的形式。

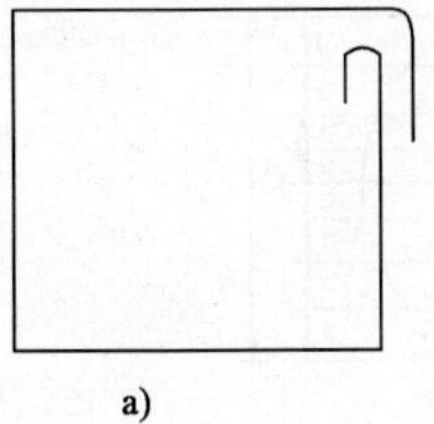
a)
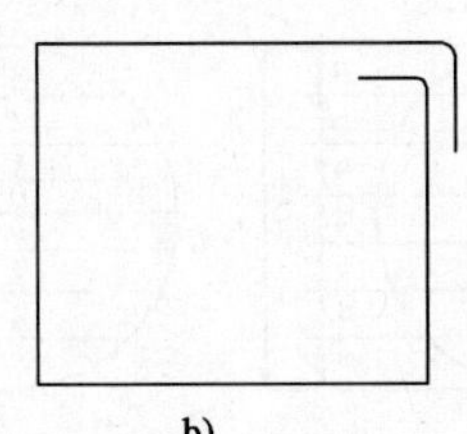
b)
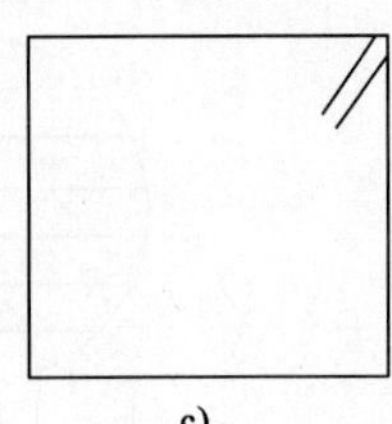
c)

图9-3　箍筋弯钩形式图

箍筋弯钩内弧圆直径依受力钢筋的直径变化而变化。一般情况下,箍筋末端弯钩的弯曲直径应略大于受力主筋的直径,且 HPB 级钢筋不能小于箍筋直径的2.5倍,HRB335 级钢筋应不小于箍筋直径的4倍。弯钩平直部分的长度,不宜小于箍筋直径的5倍,有抗震要求的结构,不应小于箍筋直径的10倍。其长度计算参照本题(1)执行或参照表9-11中所示。

箍筋弯钩增加长度值(mm)　　表9-11

钢筋直径 d (mm)	一般结构箍筋两个弯钩增加长度		抗震结构两个弯钩增加长度($28d$)
	两个弯钩均为90°($15d$)	一个弯钩为90°另一个弯钩为180°($17d$)	
≤5	75	85	140
6	90	102	168
8	120	136	224
10	150	170	280
12	180	204	336

注:箍筋一般用内皮尺寸标注,每边加上 $2d$,即成为外皮尺寸,表中已计入。

(5)变截面构件箍筋的下料长度

变截面构件箍筋的下料长度用下式计算:

$$\Delta L = (h_d - h_c)/(n - 1)$$

式中:ΔL——每根钢筋的长短差;

h_d——箍筋的最大高度;

h_c——箍筋的最小高度;

n——箍筋个数;

而　$$n = s_1/a + 1$$

其中:s_1——最高箍筋与最低箍筋之间的总距离;

a——箍筋间距。

(6)圆形构件下料长度

如图9-4所示。

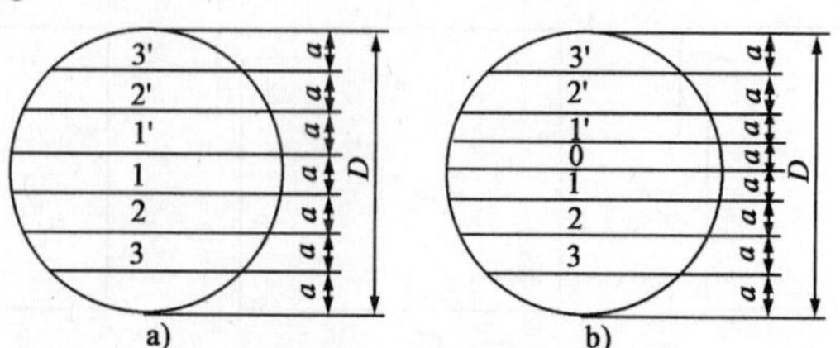

图9-4　按弦长布置钢筋下料长度计算简图

a)按弦长单数间距布置;b)按弦长双数间距布置

按弦长布置。先根据下式算出钢筋所在处的弦长,再减去两端保护层厚度,即得到钢筋下料长度。

①当配筋间距为单数时:

$$L_i = a[(n+1)^2 - (2i-1)^2]^{1/2}$$

②当配筋间距为双数时:

$$L_i = a[(n+1)^2 - (2i)^2]^{1/2}$$

式中:L_i——第 i 根(从圆心向两边数)钢筋所在的弦长;

i——序号数;

n——钢筋根数;

而

$$n = D/a - 1$$

其中:a——钢筋间距;

D——圆直径。

按圆周布置。一般按比例方法先求出每根钢筋的圆直径,再乘以圆周率所得的圆周长即为圆形钢筋的下料长度。

(7)圆形切块下料长度

其弦长计算式

$$K = (D^2 - 4c^2)^{1/2} \quad 或 \quad K = 2(R^2 - c^2)^{1/2}$$

式中:K——圆形切块的弦长;

D——圆形切块的直径;

c——弦心距,即圆心至弦的垂线长;

R——圆形切块的半径。

(8)圆柱形构件螺旋箍筋下料长度

按勾股弦定理得:

$$L = [H^2 + (\pi Dn)^2]^{1/2}$$

式中:L——螺旋筋的长度;

H——螺旋线起点到终点的垂直高度;

D——螺旋线的缠绕直径;

π——圆周率,取 3.141 6;

n——螺旋线的缠绕圈数。

(9)曲线构件钢筋的下料长度

①曲线钢筋长度。如图 9-5 所示。

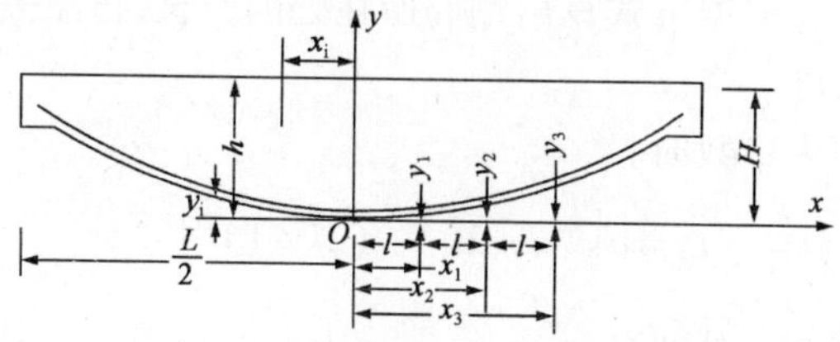

图9-5　曲线钢筋下料长度计算简图

$$L=2\sum_{i=1}^{n}[(y_i-y_{i-1})^2+l^2]^{1/2}$$

式(图)中:L——曲线钢筋长度;

l——水平方向每段长度;

x_i、y_i——曲线钢筋上任一点在x、y轴上的投影距离。

②抛物线钢筋的长度。如图9-6。

$$L=[1+(8h^2)/(3l_1{}^2)]l_1$$

式中:l_1——抛物线的水平投影长度;

h——抛物线的矢高。

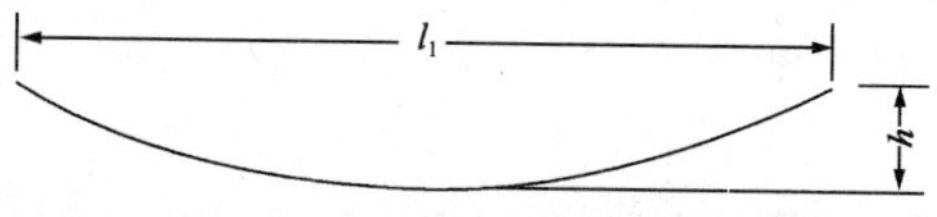

图9-6　抛物线钢筋下料长度计算简图

14.切断钢筋时应注意哪些事项?其质量有何要求?

答:切断前,应根据钢筋配料单复核钢筋种类、直径、尺寸、根数,然后依据钢筋原材料长度将同规格的钢筋,按配料单下料长度,进行长短搭配、统筹排料。一般应先断长料,后断短料,尽量减少接头,降低损耗,进行长度测量时,尽量避免使用短尺,以减少累计误差。当直径过大时,可采用氧炔焰切割。

对断料要求钢筋的断口不得有马蹄形或起弯现象;钢筋长度应力求准确,其允许偏差应在±10mm范围内。

15.钢筋冷拉的原理是什么?钢筋冷拉时应注意哪些事项?

答:钢筋冷拉是将热轧钢筋在常温下进行强力拉伸,使其应力值超过屈服点,但小于抗拉强度,然后放松。在放松过程中,钢筋将产生塑性变形,其屈服点一般可提高20%~25%,流幅缩短,伸长率减少,塑性有所降低。钢筋冷拉后,因屈服点提高,所以可以节约钢材,冷拉同时还可以完成除锈和调直工作。冷拉钢筋不能用于承受冲击荷载的结构中。

钢筋冷拉时应注意以下事项:

(1)冷拉前应对测力器和拉伸设备进行计算、校验与复核,是否与钢筋的最大冷拉力相适应,不得使设备超载运转。

(2)钢筋伸长值的测量开始,以拉紧钢筋时为准。

(3)用于预应力的冷拉钢筋,应先对焊后冷拉,如焊接接头在冷拉时被拉断,可重新焊接后再冷拉,但一般不能超过两次。

(4)定期检查地锚是否稳固,其他设备是否正常。

(5)冷拉台座两端应设置安全防护设施,冷拉现场严禁站人。

(6)冷拉温度不宜低于-20℃。

16. 冷拔钢筋的原理是什么?钢筋冷拔应注意哪些事项?

答:冷拔是在常温下将直径6~10mm的光面Ⅰ级钢筋,通过几次直径逐渐减小的硬质钨合金钢拔丝模孔,用强力拉拔成较原径为小的钢丝。冷拔后的钢丝没有明显的屈服点和流幅。与冷拉相比,冷拉是纯拉伸的线应力,冷拔是拉伸与压缩兼有的复杂应力。钢筋冷拔后,横断面缩小,纵向拉伸,抗拉强度可提高40%~90%,塑性降低,硬度提高,呈硬钢性质。冷拔可大量节约钢材。经冷拔后的钢筋,称冷拔低碳钢丝,按强度大小可分为甲级和乙级,甲级可用做中小型预应力构件中的预应力筋,乙级可用于焊接网、焊接骨架、架立筋、箍筋和构造钢筋等。

钢筋在冷拔时应注意:

(1)对钢号不明或无出厂证明的钢筋,在拔丝前取样试验,对不符合要求的产品不得使用。扁圆的、带刺的、过硬的及潮湿钢筋一般不得拔丝。

(2)必须将总压缩率控制在60%~80%,以确保成丝的稳定强度和塑性。

(3)冷拔次数要适宜。一般按后道钢丝直径等于前道钢丝直径的85%~90%来确定拔丝次数。

(4)钢筋连续拔丝不宜超过3次,若继续拔,必须经低温退火处理,消除钢筋内应力;拔丝速度宜控制在50~70m/min。

(5)轧头时,应由大到小,逐级轧压,不宜轧压超过规定;两手应离开轧头机30~50cm。

(6)卷丝筒用链条挂料时,操作者应在链条甩动范围之外。

(7)拔丝过程中,工作人员要注意力集中,靠近电源开关,以便及时处理异常情况。

三、钢筋的连接

17. 钢筋焊接方法及适用范围有哪些?

答:钢筋焊接方法及适用范围见表9-12所示。

钢筋焊接方法的适用范围　　表9-12

焊接方法			接头形式	适用范围	
				钢筋牌号	钢筋直径(mm)
电阻点焊				HPB235 HRB335 HRB400 CRB550	8~16 6~16 6~16 4~12
闪光对焊			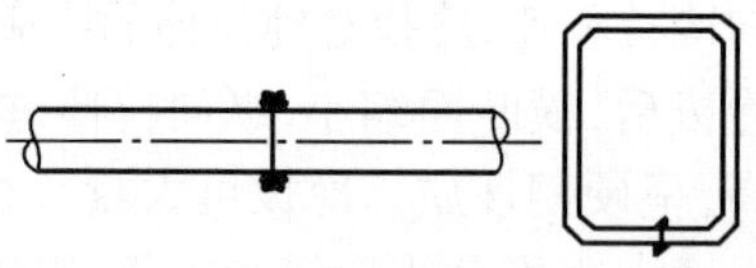	HPB235 HRB335 HRB400 RRB400 HRB500 Q235	8~20 6~40 6~40 10~32 10~40 6~14
电弧焊	帮条焊	双面焊	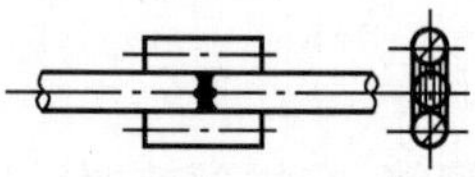	HPB235 HRB335 HRB400 RRB400	10~20 10~40 10~40 10~25
电弧焊	帮条焊	单面焊	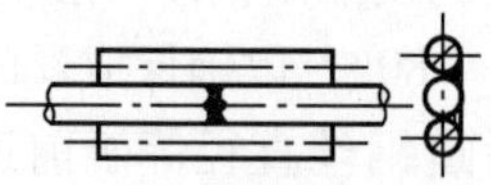	HPB235 HRB335 HRB400 RRB400	10~20 10~40 10~40 10~25
电弧焊	搭接焊	双面焊	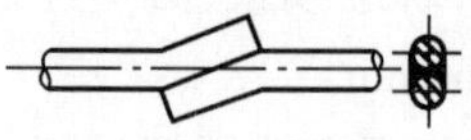	HPB235 HRB335 HRB400 RRB400	10~20 10~40 10~40 100~25
电弧焊	搭接焊	单面焊	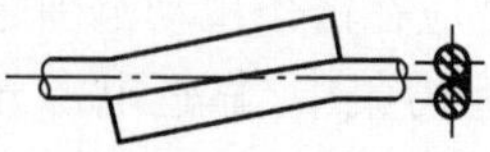	HPB235 HRB335 HRB400 RRB400	10~20 10~40 10~40 10~25

续上表

<table>
<tr><th colspan="3" rowspan="2">焊接方法</th><th rowspan="2">接头形式</th><th colspan="2">适用范围</th></tr>
<tr><th>钢筋牌号</th><th>钢筋直径(mm)</th></tr>
<tr><td rowspan="7">电弧焊</td><td colspan="2">熔槽帮条焊</td><td></td><td>HPB235
HRB335
HRB400
RRB400</td><td>20
20 ~ 40
20 ~ 40
20 ~ 25</td></tr>
<tr><td rowspan="2">坡口焊</td><td>平焊</td><td></td><td>HPB235
HRB335
HRB400
RRB400</td><td>18 ~ 20
18 ~ 40
18 ~ 40
18 ~ 25</td></tr>
<tr><td>立焊</td><td></td><td>HPB235
HRB335
HRB400
RRB400</td><td>18 ~ 20
18 ~ 40
18 ~ 40
18 ~ 25</td></tr>
<tr><td colspan="2">钢筋与钢板搭接焊</td><td>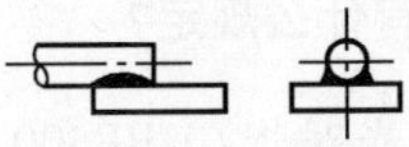</td><td>HPB235
HRB335
HRB400</td><td>8 ~ 20
8 ~ 40
8 ~ 25</td></tr>
<tr><td colspan="2">窄间隙焊</td><td></td><td>HPB235
HRB335
HRB400</td><td>16 ~ 20
16 ~ 40
16 ~ 40</td></tr>
<tr><td rowspan="2">预埋件电弧焊</td><td>角焊</td><td>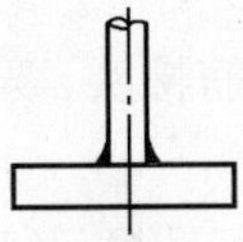</td><td>HPB235
HRB335
HRB400</td><td>8 ~ 20
6 ~ 25
6 ~ 25</td></tr>
<tr><td>穿孔塞焊</td><td>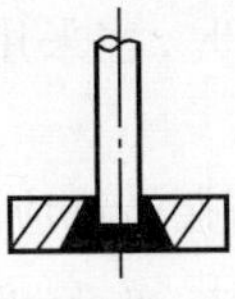</td><td>HPB235
HRB335
HRB400</td><td>20
20 ~ 25
20 ~ 25</td></tr>
<tr><td colspan="3">电渣压力焊</td><td></td><td>HPB235
HRB335
HRB400</td><td>14 ~ 20
14 ~ 32
14 ~ 32</td></tr>
</table>

续上表

焊接方法	接头形式	适用范围	
		钢筋牌号	钢筋直径(mm)
气压焊		HPB235 HRB335 HRB400	14~20 14~40 14~40
预埋件钢筋埋弧压力焊		HPB235 HRB335 HRB400	8~20 6~25 6~25

注:①电阻点焊时,适用范围的钢筋直径系指2根不同直径钢筋交叉叠接中较小钢筋的直径。

②当设计图纸规定对冷拔低碳钢丝焊接网进行电阻点焊,或对原RL540钢筋(Ⅳ级)进行闪光对焊时,可按本规程相关条款的规定实施。

③钢筋闪光对焊含封闭环式箍筋闪光对焊。

18. 钢筋焊接的各类方法在使用上有什么规定?

答:(1)钢筋的纵向焊接应采用闪光对焊(HRB500钢筋必须采用闪光对焊)。当缺乏闪光对焊条件时,可采用电弧焊、电渣压力焊、气压焊。钢筋的交叉连接,无电阻点焊机时,可采用手工电弧焊。各种预埋件T形接头钢筋与钢板的焊接,也可采用预埋件钢筋埋弧压力焊。电渣压力焊只适用于竖向钢筋的连接,不能用作水平钢筋和斜筋的连接。

(2)轴心受拉和小偏心受拉杆件的钢筋接头,要用焊接。普通混凝土中直径≥25mm的钢筋,宜采用焊接。

(3)钢筋焊接前,必须根据施工条件进行试焊,经验证合格后方可正式施焊。

(4)钢筋接头采用搭接或帮条电弧焊时,宜采用双面焊缝,双面焊缝困难时,可采用单面焊缝,但应加长焊缝长度。

钢筋接头采用搭接电弧焊时,两钢筋搭接端部应预先折向一侧,使两接合钢筋轴线一致。接头双面焊缝的长度不应小于$5d$,单面焊缝的长度不应小于$10d$(d为钢筋直径)。

钢筋接头采用帮条电弧焊时,帮条应采用与主筋同级别的钢筋,其总截面面积不应小于被焊钢筋的截面积。帮条长度,如用双面焊缝不应小于5d,如用单面焊缝不应小于$10d$(d为钢筋直径)。

(5)受力钢筋焊接接头应设置在内力较小处,并错开布置。在35d(d为钢筋直径)接头长度区段内(但该区段不得小于500mm),同一根钢筋不得有两个接头,配置在接头长度区段内的受力钢筋,其接头的截面面积占总截面面积的百分率应符合:受拉区为50%,受压区可不限制。装配式构件连接处的受力钢筋焊接接头可不受此限。

(6)电弧焊接接头与钢筋弯曲处的距离不应小于10倍钢筋直径,也不宜位于构件的最大弯矩处。

(7)电渣压力焊、气压焊、预埋件钢筋埋弧压力焊的技术规定及电弧焊中的坡口焊、窄间隙焊、熔槽帮条焊和钢筋与钢板焊接的技术规定可参照现行《钢筋焊接及验收规程》(JGJ 18—2003)的规定执行。

(8)冷拉钢筋的接头应在冷拉前采用闪光对焊,不得采用绑扎接头。若焊接必须在冷拉后进行时,则应在焊接时采取防止钢筋抗拉强度降低的措施,并要逐根通过应力控制检验,合格后才能使用。

19. 钢筋焊接时应注意哪些事项?

答:(1)凡施焊的各种钢筋、钢板均应有材质证明书或试验报告单。焊条、焊剂应有合格证,各种焊接材料的性能应符合现行《钢筋焊接及验收规程》(JGJ 18)的规定。各种焊接材料应分类存放和妥善管理,并应采取防止腐蚀、受潮变质的措施。

(2)对施焊人员要进行培训,持合格证上岗,在施焊前要进行试焊,符合要求后方可正式焊接,在正式焊接前应进行技术交底,对操作人员明确技术要求及焊接时应注意的事项。

(3)正式焊接时,应注意焊接时的天气情况。有风天施焊应采取防风措施,雨天不宜施焊,必要时应做好防雨及在钢筋干燥的条件下焊接,不准带水作业;电焊条要采取防潮措施,必要时要进行烘干,雨天焊接时,电焊工要有确保安全的措施,防止触电事故发生。冬季施焊,气温低于-20℃时,不得施焊。

(4)焊接的接头应严格执行条文的规定,因为工程质量事故的发生,不是焊接质量有问题,就是接头布置上有问题。

(5)应特别注意预埋件及构造物连接处(即接头)的焊接质量,必要时应采取加强措施。

(6)在一根钢筋上尽量少设焊接接头。

20. 怎样选择焊条?

答:焊条的选择应适当,设计有规定时,应按设计规定执行,设计无规定时,可按下表9-13进行选择。

钢筋电弧焊焊条型号　　表9-13

钢筋牌号	电弧焊接头形式			
	帮条焊、搭接焊	坡口焊、熔槽帮条焊、预埋件穿孔塞焊	窄间隙焊	钢筋与钢板搭接焊、预埋件T形角焊
HPB235	E4303	E4303	E4316 E4315	E4303
HRB335	E4303	E5003	E5016 E5015	E4303
HRB400	E5003	E5503	E6016 E6015	E5003
RRB400	E5003	E5503	—	—

注:①表中所示型号仅适用于电弧焊。

②焊条的选择与焊接质量的好坏,最后应以力学性能试验来检验。

21.钢筋绑扎应注意哪些事项?

答:(1)轴心受拉和小偏心受拉杆件中的钢筋接头,不宜绑接。绑扎接头仅当钢筋结构复杂施工困难时可采用,其直径≤28mm,对轴心受压和偏心受压构件中的受压钢筋可不大于32mm。

(2)绑扎接头应设置在内力较小处,并错开布置,其两接头间距不小于1.3倍的搭接长度。其接头的截面面积占总截面面积的百分率应符合:受拉区为25%,受压区为50%。绑扎接头中钢筋的横向净距不应小于钢筋直径且不应小于25mm。

(3)绑扎接头与钢筋弯曲处的距离不应小于10倍钢筋直径,也不宜位于构件的最大弯矩处。绑扎钢筋用铁丝及所需长度可参考表9-14、表9-15。

(4)受拉钢筋绑扎接头的搭接长度,应符合表9-16规定;受压钢筋绑扎接头的搭接长度,应取受拉钢筋绑扎接头搭接长度的0.7倍。

绑扎用铁丝规格选择　　表9-14

绑扎钢筋直径(mm)	<12	12~25	25~32
常用铁丝规格号数	22	20	18

(5)受拉区内HPB235钢筋绑扎接头的末端应做弯钩,HRB335、HRB400、RRB400牌号钢筋的绑扎接头末端可不做弯钩。

直径等于和小于 12mm 的受压 HPB235 钢筋的末端可不做弯钩，但搭接长度不应小于钢筋直径的 30 倍。钢筋搭接处，应在中心和两端用铁丝扎牢。

(6)绑扎宜采取逐点改变绕丝方向的 8 字形方式交错扎结，对直径 25mm 及以上的钢筋，宜采用双对角线的十字形方式扎结。

(7)结构或构件拐角处的钢筋交叉点应全部绑扎；中间平直部分的交叉点可交错绑扎，但绑扎点宜占全部交叉点的 40% 以上。

(8)绑扎钢筋的铁丝丝头不应进入混凝土保护层内。

(9)冷拔钢丝的接头只准采用绑扎接头，不得采用电焊。

绑扎钢筋用铁丝所需长度(cm) 表 9-15

钢筋直径(mm)	3~4	5	6	8	10	12	14	16	18	20	22	25	28	32
3~4	11	12	12	13	14	15	16	18	19					
5		12	13	13	14	16	17	18	20	21				
6			13	14	15	16	18	19	21	23	25	27	30	32
8				15	17	17	18	20	22	25	26	28	30	33
10					18	19	20	22	24	25	26	28	31	34
12						20	22	23	25	26	27	29	31	34
14							23	24	25	27	28	30	32	35
16								25	26	28	30	31	33	36
18									27	30	31	33	35	37
20										31	32	34	36	38
22											34	35	37	39

22. 受拉钢筋绑扎接头的搭接长度是如何规定的?

答:钢筋的绑扎接头是通过钢筋与混凝土的黏结力而传递应力的，所以两根钢筋必须有一定的搭接长度，其搭接最小长度如表 9-16 所示。

受拉钢筋绑扎接头的搭接长度 表 9-16

钢 筋 类 型	混凝土强度等级		
	C20	C25	C25
HPB235 钢筋	$35d$	$30d$	$25d$

续上表

钢筋类型		混凝土强度等级		
		C20	C25	C25
月牙纹	HRB335 牌号钢筋	45d	40d	35d
	HRB400、RRB400	—	50d	45d

注:①当带肋钢筋直径 d 不大于 25mm 时,其受拉钢筋的搭接长度应按表 9-16 中的值减少 5d 采用;当带肋钢筋直径 d 大于 25mm 时,其受拉钢筋的搭接长度应按表 9-16 中的值增加 5d 采用。

②当混凝土在凝固过程中受力钢筋易受扰动时,其搭接长度宜适当增加。

③在任何情况下,纵向受拉钢筋的搭接长度不应小于 300mm;受压钢筋的搭接长度不应小于 200mm。

④当混凝土强度等级低于 C20 时,HPB235、HRB335 牌号钢筋的搭接长度应按表 9-16 中 C20 的数值相应增加 10d;HRB500 牌号钢筋不宜采用。

⑤对有抗震要求的受力钢筋的搭接长度,当抗震烈度为七度(及以上)时应增加 5d。

⑥两根不同直径的钢筋的搭接长度,以较细的钢筋直径计算。

⑦环氧树脂涂层钢筋绑扎搭接长度,对受拉钢筋应至少为涂层钢筋锚固长度的 1.5 倍且不小于 375mm;对受压钢筋为无涂层钢筋锚固长度的 1.0 倍且不小于 250mm。

23. 何谓闪光对焊? 对接焊的操作注意事项有哪些?

答:闪光对焊是先对钢筋通以电流,再以微力使两钢筋不断地互相接触和分开,从而产生闪光电弧。钢筋断面不需加工铣平。焊接过程中钢筋接触面积甚小,所以通过的电流密度较大,接触处电热集中,在较短时间内端头即熔化。在闪光过程中,中间所夹杂物全部以火花喷出,部分温度内传,使接触面变得十分平整。随后以极快的速度予以挤压,使电流在断开的时候,焊件接口中的溶液被挤而溢出,形成牢固的接头。

在对接焊操作时应注意:

(1)焊接前宜检查对焊机各部件和接地情况,调整变压器并接通冷水。

(2)焊接前应清除钢筋端头电极钳口部位处的杂物,保证电流畅通。

(3)在大批量生产前,应先进行试焊,做拉力试验及冷弯试验,合格后方可正式焊接。

(4)钢筋端头应顺直,固定在电极钳口的两钢筋应在同一轴线上。焊接过程中应随时清除电极上的焊渣、铁锈等赃物,每班收工前应进行清刷。

(5)钢筋低频预热时,预热间隙时间应稍大于每次预热的接触时间,预热接触时间介于 0.5 ~ 2.0s/次。预热时应有一定的接触压力,预热程度宜采用预热留量与预热次数相结合的办法来控制。

(6)不同直径钢筋焊接时,其两截面面积之比宜小于1.5倍,且直径之差小于3mm,焊接参数宜按大直径钢筋选取。

(7)负温下焊接宜在室内进行,采用弱参数,其调伸长度应适当增大等。

(8)焊接完成后,应等接头由红变黑之后才能松开夹具,以防止接头发生弯曲。

24. 闪光对接焊中会出现哪些问题?怎样处理?

答:闪光对接焊中会出现的问题及其处理方法见表9-17所示。

对接焊出现问题及处理方法 表9-17

序号	问 题	处 理 方 法
1	烧化过分剧烈,并伴有爆炸声	降低变压器级次并减小闪光速度
2	闪光不稳	提高变压器级次并增加闪光速度
3	接头偏斜,不在同一轴线上	调整电极钳口,拧紧夹具丝杠;调直钢筋端头
4	接头中有氧化膜、夹渣或未焊透	增加预热过程,延长电流时间,增加顶锻前烧化速度及顶锻速度
5	接头结合不良	增加预热程度,控制二次闪光,防止过早顶锻
6	接头有过烧缺陷	降低变压器级次,减少预热程度,加快闪光速度,正确控制有电顶锻留量及顶锻速度
7	接头中有缩孔	降低变压器级次,防止闪光过分强烈,同时加大顶锻压力
8	接头区有裂纹	先检查钢筋的碳、硫、磷含量,如不符合要求,应更换钢筋;增加预热程度,适当减少顶锻压力
9	夹钳处钢筋表面微熔及烧伤	清除电极钳口内的杂物,清除钢筋铁锈,夹紧钢筋,必要时改进电极槽口形状,增大接触面积

25. 闪光对接焊的抽检批量及抽检频率是如何规定的?

答:(1)批量规定:在同一台班内,由同一焊工按同一焊接参数完成的300个同类型(指钢筋牌号和直径均相同的接头)接头作为1批。当同一台班内焊接的接头数量较少,可在一周内累计计算;一周内累计仍不足300个接头时,亦按1批计算。

(2)外观检查:每批抽查10%的接头,并不得少于10个。

(3)力学性能试验:包括拉伸试验和弯曲试验。应从每批成品中随机切取6

个试件,3 个进行拉伸试验,3 个进行弯曲试验。

(4)封闭环式箍筋闪光对焊接头,以 600 个同牌号、同规格的接头作为一批,只做拉伸试验。

26. 闪光对接焊质量应符合哪些要求?

答:(1)对按频率抽样的外观质量应符合以下要求:

①接头处不得有横向裂纹。

②与电极接触处的钢筋表面,对 HPB235 钢筋、HRB335、HRB400、RRB400 钢筋,不得有明显烧伤;对 HRB500 钢筋不得有烧伤;低温对焊时,对 HRB335、HRB400、HRB500 钢筋,不得有烧伤。

③接头处的弯折不得大于 3°。

④接头处的钢筋轴线偏移不得大于 0.1 倍的钢筋直径,同时不得大于 2mm。

当有一个接头不符合要求时,应对全部接头进行检查,剔出不合格品。不合格接头切除重焊后,可再次提交验收。

(2)外观检查合格后,对其做力学性能试验,试验结果应符合下面要求:

①3 个热轧钢筋接头试件的抗拉强度均不得小于该级别钢筋规定的抗拉强度;RRB400 钢筋接头试件的抗拉强度均不得小于 570MPa。

②应至少有 2 个试件断于焊缝之外,并呈延性断裂。

当试验结果有 1 个试件的抗拉强度小于上述规定值,或有 2 个试件在焊缝或热影响区发生脆性断裂其抗拉强度均小于钢筋规定抗拉强度的 1.10 倍时,应取双倍数量试件进行复验,复验结果,当仍有 1 个试件的抗拉强度小于规定值时,或有 3 个试件断于焊缝或热影响区,呈脆性断裂,其抗拉强度小于钢筋规定抗拉强度的 1.10 倍时,应确认该批接头为不合格品。

当接头试件虽断于焊缝或热影响区,呈脆性断裂,但其抗拉强度大于或等于钢筋规定抗拉强度的 1.10 倍时,可按延性断裂(断于焊缝或影响区之外)同等对待。

③焊接预应力钢筋与螺丝端杆时,可按生产时的同等条件制作模拟试件,可只做拉伸试验。预应力钢筋与螺丝端杆闪光对焊接头拉伸试验结果,3 个试件应全部断于焊缝之外,呈延性断裂。

当试验结果有 1 个试件在焊缝或热影响区发生脆性断裂时,应从成品中再切取 3 个试件进行复验,复验结果,当仍有 1 个试件在焊缝或热影响区发生脆性断裂时,应确认该批接头为不合格品。

④模拟试件的试验结果不符合要求时,应从成品中再切取试件进行复验,其数量和要求应与初始试验时相同。

⑤闪光对焊接头弯曲试验时，应将受压面的金属毛刺和镦粗变形部分消除，且与母材的外表齐平。

弯曲试验可在万能试验机、手动或电动液压弯曲试验器上进行，焊缝应处于弯曲中心点，弯心直径和弯曲角应符合表9-18中的规定，当弯至90°时，至少有2个试件不得发生破断。

闪光对焊接头弯曲试验指标　　表9-18

钢筋级别	弯心直径	弯曲角(°)	钢筋级别	弯心直径	弯曲角(°)
HPB235	$2d$	90	HRB400、RRB400	$5d$	90
HRB335	$4d$	90	HRB500	$7d$	90

注：①d为钢筋直径(mm)。

②直径大于28mm的钢筋对焊接头，弯曲试验时，弯心直径应增加1倍钢筋直径。

当试验结果有2个试件发生破断时，应再取6个试件进行复验，复验结果，当仍有3个试件发生破断，则应确认该批接头为不合格品。

27.何谓电弧焊？电弧焊焊接钢筋应注意哪些事项？

答：电弧焊包括的种类较多，其主要原理是利用弧焊机使焊条与焊件之间产生高温电弧，将钢筋局部熔化成熔池，焊条金属芯的熔滴因电弧力而进入熔池，冷却后熔化的焊条即形成焊缝，从而将两根钢筋焊接起来。焊条外的涂料在高温熔化时可产生一种气体，用于保护焊缝金属不被氧化。

钢筋电弧焊包括帮条焊 、搭接焊、坡口焊、窄间隙焊、熔槽帮条焊等接头形式以及预埋件钢筋电弧焊T形接头和钢筋与钢板搭接焊焊接接头。焊接时，应符合下列要求：

(1)应根据钢筋牌号、直径、接头形式和焊接位置，选择焊条、焊接工艺和焊接参数。

(2)焊接时，引弧应在垫板、帮条或形成焊缝的部位进行，不得烧伤主筋。

(3)焊接地线与钢筋应接触紧密。

(4)焊接过程中应及时清渣，焊缝表面应光滑，焊缝余高应平缓过渡，弧坑应填满。

除以上要求外，按照焊接形式还需各自注意：

1)帮条焊

(1)宜采用双面焊[图9-7a)]；当不能进行双面焊时，方可采用单面焊[图9-7b)]帮条长度

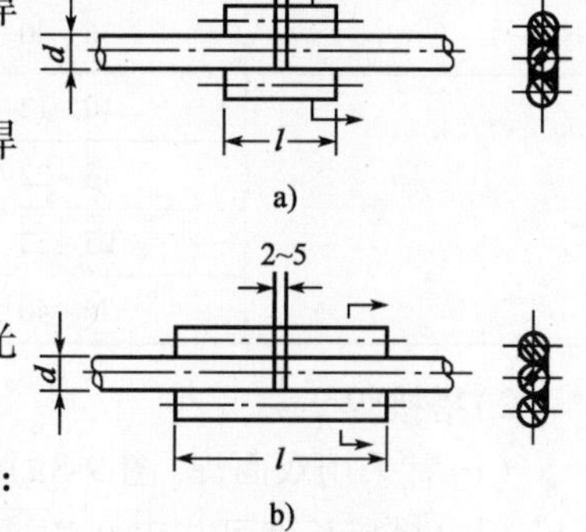

图9-7　钢筋帮条焊接头

a)双面焊；b)单面焊

d-钢筋直径；l-帮条长度

l 应符合表9-19的规定。

钢 筋 帮 条 长 度　　表9-19

钢筋牌号	焊缝形式	帮条长度 l
HPB235	单面焊	≥8d
	双面焊	≥4d
HRB335 HRB400 RRB400	单面焊	≥10d
	双面焊	≥5d

注：d 为主筋直径(mm)。

(2)当帮条牌号与主筋相同时,帮条直径可与主筋相同或小一个规格;当帮条直径与主筋相同时,帮条牌号可与主筋相同或低一个牌号。

(3)两主筋端面的间隙应为 2 ~ 5mm;帮条与主筋之间应用四点定位焊固定;搭接焊时,应用两点固定;定位焊缝与帮条端部或搭接端部的距离宜大于或等于 20mm。

(4)应在帮条焊形成焊缝中引弧;在端头收弧前应填满弧坑,并应使主焊缝与定位焊缝的始端和终端熔合;注意电流选择,其选择见表 9-20。

帮条及搭接接头电弧焊接电流选择　　表 9-20

焊接位置	钢筋直径（mm）	焊条直径（mm）	焊接电流（A）
平　焊	10 ~ 12	3.2	90 ~ 130
	14 ~ 22	4	130 ~ 180
	15 ~ 32	5	180 ~ 230
	36 ~ 40	5	190 ~ 240
立　焊	10 ~ 12	3.2	80 ~ 110
	14 ~ 22	4	110 ~ 150
	25 ~ 32	4	120 ~ 170
	36 ~ 40	5	170 ~ 220

2)搭接焊

(1)宜采用双面焊[图 9-8a)]。当不能进行双面焊时,方可采用单面焊[图 9-8b)]。搭接长度可与表 9-19 帮条长度相同。

(2)帮条焊接头或搭接焊接头的焊缝厚度 s 不应小于主筋直径的 0.3 倍;焊缝宽度 b 不应小于主筋直径的 0.8 倍(图 9-9)。

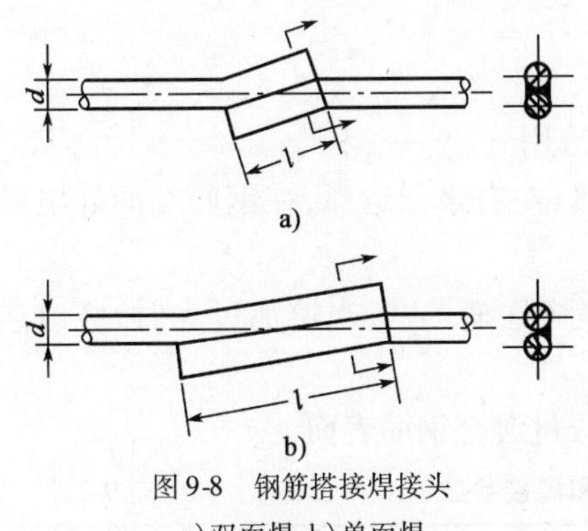

图 9-8　钢筋搭接焊接头

a）双面焊；b）单面焊

d-钢筋直筋；*l*-搭接长度

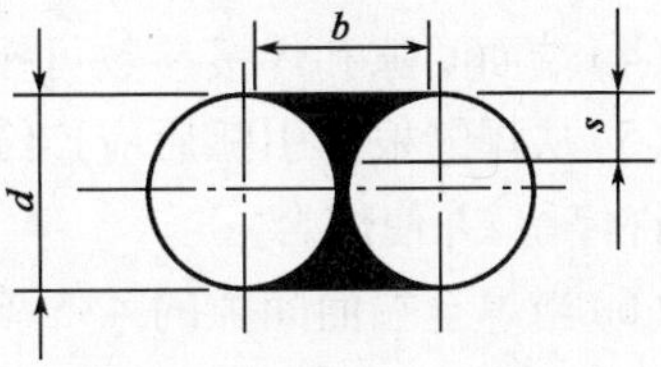

图 9-9　焊缝尺寸示意图

b-焊缝宽度；*s*-焊缝厚度；*d*-钢筋直径

（3）搭接焊时，焊接端钢筋应预弯，并应使两钢筋的轴线在同一直线上。

（4）应在搭接焊形成焊缝中引弧；在端头收弧前应填满弧坑，并应使主焊缝与定位焊缝的始端和终端熔合。

3）熔槽帮条焊

（1）适用于直径 20mm 及以上钢筋的现场安装焊接。焊接时应加角钢作垫板模，如图 9-10 所示。

（2）角钢边长宜为 40 ~60mm。

（3）钢筋端头应加工平整。

（4）从接缝处垫板引弧后应连续施焊，并应使钢筋端部熔合，防止未焊透、气孔或夹渣。

（5）焊接过程中应停焊清渣 1 次；焊平后，再进行焊缝余高的焊接，其高度不得大于 3mm。

（6）钢筋与角钢垫板之间，应加焊侧面焊缝 1 ~3 层，焊缝应饱满，表面应平整。

4）窄间隙焊

（1）适用于直径 16mm 及以上钢筋的现场水平连接。焊接时，钢筋端部应置于铜模中，并应留出一定间隙，用焊条连续焊接，熔化钢筋端面和使熔敷金属填充间隙，形成接头，见图 9-11。

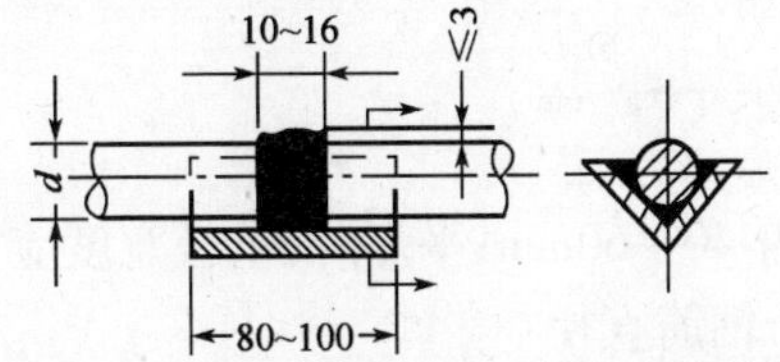

图 9-10　钢筋熔槽帮条焊接头（尺寸单位：mm）

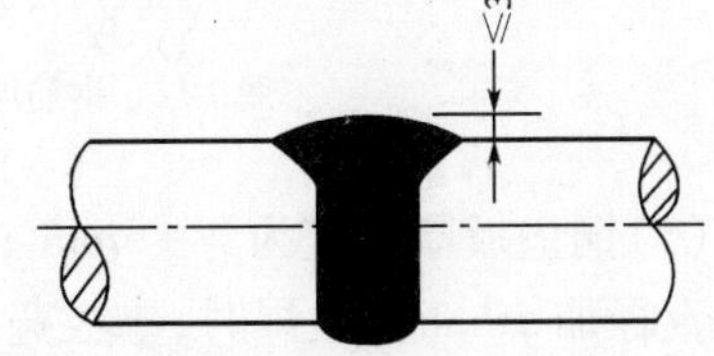

图 9-11　钢筋窄间隙焊接头（尺寸单位：mm）

(2)钢筋端面应平整。

(3)应选用低氢型碱性焊条。

(4)端面间隙和焊接参数可按表9-21选用。

(5)从焊缝根部引弧后应连续进行焊接,左右来回运弧,在钢筋端面处电弧应少许停留,并使熔合。

(6)当焊至端面间隙的4/5高度后,焊缝逐渐扩宽;当熔池过大时,应改连续焊为断续焊,避免过热。

(7)焊缝余高不得大于3mm,且应平缓过渡至钢筋表面。

窄间隙焊端间隙和焊接参数 表9-21

钢筋直径(mm)	端面间隙(mm)	焊条直径(mm)	焊接电流(A)
16	9~11	3.2	100~110
18	9~11	3.2	100~110
20	10~12	3.2	100~110
22	10~12	3.2	100~110
25	12~14	4.0	150~160
28	12~14	4.0	150~160
32	14~14	4.0	150~160
36	13~15	5.0	220~230
40	13~15	5.0	220~230

5)坡口焊

(1)坡口面应平顺,切口边缘不得有裂纹、钝边和缺棱。

(2)坡口角度可按图9-12中数据选用。

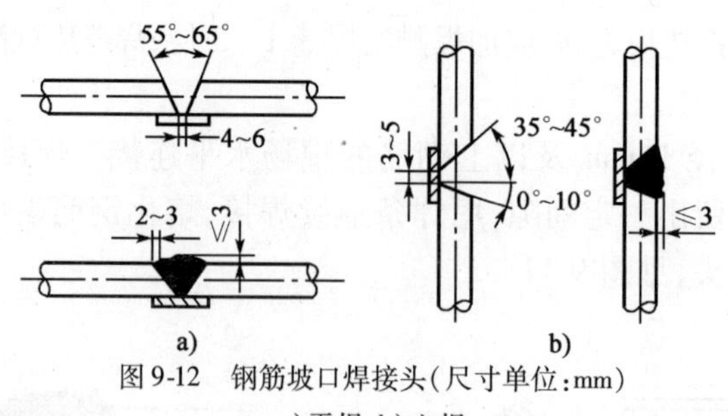

图9-12 钢筋坡口焊接头(尺寸单位:mm)

a)平焊;b)立焊

(3)钢垫板厚度宜为4~6mm,长度宜为40~60mm;平焊时,垫板宽度应为钢筋直径加10mm;立焊时,垫板宽度宜等于钢筋直径。

(4)焊缝的宽度应大于V形坡口的边缘2~3mm,焊缝余高不得大于3mm,

并平缓过渡至钢筋表面。

(5)钢筋与钢垫板之间,应加焊二、三层侧面焊缝。

(6)当发现接头中有弧坑、气孔及咬边等缺陷时,应立即补焊。

6)预埋件钢筋电弧焊 T 形接头可分为角焊和穿孔塞焊两种(图 9-13)。装配和焊接时,应符合下列要求:

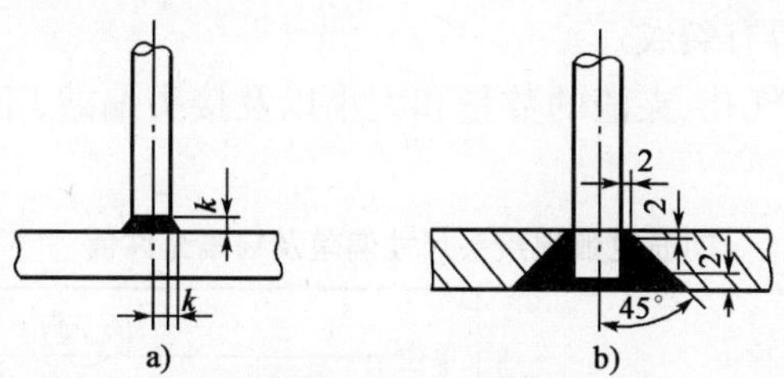

图 9-13　预埋件钢筋电弧焊 T 形接头(尺寸单位:mm)

a)角焊;b)穿孔塞焊

(1)当采用 HPB235 钢筋时,角焊缝焊脚(k)不得小于钢筋直径的 0.5 倍;采用 HRB335、HRB400、RRB400 钢筋时,焊脚(k)不得小于钢筋直径的 0.6 倍。

(2)施焊中,不得使钢筋咬边和烧伤。

7)钢筋与钢板搭接焊时,焊接接头(图 9-14)应符合下列要求:

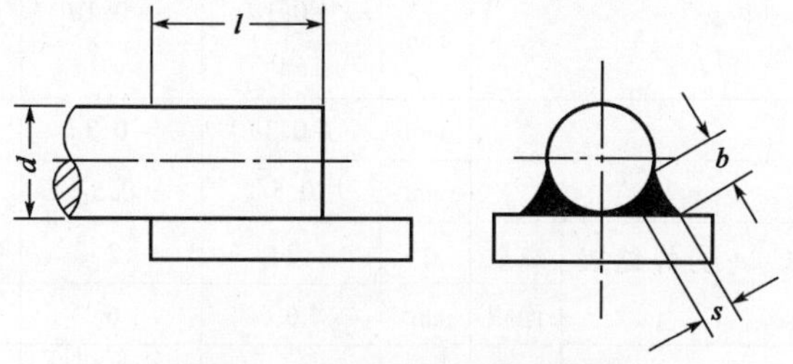

图 9-14　钢筋与钢板搭接焊接头

d-钢筋直径;l-搭接长度;b-焊缝宽度;s-焊缝厚度

(1)HPB235 钢筋的搭接长度(l)不得小于 4 倍钢筋直径,HRB335、HRB400 和 RRB400 钢筋搭接长度(l)不得小于 5 倍钢筋直径。

(2)焊缝宽度不得小于钢筋直径的 0.6 倍,焊缝厚度不得小于钢筋直径的 0.35 倍。

28. 电弧焊的抽检批量及抽检频率是如何规定的?

答:电弧焊的抽检批量及抽检频率的规定如下。

(1)批量规定:以 300 个同类型接头为 1 批,不足 300 个时仍作为 1 批。

(2)外观检查:应在接头清渣后逐个进行目测或量测。

(3)拉伸试验:从成品中每批切取3个接头做拉伸试验。

29. 电弧焊外观检查的要求是什么?

答:外观检查应符合以下要求。

(1)焊缝表面平整,不得有较大的凹陷、焊瘤。

(2)接头处不得有裂纹。

(3)咬边深度、气孔、夹渣的数量和大小以及接头偏差,不得超过表9-22中所规定的数值。

钢筋电弧焊接头尺寸偏差及缺陷允许值　　表9-22

<table>
<tr><th colspan="3" rowspan="2">名　称</th><th rowspan="2">单位</th><th colspan="3">接 头 形 式</th></tr>
<tr><th>帮条焊</th><th>搭接焊</th><th>坡口焊及熔槽帮条焊</th></tr>
<tr><td colspan="3">帮条沿接头中心线的纵向偏移</td><td>mm</td><td>0.3d</td><td>—</td><td>—</td></tr>
<tr><td colspan="3">接头处弯折角度</td><td>(°)</td><td>3</td><td>3</td><td>3</td></tr>
<tr><td colspan="3">接头处钢筋轴线的偏移</td><td>mm</td><td>0.1d</td><td>0.1d</td><td>0.1d</td></tr>
<tr><td colspan="3">焊缝厚度</td><td>mm</td><td>+0.05d
-0</td><td>+0.05d
-0</td><td>—</td></tr>
<tr><td colspan="3">焊缝宽度</td><td>mm</td><td>+0.1d
-0</td><td>+0.1d
-0</td><td>—</td></tr>
<tr><td colspan="3">焊缝长度</td><td>mm</td><td>-0.3d</td><td>-0.3d</td><td>—</td></tr>
<tr><td colspan="3">横向咬边深度</td><td>mm</td><td>0.5</td><td>0.5</td><td>-0.5</td></tr>
<tr><td rowspan="4">焊缝气孔及夹渣数量和大小</td><td rowspan="2">在长2d的焊缝表面上</td><td>数量</td><td>个</td><td>2</td><td>2</td><td>—</td></tr>
<tr><td>面积</td><td>mm²</td><td>6</td><td>6</td><td>—</td></tr>
<tr><td rowspan="2">在全部焊缝上</td><td>数量</td><td>个</td><td>—</td><td>—</td><td>2</td></tr>
<tr><td>面积</td><td>mm²</td><td>—</td><td>—</td><td>6</td></tr>
</table>

注:① d 为钢筋直径(mm)。

②低温焊接接头的咬边深度不得大于0.2mm。

(4)坡口焊及熔槽帮条焊接头,其焊缝加强高度不大于3mm。

外观检查不合格的接头,经修整或补强后,可再次提交二次验收。

30. 电弧焊拉伸试验结果应符合什么要求?

答:从成品中每批切取3个接头做拉伸试验,试验结果应符合下列要求。

(1)3个热轧钢筋接头试件的抗拉强度均不得低于该级别钢筋的规定抗拉

强度值,RRB400 钢筋接头试件抗拉强度均不得小于 570MPa。

(2)至少有 2 个试件呈塑性断裂,3 个试件均断于焊缝之外。

当检验结果有 1 个试件的抗拉强度低于规定指标或有 2 个试件发生脆性断裂时,应取双倍数量的试件进行复验,复验结果若仍有 1 个试件的抗拉强度低于规定指标,或有 1 个试件断于焊缝或有 3 个试件呈脆性断裂时,则该批接头即为不合格品。

模拟试件数量和要求应与从成品中切取时相同,当模拟试件试验结果不符合要求时,复验应再从成品中切取,其数量和要求应与开始试验时相同。

31. 预埋件钢筋 T 形接头的抽检频率有何要求?

答:预埋件钢筋 T 形接头的抽检频率有以下要求:

(1)预埋件钢筋 T 形接头的外观检查,应从同一台班内完成的同一类型预埋件中抽查 5%,且不得少于 10 件。

(2)当进行力学性能试验时,应以 300 件同类型预埋件作为 1 批。一周内连续焊接时,可累计计算。当一周内累计不足 300 件时,亦应按 1 批计算。应从每批预埋件中随机切取 3 个试件进行拉伸试验。

32. 预埋件钢筋手工电弧焊接头外观检查应符合哪些要求?

答:预埋件钢筋手工电弧焊接头外观检查应符合以下要求:

(1)当采用 HPB235 钢筋时,角焊缝焊脚 k 不得小于钢筋直径的0.5倍;采用 HRB335 和 HRB400 钢筋时,焊脚 k 不得小于钢筋直径的 0.6 倍。

(2)焊缝表面不得有肉眼可见裂纹。

(3)钢筋咬边深度不得超过 0.5mm。

(4)钢筋相对钢板的直角偏差不得大于 3°。

33. 预埋件钢筋埋弧压力焊接头外观检查应符合哪些要求?

答:预埋件钢筋埋弧压力焊接头外观检查应符合下列要求。

(1)四周焊包凸出钢筋表面的高度不得小于 4mm。

(2)钢筋咬边深度不得超过 0.5mm。

(3)钢板应无焊穿,根部应无凹陷现象。

(4)钢筋相对钢板的直角偏差不得大于 3°。

34. 预埋件钢筋力学性能试验结果应符合哪些要求?

答:预埋件钢筋外观检查合格后,从每批产品中随机取 3 件进行拉伸试验。

取样时要求试件的钢筋长度应大于或等于200mm,钢板的长度和宽度均应大于或等于60mm。其要求按以下内容执行:

(1)HPB235钢筋接头抗拉强度均不得小于350MPa。

(2)HRB335钢筋接头抗拉强度均不得小于470MPa。

(3)HRB400钢筋接头抗拉强度不得小于550MPa。

当试验结果有1个试件的抗拉强度小于规定值时,应再取6个试件进行复验,复验结果,当仍有1个试件的抗拉强度小于规定值时,应确认该批接头为不合格品。对于不合格品采取补强焊接后,可提交二次验收。

35. 电渣压力焊的抽检批量和抽检频率是怎样规定的?

答:电渣压力焊应逐个进行外观检查。在做力学性能试验时,从每批接头中随机切取3个试件做拉伸试验。

(1)在一般构筑物中,以300个同级别钢筋接头作为1批。

(2)在现浇钢筋混凝土结构中,每一施工区段中以300个同级别钢筋接头作为1批,不足300个接头仍作为1批。

36. 电渣压力焊接头外观检查质量有何要求?

答:电渣压力焊接头外观检查结果应符合下列要求:

(1)接头焊接完毕,应停歇适当时间,才可回收焊剂和卸下焊接夹具。敲去渣壳,四周焊包应较均匀,凸出钢筋表面的高度至少4mm,确保焊接质量。

(2)电极与钢筋接触处,应无烧伤缺陷。

(3)接头处的弯折角不大于3°。

(4)接头处的轴线偏移不超过0.1倍钢筋直径,同时不大于2mm。

(5)外观检查不合格的接头应切除重焊,或采取补强措施。

37. 电渣压力焊接头拉伸试验质量有何要求?

答:电渣压力焊接头拉伸试验结果,3个试件的抗拉强度均不得低于该级别钢筋规定的抗拉强度值。

当试验结果有1个试件的抗拉强度低于规定指标,应取6个试件进行复验,复验结果,若仍有1个试件的抗拉强度低于规定指标,则该批接头为不合格品。

38. 气压焊接头抽检批量和抽检频率是怎样规定的?

答:气压焊接头应逐个进行外观检查。当进行力学性能试验时,应从每批接

头中随机切取 3 个接头做拉伸试验。在梁、板的水平钢筋连接中,应另切取 3 个接头做弯曲试验,且应按下列规定抽取试件:

以 300 个接头作为 1 批,不足 300 个接头仍作为 1 批。

39. 气压焊接头外观质量检查有何要求?

答:气压焊接头外观质量检查应符合下列要求:

(1)偏心量 e 不得大于钢筋直径的 0.15 倍,同时不得大于 4mm。当不同直径钢筋相焊接时,按较小钢筋直径计算。但在钢筋直径的 0.30 倍以下时,可加热矫正;当大于 0.30 倍时,应切除重焊。

(2)接头处弯折角不得大于 3°,当超过规定值时,应重新加热矫正。

(3)镦粗直径 d_c 不得小于钢筋直径的 1.4 倍。当小于此规定值时,应重新加热镦粗。

(4)镦粗长度 l_c 不得小于钢筋直径的 1.0 倍,且凸起部分平缓圆滑。当小于此规定值时,应重新加热镦长。

40. 气压焊接头拉伸试验质量检查有何要求?

答:气压焊接头拉伸试验结果,3 个试件的抗拉强度均不得低于该牌号钢筋规定的抗拉强度值,并断于压焊面之外,呈延性断裂。若有 1 个试件不符合要求时,应切取 6 个试件进行复验,复验结果,若仍有 1 个试件不符合要求,则该批接头即为不合格品。

41. 气压焊接头弯曲试验质量有何要求?

答:气压焊接头弯曲试验时,应将试件受压面的凸起部分除去,与钢筋外表面齐平。

弯心直径应符合表 9-23 中的规定。

气压焊接头弯曲试验弯心直径　　表 9-23

钢筋等级	弯心直径	
	$d \leqslant 25$mm	$d > 25$mm
HPB235	$2d$	$3d$
HRB335	$4d$	$5d$
HRB400	$5d$	$6d$

注:d 为钢筋直径(mm)。

弯曲试验可在万能试验机、手动或电动液压弯曲试验器上进行,压焊面应处在弯曲中心点,当弯至90°时,3个试件均不得在压焊面发生破断。

当试验结果有1个试件不符合要求时,应切取6个试件进行复验,复验结果,若仍有1个试件不符合要求,则该批接头即为不合格品。

42. 钢筋常用的机械连接接头的种类有哪些?

答:钢筋常用的机械连接接头的种类有以下几种:

(1)挤压套筒接头。通过挤压力使连接用钢套筒塑性变形与带肋钢筋紧密咬合形成的接头,适用于直径为16~40mm的HRB335、HRB400牌号带肋钢筋,且被连接钢筋直径相差不应大于5mm。这种接头在桥梁建设中应用较多。

(2)锥螺纹套筒接头。通过钢筋端头特制的锥形螺纹和锥螺纹套管咬合形成的接头,适用于直径为16~40mm的HRB335、HRB400牌号带肋钢筋。

(3)镦粗直螺纹套筒接头。通过钢筋端头特制的直螺纹和直螺纹套管咬合形成的接头,适用于HRB335、HRB400。近几年这种接头在桥梁建设中应用较普遍。

(4)滚轧直螺纹钢筋连接接头。将钢筋端部用滚轧工艺加工成直螺纹,并用相应的连接套筒将两根钢筋相互连接的接头。适用于HRB335、HRB400、RRB400牌号带肋钢筋。

43. 钢筋机械连接应注意哪些问题?

答:(1)钢筋连接件的混凝土保护层厚度宜满足国家现行标准《混凝土结构设计规范》(GB 50010—2010)中受力钢筋混凝土保护层最小厚度的要求,且不得小于20mm。连接件之间的横向净距不宜小于25mm。

(2)受力钢筋机械连接接头的位置应相互错开。在任一接头中心至长度为钢筋直径35倍的区段范围内,有接头的受力钢筋截面面积占受力钢筋总截面面积的百分率,应符合下列规定:

①受拉区的受力钢筋接头百分率不宜超过50%。

②在受拉区的钢筋受力小的部位,接头百分率可不受限制。

③接头宜避开有抗震设防要求的框架的梁端和柱端的箍筋加密区;当无法避开时,接头百分率不应超过50%。

④受压区和装配式构件中钢筋受力较小部位,接头百分率可不受限制。

⑤对直接承受动力荷载的结构构件,接头百分率不应大于50%。

(3)当对具有钢筋接头的构件进行试验并取得可靠数据时,接头的应用范围可根据工程实际情况进行适当调整。

(4)在挤压接头中,当混凝土结构中钢筋接头部位的温度低于 -20℃时,应进行专门的试验。

(5)对直接承受动力荷载的结构,其接头应满足设计的抗疲劳性能。当无专门要求时,对连接 HRB335 钢筋的接头,其疲劳性能应能经受应力幅度为 100MPa,上限应力为 180MPa 的 200 万次循环加载。对连接 HRB400 钢筋的接头,其疲劳性能应能经受应力幅度为 100MPa,上限应力为 190MPa 的 200 万次循环加载。

44. 什么情况下进行型式检验？型式检验的接头试件尺寸是如何规定的？抽检频率是如何规定的？

答:在下列情况时,应进行型式检验:确定接头性能等级时;材料、工艺、规格进行改动时;型式检验报告超过 4 年时。

(1)型式检验的接头试件尺寸应符合表 9-24 中的要求,其形状如图 9-15 所示。

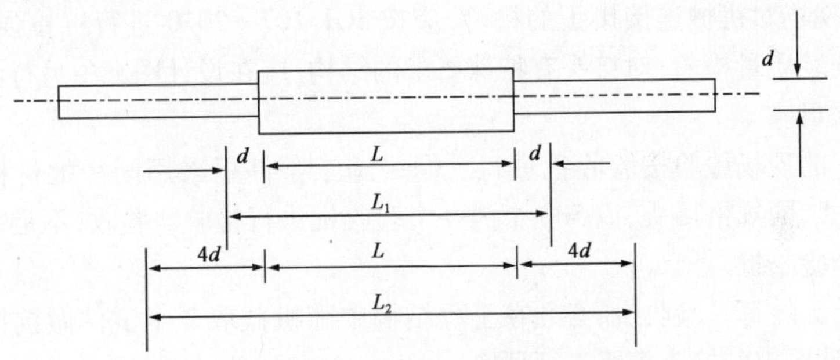

图 9-15　试件尺寸(尺寸单位:mm)

(2)抽检频率的规定:对每种型式、级别、规格、材料、工艺的机械连接接头,型式检验试件不应少于 9 个:其中单向拉伸试件不应少于 3 个,高应力反复拉压试件不应少于 3 个,大变形反复拉压试件不应少于 3 个。同时,尚应取 3 根钢筋试件做抗拉强度试验。全部试验均应在同一根钢筋上截取。

型式检验接头试件尺寸　　表 9-24

编　号	符号	含　义	尺寸(mm)
1	L	接头试件连接件长度	实测
2	L_1	接头试件割线模量及残余变形的量测标距	$L+4d$
3	L_2	接头试件极限应变的量测标距	$L+8d$
4	d	钢筋直径	公称直径

45. 对现场钢筋机械连接的接头在检验上有何要求?

答:(1)工程中应用钢筋机械连接时,应由该技术提供单位提交有效的型式检验报告。

(2)钢筋连接工程开始前及施工过程中,应对每批进场钢筋进行接头工艺检验,工艺检验应符合下列要求:

①每种规格钢筋的接头试件不应少于 3 根。

②每根试件的抗拉强度和 3 根接头试件的残余变形的平均值均应满足《钢筋机械连接技术规程》(JGJ 107—2010)中的相关要求。

③接头试件在残余变形后可再进行抗拉强度试验,并宜按 JGJ 107—2010 附录 A 中的单向拉伸加载制度进行试验。

46. 现场对机械连接接头的检查批量及抽检频率是如何规定的?

答:现场对机械连接接头的检验,应按 JGJ 107—2010 进行抗拉强度试验、加工和安装质量检验;对接头有特殊要求的结构,应在设计图纸中另行注明相应的检验项目。

接头的现场检验按验收批进行。同一施工条件下采用同一批材料的同等级、同型式、同规格接头,以 500 个为一个验收批进行检验与验收,不足 500 个也作为一个验收批。

对接头的每一验收批,必须在工程结构中随机截取 3 个试件做抗拉强度试验,按设计要求的接头等级进行评定。

当 3 个试件抗拉强度试验结果均符合 JGJ 107—2010 中的相应等级的强度要求时,则该验收批评为合格。

如有 1 个试件的强度不符合要求时,应再取 6 个试件进行复检。复检中如仍有 1 个试件试验结果不符合 JGJ 107—2010 中的强度要求,则该验收批评为不合格。

在现场连续检验 10 个验收批,若其抽样试件抗拉强度试验一次抽样均合格时,则验收批接头数量可扩大一倍。

47. 挤压接头套筒的力学性能指标是如何规定的?

答:对 HRB335、HRB400 牌号带肋钢筋挤压接头所用套筒材料,应选用适于压延加工的钢材,其实测力学性能应符合表 9-25 中的规定。

套筒材料的力学性能　　表 9-25

项　目	单　位	力学性能指标
屈服强度	MPa	225 ~ 350
抗拉强度	MPa	375 ~ 500
延伸率	%	≥20
洛氏硬度	HRB	60 ~ 80
布氏硬度	HB	102 ~ 133

48. 挤压接头套筒尺寸的允许偏差是如何规定的?

答:挤压接头套筒尺寸的允许偏差应符合表 9-26 中的规定。

套筒尺寸的允许偏差(mm)　　表 9-26

套筒外径 D	外径允许偏差	壁厚(t)允许偏差	长度允许偏差
≤50	±0.5	+0.12t −0.10t	±2
>50	±0.01D	+0.12t −0.10t	±2

49. 挤压套筒外观检验的抽检频率及要求是什么?

答:(1)每一验收批中应随机抽取 10% 的挤压接头做外观质量检验,如外观质量不合格数少于抽检数的 10%,则该批挤压接头外观质量评为合格。当外观质量不合格数超过抽检数的 10% 时,应对该批挤压接头逐个进行复检,对外观质量不合格的挤压接头采取补救措施;不能补救的挤压接头应做标记,在外观质量不合格的接头中抽取 6 个试件做抗拉强度试验,若有 1 个试件的抗拉强度低于规定值,则该批外观质量不合格的挤压接头,应会同设计单位协商处理,并记录存档。

(2)挤压接头的外观质量检验应符合下面的要求。

①外形尺寸:挤压后套筒长度应为原套筒长度的 1.10 ~ 1.15 倍;或压痕处套筒的外径波动范围为原套筒外径的 0.8 ~ 0.9 倍。

②挤压接头的压痕道数应符合型式检验确定的道数。

③接头处弯折角不得大于 4°。

④挤压后的套筒不得有肉眼可见裂缝。

50. 什么情况下对挤压设备进行标定?

答:有下列情况之一时,应对挤压机的挤压力进行标定:

(1)新挤压设备使用前。

(2)旧挤压设备大修后。

(3)油压表受损或强烈振动后。

(4)套筒压痕异常且查不出其他原因时。

(5)挤压设备使用超过一年。

(6)挤压的接头数超过5 000个。

51. 挤压套筒施工时有哪些要求和注意事项?

答:(1)套筒应有出厂合格证。套筒在运输和储存中,应按不同规格分别堆放整齐,不得露天堆放,防止锈蚀和沾污。

(2)不同直径的带肋钢筋可采用挤压接头连接。当套筒两端外径和壁厚相同时,被连接钢筋的直径相差不应大于5mm。

(3)压模、套筒与钢筋应相互配套使用,压模上应有相对应的连接钢筋规格标记。

(4)高压泵应采用液压油。油液应过滤,保持清洁,油箱应密封,防止雨水、灰尘混入油箱。高压胶管应防止负重拖拉、弯折和尖物刻划。油泵与挤压机的应用应严格按操作规程执行。

(5)操作人员必须持证上岗。

(6)挤压操作时采用的挤压力、压模宽度、压痕直径或挤压后套筒长度的波动范围以及挤压道数,均应符合经型式检验确定的技术参数要求。

(7)挤压前钢筋端头的锈皮、泥砂、油污等杂物应清理干净。

(8)挤压前应对套筒做外观尺寸检查。

(9)挤压前应对钢筋与套筒进行试套,如钢筋有马蹄、弯折或纵肋尺寸过大者,应预先矫正或用砂轮打磨;对不同直径钢筋的套筒不得相互串用。

(10)挤压前钢筋连接端应划出明显定位标记,确保在挤压时和挤压后可按定位标记检查钢筋伸入套筒内的长度。

(11)挤压前应检查挤压设备情况,并进行试压,符合要求后方可作业。

(12)应按标记检查钢筋插入套筒内的深度,钢筋端头离套筒长度中点不宜超过10mm。

(13)挤压时挤压机与钢筋轴线应保持垂直。

(14)挤压宜从套筒中央开始,并依次向两端挤压。

(15)宜先挤压一端套筒,在施工作业区插入待接钢筋后,再挤压另一端套筒。

(16)在高空进行挤压操作时,必须遵守有关高空作业的安全操作规程,施工现场用电必须符合有关临时用电安全技术规程。

52. 钢筋锥螺纹加工时应注意哪些事项?

答:(1)钢筋端部不得有影响螺纹加工的局部弯曲。

(2)钢筋锥螺纹丝头的锥度、牙形、螺距等必须与连接套的锥度、牙形、螺距一致,且经配套的量规检测合格。

(3)加工钢筋锥螺纹时,应采用水溶性切削润滑液;当气温低于0℃时,应掺入15% ~20%的亚硝酸钠,不得用机油做润滑液或不加润滑液套丝。

(4)钢筋丝头长度应满足设计要求,使拧紧后的钢筋丝头不得相互接触,丝头加工长度公差应为 $-0.5P \sim -1.5P$。

(5)操作工人应按有关要求逐个检查钢筋丝头的外观质量。钢筋丝头的锥度和螺距应使用专用锥螺纹量规检验;抽检10%,检验合格率不应小于10%。

(6)已检验合格的丝头应加以保护。钢筋一端丝头应戴上保护帽,另一端可按表9-27中规定的力矩值拧紧连接套,并按规定分类堆放整齐待用。

锥螺纹接头拧紧力矩值　　表9-27

钢筋直径(mm)	≤16	18 ~20	22 ~25	28 ~32	36 ~40
拧紧力矩(N·m)	100	180	240	300	360

53. 钢筋锥螺纹连接施工时应注意哪些事项?

答:(1)连接钢筋时,钢筋规格和连接套的规格应一致,并确保钢筋和连接套的丝扣干净、完好无损。不同直径的钢筋连接时,一次连接钢筋直径的规格不宜超过2级。

(2)采用预埋接头时,连接套的位置、规格和数量应符合设计要求。带连接套的钢筋应固定牢靠,连接套的外露端应有密封盖。

(3)必须用力矩扳手拧紧接头。

(4)力矩扳手的精度为±5%,要求每半年用扭力仪校准一次。

(5)连接钢筋时,应对正轴线将钢筋拧入连接套,然后用力矩扳手拧紧,接头拧紧值应满足表9-27中规定的力矩值,不得超拧,拧紧后的接头应做上标记。

(6)质量检验与施工安装用的力矩扳手应分开使用,不得混用。

(7)接头端头距钢筋弯曲点不得小于钢筋直径的10倍。

54.施工现场如何对钢筋直、锥螺纹接头进行检验及验收?

答:钢筋直、锥螺纹接头施工现场检验及验收尚应符合下列要求:

(1)按46题的验收批随机抽取同规格接头数的10%进行外观检查,应满足钢筋与连接套规格一致的要求,接头丝扣无完整丝扣外露。

(2)用质检的力矩扳手,按表9-27及表9-28中规定的接头拧紧力矩值抽验接头的连接质量。抽检数量同本题(1)。当拧紧力矩值不合格数超过被校核接头数的5%时,应重新拧紧全部接头,直到合格为止。

直螺纹接头安装时的最小拧紧力矩值 表9-28

钢筋直径(mm)	≤16	18~20	22~25	28~32	36~40
拧紧力矩(N·m)	100	200	260	320	360

55.镦粗直螺纹钢筋接头生产与安装有何要求?

答:(1)镦粗直螺纹钢筋接头适用于HRB335、HRB400热扎带肋钢筋。用于镦粗的钢筋端头一定要顺直,不顺直的待顺直后再行镦粗。

(2)钢筋下料时切口端面应与钢筋轴线垂直,不得有马蹄形或翘曲现象。

(3)镦粗头的基圆直径应大于丝头螺纹外径,长度应大于1/2套筒长度,过渡段坡度应小于1.3。

(4)镦粗头不得有与钢筋轴线相垂直的横向表面裂纹。

(5)不合格的镦粗头应切去后重新镦粗,不得对镦粗头进行二次镦粗。

(6)如选用热镦工艺镦粗钢筋,则应在室内进行钢筋镦头加工。

(7)钢筋丝头的螺纹应与连接套筒的螺纹相匹配,公差带应符合《普通螺纹公差与配合》(GB197)的要求。由于套丝多在现场进行,套丝时应注意:

①要有钢筋实施操作平台,平台由型钢制作,平台高低要基本保持同镦粗、套丝设备入孔相同水平。

②车丝长短控制要符合要求,主要通过车丝设备控制。车丝的长度应与套

管丝纹相符，尽量避免多车丝或少车丝，以防造成对接钢筋在套筒内的长度不等长。如使用套筒为20丝，每根对接钢筋车丝长度应为10丝，若小于9丝或大于10丝均要废掉重做。

③车丝表面光滑,若第一次车丝较粗糙,再行第二次车丝,直至表面光滑,光滑与否,主要通过车丝刀控制。

④已车好丝的螺纹筋,用塑料套头保护丝扣。

(8)接头拼接时用管钳扳手拧紧,应使两个丝头在套筒中央位置相互顶紧。

(9)拼接完成后,套筒每端不得有一扣以上的完整丝扣外露,加长型接头的外露丝扣数不受限制,但应有明显标记,以检查进入套筒的丝头长度是否满足要求。

(10)丝头加工现场检验及套筒出厂检验应合格,检验方法应符合相关行业标准的规定;接头的标志、包装、运输和储存应符合相关行业标准的规定。

56.冬期施工钢筋焊接、冷拉应注意哪些事项?

答:(1)冬期施工焊接钢筋宜在室内进行,当必须在室外进行时,最低温度不宜低于-20℃,并应采取防雪挡风措施,减小焊件温度差,焊接后的接头严禁立刻接触冰雪。

(2)冷拉钢筋时的温度不宜低于-15℃,当采取可靠的安全措施时可不低于-20℃;当采用控制应力或冷拉率方法冷拉时,冷拉控制应力宜较常温时酌予提高,提高值应经试验确定。

(3)张拉预应力钢材时的温度不宜低于-15℃。

(4)钢筋的冷拉设备、预应力钢材张拉设备以及仪表工作油液,应根据实际使用时的环境温度选用,并应在使用时的环境温度条件下进行配套校验。

四、钢筋骨架和钢筋网的组成及安装

57.现场绑扎钢筋有何规定?

答:(1)钢筋的交叉点应用铁丝绑扎结实,必要时亦可用点焊焊牢。

(2)除设计有特殊规定者外,柱和梁中的箍筋应与主筋垂直。

(3)箍筋的末端应向内弯曲;箍筋转角与钢筋的交接点均应绑扎牢固(钢筋与箍筋平直部分的相交点可成梅花式交叉扎牢)。

(4)墩、台身中的竖向钢筋搭接时,转角处的钢筋弯钩应与模板呈45°,中间钢筋的弯钩应与模板呈90°。如采用插入式振动器浇筑小型截面柱时,弯钩与模板的角度最小不得小于15°,在浇筑过程中不得松动。

(5)箍筋弯钩的叠合处,在梁中应沿梁长方向置于上面并交错布置,在柱中应沿柱高方向交错布置,若是方柱则必须位于箍筋与柱角竖向钢筋交接点上。但有交叉式箍筋的大截面柱,其接头可位于箍筋与任何一根中间纵向钢筋的交接点上。圆柱或圆管涵螺旋形箍筋的起点和终点应分别绑扎在纵向钢筋上。

(6)绑扎用的铁丝要向里弯,不得伸向保护层内。

58. 钢筋网焊点的焊接有何要求?

答:钢筋网焊点应符合设计规定,当设计无规定时应按下列要求焊接:

(1)当钢筋网的受力钢筋为变形钢筋时,网内焊点的数目和位置可按运输和安装条件决定。

(2)当钢筋网的受力钢筋为HPB235或冷拉HPB235钢筋时,如只有一个方向为受力钢筋,网两端边缘的两根锚固横向钢筋与受力钢筋的全部相交点必须焊接;如两个方向均为受力钢筋,则沿网四周边缘的两根钢筋的全部相交点均应焊接,其余的交叉点,可根据运输和安装条件决定,一般可焊接或绑扎一半交叉点。

(3)当钢筋网的受力钢筋为冷拔低碳钢丝,而另一方向的钢筋间距小于100mm时,除网两端边缘的两根钢筋的全部相交点必须焊接外,中间部分的焊点距离可增大至250mm。

59. 浇筑混凝土前应对钢筋做何检查?

答:浇筑混凝土前应对钢筋做以下检查:

(1)钢筋与模板之间应设置垫块,垫块应与钢筋扎紧,并互相错开。非焊接钢筋骨架的多层钢筋之间应用短钢筋支垫,保证位置准确。钢筋混凝土保护层厚度应符合设计要求且应满足表9-29的规定。

钢筋混凝土结构受力钢筋的保护层 表9-29

项　目	允许偏差(mm)
板	±3
柱、梁、拱肋	±5
基础、锚碇、墩台	±10

(2)对钢筋数量及间距、型号等进行检查。搭接长度应符合本章钢筋连接中的有关规定,表面应干净、无油渍。

(3)在浇筑混凝土前,应对已安装好的预埋件及预留孔进行详细检查。检查其是否有遗漏,位置是否正确(这点非常重要)。

60. 在高墩身安装钢筋施工中,为什么要设置劲性骨架?怎样安放?

答:在高墩身的建设中,主筋往往不需截断使用,这样主筋会很长,柔性显得非常大,定位比较困难,再加上施工风荷较大时或施工人员高空行走时会带来很多不安全的因素;另一方面高空中安装模板需要有可靠的固定,以方便测量、模板安装及在施工中注意考虑对钢筋的固定措施。为此,大桥的高墩身施工中增加了劲性骨架。一般采用∠50×5的角钢做主肢和拉杆,∠75×6的角钢做联系杆。劲性骨架每9m一高度段在后台成片加工,要求骨架平直,焊接牢固,骨架加工误差要求控制在5mm以内。

由于劲性骨架在施工中又起定位作用,所以安放劲性骨架时,在每节劲性骨架四角焊一块测量用角钢,并对劲性骨架进行严格安装。最终要求位置准确、垂直、焊接牢固,绝不可因为它是辅助工艺而掉以轻心。

劲性骨架第一节直接焊接在承台劲性骨架预埋筋上,第二节劲性骨架直接焊接在第一节上,依次类推。

对于有承重要求的劲性骨架,可以采用更大型钢,应有设计方案。

劲性骨架还可设计成可拆除结构,参见海洋环境桥梁一章相关内容。

61. 焊接骨架及焊接网片抽检频率及批量如何规定?如何取样?

答:焊接骨架和焊接钢筋网的质量检验应包括外观检查和力学性能检验,并应按下列规定抽取试件:

(1)凡钢筋牌号、直径及尺寸相同的焊接骨架和焊接钢筋网应视为同一类型制品,且每300件作为一批,一周内不足300件的亦应按一批计算。

(2)外观检查应按同一类型制品分批检查,每批抽查5%,且不得少于5件。

(3)力学性能检验的试件,应从每批成品中切取;切取过试件的制品,应补焊同牌号、同直径的钢筋,其每边的搭接长度不应小于2个孔格的长度;当焊接骨架所切取试件的尺寸小于规定的试件尺寸,或受力钢筋直径大于8mm时,可在生产过程中制作模拟焊接试验网片[图9-16a)],从中切取试件。

(4)由几种直径的钢筋组合的焊接骨架或焊接钢筋网,应对每种组合的焊点做力学性能检验。

(5)热轧钢筋的焊点应做剪切试验,试件应为3件;冷轧带肋钢筋焊点除做剪切试验外,尚应对纵向和横向冷轧带肋钢筋做拉伸试验,试件应各为1件。剪切试件纵筋长度应大于或等于 290mm，横筋长度应大于或等于 50mm［图 9-16b)］；拉伸试件纵筋长度应大于或等于 300mm［图 9-16c)］。

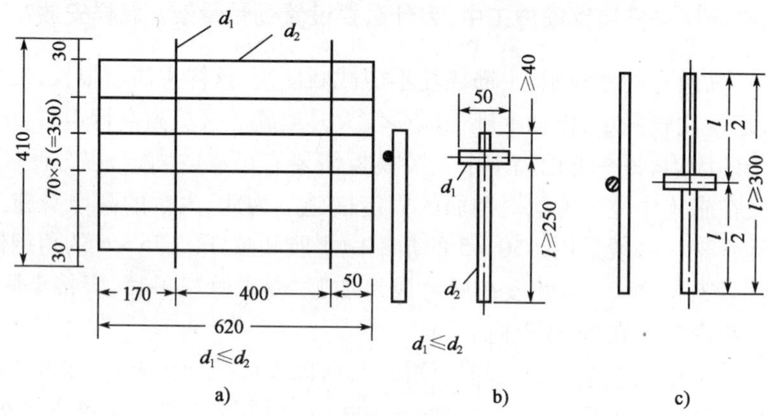

图 9-16　钢筋模拟焊接试验网片与试件(尺寸单位:mm)

a)模拟焊接试验网片简图;b)钢筋焊点剪切试件;c)钢筋焊点拉伸试件

(6)焊接网剪切试件应沿同一横向钢筋随机切取。

(7)切取剪切试件时,应使制品中的纵向钢筋成为试件的受拉钢筋。

62. 焊接骨架和焊接网片的外观质量检查应满足什么要求?

答:1)骨架外观质量检查结果应符合下列要求:

(1)每件制品的焊点脱落、漏焊数量不得超过焊点总数的 4%,且相邻两焊点不得有漏焊及脱落。

(2)量测焊接骨架的长度和宽度,并应抽查纵、横方向 3~5 个网格的尺寸,其允许偏差应符合表 9-30。

焊接骨架的允许偏差　　表 9-30

项　目		允许偏差(mm)
焊接骨架	长度	±10
	宽度	±5
	高度	±5
骨架箍筋间距		±10
受力主筋	间距	±15
	排距	±5

当外观检查结果不符合上述要求时,应逐件检查,并剔出不合格品。对不合格品经整修后,可提交二次验收。

2)网外形尺寸检查和外观质量检查结果应符合下列要求:

(1)接网的长度、宽度及网格尺寸的允许偏差均为±10mm;网片两对角线之差不得大于10mm;网格数量应符合设计规定。

(2)接网交叉点开焊数量不得大于整个网片交叉点总数的1%,并且任一根横筋上开焊点数不得大于该根横筋交叉点总数的1/2;焊接网最外边钢筋上的交叉点不得开焊。

(3)接网组成的钢筋表面不得有裂纹、折叠、结疤、凹坑、油污及其他影响使用的缺陷;但焊点处可有不大的毛刺和表面浮锈。

63.钢筋焊接骨架、焊接网焊点的剪力试验应符合什么要求?

答:钢筋焊接骨架、焊接网焊点剪切试验结果,3个试件抗剪力平均值应符合下式要求:

$$F \geqslant 0.3A_0\sigma_s$$

式中:F——抗剪力,N;

A_0——纵向钢筋的横截面面积,mm^2;

σ_s——纵向钢筋规定的屈服强度,MPa。

注:冷轧带肋钢筋的屈服强度按440MPa计算。

当剪切试验结果不合格时,应从该批制品中再切取6个试件进行复验;当全部试件平均值达到要求时,应评定该批焊接制品焊点剪切试验合格。

64.贴面钢筋网的安装应注意什么问题?

答:采用贴面钢筋网有利于防止大面积混凝土表面出现收缩裂缝。由于其采用的是冷拉刻痕加工工艺,极易生锈,故存放时间不宜过长,且保存地点应通风、防潮,底部用方木垫高。网片一般用冷轧带肋钢筋经整体焊接加工而成,极限强度为550MPa,规格为SLA-0606,直径6mm,网眼间距10cm×10cm。

一般情况下,待主筋、水平筋等安装完成后,通过起吊设备分片吊挂安装,宜采用扣接法搭接,搭接长度15cm。吊装时应避免过量变形。

65.钢筋安装位置的偏差允许值是如何规定的?

答:钢筋的级别、直径、根数和间距均应符合设计要求。绑扎或焊接的钢筋网和钢筋骨架不得有变形、松脱和开焊,钢筋位置的偏差不得超过表9-31中的规定。

钢筋位置允许偏差 表9-31

<table>
<tr><th colspan="3">检 查 项 目</th><th>允许偏差(mm)</th></tr>
<tr><td rowspan="4">受力钢筋间距</td><td colspan="2">两排以上排距</td><td>±5</td></tr>
<tr><td rowspan="2">同排</td><td>梁、板、拱肋</td><td>±10</td></tr>
<tr><td>基础、锚碇、墩台、柱</td><td>±20</td></tr>
<tr><td colspan="2">灌注桩</td><td>±20</td></tr>
<tr><td colspan="3">箍筋、横向水平钢筋、螺旋筋间距</td><td>±10</td></tr>
<tr><td colspan="2" rowspan="2">钢筋骨架尺寸</td><td>长</td><td>±10</td></tr>
<tr><td>宽、高或直径</td><td>±5</td></tr>
<tr><td colspan="3">弯起钢筋位置</td><td>±20</td></tr>
<tr><td colspan="2" rowspan="3">保护层厚度</td><td>柱、梁、拱肋</td><td>±5</td></tr>
<tr><td>基础、锚碇、墩台</td><td>±10</td></tr>
<tr><td>板</td><td>±3</td></tr>
</table>

第十章 混凝土及钢筋混凝土工程

一、配制混凝土所用材料

1. 常用硅酸盐水泥的种类有哪些？它们的特性及适用范围分别是什么？

答：常用的硅酸盐水泥种类、特性及适用范围见表10-1所示。

常用硅酸盐水泥种类、特性及适用范围　　表10-1

序号	品　种	代号	特　性	适用范围
1	硅酸盐水泥	P·I	(1)早期强度及后期强度均较高，水化热较高，耐磨性、抗冻性均较强； (2)耐热性、耐水性及抗腐蚀性较差	(1)适用于预应力混凝土结构、悬臂浇筑的桥梁上部结构、水泥混凝土路面结构以及要求早期强度高、耐磨、耐冻的混凝土和钢筋混凝土结构； (2)不适用于大体积混凝土工程和受海水、矿物水、工业废水等侵蚀性水作用的结构； (3)当用于大体积混凝土工程时，应采取适当措施延缓水化热的释放； (4)腐蚀环境下应掺加外加剂和掺和料，不宜单独使用
2	普通硅酸盐水泥	P·O	早期强度和水化热低于硅酸盐水泥，其余同硅酸盐水泥	同硅酸盐水泥
3	矿渣硅酸盐水泥	P·S·A P·S·B	(1)一般在高温潮湿环境中强度增长较快，水化热较低，抗硫酸盐侵蚀性较好； (2)早期强度低，低温环境中强度增长慢，抗冻性和耐磨性较差，泌水也较大	(1)适用于大体积混凝土工程、蒸汽养护的混凝土工程及地下、地上受淡水或海水侵蚀的结构； (2)不适用于低温施工的混凝土

续上表

序号	品　　种	代号	特　　性	适 用 范 围
4	火山灰质硅酸盐水泥	P·P	除具有矿渣水泥的特性外,还具有较好的抗渗性	除具有矿渣水泥的适用性外,还适用于有抗渗要求的混凝土
5	粉煤灰硅酸盐水泥	P·F	同火山灰水泥	同火山灰水泥
6	复合硅酸盐水泥	P·C	同上	同上

2. 如何选用常用水泥?

答:常用混凝土的水泥选用,应注意其特性对混凝土结构强度和使用条件是否适合或有无不利影响,对设计无规定者可参考表10-2选用水泥。

常用水泥的选用　　表10-2

混凝土所处环境或工程特点		硅酸盐水泥	普通水泥	矿渣水泥	火山灰水泥	粉煤灰水泥
普通混凝土	普通气候环境中的混凝土	优先选用	优先选用	可用	可用	可用
	处于干燥环境中的混凝土	优先选用	优先选用	可用	不可用	不可用
	在高湿度环境中或永远处于水下的混凝土	可用	可用	优先选用	可用	可用
	厚大体积混凝土	可用	可用	优先选用	可用	优先选用
	要求早脱模的混凝土	优先选用	可用	不可用	不可用	不可用
	高强度混凝土(大于C60)	优先选用	可用	可用	不可用	不可用
	用蒸汽养生的混凝土	可用	可用	优先选用	优先选用	优先选用

续上表

混凝土所处环境或工程特点		硅酸盐水泥	普通水泥	矿渣水泥	火山灰水泥	粉煤灰水泥
特殊要求的混凝土	严寒地区的露天混凝土,寒冷地区处在水位升降范围内的混凝土	可用强度≥32.5	优先选用强度≥32.5	可用强度≥32.5	不可用	不可用
	严寒地区处在水位升降范围内的混凝土	可用强度≥42.5	优先选用强度≥42.5	不可用	不可用	不可用
	有抗渗要求的混凝土	可用	优先选用	不可用	优先选用	优先选用
	有耐磨性要求的混凝土	优先选用	优先选用	可用	不可用	不可用
	受海水、矿物水、工业废水等侵蚀的混凝土	可用	可用	优先选用	优先选用	优先选用

注:①最后一项选用最好根据侵蚀性介质的种类、浓度等具体条件按专门(或设计)规定选用。

②若按上述选用应采取相应的防侵蚀措施。

③大体积混凝土、海洋环境混凝土选用硅酸盐水泥应加入相应的外加剂和掺和料。

3. 工程施工中常用的特殊水泥有哪几种?

答:(1)快硬硅酸盐水泥、高强硅酸盐水泥。这两种水泥可用来配制早强、高强混凝土,适用于紧急抢修工程、低温施工工程及要求快硬、高强的混凝土、钢筋混凝土和预应力混凝土工程。但其易受潮变质,必须注意防潮。储存时间不能超过一个月,施工时应加强搅拌。

(2)白色硅酸盐水泥(白度分为四级)。这种水泥主要用于结构物表面的装饰,掺入各种颜色石屑时,可配成彩色的水泥砂浆或混凝土。

(3)抗硫酸盐硅酸盐水泥。这种水泥适用于硫酸盐水溶液侵蚀、反复冻融、干湿循环作用的混凝土及钢筋混凝土。配制混凝土时应尽可能采用较小的水灰比。

(4)硅酸盐膨胀水泥。这种水泥适用于有抗渗要求的混凝土及砂浆,预制构件的接缝及接头,灌注地脚螺栓孔及修补加固;不适用于环境温度高于40℃的结构。施工时应加强早期养护,养护期不少于14d。

4.气温与水泥中缓凝剂掺加量的关系是怎样的?

答:气温与水泥中缓凝剂掺加量应相适应,表10-3中所列值可供参考。

气温与水泥中缓凝剂掺量 表10-3

气温(℃)	掺量(水泥质量,%)	气温(℃)	掺量(水泥质量,%)
<5	0	15~25	0.15~0.25
5~15	0~0.15	>25	0.35~0.30

5.如何进行水泥交货与验收?

答:交货时水泥的质量验收可抽取实物试样以其检验结果为依据,也可以生产者同编号水泥的检验报告为依据。采取何种方法验收由买卖双方商定,并在合同或协议中注明。卖方有告知买方验收方法的责任。当无书面合同或协议,或未在合同、协议中注明验收方法的,卖方应在发票上注明"以本厂同编号水泥的检验报告为验收依据"字样。

以抽取实物试样的检验结果为验收依据时,买卖双方应在发货前或交货地共同取样和签封。取样方法按GB 12573进行。取样数量为20kg,缩分为两等份,一份由卖方保存40d,一份由买方按GB 175—2007规定的项目和方法进行检验。

在40d以内,买方检验认为产品质量不符合GB 175—2007要求,而卖方又有异议时,则双方应将卖方保存的另一份试样送省级或省级以上国家认可的水泥质量监督检验机构进行仲裁检验。水泥安定性仲裁检验时,应在取样之日起10d以内完成。

以生产者同编号水泥的检验报告为验收依据时,在发货前或交货时买方在同编号水泥中取样,双方共同签封后由卖方保存90d,或认可卖方自行取样、签封并共同保存90d的同编号水泥的封存样。

在90d内,买方对水泥质量有疑问时,则买卖双方应将共同认可的试样送省级或省级以上国家认可的水泥质量监督检验机构进行仲裁检验。

6. 常用水泥强度等级及其抗压、抗折强度是如何规定的

答：常用水泥强度等级及其抗压、抗折强度见表10-4。

常用水泥强度等级及抗压、抗折强度(GB 175—2007) 表10-4

品 种	强度等级	抗压强度(MPa)		抗折强度(MPa)	
		3d	28d	3d	28d
硅酸盐水泥	42.5	≥17.0	≥42.5	≥3.5	≥6.5
	42.5R	≥22.0	≥42.5	≥4.0	≥6.5
	52.5	≥23.0	≥52.5	≥4.0	≥7.0
	52.5R	≥27.0	≥52.5	≥5.0	≥7.0
	62.5	≥28.0	≥62.5	≥5.0	≥8.0
	62.5R	≥32.0	≥62.5	≥5.5	≥8.0
普通硅酸盐水泥	42.5	≥17.0	≥42.5	≥3.5	≥6.5
	42.5R	≥22.0	≥42.5	≥4.0	≥6.5
	52.5	≥23.0	≥52.5	≥4.0	≥7.0
	52.5R	≥27.0	≥52.5	≥5.0	≥7.0
矿渣硅酸盐水泥、火山灰质硅酸盐水泥、粉煤灰硅酸盐水泥、复合硅酸盐水泥	32.5	≥10.0	≥32.5	≥2.5	≥5.5
	32.5R	≥15.0	≥32.5	≥3.5	≥5.5
	42.5	≥15.0	≥42.5	≥3.5	≥6.5
	42.5R	≥19.0	≥42.5	≥4.0	≥6.5
	52.5	≥21.0	≥52.5	≥4.0	≥7.0
	52.5R	≥23.0	≥52.5	≥4.5	≥7.0

7. 如何妥善保管好水泥？

答：水泥运送到工地并不能马上使用完毕，若放置时间过长，不注意保护可能使其性能失效，因此应从以下几方面加以保管：

(1)水泥不能受潮和混入杂物。

(2)不同品种和强度等级的水泥应分别运储，不得混杂。不同出厂日期的水泥应分别堆放，便于按次使用。

(3)袋装水泥堆垛高度不宜超过10袋,最多不能超过12袋,散装水泥应尽可能采用水泥罐或散装水泥仓库储存。

(4)水泥在正常环境中存放时间不能超过3个月,超过3个月时强度即降低,应视为过期水泥。对过期水泥应重新取样检查,并按复验结果安排使用。

8. 如何处理存放过期或受潮湿的水泥?

答:水泥存放时间超过3个月或受潮时,将会过期或结碎块,这样会直接影响水泥强度。其随储存时间的强度降低率参见表10-5。当出现过期水泥时,应检查结块情况、试验烧失量和强度,用来判定水泥的强度损失,以确定是否可以降低等级使用。结块不严重的水泥,可按新鉴定的等级,过筛后用于低等级或不重要的混凝土结构。

随储存时间的强度降低率 表10-5

储存时间(d)	0.25a	0.5a	1a	1.5a
强度降低率(%)	10~20	15~30	25~40	约50

注:a为年的国际代号,0.25a,即3个月。

9. 砂的品种及选择要求是什么?

答:砂为混凝土中的细集料。可用于普通混凝土的砂有天然砂:河砂、湖砂、淡水海砂、山砂,人工砂:机制砂、混合砂。

桥涵混凝土所用的砂,应采用级配良好、质地坚硬、颗粒洁净、粒径小于5mm的河砂;河砂不易得到时,也可用山砂或用硬质岩加工的机制砂。细集料不宜采用海砂,不得不采用海砂时,其氯离子含量对于钢筋混凝土应符合《公路桥涵施工技术规范》(JTG/T F50—2011)中的相关规定。砂的试验可按现行《公路工程集料试验规程》(JTG E42—2005)执行。

10. 如何计算砂的细度模数?砂的分类及适用范围是如何规定的?

答:砂的细度模数计算公式为:

$$M_x=(A_2+A_3+A_4+A_5+A_6-5A_1)/(100-A_1)$$

式中: M_x——砂的细度模数;

A_1、A_2、A_3、A_4、A_5、A_6——分别为4.75mm、2.36mm、1.18mm、0.6mm、0.3mm、0.15mm筛的累计筛余百分率。

砂的细度模数 M_x 愈大,表示砂子愈粗。大多数情况下,砂的分类按细度模数划分,其划分方法为:

当 $M_x = 3.7 \sim 3.1$ 时,为粗砂；　当 $M_x = 3.0 \sim 2.3$ 时,为中砂；

当 $M_x = 2.2 \sim 1.6$ 时,为细砂；　当 $M_x = 1.5 \sim 0.7$ 时,为特细砂。

按技术要求分为Ⅰ、Ⅱ、Ⅲ类。Ⅰ类砂宜用于强度等级大于 C60 的混凝土;Ⅱ类宜用于强度等级 C30～C60 及有抗冻、抗渗或其他要求的混凝土;Ⅲ类用于强度等级小于 C30 的混凝土和建筑砂浆。

11. 配制混凝土用砂的级配范围是怎样规定的?

答:砂的细度模数主要反映全部颗粒的粗细程度,不完全反映颗粒的级配情况,配制混凝土时应同时考虑砂的细度模数和级配情况。砂的级配应按分类情况符合表 10-6 中的规定。

砂的分区及级配范围　　表 10-6

标准筛筛孔尺寸(mm)	级配区			标准筛筛孔尺寸(mm)	级配区		
	Ⅰ区	Ⅱ区	Ⅲ区		Ⅰ区	Ⅱ区	Ⅲ区
	累计筛余(%)				累计筛余(%)		
9.5	0	0	0	0.60	85～71	70～41	40～16
4.75	10～0	10～0	10～0	0.30	95～80	92～70	85～55
2.36	35～5	25～0	15～0	0.15	100～90	100～90	100～90
1.18	65～35	50～10	25～0				

注:①表中除 4.75mm、0.6mm、0.15mm 筛孔外,其余各筛孔累计筛余允许超出分界线,但其总量不得大于5%。

②对于高强泵送混凝土用砂,宜选用中砂,细度模数为 2.9～2.6。2.36mm 筛孔的累计筛余量不得大于 15%;0.30mm 筛孔的累计筛余量宜在 85%～92%范围内。

③配制不同等级的混凝土宜优先选用Ⅱ区砂;Ⅰ区砂宜提高砂率和配制低流动性混凝土;Ⅲ区砂可适当降低砂率以保证混凝土强度。

④人工砂中 0.15mm 筛孔的累计筛余:Ⅰ区可以放宽到 100～85;Ⅱ区到 100～80;Ⅲ区到 100～75。

Ⅰ区砂基本属粗砂范围,其配制的拌和物,内摩擦大,保水性差,不易均匀、密实,宜采用较大的砂率配制低流动性混凝土;Ⅲ区砂系细砂和一部分偏细的中砂,其总表面积较大,配制的拌和物黏性大,影响混凝土强度,宜采用较小的砂率来保证混凝土强度;Ⅱ区砂系中砂和一部分偏粗的细砂,由于其居中间,可采用一般砂率。砂率参考值可查表 10-7。

混凝土的砂率选用表(%) 表 10-7

水灰比(W/C)	卵石最大粒径 (mm)			碎石最大粒径 (mm)		
	10	20	40	16	20	40
0.40	26~32	25~31	24~30	30~35	29~34	27~32
0.50	30~35	29~34	28~33	33~38	32~37	30~35
0.60	33~38	32~37	31~36	36~41	35~40	33~38
0.70	36~41	35~40	34~39	38~43	38~43	36~41

注:①本表数值系中砂的选用砂率,对于细砂或粗砂,可相应地减小或增大砂率。

②只用一个单粒级粗集料配制混凝土时,砂率应适当增大。

③本表中的砂率系指砂与集料总量的质量比。

12. 细集料的技术指标是如何规定的?

答:细集料的各类指标应通过试验确定,其最大含量不宜超过表 10-8 中的规定。

细集料技术指标 表 10-8

项目			技术要求		
			Ⅰ类	Ⅱ类	Ⅲ类
有害物质含量	云母(按质量计,%)		≤1.0	≤2.0	≤2.0
	轻物质(按质量计,%)		≤1.0	≤1.0	≤1.0
	有机物(比色法)		合格	合格	合格
	硫化物及硫酸盐(按 SO_3 质量计,%)		≤1.0	≤1.0	≤1.0
	氯化物(以氯离子质量计,%)		<0.01	<0.02	<0.06
天然砂含泥量(按质量计,%)			≤2.0	≤3.0	≤5.0
泥块含量(按质量计,%)			≤0.5	≤1.0	≤2.0
人工砂的石粉含量(按质量计,%)	亚甲蓝试验	MB 值<1.4 合格	≤5.0	≤7.0	10.0
		MB 值≥1.4 或不合格	≤2.0	≤3.0	≤5.0

续上表

项目		技术要求		
		I 类	II 类	III 类
坚固性	天然砂（硫酸钠溶液法经 5 次循环的质量损失，%）	≤8	≤8	≤10
	人工砂单级最大压碎指标（%）	<20	<25	<30
表观密度（kg/m^3）		>2 500		
松散堆积密度（kg/m^3）		>1 350		
空隙率（%）		<47		
碱集料反应		经碱集料反应试验后，由砂配制的试件无裂缝、酥裂、胶体外溢现象，在规定试验龄期的膨胀率应小于 0.10%		

注：①砂按技术要求分为 I 类、II 类、III 类。I 类宜用于强度等级大于 C60 的混凝土；II 类宜用于强度等级 C30 ~ C60 及有抗冻、抗渗或其他要求的混凝土；III 类宜用于强度等级小于 C30 的混凝土和砌筑砂浆。

②天然砂包括河砂、湖砂、山砂、淡化海砂，人工砂包括机制砂和混合砂。

③石粉含量系指粒径小于 0.075mm 的颗粒含量。

④砂中不应混有草根、树叶、树枝、塑料、煤块、炉渣等杂物。

⑤当对砂的坚固性有怀疑时，应做坚固性试验。

⑥当碱集料反应不符合表中要求时，应采取抑制碱集料反应的技术措施。

13. 砂或石的取样批量、方法及试验项目各是什么？

答：取样批量、取样方法及试验项目如下。

（1）取样批量

集料宜按同产地、同规格、连续进场数量不超过 400m^3 或 600t 为一验收批；小批量进场的宜以不超过 200m^3 或 300t 为一验收批；不足上述的，应按一验收批。

当砂或石的质量比较稳定、进料量又较大时，可以 1000t 为一验收批。

（2）取样方法

从料堆上取样时，取样部位应均匀分布。取样前应先将取样部位表层铲除，然后由各部位抽取大致相等的砂 8 份、石子为 16 份，组成各自一组样品。

从皮带运输机上取样时，应在皮带运输机机尾的出料处用接料器定时抽取砂 4 份、石 8 份组成各自一组样品。

从火车、汽车、货船上取样时,应从不同部位和深度抽取大致相等的砂 8 份、石 16 份组成各自一组样品。

对于每一单项检验项目,其取样数量应满足表 10-9、表 10-10。

每一单项检验项目所需要砂的最少取样质量 表 10-9

检 验 项 目	最少取样质量(g)
筛分	4 400
表观密度	2 600
吸水率	4 000
紧密密度和堆积密度	5 000
含水率	1 000
含泥量	4 400
泥块含量	20 000
石粉含量	1 600
人工砂压碎值指标	分成公称粒级 5.0 ~ 2.5mm;2.50 ~ 1.25mm;1.25 ~ 0.63mm;0.63 ~ 0.315mm;0.315 ~ 0.16mm;每个粒级各需 1 000g
有机物含量	2 000
云母含量	600
轻物质含量	3 200
坚固性	分成公称粒级 5.0 ~ 2.5mm;2.50 ~ 1.25mm;1.25 ~ 0.63mm;0.63 ~ 0.315mm;0.315 ~ 0.16mm;每个粒级各需 100g
硫化物或硫酸盐含量	50
氯离子含量	2 000
贝壳含量	10 000
碱活性	20 000

每一单项检验项目所需碎石或卵石的最小取样质量(kg)　　表 10-10

检验项目	最大公称粒径(mm)							
	10.0	16.0	20.0	25.0	31.5	40.0	63.0	80.0
筛分	8	15	16	20	25	32	50	64
表观密度	8	8	8	8	12	16	24	24
含水率	2	2	2	2	3	3	4	6
吸水率	8	8	16	16	16	24	24	32
堆积密度、紧密密度	40	40	40	40	80	80	120	120
含泥量	8	8	24	24	40	40	80	80
泥块含量	8	8	24	24	40	40	80	80
针、片状颗粒含量	1.2	4	8	12	20	40	—	—
硫化物及硫酸盐	1.0							

注:有机物含量、坚固性、压碎值指标及碱集料反应检验,应按试验要求的粒级及质量取样。

(3)使用单位的质量检验报告内容应包括:委托单位、样品编号、工程名称、样品产地、类别、代表数量、检测依据、检测条件、检测项目、检测结果及结论。其检验项目见表 10-9 和表 10-10。

14. 粗集料的技术指标是如何规定的?

答:粗集料为混凝土中粒径大于 5mm 的石子,分碎石和卵石两类,表 10-11 为其技术指标。

粗集料技术指标　　表 10-11

项目	技术要求		
	I类	II类	III类
碎石压碎指标(%)	<10	<20	<30
卵石压碎指标(%)	<12	<16	<16
坚固性(硫酸钠溶液法经 5 次循环后质量损失值,%)	<5	<8	<12
吸水率(%)	<1.0	<2.0	<2.5
针片状颗粒含量(按质量计,%)	<5	<15	<25

续上表

项　　目		技术要求		
		I类	II类	III类
有害物质含量	含泥量(按质量计,%)	<0.5	<1.0	<1.5
	泥块含量(按质量计,%)	0	<0.5	<0.7
	有机物含量(比色法)	合格	合格	合格
	硫化物及硫酸盐(按 SO_3 质量计,%)	<0.5	<1.0	<1.0
岩石抗压强度(水饱和状态,MPa)		火成岩>80;变质岩>60;水成岩>30		
表观密度(kg/m^3)		>2 500		
松散堆积密度(kg/m^3)		>1 350		
空隙率(%)		<47		
碱集料反应		经碱集料反应试验后,试件无裂缝、酥裂、胶体外溢等现象,在规定试验龄期的膨胀率应小于0.10%		

注:①I类宜用于强度等级大于C60的混凝土;II类宜用于强度等级为C30~C60及有抗冻、抗渗或其他要求的混凝土;III类宜用于强度等级小于C30的混凝土。
②粗集料中不应混有草根、树叶、树枝、塑料、煤块、炉渣等杂物。
③岩石的抗压强度除应满足表中要求外,其抗压强度与混凝土强度等级之比应不小于1.5。岩石强度首先应由生产单位提供,工程中可采用压碎值指标进行质量控制。
④当粗集料中含有颗粒状硫酸盐或硫化物杂质时,应进行专门检验,确认能满足混凝土耐久性要求后,方可采用。
⑤采用卵石破碎成砾石时,应具有两个及以上的破碎面,且其破碎面应不小于70%。

15. 粗集料的最大粒径应如何控制?

答:粗集料的最大粒径应按混凝土结构情况及施工方法选取,但最大粒径不得超过结构最小边尺寸的1/4和钢筋最小净距的3/4;在两层或多层密布钢筋结构中,不得超过钢筋最小净距的1/2,同时最大粒径不得超过75.0mm。对泵送混凝土,其粗集料最大粒径除应符合上述规定外,对碎石不宜超过输送管径的1/3,对于卵石不宜超过输送管径的1/2.5,同时应符合混凝土泵制造厂的规定。混凝土实心板的粗集料最大粒径不宜超过板厚的1/3,且不得超过37.5mm。氯盐锈蚀环境严重作用下的混凝土,粗集料粒径不宜超过2.5mm(大体积混凝土除外),且不得超过保护层厚度的2/3。

16. 什么情况下对粗集料进行坚固性试验?新桥规中其指标是如何规定的?

答:混凝土结构物处于以下条件时,应对碎石或卵石用硫酸钠进行坚固性

试验:

(1)寒冷地区,经常处于干湿交替状态的环境条件下进行试验。试验时应在溶液中循环5次,试验后质量损失不大于5%。

(2)严寒地区,经常处于干湿交替状态的环境条件下进行试验。试验时应在溶液中循环5次,试验后质量损失不宜大于3%。

(3)混凝土处于干燥条件下,但粗集料风化或软弱颗粒过多时进行试验。试验时应在溶液中循环5次,试验后质量损失不大于12%。

(4)混凝土处于干燥条件下,但抗疲劳、耐磨、抗冲击要求高或强度大于C40时进行试验。试验时应在溶液中循环5次,试验后质量损失不大于5%。

(5)有抗冻、抗渗要求的混凝土用硫酸钠法进行坚固性试验不合格时,可再进行直接冻融试验。

(6)处在冻融循环下的重要工程混凝土,应进行坚固性和抗冻融试验,坚固性试验结果失重率应小于10%。

17.碱集料反应对混凝土有何影响?

答:当水泥含碱量较高(指水泥中当量 Na_2O 超过0.6%以上,水泥中含碱量以等当量 Na_2O 计,即 $Na_2O + 0.658K_2O$),混凝土又使用某些活性集料时(含活性 SiO_2),水泥中的碱类和集料的活性物质发生化学反应,这就是碱集料反应(Alkaliaggregate Reaction 缩写 AAR)。这种反应会使混凝土发生不均匀膨胀,产生裂缝,并伴随有强度和弹性模量下降等不良现象,从而缩短结构物寿命,危及工程安全,因此,必须注意防患并采取相应措施给予治理。

18.什么环境条件下的桥梁工程需采取预防混凝土碱集料反应措施?

答:在以下环境条件下的工程,需采取预防混凝土碱集料反应的措施:

(1)潮湿环境,直接与水接触的混凝土工程;干湿交替环境;潮湿环境。

(2)外部有供碱环境,并处于潮湿环境,如处于高含盐碱地区的混凝土工程、接触化冰雪盐碱的城市混凝土道路、桥梁、下水道工程,以及处于盐碱化学工业污染范围内的工程。

当工程处于以上所述环境时,应考虑预防混凝土发生碱集料反应,目前常采取的主要措施为:

(1)选用低碱水泥(当量 $Na_2O < 0.6\%$),每立方米混凝土水泥用量较少,并限制混凝土总碱量不超过 $2.0 \sim 3.0 kg/m^3$,并注意控制含碱外加剂使用,使其带入的碱含量不宜超过 $1.0 kg/m^3$。

(2)用含碱量不大于1.5%的Ⅰ级或Ⅱ级粉煤灰取代25%以上重量的水泥,并控制混凝土碱含量低于3kg/m^3。

(3)用含碱量不大于1.0%,比表面积4 000cm^2/g以上的高炉矿渣粉取代40%以上质量的水泥,并控制混凝土碱含量低于3kg/m^3。

(4)用硅粉取代10%以上质量的水泥,并控制混凝土碱含量低于3kg/m^3。

(5)用熟石灰取代30%以上质量的水泥,并控制混凝土碱含量低于3kg/m^3。

(6)使用比表面积5 000cm^2/g以上超细矿粉掺和料时,可通过检测单位试验确定抑制碱集料反应的最少掺量。

(7)宜使用非碱活性集料,且不宜单独采用硅酸盐水泥或普通水泥作胶凝材料,应掺入大掺量或较大掺量的矿物掺和料,并加入少量硅粉。

(8)当没有合适的矿粉掺和料时,可以采取用硫铝酸盐水泥或铁铝酸盐水泥配制混凝土。

(9)加强养护,遵守施工规程,保证混凝土密度。

(10)重视结构物排水,避免混凝土表面积水或接缝存水。

(11)混凝土结构物出现AAR破坏时,应立即阻绝水源,这样可以阻止或延缓破坏进程。

19.拌和混凝土用水有何要求?现场如何对水进行检测?

答:拌和混凝土用水不应有漂浮明显的油脂和泡沫,不应有明显的颜色和异味;混凝土企业设备洗刷水不宜用于预应力混凝土、装饰混凝土、加气混凝土和暴露于腐蚀环境的混凝土;不得用于使用碱活性或潜在碱活性集料的混凝土;污水、pH值小于表10-12的酸性水及含硫酸盐量按SO_4^{2-}计超过2 000mg/L的水不得使用;未经处理的海水严禁用于钢筋混凝土和预应力混凝土;在无法获得水源的情况下,海水可用于素混凝土,但不宜用于装饰混凝土。

为确保水的质量,除饮用水可不经试验即可使用外,对其他的水源,应符合表10-12的规定。除表中项目外,还应做以下试验:

(1)被检验水样应与饮用水水样进行水泥凝结时间对比试验。对比试验的水泥凝结时间差及终凝时间差不应大于30min;同时,初凝和终凝时间应符合现行国家标准《通用硅酸盐水泥》(GB 175—2007)的规定。

(2)地表水、地下水、再生水的放射性应符合现行国家标准《生活饮用水卫生标准》(GB 5749)的规定。

(3)被检验水样应与饮用水样进行水泥胶砂强度对比试验,被检验水样配制的水泥胶砂 3d 和 28d 强度，不应低于饮用水配制的水泥胶砂 3d 和 28d 强度的 90%。

水中物质含量限值 表 10-12

混凝土种类 / 物质含量限值	预应力混凝土	钢筋混凝土	无筋混凝土
pH 值	≥5.0	≥4.5	≥4.5
不溶物（mg/L）	≤2 000	≤2 000	≤5 000
可溶物（mg/L）	≤2 000	≤5 000	≤10 000
氯化物，以 Cl^- 计（mg/L）	≤500	≤1 000	≤3 500
硫酸盐，以 SO_4^{2-} 计（mg/L）	≤600	≤2 000	≤2 700
碱含量（mg/L）	≤1 500	≤1 500	≤1 500

注：①使用钢丝或经热处理钢筋的预应力混凝土，氯化物含量（以 Cl^-）不得超过 350mg/L；对于设计使用年限为 100 年的结构混凝土，氯离子含量不得超过 500mg/L。

②碱含量按 $Na_2O + 0.658K_2O$ 计算值来表示。采用非碱活性集料时，可不检验碱含量。

取样时应注意：①采集水样的容器应预先彻底清洗，采样时再用待采集的水样冲洗三次后，才能采集水样。水样采集后应加盖蜡封，保持原状。②地表水宜在水域中心部位、距水面 100mm 以下采集。③采集水样应注意季节、气候、雨量及周边环境的影响，并在记录中予以注明。④水质分析用水样不得少于 5L。水样采集后，应及时检验，全部水质检验项目应在 7d 内完成。⑤测定水泥凝结时间和胶砂强度的水样不得少于 3L，在取样后 10d 内完成。

地表水、地下水和再生水的放射性应在使用前检验；当有可靠资料证明无放射性污染时，可不检验。

地表水、地下水、再生水和混凝土企业设备洗刷水，在使用前应进行检验；在使用期间，检验频率宜符合下列要求：

（1）地表水每 6 个月检验一次。

（2）地下水每年检验一次。

（3）再生水每 3 个月检验一次；在质量稳定一年后，可每 6 个月检验一次。

（4）混凝土企业设备洗刷水每 3 个月检验一次；在质量稳定一年后，可一年检验一次。

（5）当发现水受到污染和对混凝土性能有影响时，应立即检验。

20. 常用外加剂的特性、使用范围及参考用量是什么?

答:常用外加剂的特性、使用范围及参考用量见表10-13所示。

外加剂的特性、使用范围及参考用量　表10-13

序号	名称	特　性	使用范围	参考用量
1	普通减水剂	改善混凝土的和易性,节约水泥	适用于普通混凝土、大体积混凝土、大流动度混凝土、泵送混凝土、防水混凝土、滑模施工的混凝土	水泥用量的0.2%~0.35%
2	高效减水剂	在混凝土坍落度不变的情况下,能大幅度减少用水量,或改善混凝土的和易性,节约水泥	适用于高强、流动度大或耐久性要求高的混凝土、泵送混凝土、预应力混凝土、滑模施工的混凝土	水泥用量的0.3%~1.0%
3	早强减水剂	除具有普通减水剂作用外,还能促进混凝土的硬化,提高早期强度	适用于有减水及早强作用的混凝土	水泥用量的1.5%~4.0%
4	缓凝减水剂	除具有普通减水剂作用外,还能延缓混凝土的凝结时间,降低水泥早期水化热	适用于高温季节施工的混凝土、大体积混凝土、滑模施工的混凝土、泵送混凝土、长时间停放或长距离运输的混凝土	水泥用量的0.1%~0.5%
5	引气剂及引气减水剂	能经济有效地改进新拌混凝土的和易性及黏结力,还可增加硬化混凝土抗冻副循环作用而产生破坏作用的能力	适用于有防冻、抗渗要求的混凝土,对有饰面要求的混凝土也适用,引气量为小于3%	水泥用量的0.005%~0.015%
6	防冻剂	能使混凝土在负温下硬化,并在规定养护条件下达到预期性能	适用于有抗冻要求的混凝土或冬季施工的混凝土	通过试验确定
7	膨胀剂	与水及水泥经水化后产生反应而使混凝土发生膨胀	适用于地下防水工程、混凝土构件补强等工程以及钢筋混凝土、预应力混凝土构件等;适用于梁端接头的浇筑混凝土后浇缝、管道接头及混凝土地脚螺栓	通过试验确定

续上表

序号	名称	特　性	使用范围	参考用量
8	速凝剂	能使混凝土迅速凝结	适用于喷射施工的混凝土及其他要求速凝的混凝土	水泥用量的2.5%~4.0%
9	混凝土泵送剂	改善混凝土拌和物的泵送性能	适用于远距离泵送混凝土	通过试验确定

注：具体用量可参考本表通过试验确定。

21. 粉状外加剂结块后能否使用？怎样加外加剂？

答：由于施工地点的不同，可能一次购进过量的外加剂，时间久了后，或保存不当，外加剂会板结成块。虽然板结成块，但其化学成分并没发生变化，因此不影响其使用效果，只是在使用时要认真将其粉碎，切不可将块状物直接加入混凝土中。若有条件可以对其进一步验证，为外加剂的使用积累更多的经验。

对于粉状外加剂，使用前应根据混凝土总方量及每次拌和方量提前在室内分称好，分别放于塑料袋内或编织袋内，这样可以准确地加入混凝土，从而保证混凝土的质量及施工速度。

22. 在混凝土中添加外加剂时应注意哪些事项？

答：在混凝土中添加外加剂时应注意以下事项：

（1）外加剂的掺量应参照产品说明书及试验确定。试验中要检查实际效果和对混凝土抗压强度的影响。对于用在钢筋混凝土或预应力混凝土中的外加剂，要查明其氯离子含量。

（2）一般应随拌和料一起掺入进行搅拌。采用高效减水剂时，最好在现场拌和或临浇筑时再掺入。

（3）搅拌掺有外加剂的混凝土时，一般需将时间延长1~2min。

（4）在不需增加含气量的混凝土中掺入了引气量较大的减水剂时，宜在浇筑混凝土时使用高频振动器进行振捣。

（5）普通减水剂和高效减水剂拌制的混凝土，用蒸汽加热混凝土时，应延长静停或预热时间。

（6）采用早强减水剂、缓凝减水剂、抗冻剂、膨胀剂等外加剂时，应加强养护、保湿保温，适当延长养护期。

(7)使用含碱的外加剂时,要检测碱含量,不允许混凝土内碱的总含量超过规定值:每立方米混凝土的总含碱量,对一般桥涵不宜大于3.0kg/m^3,对特大桥、大桥和重要桥梁不宜大于1.8kg/m^3;当处于受严重侵蚀的环境时,不得使用有碱活性反应的集料。

(8)在早强剂中含有氯化钙等氯化物时,一般在预应力混凝土中不得掺用,在钢筋混凝土中掺入量不得超过1%,在无筋混凝土中掺用量一般规定小于3%。这是因为氯盐可引起钢筋的锈蚀和混凝土的腐蚀。另外,下列情况下不得在钢筋混凝土中掺入含氯化物的早强剂:①高温环境中使用的结构;②处于水位升降部位的结构;③露天结构或经常受水淋的结构;④有与镀锌钢材或铝铁相接触部位的结构以及有外露钢筋预埋件而无防护措施的结构;⑤与含有酸、碱或硫酸盐等侵蚀性介质相接触的结构;⑥直接靠近高压电源的结构;⑦使用过程中经常处于60℃以上的结构。

(9)外加剂添加一定要认真负责,不能超量,以防引起混凝土的不良后果。

23. 混凝土常用掺和料分哪几种?其指标及使用范围如何?

答:混凝土所掺用混合材料一般包括粉煤灰、磨细矿渣、硅灰。其可代替部分水泥或用做混凝土拌和物的填充材料或两种作用兼备。目前各种掺和料已广泛应用于桥梁的各个部位,且通过实践证明完全满足各种性能指标。

(1)粉煤灰一般应加工后使用,质量上分Ⅰ、Ⅱ、Ⅲ等级,其成品应满足表10-14要求。

拌制混凝土和砂浆用粉煤灰的技术要求(GB/T 1596—2005) 表10-14

名称		粉煤灰等级质量指标		
		Ⅰ	Ⅱ	Ⅲ
细度(45μm方孔筛筛余,%)		<12.0	≤25.0	≤45.0
比表面积(m^2/kg)		≥600	≥400	≥150
烧失量(%)		≤5.0	≤8.0	≤15.0
需水量比(%)		≤95	≤105	≤115
含水率(%)		≤1.0		
游离氯化钙(%)	F类粉煤灰	≤1.0		
	C类粉煤灰	≤4.0		
SO_3(%)		≤3.0		

续上表

名　称	粉煤灰等级质量指标		
	Ⅰ	Ⅱ	Ⅲ
安定性(雷式夹沸煮后增加距离,mm)(C类粉煤灰)	≤5.0		
均匀性	单一样品的细度不应超过前10个样品细度平均值的最大偏差		
总碱量	当粉煤灰用于活性集料混凝土,需要限制掺和料的含碱量时,由买卖双方协商确定		

注:①F类粉煤灰指由无烟煤或烟煤煅烧收集的粉煤灰。C类粉煤灰指由褐煤或次烟煤煅烧收集的粉煤灰。

②拌制混凝土和砂浆的粉煤灰试验结果符合表中技术要求时为等级品。其中任一项不符合要求允许在同一编号加倍取样复验全部项目,复验不合格可降级处理。凡低于表中最低级别要求的为不合格产品。

③表中比表面积要求为旧规范的要求,作为参考。

④适用范围:Ⅰ级适用于有抗冻、抗腐蚀等要求的钢筋混凝土和预应力混凝土结构;Ⅱ级适用于钢筋混凝土和素混凝土而不宜用于预应力混凝土结构,对有抗冻、防腐蚀等耐久性要求的混凝土,需水量比不宜大于100%;Ⅲ级可用于C20以下的素混凝土结构。

(2)磨细矿渣主要是用来改善混凝土的和易性,其分级及指标见表10-15。

磨细矿渣技术要求(GB/T 18046—2008)　　表10-15

名　称		级　别		
		S105	S95	S75
密度(g/cm^3)		≥2.8		
比表面积(m^2/kg)		≥500	≥400	≥300
活性指数(%)	7d	≥95	≥75	≥55
	28d	≥105	≥95	≥75
流动度比(%)		≥95		
含水率(质量分数,%)		≤1.0		
SO_3(质量分数,%)		≤4.0		
氯离子(质量分数,%)		≤0.06		

续上表

名　称	级　别		
	S105	S95	S75
烧失量(质量分数,%)	≤3.0		
玻璃体含量(质量分数,%)	≥85		
放射性	合格		

注:①用于配制高强、高性能及大体积混凝土。
②用于海水、酸雨、盐、碱等环境中的混凝土结构。
③用于需要抑制碱集料反应的混凝土结构。
④不得用于矿渣水泥混凝土中,也不宜用于粉煤灰水泥、火山灰水泥、和复合水泥配制的混凝土中。

(3)硅灰目前不多用,在高强度混凝土中国外应用较多,主要指标见表10-16。

硅灰技术要求　　表10-16

名　称		质量指标
比表面积(m^2/kg)(BET氮吸附法)		≥15 000
烧失量(%)		≤6
含水率(%)		≤3
CL^-(%)		≤0.02
SO_2(%)		≥85
混合砂浆性能	需水量比(%)	≤125
	28d活性指数(%)	≥85
总碱量		注明测定数值

注:①用于配制高强、早强混凝土和对开放交通有紧迫要求的混凝土结构。
②用于抗冻、抗渗、抗海水、抗盐碱腐蚀、抑制碱集料反应、抗冲磨的混凝土结构,也适用于低温或负温施工的混凝土结构。
③施工时(特别是在热天、干燥条件下)应采取有效措施控制温升、干缩和自收缩。

24.使用掺和料应注意哪些事项?

答:使用掺和料应注意以下事项:

(1)在混凝土中掺入混合材料的配合比要经试验确定,并要同时按不同掺量、不同水灰比做多组试验,检验其流动度、泌水率、凝结时间及抗压强度,选用最合理的掺入量。

(2)混凝土搅拌时间应酌情延长1~2min。

(3)养护时间一般不少于14d,养护期间应使混凝土经常保持湿润状态。

(4)试块的抗压强度龄期根据实际情况酌情延长,如掺用粉煤灰混合材料时,其龄期为60d。目前国内仍采用28d龄期。

25.在钢纤维混凝土施工中如何选择使用钢纤维?

答:钢纤维的增强效果与钢纤维的长度、直径(或等效直径)、长径比有关。钢纤维增强作用随长径比增大而提高。钢纤维长度太短不起增强作用,太长影响拌和物质量,纤维太细易在拌和过程中被弯折,太粗则同样体积含量其增强效果差。大量试验研究和工程经验表明:长度在20~50mm,直径在0.3~0.8mm,长径比在40~100范围内的钢纤维,其增强效果和拌和物性能均佳。对于超出上述范围的钢纤维,经试验验证其增强效果和施工性能均能满足时,也可以采用。钢纤维的详细情况如下:

(1)钢纤维的类型如表10-17所示。

钢纤维类型 表10-17

类型号	类型名称	截面形状	长度方向形状
I	圆直型	圆形	直
II	熔抽型	月牙形	直
III	剪切型	矩形	直、扭曲或两端带钩

(2)钢纤维的形状尺寸及其偏差应满足下列规定:

①钢纤维长度可分为20mm、25mm、30mm、35mm、40mm、45mm、50mm各种不同规格。

②钢纤维截面的直径或等效直径应在0.3~0.8mm范围内。

③钢纤维长度偏差不应超过长度公称值的±5%。每3t产品随机取样100根,长度偏差按下式计算:

$$\delta_1 = \frac{\sum_{i=1}^{100} l_i}{100} - l_f$$

式中:δ_1——钢纤维长度偏差值;

l_i——每根受检钢纤维的实测长度;

l_f——钢纤维长度公称值。

④钢纤维的质量偏差不应超过按尺寸公称值计算质量的±15%。每3t产品随机取样100根,钢纤维质量偏差按下式计算:

$$\delta_w = W_0 - W_c$$

式中:δ_w——钢纤维质量偏差值;

W_0——100根钢纤维实测质量;

W_c——按钢纤维形状尺寸公称值计算的100根钢纤维理论质量。

(3)钢纤维的抗拉强度不应低于380MPa,其抗拉强度按下式计算:

$$f_{sft} = F_{max}/A_{sf}$$

式中:f_{sft}——钢纤维抗拉强度;

F_{max}——一根钢纤维抗拉试验的最大拉伸荷载;

A_{sf}——钢纤维截面公称面积。

(4)钢纤维表面不得粘有油污和其他妨碍钢纤维与水泥浆黏结的杂质。钢纤维内含有的因加工不良造成的粘连片、表面锈蚀纤维、铁屑及杂质的总质量不应超过钢纤维质量的1%。每3t随机取样5kg,用人工挑拣粘片、锈蚀纤维、铁屑及杂质并称质量计算。

二、混凝土的配合比

26. 混凝土的最大水灰比和最小水泥用量是怎样规定的?

答:根据结构混凝土的耐久性,混凝土的最大水灰比和最小水泥用量见表10-18。

结构混凝土耐久性的基本要求 表10-18

环境类别	环境条件	最大水胶比	最小水泥用量(kg/m^3)	最低混凝土强度等级	最大氯离子含量(%)
Ⅰ	温暖或寒冷地区的大气环境、与无侵蚀的水或土接触的环境	0.55	275	C25	0.30
Ⅱ	严寒地区的大气环境、使用除冰盐环境、滨海环境	0.50	300	C30	0.15

续上表

环境类别	环 境 条 件	最大水胶比	最小水泥用量(kg/m^3)	最低混凝土强度等级	最大氯离子含量(%)
Ⅲ	海水环境	0.45	300	C35	0.10
Ⅳ	受侵蚀性物质影响的环境	0.40	325	C35	0.10

注:①有关现行规范对海水环境中结构混凝土的最大水灰比和最小水泥用量有更详细规定时,可参照执行。

②本表中的氯离子含量系指其与胶凝材料用量的百分比。

③预应力混凝土构件中的最大氯离子含量为0.06%,最小水泥用量为350 kg/m^3。

④表中的水灰比,系指水与水泥(包括掺和料)用量的比值。当掺用外加剂且能有效改善混凝土的和易性时,水泥用量可以减少25kg/m^3。

⑤严寒地区系指最冷月份平均气温≤-10℃且日平均温度≤5℃的天数超过145d的地区。

27. 泵送混凝土的技术要求有哪些?

答:泵送混凝土时,应满足下列技术要求:

(1)泵送混凝土的配合比,除应满足结构的设计要求外,尚应满足拌和物的可泵性要求,并能不间断地连续作业。

(2)粗集料的最大粒径,应与所使用的导管管径相适应,可按表10-19中所列数值选用。其针片状颗粒含量不宜大于10%。

集料最大粒径与输送管径之比 表10-19

集　料	泵送高度(m)	集料最大粒径与输送管径之比
碎　石	<50	≤1:3
	50~100	≤1:4
	>100	≤1:5
卵　石	<50	≤1:2.5
	50~100	≤1:3
	>100	≤1:4

(3)混凝土的可泵性可用压力泌水试验结合施工经验进行控制。一般10s时的相对压力泌水率不宜超过40%。

(4)对不同的泵送高度,混凝土坍落度损失值要根据当地气温、经验确定,无施工经验时,应通过试验确定。一般情况下,入泵坍落度可参考下列值:

①泵送高度30m以下时,入泵坍落度为100~140mm;

②泵送高度30~60m时,入泵坍落度为140~160mm;

③泵送高度60~100mm时,入泵坍落度为160~180mm;

④泵送高度100m以上时,入泵坍落度为180~230mm。

(5)泵送混凝土最小胶凝材料用量应为300kg/m^3,水灰比宜为0.4~0.6,砂率宜为35%~45%,掺入粉煤灰后,砂率可减小2%~6%,具体可由试验确定。最大胶凝材料用量为500kg/m^3。

(6)泵送混凝土应掺加适量外加剂。外加剂用量应由试验确定。掺入引气型外加剂的混凝土含气量不宜大于4%。

(7)掺入符合国家标准的掺和料。

28. 高墩身远距离输送混凝土配合比设计与生产应注意哪些问题?

答:在高墩身混凝土施工中,一般采用超缓凝、早强、高强、高扬程泵送混凝土,所以配合比的配制非常重要。通过高强混凝土(C50以上)的施工经验,在配合比配制及施工中,要着重考虑以下几个方面的问题:

(1)混凝土的和易性,主要通过调整砂率来实现。一般砂率宜采用40%~50%,另外要选择合适的外加剂及良好的连续级配的粗集料。在有条件的地区加入掺和料,目前已广泛应用。

(2)坍落度控制在200~230mm较宜,设计坍落度应为210mm。

(3)缓凝时间应控制在某阶段混凝土浇筑完成。如某大桥墩身浇筑泵送混凝土水平距离为300~400m,垂直泵送最高达125m,每次浇筑110m^{3}混凝土,浇筑时间为10~12h,考虑一些意想不到的因素,缓凝时间定为15h左右,实践证明效果较好。

(4)在施工过程中:①严格控制砂、石含水率;②严格控制加水量;③严格控制拌和时间($T>80$s);④根据气温调整拌制混凝土坍落度。

29. 在混凝土中加入粉煤灰对混凝土有何影响?

答:在混凝土中加入粉煤灰,对混凝土会造成以下几方面的影响:

(1)掺入粉煤灰的混凝土有较大的内聚性,减少了泌水和离析现象,和易性好,有利于泵送,浇筑后容易振捣密实。

(2)掺粉煤灰的混凝土28d强度与不掺粉煤灰相比有所降低，但两者60d强度值相近，因此掺入粉煤灰的混凝土抗压强度龄期宜为60d。

(3)掺粉煤灰使混凝土抗渗、抗透气性能得到改善，即混凝土密实性有所提高。

(4)掺粉煤灰的混凝土抗碳化能力较普通混凝土差，它的碳化深度随着粉煤灰掺量的增加而加深。通过碳化试验，在自然大气条件下50年仅能增加几毫米碳化深度，且5mm差别仅相当于保护层厚度的允许偏差，在规范允许范围内。所以掺25%的粉煤灰对混凝土的耐久性几乎无不利影响。

(5)掺加粉煤灰可降低初期水化热，对控制温升有利。

30. 为什么不能用单纯加水的办法调整拌和物的流动性?

答:在单位混凝土拌和物中，集浆比确定后，即水泥浆的用量为一固定数值时，水灰比即决定水泥浆的稠度。水灰比较小，则水泥浆较稠，混凝土拌和物的流动性亦较小，当水灰比小于某一极限时，在一定施工方法下就不能保证密实成型；反之，水灰比较大，水泥浆较稀，混凝土拌和物的流动性虽然较大，但黏聚性和保水性却随之变差，当水灰比大于某一极限时，将产生严重的离析、泌水现象。因此，为了使混凝土拌和物能够密实成型，所采用的水灰比值不能过小；为了保证混凝土拌和物具有良好的黏聚性和保水性，所采用的水灰比值又不能过大。在实际工作中，为增加拌和物的流动性而增加用水量时，必须保证水灰比不变，同时增加水泥用量，否则将显著降低混凝土的质量，因此决不能以单纯改变用水量的办法来调整混凝土拌和物的流动性。

注:集浆比就是单位混凝土拌和物中，集料绝对体积与水泥浆绝对体积之比。

31. 砂率的大小对混凝土有何影响?

答:砂率的大小指混凝土中砂的质量占砂、石总质量的百分率。砂率表征混凝土拌和物中砂与石相对用量比例的组合。由于砂率变化，可导致集料的空隙率和总表面积的变化，因而混凝土拌和物的工作性亦随之产生变化。

当砂率过大时集料的空隙率和总表面积增大，在水泥浆用量一定的条件下，混凝土拌和物就显得干稠，流动性小。当砂率过小时，虽然集料的表面积减少，但由于砂浆量不足，不能在粗集料的周围形成足够的砂浆层来起润滑作用，因而使混凝土拌和物的流动性降低，更严重的是影响了混凝土拌和物的黏聚性与保水性，使拌和物显得粗涩、粗集料离析、水泥浆流失，甚至出现溃散等不良现象，因此在混凝土中应有一个合理的砂率值。

混凝土拌和物的合理砂率是指在用水量和水泥用量一定的情况下,能使混凝土拌和物获得最大的流动性,且能保持黏聚性和保水性能良好的砂率。

32. 如何确定混凝土的抗压强度?

答:依据我国标准,水泥混凝土抗压强度是以标准条件下制备的边长为15cm的立方体试件,3块为一组,在温度为20±2℃,相对湿度在95%以上的环境条件下,经养护28d后的试件破坏极限荷载。按下式计算抗压强度:

$$R_y = F/A$$

式中:R_y——混凝土抗压强度,MPa;

F——极限荷载,N;

A——受压面积,mm^2。

抗压强度的取值是以3个试件测值的算术平均值为测量值。如任一个测值与中值的差值超过中值的15%时,则取中值为测定值;如有两个测值与中值的差值均超过上述规定时,则该组试验无效。

另外,在试验中采用非标准试件时,其抗压强度值应乘以尺寸换算系数(见表10-20所示),并应在报告中注明。

试件尺寸换算系数 表10-20

试件尺寸(mm×mm×mm)	100×100×100	150×150×150	200×200×200
换算系数	0.95	1.00	1.05

33. 如何设计掺粉煤灰普通混凝土的配合比?

答:(1)计算试配强度。

$$R_h = R_s + 1.645\sigma_0$$

式中:R_h——混凝土的试配强度,MPa;

R_s——混凝土设计要求的强度,MPa;

σ_0——强度标准差,见表10-21。

标准差 σ_0 值 表10-21

混凝土强度等级	低于C20	C20~C35	高于C35
标准差(MPa)	4.0	5.0	6.0

(2)进行普通混凝土基准配合比计算。

其详细计算方法见《桥涵工程试验检测技术》。

(3)计算每立方米粉煤灰混凝土的水泥用量。

$$C=C_0(1-\beta_c)$$

式中:C_0——每立方米基准混凝土的水泥用量,kg;

β_c——粉煤灰取代水泥百分率,%,参见表10-22。

粉煤灰取代水泥百分率 表10-22

混凝土等级	普通硅酸盐水泥(%)	矿渣硅酸盐水泥(%)
C15以下	15~25	10~20
C20	10~15	10
C25~C30	15~20	10~15

注:①以42.5级水泥配制成的混凝土取表中下限值;以52.5级水泥配制的混凝土取上限值。

②C20以上的混凝土宜采用Ⅰ、Ⅱ级粉煤灰;C15以下的素混凝土可采用Ⅲ级粉煤灰。

(4)选取粉煤灰超量系数。

粉煤灰超量系数δ_c参照表10-23选择。

超 量 系 数 表10-23

项 次	粉煤灰级别	超量系数(δ_c)
1	Ⅰ	1.0~1.4
2	Ⅱ	1.2~1.7
3	Ⅲ	1.5~2.0

注:C25以上混凝土取下限,其他强度等级混凝土取上限。

(5)计算每立方米混凝土中粉煤灰掺入量。

$$f=\delta_c(C_0-C)$$

(6)计算每立方米混凝土中细集料用量。

$$S=S_0-(C/\rho_c+f/\rho_f-C_0/\rho_c)\rho_s$$

式中:S_0——每立方米基准混凝土的细集料用量,kg/m³;

ρ_s——细集料的表观密度,kg/m³;

ρ_c——水泥的密度,kg/m^3,一般取 2 900 ~ 3 100 kg/m^3;

ρ_f——粉煤灰密度,kg/m^3。

(7)确定粉煤灰混凝土用水量。

粉煤灰混凝土用水量按基准配合比的用水量取用。

(8)确定粉煤灰混凝土粗集料的用量。

粉煤灰混凝土粗集料的用量按基准配合比用量取用。

(9)试配和调整并确定施工配合比。

根据计算的粉煤灰混凝土配合比,按普通混凝土相同方法,通过试配,在保证设计所要求和易性的基础上,进行混凝土配合比的调整。根据调整后的配合比,提出现场施工用的粉煤灰混凝土配合比。

34. 钢纤维混凝土配合比设计的一般步骤是什么?

答:(1)根据强度标准值或设计值以及施工配制强度提高系数,确定试配抗压强度与抗拉强度或试配抗压强度与抗折强度。

(2)根据试配抗压强度计算水灰比,一般情况下其水灰比宜选用 0.45 ~ 0.50。

(3)根据试配抗拉强度或抗折强度,确定钢纤维体积率,不应小于 0.5%,一般为 1.0% ~1.5%。

(4)单位体积用水量根据施工所要求的稠度通过试验或经验确定。无资料时,可参照表 10-24 或表 10-25 试配。

半干硬性钢纤维混凝土单位体积用水量选用表 表 10-24

拌和料条件	维勃稠度(s)	单位体积用水量(kg)
ρ_f = 1.0% 碎石最大粒径 10 ~ 15mm W/C = 0.4 ~ 0.5 中砂	10	195
	15	182
	20	175
	25	170
	30	166

注:①碎石最大粒径为 20mm 时;单位体积用水量相应减少 5kg。

②粗集料为卵石时,单位体积用水量相应减少 10kg。

③钢纤维体积率每增减 0.5% 时,单位体积用水量相应增减 8kg。

④ρ_f—钢纤维体积率,W/C—水灰比。

塑性钢纤维混凝土单位体积用水量选用值　　表 10-25

拌和料条件	集料品种	集料最大粒径（mm）	单位体积用水量（kg）
$l_f/d_f=50$ $\rho_f=0.5\%$ 坍落度 = 20mm $W/C=0.5\sim0.6$ 中砂	碎石	10 ~ 15	235
		20	220
	卵石	10 ~ 15	225
		20	205

注：①坍落度变化范围为 10 ~ 50mm 时；每增减 10mm，单位体积用水量相应增减 7kg。

②钢纤维体积每增减 0.5% 时，单位体积用水量相应增减 8kg。

③钢纤维长径比 l_f/d_f 每增减 10 时，单位体积用水量相应增减 10kg。

④l_f—钢纤维长度，d_f—钢纤维直径或等效直径。

(5)通过试验和有关资料确定砂率。其参考值选用如表 10-26。

钢纤维混凝土砂率选用值（%）　　表 10-26

拌和料条件	最大粒径 20mm 的碎石	最大粒径 20mm 的卵石
$l_f/d_f=50$ $\rho_f=1.0\%$ $W/C=0.50$ 砂细度模数 = 3.0	50	45
l_f/d_f 增减 10 ρ_f 增减 0.5% W/C 增减 0.1 砂细度模数增减 0.1	±5	±3
	±3	±3
	±2	±2
	±1	±1

注：l_f—钢纤维长度；d_f—钢纤维直径或等效直径；ρ_f—钢纤维体积率；W/C—水灰比。

(6)按绝对体积法或假定质量密度法计算材料用量，确定试配配合比。

(7)按试配配合比进行拌和物性能试验，调整单位体积用水量和砂率，确定强度试验用基准配合比。

(8)根据试验结果调整水灰比和钢纤维体积率，确定施工配合比。

35. 如何测定拌和物钢纤维体积率？

答：(1)测定拌和物质量密度所用设备应符合下列规定。

①容量筒为金属制成的圆筒,两侧装有把手。对纤维长度不大于40mm的拌和物采用容积为5L的容量筒,其内径与筒高均为186mm±2mm,筒壁厚为3mm;纤维长度大于40mm时,容量筒的内径与筒高均应大于纤维长度的4倍。容量筒上缘及内壁应光滑平整,顶面与底面应平行并与圆柱体的轴线垂直。

②台秤:称量100g,感量50g。

③振动台:频率50Hz±3Hz,空载时的振幅为0.5mm±0.1mm。

④振槌:重量为1kg的木槌。

⑤称量钢纤维的托盘天平:称量2kg,感量2g。

(2)钢纤维体积率应测定两次,测定步骤如下。

①把容量筒内外擦净,称出筒重,精确至50g。

②当拌和物坍落度≤50mm时,宜一次将拌和物灌满容量筒,装料时用振槌稍加敲振。将装满拌和物的容量筒置于振动台上振实。振动过程中如拌和物沉落低于筒口,应随时添加,直至表面出浆。

当拌和物坍落度>50mm时,宜用振槌振实。其装料及振实过程为:5L容量筒按1/2高度分层装入拌和物,大于5L容量筒按100mm分层。振槌沿容量筒侧壁均匀敲振,每层30次。敲振完毕后,将直径16mm的钢棒垫在筒底,左右交替将容量筒颠击地面各15次。

③刮去多余的拌和物,填平表面凹陷部分。擦净容量筒外壁,称出钢纤维混凝土拌和物与容量筒总质量,精确至50g。

④倒出拌和物,边水洗边用磁铁搜集钢纤维。

⑤将搜集的钢纤维在105±5℃的温度下烘干至恒重,冷却至室温后称其质量,精确至2g。

(3)钢纤维体积率按下式计算:

$$V_{sf}=[m_{sf}/(\rho_{sf}V)]\times 100(\%)$$

式中:V_{sf}——钢纤维体积率,%;

m_{sf}——容量筒中钢纤维质量,g;

ρ_{sf}——钢纤维质量密度,kg/m^3;

V——容量筒容积,L。

(4)两次测定值的平均值即为钢纤维体积率。若测定值不符合下列条件,则试验结果无效。

$$V_{sf1}-V_{sf2}\leqslant 0.05V_{sfm}$$

式中：V_{sfm}——两次测定钢纤维体积率的平均值；

V_{sf1}、V_{sf2}——分别为两次测得的钢纤维体积率。

三、混凝土的拌制

36. 混凝土拌制时有哪些要求？

答：拌制混凝土时，应严格按以下要求进行。

(1)拌制混凝土配料时，机械设备的各种计量器要保持准确，在正式拌制前，要对拌和机械进行试拌，对计量装置进行测试。

(2)对集料的含水率应经常进行检测，雨天施工应增加测定次数，并根据所测数据调整现场拌和配比。

实验室最后确定的配合比是按绝干状态集料计算的。而施工现场砂、石材料为露天堆放，都有一定的含水率，所以，施工现场应根据现场砂、石的实际含水率的变化，将实验室配合比换算为施工配合比。其换算公式如下：

①水泥用量

$$m_c = m'_{cb}$$

式中：m_c——施工现场水泥用量，kg；

m'_{cb}——最终确定的试验室混凝土配合比水泥用量，kg。

②细集料用量

$$m_s = m'_{sb}(1 + a\%)$$

式中：m_s——施工现场确定的砂的用量，kg；

m'_{sb}——最终确定的试验室混凝土配合比砂用量，kg；

a——施工现场测定的砂的含水率，%。

③粗集料的用量

$$m_G = m'_{Gb}(1 + b\%)$$

式中：m_G——施工现场确定的石的用量，kg。

m'_{Gb}——最终确定的试验室混凝土配合比石用量，kg；

b——施工现场测定的石的含水率，%。

④拌和水用量

$$m_w = m'_w - (m'_{sb}a\% + m'_{Gb}b\%)$$

式中：m_w——施工配合比用水量，kg；

m'_w——最终确定的试验室混凝土配合比水用量，kg。

⑤施工配合比:1:X(细集料):Y(粗集料)=1:(m_s/m_c):(m_G/m_c)

$$W/C = m_w/m_c$$

(3)放入拌和机内的第一盘混凝土材料应有适量的水泥、砂和水,以覆盖拌和筒的内壁而不降低拌和物所需的含浆量。

(4)混凝土应使用机械搅拌,零星工程的塑性混凝土也可用人工拌和。人工拌和混凝土须在铁板上进行。大型结构物混凝土应使用卧轴式、行星式或逆流式带有自动计量装置的搅拌机械。

(5)对于施工现场集中搅拌的混凝土,应检查混凝土拌和物的均匀性。

①外观上混凝土拌和物应拌和均匀,颜色一致,不得有离析和泌水现象。

②混凝土拌和物均匀性的检测方法应按国家标准《混凝土搅拌机技术条件》(GB 9142)的规定进行。

③检查混凝土拌和物均匀性时,应在搅拌机的卸料过程中,从卸料流的1/4~3/4之间部位上采取试样,进行试验,其检测结果应符合下列规定:

混凝土中砂浆密度两次测值的相对误差不应大于0.8%;

单位体积混凝土中粗集料含量两次测值的相对误差不应大于5%。

(6)混凝土拌制完成后,应在现场及时检查拌和物坍落度,每一工作班或每一单元结构物不应少于两次,评定时应以浇筑地点的测值为准。若混凝土拌和物从搅拌机出料起至浇筑入模的时间不超过15min时,其坍落度可仅在搅拌地点取样检测。在检测坍落度的同时,还应观察混凝土拌和物的粘聚性和保水性。

(7)掺用高效减水剂或速凝剂且混凝土运距较远时,可运至浇筑地点再掺入重拌。

37. 混凝土的配料数量的允许偏差是如何规定的?

答:由于混凝土配料数量的出入控制着混凝土的质量,所以必须对其严格控制,具体规定见表10-27所示。

配料数量允许偏差(以质量计) 表10-27

材料类别	允许偏差(%)	
	现场拌制	预制场或集中搅拌站拌制
水泥、干燥状态的掺和料	±2	±1
粗、细集料	±3	±2
水、外加剂	±2	±1

38. 用机械拌和时，混凝土最短搅拌时间是如何规定的？

答：用机械拌和时，自全部材料装入搅拌筒至开始出料的最短搅拌时间应按设备说明书的规定，并经试验确定，但不能低于表10-28中的规定。

混凝土最短搅拌时间　　表10-28

搅拌机类别	搅拌机容量(L)	混凝土坍落度(mm)		
		<30	30~70	>70
		混凝土最短搅拌时间(min)		
自落式	≤400	2.0	1.5	1.0
	≤800	2.5	2.0	1.5
	≤1 200	—	2.5	1.5
强制式	≤400	1.5	1.0	1.0
	≤1 500	2.5	1.5	1.5

注：①搅拌细砂混凝土或掺有外加剂的混凝土时，搅拌时间应适当延长1~2min。

②外加剂应先调成适当的溶液再掺入。

③搅拌机装料数量（装入粗集料、细集料、水泥等松体积的总数）不应大于搅拌机标定容量的110%。

④搅拌时间不宜过长，每一工作班至少应抽查两次。

⑤表中所列时间为从搅拌加水开始。

⑥当采用其他形式的搅拌设备时，搅拌的最短时间应按设备说明书的规定或经试验确定。

39. 混凝土力学性能试验试件制作有何要求？

答：混凝土力学性能试验的试件制作，应符合以下要求。

(1)混凝土力学性能试验应以3个试件为一组，每组试件所用的混凝土拌和物应按不同要求从同一盘或同一车或在试验室用人工或机械单独拌制。用以检验现浇混凝土及预制构件拌和物质量的取样原则及试件分组，应按现行《公路工程水泥及水泥混凝土试验规程》(JTG E30—2005)及其他相关规定执行。

(2)试验室拌制混凝土制作试件时，其材料用量（以质量计）的精度应满足：水泥、水、外加剂均为±0.5%；集料为±1%。

(3)试件应在取样后立即制作，试件的成型方法应根据混凝土的稠度而定。

①坍落度不大于70mm的混凝土,宜采用振动台振实。

②坍落度大于70mm的混凝土,试件宜采用捣棒人工捣实,一般试块分层装满,每层捣25次。

(4)制作试件用的试模由铸铁或钢制成,并应具有足够的刚度,拆装方便。试模的内表面应加工平整,其平整度误差:每100mm不超过0.05mm。组装后各相邻面的不垂直度不应超过±0.5°。制作试件前应将试模内表面擦干净并涂一层矿物油脂或其他脱模剂。

(5)采用振动平台成型时,应将混凝土拌和物一次装入试模,装料时应用抹刀沿试模内壁略加插捣并使混凝土拌和物高出试模上口。振动应持续到混凝土表面出浆为止,刮出多余的混凝土,并用抹刀抹平。振动时应注意防止试模在振动台上自由跳动。试验室用振动台的振动频率为(50±3)Hz,空载时振幅约为0.5mm。

(6)人工插捣时,插捣用的钢制捣棒长为600mm,直径为16mm,端部应磨圆。插捣应按螺旋方向从边缘向中心均匀进行,插捣底层时,捣棒应达到试模底面,插捣上层时,捣棒应插入下层深度20~30mm,在插捣过程中,捣棒应保持垂直。插捣完成后,还应用抹刀沿试模内壁插入数次。刮出多余的混凝土,并抹平。

40.工程制作混凝土试件应如何进行养生?

答:(1)根据试验目的试件养生可分为:标准养生及和构件同条件养护。确定混凝土特征值、强度或进行材料性能研究时采用标准养护,试件一般养护到28d龄期进行试验,但也可按工程要求(如需确定拆模、起吊、施加预应力等)养护到所需龄期。一般对于有工程要求的,最好采用同等条件养护,才能确保结构物安全。

(2)采用标准养护的试件成型后,应覆盖表面,以防止水分蒸发,并应在温度为(20±5)℃、相对湿度大于50%的情况下静置1~2昼夜,然后编号拆模。试件拆模后立即放在温度为(20±2)℃、湿度为95%以上的标准养护室中养护。在标准养护室内试件应放在架上,彼此间隔为10~20mm,并避免用水直接冲淋试件。在无标准养护时,混凝土试件应在温度为(20±2)℃的不流动的$Ca(OH)_2$饱和溶液中。

同等条件养护的试件成型后,应覆盖表面。试件的拆模时间可与实际构件的拆模时间相同,拆模后,试件仍需保持同条件养护。

41. 钢纤维混凝土在拌和时，应注意哪些事项？

答：(1)为防止钢纤维混凝土在拌和时纤维结团，在施工时每拌一次的搅拌量不宜大于搅拌机额定搅拌量的80%。

(2)采用滚动式搅拌机拌和，在搅拌混凝土过程中必须保证钢纤维均匀分布。

(3)为保证混凝土混合料的搅拌质量，应采用先干后湿的拌和工艺。其加料顺序及拌和时间宜为：粗集料→钢纤维(干拌1min)→细集料→水泥(干拌1min)，其中钢纤维在拌和时，应分3次加入搅拌机中，边拌边加入钢纤维，再倒入黄砂、水泥，待全部料投入后，重拌2～3min，最后加足水湿拌1min。

(4)为防止搅拌引起湿纤维结团，总搅拌时间不宜超过6min。

(5)一旦发现纤维结团，就必须清除，以免影响纤维混凝土的质量。

四、混凝土的运输

42. 混凝土运输时应注意哪些问题？

答：(1)混凝土的运输能力应适应混凝土凝结速度和浇筑速度的需要，使浇筑工作不间断并使混凝土运到浇筑地点时仍能保持均匀性和规定的坍落度。

(2)当混凝土拌和物运距较近时，可采用无搅拌器的运输工具运输；当混凝土拌和物运距较远时，宜采用搅拌运输车运输，且运输时间不宜超过表10-29中的规定。

混凝土拌和物运输时间限制　　表10-29

气　温(℃)	无搅拌设施运输(min)	有搅拌设施运输(min)
20～30	30	60
10～19	45	75
5～9	60	90

注：①表中所列时间系指从加水搅拌至入模时间。

②掺用外加剂或采用快硬水泥拌制混凝土时，应通过试验查明所配制混凝土的凝结时间后，确定运输时间限制。

③空气干燥、气温高的情况下，运输时间要具体分析。

(3)用无搅拌运输工具运送混凝土时,应采用不漏浆、不吸水、有顶盖且能直接将混凝土倾入浇筑位置的设备。

(4)用搅拌运输车运输已拌成的混凝土时,途中应以2~4r/min的速度进行搅动,混凝土的装载量约为搅拌筒几何容量的2/3。

(5)混凝土运至浇筑地点后发生离析、严重泌水或坍落度不符合要求时,应进行第二次搅拌。二次搅拌时不得任意加水,确有必要时,可同时加水和水泥以保持水灰比不变。如二次搅拌仍不符合要求,则不得使用。

(6)混凝土运输过程中,要避免对环境产生不良影响,应根据现场情况制定防遗漏措施。

(7)泵送混凝土施工时,应根据机械的实际能力及工程现状制订配套方案。泵送间歇时间不宜超过15min。其计算方法如下:

①混凝土搅拌机需用量

$$N = V/\{[60/(t_1+t_2)]qkk_{\mathrm{B}}T\}$$

式中:N——混凝土搅拌机需要台数;

V——每班混凝土需要总量,m^3/台班;

q——混凝土搅拌机容量,m^3;

t_1——搅拌机每拌混凝土的搅拌时间,min;

t_2——搅拌机每拌混凝土的出料时间,min;

k——搅拌机容量利用系数,取0.9;

k_{B}——工作时间利用系数,取0.9;

T——每班工作时间,一般取7~8h。

②混凝土输送泵车的数量

$$N' = q_{\mathrm{n}}/(q_{\max}\eta)$$

式中:q_{n}——混凝土浇筑量,m^3/h;

$q_{\max}$——混凝土输送泵车最大排量,m^3/h;

η——泵车作业效率,一般取0.5~0.7。

③每台混凝土输送泵车需配备混凝土搅拌运输车台数

$$n_1 = [q_{\mathrm{n}}/(60Q)(60L/v+t)$$

式中:q_{n}——泵车计划排量,m^3/h;

$$q_{\mathrm{n}} = q_{\max}\eta \cdot a$$

Q——混凝土搅拌运输车容量，m^3；

v——搅拌运输车车速，km/h；一般取30km/h；

L——搅拌站到施工现场往返距离，km；

t——由客观原因造成的停车时间，min，一个运输周期总停车时间包括装料、卸料、停歇、冲洗等；

a——配管条件系数，取0.8～0.9。

43. 采用带式运输机运送混凝土应符合哪些规定？

答：(1)传送带的倾斜度不应超过表10-30中的规定。

传送带的最大倾斜角度 表10-30

混凝土坍落度（mm）	最大倾斜角度(°)	
	向上传送	向下传送
<40	18	12
40～80	15	10

(2)混凝土卸于传送带上和由传送带卸下时，应通过漏斗等设施，保持垂直下料。

(3)传送带上应设置刮刀等清理设备。

(4)传送带运转速度不应超过1.2m/s。

(5)做配合比设计时，应考虑有2%～3%的砂浆损失。

(6)带式运输机必须空载起动，先开车，后上料。

44. 如何布置泵送作业区？

答：泵送作业区可按以下要求布置。

(1)泵的位置要与浇筑现场保持一定的距离；为了方便，尽量采用一次性定位，并保持水平距离为泵送高度的30%，也可根据泵的种类选择更远的水平距离。

(2)泵的周围要有一定的空间，便于混凝土输送车行驶。

(3)泵的位置要尽量靠近变电所，以减小电压损失，便于电机启动。

(4)泵送作业区要有较宽的视野范围。

(5)泵的放置要选择一块平坦的地面，长期固定使用要浇一块混凝土地坪。

泵的放置要调平,出料口要水平。

(6)当采用现场拌和时,周围要有料场布设,泵的位置应使拌和站出料可行。

45. 如何计算混凝土泵车的输送配管?

答:(1)混凝土泵车的最大水平输送距离 L_{max} 可由试验确定或由下式确定:

$$L_{max} = p_{max}/\Delta p_{H}$$

式中:L_{max}——混凝土泵车最大水平输送距离,m;

p_{max}——混凝土泵产生的最大混凝土压力(可从说明书中的技术性能表中查到),Pa;

Δp_{H}——混凝土在水平输送管内流动产生的压力损失,Pa/m;而

$$\Delta p_{H} = (2/r)[k_1 + k_2(1 + t_1/t_2)v_0]a_0$$

式中:r——混凝土输送管半径,m;

t_1/t_2——分配阀切换时间与活塞推压混凝土之比,一般取0.3;

v_0——混凝土拌和物在输送管内的平均流速,m/s;

a_0——径向压力与轴向压力之比,对普通混凝土取0.9;

k_1——粘着系数,Pa;$k_1 = (3.0 - 0.01s) \times 10^2$;

k_2——速度系数,Pa/m/s,$k_2 = (4.0 - 0.01s) \times 10^2$;

s——混凝土坍落度,cm。

(2)配管的水平换算长度

$$L = (L_1 + L_2 + \cdots) + k(h_1 + h_2 + \cdots) + f \cdot m + bn_1 + tn_2$$

式中:L_1、L_2——水平配管长度,m;

h_1、h_2——垂直配管长度,m;

m——软管根数,根;

n_1——弯管个数,个;

n_2——变径管个数,个;

k、f、b、t——分别为每米垂直管及每根软管、弯管、变径管的换算长度,见表10-31。

各种配管与水平管换算表　　表10-31

项　目	管型规格		换算成水平管长度(m)
向上垂直管 k(每1m)	管径100mm(4″)		3
	管径125mm(5″)		4
	管径150mm(6″)		5
软管 f	每5~8m长的一根		20
弯管 b(每1个)	曲率	90°	12
	半径	45°	6
	$R=0.5$m	30°	4
		15°	2
	曲率	90°	9
	半径	45°	4.5
	$R=1.0$m	30°	3
		15°	1.5
变径管 t(锥形管)(每1根)	管径175→150mm		4
	管径150→125mm		8
	管径125→100mm		16

注:①本表的条件是输送混凝土水泥用量在300kg/m以上,坍落度21cm,当坍落度小时,换算率应适当增加。

②向下垂直管,其水平换算长度等于其自身长度。

③斜向配管时,根据其水平及垂直投影长度,分别按水平、垂直配管计算。

知道了配管的情况后,就可根据上面两式进行计算,计算时应注意垂直换算长度应小于0.8倍泵车的最大输送距离。当计算结果 $L<L_{max}$ 时,符合要求。

46.高墩身施工泵送混凝土输送管布设应注意哪些问题?

答:在高墩身混凝土浇筑中,布管是一道很关键的工序,它不仅会直接影响到泵的性能发挥,还会对混凝土输送管道的磨损速度、泵的使用寿命和安全操作有很大影响。通过工程实践,在高墩身施工泵送混凝土输送管布设时,应注意以下几个方面的问题:

(1)水平输送管道,由于长时间的输送混凝土,贴地面部分管壁厚度会变薄,特别是位于拖泵出料口附近(30m以内)的高压泵管管壁会达到规定极限(4mm),为了避免给泵送过程中带来不必要的麻烦,要注意将泵管经常转一个位置或移到垂直部分使用(输送混凝土量约9 000m^3)。

(2)在泵的出口处一定要加设管道固定设施,并经常紧固,这样可减小来自泵源的振动。

在垂直管与水平管相连的弯管上,为增加弯管的承载力,避免弯管在作业过程中被折断,一定要加设混凝土墩。

(3)垂直管道与水平管道都要加设固定卡带,并与建筑体或临时固定设施相连,这样混凝土在管道中运行时产生的振动会被建筑体吸收,从而减小了管道振动。固定卡间距以水平向每三节泵管设一个为宜,竖直方向一般固定于墩身,以6m间距为宜。垂直方向固定卡一般埋于墩身中,预埋件采用大于10mm的钢板,若钢板太薄,在泵管的振动下容易发生变形,先隆起,继而从混凝土中脱出。

(4)水平泵管要注意把墩身下的泵管架高,高度大于拖泵的位置,这样,在洗管时反泵可以彻底清除泵管内的"残余"。

(5)在泵送时,如果停泵时间过长,重新泵送时应先反泵几次,然后正泵,以免裙阀里的混凝土砂浆会被反压到料斗里,从而使裙阀里砂浆含量过低,导致堵管现象。

47. 如何评价混凝土的可泵性?

答:泵送混凝土具有施工速度快、质量高、占地少等特点,特别适合于高层建筑及大体积混凝土工程。但可泵性(即混凝土泵送性能好坏)直接影响泵送施工的效率乃至成功与否。一般采用泵送力、实际泵送管路阻力来评价可泵性。对一般高强混凝土,由于其润滑层厚度小,造成泵压增大。泵压取决于混凝土的流动性和稳定性,评价流动性的指标一般采用混凝土坍落度,评价稳定性的指标一般采用压力泌水。若坍落度≥16cm时,压力泌水总量为70~130mL,则可泵性好;若坍落度≤10cm时,压力泌水总量小于40mL或大于130mL,则不可泵;若坍落度为10~16cm时,压力泌水总量为40~70mL,则可泵性为中等。泵送混凝土的可泵性评价,除了混凝土的可泵性指标外,还必须要考虑泵送设备本身的能力、泵管布置、泵机操作的熟练程度。

48. 混凝土泵送作业时,应注意哪些事项?

答:(1)泵送操作人员应选择有一定操作经验、责任心强的人来担任,以免影响泵的性能发挥。

(2)每次开始作业前,应先泵送一部分水泥砂浆,以润滑管道,每次增加管道也应润滑后再连接。

(3)发现堵管时,气压泵可停机后迅速开气,进行一次冲击,一般即可排除堵塞。

(4)当液压泵的球阀卡料时,液压连续动作停止,油压上升到最大值,此时可操作手动换向阀于右位,使泵送管中吸料变为向料斗内排料,如此重复几次即可排除卡料。如不能排除时,需停机用人工排除。

(5)泵送作业时,一定要控制混凝土的下料口位置,下料口不要离料斗太高。高压泵送时,最好制作一个过渡槽,使混凝土经滑槽进入料斗。

(6)混凝土在卸料过程中,要沿着滑道平滑地流动,尽量不要间断。混凝土入料斗时,一定要从料斗的正中位置进入,这样使混凝土输送缸内集料的含量相同,保持泵送过程中压力值稳定。

(7)泵送时要连续进行,尽量减少停泵次数,缩短泵送时间。如果停泵时间过长,重新泵送时,应先反泵几次,然后再正泵。

(8)在泵送过程中,受料斗内应具有足够的混凝土,以防止吸入空气产生阻塞。

(9)泵送作业时,操作人员应时刻注意仪表。

(10)泵送一定数量的混凝土后,应转动混凝土输送管,使下部位置不断变换,避免管的下部磨损过大造成危险。

(11)泵送结束时,先将混凝土管道截止阀关闭,清理料斗内混凝土,然后,加水清活塞,进行一次泵行,再打开截止阀即可将管道中的混凝土用水清洗干净。

(12)高压泵送混凝土时,混凝土在输送管道中压力很大,若不采取安全保证措施,可能会导致不必要的事故,所以应采取以下安全防范保护措施:

①对水平铺设的管道,在管道两侧应加设保护钢板。

②定期、定量检查各管道连接处及固定处的情况,以便及时发现问题并及时处理。

③高压泵上应设接地装置。

④操作人员穿戴安全防护设施。

五、混凝土的浇筑

49. 混凝土浇筑有哪些技术要求?

答:(1)浇筑混凝土前,应对支架、模板、钢筋和预埋件进行检查,并做好记录,符合设计要求后,应对模板内积水、杂物和钢筋上的污垢进行清理,检查混凝土的均匀性和坍落度,合格后开始浇筑混凝土。对设置的位移观测点进行测量。

(2)浇筑过程中,严防混凝土离析。处理离析的方法:要远距离运输的混凝土采用搅拌车运送;混凝土垂直下料过高使用串筒或溜槽等辅助设施。

(3)浇筑应按一定的厚度、顺序和方向分层浇筑,应在下层混凝土初凝前完成上层浇筑。上下层同时浇筑时,上层与下层前后浇筑距离应保持1.5m以上。在倾斜面上浇筑混凝土时,应从低处开始逐层扩展升高,保持水平分层。其分层浇筑厚度不宜超过有关规定。

(4)浇筑混凝土时,除少量塑性混凝土用人工捣实外,宜采用振动器振实。

(5)混凝土浇筑应连续进行,若必须间断时,其间断时间应小于前层混凝土的初凝时间或能重塑的时间。当混凝土超过下列规定时间时,应设施工缝:混凝土强度等级≤C30,气温低于25℃时,间断时间大于210min;气温高于25℃时,间断时间大于180min;混凝土强度等级>C30,气温≤25℃时,间断时间大于180min;气温>25℃时,间断时间大于150min。

(6)施工缝设置应在混凝土浇筑前确定,宜留在结构受剪力和弯矩较小且便于施工的部位。

(7)在浇筑过程中或浇筑完成时,若混凝土表面泌水较多,须在不扰动已浇混凝土的条件下,采取措施将水排除。继续浇筑时,应查明原因,采取措施,减少泌水。

(8)结构混凝土浇筑完成后,对混凝土裸露面应及时进行修整、抹平,待定浆后再抹第二次并压光或拉毛。当裸露面较大或气候不良时,应加盖防护,但在开始养生前,覆盖物不得接触混凝土面。

(9)在相对湿度较小、风速较大时,应采取措施避免混凝土内表水分过快蒸发。

(10)浇筑混凝土期间,应设专人检查支架、模板、钢筋、预埋件等稳固情况,当发现有松动、变形、移位时,应及时处理。

(11)浇筑混凝土时,应填写混凝土施工记录。

(12)钢筋保护层厚度不小于规定值。

50.浇筑混凝土时,为防止混凝土自高而下发生离析,应采取什么措施?

答:浇筑混凝土时,为防止混凝土自高而下发生离析,应尽量使混凝土的自由倾落高度控制在2m以内,对于高度不能直接控制在2m以内卸落的混凝土,如大体积承台工程、大型现浇箱梁、现浇墩柱等，通常采用串筒、溜槽、振动溜管等设施辅助下落。

串筒一般由薄铁皮卷制而成，每节长约70～75cm，上口直径约25～30cm，下口直径约20～25cm，各筒节之间用钩环连接，根据浇筑高度，可随时接长或卸除。当混凝土下降高度较大、串筒较长时，宜在管筒内设缓冲挡板，并宜在适当间隔的管筒上安设附着式振动器，以减缓混凝土的下降速度和防止水泥砂浆黏结在管壁上。当浇筑范围较大时，由于漏斗的移动较困难，串筒下部可沿周圈拉移，但拉移距离不宜超过1.5～2.0m，且串筒下部至少有两节筒节应保持垂直。

溜槽多用于大体积混凝土浇筑，由木板制成凹形槽后表面贴铁皮而成。溜槽的坡度以使混凝土能自然下溜为宜。当混凝土浇筑面较大时，应按实际情况多设置几组溜槽。

对于高性能混凝土而言，自由下落距离可以加大到4m，实践证明无离析发生。

51. 混凝土浇筑的分层厚度是如何规定的？

答：混凝土浇筑的分层厚度可参考表10-32中的规定。

混凝土分层浇筑厚度　　　　表10-32

捣实方法		浇筑层厚度(mm)
用插入式振动器		300
用附着式振动器		300
用表面振动器	无筋或配筋稀疏时	250
	配筋较密时	150

52. 使用振动器时应注意哪些事项？

答：1）插入式振捣器

（1）使用插入式振动器时，水平移动间距不应超过振动器作用半径的1.5倍；与侧模应保持50～100mm的距离。振捣器的作用半径可按产品说明书确定，或根据混凝土的流动性、工程结构的形状、钢筋的稀密程度等情况，经试验确定。一般情况下，振捣半径约为振捣棒半径的8～9倍。

(2)插入式振动器的振动深度,一般不应超过振动棒长的2/3~3/4倍。分层浇筑时,应插入下层混凝土50~100mm;每一处振动完毕后,应边振动边徐徐提出振动棒;应避免振动棒碰撞模板、钢筋及其他预埋件。

(3)插入式振动器在每一振动位置的振动时间不可过短或过长,过长则混凝土产生离析,过短则混凝土捣振不密实。一般情况下,振动适宜时间为20~30s,无论何种情况,振动时间绝不允许少于10s。适宜的振动时间可通过下列现象来判断:混凝土停止下沉;不再有大量气泡冒出;表面呈现平坦、泛浆。

(4)插入式振动器振捣棒不可强行穿过钢筋,以防其穿过后被钢筋卡住而不能拔出;软管弯曲半径不宜小于50cm,且不宜多于两个弯,以防损坏软轴。不可将振动器松开让其自由振动,以防底板出现花痕及振动棒被底板钢筋卡住。

2)附着式振动器

(1)对于宽度大于30cm的混凝土结构(T梁、工字梁等),应在两侧按设计要求安装振动器,同时进行振动。

(2)安装附着式振动器的模板宜采用钢模板,并须牢固、整体性强。

(3)模板上安装附着式振动器的间距及振动时间,应根据不同的结构、混凝土状况及振动器功率性能,通过试验确定。根据经验,一般情况其间距可按1.0~1.5m布设,而且应上下错开呈梅花形。每处振动时间,应以振到混凝土成一水平面且不再出现气泡时为止。

(4)对于附着式振动器,须待混凝土浇筑到高于振动器位置时,再开机振动;当结构断面较窄、钢筋较密、混凝土不易分布时,可多设浇筑点,多安装振动器,边浇筑,边振动。

3)平板式振动器

使用平板式振动器时应做到:振动深度一般不大于25cm,当钢筋混凝土板为双层配筋时,板厚不宜超过12cm;应有计划、有顺序地进行振动,移动间隔以底板能覆盖已振动完成部位5cm以上为宜;每一振动的延续时间,以混凝土表面均匀出现浆液为准,不宜欠振或过振,一般约25~40s;在倾斜面上振动时,应由低向高处逐步进行;不应使振动器在硬地面上或硬物上运转;平板振动器的底板尺寸必须使振动器能浮在混凝土表面上,其计算公式为

$$V = G/\rho$$

式中:V——振动器底板所挤出混凝土的体积,m^3;

G——振动器总质量(包括底板),kg;

ρ——混凝土的密度,kg/m^3。

53. 如何计算插入式振动器生产率？

答:插入式振动器生产率的计算公式为：

$$Q = 2 \times k \times R^2 \times h \times [3\,600/(t + t_1)]$$

式中：Q——插入式振动器的生产率，m^3/h；

R——振动器作用半径，m；

h——振动棒插入深度，m；

t——一个振动点振动连续耗用时间，s；

t_1——振动器从一个振动点移至另一个振动点所需时间，s；

k——振动器的利用率，可根据生产情况确定，一般可近视地采用0.8～0.85。

该公式的计算数值仅为参考值，希广大实施者在实践中给予完善、修正。

54. 平板式振动器生产率的计算公式是什么？

答:平板式振动器生产率的计算公式为：

$$Q = k \times F \times h \times [3\,600/(t + t_1)]$$

式中：Q——平板式振动器的生产率，m^3/h；

F——振动器底板面积，m^2；

h——振动层厚度，m；

t——一个振动点振动连续耗用时间，s；

t_1——振动器从一个振动点移至另一个振动点所需时间，s；

k——振动器的利用率；根据生产情况确定，一般可近视地采用0.8～0.85。

55. 在混凝土浇筑施工中，如何处理施工缝的连接？

答:在混凝土浇筑施工中，可从以下几方面处理施工缝的连接。

(1)应凿除处理层混凝土表面的水泥砂浆和松弱层：用水冲洗凿毛时，其强度应达到0.5MPa；人工凿除时，其强度应达到2.5MPa；风镐凿毛时，其强度应达到10MPa。

(2)经凿毛后的混凝土面应用水冲洗干净，在浇筑下层混凝土前，对垂直缝宜刷一层水泥净浆，对水平缝宜铺一层厚10～20mm的1∶2的水泥砂浆，或铺一层厚约300mm的混凝土,其粗集料宜比原混凝土减少10%。

(3)重要部位及有防震要求的混凝土结构,应按设计要求办理,若设计无规定,则应在施工缝处补插锚固钢筋或石榫或预留凹槽;有抗渗要求的施工缝,宜做成凹形、凸形或设置止水带,对实施方案必须报设计单位认可。

(4)施工缝为斜面时,应浇筑成或凿成台阶状。

(5)施工缝处理层强度应达到:①一般混凝土为1.2MPa;②钢筋混凝土为2.5MPa时才能浇筑下一层混凝土。

(6)继续浇筑混凝土时,必须用振动器振捣密实,防止在接缝处出现蜂窝或胶结料不足,影响新旧混凝土的黏结。

56.如何进行泵送混凝土的压力泌水试验?

答:泵送混凝土的压力泌水试验采用混凝土压力泌水仪。将混凝土拌和物装入试料筒内,用捣棒由外围向中心均匀插捣25次,将仪器按规定安装完毕。称取混凝土质量G_0,尽快给混凝土加压至3.5MPa,立即打开泌水管阀门,同时开始计时,并保持恒压,泌出的水接入1000mL量筒内,加压10s后读取泌水量V_{10},加压140s后读取泌水量V_{140}。根据以上数据,可求得相对泌水率:

$$S_{10}=V_{10}/V_{140}$$

式中:S_{10}——混凝土加压至10s时的相对泌水率;

V_{10}——混凝土加压至10s时的泌水量,mL;

V_{140}——混凝土加压至140s时的泌水量,mL。

取三次试验结果的平均值作为混凝土加压至10s时的相对压力泌水率,精确到1%。

57.混凝土产生干缩裂缝的主要原因是什么?如何防止干缩裂纹?

答:混凝土浇筑成型后水泥硬化时,需要一定的水分。一般在混凝土浇筑完成后立即全封闭的状况下,按配合比所加的水分数量足够满足水泥硬化需要,但实际上,当混凝土浇筑完成后,会有一段时间完全暴露在空气中,天然空气中一般湿度较低,远远不能满足混凝土中水分蒸发的补充量,如不能及时补给水,则混凝土就会因干燥而产生收缩裂纹,甚至使混凝土的硬化停滞。

为避免或减少干缩裂纹的出现,应在配制混凝土时,做到配合比合理,在满足强度的情况下,尽量使水泥用量减到最低;在混凝土振捣时要密实;浇筑时要减少运距,避免高温浇筑;浇筑完成后,要及时养生,及时补充水分,使混凝土经常保持湿润状态;养护期间,防止振动,负荷等。

58. 混凝土达到0.5MPa及1.2MPa强度所需时间(未掺外加剂)参考值是多少?

答:混凝土达到0.5MPa及1.2MPa强度所需时间(未掺外加剂)的规定可参考表10-33所示。

混凝土达到0.5MPa及1.2MPa强度所需时间　　表10-33

<table>
<tr><td rowspan="4">混凝土达到0.5MPa强度所需时间(h)</td><td rowspan="2">混凝土强度等级</td><td colspan="12">平均气温(℃)</td></tr>
<tr><td colspan="4">5~15</td><td colspan="4">16~20</td><td colspan="4">21~30</td></tr>
<tr><td>30</td><td colspan="4">10</td><td colspan="4">7</td><td colspan="4">4</td></tr>
<tr><td>15~20</td><td colspan="4">11</td><td colspan="4">8</td><td colspan="4">5</td></tr>
<tr><td rowspan="4">混凝土达到1.2MPa强度所需时间(d)</td><td rowspan="2">水泥品种及强度等级</td><td colspan="12">平均气温(℃)</td></tr>
<tr><td colspan="3">≤5</td><td colspan="3">≤10</td><td colspan="3">≤15</td><td colspan="3">>15</td></tr>
<tr><td>硅酸盐水泥及强度等级≥32.5的普通水泥</td><td colspan="3">2.5</td><td colspan="3">2.0</td><td colspan="3">1.5</td><td colspan="3">1.0</td></tr>
<tr><td>矿渣水泥、火山灰水泥、粉煤灰水泥及强度等级<32.5的普通水泥</td><td colspan="3">4.0</td><td colspan="3">3.0</td><td colspan="3">2.0</td><td colspan="3">1.5</td></tr>
</table>

59. 结构混凝土的缺陷主要有哪些? 其原因及防治措施是什么?

答:在结构物的生产、运输及浇筑过程中,经常会造成一些缺陷及损伤,主要种类如表10-34所列。

结构混凝土缺陷及防治措施　　表10-34

序号	缺陷种类	产生原因	防治措施
1	结构物内部空洞、不密实、蜂窝、保护层不足、钢筋外露等;表面蜂窝、麻面	振捣不足;钢筋分布过密而最大粒径集料选择不当;模板漏浆;保护层垫块设置不当或漏设;钢筋制作不符合设计要求	加强振捣;合理选择粗集料;浇筑混凝土前严格检查模板及保护层厚度;浇筑中严密观察模板接缝,有漏浆现象应立即封堵;严把钢筋制作关
2	非外力作用形成的裂缝	大体积混凝土中因水泥水化热积蓄过多,在凝固及散热过程中的不均匀收缩而造成的温度裂缝;混凝土干缩及碳化收缩所造成的裂缝	加强温控;设计合理的低水化热配合比;控制水泥用量,加强养护工作。对结构有影响的裂缝要采用环氧树脂合成材料补救

续上表

序号	缺陷种类	产生原因	防治措施
3	由表及里的层状疏松	长期处于腐蚀介质中;处在冻融环境中	严格控制材料的含腐物质,采用抗腐、抗冻水泥,对已成型结构采取相应措施防护
4	外力作用产生的裂缝	龄期不足即行吊装、拆架;结构还没达到跑车要求即行走载重车等	严格控制预制混凝土构件龄期,现浇构件拆模时间;加强现场文明施工管理,采用相应措施补救

60. 目前混凝土缺陷无损检测技术分哪几类?

答:混凝土缺陷无损检测技术可分超声脉冲法和射线法两大类。射线法因穿透能力有限及操作中需要解决人体防护等问题,在我国很少采用,一般只在遇声波无法进一步判定时采用;而超声脉冲波的穿透能力较强,并且超声检测设备较简单,操作较方便,被广泛应用于结构混凝土检测。

超声波检测结构混凝土缺陷的基本原理是利用脉冲波在技术条件相同(指混凝土的原材料、配合比、龄期和测试距离一致)的混凝土中传播的时间,接收波的振幅、频率和波形等声学参数的相对变化,来判定混凝土的缺陷,如匀质性、密实性、内部孔洞的大小和范围、表面裂缝深度和施工缝的质量等。

61. 超声波检测混凝土结构的方法有哪些?

答:一般根据被测结构构件的形状、尺寸及所处环境,确定具体测试方法。常用的方法分以下几种。

(1)平面测试

①直穿法:一对发射和接收换能器,分别置于被测结构相互平行的两个表面,且两个换能器的轴线位于同一直线上。

②斜穿法:一对发射和接收换能器,分别置于被测结构的两个表面,但两个换能器的轴线不在同一直线上。

③单面平测法:一对发射和接收换能器置于被测结构同一个表面上进行测试。

(2)钻孔测试

①孔中对测:一对径向振动式换能器分别置于两个对应的钻孔中,位于同一

高度进行测试。

②孔中斜测：一对径向振动式换能器分别置于两个对应的钻孔中，但不在同一高度而是在保持一定高差的条件下进行测试。

③孔中平测：一对径向换能器置于同一钻孔中，以一定高程差同步移动进行测试。

62. 用超声波检测混凝土结合面质量应注意哪些问题？

答：混凝土结合面是指前后两次浇筑间隔时间大于3h的混凝土之间所形成的接触面。用超声波检测混凝土结合面质量时应注意以下几点。

(1)测试前应查明结合面的位置及走向，以正确确定被测部位及布置测点。

(2)结构的被测部位应具有使声波垂直或斜穿结合面的一对平行测试面。

(3)所布置的测点应避开平行声波传播方向的主钢筋和预埋铁件。

(4)当采用斜测法布点时，应注意：

①使测试范围覆盖全部结合面或有怀疑的部位。

②各对发射与接收换能器连线的倾斜角及测距应相等。

③测点的间距视结构尺寸和结合面外观质量情况而定，可控制在100～300mm。

63. 检测混凝土不密实区和空洞时应注意哪几点？

答：检测混凝土不密实区和空洞时应注意以下几点：

(1)被测部位应具有一对(或两对)相互平行的测试面。

(2)测试的范围应大于有怀疑的区域。

(3)在测区布置测点时，应避免发射和接收换能器的连线与附近的主钢筋轴线平行。

(4)结构具有两对平行的测试面时，可采用对测法。

(5)结构中只有一对相互平行的测试面时，可采用斜测法。

(6)当结构的测试距离较大时，为了提高测试灵敏度，可在测区适当位置钻出平行侧面的测试孔，孔径为45～50mm，深度视需要而定，结构侧面采用厚度式振动换能器，孔中用径向振动式换能器。

64. 如何估算混凝土空洞的大小？

答：(1)被测部位只有一对可供测试的表面，空洞尺寸可用下式计算：

$$r = \frac{l}{2}\sqrt{(t_{n}/m_{ta})^{2} - 1}$$

式中:r——空洞半径,mm;

t_n——缺陷处的最大声时值,μs;

m_{ta}——无缺陷区的平均声时值,μs。

(2)除(1)情况外,可用下列方法进行估算,如图 10-1。设检测距离为 l,空洞中心(在另一对测试面上,声时最长的测点位置)距一个测试面的垂直距离为 l_h,声波在空洞附近无缺陷混凝土中传播的时间平均值为 m_{ta},绕空洞传播的时间(空洞处的最大声时)为 t_h,空洞半径为 r,根据所测数据,可求出 l_h/l 及$[(t_h - m_{ta})/m_{ta}]\times 100\%$ 的值,根据该计算值,由表 10-35 中可求得 r/l 的值,最终计算出空洞半径 r 的大小。

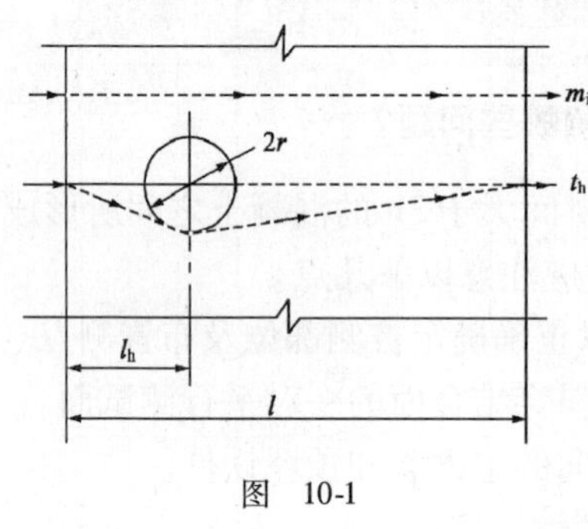

图 10-1

空洞半径 r 与测距 l 的比值 表 10-35

$\frac{(t_h - m_{ta})}{m_{ta}}\times 100\%$ \ r/l \ l_h/l	0.05	0.08	0.10	0.12	0.14	0.16	0.18	0.20	0.22	0.24	0.26	0.28	0.30
0.10(0.90)	1.42	3.77	6.26	—	—	—	—	—	—	—	—	—	—
0.15(0.85)	1.00	2.56	4.06	5.97	8.39	—	—	—	—	—	—	—	—
0.20(0.80)	0.78	2.03	3.18	4.62	6.36	8.44	10.9	13.9	—	—	—	—	—
0.25(0.75)	0.67	1.72	2.69	3.90	5.34	7.03	8.98	11.2	13.8	16.8	—	—	—
0.30(0.70)	0.60	1.53	2.40	3.46	4.73	6.21	7.91	9.38	12.0	14.4	17.1	20.1	23.6
0.35(0.65)	0.55	1.41	2.21	3.19	4.35	5.70	7.25	9.00	10.9	13.1	15.5	18.1	21.0
0.40(0.60)	0.52	1.34	2.09	3.02	4.12	5.39	6.84	8.48	10.3	12.3	14.5	16.9	19.8
0.45(0.55)	0.50	1.30	2.03	2.92	3.99	5.22	6.62	8.20	9.95	11.9	14.0	16.3	18.8
0.50	0.50	1.28	2.02	2.89	3.94	5.16	6.55	8.11	9.84	11.8	13.3	16.1	18.6

65. 混凝土裂缝检测应注意哪些问题?

答:(1)被检测结构允许在裂缝两旁钻测试孔及裂缝中不得充水或泥浆。

(2)钻取的测孔应符合下面要求:

①孔径应至少比裂缝预计深度深700mm，经测试如浅于裂缝深度，则应加深钻孔。

②对应的两个测试孔，必须始终位于裂缝两侧，其轴线应保持平行。

③两个对应测试孔的间距宜为2 000mm，同一结构的各对应测孔相距相同。

④应在裂缝一侧多钻一个较浅的孔，测试无缝混凝土的声学参数，用以对比判断。

(3)深裂缝检测应选用频率为20～40kHz的径向振动式换能器，并在其接线上做出等距离标志(一般间隔为100～500mm)。

(4)测试前应先向孔中罐满清水，然后将发射与接收换能器分别置于裂缝两侧的对应孔中，以相同高度等距离从上至下同步移动，逐点读取声时、换能器所处深度及波幅。

(5)随着换能器的下移，波幅逐渐增大，当换能器移至某一位置后，波幅达到最大值并基本稳定，则该位置所对应的深度就是裂缝深度。

66. 混凝土收缩变形分哪几类？如何减少其收缩？

答：混凝土收缩变形，按其产生的原因可分为以下几类。

(1)塑性收缩：即混凝土拌和物在刚成型后，固体颗粒下沉，表面产生泌水而形成混凝土体积缩小。塑性收缩的收缩值约为1%，通常在大体积桥梁墩、台身混凝土中体现为沉陷裂缝。

(2)化学收缩：即混凝土终凝后，水泥水化引起的体积缩小，又称自身收缩。实际上，它发生于大体积混凝土内部。温度较高、水泥用量较大和水泥细度较细时，其值亦增大。混凝土化学收缩值为$(4\sim100)\times10^{-6}$mm/mm。

(3)物理收缩：即混凝土在未饱和的空气中，由于失水所引起的体积缩小，又称干燥收缩。空气相对湿度越低，收缩发展越快。混凝土物理收缩值为$(150\sim1\,000)\times10^{-6}$mm/mm。

(4)碳化收缩：是由于空气中二氧化碳的作用引起的体积缩小。当空气相对湿度为30%～50%时碳化激烈，收缩值也最大。

收缩变形比较复杂，但必须将它在混凝土的配制及施工中消除或减少到最小，因此，在实施时应采取以下措施减少其收缩：

(1)正确设计密级配集料，并提高集浆比，使集料在混凝土中形成密实骨架。

(2)采用弹性模量较高的岩石所轧制的集料。

(3)在混凝土配比中除了采用较低的单位用水量和低的水灰比外,重视水泥品种的选用。

(4)正确选用外加剂,不掺加氯盐早强剂。

(5)采用蒸养或压蒸养护。

67. 如何测定混凝土的收缩?

答:在工程应用中,通常是测定以干缩为主的总收缩值。按我国现行行业标准 JTG E30—2005 中 T 0566—2005 规定,是用 100mm × 100mm × 515mm 试件,经 3d 标准养护后,放在温度为 20 ± 2℃,相对湿度为(60 ± 5)% 条件下,测定 1d、3d、7d、14d、28d、60d、90d、120d、150d 和 180d 试件的长度。收缩率按下式计算:

$$S_d = [(X_{01} - X_{t1})/L_0] \times 100$$

式中:S_d——龄期 d 天的混凝土干缩率,%;

X_{01}——试件初始长度,mm;

X_{t1}——龄期 t 天时干缩长度值,mm;

L_0——试件的测量标距,等于混凝土试件的长度(不计测头凸出部分)减去 2 倍测头埋入深度,mm。

由上测得的收缩率,实际为包括化学收缩、物理收缩和碳化收缩的总收缩率。

68. 混凝土产生徐变的原因是什么? 与哪些因素有关?

答:混凝土在长期恒载作用下,不仅会产生瞬时的弹性变形,而且会产生随荷载作用时间增加而增长的非弹性变形,这种变形称为混凝土的徐变。徐变一般在受载初期变形增长较快,以后逐渐变慢,并稳定下来。混凝土不论受压、受拉或受弯均会产生不同程度的徐变。在预应力钢筋混凝土结构中,其可使预应力受到损失。另一方面,徐变也能抵消钢筋混凝土内的部分应力集中,使应力较均匀的重新分布。

混凝土产生徐变的原因,一般认为是由于在持续荷载作用下,水泥石中凝胶体慢慢向水泥石微细孔隙中移动的结果。在受荷初期,因凝胶体移动阻力小,移动较快,故徐变增长较快,以后随着胶体的缓慢移动,荷载逐渐转移到结晶结构或集料上,所以徐变速度逐渐减慢。

混凝土的徐变与许多因素有关，如矿料级配、水泥的品种与用量、混凝土的龄期、水灰比等。在集料级配不良、水泥用量过多、水灰比过大、龄期短、荷载持续作用时间长的情况下，徐变也随着增大。

为降低徐变可采取下列措施：

(1)选用小的水灰比，并保证潮湿养生条件，使水泥充分水化，形成密实结构的水泥石。

(2)选用级配优良的集料，采用较高的集浆比，提高混凝土的弹性模量。

(3)选用快硬高强水泥，并适当采用早强剂，提高混凝土早期强度。

(4)推迟预应力张拉时间。

六、混凝土的抗冻、抗渗及防腐蚀

69. 有抗冻要求的混凝土应注意哪些事项？

答：(1)位于水位变动区有抗冻要求的混凝土，其抗冻等级不应低于表10-36中的规定。

水位变动区混凝土抗冻等级选定标准　　表10-36

建筑物所在地区	海水环境	淡水环境
严重受冻地区(最冷月的月平均气温低于-8℃)	F350	F250
受冻地区(最冷月的月平均气温在-4℃~-8℃之间)	F300	F200
微冻地区(最冷月的月平均气温在0℃~-4℃之间)	F250	F150

注：①试验过程中试件所接触的介质应与建筑物实际接触的介质相近。
②墩、台身和防护堤等建筑物的混凝土应选用比同一地区高一级的抗冻等级。
③面层应选用比水位变动区抗冻等级低2~3级的混凝土。

(2)有抗冻要求的混凝土必须掺入适量引气剂，其拌和物的含气量应符合表10-37中的要求。

有抗冻要求的混凝土拌和物含气量控制范围　　表10-37

集料最大粒径(mm)	含气量范围(%)	集料最大粒径(mm)	含气量范围(%)
9.5	5.0~8.0	31.5	3.5~6.5
19.5	4.0~7.0	37.5	3.0~6.0

(3)当要求的含气量为某一定值时,其检查结果与要求值的允许偏差范围应为±1.0%。当含气量要求值为某一范围时,检测结果应满足规定范围的要求。

(4)对混凝土的各种原材料须进行加热升温,保证搅拌后的成品混凝土具有一定的初始温度,满足混凝土冻期施工对温度的要求。具体见本章冬期混凝土施工。

(5)混凝土抗冻性试验方法应符合现行《公路工程水泥及水泥混凝土试验规程》(JTG E30—2005)的规定。

70. 混凝土碳化试验的试件有何要求?

答:对混凝土碳化试验的试件要求有:

(1)碳化试验应采用棱柱体混凝土试件,以3块为一组,试件的最小边长应符合表10-38中的要求,其高宽比应不小于3。

碳化试验试件尺寸选用表 表10-38

试件最小边长(mm)	集料最大粒径(mm)
100	30
150	40
200	60

(2)试件一般应在28d龄期进行碳化,采用掺和料的混凝土可根据其特性确定其碳化前的养护龄期。

(3)碳化试验的试件宜采用标准养护,但应在碳化试验前两天从标准养护室取出,然后在60℃温度下烘48h。

(4)经烘干后的试件,除留一个或相对的两个侧面外,其余表面应用加热的石蜡予以密封,并在侧面上顺长度方向用铅笔以10mm间距画出平行线,以预定碳化深度的测量点。

(5)无棱柱试件时,也可采用立方体试件代替,但其数量应相应增加。

71. 碳化试验的步骤是什么?

答:碳化试验分以下几个步骤。

(1)将经过处理的试件放入碳化箱内的铁架上,各试件经受碳化的表面之间的间距至少应不小于50mm。

(2)采用机械办法或油封将碳化箱密封严实。

(3)开动箱内气体对流装置,慢慢充入二氧化碳,并测定箱内二氧化碳的浓度,逐步调整二氧化碳的流量,使二氧化碳的浓度保持在(20±3)%。在整个试验过程中采用去湿装置或放入硅胶,使箱内的相对湿度控制在(70±5)%的范围内。碳化试验温度控制在(20±5)℃的范围内。

(4)每隔一定时期对箱内的二氧化碳浓度、温度及湿度作一次测定。一般在一、二天每隔2h测定1次,以后每隔4h测定1次,并根据所测结果随时对二氧化碳浓度进行调整。去湿用硅胶应经常更换。

(5)碳化到了3d、7d、14d及28d时,各取出试件,破型以测定其碳化深度。棱柱体试件在压力试验机上用劈裂法从一端开始破型。每次切除的厚度约为试件宽度的一半,用石蜡将破型后试件的断面封好,再放入箱内继续碳化,直到下一个试验期。立方体试件则在试件中间劈开并且只做一次检验。

(6)将切除所得的试件部分刮去断面上残存的粉末,随即喷上(或滴上)浓度为1%的酚酞酒精溶液(含20%的蒸馏水),经30s后,按原先标画的每10mm一个测点用铁板尺分别测出两侧面各点的碳化深度。

(7)以在标准条件下的3个试件碳化28d的碳化深度平均值作为供相互对比用的混凝土碳化值,以该值来对比各种混凝土的抗碳化能力及对钢筋的保护作用。混凝土在各试验龄期时的平均碳化深度按下式计算,并精确至0.1mm。

$$\overline{d}_t = \sum_{i=1}^{n} d_i / n$$

式中:$\overline{d}_t$——试件碳化t天后的平均碳化深度,mm;

d_i——两个侧面上各测点的碳化深度,mm;

n——两个侧面上的测点总数。

72. 给定条件下混凝土中钢筋的锈蚀试验应注意哪些事项?

答:在给定条件下,进行混凝土中钢筋的锈蚀试验应注意以下事项。

(1)试件采用100mm×100mm×300mm的棱柱体,每组3件,集料最大粒径不超过30mm。生产试件时,严防隔离剂沾污钢筋,安放完毕后,宜用丙酮擦净钢筋表面。

(2)试件成型1~2昼夜后编号拆模,然后用钢丝刷将试件两个端部混凝土刷毛,用1:2水泥砂浆抹上20mm厚的保护层,就地养护一昼夜,移入标准养护室。

(3)做钢筋锈蚀试验以前,试件应先进行碳化,碳化一般在28d龄期时开始,采用掺和料的混凝土可根据其特性决定碳化前的养护龄期。碳化应在二氧化碳浓度为(20±3)%、相对湿度在(70±5)%、温度在(20±5)℃的条件下进行,碳化时间应为28d。

(4)试件碳化处理后再移入标准养护室养护。在养护室中,试件间隔的距离不应小于50mm,并应避免试件直接淋水。在潮湿条件下存放56d后取出,破型,先测出碳化深度,然后进行钢筋锈蚀程度的测定。

(5)取出试件中的钢筋,刮去钢筋上沾附的混凝土,用12%盐酸溶液进行酸洗,经清水漂净后,用石灰水中和,最后再以清水冲洗干净,擦干后在干燥器中至少存放4h,用分析天平称量(精确至0.001g)计算钢筋锈蚀质量损失率。

(6)钢筋锈蚀的质量损失率应按下式计算,计算精确至0.01%。

$$L_W=[(m_0-m)/m_0]\times100$$

式中:L_W——钢筋锈蚀质量损失率,%;

m_0——钢筋锈蚀试验前质量,g;

m——钢筋锈蚀试验后质量,g。

七、混凝土的养护及修饰

73.混凝土养护时要注意哪些事项?

答:(1)对于在施工现场集中养护的混凝土,应根据施工对象、环境、水泥品种、外加剂以及对混凝土性能的要求,提出具体的养护方案,并应严格执行规定的养护制度。

(2)一般混凝土浇筑完成后,应在收浆后尽快予以覆盖和洒水养护。对干硬性混凝土、炎热天气浇筑的混凝土以及桥面等大面积裸露的混凝土,有条件的可在浇筑完成后立即加设棚罩,待收浆后再予以覆盖和洒水养生。覆盖时不得损伤或污染混凝土的表面。混凝土面有模板覆盖时,应在养护期间经常使模板保持湿润。

(3)当气温低于5℃时,应覆盖保温,不得向混凝土面上洒水。

(4)混凝土养护用水的条件应与拌和用水相同。

(5)混凝土的洒水养护时间一般为7d,可根据空气的湿度、温度和水泥品种及掺用的外加剂等情况,酌情延长或缩短。每天洒水次数以能保持混凝土表面经常处于湿润状态为准。用加压成型、真空吸水等法施工的混凝土,其养护时间可酌情缩短。采用封闭塑料薄膜或喷化学浆液等养护层时,可不洒水养护。

(6)当结构物混凝土与流动性的地表水或地下水接触时,应采取防水措施,保证混凝土在浇筑后7d以内且混凝土强度在达到50%以前不受水的冲刷侵袭。当环境水具有侵蚀作用时，应保证混凝土在10d以内，且强度达到设计强度的70%以前，不受水的侵袭。当与氯盐、海水等具有严重侵蚀作用的环境水接触的混凝土，养护龄期一般不少于4周。

(7)对大体积混凝土的养护，应根据气候条件采取控温措施，并按需要测定浇筑后的混凝土表面和内部温度，将温差控制在设计要求的范围内；当设计无要求时，温差不宜超过25℃。

(8)混凝土强度达到2.5MPa前，不得使其承受行人、运输工具、模板、支架及脚手架等荷载。

(9)用蒸汽养护混凝土时，混凝土的升、降温速度不能超过表10-39中的规定。

加热养护混凝土的升、降温速度(℃/h)　　表10-39

表面系数(m^{-1})	升温速度	降温速度
≥6	15	10
<6	10	5

注：①大体积混凝土应根据实际情况确定。

②表面系数指结构冷却面积(m^2)与结构体积(m^3)的比值，当采用普通硅酸盐水泥时，养护温度不宜超过80℃；当采用矿渣硅酸盐水泥时，养护温度可提高到85~95℃。

(10)混凝土养生过程中，如果进行下道工序必须开棚时，应保证棚内正温与棚内外温差≤25℃。开棚时间应选在当天的温度最高时间且尽量减少开棚时间。

74. 如何进行大体积混凝土养护？

答：(1)大体积承台采用钢套箱保温时，箱内注满水，承台混凝土向套箱中散热，使套箱内的水逐渐升温以达到侧面保温效果。承台混凝土表面，可用两层草袋覆盖。

(2)在夏季或气温较高时，混凝土表面做到潮湿保护，可在混凝土表面蓄10cm以上的流动水，对混凝土表面保温、保湿，防止混凝土干裂较有效，同时对混凝土侧面也起到了保湿养护作用。

(3)冬季施工时，混凝土表面采用麻袋覆盖，拆模前在钢模外面镶嵌5~8cm厚的聚乙烯块或珍珠岩块等保温材料，并推迟拆模时间，拆模后及时用塑料薄膜或彩条布遮盖。

在北方寒冷地区要搭棚保温，在城市地区不宜用明火升温。

八、高强度混凝土

75. 高强度混凝土施工中应注意哪些问题?

答:高强度混凝土是指混凝土抗压强度≥50MPa 的混凝土,一般多用于大跨径预应力桥梁梁体混凝土。其组成材料的质量要求很严,而且要采取一定的技术措施。在高强度混凝土施工中应注意以下问题。

(1)混凝土配料数量的允许偏差应符合表 10-40 的规定。

配料数量允许偏差 表 10-40

材料类别	允许偏差(%)	
	现场拌制	预制场或集中搅拌站拌制
水泥、掺和料	±2	±1
粗、细集料	±3	±2
水、外加剂	±2	±1

(2)配制高强度混凝土必须准确控制用水量,砂石中的含水率应仔细测定后从用水量中扣除。除事先规定的部分用水可留在现场补加外,严禁在材料出机后再加水。

(3)高效减水剂宜采用后掺法,如制成溶液加入,应在用水量中扣除这部分溶液用水。加入减水剂后,混凝土拌和料在搅拌机中继续搅拌的时间,当用粉剂时不得少于 60s,当用溶液时不得少于 30s。

(4)拌制高强度混凝土必须使用强制式搅拌机,宜采用二次投料法拌制。

(5)混凝土的浇筑应连续进行,如因故必须间断时,其间断时间应小于前层混凝土的初凝时间或能重塑时间。混凝土浇筑允许间断时间应经试验确定,若超过允许间断时间,须采取保证质量的措施或按工作缝处理。

(6)高强度混凝土应要求超缓凝、早强、高强、高扬程。其缓凝时间一般为某阶段混凝土浇筑完成后开始初凝为宜。

76. 高强混凝土的配制要求有哪些?

答:高强度混凝土的配制要求有:

(1)高强度混凝土的配合比:当无可靠的强度统计数据及标准差数值时,混凝土的施工配制强度(平均值)对于 C60 ~ C70 应不低于强度等级的 1.15 倍;对于 C70 ~ C80 应不低于强度等级值的1.12倍。

(2)所用水胶比(水与胶结料的重量比,后者包括水泥及掺和料的重量)宜控制在0.24 ~0.38 的范围内。

(3)水泥重量不宜超过500kg/m^3,水泥与掺和料的总量不超过600 kg/m^3。粉煤灰掺量不宜超过胶结料重量的30%,沸石粉不宜超过10%,硅粉不宜超过8% ~10%。掺用掺和料的种类和数量,必须经试验报监理工程师批准后确定。

(4)混凝土的砂率宜控制在28% ~34%的范围内。

(5)高效减水剂的掺量宜为胶凝料的0.5% ~1.8%。

(6)高强度混凝土中的氯离子含量,对位于温暖或寒冷地区、无侵蚀性物质影响及与土直接接触的桥梁,不应超过水泥重量的0.2%;对位于严寒和海水区域,受侵蚀环境,使用除冰盐的桥涵,不应超过水泥重量的0.1%。混凝土的含碱总量的限制要求同普通混凝土。

九、高性能混凝土(HPC)

77. 高性能混凝土的定义及具备条件是什么?

答:用混凝土的常规材料、常规工艺,在常温下,以低水胶比、大掺量优质掺和料和较严格的质量控制制作的高耐久性、高尺寸稳定性、良好工作性及较高强度的混凝土叫高性能混凝土。

根据其定义可以知道普通混凝土成为高性能混凝土应具备:

(1)低渗透性。以氯离子渗透性来判断混凝土的耐久性。高性能混凝土实际上是不透水和不渗透氯离子的。

(2)具有高弹性模量,低收缩、低徐变和低温度应变及尺寸稳定性,以消除结构内部的任何有害应力。

78. 高性能混凝土配制要求有哪些?

答:配制高性能混凝土应符合以下要求:

(1)其中强度标准差(σ),当无统计数据时,对商品混凝土可取σ = 4.5MPa。

(2)用水量不宜大于175kg/m^3。

(3)按混凝土强度等级的不同,胶凝材料总量宜采用最小为280 ~380kg/m^3,最大为400 ~530kg/m^3,其中矿物掺和料用量不宜大于胶凝材料总量的40%;宜采用较低水胶比。

(4)高效减水剂掺量应根据坍落度、扩展度要求而定。

(5)砂率宜采用37% ~44%。

(6)结构处在劣化环境条件时,高性能混凝土配比应按照国家现行有关标准的规定,对结构物一种或几种技术要求进行下列一种或几种专门设计:

抗碳化耐久性设计、抗冻害耐久性设计、抗盐害耐久性设计、抗硫酸盐腐蚀耐久性能设计、抑制碱集料反应有害膨胀。

十、海工耐久性混凝土

79. 海工耐久性混凝土是如何规定的?其内容包括哪些方面?

答:海工耐久性混凝土是采用混凝土常规原材料、常规工艺,加矿物掺和料及化学外加剂,经配比优化而制作,在海洋环境中具有高抗氯离子渗透性、高抗裂性和良好工作性的高性能混凝土。其设计工作寿命一般不小于100年。

为提高混凝土结构耐久性,海洋环境桥梁工程混凝土结构及其耐久性施工的内容包括以下几个方面。

1)选用质量稳定并有利于改善混凝土抗裂性能的水泥和集料等原材料。

(1)水泥

①海洋环境桥梁工程要求采用质量符合国家标准《通用硅酸盐水泥》(GB 175—2008)的水泥。

②配制海工耐久性混凝土不得使用立窑水泥,不宜使用早强、水化热较高和高C3A含量的水泥;水泥中C3A含量宜控制在6% ~12%。

③所用水泥的氯离子含量应低于0.03%。

④水泥的碱含量(按Na_2O当量计)应低于0.6%,且混凝土内的总含碱量不超过3.0kg/m^3。

(2)集料

①配制海工耐久性混凝土的集料应符合本章相关的一般技术要求。必要时,集料应予清洗和过筛,以除去有害物质。

②选择料场时,必须对集料进行碱集料潜在活性进行检测,海洋环境桥梁工程不得采用可能发生碱集料反应(AAR)的活性集料。

③集料中的水溶性氯化物折合氯离子含量应不超过集料重的0.02%。

④海洋环境桥梁工程混凝土的粗集料最大粒径不应超过25mm。

2)在混凝土组成中掺入矿物掺和料。

(1)粉煤灰

粉煤灰必须来自燃煤工艺先进的电厂,选用组分均匀、各项性能指标稳定的低钙灰,而且粉煤灰的烧失量不大于8%,需水量比不大于100%,三氧化硫含量不大于2%。在满足强度需要的前提下,混凝土中的粉煤灰掺量可占到胶凝材料总量的50%(以质量计)。

(2)磨细高炉矿渣粉

磨细高炉矿渣的比表面积宜控制在360~440 m^2/kg;需水量比不大于100%;烧失量不大于5%;28d活性指数应符合《用于水泥和混凝土中的粒化高炉矿渣粉》(GB/T 18046—2008)的规定。宜将矿渣作为胶凝材料的组分。

(3)硅灰

硅灰(SF)掺量不超过8%。硅灰中的SiO_2含量不小于85%,烧失量不大于6%,含水率不大于3%,比表面积不小于18 000m^2/kg。硅灰宜与其他矿物掺和料复合使用。

(4)复合超细矿粉

复合掺和料应有合格的性能检测证明并附有组成成分和使用说明,不得添加对混凝土有害的成分。当混凝土的矿物掺和料同时包括2种或2种以上不同品种时,宜预先在工厂加工成复合超细矿粉。

3)适当降低混凝土的水胶比,在混凝土中添加外加剂。

(1)各种化学外加剂应有厂商提供的推荐掺量、主要成分(包括复配组分)的化学名称、氯离子含量百分比、含碱量,以及施工中必要的注意事项,如超量或欠量使用时的有害影响、掺和方法等。

(2)减水剂(或泵送剂)的减水率应不小于25%。

(3)当混合使用高效减水剂、引气剂、缓凝剂、膨胀剂、阻锈剂及其他防腐剂时,应事先专门测定它们之间的相容性。

(4)化学外加剂中的氯离子含量不得大于混凝土中胶凝材料总重的0.01%。

(5)侵蚀环境为E、F等级(见表10-41)的构件部位的混凝土中,应加入适量掺入型钢筋阻锈剂。采用阻锈剂水剂时,混凝土拌和物的搅拌时间应延长1min;采用阻锈剂粉剂时,应延长3min。

(6)新拌混凝土中引气量一般可要求控制在4%~6%,气泡间隔系数小于250μm。

4)确保钢筋的混凝土保护层厚度,使用定制保护层定位夹(块)。

5)施工时应保证新浇筑的混凝土能及时养护并有较长的养护时间。具体见本章相关内容。

6)与结构耐久性有关的结构构造措施、施工缝以及混凝土裂缝控制措施。具体见本章及第7章有关内容。

7)特殊防腐蚀措施。如在混凝土组成中加入钢筋阻锈剂、水溶性聚合树脂;在混凝土构件表面涂敷或用保护材料覆盖;以及为以后采用阴极保护预留条件等。

80. 海洋环境桥梁侵蚀作用是怎样分区的?

答:海洋环境桥梁工程环境侵蚀作用的分区及其相应的侵蚀作用等级列于表10-41中。

结构构件使用环境分类及其侵蚀作用级别　　表10-41

环境类别	级别	环境分区	工程部位
海水锈蚀环境(以黄海高程划分)	C	浸没于海水的水下区、泥中区	基桩、引桥承台
	D	接触空气中盐分,不与海水直接接触的大气区	引桥基桩、桥墩、索塔、箱梁、其他梁板构、整体化现浇板、混凝土铺装层、附属构件
	E	水位变化区	基桩、承台
	F	浪溅区	承台、墩座、桥墩、索塔

十一、自密实混凝土

81. 自密实混凝土的定义及其性能是什么?

答:自密实混凝土是一种高流动性具有适当黏度的混凝土,它不离析,能够流过钢筋填满模板内的任何空隙,在自重力的作用下自行密实。与普通混凝土相比其主要性能为:

(1)高流动性。通过掺加高效减水剂、采用适宜的水胶比和较多的水泥用量来实现较好的流动性。

(2)稳定性好。通过限制集料用量、减少粗集料最大粒径、采用低用水量,来保证混凝土不离析,从而达到其稳定性。

(3)不会堵塞。通过减少粗集料用量、减小粗集料最大粒径、低水胶比、适量应用增黏剂,来达到其自由流过狭窄空间。

82. 自密实混凝土配制有哪些要求?

答:配制自密实混凝土应符合以下要求:

1)自密实要求

(1)坍落度	600~700mm
(2)流到50cm的时间	5~15s
(3)漏斗流下时间	5~20s
(4)填密度	≥90%
(5)U形或箱形填满高度	>300mm

2)胶凝材料为水泥、粉煤灰、硅灰等。胶凝材料用量以500~600kg/m^{3}为宜。

3)粗集料最大粒径为20mm或25mm为宜,其绝对体积为0.28~0.33m^3/m^3。

4)采用高效减水剂,根据流动性选择用水量:普通自密实混凝土用水量180~200kg/m^3,高强自密实混凝土用水量160~180kg/m^3,可根据强度和耐久性要求调整。

5)根据胶凝材料用量,控制细集料用量为砂浆体积的40%~50%。

6)采用高效减水剂的用量为0.8%~1.2%。

7)配比完成后,进行坍落度、流动速度、漏斗流出时间及密实度试验,最终确认配合比。

十二、热期、雨期混凝土的施工

83. 热期混凝土施工应注意哪些事项?

答:热期混凝土施工应注意以下事项。

(1)对材料的要求:

①拌和水使用冷却装置,对水管及水箱加遮荫和隔热设施。在拌和水中加碎冰作为拌和水的一部分。

②水泥、砂、石料应遮荫防晒,或在砂石料堆上喷水降温,以降低集料温度。

(2)配合比设计应考虑坍落度损失,尽量通过实践得出。

(3)可掺加减水剂以减少水泥用量和提高混凝土的早期强度。

(4)掺用活性材料粉煤灰取代部分水泥,减少水泥用量。

(5)拌和站料斗、储水器、皮带运输机、拌和楼都要尽可能遮荫。尽量缩短拌和时间。经常测混凝土的坍落度,以调整混凝土的配合比,满足施工所必须的坍落度。

(6)运输时尽量缩短时间,宜采用混凝土搅拌运输车,运输中应慢速搅拌。

(7)不得在运输过程加水搅拌。

(8)热期施工混凝土、钢筋混凝土、预应力混凝土应有全面的组织计划,准备工作充分,施工设备有足够的备件,保证连续进行;混凝土从拌和机到入仓的传递时间及浇筑时间要尽量缩短,并尽快开始养护。

(9)宜选在一天温度较低的时间内进行,混凝土的浇筑温度应控制在32℃以下。

(10)浇筑场地应遮荫,以降低模板、钢筋的温度,改善工作条件;也可在模板、钢筋和地基上喷水降温,但在浇筑时不能有附着水。

(11)应加快混凝土的修整速度,修整时可用喷雾器洒少量水,防止表面裂纹,但不准直接往混凝土表面洒水。

(12)混凝土养护时的要求:

①不宜单独使用专用养护膜覆盖法养护高强度混凝土,除非当地无足够的清洁水用于养护混凝土。

②洒水养护宜用自动喷水系统和喷雾器,湿养护应不间断,不得形成干湿循环。

③混凝土浇筑完,表面应立即覆盖清洁的塑料膜,初凝后撤去塑料膜,用浸湿的粗麻布覆盖,经常洒水,保持潮湿状态最少7d。如有可能,湿养期间采取遮光和挡风措施,以控制温度和干热风的影响。构造物的竖直面拆模后,宜立即用湿粗麻布把构件缠起来,麻布处整个用塑料膜包紧,粗麻布应至少7d保持潮湿状态,随后可用树脂类养生化合物喷涂。

④对桥面、桥面铺装等面积大、平整度要求高的表面,混凝土浇筑完成,也可立即用优质的养护剂喷涂,待混凝土初凝后再覆盖洒水养护。

(13)当气温超过35℃时,管道压浆应在夜间低温下进行。

84. 热期混凝土施工现场应检查哪些项目?

答:(1)砂、石料的含水率,每台班不少于1次。

(2)混凝土浇筑与养护时,环境温度每日检查4次,并做好检查记录;当温度超过热期规定的要求时,混凝土拌和时应采取有效降温、防晒措施,以保证混凝土的浇筑质量,否则应停止施工。

(3)混凝土热期施工,除应留标准条件下养护的试件外,还应制取相同数量的试件与结构在相同的环境条件下养护,检查28d的试件强度以指导施工。

(4)在混凝土浇筑前,应通过试验确定在最高气温条件下,混凝土分层浇筑的覆盖时间,施工时应严格控制,不得超过。

(5)在混凝土的浇筑过程中,应严格控制缓凝剂的掺量,并检查混凝土的凝固时间,以防因缓凝剂掺量不准造成危害。

(6)砂浆热期施工,重要及主体砌筑物,每个工作班组除应取2组标准条件下的试件外,还应制取相同数量与砌体同条件养护的试件,以测28d强度。

85. 雨期混凝土施工现场应注意哪些事项?

答:雨期混凝土施工现场应注意以下事项:

(1)准备雨期施工的防洪材料、机具和必要的遮雨设施。

(2)工程材料特别是水泥、钢筋应防水、防潮;施工机械防洪水淹没。

(3)雨期施工的工作面不宜过大,应逐段、逐片分期施工;对受洪水危害的工程应停止施工,若必须施工时,应有防洪抢险措施。

(4)雨期施工应加强地基不良地段沉陷的观测,基础施工应防止雨水浸泡基坑,若被浸泡,应挖除被浸泡部分,用与基础同样的材料回填。

基坑要设挡水埂,防止地面水流入。基坑内设集水井,配足抽水机,坡道内设接水措施。

基坑挖好后应及时浇筑混凝土或垫层,防止被水浸泡。

(5)施工前对排水系统应进行检查、疏通或加固,必要时增加排水措施。

(6)雨后模板及钢筋上的淤泥、杂物,在浇筑混凝土前应清除干净。

(7)雷区应设置防雷措施,高耸结构应有防雷设计。沿海地区应考虑防台风措施,露天使用的电器设备要有可靠的防漏电措施。

十三、混凝土、钢筋混凝土、预应力混凝土冬期施工

86. 混凝土冬期施工应注意哪些事项?

答:(1)配制混凝土时,宜优先选用硅酸盐水泥、普通硅酸盐水泥,水泥的强度等级不宜低于42.5,水灰比不宜大于0.5。采用蒸汽养护时,宜优先选用矿渣硅酸盐水泥。用加热法养护掺加外加剂的混凝土,严禁使用高铝水泥。使用其他品种的水泥时,应注意其掺和材料对混凝土强度、抗冻、抗渗等性能的影响。

(2)浇筑混凝土宜掺用引气剂、引气型减水剂等外加剂,以提高混凝土的抗冻性。在钢筋混凝土中掺用氯盐类防冻剂时,氯离子含量不得超过规范规定,且

不宜采用蒸汽养生。当采用素混凝土时,氯盐掺量不得大于水泥质量的3%。预应力混凝土不得掺用引气剂、引气型减水剂及氯盐防冻剂。

(3)拌制混凝土的各项材料的温度,应满足混凝土拌和物搅拌和成型后所需要的温度。当材料原有温度不能满足需要时,应首先考虑对拌和用水加热,仍不能满足需要时,再考虑对集料加热。水泥只保温,不得加热。各项材料需要加热的温度应根据《桥规》附录冬期施工热工计算公式计算确定,但不得超过表10-42中的规定。

拌和水及集料最高温度(℃) 表10-42

项　目	拌和水	集料
强度等级小于42.5的普通硅酸盐水泥、矿渣硅酸盐水泥	80	60
强度等级等于及大于42.5的普通硅酸盐水泥、矿渣硅酸盐水泥	60	40

注:当集料不加热时,水可加热到100℃,但水泥不应与80℃以上的水直接接触。投料顺序为先投集料和已加热的水,然后再投入水泥。

(4)冬期搅拌混凝土时,集料不得带有冰雪和冻结团块。严格控制混凝土的配合比和坍落度;投料前,应先用热水或蒸汽冲洗搅拌机,投料顺序为集料、水、搅拌,再加水泥搅拌,时间应较常温时延长50%。混凝土拌和物的出机温度不宜低于10℃,入模温度不得低于5℃。

(5)混凝土的运输时间应尽可能缩短,运输混凝土的容器应有保温措施。

(6)混凝土在浇筑前应清除模板、钢筋上的冰雪和污垢,成型开始养护时的温度,用蓄热法养护时不得低于10℃;用蒸汽法养护时不得低于5℃;细薄结构不得低于8℃。

(7)冬期施工接缝混凝土时,在新混凝土浇筑前应加热使接合面有5℃以上的温度,浇筑完成后,应采取措施使混凝土接合面继续保持正温,直至新浇筑混凝土获得规定的抗冻强度。一般加热方法为远红外线加热器和蒸汽排管加热。加热深度不小于30cm,预热长度一般在1m左右。

通气加热时应控制通气量以免混凝土过热造成开裂,温度不宜超过50℃。

(8)浇筑预应力混凝土构件的湿接缝时,宜采用热混凝土或热水泥砂浆,并应适当降低水灰比。浇筑完成后应加热或连续保温养护,直至接缝混凝土或水泥砂浆抗压强度达到设计强度的75%。

(9)预应力混凝土的孔道压浆应在常温下进行,压浆过程中及压浆后48h内,结构混凝土的温度不得低于5℃。

(10)较大体积混凝土墩台及基础施工,当设计规定在混凝土中埋放石块时,若气温低于0℃时,不得埋放。

(11)冬施期间,用硅酸盐水泥或普通水泥配制的混凝土,在抗压强度未达到设计强度的40%及5MPa时,用矿渣水泥配制的混凝土,在抗压强度未达到设计的50%时,不能受冻。

87. 在北方寒冷地区冬期施工,如何利用暖棚通汽加热法进行大梁预制?

答:利用暖棚通汽加热法进行冬季大梁预制,主要控制施工中的温度条件:①混凝土的拌和温度;②浇筑温度;③养护温度。具体做法是:

(1)原材料加温,砂、碎石、地坑加温,水泥在暖室保温;水蒸气加热水温,有效提高水的温度。

(2)拌和温度控制,经过加温保温的各种材料拌和温度控制在12~16℃之间。

(3)浇筑时大棚室内温度为5~10℃,混凝土浇筑温度控制在10℃以上。

(4)在混凝土浇筑后覆盖篷布,通入蒸汽,保持养护温度≥5℃。

(5)达到强度后张拉压浆,压浆后再进行通汽养护2d,即可进行移梁。

此外,冬季预制大梁还应特别注意以下几点:

(1)有效提高拌和水温是提高混凝土浇筑温度的重要措施。

(2)缩短大梁浇筑时间,及时通汽养护是提高混凝土强度的关键。

(3)严格控制通汽升降温度5~10℃/h,选择拆模温度和时间是防止大梁发生表面裂缝的关键。

88. 冬期蒸汽养生应注意哪些事项?

答:(1)应采取低压(小于0.7MPa)饱和(湿度为90%~95%)蒸汽,以防混凝土产生裂纹。加热时应保持构件均匀受热,并应及时排除冷凝水。

(2)所用锅炉能力应根据所需热量和安全备用系数确定,并应设置压力表和流量表,以便控制压力和流量。

(3)考虑用蒸汽养生时,宜采用活性低的水泥,这样可以降低对混凝土强度的影响。用蒸汽养护时,不得使用矾土水泥配制混凝土。

(4)加热时的最高温度与常温施工时相同,升温速度不得超过下列数值:

①结构表面系数$M \geqslant 6^{m^{-1}}$时,15℃/h。

②结构表面系数$M < 6^{m^{-1}}$时,10℃/h。

混凝土降温速度不得超过下列数值:

①结构表面系数 $M \geqslant 6^{m^{-1}}$ 时,10℃/h。

②结构表面系数 $M < 6^{m^{-1}}$ 时,5℃/h。

注:1. 大体积混凝土应根据情况确定;

2. 表面系数是指结构冷却面积(m^2)与结构体积(m^3)的比值,当采用普通硅酸盐水泥时,养生温度不宜超过80℃,当采用矿渣硅酸盐水泥时,养生温度可提高到85~95℃。

(5)根据计算和试验确定加热养护时间,亦可参照表10-43。混凝土冷却到5℃以后方可拆模。

(6)混凝土移出坑槽后,其表面温度与环境温度之差不宜大于40℃;当室外为负温时,温差不宜大于20℃。

蒸汽养护混凝土强度增长百分率(%) 表10-43

养护时间(h)	普通水泥拌制					矿渣水泥拌制						火山灰水泥拌制					
	混凝土硬化时的平均温度(℃)																
	40	50	60	70	80	40	50	60	70	80	90	40	50	60	70	80	90
8	—	—	24	28	35	—	—	—	32	35	40	—	—	30	40	53	72
12	20	27	32	39	44	—	26	32	43	50	63	—	22	38	52	67	82
16	25	32	40	45	50	20	30	40	53	62	75	16	28	45	60	75	90
20	29	40	47	51	58	27	39	48	60	70	83	22	35	50	67	83	96
24	34	45	50	56	62	30	46	54	66	77	90	27	40	56	70	88	100
28	39	50	55	61	68	36	50	60	71	83	94	30	43	60	75	90	—
32	42	52	60	66	71	40	55	65	75	87	97	35	47	63	80	93	—
36	46	58	64	70	75	43	60	68	80	90	100	39	50	67	82	96	—
40	50	60	68	73	80	48	63	70	83	93	—	42	53	70	85	100	—
44	54	65	70	75	82	51	66	75	86	96	—	44	55	73	87	—	—
48	57	66	72	80	85	53	70	80	90	100	—	46	58	76	90	—	—
52	60	68	74	82	87	57	71	82	91	—	—	50	60	78	90	—	—
56	63	70	77	83	88	50	75	84	93	—	—	51	62	80	92	—	—
60	66	73	80	84	89	61	77	87	97	—	—	52	64	82	93	—	—
64	68	76	81	85	90	63	80	89	99	—	—	55	66	83	95	—	—
68	69	77	82	86	90	66	81	90	100	—	—	56	68	84	95	—	—
72	70	79	83	87	90	67	82	91	—	—	—	58	69	85	95	—	—

89. 如何进行冬期施工混凝土的质量检查?

答:冬期施工时,混凝土、钢筋混凝土、预应力混凝土工程的质量除按有关规定进行检查外,尚应检查混凝土在浇筑及养护期间的环境温度。冬期施工还应进行下列检查：

(1)混凝土用水和集料的加热温度。见本章第86题。

(2)混凝土的加热养护方法和时间等。检查结果应分别记入混凝土工程施工记录和温度检查记录。

(3)集料和拌和水装入搅拌机时的温度、混凝土自搅拌机倾出时的温度及浇筑时的温度，每一工作班应至少检查3次。

(4)混凝土在养护期间温度的检查，不应少于下列次数：

①用蓄热法养护时，每昼夜定时4次。

②用蒸汽加热法及电加热法养护时，升温及降温期间每小时1次，恒温期间至少每两小时1次。

③室内外环境温度养护时，每昼夜定时定点4次。

(5)检查混凝土温度时，应符合下列规定：

①测温孔应绘制布置图并编号。

②温度计应与外界气温隔绝，并应在测温孔内留置不少于3min。

③测温孔的位置，当采用蓄热法养护时，应设置在易冷却部位；当采用加热法养护时，应在离热源不同位置分别设置。厚大结构应在表层及内部分别设置。

(6)混凝土冬期施工时，除留标准养护试件外，还应制取相同数量与结构同条件养护的试件。对于用蒸汽加热法养护的混凝土结构，除制取标准养护试件外，还应同时制取与混凝土结构同条件蒸养后再在标准条件下养护到28d的试件，以检查经过蒸养后混凝土28d的强度。冬期施工混凝土质量的评定方法，与常温施工混凝土相同。

十四、工程质量检验和质量标准

90.工地现场对混凝土抽样检查的频率是什么？

答：工地现场可从以下方面对混凝土进行抽样检查：

(1)混凝土坍落度的检查每工作班不少于2次，搅拌时随时抽查。

(2)不同强度及不同配合比的混凝土应分别制取试件，试件应在浇筑地点或拌和地点随机取样。

(3)浇筑一般体积的结构物(如基础、墩台等)时，每一单元结构物应制取2组。

(4)连续浇筑大体积结构物混凝土时，每80～200m^{3}或每一工作班应制取

2组。

(5)桩身混凝土抗压强度应符合设计规定;并按下列要求制取试件:每根钻孔桩至少取2组;桩长20m以上不少于3组;桩径大、浇筑时间长时,不少于4组。换班、每班制2组。

(6)每片梁长16m以下应制取1组,16~30m制取2组,31~50m制取3组,50m以上者不少于5组,小型构件每批或每一工作班不少于2组。

(7)就地浇筑混凝土小桥涵,每一座或每一工作班制取不少于2组;当原材料和配合比相同,并由同一拌和站拌制时,可几座合并制取2组。

(8)应根据施工需要,制取与结构物同条件养护的试件作为考核结构混凝土在拆模、出池、吊装、预施应力、承受载荷等阶段强度的依据。

91. 混凝土评定中数理统计方法与非统计方法在使用上有什么区别?

答:混凝土评定中数理统计方法与非统计方法在使用上的主要区别如下:

(1)大桥等重要工程及中小桥、涵洞工程的试件大于或等于10组时,应以数理统计方法按下述条件评定:

$$R_n - K_1 S_n \geqslant 0.9R$$

$$R_{min} \geqslant K_2 R$$

式中:R_n——同批n组(同批混凝土试件组数)试件强度的平均值,MPa;

S_n——同批n组试件强度的标准差,MPa;当$S_n < 0.06R$时,取$S_n = 0.06R$;

R——设计的混凝土强度等级,MPa;

R_{min}——n组试件中强度最低一组的值,MPa;

K_1、K_2——合格判定系数,可参考表10-44所示。

K_1、K_2的值 表10-44

n	10~14	15~24	≥25
K_1	1.70	1.65	1.60
K_2	0.9	0.85	

(2)中小桥及涵洞等工程,同批混凝土试件少于10组时,可用非统计方法按下述条件进行评定:

$$R_n \geqslant 1.15R$$

$$R_{min} \geqslant 0.95R$$

第十一章 预应力混凝土工程

一、预应力筋

1. 预应力筋进场验收批量及抽检方法是怎么规定的?

答:预应力筋进场时应分批验收,验收时,除应对其质量证明书、包装、标志和规格等进行检查外,尚须按下列规定进行检验:

(1)消除应力钢丝及刻痕钢丝:

应分批检验,每批钢丝由同一牌号、同一规格、同一加工状态的钢丝组成,每批质量不大于60t。先从每批中抽查5%,但不少于5盘,进行形状、尺寸和表面检查,外观质量要求钢丝表面不得有裂纹、小刺、机械损伤、氧化铁皮及油污;回火成品表面允许有回火颜色。除非另有协议,表面允许有浮锈,但不得锈蚀成肉眼可见的麻坑。当检查不合格,则应将该批钢丝逐盘检查。在上述检查合格的钢丝中抽取5%,但不少于3盘,在每盘钢丝的两端取样进行抗拉强度、弯曲和伸长率的试验,其力学性能应符合表11-1、表11-2的要求。试验结果如有一项不合格时,则不合格盘报废,并从同批未试验过的钢丝盘中抽取双倍数量的试样进行该不合格项的复验,如仍有一项不合格,则不得整批交货,但允许对该产品逐盘检验,合格产品允许交货。供方可以对复验不合格钢丝进行分类加工(包括热处理)后,重新提交验收。

(2)钢绞线

应成批验收,每批钢绞线由同一牌号、同一规格、同一生产工艺捻制的钢绞线组成。每批质量应不大于60t。从每批钢绞线中任取3盘,并从每盘所选的钢绞线端部正常部位截取一根试样进行表面质量、直径偏差和力学性能试验。外观质量需逐盘检验,要求钢绞线表面不得带有降低钢绞线与混凝土黏结力的润滑剂、油渍等物质，允许有轻微的浮锈，但不得锈蚀成肉眼可见的麻坑，钢绞线表面允许存在回火颜色。其力学性能应符合表 11-3 的要求。如每批少于 3 盘，则应逐盘取样进行上述试验。试验结果如有一项不合格时，则不合格盘不得交货。并从该批未试验过的钢绞线中抽取双倍数量的试样进行该不合格项的复验，如仍有一项不合格，则该批钢绞线不得交货，或进行逐盘检验合格后交货。供方有权对复验不合格产品进行重新组批提交验收。

消除应力光圆及螺旋肋钢丝力学性能(GB/T 5223—2002) 表 11-1

公称直径 d_n (mm)	抗拉强度 σ_b(MPa) 不小于	规定非比例伸长应力 $\sigma_{p0.2}$(MPa) 不小于		最大力下总伸长率(%) (L_0=200mm) δ_{gt}(%) 不小于	弯曲次数 (次/180°) 不小于	弯曲半径 (mm)	应力松弛性能		
		WLR	WNR				初始应力相当于公称抗拉强度的百分数(%)	1 000h 应力松弛率 r(%)，不大于 WLR	WNR
4.00	1 470	1 290	1 250		3	10	60	1.0	4.5
	1 570	1 380	1 330						
5.00	1 670	1 470	1 410		4	15			
	1 770	1 560	1 500						
	1 860	1 640	1 580						
6.00	1 470	1 290	1 250	3.5			70	2.5	8
	1 570	1 380	1 330						
7.00	1 670	1 470	1 410			20			
	1 770	1 560	1 500						
8.00	1 470	1 290	1 250				80	4.5	12
9.00	1 570	1 380	1 330			25			

注：①WLR 表示低松弛钢丝，WNR 表示普通松弛钢丝。

②规定非比例伸长应力 $\sigma_{p0.2}$ 值，对低松弛钢丝应不小于公称抗拉强度的 88%，对普通松弛钢丝应不小于公称抗拉强度的 85%。

③除非生产厂家另有规定，弹性模量取为 205 ± 10GPa，但不作为交货条件。

④每一批交货钢丝的实际强度不应高于其公称强度级 200MPa。

消除应力的刻痕钢丝的力学性能（GB/T 5223—2002）　　表 11-2

公称直径 d_n（mm）	抗拉强度 σ_b（MPa）不小于	规定非比例伸长应力 $\sigma_{p0.2}$（MPa）不小于		最大力下总伸长率（%）（L_0 =200mm）δ_{gt}（%）不小于	弯曲次数（次/180°）不小于	弯曲半径（mm）	应力松弛性能		
							初始应力相当于公称抗拉强度的百分数（%）	1 000h 应力松弛率 r（%），不大于	
		WLR	WNR					WLR	WNR
≤5.00	1 470	1 290	1 250	3.5	3	15	60	1.0	4.5
	1 570	1 380	1 330						
	1 670	1 470	1 410						
	1 770	1 560	1 500						
	1 860	1 640	1 580				70	2.5	8
>5.0	1 470	1 290	1 250			20			
	1 570	1 380	1 330						
	1 670	1 470	1 410				80	4.5	12
	1 770	1 560	1 500						

注：同表 11-1。

预应力钢绞线力学性能（GB/T 5224—2003）　　表 11-3

钢绞线结构	钢绞线公称直径 D_n（mm）	抗拉强度 R_m（MPa）不小于	整根钢绞线的最大力 F_m（kN）不小于	规定非比例延伸力 $F_{p0.2}$（kN）不小于	最大力下总伸长率（L_0 ≥400mm）A_{gt}（%）不小于	应力松弛性能	
						初始负荷相当于公称最大力的百分数（%）	1 000h 后应力松弛率 r（%）不大于
1×2	8.00	1 470	36.9	33.2	3.5	60	1.0
		1 570	39.4	35.5			
		1 720	43.2	38.9			
		1 860	46.7	42.0			
		1 960	49.2	44.3			

续上表

钢绞线结构	钢绞线公称直径 D_n(mm)	抗拉强度 R_m(MPa)不小于	整根钢绞线的最大力 F_m(kN)不小于	规定非比例延伸力 $F_{p0.2}$(kN)不小于	最大力下总伸长率(L_0≥400mm) A_{gt}(%)不小于	应力松弛性能	
						初始负荷相当于公称最大力的百分数(%)	1000h 后应力松弛率 r(%)不大于
1×2	10.00	1 470	57.8	52.0	3.5	60	1.0
		1 570	61.7	55.5			
		1 720	67.6	60.8			
		1 860	73.1	65.8			
		1 960	77.0	69.3			
	12.00	1 470	83.1	74.8			
		1 570	88.7	79.8			
		1 720	97.2	87.5			
		1 860	105	94.5			
1×3	8.6	1 470	55.4	49.9		70	2.5
		1 570	59.2	53.3			
		1 720	64.8	58.3			
		1 860	70.1	63.1			
		1 960	73.9	66.5			
	10.8	1 470	86.6	77.9			
		1 570	92.5	83.3			
		1 720	101	90.9			
		1 860	110	99.0			
		1 960	115	104			
	12.9	1 470	125	113		80	4.5
		1 570	133	120			
		1 720	146	131			
		1 860	158	142			
		1 960	166	149			
1×7	9.5	1 720	94.3	84.9			
		1 860	102	91.8			
		1 960	107	96.3			

续上表

钢绞线结构	钢绞线公称直径 D_n(mm)	抗拉强度 R_m(MPa)不小于	整根钢绞线的最大力 F_m(kN)不小于	规定非比例延伸力 $F_{p0.2}$(kN)不小于	最大力下总伸长率($L_0 \geq 400$mm) A_{gt}(%)不小于	应力松弛性能	
						初始负荷相当于公称最大力的百分数(%)	1 000h后应力松弛率 r(%)不大于
1×7	11.10	1 720	128	115	3.5	60	1.0
		1 860	138	124			
		1 960	145	131			
	12.70	1 720	170	153		70	2.5
		1 860	184	166			
		1 960	193	174			
	15.20	1 470	206	185		80	4.5
		1 570	220	198			
		1 670	234	211			
		1 720	241	217			
		1 860	260	234			
		1 960	274	247			

注:①供方每一交货批钢绞线的实际强度不能高于其抗拉强度级别200MPa。

②允许使用推算法确定1 000h松弛率。

③除非生产厂家另有规定,弹性模量取为195±10GPa,但不作为交货条件。

(3)预应力混凝土用螺纹钢筋

应分批进行检验,每批应由同一炉罐号、同一规格、同一交货状态的钢筋组成,每批质量不大于100t。对表面质量应逐根目视检查,钢筋表面不得有横向裂纹、结疤和折叠,钢筋表面允许有不影响力学性质和连接的缺陷。外观检查合格后,在每批中任选2根钢筋截取试件进行拉伸试验。试验结果如有一项不符合表11-4中所规定的要求时,则另取双倍数量的试件重做全部各项试验,如仍有一根试件不合格,则该批钢筋为不合格。

拉伸试验的试件,不允许进行任何形式的加工。

精轧螺纹钢筋力学性能(GB/T 20065—2006) 表 11-4

<table>
<tr><td rowspan="2">级别</td><td>屈服强度 R_{eL}(MPa)</td><td>抗拉强度 R_m(MPa)</td><td>断后伸长率 A(%)</td><td>最大力下总伸长率 A_{gt}(%)</td><td colspan="2">应力松弛性能</td></tr>
<tr><td colspan="4">不 小 于</td><td>初始应力</td><td>1 000h 后应力松弛率(%)</td></tr>
<tr><td>PSB785</td><td>785</td><td>980</td><td>7</td><td rowspan="4">3.5</td><td rowspan="4">$0.8R_{eL}$</td><td rowspan="4">≤3</td></tr>
<tr><td>PSB830</td><td>830</td><td>1 030</td><td>6</td></tr>
<tr><td>PSB930</td><td>930</td><td>1 080</td><td>6</td></tr>
<tr><td>PSB1080</td><td>1 080</td><td>1 230</td><td>6</td></tr>
</table>

注:①表中钢筋直径(mm),其规格一般为 18mm、25mm、32mm、40mm、50mm。
②除非生产厂家另有规定,弹性模量取为 2×10^5 MPa。
③PSB 表示 Prestressing、Screw、Bars 的英文缩写。
④供方在保证钢筋 1 000h 松弛性能合格的基础上,可进行 10h 松弛试验,初始应力为公称屈服强度的 80%,松弛率不大于 1.5%。

2. 如何计算预应力筋的下料长度?

答:预应力筋的下料长度应通过计算确定,计算时应考虑张拉方法、结构的孔道长度或台座长度、锚夹具厚度、千斤顶长度、焊接接头或镦头预留量、冷拉伸长值、弹性回缩值、张拉伸长值和外露长度等因素,其计算公式见表 11-5。

下料长度计算公式 表 11-5

张拉方法	序号	预应力筋类别名称	预应力筋下料长度计算简图	计算公式
先张法	1	长线台座整根粗钢筋下料长度	5 1 2 6 7 4 3 l_3 l l_4 l_5	$L_0=l+l_3+l_4+l_5+(3\sim5)\text{cm}$ $L=L_0/(1+r-\delta)$

续上表

<table>
<tr><th>张拉方法</th><th>序号</th><th>预应力筋类别名称</th><th>预应力筋下料长度计算简图</th><th>计算公式</th></tr>
<tr><td rowspan="2">先张法</td><td>2</td><td>长线台座分段粗钢筋下料长度</td><td> 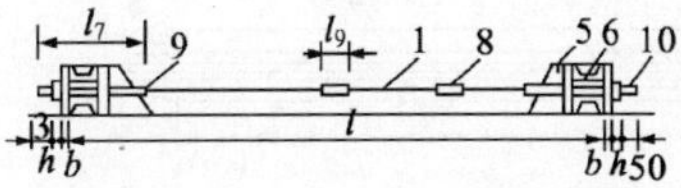l_7 9 l_9 1 8 5 6 10
3 h b l b h 50</td><td>$L_0 = l + 2b + 2h - 2l_7 - (n_1 - 1)l_9 + 2(3 \sim 5)\text{cm}$
$L = L_0/(1 + r - \delta) + n_1 l_1 + 2ml_2$</td></tr>
<tr><td>3</td><td>模外张拉钢丝下料长度</td><td> 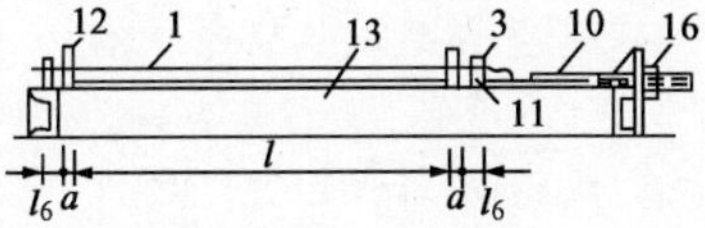12 1 13 3 10 16 11
l_6 a l a l_6</td><td>$L_0 = l + 2a + 2l_6$
$\Delta l = (\sigma_K/E_g)(l + 2a)$
$L = L_0 - \Delta l + n_2 l_2$</td></tr>
<tr><td rowspan="3">后张法</td><td>4</td><td rowspan="2">预应力粗钢筋下料长度</td><td> 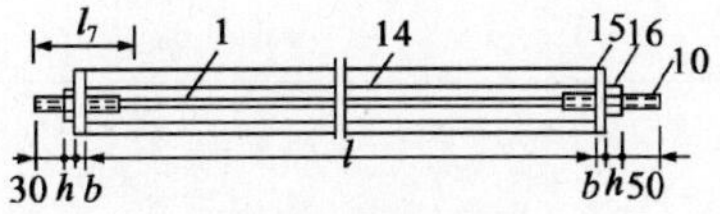l_7 1 14 15 16 10
30 h b l b h 50</td><td>两端用螺丝端杆锚具时：
$L_0 = l + 2b + 2h - 2l_7 + 2(3 \sim 5)\text{cm}$
$L = L_0/(1 + r - \delta) + n_1 l_1$</td></tr>
<tr><td>5</td><td> 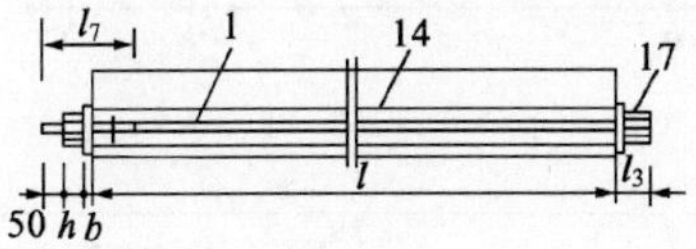l_7 1 14 17
50 h b l l_3</td><td>一端螺丝端杆锚具，另一端用帮条锚具（或镦粗头）时：
$L_0 = l + b + h + l_3 - l_7 + 5\text{cm}$
$L = L_0/(1 + r - \delta) + n_1 l_1 + n_2 l_2$</td></tr>
<tr><td>6</td><td>预应力精轧螺纹下料长度</td><td> 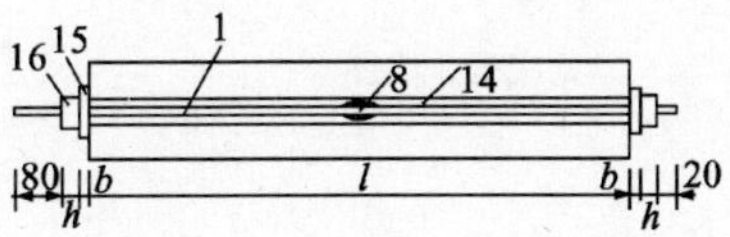16 15 1 8 14
80 b l b 20
h h</td><td>两端张拉时：
$L = l + 2(b + h) + 2 \times 8\text{cm}$
一端张拉时：
$L = l + 2(b + h) + 2\text{cm} + 8\text{cm}$</td></tr>
</table>

续上表

张拉方法	序号	预应力筋类别名称	预应力筋下料长度计算简图	计算公式
后张法	7	预应力钢丝束或钢绞线下料长度	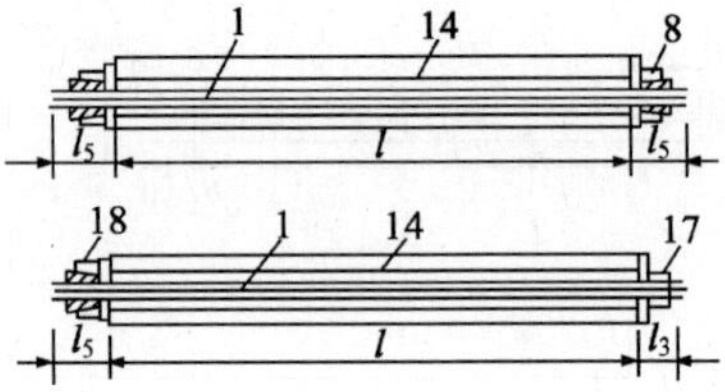 1 14 8 l_5 l l_5 18 1 14 17 l_5 l l_3	两端张拉时: $L=l+2l_5$ 一端张拉时: $L=l+l_5+l_3+3\text{cm}$
	8	无黏结预应力筋的下料长度		见本章第40题
	9	预应力钢丝束下料长度	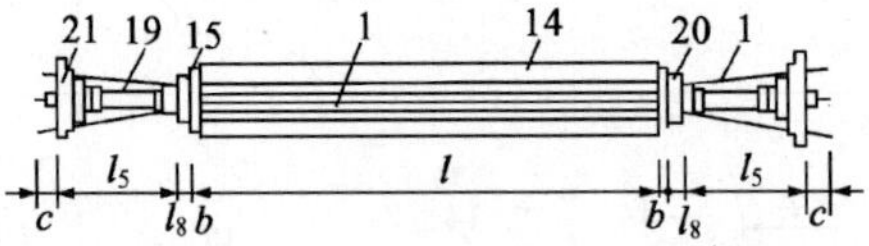 21 19 15 1 14 20 1 c l_5 l_8 b l b l_8 l_5 c	两端张拉时: $L=l+2l_5+2l_8+2b+2c$ 一端张拉时: $L=l+l_5+2l_8+2b+c+5\text{cm}$
电热法	10	后张预应力粗钢筋下料长度	见序号5简图	$L_0=l+b+h+l_3-l_7+3\text{cm}$ $L=L_0/(1+r-\delta)+n_1l_1+n_2l_2$

续上表

张拉方法	序号	预应力筋类别名称	预应力筋下料长度计算简图	计算公式
电热法	11	先张预应力钢丝下料长度	见序号3简图	$L_0 = l + 2a + 2l_6$ $\Delta l = (\sigma_K / E_g)(l + 2a) + \sum \Delta t$ $L = L_0 - \Delta l + n_2 l_2$

注:① 表中公式符号说明:

L-钢筋下料总长度;L_0-预应力钢筋的成品长度;r-钢筋冷拉伸长率,%,由试验确定;δ-钢筋冷拉后的弹性回缩率,%,由试验确定;m-钢筋分段数;n_1-对焊接头数;n_2-镦粗头数;l-构件孔道长或长线台座(包括横梁、定位板在内);l_1-每个对焊接头的预留量(一般为钢筋直径);l_2-每个镦头的压缩长度;l_3-镦粗头(包括锚板)或帮系锚具的长度;l_4-锥形夹具长(一般为5.5cm);l_5-穿心式千斤顶长度(千斤顶脚至顶上夹具末端之间的距离);l_6-钢丝伸出钢模板至锚固板之间的距离;l_7-螺丝端杆长度(一般为32cm);l_8-锚具长度(锥形锚具为4cm);l_9-钢筋连接器中间部分长度;a-模板厚度;b-构件端部垫板厚度;c-钢丝露出卡环端部长度;h-螺母高度;Δt-电热预应力损失值;Δl -电热伸长值;3～5cm-钢筋伸出夹具外的长度或端杆外伸长度(供长度调整和拉伸机用);σ_K-张拉控制应力值;E_g-预应力钢筋的弹性模量

②表中图注编号说明:

1-预应力筋;2-对焊接头;3-镦粗头;4-圆锥形夹具;5-台座承力支架;6-横梁;7-定位板;8-钢筋连接器;9-螺丝端杆连接器;10-螺丝端杆;11-梳筋板;12-顶头模板;13-钢模底板;14-混凝土孔道;15-垫板;16-螺母;17-帮条锚具;18-JM_{12}型锚具;19-双作用千斤顶;20-锥形锚具;21-千斤顶卡环

3. 预应力筋下料时应注意哪些问题?

答:(1)钢丝束两端采用镦头锚具时,同一束中各根钢丝下料长度的相对差值,当钢丝束长度小于或等于20m时,不宜大于1/3 000;当钢丝束长度大于20m时,不宜大于1/5 000,且不大于5mm。长度不大于6m的先张构件,当钢丝成组张拉时,同组钢丝下料长度的相对差值不得大于2mm。

(2)预应力筋的下料,宜采用切断机或砂轮锯,不得采用电弧切割。下料应根据施工部位的先后顺序进行。最好能当天下料,当天用完。

(3)切割场地要平整、硬化,要有防雨、防潮措施。

下料时,在场地上应用红油漆顺直画出由 20m 到最长料长的整尺刻度,间隔以 10m 一道。

(4)下料要有专人负责,量尺准确,材料顺直。严防设备漏电、砂轮锯伤人。切料人员及设备为:下料架 2 个,手砂轮 2 个,50m 钢尺一把,拉钢绞线 4 人,切割 2 人,量尺 2 人。

(5)所下料要及时编号,编号用胶带贴于材料两端,当每束下料满足数量时,需用细铁丝分段绑扎,以备吊装。当钢绞线下料过长时,为起吊方便,把下完的料按 1m 直径盘起,盘起的钢绞线应盖好,以免腐蚀。

二、锚具、夹具和连接器

4. 锚具、夹具和连接器进场验收有哪些规定?

答:(1)锚具、夹具和连接器进场时,除应按合同核查其锚固性能类别、型号、规格及数量外,还应按下列规定进行验收。

①外观检查:应从每批中抽取 2% 的锚具且不少于 10 套,检查其外观和尺寸。如有一套超过产品标准及设计图纸规定尺寸的允许偏差,则应另取双倍数量的锚具重做检查,如仍有一套不符合要求,则应逐套检查,合格者方可使用;如有一套表面有裂纹或夹片、锚孔锥面有锈蚀,则本批产品应逐套检查,合格者使用。

②硬度检查:应从每批中抽取 3% 的锚具且不少于 5 套,对其中有硬度要求的零件做硬度试验,对多孔夹片式锚具的夹片,每套至少抽取 6 片。每个零件测试 3 点,其硬度要求应符合产品质保书的规定,如有一个零件不合格,则应另取双倍数量的零件重做试验,如仍有一个零件不合格,则应逐个检查,合格者方可使用。

③静载锚固性能试验:对大桥等重要工程,当质量证明书不齐全、不正确或质量有疑点时,经上述两项试验合格后,应从同批中抽取 6 套锚具(夹具或连接器)组成 3 个预应力筋锚具组装件,进行静载锚固性能试验,如有一个试件不符合要求,则应另取双倍数量的锚具(夹具或连接器)重做试验,如仍有一个试件不符合要求,则该批锚具(夹具或连接器)为不合格品。试验方法应符合现行国家标准《预应力筋用锚具、夹具和连接器》(GB/T 14370)的规定。

对于其他桥梁的锚具(夹具或连接器)进场验收,其静载锚固性能可由锚具生产厂家提供试验报告。

(2)预应力筋锚具、夹具和连接器进场验收批的划分:在同种材料和同一生产工艺条件下,锚具应以不超过2 000套组为一个验收批;夹具、连接器应以不超过500套组为一个验收批。获得第三方独立认证的产品,其验收批可扩大1倍。检验合格的产品,在现场的存放期超过1年时,仍需外观检查。

5. 常用锚、夹具有哪些类型?其代号如何表示?标记由哪几部分组成?

锚具、夹具和连接器按锚固方式不同可分为4种基本类型,其代号按类型分别用汉语拼音字母表示,见表11-6。

锚具、夹具和连接器的分类及代号　　表11-6

分类		代号		
		锚具	夹具	连接器
夹片式	圆形	YJM	YJJ	YJL
	扁形	BJM		
支承式	镦头	DTM	DTJ	DTL
	螺母	LMM	LMJ	LML
锥塞式	钢质	GZM	—	—
	冷铸	LZM	—	—
	热铸	RZM	—	—
握裹式	挤压	JYM	JYJ	JYL
	压花	YHM	—	—

注:连接器的代号以续接段端部锚固方式命名。

锚具、夹具或连接器的标记由产品代号、预应力钢材直径、预应力钢材根数三部分组成(生产企业的体系代号只在需要时加注)。如:锚固12根直径15.2mm预应力混凝土用钢绞线的圆形夹片式群锚锚具,标记为:YJM15-12。

三、管　　道

6. 预应力管道的制作方法有哪几种?各自应注意哪些事项?

答:预应力管道的制作方法的种类及各自应注意的事项参见表11-7所示。

种类及其注意事项　　表 11-7

种类		适用范围	注意事项
抽芯法	胶管抽芯	适用于直线、曲线	(1)胶管外径尺寸须符合孔道要求,管壁工作拉力不小于5kN,在拉力作用下,管壁径向收缩不小于2mm,并有良好的挠曲适应性和耐磨性; (2)为增加胶管的刚度及控制其安装位置,宜在胶管内穿入一根衬管或芯棒,衬管或芯棒直径应较胶管小8~10mm,长度较胶管长1~2m; (3)当孔道较长或为曲线时,胶管应用两根对接,接头处可套一长为30~40cm的铁皮管。接头须牢固、严密,防止浇筑混凝土时脱节或漏浆; (4)当采用充气或充水胶管时,使用前必须做试验,且管内压力不得低于0.5MPa; (5)安装胶管时必须严格控制坐标位置,用#字或U型定位架固定(采用焊接)。定位架间距直线段:水平为50cm,垂直为30cm;曲线部分为20~30cm
	钢管抽芯	适用于短、直管道	(1)钢管长度不宜>15m,不够长时可用两根对接,接头用铁皮包实、包严; (2)钢管表面应光滑、平直,无锈蚀、污物、局部凹陷或焊疤; (3)定位架同上,但间距可放大至1~2m; (4)接头的两侧均应设支架固定; (5)浇筑中应间隔5~15min向同一方向旋转一次,不可左右摇动
预埋管道法	预埋铁皮管	多用于抽拔胶管有困难的梁体上,或管道十分密集的部位	(1)一般为2mm厚的平滑钢管; (2)为防止漏浆,纵向采用咬口接缝,节与节之间采用套接,大头直径放大2mm,接头用氧焊焊接或用沥青麻布缠扎或用胶带纸缠扎; (3)为便于穿束,各管节均按同向套接; (4)每节管节至少应固定三点以上,固定要牢固,以防上浮或滑移

续上表

种类		适用范围	注意事项
预埋管道法	金属伸缩套管	同上	(1)为防止漏浆,伸缩套层数至少在二层以上; (2)要将其与孔道筋绑扎牢固,接头处可用铁皮管处理,其管径较伸缩套管扩大后的直径大2mm,用腻子把接头抹死
	预埋金属波纹管或塑料波纹管	适用于各种形状、各种情况的管道	(1)管道接长时,用连接段做搭接接头,并在连接段两侧用塑料胶带密封; (2)定位必须准确,其固定用#字或U形固定架,间距为:①水平铺设时一般为50~100cm;②垂直铺设时为30~40cm;③曲线铺设时为20~30cm; (3)浇筑混凝土时严防漏浆,出气孔位置要用胶带缠实或用特制卡管; (4)预应力束可在浇筑混凝土前穿,也可在之后穿对塑料波纹管一般采用先穿束,管束一起安装; (5)壁厚不宜小于0.3mm

7. 如何留设压浆孔及排气孔?

答:无论何种形式及结构的孔道均应设置压浆孔以及排气孔。对购置的成型锚垫板一般都已设置了压浆孔。对工地自己生产的锚垫板可按设计要求自行制作压浆孔,其孔径一般为20~25mm,施工时注意不要将其封堵。排气孔一般设置在管道的最高部位,其间距为20~30m一道。排气管为塑料管,管径为20~30mm,与波纹管的连接用与波纹管配套的卡子或用胶带纸封闭、连接,连接处要密闭,排气管应伸出将浇混凝土顶面10cm为宜。另外,对竖向预应力管道中间不设排气孔,其下部压浆管应预埋,一般用3~4cm塑料管,管在混凝土顶面的自由长度要>30cm,以便能及时封堵压注满浆的管道,使浆外流的损失尽量减少。对抽拔管的排气孔可用木塞或钢筋头预留,且木塞或钢筋头应与管道顶紧,混凝土初凝后拔出即可。

8. 怎样检查成孔质量?

答:通孔器是检查制孔质量的仪器,用圆钢制作,长100~120mm,中间一段呈圆柱形,直径比预应力筋孔道小4~7mm,两端为截头圆锥形,并各钻一小孔,通过小孔来固定牵引钢丝。

检查前,若发现孔道堵塞,应消除孔内的杂物。

检查前一般用大小不一的两种直径相差10mm左右的通孔器，先用大直径的通孔器试通，若不能通过，再用小直径的通孔器试通，并用芯棒检查堵孔位置并做好标记。对仅能通过小直径通孔器的孔道可采用螺纹钢筋在孔内通捣或来回拉磨；对不通的孔，查明原因后，分别采取相应措施：若是由于断胶管、水泥浆或铁皮接头堵塞，则可在芯棒上焊制钢钩将其钩出或用力将其捣通；若是金属伸缩套管或其他接头因拉断残留在孔中等原因，堵塞严重，则应标出准确位置，从侧面凿开取出，疏通孔道，重设制孔器，用特配混凝土修补缺口。若缺口较大，则用与梁同样的混凝土即可。

9.金属螺旋管的检验是怎样规定的?

答:金属螺旋管检验有以下要求。

(1)金属螺旋管进场时,除应按合同检查出厂合格证和质量保证书,核对其类别、型号、规格及数量外,还应对其外观、尺寸、集中荷载下的径向刚度、荷载作用后的抗渗漏及抗弯曲渗漏等进行检验。工地自行加工制作的管道亦应进行上述检验。上述检验方法可参照现行《预应力混凝土用金属波纹管》(JG 225—2007)的规定执行,其取样数量、检验内容和顺序见表11-8所示,质量要求如下:

①外观要求:外观应清洁,内外表面无油污,无引起锈蚀的附着物,无孔洞和不规则的折皱,咬口无开裂、无脱扣。

②抗渗漏性能:经规定的集中荷载和均布荷载作用后,或在弯曲情况下,不得渗出水泥浆,但允许渗水。

金属螺旋管检验内容及取样数量 表11-8

检验顺序	检验内容	取样数量
1	外观	全部
2	尺寸	6
3	集中荷载下径向刚度	3
4	荷载作用后抗渗漏	不另取样
5	抗弯曲渗漏	3

(2)金属螺旋管应按批进行检验。每批应由同一钢带生产厂生产的同一批钢带所制造的金属螺旋管组成,累计半年或50 000m生产量为一批,不足半年产量或50 000m也作为一批的,则取产量最多的规格。

(3)当按本问题第(1)条规定的项目检验结果有不合格项目时,应以双倍数量的试件对该不合格项目进行复验,复验仍不合格时,则该批产品为不合格。

10.塑料波纹管的检验是怎样规定的?

答:(1)塑料波纹管进场时,除应按合同检查出厂合格证和质量保证书,核对其类别、型号、规格及数量外,还应对其外观、尺寸及密封性等进行检测。其检验方法可参照现行《预应力混凝土桥梁用塑料波纹管》(JG/T 529)的有关规定执行。其取样数量、检验内容和顺序及质量要求见表11-9。

塑料波纹管检验内容、取样数量　　表11-9

序号	检验内容	取样数量
1	原材料	全部
2	外观	全部
3	环刚度	5根管材上各取长300mm试件一段
4	局部横向荷载	5根管材上各取长1 100mm试件一段
5	柔韧性	1根长1 100mm试件
6	抗冲击性	按GB/T 14152规定执行

(2)塑料波纹管应按批进行检验。每批应由同一配方、同一生产工艺、同一设备稳定连续生产的一定数量的产品组成。每批数量不应超过10 000m。

(3)质量要求

原材料:应使用原始粒状原料,严禁使用粉状和再造粒状原料。

外观:应光滑,色泽均匀,内外壁不允许有隔体破裂、气泡、裂口、硬块及影响使用的划伤。

环刚度:应不小于6kN/m^2。

局部横向荷载:管材表面不应破裂;卸荷5min后残余变形量不得超过管材外径的10%。

柔韧性:按规定的弯曲方法反复弯曲5次后,专用塞规能顺利地从塑料波纹管中通过。

抗冲击性:低温落锤冲击试验的真实冲击率TIR最大允许值为10%。

规格要求:长度规格一般为6、8、10m,偏差0~10mm。圆形管规格要求见附表11-10,扁平管规格要求见附表11-11。

圆形塑料波纹管规格 表 11-10

型　号	内　径 (mm)		外　径 (mm)		壁　厚 (mm)		不圆度
	标准值	偏差	标准值	偏差	标准值	偏差	
SBG-50Y	50	±1.0	63	±1.0	2.5	±0.5	6%
SBG-60Y	60		73		2.5		
SBG-75Y	75		88		2.5		
SBG-90Y	90	±2.0	106	±2.0	3.0		
SBG-100Y	100		116		3.0		
SBG-115Y	115		131		3.0		
SBG－130Y	120		146		3.0		

扁形塑料波纹管规格 表 11-11

型　号	长　轴 (mm)		短　轴 (mm)		壁　厚 (mm)	
	标准值	偏差	标准值	偏差	标准值	偏差
SBG-41B	41	±1.0	22	±0.5	2.5	±0.5
SBG-55B	55		22		2.5	
SBG-72B	72		22		3.0	
SBG-90B	90		22		3.0	

11. 如何控制抽拔芯管的抽拔时间？怎样抽拔？

答: 抽拔芯管的时间应适当,宜在混凝土初凝后、终凝前进行。抽拔制孔器的时间与预制时所处环境的气温有关,必须严格控制,否则将会出现塌孔或拔不出的情况。一般情况下以混凝土抗压强度达到 0.4～0.8MPa 时为宜。抽拔时间以现场试验确定,亦可参照表 11-12 所示。

制孔器抽拔时间参照表 表 11-12

环境温度 (℃)	抽拔时间 (h)	环境温度 (℃)	抽拔时间 (h)
30 以上	3	20～10	5～8
30～20	3～5	10 以下	8～12

注:表中所列为普通水泥混凝土情况下的数据。

抽拔制孔器的顺序宜先上后下,先曲后直,分层浇筑的混凝土应根据各层凝固情况确定抽拔顺序。芯管采用橡胶管或钢管时,可用机械抽拔,抽拔时拖拉方向应和管道轴线重合；胶管先抽出芯棒，再抽拔胶管，抽出后清洗干净，卷盘存放以备用。

四、混凝土浇筑

12. 先张法混凝土浇筑应注意哪些事项?

答:先张法混凝土浇筑除按一般操作程序执行外，还应特别注意以下事项：

(1)尽量采用附着式振动器。当使用插入式振动器时，须特别注意防止振动器碰撞预应力钢材，以防预应力钢材与混凝土间的黏结力及力筋发生滑移和断筋伤人。

(2)用层叠法生产构件时，应待下层构件混凝土强度达到设计强度的30%以上后，才能浇筑上层混凝土；每次浇筑前须在下层构件表面上涂刷隔离剂，预防上下层构件互相黏结。

(3)先张构件采用蒸汽养护时，须注意防止预应力钢材与台座之间产生过大的温度而引起应力损失。一般情况下，将温度控制在20℃以内，待混凝土强度达到10MPa时，可适当提高温度，但不能超过60℃。

13. 后张法混凝土浇筑应注意哪些事项?

答:后张法混凝土浇筑除按一般操作程序执行外，还应特别注意以下事项：

(1)每一构件尽量一次连续浇筑混凝土。当箱梁较高时可分次浇筑，但应使施工缝的受力位置最佳，必须处理好施工接缝。施工缝除凿毛处理外，应预埋型钢或预留凹槽等加强措施。

(2)由于钢筋及预应力管道纵横交错，对于预制件尽量采用底、侧模联合振捣工艺；对于用插入式振动器的施工，要准备各种类型的振动器，以便根据钢筋或管道间距的大小配合使用。

(3)应随时注意校正和检查支座钢板、端部锚固板、制孔器及预埋件的位置、数量等。

(4)浇筑混凝土时，应避免振动器碰撞预应力钢材管道、预埋件、模板，以保证其位置和尺寸符合要求。

(5)预应力锚垫板后钢筋分布较密，必须充分振捣并注意混凝土粗集料粒径。对振捣棒不能达到效果的应用钢筋利用人工进行捣实。

(6)采用蒸汽养护时，恒温温度应≤60℃。

14. 预应力混凝土浇筑前应注意哪些事项?

答:预应力混凝土浇筑前除按一般操作程序执行外,还应特别注意以下事项:

(1)预制台座应坚固、无沉陷,台座支点间距应适宜,以确保底模变形不大于2mm。梁跨径>20m时,应按设计要求设置反拱。

(2)为保证预留孔道位置的精确,端模板应与侧模和底模紧密贴合,并与孔道轴线垂直。孔道管固定处应注明坐标位置,锚垫板还应编上号,以便钢绞线布置时对号入座。

(3)梁内预埋件位置应准确,特别是锚垫板应与端头模板紧密贴合,不得平移或转动。

(4)压浆孔是否已做防漏浆措施,出气孔是否已安装,是否漏浆,压浆管是否够长等。

(5)齿板钢筋布置是否合理,不能过密,以防混凝土不能下落;螺旋筋是否遗漏。对于顶板上齿板,一定要严格控制锚垫板高度,保证其不能高出路面高程,要求用水准仪测量。

(6)若采用侧模、底模振捣,应在底梁与基础之间加设弹性垫层,其厚度不宜小于1.5cm。

(7)考虑到施加预应力后混凝土会压缩,梁的底模板铺设时可加长(1/1 000)L(L为梁长)。

(8)对振捣人员技术交底,强调锚垫板位置振捣的艺术性及重要性,严防漏振。为进一步保证混凝土的振捣质量,施工时可派技术人员进行跟踪。

(9)检查预应力孔道的数量、固定间距、各接头是否密封,检查预应力管道是否顺直。

(10)在现浇箱梁中应检查箱内预应力顶板束张拉是否预留吊装千斤顶的预留孔、孔位是否准确。预留孔的制作方法是将5~10cm的塑料管用细铁丝固定在钢筋骨架上,待混凝土初凝后即可拔除,并将其用到下一个点上。

五、施加预应力

15. 高压油泵常见故障的原因及处理方法是什么?

答:高压油泵常见故障的原因及处理方法,参见表11-13所示。

高压油泵常见故障的原因及处理方法　　表 11-13

序号	故障种类	故障原因	故障处理方法
1	不出油或出油不足	油箱油面太低;吸、出油阀垫片失效,吸、出油阀密封不严;吸油管或滤清器不畅;油太稠或太脏	添加油液;拆换垫片;清洗或更换吸、出油阀;清除堵塞物,清洗滤清器;换油
2	压力表指针不稳	进油孔油压脉冲太大	由一路中孔进油改为二路侧面进油,减小脉冲
3	压力上不去	吸、出油阀密封不严或磨损严重;吸油管有大量空气;压力表座堵塞;吸油阀垫片失效;有漏油	清洗或更换吸、出油阀;找出进气部位并采取相应办法处理;拆下清洗或更换;拆换垫片;找出漏油部位并封堵
4	过度发热	油泵内部漏油过多;油过分粘稠;冷却跟不上;工作压力太高	检查并维修油阀密封及油路管线;换油;增加油箱容器或增设降温装置;避免超负荷工作
5	压力波动	吸、出油阀密封不严或严重磨损;丝堵松动或垫片失效;输油管路中有空气;衬套移位	清洗或更换吸、出油阀;上紧丝堵,更换垫片;放气,可将油泵连接螺帽拧松,大缸进油,使油液喷出一些,再拧紧螺帽;调整衬套的位置
6	噪声	油中夹有空气;吸、出油路有部分堵塞;油过分粘稠;轴承磨损;齿轮过度磨损	查找并封堵空气入口;除去赃物,清理油路;换油;换轴承;换齿轮
7	漏油	油封垫失效;丝堵松动;柱塞衬套损坏	更换油封垫片;上紧丝堵;更换柱塞衬套

16. 张拉千斤顶常见故障的原因及处理方法是什么?

答:张拉千斤顶常见故障的原因及处理方法,参见表 11-14 所示。

千斤顶常见故障的原因及处理方法　　表 11-14

序号	故障种类	故障原因	故障处理方法
1	漏油	油封损坏;油嘴连接部位不密封	更换密封圈;修理连接油嘴或更换垫片
2	千斤顶油塞运行不稳	油缸中存有空气	空载往复运行几次,以排除缸内空气
3	活塞不回程或回程困难	操作阀用错;张拉缸未回油;回程缸漏油;回程油量不充足	正确使用操作阀;排除故障使张拉缸回油;查找并排除漏油原因;加足油量
4	千斤顶张拉活塞不动或运动困难	错误使用操作阀;回程缸没有回油;张拉缸漏油;油量不足;活塞密封圈胀得太紧	正确使用操作阀;使回程缸回油;查找并排除漏油原因;加足油量;更换密封圈
5	千斤顶缸体或活塞创伤	密封圈上混有铁屑和沙粒;缸体变形	检查密封圈,清除杂物,修复缸体或活塞;检查缸体材料、尺寸、硬度,修复或更新
6	千斤顶连接油管爆裂	油管使用过久,拆卸安装次数过多;压力太高;焊接不良	尽量少拆装,避免弯折,不易修复时更换油管;检查油压表是否失灵,压力是否超过规定;焊接是否牢固

17. 施加预应力前应做哪些准备工作?

答:施加预应力之前,必须完成以下工作。

(1)施工现场应具备经批准的张拉程序和现场施工说明书。

(2)对设计图纸提供的预应力伸长值进行复核计算,对不符合要求的要会同监理、设计、业主进行更正。其具体计算方法见本章第 22 题。

(3)现场须有具备预应力施工知识并懂得正确操作的施工人员。

(4)锚具安装正确,对后张构件,混凝土已达到要求的强度,一般为设计强度的 100% 或按设计要求执行,而且弹性模量达到要求。

(5)施工现场已具备确保全体操作人员和设备安全的必要的预防措施。千斤顶的吊装应有简单的支撑架(如图 11-1);支架用钢管或角钢制作。千斤顶的升降用倒链进行。对于横桥向翼缘板下的张拉,千斤顶安装可用两根钢管制作一滑槽，宽度以使千斤顶不漏下为准。施工时让架子一端支撑于张拉预应力空间台阶上，用人工和挂于翼板边缘的倒链向上拉另一端，从而使千斤顶沿钢管滑移到位。支架应稳定支立，严禁对不够高的支架加垫层。

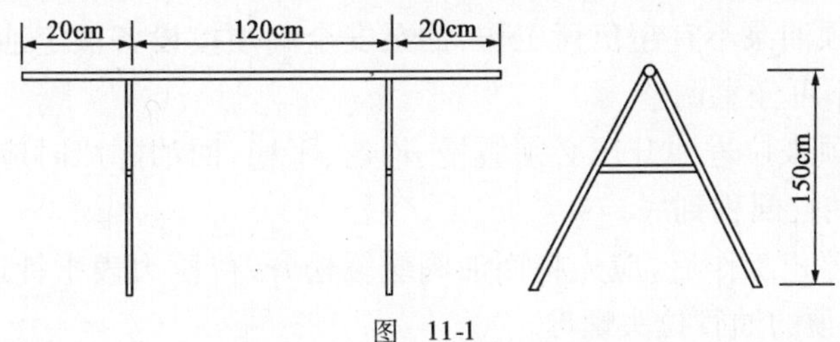

图　11-1

(6)对张拉设备进行校核。施加预应力所用的机具设备及仪表应由专人使用和管理,并应定期维护和校验。千斤顶与压力表应配套校验,以确定张拉力与压力表之间的关系曲线,校验应在经主管部门授权的法定计量技术机构定期进行。校验时,应将千斤顶及其配套的油泵、油压表一起配套进行。校验仪器可采用压力试验机、标准测力计或传感器等,一般采用长柱压力试验机的方法。与每台油泵配套的压力表应有两块,在操作时,一块作为备用。

张拉机具设备应与锚具配套使用,并应在进场时进行检查和校验。对长期不使用的张拉机具设备,应在使用前进行全面校验。使用期间的校验期限应视机具设备的情况确定,当千斤顶使用超过 6 个月或 300 次或在使用过程中出现不正常现象或检修以后应重新校验。弹簧测力计的校验期限不宜超过 1 年。

(7)对后穿束的钢绞线进行下料、穿束,穿束方式为人工或机械牵引。

(8)压浆设备、材料、方案准备就绪。

(9)工地常发生夹片与锚头不配套现象,应注意检查锚具是否配套,对于不配套产品,应及时更换。

18. 使用液压拉伸机应注意哪些事项?

答:(1)油泵中的油液,一般冬天用 10 号机油,夏天用 20 号机油,也可用 2 号或 3 号锭子油、变压器油等性质相近的液压油。灌入油箱的油要过滤、除杂质。一般情况下油液使用半年或 500 工时后,应更换新油并清洗油路。

(2)油箱应保持 85% 左右的油位,不足时应以相同的油液补充。箱内油温应保持在 10 ~40℃。

(3)油泵接电源时,机壳必须接地线,线路必须绝缘良好。

(4)连接油泵和千斤顶的油管应保持清洁,连接时要封紧,不得漏油。

(5)油泵运转前,应将各油路调节阀松开,然后开动油泵,待空负荷运转正常后,再关闭油阀,增大负荷,并注意压力表指针是否正常。

(6)千斤顶油泵不宜超负荷工作,油泵安全阀须按设备额定油压或使用油压调整压力,不可任意调整。

(7)千斤顶张拉进油升压必须缓慢、均匀、平稳,回油降压时应缓慢松开回油阀,并使各油缸回程到底。

(8)油泵停止工作后,应先将回油阀缓缓松开,待压力表指针退回到零位,才能拆卸千斤顶的油管拉头螺母。

(9)千斤顶的活塞外伸量必须满足伸长量的需要。

(10)配合双作用千斤顶的油泵,以采用两路同时输油的双联式油泵为宜。

(11)千斤顶张拉升压时,应严密观察有无漏油、偏斜等情况,必要时应回油调整后再行张拉。

(12)双作用千斤顶在张拉过程中,应使顶压油缸全部回油。在顶压过程中,张拉油缸应予持荷,以保证恒定的张拉力,待顶压锚固完成后,再使张拉缸回油。

(13)当拉伸机停用时,应用螺丝堵封连接油泵与千斤顶的油管。同时,油嘴也应用螺帽封住,防止灰尘、杂物进入机内。

(14)张拉机具出现不正常现象,如仪表反应的张拉力与理论伸长值相差太大,应对张拉设备重新检验。

(15)拉伸机的使用必须严格按规程进行,不可忽视,避免发生危险。

19. 如何考虑张拉千斤顶的行程?

答:千斤顶的张拉行程应大于预应力钢材的张拉伸长值,其伸长值公式为:

$$\Delta L = (\sigma_k / E_g) \times L$$

式中:ΔL——预应力钢材的张拉伸长值,cm;

σ_k——预应力钢材的张拉控制应力,MPa;

E_g——预应力钢材的弹性模量,MPa;

L——预应力钢材张拉时的有效长度,cm。

当张拉设备行程不足时,可根据夹片的适应性能进行分级重复张拉,张拉时,注意夹片的损坏和力筋断、滑丝,且不可使千斤顶张拉行程完全伸出。如最大行程为200mm的千斤顶,实际张拉行程不能大于180mm。

20. 如何选用油压力表?

答:油压表上的数据反映拉伸机所承受的拉伸力,适当配备油表才能保证张拉的正常进行。压力表的读数与张拉力的关系如下式:

$$P_u = N_y / A_u$$

式中:P_u——压力表的读数,MPa;

N_y——预应力钢材的张拉力,N;

A_u——张拉设备的工作油压面积,mm^2。

选用时,为保证压力表的安全使用,压力表最大量程应为 P_u 的 1.5 ~ 2.0 倍,精度不应低于 1.5 级。

21. 如何选用张拉设备的张拉吨位?

答:为确保张拉工作的安全可靠和准确性,所选用张拉设备的张拉吨位应大于所张拉预应力钢材的张拉力,预应力钢材张拉力的计算公式如下:

$$N_y = \frac{1}{1000} nm\sigma_k A_g$$

式中:N_y——预应力钢材的张拉力,kN;

σ_k——预应力钢材的张拉控制应力,MPa;

A_g——每根预应力钢材的截面面积,mm^2;

n——同时张拉的预应力钢材根数;

m——超张拉系数,不超张拉时为 1.0,超张拉时一般为1.03 ~ 1.05。

计算出预应力钢材的张拉力 N_y 后,应根据 N_y 选用张拉设备,并保证张拉设备的张拉力有一定的富余量。

22. 预应力筋伸长值是如何控制的?

答:预应力筋伸长值可根据以下方法控制。

(1)预应力筋采用应力控制方法张拉时,应以伸长值进行校核,实际伸长值与理论伸长值的差值应符合设计要求;设计无规定时,实际伸长值与理论伸长值的差值应控制在 6% 以内,否则应暂停张拉,待查明原因并采取措施予以调整后,方可继续张拉。

(2)预应力筋的理论伸长值 ΔL(mm),可按下式计算:

$$\Delta L = (P_P L)/(A_P E_P)$$

式中:P_P——预应力筋的平均张拉力,N;直线筋取张拉端的拉力,两端张拉的曲线筋另行计算,一般按平均张拉力计,计算方法见本章第24题;

L——预应力筋的长度,mm;

A_P——预应力筋的截面面积,mm^2;

E_P——预应力筋的弹性模量,MPa。

(3)预应力筋张拉时,应先调整到初应力σ_0,该初应力宜为张拉控制应力σ_{con}的10%~25%,伸长值应从初应力时开始量测。力筋的实际伸长值除量测的伸长值外,必须加上初应力以下的推算伸长值。对后张法构件,在张拉过程中产生的弹性压缩值一般可省略。

预应力筋张拉的实际伸长值ΔL(mm),可按下式计算:

$$\Delta L = \Delta L_1 + \Delta L_2$$

式中:ΔL_1——从初应力至最大张拉应力间的实测伸长值,mm;

ΔL_2——初应力以下的推算伸长值,mm;可采用相邻级的伸长值。一般采用应力张拉到20%(或30%)与10%(15%)的伸长量的差值。

(4)在施工中,可能由于锚圈口及孔道摩阻力对张拉力造成损失,而使伸长量与理论伸长量不符,此时可通过测试摩阻损失来确定伸长量及进行超张拉,超张拉值不得超过105%。

23.如何进行预应力损失的测定?

答:预应力损失的测定方法如下。

(1)锚圈口摩阻损失的测定

用油压千斤顶测定时,可在张拉台上或用一根直孔道钢筋混凝土柱进行。两端均用锥形锚时,其测定步骤如下:

①两端同时充油,油表数值均保持4MPa,然后将甲端封闭作为被动端,乙端作为主动端,张拉至控制吨位。设乙端控制吨位为N_a时,甲端相应吨位为N_b,则锚圈口摩阻力N_0为:

$$N_0 = N_a - N_b$$

克服锚圈口摩阻力的超张拉系数n_0:

$$n_0 = \sqrt{N_a / N_b}$$

测试反复进行3次,取平均值。

②乙端封闭,甲端张拉,同样按上述方法进行3次,取平均值。

③两次的N_0和n_0平均值,再予以平均,即为测定值。

(2)孔道摩阻损失的测定

用千斤顶测定曲线孔道摩阻时,其测试步骤如下:

①梁的两端装千斤顶后同时充油,保持一定数值(约4MPa)。

②甲端封闭,乙端张拉。张拉时分级升压,直至张拉控制应力。如此反复进行3次,取两端压力差的平均值。

③仍按上述方法,但乙端封闭,甲端张拉,取两端3次压力差的平均值。

④将上述两次压力差的平均值再次平均,即为孔道摩阻力的测定值。如两端为锥形锚,上述测定值应扣除锚圈口摩阻力。

24. 如何计算预应力筋平均张拉力?

答:预应力筋平均张拉力,可按下式计算:

$$P_P = \{P[1 - e^{-(kx+\mu\theta)}]\}/(kx+\mu\theta)$$

式中:P_P——预应力筋平均张拉力,N;

P——预应力筋张拉端的张拉力,N;

x——从张拉端至计算截面的孔道长度,m;

θ——从张拉端至计算截面曲线孔道部分切线的夹角之和,rad;

k——孔道每米局部偏差对摩擦的影响系数,见表11-15所示;

μ——预应力筋与孔道壁的摩擦系数,见表11-15所示。

注:①当预应力筋为直线时,$P_P = P$。②对于多处弯曲的预应力束应按每弯起段与直线段分段计算然后叠加。

系数 k 及 μ 值表　　表11-15

孔道成型方式	k	μ 值		
		钢丝束、钢绞线、光面钢筋	带肋钢筋	精轧螺纹钢筋
预埋铁皮管道	0.003 0	0.35	0.40	—
预埋钢管	0.001 0	0.25	—	—
抽芯成型孔道	0.001 5	0.55	0.60	—
预埋金属螺旋管道	0.001 5	0.20~0.25	—	0.50
预埋塑料波纹管	0.001 5	0.14~0.17	—	0.45

25. 预应力筋锚固时,其内缩量有何规定?

答:预应力筋的锚固,应在张拉控制应力处于稳定状态下进行。锚固阶段张拉端预应力筋的内缩量,应不大于设计规定或不大于表11-16所列允许值。

锚具变形、预应力筋回缩和接缝压缩容许值　表 11-16

锚具、接缝类型		变形形式	容许值 ΔL_R (mm)
钢制锥形锚具		预应力筋回缩、锚具变形	6
夹片式锚具	有顶压时	预应力筋回缩、锚具变形	4
	无顶压时		6
镦头锚具		缝隙压密	1
粗钢筋锚具(用于螺纹钢筋)		预应力筋回缩、锚具变形	1
每块后加垫板的缝隙		缝隙压密	1
水泥砂浆接缝		缝隙压密	1
环氧树脂砂浆接缝		缝隙压密	1

26. 什么情况下考虑超张拉?

答:应该指出的是,预应力筋并不是在所有场合下都需要超张拉,只有在施工中遇到下列情况之一时,才考虑采取超张拉:

(1)实际的孔道摩阻损失和锚具内缩损失大于设计取值。

(2)预应力筋的应力松弛率较大,且在设计中预应力筋的应力松弛值取低值。

(3)设计中未考虑预应力筋分批张拉时引起的预应力损失。

(4)为克服平卧重叠构件由于叠层摩阻引起的预应力损失。

(5)需计入锚圈口的摩阻损失。具体见本章第 23 题。

(6)减少预应力筋与台座之间的温差引起的预应力损失。

因此,施工中是否采取超张拉程序,需根据实际情况区别对待。

施工规范中对不同类型的锚具规定了不同的张拉程序。采用弗氏锚或锥形锚等锚具时,仍按原规范的程序进行超张拉操作。采用夹片式等具有自锚性能的锚具时,视预应力筋的松弛级别来选用张拉程序,当为普通松弛级的力筋时,其张拉程序为 0→初应力→$1.03\sigma_{con}$(σ_{con}为预应力筋的设计张拉控制应力)。

六、先　张　法

27. 先张法张拉台座分哪几类？由哪几部分组成？

答：(1)台座的分类

台座按其构造形式可分为墩式台座如图 11-2、槽式台座如图 11-3、简易式台座如图 11-4。其中墩式台座用于永久性的预制厂制作中小型预应力混凝土构件；槽式台座即可承受张拉力又可作为构件蒸汽养护槽，多用于在预制厂制作用粗钢筋做预应力钢材的大型构件；简易式台座主要用于一些中小型构件，配筋不多，张拉力不大，预应力钢材离台面较近的构件。

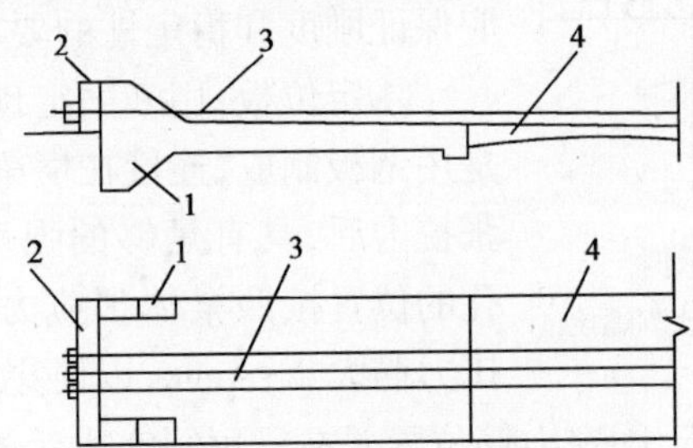

图 11-2　墩式台座构造示意图

1-传力墩；2-横梁；3-预应力钢材；4-台面

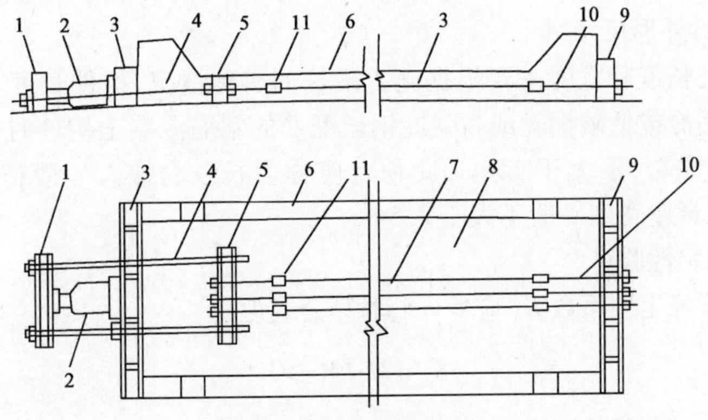

图 11-3　槽式台座示意图

1-活动前横梁；2-千斤顶；3-固定前横梁；4-大螺丝杆；5-活动后横梁；6-传力柱；7-预应力钢材；8-台面；9-固定后横梁；10-工具式螺丝杆；11-夹具

(2)台座的组成

台座主要由底板、承力架(支承架)、梁、定位板和固端装置这几部分组成。

①底板:有整体式混凝土台面或装配式台面两种,作为预制构件的底模,其宽度由所制作预应力构件的宽度决定。

②承力架或支承架:台座的主要受力结构,是台座的承力架。其承受全部张拉力,在施工生产时,要求承力架具有变形小、经济、安全、便于操作等特点,其形式又可分为框架式、墩式、槽式等。

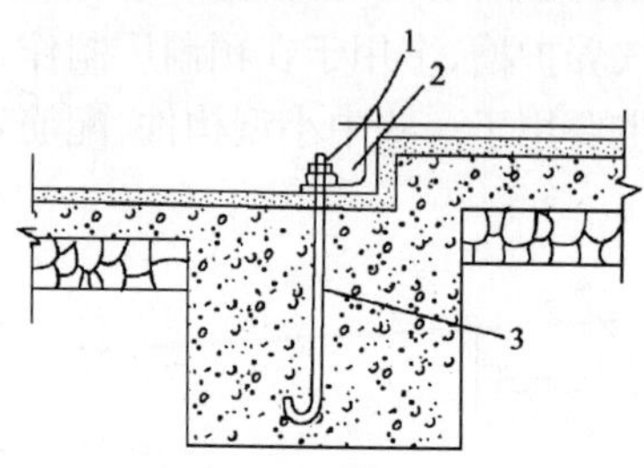

图 11-4　简易台座示例

1-角钢;2-三角加劲板;3-地脚螺栓

③横梁:将预应力筋的张拉力传给承力架的横向构件,常用型钢或钢筋混凝土制作。其断面尺寸由横梁的跨径、张拉力的大小决定,并应保证刚度和稳定性的要求。

④定位板:用来固定预应力筋的位置,一般是用钢板制成,连接在横梁上,它必须保证承受张拉力后,具有足够的强度和刚度。定位板上孔的位置按照梁体预应力筋的位置设置,孔径比力筋大 2 ~ 4mm,以便穿筋。

⑤固定端装置:用于固定力筋位置并在梁预制完成后放松力筋,它设在非张拉端,仅用于一端先张台座。

28. 先张法墩式台座的设计要素有哪几部分?

答:(1)外形尺寸

台座的长度和宽度主要根据施工现场的实际情况、构件长度、生产数量决定。生产用冷拔低碳钢丝或高强度钢丝配筋的钢筋混凝土构件时,台座长度一般为 100m 左右,不大于 150m,此种台座称为长线台座。一般情况下台座为 50 ~ 120m,台座宽度一般不大于 2.5m。

(2)稳定性验算

①倾覆稳定性系数 K_1 应≥1.5,验算公式为:

$$K_1 = M_1/M_2 \geq 1.5$$

式中:M_1——抗倾覆力矩,主要由台座自重力及土压力等产生;

M_2——倾覆力矩,主要由预应力钢材的张拉力产生。

②滑移稳定性系数 K_2 应≥1.3,验算公式为:

$$K_2 = T_1/T_2 \geqslant 1.3$$

式中：T_1——抵抗滑动的力，主要由台座底面与土壤之间的摩阻力、台面顶力及土壤顶力等产生；

T_2——滑动力，即总张拉力。

③横梁应具有足够的刚度，受力后其挠度应不大于2mm。

29.先张法张拉预应力筋的一般步骤是什么？

答：先张法张拉预应力一般有以下一些步骤。

(1)采用螺丝杆锚具，拧动端头螺帽，调整预应力筋长度，使每根预应力筋受力均匀。

(2)施加10%的张拉应力，将预应力筋拉直，锚固端和连接器处拉紧，在预应力筋上选定适当的位置刻画标记，作为测量延伸量的基点。

(3)正式张拉，其拉法分以下三种情况：

①一端固定，一端单根张拉。张拉顺序由中间向两侧对称进行，当横梁、承力架符合从一侧张拉的安全要求时，也可从一侧进行。单根预应力筋张拉吨位不可一次拉至超张拉应力。

②一端固定，一端多根张拉。千斤顶必须同步顶进，保持横梁平行移动，预应力筋均匀受力，分级加载拉至超张拉应力。

③一端单根张拉，一端多根张拉。先张拉单根预应力筋，由延伸量和油表压力读数双控制施加30%～40%的张拉力，同时使预应力筋受力均匀，先顶锚锚固一端，再张拉多根预应力筋至超张拉应力。

(4)持荷，按预应力筋的类型选定持荷时间2～5min，使预应力筋完成部分徐舒，完成量约为全部量的20%～25%，以减少钢丝锚固后的应力损失。

(5)锚固前，应补足或放松预应力筋的拉力至控制应力。测量、记录预应力筋的延伸量，并核对实测值与理论计算值，其误差应在±6%范围内，若不符合规定，则应找出原因及时处理。

(6)张拉满足要求后，锚固预应力筋、千斤顶回油至零。

30.先张法预应力筋的张拉程序是怎样的？操作时应注意哪些事项？

答：1)先张法预应力筋的张拉程序如表11-17所示。

先张法预应力筋张拉程序 表 11-17

预应力筋种类	张 拉 程 序
钢筋	0→初应力→1.05σ_{con}(持荷 5min)→0.9σ_{con}→σ_{con}(锚固)
钢丝、钢绞线	0→初应力→1.05σ_{con}(持荷 5min)→0→σ_{con}(锚固)
	对于夹片式等具有自锚性能的锚具: 普通松弛力筋 0→初应力→1.03σ_{con}(锚固) 低松弛力筋 0→初应力→σ_{con}(持荷 5min 锚固)

注:①表 11-17 中 σ_{con} 为张拉时的控制应力值,包括预应力损失值。

②超张拉数值可比设计要求提高 5%,但不得超过表 11-18 规定的最大张拉控制应力。

③张拉钢筋时,为保证施工安全,应在超张拉放张至 0.9σ_{con} 时安装模板、普通钢筋及预埋件等。

最 大 张 拉 应 力 表 11-18

预应力钢材类别	最大张拉应力
冷拉Ⅱ~Ⅳ级钢筋	$0.95R_Y^b$
热处理钢筋、消除应力钢丝、钢绞线、冷拉钢丝	$0.80R_Y^b$
冷拉钢丝	$0.75R_Y^b$

注:R_Y^b 为钢材的极限抗拉强度标准值。

2)操作时应注意的事项有:

(1)同时张拉多根预应力筋时,应预先调整其初应力,使相互之间的应力一致;张拉过程中,应使活动横梁与固定横梁始终保持平行,并应抽查力筋的预应力值,其偏差的绝对值不得超过按一个构件全部力筋预应力总值的 5%。

(2)预应力筋张拉完毕后,与设计位置的偏差不得大于 5mm,同时不得大于构件最短边长的 4%。

(3)预应力筋的张拉应符合设计要求,设计无规定时,其张拉程序可按表 11-17 中的规定进行。

(4)张拉时,预应力筋的断丝数量不得超过表 11-19 中的规定。

先张法预应力筋断丝限制 表 11-19

类 别	检 查 项 目	控 制 数
钢丝、钢绞线	同一构件内断丝数不得超过钢丝总数的	1%
钢 筋	断 筋	不容许

(5)横梁须有足够的刚度,受力后挠度应不大于 2mm。

(6)应先张拉靠近台座截面重心的预应力钢材,防止台座承受过大的偏心压力。

(7)在台座上铺放预应力筋时,应采取措施防止沾污预应力筋。

(8)用横梁整批张拉时,千斤顶应对称布置,防止活动横梁倾斜。

(9)张拉时,张拉方向与预应力钢材在一条直线上。

(10)顶紧锚塞时,用力不可过猛,以防预应力钢材折断;拧紧螺母时,应注意压力表读数始终保持在控制张拉力处。

(11)台座两端应设置防护措施。张拉时,沿台座长度方向每隔4~5m应放一防护架。工作人员不得站在台座两端或进入台座。

(12)当预应力钢筋张拉到控制张拉力后,宜停2~3min再打紧夹具或拧紧螺母,此时,操作人员应站在侧面。

31.先张构件放张的注意事项有哪些?

答:先张构件放张应注意预应力钢材放松前,必须拆除模板;放松时混凝土强度应符合设计规定值,若无设计规定时,其强度不宜低于设计标号的80%,同时弹性模量不低于混凝土28d弹性模量的80%;用砂箱放张时,放砂速度应均匀一致;用千斤顶放张时,放张宜分数次完成。单根钢筋采用拧松螺母的方法放张时,宜先两侧后中间,并不得一次将一根力筋松完。

钢筋放张后,可用乙炔—氧气切割,但应采取措施防止烧坏钢筋端部。钢丝放张后,可用切割、锯断或剪断的方法切断;钢绞线放张后,可用砂轮锯切断。

长线台座上预应力筋的切断顺序,应由放张端开始,逐次切向另一端。

七、后　张　法

32.在后张法预应力中,对预应力筋安装后的保护措施有何规定?

答:在后张法预应力中,对预应力安装后的保护措施有以下规定:

(1)对在混凝土浇筑及养生之前安装在管道中但在下列规定时间内没有压浆的预应力筋,应采取防止锈蚀或其他防腐蚀的措施,直至压浆。

在不同暴露条件下,未采取防腐蚀措施的力筋在安装后至压浆时的容许间隔时间如下:

①空气湿度大于70%或盐分过大时,容许间隔时间为7d。

②空气湿度为40%~70%时,容许间隔时间为15d。

③空气湿度小于40%时,容许间隔时间为20d。

(2)将力筋安装在管道中后,管道端部开口应密封,以防止湿气进入。采用蒸汽养生时,在养生完成之前不应安装力筋。

(3)在任何情况下,当在安装有预应力筋的构件附近进行电焊时,对全部预应力筋和金属件均应进行保护,防止溅上焊渣或造成其他损坏。

33. 后张法的张拉程序是如何规定的?操作时应注意哪些事项?

答:1)后张预应力筋的张拉应符合设计要求,设计无规定时,其张拉程序可参照表11-20中的规定进行。

后张法预应力筋张拉程序 表11-20

锚具和预应力筋类别		张 拉 程 序
夹片式等具有自锚性能的锚具	钢绞线束、钢丝束	普通松弛预应力筋:0→初应力→1.03σ_{con}(锚固)
		低松弛预应力筋:0→初应力→σ_{con}(持荷5min锚固)
其他锚具	钢绞线束、钢丝束	0→初应力→1.05σ_{con}(持荷5min)→σ_{con}(锚固)
		0→初应力→1.05σ_{con}(持荷5min)→0→σ_{con}(锚固)
螺母锚固锚具	螺纹钢筋	0→初应力→σ(持荷5min)→0→σ_{con}(锚固)

注:①表中σ_{con}为张拉时的控制应力,包括预应力损失值。

②两端同时张拉时,两端千斤顶升降压、画线、测伸长等工作应基本一致。

③超张拉数值超过新桥规第7.6.3条规定的最大超张拉应力限值时,应按该条规定的限值进行张拉。

2)操作时应注意以下事项。

(1)对力筋施加预应力之前,应对构件进行检验,外观尺寸应符合质量标准要求。张拉时,构件混凝土强度、弹性模量(或龄期)应符合设计要求;设计无要求时,不应低于设计强度等级值的80%,弹性模量应不低于混凝土28d弹性模量的80%。当块体拼装构件的竖缝采用砂浆接缝时,砂浆强度不低于15MPa。

(2)对预留孔道应用通孔器或压气、压水等方法进行检查。端部预埋铁板与锚具和垫板接触处的焊渣、毛刺、混凝土残渣等应清除干净。通孔器检查见本章第8题。当采用先穿束的方法时用压气、压水较好。

(3)钢筋穿束前,螺丝端杆的丝扣部分应用水泥袋纸等包缠2~3层,并用细铁丝扎牢;钢丝束、钢绞线束、钢筋束等穿束前,将一端找齐平,顺序编号。对于短束用人工从一端向另一端穿束;对于较长束,应套上穿束器,由引线及牵引设备从另一端拉出。

(4)对于夹片式锚具,上好的夹片应齐平,在张拉前并用钢管捣实。

(5)预应力筋的张拉顺序应符合设计要求,当设计未规定时,可采取分批、分段对称张拉。

(6)应使用能张拉多根钢绞线或钢丝的千斤顶同时对每一钢束中的全部力筋施加应力,但对于扁平管道中不多于4根的钢绞线除外。

(7)预应力筋张拉端的设置应符合设计要求,当设计无具体要求时,应符合:对于曲线预应力筋或长度大于等于25m的直线预应力筋,宜在两端张拉;对长度小于25m的直线预应力筋,可在一端张拉;曲线配筋的精轧螺纹钢筋应在两端张拉,直线配筋的精轧螺纹钢筋可在一端张拉;当同一截面中有多束一端张拉的预应力筋时,张拉端宜分别设置于构件的两端。预应力筋采用两端张拉时,可先在一端张拉锚固后,再在另一端补足预应力值进行锚固。

(8)后张预应力筋断丝及滑丝不得超过表11-21中的控制数。

后张预应力筋断丝、滑移限制　　表11-21

类　别	检查项目	控制数
钢丝束和钢绞线束	每束钢丝断丝或滑丝	1根
	每束钢绞线断丝或滑丝	1丝
	每个断面断丝之和不超过该断面钢丝总数的	1%
单根钢筋	断筋或滑移	不容许

注:①钢绞线断丝系指单根钢绞线内钢丝的断丝。

②超过表所列的控制数时,原则上应更换,当不能更换时,在许可的条件下,可采取补救措施,如提高其他束预应力值,但须满足设计上各阶段极限状态的要求。

(9)预应力筋在张拉控制应力达到稳定后方可锚固。预应力筋锚固后的外露长度不宜小于30mm,锚具应用封端混凝土保护,当需长期外露时,应采取防止锈蚀的措施。一般情况下,锚固完毕并经检验合格后即可切割端头多余的预应力筋,严禁用电弧焊切割,强调用砂轮机切割。一般防锈措施为砂浆封堵。

(10)张拉完成后,即对外露多余钢绞线、钢筋进行切割,切割后即封堵。封堵的方法是用素灰将锚头封住,然后用塑料布将其裹住进行养生,以防止裂缝而使锚头漏浆、漏气,影响压浆质量。

(11)张拉时,应注意夹片的回缩量,并做好记录予以减除。用自锚锚头时,夹片的回缩量即钢绞线回缩量,一般为限位板限位槽深减去夹片外露量。夹片外露量由张拉完毕后量得。

34. 后张法预应力筋张拉完成后,应注意哪些问题?

答:当预应力筋施加应力完成,卸除千斤顶后,仍须对其做详细检查,此时应注意以下问题:

(1)检查有无滑丝,若有滑丝,其数量不应超过总数量的1%,否则应对其进行更换后,重新张拉。

(2)检查有无断丝,若有断丝,其数量不应超过总数量的1%,否则应对其进行更换后,重新张拉。

(3)检查夹片外露量。一般情况下,锚头与夹片为配套产品,夹片外露数量为1~3mm,当发现普遍存在夹片外露量>3mm时,可认为锚具不配套或不标准,应退货或换货。

(4)检查分片夹片外露量是否一致。

35. 用工作锚做工具锚时有何限制?采取何种措施更容易卸除工具锚中的工具夹片?

答:在实际工作中,由于工作疏忽或经验不足,在订制张拉设备时忽略了工具锚的订购或工具锚数量不够,此时,可用工作锚具代替工具锚,但由于夹片的性能有限,最好在当作工具锚使用2次后就改为工作锚使用到工程中去,以免使用次数过多而造成废品,从而造成损失。

为方便退顶,一般情况下在工具锚夹片上涂腊。另一简单常用的方法是:在装工具夹片时,也可用塑料薄膜缠绕于夹片外围,同样能起到更好的退顶效果。

36. 如何量测和计算夹片式锚具张拉预应力筋的实际伸长值?

答:实际伸长值的量测和计算应按以下步骤进行:

(1)安装千斤顶前,量测张拉端的夹片外露量(限位板槽深)ΔL_0(mm)。

(2)张拉到初应力σ_0(一般取控制应力的10%~25%为宜),再开始张拉和计测伸长值。对于张拉到初应力σ_0的伸长量,可用张拉到20%~30%的应力的伸长量估测,这部分伸长量为ΔL_1。

(3)量测从10%~25%应力开始至张拉完成预应力束的伸长量为ΔL_2。

(4)对于后张法尚应扣除混凝土结构在张拉过程中产生的弹性压缩值C,但实际操作中可以忽略。

(5)实际总伸长量ΔL:

$$\Delta L=\Delta L_1+\Delta L_2-[\Delta L_0-(2\sim 3\text{mm})]$$

式中：ΔL_1——从 0 到初应力的伸长量，mm；或按 $\Delta L_1 = (\sigma_0 / E_g) \times L$ 推算（实际工作中不多用）；

ΔL_2——从初应力至最大张拉应力间的实际伸长量，mm；

ΔL_0——张拉前夹片外露量，mm；

2 ~ 3mm——张拉完成后夹片外露量，mm。

当理论伸长值与实际伸长值相差超过 ±6% 时，应先查明原因并及时处理，再进行张拉，不可忽略。

37. 产生断丝、滑丝的原因及处理方法有哪些？

答：产生断丝的原因很多，一般主要有：钢材材质不均匀或严重锈蚀；锚圈口处分丝时交叉重叠；操作过程中没有做到孔道、锚圈、千斤顶三对中，造成钢丝偏离中轴线，受力不均，个别钢丝应力集中；油压表失灵，造成张拉力过大；千斤顶未按规定校验。

产生滑丝的原因一般有：锚圈锥孔与夹片之间有夹杂物；力筋和千斤顶卡盘内有油污；锚下垫板喇叭口内有混凝土和其他残渣；锚具偏离锚下垫板；锚具（锚圈、锚塞、夹片）质量存在问题，由于其硬度不足、不匀而产生变形；锚具当工具锚使用时，由于使用不当，已造成了损坏后又被当做工作锚。

张拉完成后要及时在钢丝（或钢绞线）上做好标记，若发现滑丝，一般采用 YCL2Z 千斤顶和卸荷座，将卸荷座支承在锚具上，用 YCL2Z 千斤顶张拉滑丝钢绞线，直到将滑丝夹片取出，换上新夹片，张拉至设计应力即可；当工地无相应千斤顶时，可利用型钢制成与锚具及现场千斤顶相适应的卸荷座，就用现场张拉千斤顶进行卸荷处理，注意安全。当遇严重滑丝或在滑丝过程中钢绞线受到严重损害，应将锚具上的钢绞线全部卸荷，针对现状进行处理。

卸荷时应注意将千斤顶提前伸出一定长度，该长度应略大于钢绞线的伸长值，以免夹片卸除了，千斤顶却被卡在锚具上。

当滑丝发生在顶锚以后，还可用下面方法处理。

(1) 放松钢丝束。将千斤顶按张拉状态装好，并将钢丝在夹盘内楔紧。一端张拉，当锚塞被带出时，立即用钢钎卡住锚塞螺纹，然后主缸缓慢回油，钢丝内缩而锚塞被卡住却不能回缩。之后，主缸再次进油，再次用钢钎卡住。如此反复进行直至锚塞退出。然后拉出钢丝束，更换新的钢丝束和锚具。

(2) 单根滑丝单根补拉。将滑进的钢丝楔紧在卡盘上，张拉达到应力后顶压楔紧。

(3) 人工滑丝放松钢丝束。安装好千斤顶并楔紧各根钢丝。在钢丝的一端张拉到钢丝的控制应力仍拉不出锚塞时,可打掉一个千斤顶卡盘上钢丝的楔子,迫使1~2根钢丝产生抽丝。这时锚塞与锚圈的锚固力就减小了,再次拉锚塞就能比较容易拉出。

处理断丝常用的方法主要有:

(1)提高其他钢丝束的控制张拉力做补偿。但任何情况下最大超张拉力不得超过表11-18中的规定。

(2)当量断丝超过同断面总量的1%时,要重新进行松锚、换束、重新张拉,方法同滑丝卸载。

(3)对于一些重要结构,如特大桥的箱梁,设计时一般留有备用束,当施工过程中出现严重断丝时,可启用备用束补救原断丝束。

38. 预防滑丝、断丝的主要措施有哪些?

答:预防滑丝、断丝的主要措施有以下几点:

(1)千斤顶与油表要配套使用,当发现伸长量与油表反映的张拉力相差较大时,应及时对其进行校验。

(2)千斤顶的限位板的槽深不能太浅,以防刻划预应力筋。

(3)锚具的尺寸、硬度须符合要求,锚环、锚塞、夹片应逐个检查,产品必须配套使用,锚塞头上的导角应做成圆弧。

(4)预应力筋使用前应认真检查其尺寸、强度、硬度;编束时要认真梳理,避免交叉混乱,清除其表面的油污、锈蚀等。

(5)锚垫板承压面、锚环的安装面必须与孔道中心线垂直,锚具中心线与孔道中心线重合。

(6)锚具在使用前必须先清除杂物,刷去油污;千斤顶给油、回油工序一般应缓慢平稳,特别是不能让大缸回油过猛,以免产生较大的冲击振动。

(7)张拉时防止张拉力超限发生断丝。

(8)在冬季施工时,钢丝性能会发脆变硬,预应力张拉工作应在正温条件下进行或采取相应措施达到温度要求。

39. 小型前卡钢丝、钢绞线穿心千斤顶的主要用途有哪些?

答:原YCJ230型前卡穿心千斤顶是张拉单根钢绞线和7根一束钢丝束的专用设备,其工具锚安装在千斤顶前部的中心位置,因此,不仅安装方便,和原ZB4/500型油泵配套时,安装、张拉、顶楔回程操作方便、时间短,而且只需预留240mm的预应力筋就可以张拉,每拉一次可节约600mm预应力筋。该千斤顶主要有以下用途：

（1）预应力板式结构的现场后张施工。这时，预应力束为单根，使用该千斤顶操作简单、体积小、轻便。

（2）岩石和土中锚固的外锚头张拉。这时，预应力束为大吨位束，总数不很多，锚头位置分散在各高度的部位，用大型千斤顶时，搬运就位难度太大，可用本千斤顶逐根张拉。

（3）在预制厂内用长线台座法生产预应力构件时，用来预紧各根预应力筋，使之受力均匀。

（4）在多根预应力筋用大千斤顶同时张拉时，若出现滑丝现象，可以补拉处理。

（5）张拉箱梁内部或 T 梁腋下和大吨位千斤顶难以就位的直线或单波曲线束。

（6）用测力卸锚器代替液压顶楔器，可将锚具随着预应力筋的移动，拉离锚垫板，以测量预应力筋的现存拉力；也可以将楔片从锚环锥孔内拉出、取下，将预加拉力卸除。卸除预应力时，应将千斤顶活塞伸出一定量，再安装千斤顶进行张拉，以确保千斤顶回程时预加拉力完全消除。

40. 何谓无黏结预应力混凝土？其下料长度如何计算？

答：无黏结预应力混凝土指的是把预先加工好的无黏结预应力筋铺设在模板中，然后浇筑混凝土，待混凝土达到设计要求的张拉强度后，对其进行张拉，张拉方法同后张法。它的特点是：预应力钢材与混凝土不黏结在一起，可省略一般后张法的预留孔道、穿束、压浆等工作，预应力则是全部通过构件端部的锚具传给混凝土。其中无黏结预应力筋的下料长度与预应力筋的分布形状、所采用的锚固体系及张拉设备有关。

采用夹片式锚具时，在用穿心式千斤顶在构件上张拉钢丝束或钢绞线，其下料长度 L 的计算式为

（1）一端张拉时

$$L = l + 2(l_1 + 10\text{cm}) + l_2 + l_3$$

（2）两端张拉时

$$L = l + 2(l_1 + l_2 + l_3 + 10\text{cm})$$

式中：l——构件的孔道长度；

l_1——夹片式工作锚厚度；

l_2——穿心式千斤顶长度;

l_3——夹片式工具锚厚度。

采用镦头锚具并用拉杆式或穿心式千斤顶在构件上张拉钢丝束时,钢丝的下料长度 L 应考虑钢丝束张拉锚固后螺母位于锚杯中位,其下料长度为:

(1)一端张拉时

$$L = l + 2h + 2\delta - 0.5(H - H_1) - \Delta L - C$$

(2)两端张拉时

$$L = l + 2h + 2\delta - (H - H_1) - \Delta L - C$$

式中:l——构件的孔道长度;

h——锚杯底部厚度或锚板厚度;

δ——钢丝镦头留量,对 $\phi5$ 钢丝取 10mm;

H——锚杯高度;

H_1——螺母厚度;

L——钢丝束张拉伸长值;

C——张拉时构件混凝土的弹性压缩值。

41. 如何进行无黏结预应力筋的质量检验?

答:无黏结预应力筋的质量检验,可按以下要求进行。

(1)产品外观:对外观检测采用目测,要求油脂饱满,不漏涂;护套圆整光滑,松紧恰当,破损率≤1%。

(2)内部检测:每批随机抽样三根,每根长 1m,称量产品质量后,用刀剖开塑料管,分别用柴油清洗掉油脂,擦净,再分别用天平称出钢材与塑料管质量,并用千分卡量取塑料管壁的平均厚度,再对照质量要求进行评定。其质量要求为:

①油脂用量:对于 ϕ^j15 或 $7\phi^s5$ 两者都不小于 0.5kg/10m;对于 ϕ^j12 不小于 0.43kg/10m。

②管壁厚度:在正常环境下,不小于 0.8mm;在腐蚀环境下,不小于 1.2mm。

(3)无黏结预应力筋进场时应按《桥规》有关规定分批验收、测试、检验。

(4)无黏结预应力筋锚具系统其质量检验和验收应符合 GB/T 14370、GB 50204 及 JGJ 85 的相关规定,须采用I类锚具。

(5)无黏结预应力筋与锚具组装件应通过疲劳性能试验。

八、后张孔道压浆

42. 预应力筋孔道压浆的浆液有何技术要求?

答:对预应力筋孔道压浆的浆液有以下技术要求:

(1)水泥应采用性能稳定、强度等级不低于42.5的低碱硅酸盐或低碱普通硅酸盐水泥,其技术要求见表11-22。

水泥技术要求　表11-22

项　目	技术要求	检验标准
比表面积(m^2/kg)	≤350(硅酸盐水泥、抗硫酸盐硅酸盐水泥)	《水泥比表面积测定方法(勃氏法)》(GB/T 8074)
80μm方孔筛筛余(%)	≤10.0(普通硅酸盐水泥)	《水泥细度检验方法筛析法》(GB/T 1345)
游离氧化钙含量(%)	≤1.5	《水泥化学分析方法》(GB/T 176)
碱含量(%)	≤0.60	
熟料中的C_3A含量(%)	≤8;海水环境下≤10	按《水泥化学分析方法》(GB/T 176)检验后计算求得
氯离子含量(%)	≤0.03	《水泥原料中氯离子的化学分析方法》(JC/T 420)

(2)外加剂应与水泥有良好的相容性,且不得含有氯盐、亚销酸盐或其他对预应力筋有腐蚀作用的成分。减水剂采用高效减水剂,且应满足现行国家标准《混凝土外加剂》(GB 8076)中一等品的要求,其减水率应不小于20%。

(3)矿物掺和料的品种宜为Ⅰ级粉煤灰、磨细矿渣粉或硅灰,并应符合表11-23、表11-24、表11-25的技术指标。

粉煤灰技术要求　表11-23

项　目	技术要求		检验标准
	C50以下混凝土	C50及以上混凝土	
细度(%)	≤20	≤12	《用于水泥和混凝土中的粉煤灰》(GB/T 1596)
需水量比(%)	≤105	≤100	
含水率(%)	≤1.0(干排灰)		

续上表

项　目	技术要求		检验标准
	C50 以下混凝土	C50 及以上混凝土	
烧失量(%)	≤5.0	≤3.0	《水泥化学分析方法》(GB/T 176)
SO_3 含量(%)	≤3		
CaO 含量(%)	≤10(硫酸盐侵蚀环境)		
游离 CaO 含量(%)	F 类粉煤灰≤1.0 C 类粉煤灰≤4.0		
氯离子含量(%)	≤0.02		《水泥原料中氯离子的化学分析方法》(JC/T 420)
安定性(雷氏夹沸煮后增加距离,mm)	C 类粉煤灰≤5.0		《水泥标准稠度用水量、凝结时间、安定性检验方法》(GB/T 1346)

磨细矿渣粉技术要求　　表 11-24

项　目	技术要求	检验标准
比表面积(m^2/kg)	350~450	《水泥比表面积测定方法(勃氏法)》(GB/T 8074)
需水量比(%)	≤100	《高强高性能混凝土用矿物外加剂》(GB/T 18736)
含水率(%)	≤1.0	《用于水泥和混凝土中的粒化高炉矿渣粉》(GB/T 18046)
烧失量(%)	≤3	《水泥化学分析方法》(GB/T 176)
SO_3 含量(%)	≤4	
MgO 含量(%)	≤14	
氯离子含量(%)	≤0.02	《水泥原料中氯离子的化学分析方法》(JC/T 420)
28d 活性指数(%)	≥95	《用于水泥和混凝土中的粒化高炉矿渣粉》(GB/T 18046)

硅灰技术要求　　表 11-25

项　目	技术要求	检验标准
比表面积(m^2/kg)	≥18 000	《高强高性能混凝土用矿物外加剂》(GB/T 18736)
需水量比(%)	≤125	
含水率(%)	≤3.0	《水泥化学分析方法》(GB/T 176)
烧失量(%)	≤6	
SiO_2 含量(%)	≥85	《高强高性能混凝土用矿物外加剂》(GB/T 18736)
氯离子含量(%)	≤0.02	《水泥原料中氯离子的化学分析方法》(JC/T 420)
28d 活性指数(%)	≥85	《高强高性能混凝土用矿物外加剂》(GB/T 18736)

(4)水不应含有对预应力筋或水泥有害的成分,每升水中不得含有350mg以上的氯化物离子或任何一种其他有机物,宜采用符合国家卫生标准的清洁饮用水。

(5)膨胀剂宜采用钙矾石系或复合型膨胀剂,不得采用以铝粉为膨胀源膨胀剂或总碱量0.75%以上的高碱膨胀剂。

(6)压浆材料中的氯离子含量不应超过胶凝材料总量的0.06%,比表面积应大于350m^2/kg,三氧化硫含量不应超过6.0%。

(7)配置的压浆浆液,其性能指标应符合表11-26的规定。

后张预应力孔道压浆浆液性能指标　表11-26

项　目		性能指标	检验试验方法标准
水胶比(%)		0.26~0.28	《水泥标准稠度用水量、凝结时间、安定性检验方法》(GB/T 1346)
凝结时间(h)	初凝	≥5	
	终凝	≤24	
流动度(25℃)(s)	初始流动度	10~17	新桥规JTG/T F50—2011附录C3
	30min流动度	10~20	
	60min流动度	10~25	
泌水率(%)	24h自由泌水率	0	桥规JTG/T F50—2011附录C4
	3h钢丝间泌水率	0	桥规JTG/T F50—2011附录C5
压力泌水率(%)	0.22MPa(孔道垂直高度≤1.8m时)	≤2.0	桥规JTG/T F50—2011附录C6
	0.36MPa(孔道垂直高度>1.8m时)		
自由膨胀率(%)	3h	0~2	桥规JTG/T F50—2011附录C4
	24h	0~3	
充盈度		合格	桥规JTG/T F50—2011附录C7
抗压强度(MPa)	3d	≥20	《水泥胶砂强度检验方法(ISO法)》(GB/T 17671)
	7d	≥40	
	28d	≥50	
抗折强度(MPa)	3d	≥5	
	7d	≥6	
	28d	≥10	
对钢筋的锈蚀作用		无锈蚀	《混凝土外加剂》(GB 8076)

注:①有抗冻性要求时,宜在压浆材料中掺用适量引气剂,且含气量宜为1%~3%。

②有抗渗性要求时,抗氯离子渗透的28d电量指标宜小于或等于1 500C。

43. 孔道压浆施工应注意哪些问题?

答:(1)使用符合规范要求的合格材料(水泥、水、外加剂)和压浆设备。

(2)水泥浆的性能必须得到保证,这些性能包括水灰比、泌水率、膨胀率和稠度等指标。

(3)压浆前,应对孔道进行清洁处理。对抽芯成型的混凝土空心孔道应冲洗干净,并使孔壁完全润湿;金属管道必要时亦应冲洗以清除有害材料;对孔道内可能发生的油污等,可采用已知对预应力筋和管道无腐蚀作用的中性洗涤剂或皂液,用水稀释后进行冲洗。冲洗后,应使用不含油的压缩空气将孔道内的所有积水吹出。冲洗水应从一端进入,另一端排出,待排出水同入口水时,清污完成。

(4)水泥浆自拌制至压入孔道的延续时间,视气温情况而定,一般在40min范围内。水泥浆在使用前和压注过程中应连续搅拌。对于因延迟使用所致的流动度降低的水泥浆,不得通过加水来增加其流动性。预应力筋张拉后,孔道应尽早压浆,一般不宜超过48h。

(5)压浆时,对曲线孔道和竖向孔道应从最低点的压浆孔压入,由最高点的排气孔排气和泌水。压浆顺序宜先压注下层孔道。

对于曲线预应力孔道,设置泌水管是必要的。孔道压浆后,再用人工从泌水管内徐徐补入水泥浆,并用细钢丝插捣,直至补满为止。人工补浆用的水泥浆流动度应比灌浆用的水泥浆略大一些,以利于水泥浆的灌入。

(6)压浆应缓慢、均匀地进行,不得中断,并应将所有最高点的排气孔依次一一放开和关闭,使孔道内排气通畅。较集中和邻近的孔道,宜尽量先连续压浆完成,不能连续压浆时,后压浆的孔道应在压浆前用压力水冲洗通畅。

(7)对掺加外加剂泌水率较小的水泥浆,通过试验证明能达到孔道内饱满时,可采用一次压浆的方法;不掺加外加剂的水泥浆,可采用二次压浆法,两次压浆的间隔时间宜为30~45min。

(8)压浆应使用活塞式压浆泵,不得使用压缩空气,目前常用设备型号有UB3型灰浆泵和PJ02型搅拌机。压浆的最大压力宜为0.5~0.7MPa;当孔道较长或采用一次压浆时,最大压力宜为1.0MPa。梁体竖向预应力筋孔道的压浆最大压力可控制在0.3~0.4MPa。压浆应达到孔道另一端饱满和出浆,并应达到排气孔排出与规定稠度相同的水泥浆为止。为保证管道中充满灰浆,关闭出浆口后,应保持不小于0.5MPa的一个稳压期,该稳压期不宜少于3~5min。

(9)压浆过程中及压浆后48h内,结构混凝土的温度不得低于5℃,否则应采取保温措施。当气温高于35℃时,压浆宜在夜间进行。

(10)压浆后应从检查孔抽查压浆的密实情况,如有不实,应及时处理和纠正。压浆时,每一工作班应留取不少于3组的70.7mm×70.7mm×70.7mm立方体试件,标准养护28d,检查其抗压强度,作为评定水泥浆质量的依据。

(11)为防止管道冻坏,冬季施工可以在水泥浆内加入加气剂。加气剂是以苛性钠、松香配制成有效物质54%的松香皂,投入量按有效物质为水泥质量的0.02%控制。

(12)压浆完毕后,应认真填写施工记录。

44. 什么是真空辅助压浆?有何优点?其压浆流程及注意事项是怎样的?

答:真空辅助压浆体系是以塑料波纹管将孔道系统密封,一端用抽真空机将孔道内80%以上的空气抽出,并保证孔道真空度在80%左右,同时压浆端压入水胶比应低于本体混凝土,且不宜大于0.4,一般为0.3~0.35的水泥浆。当水泥浆从抽真空端流出且稠度与压浆端基本相同,再经过特定位置的排浆,保压手段保证孔道内水泥浆体饱满。

执行真空辅助压浆工艺,需以下设备:①塑料波纹管;②塑料波纹管的热焊接机;③压浆泵和浆液储存缸;④抽真空机;⑤浆体控制阀门;⑥真空压力控制器。

其优点是:

(1)可以消除普通压浆法引起的气泡,同时,孔道内残留的水珠在接近真空的情况下被汽化,随同空气一起被抽出,增强了浆体的密实度。

(2)消除混在浆体中的气泡,这样就避免了有害水积聚在预应力筋附近的可能性,防止预应力筋的腐蚀。

(3)改进浆体的设计,使其不会发生析水、干硬收缩等问题。

(4)孔道在真空状态下,减少了由于孔道高低弯曲而使浆体自身形成的压力差,便于浆体充盈整个孔道,尤其是一些关键部位。

其压浆流程是:在压浆孔道出口及入口处安上密封盖及阀门,将真空泵连接在非压浆端上,压浆泵连接在压浆端上,以串联的方式将负压容器、三向阀门和锚垫板压浆孔连接起来,其中锚垫板压浆孔和阀门之间用透明塑料管连接。压浆前关闭所有的排气阀门(连接真空泵的除外),启动真空泵抽真空,使压力达到-0.07MPa。在真空泵运转的同时,启动压浆泵开始压浆,直至非压浆端的透明管中出现水泥浆,打开抽真空端的三向阀门,当阀门口流出浓浆时关闭阀门,继续压浆并在0.5~0.6MPa压力下保压5min。真空压浆辅助设备见图11-5。

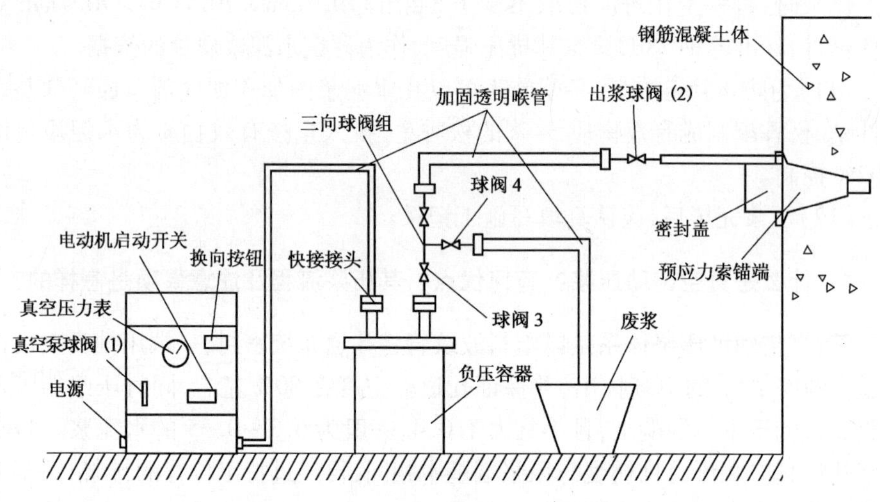

图11-5 真空辅助压浆工艺原理示意图

其注意事项是:

(1)预应力筋张拉完后用砂轮机切割掉两端多余钢绞线,锚外预留长度约为35mm,切割时须保证外露钢绞线齐平,如长短不齐将影响压浆密封盖帽安装。

(2)锚座安装时,压浆端的压浆孔应在孔道的下方,抽真空端孔应在孔道的上方。

(3)盖帽安装时,应清理干净锚座安装平面,清理干净螺孔内水泥浆,在锚座平面上、盖帽上O形圈内涂上密封胶后,用螺丝拧紧,同时注意盖帽的排气孔向上,排废孔向下。

(4)压浆前,压浆端、抽真空端盖帽上的排气孔、排废孔须用堵头缠上生胶带并涂上密封胶旋紧。

(5)压浆机、抽真空机及附件连接好后,对孔道试抽真空,检查及确保孔道无漏气现象。

(6)关闭压浆端阀门,在抽真空端接上抽真空机接口,抽真空度达到80%以上时,即可认为孔道系统密封可靠,可以压浆。

(7)开启压浆机前,将压浆胶管里的水排掉等待正式压浆。

(8)初始压浆时,须使用慢速挡,发现压力无异常时,可立即换快速挡进行压浆。

(9)水泥浆采用普通硅酸盐或硅酸盐水泥,强度等级不低于42.5。

(10)目前市场均有售辅助压浆专用助剂,其中含有阻锈剂,可以使用。

(11)采用螺杆式压浆泵,压浆连续,压力和浆体流量脉动小,不会导致空气混入孔道,克服了采用挤压式和柱塞泵式压浆不连续、容易进入空气、极易造成孔道压浆不饱满的情况。

45.塑料波纹管和金属波纹管比较有何优越性?

答:两者相比,优越性如下:

(1)摩擦阻力小。

(2)耐疲劳性能好。

(3)密封性好,可使用真空辅助压浆。

(4)耐腐蚀、不生锈,利于钢绞线的保护;对电焊、氧割铁水的防护较强。

(5)不导电,能保护预应力筋抗杂散电流。

(6)强度高、刚性大,不易被振捣棒振破。

(7)可焊接连接,无需另配接头,成本低,材料损耗小,剩余短管仍可利用。

通常情况下塑料波纹管与金属波纹管孔道摩阻系数μ、k值比较如表11-27所示。

金属波纹管与塑料波纹管摩阻系数　　表11-27

波纹管种类	μ	k
金属波纹管	0.25	0.001 5
塑料波纹管	0.12～0.18	0.001

第十二章 砌 体

一、材 料

1. 对砌体所用各种石料有何规定?

答:石料应符合设计规定的类别和强度,石质应均匀、不易风化、无裂纹。一月份平均气温低于 -10℃的地区,除干旱地区的不受冻部位外,所用石料应通过冻融试验,其抗冻指标合格后,方可使用。砌体的位置和部位不同,其所用石料的大小及质量要求也有所不同,具体规定如表 12-1 所示。

不同石料的规定 表 12-1

种类	石料的规定
片石	(1)用爆破或楔劈法开采的石块,厚度不应小于 150mm(卵形和薄片者不得采用)。 (2)用做镶面的片石,应选择表面较平整、尺寸较大者,并应稍加修整
块石	(1)形状应大致方正,上下面大致平整,厚度为 200 ~ 300mm,宽度约为厚度的 1.0 ~ 1.5倍,长度约为厚度的 1.5 ~ 3.0 倍(锋棱锐角应敲除)。 (2)块石用做镶面时,应由外露面四周向内稍加修凿,后部可不修凿,但应略小于修凿部分
粗料石	(1)是由岩层或大块石料开劈并经粗略修凿而成,外形方正,成六面体,厚度为 200 ~ 300mm,宽度约为厚度的 1.0 ~ 1.5 倍,长度约为厚度的 2.5 ~ 4.0 倍,表面凹陷深度不大于 20mm。 (2)加工镶面粗料石时,丁石长度应比相邻顺石宽度至少大 150mm,修凿面每 100mm 长须有錾路约 4 ~ 5 条,侧面修凿面应与外露面垂直,正面凹陷深度不应超过 15.0mm。 (3)镶面粗料石的外露面如带细凿边缘时,细凿边缘的宽度应为30 ~ 50mm
拱石	(1)根据设计可采用粗料石、块石或片石。 (2)拱石应立纹破料,岩层面应与拱轴垂直,各排拱石沿拱圈内弧的厚度应一致;用粗料石砌筑曲线半径较小的拱圈,辐射缝上下宽度相差超过 30% 时,粗石料加工应符合下面要求:①厚度不应小于 200mm;②高度应为最小厚度的 1.2 ~ 2.0 倍;③长度应为最小厚度的 2.5 ~ 4.0 倍

2. 砌体选用砂浆应注意哪些事项?

答:砌体选用砂浆有以下几个注意事项:

(1)砌筑常用的砂浆强度等级分为M20、M15、M10、M7.5、M5五个等级。砌筑用砂浆类别及强度等级应符合设计要求。若设计无要求时,桥涵、挡土墙所用砂浆最低强度等级不得低于表12-2中的规定值。

石材和混凝土材料及其砌筑砂浆的最低强度等级 表12-2

结构物种类	材料最低强度等级	砌筑砂浆最低强度等级
拱圈	MU50石材、C20混凝土(现浇)、C30混凝土(预制)	大、中桥M10,小桥涵M7.5
大、中桥墩台及基础、轻型桥台	MU40石材、C25混凝土(现浇)、C30混凝土(预制块)	M7.5
小桥涵墩台、基础	MU30石材、C20混凝土(现浇)、C25混凝土(预制块)	M5

注:石材、混凝土及砂浆强度等级单位均为MPa。

(2)砂浆中所用水泥、砂、水等材料的质量标准应符合混凝土工程相应的质量标准。砂浆中所用砂,宜采用中砂或粗砂,当缺乏中砂或粗砂时,可用机制砂代替。在确保砂浆强度的基础上,也可采用细砂,但应适当增加水泥用量。砂的最大粒径,当用于砌筑片石时,不宜超过5mm;当用于砌筑块石、粗料石时,不宜超过2.5mm。

(3)砂浆配制应采用质量比,并应随拌随用,保持适宜的稠度,一般宜在3~4h内使用完毕;气温超过30℃时,宜在2~3h内使用完毕。在运输过程或在储存器中发生离析、泌水的砂浆,砌筑前应重新拌和;已凝结的砂浆,不得使用。

(4)砂浆必须具有良好的和易性,其稠度以标准圆锥体沉入度表示,用于石砌体时宜为50~70mm,气温较高时可适当增大。

(5)为改善水泥砂浆的和易性,可掺入无机塑化剂或以皂化松香为主要成分的微沫剂等有机塑化剂,其掺量可参照生产厂家的规定并通过试验确定,一般为水泥用量的0.5/10 000~1.0/10 000(微沫剂按100%纯度计)。采用微沫剂时,宜用不低于70℃的水稀释至5%~10%的浓度,稀释后存放不宜超过7d。

(6)各类砂浆均应采用机械拌和,拌和时间宜为3~5min。

(7)抗冻砂浆由于掺入氯化钙、氯化钠且掺用量超过早强作用所需数量而形成,其选用时应有以下限制:

①使用抗冻砂浆时,灰缝中要析出一层白霜,使墙面花白,因此,要求墙面美观的砌体不宜使用。

②不宜用于要求砂浆强度等级等于 M20 的重要工程。

抗冻砂浆强度增长相对较慢,短期内要求承重的工程不适用。

3. 在施工中如何进行砂浆强度检查?

答:为保证砂浆所要求的强度,在施工过程中需对其进行检查和试验。一般应按不同强度等级、不同配合比每工作班分别制取试件 2 组(次要砌筑物每工作班可制取试件 1 组),每组制取 3 块。另外应根据工程需要制取与砌体同条件养护的试件,以了解砂浆强度实际增长的情况。

制作砂浆试件的步骤如下:

(1)砂浆取样。当采用机械搅拌时,应在砂浆放出的开始、中途和终止时分别取样。当采用人工拌和时,应从拌盘的三个不同部位抽取。每次取样不少于 1L。成型前应将分别抽取的试样加以搅拌,其数量不应少于 3L。

(2)试样成型。砂浆试件是用试模经插捣作成边长为 7.07cm 的立方体。试件制作后应在 20℃ ±5℃温度环境下放置一昼夜(24h ±2h),当气温较低时,可适当延长时间,但不应超过两昼夜,然后对试件编号并拆模。

(3)试件养护。用于评定砂浆质量的试件,应送试验室在标准温度(20° ±2℃)和规定湿度(水泥混合砂浆相对湿度为 60% ~80%,水泥砂浆和微沫砂浆相对湿度为 90% 以上)的条件下,养护 28d 龄期。用于检查砂浆在自然条件下强度增长的情况时,应使试件与砌体同条件养护。

(4)抗压强度。砂浆抗压强度按下式计算(精确至 0.1MPa):

$$f_{m,cu} = \frac{F_u}{A}$$

式中:F_u——破坏荷载,N;

A——试件承压面积,mm^2。

以 6 个试件测定值的算术平均值作为该组试件的抗压强度值。其中任意一组试件最低值不低于设计强度的 75%;同等级试件的平均强度应不低于设计强度等级。

4. 如何确保水泥砂浆的黏结力?

答:在浆砌工程施工中,影响水泥砂浆黏结力的因素主要为砂浆成分、施工质量、砌块的特性及养护条件。为保证砌体的整体性及黏结质量,在拌制水泥砂浆时,应按配合比要求的水泥用量配制,尽量采用机械拌和,拌和均匀,保证有较大的流动性。砌筑时尽力挤压砂浆,砂浆要饱满,铺浆和安放砌块的时间要短,要选好砌块,一次铺浆到位。砌块选用纹理多而深的构件。当砌块干燥时应提前洒水或浸水。当砌筑完成后,应及时洒水养生,及时补给水分。

5. 施工现场如何选择砂浆的流动性?

答:为保证将砌体缝隙充分填实,以便很好地将砌块胶结为一整体,砂浆应有适度的流动性。流动性的大小与胶凝材料的类别、用水量、砂子的级配等因素有关。砂浆的流动性一般用稠度来表示。选择流动性时,应视砌体类别、施工条件和气候条件等因素确定,一般可参照表12-3中的值进行选择。

砌体砂浆流动性　　表12-3

砌体种类		砖砌体	普通毛石砌体	振捣毛石砌体	炉渣混凝土砌块
稠度(沉入度)(mm)	干燥气候或多孔砌块	80~100	60~70	20~30	70~90
	寒冷气候或密实砌块	60~80	40~50	10~20	50~70

6. 工地现场如何进行砂浆流动度检测?

答:砂浆的流动性也称稠度,是指砂浆在自重力或外力作用下流动的性能。流动性的大小是以标准圆锥体在砂浆中沉入的深度(单位为mm)表示。试验室一般采用SC145型砂浆稠度仪。在工地现场可用标准测定器—沉锥测定:沉锥质量为(300±2)g,测定时先使其尖端和所测定砂浆表面接触,然后使其自由垂直下沉,读出其沉入度或用尺量其沉入深度即可。

7. 对砌体砂浆的砂有何要求?

答:砌体砂浆中所用的砂,宜采用中砂或粗砂,当缺乏此两种砂时,在适当增加水泥用量的基础上也可采用细砂;砂的最大粒径,当用于砌筑片石时不宜超过5mm,当用于砌筑块石、粗料石等规则块材时,不宜超过2.5mm;砂的含泥量一般应符合混凝土用砂的标准,当达不到标准时,对于强度等级大于或等于M5的砂浆可不超过5%;对于强度等级小于M5的砂浆可不超过7%。砂中硫化物的含量,折合为三氧化硫(SO_3)应小于2%。

8. 如何估算砂浆的水泥用量?

答:当使用砂浆为水泥砂浆时,其水泥用量可用下式估算:

$$Q_C = (R_m / 0.7 R_C) \times 1000$$

式中:Q_C——每立方米砂所需水泥质量,kg;

R_m——砂浆强度等级,MPa;

R_C——水泥强度等级,MPa。

该式适合于砂浆用砂为疏松状态、天然含水率等于或大于2%的中砂或粗砂;当所用砂为干砂时,砂的配合量应减少10%;每立方米砂浆用砂按$1m^3$计。

由于上式计算结果为估算,配料时也可参照表12-4中的数值。

每立方米砂所需水泥用量参考表 表12-4

砂浆强度等级(MPa)	每立方米砂所需水泥用量(kg)			
	水泥强度等级			
	52.5	42.5	32.5	27.5
12.5	340	420	—	—
10	270	335	440	—
7.5	200	250	330	390
5	135	170	220	260
2.5	—	85	110	130

二、浆砌片石及混凝土预制块墩台、挡土墙

9. 浆砌工程施工的要点有哪些?

答:浆砌工程施工中主要把握以下要点:

(1)砂浆拌和采用机械拌制;人工拌和应在铁皮或水泥硬化场地上进行,且须拌制均匀。

(2)砌块在使用前必须浇水湿润,表面如有泥土、水锈,应清洗干净。

(3)砌筑基础的第一层砌块,如基底为岩层或混凝土基础,应先将基底表面清洗、湿润,再座浆砌筑;如基底为土质,可直接座浆砌筑;大块石料应砌筑在下层。

(4)砌体应分层砌筑,砌体较长时可分段分层砌筑,但两相邻工作段的砌筑差一般不宜超过1.2m;分段位置宜尽量设在沉降缝或伸缩缝处,各段水平砌缝应一致。

(5)各砌层应先砌外圈定位行列,然后砌筑里层,外圈砌块应与里层砌块交错连成一体。砌体外露面镶面种类应符合设计规定,位于流冰或有严重漂流物河中的墩台,宜选用较坚硬的石料或高强度混凝土预制块进行镶砌。砌体里层应砌筑整齐,分层应与外圈一致,应先铺一层适当厚度的砂浆,再安放砌块和填塞砌缝。砌体外露面应进行勾缝,并应在砌筑时靠外露面预留深约20mm的空缝备作勾缝之用。砌体隐蔽面砌缝可随砌随刮平,不另勾缝。勾缝砂浆强度不

应低于砌体的砂浆强度，主体工程不应低于 M10，附属工程不应低于 M7.5，流冰和严重冲刷部位应采用高强度水泥砂浆。

(6)各砌层的砌块应安放稳固，砌块间应砂浆饱满，黏结牢固，不得直接贴靠或脱空。砌筑时，底浆应铺满，竖缝砂浆应先在已砌石块侧面铺放一部分，然后于石块放好后填满捣实。用小石子混凝土塞竖缝时，应以扁铁捣实。

(7)砌筑上层块时，应避免振动下层砌块。砌筑工作中断后恢复砌筑时，已砌筑的砌层表面应加以清扫和湿润。

(8)砌石层面应尽量与作用力方向垂直，对难以做到的，则砌层的垂直线和作用力方向所成的角度，不宜超过石块间摩擦角的一半，一般不超过 15°～17°。但挡土墙砌层可水平砌筑。

10. 浆砌片石、块石、粗料石(墩台及挡土墙)的技术要求有哪些?

答:1)浆砌片石的技术要求有以下几方面。

(1)片石应分层砌筑，宜以 2～3 层砌块组成一工作层，每一工作层的水平缝应大致找平。各工作层竖缝应相互错开，不得贯通。

(2)外圈定位行列和转角石，应选择形状较为方正及尺寸较大的片石，并长短相间地与里层砌块咬接。砌缝宽度一般不应大于 40mm，用小石子混凝土砌筑时，可为 30～70mm。

(3)较大的砌块应使用于下层，安砌时应选取形状及尺寸较为合适的砌块，尖锐突出部分应敲除。竖缝较宽时，应在砂浆中塞以小石块，不得在石块下面用高于砂浆砌缝的小石片支垫。

2)浆砌块石的技术要求有以下几方面。

(1)石块应平砌，每层石料高度应大体一致。外圈定位行和镶面石块，应丁顺相间或两顺一丁排列，砌缝宽度不应大于 30mm，上下层竖缝错开距离不应小于 80mm。

(2)砌体里层平缝宽度不应大于 30mm，竖缝宽度不应大于 40mm，用小石子混凝土砌筑时不应大于 50mm。

3)浆砌粗料石的技术要求有以下几方面。

(1)砌筑前应先计算层数，选好料，砌筑时应严格控制平面位置和高度，镶面石应一丁一顺相间排列，砌缝应横平竖直。砌缝宽度不应大于 20mm，混凝土预制块不应大于 10mm；上下层竖缝错开距离不应小于 100mm，同时在丁石的上层或下层不宜有竖缝。

(2)桥墩破冰体镶面的砌筑应符合:

①破冰棱与垂线的夹角大于20°时,破冰体镶面横缝应垂直于破冰棱;破冰棱与垂线的夹角小于等于20°时,破冰体镶面横缝可成水平。

②破冰体镶面的砌筑层次应与墩身一致。

③砌缝宽度为10~12mm。

④不得在破冰棱中线上及破冰棱与墩身相交线上设置砌缝。

11. 对砌石圬工体基础的地基如何处理?

答:对砌石圬工体基础的地基应做以下处理:

(1)天然地基上的基础砌体施工前,应按设计要求对基坑进行检查和处理,符合要求时方可开始砌筑。

(2)基底除按设计要求挖成斜坡形外,一般应为水平面。

(3)土质基底如被雪、雨或地下水浸软,必须晾干、夯实,或采取换土、夯填碎卵石的方法加以处理,使基底承载力符合设计要求。

(4)石质基底应大致找平,并将其上杂物清除干净。砌石前应将基面打湿、座浆,然后开始砌筑,使砌块与岩层连成一整体。

(5)对有水基坑,必须在基础范围以外挖排水沟,将基坑内积水排净,以防灰浆浸水。

(6)对拱桥的两个桥台基底,若发现其地质情况差别较大时,应报请监理、设计方进行处理,以防止两桥台发生不均匀沉降而损害桥梁。

12. 砌筑沉降缝和伸缩缝时应注意哪些问题?

答:砌筑沉降缝和伸缩缝时应注意:

(1)建筑物一般设有沉降缝或伸缩缝。为使接缝起到应有的作用,两种接缝均须竖直,并且缝两侧砌体表面要平整,不能搭接或有错台。另外,接缝中尚需填塞防水材料,防止砌体漏水。

(2)砌有接缝砌体时,最好根据设计规定的接缝位置,采用跳段砌筑的方法,使相邻两段砌石高度错开,并在接缝处作为一个外露面,挂线砌筑,要求平直。

(3)对于沉降缝的填塞材料,一般可用预制的麻筋沥青板,贴置在接缝处已砌墙段的端面;也可在砌筑后再填塞防水材料,但均须填满、挤紧,以满足防水要求。

13. 在现场施工中针对各种结构的石料,浆砌施工的要点是什么?

答:在现场施工中针对各种结构的石料,浆砌施工的要点见表12-5所示。

各种结构的砌石施工要点 表 12-5

结构物名称		施工要点
浆砌片石	块石镶面 片石填腹桥墩	(1)先砌镶面石,后填腹石,每层填腹石高度与镶面石相同。 (2)每层砌筑顺序均应从两端开始,在横桥向墩身中线处闭合。 (3)在地震区应采取相应的措施,一般为增设钢筋网、插短钢筋或采取其他加强砌体整体性的措施
	涵洞墙身	(1)首先选用较大而平顺、方正的石块砌筑面层。 (2)分层砌筑,分层高度视石块大小而定,分层间大致找平,面层后砌块分层可不找平。 (3)墙身外露直立面应竖直,但斜坡面可砌成逐层收台的阶梯形
	护墙及挡土墙	(1)清除边坡上的松动石块、碎屑、草木等杂物。 (2)砌体分层砌筑,分层高度为70~120cm,层面可砌成与斜面相垂直或成水平面。 (3)按规定距离设置伸缩缝或沉降缝,设缝处应断开并取齐,缝两侧石料需加修凿。 (4)墙后按设计要求设防水层和反滤层,墙身留置泄水孔,泄水孔必须保证通畅
	护坡	(1)坡顶高程应等于或高于最高水位。 (2)用小石块砌筑,要使石块轴线与坡面垂直,外露面应修整成较整齐的表面。 (3)基础深度应在最大冲刷线以下,石块须错缝并以挤浆法砌筑。 (4)对于单层铺砌的坡面可不座浆;对于双层铺砌的坡面应逐块挤浆砌石。 (5)基底有变化处,要设置沉降缝。 (6)坡面上设置泄水孔
	片石铺底 (石床)	(1)基面清理干净、整平。 (2)铺筑10~15cm碎石或砂砾垫层,随砌石随夯填。 (3)石块轴线与铺砌面平行,从下游开始,逐排向上游铺砌。 (4)片石间互相紧靠,交错成行、列。 (5)满铺式石床应分段施工,留出沉降缝

续上表

<table>
<tr><th colspan="2">结构物名称</th><th>施工要点</th></tr>
<tr><td rowspan="3">浆砌块石</td><td>桥梁墩台块石镶面</td><td>(1)先砌筑角石,由角石向中部砌面石,在中线附近闭合,其中一端面暂不封闭,以便运送填腹石料,待砌完填腹石后再封口。
(2)砌筑分层高度为70~120cm,宜选择同一高度石块砌筑。
(3)石块排列宜为一顺一丁或两顺一丁的砌法,且丁石面积不宜小于表面积的1/5。
(4)丁石尾部须楔入腹部约20cm,不应小于顺石宽度的一半或小于10cm</td></tr>
<tr><td>墩台以粗料石镶面、以块石填腹</td><td>(1)每层填腹石应与镶面石同高并与镶面石犬牙交错,紧密连接。
(2)块石与块石亦应互相交错,大空隙应以小石块填塞</td></tr>
<tr><td>高墩台</td><td>一般侧面有坡度,为便于控制,常采用台阶式收坡,即按墩台身各侧坡大小按每层砌石高度比例收进一定尺寸,其校核方法为:
(1)用经纬仪或全站仪根据固定样桩在已砌基础面上定出十字形轴线,进而划出墩台身底面大小和形状。
(2)砌高1m以内,按每层高度计算,按比例收坡。
(3)每砌高1m或3~4层砌石,即于四周吊线,将中心轴线翻在砌层面上,据以校核砌体外形的正确,并及时调整。
(4)每砌高5m,应用经纬仪在砌层面放出十字形轴线,详细校核砌体尺寸,并刻画于砌体四周,为下一步挂线使用,其值更精确</td></tr>
<tr><td rowspan="2">浆砌粗料石</td><td>桥台</td><td>(1)先砌筑角石,由两角向中间砌镶面石。
(2)砌石前先铺灰浆,对垂直缝应用灰浆分层填入插实。
(3)填腹用片石或块石,每层填腹石比镶面石稍低或与镶面石齐平</td></tr>
<tr><td>圆端桥墩</td><td>(1)每层镶面石应从曲线部分开始砌筑,并应首先砌圆端顶部及圆直交点的丁石作为该砌层的定位石,然后按一顺一丁排列砌其他镶面石。
(2)每次向上砌筑时,应将纵向、横向中线用吊线法向上引,每砌3~4层应用仪器核对一次中线。
(3)每砌高2m或换砌薄石块时,应用丈量法或用水平仪检查所砌高度与图是否相符。
(4)收坡的方法为先引出纵横方向中线,根据图上桥墩在此层上的中线两边应有宽度,从中线丈量</td></tr>
</table>

续上表

结构物名称		施工要点
浆砌粗料石	破冰体	(1)破冰体和桥墩连在一起,为墩的一部分。 (2)宜分层砌筑,当破冰体的破冰棱和垂直方向所成夹角$\theta<20°$、即坡度<1:0.36时,破冰体的镶面分层应成水平;当$\theta>20°$、即坡度>1:0.36时,破冰体的镶面分层应垂直于破冰体。 (3)为抵抗水流和冰块的冲击,灰缝不应太宽;同时不得设在破冰棱中线上及破冰棱与墩身相交线上
浆砌河卵石	护坡	(1)坡度为1:1.25~1:2,厚度一般为0.20~0.25m,当采用扁平河卵石栽砌时,厚度可达0.35m。 (2)护坡下一般设置砂砾或砂石垫层,厚度为0.10~0.15m。 (3)砌石轴线应与铺砌面垂直,不易衔接的卵石,其上下层应向相反的方向略为倾斜
	水沟	(1)砌筑前应将基底整平夯实,并应顺直。 (2)一般设置砾石或碎石垫层,单层铺砌厚度可为0.20~0.30m。 (3)当地表水由边坡坡顶及坡面横向流入水沟时,须铺砌到坡顶,并向外延长0.3~1.0m

14. 墩、台砌体位置及外形尺寸允许偏差是如何规定的?

答:墩、台砌体位置及外形尺寸允许偏差见表12-6所示。

墩、台砌体位置及外形尺寸允许偏差 表12-6

项目名称	项目类别	允许偏差(mm)
轴线偏位		20
墩台宽度与长度	片石	+40,-10
	块石	+30,-10
	粗料石	+20,-10
大面积平整度(2m直尺检查)	片石	30
	块石	20
	粗料石	10
竖直度与坡度	片石	0.5%H
	块石、粗料石	0.3%H
墩台顶面高程		±10

注:①H为墩台高度。

②混凝土预制砌体允许偏差可按粗料石标准执行。

15. 浆砌片石基础位置及外形尺寸允许偏差是如何规定的?

答:浆砌片石基础位置及外形尺寸允许偏差见表 12-7 所示。

浆砌片石基础位置及外形尺寸允许偏差　　表 12-7

项目		允许偏差(mm)
轴线偏位		25
平面尺寸		±50
顶面高程		±30
基底高程	土质	±50
	石质	+50,-200

三、浆砌石块及混凝土预制块拱圈

16. 浆砌拱圈的砌筑程序是怎样规定的?

答:(1)跨径≤10m 的拱圈,当用满布式拱架砌筑时,可从两端拱脚起顺序向拱顶方向对称、均衡地全宽和全厚地砌筑,最后砌拱顶石。当用拱式拱架砌筑时,宜分段、对称地先砌拱脚段和拱顶段,后砌 1/4 跨径段,并注意在砌筑的同时应对拱跨 1/4 部位进行预压。

预压可以有效地预防拱圈产生不正常的变形和开裂。加压顺序应与计划砌筑拱圈的顺序一致,加压的材料一般用砌筑拱圈的石料,也可用砂袋。砌筑时,应尽量利用附近的压重石就地砌筑,随撤随砌。

(2)跨径 10~20m 的拱圈,不论用何种拱架,每半跨均应分成三段砌筑(如图 12-1 所示),每段长度不宜超过 6m,先砌拱脚段(Ⅰ)和 拱顶段(Ⅱ)、后砌 1/4 跨径段(Ⅲ),两半跨应同时对称地进行,最后砌筑拱顶石合龙。

相间砌筑的拱段,其倾斜角大于砌块与模板间的摩擦角(约 20°)时,应在拱段下侧临时设置支撑,所需支撑力应通过下式计算确定,如图 12-2。

$$T = G\sin\theta$$

$$T_0 = \mu G\cos\theta$$

式中:T——重力分解成的平行于斜面的切向力;

T_0——拱块与模板间产生的摩阻力;

G——拱块重力;

μ——拱块与模板间的摩擦系数,混凝土拱圈可采用 0.47,石砌拱圈可采用 0.36。

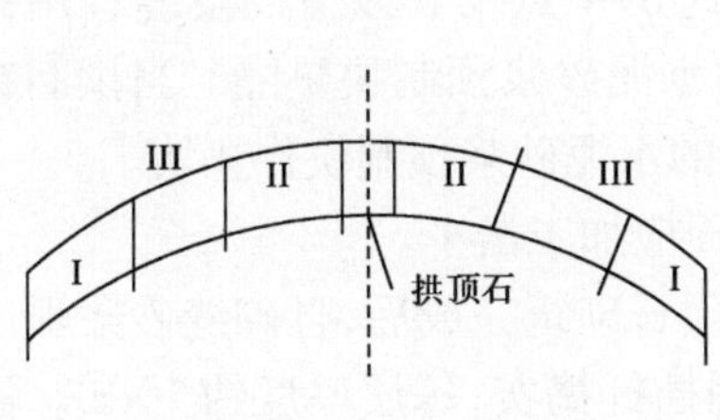

图 12-1　拱圈分六段砌示意

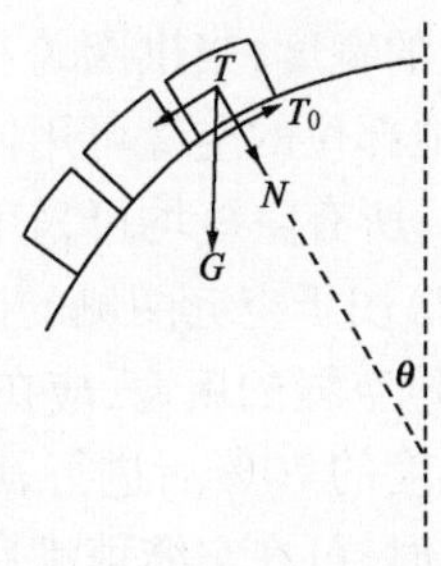

图　12-2

分段支撑的构造应按支撑强度的要求确定。三角形支撑适用于较大的强度,如图 12-3 所示。三角支撑应在拱圈放样平台上按拱圈弧形放样制作,安装时须将螺栓拧紧。

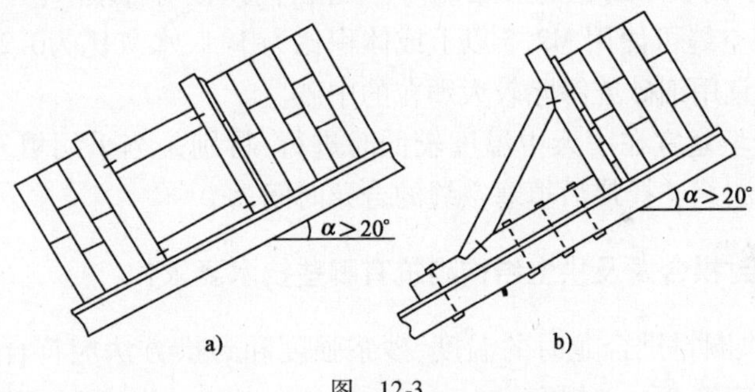

图　12-3

三角撑拆除时应自中间向两侧推进,拆一处砌一处。待新砌部分的砂浆达到一定强度时,再继续拆除下一个三角撑并补砌此处拱石。

(3)跨径≥20m 的拱圈,砌筑程序应符合设计规定。一般采用分段砌筑或分环分段相结合的方法砌筑,必要时应对拱架预加一定的压力。分段长度以每段不超过 8m 为宜。各段间应预留空缝,以防止拱圈因拱架变形而开裂。一般在拱跨的拱脚附近、1/4 点、拱顶及满布支架的节点处必须设置空缝。分环砌筑时,每一环可分成若干段对称、均衡地砌筑,砌一环合龙一环。待下环砌筑合龙、砌缝砂浆强度达到设计强度的 75% 以上后,再砌筑上环。每环分段方法、砌筑顺序、空缝设置与一次砌筑相同,但上下环间应以犬牙相接。

17. 空缝设置与填塞时,应注意哪些事项?

答:空缝设置与填塞时应注意:

(1)空缝的宽度,在拱圈外露面应与相应类别砌块的一般砌缝相同。当拱圈为粗料石时,为便于砂浆的填塞,可将空缝内腔宽度加大至 30~40mm。为保证空缝的宽度,当拱圈跨径≥16m 时,拱跨 1/4 点及其以下的空缝宜用铸铁垫隔,其他部位的空缝可用体积比为 1∶1 的水泥砂浆预制块垫隔。当拱圈跨径 < 16m 时,所有空缝均可采用体积比为 1∶2 的水泥砂浆预制块作垫块。

(2)用于空缝两侧的拱石,靠空缝一面应加工凿平。

(3)空缝的填塞,应在所有拱段及拱顶石砌筑完成后,且砌缝砂浆强度达到设计强度的 70% 后进行,填塞时应分层用插钎捣实,每层厚度约 10cm。需加大挤压力时,可在空缝填满后用木槌或木夯夯捣砂浆。

(4)空缝的填塞顺序视具体情况确定:对于跨径较大并用钢拱架施工的拱圈,以及跨径较小且用木拱架施工的拱圈,可采用先填塞拱脚处,次填塞拱顶处,然后自拱顶向两端对称逐条填塞;对于各种跨径的拱圈,所有空缝可同时填塞;对于 16m 以下的较小跨径的拱圈,由拱脚逐次向拱顶对称填塞。

(5)填塞空缝可使用 M2.5 以上或体积比为 1∶1、水灰比为0.25的半干硬水泥砂浆,砂子宜用细砂或筛除较大颗粒的中砂。

(6)空缝填塞宜在一天中温度较低时进行,特别是当采用填塞空缝砂浆使拱合龙时,应注意选择最后填塞空缝的合龙时间。

18. 拱圈封拱合龙及拱上结构砌筑有哪些技术要求?

答:(1)拱圈封拱合龙时的温度、砂浆强度和封拱方法应符合设计规定,设计无规定时,应符合下列规定:

①封拱合龙宜在当日最低温度时进行。

②分段砌筑的拱圈应待填塞空缝的砂浆强度达到设计强度的 70% 后进行。

刹尖封拱就是在砌筑拱顶石前,先在拱顶缺口中打入若干组木楔,使拱圈挤紧、拱起,然后嵌入拱顶石合龙。具体做法是:用三块硬木为一组制作木楔,两侧木块宽约 10cm,中间木块宽 15~30cm;将制作好的木楔放入预定位置,用木槌或木夯槌击,槌击时应先轻后重,各组夯力应均匀,槌至拱圈脱离拱架、不再有显著拱起时为止;槌击完成后,应立即在木楔组与组之间空档中嵌入拱顶石,并用铁片和稠砂浆挤紧、塞严;第一批拱顶石嵌入后就可拿出木楔,在原木楔的位置嵌入第二批拱顶石,完成拱圈合龙。

③封拱合龙前用千斤顶施加压力的方法调整拱圈应力时,砂浆强度应达到设计强度。预施压力封顶应注意:千斤顶的安装位置偏差不得大于 1cm;施压到

要求后,应立即安放拱顶石并填塞铁片和水泥砂浆;待砂浆达到一定强度后(一般为7d)即可撤除千斤顶和填塞千斤顶缺口;撤除千斤顶时,应由两端对称地向中间进行。

(2)拱上结构的砌筑应符合下列规定:

①拱上结构在拱架卸架前砌筑时,应待拱圈合龙砂浆强度达到设计强度的70%以上后进行。

②当先松架后砌拱上结构时,应待拱圈合龙砂浆强度达到设计强度的90%以上后进行。

③当采用分环砌筑的拱圈时,应待上环合龙砂浆强度达到设计强度的90%以上后进行。

④当采用施加压力调整拱圈应力时,应待封拱砂浆强度达到设计规定的强度后砌筑拱上结构。

⑤拱上结构一般应由拱脚至拱顶对称、均衡地砌筑。对于实腹式拱,拱腹填料可随侧墙砌筑顺序及进度进行填筑。填料数量较大时,宜待侧墙砌筑完成后再分次填筑。在实腹式拱的侧墙与桥台间设伸缩缝使二者分开。对于空腹式拱,先砌空腹拱横墙,待卸落拱架后再砌筑腹拱拱圈,以防止腹拱圈受到主拱圈卸落拱架时的变形影响。腹拱上的侧墙,应在腹拱拱绞处设置变形缝。对于多跨连续拱桥应考虑桥墩的左右受力平衡,应在桥墩顶部设置伸缩缝使两侧侧墙分开。

19.侧墙砌体位置及外形尺寸允许偏差是如何规定的?

答:侧墙砌体位置及外形尺寸允许偏差见表12-8所示。

侧墙砌体位置及外形尺寸允许偏差　　表12-8

项　目		规定值或允许偏差
外侧平面偏位(mm)	无镶面	+30,-10
	有镶面	+20,-10
宽度(mm)		+40,-10
顶面高程(mm)		±10
竖直度或坡度	片石砌体	0.5%
	块石、粗料石、混凝土块镶面	0.3%

20. 拱圈砌体的允许偏差是如何规定的?

答:(1)拱圈和拱上砌体侧面位置与设计位置的偏差,有镶面时为 +20mm,-10mm;无镶面时为 +30mm,-10mm。

(2)拱圈厚度不小于设计值:+30,-0。

(3)拱圈侧面粗料石镶面两邻接砌块表面彼此错位不大于 3mm。

(4)拱圈侧面块石镶面两邻接砌块表面彼此错位不大于 5mm。

(5)内弧线偏离设计弧线,当跨径小于等于 30m 时,为 ±20mm;当跨径大于 30m 时,为 ±L/1 500 跨径(对于拱式桥涵、箱涵、圆管涵为净跨径),其中 L 为跨径。

四、桥涵附属工程

21. 台背填土应注意哪些事项?

答:车辆行驶是否顺畅,台背回填非常重要,回填应注意以下事项:

(1)桥涵台背、锥坡填料,宜采用透水性材料、二灰土、水泥稳定土或粉煤灰,不得采用含有泥草、腐殖物或冻土块的土。

(2)台背填土顺路线方向长度,应自台身起,顶面不小于桥台高度加 2m,底面不小于 2m,拱桥台背填土长度不应小于台高的3 ~4倍。锥坡填土应与台背填土同时进行,并应按设计宽度一次填足。

(3)台背填土的质量直接关系到竣工后行车的舒适与安全,应严格控制分层厚度和密实度,应设专人负责监督检查,检查频率每 50m^2 检验 1 点,不足 50m^2 时至少检验 1 点,每点都应合格,宜采用小型机械压实。透水性材料不足时,可采用石灰土或水泥稳定土回填;回填土的分层厚度宜为 0. 1 ~0. 2m。桥台、涵身背后和涵洞顶部的填土压实度标准,从填方基底或涵洞顶部至路床顶面均为 96%。

(4)台背填土的顺序应符合设计要求。拱桥台背填土宜在主拱圈安装或砌筑以前完成;梁式桥的轻型桥台台背填土,宜在梁体安装完成以后,在两侧平衡地进行;柱式桥台台背填土,宜在柱侧对称、平衡地进行。

(5)施工中应根据施工进度计划尽早安排回填工作,为台背按程序回填争取足够的时间。回填时尽量采用小型压实机械,多开工作面,在回填中掺加石灰或水泥以增强稳定性,利用足够的时间分层填筑,分层厚度应与压实设备有关,实际工作中一般不宜超过 15 ~25cm(虚铺)。

五、砌体勾缝及养护

22. 砌体勾缝有哪几种方法？如何进行勾缝施工？

答：砌体勾缝的类别一般分为平缝、凹缝及凸缝三类，其形状有方形、圆形、三角形等。

砌体勾缝时，所采用的勾缝类别及砂浆强度等级应符合设计要求，设计无规定时，一般砌体宜采用平缝或凸缝，料石砌体宜采用凹缝。设计有勾缝时，最好在安砌石料时预留 20mm 深的凹槽，以备勾缝时使用；在砌筑时未预留凹槽的，应在勾缝前用扒钉或凿子开缝，开出凹槽，并以钢丝刷用水清刷石面上流浆和湿润凹槽。石砌体勾缝应嵌入砌缝内约 20mm 深。干砌片石勾缝时，应嵌入砌缝 20mm 以上。在施工中，若遇原有底浆不足，应先用砂浆填满，然后再勾缝，使勾缝均匀一致。如设计未作勾缝要求时，应随砌随用灰刀将灰缝刮平、压实。凸缝的厚度不宜过厚、过宽，否则容易裂缝，一般其厚度为 5 ~ 7mm，宽度为20 ~ 30mm。

勾缝砂浆强度不应低于砌体砂浆强度，一般主体工程不低于 M10，附属工程不低于 M7.5。流冰和严重冲刷部位应采用高强度水泥砂浆。

干砌片石护坡、锥坡的勾缝，宜待坡体土方稳定后进行，除设计有规定外，一般可做平缝。

23. 砌体养护应注意哪些事项？

答：(1)不能在砌体上抛掷或凿打石块。对刚砌好但砂浆尚未凝固的砌体，不能让其承受荷载。

(2)所砌块石在砂浆凝固后不得有松动现象，若发现有松动现象，应予拆除、刮净砂浆、清洗干净后，重新安砌。拆除和重砌时，不得撞动邻近石块。

(3)建筑物支撑结构和拱架的拆除，应在砌体砂浆强度达到规定强度(设计强度的 70% 或 100%)后方可进行。支架和拱架在起作用的期间内，应妥为防护，保持稳定状态。

(4)新砌圬工告一段落或施工时，须用浸湿的草帘、麻袋等覆盖物将砌体盖好。一般气温条件下，在砌完后的 10 ~ 12h 以内，炎热天气在砌完后 2 ~ 3h 以内即须洒水养护。养生时间一般不少于 7 ~ 14d。

(5)养护时须使覆盖物经常保持湿润,在一般条件下(15℃及其以上),最初的3d内,昼间至少每隔3h浇水一次,夜间至少浇水一次;在以后的日子里,每昼夜至少浇水3次。

(6)新砌圬工的砂浆,在硬化期间不应使其受雨水冲刷或水流淹浸。

(7)冻季砂浆养护,除采用抗冻砂浆者外,一般砂浆在强度达到设计强度等级的70%以前,不能使其受冻。

(8)当拱架为钢拱架且施工气温较高时,拱架向阳面的砌体应加以遮盖、包裹,以保持一定的温度和湿度,使阳面同阴面保持一致的变形,保证砌体质量。

六、砌体冬期施工

24. 砌体冬期施工应注意哪些事项?

答:砌体冬期施工应注意:

(1)砌块应干净,无冰霜附着;砂中不得含有冰块或冻结团块。遇水浸泡受冻的砌块不得使用。

(2)冬季施工的砌筑砂浆必须保持正温,砂浆与石材表面的温度差不宜超过20℃。石灰膏不宜受冻,如有冻结,应经融化并重新拌和后方可使用,但因受冻而脱水者不得使用。

(3)冬期砌筑砌体,不准使用无水泥配制的砂浆,砂浆宜采用普通硅酸盐水泥拌制。砂浆应随拌随用,搅拌时间应比常温时增加0.5~1.0倍,砌石砂浆稠度要求为40~60mm。

(4)砌体砌筑时应采取保温措施,或在砂浆中掺入氯化钙及抗冻剂。

25. 砂浆砌筑保温措施有哪些?

答:(1)暖棚砌筑。砌体在暖棚中砌筑时,应符合下列规定:

①砌块的温度应在5℃以上。

②砂子和水加温后拌制的砂浆,其温度不得低于15℃,加温计算方法同混凝土。

③室内地面处的温度不得低于5℃。

④砂浆的保温时间应以达到其抗冻强度的时间为准。

⑤养护时应洒水，保持砌体湿润。

(2)冬期施工前后气温突然降低时，正在施工的砌体工程应采取下列措施：

①拌和砂浆的材料加热，水温不得超过80℃，砂子不得超过40℃，使砂浆温度不低于20℃。

②拌制砂浆的速度与砌筑进度密切配合，随拌随用。

③砌完部分用保温材料覆盖，防止受冻；气温低于5℃时，不得洒水养生。

26.抗冻砂浆使用时应注意哪些事项？

答：氯化钠或氯化钙掺量超过早强用量的水泥砂浆或水泥混合砂浆，称为抗冻砂浆。抗冻砂浆在使用时应注意以下事项：

(1)抗冻砂浆在严寒地区宜采用硅酸盐水泥或普通硅酸盐水泥，其他地区可采用矿渣水泥、火山灰水泥或粉煤灰水泥。抗冻砂浆应尽量用细度模数较大的砂。

(2)抗冻砂浆使用时的温度不得低于5℃。当一天中最低气温低于-15℃时，承重砌体的砂浆强度宜按常温时提高一级。

(3)用抗冻砂浆砌筑的砌体，应在砌筑后加以覆盖，但不得浇水。对未采取抗冻措施的浆砌砌体，在砂浆抗压强度达到设计的70%前，不得受冻。

(4)抗冻砂浆的抗冻剂掺量可通过试验确定或参见表12-9。

(5)桥梁支座垫石不宜采用抗冻砂浆。

抗冻砂浆的抗冻剂掺量 表12-9

项次	抗冻剂类别	砌后预计7d内最低气温(℃)			
		-5	-10	-15	-20
		掺量(%)			
1	单盐氯化钠	6	10	—	—
2	单盐氯化钙	6	10	—	—
3	氯化钠+氯化钙	3+3	6+4	8+5	10+5

注：①掺量按拌和水质量的百分数计。

②表中掺量可根据具体情况和强度增长速度要求，参照可靠经验或通过试验增减，不允许严重析盐的砌体应采用较小掺量。

③第3项为两种氯盐同时混合掺用。

27. 冬期施工如何进行砌体砂浆检查?

答:(1)砌体冬期施工时,应注意进行下列检查,并将检查结果记入施工记录:

①室外气温、暖棚气温及砂浆温度,每昼夜定时检查不少于3次。

②抗冻剂的掺量,每一工作班检查不少于1次。

(2)砌体冬期施工时,砂浆强度应以在标准条件下养护28d的试件试验结果为准。试件制取组数不应少于常温下施工的试件组数。每一单元砌体(如墩台、拱圈、涵洞)应同时制取与砌体同条件养护的试件,以检查砂浆强度实际增长情况。砂浆强度的评定方法与常温施工相同。

第十三章 钢筋混凝土和预应力混凝土梁式桥

一、在支架上浇筑梁式桥

1. 在支架上浇筑梁式桥时,怎样设置支架预拱度?

答:在支架上浇筑梁式桥时,施工当中和卸架后,上部构造将发生一定的下沉并产生一定的挠度。要使上部构造在卸架后获得满意的设计线形,须在施工时设置一定数值的预拱度。在支架上现浇的梁式桥应按下列方法确定预拱度:

预拱度计算公式:

$$\delta = \delta_1 + \delta_2 + \delta_3 + \delta_4 + \delta_5$$

式中:δ——跨中预拱度值;

δ_1——支架卸载后由上部构造自重力及活载一半产生的竖向挠度;

δ_2——支架在荷载作用下的弹性压缩;而

$$\delta_2 = \sigma L/E$$

(对于桁架支架应根据具体情况计算其弹性压缩值 δ_2);

其中:L——杆件长度;

E——弹性模量;

σ——支架构件的压应力;

δ_3——支架在荷载作用下的非弹性压缩;而

$$\delta_3 = 2k_1 + 3k_2 + 2k_3 + 2.5k_4$$

其中:k_1——顺纹木料接头数目;

k_2——横纹木料接头数目;

k_3——木料与金属或木料与圬工接头数目;

k_4——顺纹与横纹木料的接头数目;

δ_4——支架基底在荷载作用下的非弹性沉陷,可根据基底状况选用:

$$\begin{cases}\text{枕梁在砂土上:5～10mm} \\ \text{枕梁在黏土上:15～20mm} \\ \text{打入砂土的桩:5mm} \\ \text{打入黏土的桩:10mm。}\end{cases}$$

δ_5——由混凝土收缩温度变化引起的挠度。

预拱度的设置:根据梁的挠度和变形所计算出来的预拱度之和,作为预拱度的最大值,设置在梁的跨径中点。梁的其他各点的预拱度,应以中点为最大值,以两端为零,按直线或二次抛物线方程进行分配。

(1)按二次抛物线进行分配

$$\delta_x = 4\delta \cdot x \cdot (L - x)/L^2$$

式中:δ_x——距左支点 x 距离处的预拱度值;

x——距左支点的距离;

L——跨长。

(2)按直线进行分配

$$\delta_x = x/L \cdot \delta\text{(左半跨)}$$

式中:符号同前,且右半跨与左半跨对称设置。

2. 在支架上浇筑梁式桥时,预防支架不均匀沉陷引起梁体裂缝应注意的主要问题有哪些?

答:1)支架应稳定,强度、刚度的要求应符合稳定性要求和强度要求。

(1)稳定性要求:

①支架的立柱应保持稳定,并用撑拉杆固定。当验算模板及其支架在自重和风荷载等作用下的抗倾覆稳定时,验算倾覆的稳定系数不得小于1.3。

②支架受压构件纵向弯曲系数可按《公路桥涵钢结构及木结构设计规范》进行计算。

(2)强度及刚度要求:支架受载后挠曲的杆件的弹性挠度不超过相应结构跨度的1/400。

2)无论采用木支架、钢支架或是混合支架等,在使用中都应该注意其使用性能和要求,具体内容可参见第八章第1、2、3题的有关内容。

3)施工时应对支架的变形、位移、节点和卸架设备的压缩和支架基础的沉陷等进行观测,如发现超过允许值的变形、变位,应及时采用措施予以调整。

在某大桥施工中,由于具体实施的问题而使临时立柱没能支撑在纵、横梁的节点上,为弥补这一缺陷,用硬杂木在支撑点处进行了加强处理。考虑到安全性,派人进行24h观测,当第一次混凝土浇筑完成且已初凝时,发现杂木被压裂,纵、横梁已开始变形,墩顶腹板与横隔梁交接处出现裂缝。为使其不再发展,采取了以下措施:

(1)凡支撑点没在纵横梁节点上的均在节点和支点处增加临时立柱支撑。

(2)所有硬杂木支撑改用槽钢支撑,为防止破坏纵横梁的使用性能,槽钢与梁的支撑点不能采用焊接方式。

施工过程中应充分考虑支架基础的稳定性问题,对地基承载力进行验算;若不满足要求,应进行地基加固。关于基础稳定性验算的详细内容参见第八章,地基加固的具体方法参见第二章。

4)承重部位的支架和模板,必要时应在立模后预压,以消除非弹性变形和基础沉陷。预压重力约相当于以后所浇筑的混凝土的重力的1.20倍,预压布料方法尽量接近于结构的断面形式。梁式桥的预压方法一般采用水压法、砂袋法。对于结构分次浇筑混凝土时,预压重力可取混凝土总重力的80%。

5)整体浇筑时应采取措施,防止梁体不均匀下沉产生裂缝。应尽量加快混凝土的浇筑速度,使浇筑在混凝土失去塑性之前完成,以避免支架不均匀沉陷的影响,或者通过试验延长混凝土的初凝时间,使混凝土的初凝时间控制在混凝土浇筑完成后。

6)若地基下沉可能造成梁体混凝土产生裂缝时,应分段进行浇筑。混凝土浇筑,一般是按梁的全部横断面纵向分段、水平分层进行连续浇筑。分段的位置应根据设计要求安排在结构受力较小的位置。

7)若支点不在跨中,应首先在支架发生沉降量大的位置浇筑混凝土,如图13-1所示。

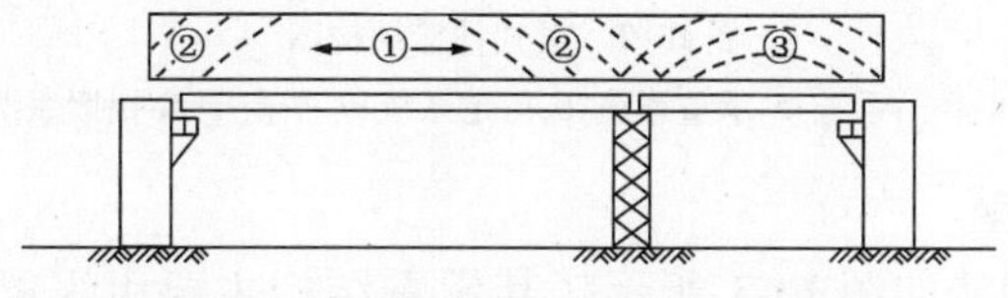

图13-1　简支梁桥在支架上的浇筑顺序

8)对于较大跨径的预应力混凝土简支梁,可分两次浇筑。第一次浇筑底板至腹板顶部,待第一次浇筑混凝土达张拉强度张拉部分预应力后,第二次浇筑顶板及翼缘板混凝土。

悬臂梁、连续梁混凝土浇筑过程当中,应在适当位置设置工作缝,进行分段浇筑。这样,可以避免由于桥墩和支架的不均匀沉降所引起的梁体裂缝。

在浇筑悬臂梁和连续梁混凝土时,在桥墩上设置临时工作缝,待梁体混凝土浇筑完成、支架稳定、上部构造沉降停止后,再将此工作缝填筑起来。工作缝的位置一般应设置在桥墩顶部和支架顶部或其附近,接缝的宽度一般为 0.8 ~ 1.0m,两端用模板隔开,并留出分布加强钢筋通过的孔洞。

当支架中有较大跨径的梁式构造时,在该梁的两端支点上设置临时工作缝。

二、悬 臂 浇 筑

3. 挂篮分哪几种类型? 挂篮设计时应注意哪些事项?

答:1)选择挂篮时,应按照保证挂篮结构形式简单、强度可靠、安全稳定、自重轻、受力明确、变形小、行走方便、锚固和装拆容易并尽可能降低成本的原则进行设计。一般情况下挂篮采用以下形式。

(1)桁架式挂篮

桁架式挂篮构造如图 13-2 所示。其特点是可以充分利用现有的万能杆件或贝雷梁作为挂篮的承重结构,投资少,受力明确,装拆方便。

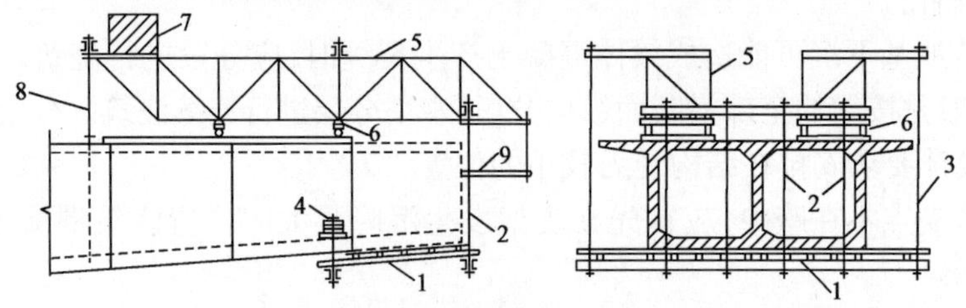

图 13-2 梁式挂篮结构图

1-底模板;2、3、4-悬吊系统;5-承重系统;6-行走系统;7-平衡重;8-锚固系统;9-工作平台

(2)斜拉式挂篮

斜拉式挂篮构造如图 13-3 所示。其承重结构主要由纵梁、立柱、前后斜拉杆组成,其他构造与梁式挂篮相似。具有杆件少、结构简单、受力明确、承重结构轻巧的特点。

另一种形式是利用永久索,将安装的永久索与挂篮之间,用一工具式拉杆相连接,并在已浇箱梁下,设置中拉杆和后拉杆,用以抵抗垂直力和水平力,见图

13-4。这样,用钢量更少。

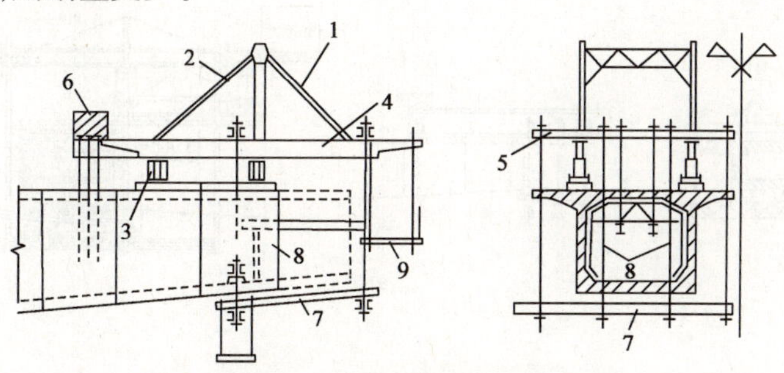

图 13-3　斜拉式挂篮结构图

1-前斜拉杆;2-后斜拉杆;3-行走系统;4-纵梁;5-横架;6-平衡重;7-底模板;8-悬吊系统;9-工作平台

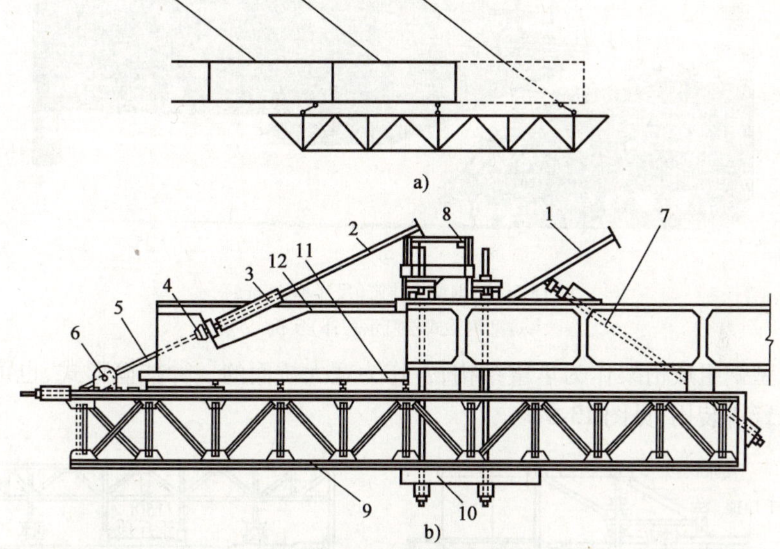

图 13-4　利用结构大索挂篮详图

1-已浇段箱梁拉索;2-待浇段箱梁前支点拉索,为利用结构之大索;3-索管;4-拉索锚具,一般为冷铸锚固定端锚具;5-接长拉杆,此拉杆与索连接(穿过锚具),在浇筑或拼装箱梁时,可利用结构索待混凝土达到设计强度,可将锚具拧紧承受力,卸除接长拉杆,并可重复利用;6-千斤顶;7-水平力平衡杆;8-挂篮上横梁;9-挂篮桁架;10-悬挂升降系统;11-下底模;12-顶板底模

(3)型钢梁式挂篮

由型钢梁组成,由多道吊杆与吊篮连接,行走为四氟滑板滑行,见图13-5a),或者型钢梁与已浇筑箱梁伸出的劲性骨架组成受力框架,见图 13-5b)。

(4)撑架式挂篮

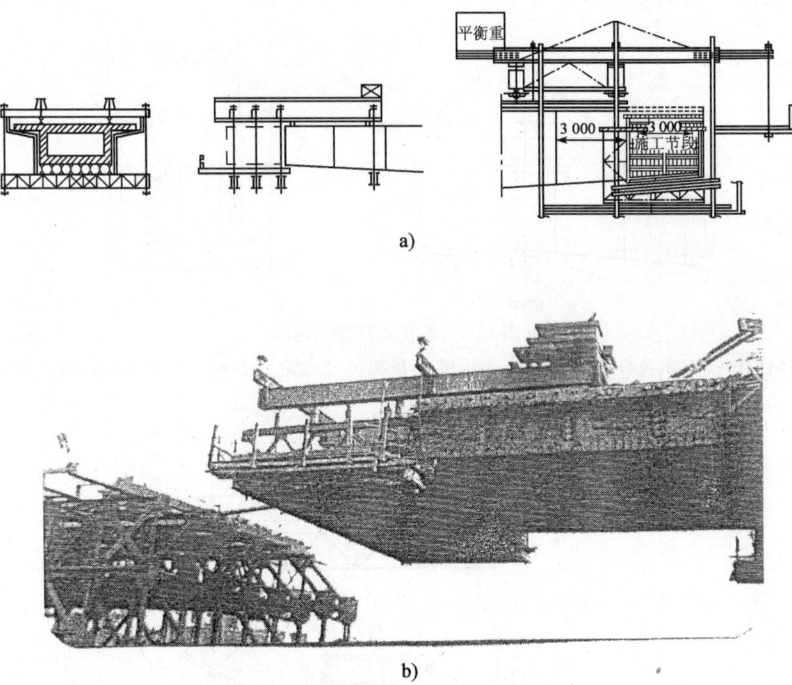

图 13-5　型钢梁式挂篮(尺寸单位:mm)

a)型钢梁式挂篮示意;b)实例

由型钢组成桁架作为承重结构,常作为宽大桥面的一种挂篮形式,也可作为挂篮悬臂拼装用,见图 13-6。

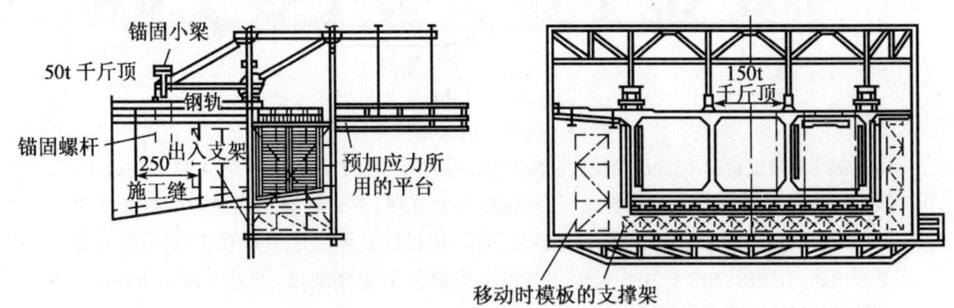

图 13-6　撑架式挂篮示意图(尺寸单位:cm)

2)设计时,挂篮的设计荷载应考虑各项实际可能发生的荷载情况,按施工的不同阶段,进行最不利的荷载组合。设计荷载一般应包括以下内容:

(1)挂篮自重;

(2)平衡重重力；

(3)模板支架自重:包括侧模、内模、底模和端模等部件,平均重力可首先按 800 ~ 1 000N/m² 估算,待模板尺寸确定后再进行详细计算；

(4)梁段重力按最大节段混凝土自重控制挂篮设计；

(5)振捣器重力及振动力,振动力可近似按振动器重力的 4 倍进行估算；

(6)千斤顶及油泵重力；

(7)施工人群荷载,可近似按 2 000N/m² 进行估算。

3)挂篮设计时,挂篮设计长度一般应根据悬臂浇筑最大的分段长度来确定。悬臂浇筑长度应根据施工条件权衡利弊综合考虑确定,分段长度一般可考虑选择为 3 ~ 5m。

4)布置挂篮横断面时,因其与桥梁宽度和箱梁横断面的形式有直接关系,所以当桥梁横断面为单箱时,全断面布置一个挂篮施工即可;当桥梁横断面为双箱时,一般应布置两个挂篮分别施工,最后在桥面板处用现浇混凝土进行连接;当箱梁横断面为多箱时,为了施工的灵活性,也可采用多个挂篮进行施工;为了加速施工,有时可采用大型宽体桁架式挂篮,双箱一次浇筑施工。

5)挂篮质量与最大梁段混凝土的质量比值宜控制在0.3 ~ 0.5之间,特殊情况下也不应超过 0.7。

6)挂篮应设有调整 ±6cm 竖向挠度的功能,以便调整立模高程。

7)当箱梁的竖向预应力采用钢绞线束时,应考虑到挂篮后支点预埋件的安装和设计。可以充分利用预应力束,让其作为后锚点。

8)挂篮的主要设计参数应符合表 13-1 要求。

挂篮设计参数　　表 13-1

设计参数	要求
挂篮总重	不超过设计限重
允许最大变形(包括吊带变形的总和)	20mm
施工、行走时的抗倾覆安全系数	2
自锚固系统的安全系数	2
斜拉水平限位系统安全系数	2
上水平限位安全系数	2

9)挂篮所使用的材料,其质量和使用性能必须可靠,必要时应进行材料力学性质试验。

10)挂篮纵梁不宜使用贝雷梁或万能杆件,力求增加挂篮刚度,并进行试压测定挠度和强度满足使用要求后方可允许使用。

11)挂篮结构各焊接点,应进行加工时的焊接质量检验,且应防止焊接变形而影响拼装精度。所有拼接焊缝质量应达到二级标准,其余焊缝应达到三级标准。

12)对挂篮支承平台的设计,不但要具有足够的强度,还应具有足够的平面尺寸,以满足梁段现场作业的需要。

4.悬臂浇筑梁式桥应注意哪些事项?

答:1)主梁各部分的长度应充分考虑主梁的形式、跨径、墩宽、挂篮的形式以及施工周期来确定。0号段长度一般为5~20m,悬浇分段长度一般为3~5m。

2)桥墩顶梁段及桥墩顶附近梁段施工时,可采用托架或膺架为支架就地浇筑混凝土。托架或膺架应经过设计,计算弹性及非弹性变形。模板、预应力管道、钢筋、预埋件的安装、混凝土的浇筑可参见第八章和第十一章的有关内容。

3)在梁段混凝土浇筑前,应对挂篮(托架或膺架)、模板、预应力筋管道、钢筋、预埋件、混凝土材料、配合比、机械设备、混凝土接缝处理情况进行全面检查,经确认后方可浇筑。

4)悬臂施工过程中,若梁身与墩身采用非刚性连接,为保证结构的稳定性,悬臂梁桥和连续梁桥应对0号块梁段与桥墩间实施临时固结支承措施;对于刚性连接的T型刚构、连续刚构梁,因结构本身已具有一定的抗弯能力,可根据设计和施工要求在墩旁架设临时托架等方法进行施工。临时固结支承可采用如下措施:

(1)将0号块梁段与桥墩钢筋或预应力筋临时固结,待解除固结时再将其切断,如13-7图所示。

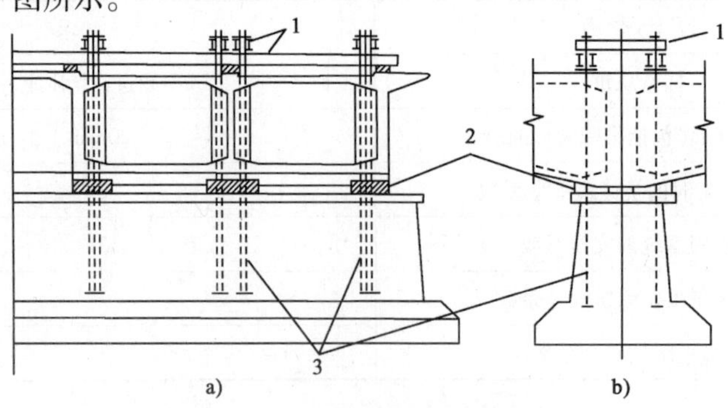

图13-7 0号块与桥墩的临时固结

1-工字钢;2-支座;3-预埋临时锚固用预应力筋

(2)在桥墩一侧或两侧设置临时支承或支墩,如图 13-8 所示。

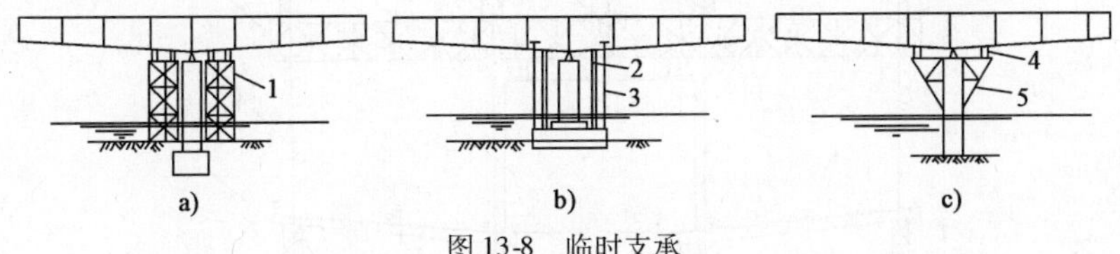

图 13-8　临时支承

1-支架;2-预应力筋;3-立柱;4-砂筒;5-三角撑架

(3)顺桥向用扇形或门式托架将 0 号块梁段临时支承,待悬浇到至少一端合龙后恢复原状。

(4)临时支承可用硫磺水泥砂浆块、砂筒或混凝土块等卸落设备,以使体系转换时,较方便地撤除临时支承,如图 13-8 所示。

当采用硫磺水泥砂浆块作临时支承的卸落设备,采用高温熔化撤除支承时,必须在支承块之间设置隔热措施,以免损坏支座部件。

5)挂篮安装时应保证安全、稳定、可靠。挂篮的最大变形(包括吊带变形的总和)应≤20mm。

(1)挂篮的主纵横梁的分联和移动操作应特别精心,以防急剧的塌落和倾覆。

(2)浇筑混凝土时,后端应锚固于已完成的梁段上,后锚和移动架可采取保险锚、保险索或保险手拉葫芦等安全措施。

(3)挂篮桁架在已完成的梁段上行走时,应于后端压重稳定。

(4)挂篮桁架行走和浇筑混凝土时的稳定系数,均不得小于 1.5。

(5)挂篮组拼后,应全面检查安装质量,并对挂篮进行试压,以消除结构的非弹性变形。挂篮试压的最大荷载一般可按最大悬浇梁段重量的 1.3 倍考虑。

挂篮试压通常采用水箱加压法、试验台加压法及砂袋法。

①水箱加压法:对于就位待浇混凝土的挂篮,可采用水箱法检查挂篮的性能和状况。加压的水箱一般设于前吊点处,后吊杆穿过紧靠墩顶梁段边的底篮和纵桁梁,锚固于横桁梁上,或穿过已浇箱梁中的预留孔,锚于梁体,在后吊杆的上端装设带压力表的千斤顶,反压挂篮上横桁梁,计算前后施加力后,分级分别进行灌水和顶压。参见图 13-9。

②试验台加压法:对于新加工的挂篮可用试验台加压法检测桁架受力性能和状况。试验台可利用桥台或承台和在岸边梁中预埋的拉力筋锚住主横梁后端,前端按最大荷载计算值施力,并记录千斤顶逐级加压变化情况,测出挂篮弹性变形和非弹性变形参数,用作控制悬浇高程的依据。参见图 13-10。

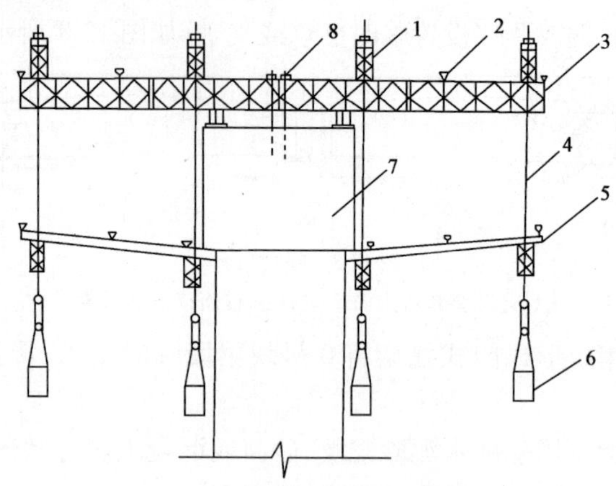

图 13-9　挂篮水箱法试压示意图

1-横桁梁;2-观测点;3-纵桁梁;4-吊杆;5-底篮;6-水箱;7-墩顶梁段;8-后锚固

③砂袋加压法:对就位的挂篮铺设底模,然后用砂袋按浇筑箱梁时的混凝土的重力的施加顺序压重于底模上,实施时应分级压重、分级测量,然后对应于压重分级卸载、测量,得出数据,用作悬浇高程的依据。使用该法时要严格称量每袋砂的质量,并防止水进入已称量过的砂袋中,要有防雨措施。

6)桥墩两侧梁段悬臂施工进度应对称、平衡,实际不平衡偏差不超过设计要求值。设计无要求时,其两端允许的不平衡重力最大不得超过一个梁段的底板自重。

7)悬臂浇筑前端底板和桥面的高程,应根据挂篮前端的垂直变形及预拱度设置,施工过程中要对实际高程进行监测,如与设计值有较大出入时,应会同有关部门查明原因进行调整。

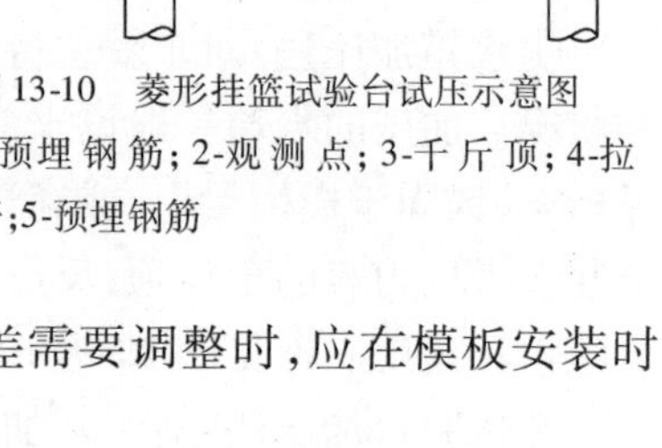

8)安装模板后,应严格核准中心位置及高程、校正中线。

(1)组装模板并校正中线、外模及框架的长度和高度应能适应各节段的变化。内模由侧模、顶模和内框架组成,应便于拆模和修改。

图 13-10　菱形挂篮试验台试压示意图

1-预埋钢筋;2-观测点;3-千斤顶;4-拉杆;5-预埋钢筋

(2)如上一节段施工后出现中线或高程误差需要调整时,应在模板安装时予以调整。

(3)模板和前一节段的混凝土面应平整密贴。

9)安装预应力预留管道时,应保证管道连接紧密、管道定位准确。放置预应力管道时要注意和前一段的管道连接接头严密对准,并用胶布包贴,防止灰浆渗入管道，还应设置足够的定位钢筋，以保证预留管道在浇筑混凝土过程中位置正确，线形和顺。

纵向预应力管道用塑料波纹管时必须设置塑料内衬管，内衬管外径可比波纹管内径小3～4mm。定位钢筋的纵向水平间距不大于100cm，曲线段间距不大于50cm，难以固定段可控制在30cm。

10）挂篮行走前要测定已完成节段梁端高程，并定出箱梁中轴线。当解除挂篮的后锚固后，挂篮沿箱梁中轴线对称向两端，每前进50cm作一次同步观测，防止挂篮转角、偏位造成挂篮受扭。

11）箱梁梁段混凝土浇筑，可视箱梁截面高度情况采用一次或二次浇筑法。无论采用何种方法浇筑，梁段自重误差应在－3%～＋3%范围内。

采用一次浇筑法，可在箱梁顶板中部留一窗口，以供浇筑底板混凝土，待浇好底板后立即补焊钢筋封洞，并同时浇筑腹板混凝土，最后浇筑顶板混凝土，一次完成。浇筑腹板混凝土时，两侧腹板应同时分层进行。浇筑顶板及翼板混凝土时，应从外侧向内侧一次完成，以防发生裂纹。

当采用两次浇筑时，各梁段的施工应错开。箱梁分层浇筑时，底板可一次浇筑完成，腹板可分层浇筑，分层间隔时间宜控制在混凝土初凝之前且应使层与层覆盖住。为缩短两次浇筑混凝土的时间间隔，可一次支立外侧模，内侧模分次接高，内模接高应待底板混凝土达到一定强度后进行；同时做好钢筋的绑扎和预应力的定位、布设工作，然后浇筑腹板上段和顶板混凝土。其接缝除按施工缝要求进行处理外，还应采取如预埋型钢、预留凹槽等抗剪措施。施工中还应注意：

（1）检查钢筋、管道、预埋件的位置；

（2）检查已浇混凝土表面的润湿情况；

（3）浇筑时随时检查锚垫板的固定情况；

（4）检查压浆管是否通畅牢固；

（5）严密监视模板与挂篮变化情况，发现问题及时处理；

（6）检查对称浇筑进度。

12）箱梁截面混凝土浇筑顺序应按设计要求进行，若设计无明确要求，一般应按下列顺序进行浇筑：

（1）浇筑混凝土时，必须从悬臂端开始，两个悬臂端应对称均衡地进行浇筑。

（2）浇筑混凝土时，应加强振捣，对于高箱梁混凝土施工，可采用内侧模开仓振捣。

（3）在浇筑混凝土的同时应注意对预应力管道的保护，浇筑后应及时对管道清孔,以利穿束。

13)为提高混凝土早期强度,以加快施工速度,在设计混凝土配合比时,一般加入早强剂或减水剂。混凝土梁段浇筑周期一般为5~7d,为防止混凝土出现过大的收缩、徐变,应在配合比设计时按规范要求控制水泥用量。

14)梁段拆模后,应对梁端的混凝土表面进行凿毛处理,以加强接头混凝土的连接。

15)悬浇梁段分次浇筑混凝土时,如处理不当,由于后浇筑混凝土重力的影响会引起挂篮变形,导致先浇筑的混凝土开裂,因此应采取措施消除后浇筑混凝土引起的挂篮变形,一般可采用下列方法:

(1)水箱法:浇筑混凝土前先在水箱中注入相当于混凝土质量的水,在混凝土浇筑过程中逐渐放水,保持挂篮负荷和挠度基本不变。

(2)混凝土一次浇筑法。箱梁混凝土可采用一次浇筑,施工时应在浇筑混凝土前预留准确的下沉量,并在底板混凝土凝固之前全部浇筑完毕,即要求挂篮的变形全部发生在混凝土塑性状态之间,避免产生裂纹。

(3)浇筑混凝土时,可根据混凝土重力的变化,随时调整吊带高度。

(4)抬高挂篮的后支点法。混凝土浇筑前将模板前端抬高;同时用千斤顶顶起挂篮后支点,将底模梁支承在千斤顶上,浇筑混凝土时,随混凝土重力的变化,随时调整底模梁下的千斤顶,抵消挠度变形。斜拉式挂篮因其总变形小,一般可在浇筑混凝土前预留下沉量,不必在浇筑过程中进行调整。

16)分期浇筑混凝土时,新旧混凝土的结合面应凿毛洗净,还应严格控制相邻两次混凝土浇筑的龄期差,一般在任何情况下不得大于20d;同时应控制水灰比降低集料温度,减少模板与混凝土间的摩阻力。

17)在每一梁段施工过程中出现大风预报应停止施工,并使两悬臂端不得出现不平衡荷载,且应确保挂篮的牢固性。

18)混凝土浇筑完毕后应进行养护,待其强度及弹性模量达到设计要求,并经过孔道检查、修理管口弧度后,即可进行穿束、张拉、压浆和封锚等工作。

5. 连续梁合龙应注意哪些事项?

答:1)合龙施工必须满足受力状态的设计要求和保持梁体线形,控制合龙的施工误差。施工中应测量箱梁顶面高程及轴线,连续测试温度影响偏移值,观测合龙段在温度影响下梁体长度的变化。

2)连续梁合龙的顺序应按照设计要求进行,如设计无要求时,一般是先各边跨,再各次边跨,最后为中跨。多跨一次合龙时,必须同时均衡对称地合龙。

合龙时一切临时荷载均要与设计单位商量决定。

3)连续梁合龙段长度应按设计规定选择。如设计无明确规定,一般情况下,合龙段长度可在满足施工操作要求的前提下,尽量缩短,一般采用1.5~2.0m为宜。

4)施工中需将悬臂端的合龙口予以临时锁定,锁定时应注意:

(1)复查并调整两悬臂端合龙施工荷载,使其对称相等,如不相等时,应用压重进行调整。

(2)检查梁内预应力钢束是否张拉完成。

(3)复测、调整中跨、边跨悬臂的挠度及两端的高差。

(4)观测了解合龙前的温度变化与梁端高程及合龙段长度变化的关系。

临时锁定措施一般采用下列连接方法:

(1)用劲性型钢或预制的混凝土柱安装在合龙段上下部,作为支撑,然后张拉部分预应力束筋,待合龙段混凝土达到要求强度后,再张拉其余的预应力束筋,最后将临时锁定装置拆除。

(2)将劲性骨架作为预应力束筋的预留管道打入合龙段混凝土内,在箱梁截面顶板和底板管道位置处安装劲性钢管,钢管长度可用罗纹套管调节,两端支承在梁段混凝土端面上,张拉部分管道内的预应力束筋,待合龙段混凝土达到强度要求后,再张拉其余预应力束筋。

(3)在合龙段配置加强钢筋或劲性管架,代替安装在合龙段的劲性型钢或预制的混凝土柱。

5)为保证混凝土浇筑的安全并使悬臂挠度始终保持稳定,在合龙之前,应在各悬臂端附加与混凝土质量相等的配重(也称压重),施加配重时要依桥轴线对称加载,并按浇筑重量分级卸载,也就是说在混凝土浇筑的过程中,将压重逐步撤除。

6)合理选择合龙温度。合龙段混凝土宜在一天中气温最低时完成,夏季施工时,应选在晚上进行合龙。

7)选择合龙段混凝土时,可将合龙段的混凝土强度等级提高一级,也可采用早强、高强、收缩少或微膨胀的水泥拌制的混凝土,以便及早达到设计要求强度,及时张拉预应力束筋,防止合龙段混凝土出现裂缝。

8)合龙段施工过程中,通常应将两侧挂篮向后等距离对称移动,使两悬臂端的施工荷载对称相等,移动的距离应满足合龙施工的需要;或合龙段进行合龙时,一端挂篮后退至墩顶或拆除,另一端挂篮前移,跨过合龙段,并将挂篮自重平均分配到两悬臂端上。

9)合龙段混凝土浇筑完成后,应加强养护,使之保持湿润,悬臂端应用草袋等加以覆盖,以减少日照直射的温度影响,使混凝土在早期硬结过程中处于升温受压状态。

10)对挂篮进行拆除时,应先拆除模板,再从悬吊系统开始逐步拆卸。拆除过程中应在平衡重下设置临时垫木撑以防止挂篮后倾。

6. 连续梁合龙体系转换应注意哪些事项?

答:悬臂浇筑过程中,随着各独立T构的依次合龙,梁体也依次转化为成桥状态的正负弯矩交替分布形式,这一转化就是连续梁的体系转换。因此,连续梁悬浇施工的过程就是其应力体系转换的过程,也就是悬浇时实行支座临时固结、各T构的合龙、固结的适时解除、预应力的分配以及分批依次张拉的过程。连续梁合龙体系转换时应注意以下事项:

(1)悬臂梁桥和连续梁桥采用悬臂法施工时,为保证施工阶段的稳定,在进行结构体系转换时,一般应先在边跨合龙,释放梁墩锚固,结构由双悬臂状态变成单悬臂状态,最后在跨中合龙,成为连续梁受力状态。

(2)结构由双悬臂受力状态转换成单悬臂受力状态时,梁体某些部位的弯矩方向将发生转换,所以在拆除梁墩锚固前,应按设计要求,张拉部分或全部布置在梁体下部的正弯矩预应力束。

(3)正弯矩力筋张拉过程中,要有专人观察记录锯齿板后端梁断面的变化,检查是否出现裂纹。

(4)连续预应力筋的张拉顺序应按照设计的规定进行,一般为先顶板后底板再腹板,先短力筋后长力筋的顺序,并应对称实施张拉。

(5)对活动支座需保证解除临时固结后的结构稳定,如需控制和采用措施限制单悬臂梁发生过大纵向水平位移。

(6)在结构体系转换中,解除临时支座后,将梁落于支座上,注意观察永久支座的下沉量同时做好记录,并按高程调整支座高度及反力。调整支座反力时,应以高程控制为主,以反力作为校核,检查转换效果。

(7)梁墩临时锚固的放松,应均衡对称地进行,保证逐渐均匀地释放。在放松前应测量各梁段的高程,在放松过程中,应注意各梁段的高程变化,以确保施工安全。

(8)对于转换为超静定的结构,需考虑钢束张拉、支座变形、温度变化等因素引起结构的次内力。若按设计要求,需进行内力调整时,应以高程、反力等多因素控制,相互校核。

7. 悬臂浇筑预应力混凝土梁的质量标准是怎样规定的？

答：悬臂浇筑预应力混凝土梁式桥的质量标准应按表 13-2 执行。

悬臂浇筑预应力混凝土梁的质量标准　　表 13-2

项　目		规定值或允许偏差(mm)
混凝土强度(MPa)		符合设计要求
轴线偏位	$L \leqslant 100$m	10
	$L > 100$m	$L/10\,000$
顶面高程	$L \leqslant 100$m	±20
	$L > 100$m	$L/5\,000$
	相邻节段高差	10
断面尺寸	高　度	+5，-10
	顶　宽	±30
	底　宽	±20
	顶底腹板厚	+10，-0
同跨对称点高程差	$L \leqslant 100$m	20
	$L > 100$m	$L/5\,000$
横坡(%)		±0.15
平整度(mm)		8

三、悬 臂 拼 装

8. 悬臂拼装预制梁块时应注意哪些问题？

答：(1)预制块件的悬臂拼装可依据设备和现场条件选用。若方便在陆地上或在便桥上施工时，可采用自行式吊车、门式吊车进行拼装；对于水中桥跨，可采用水上浮吊进行安装；对于高墩身的桥跨，可利用各种吊机进行高空悬拼施工。

(2)桥墩顶梁段及桥墩顶附近梁段施工时，可采用托架或膺架为支架就地浇筑混凝土。托架或膺架应经过设计，计算其弹性及非弹性变形。模板、预应力管道、钢筋、预埋件的安装、混凝土的浇筑应参照第八章和第十一章的有关内容。

(3)应保证拼装的第一个梁块(基准块)的预制精度，安装时应对纵、横轴线、高程进行精确定位测量，为以后的拼装创造条件。

(4)采用悬臂拼装法修建预应力悬臂梁桥时，应先将梁、墩临时锚固或在墩顶两侧设立临时支承,待全部块件安装完毕后,再撤除临时锚固或支承。当临时固结采用硫磺胶泥块时,采用高温熔化方法撤除时,必须在支座垫块之间设置隔热措施,以免损坏支座;同时注意防止明火,因为硫磺易于燃烧。

(5)采用悬臂吊机、缆索、浮吊悬拼安装时,应按施工荷载进行强度、刚度、稳定性验算,使安全系数≥2.0。施工中应注意:

①块件起吊安装前,应对起吊设备进行全面的安全技术检查,并按照设计荷载的1.25倍静载和1.1倍动载分别进行起吊试验。

②吊机重应符合设计要求,应注意吊机的定位和锚固,经检查符合要求后再进行起吊拼装。

③移动吊机前应将纵向主桁架上所有活动部件尽量移动到主桁架后端,然后方可松卸锚固螺栓。

④桥墩两侧块件宜对称起吊,以保证桥墩两侧平衡受力。

⑤移动吊机时应沿箱梁纵轴线对称地向两端推进。

⑥墩侧相邻的1号块件提升到设计高程初步定位后,应立即测量、调整1号块件的纵轴线,使之与梁顶块件纵轴线的延伸线重合,使其横轴线与梁顶块件的横轴线平行且间距符合设计要求。应检查梁顶块件与1号块件间孔道的接头情况,调整并制作接缝间孔道接头后,方可将1号块件牢靠固定,其他各个块件连接时,均应按本条规定测量调整其位置。

⑦应在施工前绘制主梁安装挠度变化曲线,悬臂拼装过程中应随时观测桥轴线安装挠度曲线的变化情况,并与设计值进行对比,遇有较大偏差时应及时处理,以便控制块件的安装高程。

⑧吊机就位后须将支点垫稳,固定后锚螺栓,平车移动到起吊位置,进行下一块件的拼装。

(6)对于非0号、1号块件的拼装,一般应在接缝上设置定位榫齿或钢定位器。

9.悬臂拼装梁接缝的分类及施工时应注意的问题是什么?

答:块件拼装接缝可分为湿接缝、干接缝和胶接缝等几种。湿接缝是用高强细石微膨胀混凝土作为接缝材料,胶接缝是采用环氧树脂加水泥薄层。由于干接缝密贴性能较差,一般不宜采用。

1)湿接缝

(1)1号块即墩柱两侧的第一块,一般采用湿接缝与0号块相连接,湿接缝的宽度一般为0.1~0.2m。

(2)对于大跨度的T型刚构桥，由于悬臂很长，宜在伸臂中部设置一道现浇箱梁横隔板，同时设置一道湿接缝。

(3)在拼装过程中，梁段上翘的误差很大，且难以用其他方法进行补救，可以增设一道湿接缝来调整，所增设的湿接缝宽度必须用凿打块件端面的办法来完成。

(4)混凝土浇筑过程中应注意：

①浇筑混凝土前，应先清洗接缝处混凝土表面，并进行润湿；同时将预应力筋穿入孔道。

②混凝土浇筑过程中应观测梁块中线、高程，出现大的变位时及时进行调整。

③为防止浇筑混凝土时堵塞孔道，应在接缝内用铁皮管或其他方式连接预应力孔道。

④湿接缝的预应力管道接通后应缠防水胶布，接驳的管道要平顺，不能出现折线情况。

⑤在浇筑湿接缝混凝土时，进行振捣不要碰坏管道，浇筑过程中应随混凝土的浇筑顺序用压力冲洗管道。

⑥湿的混凝土应从两端的湿接缝开始，相向同时逐个浇筑，待全部湿接缝的底板混凝土浇筑完毕，再从两端相向同时逐个浇筑每个湿接缝的腹板、顶板混凝土。

⑦混凝土浇筑完成后，应立即进行养护。

(5)当接缝混凝土强度达到设计要求的强度后，方可进行张拉。

2)胶接缝

(1)1号块以外的块件宜用胶接缝拼装。采用胶接缝拼装的块件，涂胶前应就位试拼。试拼合格后，应将块件移开，并与已拼块件保持0.4m左右的距离，再进行穿束、涂胶和定位合龙工作。

(2)混凝土表面应尽量平整，疏松表面及附着的水泥应清除干净，涂胶前表面应干燥或烘干。

(3)涂胶人员应有防护设施，以免有害物质伤害人体。

(4)安装调整位置、高程应在3h之内完成。

(5)胶接缝采用预施应力(挤压)0.2MPa，挤压应在3h以内完成。当施工时间超过明露时间的70%时，在固化之前应清除被挤出的胶结料。

(6)胶黏剂

①胶接缝的胶黏剂应有足够的内聚强度及黏合强度，使用工具简单，在不同

气温下能够充分固化。

②胶黏剂一般采用环氧树脂,使用前应经过试验进行试配。所选用的环氧树脂胶黏剂应符合黏结强度、稠度和固化时间等的设计要求。

③环氧树脂胶黏剂由环氧树脂、固化剂、增塑剂、稀释剂、填料等所组成。配置胶黏剂过程中必须严格称量,不得随意更改已经采用的配合比。各种材料的选用参考如下:

a)环氧树脂一般采用工艺性能较好、施工方便的环氧树脂 E-44(6101);

b)固化剂可采用 H4 环氧固化剂和 T-31 环氧固化剂,因 T-31 环氧固化剂具有在低温 0℃、湿度 >80% 的条件下,仍能固化的优点,所以应用的比较广泛。

c)为降低环氧树脂的黏度,固化后增加胶体的塑性,可掺入一定量的增塑剂,所采用的非活性增塑剂品种有:邻苯二甲酸二丁酯、邻苯二甲酸二辛酯、磷酸三甲苯酸酯等。若采用 T-31 环氧固化剂,则不必掺入增塑剂。

d)为降低环氧树脂的黏度、增加流动性,常加入丙酮甲苯、二苯等非活性稀释剂,但应控制其用量不超过树脂用量的 30%,且应在涂抹后使其完全挥发,以减少对环氧树脂胶强度和抗老化性能的影响。

e)为了降低成本、改善环氧树脂胶的性能,一般用高强度等级水泥、洁净的干燥砂做填料。

④配置胶黏剂的过程中,严禁污染物及水分混入。

⑤胶黏剂的配置应根据接缝面积来确定,并应一次完成,随用随配。

⑥各项准备工作完成后方可加入固化剂,以防止块体固化,并应进行充分搅拌,且须在规定的时间内完成操作。

⑦配置胶黏剂的温度不宜超过 30℃,并应防止日光直射。

⑧胶黏剂的配方应根据施工环境、温度及所需固化时间和强度要求选定,对胶黏剂的性能要求参见表 13-3。

胶黏剂性能表 表 13-3

<table>
<tr><td rowspan="2">一般</td><td>密度(g/cm^3)</td><td colspan="2">最小垂挂厚度(mm)</td><td>黏度(10^{-3}Pa·s)</td><td>明露时间(h)</td></tr>
<tr><td>1.2~1.6</td><td colspan="2">>0.3</td><td>$1\times10^4\sim5\times10^{-4}$</td><td>≥7</td></tr>
<tr><td rowspan="3">力学</td><td>抗拉强度(MPa)</td><td colspan="2">抗压强度(MPa)</td><td>抗剪强度</td><td>玻璃化温度</td></tr>
<tr><td rowspan="2">≥12.5</td><td>3d</td><td>7d</td><td rowspan="2">—</td><td rowspan="2">—</td></tr>
<tr><td>≥40.0</td><td>≥60.0</td></tr>
</table>

(7)胶接缝拼装梁段因未固化胶体的润滑作用,使摩阻力降低,为防止施加预应力时摩阻力的降低,使梁段向上滑移,应采用防滑措施。

(8)接缝如需承受拉力,应将其表面进行凿毛。

(9)涂胶时块件表面温度不应低于10℃,涂胶固化过程中,宜控制块件温度与胶浆固化温度之差不超过15℃,使环氧树脂胶浆在稳定的温度中固化。

(10)涂抹胶黏剂时,应自上而下、快速、均匀涂布,厚度宜薄,一般要求在1mm以内,为保证接缝压密,可先穿束再涂胶,缩短涂胶后至张拉开始的时间,使胶接块件拼装完毕(检查合格),即可张拉预应力钢材,进行块件挤压。

(11)胶黏剂使用过程中应继续搅拌以保证均匀。胶缝加压被挤出的胶黏料应及时清除刮净,防止预应力管道被挤出的胶浆堵塞。

(12)对每次使用的机具应及时用溶剂清洗干净。

(13)梁上翘过大时,可通过下面涂胶方式进行纠正:

①通过多次涂胶将胶接缝作成上厚下薄的胶接层;

②在接缝上缘的胶层内加垫钢板,增加接缝厚度;

③凿打端面,将块件端面凿去一层混凝土,凿去的厚度沿截面的上、下方向按需要变化,然后涂胶拼接。

10．悬臂拼装梁预应力筋张拉应注意哪些事项?

答:(1)块件拼装完毕经检查合格后,进行预应力束张拉时,应符合第十一章的有关内容。

(2)拼装每一对对称于桥墩块件用的预应力钢丝束,必须按锚固这一对块件所需的长度下料。其计算方法参见第十一章。

(3)预应力张拉应采取张拉力与伸长值双控制;预应力钢材的最大张拉应力不得超过设计规定。

(4)穿束时先将钢丝束在明槽内摆放平顺,然后再分别将钢丝束穿入两端管道之内;钢丝束在管道两头伸出的长度应相等。

(5)短、中长度的钢丝束可采用人工穿束,较长的钢丝束应借助卷扬机进行牵引穿束。

(6)同一截面中各预应力钢材的张拉顺序及张拉力,应按设计规定分批张拉并作好记录。

(7)确定钢丝束的张拉次序与箱梁横截面形式、千斤顶数量、是否设置临时张拉系统等因素有关,对称于箱梁轴线两端的钢丝束应同时成对进行张拉,一般情况

下,钢丝束应按下列顺序进行张拉:

①临时束的张拉;

②腹板永久预应力束的张拉,腹板束应先张拉下边的,后张拉上边的;

③板永久预应力束的张拉,板束应先张拉顶板中部的,后张拉边部的。

(8)临时束可用预应力粗钢筋锚于接缝两边底板上的接锚器上,并使整个板施加的压应力值控制在平均0.3MPa左右。

(9)张拉过程中,如张拉设备发生漏油或预应力钢材发生断丝、滑丝等现象,应查明原因,进行纠正后,方可继续张拉。

(10)湿接缝拼装的块件应待混凝土强度达到设计强度等级的70%以上时,方可张拉预应力束。

(11)胶接块件拼装完毕经检查合格后,即可张拉预应力束,进行块件挤压,挤压力应符合上一题目的要求。

(12)块件拼装和预应力钢材张拉时,应注意温度和天气变化,当气温在0℃以下、风力在5级以上时,不宜进行张拉。

(13)桥面明槽内已张拉的预应力束应加以保护,禁止在上面堆放物件和抛物撞击。

(14)每对块件拼装完毕并张拉后,应立即进行压浆封锚。当块件的预应力束按设计要求张拉完毕后,方准许放松吊钩。

(15)管道压浆时,可采用二次灌浆避开串浆事故的发生。其具体做法:第一阶段可沿纵向分三段,从张拉断面到各自对应的前一个断面处为一段,预制时各段安装一套压浆管和排气管,并在分段处,将管道设为明槽式,长度可控制在0.2~0.3m,管道压浆分两段进行,张拉完后先在明槽灌混凝土,将三段隔绝,然后压两头的管道;第二阶段中间段的管道压浆则安排在主桥合龙,全部钢束张拉完成后与合龙钢束及纵向连续束的压浆一同进行。块件张拉完成后,准备移悬拼吊机进入下一循环;同时对已张拉的明槽灌注环氧砂浆,以保证三段管道分割良好。

(16)有吊梁的T型刚构桥明槽混凝土,应在吊梁安装完毕后立即浇筑,浇筑程序应由悬臂端开始同时向根部推进。

(17)在转换体系之前,应按照设计要求张拉一部分块件底部的预应力束;同时为防止梁上部已张拉的明槽预应力钢材上漂,保证体系转换前后拼装、张拉各阶段的安全,应在悬臂梁端设置向下的预拱度。

(18)体系转换时,应先解除0号块与墩身的临时固结预应力、凿除支座两侧的临时支承垫块。解除方法是先用张拉千斤顶将墩梁固结临时预应力筋拉起至原来张拉的吨位，卸去锚固螺母再放松；解除顺序是从中线向两侧对称进行，最靠边的一到二排暂时不卸除，待临时支承垫块凿除后，再对称卸除。临时支承垫块的凿除应先中间后两边，严格控制按前后、左右对称进行。

11. 悬臂拼装施工过程中，悬拼测量及挠度观测的允许误差是怎样规定的？

答：悬臂拼装施工过程中应进行悬拼测量及挠度观测，即对每节箱梁施工中的中轴线及高程进行控制，监测施工过程中各块箱梁的挠度变化情况，并不断进行调整。调整时应满足表13-4所列允许误差。

悬拼观测允许误差 表13-4

<table>
<tr><th colspan="2">项　目</th><th>允许误差(mm)</th></tr>
<tr><td colspan="2">基准梁块四角高差</td><td>±2</td></tr>
<tr><td rowspan="4">悬臂拼装</td><td>湿接缝第一块箱梁中线</td><td>2</td></tr>
<tr><td>湿接缝第一块箱梁顶面高程</td><td>±2</td></tr>
<tr><td>悬臂合龙时箱梁中线</td><td>30</td></tr>
<tr><td>悬臂合龙时箱梁相对高程</td><td>±30</td></tr>
</table>

12. 悬臂拼装梁式桥的质量标准是怎样规定的？

答：预应力悬臂拼装梁桥安装完成时的质量见表13-5。

预应力悬臂拼装梁桥安装完成时的质量标准 表13-5

<table>
<tr><th colspan="2">项　目</th><th>规定值或允许偏差(mm)</th></tr>
<tr><td colspan="2">混凝土强度(MPa)</td><td>符合设计要求</td></tr>
<tr><td rowspan="2">轴线偏位</td><td>$L \leq 100m$</td><td>10</td></tr>
<tr><td>$L > 100m$</td><td>$L/10\,000$</td></tr>
<tr><td rowspan="3">顶面高程</td><td>$L \leq 100m$</td><td>±20</td></tr>
<tr><td>$L > 100m$</td><td>$\pm L/5\,000$</td></tr>
<tr><td>相邻节段高差</td><td>10</td></tr>
<tr><td rowspan="2">同跨对称点高程差</td><td>$L \leq 100m$</td><td>20</td></tr>
<tr><td>$L > 100m$</td><td>$L/5\,000$</td></tr>
</table>

四、顶 推 安 装

13. 预制台座的质量要求是怎样规定的?

答:(1)在桥端路基上或引桥上设置预制台座时,其地基或引桥的强度、刚度和稳定性应符合设计要求,并应做好台座地基的防水、排水设施,以防沉陷。

(2)台座的轴线应与桥梁轴线的延长线重合,台座的纵坡应与桥梁的纵坡一致。

(3)台座施工的容许偏差如下表13-6。

梁段预制台座施工的容许偏差 表13-6

项　　目	容许偏差值(mm)
荷载作用下的台座顶面变形	≤2
轴线偏差	5
相邻两支承点上台座中滑移装置的纵向顶面高程差	2
同一个支承点上滑移装置的横向顶面高程差	1
台座(包括滑移装置)和梁段底模板顶面高程差	2

14. 梁段预制应注意哪些事项?

答:1)预制场地的设置

(1)预制以现场预制为宜。预制场设在桥台后,预制场地一般应设在桥台后面桥轴线的引道或引桥上,当为多联顶推时,为加速施工进度,可在桥两端设预制场地,从两端相向顶推。

(2)预制场地的长度应考虑梁段悬出时反压段的长度、梁段底板与腹板或顶板的预制长度、导梁拼接长度、机具设备进入预制作业线的长度,通常可采用预制节段长度的三倍以上;预制场地的宽度应满足梁段两侧施工作业的需要。

(3)预制场地上空宜搭设固定或活动的作业棚,其长度宜大于2倍预制梁段的长度,使梁段作业不受天气影响,并便于混凝土的养护。

2)设置预制台座时,应符合本章第13题的要求。

3)划分主梁预制节段长度应考虑节段连接处不要设在连续梁受力最大的支点与跨中截面处,并应尽量减少分段,以每段长10～30m为宜;同时连续梁节段长度应使每跨梁不多于2个接缝。

4)顶出的梁段不应产生高程变化,且梁的尾端不能产生转角,为此,在顶推梁到达主跨之前应设置过渡孔,并通过计算确定分孔和长度,也可采用引桥作为过渡孔。

5)模板

(1)模板宜采用钢模板,保证一定的刚度,不允许有超出第1题规定的变形。在保证滑动带平整的情况下,也可用胶合板做面板。

(2)安放底模板的预制平台应严格控制平整度。通常情况下,预制平台应有一个整体的框架基础,并要求总下沉量不超过5mm,在框架上面设置底模和底模滑道,在底摸和基础之间应设置卸落设备。

(3)底模不能与外侧模连在一起,应与底架连成一体,并将底模板安置在预制平台上,其升降与卸落设备宜用千斤顶,为控制底模在设计平面内升降应设置底模限位器。

(4)侧模宜采用旋转式的整体模板,外侧模板板面应平整、光滑、周转装拆不变形,如图13-11所示。

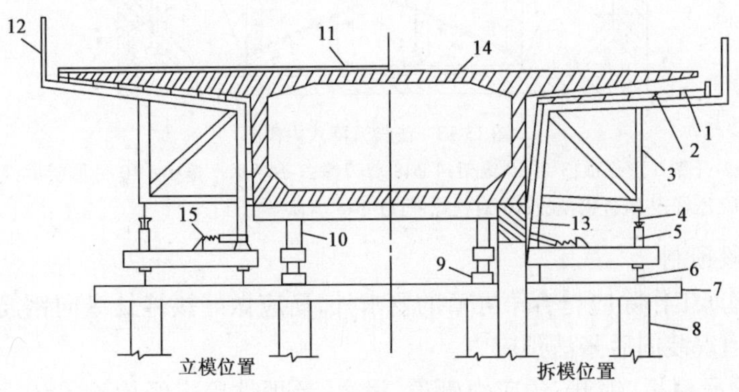

图13-11　箱梁外侧模装配示意图

1-钢模板;2-侧模肋骨;3-外侧模骨架;4-I36;5-螺旋千斤顶;6-I36;7-2I32;8-ϕ60cm钢管桩;9-螺旋千斤顶;10-2I56;11-拉杆;12-栏杆;13-滑道支座;14-箱梁;15-横移装置

(5)内模板可采用折叠、移动式内模或支架升降式内模,如图13-12和图13-13所示。

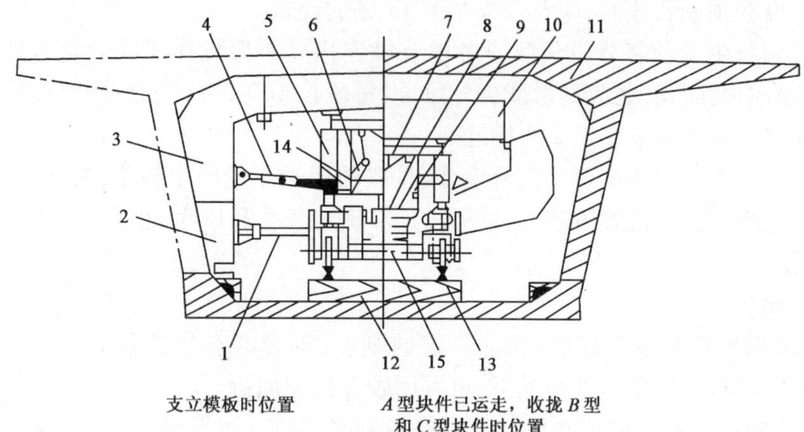

图13-12　折叠、移动式内模架图

1-水平丝杆;2-A型块件;3-B型块件;4-调整丝杆;5-立柱丝杆;6-左摇臂;7-滑轮;8-台车上部;9-右摇臂;10-C型块件;11-箱梁;12-枕木;13-钢轨;14-摇臂销子孔;15-台车下部

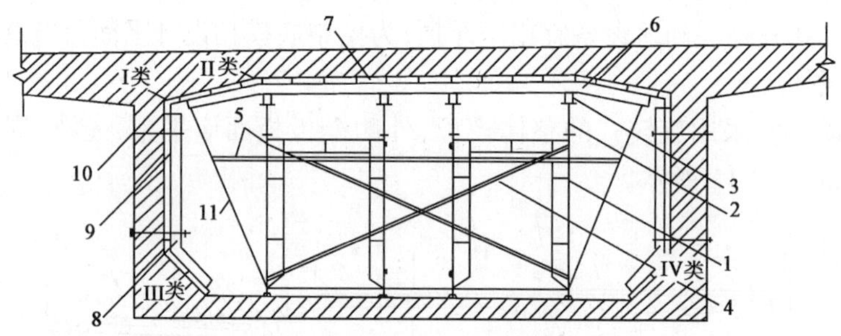

图13-13　支架升降式内模图

1-门型架;2-升降U形托顶;3-2[10纵架;4-ϕ48剪刀撑;5-ϕ48水平撑;6-[10弓形横梁;7-组合钢模板;8-[10压杆;9-组合钢模板;10-对拉螺杆;11-ϕ48斜撑

6)梁段预制

(1)钢筋工作除应符合第九章的要求外,还应做好接缝处纵向钢筋的搭接,预应力管道安装同后张法预应力。

(2)梁段模板、钢筋、预应力管道、滑道、预埋件等应经检验签认后,方可浇筑混凝土。

(3)严格控制混凝土的浇筑质量。为了提高混凝土的早期强度,缩短顶推周期,配置混凝土时应尽可能采用早强、高强度等级水泥并掺入减水剂。

(4)混凝土可采用全断面浇筑或采用两次浇筑,分两次浇筑时,第一次浇筑箱梁底板及腹板根部,第二次浇筑其余部分。

(5)梁段浇筑过程中,应严格控制截面尺寸、底面平整度和梁段端部的垂直度,并采用适当的养护措施。

(6)梁段工作缝的接触面应凿毛并洗涮干净,或采用其他可加强混凝土接触的措施。

(7)若工作缝为多联连续梁的解联断面,干接缝依靠张拉临时预应力束来实现,断面尺寸应准确,表面平整,解联时分开方便。

(8)支座位置处的隔板,应在整个梁顶推到位并完成解联后,进行浇筑,振捣时应避免振捣器碰撞预应力管道、预埋件。

(9)第一梁段前端设置导梁端的混凝土浇筑,应注意振捣密实,导梁的中心线与水平位置应准确平整。

15. 张拉预应力筋应注意的问题有哪些?

答:顶推安装的预应力连续梁有三种预应力束:永久束、临时束和后期束。三种预应力束均应严格按照设计规定进行布置、张拉、接长和拆除,不得随意增加或漏拆预应力束,更不得漏张拉。张拉时应注意:

(1)梁段预应力束施工的技术要求应满足第十一章的有关内容,预应力的张拉方法和一般预应力混凝土的后张法相同。

(2)预应力筋的张拉顺序宜采用先临时索后永久索、先长索后短索、先直索后弯索。

(3)为防止因水平扭矩而产生附加内力,顶板、底板预应力束应上下交错,左右对称地进行。

(4)在桥梁顶推就位后需要拆除的临时束,张拉后不应灌浆,锚具外露多余预应力钢材不必切除。

(5)施工中应特别注意体外预应力束的防腐和保护。

(6)纵向应设置备用孔道,以防施工中的不测。

(7)梁段间需连接的永久预应力束,应在两梁间留出适当空间,用预应力束连接器予以连接,张拉后用混凝土填塞。

16. 导梁施工应注意哪些问题?

答:顶推过程中,为减小顶推混凝土的施工内力并起导向作用,通常应在主梁前端设置导梁。采用导梁施工应注意以下各项要求。

(1)导梁一般可采用等截面或变截面的钢板梁或钢桁架。采用钢桁架导梁时,应注意导梁与梁段刚度的协调,不得采用刚度过小的导梁,并应减小每个节点的非弹性变形,使梁端挠度不大于设计要求。

(2)设置导梁时,导梁全部节间拼装应平整,底缘与箱梁底应在同一平面上,为便于顶推,其前端底缘应向上呈圆弧形。

(3)导梁长度一般取顶推跨径的0.6~0.7倍左右。

(4)预埋在梁段前端的预埋件连接强度、刚度必须满足梁顶推时的安全要求。

(5)导梁和混凝土主梁的刚度之比宜为:1/9~1/15。

(6)导梁端的锚固预应力筋应注意错位锚固,并宜采用无黏结筋,避免压浆管道占用空间影响混凝土的浇筑质量。

(7)为防止主梁端部接头混凝土因承受最大正负弯矩出现过大的拉应力而产生裂缝,应在接头附近施加预应力。

(8)施工中,为减小导梁的变形挠度,可在导梁的前端设置一个竖向千斤顶,通过不断将导梁端头顶起,引上滑道进墩。

(9)顶推过程中,当导梁处于悬臂状态时应避免过大的施工荷载。

(10)导梁杆件有变形、螺丝松动、导梁与主梁联结处有变形或混凝土开裂等情况时,应停止顶推,进行处理。

(11)导梁拼装允许误差为:导梁中线5mm;导梁纵横向底面高程±5mm。

17.临时支墩施工应注意哪些问题?

答:(1)对于跨径大于50m的梁桥宜设置临时支墩,设置时应综合桥下交通、通航、工程量、施工难易程度、拆除方案等加以考虑。

(2)临时支墩应能承受顶推过程中最大的竖直荷载,不应发生沉陷。

(3)临时支墩在顶推时不得因纵向摩阻力而发生偏斜(必要时,可在墩顶设临时支撑)。为加强临时墩的抗推能力,可用斜拉索或水平拉索锚于永久墩下部或其墩帽,如图13-14所示,当墩距较小时,可用专用桁架、型钢或钢管相连。

(4)临时墩的墩基可采用混凝土浅基础、打入桩或钻孔灌注桩,墩身一般设计成能够重复使用的构件,可采用钢结构、装配式钢筋混凝土结构或现浇钢筋混凝土结构,使之易于装拆。

由于钢结构临时墩在荷载作用和温度变化下变形较大,一般较少采用,更多采用滑升模板浇筑的混凝土薄壁空心墩、混凝土预制板、预制板拼砌的空心墩或混凝土板和轻便钢架组成的框架临时墩。

(5)临时墩一般只设置滑道而不设顶推装置,若必须加设顶推装置,应通过计算确定。

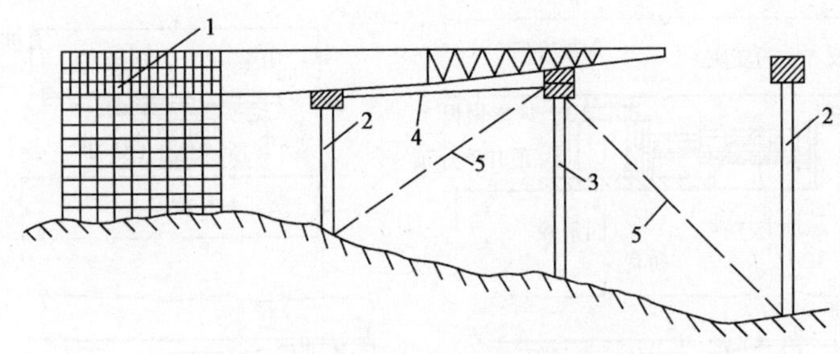

图 13-14　斜拉索与水平拉索加强临时墩

1-工作平台;2-永久墩;3-临时墩;4-水平拉索;5-斜拉索

(6)主航道中临时墩的设计应考虑拆除、清理航道的方案,水下钢管可由潜水员在水下氧割或拆除法兰盘。

(7)各联主梁顶推作业完成并落位到正式支座上以后,应将临时支墩拆除。

18. 梁段顶推分哪几种方式?其顶推应注意哪些问题?

答:1)顶推施工前,应根据主梁长度、设计顶推跨度、桥墩能承受的水平推力、顶推设备和滑动装置等条件,选择适宜的顶推方式。

(1)顶推的方法可分为单点顶推和多点顶推,单点顶推适用于桥台刚度较大、梁体较轻的施工条件,多点顶推适用于桥墩较高、截面尺寸较小的柔性墩的施工条件。

(2)多点顶推又分为多点间断顶推和多点自动连续顶推,一般情况下,宜采用多点自动连续顶推。

(3)按施工机具,顶推施工又可分为:

①单点或多点水平—竖直千斤顶方式,见图 13-15。

②单点或多点拉杆方式。该种方式是水平千斤顶顶墩台之前的拉杆,拉杆与梁临时连接,逐步将梁向前拉出,着力点在梁后端。其装置分三种形式:

(a)带拉杆的水平千斤顶装置。水平液压千斤顶布置在桥台前端,底台紧靠桥台,让千斤顶发挥牵引作用,并用拉杆与千斤顶连接。拉杆用楔形夹具固定在底梁板或箱侧壁的锚头设备中,锚头借助专门的液压设备固定在被顶推的桥跨结构板上。千斤顶回程时,固定在油缸上的刚性拉杆便在楔形夹具上松开,在锚头中滑动,随后重复下一循环。见图 13-16。

(b)固定在桥墩台上的顶推装置。该装置可将其布置和固定在桥墩台上,或路基高于 10 ~ 20m 时,直接安置在路基上,见图 13-17。

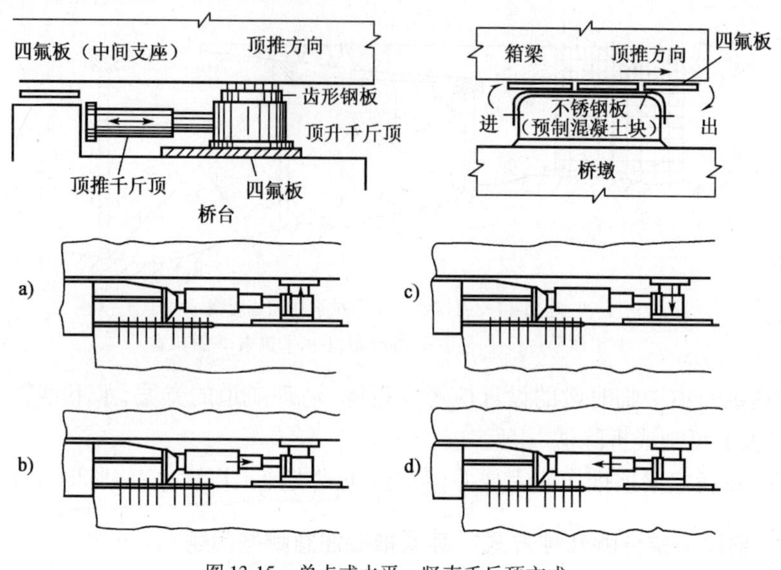

图 13-15　单点或水平—竖直千斤顶方式

a)顶梁;b)推移;c)落竖顶;d)收水平顶

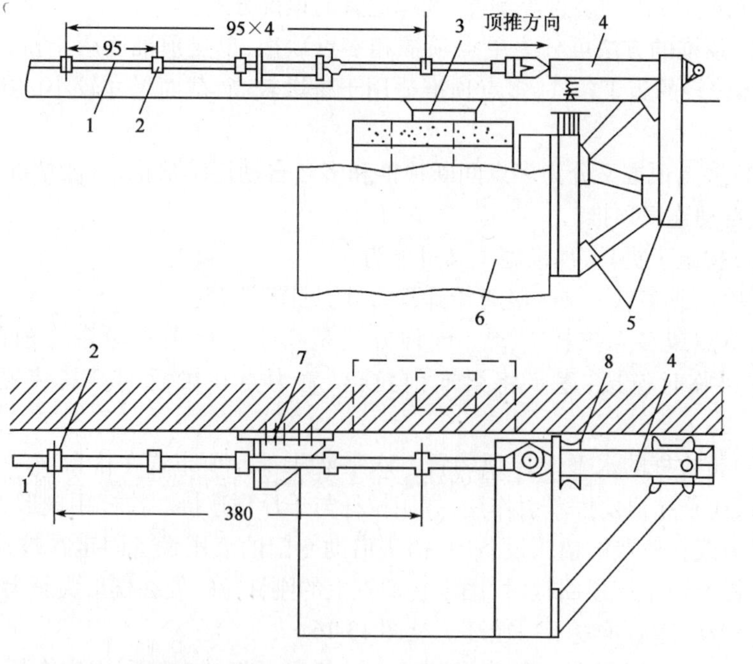

图 13-16　带拉杆的水平千斤顶装置(尺寸单位:cm)

1-拉杆;2-离合器;3-小滑块;4-千斤顶;5-千斤顶支撑;6-桥台;7-压紧支撑;8-钢圈

(c)利用张拉钢筋的千斤顶顶推装置。该种装置张拉高强钢筋的液压千斤顶支承在梁端部的顶推范围内,沿着固定在桥墩、台上的钢束或钢丝绳运动。为了减少因弹性变形而造成活塞的有效行程损失,常采用最大截面尺寸的高强钢筋。在转移千斤顶时,要预先把它固定在锥形锚具上,见图13-18。

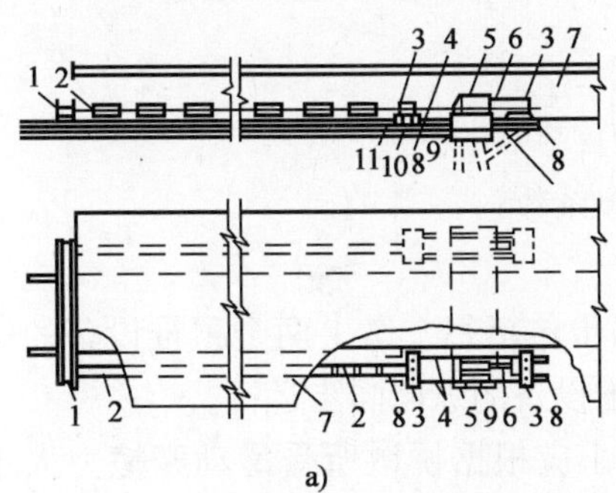

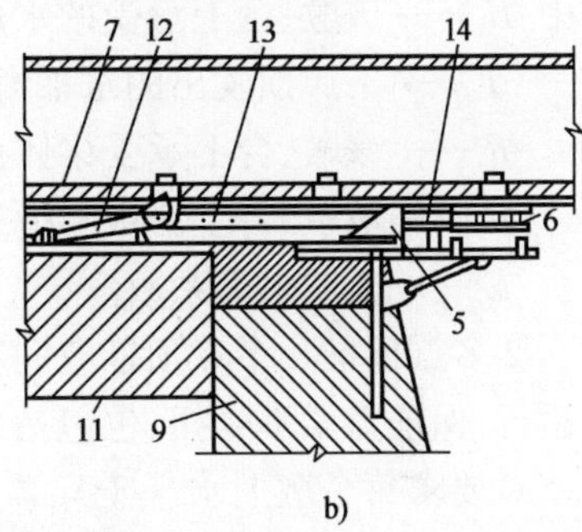

图13-17 固定在桥台上的顶推装置

1-支承梁;2-拉杆、链环;3-横梁构件;4-拉杆;5-支承;6-千斤顶;7-梁体;8-滑道;9-桥台;10-滑橇;11-滑道基础;12-牵引小车;13-带孔眼的刚性拉杆;14-液压千斤顶的活塞杆

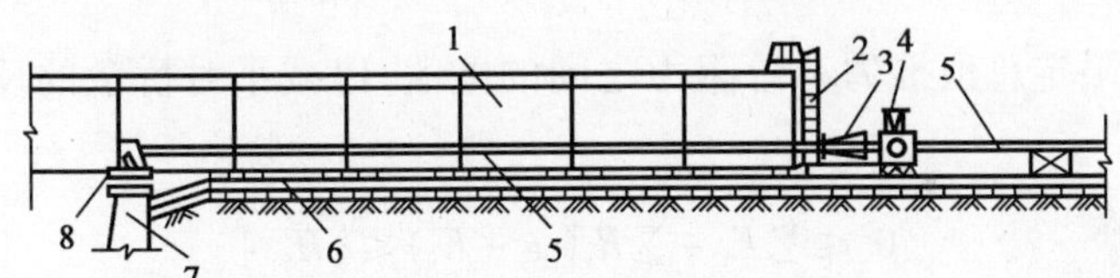

图13-18 利用张拉钢筋的千斤顶顶推装置

1-顶推的桥跨结构;2-横梁;3-千斤顶;4-油泵站;5-力筋束;6-拼装台座;7-桥台;8-锚碇设备

2)梁段中各项预应力钢材按顶推设计张拉完成后,在顶推前应对顶推设备如千斤顶、高压油泵、控制装置及梁段中线、各滑道顶的高程等进行检验合格,并做好顶推的各项准备工作后,方可开始顶推。

3)采用单点或多点水平—竖直千斤顶方式顶推时,应符合下列要求。

(1)水平千斤顶的实际总顶推力不应小于计算顶推力的2倍,顶推力按如下方法进行控制。

①单点顶推。由于单点顶推的水平力较集中,所以要求墩、台刚度大,梁体质量小。如果墩、台承受水平力的能力不足,且梁体质量较小时,可以适当考虑采用钢绞线或型钢串联各墩,使之共同承受水平力。

单点顶推水平力的施加位置集中于某个桥台或桥墩上,其他墩、台顶只设滑道支承。

施加水平顶推力的墩台承受的水平力为:

$$H_i = F - R_i(\mu_i + K_i)$$

仅设滑道支承的墩台承受的水平力为:

$$H_i = R_i(\mu_i + K_i)$$

式中:H_i——该墩、台上承受的水平力;

F——千斤顶发出的水平力;

R_i——该墩、台上承受梁体荷载的反力;

μ_i——该墩、台上滑板与滑道间的摩擦系数;

K_i——上坡阻力系数。

②多点顶推。多点顶推应同步进行,同步包括每个墩上两个顶推设备的同步运行,保证盖梁不受扭,也包括各个墩顶推设备的纵向同步运行。

a)要求每个墩上水平千斤顶施力的大小应根据桥墩所受滑动摩擦力大小而确定,也就是说千斤顶施力与摩擦阻力基本平衡,柔性桥墩基本不受水平力或水平力尽可能小。其表达式为:

$$|F_i - R_i(\mu_i + K_i)| \leqslant [H_{i许}]$$

b)要求限定总顶推力和总阻力之间的差值,以减小对桥墩的反复冲击,其表达式为:

$$0 \leqslant \sum F_i - \sum R_i(\mu_i + K_i) \leqslant [H_{许}]$$

c)任意墩上的水平千斤顶发生故障或顶推力变小,该桥墩将受到梁运行的水平推力 H 按下式计算:

$$H_i = R_i(\mu_i + K_i) - F$$

式中:F_i——各墩上的水平千斤顶所施加力;

μ_i——摩擦系数;

K_i——上坡阻力系数;

R_i——由主梁自重及施工荷载引起的桥墩上的反力;

$[H_{i许}]$——各墩允许承受的水平力;

$[H_{许}]$——允许承受的水平力的总限定值;

F——该墩上的水平千斤顶发生故障或减小时所施加的力。

(2)墩、台顶上水平千斤顶的台背必须坚固,应经过计算并能抵抗顶推时的总反力。

(3)在顶推过程中各桥墩的纵向位移值不超过设计规定。

(4)主梁在各墩(包括临时墩)支承处,均应按下列要求设立滑动装置。

①水平—竖向千斤顶顶推方式的滑动装置,一般应由摩擦垫、滑块(支承块)、滑板和滑道组成,其构造如图13-19所示。

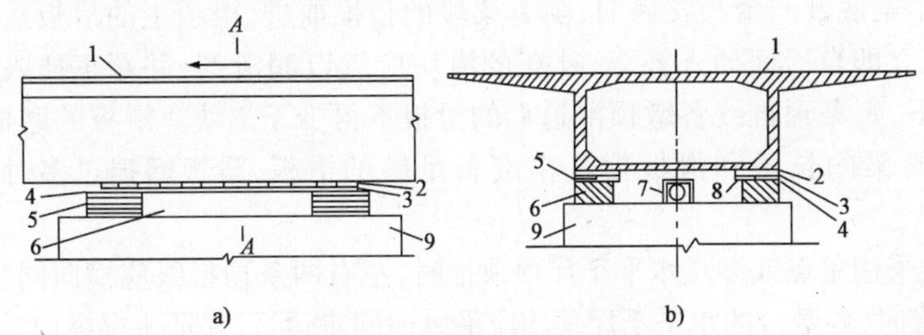

图13-19　滑道安装示意图

a)滑道侧面示意图;b)*A-A*剖面示意图

1-顶推梁;2-四氟滑板;3-滑道板;4-滑板垫块;5-附加混凝土块;6-支座垫石;7-连续顶推千斤顶;8-盆式支座;9-墩的盖梁

②摩擦垫用氯丁橡胶与钢板夹层制成后,黏附在滑块顶面,其尺寸大小应根据墩顶反力和橡胶板容许承载力计算决定。

③支座垫石应遵照设计要求并严格控制顶面高程和平整度。

④滑道垫块应保证滑道顶面高程与落梁后梁底面高程一致,滑道平面应为长方形,比滑道尺寸稍大,纵向坡度与桥纵坡保持一致。

⑤滑块系用铸钢和高强度混凝土块制成,其高度不宜小于正式支座的高度,其尺寸不宜小于摩擦垫及其下面的滑板尺寸。

⑥滑板有多种构造,一般宜用硬木板、钢板夹橡胶板等黏聚四氟乙烯板(四氟板)组成。四氟板的面积由最大反力计算决定,对无侧限的容许应力可按5MPa计算,对有侧限的可按15MPa计算,并根据梁腹板与底板的承托宽度确定滑板横向宽度、纵向所需滑板块数和滑道长度。

⑦滑板的厚度不宜太薄也不宜太厚,以20mm左右为宜。

⑧滑道一般可用不锈钢和镀铬钢带包卷在铸钢底层上,铸钢底层应用螺栓固定在支座垫石上。滑道顺桥向长度应大于水平千斤顶行程加滑块顺桥长度;其宽度应为滑板宽度的1.2~1.5倍。相邻墩(包括主墩与临时墩)滑道顶面高程的允许偏差为±2mm;同墩两滑道高程的允许偏差为±1mm。

⑨滑动装置的摩擦系数宜由滑板与滑道的材料进行试验确定。一般在选用水平千斤顶顶力时,对四氟滑板与不锈钢或镀铬钢滑道面,启动摩擦系数(静摩擦系数)可按0.07~0.08选用,动摩擦系数可按0.04~0.05选用。为降低摩擦

阻力,启动时可在四氟板与钢板间涂润滑剂。

⑩因摩擦系数随荷载加在四氟板上滞留时间的增长而增长,因此顶推宜一气呵成。

当主梁底部与滑板接触时,随着梁段的顶推前进,滑道上的滑板从前面滑出后,应立即自后面插入补充,补充的滑块应涂以润滑剂,并端正插入。在任何情况下,每条顶推线各墩顶滑道上的滑板不得少于2块。滑板的磨损较大,应按顶推梁的长短和滑板损耗率准备足够的滑板,滑板磨损过多时应及时更换。

(5)采用单点或多点水平千斤顶顶推时,左右两条顶推线应横向同步运行;多点顶推时,各墩台的水平千斤顶均应沿纵向同步运行,保证主梁纵向轴线在设计容许偏差范围内。

(6)采用多点自动连续顶推时还应注意以下事项。

①牵引装置所采用的钢绞线不宜太长且应多根钢绞线左右旋向搭配使用。

②水平千斤顶与拉锚器的施力点应尽量在同一直线上并与梁轴线平行,拉锚器与千斤顶的距离不宜小于5m。

③顶推速度不宜太快,一般以15cm/min为宜。

④应特别注意防止千斤顶发生故障,首墩上应避免千斤顶出力过大。

⑤为保证在意外情况下能及时改变全桥的运动状态,各机组和观测点上需要装置急停按钮。

⑥顶推施工中,在控制室应随时调整顶推力的级数,控制千斤顶的出力大小,保证水平力差值及桥墩位移在允许范围内,使大梁能够匀速前进。

(7)主梁被顶推前进时,如梁的中线偏离较大,应按下列要求采取导向装置纠偏。

①楔形导向滑板纠偏:如图13-20所示,其构造与滑板基本相同,导向板系楔形,横向设在梁段两侧的反力架间,梁段通过时,利用楔形板的横向分力来纠偏。

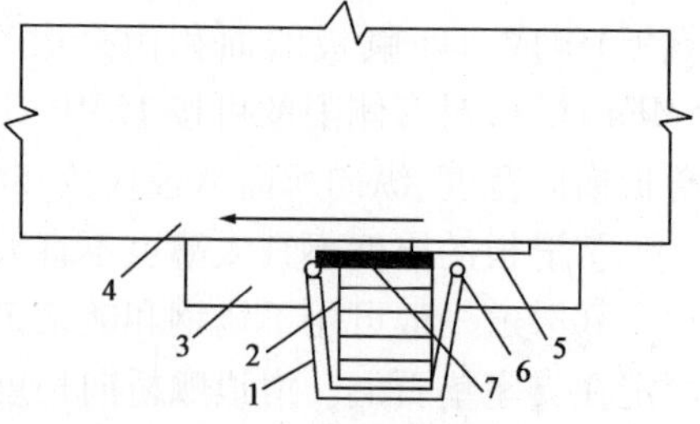

图13-20　楔形导向滑板装置

1-反力架;2-方木;3-支座垫石;4-顶推梁;5-镶嵌四氟板的木楔;6-螺栓;7-镶嵌不锈钢的木楔

②千斤顶纠偏:如图13-21所示,适用于梁体偏移较大时,横向装置于桥墩两侧的钢支架上,当需要纠偏时开动一侧的千斤顶使梁横移。

③导向装置应具有足够的承载力,防止纠偏时损坏。

④应在预制台座前第一个支承滑道墩的两旁设置并固定一对纠偏器，在梁的前进方向设置两对纠偏器，两对纠偏装置可视梁的行进交替前移。

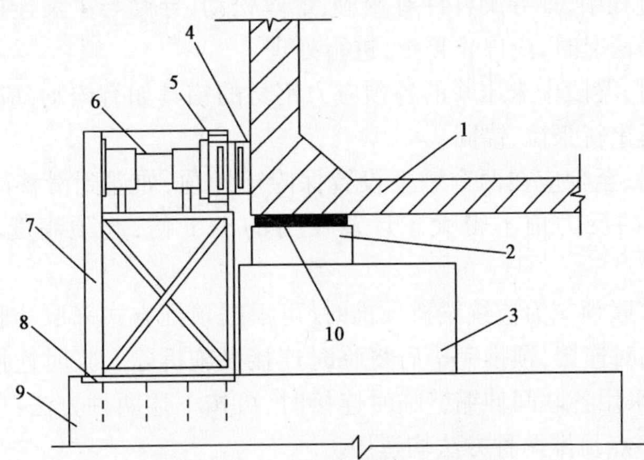

图 13-21　导向轮纠偏器构造示意图

1-箱梁；2-滑道；3-支座垫石；4-钢垫板；5-导向轮；6-螺旋千斤顶；7-钢板立架；8-预埋件；9-盖梁；10 -滑道板

(8)在水平千斤顶顶推一个行程后，应用竖向千斤顶将梁顶高，以便拉回滑块时，其最大顶升高度不得超过设计规定。如设计无规定时，不超过5 ~ 10mm。

(9)采用单点水平—竖直千斤顶顶推方式顶推，在开始时，如因导梁轻，设置顶推装置处的反力不大，滑块与梁底打滑，不能使梁被顶推前进时，应采用措施（如用卷扬机拉拽）使梁前进一定距离，顶推装置的墩、台反力具有一定数值后，再用水平—竖直千斤顶的顶推装置，或将顶推装置移到主梁连接段中间反力最大的临时墩上，并加强该墩抗水平推力的能力。

4)采用单点或多点拉杆方式顶推时，除应符合本题3)的要求外，还应符合下列要求。

(1)设拉杆千斤顶的墩顶应设置反力台，反力台应牢固，满足顶推时反力的要求。

(2)拉杆顶推方式的滑动装置由滑板与滑道组成，其构造、技术要求及滑道的宽度同上述要求，但滑道长度应大于3倍滑板的长度。

(3)主梁底部或侧面应按一定距离设置拉锚器，拉锚器的锚固、放松应方便、快速。

(4)拉杆的截面积和根数应满足顶推力的要求。

(5)采用拉杆方式顶推时,如拉杆有变形、锚锭联结螺丝有松动等情况,应及时处理。

5)顶推过程中,如导梁杆件有变形、螺丝松动、导梁与主梁连接处有变形或混凝土开裂等情况时,应停止顶推,进行处理。

6)顶推时,梁段中未压浆的各预应力钢材的锚具如有松动,应停止顶推,并将松动的锚具重新张拉、锚固。

7)顶推时,至少应在两个墩上设置保险千斤顶,如遇到滑移故障用千斤顶处理时,起顶的反力值不得大于计算反力的1.1倍,起顶高度不得大于5~10mm。

8)多孔多联预应力连续梁桥顶推时,可根据顶推方式采取分联顶推或将各联间伸缩缝临时连接,顶推完毕后将临时连接设施拆除。临时连接方法应按设计规定办理,采用各联间伸缩缝临时连接时,可按下述两种方法:单点顶推宜采用方法(2);多点顶推两种方法均适用。

(1)预制后一段梁时,用不带硬化剂的环氧树脂胶将前后两段梁体隔离,浇筑的混凝土达到设计要求的强度后,张拉临时预应力束,待顶推后一段梁体至设计位置后,将临时预应力束拆除,顶推前一联多孔连续梁至设计位置,落梁至正式的支座上,进行伸缩缝施工。

(2)预制后一段梁时,即与前一段梁隔开伸缩缝宽度的距离,浇筑的混凝土达到设计要求的强度后,在伸缩缝宽度内浇筑硫磺砂浆,预留预应力束孔道,经冷凝达到设计强度后,张拉临时预应力束,顶推就位后,拆除临时预应力束,再把伸缩缝宽度内的硫磺砂浆加热熔化清除掉,落梁至支座上,进行伸缩缝的施工。

9)采用连续顶推的方法施工。连续顶推需要连续顶推动力、传力及连续滑道装置,由两组千斤顶、两套拉杆和拉锚器组成。每组设两台千斤顶串联安装在一个特制的顶座上,每台千斤顶前端都安装一套自动工具顶推时,由两台电动油泵控制两组千斤顶工作,连续滑道由履带式滑道和空腹式滑道组成。如果采用多点顶推,每处都应按上述布置装置,该装置可使箱梁连续不停地向前滑动。

10)平曲线顶推。

(1)用顶推法安装的平曲线桥只适用于同半径的圆曲线桥,而且其曲线半径不能太小,即每孔曲线桥的平面重心应落在相邻两座桥墩上箱梁底板的内外两侧弦连接线以内。当桥梁大部分为直线,而桥梁前端为曲线时,可采取特殊措施用千斤顶安装。

(2)顶推安装平曲线桥时,宜采用多点拉杆方式顶推,亦可采用水平—竖直千斤顶方式顶推。

(3)预制平台应符合刚度、稳定性和平整度要求,顶推时应使梁尾重力与悬出梁体平衡。

(4)预制台座的平面及梁身均应按设计要求制成圆弧形。

(5)导梁宜制成直线,但与主梁连接处应偏转一角度,使两片导梁前端的中心落在曲线梁圆弧中线上。

(6)由于曲线顶推力比直线顶推力大,水平千斤顶选型应有较大的吨位储备。

(7)平曲线的顶推应采取纵向与横向顶推结合的工艺,即在纵向台水平千斤顶向前顶推的同时,还启动各墩曲线外侧的横向千斤顶,使梁体沿圆弧曲线前进。

(8)顶推牵引件宜选用柔性拉杆,以适应千斤顶切向施力的施工要求。

(9)施工产生的截面误差和曲率误差,可在浇筑梁头尾两端面混凝土时进行调整,使梁端面与设计端面相符。桥面横向偏差,可在桥面系施工中调整,使桥面两侧符合圆弧曲线。

(10)落梁时,应特别注意曲梁的几何偏心扭转,同时选用储备量较大的千斤顶。

11)竖曲线顶推。

(1)竖曲线顶推法安装只适用于同曲率的凸形竖曲线桥。

(2)顶推时宜对向顶推,在竖曲线顶点处合龙;当桥梁不长、跨数不多时,也可自一端顶推至全桥。

(3)各桥墩墩顶高程应与设计竖曲线符合。

(4)预制台座的底模板高程应符合设计竖曲线的曲率。

(5)顶推过程中,滑道高程应在同一竖向圆弧面内,按位置计算和控制滑道进、出口的高程。

(6)为满足导梁在竖曲线上的顶推的要求,应在导梁下分段加垫不同厚度的钢板,使钢导梁底亦形成相应的圆弧。

(7)所需水平顶推力的大小,应考虑纵坡正负的影响。

19. 落梁时应注意哪些问题?

答:1)落梁前应做好各项准备工作。

(1)为防止落梁过程中发生事故,应拟定相应的安全措施。

(2)将梁体外的一切约束解除,清理永久支座并在垫石顶面、滑道旁边就位,在支座垫石上放样画线。

(3)在墩上清理出工作面,找平千斤顶安放位置,并垫砂浆。

(4)对墩顶高程点进行复测,确认桥墩有无沉降量。

(5)对支座垫石顶面梁底高程进行复测并作相应的调整,准备加垫钢板备用。

(6)为了防止泄油,确保千斤顶的工作油压,竖直千斤顶进油嘴均应安装单向安全阀。

(7)千斤顶应正确安装。当千斤顶安于梁腹板下时,每墩上应安置4台,分别置于顺桥向支座的两侧;千斤顶安装在梁的横隔板下时,为使梁体平稳,桥墩受力均衡每墩至少应安两台;千斤顶底面应垫40~60mm的钢板,钢板面积可根据应力扩散的要求来确定。

2)全梁顶推到设计位置、将梁落到正式支座上时,应满足下列要求。

(1)按照设计文件规定的张拉顺序,对补充的预应力钢材进行张拉、锚固和压浆。

(2)将供顶推用的临时预应力钢材按设计规定的顺序拆除。

(3)落梁前应拆除墩、台上的滑动装置。拆除时,各支点宜均匀顶起,其顶力应按设计支点反力大小进行控制。相邻墩各顶点的高差不得大于5mm;同墩两侧梁底顶起高差不得大于1mm。落梁反力允许偏差为±10%设计反力。

(4)落梁时,应根据设计规定的顺序和每次下落量进行,同一墩、台的千斤顶应同步进行。

(5)千斤顶举梁后,下降速度必须均匀缓慢,应设置钢板等保险垛。

(6)落梁应按下列步骤进行:准备工作→千斤顶举梁→拆除滑道→安装支座→梁下降落到支座上→分别焊固支座上部和下部。落梁时,应先计算桥墩的反力,确定落梁竖直千斤顶的型号和台数。拟定竖直千斤顶在墩顶需占用的位置和最小高度。选用吨位应留有富余,使其工作负荷处于额定范围内,当千斤顶数量不够时,可采用分段落梁方案。但每批至少在3个以上的墩上轮流进行(与跨径有关)。一般先从安装固定支座的桥墩开始。为避免梁内产生过大的弯矩,顶高应控制在5mm内,能取出滑板即可;下落高度控制在10mm内。

3)支座的安装应按有关技术说明实施并应符合第十九章的有关内容。安装活动支座时,要按落梁时的气温调整其具体位置(落梁时的气温应按设计规定控制)。

20.施工观测要注意的重点是什么?

答:连续梁桥顶推施工观测的内容主要包括:墩台受垂直荷载和水平推力所产生的变位、沉降量;桥梁顶推过程中和营运阶段,主梁最不利断面的变形;主梁在顶推过程中,重点截面的应力变化;主梁在顶推过程中,四氟滑板与不锈钢滑道的启动静摩擦系数和动摩擦系数变化的观测,滑板与滑道间添加润滑剂时两种摩擦系数变化的观测。

1)对主梁、导梁挠度、桥墩的压缩变形和沉降等项目进行观测时,可在观测部位设置固定的水准尺或在测点用精密水准仪进行观测。

2)桥墩受水平推力发生的偏转移位,可在桥面和桥墩上所标记的轴线位置用经纬仪进行观测,对于水中桥墩的观测应事先在桥墩两旁立红外线仪观测点,进行纵向位移值观测。

3)主梁、导梁压在墩台上的荷载所产生的反力,可用竖向千斤顶上的压力表计算出反力,然后与理论值进行比较。

4)对主梁、导梁的应力进行测定时,一般应事先埋入相应的应变片和钢弦式频率计等仪具,对动、静态应变进行测定;同时在观测过程中还应尽量消除读数漂移和温度等因素的影响。为消除或减小读数漂移的不利影响,实测时应在顶推前测得初读数,计算中再将初读数和前一段顶推完成后的差值给予扣除;为消除温度的不利影响,观测时间应尽可能选在温度较低的稳定时段内进行,将实测值与理论值进行比较,一旦出现异常,应及时查找原因。

5)主梁在顶推过程中,对四氟滑板与不锈钢滑道的启动静摩擦系数和动摩擦系数的变化,以及滑板与滑道间添加润滑剂时两种摩擦系数变化进行观测时,可将千斤顶的顶推力(由压力表显示出的压力求得)和滑动装置的支座反力作为依据进行计算。

[例]　某大桥顶推施工顶推力的确定方法如下:

首先用空间结构计算软件建立计算桁架空间模型,计算各个走板每前进一个节段的支座反力,然后按照实测的走板与滑道之间的静摩擦系数,计算出走板下的摩阻力,再根据摩阻力确定各千斤顶需要施加的顶推力,摩擦系数可根据施工中的实际情况逐步进行调整。对于柔性墩,千斤顶推力与摩擦阻力的平衡方程为:

$$|F_i-(\mu_i+K_i)N_i|\leqslant[F_{许}]$$

式中:F_i——各墩上的水平千斤顶所施加的力;

μ_i——摩擦系数;

K_i——上坡阻力系数;

N_i——由桁架自重及施工荷载引起的桥墩上的垂直荷载;

$[F_{许}]$——各墩允许承受的水平力。

21. 顶推施工的质量标准是怎样规定的?

答:预应力混凝土桥顶推安装完成后的质量标准可参见表13-7。

顶推施工梁质量标准　　表13-7

项　目		规定值或允许偏差
轴线偏位(mm)		10
落梁反力(kN)		符合设计规定;设计未规定时不大于1.1倍的设计反力
支点高差(mm)	相邻纵向支点	符合设计规定;设计未规定时不大于5
	同墩两侧支点	符合设计规定;设计未规定时不大于2

五、装配式桥施工

22. 在预应力T、I形梁施工中如何控制梁体平弯?

答:由于设计方面预应力束的不对称、施工的张拉次序及张拉力的控制、运输及安装等因素会使T、I形梁体发生平弯现象,会给桥梁的整体性、安全性、美观性带来相当大的影响,因此应采取以下措施加以控制。

(1)预应力布束应严格按设计图纸进行,严格放线,在放好的线位牢固绑扎或点焊定位筋,定位筋的间距尽量缩短。

(2)在设计中梁体预应力束为对称布设,张拉时应在同一平面同时进行,对称张拉,而且加力要均衡;梁体预应力束不可能完全对称的情况下,应通过张拉程序进行补救,主要通过控制分级张拉来解决该情况下的平弯问题。

(3)在保证有足够的握裹力的前提下,应尽量减小波纹管的直径,力求张拉后的梁体受力接近于设计状态。

(4)梁体张拉后应尽快灌浆,一般不应超过24h。灌浆后的梁体待浆体强度达到要求后，应尽快吊装；在吊装过程中，尽量减少吊装及运输次数，最好一次完成。

(5)安装就位的梁体应及时进行梁体的横向连接，尽量避免独立梁体受过多外力影响，并在完成连接后及时进行桥面系施工。

23. I 字形梁施工中应注意哪些事项？

答：后张法预应力I字形梁由于截面宽度较小，高度较大，相对于其他的梁体来说柔度较大，在预制时容易出现较多的问题，所以应从以下几个方面给予注意。

(1)底模板应设置向下的挠度（即反拱）。设置下挠度时，要同时考虑梁体在预应力张拉后应有的上挠度，要保证梁体在各种荷载作用下不会发生下挠，给人以安全、美观的视觉。因此，设置下挠度时应考虑预应力、恒载、活载、徐变等因素的影响。根据经验一般对于30m的大梁需设置15～25mm的下拱度为宜。对40m的梁设置35～45mm为宜。

(2)绑扎钢筋时严格按设计图纸要求进行施工，防止预应力束偏位现象的发生，特别是水平偏位。

(3)严格按设计规定的张拉程序进行预应力施工，随时观察梁体的左右变形，防止梁体的平弯产生。

(4)对于大跨径（一般指≥30m）I字梁张拉时应考虑其稳定性。

(5)对于大跨径I字形梁在运输及安装时，应加强其稳定性，防止向两面倾覆。

(6)吊装到位的大梁要及时进行横向联系，使之尽快保持整体稳定性。

(7)由于施工的误差问题，安装就位的大梁总有局部超出设计要求，若设计及监理认可，可适当调整桥面铺装高程，达到设计要求的最小厚度；若有关部门不允许调整桥面高程，可采取以下措施，以保证桥面铺装厚度：

①预制大梁时，大梁跨中顶面可适当减薄2cm左右，但必须符合梁的承载力要求；

②若桥下净空不受限制，可适当降低1～2cm左右墩台或盖梁高程；

③浇筑桥面铺装时可适当抬高1cm，使之控制在允许误差范围内。

(8)桥梁混凝土面层没有铺装前，严禁大型车辆及载重设备通过。

24. 装配式梁安装的常用方法有哪些？

答：装配式梁的架设安装方法，应根据设计要求和施工现场的地形条件并结合架设安装设备条件等进行选择,常用的方法主要有自行式吊车起吊安装法、导梁安装法、龙门架安装法、浮运安装法和人字桅杆安装法等。

1)自行式吊车起吊安装法

汽车式吊机或履带式吊机安装桥梁上部构件时,当构件吊起后可在自行条件下和臂杆的有效半径范围内直接吊装,特别适合构件距离安装现场很近时的安装,方便灵活,架设速度快。只要施工场地条件许可,一般均可使用自行式吊车。

(1)采用方式

①当预制梁的质量不大、河床坚实、少水或无水、吊机可行驶和停搁时,可采用一台吊机架设安装;

②当一台吊机不能满足梁体重力的需要时,可采用两台吊机架设;

③当工地现场条件许可,可采用吊机和绞车配合架设,如图 13-22。其架设方法是预制梁一端用走板、滚筒支垫,另一端用吊机提起,前方用绞车牵引预制梁前进,梁前进时,吊机起重臂随之转动。前端就位后,松掉吊点,行驶吊机到后端,提起梁后端取出走板、滚筒,将梁放下就位。

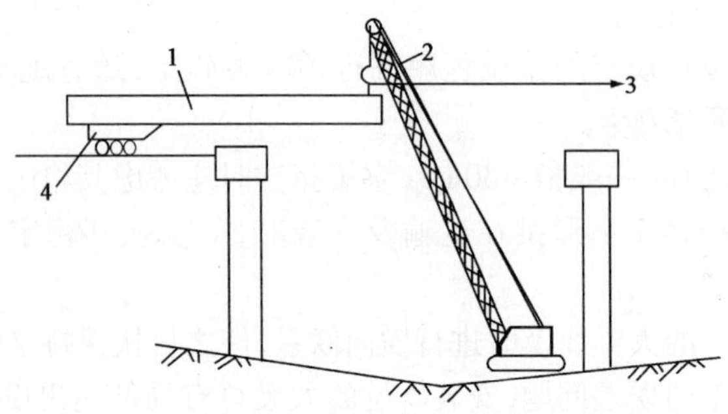

图 13-22　吊机和绞车配合架设

1-预制梁;2-吊机起重臂;3-绞车;4-走板、滚筒

(2)注意事项

①吊车的起吊钢丝绳与梁面的夹角不能太小,一般以 45°~60°为宜,否则应使用扁担梁。

当梁体较长,为减少其自重挠曲影响,可采用扁担梁(也称起重梁),如图 13-23 所示。扁担梁可根据起吊重力选用圆木、方木、工字钢、钢轨束梁等;吊点距离较大时,可用桁架作为扁担梁以加强刚性。

②对于跨径不大的梁,吊机起重臂跨径在 1m 以上且起重能力超过梁重的

1.5 倍时,吊机可搁放在桥台后路基上架设安装,或搁放在已安装好的先一孔桥面上架设安装次一孔的预制梁。

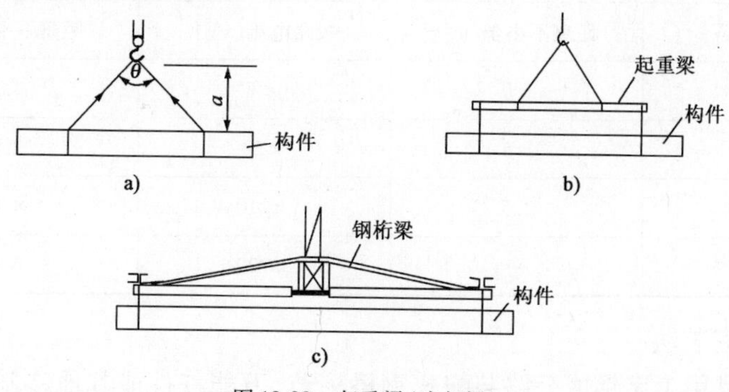

图 13-23　起重梁(扁担梁)

③应进行试吊检查。实施中按规定的吊点位置挂钩或绑扎,当构件吊起离地 20 ~ 30cm 时,检查吊点是否牢固,机身是否稳定,在情况良好的前提下,方可继续工作。

④当使用两台吊机起吊较重的构件时,应选用性能相似的起重机,并使两吊机臂杆保持一定的距离,由专人统一指挥,紧密配合,协调一致。

⑤安装构件前,应对起重机的转动部分进行试运转,要确保各部操纵系统完全正常,发现有不符合要求或损坏的起重索具应立即更换,否则不得使用。

⑥应防止由于对构件超重估计不足,或起重臂俯角过大,超过容许值所造成的吊机倾斜。

⑦对起重机的行走通道和停机位置,应事先检查整修,若经过验算,地基承载力不能满足要求,应对地基采取必要的加固措施,以满足起重机的工作稳定性。常用的加固方法有换填土、枕木支垫、钢垫板支垫、工字钢支垫等。

⑧为防止吊机臂杆转动时摆动过大以至于影响稳定性,应对起吊的构件设置八字风缆;起吊构件的速度应均匀、平稳,以防止起重臂过度旋转使起重臂弯曲折断。

⑨汽车式或履带式起重机必须垂直吊升,不得斜拉或作卷扬牵引使用;起吊安装时,必须以支腿放下支撑稳固。当履带式起重机负荷构件作近距离行驶就位时,只能将构件吊离支点 30cm 左右,并将构件转至机身正前方,拉好溜绳(防止摆动)慢速行驶。

⑩当起重机在架空输电线路附近作业时,起重臂杆、钢丝绳应严格保证下列安全距离(表 13-8)。

起重机与输电线路间的最小安全距离　　表 13-8

最小垂直距离		最小水平距离	
线路电压(kV)	距离不小于(m)	线路电压(kV)	距离不小于(m)
<1	1.0	<1	1.5
<20	1.5	<20	2.0
>20	2.5	<110	4.0
—	—	<220	6.0

2)导梁安装法

钢导梁是用工字钢或公路装配式钢桥桁节、万能杆件或其他特制的钢桁节拼装而成。片数由安装重力计算确定,导梁的拼组长度一般按桥跨孔径的 2.5 倍计算,导梁内侧净距应大于待安装的预制梁宽度。导梁主要由承重、平衡、引导三部分组成,可分为单导梁和双导梁。利用钢导梁安装桥跨上部构件,适合于各种跨径和形式的预制梁,取材方便,设备简单不受水流影响,架设不受桥下通车、通航的影响。下面介绍一种双导梁架设法。

双导梁架设法是在架设跨间设置两组导梁,在导梁上配置悬吊预制梁的轨道平车和起重行车或移动式龙门吊机,将预制梁在双导梁内吊着运到所定位置后,再行落梁、横移就位的方法。双导梁架设可按下列程序进行架设:拼装导梁和行车→吊运预制梁→预制梁和导梁横移→预制梁吊装就位。

(1)导梁架设

①导梁必须有足够的刚度和稳定性,并能满足起吊要求。

②导梁的架设高度应具有安装构件的高度。

③预制构件的起吊、纵向移动、落低、横向移动及就位等,均须统一指挥、协调一致,并按预定施工顺序妥善进行。

④构件安装中,应随时注意构件移动时与就位后的临时固定,防止倾侧。

⑤构件的安装顺序,除特殊情况外,一般应由边至中再至边进行安装。

(2)导梁拼装

①导梁可采用一次拼装或分段逐节拼装,推进的悬臂长度不得大于已拼装好的导梁的 30%。

②采用 M 形万能杆件作导梁,当断面为 2×4(m)时,其长度不得大于 28m,当断面为 2×2(m)时,不得大于 20m,否则,必须在中间加设支墩,或在导梁前端加引导部分。

③钢轨、绞车等附属设备的安放应待导梁安置就位后再进行。

④拼装导梁时，应在墩台顶上垫临时木垛，上置摆动滚筒，岸上也应放置摆动滚筒，为防止发生事故，应使三只摆动滚筒顶面处于同一水平位置。

⑤导梁应接近墩台中线向前推进，进入桥孔后，对准中线，用千斤顶逐步放落到墩台顶面，并用8～12mm厚的钢板垫在墩台顶上和导梁之间，抽去摆动滚筒后，铺设钢轨。

⑥承重部分至绞车前导梁顶面铺设钢轨，其余的部分需铺设人行便道，轨距一般情况下可采用标准间距1 435mm，但有时应根据所用运梁平车轮距加以确定。

⑦导梁拖运时的支点间距应根据现场条件经验算确定，拖运时一般应在导梁前端牵引，若条件允许，也可不在导梁及墩台上装置滑车组，并尽可能避免在后面牵引倒拉导梁。

⑧导梁拼装场地必须平整，导梁设备宜水平向前推，考虑对岸高程应设置木垛，防止高差过大造成事故。

3）龙门架安装法

龙门吊机一般由万能杆件或贝雷架组拼而成，结构形式很多，应视起吊重力、跨径及设备条件选用。施工中，将两台跨墩龙门吊机分别设置在待安装孔的前后墩位置，用平板拖车或轨道平车顺桥向将预制梁运送至架设桥孔处，移动龙门吊机上的吊梁平车，对准梁的吊点放下吊架，将梁吊起。当梁底超过桥墩顶面后，停止提升，用卷扬机牵引吊梁平车慢慢横移到设计位置，使梁对准桥墩上的支座，然后落架就位。一跨安装完闭后，可通过轨道将龙门架拖至下一跨进行安装。跨墩龙门吊机安装适用于岸上和浅水滩以及不通航浅水区域安装预制梁，在水深不超过5m、水流平缓、不通航的中小桥孔，也可采用跨墩龙门吊机架梁。

龙门吊机安装过程中应注意以下事项：

①龙门架的轨道基础应按承受最大压力时能保持安全的原则进行加固处理。

②河滩有浅水时，可在水中填筑临时路堤，水稍深时可考虑在水上桥墩的两侧架设临时便桥，在便桥上铺设运行轨道。便桥基础可用木桩或钢筋混凝土桩，在水浅流缓而无冲刷的河上，也可用木筏或草袋筑岛来作便桥的基础，便桥的梁可用贝雷组拼。

4）浮运安装法

浮运安装法是预制梁用各种方法移装至浮船上，浮运到架设孔以后就位安装。采用浮运安装预制梁,无须设临时支架,且可用一套浮运设备架设多跨相同孔径的梁,施工速度快,高空作业较少,对河流通航影响较小,是航运河道上架梁常用的方法。浮运安装方法按运吊梁所采用的设备可进一步分为:浮船充排水架设法、浮船支架拖拉架设法、浮吊安装法、将预制梁装船浮运至架设孔起吊就位安装法等。安装架设过程中,应注意以下事项:

为使浮运安全架设,施工前必须进行各项计算,包括浮船承载能力、稳定性和倾斜度计算;浮船加固桁架的计算;浮船牵引、锚锭的计算。具体计算方法可参见《公路施工手册—桥涵》中的有关内容。

安装过程中应正确选用预制梁的装船方法,可根据梁长、梁重以及河岸情况来选。当河边有垂直驳岸、预制梁不太长且不太重时,可采用大起重量、大伸幅的轮胎式或履带式吊机、浮式吊机将梁从岸上吊装至浮船上;采用栈桥码头将预制梁纵向拖拉上船时,栈桥码头宜与河岸垂直,其位置宜设在桥位下游,栈桥高度、长度应根据河岸与水位的高差,水下河床深度,浮船最大吃水深度、浮船支架高度等确定。同时为了维持预制梁处于水平状态,使浮船的吃水深度保持不变,必须在与梁向前拖拉的同时,不断地将浮船中先充入的压舱水排出;采用栈桥码头横移预制梁上船时,应在河岸垂直方向修建两座栈桥,其间距应稍大于预制梁的长度,浮船中线宜与大梁中线相垂直。当浮船支架高度在重载时能稍高于栈桥上梁底高度时,可不必用卷扬机或龙门架提升梁,而采用先将浮船充水使它吃水较深,待浮船拖到大梁下的预定位置后,再用水泵将浮船中的压舱水排出,使浮船升高将大梁托起在支架上。完全靠排水法升降浮船支架高度比较费时,可与千斤顶联合使用。另外在浮船拖运途中,必须架好保险木垛,以免预制梁翻倒。

浮运安装过程中还应注意以下事项。

(1)浮船充排水架设法

①浮运安装时,河流水深应在2m以上,桥跨距水面的高度不应太大,可为12~15m。

②当风力大于5级或波浪高于50cm时,不得进行浮运工作。

③浮运构件的船只宜采用平底驳船或由两只驳船组成的组合船,并应连接牢固。

④船上支架应与船只牢固连接,支架高度应使浮运进入架设桥孔的梁底面高于墩台顶20~30cm,以便水位变动时能调节安装位置。

⑤船只倾斜度不得大于5°,船舷必须高出水面0.5m,船只载重量不得大于船只排水量的80%,压舱重宜为30%船只载重量,稳定性安全系数应不小于2。

⑥浮运构件安装时,必须在桥头附近(以下游为好),构筑临时码头,铺设运梁滑道(与河流垂直)以便构件运至浮运的船体支架上,为使操作安全,搭板坡必须牢固,构件亦需撑固,防止倾倒。

⑦构件可以纵向滑移装上浮驳,也可横向滑移装船,根据场地情况和施工组织设计布置决定。

⑧浮运构件的速度要慢而稳,要求做到两个牵引点,两个溜绳及八个锚绳;滑移时应周密地做到牵引绳、溜绳、锚绳速度协调一致。

⑨构件浮运到位时,可利用落潮水位下降或千斤顶(气垫)顶升,或向浮运船只灌水增加压重,使其下沉,让浮船支架上搁置的构件与支架脱离,而构件降落至预定墩台顶面,浮船离开安装位置。

⑩浮运构件的两端搁置于墩台后,可采用聚四氟乙烯板横移就位。在横移构件时,对构件要随时撑固。横移就位的正常顺序应掌握由边到中,再由中至边(梁)进行。

⑪横移就位后,利用千斤顶顶起构件,取出聚四氟乙烯板块,装以梁端支座后正式就位。

(2)浮船拖拉架设法

①随着预制梁移出桥台长度的增加,浮船所支承的梁重也随之增加,为了维持预制梁的水平状态,必须在与梁向前拖拉的同时,不断地将浮船中先充入的压舱水排出,使浮船的吃水深度保持不变。

②浮船上水泵的泵水能力和排水速度应根据预制梁的质量和拖拉速度决定。

③预制梁前端抵达安装位置后,可用龙门架或人字扒杆安装就位。

(3)浮吊安装法

①浮吊船宜逆流而上,按先远后近进行安装。

②浮吊船吊装前应下锚定位,航道要临时封锁。

5)人字桅杆安装

利用桅杆安装桥梁上部构件,采用桅杆悬吊(钓鱼法)或桅杆托梁法,利用绞车拖拉,将梁悬空吊过桥孔,进行横移、落架、就位安装的架设方法。该法设备简单,广泛应用于中、小桥跨的安装。

(1)用两副人字桅杆吊装

如图13-24所示,用设置于桥孔墩台上的两副人字桅杆,配合运梁设备,以绞车牵引,在无支架的条件下,将梁悬空吊过桥孔,落架就位。

(2)用人字桅杆二梁连接悬吊安装

如图13-25所示,用两根梁拼连吊装,前梁为架设梁,后梁作平衡重。悬吊时梁的平衡主要靠后梁及其尾部的压重,通过后桅杆及其拉索构成三角横架来控制,可吊装跨径达16m的装配式钢筋混凝土T形梁。

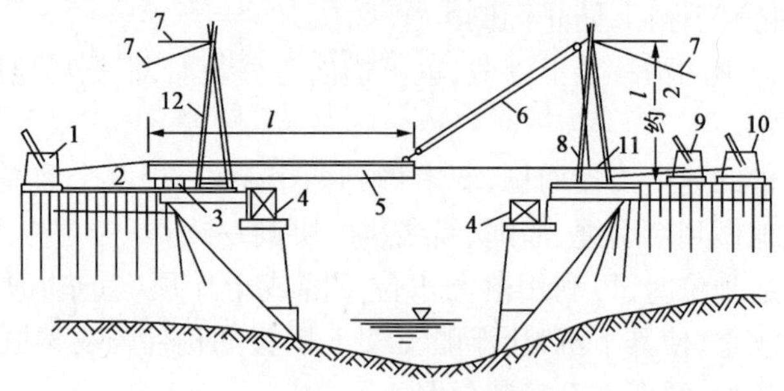

图 13-24 两幅人字桅杆吊装

1-制动绞车;2-滑道木;3-滚轴;4-临时木垛;5-预制梁;6-钓鱼滑车组;7-缆风绳;8-人字桅杆(前桅杆);9-牵引绞车;10-钓鱼用绞车;11-转向滑车;12-后桅杆

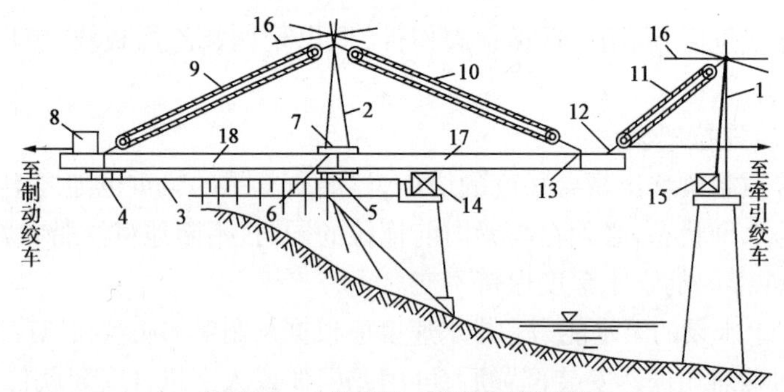

图 13-25 人字桅杆二梁连接悬吊安装

1-前桅杆;2-后桅杆;3-用钢轨铺筑的临时轨线;4、5-平车;6-夹板;7-两相邻吊环用钢丝绳绑扎牢固;8-在后梁尾部的压重;9、10、11-滑车组;12-预埋在装配式钢筋混凝土梁的吊环;13-预留的直径为10cm的穿绳孔,在梁肋两侧各一个;14-桥台上临时木垛;15-桥墩上临时木垛;16-缆风绳;17-前梁;18-后梁

(3)用人字桅杆和托梁进行安装

在桥墩台之间,先以钓鱼法悬吊托架(一般跨度不大时可用方木梁,较大跨度可用工字钢),然后利用托板滚筒拖拉移动至架设桥孔位置,再以两副人字桅杆吊升降落就位,在吊升过程中,移开托梁以便落梁,见图13-26所示。

采用人字桅杆安装时应注意:

①采用钓鱼法安装时,对预制梁前吊点的负弯矩,应事先进行核算,以掌握其允许的最大外悬长度,而不至于发生事故。

②吊装前应作周密的检查,并确保锚锭可靠,风缆、绑扎等符合要求。

③吊装时,前桅杆后缆风绳吃力最大,随时防止松动,发生危险。

④预埋件吊环应有足够的强度并顺受力方向埋设。

⑤构件悬出桥孔后,前桅杆上的钓鱼滑车要始终保持悬吊构件前端不下垂,牵引绞车紧跟配合拖拉,制动绞车紧密协作相应放松。

托梁可为方木、工字钢,具体采用哪一种材料应根据跨度及具体条件而定。

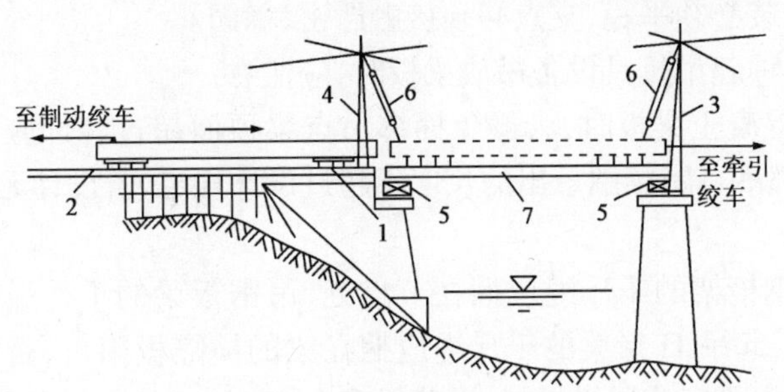

图 13-26　人字桅杆和托梁安装

1-托板滚筒;2-道木;3-前桅杆;4-后桅杆;5-临时木垛;6-滑车组;7-托梁(或导梁)

25. 板梁安装应注意哪些事项?

答:1)板梁架设安装之前应做好各项准备工作,包括架设方法的选择、架设安装设备安全性的验算和预制梁、板构件的安全性验算。

(1)架设方法的选择

选择架设方法时,应以安全可靠、方便经济为原则,并结合架设安装的地形条件、工程规模、下部构造、工期条件和架设安装机械设备情况进行综合研究确定。

(2)架设安装设备安全性的验算

对施工中的大型架设安装设备,应按照架设安装荷载进行强度、刚度和稳定性的验算,验算荷载除考虑构件本身的质量,还应考虑冲击力的作用,具体验算方法参见《公路施工手册—桥涵》中的相关内容。

(3)预制梁、板构件的安全性验算

预制梁、板在架设过程中,其临时支点的位置应与设计位置相同,如果不同,或构件纵横向发生过大的倾斜、扭曲或需要在已架好的梁板上运输构件时,应按照施工中的具体情况,在架设安装前进行验算,验算方法可按结构力学原理进行。

2)在架设安装梁板的各个阶段中,应时刻注意构件的重心位置并进行稳定性验算,采取平衡、稳定措施之后,方可进行吊装。为保证稳定,弯曲的梁板系吊点应比梁板的重心高。

3)水泥混凝土构件安装时,构件混凝土的强度不应低于设计对安装所要求的强度,如设计无要求时,则不应低于设计强度的100%。

4)外露铁件必须作好防锈处理。

5)梁板安装必须平稳,支点必须接触严密、稳固。

6)采用各种起吊机具设备吊放梁板时,应注意:

(1)起吊混凝土梁板时,为避免捆绑吊点梁顶面超过容许应力而使梁开裂破损,应使捆绑吊点距梁端悬出的长度不超过设计规定,若设计无规定时应进行验算。

(2)起吊钢桁架的千斤绳应捆在节点处,吊钢板梁的千斤绳应捆在靠近梁的横向联结处,起吊Π形梁的千斤绳应捆在梁的横隔板附近,否则应在梁腹内加设木横撑或在梁底使用横托架,以确保安全。

(3)若起吊混凝土T形梁不是采用吊钩钩住预埋的吊环,而是用千斤绳捆绑吊放,为避免压坏梁的两个翼板,应采用图13-27a)或13-27b)的方法;若吊机只采用一个吊钩起吊,应附挂横扁担梁起吊。

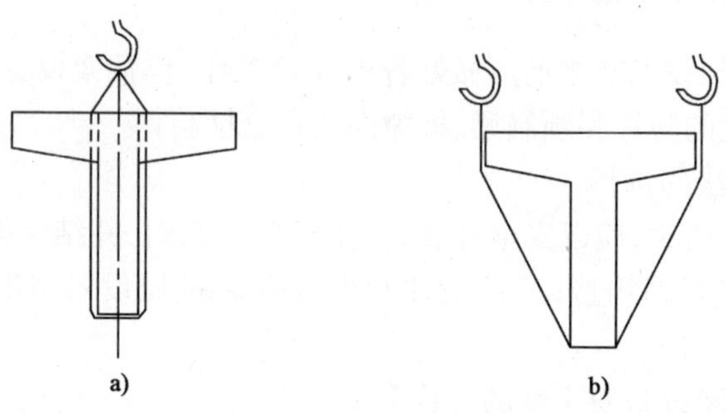

图13-27 T形梁的捆吊

(4)经过验算不会发生超过容许应力的钢梁及小跨度的混凝土梁、板,可采用人字千斤绳起吊或由一个吊点在梁的重心起吊,若较大跨度的混凝土梁采用一个主钩起吊,必须配备纵向扁担梁。

(5)每次组装后的各种起吊设备,在初次使用时,应先进行试吊。试吊时,先将梁吊离支承面大约2~3cm后暂停,对各主要受力部位的作用情况作细致检查,经确认受力良好,方可撤除支垫,继续起吊。

7)走板、滚筒横移法,滚移时应注意:

(1)直线拖拉滚移时,滚筒应与走板正交;如需转向,可调整滚筒偏向,使物件和走板随着滚筒的偏移而转变滚向。

(2)在平列的双走道的接头应互相错开,走板的前端,应设弯弧以利放入滚筒。

(3)直径8cm以上的钢滚筒宜在其端间焊上把手,以便使用。

(4)滚移中操作人员不可站在滚进前方或在走板上行走,不可用脚踏滚筒来调整方向,以免发生人身安全事故。

(5)使用滚筒旋转重物可采用图13-28所示方法。图13-28b)为四个角设走板,两对角拖拉,物体围绕本身中心旋转;图13-28c)为三个角设走板,一角拖拉,物体围绕不设走板的一角旋转。

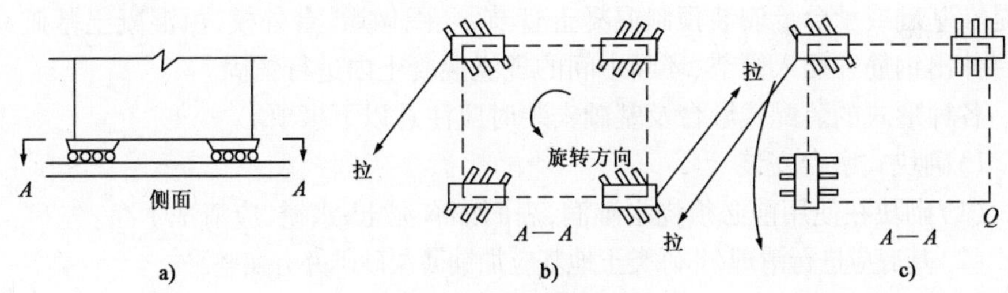

图13-28　滚筒旋转

(6)为了减小阻力亦可不用滚筒,而是在走板地面加四氟板滑移。横移时可使用链条滑车作牵引工具,链条滑车的千斤绳可系在紧插在墩台顶面的锚栓孔内或墩台帽边缘侧面预埋的锚柱上,移梁的千斤绳可挂在T梁的横隔板处、梁底的支座上或走板上。

8)活动支座必须按规定上油润滑。

9)支座接触必须严密,不得有空隙,位置必须符合设计要求。

10)梁、板落位时应控制好放线工作。可在梁、板侧面端部挂线锤,根据墩台顶面标出的梁端横线及该线上标出的梁侧边缘点来检查和控制梁的顺桥向及横桥向正位;在梁、板端的顶部中心挂线锤,根据梁端面上的竖向中线检查梁是否正直并不向两侧倾斜;梁、板的顺桥向位置,一般以固定端为准,横桥向位置一般以梁的纵向中心线为准。

11)每根大梁就位后,应及时设置保险垛或支撑,将梁固定并用钢板与先安装好的大梁预埋横向连接钢板焊接,防止倾倒,待全孔大梁安装完毕后,再按设计规定使全孔大梁整体化。

12)安装后构件不得有硬伤、掉角和裂纹等缺陷。

13)梁、板就位后按设计要求及时浇筑接缝混凝土,保证相邻梁或板之间的缝隙嵌填密实。

14)伸缩缝必须顺直、全部贯通,不得堵塞或变形。

26. 装配式墩台及基础安装应注意哪些事项?

答:装配式墩台可分为砌块式墩台、柱式墩台和环管式墩台三种形式。砌块式墩台按墩台的形状预制成多种形式的混凝土砌块,用砂浆砌筑而成;柱式墩台是将柱安装在预先埋置的杯形基础的杯口中,柱式排架不是靠锤击或振动沉入地下,常用的有单排架和双排架两类,其帽梁采用现浇和装配式两种;环管式墩台是在基础或承台上安装预制混凝土管节、环圈做墩、台外模,由混凝土基础或承台伸出钢筋并插入管节、环圈中间的现浇混凝土内进行锚固。

各种形式的装配式墩台及基础安装时应注意以下事项。

1)砌块式墩台安装

(1)砌块在使用前必须浇水湿润,表面如有泥土、水锈,应清洗干净。

(2)基底应进行清理,非砾类土地基应加铺薄层砂砾并夯实整平。

(3)预制块安装前必须坐浆,基础预制块安装时,应水平放落,如放落不平,位置不对,应吊起重放,不得用撬棍拨移,以免造成基底凹陷。

(4)在预制砌块时,为使吊环不突出顶面便于拼装,同时也省去吊环切除工序,宜将吊环设于凹窝内,吊环和凹窝的大小应保证吊机的吊钩能够插入。

(5)安砌时平缝宜用较干砂浆,竖缝宜用塑性砂浆。砂浆的技术要求请参照第十一章的有关内容。

(6)砌缝宽度不应大于1cm,为防止水平缝砂浆全部被上层砌块挤出,可用铁片垫在水平缝中,其厚度须小于铺筑的砂浆层厚。

(7)竖向砌缝的错缝宽度不应小于20cm,且应将砂浆插捣密实,在砌筑外露面时应预留2cm的空缝以备勾缝之用,隐蔽面砌缝可随砌随刮平。

(8)各砌层的砌块应安放稳固,砌块间应砂浆饱满,黏结牢固,不得直接贴靠或脱空。

(9)安装高度每升高1m左右时应抹平,并测量纵横向轴线,以控制砂浆缝厚度、高程及平面位置与设计相符。

(10)砌筑上层砌块时,应避免振动下层砌块。

(11)砌筑工作中断后恢复砌筑时,已砌筑的砌层表面应加以清扫和湿润。

(12)桥墩破冰体镶面的砌筑应符合下列要求:

①破冰棱与垂线的夹角大于20°时,破冰体镶面横缝应垂直于破冰棱;夹角小于等于20°时,镶面横缝可成水平。

②破冰体镶面的砌筑层次应与墩身一致。

③砌缝宽度为10~12mm。

④不得在破冰棱中线上及破冰棱与墩身相交线上设置砌缝。

2)柱式墩台安装

(1)墩、台柱式构件与基础顶面的预留槽间应进行编号,并检查各个墩、台高度和基底高程是否符合要求,否则应进行调整。基座槽洞四周与柱边的空隙不得小于20mm。

(2)柱式墩台的安装最好采用自行式吊机,亦可采用木扒杆。

(3)应在基坑挖好后铺设砂砾石或碎石垫层,夯实整平,符合设计高度后,吊装杯式基础。

(4)应仔细校正基础的平面位置,使同一排架墩、台各杯口中心位于同一直线上。

(5)墩、台柱吊入基座空就位时,应在纵横方向吊线,使柱身竖直度或倾斜度以及平面位置符合设计要求,之后再将楔子塞入槽洞打紧。对重大、细长的墩柱,尚需用风缆或撑木固定,方可摘除吊钩。

(6)用吊机安装立柱就位一般可采用:旋转法、滑行法、斜吊法、双机抬吊法、独足扒杆吊法、人字扒杆法等。具体方法参见《公路施工手册—桥涵》(下册)的有关内容。

(7)在墩、台柱顶安装盖梁前,应在盖梁上预埋联结件或留槽眼,并检查联结件和梁口预留槽眼位置是否符合要求,否则应先调整修凿。

(8)盖梁吊装就位后应检查盖梁和立柱,平面位置及高程符合要求后,将立柱与杯型基础及盖梁进行固定。

(9)固定时,可在基底座槽洞空隙与盖梁槽眼处灌注稀砂浆,待其硬化后,拆除楔子、支撑及风缆,再在楔子孔中灌填砂浆。

3)环管式墩台安装

(1)在基础或承台上安装预制混凝土管节、环圈做墩、台时,为使混凝土基础与墩台联结牢固,由混凝土基础或承台中伸出钢筋应插入管节、环圈中间的现浇混凝土内,插入钢筋的数量和锚固长度应按设计规定或通过计算决定。

(2)管节或环圈安装时,应严格控制轴线的设计位置,不得出现倾斜或上下错位的现象。

(3)应用砂浆将管节或环圈处的接缝填塞抹平。

4)整体式基础安装

(1)安装前应检查支承结构的尺寸、高程、平面位置和承载能力,均应符合设计要求。

(2)装配式桥构件在脱底模、移运、堆放、吊装时,混凝土的强度不应低于设计所要求的吊装要求,一般不得低于设计强度的75%。对孔道已压浆的预应力混凝土构件,其孔道水泥浆的强度不应低于设计要求,如设计无规定时,一般不低于30MPa。

(3)基础安装的岩面或混凝土的表面应平整,安装时冲刷干净,坐浆时要将水泥浆抹平,厚薄应均匀。

(4)安装就位后应采用保证构件稳定的措施,平面位置、高程、垂直度经检查校正符合设计要求后,方可焊接或浇筑接头混凝土。

(5)吊装大薄壁构件,应采用避免构件变形或损坏的临时加固措施。

(6)构件固定后方可摘去吊钩。

(7)分层安装时接头或接缝的混凝土强度未达到设计要求时,不得吊装上一层构件。

(8)接头或接缝混凝土或砂浆宜采取快凝措施,强度等级宜比构件混凝土强度等级提高一级。

(9)已安装完毕的整体基础接头或接缝混凝土强度达到设计要求后,方可承受施工荷载。

第十四章 拱 桥

一、就地浇筑混凝土拱圈

1. 在拱架上浇筑混凝土拱圈应注意哪些事项？

答：(1)跨径小于16m的拱圈或拱肋混凝土，应按拱圈全宽度从两端拱脚向拱顶对称地连续浇筑，并在拱脚混凝土初凝前全部完成，如预计不能在限定时间内完成，则应在拱脚预留一个隔缝并最后浇筑隔缝混凝土。

(2)跨径大于或等于16m的拱圈或拱肋，尽量保证一次性浇筑完成，对于一次不能浇完的，应沿拱跨方向分段浇筑。分段位置应能使拱架受力对称、均匀和变形小为原则，拱式拱架宜设置在拱架受力反弯点、拱架节点、拱顶及拱脚处；满布式拱架宜设置在拱顶、$L/4$部位、拱脚及拱架节点等处。

(3)分段浇筑程序应符合设计要求，应对称于拱顶进行，使拱架变形保持均匀和尽可能的最小，其分段浇筑程序见图14-1，拱段长度一般取6～15m。分段浇筑时，各分段内的混凝土应一次连续浇筑完毕；因故中断时，应浇筑成垂直于拱轴线的施工缝；如已浇筑成斜面，应凿成垂直于拱轴线的平面或台阶式接合面。

(4)各分段点应预留间隔槽，其宽度一般为0.5～1.0m，但布置有钢筋接头时，其宽度尚应满足钢筋接头的需要，各段的接缝面应与拱轴线垂直。间隔缝的位置应避开横撑、隔板、吊杆及刚架节点。

(5)浇筑间隔槽混凝土时，应待已完成分段

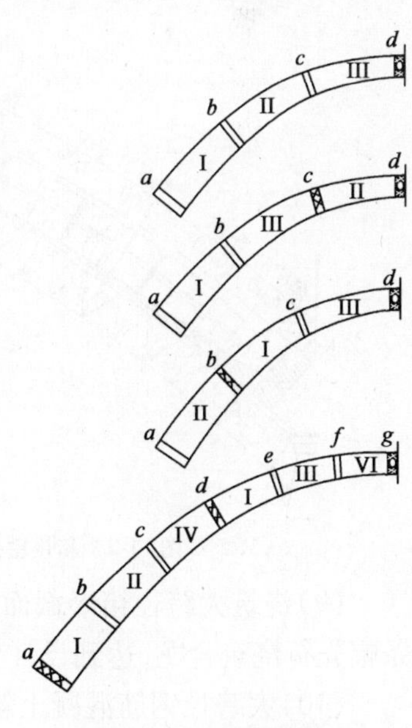

图14-1 分段浇筑程序

拱圈混凝土强度达到设计强度的85%和接合面按施工缝处理后,由拱脚向拱顶对称进行。拱顶及两拱脚间隔槽混凝土应在最后封拱时浇筑。封拱合龙温度应符合设计要求,当设计无规定时,宜在接近当地年平均温度或5°~15℃时进行。为缩短工期,间隔槽混凝土可采用比拱圈混凝土高一级的半干硬性混凝土。封拱合龙前用千斤顶施加压力的方法调整拱圈应力时,拱圈(包括已浇间隔槽)的混凝土强度应达到设计强度。

(6)浇筑大跨径钢筋混凝土拱圈(拱肋)时,纵向钢筋接头应布置在设计规定的最后浇筑的几个间隔槽内,并应在这些间隔槽浇筑时再连接。

(7)预计拱架变形较小,可减少或不设间隔槽,而采取分段间隔浇筑。

(8)浇筑大跨径箱形截面拱圈(拱肋)混凝土,当采用分环(层)、分段法浇筑时,宜分成2~3环进行分段浇筑,第一环宜浇筑底板,第二环浇筑腹板、横隔板和顶板(或将顶板作为第三环)混凝土。其合龙可随每环浇筑完成后按环进行,这样虽工期长,但已合龙的环层能够起到拱架的作用;也可待所有节段浇筑完成后,一次性填充各段间隔缝进行合龙。在合龙过程中,上、下环的间隔缝位置需互相对应和贯通,其宽度一般为2m左右,有钢筋接头的间隔缝一般为4m左右。图14-2为箱形拱主拱圈采用分环分段浇筑程序。

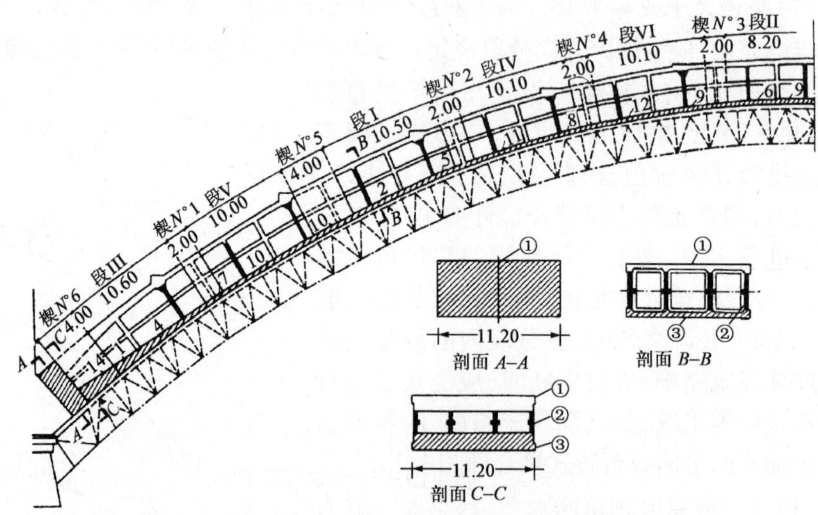

图14-2　箱拱主拱圈分环、分段浇筑施工程序(尺寸单位:m)

(9)浇筑大跨径箱形截面拱圈(拱肋)混凝土,可沿纵向分成若干条幅,中间条幅先行浇筑合龙,达到设计要求后,再按横向对称、分次浇筑合龙其他条幅。

(10)大跨径钢筋混凝土箱形拱圈(拱肋)可采取在拱架上组装与现浇相结合的施工方法。先在拱架上安装底模板,再将预制好的腹板、横隔板在底模上组装,待组装完成后,立即浇筑接头和拱箱底板混凝土,组装和现浇混凝土时应从两拱脚向拱顶对称进行,浇底板混凝土时应按拱架变形情况设置少量间隔缝并于底板合龙时填筑,待接头和底板混凝土强度达到设计强度的85%以上后,安装预制盖板,然后铺设钢筋,现浇顶板混凝土。

(11)拱架必须经过专门验算,保证有足够的强度和刚度。满堂式拱架的基础必须妥善处理,减小不均匀变形。其具体计算方法参见《公路施工手册—桥涵》(下册)有关内容。

(12)对分环浇筑的钢筋可分环绑扎,但各种预埋钢筋在浇筑混凝土前应予临时固定并校正准确。

2. 劲性骨架法施工拱圈的控制方法有哪些?

答:利用劲性骨架进行拱圈施工时,为避免早期成型的混凝土产生裂缝,保证先期形成的混凝土和劲性骨架共同承载,顺利完成拱圈的施工,目前我国采用了锚索加载法、水箱加载法和斜拉扣挂法等外力平衡法,以及多点平衡浇筑法的无外力平衡法。

(1)锚索加载法

锚索加载法是采用钢索将加载点和地锚连接起来,中间设拉力张紧器,按计算加载量加载,这就等于预加载于拱架,把变形调整在施工前。其基本方法是在钢骨架反弯点以上部分设置拉索,拉索另一端系在河床地锚上,施工时对锚索施加拉力,拉力大小为拱肋相应节段重力的60%~90%。箱肋分底板、腹板、顶板三层浇筑,最后拆索成拱。该种方法加载易受地形的限制,仅适合于旱地、干固河床。其原理见图14-3。

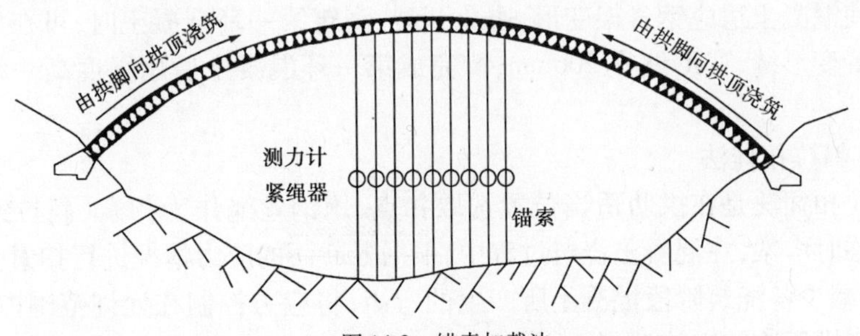

图14-3　锚索加载法

为增加其适用范围,也可在绳下采取悬挂重物加载法,原理同上。方法是将钢丝绳一端栓于加载点上,下挂水罐,按容积进行加水。加载顺序从跨中向两侧进行,主要加载阶段为浇筑底板混凝土时。卸载时在混凝土浇筑到离加载点不多于3个节点时进行。

(2)水箱加载法

水箱加载法是在浇筑拱肋混凝土时,在拱肋顶部布置水箱,随着拱肋混凝土浇筑面的推进,根据拱肋特征、断面变形的观测值,结合应力(应变)监测情况,通过对水箱加载和放水卸载实现对拱轴线竖向变形的控制。如图 14-4 所示,施工时在拱顶拱肋骨架上弦布置 7 ~ 11 个水箱,拱弧处用木枋支垫,使水箱处于水平状态。水箱用型钢和钢板焊制,水箱侧壁上刻有容量标尺,注水用高压水泵,水箱侧壁底设阀门排水。

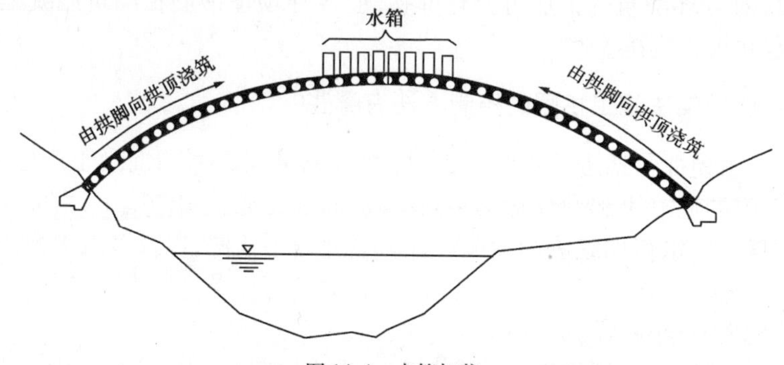

图 14-4　水箱加载

水箱加载的一般程序是:混凝土由拱脚浇筑到某一截面时,拱顶高程开始上升,该阶段以水箱自重平衡,随着混凝土浇筑截面的上升,水箱自重不能控制拱顶平衡,开始给水箱加水;当混凝土浇筑至某区时,拱肋 $L/4$ 截面高程下降,拱顶上升,两者分别逐渐达到最大值;当混凝土浇筑到某截面时,拱肋 $L/4$ 截面开始回升,拱顶高程开始下降,此时水箱开始放水减载,减载重力与浇筑混凝土的重力大致相等。

为使混凝土适应钢骨架变形,避免开裂,浇筑第一环混凝土时,可在 $L/4$ 截面处设置变形缝,变形缝宽 200mm,待完成第一环混凝土后用强度高一级混凝土填实。

(3)斜拉扣挂法

斜拉扣挂法是在拱肋适当位置选取扣点,用钢丝绳作为扣索(斜拉索),两岸设置临时塔架,在混凝土浇筑过程中,根据各断面的应力情况进行扣索张拉或放松,以减少各浇筑阶段混凝土所产生的弯矩,将应力控制在允许范围内,实现从拱脚到拱顶连续浇筑混凝土,如图 14-5 所示。值得一提的是外荷载平衡浇筑法中,以斜拉扣挂法最好。

(4)多点平衡浇筑法

多点平衡浇筑法是将拱圈横向分块,径向分环,纵向分段,施工时,按确定方案进行多点均衡浇筑混凝土,使拱的受力、变形及稳定状态在允许范围内。

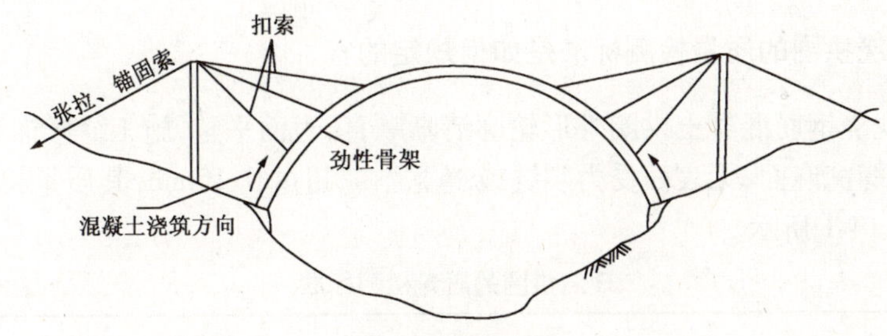

图 14-5　斜拉扣挂

多点均衡浇筑法，依靠多工作面浇筑的混凝土保持拱肋自身平衡，它对施工要求比较严，各工作面的进度须严格控制，一次浇筑的混凝土方量少，工序转换比较多，工期比较长，但其不需外加载增加劲性骨架负担，故其稳定性得到保证，变形和应力变化比较均匀、和顺。其浇筑程序见图 14-6。

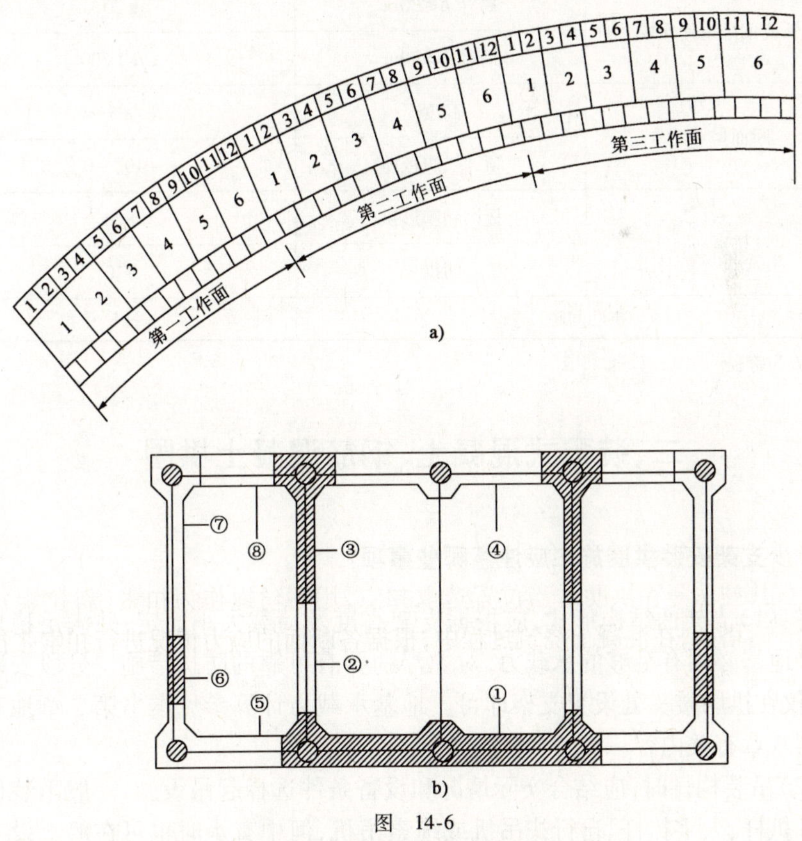

图　14-6

a）纵向浇筑程序；b）横向浇筑程序

3. 现浇拱圈的质量检测标准是如何规定的?

答:现浇钢筋混凝土拱圈外形轮廓清晰顺直,表面平整,施工缝修饰光洁,一般不应有蜂窝麻面,无表面受力裂缝或缝宽不应超过0.15mm,其质量检测标准规定如表14-1所示。

现浇拱圈的质量检测标准 表14-1

项目		规定值或允许偏差(mm)
混凝土强度(MPa)		在合格标准内
轴线偏位	板拱和箱形拱	10
	肋拱	5
内弧线偏离设计弧线	跨径 $L \leqslant 30m$	±20
	跨径 $L > 30m$	±L/1 500
断面尺寸	高度	±5
	顶、底、腹板厚	+10,-0
拱宽	板拱和箱形拱	±20
	肋拱	±10
拱肋间距		±5

注:L 为跨径。

二、装配式混凝土、钢筋混凝土拱圈

4. 少支架安装拱圈施工应注意哪些事项?

答:(1)支架的结构形式,应根据支架高度及荷载大小而定,并满足稳定性要求。地基必须有足够的承载力,对漂浮物要有可靠的防护措施。分段安装拱肋时,仅在拱肋接头处设置支架即可。地基承载力计算参见本书第二章地基处理及第八章有关内容。

(2)吊装构件时,应结合实际情况和设备条件选择起吊设施,一般吊装设备为独脚扒杆、人字扒杆、自行式吊机或缆索吊机,河中有水时也可在船上设立人字扒杆进行吊装。

①在简易支架上用独脚扒杆吊装

某桥净跨为50m,拱肋分三段进行预制,每段长17.5m,重力为65.6kN,采用简易支架上的独脚扒杆吊装拱肋,如图14-7所示。在桥跨$L/3$处各设12m高的排架墩一个,两侧各用一副18m高独脚扒杆吊装。每副扒杆用2根ϕ20cm长9m杉木组合成立柱,用4根38kg/m钢轨在接头处加固,扒杆脚立在桥台襟边。扒杆顶用21.5mm钢索走7道,滑车组与地锚联系,钢束头通过开口转角滑车牵入卷扬机,以便调整扒杆高度。用独脚扒杆将两侧边肋逐根吊装平移就位后,用木楔楔紧并校准方向和高度。然后在河中用扒杆起吊中段拱肋就位,调整拱轴线和电焊接头,即可浇筑接头混凝土。

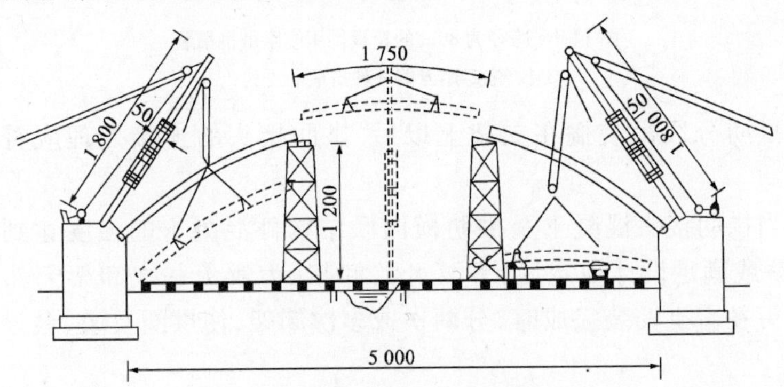

图14-7　跨净50m双曲拱桥用简易支架吊装拱肋(尺寸单位:cm)

②在船上用人字扒杆吊装

图14-8为一座跨径35m、矢跨比1/6的拱桥,各跨边段拱肋用木制蝴蝶架作支架进行现浇,然后用两只300kN木船拼成井字形操作台,每只船船头各立一副人字扒杆,船尾各放一台卷扬机进行中段拱肋的吊装。

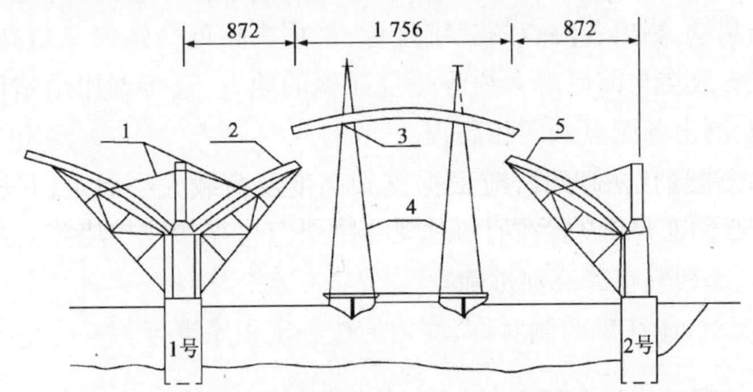

图14-8　在船上设人字扒杆吊装中段拱肋(尺寸单位:cm)

1-4根ϕ25钢筋;2-现浇肋段;3-吊装肋段;4-木扒杆;5-现浇肋段

③缆索吊机吊装

图14-9为4跨80m、矢跨比1/8的箱板拱桥,每个拱箱分5段预制,采用缆索吊机吊装。其中两个边孔用万能杆件拼装简易支架,分别布置在4个接头处。

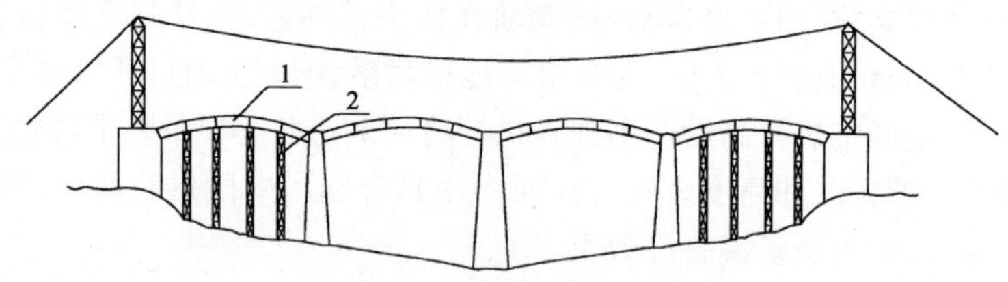

图14-9　跨径为80m的箱板拱用缆索吊机吊装

1-拱箱;2-用万能杆件拼成的支架

(3)拱肋分段吊装搁在支架上以后,拱肋接头的连接处理应符合设计规定。

(4)当拱肋接头混凝土及拱肋横向联结构件混凝土的强度达到设计强度的75%或满足设计规定后,方可开始卸架,为避免一次卸架突然发生较大变形,可在主拱安装完成时,分两次或多次卸架,使拱圈及墩、台逐渐成拱受力。

(5)卸架前应对主拱圈的混凝土质量、拱轴线的坐标尺寸、卸架设备情况、气温引起拱圈变化情况、台后填土情况进行全面检查,符合设计要求后可卸架。卸架时应观测拱圈挠度和墩、台变位情况。

控制变位的观测包括墩台位置、高程测量、主拱圈高程、拱轴线位置测量。其实施要点是:在工地现场平面控制网上,利用全站仪的特殊控制功能,采用三维坐标同步测量,测出各测点的三维坐标;采用高精度全站仪三角高程测量法,全站仪任意安放在与前后视大约等距且通视的地方,直接调用全站仪水准测量的特殊功能,测出各测点的实际高程。

(6)拱上建筑宜在卸架后施工。

(7)支架基础不得设置在有冻胀影响的土上。在严寒地区,主拱圈不宜在支架上过冬,支架宜在冰冻前拆除。

(8)卸架时,应在拱两侧对称、均匀地按一定程序进行。

5. 拱肋的预制方法有哪几种?其注意要点是什么?

答:拱肋的预制方法及其注意要点见表14-2所示。

拱肋的预制方法及其注意要点 表 14-2

预制方法		注意要点
拱肋立式预制	土牛拱胎预制	(1)填筑土牛应分层夯实,表层土中应掺加适量的石灰; (2)表层应按一定的间距埋设固定侧模用的预埋件; (3)拱胎表面要铺设隔离层,当用已浇拱肋做侧模时,也须设隔离层; (4)土牛拱胎基础夯实紧密,底模混凝土强度≥C15
	木架立式预制	(1)所用模板应牢固可靠; (2)拆除支架时须注意拱肋的强度和受力状态,防止拱肋发生裂纹
	条石台座立式预制	(1)条石支墩用 M5 砌筑块石而成; (2)支墩平面尺寸应根据拱肋的长度和宽度决定; (3)支墩高度应根据拱肋端头下高程及便于横移拱肋操作决定; (4)每个支墩顶部用砂浆抹平或浇筑 20~25cm 高的混凝土。每个支墩设木楔用于脱模; (5)每个台座设 2 个滑道支墩,支墩顶面埋设钢板,以便移动拱肋
拱肋卧式预制	木模预制	(1)预制拱肋数量较多时,宜采用木模; (2)浇筑截面为 L 形或倒 T 形(双曲拱拱肋)时,拱肋的缺口部分可用黏土砖或其他材料垫砌
	土模预制	(1)挖出土槽后要将槽壁仔细抹平、拍实,铺上油毛毡或水泥袋; (2)适用于预制少量的中小跨拱桥
	卧式叠浇	(1)待下层拱肋混凝土强度达到设计强度的 30% 以后,才可在其上安装侧模,浇筑下一片拱肋; (2)叠浇一般为 5 层; (3)浇筑时每层拱肋接触面用油毛毡、塑料布或其他隔离剂将其隔开

6. 拱肋预制应注意哪些事项?

答:(1)预制拱肋(箱)的基础应牢固,采用土牛拱胎基础必须夯实,底模采用混凝土,其强度不低于 C20,底模表面应按所放大样坐标用砂浆抹平。

(2)当用螺栓连接时,各段端模应采用钢套模以保证各接头螺孔一致,在安装端头模板时,应在上缘向拱中心偏 0.5~1.0cm,使预制好的拱段上弧长两端接头较设计弧长短5～10mm。

(3)拱肋(箱)预制段宜一次浇筑完成,及时养护,在拱肋(箱)混凝土强度达到设计强度的85%方可起吊运输。

(4)按设计位置埋设起吊用吊环,吊环用3号圆钢制作,吊点位置应根据以下情况布置:

①采用2点吊时,离拱肋端头(0.22～0.24)L,L为拱肋弧长;

②采用3点吊时,一点设在跨中,另两点分别距拱肋端头0.2L处;

③采用4点吊时,吊点位置应分别距两端距离为0.17L、0.37L处。

7. 拱肋(箱)堆放应注意哪些问题?

答:为保证拱肋(箱)的质量与吊装方面的质量,在实际堆放中应注意堆放场地要平整、夯实,注意排水;堆放应尽量采用卧放,支垫宜采用3点支垫,垫木位置宜在拱肋中央及距两端0.15L处,且3个支点同高;当必须采用立式堆放时,其支点位置与吊点位置相同;堆放宜两层,最多不超过3层;堆放顺序应与拱肋吊装顺序相符合;堆放拱肋堆之间应留适当通道,防止越堆吊装。要做到做好这几点,施工前必须对预制场做详细安排,制定一个切实可行的方案。

8. 无支架拱肋安装施工中,选择缆索方案的原则是什么?

答:缆索吊机是拱桥采用无支架施工中最常用的方法之一,它适用于各种类型的拱桥,以及不同的跨径和桥长,采用缆索吊机吊装拱桥方案的选择应遵守以下几条原则。

(1)主索组数的确定

当拱桥跨径小,单片拱箱(肋)合龙后,自身的横向稳定安全系数不小于4,可只设一组主索,在吊装过程中主索需在塔顶横向多移动几次。

当拱桥跨径大,为加快吊装进度,通常采用两组主索同时进行吊装。

(2)主索索跨的确定

一般宜尽可能选择单跨,虽然由此易增加索塔高度和主索的承载力,但给施工带来很大方便。

多孔拱桥如中间未设制动墩,桥长在600m以内主索可以采用单跨;如果设有制动墩或为加快吊装进度,在两岸均设有拱箱(肋)预制场,则可以在制动墩上再立索塔,分跨吊装。

(3)悬挂边、次段拱箱(肋)扣索方法的选择

当边段拱箱(肋)段由主索运输至安装位置,并就位在拱座上,这时需要敷

设一组扣索，已就位的边段拱箱端扣定，收紧扣索；并同时放松主索起重滑车组钢绳，使拱箱由吊点受力逐渐移交给扣索，直至取下吊点为止。

扣索通过计算后可采用滑车组，如扣索受力特大，滑车组已不能满足时，可采用高强钢丝束、钢绞线做扣索，用油压千斤顶调整。

扣索的布置方法一般有塔扣、墩扣、天扣、通扣等类型，见图 14-10。

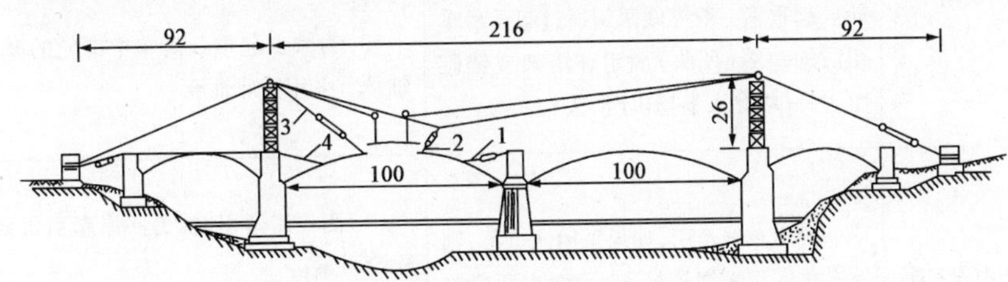

图 14-10 边段拱肋悬挂方法（尺寸单位：m）

1-墩扣；2-天扣；3-塔扣；4-通扣

(4)拱箱(肋)起吊方法及起吊安装顺序的确定

拱箱(肋)预制场若设在桥台后的引道上，则拱肋沿轨道平车运至桥台口顶并从索塔下专设的门洞穿过，主索采用前吊点将拱肋起吊，拱肋沿轨道前行(用卷扬机牵引)，此时拱肋前端吊于主索前吊点，拱肋后端还放在平车上，当拱肋后端吊环前进至后吊点下时，后吊点及时与吊环连接，收紧后吊点拱肋吊于主索吊点上，再运到安装位置。

若预制场设在桥下河滩，则拱肋可运到主索下起吊；若拱肋无法运送至主索下面，则主索起吊时会采用"歪吊"，此时需在起吊拱肋滑车部位敷设横向风缆。

在多孔拱肋吊装时，应先吊装合龙孔远处的孔跨，最后吊装合龙孔附近孔跨。

9. 在无支架拱肋安装中，缆索吊机的组成及施工注意事项有哪些？

答：在无支架拱肋安装中，缆索吊机的组成及施工注意事项见表 14-3 所示。

缆索吊机的组成及注意事项 表 14-3

部件名称	结构形式	注意事项
承重缆索 (主索、天索)	由钢芯或纤维芯钢丝绳组成，其直径大小及所用根数根据跨度及起重重量通过计算确定。当采用 47.5mm 钢芯或纤维芯钢绳做一组主索，一般吊装由 1～4 根组成，起重重量特别大则由 6～8 根组成	(1)可将每组钢绳穿过设于锚碇的特制大滑车，将各根钢绳用索夹连接起来，以使每根钢绳受力一致。 (2)主索的设计垂度一般为跨度的1/13～1/18。 (3)主索安装时要严格按计算的安装垂度安装

续上表

部件名称	结 构 形 式	注 意 事 项
起重索	主索跑车下联的起吊滑车组。跑车由纵向夹板将滑轮分为数排,排数与主索根数相同,跑车轮纵向一般2~4组滑轮。起重索一般穿线采用通过起重滑车组后的一端(死头)固定在塔架或锚碇上,另一端穿入卷扬机(活头)	(1)跑轮直径宜为200~300mm; (2)起重滑车组视起吊重量来确定所需轮数; (3)为减少起重及滑车中滑轮的摩擦,轴承宜采用滚珠轴承
牵引索	一般由单线牵引,如果采用两点吊,则跑车之间用钢绳连接,牵引索在两岸分别由卷扬机牵引	(1)当一岸牵引时,另一岸牵引机要放松牵引索; (2)当吊点距索塔很近时,牵引力很大,可采用双线牵引
塔架(索塔)	索塔由塔脚、塔身、塔顶、索鞍、抗风绳组成,其塔身一般采用万能杆件、六四军用梁、贝雷架组成。塔顶一般采用单滑轮式索鞍,塔脚为固接钢结构和铰接钢结构。正式抗风设于塔顶	(1)索鞍所用滑轮直径宜大于15倍主索直径,滑轮的轮槽的宽与深均应略大于主索直径; (2)索塔在组拼过程中应设置临时缆风绳,一般至少设两道,与地面夹角30°~45°为宜; (3)正式抗风的角度布置与需要根数要通过计算确定,以保证塔顶水平位移在规定范围内。其规定值为:①塔脚为固接的钢结构,塔顶位移的限制值为$H/400$。②塔脚为铰接的钢结构,塔顶位移的限制值为$H/100 \sim H/150$,其中H为索塔高; (4)在两岸塔顶间敷设压塔索,以加强索塔抗风
锚碇 (地锚、地垄)	锚碇是一种以与地层有效受力联系的临时构造,它可以是桥梁的墩、台、大型建筑物、岩层、大孤石等,也可是人工专门制作的桩锚、坑锚、钢环锚、压锚、洞锚、重力锚、嵌固锚及水中锚碇等形式	(1)锚碇的选用须根据锚碇受力大小和所处的地形及地质条件通过设计计算确定; (2)在大型吊装施工中,多采用重力式锚碇、埋置式洞锚、嵌置式锚桩

续上表

部件名称		结构形式	注意事项
扣索	天扣	专门用来悬挂稳定边段拱,是一组主索设备。在两段吊装的拱肋施工中,天扣为一套完整的主索	(1)不需另设扣架; (2)可降低主索塔架的高度; (3)收紧滑轮组应设置在拱肋扣点前
	通扣	在桥墩上立一个扣架或直接用接近桥面高程的桥墩立柱、横墙或桥台,用一根钢丝绳做扣索,扣索的一头固定在拱肋扣点上,一端通过各扣架端顶,一直贯通到两岸地锚前,再用滑轮组收紧。常用于多孔跨的拱桥。扣索与主索系统分开,干扰少	(1)当两岸缺乏平坦场地来设置滑轮组时,可以将扣索转向到桥的两侧; (2)收紧滑轮组应设置在地锚前
	塔扣	用主索的塔架作为扣索的扣架。多用于单跨桥	(1)为保证纵向稳定要让扣索充分受力; (2)应加强拱肋接头两侧的缆风索,确保边段拱肋的横向稳定性; (3)采用粗钢丝绳时,收紧滑轮组应设置在两岸地锚前;单孔桥或细钢丝绳时,则设置于塔架与拱肋扣点间
	墩扣	直接将扣索锚固在接近桥面且本身具有足够强度的墩顶	(1)悬挂边段拱肋扣索设备最少; (2)墩扣的拉力较大; (3)收紧滑轮组应设置在拱肋扣点前

注:①其组成还有工作索、风缆、卷扬机等。

②扣索中的每一种均可单独或混合使用。

10. 无支架安装拱圈应采取的安全措施有哪些?

答:(1)构件拼装应结合桥梁规模、河流、地形及设备等条件采用适宜的吊装机具,各项机具设备和辅助结构的规格、型号、数量等均应按有关规定经过设计计算确定。缆索吊机在吊装前必须按规定进行试拉和试吊。

(2)拱肋吊装时,除拱顶段以外,各段应设一组扣索悬挂。

(3)扣架一般设在墩、台顶上,扣架底部应固定,架顶应设置风缆。

(4)各段拱肋由扣索悬挂在扣架上时,必须设置风缆,其布置与安装应符合下列规定:

①拱肋分3段或5段拼装时,至少应保持2根基肋设置固定风缆,拱肋接头处应横向联结。

②固定风缆应待全孔合龙、横向联结构件混凝土强度满足设计要求后才可拆除。

③在河流中设置风缆时,必须采取可靠的防护措施,防止风缆受到碰撞。

(5)多孔装配式拱桥吊装应按设计加载程序进行。

(6)中、小跨径箱形拱桥整根拱肋吊装或每根拱肋分两段预制、吊装,当其拱肋高度大于0.009~0.012倍跨径,拱肋底面宽度为肋高的0.6~1.0,采取单肋合龙时,其横向稳定安全系数不应小于4。

(7)大、中跨径箱形拱,其单肋合龙横向稳定系数小于4时,可先悬扣多段拱脚或次拱脚段拱肋,然后用横夹木临时将相邻两肋联结后,安装拱顶段单根肋合龙,松索成拱。

(8)当拱肋跨径不小于80m或横向稳定安全系数小于4时,应采用双基肋合龙松索成拱的方式,即当第一根拱肋合龙并校正拱轴线,楔紧拱肋接头缝后,稍松扣索和起重索,压紧接头缝,但不卸掉扣索和起重索,待第二根拱肋合龙,两根拱肋横向联结固定好并拉好风缆后,再同时松卸两根拱肋的扣索和起重索。

(9)在拱肋安装过程中要时刻观测墩顶的位移情况,使合龙的拱肋片数所产生的单向推力不能超过桥墩的承受能力,其位移量应小于$L/400$~$L/600$。

(10)对于肋拱桥,在吊装拱肋时,尽早安装横向系梁,若不能及时安装,可设置临时横向联系,来加强拱肋的稳定性。临时横向联系参见本节16题有关内容。

(11)现场要统一指挥,确保人身安全。

11.拱肋分段吊装施工应怎样操作?应注意哪些事项?

答:(1)拱肋跨径在30~80m时,可分3段吊装。采用阶梯形搭接接头时,宜先准确扣挂两拱脚段,调整扣索使其上端头较设计值抬高30~50mm,再安装拱顶段使之与拱脚段合龙。采用对接接头,宜先悬扣拱脚段初步定位,使其上端头高程比设计值抬高50~100mm,然后准确悬扣拱顶段,使其两端头比设计值高出10~20mm,最后放松两拱脚段扣索,使其两端均匀下降与拱顶段合龙。

(2)拱肋跨径大于80m时,可分5段。当拱肋分5段吊装时,宜先从拱脚段开始,依次向拱顶分段吊装就位,每段的上端头断面不得扭斜。首先使拱脚段的上端头较设计高程抬高 150～200mm，次边段定位后，使拱脚段的上端头抬高值下降为 50mm 左右，应保持次边段的上端头抬高值约为拱脚段的上端头抬高值的 2 倍关系，否则应及时调整，以防拱肋接头处开裂。

(3)7 段拱肋吊装，受施工条件或地形限制无法采用双肋合龙时，在对风缆系统进行专门设计，确保拱肋横向稳定安全系数不小于 4，拱肋接头强度满足该施工阶段设计要求，经监理工程师审批后，可采用单肋合龙。

(4)对于特大跨径拱肋吊装，当前一段拱肋(箱)扣挂后，会对前面已经扣挂好的拱箱产生影响，因此，每挂一段拱肋(箱)，都要对相邻两三段拱箱的索力进行调整。调整时，主索跑车吊点仍然吊住当前拱箱段，逐步调整相邻拱箱的索力来调整拱箱高程，当符合要求时慢慢放松跑车吊点，重新观测拱箱高程，符合要求后才能拆除跑车吊点，进行下段拱肋的安装。

(5)在各段拱肋松索过程中，应符合下列规定：

①松索前应校正拱轴线位置及各接头高程，使之符合设计要求。

②每次松索均应采用仪器观测，控制各接头、拱顶及 1/4 高程，防止拱肋接头发生非对称变形而导致拱肋失稳或开裂。

③松索应按照拱脚段扣索、次拱脚段扣索、起重索三者的先后顺序，并按比例定长、对称、均匀松卸。

④每次松索量宜小，各接头高程变化不宜超过 10mm，每次松索压紧接头缝后应普遍旋紧接头螺栓一次。当接头高程接近设计值时，宜用钢板嵌塞接头缝隙，再将扣索、起重索放松到基本不受力，压紧接头缝，拧紧接头螺栓，同时用风缆调整拱肋轴线横向偏拉，并应观测拱肋各接头、1/8 跨及拱顶的高程，使其在允许偏差范围之内。

⑤大跨径箱形拱桥分 5 段或 7 段吊装合龙成拱后，可保留起重索和扣索部分受力，等拱肋接头的连结工序基本完成后再全部松索。

(6)拱肋接头电焊作业应在调整完轴线偏差、嵌塞并压紧接头缝钢板之后和全部松索成拱之前进行。拱肋接头部件电焊时，应采取分层、间断、交错方法施焊，每层不可一次焊得过厚，以免周围混凝土烧坏。最后应将各接头螺栓拧紧并焊死。

(7)合龙应在低温下进行。当白天温度较高时，可以先固定合龙段空隙连接材料的一端，另一端待晚上温度比较适合时再固定。

12. 拱肋接头连接方式有哪些？它们各有何优缺点？

答：拱肋接头连接方式及其各自的优缺点见表 14-4 所示。

连接材料优缺点　　表 14-4

连接方式	优　点	缺　点
电焊型钢	接头牢固,强度高	钢材用量大,高空作业多,焊固后不能调整高程
螺栓连接	安装方便,可以反复调整,接头能承受部分弯矩,人员操作简单	在预制拱肋时,预埋件的准确度要求高
电焊拱肋钢筋	拱肋受力具有连续性,钢材用量少,施工方便	拱肋钢筋未电焊时,接头不能承受拉力
环氧树脂水泥胶	加强接头混凝土接触面,填补其他连接空隙	不能单独做连接方式,配合比控制较严,硬化过程中不能受力

13. 拱肋缆索吊装合龙的方式有哪几种？各自的适用范围如何？具体施工中应注意哪些事项？

答:边段拱肋悬挂固定后,就可以吊运中段拱肋进行合龙。合龙的方式较多,主要方式如表 14-5 所示。

合龙方式及注意事项　　表 14-5

合龙方式	适用范围	注意事项
单基肋合龙	拱肋整根预制吊装或分两段预制吊装的中小跨径拱桥,当拱肋高度 > $0.009L \sim 0.012L$,拱肋底面宽度为肋高的 0.6 ~ 1.0 倍,且横向稳定安全系数不小于 4.0 时,宜采用该方式	(1)为保证拱肋横向稳定性须设置足够量的缆风索; (2)在跨径较大时,第一片拱肋单肋合龙后,第二片拱肋也可以独立设置缆风索进行单肋合龙,待两片拱肋完成接头连接工作后,再将两片拱肋横向连成整体; (3)跨径比较小的桥梁,则第二片拱肋可不设缆风索利用木夹板与第一片拱肋横向联系即可
悬挂多段边段或次边段拱肋后单基肋合龙	拱肋分 3 段或 5 段预制吊装的大、中跨径拱桥,当拱肋高度不小于跨径的 1/100 且其单肋合龙的横向稳定安全系数不小于 4.0 时,宜采用该方式	(1)合龙时应用木夹板临时联结两拱肋,单根拱肋合龙后,设置稳定缆风索,成为基肋; (2)第二根拱肋合龙后,立即安装两肋拱顶段及次边段的横夹木,并拉好第二根拱肋的风缆; (3)横系梁采用预制安装时,应将横系梁逐根安上,使两肋及早形成稳定、牢固的基肋

续上表

合龙方式	适 用 范 围	注 意 事 项
双基肋同时合龙	当拱肋跨径大于等于80m或虽小于80m,但单肋合龙横向稳定安全系数小于4.0时,拱肋缆风索很长或缆风角度不好(一般要求每对风缆与拱肋轴线水平投影的夹角不小于50°)时,适用该方式	(1)先将第一根拱肋合龙并调整轴线,楔紧拱脚及接头缝后,松索压紧接头缝,但不卸掉索扣和起重索,然后将第二根拱肋合龙,并使两根拱肋横向联结固定; (2)拉好风缆后,再同时卸除两根拱肋的索扣和起重索; (3)需两组主索设备
留索单肋合龙	两组主索设备吊装而扣索和卷扬机设备不足时,可采用该方式	(1)待合龙后的拱肋松索后,将第一组主索设备中的牵引索、起重索用卡子固定,抽出卷扬机和扣索移到第二组主索中使用; (2)第二片拱肋合龙并将两片拱肋用木夹板横向联系、固定后,再松起重索并将索扣移到第一组主索中使用

注:L为跨径。

14. 拱肋松索成拱的程序及注意事项是什么?

答:(1)松索时应按边扣索、次边扣索、起重索三者的先后顺序对称均匀地进行,每次松索量以控制各接头高程变化不超过1cm为限。

(2)松索调整拱轴线,调整拱轴线时,应观测各接点高程、拱顶及1/8跨径处截面高程。调整轴线时精度要求为:每个接头点与设计高程之差不大于±1.5cm,两对称接头点相对高差不大于2cm,中线偏差不超过0.5~1.0cm,防止出现反对称变形,导致拱肋开裂甚至纵向失稳。

(3)厚度不同的薄钢板嵌塞拱肋接头缝隙。

(4)拱肋松索成拱是一个反复循环的过程,将索放松压紧接头缝后,应再调整中线偏差至0.5~1.0cm以内,固定缆风索将接头螺栓旋紧。

(5)电焊各接头部件,全部松索成拱。电焊时,宜采用分层、间隔、交错施焊的方法,每层不可一次焊得过厚,以防灼伤周围混凝土,电焊后必须将各接头螺栓旋紧焊死。

(6)对于大跨径分5段或7段吊装的拱肋,在合龙成拱后,可保留起重索和扣索部分受力(称留索),待拱肋接头的连接工序基本完成后再完成松索。留索受力的大小取决于拱肋接头的密合程度和拱肋的稳定性。施工实践中,起重索受力一般保留在5% ~10%,扣索基本放松。

(7)当第二片拱肋吊装、合龙、松索调整后,应尽快与已合龙调整的第一片做横向联结,两片拱肋的缆风不要拆除。

15. 缆索吊装中,三段螺栓对接拱肋吊装程序是什么?

答:(1)边段拱肋悬挂定位。

①边段拱肋悬挂就位时,下端头先对准拱座上标画的中线落位,上端用上、下游缆风索使其中线位置大致符合。然后调整上端头高程,使其比设计高程值高出约15 ~30cm,然后收紧扣索并卡紧,设计高程值应包括预加拱度值在内。

②徐徐松弛起重索,将其力逐渐转移到扣索。

③通过调整扣索而使端头高程比设计值约高出5 ~10cm,然后用铸铁板嵌塞拱座背面,两侧用硬木楔夹紧,并卡紧扣索。

④调整拱肋中线,使偏差不大于1 ~2cm。

⑤固定风缆。

(2)拱顶段拱肋定位。

①用仪器控制拱顶段两端头高程,徐徐放下起重索,当高程比设计值高出1 ~2cm时,关闭起重卷扬机。

②松开两侧边段拱肋扣索,使两侧边段拱肋端头均匀下降,与拱顶段合龙。

③安装接头螺栓,并确保连接的可靠性,螺栓不能上紧。严禁烧切螺栓孔和少上螺栓。

(3)当第一片拱肋合龙后,利用两边段拱肋扣索、拱顶段上的吊点调整拱肋各点高程。利用两边肋上的缆风索(八字抗风)调整拱肋中心线,反复进行,直至拱顶段吊点不受力。如敷设有两组主索,则暂不摘除吊点,如自身稳定性好,且只设有一组主索时,则要摘除吊点,以便吊装下片拱肋。

(4)当第二片拱肋合龙并调整接头点高程及中心后,应及时做好与第一片的横向联结。横向联系完成后,若能使拱肋保持横向稳定,缆风索可拆除,否则待第三片拱肋合龙且横向联系安装完成后才能拆除。

16. 缆索吊装中,五段螺栓对接拱肋吊装程序是什么?

答:(1)边段拱肋悬挂就位。五段边段拱肋的就位方法不同于三段之处是定位后接头高程应较设计高程高15 ~20cm。

(2)次边段拱肋定位。

①次边段定位后，应增设一对缆风索以控制中线位置。

②当接头对好，安上接头螺栓后，各用一部水准仪观测上下接头，以调整高程。注意此时不要将接头螺栓拧得太紧，应留出约0.5cm的间隙，在保证上、下接头预加高度的比例关系的原则下，先收紧次边段扣索，然后松一次起重索，如此反复，直到起重索松完。

③在反复调整中，应用水准仪配合观测，控制上接头升降幅度在5~10cm以内。

④次边段定位完成后，应使预加高度 $\Delta y_{下}$ 约为5cm，预加高度 $\Delta y_{上}$ 约为10cm，中线偏差不超过1~2cm。

⑤在吊装定位另一侧拱肋的同时，应注意观测已定位好的边段与次边段上下接头预加高度变化值是否符合 $\Delta y_{上}=2\Delta_{y}$ 的关系，如变化值超出此项关系5~10cm，应及时调整，以防接头附近拱肋拉裂。

(3)拱顶段拱肋定位。

①缓慢放松起重索，同时用两部水准仪观测顶段两侧4个端头高程，当拱顶段左右两端头高程比设计值高出1~3cm时，关闭起重卷扬机。

②按照先边扣索，后次边扣索的松索顺序，两侧均匀、对称地放松扣索，反复循环直到与拱顶段接头合龙，每次松扣索的幅度要小。

③装好接头螺栓，并将各个接头螺栓旋紧。

④调整拱肋中线位置，偏差在1~2cm以内时，固定风缆。

17. 缆索施工中，施工观测的项目有哪些？采用何种方法观测？主要目的是什么？

答：在缆索施工中，主要对表14-6中的项目进行观测。

缆索施工的观测项目、观测方法及主要目的　　表14-6

序号	观测项目	观测方法	主要目的
1	主索垂度观测	(1)用水平仪或水准仪在索塔塔身上对主索进行观测； (2)用经纬仪测仰角来计算； (3)跑车上吊绳直接测量	通过对垂度的测量来计算主索拉力
2	塔顶及锚碇位移观测	(1)对塔架不高、风力较小的索塔，可在其塔顶上下游端头各挂一质量为大于5kg的垂球； (2)塔架较高、风力较大时，在塔顶上、下游端头设固定标尺，用经纬仪在固定点进行观测； (3)锚碇可在上、下游侧布置固定观测点，用经纬仪观测	通过对其位移观测来判断安全性

续上表

序号	观测项目	观 测 方 法	主 要 目 的
3	拱肋中线观测	(1)当桥墩(台)顶面高程高于接头高程时,将经纬仪架设在拱肋中线方向上,直接观测拱肋上的中线标志; (2)当经纬仪架设在拱肋中线方向上不能通视,可将经纬仪架设于两肋之间,在每条拱肋接头处垂直拱肋安放一水平标尺	通过观测了解拱肋是否在平面位置上安装到位
4	拱肋高程观测	(1)在观测处设置垂直标尺,在两岸相应高程设置水平仪观测台,若两岸没合适的地势,则可搭设塔架观测,观测距离不应大于150m; (2)在桥墩上观测接头下面挂的水准尺; (3)将水准仪架设在桥墩、台主墙顶面上,观测拱肋背上竖立的水准标尺	通过观测调整接头高程及拱轴线

18.缆索设备应做哪些项目的检查?检查方法如何?

答:缆索设备虽不属于永久工程,但其质量的好坏直接影响着工程的进展及工程和施工人员的安全,因此在施工中应对以下内容做严格的检查。

(1)地锚试拉

一般情况下每一类地锚取一个进行试拉。缆风索的土质地锚要求位移非常小,应全部做试拉,通过试拉:①可以预先完成一部分位移;②可考虑其是否适用。试拉方法一般为地锚相互试拉,受拉值为设计荷载的1.3~1.5倍。

(2)索扣试拉

扣索是悬挂拱肋的主要设备,因此必须通过试拉来确保其可靠性。其试拉方法是可将两岸的扣索用卸甲连接起来,收紧收紧索进行对拉。这样可全面检查扣索、扣索收紧索、扣索地锚及动力装置等是否满足要求。

(3)主索系统试吊

主索系统试吊分跑车空载反复运转、静载试吊和吊重运行三步。每一步试吊完成后,确定无异常现象才能进行下一步。试吊重物可以为构件、钢筋混凝土预制件等,试吊载重运行可分几次完成,吊重一般为设计荷载的100%。

在每一步试吊中,应连续不间断地观测塔架位移、主索垂度、主索受力的均匀程度;动力装置工作状态、牵引索、起重索在各转向轮上运转情况;主索地锚稳固情况及检查通信、指挥系统的通畅性能和各作业之间的协调情况。

试吊后须综合各种观测数据和现场检查结果,对设备的技术状况进行分析、鉴定,提出切实可行的改进措施,对能否吊装做结论。

19. 为保证拱肋的稳定性应采取何种措施?

答:拱肋合龙后,其稳定性主要为横向稳定和纵向稳定两个方面。

(1)横向稳定措施

只有在拱肋形成无铰拱,并且各拱肋之间横向联系已施工完成达到要求强度,使拱肋联结成一个整体,才能保证拱肋横向稳定。一般情况下,所采取的方法为设置缆风索,当跨径较大或缆风索缺少时,可增加横向联系。横向联系多采用:箱形拱肋的腹板上在横隔板附近留有栓孔,用螺栓加固;用型钢制成的在拱肋安装过程中的肋位校正器,如图 14-11,先校正拱肋,再安装其他横向联系;ϕ10cm ~ ϕ14cm 的圆木及 ϕ14mm ~ ϕ18mm 的螺栓组合成的木夹板,其间隔一般为 3 ~5m,其结构见图 14-12;在大跨径 5 段吊装时,在木夹板基础上再增设木剪刀撑,见图 14-13;在木夹板基础上设置钢筋拉杆,拉杆上设置花篮螺栓,可以调整其长度,见图 14-14;在预制时埋设螺栓或焊接用固定设置,当拱肋安装后,用型钢做横向联系,焊接于预埋件上;提前预制横系梁并及时安装设置要求的横系梁。

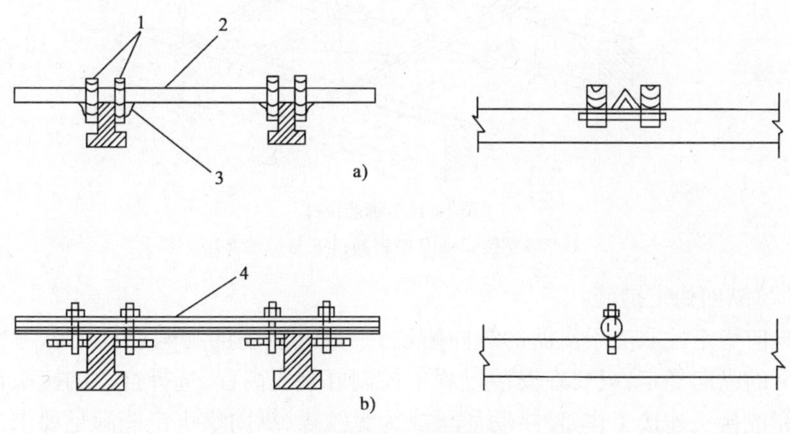

图 14-11 调整器

a)型钢制成调整器;b)钢管制成调整器

1-硬木楔;2-∠100 ×100 ×10 角钢;3-∠80 ×80 ×8 角钢;4-ϕ15 钢管

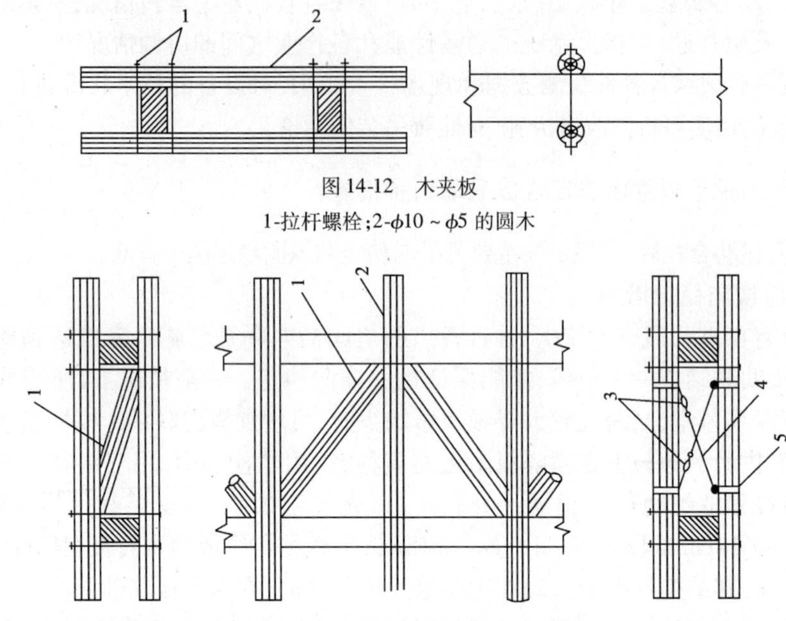

图 14-12　木夹板

1-拉杆螺栓;2-$\phi10\sim\phi5$ 的圆木

图 14-13　木剪刀撑

1-$\phi10$cm 圆木;2-马钉;3-花篮螺栓;4-$\phi10$ 钢筋拉杆;5-铅丝

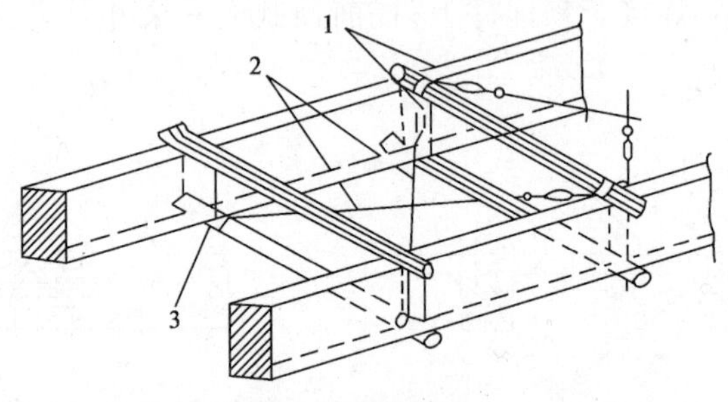

图 14-14　钢筋拉杆

1-花篮螺栓;2-$\phi10$ 圆钢筋;3-8 号铅丝绑扎

(2)纵向稳定措施

纵向稳定性取决于拱肋的纵向刚度,一般在拱肋的结构设计中已考虑裸拱状态下的纵向稳定,只要在安装过程中控制好接头高程,选择合适的接头形式并及时完成接头连接工作,使拱肋尽早成为无绞拱,纵向稳定定能满足要求。

当拱轴系数过大,拱肋截面尺寸较小,刚度不足,拱肋接头可能发生上冒变形,可在其下方设置拉索来控制变形;当截面较小,纵向刚度不足时,可在拱肋拱腹等分点上用钢丝绳进行多点张拉。

20. 设置风缆时应注意哪些问题?

答:横向缆风索,在边段拱肋安装时,可用来调整和控制拱肋中线;在拱肋合龙时可以使接头对中就位;在拱肋成拱后,可以减少拱肋自由长度,增大拱肋的横向稳定;在外力作用下对拱肋的位移产生约束。因此,缆风索的作用可见一斑,设置时需注意以下问题;

(1)缆风索可以布置在岸上、水中或桥墩上。

(2)缆风索应成对称布置,且上、下游缆风索的长度相差不宜过大。缆风索与拱肋轴线夹角宜大于45°;与地平面夹角宜为30°~40°,距离宜小于100m。

(3)用于缆风索的地锚应牢固可靠,为防止地锚受力后的位移,应采取预先试拉。对固定在桥墩台上的缆风索须进行计算,不能对墩台造成不利因素。

(4)根据缆风索受力大小可采用单线钢丝绳,也可采用滑轮组,在初始收紧缆风索时可用卷扬机,做拱肋调整时宜用链子滑车进行。

(5)缆风索在收紧、放松时应在测量观测下统一指挥进行,随拱肋接头高程的升降而放、收。

(6)对于拱肋为整段吊装或两段吊装的中小跨径双曲拱桥,每孔至少应有一根基肋设置固定的缆风索,分3段或5段吊装的大跨径拱桥,每孔至少有两根基肋在接头附近设置稳定的缆风索。

(7)在每孔拱肋全部合龙、横系梁或横隔板达到一定强度后,方可拆除缆风索。

21. 设计缆索吊装时如何进行缆索吊机计算?

答:缆索吊机的组成如图14-15所示。

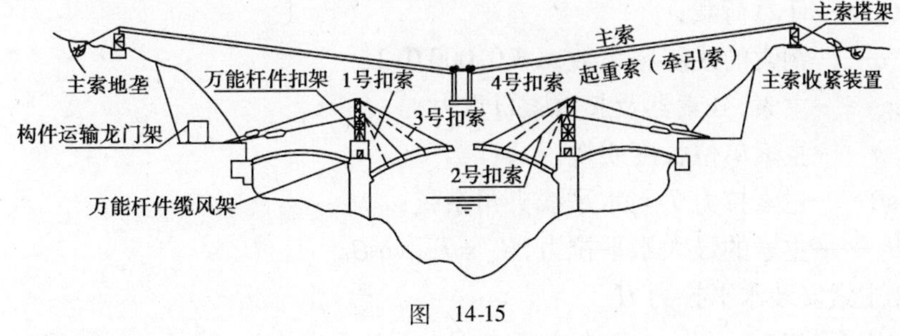

图 14-15

1)主索计算

(1)主索最大拉力:

$$T_{max}=P_{主}/n_1$$

式中：$P_{主}$——主索破坏拉力；

n_1——安全系数，通常取 3～4。

$$\sigma_{max}=T_{max}/F+(Q/n)[E_K/(T_{max}F)]^{1/2}$$

式中：σ_{max}——在车轮压力作用下主索最大单位面积所受到的压力；

F——主索横断面面积；

Q——小车总重力；

n——主索上车轮数；

E_K——主索弹性模量。

$$n_2=\sigma_g/\sigma_{max}>2$$

式中：n_2——主索单位面积的安全系数，通常取 2～2.75；

σ_g——钢丝绳破坏应力。

(2)主索水平拉力 H 的计算

①当重车在距离支架 xm 时的主索水平拉力为 H_x，由于能调整缆索的长度，所以温度变化不计在内。计算式为：

$$H_x^3+H_x^2\{[(E_KF\cos^2\beta)/(24H_m^2)][3Q_m(Q_m+g_m)+{g_m}^2]-H_m\pm\alpha\Delta t^\circ E_KF\cos^2\beta\}$$
$$=\{[x(L-x)]/(2L^2)\}Q_x(Q_x+g_m)E_KF\cos^2\beta+({g_m}^2E_KF\cos^2\beta)/24$$

式中：H_x——重车距离支架 xm 时的主索水平拉力；

L——主索跨度；

Q_m——小车总重力；

Q_x——任意荷载；

α——钢索的线膨胀系数，$\alpha=0.000\,012$；

g_m——主索、分索器及起重索自重力；

g——主索单位长度质量；

$\cos\beta$——主索拉力 T 与水平线夹角余弦；

H_m——主索的最大水平拉力，$H_m=T_{max}\cos\beta$。

②主索安装水平拉力 H

主索安装时 $Q_x=0$，g_x 仅有主索自重力下的水平力。

(3)主索挠度

①最大挠度

$$f_{max} = (g_m L^2)/(8H_m \cos\beta) + (Q_m L)/(4\ H_m)$$

下垂坡度

$$f_{max}/L < 5\%$$

②安装挠度

$$f_c = (g_m L^2)/(8\ H_m \cos\beta)$$

下垂坡度为

$$f_c/L$$

2)起重索计算

最大拉力

$$T_{max} = G/2$$

$$\sigma_{max} = T_{max}/F + E_K(d/D)$$

式中:G——重车重力;

d——钢丝绳的直径;

D——起重索滑轮直径。

要求:安全系数 $n_1 = P_{起}/T_{max} > 5$;安全系数 $n_2 = [\sigma_g]/\sigma_{max} > 4$。

其中:$P_{起}$——钢丝的破坏力;

$[\sigma_g]$——主索的极限拉断应力。

3)牵引索计算

(1)拉力计算。拉力计算时应考虑各滑轮的摩檫力以及各轮之间的拉力等因素。

总牵引力　　　　　　$W = W_1 + W_2 + W_3$

式中:W_1——跑车运动阻力,$W_1 = Q(\sin\theta + \mu\cos\theta)$,如图 14-16 所示。

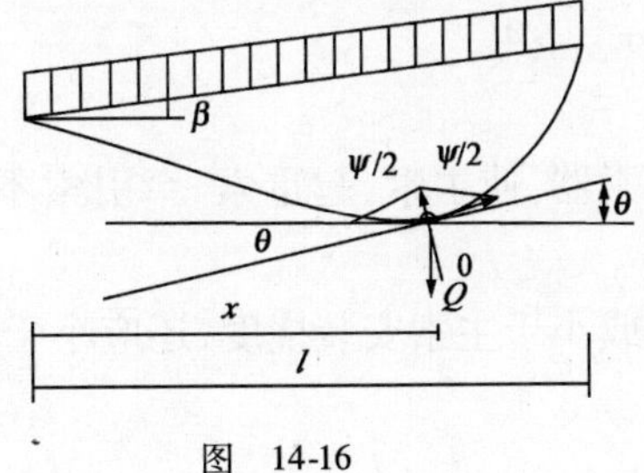

图　14-16

θ由下式计算:

$$\tan\theta=\tan\beta+[(2x-1)/(2H_x)](g/\cos\theta+Q/L)$$

W_2——起重索运行阻力,$W_2=T_{起}(1-\eta_m)$

$T_{起}$——起重索的拉力,按下式计算;

$$T_{起}=Q/(n\eta_1^m\eta_2^\mu)\text{或}T_{起}=Q/K$$

式中:Q——起吊总重;

n——滑轮组上起重索工作线数;

η_1——滑轮组效率,取0.96;

η_2——转向滑轮效率,取0.96;

m——滑轮组轮数;

μ——转向滑轮轮数;

K——具有不同转轮数的各种轮轴工作系数;

η——起重索穿过滑车的效率。

W_3——后牵引索的自然张力,$W_3=(q_1x_1^2/8f)$,

其中:q_1——牵引索单位长度重力;

x_1——后引索的跨度;

f——后引索的跨中垂度。

一般情况下牵引索拉力可用下式近似计算:

$$W=Q\sin\theta+0.15Q,\tan\theta=4f/L$$

牵引索的最大拉力

$$T_{引}=(W+2Lq_1)(2-\eta^n)$$

式中:n——牵引索穿过的滑车数量。

(2)牵引索应力$\sigma_{max}=T_{引}/F+E_K(d/D)$,要求:安全系数$n_1=P_{起}/T_{max}>5$;安全系数$n_2=[\sigma_g]/\sigma_{max}>4$。

4)结索计算

结索用于悬挂分索器,使主索、起重索、牵引索不致互相干扰。它仅承受分索起重力及自重。

结索挠度应等于或小于主索安装挠度,还应小于牵引索最大挠度。

结索水平拉力为:

$$H=g_mL_2/(8f)$$

式中：g_m——包括分索器和结索的自重力。

$$\sigma_{max} = T_{max}/F + E_K(d/D)$$

要求：安全系数 $n_1 > 4$；安全系数 $n_2 > 2$。

5）缆风索计算

（1）外侧风缆作用在柱头的纵向力（见《路桥施工计算手册》）

①主索水平反力 R_H；

②风力 P_1；

③结索作用在柱头拉力 P_2；

④起重索作用在柱头拉力 P_3；

⑤牵引索作用在柱头拉力 P_4。

综上所述，作用在柱头总纵向力为：

$$P = R_H + P_1 + P_2 + P_3 + P_4$$

外侧风缆共两根，每根风缆拉力为：

$$T_1 = (P/2)(1/\cos\alpha)(1/\cos\beta)$$

式中：α——缆风索在水平面上的投影与主索的夹角；

β——缆风索与水平面的夹角。

安装时（即当缆风索未承受风力时）维持风缆挠度在 $1.5\%L$，即：

$$f/L = (g_L)/(8H\cos\beta) = 0.015$$

安装拉力为：

$$T_2 = (g_L)/(8 \times 0.015\cos^2\beta)$$

从而得外侧缆风索总拉力：

$$T = T_1 + T_2$$

安全系数 $n = P_{总}/T > 3$，其中，$P_{总}$ 为总破坏力。

（2）内侧风缆作用在柱头横向力

风力作用在柱头横向力由两个风缆承担：

$$T'_1 = (P'/2)(1/\cos\alpha)(1/\cos\beta)$$

式中：P'——作用在柱头的横向力。

内侧风缆安装拉力与外侧风缆相同，即：

$$T'_2 = T_2$$

内侧缆风索总拉力为：

$$T' = T'_1 + T'_2$$

安全系数 $n = P_{总}/T' > 3$。

内侧缆风索安装挠度:

$$f/L = (g_L)/(8T'_2\cos^2\beta)$$

6)支柱基础反力

(1)支柱自重 G;

(2)主索垂直反力 R_1;

(3)缆风索垂直分力 $T_{垂}$;

(4)结索平衡重及牵引索平衡重 W。

支柱基础反力为:

$$R = G + R_1 + T_{垂} + W$$

7)重力式锚碇稳定性验算

重力式锚碇利用其自重来平衡拉力,一般不考虑土压力,如图 14-17 所示。

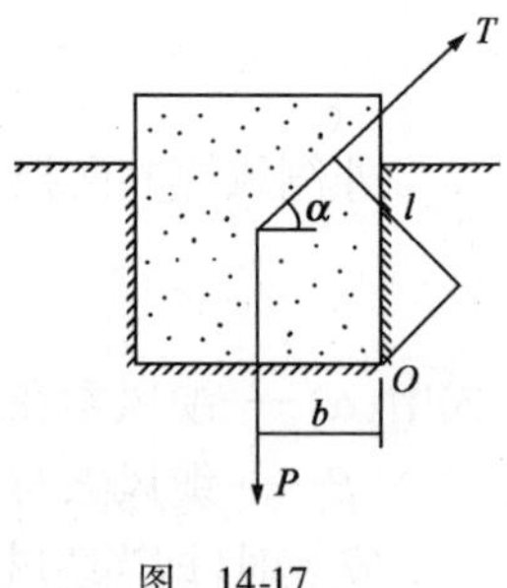

图 14-17

(1)倾覆稳定性验算

$$K_M = M_{稳}/M_{倾} \geqslant 1.4$$

式中:$M_{稳}$——稳定力矩,$M_{稳} = Pb$;

$M_{倾}$——倾覆力矩,$M_{倾} = Tl$;

T——拉索拉力。

(2)上拔力安全系数

$$K_V = P/V_T \geqslant 2$$

式中:P——锚碇自重;

V_T——拉索拉力 T 的竖直分力,$V_T = T\sin\alpha$;

(3)抗滑稳定性验算

$$K_H = H_f/H_T \geqslant 1.4$$

式中:H_f——基底摩阻力,$H_f = (P - V_T)f$;

f——锚碇与基底的摩檫系数;

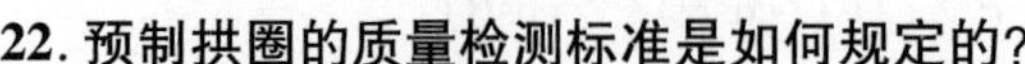

H_T——拉索拉力 T 的水平分力,$H_T = T\cos\alpha$。

22. 预制拱圈的质量检测标准是如何规定的?

答:钢筋混凝土预制拱圈外形轮廓清晰顺直,表面平整,施工缝修饰光洁,一般不应有蜂窝麻面,无表面受力裂缝或缝宽不应超过 0.15mm,预制拱圈的质量检测标准如表 14-7 所示。

预制拱圈的质量检测标准　表 14-7

检　查　项　目		规定值或允许偏差（mm）
混凝土强度（MPa）		在合格标准内
每段拱箱内弧长		0，-10
内弧偏离设计弧长		5
断面尺寸	顶、底、腹板厚	+10，-0
	宽度及高度	+10，-5
轴线偏位	肋　拱	5
	箱　拱	10
拱箱接头尺寸及倾角		±5
预埋件位置	肋　拱	5
	箱　拱	10

23. 装配式拱桥安装的质量检测标准是如何规定的?

答:装配式拱桥接头垫塞楔形钢板均匀合理,应无焊接或局部受力造成的混凝土开裂、缺损或露筋。拱桥安装质量检测标准如表 14-8 和表 14-9 所示。

主拱圈安装质量检测标准　表 14-8

检　查　项　目		规定值或允许偏差（mm）
轴线横向偏位	跨径 $L\leqslant60$m	10
	跨径 $L>60$m	$L/6\,000$,且不超过 40
拱圈底面高程	跨径 $L\leqslant60$m	±20
	跨径 $L>60$m	$\pm L/3\,000$,且不超过 50
两对称接头相对高差	跨径 $L\leqslant60$m	20
	跨径 $L>60$m	$\pm L/3\,000$,且不超过 40
同跨各拱肋相对高差	跨径 $L\leqslant60$m	20
	跨径 $L>60$m	$\pm L/3\,000$,且不超过 30
同跨各拱肋间距		30

注:L 为跨径。

表 14-9 腹拱圈安装质量检测标准

检 查 项 目	规定值或允许偏差 (mm)
轴线横向偏位	10
起拱线高程	±20
相邻块件底面高差	5

三、转体施工

24. 转体施工方法有哪几种？施工中应注意哪些事项？

答：转体施工方法有：平面转体法、竖向转体法和平竖结合转体法。

A. 平面转体法

在桥墩、台的上、下游两侧利用山坡地形的拱脚向河岸方向与桥轴线成一定角度搭设拱架，在拱架上现浇拱箱（肋）或组拼箱段以完成二分之一跨拱，其拱顶高程与设计高程相同（应设置预留高度），利用转动体系，将两岸拱箱相继旋转合龙就位。本法适用于深谷、河岸较陡峭、预制场地狭窄或无法采用现浇或吊装的施工现场。平面转体法又可分为：有平衡重转体和无平衡重转体两种。

1）有平衡重转体

如图 14-18 拱箱（肋）在平转中是利用扣索、悬扣于桥台上，在桥台后（或拱体的另一端）要加平衡重，用以平衡拱箱（肋）的重量，以达到平稳转体，平衡重一般是通过计算利用桥台圬工或在桥台配置一定重量（条块石或其他重物），待拱箱（肋）合龙，转动体系封固后再拆除配重。有平衡重转体法施工拱桥跨径不宜过大，一般适用于 160m 以内的拱桥转体，其注意事项有以下几点：

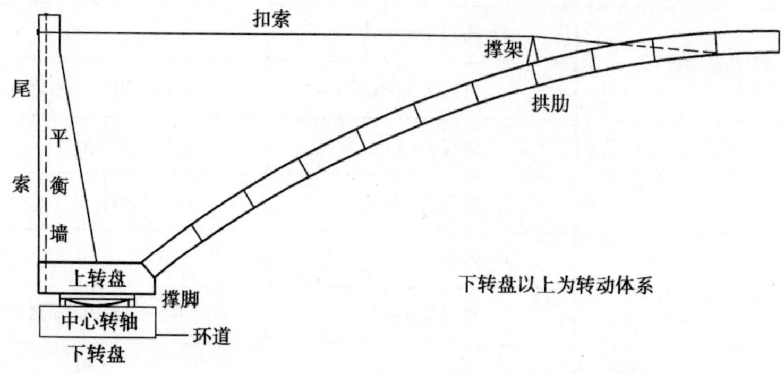

图 14-18

(1)桁架拱、刚架拱宜采用内锚扣体系;箱形拱、肋拱宜采用外锚体系。

采用内锚扣体系时,见图14-19,扣索采用结构本身钢筋或在其杆件内另穿入高强钢筋。利用结构钢筋时应验算其强度;完成桥体转体合龙,浇筑接头混凝土并达到设计强度时,应解除扣索张力。

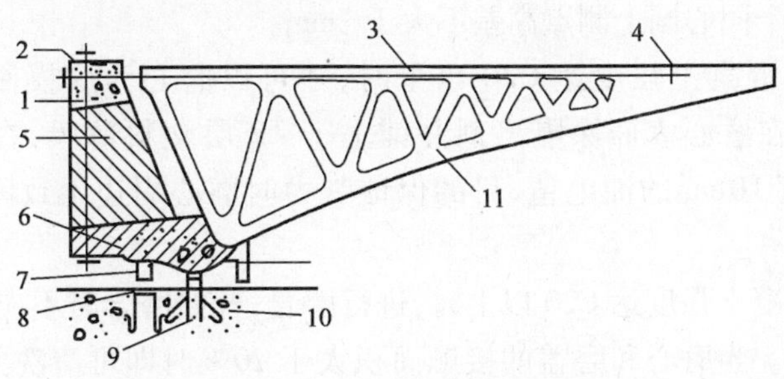

图14-19 内锚扣体系示意图

1-竖直螺杆;2-台帽;3-水平螺杆;4-实腹系点;5-台背;6-上转盘;7-保险滚轮;8-行道板;9-钢管圆头转轴;10-下盘;11-桁架

有平衡重平转法施工中采用外锚扣体系时,见图14-20,扣索宜采用精轧螺纹钢筋、带轧丝锚的Ⅳ级圆钢筋、带镦头锚的高强钢丝、预应力钢绞线等高强材料,安全系数不应低于2.0;扣点应设在梁悬臂端点或拱顶点附近,控制好扣索合力作用点位置,使桥体截面应力处于允许的受力状态;扣索锚点高程不应低于扣点,宜与通过锚点的水平线形成0°~5°的角度,以利于扣索调整和桥体脱架。

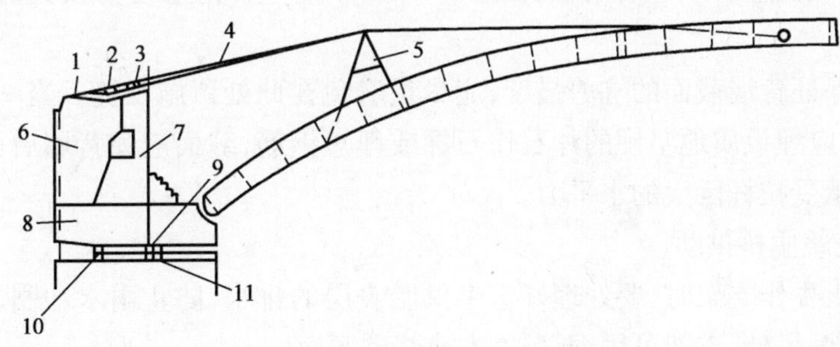

图14-20 外锚扣体系示意图

1-尾索;2-顶梁;3-锚索;4-扣索;5-钢架;6-平衡重;7-墩身;8-转盘上板;9-轴心;10-环道;11-中心支承

(2)磨心、磨盖制作

①磨心混凝土的表面必须是混凝土终凝前用样板刮制成型的,禁止混凝土

终凝后用砂浆抹制成型,施工时应以母线样板反复精心刮抹,尽可能减少后续工序磨心、磨盖表面混凝土的磨合打磨工作量。

②制作完成的磨心表面应该通过测量检查验收合格后方可进行磨盖浇筑;验收的主要内容是磨心表面要求同心圆上等高,同心圆半径间距15cm,测点间距约20cm,每个同心圆上测点高差不大于1mm。

③当磨心混凝土强度达C20以上时,才可以磨心为底模制作磨盖。制作磨盖时,应在磨心表面涂隔离剂并铺上1~2层塑料薄膜,在磨心周边先加铺一圈宽度10cm的油毛毡,目的保证受力时磨心周边不致因局部承压而破碎。

④磨盖混凝土强度达C20以上时,进行磨合,开始磨合时不应涂抹润滑剂,宜干磨或水磨。当磨心和磨盖的接触面积大于70%时即可清洗并在磨心表面涂抹厚度0.5~1.0cm的润滑剂,润滑剂一般用重量比7:3的黄油与四氟粉搅拌而成,也可用黄油、二硫化钼其他润滑材料。

实际承压面积大小的判断方法是在磨心顶面铺一层滑石粉,盖上磨盖再提起,从滑石粉上印痕大小即可知道实际面积。

(3)浇筑上转盘和背墙

①模板支架的基础必须牢固、可靠。对生产阶段落在桥台基础下盘以外的上盘和背墙的模板支架基础应浇筑C20片石混凝土临时基础,临时基础混凝土要与桥台混凝土同时进行浇筑,而且基底应与桥台基础的基底相同。

②设置上盘和背墙支架的基础时应考虑为脱架而需要放置的千斤顶的位置;保险墩底面应有预埋的钢板,板厚1.5cm,以防止保险墩受力太大时混凝土被压碎。

③为保证背墙截面的抗剪强度,应尽量避免在此处留施工缝。当一定要留时,施工缝应埋设质地坚硬的片石作石榫或埋短钢筋,缝面应朝背墙后面倾斜,以有利于承受拉杆巨大的水平力。

(4)浇筑主桥拱肋

①用土牛作支架时,要处理好土牛拱胎表层的排水,防止雨水冲刷、浸泡模板支架基础;另外,支架可用钢管、方木或浆砌石墩。

②为便于上部结构张拉脱架,应该在拱顶端部对应于每片拱肋下方设置一个片石混凝土墩,供安置千斤顶辅助脱架,墩顶与拱肋下缘间距离以安放千斤顶满足卸架行程为原则。

(5)张拉脱架

宜用千斤顶张拉扣索，张拉力先按设计张拉吨位控制，再按桥体脱开支架要求适当调整。

①桥体混凝土达到设计规定强度或设计强度的85%后，才能分批、分级张拉扣索，扣索索力应进行检验，其允许偏差为±3%。扣索索力可用下式进行计算：

$$P = 4L^2 W/GT^2$$

式中：P——扣索拉力，kN；

L——扣索两固定点之间的距离，m；

W——扣索的单位长度重力，kN/m；

G——重力加速度，m/s^2；

T——扣索的振动周期，s。

在两固定点间中部提起钢筋再放下使其产生有规律的上、下振动，用普通秒表数出振动次数，如60s为150次，即周期$T = 60/150 = 0.40$s/次。

②当拱圈全部脱离支架悬空后，让转动体系悬空静置一天检查各部有无异常，一切正常即可准备转体。

(6)在桥跨径较大、转动体系重心较高的转体施工，宜采用环道与中心支承相结合的转盘结构，如图14-21；中小跨径的桥转体施工多采用中心支承的转盘结构，如图14-22所示。

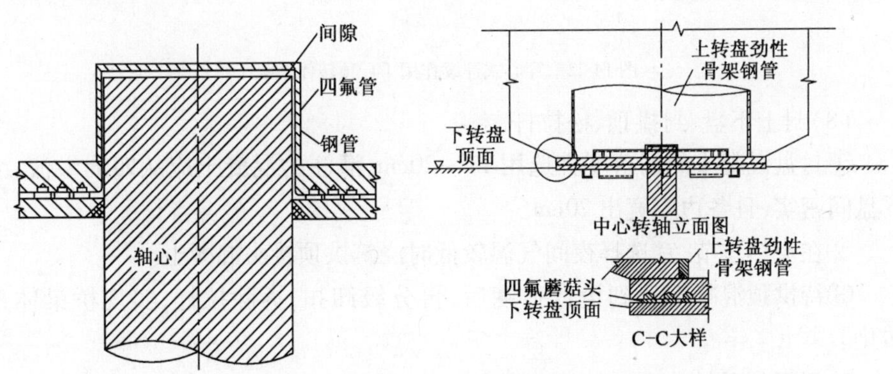

图14-21　环道与中心支承相结合的转盘结构

(7)转体合龙

①转体转动时，应控制速度，通常角速度不宜大于0.01~0.02rad/min或桥体悬臂线速度不大于1.5~2.0m/min。

②当快合龙时,为防止转体超过轴线位置,采用简易的反向收紧绳索系统,用手拉倒链滑车拉紧收紧绳后慢慢放松,并在滚轮前微量松动木楔,使转体徐徐就位。

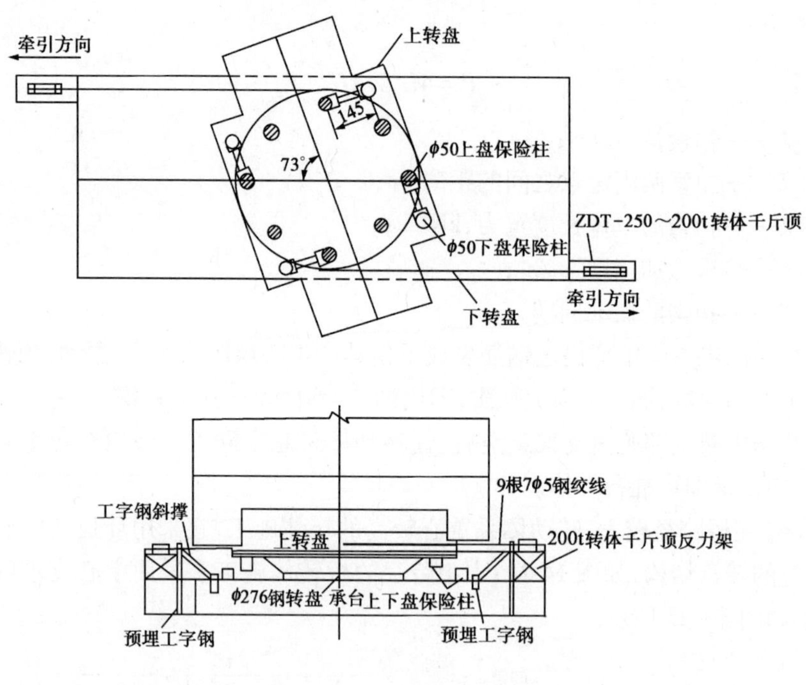

图14-22　穿心式连续作用千斤顶转体系统

(8)封上下盘、封拱顶、松拉杆

①封盘混凝土的坍落度宜选用17～20cm,灌注的混凝土应从四周溢流,上下盘间密实,且各边应宽出20cm。

②在炎热季节,宜选择夜间气温较低时浇筑拱顶接头混凝土。

③待拱顶混凝土达到设计强度后,再分级卸扣,拆除拉杆,实现桥梁体系转化。

2)无平衡重转体

由锚碇、尾索、水平撑、锚梁、立柱组成的锚固体系来取代转体所需的平衡重,这种转体方法不需利用(或少利用)墩、台圬工或配重,见图14-23。无平衡重转体法适用于地质条件好的V形河床上的大跨径拱转体施工,其注意事项有以下几点。

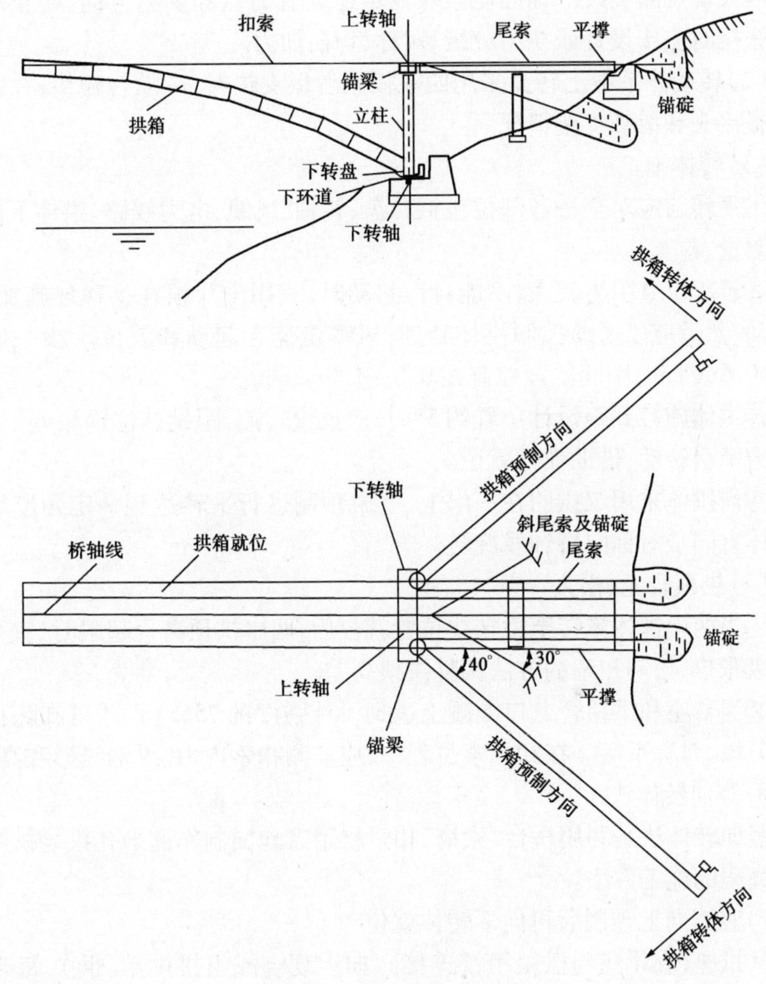

图 14-23　无平衡重转体法

(1)锚固体系

①除对锚碇进行锚试验及对最大负荷锚碇进行地质测绘分析外,在主要锚碇的岩层层缝贴上标志,在桩前岩石上粘贴标尺,以经纬仪观测位移。

②锚梁施工时,应注意防止钢筋尾索、扣索和预应力钢材穿孔的干扰。浇筑的锚梁混凝土达到设计强度的50%后,方可将轴套穿入上下轴套和环套中。

③尾索、扣索张拉,拱体平转、合龙卸扣等工序,必须进行有关施工观测。尾索内力由频率仪控制;用水平仪、经纬仪分别观测平撑轴线水平与垂直变形;用

读数放大镜观测裂纹。锚固尾索时应考虑其着力点和受力方向,防止混凝土开裂。张拉时应按设计张拉力分级、对称、均衡加力。

(2)转动体系中上转盘采用四氟板做滑板支垫时,应随转随垫,并密切注意四氟板接头和滑动支垫情况。

(3)转体施工

①平转前应对全桥各部位包括转盘、转轴、风缆、电力线路、拱体下的障碍等进行测量、检查。

②若起重摩阻力较大,不能自行起动时,宜用千斤顶在拱顶处施加顶力,使其起动,然后应以风缆控制拱体转速;风缆走速在起动和就位阶段一般控制在0.5~0.6m/min,中间阶段控制在0.8~1.0m/min。

③拱体施转到距设计位置约5°时,应放慢转速,距设计位置相差1°时,可停止外力牵引转动,借助惯性就位。

④当拱体采用双拱肋在一岸上、下游预制进行平转达到一定角度后,上、下游拱体宜同步对称向桥轴线旋转。

(4)拱顶合龙、松索

①当两岸拱体施转至桥轴线位置就位后,两岸拱顶高程超限时,宜采用千斤顶分级张拉、松卸扣索的方法调整拱顶高差。

②当台座和拱顶合龙口混凝土达到设计强度的75%后,才可卸除扣索。卸除应分级、对称平衡。在卸扣索过程中,应监测扣索内力、拱轴线形和高程。

B. 竖向转体法

竖向转体法是利用桥台、索塔、扣索将附着地面制作的半孔拱绕拱脚铰转至设计高程的施工方法。

1)竖直向上预制后再向下转体就位

从拱座(在拱座与拱箱用铰连接),向上现浇或组拼拱箱(肋),每现浇或组拼一定长度节段后用临时扣索和风缆将其稳定,直至拱箱(肋)完成二分之一跨。在拱顶设置转体用扣索(其另一面设置拉索)及在拱箱(肋)的两侧设顶缆,将二分之一跨拱箱(肋)稳定,拆除临时扣索及临时风缆,收紧拉索,放松扣索及风缆,使拱箱(肋)徐徐向下转体。本法适用于钢管劲性骨架拱桁的预制安装。在桥孔或墩、台上、下游侧均无搭设拱架进行拱肋(箱)现浇、组拼的施工现场,多采用此种方法。

2)桥面以下俯卧预制半拱后向上转体

在一孔中的两端桥墩、台从拱座开始顺桥向各搭设半孔拱架(或土拱胎),在其上现浇或组拼拱箱(肋或钢管肋),利用敷设在两岸桥台(或墩)上的扣索

（扣索一端系在拱顶端，另一端通过桥台（或墩）顶进入卷扬机），先收紧一端扣索，拱箱（肋）即以拱座绞为中心，竖直旋转，使拱顶达设计高程，同法收紧另一端扣索、合龙。本法适用于桥址地势平坦，桥孔下无水或水浅的状况。

竖向转动施工应注意：

（1）根据提升能力确定转动单元为单肋或双肋，宜采用横向连接为整体的双肋为一个转动单元。

（2）转动前应进行试转，以检验转动系统的可靠性。竖转速度可控制在0.005～0.01rad/min，提升重量大者宜采用较低的转速，力求平稳。

（3）两岸桥体竖转就位，调整高程和轴线符合本章30题要求后，楔紧合龙缺口，焊接钢筋，浇筑合龙混凝土，封填转动铰至混凝土达到设计强度后，拆除提升系统。

（4）在飓风地区应采取较好的抗风措施。

3）平竖结合转体法

适用于由于河岸地形条件的限制，拱桥采用转体施工时，可能遇到既不能按设计高程预制半拱，又不能在桥位竖平面内预制半拱的情况；通过竖转将组拼拱肋的高空作业变为在低矮支架上拼装拱肋的低空作业，通过平转完成障碍物的跨越。

25. 如何计算转体牵引力？

答：转体牵引力可按下式计算：

$$T=(2f\,GR)/(3D)$$

式中：T——牵引力，kN；

G——转体总重力，kN；

R——铰柱半径，m；

D——牵引力偶臂，m；

f——摩擦系数，无试验数据时可取：静摩擦系数0.1～0.12；动摩擦系数0.06～0.09。

26. 尾索张拉时应注意哪些事项？

答：（1）尾索张拉一般在立柱顶部的锚梁（锚块）内进行，操作程序可参照一般预应力梁后张法的有关规定进行。

（2）两组尾索应按照上下左右对称、均衡张拉的原则，对桥轴向和斜向尾索分次、分组交叉张拉。

(3)张拉一级荷载时,应按照上一级荷载张拉后的伸长值与拉索中的应力数值进行分析,调整本级张拉荷载,力求各尾索内力均衡。

(4)尾索张拉荷载达到设计要求后,应对尾索观测和钢索内力测量1~3d,如发现内力损失导致尾索间内力相差过大时,应再进行一次尾索张拉,以求均衡达到设计内力。

27. 转体施工预制件的精度要求是怎样规定的?

答:转体施工应严格掌握预制结构的尺寸,其允许偏差为±5mm,重量偏差不得超过±2%,桥体轴线平面允许偏差、轴线立面允许偏差为±10mm。环道转盘应平整,球面转盘应圆顺,其允许偏差为±1mm;环道基座应水平,3m长度内平整度不大于±1mm,环道径向对称点高差不大于环道直径的1/5 000。

28. 转体施工拱顶合龙的施工要点是什么?

答:(1)放松主拱风缆及拱脚临时固结杆件。

(2)安装拱顶合龙装置,测量拱顶高程,当实际合龙温度与设计合龙差较大时,对拱顶高程应做修正。应严格控制桥体高程和轴线,误差符合要求,合龙接口允许相对偏差为±10mm,轴线允许偏差为±5mm。

当合龙温度与设计要求偏差为3℃或影响高程差为±10mm时,应计算温度影响,修正合龙高程;合龙时应选择当日最低温度进行。

(3)选定合龙时间区间,将主拱两肋拱顶两边对称,缓慢地调至合龙高程位置。

(4)合龙时,宜先采用钢楔刹尖等瞬时合龙措施完成瞬时合龙。

(5)焊接拱顶合龙段,完成主拱合龙。

(6)在合龙段混凝土达到设计强度后,再分批、分级松扣;逐级交错均匀放松扣索,直至索力为零,主拱成为两铰拱状态。

(7)拆除扣索及扣点,焊接拱脚连接钢筋(或钢管),主拱成为无铰拱。

29. 对转体施工中出现的问题,如何找出其产生的原因?

答:在转体施工中由于结构体庞大,可能使结构出现以下问题,当问题出现后,要认真分析对待,对症下药。

(1)结构挠度过大或开裂。造成其产生的原因为:①扣索力与设计不相符;

②采用绝对高程和相对高程两套系统对挠度进行复核；③转动体是否发生相对转动。

(2)转动体中某一部件发生开裂时，应对裂缝的性质进行判断，即：①裂缝是否受力裂缝；②裂缝对转体的影响是局部还是全部；③是采取对裂缝单纯补强，还是采取其他加强措施。

(3)主、边拱左右两肋相对高差突变主要从以下几方面找原因：①索塔发生非正常变形；②索鞍上的扣索索夹松动滑移；③锚固端反力梁变形过大；④扣索张拉端及锚固端是否滑束。

(4)发生扣索断、滑丝，此时，应对断、滑丝钢绞线所处的位置和数量进行分析，对断、滑丝对结构的安全影响进行评估，确定是否采取补救措施。

(5)结构应力应变异常，此时，应立即检查异常部位的构件是否因材质、制作及安装质量、设计缺陷等原因产生异常。找出原因后，采取相应补救措施。

30. 转体施工拱桥质量检测的标准是什么？

答：转体施工合龙段两侧高差必须在设计允许范围内，合龙段混凝土应平整密实，色泽一致，其强度应符合设计要求。其质量检测标准如表 14-10 所示。

转体施工拱桥质量检测标准 表 14-10

检 查 项 目	规定值或允许偏差（mm）
轴线偏位	L/6 000，且不超过 30
跨中梁或拱顶面高程	±20
同一横截面两侧或相邻上部构件高差	10

注：L 为跨径。

四、钢管混凝土拱

31. 钢管混凝土拱桥分哪几种形式？

答：钢管混凝土拱桥按车承形式可分为上承式、中承式和下承式。

(1)上承式钢管混凝土拱桥有肋拱、桁拱、箱拱以及刚架拱和桁架拱。上承式拱常采用多肋形式，以节省材料、方便施工。其上承式构造，横向联系容易，桥面系支承于立柱上,整体性、横向稳定性和抗震性均较好,但对地基要求高,适合于峡谷桥位。

(2)中承式钢管混凝土拱桥的构造介于上承式和下承式之间,常用于桥的主跨;其跨径大。桥的边跨配以小跨径、一般不带系杆的上承式拱结构。这种结构形式通常通过边孔小跨采用小的矢跨比和较大的恒载集度比来解决不等跨的不平衡推力问题。中承式拱主拱圈断面形式基本上同下承式,常为肋式或桁式,跨径在120m以下一般采用哑铃形,再大则采用桁式或箱肋。其横向联系可分为有风撑和无风撑两种。无风撑结构,应加强单肋的横向刚度;有风撑中又可分为平行肋和提篮拱。

(3)下承式钢管混凝土拱桥,一般带拉杆即系杆,为无推力或少推力结构。其拱肋的截面只能是肋式,跨径小时可采用单管,百米左右多为哑铃形,再大可采用桁肋或箱肋。单管拱肋一般用圆管或圆端形管(腰形管)。系杆可分为刚性和柔性两类。

钢管混凝土下承式拱,常采用柔性系杆和柔性吊杆,主要靠风撑将拱肋连成整体,因此横撑间距较密,刚度较大,若要取消风撑,须改用刚性系梁,或加大拱肋刚度。

根据上、下部结构的联拉方式,系杆拱(下承式)又可分为两种:一种是上下部之间刚接,系杆不参加桥面系受力,为纯拉杆,称之为刚架系杆拱;另一种是上部结构简支于墩台上,一般情况下系杆即纵梁,属弯拉结构,是一种拱梁组合体系。第一种方式由于拱墩固接,可像一般固定无铰拱一样采用无支架施工,且横向稳定性较好,属超静定结构,活载内力和次内力对下部结构影响较大。第二种方式结构受力明确,为外部静定、内部超静定结构,下部结构类似梁桥;但节点处理和拉杆张拉调整困难,支座构造复杂,施工须采用少数支架或整片浮运,多建造于江南水乡河网地区。

32. 钢管混凝土拱施工应抓的质量重点有哪几项?

答:在钢管混凝土拱桥中,钢管拱肋起着至关重要的作用,它的质量可靠与否,决定着桥梁施工的成败,根据以往经验,在钢管拱桥施工中应侧重抓以下几个方面:

(1)严格控制钢管母材质量,对母材要按批抽样进行物理、化学及焊接试验,对符合要求者才能实施。钢材宜采用《碳素结构钢》(GB 700)和《低合金高强度钢》(GB/T 1591)。

(2)严抓焊接工艺。钢结构中,焊接连接是主要连接方式,必须保证拱管质量。

①上岗操作人员应进行培训和考核,焊工应具备压力容器结构焊接的资格。

②按中华人民共和国船舶检验局焊工考试规则(海上设施)、冶金工程建设焊工考试规程(YB/T 9259)或电力行业焊工技术考核规程(DL/T 679)进行资格确认,焊工施焊部位与考试合格证项目相符。

(3)必须制定详细的焊接工艺及焊接质量管理细则,其内容主要包括以下几个方面。

①焊接方法的确定。钢管的对接焊缝和弦腹杆连接焊缝一般宜采用 CO_2 气体保护焊打底,分多层滚动焊接,以达到减少焊缝含氢量、焊接内应力及焊接变形,提高焊缝抗裂能力的目的。

②焊接材料的选用。钢材焊接用焊条、焊丝、焊剂宜与其母材相匹配,可按表 14-11、表 14-12、表 14-13 选用。

常用钢材焊接焊条选配(一) 表 14-11

焊接方法	焊接形式	焊件尺寸(mm)				焊接数量
		长 l	宽 B	板厚或壁厚 t	管径 D	
手工电弧焊或 CO_2 气体保护半自动焊	钢板对接	300	≥250	12 ~ 16		1
手工电弧焊	钢管对接	≥200		3 ~ 6 3 ~ 32	32 ~ 60 133 ~ 273	2
埋弧自动焊	钢板对接	≥500	≥250	16 ~ 25		1
手工电弧焊	钢板角焊(定位点焊)	≥120	≥120	12 ~ 16		1

常用钢材焊接焊条选配(二) 表 14-12

钢材技术条件			焊条金属要求				备 注
钢号	抗拉强度 f_1(MPa)	屈服强度 f'_1(MPa)	焊条型号	抗拉强度 f_1(MPa)	屈服强度 f'_1(MPa)	延伸率 δ_5(%)	
				不小于			
A3、A3q	370 ~ 460	≥235	E4301 E4303 E4311 E4312	420	330	18	

续上表

<table>
<tr><th colspan="3">钢材技术条件</th><th colspan="4">焊条金属要求</th><th rowspan="3">备　注</th></tr>
<tr><th rowspan="2">钢号</th><th rowspan="2">抗拉强度 f_1(MPa)</th><th rowspan="2">屈服强度 f'_1(MPa)</th><th rowspan="2">焊条型号</th><th>抗拉强度 f_1(MPa)</th><th>屈服强度 f'_1(MPa)</th><th>延伸率 δ_5(%)</th></tr>
<tr><th colspan="3">不小于</th></tr>
<tr><td rowspan="2">16q
12Mnq
16NbB</td><td rowspan="2">370～460
370～410
370～410</td><td rowspan="2">≥235
≥295
≥295</td><td>E4301
E4303
E4311
E4312</td><td>420</td><td>330</td><td>18</td><td></td></tr>
<tr><td>E4315
E4316</td><td>420</td><td>330</td><td>22</td><td>重要结构用</td></tr>
<tr><td rowspan="2">16Mnq
16MnCu
14MnNb</td><td rowspan="2">470～510
470
470～490</td><td rowspan="2">≥345
≥345
≥345</td><td>E5010
E5011
E5003</td><td>490</td><td>390</td><td>22</td><td></td></tr>
<tr><td>E5015
E5010</td><td>490</td><td>390</td><td>22</td><td>重要结构用</td></tr>
<tr><td>15MnVq
15MnTi</td><td>530
530</td><td>≥300
≥300</td><td>E5503
E5510
E5513
E5515
E5516</td><td>540</td><td>440</td><td>16</td><td></td></tr>
</table>

焊丝、焊剂选用　　表 14-13

<table>
<tr><th>钢号</th><th>埋弧焊用焊剂、焊丝</th><th>CO_2 气体保护焊用焊丝</th><th>备　注</th></tr>
<tr><td>A3q、16q
12Mnq</td><td>HJ401 – H08
HJ431 – H08E</td><td>H08Mn2Si</td><td rowspan="3">H08A 仅用于构造焊缝或满足受力要求时</td></tr>
<tr><td>16Mnq
16MnCu
14MnNbq</td><td>HJ402 – H08E
HJ402 – H08MnA
HJ31 – H10Mn2</td><td>H08Mn2Si
H10Mn2
H10MnSMo</td></tr>
<tr><td>15MnVq
15MnTi</td><td>HJ402 – H08MnA
HJ431 – H10Mn2
HJ402 – H08MnMoA</td><td>H08Mn2Si
H10Mn2
H10MnSMo</td></tr>
</table>

③根据不同焊接接头的特点确定坡口形式、坡口角度等有关参数。焊缝坡口允许偏差见表 14-14。

焊缝坡口允许偏差 表 14-14

坡口名称	焊接方法	厚度 δ	钝边 a	垫板厚度 b	内侧间隙 c	外侧间隙 d	坡口高度 e	坡口半径 R	坡口角度 α	坡口形式	附注
齐边I形	自动焊	<14			0+2					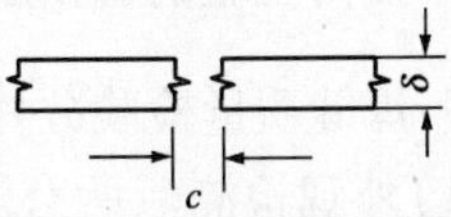	
V形坡口	手工焊	6~8	1±1		1±1				70°±5°	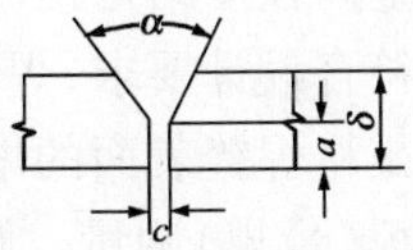	
		10~26	2±1		2±1				60°±5°		
	自动焊	16~22	7±1		0±1				60°±5°		
U形坡口	自动焊	<30	2±1	6	2±1	7±1		3.5±1		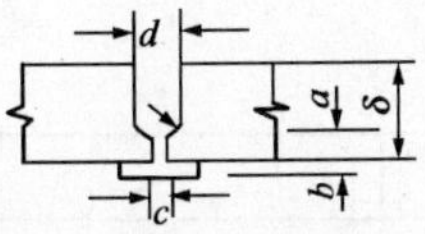	
		>30	2±1	6	4±1	13±1		6.5±1		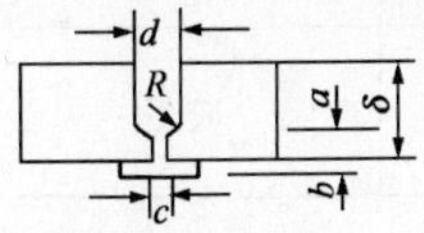	
		>25	2±1		0+1	13±1	3±1	6.5±1	90°±5°	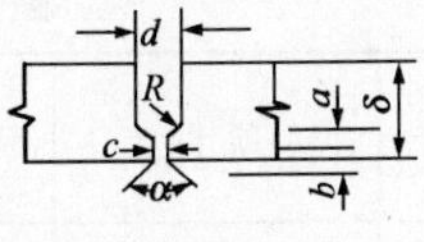	大管径

④确定焊接工艺参数和焊接顺序。

⑤需要时还要制订预热、防止焊接变形和焊后修磨措施等。预热温度通过焊接工艺评定;预热范围为焊缝每侧 100mm 以上,温度检测应在距焊缝 30~50mm 范围。

⑥对焊缝的检测方法及修复缺陷的措施。见后面有关内容。

(4)运输到工地现场的试拼装。

(5)钢管拱的吊装。在吊装中根据起吊能力及拱肋刚度尽量增大吊装拱节长度,减少吊装次数,安装时的环向焊缝严格进行拍片检测。

(6)严格控制拱肋的轴线偏位。

(7)拱脚劲性骨架对合龙影响非常大,安装时作为重点控制。

(8)系杆的张拉工作要与拱肋混凝土浇筑配合进行,对柔性系杆来说要把观测墩身位移及拱肋变形作为一项重点来抓。

(9)混凝土配合比及压注方式要适合。

(10)对圆端形拱肋在浇筑混凝土前进行加固处理,以防变形。

33. 如何检验钢管拱肋焊缝质量?

答:焊缝质量检验分外观检测和无损检测两种。

(1)外观检测。所有焊缝在焊接完后,对于碳素结构钢冷却到常温后,对于低合金高强度结构钢冷却24h后,都需要进行外观检查,即检查焊缝实际尺寸是否符合设计要求,焊缝表面无气孔、裂纹、及未焊满(或弧坑)等缺陷。检查方法是将焊缝表面的熔渣或污物清理干净后,用肉眼或低倍放大镜观察,用焊缝卡板(量规)测量。圆管焊缝尺寸的质量标准和允许偏差见表14-15和表14-16。

圆管焊缝外观检查质量标准 表14-15

项次	项目		Ⅰ级焊缝
1	表面气孔		不允许
2	咬边	不要求修磨的焊缝	≤0.3mm
		要求修磨的焊缝	不允许

圆管接头焊缝外形尺寸允许范围(mm) 表14-16

项次	项目	图例	允许范围(mm)	
			Ⅰ级焊缝	
圆管对接接头	焊缝余高	(图:b、c)	c	0~3.0
	焊缝错边	(图:t、d、b)	d	$d<0.1t$ 且不大于2

(2)焊缝应在外观检查合格的基础上,进行无损检验,焊缝超声波探伤、X射线探伤按表14-17中的要求进行。

焊缝质量检验项目 表 14-17

检验焊缝部位		超声波检验（UT）			射线检验（RT）		
		数量	质量等级	检验等级	数量	质量等级	底片等级
钢管环缝对接		100%	Ⅰ	B	抽查	Ⅱ	AB
钢管纵缝对接	空 管	100%	Ⅱ	B			
	需灌注混凝土	100%	Ⅰ	B	抽查	Ⅱ	AB
管节点相贯焊缝		100%	Ⅰ	B			
腹管与弦管连接(部分熔透)		100%	Ⅱ	B			
腹钢嵌填对接		100%	Ⅱ	B			
节点钢与弦管焊缝		100%	Ⅰ	B	抽查	Ⅱ	AB

注:①质量检验等级应符合设计要求,设计无要求时,按该表 14-17 要求执行。

②对现场吊装对接的钢管环缝应做 100% 射线检验,在厂内生产的环缝可抽检 10% 的总焊缝长度进行射线检查。

(3)对射线探伤一般抽探焊缝总量的 10%(并不少于一个接头),当发现有超标缺陷时,应加倍检验;对工地现场对接环缝须 100% 射线探伤。对每一焊缝均需在工厂进行 100% 超声波探伤,现场抽检或由第三家国家认可专业机构进行检测并出具有关证明。射线探伤范围为焊缝两端各 250 ~ 300mm,焊缝长度大于 1200mm 时,中部加探 250 ~ 300mm。

34. 制作钢管拱肋的主要程序及要求是什么?

答:钢管拱肋的加工宜在大型厂房内进行,这样可避免一般地区多雨而造成的腐蚀,风雨无阻对抢工期非常有利,另外,对于预拼也可充分利用场内原有吊装设备,利于移动。在生产时根据其特点,在生产厂内放样、卷制、组对、试拼装。

1)直缝焊接管

(1)制作工艺及要求

①所用材料均要符合国家标准的设计要求,材料必须有随料质量证明书,证明书内容齐全,炉号、批号应与实物相符。抽验一组试件对材料进行理化试验和探伤检查。

②按拱肋轴线图进行排版放样,钢板主要以 1.8m × (7 ~ 8) m 尺寸为主。按图纸要求,排好对接焊缝的接口位置,板与板之间的拼缝要错开。

③拱肋腰形管卷制工作在车间内进行。钢板利用半自动切割机切割出纵缝坡口,板端修好坡口,画出压制线,在三辊卷板机上压制。纵缝尽可能采用一条,并拼在中心线上 200mm 左右处。

④拱肋放样和拱肋段的拼装,在平台上按比例1∶1放出大样图,沿放样的拱肋轴线设置胎架,在大样上放出排气孔、灌注孔、吊杆孔、分段节点、风撑等位置,按管节尺寸进行排列,管环组对环缝要避开上述位置,拱肋钢管的纵缝应放在拱肋管板外侧,并相邻两节纵缝错开。拱肋管一节一节卷制焊接完毕后,按1∶1大样图,根据二次抛物线 $y=4fx(L-x)/L^2$ 确定一节环缝的切割尺寸,用油毡纸放样复管画线,按此线进行切割,并用记号笔编号。

⑤拱肋管板按样板切割后,还要割出焊接坡口,其坡口尺寸及允许误差根据不同的板厚查表14-14。下料时加工预留收缩量由试焊决定。

⑥钢管煨弯在煨弯台座上进行,煨弯顺序是从管中部向管两端对称进行。煨弯时,钢管加热温度一般为800℃左右,加热用氧炔焰。在煨弯钢管跨中附近部位时,顶压钢管的幅度不宜过大,以避免中部加热区域变形过大而造成钢管变薄。煨弯好的钢管,应在空气中自然缓慢冷却,不能用浇水的方法骤冷;待钢管温度降到常温后才能松开千斤顶。

(2)焊接工艺及要求

大桥的质量主要靠拱肋的质量。拱肋是一块块钢板通过焊接形成一整体,这就要求焊接工艺非常高,结构主要焊缝为Ⅰ级,余为Ⅱ级。为控制焊缝质量,对于参加拱肋制作的焊接人员,全部必须持有相应等级的施焊操作证,保证持证上岗。在正式开始进行施焊之前,组织相关人员在施工现场进行模拟施焊,根据不同的焊接形式及焊接类型,制定工艺卡,进行工艺评定,以确定在施焊过程中的电焊机电流、施焊环境的湿度等直接影响焊接质量控制的依据。对环缝对接,应分4层进行施焊,对纵缝对接,应分3层进行施焊。对焊缝清根要彻底,清根后用磨光机将坡口磨出金属光泽,再进行下一层施焊。焊接成型美观,无夹渣、气孔。

钢管拱制作前焊接工艺试验主要有以下三方面内容:

①产品焊接试板力学和弯曲性能检验;

②射线探伤;

③超声波探伤。

试验所用材料为设计要求钢板,焊条、焊丝、焊剂与母材相适合,选择参照表14-11、表14-12、表14-13。

(3)检测及要求

对钢管拱的检测方法是根据同类桥经验,主要从以下四方面考虑。

①焊前要对坡口尺寸进行检查。

②焊接完毕后对焊缝表面进行检查,表面不得有气孔、裂缝、夹渣,咬边深度

和长度符合规范要求。

③对于所有焊缝进行了100%的超声波探伤,对厂里环缝进行10%射线无损探伤,对现场环缝进行100%射线无损探伤。无损检测应在焊接24h后进行,以避免延迟裂纹的漏判。

④对于不合格的焊缝进行返修处理并记录,直至合格。焊缝尺寸超出允许正偏差的焊缝及小于1mm且超差的咬边必须磨修匀顺,焊缝咬边超过1mm或外观检查超出负偏差的缺陷,应用手弧焊进行返修焊;气孔、裂纹、夹渣、未熔透等超出规定时,应查明原因,用碳弧气刨清除缺陷,用原焊接方法进行返修焊;返修焊后和焊缝应随即铲磨匀顺,并按原质量要求进行复检。返修焊次数不宜超过两次。

2)螺旋焊接管

(1)钢板开卷

对15t以上的较大的钢卷,可用擦压法进行钢卷展头;对15t以下的小卷带钢可另制一个展卷斜台展出带钢头。

(2)钢卷预送进

钢卷上台,预送进,通过五辊矫平机进行钢带矫平。预送进的过程用导向轮限制钢带边,保证钢带以给定的精度的成型角进入成型台。

(3)钢带头尾切割和对接焊

分别在对接台处压紧,用氧—乙炔自动气割枪割去钢带的原始端和头端不规则部分,并进行对接自动焊接。

(4)钢管成型

清理钢带边,并用机组上的铣边机削出V型或X型坡口。分别用直流电动机带动递送机的双辊,进行钢带主递送。靠三组排辊作用,将带钢弯圆,使带钢弯出不同曲率的圆弧面,直到接近于达到所要求的管子曲率。

螺旋焊钢管直径控制措施可分三类:①内控轮定型,靠设定的内切圆滚轮刚性撑开保持直径;②外控轮定型,靠外切轮滚轮刚性压住保持直径;③自由定型,通过三组排辊作用,进行钢管弯圆曲率调节。

(5)内、外埋弧自动焊

带钢卷曲成管后,成型缝用埋弧自动焊接,先焊内缝;内缝焊位置在钢带刚弯曲与已成型管的交合点处,内缝焊位置的背面用背轮衬托。焊机头安装在管外,用焊枪管伸入管内焊接。焊接位置正确与否通过观察背面焊红情况来判断和矫正。外缝埋弧自动焊是在内缝焊后的1.5或2.5个螺距或进行,与常规圆筒环焊接类似,主要是控制好焊接位置,减少焊偏。

(6)切管、卸管

螺旋焊钢管的卷制是在连续不断地进行,钢管的长度可根据需要任意截断。钢管的切管可采用割枪进行空气等离子飞车垂直切断。钢管切断后,管子输出台上的液压抛臂装置把钢管向上往前抬起,滚动进入到接管台上。

螺旋焊接管在内缝的焊接过程中应对内缝的间隙进行自动控制调整,并进行超声波探伤。在外缝焊接后还应进行射线探伤,成管后进行涂装与标识。

35. 钢管拱肋构件出厂应具备哪些资料?

答:钢管拱肋构件出厂应具备完整的验收资料,经检验合格后的钢管拱肋才能出厂。钢管拱肋出厂前应提供以下资料:

(1)钢材的质量证明书及抽样检验报告;

(2)焊接材料质量证明书和烘焙记录;

(3)涂装材料质量证明书;

(4)焊接工艺评定报告;

(5)焊缝质量外观检测报告;

(6)内部探伤报告;

(7)钢管拱肋构件加工施工图(包括原设计图、设计变更文件及制作过程中对技术问题的处理办法及各有关方面认可的协议);

(8)钢管构件几何尺寸检验报告;

(9)按工序检验所发现的缺陷及处理方法,记录处理后的检验结果;

(10) 钢管拱肋构件加工出厂合格证。

36. 用浮吊安装钢管拱的一般步骤及注意事项是什么?

答:用浮吊安装钢管拱的一般步骤及注意事项如下所列。

(1)在利于浮运的岸边整平一定范围的场地做现场试拼平台,平台只需一般土地整平即可,并准备一定数量的方木或道木做胎架。

(2)工厂生产的拱肋段运抵现场后,应按生产时的各段编号在现场胎架上进行试拼装,对于跨径小于60m 的钢管拱肋应在地面对接后进行整体吊装,吊装时计算好吊点位置,以免造成拱肋过大的变形;对于跨径大于60cm 的钢管拱肋应在地面对接后分段进行吊装。

(3)用吊车移动拱肋至浮运船上,并运至浮吊吊起位置。对于通航河道,此时便应该由航道管理部门配合,停航。

(4)由一人统一指挥浮吊吊装拱肋。安装第一段时,下端与0 号段暂时用钢板或角钢焊接固定，自由端由支架支撑，待调整完轴线及拱顶高程后进行全部焊接。第一段安装完成后，依次安装其余各段直至拱顶合龙。

(5)拱肋安装后，在没安装风撑前要用临时风缆固定，拱肋浇筑混凝土前风撑必须就位。

37. 钢管拱肋安装过程中，如何矫正对接管口？

答：钢管在运输和吊装过程中，由于外力的作用，会使钢管造成局部的变形。特别是每段拱肋的管口部分，极易变形成不规则状况，给对接焊接造成困难，需在安装过程中进行矫正。矫正的方法有两种。一种是顶压矫正：将钢管吊装到位后，将未发生变形的一侧先进行点焊，之后，在需矫正的一侧的未变形端焊接一只矫正牛腿，牛腿上焊一个螺母，使螺母上的螺杆正对另一端需矫正的部位，旋入螺杆，直至将变形位置顶至与未变形钢管相接为止。一种是加热矫正：针对变形较大的钢管，在变形处用氧炔焰烧至800℃左右，用锤敲击该部位，重复2～3次就可达到预期效果。

38. 在《公路工程质量检验评定标准》(JTG F80/1—2004)中，钢管拱肋的制作与安装实测项目是如何规定的？

答：在《公路工程质量检验评定标准》(JTG F80/1—2004)中，钢管拱肋的制作与安装实测项目的规定见下表14-18和表14-19。

钢管拱肋制作实测项目　　表14-18

项次	检查项目		规定值或允许偏差	检查方法和频率	权值
1Δ	钢管直径(mm)		±D/500及±5	尺量：每管检查1～3处	3
2	钢管中距(mm)		±5	尺量：每段检查2～3处	1
3Δ	内弧偏离设计弧线(mm)		8	样板：每段测1～3点	2
4	拱肋内弧长(mm)		+0，-10	尺量：每段检查	1
5Δ	节段对接错边(mm)		2	尺量：检查各对接断面	2
6	节段平面度(mm)		3	拉线测量：每段检查1处	1
7	竖杆节间长度(mm)		±2	尺量：检查每个节间	1
8Δ	焊缝尺寸		符合设计要求	量规：检查全部	2
	焊缝探伤			超声：检查全部；射线：符合设计规定，设计未规定时按5%抽查	3

注：D为钢管直径。

钢管拱肋安装实测项目　　表 14-19

项次	检查项目		规定值或允许偏差	检查方法和频率	权值
1	轴线偏位(mm)		L/6 000	经纬仪:检查5处	1
2Δ	拱圈高程(mm)		±L/3 000	水准仪:检查5处	2
3Δ	对称点高差(mm)	允许	L/3 000	水准仪:检查各接头点	2
		极值	L/1 500,且反向		
4	拱肋接缝错边(mm)		0.2 壁厚,且≤2	尺量:每个接缝	2
5Δ	焊缝尺寸		符合设计要求	量规:检查全部	2
	焊缝探伤			超声:检查全部 射线:符合设计规定,设计未规定时按5%抽查	3

注:L为跨径。

39.《公路桥涵施工技术规范》(JTG/T F50—2011)钢管拱肋制作与安装标准是如何规定的?

答:钢管混凝土拱桥管壁与混凝土结合紧密,钢管表面防护涂料和层数符合设计要求,线形圆顺,无弯折。在同温度条件下,其质量检测标准如下表14-20所示。

钢管拱肋制作与安装质量检测标准　　表 14-20

检 测 项 目	规定值或允许偏差(mm)
焊接质量	符合设计要求
内弧偏离设计弧线	8
每段拱肋内弧长	0,-10
钢管直径	±D/500 及±5
轴线横向偏位	L/6 000,且不超过50
拱肋接缝错台	0.2 壁厚,且≤2
拱圈高程	±L/3 000,且不超过±50

注:D为钢管直径,L为跨径。

40.钢管拱拱肋混凝土施工前应做哪些工作?

答:拱肋混凝土的顶升是一个连续较短的过程,成功与否,关键是准备工作做得是否细致到位,因此在拱肋混凝土顶升前,应做好下列准备工作。

(1)钢管拱的加固

从腰形钢管拱混凝土的施工质量看,凡不设置隔仓板的钢管拱其管壁平直段因无法承受较大的侧向压力，在混凝土灌注完毕后都存在一定的变形；从外观形状上看，钢管拱的截面由圆端形向圆形转化；从钢管拱壁平直段内应力分析，从受弯构件向受拉构件转化。由于钢管拱的变形，而使管内混凝土的密实性也发生变化。为确保钢管拱整体变形控制在一定范围内，且外观上将来不受加固施工的影响，因此在钢管拱外侧应进行加固。加固范围及方式应从拱脚至1/4处，采用槽钢和钢筋组成的对拉夹箍，将钢管拱肋夹住。

(2)泵送插管及排气增压管的设置

压注混凝土前，在拱肋上开口焊接管道，每个拱脚处焊接一进浆泵送管，采用加工的 ϕ125mm 钢管，其具体位置由计算确定，一般可设于根部向上1.6m，拱肋中线向外15cm，这样可以避开吊杆处上导管及加劲板，保证混凝土进入拱肋不受阻挡；同时，压注口与拱轴线取45°夹角，可以减少压注口处压注压力。在另外配置输送管进料闸阀，安装在泵送插管尾部，以便混凝土浇筑结束后及时拆卸导管并防止混凝土发生倒流。

压注混凝土时，为充分排除管内空气，减少管内压力，在每根拱肋顶部设置3根排气增压管，其分别分布在拱肋中心顶部处及其两侧，并保持排气增压管顶部高程基本一致。排气增压管采用内径 ϕ150mm 左右，高度2.0m，壁厚3～4mm的钢管。

(3)混凝土的配合比

钢管拱混凝土宜采用微膨胀、和易性好、缓凝时间长的混凝土，一般须经多次试验来最终确定配合比。见本章44题。

(4)检查材料数量是否到位。

41.根据经验，钢管拱顶升法施工泵送混凝土的配合比怎样设计更为合理？

答：钢管混凝土宜采用半流动性微膨胀缓凝混凝土，配合比设计要点如下：

(1)水灰比应小于0.35，坍落度为12～18cm，以16cm为佳。有些泵送混凝土坍落度为18～22cm，具体可经过试验确定。

(2)加入减水剂增加流动度。减水剂宜选择FDN型，在相同水灰比时，可增大坍落度1.0倍，提高强度20%左右。也可选用M型、YJ-2型、UNF2型减水剂，减水剂掺加量约为水泥量的0.9%～1.2%。

(3)加微膨胀剂防止混凝土收缩。微膨胀剂可选用UEA，掺加量为水泥量的10%～20%(具体用量可根据产品情况试验确定)。

(4)可加5%(水泥量)的二级粉煤灰，以增加和易性，降低水化热。粉煤灰最大用量不超过10%。

(5)应加入缓凝剂延长初凝时间,一根钢管的混凝土灌注完成时间,不得超过第一盘入管混凝土的初凝时间。

(6)配料强度应为设计强度的1.1~1.15倍。

42.如何选择混凝土输送泵?

答:选择混凝土输送泵,需满足以下要求:

(1)混凝土输送泵质量可靠,能连续作业,保证混凝土不间断顶升;

(2)输送泵扬程应大于1.5倍灌注拱顶面高度;

(3)输送泵的出口泵压不宜超过规范要求,以免钢管被压裂;

(4)输送泵的额定速度为

$$v \geq 1.2Q/t$$

式中:v——输送泵的额定速度,m^3/h;

t——混凝土终凝时间,h;

Q——混凝土所需灌注量,m^3。

为保证顶升的顺利进行,除按以上要求选择泵外,还应有一台备用泵,以便应急。

43.如何进行混凝土的顶升压注施工?

答:混凝土的顶升压注施工可按以下要求进行。

(1)压注前,连接进料闸阀和输送管道,并拧紧法兰螺栓,检查各接头的密封情况,防止法兰漏气导致泵送压力损失。

(2)在混凝土拌和车第一次装料之前,用1∶1水泥砂浆或同等配合比不加石子或水泥素浆润滑输送车、泵、管,避免影响混凝土坍落度损失,该水泥砂浆在拱外输送排出,不得压入钢拱内。

(3)压注该混凝土应遵循匀速对称,慢送低压的原则,确保两侧混凝土同时压注,其顶面高差不大于1m,压注速度以10~15m^3/h为宜,于后续混凝土车到达后再压注完上一车,尽量避免停顿时间,保持压送畅通及连续性,两台固定泵的压注速度应尽量一致。

(4)压注时两边各有一人观测混凝土到达位置(采用锤敲击法),当两侧混凝土快相接时,控制两侧压注速度,使两侧混凝土慢速对称上升,直到两侧混凝土相连接。

(5)混凝土一旦相接,由两泵同时压注应改为两泵交替压注,混凝土量差控制在 0.5m^3 左右,以减小混凝土对管道的压力。

(6)待拱顶三个排气增压管排出混凝土后,间歇 5min,从一端固定泵泵送混凝土,再间歇 5min,从另一端固定泵泵送混凝土,以确保钢管拱内混凝土的密实度。

(7)压注过程中,随时注意两台泵的压力情况,如高度一致,而泵压差较大时,应检查原因,排除故障或另开设压注口继续混凝土顶升,采取措施的时间越快越好。

(8)混凝土顶升作业完成后,先关闭进料闸阀,避免混凝土倒流形成空洞。

其顶升工艺流程为:准备工作(机械设备、材料、人员到位)→压注水泥砂浆→连续压注混凝土→间歇→压注混凝土→关闭进料闸阀→拆除固定泵至另一片拱肋。

混凝土压注完毕以后,对整个钢管拱混凝土质量进行全面敲击检查,声音沉而哑者,表明混凝土充填饱满。对有异常段进行超声波无损检测,当钢管拱肋混凝土与拱壁剥离间隙超过 3mm 时,采用钻孔压入水泥浆的方法进行补强处理,然后将钻孔处用电焊补焊封固。

44. 钢管混凝土压注施工中应注意哪些事项?

答:(1)混凝土在厂内配料时,对外加剂严格控制计量;在浇筑现场,随时检测控制混凝土坍落度;按招标文件技术规范要求制作相应数量的试块,并多做 3 组在现场同期养护。

(2)合理布置混凝土输送管道,尽量缩短其长度和减少弯头,特别是减少 90°的直角弯头。

(3)泵送混凝土时,应使料斗内经常保持 2/3 的混凝土,以防管道吸入空气,导致堵管。

(4)拱肋混凝土压注前、后及施工中,测量人员测量上锚垫板顶高程、上下导管中心对位情况,得出拱肋竖向及轴向变形。

(5)由于拱肋混凝土灌注要求对称施工,两台泵车的指挥人员必须密切配合,严格控制其灌注速度,保证两端同步进行。

(6)混凝土浇筑入口应设在拱脚部位,在混凝土进入口处应设有活塞,由专人负责,防止混凝土倒流。

(7)沿拱肋由拱脚向拱顶走向应每隔 20 ~ 30m 设置一个排气孔,排气孔位置应避开锚箱及加强肋的位置。

(8)桁式钢管拱肋混凝土的浇筑顺序,一般为先注下管,后注上管或上、下管和相邻管的混凝土浇筑按一定程序交错进行或按设计要求进行。

(9)浇筑时环境气温宜大于5℃。当环境气温高于40℃且钢管温度高于60℃时,要采取撒水措施降低钢管温度。

(10)为保证浇筑混凝土的缓凝时间及和易性、密实性,通过试验确定可掺入外加剂和微膨胀剂以及粉煤灰。

(11)在一根拱肋混凝土压注完后,应立即转入同幅的另一根拱肋施工,两者灌注间隔时间不宜过长。

45. 钢管混凝土灌注完成后,可能会产生哪些质量缺陷?

答:钢管内的填心混凝土最常见质量缺陷有以下几种:

(1)由于灌注过程中排气不良或灌注间断而残留在混凝土内的空气造成混凝土内有空腔;

(2)由于混凝土水灰比过大、水泥用量过多、微膨胀量不足造成收缩缝隙;

(3)由于管内壁锈蚀造成混凝土与管壁黏结不良;

(4)由于配料不好、集料堆积或抛投灌注造成混凝土离析;

(5)由于泵压不足、灌注速度过快造成混凝土疏松不密实。

因此要求在顶升混凝土过程中做到统一指挥,严格控制,以防患于未然。对已造成质量缺陷的,找出部位,进行压浆处理。

46. 钢管拱防腐及检验有何要求?

答:以下为钢管拱肋防腐蚀涂层的工艺要求及检验要求。

(1)钢结构外表面应进行有效的磨料除锈,其等级达到现行国家标准《涂装前钢材表面锈蚀等级和除锈等级》(GB 8923)规定的Sa2.5以上,表面粗糙度Ra应达到25~60μm。

(2)涂装施工时,杆件和梁段表面不应有雨水和结露,相对温度不高于80%;环境温度对环氧漆类不得低于10℃,对水性无机富锌防锈底漆、聚氨酯漆和氟碳面漆不得低于5℃。在风沙天、雨天和雾天不应进行涂装施工,涂装后4h内应采取措施保护。

(3)底漆、中间漆涂层的最长暴露时间不宜超过7d,两道面漆的涂装间隔时间也不宜超过7d;若超过,应先采用细砂纸将涂层表面打磨成细微毛面,再涂装后一道面漆。喷铝应在表面清理后4h内完成,涂层间隔的时间要求符合现行国家标准《热喷涂金属件表面预处理通则》(GB/T 11373)的规定。

(4)涂层厚度结合力检查、中性盐雾试验和涂层密度试验,在涂层工艺试验中完成。其工艺细则应包括涂料配套、耐久性、施工工艺、质量保证体系、检验方法等内容。

(5)合金层和封闭层各层厚度允许偏差:85%的检测点的厚度应等于或大于规定值,15%的检测点的厚度应达到规定值的85%。

47. 钢管拱如何进行热喷铝防护?

答:虽然钢管拱桥的跨越能力大、造型好,但其造价高,特别是钢管拱的防腐养护较难。钢管和混凝土相结合而成拱肋,两者失去任何一方都会影响桥梁的寿命,所以钢管的防腐非常重要。

热喷铝防腐是钢管拱制作的最后一道工序。影响热喷铝质量的主要因素是环境的温度、材料及喷管气体压力等,虽然热喷铝并不直接影响到桥梁的使用安全,但却对桥梁的使用寿命影响很大。因此,对各个环节、各道工序都要严格要求。热喷铝分三个步骤完成。首先是喷砂,即用铜矿砂通过高压空气击打钢管表面,毛化净化管壁,增大喷铝层与管壁的附着力。在喷砂时空气压力要保证在0.5~0.6MPa,以保证毛化效果。在喷砂前对所交付供喷镀防腐用的钢管拱,应除净焊渣、焊流、毛刺;焊缝和棱角处应用电动砂轮打磨光滑,棱角处过渡圆弧的半径应不少于5mm。在喷砂毛化完成后,即可开始喷铝,然后刷环氧云铁封孔一层、氯化橡胶中间漆一层、聚氨酯面漆一层。在进行这三道工序时,工作必须要紧凑,下一道喷涂时必须要在上一道工序完成后,管壁温度仍高于环境温度时进行,以防涂层间可能形成水膜,影响涂层的黏结力。防腐层结构要求见表14-21。

防腐层结构要求 表14-21

<table>
<tr><td>表面处理</td><td colspan="6">采用喷砂、除锈至瑞典标准 SIS055900-88Sa3 级,毛糙度控制在 $R_2=80\mu m$ 左右</td></tr>
<tr><td>金属喷涂层</td><td colspan="6">材料:工业一级纯铝,纯度大于99.6%
厚度:200μm 连续喷三次</td></tr>
<tr><td rowspan="4">涂层结构</td><td>层数</td><td>涂料名称</td><td>颜 色</td><td>干膜厚度</td><td>涂装方法</td><td>涂装间隔</td></tr>
<tr><td>一</td><td>842 环氧云铁封孔</td><td>浅灰</td><td>20μm</td><td>刷</td><td>>24h</td></tr>
<tr><td>二</td><td>氯化橡胶中间漆</td><td>天蓝</td><td>20μm</td><td>刷</td><td>>24h</td></tr>
<tr><td>三</td><td>聚氨酯面漆</td><td>绿色</td><td>50μm</td><td>刷</td><td>>24h</td></tr>
</table>

48. 喷砂及喷铝防腐应注意哪些事项?

答:(1)喷砂防腐应注意以下事项。

①压缩空气必须经过空气滤清器,将其中的水、油污等杂质除清。

②喷砂嘴宜采用陶瓷嘴,喷嘴最佳口径为7~9mm,使用磨损后最大口径不得超过14mm。

③喷枪左右上下移动要均匀,要彻底除掉锈物和杂物。

④喷嘴距工件表面距离为150~250mm,其工作角度以85°左右为宜。

⑤用压缩空气吹净工件表面的石英砂和粉尘,清扫后表面不得用手触摸。

(2)喷铝防腐应注意以下事项。

①喷枪使用前应检查其气密性,使用时应调整好各种参数,火焰呈中性,并严防回火。

②喷射角以90°为好,喷距为电喷枪180~200mm,气喷枪125~150mm左右,喷枪移动速度应缓慢和均匀,火花集中,以保证喷镀层细密均匀。

③在开头枪时,喷枪口不宜对着工作件,因开头枪中有粗粒喷出,在正常喷镀中如遇火焰突然熄灭,应立即将喷枪离开工件,否则冷空气会击碎镀层。

④喷镀时如中途因转动机械万一停止,须立即将喷枪移开,否则镀层局部迅速堆厚,产生高温,导致碎裂。

⑤工件表面处理好后绝对保持清洁,不可用手指接触,防止油渍或水分污染,最好在4h内喷射,以防时间过久发生氧化。

49.如何进行喷铝检验?

答:喷铝检验时应满足以下要求:

(1)宏观检查时,用肉眼观察喷镀层,其应细密均匀、无空洞、气泡、裂纹、漏喷及其他杂物,不平整或较薄的地方应补喷。

(2)用小铁锤敲击镀层,从声音中鉴别有无脱壳的地方,必要时,可用刀铲刮,看看金属层结合的牢固程度。

(3)用磁性测厚仪检查喷镀的厚度。在任一单位面积上取16个测点,测点可连续3次取平均值,要求至少有90%以上的值达到设计值,最小值不得小于设计值的90%,否则要补喷或重喷。

50.喷铝后的封闭涂料施工有哪些要求?

答:在喷铝层外面加涂料封闭层,不但能弥补喷镀层空隙率大的缺点,充分发挥喷铝层的防腐作用,而且涂料本身也具有保护作用,由于喷铝层给涂料提供了极理想的基体,所以联合保护的效果不单纯是二者代数的叠加。在施工时应注意湿度和温度,相对湿度大于85%,结构表面有结露时不允许施工,环境温度宜在5~35℃之间;涂料的质量必须符合紧密不透水、不粉化龟裂、耐磨及防锈性能，附着力、黏结力良好的要求和不含侵蚀钢料的化学成分。从外观看不允许有如针孔、流挂、漏涂等漆病的发生。最后用磁性测厚仪检查涂层干膜的厚度。

当天使用的涂料应在当天配置，并不得随意添加稀释剂；如按规定层数达不到最小干膜总厚度时，应增加涂装层数使其达到规定厚度，同时必须等下一层漆干后，方可涂次一层漆。涂装后4h内不得雨淋。当大风、雨天、浓雾及气温在5℃以下或35℃以上、相对湿度在80%以上时，应采取保证涂漆质量的措施，不宜在强烈阳光下施工。

51. 在吊杆施工中应注意哪些事项？

答：吊杆及锚具由厂家制作。吊杆运到工地由人工进行安装，安装后即进行初张拉，吊杆分三次张拉，第一次张拉从拱脚往中间对称张拉，第二次张拉从中间往拱脚进行，第三次从 $L/4$ 处向两头交替进行张拉。张拉既可在拱肋上也可在系杆底。在吊杆施工中应注意以下问题。

(1)吊杆生产准备。提前联系好厂家，做好产品试验工作，选定好吊杆颜色，一旦知道吊杆的长度，立即就能生产。

(2)吊杆的下料长度要在拱肋施工完毕后实测而定。

下料长度 = 拱肋锚垫板顶面高程 − 系杆锚垫板底面高程 −
吊杆的恒载弹性伸长量 + 锚头长度 + 预留长度

(3)要对锚头的可靠性严格把关，对锚箱及端头做好防腐措施。

(4)桥面板铺装完成后，对吊杆内力进行测定，根据设计要求调整吊杆内力，使吊杆内力在允许范围内。一般情况下内力调整范围不超过5%，个别吊杆可放宽至10%。

52. 在拱肋及系杆安装中如何控制全桥的横向稳定性？

答：在系杆和拱肋安装完毕后的施工中，要随时注意维护已完成结构的稳定性，特别是横向稳定性，因为随着施工荷载的不断增加，对结构的总体稳定要求也就相应提高。如果仅有临时横向缆风绳，不够安全，为此应设法提高结构自身的稳定性。系杆拱的横向稳定理论说明，对横向稳定有利的主要因素是主拱肋间的横撑。为了发挥这个因素作用，就应科学地安排后序施工顺序，使设计中对横向稳定有利的杆件优先安装或浇筑，以尽早发挥作用。例如：要先安装肋间横撑，浇筑部分中横梁后，再考虑预应力束的张拉，根据工程要求，若需提前张拉系杆，可在系杆间设置临时横撑，临时横撑数量必须依桥长而定。总之，要均能起到增强横向稳定的作用,保证结构横向稳定性的提高速度超过施工荷载的增加速度。

53. 中、下承式拱桥吊杆安装质量检测标准是如何规定的?

答:(1)外观鉴定要求:

①吊杆安装须顺直、无扭转,吊点位置、长度要准确;

②拱系弧线顺畅,各部件防护符合设计要求,防护层完整,无破损,表面防护漆喷涂均匀致密,不起鼓,不起皮,色泽光洁一致。

(2)质量检测标准见表14-22所列。

中、下承式拱桥吊杆安装质量检测标准　　表14-22

检测项目		规定值或允许偏差
吊杆的拉力(kN)		符合设计要求
吊索(杆)长度(mm)		±L/1000及±10
吊杆位置(mm)		10
吊点高程(mm)	高程	±10
	两侧高差	20
吊杆锚固处防护		符合设计要求

注:L为吊索(杆)长度。

五、装配式桁架拱和刚构拱

54. 采用无支架安装时应注意哪些事项?

答:(1)采用塔架斜缆安装法分段安装时,联结斜缆时不能左右偏位,以保证桁架拱片吊装时的竖直。

(2)在成拱过程中应及时安装横向联结系和横向临时稳定风缆等。第一片的临时固定,拱脚端可用斜木撑固定,斜撑系支撑于墩台上,跨中端则用风缆固定。其余各片用横撑固定,横撑可采用木夹板的形式,如图14-24。木夹板除了在上弦杆之间布置外,下弦杆之间也应适当的设置几道。

(3)拱片分杆件安装时,宜先安装下弦杆构件并先使拱肋合龙后在其上安装三角形构件的方法进行安装。在安装过程中,先利用专门的夹子暂时将各结点处的预留接头钢筋夹住,使三角形构件均竖立于拱肋上,待全跨的三角形构件位置校正准确后，再将接头钢筋接牢，取去夹子，浇筑各处的接头混凝土。

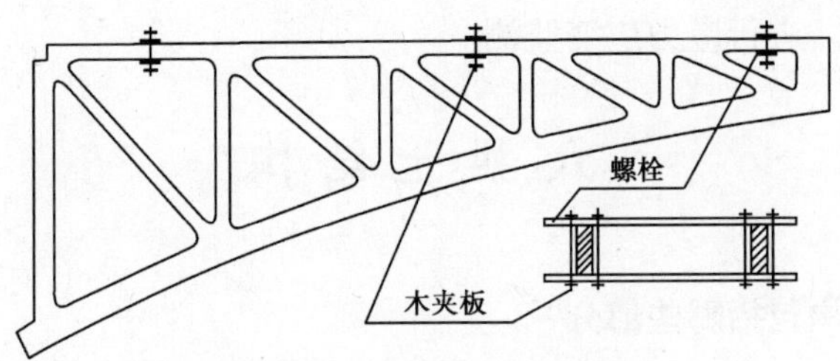

图 14-24　桁架拱片间的木夹板固定

如桁架拱片的竖杆内布置有预应力筋，则可在安装时利用此竖筋使每个三角形构件竖立于拱肋上。为此三角形构件下顶点与下弦杆顶面之间需设置水平的拼接面。待三角形构件均安上后，再进行相邻三角形构件之间的连接，即上弦结点的联结。

(4)拱片采用悬臂拼装方案时的要求：

①块件安装前，应对起吊设备进行全面的安全技术检查，并按设计荷载的60%、100%和130%分别进行试吊；

②多孔桁架拱桥桥墩两侧块件宜对称起吊、安装，以保证桥墩两侧平衡受力；

(5)各块件间的接缝应按设计办理。

(6)采用胶接缝拼装的拱段，涂胶前应就位试拼。

(7)张拉预应力筋必须在相邻两段拱片吊装好并横向联系牢固，形成较稳定的框架之后进行，防止单片拱张拉时发生横向失稳。

(8)安装的接头类型应符合设计规定，大跨径桁式组合拱的拱顶接头施工时应注意的事项：

①两岸合龙段构件吊装就位，在封顶前，应对拱顶接头施加预压力调整应力，然后浇筑拱顶湿接头混凝土，待接头混凝土达到规定强度后，方可松索合龙；

②湿接头混凝土宜采用较构件混凝土强度高一级的早强混凝土。

(9)每片拱肋安装时均设置八字抗风稳定，待另一片桁片落位并用八字抗风固定后，紧接头安装横向剪刀撑或横向联系，并焊接联结钢筋，将左右两片桁片连为整体，再安装第二段桁片。

(10)实腹段合龙后，浇筑纵、横向湿接头。待湿接头强度达到设计强度的

85%后,再松掉各桁片八字抗风。

(11)为了了解各阶段杆件受力状况及验证设计计算的准确度,应于控制切面预埋电测元件,进行应力应变监测。

六、拱 上 结 构

55. 拱上结构包括哪些部分?

答:主拱圈拱背以上的结构物称为拱上结构,它主要包括横墙座、横墙、横墙帽或立柱座、立柱、盖梁、腹拱圈或梁(板)、侧墙、拱上结构伸缩缝及变形缝、护拱、拱上防水层、拱腔填料、泄水管、桥面铺装、栏杆系等结构。

跨径小于16m的拱桥多为实腹拱,跨径大于16m以上的拱桥均为空腹拱,空腹拱的形式一般以横墙腹拱和立柱梁(板)为主。

56. 拱上结构施工应注意哪些事项?

答:(1)拱上结构的立柱、横墙的基座,在施工前对其位置和高程复测检查,如超过允许偏差应予以调整。基座与主拱的联结应牢固。

(2)大跨径拱桥的拱上结构,应严格按照设计加载程序进行,使施工过程中的拱轴线与设计拱轴线尽量吻合,如有拱架应先卸除。

(3)在支架上浇筑的上承式拱桥,其拱上结构混凝土浇筑应在拱圈及间隔槽混凝土浇筑完成,且封拱间隔槽混凝土强度达到设计要求强度以后进行;如设计无规定,可按达到混凝土设计强度的30%以上控制。如封拱前需在拱顶施工预压力,应达到设计强度的85%以上。在支架上浇筑的下承式或中承式拱桥,其悬吊桥面系混凝土应在拱架松落后进行浇筑,其吊杆混凝土应在桥面系完成后对称地浇筑。

(4)在支架上浇筑的拱桥,应符合下列规定:

①立柱底座应与拱圈(拱肋)同时浇筑,立柱上端施工缝应设在横梁承托底面上;

②桥面系的梁与板应尽量同时浇筑;

③两相邻伸缩缝间的桥面板应一次浇筑完成。

(5)中、小跨径装配式拱桥的拱上结构施工,应待主拱圈混凝土和砂浆强度达到设计强度的85%以上,少支架施工的应先卸除支架,一般可由拱脚至拱顶对称进行。

(6)拱上腹拱圈施工时,应注意腹拱圈所产生的推力对立柱或横墙的影响,相邻腹板的施工进度应同步。

57. 伸缩缝及变形缝施工应注意哪些事项?

答:(1)伸缩缝缝宽为1.5~2.0cm,要求笔直,两侧对应贯通。若为圬工砌体,缝壁要清凿到粗料石规格,外露照口要挂线砌筑;若为现浇混凝土侧墙,须预先安设塑料泡沫板,将侧墙与墩台分开,缝内采用锯末沥青,按1:1(质量比)配合制成填料填塞。

(2)变形缝不留缝宽,设缝处可以干砌或用低强度等级砂浆砌筑,现浇混凝土时用油毛毡隔断,以适应主拱圈变形。

(3)当护拱、缘石、人行道、栏杆和混凝土桥面跨越伸缩缝或变形缝时,在相应位置须设置贯通桥面的伸缩缝或变形缝(栏杆扶手一端做成活动的)。

(4)实腹无铰拱在拱脚背上方设置伸缩缝与拱上侧墙分开,实腹式有铰拱应在两端拱脚上方设伸缩缝,在拱顶铰上方设变形缝,预留缝要贯通侧墙全高。

(5)当空腹采用腹拱时,紧靠墩台的第一孔腹拱应做成二铰拱,并在靠近桥台的拱脚背上设一条伸缩缝与墩、台分开,其他铰上方应设变形缝。

58. 拱背防水有哪些方法? 如何施工?

答:拱背防水的种类及施工方法有以下几种。

(1)石灰土防水层

对于小跨径拱桥可采用石灰土防水层。采用Ⅲ级以上充分消解后过筛的石灰1份与7份黏性指数小于10的细粒土拌匀加水储存3~5d后,待混合料经手捏紧成团,落地即散时,运到拱背松铺13cm厚,人工仔细击打密实、平整,成型后覆盖养护,防止日晒雨淋,几天后经检查无裂缝时,及时铺填拱腔填料。

(2)砂浆或小石子混凝土防水层

对于具有腹拱的拱腔防水可采用砂浆或小石子混凝土防水层。待腹拱腔用5号砂浆砌片石填平后,用1:3水泥砂浆抹一层2~3cm厚防水层,砂浆收浆前用木抹子仔细搓揉一遍,终凝后及时洒水养护。

小石子混凝土防水层的做法同砂浆防水层,只不过要用1.0cm以下的石屑配制成15号混凝土,浇筑4~5cm厚,收浆前用铁抹子仔细搓揉抹光,终凝后及时洒水养护 3d 后,方能填筑拱腔填料。

(3)沥青毡防水层

大型拱桥一般设沥青毡防水层,其做法常为三油两毡或二油一毡。

沥青采用石油沥青或煤沥青,质量应符合道路沥青 200 标准。毡可采用土工布、玻璃丝布、油毛毡等。

铺设防水层前,应用水泥砂浆将拱腔找平,待水泥砂浆凝固后,将灰尘、杂物清扫干净后,喷洒透层油。熬制沥青温度达100~120℃时,出锅涂刷均匀,做到边涂边铺设毡层。毡层从低处向高处循环铺设。注意毡层要层间紧贴密实,不得起鼓、打皱,接缝搭接不少于 10cm,铺筑环境温度不低于 10℃,否则构造物应采取加温措施。

59. 防水层过缝如何进行处理?

答:防水层过缝可按以下方法进行处理。

(1)当防水层经过拱上结构物伸缩缝或变形缝时,要做特殊处理。

第一种方法采用"U"形防腐白铁皮过缝。

第二种方法采用"U"形防水土工布过缝。

第三种方法采用橡胶止水带过缝。

(2)在泄水管处的防水层,要紧贴泄水管漏斗之下铺设,防止漏水。

(3)在拱腔填料填充前,要在防水层上填筑一层砂性细粒土,以保证防水层完好。

第十五章 钢　　桥

一、钢 桥 制 造

1. 钢桥制造的主要内容及其要求有哪些?

答:钢桥制造适宜于工厂生产,在制造前,厂家应对设计图进行工艺性审查,且应绘制加工图,编制制造工艺;生产时严格按加工图及制造工艺进行。其主要加工内容及要求如下:

1)原材料

(1)制造钢桥所用材料的品种、规格、性能等应符合设计文件的要求和现行国家产品标准的规定。材料除应有生产厂家的质量证明书外,还应按相关标准进行抽样复验,复验合格后方可使用。

(2)钢材应按同一厂家、同一材质、同一板厚、同一出厂状态,每 10 个炉(批)号抽检一组试件。若订货为探伤钢板,还应抽取每种板厚的 10%(至少 1 块)进行超声波探伤。对检验不合格的钢材不得使用。

当钢材表面有锈蚀、麻点或划痕等缺陷时,其深度不得大于该钢材厚度允许偏差值的 1/2。钢材表面的锈蚀等级应符合现行国家标准《涂装前钢材表面锈蚀等级和除锈等级》(GB 8923)规定的 C 级及其以上。钢材端边或断口处不应有分层、夹渣等缺陷。

(3)焊接材料应符合现行国家和行业相关标准的规定;焊接材料的管理应符合现行行业标准《焊接材料质量管理规程》(JB/T 3223)的规定;圆柱头焊钉、焊接瓷环材料的质量及检验应符合现行国家标准《电弧螺柱焊用圆柱头焊钉》(GB/T 10433)的规定。

(4)涂装材料应符合现行国家和行业相关标准的规定。

(5)高强度螺栓连接副材料的质量及检验,应符合现行国家标准《钢结构用高强度大六角头螺栓》(GB/T 1228)、《钢结构用高强度大六角螺母》(GB/T

1229)、《钢结构用高强度垫圈》(GB/T 1230)、《钢结构用高强度大六角头螺栓、大六角螺母、垫圈技术条件》(GB/T 1231)、《钢结构用扭剪型高强度螺栓连接副》(GB/T 3632)的规定。

高强度螺栓连接副进场后,按包装箱上的批号、规格分类保管,不得混淆;在室内应架空存放,并应采取措施防止受潮生锈。

2)零件制造

(1)作样和号料

①作样和号料应根据加工图和工艺文件进行,应预留制作和安装时的焊接收缩余量及切割、刨边和铣平等加工余量。

②对形状复杂、在图中不易确定尺寸的零件,应通过放样校对或利用计算机作图校对后确定。

③样板(样条)制作允许偏差应符合表15-1的规定。

样板(样条)制作允许偏差 表15-1

项　　目	允许偏差(mm)	项　　目	允许偏差(mm)
两相邻孔中心线距离	±0.5	宽度、长度	+0.5,-1.0
对角线、两极边孔中心距离	±1.0	曲线样板上任意点偏离	1.0
孔中心与孔群中心线的横向距离	0.5		

④号料应严格按配料单指定的钢料材质、规格进行;当钢料不平直或有锈蚀、油漆等污物时,应矫正清理后再号料。号料外形尺寸的允许偏差应为±1mm。

(2)切割与剪切

①钢板在下料前应进行辊平、抛丸除锈、除尘及涂防锈底漆等处理。主要受力零件下料时,应使钢板的轧制方向与其主要应力方向一致。

②切割前应将料面的浮锈、污物清除干净。钢料应放平、垫稳,割缝下面应留有空隙。切割工艺应根据其评定试验结果编制,切割表面不应产生裂纹。

③零件宜采用精密(数控、自动、半自动)切割下料,在数控切割下料编程时除应考虑焊接收缩量之外,尚应考虑切割热变形的影响;剪切仅适用于次要零件或剪切后仍需加工的零件;手工气割仅适用于工艺特定的或切割后仍需加工的零件。

④采用剪切工艺时,钢板厚度不宜大于12mm,剪切边缘应平整,无毛刺、反口、缺肉等缺陷。剪切的尺寸允许偏差应为±2mm,边缘缺棱应不大于1mm,型钢

端部垂直度应不大于2mm。采用手工气割时，其尺寸的允许偏差应为±2mm。

⑤精密切割边缘表面质量应符合表15-2的规定，切割面硬度应不超过HV350；剪切和手工气割后不再进行机加工的切割边缘表面质量应符合表15-3的规定。

精密切割边缘表面质量标准 表15-2

项　目	用于主要零件	用于次要零件	备　注
表面粗糙度(μm)	25	50	按GB/T 1031用样板检测
崩坑	不允许	1m长度内允许有1处1mm	深度小于2mm时，可磨修匀顺；当深度超过2mm时，应先补焊，然后磨修匀顺
塌角(mm)	圆角半径≤0.5		—
切割面垂直度(mm)	≤0.05t，且不大于2.0		t为钢板厚度

剪切和手工气割边缘表面质量标准 表15-3

项　目	构件分类	允许偏差(mm)	备　注
自由边缘	主要构件	0.2	—
	次要构件	0.5	—
焊接边缘	主要构件	0.3	接头有顶紧要求时除外
	次要构件	0.6	

(3)矫正和弯曲

①零件矫正前，剪切的反口应修平，切割的挂渣应铲净。

②零件矫正宜采用冷矫，冷矫时的环境温度不宜低于-12℃。矫正后的零件表面不应有明显的凹痕或损伤。

③主要受力零件冷作弯曲时，环境温度不宜低于-5℃，内侧弯曲半径不得小于板厚的15倍，小于者应热煨，热煨的加温温度、高温停留时间、冷却速率应与所加工钢材的性能相适应。冷作弯曲后的零件边缘不得产生裂纹。

④采用热矫时，温度应控制在600～800℃。矫正后零件温度应缓慢冷却，降至室温以前，不得锤击钢料或用水急冷。

⑤零件矫正允许偏差应符合表15-4的规定。U形肋可采用辊轧或弯曲成型，其尺寸允许偏差应符合表15-5的规定。

零件矫正允许偏差 表 15-4

零件	检查项目	简图(mm)	允许偏差(mm)	备注
板件	平面度	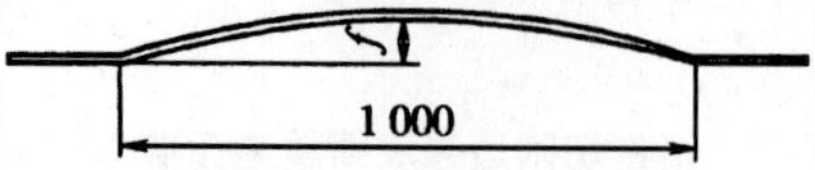 1 000	f≤1.0	每米范围
	直线度	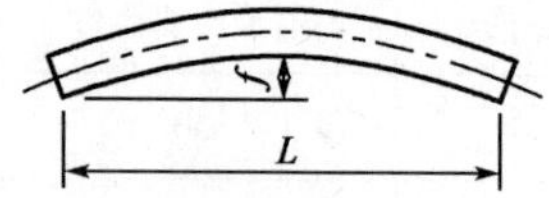 L	L≤8 000,f≤2.0	全长范围
			L>8 000,f≤3.0	全长范围
型钢件	直线度	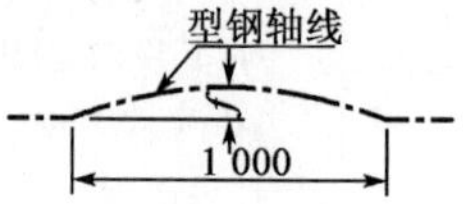 型钢轴线 1 000	f≤0.5	每米范围
	角钢肢垂直度	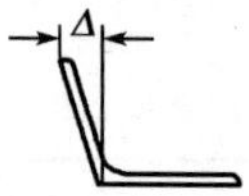 Δ	Δ≤0.5*	联结部位
			Δ≤1.0	其余部位
	角肢平面度	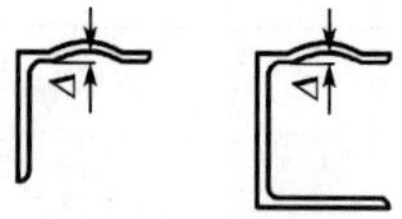 Δ	Δ≤0.5	联结部位
			Δ≤1.0	其余部位
	工字钢、槽钢腹板平面度	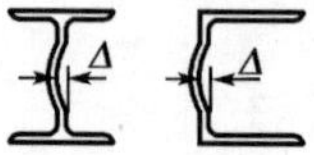 Δ	Δ≤0.5	联结部位
			Δ≤1.0	其余部位
	工字钢、槽钢翼缘垂直度	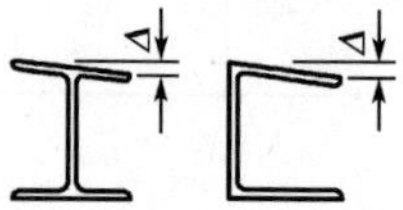 Δ	Δ≤0.5	联结部位
			Δ≤1.0	其余部位

注*:用角式样板卡样时,角度不得大于90°

U形肋尺寸允许偏差 表 15-5

检查项目	简图	允许偏差(mm)
开口宽 B	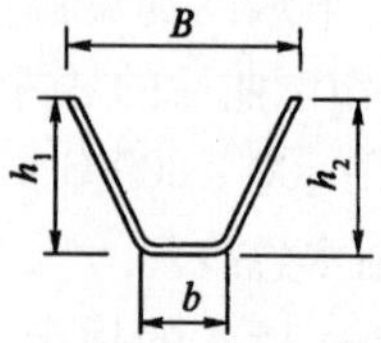 B, b, h_1, h_2	+3,-1
顶宽 b		±1.5
肢高 h_1、h_2		±2
两肢差 $\lvert h_1-h_2\rvert$		不大于2
直线度(旁弯、竖弯)f		f≤L/1 000 或 10,取较小值

注:L为U形肋长度。

(4)零件机加工

①零件边缘的加工深度不应小于 3mm，当边缘硬度不超过 HV350 时，加工深度不受此限；加工面的表面粗糙度 *Ra* 不得低于 25μm；顶紧加工面与板面垂直度偏差应小于 0.01 倍板厚，且不得大于 0.3mm。

②零件应根据预留加工量及平直度要求，两边均匀加工，并应磨去边缘的飞刺、挂渣，使端面光滑匀顺。

③零件尺寸允许偏差应符合表 15-6 ~ 表 15-8 的规定。

板梁、桁梁零件加工尺寸允许偏差 表 15-6

名 称	项 目		允许偏差(mm)
板梁主梁，桁梁的弦、斜、竖杆，纵梁，横梁，联结系杆件	盖板宽度	工形	±2.0
		箱形	+2.0 -0
	腹板宽度		根据盖板厚度及焊接收缩量确定
节点板，拼接板	孔边距		±2.0
座板	长度、宽度	嵌入式	±1.0
		其他	±2.0
拼接板	宽度		±2.0
支承节点板、拼接板、角钢	支承边孔边距		+0.5 +0.3
焊接接头板	孔至焊接边距离		根据焊接收缩量确定
箱形杆件内隔板	宽度	≤1 000	+0.5 +0.3
		>1 000	+1.0 -1.0
	高度		+0 -1.0
	板边垂直度	隔板尺寸≤1 000	不大于 0.5
		隔板尺寸>1 000	不大于 1.0

续上表

名　称		项　目	允许偏差(mm)
桥面板块	桥面板	长度、宽度	±2.0
	横梁腹板 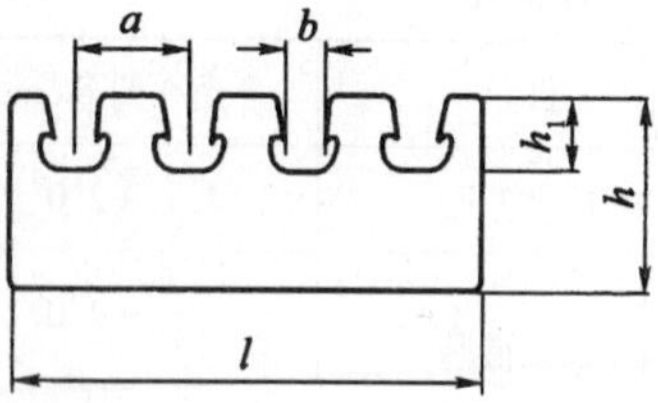	a	±2.0 (任意两槽口间距) ±1.0 (相邻两槽口间距)
		b	+2.0 −0
		开口深度 h_1	±2.0
		高度 h	+1.5 −0
		长度 l	焊接：+0 −2.0； 栓接：±5.0

一般箱形梁零件加工尺寸允许偏差　　表 15-7

名　称		允许偏差(mm)	图　例
盖板	长度	按工艺文件	—
	宽度	+2.0 −0	
腹板	长度	按工艺文件	
	宽度	根据盖板厚度 及焊接收缩量确定	
隔板	宽度 b	+1.5 −0	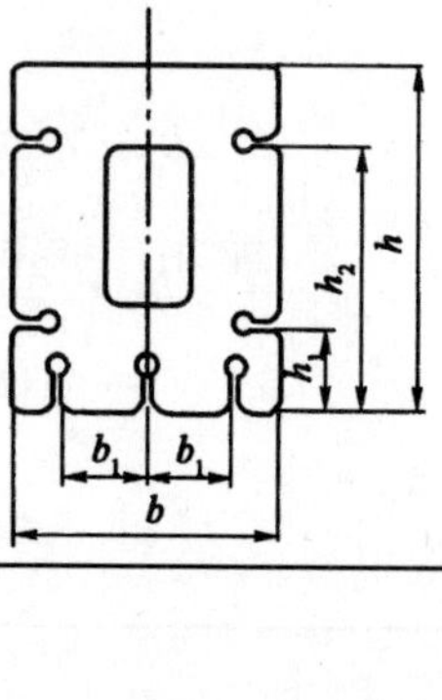
	高度 h	+2.0 −0	
	缺口定位尺寸 b_1、h_1、h_2	±1.0	
	垂直度	≤1.0	

大型箱形梁零件加工尺寸允许偏差　　表 15-8

名　称		允许偏差(mm)		备　注
		长度	宽度	
顶板、底板、腹板		±2.0	±2.0	长度留二次切头量的正差可放宽
锚箱板件		±2.0	±2.0	—
横隔板	整体	±1.0	±1.0	—
	分块	±2.0	±2.0	搭接的横隔板边坡
纵隔板	板件	±2.0	±1.0	—
	钢管	±3.0	—	—
横、纵隔板接板		±2.0	±2.0	与横、纵隔板搭接
		±2.0	±1.0	与横、纵隔板对接
风嘴板件		±2.0	±2.0	长度留二次切头量时,正差可放宽
中央扣杆件	翼板	±2.0	±2.0	长度留二次切头量时,正差可放宽;腹板宽度应根据翼板厚度配刨
	腹板	±2.0	±1.0	
其他板件		±2.0	±2.0	—
U 形肋		±2.0	±3.0	—
球扁钢		±2.0	—	—
锚管		±3.0	—	—
检查车轨道	工字钢	±2.0	—	—
	方钢	±1.0	±1.0	—
其他型钢		±3.0	—	端面垂直度不大于 2.0mm

(5)制孔

①螺栓孔应钻制成正圆柱形,孔壁表面粗糙度 *Ra* 不应大于 25μm,孔缘应无损伤和不平,且无刺屑。螺栓孔不得采用冲孔、气割孔。

②螺栓孔的孔径允许偏差应符合表 15-9 的规定;孔距允许偏差应符合表 15-10 的规定,有特殊要求的孔距偏差应符合设计文件的规定。

螺栓孔孔径加工允许偏差 表 15-9

螺栓直径	螺栓孔径(mm)	允许偏差(mm)	
		孔径	孔壁垂直度
M12	14	+0.5 -0	板厚 $t \leqslant 30$mm 时,不大于 0.3; 板厚 $t > 30$mm 时,不大于 0.5
M16	18	+0.5 -0	
M20	22	+0.7 -0	
M22	24	+0.7 -0	
M24	26	+0.7 -0	
M27	29	+0.7 -0	
M30	33	+0.7 -0	
>M30	>33	+1.0 -0	

螺栓孔距允许偏差 表 15-10

项目		允许偏差(mm)		
		主要杆件		次要杆件
		桁梁杆件	板梁杆件	
两相邻孔距		±0.4	±0.4	±0.4(±1.0)②
多组孔群两相邻孔群中心距		±0.8	±1.5	±1.0(±1.5)②
两端孔群中心距	$l \leqslant 11$m	±0.8	±4.0①	±1.5
	$l > 11$m	±1.0	±8.0①	±2.0
孔群中心线与杆件中心线的横向偏移	腹板不拼接	2.0	2.0	2.0
	腹板拼接	1.0	1.0	—
杆件任意两面孔群纵、横向错位		1.0	—	—

注:①连接支座的孔群中心距允许偏差。

②括号内数值为附属结构的允许偏差

3)部件组装

(1)组装前,应熟悉图纸和工艺文件,并应按图纸核对零件编号、外形尺寸和坡口方向,确认无误后方可组装。

(2)对采用埋弧焊、CO_2气体保护焊及低氢型焊条手工焊等方法焊接的接头,在组装前应将待焊区域的铁锈、氧化皮、污垢、水分等有害物清除干净,使其表面露出金属光泽。清除范围应符合图15-1的规定。

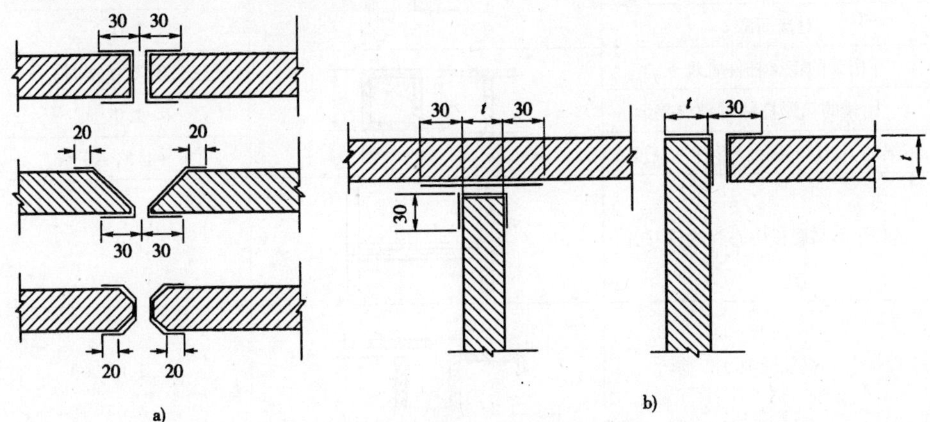

图15-1　清除范围(尺寸单位:mm)

a)对接接头;b)T形接头

(3)所有板单元和杆件应在胎架上进行组装,每次组装前均应对胎架进行检查,确认合格后方可组装。组装时应将相邻焊缝错开,错开的最小距离应符合图15-2的规定。

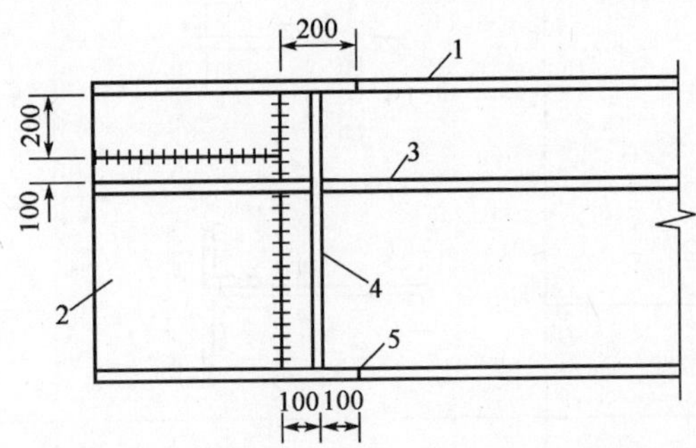

图15-2　焊缝错开的最小距离(尺寸单位:mm)

1-盖板;2-腹板;3-板梁水平肋或箱形梁纵肋;4-板梁竖肋或箱形梁横肋;5-盖板对接焊缝

(4)采用先孔法的杆件,组装时必须以孔定位;采用胎型组装时,每一孔群应打入的定位冲钉不得少于2个,冲钉直径不应小于设计孔径0.1mm。

(5)板单元、杆件和箱形梁的组装尺寸允许偏差应分别符合表15-11、表15-12和表15-13的规定。

板梁、桁梁杆件组装尺寸允许偏差 表 15-11

项目		简图	允许偏差(mm)
对接高低差 Δ	$t \geqslant 25$mm	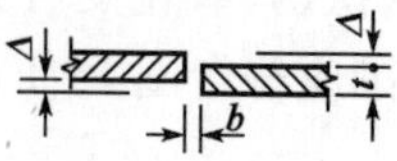	1.0
	$t < 25$mm		0.5
对接间隙 b			1.0
桁梁的箱梁杆件宽度 b		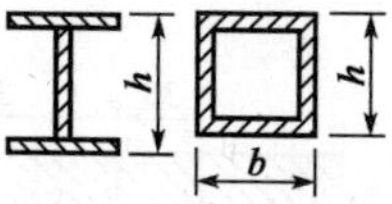	±1.0(有拼接时)
桁梁的箱形杆件对角线差			2.0
桁梁的 H 形杆件和箱形杆件高度 h			+1.5, -0
盖板中心与腹板中心线的偏移 Δ		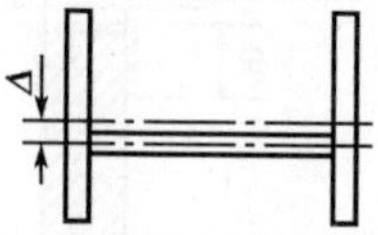	1.0
组装间隙 Δ			1.0
纵横梁高度 h		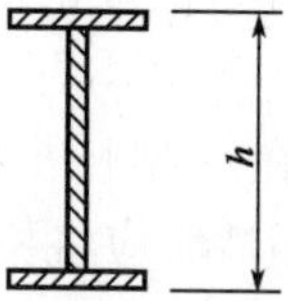	+1.5, -0
板梁高度 h	$h \leqslant 2$m		+2.0, -0
	$h > 2$m		+4.0, -0
盖板倾斜 Δ		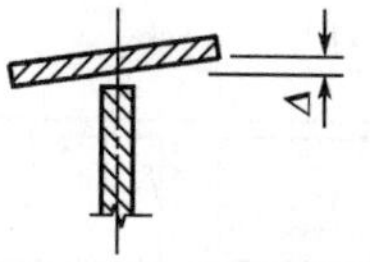	0.5
组合角钢肢高低差 Δ	接合处	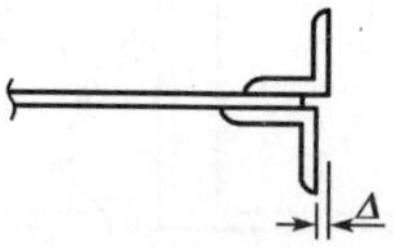	0.5
	其余处		1.0
板梁,纵、横梁加劲肋间距 s	有横向联结	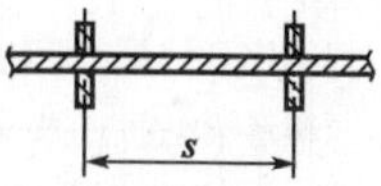	±1.0
	无横向联结		±3.0
板梁腹板,纵、横梁腹板的局部平面度 Δ		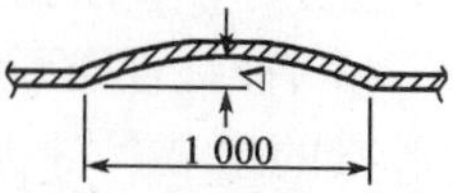 1 000	1.0
局部缝隙		磨光顶紧	不大于 0.2

一般箱形梁组装尺寸允许偏差 表 15-12

项　　目		简　　图	允许偏差(mm)
箱形梁盖板、腹板的纵肋、横肋间距 s			±1.0
箱形梁隔板间距 s			±3.0
箱形梁宽度 b			±2.0
箱形梁高度 h	$h \leqslant 2\text{m}$		±2.0，-0
	$h > 2\text{m}$		±4.0，-0
箱形梁横断面对角线差 $\|l_1 - l_2\|$			3.0
箱形梁旁弯 f			5.0

大型钢箱梁板单元和杆件组装尺寸允许偏差 表 15-13

名称	项　　目		简　　图	允许偏差(mm)
顶板底板	长度、宽度(mm)			±2.0
	平面度(mm)	横向(S_1 为纵肋间距)		$S_1/300$
		纵向(S_2 为横隔板间距)		$S_2/300$
	U 形肋与顶、底板组装间隙 a(mm)			不大于 0.5，局部允许 1.0
	横隔板接板间距 S(mm)			±2
	U 形肋中心距 S(mm)	端部及横隔板处		±1.0
		其他部位		±2.0
腹板	长度 L、宽度 B(mm)			±2.0
	平面度 f(mm)	横向		不大于 2
		纵向		小于 4/4.0m
	加劲肋与腹板组装间隙 a(mm)			不大于 1.0
	加劲肋中心距 S(mm)	端部及横隔板处		±1.0
		其他部位		±2.0

续上表

名称	项　　目	简　　图	允许偏差(mm)
斜拉桥锚箱	锚板组装位置 L_1、L_2(mm)	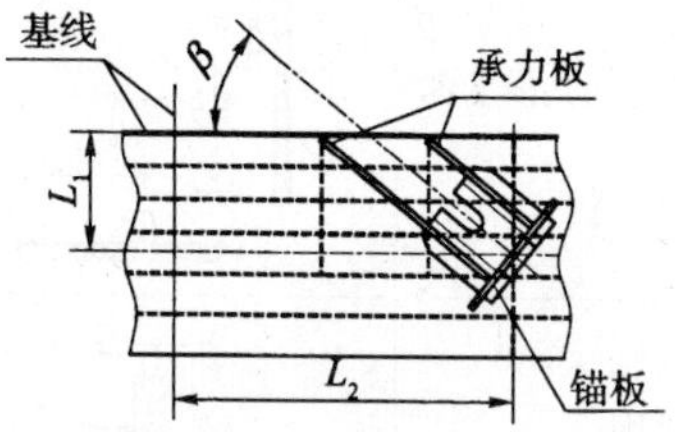基线 β 承力板 L_1 L_2 锚板	±0.75
	承力板组装角度 β(°)		±0.10
	锚板组装角度(90° − β)(°)		±0.10
	承力板与锚板组装间隙(mm)		小于0.2
中央扣	斜、竖杆高度 H (mm)	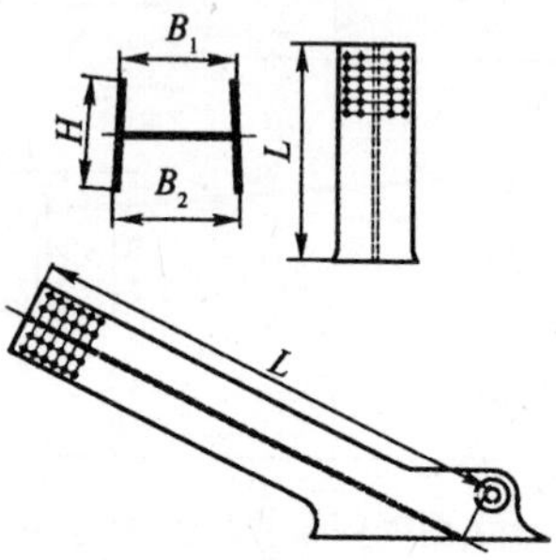B_1 H B_2 L L	±2
	斜、竖杆宽度 B_1、B_2 (mm)		±2
	斜、竖杆长度 L (mm)		±2
横隔板	横隔板及其接板长度 L、宽度 H (mm)	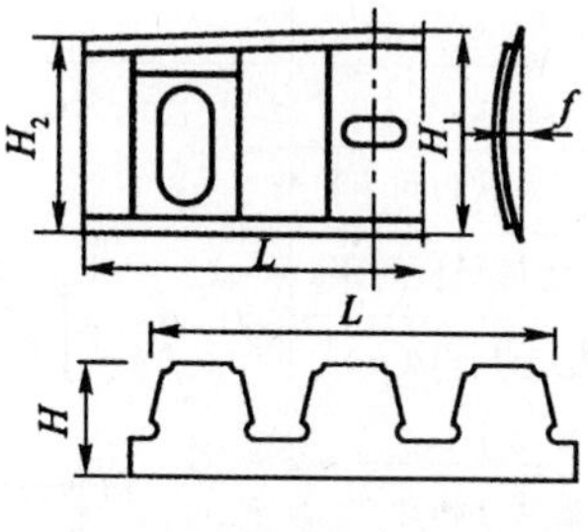H_2 H f L L H	±2
	横隔板及其接板平面度 f (mm)		小于 $H/250$,5;取较小者
	横隔板接板垂直度 (mm)		±2
纵隔板	纵隔板及其接板长度、宽度 (mm)	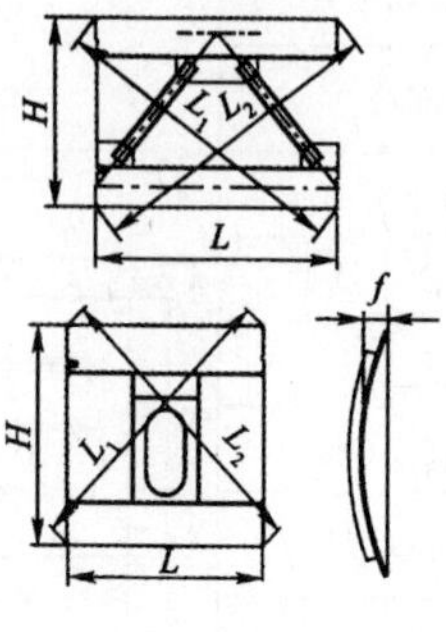H L_1 L_2 L f H L_1 L_2 L	±2
	纵隔板对角线差 $\|L_1 - L_2\|$ (mm)		±4
	纵隔板接板平面度 f (mm)		±2
	纵隔板接板垂直度 (mm)		±2

续上表

名称	项目		简图	允许偏差(mm)
风嘴	长度 L、宽度 B(mm)		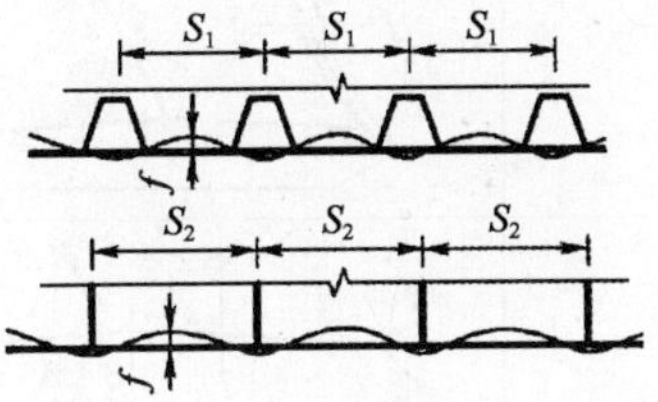	±2
	顶板、导风板平面度 f(mm)	横向		$S_1/250$
		纵向		$S_2/500$
	纵肋垂直度 α(°)		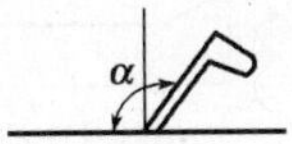	±1

(6)大型钢箱梁的梁段应在胎架上组装,胎架应具有足够的刚度和几何尺寸精度,且在横向应预设上拱度,组装前应按工艺文件要求检测胎架的几何尺寸。梁段宜采用连续匹配组装的工艺,每次组装的梁段数量不应少于3段。在组装过程中应避开日照的影响,采用全站仪监控测量主要定位尺寸。梁段组装尺寸允许偏差应符合表15-14的规定。

大型钢箱梁梁段组装尺寸允许偏差 表15-14

项目		简图	允许偏差(mm)	备注
板单元拼接对接板错边 Δ		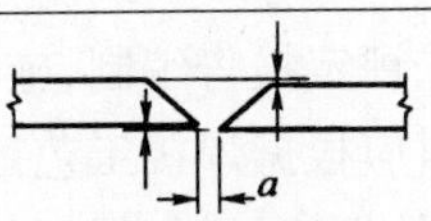	≤0.5	板厚 $t\leq25$mm
			≤1.0	板厚 $t>25$mm
对接板间隙 a			±2	
平底板与斜底板对接错边量 Δ		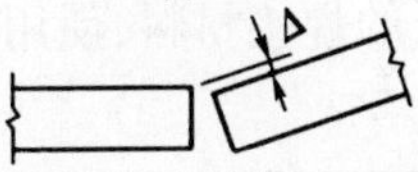	≤1.0	
梁段高度 H		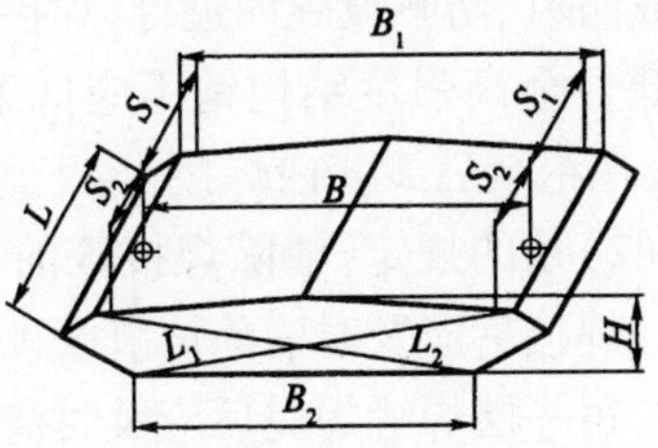	±2	拼接处
两吊点横向中心距 B			±4	返线到腹板上
两吊点纵向中心距 S			±3	返线到腹板上
两侧吊点纵向错位 Δ			±2	返线到腹板上
横隔板间距			±3	
纵隔板间距			±2	拼接处
腹板中心距			±2	拼接处
顶(底)板宽 B_1(B_2)	2车道	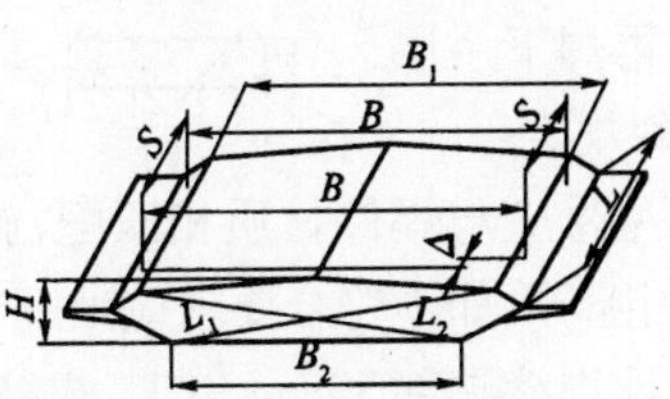	±5	拼接处相对差≤2mm
	4车道		±6	
	6车道		±8	
对角线差 $\lvert L_1-L_2\rvert$			不大于4	拼接处横断面

续上表

项　目	简　图	允许偏差(mm)	备　注
旁弯 f	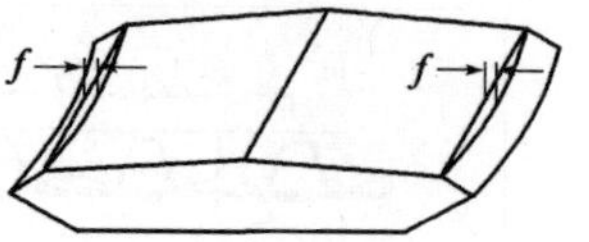 f　f	不大于5	腹板边与理论线的偏差
顶、底板板块定位偏差 Δ	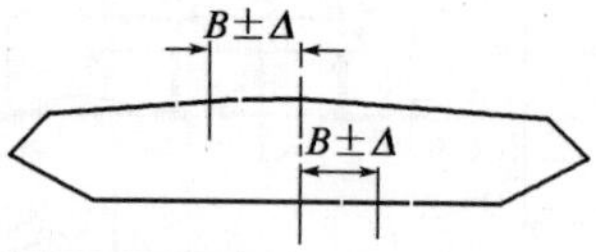 $B\pm\Delta$　$B\pm\Delta$	不大于1	板块定位线与理论值的偏差
吊点高度差 Δ	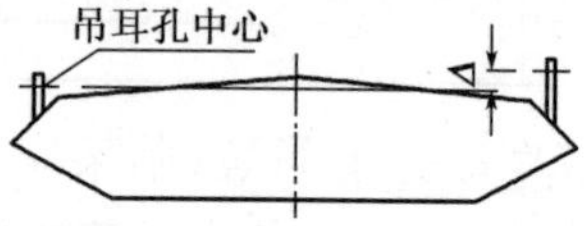 吊耳孔中心	不大于5	左、右吊点高低差

4)焊接

(1)一般要求

①在工厂或工地首次焊接工作之前,或材料、工艺在施工过程有变化时,必须分别进行焊接工艺评定试验。焊接工艺评定应符合新桥规(JTG/T F50—2011)附录F1的规定。

②焊接工艺应根据焊接工艺评定报告编制,施焊时应严格遵守焊接工艺,不得随意改变焊接参数。焊接材料应根据焊接工艺评定确定,焊剂、焊条应按产品说明书烘干使用,对储存期较长的焊接材料,使用前应重新按标准检验。CO_2 气体保护焊的气体纯度应大于99.5%。

③焊接工作宜在室内或防风、防晒设施内进行,焊接环境的相对温度应小于80%;焊接环境的温度,对低合金高强度结构钢不应低于5℃,普通碳素结构钢不应低于0℃。主要杆件应在组装后24h内焊接。

④施焊前应按本题3)(2)条的规定,清除焊接区的有害物。施焊时母材的非焊接部位严禁焊接引弧。焊接后应及时清除熔渣及飞溅物。多层焊接时宜连续施焊,且应控制层间温度,每一层焊缝焊完后应及时清理检查,应在清除药皮、熔渣、溢流和其他缺陷后,再焊下一层。

(2)定位焊应符合下列规定:

①所采用焊接材料的型号应与焊件材质相匹配,施焊前应按施工图及工艺文件检查坡口尺寸、根部间隙等,如不符合要求应处理改正。

②定位焊焊缝应距设计焊缝端部30mm以上,焊缝长应为50~100mm,间距

应为 400 ~ 600mm，焊缝的焊脚尺寸不得大于设计焊脚尺寸的 1/2。焊缝不得有裂纹、气孔、夹渣、焊瘤等缺陷，否则应处理改正；如有焊缝开裂应查明原因，清除后重焊。

(3)埋弧自动焊应在距设计焊缝端部 80mm 以外的引板上起、熄弧。焊接中不应断弧，如有断弧应将停弧处刨成 1:5 斜坡，并搭接 50mm 再引弧施焊，焊后搭接处应修磨圆顺。

(4)圆柱头焊钉的焊接应符合下列规定：

①圆柱头焊钉焊接的工艺参数应通过焊接工艺评定确定，并应采用确定的工艺参数在试板上焊接 20 个圆柱头焊钉，其中 10 个做拉伸试验，10 个做弯曲试验，全部试验结果应符合现行国家标准《电弧螺柱焊用圆柱头焊钉》(GB/T 10433)的规定。

②焊接前应清除圆柱头焊钉头部及钢板待焊部位(大于 2 倍圆柱头焊钉直径)的铁锈、氧化皮、油污、水分等有害物，使钢板表面显露出金属光泽。受潮的瓷环在使用前应在 150℃的烘箱中烘干 2h。

③每台班开始焊接圆柱头焊钉前或更换焊接条件时，应按规定的焊接工艺在试板上试焊两个圆柱头焊钉，焊后应按本题 5)的规定进行检验，合格后方可在梁段上正式焊接。

④圆柱头焊钉应平位施焊，在焊缝金属完全凝固前不得移动焊枪。当环境温度低于 0℃，或相对湿度大于 80%，或钢板表面潮湿时，不得焊接圆柱头焊钉。

(5)焊缝磨修和返修焊时应符合下列规定：

①焊件上的引板、产品试板或临时连接件应采用气割切除，并磨平切口，且不应损伤母材。

②焊脚尺寸、焊波或余高等超出表 15-15 规定上限值的焊缝及小于 1mm 且超差的咬边应修磨匀顺。所有表面的修磨均应沿主要受力方向进行，使磨痕平行于主要受力方向。

③焊缝咬边超过 1mm 或焊脚尺寸不足时，可采用手工电弧焊或 CO_2 气体保护焊进行返修焊。采用自动焊返修焊缝时，应将清除焊缝部位的两端刨成 1:5 的斜坡后再进行焊接。返修焊缝应按原焊缝质量要求检验，同一部位的返修焊不宜超过两次。

④焊接缺陷宜采用碳弧气刨清除，在清除缺陷时应刨出利于返修焊的坡口，并用砂轮磨掉坡口表面的氧化皮，露出金属光泽。焊接裂纹的清除范围除应包括裂纹全长外，尚应由裂纹端外延 50mm。

⑤缺焊焊缝长度超过周长的 1/4 或因其他项点不合格的圆柱头焊钉应予更换

重新焊接。缺焊长度未超过周长的1/4时可采用小直径低氢焊条补焊,补焊时应预热50~80℃,并应从缺焊焊缝端部10mm外引、熄弧,焊脚尺寸应不小于6mm。

5)焊接检验

(1)焊接完毕且待焊缝冷却至室温后,应对所有焊缝进行外观检查,焊缝不应有裂纹、未熔合、夹渣、未填满弧坑、漏焊以及超出表15-15规定的缺陷。

焊缝外观质量标准 表15-15

<table>
<tr><th>项目</th><th>简　图</th><th colspan="3">质量要求(mm)</th></tr>
<tr><td rowspan="3">气孔</td><td rowspan="3">—</td><td>横向对接焊缝</td><td colspan="2">不允许</td></tr>
<tr><td>纵向对接焊缝
主要角焊缝</td><td>直径小于1.0</td><td rowspan="2">每米不多于3个,间距不小于20,但焊缝端部10mm之内不允许</td></tr>
<tr><td>其他焊缝</td><td>直径小于1.5</td></tr>
<tr><td rowspan="4">咬边</td><td rowspan="4"></td><td colspan="2">受拉杆件横向对接焊缝及竖加劲肋角焊缝(腹板侧受拉区)</td><td>不允许</td></tr>
<tr><td colspan="2">受压杆件横向对接焊缝及竖加劲肋角焊缝(腹板侧受压区)</td><td>Δ≤0.3</td></tr>
<tr><td colspan="2">纵向对接及主要角焊缝</td><td>Δ≤0.5</td></tr>
<tr><td colspan="2">其他焊缝</td><td>Δ≤1.0</td></tr>
<tr><td rowspan="2">焊脚尺寸</td><td rowspan="2"></td><td colspan="2">主要角焊缝</td><td>$K_{0}^{+2.0}$</td></tr>
<tr><td colspan="2">其他焊缝</td><td>$K_{-1.0}^{+2.0}$①</td></tr>
<tr><td>焊波</td><td></td><td colspan="2">角焊缝</td><td>任意25mm范围内高低差Δ≤2.0</td></tr>
<tr><td rowspan="2">余高</td><td rowspan="2"></td><td colspan="2" rowspan="2">不铲磨余高的对接焊缝</td><td>焊缝宽 b>12mm时,Δ≤3.0</td></tr>
<tr><td>焊缝宽 b≤12mm时,Δ≤2.0</td></tr>
<tr><td rowspan="3">余高铲磨后表面</td><td rowspan="3"></td><td colspan="2" rowspan="3">横向对接焊缝</td><td>不高于母材0.5</td></tr>
<tr><td>不低于母材0.3</td></tr>
<tr><td>粗糙度50μm</td></tr>
</table>

注:①手工角焊缝全长10%区段内允许 $K_{-1.0}^{+3.0}$。

(2)焊缝经外观检查合格后方可进行无损检测,无损检测应在焊接24h后进行。箱形杆件棱角焊缝探伤的最小有效厚度为 $\sqrt{2t}$(t 为水平板厚度,以mm

计），当设计有熔深要求时应从其规定。焊缝无损检测的质量分级、检验方法、检验部位和等级应符合表15-16的规定，距离—波幅曲线灵敏度及缺陷等级评定应符合新桥规（JTG/T F50—2011）附录F2的规定。

焊缝无损检验质量等级及探伤范围 表15-16

<table>
<tr><th colspan="2">焊缝名称</th><th>质量等级</th><th>探伤方法</th><th>检验等级</th><th>探伤比例</th><th>探伤部位</th></tr>
<tr><td colspan="2">横向对接焊缝
（顶板、底板、腹板、横隔板等）</td><td rowspan="4">I级</td><td rowspan="6">超声波探伤（UT）</td><td rowspan="2">B（单面双侧）</td><td rowspan="4">100%</td><td>焊缝全长</td></tr>
<tr><td colspan="2">纵向对接焊缝（顶板、底板、腹板等）</td><td>端部1m范围内为I级
其余部位为II级</td></tr>
<tr><td colspan="2">T形接头和角接接头熔透角焊缝</td><td>B</td><td>焊缝全长</td></tr>
<tr><td colspan="2">横隔板纵向对接焊缝</td><td>B</td><td>焊缝全长</td></tr>
<tr><td colspan="2">部分熔透角焊缝</td><td rowspan="2">II级</td><td>B</td><td rowspan="2">100%</td><td>焊缝两端各1m</td></tr>
<tr><td colspan="2">焊脚尺寸≥12mm的角焊缝</td><td>A</td><td>焊缝两端各1m</td></tr>
<tr><td rowspan="2">纵向对接焊缝</td><td>顶板</td><td rowspan="7">I级</td><td rowspan="7">射线探伤（RT）</td><td rowspan="7">AB</td><td rowspan="2">10%</td><td>中间250～300mm</td></tr>
<tr><td>底板、腹板</td><td>焊缝两端各250～300mm</td></tr>
<tr><td colspan="2">横隔板横向对接焊缝</td><td>5%</td><td>下部250～300mm</td></tr>
<tr><td colspan="2">横向对接焊缝（顶板、底板、腹板等）</td><td>10%</td><td>两端各250～300mm，长度大于1 200mm，中间加探250～300mm</td></tr>
<tr><td rowspan="3">梁段间对接焊缝</td><td>顶板十字交叉焊缝</td><td>100%</td><td rowspan="2">纵、横向各250～300mm</td></tr>
<tr><td>底板十字交叉焊缝</td><td>30%</td></tr>
<tr><td>腹板</td><td>100%</td><td>焊缝两端各250～300mm</td></tr>
<tr><td colspan="2">连接锚箱或吊耳板的熔透角焊缝</td><td rowspan="7">II级</td><td rowspan="7">磁粉探伤（MT）</td><td rowspan="7">—</td><td rowspan="7">100%</td><td>焊缝全长</td></tr>
<tr><td colspan="2">U形肋对接焊缝</td><td>焊缝全长</td></tr>
<tr><td colspan="2">横隔板与腹板角焊缝</td><td>焊缝两端各500mm</td></tr>
<tr><td colspan="2">U形肋与顶（底）板角焊缝</td><td>每条焊缝两端各1 000mm，其中行车道范围的顶板角焊缝为两端各2 000mm</td></tr>
<tr><td colspan="2">横隔板与顶（底）板角焊缝</td><td>行车道范围总长的20%</td></tr>
<tr><td colspan="2">腹板与底板角焊缝</td><td>焊缝两端各1 000mm，中间每隔2 000mm探1 000mm</td></tr>
<tr><td colspan="2">临时连接（含马板）</td><td>拆除临时连接的部位</td></tr>
</table>

注：探伤比例指探伤接头数量与全部接头数量之比。

(3)进行局部超声波探伤的焊缝,当发现裂纹或较多其他缺陷时,应扩大该条焊缝探伤范围,必要时可延至全长。进行射线探伤或磁粉探伤的焊缝,当发现超标缺陷时应加倍检验。

(4)采用超声波、射线、磁粉等多种方法检验的焊缝,应达到各自的质量要求,该焊缝方可认为合格。焊缝的射线探伤应符合现行国家标准《金属熔化焊焊接接头射线照相》(GB/T 3323)的规定,射线透照技术等级采用B级(优化级),焊缝内部质量应达到Ⅱ级;磁粉探伤应符合现行行业标准《无损检测 焊缝磁粉检测》(JB/T 6061)的规定。

(5)圆柱头焊钉焊接后应获得完整的360°周边焊缝。圆柱头焊钉焊缝的宽度、高度等尺寸应满足:焊缝沿圆柱头焊钉轴线方向的平均高度 h_m 应不小于 $0.2d$;最小高度 h_{min} 应不小于 $0.15d$;在钢板侧焊趾的平均直径和应不小于 $1.25d$(d 为圆柱头焊钉直径)。应随机抽取各部位圆柱头焊钉总数的3%进行30°弯曲检验,弯曲后圆柱头焊钉的焊缝和热影响区不应有肉眼可见的裂纹,检验合格的圆柱头焊钉可保留其弯曲状态。

板梁、桁梁杆件矫正允许偏差 表15-17

简图		项目	允许偏差(mm)
盖板对腹板的垂直度Δ	有孔部位	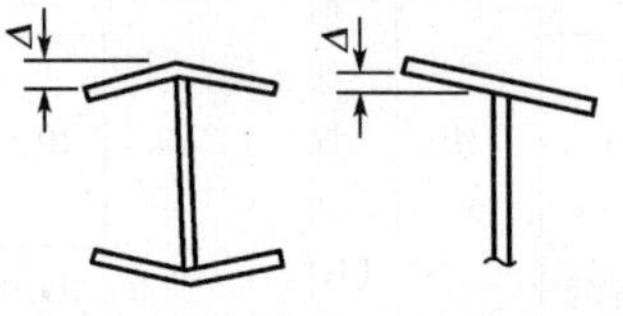 Δ	盖板宽度≤600mm时,不大于0.5 盖板宽度>600mm时,不大于1.0
	其余部位		1.5
工形、箱形杆件的扭曲Δ		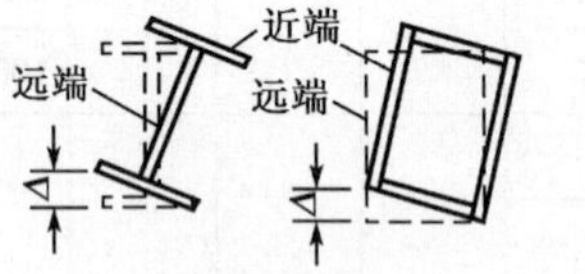 近端 远端 远端 Δ Δ	3.0
箱形杆件对角线差		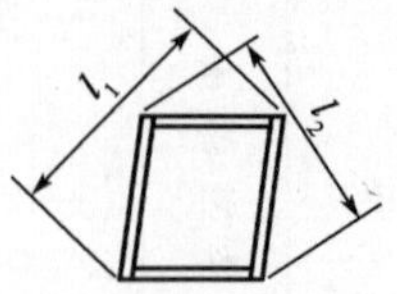 l_1 l_2	边长<1 000mm时,2.0; 边长≥1 000mm时,3.0;
盖板平面度Δ	有孔部位	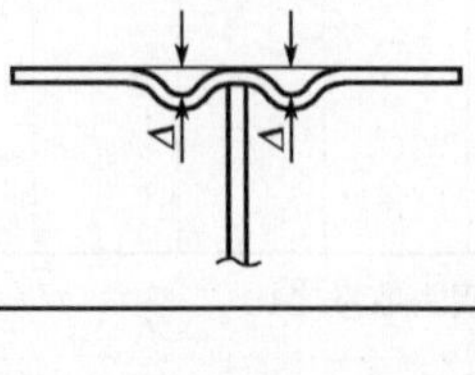 Δ Δ	0.5
	其余部位		1.0

续上表

简　图		项　目	允许偏差(mm)
板梁，纵、横梁腹板的平面度 Δ		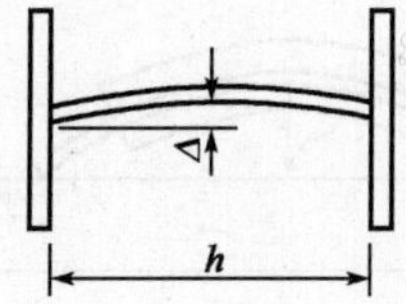	$\Delta \leqslant \frac{h}{500}$，且不大于5.0
工形、箱形杆件的弯曲或纵横梁的旁弯 f		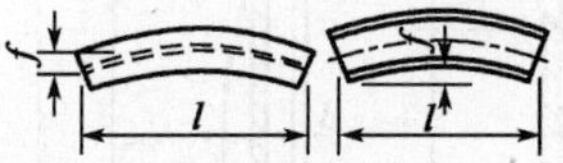	2.0($l \leqslant$ 4 000mm) 3.0(4 000mm < $l \leqslant$ 16 000mm) 5.0(l > 16 000mm)
板梁拱度 f	不设拱度	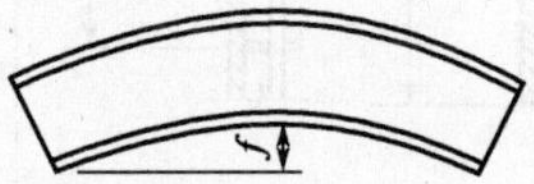	+5.0，-0
	设拱度		+10.0，-3.0
纵、横梁拱度 f			+3.0，-0

6)杆件矫正

(1)杆件矫正时除应符合本题2)(3)条的规定外，尚应符合下列规定：

①冷矫的环境温度不应低于5℃，矫正时应缓慢加力，冷矫的总变形量不应大于变形部位原始长度的2%。时效冲击值不满足要求的拉力杆件，不得冷矫。

②热矫时加热温度应控制在600～800℃，严禁过烧，且不宜在同一部位多次重复加热。

③矫正后的板单元、杆件和梁段表面不应有凹痕和其他损伤。

(2)杆件矫正的允许偏差应符合表15-17～表15-20的规定。

一般箱形梁矫正允许偏差　　表15-18

简　图		项　目	允许偏差(mm)
盖板对腹板的垂直度 Δ	有孔部位	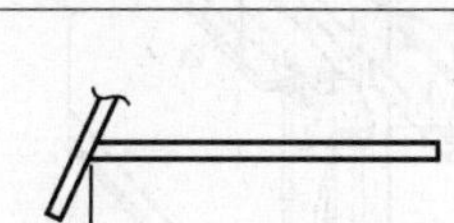	1.0
	其余部位	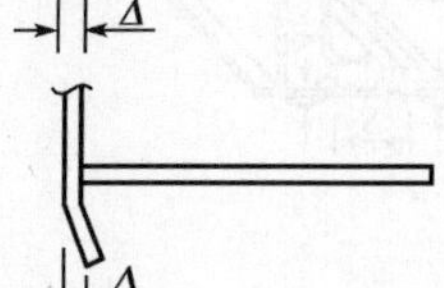	3.0

续上表

简　图		项　目	允许偏差(mm)
隔板弯曲 f	横向 纵向	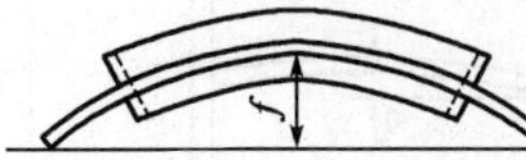	2.0
腹板平面度 Δ	横向	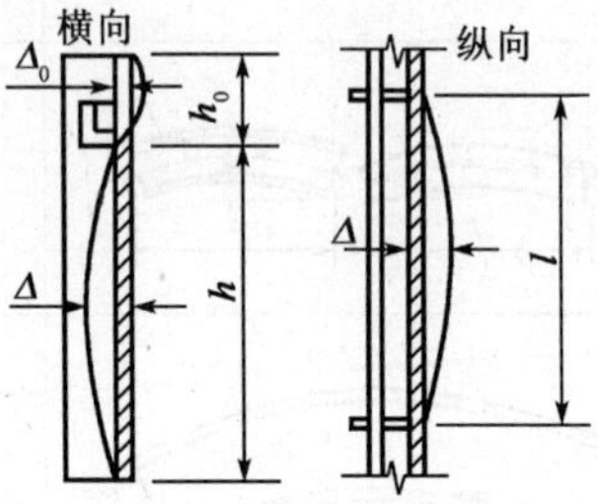	$h/250$
	有孔部位		2.0
	纵向		$l/500$
盖板平面度 Δ	有孔部位	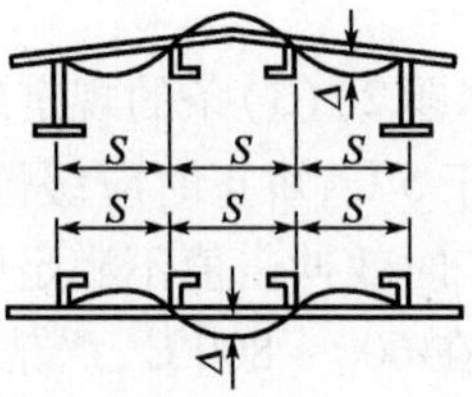	2.0
	横向		$S/250$
	纵向 4m 范围		4.0
腹板平面度	横向 $\Delta1$	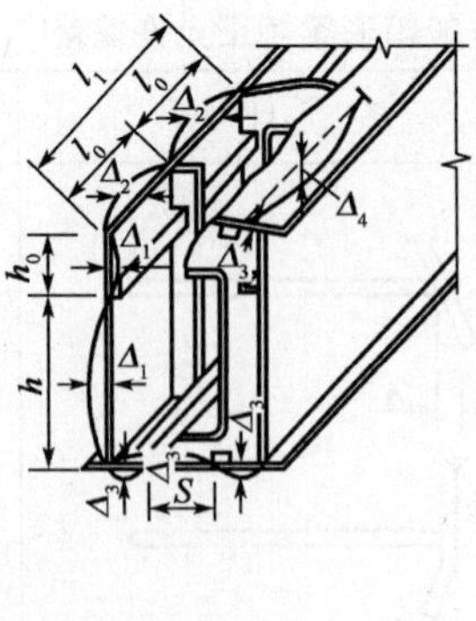	$h/250$,且不大于 3
	纵向 $\Delta2$		$l_0/500$,且不大于 5.0
盖板平面度	横向 $\Delta3$		$S/250$,且不大于 3.0
	纵向 $\Delta4$		$l_1/500$,且不大于 5.0
扭曲			每米不大于 1, 且每段不大于 10

大型钢箱梁板单元矫正允许偏差　　表 15-19

名称	项目		允许偏差(mm)	简图	备注
顶板、底板、腹板	长度、宽度		±2		有切头时长度可放宽
	对角线相对差		不大于 4		—
	平面度 f	横向	$S_1/250$		S_1 为纵肋间距
		纵向	$S_2/250$		S_2 为横肋间距
	角变形 Δ		不大于 $b/150$		—
	板边直线度 f		不大于 3		—
	横、纵隔板接板垂直度		不大于 2		—
横隔板	高度 h_1、h_2		±2		搭接构造可放宽
	宽度 B		±2		搭接构造可放宽
	平面度 f		不大于 $h_1/250$		当底板为柱面时，视为与理论柱面的允许偏差
	板边直线度 f		不大于 2		搭接构造可放宽
纵隔板	纵隔板及接板长度、宽度		±2		
	纵隔板对角线差 $\lvert L_1-L_2\rvert$		±4		
	纵隔板及其接板平面度 f		不大于 2		
	纵隔板接板垂直度		±2		
风嘴	长度、宽度		±2		有切头时长度可放宽
	顶板、导风板平面度 f		$S_1/250$		S_1 为纵肋间距

大型钢箱梁梁段矫正允许偏差　　表 15-20

项目		允许偏差(mm)	备注
梁段高度 H		±2	工地接头处
		±4	其余部分
两吊点中心距	横向	±4	—
	纵向	±3	—
梁段长度 L		±2	—

续上表

项　目		允许偏差(mm)	备　注
腹板中心距		±3	工地接头处
顶板宽 B	2 车道	±5	拼接处相对差不大于 2
	4 车道	±6	
	6 车道	±8	
横断面对角线差		不大于 4	工地接头处的横断面
旁弯 f		不大于 5	单个梁段
桥面横坡		±4	测量同一横断面
左右支点(吊点)高差		不大于 5	—
顶板、底板、腹板平面度 f		S/250,且不大于 8	S 为加劲肋间距 或顶板与加劲肋间距
扭曲		每米不超过 1,且每段不大于 8	每段以两边隔板处为准

7)高强螺栓连接副与摩擦面处理

(1)公路钢桥所用的高强度螺栓连接副可选用大六角形和扭剪型两类,并应在专门螺栓厂制造,其规格、质量见 1)的规定。高强度螺栓、螺母、垫圈的表面宜进行表面防锈处理;垫圈两面应平直,不得翘曲,其维氏硬度 HV30 应为 329 ~436(HRC35 ~45)。

(2)高强度螺栓连接副应由制造厂按批配套供货,并必须提供出厂质量保证书。运输或搬运时应轻装轻卸,防止损伤螺纹。进场后除应检查出厂质量保证书外,尚应从每批螺栓中抽取 8 副进行检验,检验试验方法和结果应符合现行国家标准《钢结构用高强度大六角头螺栓、大六角螺母、垫圈技术条件》(GB/T 1231)或《钢结构用扭剪型高强度螺栓连接副》(GB/T 3632)的规定,合格者方可使用。

(3)摩擦面处理应符合下列规定:

①在工地经高强度螺栓栓接的杆件和梁段板面(摩擦面)必须进行处理,处理后的抗滑移系数值应符合设计规定;设计未规定时,抗滑移系数出厂时应不小于 0.55,工地安装前的复验值应不小于 0.45。

②抗滑移系数试验用的试件应按制造批每批制作 6 组,其中 3 组用于出厂试验,3 组用于工地复验。抗滑移系数试件应与杆件和梁段同材质、同工艺、同批制造,并应在同条件下运输、存放且试件的摩擦面不得损伤。抗滑移系数的试

验应符合新桥规 JTG/T F50—2011 附录 F3 的规定。

8)试拼装

(1)钢桥应按试装图进行厂内试拼装,未经试拼装检验合格,不得成批生产。试拼装应符合下列规定:

①试拼装应在胎架上进行,胎架应有足够的刚度,其基础应有足够的承载力。胎架顶面(梁段底)纵、横向线形应与设计要求的梁底线形相吻合。杆件和梁段应解除与胎架间的临时连接,处于自由状态。

②板梁应整孔试拼装;简支桁梁的试拼装长度不宜小于半跨;连续梁试拼装应包括所有变化节点;对大跨径桥的钢梁,每批梁段制造完成后,应进行连续匹配试拼装,每批试拼装的梁段数不应少于 3 段,试拼装检查合格后,应留下最后一个梁段并前移参与下一批次试拼装。

③钢索塔的塔柱(钢桥墩)应采取两节段立位匹配试拼装,合格后还应进行多节段水平位置的试拼装,每一批次的多节段水平位置试拼装应不少于 5 个节段。

④试拼装时应使板层密贴,冲钉不宜少于孔眼总数的 10%,螺栓不宜少于螺栓孔总数的 20%;有磨光顶紧要求的杆件,应有 75% 以上的面积密贴,采用 0.2mm 的塞尺检查时,其塞入面积不应超过 25%。试拼装时,应采用试孔器检查所有螺栓孔,桁梁主桁的螺栓孔应能 100% 自由通过较设计孔径小 0.75mm 的试孔器,板梁和箱梁的螺栓孔应 100% 自由通过较设计孔径小 1.5mm 的试孔器,方可认为合格。

(2)试拼装检验应在无日照影响的条件下进行,并应有详细的检查记录。钢梁试拼装主要尺寸允许偏差应符合 15-21 ~ 表 15-23 的规定。

板梁试拼装主要尺寸允许偏差 表 15-21

项 目		允许偏差(mm)
梁高 h(mm)	$h \leqslant 2$m	±2
	$h > 2$m	±4
跨度(mm)	支座中心至中心	±8
全长(mm)	全桥长度	±15
主梁中心距(mm)		±3
旁弯	桥梁中心线与其试拼装全长 L	L/5 000
两片梁相对拱度差(mm)		4

续上表

项　　目		允许偏差(mm)
平联节间对角线差(mm)		3
横联对角线差(mm)		4
主梁倾斜(mm)		5
支点高低差(mm)	支座处三点水平时,另一点翘起高度	3

桁梁试拼装主要尺寸允许偏差　　表 15-22

项　　目		允 许 偏 差
桁高(mm)	上下弦杆中心距离	±2
节间长度(mm)		±2
旁弯	桥面系中线与其试拼装全长 L 的两端中心所连续直线的偏差	$L/5\,000$
试装全长	$L \leqslant 50\text{m}$	±5mm
	$L > 50\text{m}$	$\pm L/10\,000$
拱度(计算拱度)	$f \leqslant 60\text{mm}$	±3mm
	$f > 60\text{mm}$	$\pm \frac{5}{100}f$
对角线(mm)	每个节间	±3
主桁中心距(mm)		±3

箱梁试拼装主要尺寸允许偏差　　表 15-23

项　　目		允 许 偏 差(mm)	备　　注
预拼装长度		$\pm 2n$, ±20;取绝对值较小者	n 为梁段数,测最外侧两锚箱间距
两相邻吊点纵距		±3	测锚箱间距
预拼装累加长度		±20	累加已预拼装梁段的长度
顶板宽 B	2 车道	±5	拼接处相对差≤2
	4 车道	±6	
	6 车道	±8	

续上表

项　目	允许偏差(mm)	备　注
梁段中心线错位	不大于1	梁段中心线与桥轴中心线偏差
纵向竖曲线	+10 -5	沿桥中线测量隔板处高程
纵肋直线度f	不大于2	梁段匹配接口处
旁弯f	$3+0.1L_m$,且任意20m测长内$f<6$	测桥面中心线的平面内偏差。L_m为任意3个预拼装梁段长度,以m计
板面高低差	不大于1.5	梁段匹配接口处安装匹配件后

9)表面清理及厂内涂装

(1)钢桥的杆件的梁段在涂装前,应对其表面进行除锈清理。除锈应采用喷丸或抛丸的方法进行,除锈等级应符合设计规定,设计未规定时,应达到现行国家标准《涂装前钢材表面锈蚀等级和除锈等级》(GB 8923)规定的Sa2.5级,表面粗糙度Ra应达到25~60μm;对高强度螺栓连接面,除锈等级应达到Sa3级,表面粗糙度Ra应达到50~100μm,且除锈后的连接面宜进行喷铝防锈处理,同时应清除高强度螺栓头部的油污及螺母、垫圈外露部分的皂化膜。

(2)涂装方案应符合设计文件要求,并应符合现行行业标准《公路桥梁钢结构防腐涂装技术条件》(JT/T 722)的规定。

(3)涂装施工时,杆件和梁段表面不应有雨水或结露,相对湿度不应高于80%;环境温度对环氧类漆不得低于10℃,对水性无机富锌防锈底漆、聚氨酯漆和氟碳面漆不得低于5℃。在风沙天、雨天和雾天不应进行涂装施工,涂装后4h内应采取措施保护,避免遭受雨淋。

(4)底漆、中间漆涂层的最长暴露时间不宜超过7d,两道面漆的涂装间隔时间亦不宜超过7d;若超过,应先采用细砂纸将涂层表面打磨成细微毛面,再涂装后一道面漆。喷铝应在表面清理后4h内完成,涂层间隔的时间要求应符合现行国家标准《热喷涂金属件表面预处理通则》(GB/T 11373)的规定。

(5)涂装后,应在规定的位置涂刷杆件和梁段标记。杆件和梁段的码放必须在涂层干燥后进行,对局部损伤的涂层,应按本题9)(1)的规定进行表面处理,并按原设计涂层补涂各层涂料。

(6)涂料涂层的表面应平整均匀,不应有漏涂、剥落、起泡、裂纹和气孔等缺陷,颜色应与比色卡相一致;金属涂层的表面应均匀一致,不应有起皮、鼓包、大熔滴、松散粒子、裂纹和掉块等缺陷。每涂完一道涂层应检查干膜厚度,出厂前应检查总厚度。

10)成品

(1)钢桥制造完成后应按施工图和桥规(JTG/T F50—2011)的规定进行验收。

(2)一般箱形梁制造尺寸允许偏差应符合表 15-24 的规定。

一般箱形梁制造尺寸允许偏差 表 15-24

项目		检查方法	允许偏差(mm)
梁高 h	$h \leqslant 2m$	测量两端腹板处高度	±2
	$h > 2m$		±4
跨度		测两支座中心距离	±8
全长		—	±15
腹板中心距		测两腹板中心距	±3
盖板宽度 b		—	±4
横断面对角线差		测两端断面对角线差	4
旁弯		—	$3+0.1L$
拱度		—	+10, -5
支点高度差		—	4
腹板平面度		h 为盖板与加劲肋或加劲肋与加劲肋之间的距离	小于 $h/250$ 且不大于 8
扭曲		每段以两端隔板处为准	每米不大于 1,且每段不大于 10

注:①分段分块制造的箱形梁拼接处,梁高及腹板中心距的允许偏差按施工文件要求执行。
②箱形梁其余各项检查方法可参照板梁检查方法。
③L 为跨度(m)。

(3)大型钢箱梁梁段制造尺寸允许偏差应符合表 15-25 的规定。

大型钢箱梁梁段制造尺寸允许偏差　　表 15-25

项　目			允许偏差	简　图	检查方法
梁长(mm)	顶板长度 L_1		±2		以梁段两端检查线为基准,用钢盘尺测量长度,合龙段长度根据实测结果确定
	底板长度 L_2				
梁高(mm)	中高 H		±2		测量两端口,以底部为基准,采用激光仪测量高度
	边高 H_1、H_2		±2		
梁宽(mm)	梁半宽 $B/2$ 顶板半宽 $B_1/2$ 底板半宽 $B_2/2$	2 车道	±2.5		在梁段两端口用钢盘尺测量宽度
		4 车道	±3		
		6 车道	±4		
端口尺寸(mm)	对角线差 $\|L_1 - L_2\|$		不大于 6		用钢尺测量对角线,检查测量值之差
锚箱位置(mm)	同一梁段两锚箱高差		不大于 5		用水准仪测量两锚箱高差
	锚箱距梁段端口长度 L_1、L_2		±2		用钢盘尺测量锚箱至梁段两端检查线的距离
顶板(mm)	四角(A、B、C、D)水平		±6		用激光仪测量,测点在两端横隔板上
	相对高差		不大于 8		
	1/2 对角线(AO_1、BO、A_1O_1、B_1O)差		不大于 8		用钢尺测量,测点在两端检查线上
旁弯	f		L/2 000,且不大于 5		L 为梁段长度,用激光仪、钢尺测量

续上表

项目		允许偏差	简图	检查方法
板面平面度	横桥向 f	不大于 $S_1/250$		用钢尺测量纵肋间距 S_1
	纵桥向 f	不大于 $S_2/500$		用钢尺测量横隔板间距 S_2

(4)板梁制造尺寸允许偏差应符合表 15-26 的规定。

板梁制造尺寸允许偏差　　表 15-26

项目		检查方法	允许偏差(mm)	
梁高 h	$h\leqslant 2$m	测量两端腹板处高度	±2	
	$h>2$m		±4	
跨度		测量两支座中心距离	±8	
全长		测量全桥长度	±15	
纵梁长度		测量两端角钢背与背之间的距离	+0.5,-1.5	
横梁长度			±1.5	
纵梁高度		测量两端腹板处高度	±1.0	
横梁高度			±1.5	
纵、横梁旁弯		梁立置时在腹板一侧距主焊缝 100mm 处拉线测量	3	
主梁拱度 f		梁卧置时在下盖板外侧拉线测量	不设拱度	+3,-0
			设拱度	+10,-3
两片主梁拱度差		分别测量两片主梁拱度,求差值	4	
主梁腹板平面度		用平尺测量 (h 为梁高或纵向加劲肋至下盖板间的距离)	小于 $h/500$,且不大于 8	
纵、横梁腹板平面度			$h/500$,且不大于 5	
主梁、纵横梁盖板对腹板的垂直度	有孔部位	用直角尺测量	0.5	
	其余部位		1.5	

(5)桁梁杆件制造尺寸允许偏差应符合表 15-27 的规定。

桁梁杆件制造尺寸允许偏差　　表 15-27

项目			检查方法	简图	允许偏差（mm）
联结系杆件	高度 h		测量两端腹板处高度	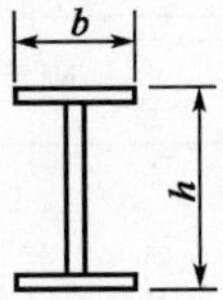	±1.5
	盖板宽度 b		每 2m 测一次		±2.0
	长度 l		测量全长		±5
纵横梁	纵梁高度 h		测量两端腹板处高度		±1.0
	横梁高度 h				±1.5
	盖板宽度 b		每 2m 测一次		±2.0
	纵梁长度 l		测量两端角钢背至背之间的距离	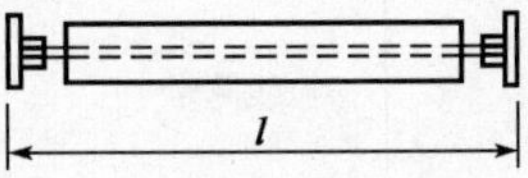	+0.5，-1.5
	横梁长度 l				±1.5
	旁弯 f		梁立置时，在腹板一侧距主焊缝 100mm 处拉线测量	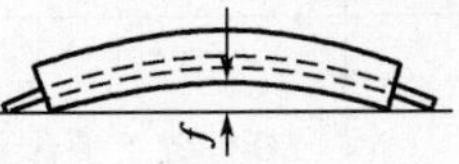	3
	上拱度 f		梁卧置时，在下盖板外侧拉线测量	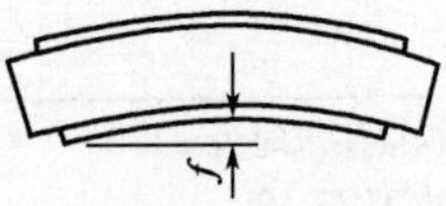	+3，0
	腹板平面度 Δ		用平尺测量	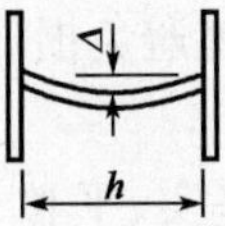	h/500，且不大于 5
	盖板对腹板的垂直度 Δ	有孔部位	用直角尺测量	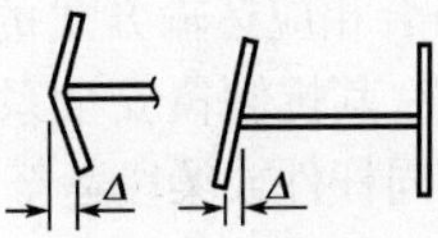	0.5
		其余部位			1.5

续上表

项　　目			检查方法	简　图	允许偏差(mm)
主桁杆件	高度 h		测量两端腹板处高度		±1.0
	盖板宽度 b		每2m测一次		±2.0*
	长度 l		测量全长		±5
	工形件的盖板对腹板的垂直度 Δ	有孔部位	用直角尺测量		0.5
		其余部位			1.5
	弯曲 f		拉线测量		2(l≤4 000mm) 3(4 000(mm)<l≤16 000mm) 5(l>16 000mm)
	扭曲 Δ		杆件置于平台上,四角中有三角接触平台,悬空一角与平台之间隙	近端 远端 远端	3

注*:箱形杆件有拼接要求时为±1.0。

11)包装、存放及运输

(1)钢桥的杆件和梁段应在涂层干燥后对高强度螺栓连接部位进行包装,包装和存放应采取措施避免损坏摩擦面。拼接板、螺栓、螺母、垫圈等小件应分类装箱,并加以标记。

(2)存放场地应坚实、平整、有排水设施。存放时,杆件或梁段的支承处不应产生不均匀沉降,所有支承点均应受力均匀。

(3)运输应符合相应运输方式的有关安全规定。采用船舶运输时,装船前应进行稳定性验算,其抗倾覆安全系数应不小于1.5。提供工地抗滑移系数试验用的试件,应随同杆件或梁段运至工地。

(4)在包装、存放和运输过程中,应采取有效措施,保证杆件或梁段不变形、不损坏、不散失。

二、钢桥工地安装

2. 检验高强度螺栓连接质量的方法有哪些?

答:高强度螺栓连接质量检验的方法根据施拧方法主要有以下几种。

1)扭矩法施工检验

此办法主要以复查扭矩大小来判断轴力是否符合规定。施工扭矩采用下式计算:

$$T_c = K \cdot P_c \cdot d$$

式中:T_c——终拧扭矩,N·m;

K——高强度螺栓连接副扭矩系数平均值;

P_c——高强度螺栓的施工预拉力,kN,见表15-28;

d——高强度螺栓公称直径,mm。

高强度螺栓的预拉力 表15-28

螺纹规格 d(mm)	M22	M24	M27	M30
设计预拉力 P(kN)	190	225	270	355
施加预拉力 P_c(kN)	210	250	300	390

高强度螺栓连接副扭矩系数可根据扭矩试验,通过数理统计的方法求得。连接副的扭矩系数试验是在螺栓轴力计(或用测力环)上进行。每个连接副包括一个螺栓、一个螺母、两个垫圈,并分属同一批。每一个连接副只能使用一次,不得重复使用。扭矩系数按下式计算:

$$K = T/P \cdot d$$

式中:K——扭矩系数;

T——施加于螺母上的扭矩,N·m;

d——螺栓的螺纹规格,mm;

P——螺栓轴力,kN。

扭矩系数的平均值:

$$\overline{K} = (K_1 + K_2 + K_3 + \cdots + K_n)/n$$

标准差：

$$\sigma = [(K_1 - \overline{K})^2 + (K_2 - \overline{K})^2 + \cdots + (K_n - \overline{K})^2]^{1/2} \div (n-1)^{1/2}$$

离散系数：

$$C_V = \sigma / \overline{K}$$

式中：K_1、K_2、…、K_n——各次扭矩系数试验记录数据。

施工前，高强度螺栓连接副应按出厂批号复验扭矩系数，每批号抽验不少于8套，其平均值和标准偏差应符合设计要求。设计无要求时平均值应在0.11～0.15范围内，其标准偏差应小于或等于0.01。复验数据应作为施拧的主要参数。

(1)扭矩法复拧检查

对复拧后的全部高强度螺栓连接副应用0.3kg小锤敲击螺母对边的一侧，用手指按住螺母对边的另一侧进行检查，以防漏拧。

漏拧检查完成后，用扭矩法对节点高强度螺栓进行复拧抽查。复拧扭矩采用终拧扭矩的50%。抽查数量为节点螺栓连接副的10%，主桁节点不少于10套，其他节点不少于2套。

(2)扭矩法终拧检查

①松扣法。将要检查螺母松约30°，然后再将该螺母拧紧至原来标记位置，此时扭矩值应在规定值的0.9～1.1范围内，规定值可根据上式计算。

②回扣法。按原扭矩大小在不回松螺母的状态下，施拧螺母，如有转角，读取刚转动的扭矩值，该值应在0.9～1.1规定值的范围内，规定值由试验确定。做该项试验时应确信预拉力值在设计预拉力值的±2%范围内。

抽查数量：节点高强度螺栓连接副的5%，不少于2套；小接点不少于1套。每个节点或栓群不合格数不超过20%，否则继续检查，直至累计合格80%止。不合格者重新施拧。

按扭矩法施拧的高强度螺栓连接副的终拧扭矩检查应在终拧4h以后、24h之内完成。

2)扭角法施工检查

(1)检查转角终拧标记，防止漏拧。

(2)对全部终拧后的高强螺栓连接副，用量角器进行转角检查。转角不足者应补拧至规定角，转角度数误差小于等于5°为合格，超拧5°以上者应予更换后重新施拧。

(3)松开螺母,然后拧至初拧值,再用终拧使用的扳手按规定的转角施拧(应扣除应力损失的转角值)。其中前后两次相对转角数值不应超过表15-29的规定。

终拧扭转角按下列公式进行计算:

$$\theta=\alpha+b(n-1)+CB$$

式中:θ——终拧转角,°;

α——常数项,°;

n——被连接板束钢板层数;

C——每毫米被连接钢板所需的转角,°/mm;

b——每层板缝所需转角,°/层;

B——被连接钢板总厚度,mm。

α、b、C值可通过试验来确定。

扭角法施工终拧允许转角偏差　　表15-29

板层数 / 螺栓长度(mm) / 转角(°)	2	3	4	5	6	7	允许偏差(°)
60	60						±3
65	65 70						±3
70	75 80						±3
75	85	70 75					±3
80	90 95 100	80 90					±3
90	110	95 100 110	95				±5
100		120	110 120	110			±5

续上表

螺栓长度(mm) 板层数 / 转角(°)	2	3	4	5	6	7	允许偏差(°)
115			130	120 130	120		±5
130				140 160	130 140 150	140	±5
145					170	170	±5

按扭角法施拧的高强螺栓连接副的终拧转角检查应在终拧后及时进行。

3. 高强度螺栓连接应注意哪些问题?

答:(1)高强度螺栓连接副在运输过程中应轻装轻卸,储存时应分类分批存放,不得混淆,并防止受潮生锈,在使用前应进行外观检查并应在同批内配套使用。

(2)施工前,高强度螺栓连接副应按出厂批号复验扭矩系数,每批号抽验不少于8套,其平均值和标准偏差应符合设计要求。设计无要求时平均值应在0.11~0.15范围内,其标准偏差应小于或等于0.01。复验数据应作为施拧的主要参数。

(3)安装钢梁的高强度螺栓的长度必须与安装图一致。当螺栓长度小于100mm时,螺纹外露长度为5~8mm;当螺栓长度大于100mm时,螺纹外露长度为5~14mm。

(4)安装时,高强度螺栓应顺畅穿入孔内,不得强行敲入,穿入方向应全桥一致,主桁节点螺栓向外穿,纵梁上翼缘和上下平联向下穿;穿螺栓时,除个别死角处及纵梁上翼缘连接螺栓可旋拧六角头外,余须旋拧螺母。

(5)高强度螺栓不得作为临时安装螺栓。被栓合板约束的表面应垂直于螺栓轴线,否则应在螺栓垫圈下面加垫斜坡垫板。

(6)施拧高强度螺栓应按一定顺序,从板束刚度大、缝隙大之处开始,对大面积节点板应由中央向外拧紧,并应在当天终拧完毕。施拧时,不得采用冲击拧紧和间断拧紧。

(7)初拧可用人工扳手、风扳或电扳。初拧须使板层达到密贴并使螺栓受到不小于设计轴力20%的预拉力。

(8)用扭矩法拧紧高强度螺栓连接副时,初拧、复拧和终拧应在同一工作日内完成。初拧扭矩应由试验确定,一般为终拧扭矩的50%。终拧扭矩应按本章第4题计算。终拧采用施工扳手(音响扳手、定扭电动扳手)按规定扭矩施拧,拧完后应普遍再拧一边,以防先拧的螺栓轴力降低,并须考虑增加8%的应力松弛损失量。

(9)用扭角法施拧高强度螺栓时,初拧、复拧应用扭矩控制,终拧用螺母转动角度控制;复拧后应使板层密贴,并用油漆在螺母上作出记号。复拧经检验合格后,即用划线器自螺栓尾部端面中心经螺母端面上划一细直线,然后用本章第4题扭角计算式计算值或经验值进行终拧,将螺母拧至转角线为止,并用油漆在螺栓头上作出标记。

(10)高强度螺栓施拧采用的扭矩扳手,在作业前后均应进行校正,其扭矩误差不得大于使用扭矩值的±5%。

扭角法初拧用扳手应每4h校正一次,限制误差在4N·m以内。也可采用定扭电扳或风扳施拧。

(11)用扭矩法拧紧高强度螺栓时,复拧后的高强度螺栓连接副经检验后,应用油漆划线标记螺栓与螺母、垫圈与钢板的相对位置后方许终拧;终拧时,施加扭矩必须连续、平稳,螺栓、垫圈不得与螺母一起转动,如果垫圈发生转动,应更换高强度螺栓连接副,按操作程序重新初拧、复拧、终拧;终拧完成后,应用与复拧不同颜色的油漆在螺母上作标记。

(12)验收合格后的螺栓,凡外露部分应立即涂上油漆。板层间用腻子腻成流水坡,防止雨水浸入。全桥栓合完毕,才能拆除脚手架。

(13)终拧后如有超过2mm的板缝时,必须用钢板填充间隙。钢板两面应进行打毛处理。

(14)应对施拧螺栓人员进行短期培训,防止漏拧、欠拧及超拧,以免造成隐患。

(15)每座钢桥均应有下列施工、检查记录:

①高强度螺栓连接副的复验数据;

②栓接板面抗滑移系数试验数据;

③初拧扭矩、终拧扭矩或终拧转角;

④紧扣检查扭矩的试验数据;

⑤施拧扭矩扳手和检查扭矩扳手的标定、校正记录;

⑥各节点高强度螺栓连接副复拧扭矩、终拧扭矩或终拧转角检查记录。

4. 工地焊接应注意的事项有哪些?

答:1)工厂生产的构件运到工地后,会发生变形,在组装前须用千斤顶或火焰加热法矫正到允许范围内。

2)钢桥杆件工地焊缝连接应按设计规定的顺序进行。设计无规定时,纵向宜从跨中向两端,横向宜从中线向两侧对称进行。

3)工地焊接应设立防风设施,遮盖全部焊接接头,以防风雨侵袭。大风天、雨天不得进行工地焊接(箱形梁除外)。

4)焊剂的粒度,埋弧自动焊宜用1.0~3.0mm;半自动焊宜用0.5~1.5mm。埋弧自动焊焊剂覆盖厚度不应小于20mm;半自动焊不应小于10mm。焊剂中的赃物、焊丝上的油污、锈迹必须清除干净。

5)构件焊接有害物的清除范围是:对接焊为焊缝两侧各50mm内的对接钢板的三个面;T形焊为横板接触面从两个立边起算的30mm范围内,和立板端部30mm范围内的三个面。

6)组装定位焊(点固焊)时,应将两块板件的相互位置完全固定,以免在焊接时发生错动。点固焊若有裂纹等缺陷时,必须铲除重焊。点固焊前须进行预热。

7)手工焊虽比较适用于工地焊接,但容易产生缺陷,效率也较低,有条件时宜采用CO_2半自动焊施焊。

8)箱形梁内若采用CO_2气体保护焊时,必须使用通风防护安全设施。

9)工地焊接的预热温度应比室内焊接的预热温度略高,宜用表面温度计严格控制。预热可采用气体火焰、红外线、电热法等加热,厚板应采用稳定加热、可控制温度的电热法。

10)为了减少焊后变形和残余应力,宜采用以下措施。

(1)增加焊道的熔敷量,减少焊道道数。

(2)均等对称地进行焊接。

(3)按可以消除变形的顺序和方向施焊,可采用热量均匀分布的跳跃法、导向分段法等。

11)对已经出现的变形和残余应力,可采用下列方法给以消除或降低。

(1)对出现的变形,可用局部加热法热矫或加压冷矫。

(2)当焊接部位周围产生影响不利的残余变形时,应用以下几种方法给予消除:

①退火方法。退火温度一般为600～650℃，调质高强度钢退火温度应≤600℃。

②也可采用振动法、敲击法降低残余应力；

③施焊时，首先从约束较大的部位向约束较小的方向进行；从一端或者中央向另一端连续施焊；

④将基材先预热到80～150℃。

12)在焊接和冷却的过程中，对焊接部位不要有较大的冲击和振动。

13)对加劲肋手工施焊的第一层应特别仔细地焊接，并在焊后检查是否有裂纹。

14)应将垂直应力方向的对接焊缝余高铲除，并沿着应力方向磨平。

15)杆件焊接后，应将两端引板用气割切掉，并磨平切口。

16)焊缝施工时的其他技术要求应符合本章第1题的有关规定。

17)工地焊接接缝应按本章第2题的规定进行检验。此外，还应按下列要求执行。

(1)应根据工地焊接的类型、施工方法、坡口形状确定检查的部位和照相数量。

①箱形梁板件的工地连接焊缝必须100%地用射线进行检查；

②钢桥面板的焊缝当中，埋弧焊的起、终点和定位焊的一部分应进行射线检查；

③纵加劲肋接头不能用射线检查，可通过目测进行检查，发现问题可用浸透性探伤检查。

(2)对检查出来的缺陷，应首先进行分类并根据缺陷种类进行补修。分类及补修方法见表15-30。

焊缝缺陷补修方法　　表15-30

缺陷种类	修补方法
钢材表面麻坑刮痕	深0.3～1mm的用砂轮磨修匀顺，深1mm以上的，补焊后用砂轮磨修匀顺
钢材边缘层状裂纹	在板厚$t/4$以内且不超过3mm者，刨槽补焊后用砂轮磨修匀顺
气割边缘的口(崩坑)	在深2mm以内用砂轮磨去；超过2mm的，磨出坡口补焊后用砂轮磨修匀顺
引弧的弧坑	用砂轮磨修，但有的钢种须加热后进行焊补，加热温度650℃，保温时间1～2min

续上表

缺陷种类	修补方法
焊缝裂纹及弯曲加工时的边缘裂纹	查明原因,除掉裂纹,提出防止措施,进行补焊磨修
焊缝熔深不足、有夹渣气孔凹坑等	用电弧气刨,刨掉以后补焊
焊缝表面凹凸不平	用砂轮磨修
咬边	深度小于0.5mm用砂轮磨平,深度大于0.5mm用砂轮磨修(参照焊缝标准容许尺寸)
焊瘤	用砂轮磨掉或气刨后补焊磨修
误钻孔	主要杆件,根据其重要性及缺陷影响程度,更换材料或堵焊后磨修,经X光检查评定,次要杆件堵焊后即可

注:上表各项补焊处,凡焊缝长40mm以上的要按规定温度预热。

①焊接缺陷的补修主要采用碳弧气刨清除缺陷,并应用原焊接方法重焊 。

②裂纹是最危险的一种焊接缺陷,所以在清除缺陷时,应首先铲除裂纹。为防止裂纹扩大,可采用同槽释放法(即在查清范围后在裂纹端部钻孔将裂纹截断)。对大型结构来说可先将裂纹放置不动,待其扩大终止后再进行处理。

③采用埋弧自动焊、半自动焊进行补修时,必须将清除部位的焊缝两端刨成不陡于1:5的斜坡再进行焊接。

④补焊后的焊缝应随即铲磨匀顺,并按原质量要求进行复检。

⑤补焊多为短焊缝,受到的约束力也较大,故预热温度应比一般焊缝高。16锰钢,当板厚度大于25mm时,返修焊应预热100~150℃,并须用低氢型焊条补焊以免发生裂纹,同时在焊补处要清除水、油等有害物质。

5. 工地涂装一般常用的方法有哪几种?

答:钢桥必须经过涂装,使钢材表面与大气隔绝以防锈蚀。涂装施工工艺一般包括表面处理、涂装、成膜、干燥和固化等过程。涂装分为厂内涂装和工地涂装。涂装一般常采用刷涂油漆涂料防腐、喷涂防腐涂料防腐、喷涂金属防腐、浸涂防腐等方法。喷涂金属防腐又分为火焰喷涂防腐和电弧喷涂防腐。

1)刷涂油漆涂料防腐

刷涂油漆涂料防腐是一种古老而普遍的施工方法,该法是采用由底漆、中间漆和面漆组成的防腐涂层，具有设备简单、方便灵活的特点，但需手工操作，生产效率低，不适应现代化自动生产的需要。其防腐寿命，普通防腐涂层为3~5年，重防腐涂层为8~10年。

其施工应注意以下事项。

(1)涂刷前，应将油漆搅拌均匀，并调制到适当的稠度，一般以30S~50S范围为宜。刷涂时，应严格遵循操作程序。操作者用漆刷蘸取油漆少许，刷毛浸入油漆的部分不应多于毛长的1/2，按以下操作程序进行涂刷。自上而下，从左到右，先里后外，先斜后直，先难后易，纵横涂刷。最后用漆刷轻轻修饰边缘棱角，使结构物表面形成均匀、光亮平滑的漆膜。

(2)对于垂直的表面，最后一次涂刷应由上向下进行；对于水平表面，最后一次涂刷应按照光线照射的方向进行。

(3)涂刷薄厚要适当，过厚容易起皱，且附着力不强，过薄容易露底，防护能力差。

(4)若要涂刷多层油漆，必须待下一层油漆干透，方可涂刷下一层。

2)喷涂油漆涂料防腐

喷涂是利用一种喷漆枪，将压缩空气通过喷枪的喷嘴喷出气流，与连接贮气罐的管内形成压力差，把漆液从贮漆罐内吸上来带到喷嘴，被压缩空气吹成细雾，均匀地喷涂于构件表面。

喷涂油漆涂层一般由底漆、封闭涂层、中间漆和面漆组成。常用的低层涂料有：红丹防锈漆、云母氧化铁酚醛底漆、云母氧化铁聚氨酯底漆、富锌底漆、过氯乙烯聚氨酯底漆等。面层涂料有：

①一般面层涂料：灰铝锌醇酸磁漆、灰色云母氧化铁醇酸磁漆、氯化橡胶云母氧化铁面漆、过氯乙烯聚氨酯面漆；

②抗磨、耐潮面层涂料：银灰聚氨酯磁漆、耐磨环氧面漆；

③抗烟熏、耐酸面漆涂料：云母氧化铁聚酰氨面漆；

④耐晒面层涂料：云母氧化铁醇酸磁漆、云母氧化铁酚醛磁漆、灰铝锌醇酸磁漆。

以下介绍几种涂装方案以供参考，这些方案在工程实践当中均取得了成功的经验：

①早期桥梁涂装采用较多的一种：油性红丹漆+醇酸红丹漆+醇酸面漆，如美国的金门大桥；

②性能良好、稳定又利于多年后重涂的氯化橡胶面漆的应用：环氧富锌漆+环氧云铁中间漆+氯化橡胶面漆，如上海的南浦大桥；

③性能更加优异、保光性好更利于重涂的聚氨脂面漆的广泛应用:硅酸锌底漆+环氧聚酰胺底漆+环氧云母氧化铁+聚氨酯面漆,如江阴长江大桥等;

④海洋大气环境当中应用较多的方案:无机富锌漆+环氧中间漆+氟树脂涂料;醇溶性无机富锌低漆+环氧封闭漆、环氧云铁漆+聚氨酯面漆。

施工应注意以下事项。

(1)钢桥工地涂装应符合设计要求。防腐蚀涂料应具有良好的附着性、耐蚀性,并具有出厂合格证和检验资料,工地涂装施工组织设计应满足使用要求。

(2)施工场所温度以12°~25℃为宜,相对湿度以40%~75%为宜;如有三级以上的大风、大雨、大雪或气温在5℃以下、35℃以上以及相对湿度在80%以上时不宜施工。若湿度不足40%,可在施工现场洒水,使湿度上升。

(3)全部涂装工作之前应进行二次表面处理。二次表面处理是在钢梁组装完成后,需要进行重新喷砂,除去车间底漆后,在进行永久防腐涂装之前对钢板表面进行的二次表面处理作业。

①喷砂前应彻底清除表面的焊渣、针孔、毛刺等,并应将边角打磨修圆。

②用溶剂或中性的高压水清洗钢构件表面,将油脂、盐份等有害物质赃物彻底清除后,方可进行喷砂。

③应保持室内温度高于露点温度3℃,相对湿度≤80%。

④应选用干燥、清洁、不含油脂、不含盐份等有害物质的带有棱角的石英砂。

⑤喷砂用的压缩空气应经过过滤,不应含有油脂,其空气压力宜大于0.6MPa,水分不应超过0.3%。

(4)二次表面处理之后应进行表面处理的质量检查,应满足表面清洁度和表面粗糙度的具体规定,合格后方可进行涂装。

(5)施工之前应对操作人员进行技术培训,严格按照涂装工艺要求进行施工。

(6)使用前,应将配制油漆的容器、贮料筒和输料管道等工具清洗干净。

(7)施工前须将油漆搅拌均匀,并按油漆说明或试验数据掌握配合比和黏度。黏度一般控制在15~25s范围内,黏度太大时,可用增减溶剂和稀释剂的方法将漆调至适当的黏度,但不得超过说明书或试验确定的限量,一般不超过涂料质量的2%,特殊情况不应超过5%。醇酸漆可用松香水等进行稀释;硝基纤维漆用香蕉水稀释;不得用煤油、柴油和低沸点汽油作为钢桥涂料的稀释剂。

(8)各种涂料调至施工黏度后,应用120~200目金属网过滤,滤去漆皮和杂质后方可涂装,使用时,还应经常摇动漆罐,以免发生沉淀。

(9)施工场所必须干净,不应有灰尘、烟雾、以及其他脏物,否则应有保证涂漆质量的措施。

(10)喷枪使用前,应保持干净,并宜用水进行试喷,以检验喷枪的喷射情况。

(11)喷涂时用手按住喷枪扳机,使压缩空气从气嘴中喷出、漆液吸出通过喷嘴喷在物面上。

(12)气压应保持在0.3~0.5MPa之间,以后可逐渐降低;如用大喷枪,气压为0.5~0.7MPa之间。

(13)喷嘴与物面之间的距离应控制在25~30cm,一般喷头道漆时要近一些,以后再喷时可远些。

(14)喷出漆的方向,应当尽量垂直于物面,喷涂时宜以10~12m/min的速度均匀移动。

(15)在潮湿环境下喷漆,应在漆内加防潮剂,以防止喷的漆发白;防潮剂用量为漆内稀释剂量的25%。如喷漆时物面已有发白现象,可用稀料加防潮剂喷一遍,可消除发白现象。

(16)喷漆时,如发现喷枪出漆不匀,应立即调整出气嘴和出漆嘴之间的距离(用对嘴式喷枪时),使出漆均匀并有一定的漆覆盖面。

(17)漆的喷出量,除可由气压和排气量的大小控制外,尚可由顶针伸出的程度来调节。若要较大改变漆的喷出量,则要更换不同口径的喷嘴。

(18)在运输和安装过程中,应对损坏的油漆进行补涂。对局部损伤的表面可用手工进行打磨修补;对大范围损伤的表面应重新按层进行修补。

(19)每层涂装前,应对上一层涂层进行检查,发现漏涂、流挂发白、皱纹、针孔、裂纹等缺陷时,应及时进行修补,之后才能进行下道涂层。

3)喷涂金属防腐

喷涂金属防腐系统一般包括喷涂金属层和封闭涂层。喷涂金属一般选用的金属材料为铝、锌或锌—铝合金。喷涂金属工艺,可采用火焰喷涂法、或电弧喷涂法。进行喷涂金属防腐施工时应注意以下事项。

(1)喷涂金属的表面处理最低等级为Sa2.5。

(2)选用磨料应满足钢结构处理后表面粗糙度不小于60~80μm的要求。

(3)钢结构表面处理后应尽快喷涂金属,其间隔时间不应超过4h(阴湿天气不应超过1.5h),当相对湿度大于85%时,不应进行喷涂金属作业。

(4)喷涂时,同一层内每一喷涂带宜与前一喷涂带重叠1/3宽度,相邻层的喷涂带宜互相垂直、交叉覆盖。

(5)喷涂金属后应尽快进行封闭涂层的涂装作业。喷涂金属系统的封闭涂层,其底漆应具有良好的封孔性能,通常采用磷化底漆以及环氧、环氧酯、聚氨酯、乙烯树脂、氯化橡胶等底漆。

(6)封闭涂层应具有足够低的黏度并能渗透到金属涂层孔隙中,且能与喷涂层保持相容性,以达到紧密结合、坚固稳定的作用效果。

(7)涂装完成后应进行工地涂装质量检验。

①漆膜的外观质量检验。可通过目测或用 5 ~ 10 倍放大镜进行观察,喷涂金属层应颗粒细密,表面均匀、平整、有光泽、颜色一致,并不允许有固体杂质、露底、漏涂、涂层剥落、涂膜破裂、气泡、划伤、咬底及裂缝等缺陷。

②漆膜厚度的质量检验。每层涂装完成后应检查干膜厚度,涂装完成后应检查总厚度。厚度应符合设计要求,并按下一个题目介绍的方法进行检验。

③厚膜涂层应进行针孔检测,针孔数不应超过测点总数的 20%,当不符合要求时,应进行修补。

④对喷涂金属系统应进行孔隙率检测,检测面积宜占总面积的 5%,当不合格时,应进行补喷或重喷。

⑤漆膜附着力的检验。对喷涂金属层与钢结构的结合性能,可采用敲击或刀刮的方法进行检测,当不合格时,应进行补喷或重喷。下面介绍一种附着力的检验方法。

用比较锋利的专用刻刀在选定的检验部位的漆面上划一个十字,深度以划到钢板为合适,然后将指定胶布贴在划痕上,并紧贴漆膜,随后迅速拉开胶布检查刀痕状况。当干漆膜厚度 $<120\mu m$,且紧贴刀痕两侧被粘下的漆膜总宽度 $\leq$ 2mm 时,评为合格;当干膜厚度大于 $120\mu m$,且刀痕两侧被粘下的漆膜总宽度 $\leq$ 3mm 时评为合格。否则评为不合格。

6. 何谓火焰喷涂法?

答:火焰喷涂法是利用氧—乙炔火焰的高温,将直径 2.0 ~ 3.0mm 的锌丝、铝丝或锌铝合金丝熔化,同时用压缩空气将熔化了的金属熔液吹成雾状,并迅速喷射到预先经过除锈打毛的钢板上,形成一层极薄的紧密附在钢板表面的喷涂层。施工时应注意:

(1)火焰喷法所用的金属材料应光洁、无锈、无油、无折痕,一般采用直径为 2.0 ~ 3.0mm 的金属丝。

(2)金属丝的纯度应符合下列要求:铝丝含铝 99.5% 以上;锌丝含锌99.7% 以上;锌铝合金丝的金属组成,锌为 95% ~ 70%,铝为 5% ~ 30%。

(3)所采用的气体应无油、无水、无粉尘;氧气纯度应达到二级以上;气体压力分别为:氧气—0.5～0.6MPa,乙炔—为0.08～0.12MPa,压缩空气—0.5～0.6MPa。

(4)喷枪的移动速度宜为0.2～0.4m/s;送丝速度宜为1～1.5m/min。

(5)喷射的最佳角度为90°并不得小于65°;喷枪到工作表面的距离宜为150mm±50mm。

7.何谓电弧喷涂法?

答:电弧喷涂是在极短的时间(1/1 000～1/10 000s)内,利用专用的喷涂设备和电能将耐蚀金属材料熔融、雾化,然后将其喷涂至预先经过喷砂除锈处理过的钢结构件表面,形成纯度高、结合力强的机械—冶金结合喷涂层;之后将抑制腐蚀的封闭剂均匀地涂敷在电弧喷涂金属上,完成封闭涂层的作用,并达到复合涂装层的最佳协同效应。电弧喷涂防腐与火焰喷涂防腐相比具有下列优点:

(1)寿命长。电弧喷涂防腐涂层防腐不仅能进一步隔绝腐蚀介质的侵蚀,还可以使电弧喷涂金属层界面的阻抗力增大,耐腐蚀性能也大大增强,其使用寿命可以达到电弧喷涂层寿命与封闭涂层寿命之和的1.5～2.3倍。涂层自身的耐蚀寿命可达30年以上,是重防腐涂层的3～5倍,热浸涂层的2～3倍。

(2)涂层与钢体的结合力强(大约是火焰喷涂层的三倍)。涂层与钢铁基体的结合力强是因为:锌或铝的电化学电位比钢铁低,当腐蚀介质存在时,即使涂层发生破损,金属喷涂层也能够首先发生电化学反应从而达到保护钢铁基体的目的。

(3)质量稳定。氧—乙炔火焰喷涂存在氧化、碳化的隐患,质量不够稳定;而电弧喷涂防腐是利用电弧加热丝材,熔化均匀,雾化充分,喷涂层致密、平整,质量非常稳定。

(4)生产效率高(单机生产能力大约是火焰喷涂层的3～4倍)。电弧喷涂长效防腐技术采用双丝送入,使单机生产效率大大提高。

(5)便于修补。采用电弧喷涂施工技术本身,即可对钢结构在加工、起吊、运输、安装过程中涂层所遭到的各种损伤进行修复。

电弧涂装施工当中应注意以下事项:

(1)电弧喷涂施工应经过表面净化处理、喷砂除锈、电弧喷涂、封闭涂层以及面漆涂装等工艺。

(2)封闭涂层的施工工艺至关重要。可采用复合涂层进行封闭,如某钢桥涂装采用电弧喷涂铝工艺,其封闭涂料采用低黏度的环氧云母氧化铁,第一道封闭采用刷涂,有利于封闭渗透至电弧喷涂层的空隙内形成复合涂层;第二道封闭采用高压无气喷涂,以保持整体颜色均匀,达到了很好的效果。

(3)电弧喷涂层厚度应符合设计要求,喷涂层外观应均匀、致密、无未熔化的大颗粒,无漏喷。电弧喷铝工艺参数见表15-31。

电弧喷铝工艺参数 表15-31

项目	参数类别	工艺参数
喷涂材料	铝丝 ϕ2~3,L2(1060)	GB3190
电源参数	喷涂电压	24~34V
	喷涂电流	100~300A
雾化参数	雾化气体压力	≥0.6MPa
	喷嘴结构	封闭式喷嘴
操作参数	喷涂距离	150~200mm
	喷涂角度	≥60℃
基表温度	喷涂过程工件温度	≤100℃
喷涂环境	温度	≥5℃
	湿度	≤85%
	空气扬尘	无
	风力	超过5级采取措施
间歇时间	粗化后至喷涂时间	≤4h
	喷涂过程阴雨天	≤2h
涂层质量	喷铝层厚度	≥180μm
	喷铝结合力	≥9.8MPa

8. 工地涂装厚度应怎样检验?

答:1)检验方法

工地涂装厚度的检验是工地涂装质量检验的一项主要内容。涂装层厚度的检验通常采用电子涂层厚度仪或测厚仪进行测定。在喷涂金属层时,应用湿膜测厚仪、钢片尺等检查涂层厚度。对于已经干透了的漆膜可用钢料漆膜测厚仪或CHJ—1型电磁厚度仪测量厚度。下面介绍一种漆膜厚度的测定方法(GB 1764—79),该法适用于漆膜厚度的测定,采用杠杆千分尺或磁性测厚仪进行测定,以μm表示。

(1)杠杆千分尺法

①杠杆千分尺的“0”位核对。测量厚度之前,应首先对杠杆千分尺进行“0”位校对。用绸布将两个测量面擦拭干净,慢慢旋转微分筒,使两测量面轻轻地相互接触,当指针与表盘的“0”位线重合后,即停止旋转微分筒,此时微分筒上的“0”位线也应与固定套筒上的轴向刻线相互重合,微分筒边缘与固定套筒的“0”线左边缘恰好相切,这样就算“0”位正确。如果和上述要求有偏差,就是“0”位不准,必须给予调整。

②杠杆千分尺的“0”位调整。调整时,先使指针与表盘的“0”线重合,用止动器把活动测杆固定住,然后松开后盖,再调整微分筒上的“0”线,使其与固定套筒上的轴向刻线相互重合,微分筒边缘与固定套筒的“0”线左边缘恰好相切,然后拧紧后盖,将止动器松开,观察表盘指针是否对“0”,如果不对应,重复上述操作步骤,重新进行调整,直到“0”位正确。

③厚度测量。测点应选在距样板边缘不小于 1cm 的上、中、下三个位置进行测量。测量厚度时，可根据实际情况选用以下两种方式：一是先将尚未涂漆的底板放于微动测杆与活动测杆之间，慢慢旋转微分筒，使指针在两公差带指针之间，然后调整微分筒上的某一条线，使其与固定套筒上的轴向刻线相互重合，为了消除测量误差，可在原处多测几次，进行读数。读数时，把固定套筒、微分筒和表盘上所读得的数字相加，即为测得的底板厚度值。然后将底板涂上漆样，按规定的时间干燥后，再按相同的方法在同样的位置再次测量，得到底板和漆膜的总厚度值，两个厚度之差即为漆膜厚度；二是按上述方法先测量已涂漆样板的厚度，再用适当的方法除去测量点的漆膜，然后测出底板的厚度，两者之差即为漆膜厚度。

④结果整理。取各测点厚度的算术平均值作为漆膜厚度的平均值(杠杆千分尺的精确度为 2μm)。

(2)磁性测厚仪法

①调零。取出探头，插入仪器的插座。将经过打磨未涂漆的底板（与被测探头底材相同）擦洗干净，把探头放在底板上，按下电钮，再按下磁芯，当磁芯跳开时，如指针不在零位，应旋动调零电位器，使指针回到零位，操作需重复数次，如无法调零，需更换新电池。

②校正。取标准厚度片放在调零用的底板上,再将探头放在标准厚度片上,按下电钮,再按下磁芯,待磁芯跳开后旋转标准钮,使指针回到标准厚度值上,需重复数次。

③测量。取距样板边缘不小于 1cm 的上、中、下三个位置进行测量。将探

头放在样板上,按下电钮,再按下磁芯,使之与被测漆膜完全吸合,此时指针缓慢下降,待磁芯跳开、表针稳定时,即可读出漆膜厚度值。

④结果整理。取各测点厚度的算术平均值作为漆膜的平均厚度值(磁性测厚仪的精确度为2μm)。

2)工地涂装厚度检验应注意的问题

(1)对于涂层系统,在涂装时,涂层遍数和漆膜厚度应符合设计要求,并应及时测定湿膜厚度,保证干膜厚度。

(2)涂层干膜厚度大于或等于设计厚度值的点数应占总测点数的90%以上,其他测点的干膜厚度不应低于90%的设计厚度值。当不符合上述要求时,应进行修补。

(3)喷涂金属系统喷涂厚度达不到要求时,应进行补喷或重喷。

(4)对于钢桥涂装层数和涂膜总厚度,如设计无明确规定,可参照表15-32选用。

钢桥涂装的层数和涂膜厚度 表15-32

部位	最小干膜总厚度(μm)	涂装层数	
		底漆	面漆
板梁、箱梁上盖板和桁梁的桥面系上盖板	240	3	4
其他部位	180	2	3

(5)大气区、浪溅区和水位变动区喷涂金属系统的厚度应根据设计使用年限参考表15-33和表15-34选用。

大气区喷涂金属系统 表15-33

设计使用年限 T(a)	喷涂金属层厚度(μm)	封闭涂层厚度(μm)
$T \geqslant 20$	锌250	30~60
	铝200	
$10 \leqslant T < 20$	锌150	30~60
	铝100	

注:表中喷锌、喷铝可任选一种。

浪溅区和水位变动区喷涂金属系统　　表 15-34

<table>
<tr><th>设计使用年限 T(a)</th><th>喷涂金属层厚度(μm)</th><th>封闭涂层厚度(μm)</th></tr>
<tr><td rowspan="2">$T \geqslant 20$</td><td>锌 300</td><td rowspan="2">60 ~ 100</td></tr>
<tr><td>铝 250</td></tr>
<tr><td rowspan="2">$10 \leqslant T < 20$</td><td>锌 150</td><td rowspan="2">60 ~ 100</td></tr>
<tr><td>铝 150</td></tr>
</table>

注:表中喷锌、喷铝可任选一种。

9. 钢梁工地安装后的允许偏差是怎样规定的?

答:钢梁工地安装后的允许偏差规定见表 15-35。

钢梁安装后的允许偏差　　表 15-35

<table>
<tr><th colspan="3">项　　目</th><th>规定值或允许偏差(mm)</th></tr>
<tr><td rowspan="2">轴线偏位</td><td colspan="2">钢梁中线</td><td>10</td></tr>
<tr><td colspan="2">两孔相邻横梁中线相对高差</td><td>5</td></tr>
<tr><td rowspan="2">梁底高程</td><td colspan="2">墩台处梁底</td><td>±10</td></tr>
<tr><td colspan="2">两孔相邻横梁相对偏差</td><td>5</td></tr>
<tr><td rowspan="4">支座偏位</td><td colspan="2">支座纵、横线扭转</td><td>1</td></tr>
<tr><td rowspan="2">固定支座顺桥向偏差</td><td>连续梁或 60m 以上简支梁</td><td>20</td></tr>
<tr><td>60m 以下简支梁</td><td>10</td></tr>
<tr><td colspan="2">活动支座按设计气温定位前偏差</td><td>3</td></tr>
<tr><td colspan="3">支座底板四角相对高差</td><td>2</td></tr>
<tr><td rowspan="2">连接</td><td colspan="2">对接焊缝的对接尺寸、气孔率</td><td>符合本章第 1 题焊缝检验要求</td></tr>
<tr><td colspan="2">高强度螺栓扭矩</td><td>±10%</td></tr>
</table>

第十六章 悬　索　桥

一、锚　　碇

1. 锚固体系有哪几种？施工的允许偏差是怎样规定的？

答:锚碇是悬索桥的主要承重构件,将主缆的巨大拉力传递和分散至基础和地基。锚碇按受力方式和力的平衡方式分为重力式锚固体系和隧道式锚固体系。

1)重力式锚固如图(16-1a)依靠其巨大的重力抵抗主缆拉力,即依靠巨大的自重所产生的竖向力平衡缆的竖向分力,靠自重对土壤的压力产生的摩阻力平衡缆的水平分力。重力式锚固体系按锚固位置可分为前锚式锚固体系和后锚式锚固体系。下面就前锚式应用较多的两种体系作一介绍。

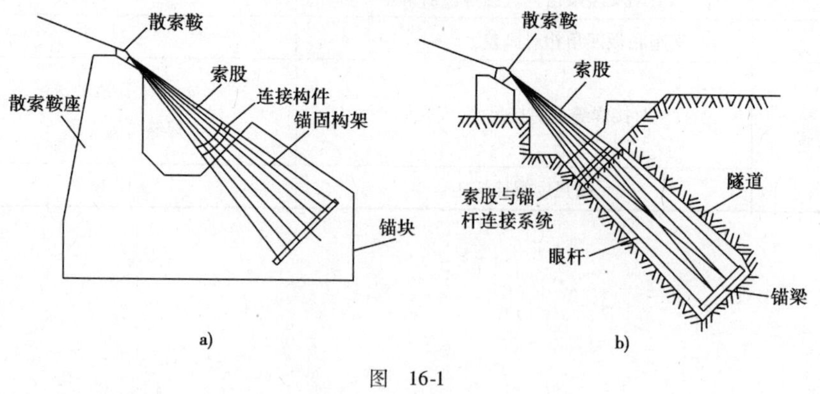

图　16-1

(1)型钢锚固体系

型钢锚固体系由锚架和支架组成。锚架,包括锚杆、前锚梁、拉杆、后锚梁等,是主要传力构件。支架是安放锚杆、锚梁并使之精确定位的支撑构件。其施工程序为:工厂制造锚杆、锚梁等构件→现场拼装锚支架(部分)→安装后锚梁→安装锚杆与锚支架→安装前锚梁→精确调整位置→浇筑锚体混凝土。

其施工注意事项:

①所有构件安装均应按照钢桥施工规范的有关规定执行。

②锚杆、锚梁制造时须严格按设计要求进行抛丸除锈、表面涂装和无破损探伤等工作。出厂前应对构件连接进行试拼,其中包括锚杆拼装、锚杆与锚梁连接、锚支架及其连接系平面试装。

③要注意锚支架特别是锚梁托架的刚度,必要时要采取加固措施,防止支架变形而严重影响锚杆位置的精度。

④混凝土浇筑应按大体积混凝土施工要求进行,详细要求见本书第七章。

(2)预应力锚固体系

索股锚头由两根螺杆和锚固连接器相连,在对穿过锚块混凝土的预应力束施加预应力,使锚固连接器与锚块连接成整体,承受索股的拉力。其施工程序为:基础施工→安装预应力管道→浇筑锚体混凝土→穿预应力筋→安装锚固连接器→预应力筋张拉→预应力管道压浆→安装与张拉索股。

其施工注意事项:

①预应力体系的锚头要安装防护套,并向套内注入保护性油脂。

②加工件必须进行超声波和磁粉探伤检查。

③构件在运输和堆放过程中需严加保护,不允许构件受到损伤。

2)隧道式锚碇的锚体嵌入基岩内,借助基岩抵抗主缆拉力,如图16-1b)。只有当岩石较完整、外露或埋置较浅的桥址条件下,采用隧道式锚碇。采用该锚碇应注意:

①在开挖岩石过程中不应采用大药量的爆破,应尽量保护岩石的整体性。

②锚体混凝土必须与岩体结合良好,宜采用微膨胀混凝土,防止混凝土收缩与拱顶基岩分离。膨胀剂掺量应按设计要求根据试验确定。

③混凝土浇筑完毕后,立即在端模挂草袋保温,将洞口用草袋封闭,减少空气流通,达到减少混凝土内外温差的目的。

④运送构件到洞内可采用轨道滑溜的方法,然后采用小型起吊设备安装。施工中,各构件应严格按从下至上的顺序搬运,随放随装。

⑤洞内应具备排水和通风条件。

⑥当锚碇如图16-2所示时,锚板混凝土应防止裂缝,岩洞周围裂缝较多的岩石应加以处理。洞内的岩面开挖到设计截面后,应迅速加设衬砌,避免岩石风化,影响锚块质量。

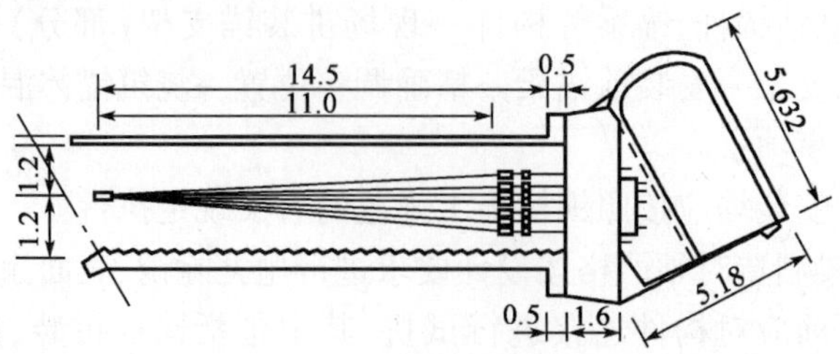

图 16-2　隧道式锚碇(尺寸单位:m)

3)施工允许偏差的规定

(1)锚杆、锚梁制作及安装要求,见表 16-1。

锚杆、锚梁制作及安装要求　　表 16-1

项　　目		规定值或允许偏差
锚杆制造(mm)	长度	±3
	高度	
	宽度	
支架安装(mm)	中心线偏差	±10
	横向安装锚杆之平联高差	-2, +5
锚杆安装(mm)	X 轴	±10
	Y 轴	±5
	Z 轴	±5
后锚梁安装	中心偏位	5mm
	偏角	符合设计要求
漆膜厚度		不小于设计要求

(2)预应力锚固施工要求,见表 16-2。

预应力锚固施工要求　　表 16-2

项　　目	规定值或允许偏差
拉杆张拉力	符合设计要求
前锚孔道中心坐标(mm)	10
前锚面孔道角度(°)	±0.2
拉杆轴线偏位(mm)	5
连接器轴线(mm)	5

(3)锚碇混凝土施工精度要求,见表16-3。

锚碇混凝土施工精度要求 表16-3

项目		允许偏差(mm)
锚碇结构轴线偏位	基础	20
	锚面槽口	10
断面尺寸		±30
基础底面高程	土质	±50
	石质	+50,-200
顶面高程		±20
大面积平整度		8
预埋件位置		10

2. 如何选择锚碇的锚固体系?

答:锚碇的锚固体系根据锚碇所处位置的地质状况和悬索桥的形式来选择。

(1)根据地质状况选择锚碇体系。在设置锚碇之处,如果是坚实的岩石靠近地表,修建隧道式锚碇较为经济;若持力层位于地面以下20~50m,修建重力式锚碇较合理;若坚实持力层的埋置深度很大,而设计又需要将荷载完全传至持力层,则锚碇需要采用沉箱、沉井、钢筋混凝土桩、管桩或沉井中套桩(或管桩)的联合基础作基础。

(2)另外,悬索桥的锚碇还需要根据悬索桥的形式考虑,其形式有三种,如图16-3所示。

根据以上三种形式,锚碇设置可以分五种情况:

①对上图a)中所示边跨主缆不承受荷载的后拉索形式悬索桥,锚碇可采用重力式或隧道式。

②对上图b)中所示为有支架墩及主缆后拉索形式的悬索桥,锚碇可以采用重力式或隧道式。

③上图c)中的悬索桥,锚碇可按图16-4a)设计,将混凝土结构的刚性主缆支架置于锚碇内,展束锚固鞍座辊轴支承在主缆支架顶部,分散开的主缆绳股的

伸缩靠辊轴完成。

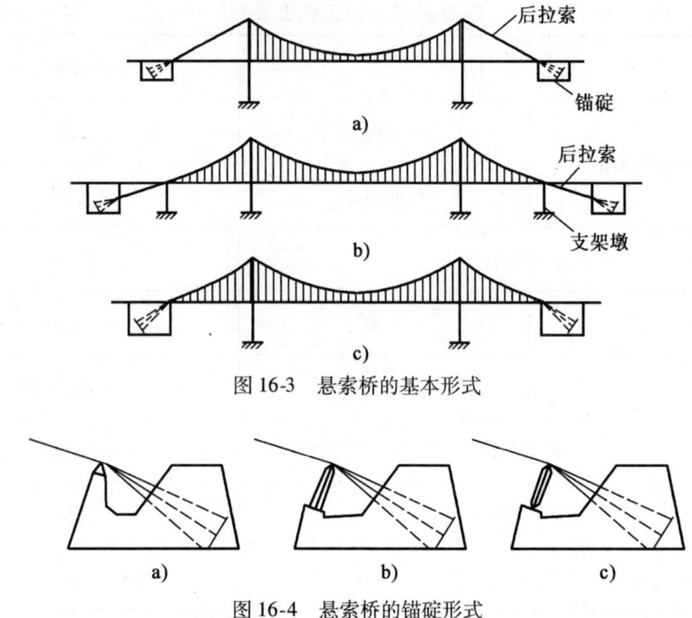

图 16-3　悬索桥的基本形式

图 16-4　悬索桥的锚碇形式

④对于图 16-3c) 中的悬索桥,锚碇也可按图 16-4b) 设计,将钢结构的柔性主缆支架置于锚碇内,展束锚固鞍座固定在主缆支架顶部,分散开的主缆绳股的伸缩靠支架的变形完成。

⑤图 16-3c) 中的悬索桥,锚碇也可按图 16-4c) 设计,将钢结构的摇杆支架置于锚碇内,展束锚固鞍座固定于摇杆支架顶部,分散开的主缆绳股的伸缩靠支架的旋转来完成。

3. 锚碇大体积混凝土施工应注意哪些问题?

答:(1)大体积混凝土应采用水平分层施工,层厚应视混凝土浇筑能力和降温措施而定。后一层混凝土浇筑前需对已浇好的混凝土面进行凿毛、清除浮浆,以确保混凝土结合面黏结良好。层间间歇时间应为 4 ~ 7d。

(2)根据锚碇的结构形式、大小等如需采取分块施工,块与块之间预留湿接缝,槽缝宽度应为 1.5 ~ 2m,槽缝内宜浇筑微膨胀混凝土。

(3)大体积混凝土施工需采用必要的措施进行温度控制,以防止混凝土的开裂。温度控制的具体措施参见第七章。

(4)混凝土浇筑完后应及时进行温度和湿度的养护。可在其顶面用湿麻袋加以覆盖并洒水养护，当气温急剧下降时须注意保温，并应将混凝土内外温差控制在25℃以内。也可用塑料薄膜覆盖养生，当气温下降时须保温。

(5)应保证大体积混凝土的养护时间。严格注意混凝土的早期(前7d)养护，一般情况下应保证不少于21d的养护时间。

(6)隧道式锚碇的混凝土施工时，锚体混凝土应与岩体结合良好，且宜采用自密实型微膨胀混凝土，保证混凝土与拱顶基岩紧密黏结；浇筑混凝土时洞内应具备排水和通风条件。

4.主缆与锚块的联结方式有几种？

答：主缆和锚块的联结方式有五种，如图16-5所示。

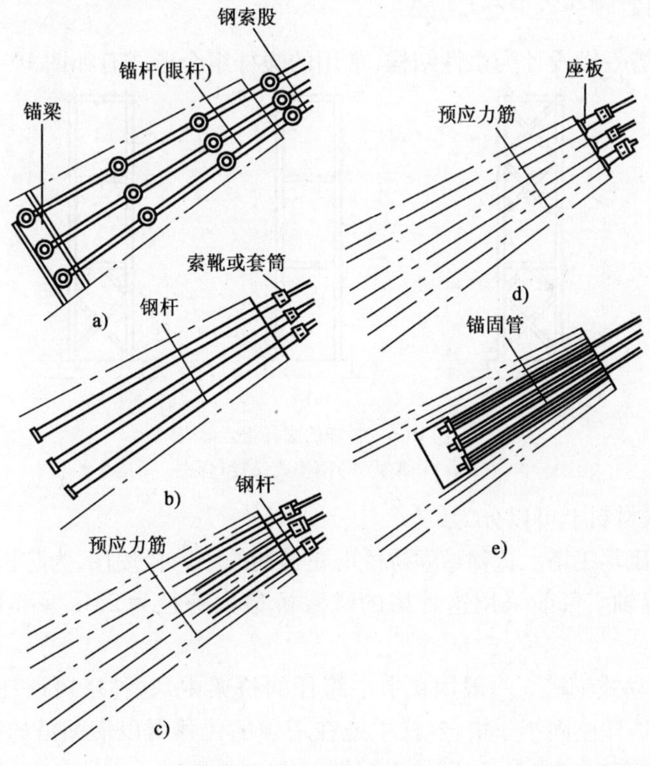

图16-5 主缆与锚块的联结

①图a)为早期的联结方式，主缆绳股的拉力由一连串锚杆传至锚块后部的锚梁上。

②图b)是通过上端有螺纹的钢杆替代锚杆来传递主缆绳股拉力，但在索靴

与螺杆之间可进行长度调整。

③图 c)利用后张法预应力钢筋或钢丝束将主缆绳股拉力传至锚块。

④图 d)是在混凝土端面处,通过座板使螺杆与预应力筋联结来传递主缆绳股拉力至预应力筋。

⑤图 e)中主缆采用预制平行绳股,绳股直接通过其锚头将主缆拉力传给锚块。

二、索　　塔

5. 索塔有哪几种形式?

答:索塔一般设计为柔性结构,常用的腹杆组合形式有如图 16-6 所示三种。

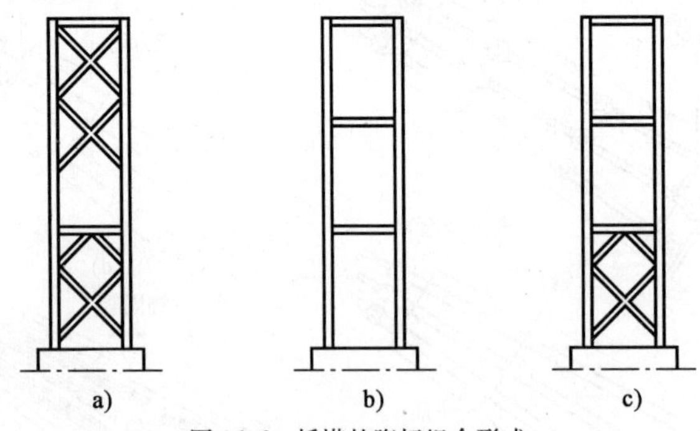

图 16-6　桥塔的腹杆组合形式

a)桁架式;b)刚构式;c)组合式

索塔从材料上可以分为:

(1)石砌圬工塔。这种悬索桥桥塔在早期的小跨径使用,为防止主缆磨损,鞍座下设置辊轴。目前采用这种塔的悬索桥最大跨径为 284m + 488m + 284m,塔高 74m。

(2)摆动式钢塔。一般用在中小跨径的桥梁中,这种塔可以在塔的下端设铰,并让塔顶鞍座固结于塔,这样主缆在塔顶的位移可以借助塔的摆动来完成,塔身所受的弯矩也减小了,塔的用钢量也相应少了。

(3)下端固定的钢塔。对于跨径大于 400m 的悬索桥,其下端采用下端固定的钢塔较经济合理。

(4)混凝土塔。近年来所建的大跨径悬索桥,桥塔均为钢筋混凝土塔。一般索塔均指混凝土桥塔。

6. 索塔施工应注意哪些问题?

答:(1)塔基、混凝土塔身施工应参照第十七章第1题的有关内容进行。

(2)因塔顶钢框架的安装精度直接影响索鞍的安装精度,所以应确保塔顶钢框架的安装精度。

(3)塔顶钢框架的安装必须在索塔上的系梁施工完毕后方能进行,在塔顶系梁施工完成一个月后为宜。

(4)塔完工后,须测定裸塔倾斜度、跨距和塔顶高程,作为主缆线形计算调整的依据。

7. 索塔施工通常是采用什么方法测量的?

答:由于主塔结构断面形式多样化,建筑造型各异,所以在施工过程中,除应保证各部位的倾斜度、铅直度、几何尺寸符合要求外,还要注意索塔局部测量系统的控制,并与全桥总体测量系统接轨,进行控制网联网闭合。索塔局部测量系统的测量,常采用三维坐标法和天顶法。

测量时,首先应建立索塔局部测量控制基准点:其控制基准点应建立在相对稳定的基准点上,比如可选择在塔的承台基础上。高程基准点采用检定合格的钢尺以钢尺导入法上传。根据这些基准点便可以进行塔柱施工放样和定位。

1)三维坐标法

三维坐标法是一种利用全站仪三维坐标的控制功能、同时测出每个测点的三维坐标、而不另外单独进行水准测量的方法。具体施测方法是:将全站仪架设在某一测站点,测出该点的三维坐标,并将其连同仪高、觇高输入全站仪,后视某一控制点,使后视方向值与该方向的方位角相同,同时置棱镜于所需放样的塔柱棱角点上,用全站仪照准目标,测出该棱角点的三维坐标,并与设计坐标相比较,定出测点的具体位置。如图16-7所示,由于M_0点不能全部测出塔柱某一断面所有棱角点,可将仪器架设在JT01或JT03,测出其余棱角点的位置。

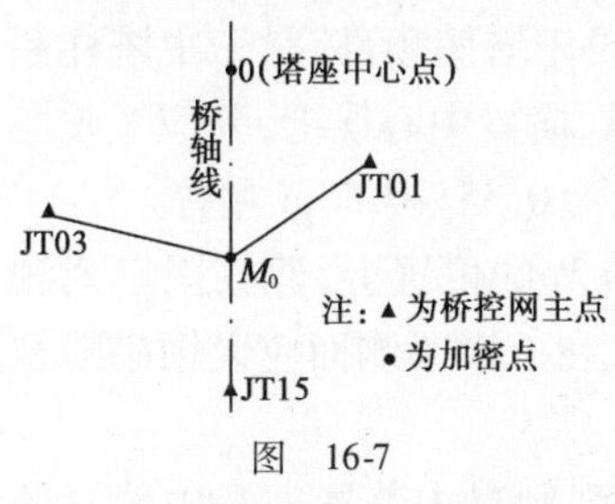

图 16-7

采用空间三维坐标法对索塔各部位进行测量过程中应注意以下事项:

(1)为避免由于长时间的日照引起索塔变形,测量的控制时间宜选择在夜晚22:00点至上午7:00点之间。

(2)随着索塔建筑高度的逐渐升高,风力对索塔的测量结果会有一定程度的影响，所以应选择在较小风力时进行测量。

(3)为确保索塔的测量精度,应在原有桥轴线三角网的基础上进行三角网加密,并对其进行严密平差。

(4)为保证仪器每次都能在同心、同高程的位置上完成架设,应设置强制对中装置,使之强制性地归化到设定的位置上,然后进行固定。

(5)应将测量精度控制在设计允许的范围之内。

(6)应避免出现累计误差。在施工测量过程中,应特别注意对索塔各组成部位的相关位置和转换点的测量控制,并根据施工中的实际情况及时进行校核和调整,以避免累计误差的出现。

(7)由于索塔的不断升高以及混凝土的收缩、徐变、风荷、沉降、温度等因素的影响,会引起基准点的少许变化,故应将索塔各部位相关位置及其转换点与全桥总体测量系统控制网联网闭合,并应加强观测,根据测量结果,对基准点进行修正和控制。

2)天顶法(天顶测角法)

天顶法是在平面基准的传递中,充分利用 T_2 经纬仪的自动补偿系统,用弯管目镜来进行铅直投点的方法。具体施测方法是:根据塔柱的变化规律,计算出塔柱轴线水平投影的方位角,将测站点布设在塔柱轴线水平投影或其延长线上,并应注意保证通视,在测站点上架设 T_2 经纬仪,根据事先计算出来的轴线方位角,可以在实地定出轴线,通过望远镜,便可定出各节段的劲性骨架和模板的设计轴线。采用天顶法对索塔各部位进行测量过程中应注意以下事项:

(1)天顶法测量受高度的限制,在施工过程中,需将测站点向上转移。

(2)由于在作业面的最下层,操作人员始终受到威胁,所以应特别注意施工安全。

(3)应正确设定测站点的位置。对于下塔柱应设于塔座顶部,对于中塔柱和上塔柱应设于下横梁顶面和侧面,平面位置应设于纵、横梁中心线上,并应考虑塔柱与模板之间空间确定各测站点距塔柱的距离,一般为0.35~0.50m左右。

(4)每次架设仪器都应强制性地设在同心、同高程的位置上,建立固定式测站。在塔座顶部与下横梁顶部,应设立柱墩型测站,在下横梁侧面应设钢牛腿型测站,牛腿的形状参见图16-8。

(5)应在柱墩型和钢牛腿型测站的顶面设一个强制对中装置。对中装置的结构参见图16-9所示图例。

(6)当仪器设在测站上,将各点坐标随着倾斜法线向空间延伸传递时,在劲性骨架式模板的相应位置上,应安装一个既能接收前视读数,又能确定方向的目标分划板装置。

(7)可采用下述方法消除变形的影响。由于观测站建立在被测结构上,在外界条件(气温、日照、风荷)的影响下,结构本身将产生变形,如此测量则造成了"动测动"的情况,所以在下塔柱施工中要加强观测,对索塔承台基础上的施工控制网进行检测。下横梁及中塔柱施工之前,将转折点的中心点和纵横中心线利用远离承台的基准点从客观上进行复测校核,然后再重新布设施工测量基准点,使下塔柱施工阶段的变形量不影响下横梁、中塔柱的施工,实现分段纠偏,消除累计误差。

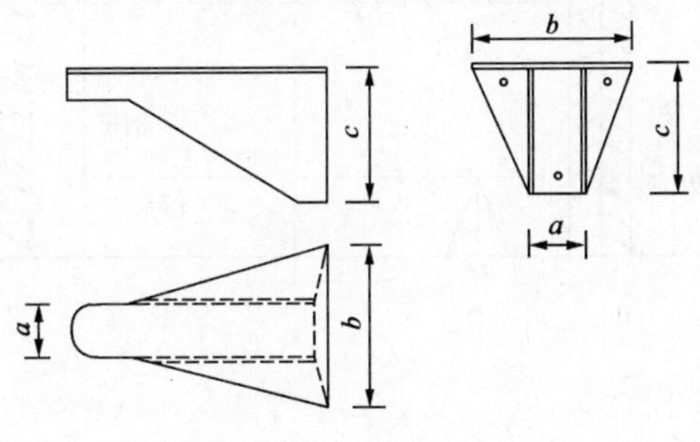

图16-8 钢牛腿测站

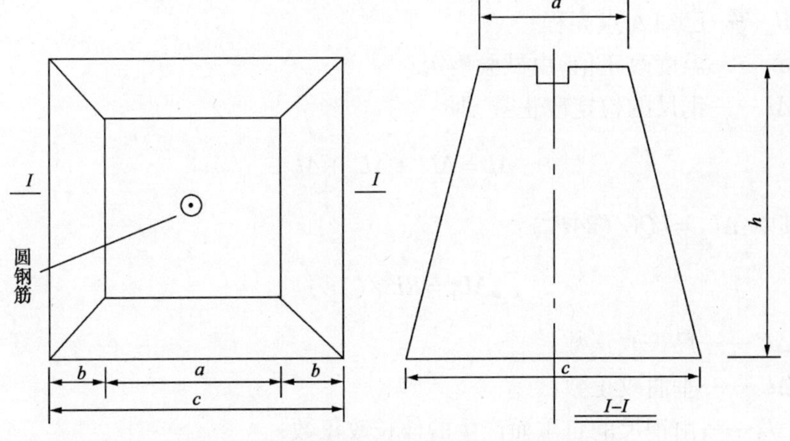

图16-9 对中装置结构示意图(尺寸单位:mm)

3)高程放样

如图16-10所示,高程放样的方法采用吊钢尺法进行。使用器材有:两台水准仪、两根水准尺、一把钢尺、一把弹簧称和两台点温仪。其测量方法是:将钢尺悬挂在固定架上,零点端在下,下挂一与钢尺检定时同重的重锤。下水准仪 M

在起始水准点水准尺 Q 上读数为 h_1,在钢尺上读数为 a,上水准仪 N 同时在钢尺上读取 b,在待定水准点上的水准尺上读数为 h_2,同时用点温仪测定钢尺上、下端温度。取平均值作为钢尺温度,则待定点的高程用下式计算:

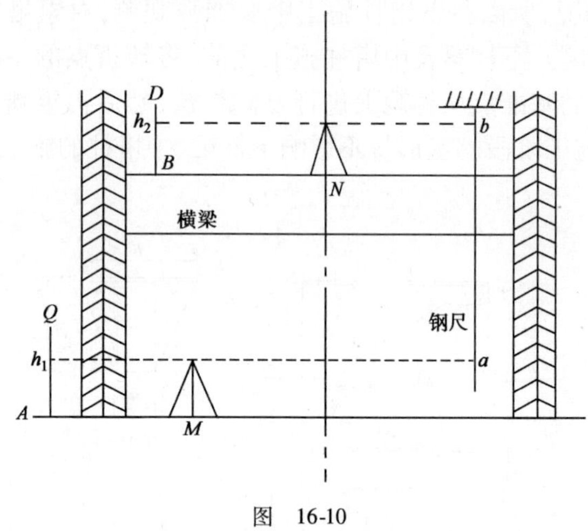

图 16-10

$$H_B = H_A + h_1 + [(b-a) + \Delta L_1 + \Delta L] - h_2$$

式中:H_B——待求点 B 的高程;

H_A——已知 A 点高程;

ΔL_1——温度改正值,由试验确定;

ΔL——钢尺的检定改正数,即

$$\Delta L = \Delta L' + \Delta L_2 + \Delta L_3$$

其中:$\Delta L_2 = LQ^2/(24P^2)$

$$\Delta L_3 = RL^2/(2E)$$

其中:$\Delta L'$——尺长改正数;

ΔL_2——垂曲改正数;

ΔL_3——由钢尺的自重而产生的伸长改正数;

L——钢尺总长;

Q——钢尺总重;

P——检定时的拉力;

R——钢的比重;

E——钢尺的弹性模量。

为检核，后视尺 Q 分别立于不同水准点，钢尺变换三次高程，取平均值作最后结果。

8. 索塔施工的精度要求是怎样规定的？

答：索塔施工的精度要求，见表 16-4。

索塔施工的精度要求 表 16-4

项 目	规定值或允许偏差(mm)
混凝土强度	在合格标准内
塔柱底水平偏位	10
倾斜度	塔高的 1/3 000，且不大于 30 或设计要求
断面尺寸	±20
系梁高程	±10
索鞍底板面高程	+10，-0
预埋件位置	10

9. 索塔施工常用的模板有哪几种？各有什么优缺点？其适用性如何？

答：索塔施工常用的模板，按结构形式不同可分为提升模与滑模，具体内容见表 16-5。

常用模板形式及优缺点 表 16-5

<table>
<tr><td rowspan="2">种类</td><td colspan="4">提 升 模</td><td rowspan="2">滑模</td></tr>
<tr><td>单节整体提升模板</td><td>交替提升多节模板（翻模）</td><td colspan="2">自备爬架的爬升模板（爬模）</td></tr>
<tr><td rowspan="3">优点</td><td rowspan="3">施工简便，在无吊机的情况下，可利用索塔内的劲性骨架作支撑，用手拉葫芦提升</td><td rowspan="3">该模板系统依靠混凝土对模板的黏结力自成体系，制造简单，构件种类较少，模板的大小可根据施工能力灵活选用，混凝土接缝较易处理，施工速度快</td><td>倒链手动爬模</td><td>简单实用，所需机具设备少，经济合理，施工钢材耗用量小，模板的制作较灵活，对直塔柱及斜塔柱均适用</td><td rowspan="2">滑升速度快、外表美观，可实现无支架施工</td></tr>
<tr><td>电动爬架拆模板</td><td>机械化程度高，劳动强度低，施工安全方便，节省劳动力，减少工序，保证质量</td></tr>
<tr><td>液压爬升模</td><td>模板提升安全、平稳</td><td></td></tr>
</table>

续上表

种类	提升模			滑模
	单节整体提升模板	交替提升多节模板(翻模)	自备爬架的爬升模板(爬模)	
缺点	在索塔截面形状尺寸变化较大,混凝土接缝要求美观的情况下,其使用具有一定的局限性	模板本身不能爬升,要依靠塔吊等起重设备提升	采用倒链手动爬模,人员投入较多,施工方法较原始	使用有一定的局限性,对于大跨径斜拉桥的索塔,不如提升模板方便
适用性	适用于截面尺寸相同,外观质量要求一般的混凝土索塔	适用于截面尺寸变化较小的混凝土索塔,但不适用于台风较大的地区和超高塔柱	适用范围较为广泛	适用于等截面的垂直塔柱且无较多的突出结构

三、施工猫道

10.施工猫道的概念及设置的基本要求有哪些?

答:猫道是供主缆架设、紧缆、索夹安装、吊索安装以及主缆防护用的空中作业脚手架。猫道的主要承重结构是猫道承重索,一般按三跨分离式设置,边跨的两端分别锚于锚碇与索塔的锚固位置上,中跨两端分别锚于两索塔的锚固位置上,其上有横梁、面层、横向通道、扶手绳、栏杆立柱、安全网等。为保证上、下游猫道之间能相互交通,一般要在猫道之间设置横向天桥,中跨可设三至五道,边跨一道。为保持猫道的抗风稳定,一般设有抗风缆、抗风吊杆。猫道结构示意见图16-11,其设置的基本要求如下。

(1)猫道的形状、尺寸应满足主缆工程的需要,一般按上下游分别设置,承重索线形与主缆基本一致,作用于塔顶两侧的水平力要平衡。架设时要对称施工,边跨与中跨作业平衡,以减少对塔的变位的影响,控制裸塔塔顶变位及扭转在设计范围内。

(2)猫道面层到被架设的主缆底面距离沿全长宜保持一致,宜为1.3~1.5m,猫道面宽度一般为3~4m,扶手高宜为1.2~1.5m。主缆中心线与猫道中心线不宜有偏心。

(3)上下游猫道间应设置若干条人行通道,除工作所需外,还有增强猫道横向稳定的作用。

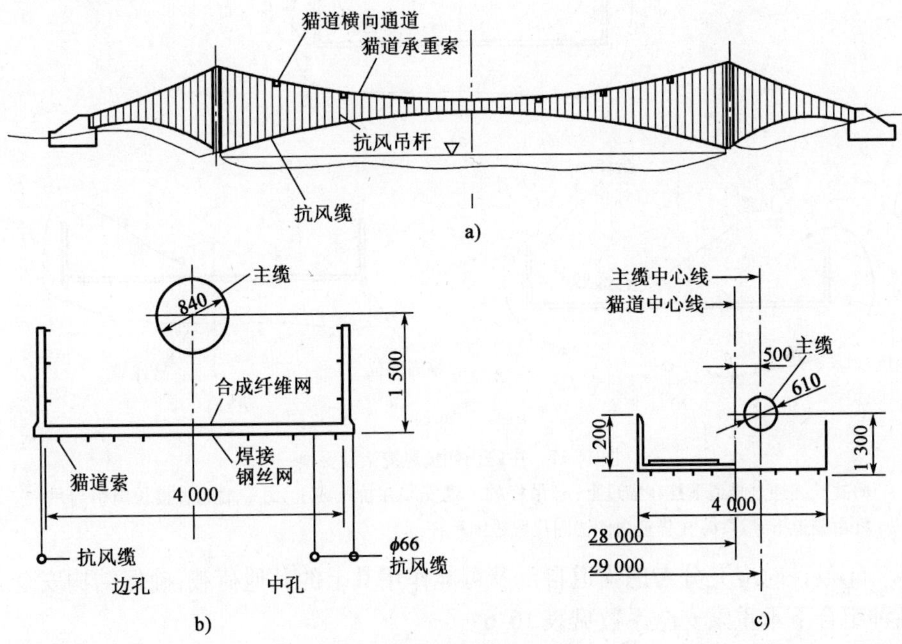

图 16-11 猫道构造简图(尺寸单位:mm)

(4)猫道宜设抗风缆,确保其稳定性,同时还可以调整猫道的曲线形状,见图16-11。连接猫道索与抗风索之间的吊索一般情况下宜采用垂直吊索,这样就能满足稳定性条件。对于斜吊索,安装调整困难,多不采用。抗风缆设置条件如下:

①当桥下航道级别较高时不宜设抗风缆,应适当增加两猫道间的横向天桥以增强抗风稳定性。

②跨山谷或桥下航道级别较低时宜设抗风缆以增强抗风稳定性。

③在沿海地区,猫道架设至主缆安装完成的时间段应尽量避开台风期,否则需作好抗台风预案。

使用钢丝绳作抗风缆时,要进行预张拉,消除非弹性变形,其端部按设计要求进行加工,其上还要在安装吊杆的位置施加标记。

抗风缆的架设顺序宜先内侧后外侧的架设顺序进行。架设内侧抗风缆时要借助接长绳将吊杆安装到猫道内侧的设计位置上,如图16-12所示。

(5)承重索可采用钢丝绳或钢绞线制作,但钢绞线的通用性较差,而且拆除后作它用困难,一般多采用钢丝绳。

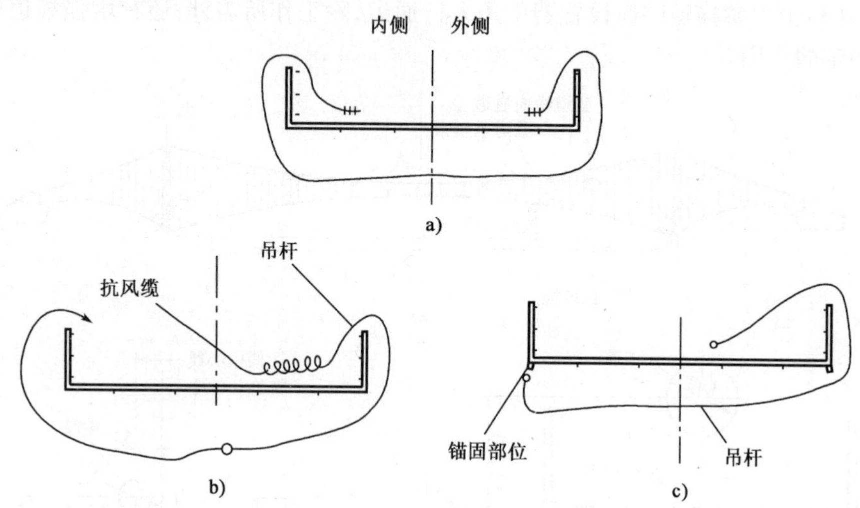

图 16-12　中跨内侧抗风缆架设要领

a)接长绳通过猫道下挂在猫道上;b)吊杆的一端安装在抗风缆上,另一端通过接长绳引导吊杆由猫道下穿过;c)在猫道内侧锚固位置锚固吊杆

①设计时应充分考虑猫道自重及可能作用其上的其他荷载,确保结构安全,各种组合下承重索安全系数见表 16-6。

施工猫道承重绳强度计算荷载组合　　表 16-6

荷载组合		安全系数	备　注
静力结构强度验算	恒载	≥3.5	
	恒载 + 活载	≥3.0	
	恒载 + 活载 + 温度荷载	≥3.0	温度荷载按温降 15℃考虑
风荷载组合结构强度验算	恒载 + 活载 + 施工阶段风荷载组合	≥3.0	按 6 级风考虑
	恒载 + 最大阵风荷载组合	≥2.5	

②猫道承重索采用钢丝绳时,须进行预张拉以消除非弹性变形。预张拉荷载不得小于各索破断荷载的 1/2,保持 60min,并且应进行两次。测长和标记可在预张拉设备场地进行,并应选在温度稳定的夜间进行,场地受限制时,可分段进行。

③承重索按被指定的长度切断以后,其端部灌铸锚头,锚头顶面与承重索垂直,并对锚头进行静载检验,以策安全。

④猫道承重绳锚固系统要有足够的调整范围,以满足悬索桥在不同施工阶段的垂度要求,承重绳每端锚固系统宜设 ±200cm 以上的调节长度。

⑤承重索架设采用直接拖拉法和托架法,中跨承重绳宜采用托架法架设。上下游猫道承重绳架设应保持基本同步,数量差不宜超过1根。托架安装及架设见图16-13。

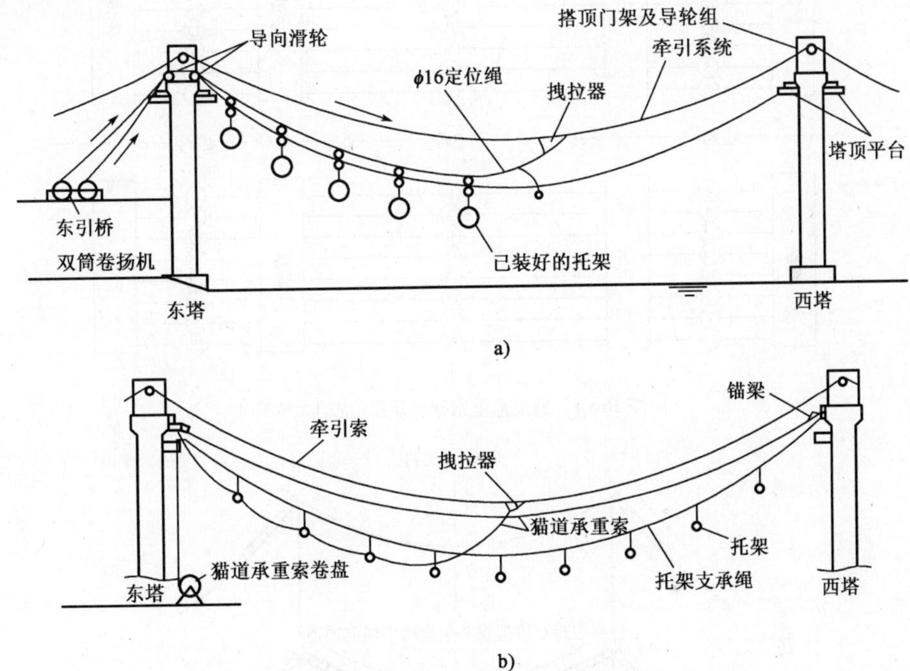

图16-13　托架安装及承重索架设示意图

a)托架的安装;b)中跨猫道承重索架设

⑥承重索在边跨与中跨之间应连续架设,且要考虑其对称性,同时尽量减少拽拉器的空行程,其施工顺序见图16-14。

(6)猫道面层宜由阻风面积小的两层大、小方格钢丝网组成;铺设顺序为从塔顶向跨中、锚碇方向铺设,并且上、下游两幅猫道要对称、平衡地进行,见图16-15。铺设过程中设牵引及反拉系统,防止面层下滑失控而出现事故及卡环与猫道承重索卡死的现象。在架设过程中要监测塔的偏移量和承重索垂度。

(7)猫道改挂。主缆随着加劲梁吊装加载,线形不断发生变化,猫道线形也要跟随协调变形,为此在加劲梁吊装之前必须把猫道分段悬挂于主缆上,分2~3次放松承重绳锚固调节系统使其不呈悬链线受力状态。猫道改挂前必须拆除横向天桥,同时拆除抗风缆。悬挂点须对应在猫道底梁处,间距不宜超过24m。

(8)主缆防护工程完成后,便可进行猫道拆除。拆除猫道面层要对称进行,中跨从塔顶向跨中方向,边跨从塔顶向锚碇方向。拆除猫道承重索宜逐根进行。

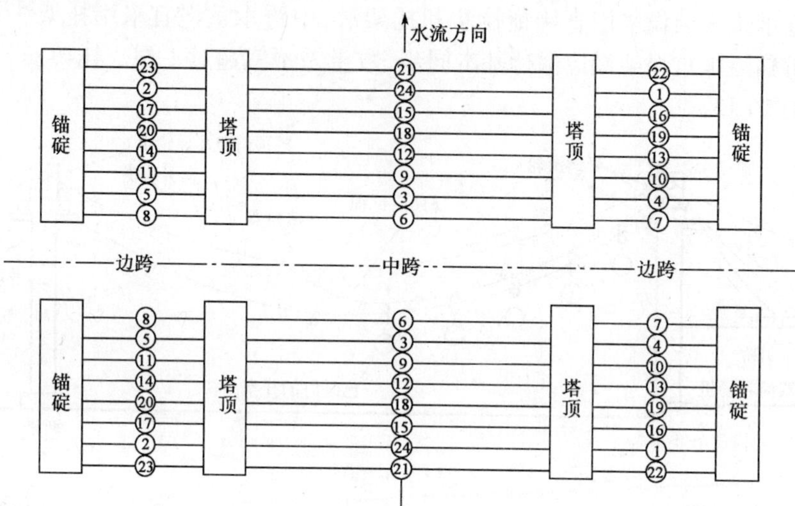

图 16-14　猫道承重索架设顺序(虎门大桥)

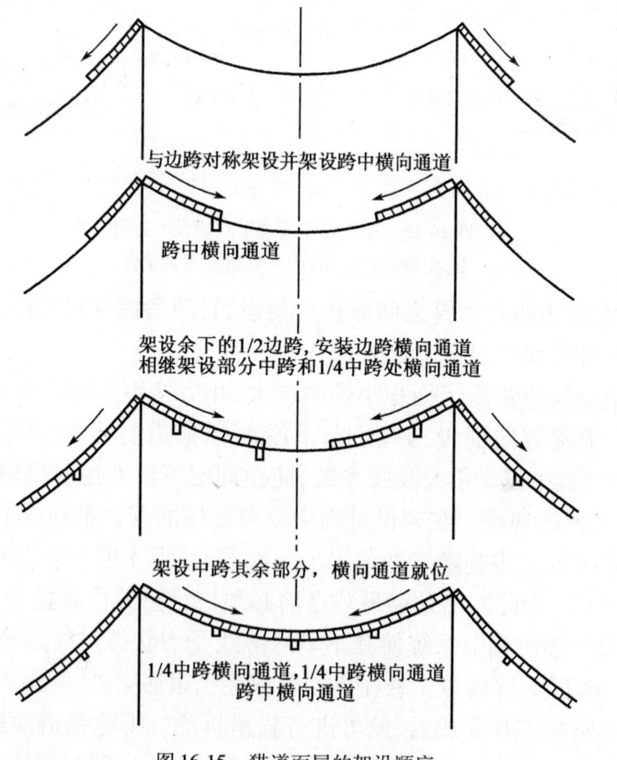

图 16-15　猫道面层的架设顺序

四、主缆施工

11. 索股牵引应注意哪些事项?

答:(1)牵引过程中应对索股施加反拉力。

(2)牵引工作应以上、下游平行的作业的形式进行。

(3)牵引最初几根时,宜压低牵引速度,注意检查牵引系统运转情况,对关键部位调整后方能转入正常的架设工作。

(4)牵引过程中发现绑扎带连续两处被切断时,应停机进行修补。监视索股中的着色丝,一旦发生扭转,须采取措施加以纠正。

(5)牵引到对岸,在卸下锚头前须把索股临时固定,防止滑移,索股后端宜施加反拉力。

(6)索股两端的锚头引入锚固系统前,须将索股理顺,对鼓丝段进行梳理,不许将其留在锚跨内。

(7)索股横移时,须将索股从猫道滚筒上提起,确认全跨径的索股已离开猫道滚筒后,才能横向移到索鞍的正上方。横移时拽拉量不宜过大,任何人不允许站在索股的下方。

猫道上设置一定数量的索股滚筒,一般为 8m 左右设置一个,滚筒离猫道面距离以索股不拖至猫道面为宜,一般为 1.2m 左右。

经过塔顶处索股滚筒须加密,避免索股受压力大而断带。

(8)索股卷筒处必须设置制动装置,保持索股牵引过程有一定的反拉力和便于故障的处理。

(9)牵引速度一般为 30m/min,过塔顶时宜减至 5 ~ 10m/min。对于门架拽拉器牵引索股,在过门架时宜减至 10 ~ 15m/min。

(10)牵引过程中,应安排技术人员对整个运行情况进行监视,以便对所发生的故障及时进行处理。

12. 索股线形调整应注意哪些事项?

答:索股线形的调整分基准索股调整和一般索股调整,调整中应注意以下事项。

(1)索股线形调整一般选择在温度相对稳定、风力不大的夜间进行。温度稳定的条件为:长度方向索股的温差 $\Delta T \leqslant 2℃$;横截面索股的温差 $\Delta T \leqslant 1℃$。

或当风速超过12m/s以及雾太浓(测量目标不清楚)时均不能进行索股调整。

(2)为便于夜间调整线形,索股锚头入锚后进行临时锚固时应给索股一定的抬高量(一般为200~300mm),并做好编号标志。

编号时要在索股正六边形的三个面都编上号,在测点左右各1m范围内各编一组,并缠上透明胶带纸,防止雨水浸蚀字迹。

一种简便的测点辨认索股的方法是在索鞍部位用木锤敲打所要寻找编号的索股,在测量部位用手触摸,振颤的索股就是要寻找的索股。

(3)调整索股高程时,应先调整好中跨,并用木塞将索股在两塔顶主索处固定,做好临时标记,再调整边跨索股高程。调整顺序如图16-16。

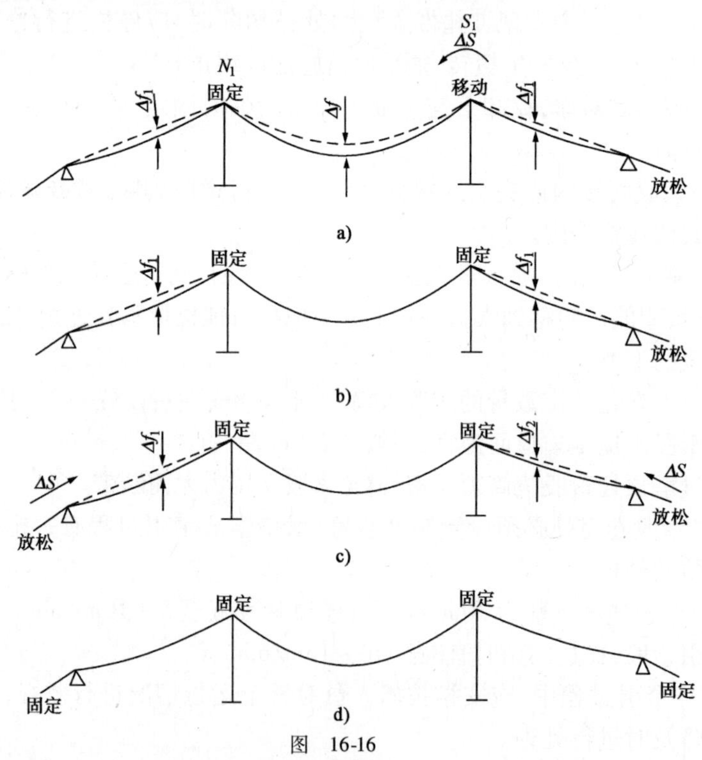

图 16-16

a)中跨的调整 $\Delta S = K \cdot \Delta f$,放松预定长度 ΔS;b)中跨调整;c)边跨的调整 $\Delta S_1 = K_1 \cdot \Delta f_1$,放松取出垫板;d)在边跨调整中同时测定张力,使边跨锚跨均达设计要求

(4)绝对垂度调整(即对基准索股高程的调整)

①应测定基准索股下缘的高程及跨长,塔顶高程及变位,主索鞍预偏量,散索鞍预偏量,主缆垂度和高程、气温、索股温度等值后经计算决定其调整量。

调整量按下式计算

当对主跨调整时，$\Delta S = k\Delta f$

当对边跨调整时，$\Delta S_1 = k_1\Delta f_1$

式中：ΔS、ΔS_1——中、边跨索股调整所需放松量；

k、k_1——按跨长和矢跨比计算得到的常数，各桥有所不同，可在设计过程中用有限法和索长分析法或其他方法得出；

Δf、Δf_1——中、边跨基准索股垂度的偏差。

②基准索股高程必须连续三天在夜间温度稳定时进行测量，三次测出结果误差在容许范围内时取三次的平均值作为该基准索股的高程。基准索股的高程计算方法及调整、测量方法参见《公路施工手册—桥涵》（下册）有关内容。

③索股温度的测定用接触温度计，沿长度方向多布置在：边跨 1/2 处，中跨 1/4、1/2、3/4 处；沿断面方向布置为索股上、下缘。其中每隔 5 ~ 10min 同时读数一次，并应注意不要让灯光直接照射索股。

基准索调整时，如果当时气温下索股温度偏离标准温度则需进行温度修正，其温差 ΔT 对垂度 f、Δf_1 的影响按下式计算：

中跨跨中 $\Delta f = \alpha\Delta T$

边跨跨中 $\Delta f_1 = \alpha_1\Delta T$

$$\Delta T = T - 20℃$$

式中：α——索股在某温度时的调整系数。

（5）相对垂度调整：指一般索股相对于基准索股的垂度调整，按与基准索股若即若离的原则进行调整。一般束相对于基准束垂度差的测定和计算见图 16-17。计算式为：

$$\Delta f_i = H - (d_i + D + \Delta h_1 + \Delta h_2)$$

式中：Δf_i——第 i 根索股与基准索股的垂度差；

d_i——第 i 根索股设计位置与基准索股的差；

D——索股直径。

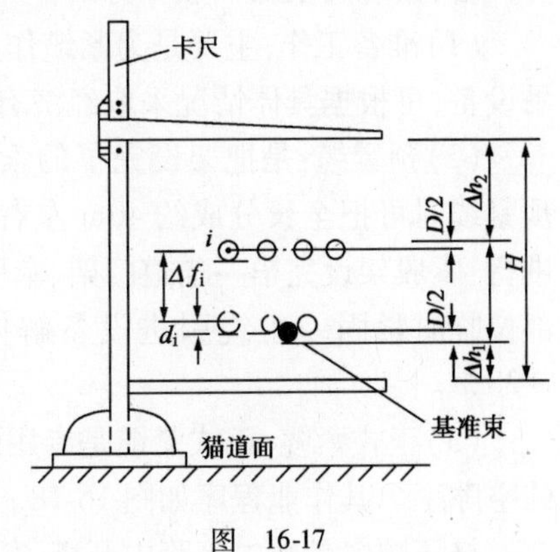

图 16-17

其索股调整量同基准索股计算。

①相对高程的调整关键在于测量前白天的准备工作是否充分。准备工作主要

有:索股编号;设置主缆形状保持器,保持器有两种形式,即V型保持器和竖向分层插片保持器;需要调整的索股要有预抬高。

②夜间调整索股前应对其做检查:基准索股是否处于相对自由状态;之前调整好的索股是否异常,否则要重新进行调整;被调整索股入位是否正常。

③其调整顺序和方法与绝对高程的调整基本相同,调整时索股的移送量不能过大,避免被调整索股或压在下面的索股上或出现掉索现象。非基准索的测量、计算及调整方法见《公路施工手册—桥涵》(下册)有关内容。

(6)垂度调整应满足表16-7中的允许偏差

垂度调整允许偏差 表16-7

项　　目	索股高程允许偏差
基准索股中跨跨中	$\pm L/20\,000$(L为跨径)
边跨跨中	中跨跨中的2倍
上下游基准索股高差	10mm
一般索股(相对于基准索股)	-5mm,+10mm

(7)调整好的的索股不得在鞍槽内滑移。

(8)上、下游两对应基准索股相对高差测量采用连通器法进行。其具体做法是:用直径为2cm的长透明橡胶管灌清水,利用连通器原理,通过量取水柱来确定上下游对应索股的相对垂度差。

13. 紧缆的步骤一般有哪几项?紧缆的质量要求是怎样规定的?

答:紧缆的步骤一般分为准备工作、预紧缆、正式紧缆三个步骤。

(1)准备工作:主要是为紧缆作业、索夹安装、吊索架设提供便利的运载、起吊设备,可根据具体情况采取经济有效的措施。

(2)预紧缆:是把架设完了的索股群大致整成圆形的作业,应在夜间进行。预紧缆时可把全长分成约40m左右的间隔,后加密至5~6m一道,按以下顺序进行:索股架设完毕→猫道门架、牵引系统拆除→简易缆索天车组装→主缆引进部位临时紧固→主缆引进设备解体→预紧缆。初挤压后,空隙率应为26%~28%。

(3)正式紧缆:正式紧缆是专用的紧缆机把主缆整成圆形,并进行到所规定的空隙率。其作业程序如图16-18。

挤压顺序是由中跨跨中至塔顶,再由两边塔顶至两边桥台。如果初整圆后

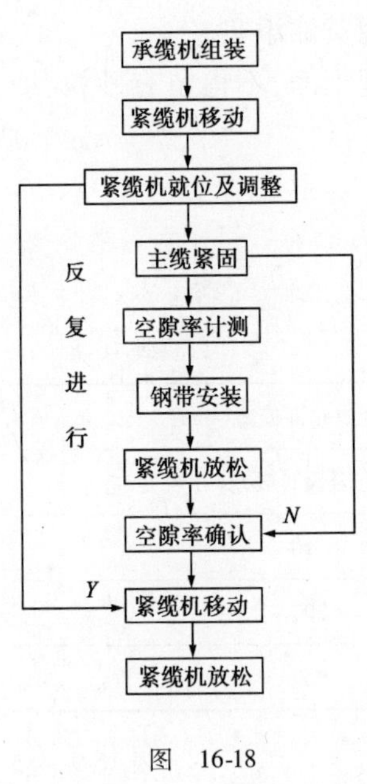

图 16-18

钢丝已基本平顺,也可由两塔顶向中跨跨中,再由塔顶至两边桥台。挤紧机离开前在靠近挤紧机打两道钢带,间距100mm。当挤紧机离开5m以上便可进行紧缆测量。

紧缆的质量要求如下;

①空隙率应满足设计要求,空隙率偏差为±2%。

空隙率可按下式计算:

$$K = 1 - (nd^2)/D^2$$

式中:K——空隙率;

D——挤缆后主缆直径;

d——钢丝直径;

n——钢丝根数。

②圆度(即紧缆后主缆横径与竖径之差)不宜超过主缆设计直径的5%。

五、索　　鞍

14.索鞍安装时应注意哪些问题?

答:(1)索鞍安装时必须满足高空吊装重物的安全要求,宜选择在白天晴朗时连续完成工作。

(2)索鞍安装时应根据设计提供的预偏量就位,加劲梁架设、桥面铺装过程中按设计提供的数据逐项顶推到永久位置。顶推前应确认滑动面的磨阻系数,严格掌握顶推量,确保施工安全。

(3)为使鞍座便于移动,需在鞍座下放置滚轴,或在鞍座底面涂抹石蜡或其他润滑涂层;散索鞍下面应设摇轴、摆柱或辊轴。

(4)主索鞍的基础钢框架要平整、稳定。安装钢框架时应以螺栓调整支座面高程至误差小于2mm。

(5)鞍体吊装需认真谨慎,要稳、慢、轻,不得碰撞,要有专人指挥。正式起吊时,先将鞍体提离地面0.1~0.2m持荷10min,检查各部位受力状况、门架挠度;在离地面1~3m范围内起降两次检验电机性能,确认所有部位正常后才能正式起吊。

(6)入座后用销钉定位,要求底面密贴,四周缝隙用黄油添实。

(7)所有构件接触面销孔系精加工表面,必须清理干净,不得留有砂粒、纸屑等。防止雨水、露水、赃物进入鞍槽。

15. 索鞍安装的允许偏差是如何规定的?

答:索鞍安装精度实测项目见表 16-8、表 16-9。

主索鞍安装精度实测项目 表 16-8

项　　目	规定值或允许偏差(mm)
纵向最终偏差	符合设计要求
横向偏位	10
高　　程	+20, -0
四角高差	2

散索鞍安装实测项目 表 16-9

项　　目	规定值或允许偏差(mm)
纵、横向偏位	5
高　　程	±5
角　　度	符合设计要求

六、索　　夹

16. 索夹的含义及安装的精度、要求是怎样规定的?

答:索夹是将主缆和吊索相连接的连接件。索夹有两种构造形式,一种是用竖缝分成两半,吊索挂在索夹上,用高强螺栓将两半拉紧,并反复拧紧螺杆;另一种是在索夹的下方铸成竖向节点板,在板上钻制孔眼,吊索端头的锚杯凭借销钉与孔眼相连,该索夹通常分成上下两半,也可分成左右两半。两种构造分别见图 16-19。

(1)索夹安装前,须测定主缆的空缆线形,提交给设计及监控单位,对原设计的索夹位置进行确认。

（2）索夹安装须在温度稳定的状态下进行，在空缆上放样定出个各索夹的具体位置并编号，清除索夹位置处主缆表面的油污及灰尘，涂上防锈漆。

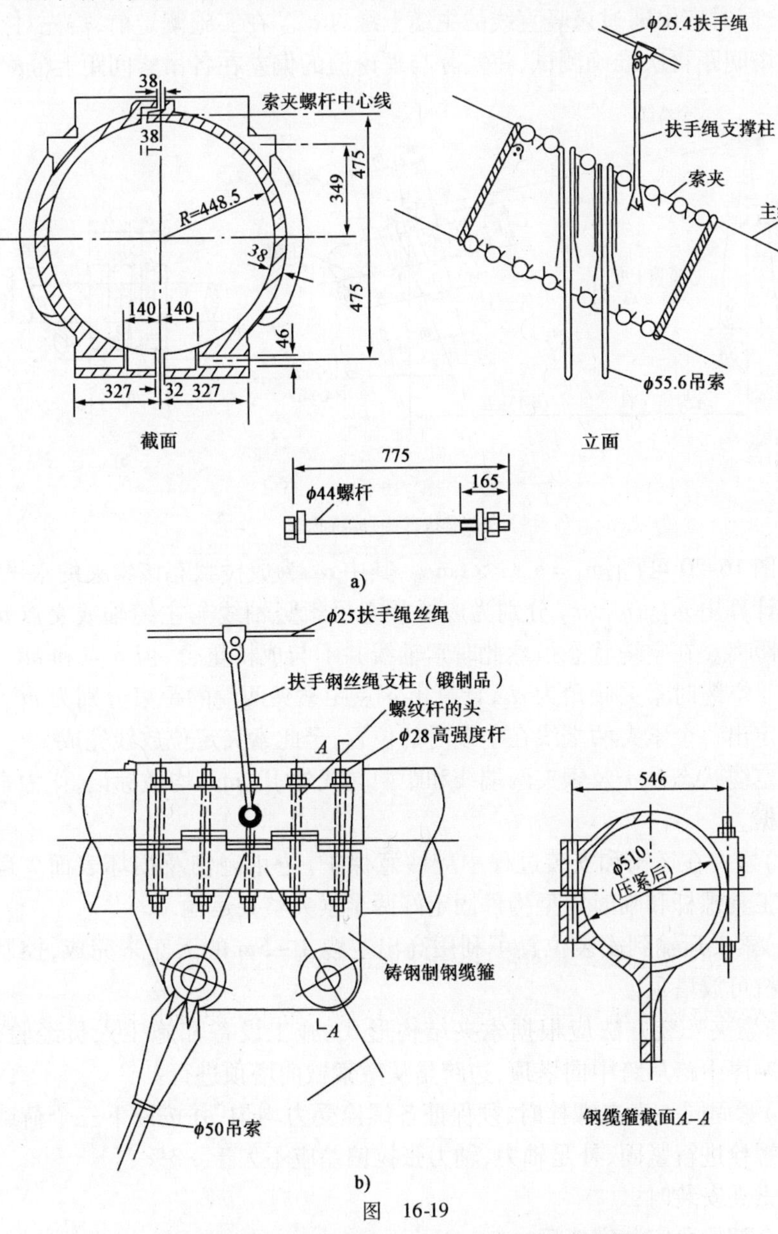

图　16-19

a）用竖缝分成两半的索夹；b）带竖向节点板的索夹构造

索夹测量定位方法见图 16-20。定位试测时在主塔顶摆设全站仪,由水平距离定位通过第 n 根吊索中心点 o 的竖直线。o 点是吊索竖直轴线与主缆轴线的交点,同时定出通过该竖直线的主缆上缘点 o'。在实施测定前,需先对空缆线形及主塔间距再次准确测试,将实际与理论值的偏差在各吊索间距上分配。

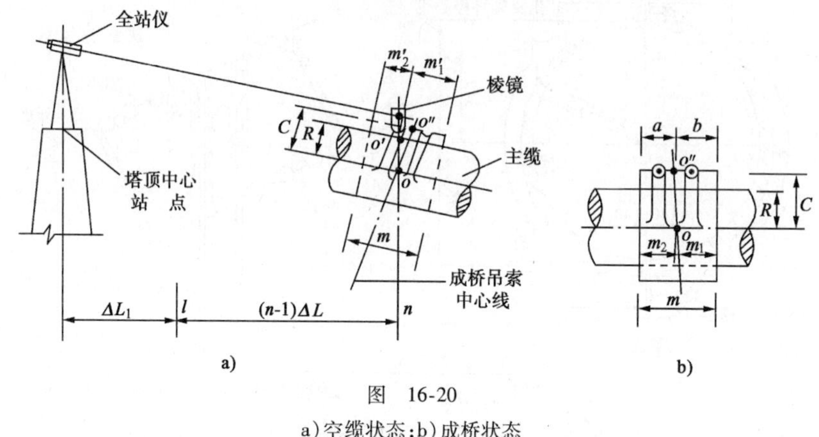

图 16-20
a)空缆状态;b)成桥状态

由图 16-20 可得,$m_1 = b + c \times \tan\alpha_1$,其中 α_1 为成桥状态该索夹的水平倾角。同理可计算出 m_2。m_1、m_2 分别为成桥状态吊索竖轴线与主缆轴线交点 o 距索夹两端距离。在空缆状态虽然此时索轴线并不与成桥重合,但 o 点和 m_1、m_2 仍然相同。空缆时索夹倾角为 α_2,计算出 o'点距索夹两端的距离分别为 m'_1、m'_2。这样可定出每个索夹两端线在空缆时的位置,至此索夹定位放线完成。

在空缆状态 o、o'及索夹两端线和距两端线外 100mm 均做标记,作为索夹的安装依据。

(3)索夹在运输和安装过程中应注意保护,防止碰伤及损坏表面。运输时注意用工具螺杆和临时定型构件固定好两半索夹整夹运输。

(4)索夹运输到安装位置可利用高出主缆 4~5m 的天车来完成,控制天车的卷扬机可放塔顶。

(5)索夹安装方法应根据索夹结构形式、施工设备和施工人员经验确定。其安装顺序中跨从跨中向塔顶,边跨是从散索鞍向塔顶进行。

(6)紧固同一索夹螺栓时,须保证各螺栓受力均匀,并按以下三个荷载阶段对索夹螺栓进行紧固、补足轴力,轴力张拉偏差应不大于 ±3%:

①索夹安装时;

②全部梁段安装完毕后;

③二期恒载全部完成后。

(7)索夹位置要求安装准确,纵向误差不应大于10mm,横向扭转≤6mm,轴向两片索夹合缝与主缆轴线一致;索夹拉杆螺栓轴力适当,均匀一致符合设计要求。

(8)正式施工前,应在主缆段上以实物索夹和高强度拉杆进行试验。千斤顶事前应进行计量标定。

七、加　劲　梁

17. 加劲梁安装有哪些规定?

答:(1)钢箱加劲梁的安装应符合下列规定:

①安装钢箱加劲梁的非定型吊机应进行专门设计,在安装前必须进行试吊,检验其安全性和可靠性。

②钢箱加劲梁的运输方式应满足安装的要求。采取水上运输时,应保证安装时船舶定位的精度,必要时宜进行现场驳船定位试验;陆上运输时,应使加劲梁能到达吊机起吊安装位置的正下方。

③安装的顺序应符合设计规定。从吊装第二节段开始,应与相邻节段间预偏0.5~0.8m的工作间隙,吊至设计高程后再牵拉连接,并应避免吊装过程中与相邻节段发生碰撞。安装合龙段前,应根据实际的合龙长度,对合龙段长度进行修正。

④安装过程中应监测索塔的变位情况,并应根据设计要求和实测塔顶位移量分阶段调整索鞍偏移量。

⑤钢箱加劲梁工地接头的焊接连接和高强度螺栓连接施工应符合规范的相关规定。采用焊接连接时,应先将待连接钢箱加劲梁的节段与已安装节段临时刚性连接,接头焊缝的施焊宜从桥面中轴线向两侧对称进行;应待接头焊缝形成并具有足够的强度和刚度后,方可解除临时刚性连接。

(2)钢桁架梁的安装应符合下列规定:

①钢桁架梁的架设安装方法宜根据钢桁架的结构特点、施工安全、设备和现场环境条件等因素综合确定。

②采用单构件方式安装时,宜根据钢桁架和吊索的受力情况及桥位的气候条件,选择全铰接法或逐次固结法。架设的顺序可从索塔处开始,向中跨跨中及边跨的端部方向进行。

③采用全铰接法架设时,在桁架梁逐渐接近设计线形后,可对部分铰接点逐

次固结;采用逐次固结法架设时,宜采用接长杆牵引吊索与桁架梁连接,且宜在不同架设阶段采用千斤顶调整吊索张力,直至最后拆除接长杆入锚。架设过程中应逐一对桁架梁及吊索的内力及变形进行分析,并应将桁架梁斜杆及吊索的最大应力控制在允许范围内。

④应对桥面吊机、铰接设备、吊索牵引机具、片架运输台车、行走轨道铰点过渡梁和移动操作平台等设备作专项的设计、加工及试验。桥面吊机应满足拼装过程中顺桥向坡度变化的要求,底盘应设止滑保险装置。

⑤在短吊索区,单片主桁不宜直接架设,宜采用临时吊索并对吊具进行改装后进行架设。合龙段宜采用单根杆件架设安装。

(3)加劲梁安装质量应符合表16-10的规定。

加劲梁安装质量标准 表16-10

项　　目	规定值或允许偏差	项　　目	规定值或允许偏差
吊点偏位(mm)	20	吊索防护	符合设计规定
梁顶面高程在两吊索处的高差(mm)	20	梁段工地连接接头	符合设计规定
相邻节段匹配高差(mm)	2	加劲梁工地防护	符合设计规定

18. 钢箱梁安装施工应注意哪些问题?

答:钢箱梁安装一般采用节段架设方法,即在工厂预制成梁段,并进行预拼,然后将梁段用驳船运到现场,用垂直起吊法架设就位,吊装至一定程度(下张口闭合)后进行焊接。施工当中应注意以下事项。

(1)待索夹、吊索安装完毕并做好以下前期准备工作后方可进行吊装。

①对桥下地形及河床进行探测,根据实际情况进行清理。

②潮汐河段须掌握桥位区海域水文情况,了解该处潮汐变化规律。

③完成施工组织设计,并经审定。

④确定吊装期间封航和航道运输管理方案。

⑤应充分掌握有关气象资料,特别是突发性风情预报,并做好防范措施。

⑥吊机安装就位,并完成各项设备安装及检查工作。

(2)吊装方法可根据以下情况选定。

①如能将梁段运至吊点位置,可采用垂直起吊法架设。

②因河床的限制,梁段不能运至吊点正下方时,可将吊机偏位将梁段垂直起吊,然后纵向牵引箱梁就位。

(3)吊装过程应符合下列要求:

①吊装过程必须严格遵守高空作业及水上作业的安全规定。吊装作业过程中占用海(江)面时,要在作业区域设置警戒船,防止一般船舶进入限制通航的地带,确保作业船与一般航行船舶的安全。

②吊装过程应观察索塔变位情况,应根据设计要求和实测塔顶位移量分阶段调整索塔鞍偏移量,以保证工程质量和施工安全。

③安装前应确定安装顺序,可根据架设中桥塔和加劲梁的结构特性、人员、机械配备、工作面的开展、运输路线、海象、气象等条件进行综合考虑。一般可以从中跨跨中对称地向两边进行,安装完一段跨中梁段后,再从两边对称地向索塔方向进行。

④钢箱梁水上运输必须由有经验的人员担任,架设前,应对河床及水文情况进行详细调查,并进行现场驳船定位试验,以保证定位精度。

⑤定位方案一般采用海(江)中抛锚,通过钢缆控制运梁驳船位置,可采用四点锚固和一点锚固等形式。

⑥桥轴垂直方向的位置调整按控制锚索的长短进行,其调整由操纵主拖船和辅助拖船的左右方向来完成。

⑦在通航孔进行吊装作业时,一般要实行航道管制,以确保安全。

⑧安装钢箱梁的吊机可选用卷扬机提升跨缆吊机或液压提升跨缆吊机,启用前必须进行试吊。

⑨跨缆吊机位于近塔处时,下滑力大于运行阻力,跨缆吊机后端需施加打梢力;跨缆吊机位于近跨中时,下滑力小于运行阻力,跨缆吊机前端需施加牵引力。

⑩吊机吊具应分二阶段下落,第一阶段吊具下放至离水面15m左右,以便驳船抛锚定位;第二阶段下落是在驳船定位完成后,吊具继续下放,准备与钢箱梁临时吊点连接(进行穿销轴的连接作业)。

钢箱梁节段提升过程中,要检查吊具的工作状态是否正常、箱梁节段的位置是否水平,否则要进行调整。

当箱梁节段提升到可安装吊索锚头的高度后,方可进行吊索的就位工作。

各工作面上,吊装第二节段起须与相邻节段间预偏一定间隙(0.5~0.8m),至高程后,牵拉连接,避免吊装过程与相邻节段发生碰伤,影响吊装工作的顺利进行。

(4)调试和定位

①跨缆吊机移动就位后,吊装前应对吊机要进行空载调试,确保各部分动作

满足设计要求,做好下一步加劲梁节段吊装作业的准备。

②在节段吊装过程中应对箱梁节段接头进行测试,并随时拧紧定位临时螺栓。

③在节段吊装超过一定数量时,跨中段的挠度曲线趋于平缓,接近设计要求,此时可对该接头进行定位焊,随节段吊装的增加,其他节段的挠度曲线将逐渐趋于平缓,其他节段接头也将就位,可实施定位焊。

(5)合龙段架设应注意以下事项:

①安装合龙前,必须根据实际的合龙长度,对合龙段长度进行修正。

②跨缆起重机应在最大可能靠近索塔进行垂直提升的地方,采用手拉葫芦或卷扬机水平牵拉就位进行架设。

③运梁驳船应进行定点锚固。

④端梁应比设计位置后移300~500mm,给予固定,作为安装合龙段的作业空间,顶面上设置滑轮锚固点,以供牵拉。

⑤垂直提升合龙段时,应在离既设相邻梁底1m左右时,用在端梁设置好的手拉葫芦牵拉合龙使其与相邻两梁段无重叠。

⑥用跨缆起重机继续提升合龙段,当与相邻梁段持平时应停止提升,穿好匹配件,完成临时连接,之后放松跨缆起重机,完成梁段的合龙。

19. 钢箱梁工地焊接应注意哪些问题?

答:工地焊接一般是指加劲钢箱梁的工地大接头焊接。在其施工中应注意以下事项。

(1)工地焊接应做工艺评定,并严格按工地焊接工艺进行工地焊接。

(2)工地焊接前应做好各项准备工作,包括编写详尽的施工组织设计,准备好必须的设备、机具、材料,做好动能配置、用电、安全教育等工作。

(3)工地焊缝焊接前应用钢丝砂轮进行焊缝除锈,并在除锈后24h内进行工地焊接。

(4)焊接前应检查接头坡口、箱梁节段间隙和板面高低差是否符合要求,同时检查环境是否满足工地焊接环境的要求,如不满足应采取措施。

工地焊缝环境要求:风力<5级;温度>5℃;湿度<85%。

雨天不能进行工地焊接(箱内除外)。

(5)工地接头焊接时,应注意温度变化对接头焊接的影响。

(6)当工地焊缝形成并具有足够的刚度和强度时,方能解除安装固定点,防止焊缝裂纹及接口处错边量超差。

(7)箱内焊接须有通气排尘措施,钢桥上应有安全用电措施,确保施工安全。

(8)桥面板和桥底板应使用单面焊双面成型技术,其他结构应尽可能采用高效焊接以减少焊接变形。当箱内采用 CO_2 气体保护焊时,应采取通风防护安全措施。

(9)为了防止焊接变形并控制焊接应力,施工中需对现场接头部分随时进行调整,严格按设计要求、技术规范和合同文件执行。减少焊接变形可采用下列措施:

①在保证焊件结构强度的前提下,减少焊缝的尺寸和长度,合理选取坡口形式,避免焊缝集中在狭小区域,焊缝尽可能对称布置等。

②选择合理的装焊顺序,应先进行环缝对接,然后再进行嵌补段和附件的焊接。

③选择合理的焊接顺序,工地焊接的顺序应与工地吊装大致相同。横向施焊顺序宜从桥面中轴线向两侧焊接,并尽量做到对称和同时进行焊接,如果焊缝不对称,可先焊焊缝少的一侧,使焊后变形最小。

④采用刚性固定法即采用强制手段(包括重物施压、焊件打码、临时支承、焊接夹具、法兰螺栓等方法,然后采用机械矫正、火工矫正等手段),减少应力,使焊后变形大为减少。

⑤钢桥焊接严禁采用水冷、锤击的方法消除应力。

(10)应在焊接24h后进行无损探伤(包括超声波检测UT、射线透照检测RT、磁粉检测MT)及试板破坏性试验(可每3~5条缝抽作1条,于桥面板、桥底板对接处设置),可详见《工地焊接无损检测工艺规程》。

(11)工地焊接接头应进行100%的超声波探伤,其中抽其30%进行X光探伤拍片检查,当有一片不合格时则对该焊缝进行100%的X光拍片。

(12)纵向加劲肋的对接接缝只做超声波探伤。

(13)所有焊接工作完成后,方可进行大接头打磨、喷砂、涂装。

(14)焊缝缺陷应及时进行修补,修补时应注意以下事项:

①采用空气碳弧切割或机械加工的方法驱除缺陷,并用砂轮将去除面整平。

②用渗透探伤的方法证实缺陷已经去除干净。

③修补前须将修补处局部加热至100℃以上。

④采用与母材强度相当的焊条将缺陷焊平,补焊时必须用平焊位置焊接。

⑤将焊接处打磨平整,并以与缺陷检查时同样的探伤检查方法验证缺陷已经消除。

⑥补焊后须对修补处局部退火。

20. 在钢梁防腐中,各涂层的作用是什么?

答:防腐涂层是由底漆、中间漆、面漆组成功能各异的保护体系。

(1)底漆与被保护的金属本体直接接触,附着在金属表面起防蚀保护作用,是涂层体系的内卫,对涂层的寿命长短有重要影响。

(2)封闭漆用来封闭底漆的微孔,不使腐蚀物质进入底漆内部,并加强涂层间的结合力,一般采用稀释50%的环氧云铁油漆。

(3)中间漆主要起阻隔作用,防止水分及腐蚀性介质渗透,并使底漆与面漆结合更好,一般使用环氧云铁油漆。

(4)面漆保护中间漆和底漆,要求油漆具有优越的耐候性和抗老化性,保光、保色好,漆膜坚硬光滑,具有良好的耐盐雾、耐潮湿性能,一般采用HDI丙烯酸聚氨酯漆。

21. 各部位的油漆涂装时间如何安排?

答:(1)箱梁内壁(当采用除湿防腐时)的薄层油漆可采用下述方法:在箱体拼成后,再除去车间底漆,重新全面覆涂,并尽快安装除湿系统。另外,也有用加强车间底漆,在箱梁节间拼成后,只对车间底漆损伤部分和焊缝部位进行补涂的。

(2)钢箱梁的外涂装:在箱梁节段制作完成后进行,其面漆可全部在吊装前涂完,也可留一道面漆在整个钢箱梁做成后,利用检查车在跨间(现场)进行。

(3)钢箱梁顶板(即桥面板)的防腐底漆施工有两种时机:

①在钢箱梁整体焊接完成后,在铺设沥青混凝土和防水胶之前进行。

②在钢箱梁节段组装场内进行。这种方式好处在于:喷砂除锈,喷底漆施工进度快,但缺点是不易保证质量,因为这层底漆较长时间外露在大气中,致腐物质、油污等易渗透入底漆,加之后续施工免不了对这层漆有损伤,即使在涂防水胶之前要彻底清洗或补涂,但总不如前者在铺筑防水胶前,边除锈边喷涂的质量好。

八、钢桥面铺装

22. 钢桥面铺装应注意的问题有哪些?

答:钢桥面铺装是多个结构层的组合体,一般包括防锈和主体铺装两大体系，施工时应注意以下问题。

1）防锈体系

由防锈层、防水层、黏结防护层、黏结层或致密层组成。

（1）钢桥面板出厂时应按设计要求涂防锈漆，在桥面铺装前应喷丸除锈。

（2）主体铺装下层混合料空隙率极小，并具有较好的防水功能时，桥面铺装防锈体系可不设防水层，铺装中不设防水层时应设置黏结防护层。

（3）应在防水层、黏结防护层及黏结层上，撒布一层细石料，使其与其上面的铺装层得到很好的连接。

（4）防水层各层厚度必须均匀，且应符合设计要求，一般为2～4mm。

（5）防水层各层施工之前，下层应保持干燥，所有的残余物均应从下层表面完全清除。

（6）施工前应进行结合力试验，以保证层间足够的黏结力，采用反应性树脂防水层时底层与防锈层间的结合力不得小于2.0MPa，采用沥青材料防水层时底层与防锈层的黏结力不得小于0.5MPa。

（7）不允许在雨天、雾天或结露天施工。

（8）施工时将钢板表面的温度控制在12～40℃之间，以防体系损坏。

（9）不同工作日防水层之间在连接时，应成梯状错开，连接长度不得小于100mm。

（10）喷涂完毕，应将涂层保护起来，以防止降雨或其他降落物，直到表面开始胶凝。

（11）为保证涂层的完整性，需将涂层上的各种损害、污染及其他缺陷区域切除并给予修补。补涂的涂层要按指定的厚度在原来的涂层上至少重叠达100mm的宽度。

（12）在反应性树脂黏层表面撒布石料。石料需无尘，含水率不允许超过0.3%。撒布石料应在黏层处于未胶凝状态时进行。

（13）黏结防护层设置于防锈层之上，厚度一般为2mm左右，其与下层的黏结力不得小于0.5MPa。

（14）黏结防护层改性沥青黏结剂应采用沥青洒布车一次性喷洒，洒布厚度应按材料用量除以洒布面积进行控制。

（15）施工前须进行试喷洒，以确定洒布车的行驶速度、喷嘴开启大小、洒布温度等。

（16）洒布时应均匀，对于漏洒或洒布车洒布不到的部位，应由人工补涂。

（17）在洒布完毕后的黏结剂上撒布热沥青预拌碎石时，可由机械或人工撒布，人工撒布宜在改性沥青黏结剂凝固后进行。沥青预拌碎石撒布应均匀、不重叠。

(18)黏结防护层施工完毕后,应注意保护,施工车辆的车速应限制在5km/h以内,且应尽量少打方向盘。

(19)黏结层厚度一般为1~2mm左右,施工方法同黏结防护层。

(20)致密层厚度一般为10mm左右,施工前,下层应干燥无尘。

(21)致密层混合料沥青一般采用聚合物改性沥青,混合料施工温度应控制在160~180℃,应由人工摊铺,压路机紧随其后进行压实。

(22)应在致密层压实未冷却之前,将热沥青预拌碎石均匀撒布于致密层表面,通过碾压嵌入层中,以改善致密层的使用性能。

2)主体铺装体系

由主体铺装下层,主体铺装上层组成。主体铺装层的混合料类型应根据铺装层的受力情况及各层的功能要求来确定,通常有三种:即沥青马蹄脂碎石混合料(SMA)、浇注式沥青混合料(GA混合料)和密级配沥青混合料(AC混合料)。施工时应注意以下事项:

(1)SMA混合料和GA混合料广泛的应用于钢桥面铺装,而AC混合料只能用于主体铺装上层。

(2)钢桥面铺装宜采用较薄的沥青混凝土铺装,以减轻钢桥的静载,其厚度一般为4~8cm。

(3)钢桥面铺装施工应符合设计要求,施工前应对各种材料进行调查试验,并对各种施工机械和设备做全面检查。铺装各层施工前应进行施工试验。有关的材料试验和施工试验及要求可详见我国现行《公路沥青路面施工技术规范》(JTG F40—2004)。

(4)在铺装与构造物(路缘石、过渡段、埋入件)相接触的部分,为了防止结合部位渗水需设置接缝,并应在摊铺前预先安装好模板。

(5)钢桥面铺装施工时在一道工序完工之后,下道工序应紧跟或尽快进行,施工前下层应保持干燥、整洁,不得有尘土、杂物、油污或损坏,当不符合要求时应予以处理。除沥青铺装层外,完工后的铺装层表面严禁通行非施工车辆。

(6)沥青铺装施工之前,必须铺筑试验段,以验证沥青混合料配合比设计结果,并确定沥青混合料施工工艺。试验段宜在桥面或路面的直线段上铺筑,其长度一般为100~200m。

(7)沥青铺装施工气温不得低于15℃,且应在钢桥面左右两幅平行对称分段铺筑。

(8)严格控制混合料的施工温度和各个环节的作业时间。

(9)混合料必须缓慢、均匀、连续不间断地摊铺,摊铺过程中不得随意变换速度和中途停顿。

(10)摊铺时应注意厚度控制,使摊铺层厚度均匀一致。

(11)摊铺过程中应随时注意混合料中气泡的产生,一经发现应立即清除,并用热混合料填充产生的空洞。

(12)当摊铺过程中出现机械故障致使摊铺停顿超过30min时,应立即就地设置横向施工缝,每日施工完毕,也应在施工段末尾处设置横缝,并铲除多余的混合料。

(13)施工缝的设置位置应避开铺装受力薄弱处。纵向接缝应避开加劲肋顶面的位置,横向接缝应避开横隔梁顶面的位置。

(14)混合料的压实应严格按照压实的原则进行,相关的技术指标应满足《公路沥青路面施工技术规范》的要求。

(15)在钢桥面板上压实施工时还应特别注意,压路机在碾压过程中通常不采用振动碾压,1~2t的小型压路机除外。

(16)钢桥面人行道及中央分隔带铺装,除沥青铺装外,其余应与行车道相同。沥青铺装层宜人工铺筑,当使用大型压路机有困难时,应采用小型振动压路机或振动夯板压实,对不能采用压实机具的部位,可采用人工夯实。

(17)对已铺筑好的铺装层应及时给予保护,防止油渍和溶剂等有害污染和损害铺装。

(18)钢桥面沥青铺装的质量检查与验收标准应符合现行《公路工程质量检验评定标准》(JTG F80/1—2004)的规定。对钢桥面沥青铺装进行检测时,不得采用钻孔法。

九、其 他

23. 钢桥支座安装的要求和精度是如何规定的?

答:(1)支座安装前必须认真地检查支座的制作质量及加工精度,满足设计要求后方可使用。

(2)安装方法可先与梁段连接好后随梁段吊装就位,此时对梁段吊点位置必须考虑支座重量,如现场安装施工条件好时,也可等梁段就位后安装。

(3)安装精度应符合表16-11的要求。

斜拉桥、悬索桥支座安装质量标准 表16-11

项　　目	规定值或允许偏差
竖向支座的纵、横向偏位(mm)	5
支座高程(mm)	±10
竖向支座垫石钢板水平度(mm)	2
竖向支座滑板中线与桥轴线平行度	1/1 000
横向抗风支座支挡垂直度(mm)	不大于1
横向抗风支座支挡表面平行度(mm)	不大于1
支挡表面与横向抗风支座表面间距(mm)	2

第十七章 斜 拉 桥

一、斜拉桥的结构体系

1. 斜拉桥有几种结构形式？有何特点？

答：斜拉桥的分类部位不同，其名称也不相同。

1)按孔跨布局，可以分为：

(1)独塔双跨式，是一种常见的孔跨布置方式，适用于跨越中小河流和城市通道。

(2)双塔三跨式，是一种最常见的布跨方式，主跨跨径较大，适用于跨越较大的海峡、河流或山谷。

(3)三塔四跨式和多塔多跨式，该种形式很少采用。

2)按塔、梁、墩相互结合方式可分为：漂浮体系、半漂浮体系、塔梁固结及刚构体系。

(1)漂浮体系。该桥是塔墩固结、塔梁分离，主梁除两端有支承外，其余全部用拉索悬吊，属于一种在纵向可稍作浮动的多跨弹性支承连续梁，见图17-1。

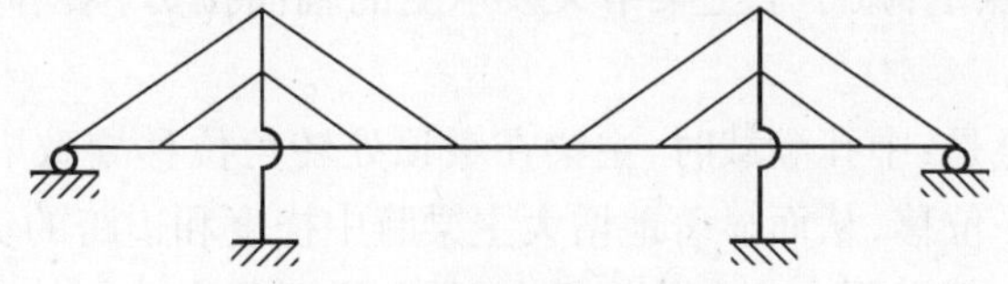

图17-1 飘浮体系斜拉桥

该体系的优点是：主跨满载时，塔柱处的主梁截面无负弯矩峰值；主梁温度、收缩和徐变内力均较小；密索体系中的主梁各截面的变形和内力的变化较平缓，受力均匀；地震时，允许全梁纵向摆荡，成为长周期运动，从而吸震消能。

该体系的缺点是：采用悬臂施工时，塔柱处主梁需临时固结，以抵抗施工过程中的不平衡弯矩和纵向剪力；为防止纵向飓风和地震荷载使漂浮体系斜拉桥产生过大的摆动,须在斜拉桥的塔上设置高阻尼的主梁水平弹性限位装置。

该体系适用于较大跨径的斜拉桥,一般主跨在400m以上。

(2)半漂浮体系。该种桥是塔墩固结,主梁在塔墩上设置竖向支承,成为具有多点弹性支承的三跨连续梁,见图17-2。其支座可以是一个固定、三个活动,也可以是四个活动支座,这样可以避免由于不对称约束而导致不均衡温度变位。

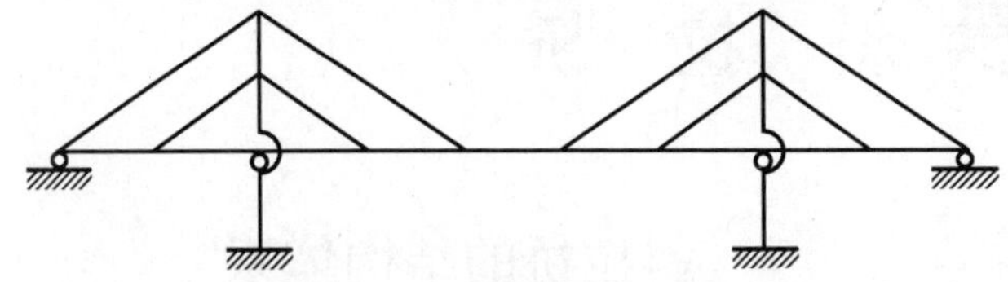

图17-2　半飘浮体系斜拉桥

该体系若采用一般支座,则无明显优点。若在墩顶设置一种可以用来调节高度的支座或弹簧支承来替代从塔柱中心悬吊下来的拉索(一般为零号索),并在成桥时调整支座反力,来消除大部分的收缩、徐变等的不利影响,这样就可以和漂浮体系相媲美,并且在经济和减小纵向漂移方面有好处。

(3)塔梁固结体系。该体系是将塔梁固结并支承在墩上,斜拉索变为弹性支承,见图17-3。主梁的内力与挠度直接同主梁与索塔的弯曲刚度比值有关。该体系一般只在一个塔柱处设置固定支座,其余均为纵向可以活动的支座。

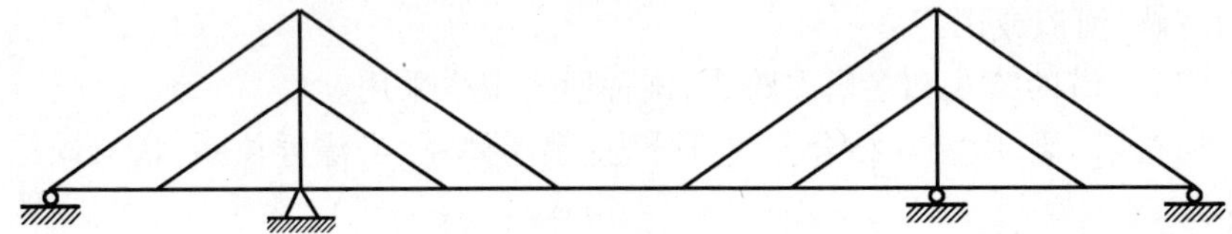

图17-3　塔梁固结体系斜拉桥

该体系优点是:减小了主梁中央段承受的轴向拉力,索塔和主梁的温度内力极小。

该体系缺点是:中孔满载时,主梁在墩顶处转角位移导致塔柱倾斜,使塔顶产生较大的水平位移,从而显著地增大主梁跨中挠度和边跨的负弯矩;上部结构重量和活载反力都需要由支座传给桥墩,需要设置很大吨位的支座。

(4)刚构体系。该体系是塔梁墩相互固结,形成跨度内具有多点弹性支承的刚构,见图17-4。

该种体系的优点是:既免除了大型支座又能满足悬臂施工的稳定性要求;结构的整体刚度较好,主梁的挠度小。

该种体系的缺点是:主梁固结处负弯矩大,使固结处附近截面需要加大;为消除温度应力,对于双塔斜拉桥要求墩身具有一定的柔性。

该体系适用于独塔斜拉桥、高墩身斜拉桥。

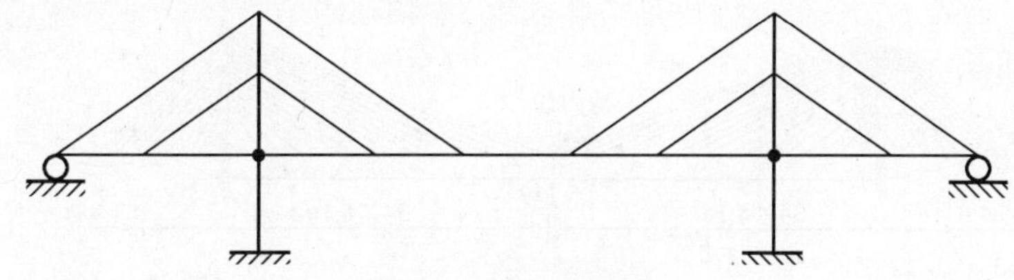

图 17-4 刚构体系斜拉桥

3)按主梁的连续方式分为:连续梁体系及T构体系。

T构体系与刚构体系比较,其主梁在跨中区域没有轴拉力,这种桥梁有两种形式,一是在斜拉桥主跨中央部分插入一小跨悬挂结构;二是以剪力铰代替悬挂结构,见图 17-5。

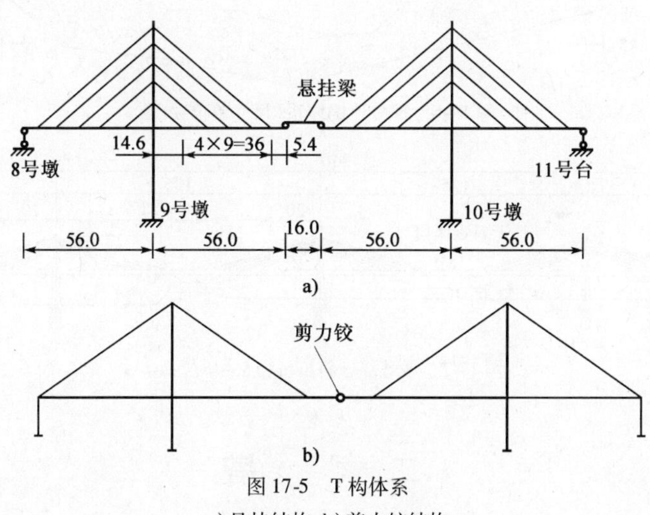

图 17-5 T构体系

a)悬挂结构;b)剪力铰结构

4)按斜拉桥的锚固方式分为:自锚体系、部分地锚体系及地锚体系。

部分地锚体系是主跨很大边跨很小的特殊情况下,将边跨的部分斜拉索组成地锚体系,见图 17-6。

5)按高度不同分为常规斜拉桥和矮塔部分斜拉桥。

矮塔部分斜拉桥,一是因为其塔高较矮,二是因为部分拉索不能提供足够的支撑刚度,只能提供部分刚度,故此得名,见图 17-7。其受力性能介于梁式桥和斜拉桥之间。

该体系的优点是:迅速提高了塔的刚度。

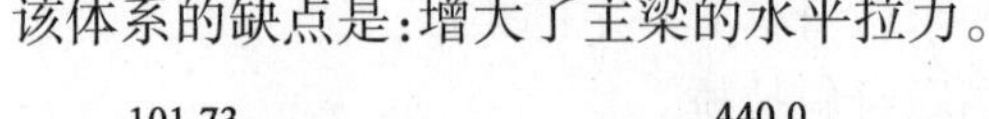
该体系的缺点是:增大了主梁的水平拉力。

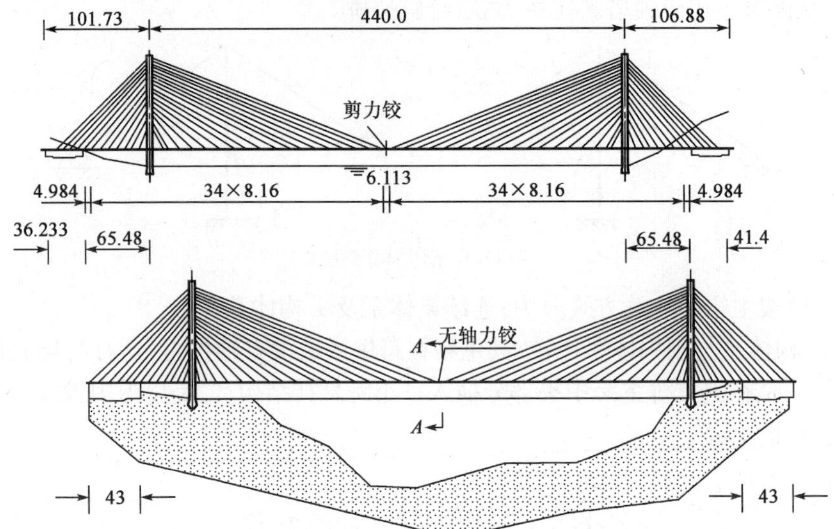

图 17-6　部分地锚体系(尺寸单位:m)

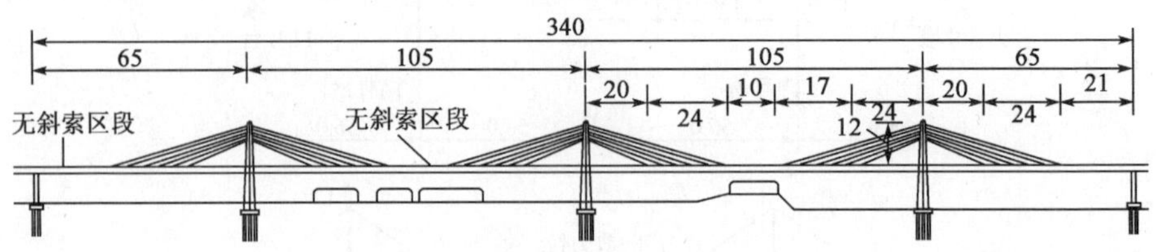

图 17-7　矮塔部分斜拉桥(尺寸单位:m)

二、索　　塔

2. 索塔有哪几种形式？各自适用于何种索形？

答:索塔一般由塔座、塔柱、横梁、塔冠组成,其设计必须和拉索相配合,传力应该简单,在横载作用下,索塔要尽可能处于轴心受压状态。

1)按建筑造型分

(1)纵桥向布置。其形式主要有独柱式、A 字形、倒 Y 形,见图 17-8。

其中,A 字形和倒 Y 字形在顺桥向刚度大,有利于承受索塔两侧斜拉索的不平衡;A 字形还可以减小主梁在索塔处的负弯矩。

(2)横桥向布置。其形式主要有独柱式、双柱式、门形、H 形、A 形、宝石形及倒 Y 形,见图 17-9。

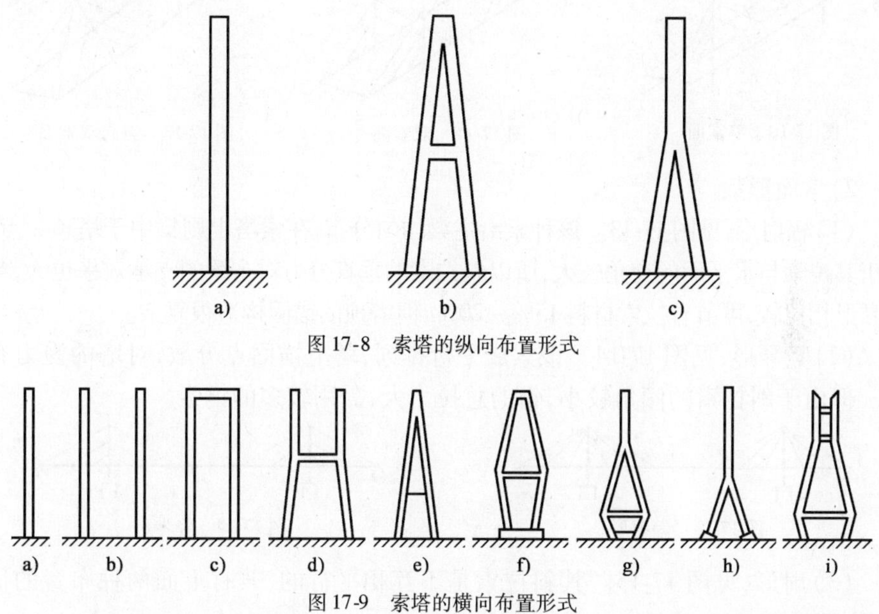

图 17-8　索塔的纵向布置形式

图 17-9　索塔的横向布置形式

其适用性宜按下列情况采用:索塔纵横向布置均采用独柱式,仅适用于单索面斜拉桥;当需要加强横桥向抗风刚度时,可以配合采用图 17-9g)或 h)的形式;一般图 17-9b) ~ d)适用于双面索的情况,而图 17-9e)、f)、i)一般适用于双斜索面的斜拉桥。

2)按建筑材料分

按建筑材料分为钢筋混凝土索塔、钢索塔、钢 - 混凝土混合索塔及钢管混凝土索塔。目前我国索塔施工基本是采用了钢筋混凝土索塔。

3. 拉索是如何布置的? 各有何特点?

答:1)索面位置

(1)单索面,见图 17-10。采用该种索面布置时,拉索对主梁抗扭不起作用,需要采用较大的截面来增加主梁的抗扭刚度。其最大的优点是桥面上视野开阔。

(2)竖向双索面,见图 17-11。该种形式下,作用于桥梁上的扭矩可由拉索的轴力来抵抗,主梁可采用较小的抗扭刚度截面。

(3)斜向双索面,见图 17-12。特别有利于桥梁体抵抗风力扭振。

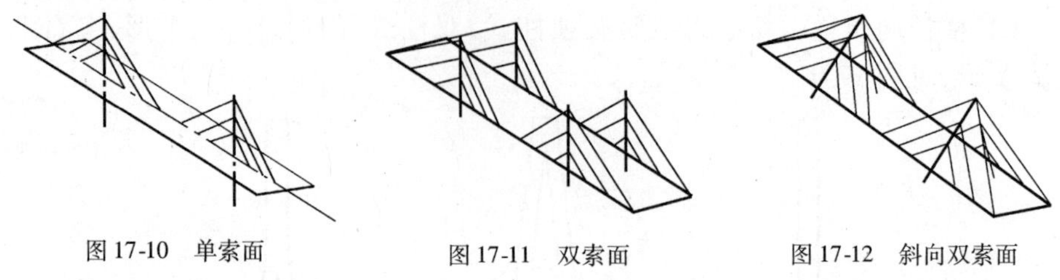

图 17-10　单索面　　图 17-11　双索面　　图 17-12　斜向双索面

2)索面形状

(1)辐射形,见图 17-13。该种索沿主梁均匀分布,在索塔上则集中于塔顶一点。由于其拉索与水平面的交角较大,所以斜拉索的垂直分力对主梁的支承效果也大,与竖琴形相比较,可节省拉索材料 15% ~20%,但塔顶的锚固构造很复杂。

(2)竖琴形,见图 17-14。该索成平行排列,塔上锚固点分散,对塔的受力有利。但由于斜拉索的倾角较小,索的总拉力大,需用较多的钢索。

图 17-13　辐射形　　图 17-14　竖琴形

(3)扇形,见图 17-15。其斜拉索是不互相平行的,兼有上面两种布置的优点,应用较广泛。

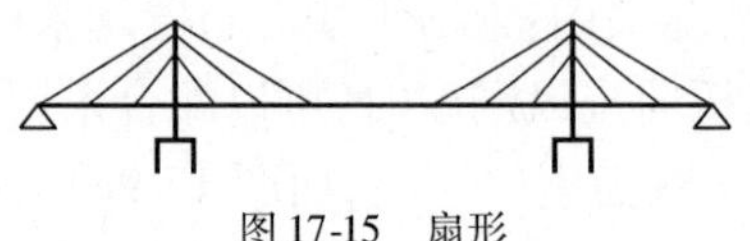

图 17-15　扇形

4. 混凝土索塔施工中应注意哪些问题?

答:(1)混凝土索塔施工中,可根据其结构、体形、材料、施工设备和设计要求综合考虑选用合适的施工方法。对于裸塔施工宜用爬模法;对于横梁较多的高塔宜采用劲性骨架挂模提升法。

(2)混凝土主塔下塔柱、中塔柱、上塔柱的施工,一般可采用支架法、滑模法、爬模法施工。

①索塔施工中,在塔柱内,塔壁中间宜设置劲性钢骨架,以保证索管空间定位精度和钢筋架立的精度。

②劲性骨架安装并精确定位后,方可进行测量放样、立模、绑扎钢筋、拉索、钢套管定位等。

③劲性骨架的吊装和运输要特别防止变形,避免影响精度。

④斜塔柱施工时,必须对各施工阶段塔柱的强度和变形进行计算,应分高度设置横板间横梁,使其线形、应力、倾斜度满足设计要求并保证施工安全,具体计算方法可参见《桥梁施工控制技术》。

⑤塔柱倾斜可分为内倾或外倾,当塔柱内倾布置时,宜每隔一定的高度设置受压支架;当塔柱外倾布置时,宜每隔一定高度设置受拉拉条,用来保证斜塔柱的受力、变形和稳定性。

(3)混凝土主塔下横梁和上横梁施工时,应考虑以下情况:

①防止模板支撑系统的连接间隙变形、弹性变形和支撑不均匀沉降变形;

②混凝土梁、柱与钢支撑不同的线性膨胀系数、日照温差对混凝土钢的不同时间差效应等所产生的不均匀变形的影响;

③根据其结构、重量及支撑高度设置可靠的模板和支撑系统,考虑弹性和非弹性变形、支承下沉、温差及日照的影响,必要时应设支承千斤顶调控;

④对体积过大的横梁,其混凝土可分两次浇筑;

⑤设置相应的变形调节措施和由于支架的变形而造成的混凝土开裂的防治措施;混凝土开裂的防治措施可参见第7章第12题。

(4)塔柱的混凝土浇筑。

①塔柱的混凝土浇筑应采用泵送混凝土工艺。

②泵送混凝土配合比设计时,应考虑混凝土的抗压强度、弹性模量、水泥型号、粉煤灰掺加量、粗集料用量、外加剂、初凝时间等因素的影响,以便满足缓凝、早强、高强、流动性、温控等需要,具体要求可参见第十章的有关内容。

③泵送混凝土设施的布置,应根据不同的部位、泵送的高度、每段浇筑的时间和每段浇筑的工作量,进行综合布置。超过一台泵的工作高度时,允许接力泵送,但必须做好接力储斗的设置,并尽量降低接力站台的高度,具体要求可参见第十章的有关内容。

④浇筑混凝土时,不宜在同一位置长时间连续投料,而应在浇筑过程中勤拆导管,或勤移吊斗,使各部分浇筑均匀。

⑤混凝土浇筑过程中,应通过高频振捣减少混凝土内部形成的空隙和积水。

⑥浇筑时应分层振捣,按照振捣器的作用范围依次进行振捣。

⑦对于锚固段的混凝土,应对锚固区部位加强振捣,并注意保护拉索套筒,不要让振捣头接触到套筒,以免套筒移位。

(5)索塔施工,除设置相应的塔吊外,还应设置工作电梯及安全通道。

①塔吊设置应垂直,塔吊升至一定高度后(该高度应根据塔吊使用说明书确定),应安装附着设施。

②工作电梯与墩身的水平距离要适当,以免模板干扰而使电梯不能升到位,给施工造成不必要的麻烦。

③高塔施工设置的电梯和安全通道特别是箱形塔柱的内通道应经过可靠性计算,严格按照高处施工作业规程执行。

④无论塔吊基础设置在承台上、主梁0号块上、上横梁上或墩旁的钢管桩平台上,都应充分考虑塔吊基础的构件预埋。

⑤浇筑索塔混凝土时,应根据设计位置预埋螺栓或钢板,便于附着件的连接。

(6)斜拉桥施工时应尽量避免塔梁交叉施工干扰。必须交叉施工时,应根据设计和施工方法采取保证塔梁质量和施工安全的措施(通常情况下,规模较大的斜拉桥已经形成了先塔后梁的施工顺序,双肢柱的塔柱也是双肢同时分段累高浇筑,保证了施工质量和安全。)。

(7)索塔施工组织设计中必须制定整体和局部的安全措施。具体措施参见下一个题目。

(8)必须避免上部塔体施工时,由于模板不干净、不断使用脱模剂、上节段浇筑漏浆、预应力索压浆时的溢流、千斤顶张拉时的漏油等对下部塔体表面所造成的污染。

(9)对于混凝土主塔,待模板拆除后应立即进行养护、维修,以免给整体维修带来不便。养护可采用洒水或涂养生剂的方法,但当气温低于5℃时,应覆盖保湿,不得向混凝土表面洒水。

5.索塔施工中,如何合理布置塔吊?

答:塔吊的布置应根据索塔的结构形式和施工程序综合考虑,有以下几种情况。

(1)在索塔正面的任一侧设置一台塔吊,其位置距索塔横桥方向中心线的距离,由塔吊吊臂操作范围和施工需要确定。此方案优点是一次安装就可以完成全塔施工,但需要主梁留孔,让塔吊立柱穿过,另需考虑拆除时的特殊设施和抗风措施。该方案适用于单柱式、双柱式、门式及H形索塔。

(2)先按上述方法布置一台塔吊,待上横梁完成后,在上横梁上再安装一台塔吊。这种方式的有利之处是塔吊高度小,稳定性好,但塔吊转换将影响工期,拆除比较困难。此方案适用于上有横梁、高度较大的H形索塔。

(3)在索塔中心线的上游或下游水中设置一台塔吊,这样可以一次安装完成全塔施工,且塔吊可牢靠地附着在索塔塔柱的侧面,但在一般情况下吊座的基础需另行设计和施工。该方案适用于双柱式、门式、A形、倒Y形及钻石型索塔。

(4)按第一方案设置塔吊,待主梁0号块完成后,在其上设置另一塔吊。这种方法的缺点是上横梁需预留孔,且拆除困难。该方法适用于双柱式、门式及H形索塔。

(5)对于主梁较宽的索塔,可在塔中线的上下游各布置一台塔吊。

在拆除塔吊时,一般受到索塔、横梁及拉索的限制,故在塔吊布置及索塔施工时应预先制订塔吊的拆除方案,以便在索塔和主梁上预埋构件。

6.混凝土索塔斜塔施工时,如何防止其倾覆?

答:混凝土斜拉桥的索塔中,一般下、中塔柱均有一定的倾斜度,施工模板多采用伸臂爬模或翻模法施工。在具有较大斜率的索塔施工中,索塔处于自由状态,自重和施工荷载等会在下塔柱或中塔柱根部形成较大的弯矩,产生较大的拉应力而引起混凝土开裂,产生的倾覆力矩使塔肢产生向内或向外的位移。成桥后,由于初始力矩的存在而使截面内外侧压应力严重不均匀,将使截面压应力或拉应力超出设计要求,从而影响索塔的使用寿命。因此,应采取必要措施防范。

(1)下塔柱施工的防倾措施

钻石型塔柱的下塔柱向外倾斜,当斜率大时,应防止塔根部内侧因受拉而开裂,同时还应考虑模板和混凝土在重力作用下产生的倾覆力矩。一般采取的措施是在模板调整定位后,用手拉葫芦连接钢丝绳或用精轧螺纹钢筋通过螺母,把上、下游塔肢柱模板对拉,浇筑混凝土并养生强度达到80%设计强度时,再松开钢丝绳。

一般当混凝土拉应力超过1MPa时,应在该位置设置对拉杆,一般用$2\phi500$mm钢管焊接在上下游塔肢柱之间的预埋件上,用来抵消塔柱的外倾力矩。如果条件允许,可以在塔外侧立钢管立柱或设置预应力束对拉。

(2)中塔柱施工防倾措施

中塔柱一般是向内倾斜,为减少水平分力,在模板施工时需设置临时支撑,支撑的方式有三种。

①在施工时同时搭设满堂支架。该种方法工作量大,进度慢,且本身存在很大的弹性和非弹性变形,不能有效地克服中塔柱施工过程中因自重和施工荷载而引起的应力,一般很少采用。

②采用横向水平支撑。在中塔柱施工过程中采用几道直径较大的横向钢管或型钢桁架做临时支撑,平衡倾斜塔肢所产生的倾覆力矩,以增强塔柱施工中的稳定性和安全性。钢管撑刚度大,工作量较小,安装方便,但不能克服索塔钢管撑安装前因自重及施工荷载引起的变形和位移,不能有效保证成塔后的线形和

应力状态。

③采用主动横撑。在安装横向钢管撑时,利用它本身的刚度和强度,用千斤顶向中塔柱内壁施力,变被动支撑为主动支撑,克服中塔柱施工过程中因自重和施工荷载而引起的应力及位移。主动撑的构造和计算见7题。

(3)设计合理的劲性骨架

参见海洋环境桥梁相关题目。

7. 如何设计布置主动横撑?

答:在用钢管横撑做临时支撑时,是当悬臂裸塔施工至一定高度时加第一道横撑,主动施力,克服悬臂状态下的附加应力,再继续悬臂浇筑一定高度,加第二道横撑,以此类推。主动横撑的设置包括横撑支撑位置、主动力及横撑结构形式。

1)横撑位置的确定

中塔柱根部混凝土截面应力控制是整个中塔柱施工方案设计中的控制关键,确定横撑支撑位置即是根据中塔柱根部在悬臂浇筑过程中自重及施工荷载作用下不产生裂缝的最大悬臂高度,并扣除一定高度(主要考虑爬模工作空间,并综合塔吊和电梯附着位置),留有一定的安全储备,方法如下:

(1)第一道横撑

$$\sigma = \frac{M}{J}y - \frac{N}{A} \leqslant R_1 K$$

$$h = H - \Delta$$

式中:σ——中塔柱根部受拉边缘混凝土的计算拉应力;

M——第一道横撑设置前中塔柱根部因塔柱自重及施工荷载产生的弯矩;

J——中塔柱根部截面的惯性矩;

y——中塔柱根部截面中性轴到受拉边缘的距离;

N——第一道横撑设置前中塔柱根部因塔柱自重及施工荷载产生的轴力;

A——中塔柱根部截面的面积;

R_1——中塔柱浇筑到H高度时中塔柱根部混凝土预期强度的极限拉应力;

K——安全系数;

h——横撑高度;

Δ——扣除高度值。

(2)其他横撑

由于安装好第一道横撑后,其与悬臂状态的中塔柱形成一个框架,第一道横撑上部新浇筑塔柱的自重对第一道横撑位置中塔柱混凝土截面的影响明显,而对中塔柱根部截面应力影响就很小,因而确定第二道横撑位置的方法,为对第一道横撑位置中塔柱混凝土截面进行应力控制,以确定第二道横撑的高度。依此类推,确定其他横撑的位置,直至中塔柱(含中横梁)浇筑完毕。

2)主动力的确定

(1)主动力的确定原则

横撑位置确定后,主动施力的大小成为控制施工过程中塔柱根部应力的关键。力小达不到预期效果,力大过犹不及,甚至会影响中塔柱整体线形。为此,需对变形和内力进行双控,在满足中塔柱各截面内力的同时,确保线形。以设计单位提供的理想状态下成塔(在施工过程中不产生任何施工附加应力)的内力为参照,保证塔柱完成后中塔柱内力与其尽可能接近。计算各施工阶段在各节点产生的水平位移,同时计算出中塔柱施工完成后撤除各横撑后在中塔柱各节点产生的水平位移,将上述水平位移代数和作为中塔柱各施工阶段的水平位移调整值(预偏量),使中塔柱线形符合设计要求。

(2)计算方法

①按施工加载顺序分阶段计算直至成塔全过程;

②根据计划工期对应施工阶段计算月气温差的影响;

③对应加载阶段计算横撑加压荷载,先按施加单位力(±1 000kN);

④计算从上到下逐道拆除横撑,先按施加单位力(±1 000kN)代替解除约束力来计算;

⑤根据③的结果,分别以不同的压力试算,即在单位力影响矩阵上加载;

⑥根据⑤计算的结果与①②计算结果叠加,由此得出成塔时横撑的轴力;

⑦将⑥计算得到的横撑轴力与计算④结合,解出各横撑在撤除过程中的梁端轴力,并由此算出撤除横撑时中塔柱各节点的内力;

⑧把⑥与⑤的结果叠加,即得最终成塔时的内力;

⑨所得最终结果再按施工加载顺序复算一遍,并加上风载等临时荷载进行复核。

(3)计算模型

计算模型按平面杆系结构处理,并根据施工顺序建立不同状态的模型,见图17-16。

①首先建立悬臂状态下中塔柱模型,荷载主要考虑自重力、施工荷载、风载等,按施工顺序段增加,直至中塔柱根部外侧拉应力达到或接近允许值(留有安全储备),见图17-16a)。

②再根据前述方法确定第一道横撑位置施加单位水平力(1 000kN),见图17-16b)。

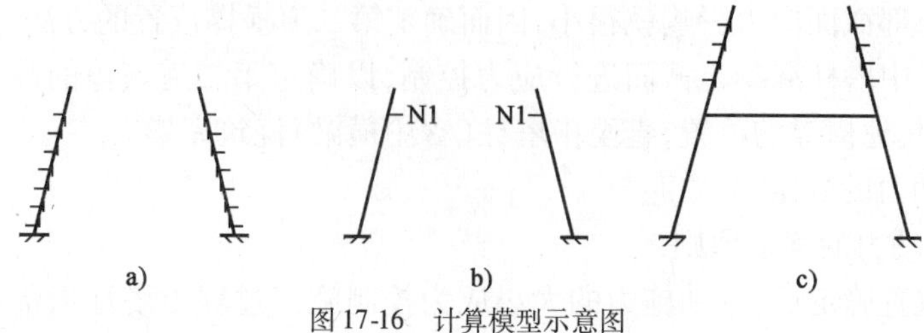

图 17-16　计算模型示意图

③安装第一道横撑后,其与悬臂状态中塔柱形成框架(此时需要假设横撑刚度),在此基础上继续分节浇筑,此时以第一道横撑位置截面为主要的控制截面,同 a)理确定此基础上的悬臂值,见图 17-16c)。

④重复②③直至中横梁浇筑完毕。

(4)计算结果

通过反复计算比较,得到最终结果。如某大桥,共采用 5 道主动横撑,见图 17-17。主动力从下向上依次为 2 000kN、1 500kN、1 500kN、1 500kN、800kN。按施工顺序(含加横撑主动力)及撤除横撑后索塔应力见表 17-1,理想状态成塔和五道横撑施工成塔的中塔柱弯矩见图 17-18,从图中可以看出,理想状态和实际情况下的效果基本吻合。

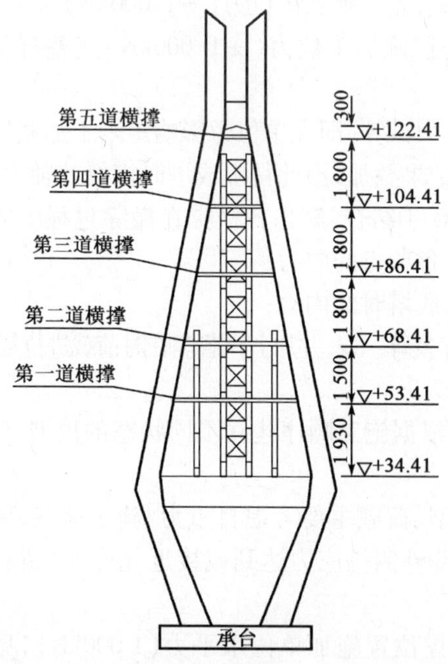

图 17-17　横撑示意(尺寸单位:cm,高程单位:m)

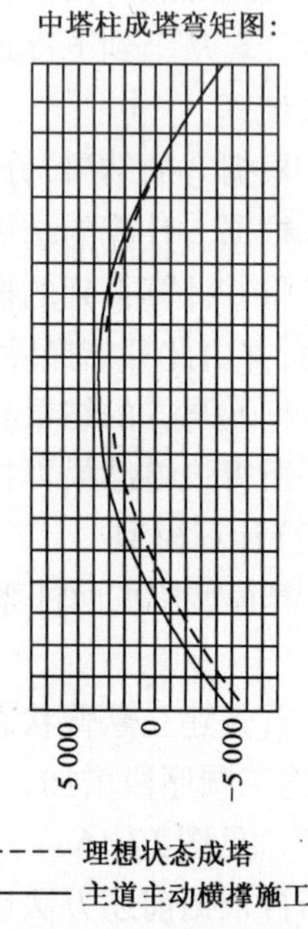

图17-18　弯矩图(单位:kN)

空中、上塔柱施工过程中有关截面应力数值一览表(单位:MPa)　表 17-1

	中塔柱根部		第一道横撑位置		第二道横撑位置		第三道横撑位置		第四道横撑位置	
	内侧	外侧	内侧	外侧	内侧	外侧	内侧	外侧	内侧	外侧
浇筑 1 ~ 7 节段混凝土,安装第一道横撑,预顶 2 000kN	0.526	0.947	0.412	0.067						
浇筑 8 ~ 11 节段混凝土,安装第二道横撑,预顶 1 500kN	1.061	1.400	0.947	0.517	0.404	0.075				
浇筑 12 ~ 15 节段混凝土,安装第三道横撑,预顶 1 500kN	1.560	1.887	1.466	0.986	0.954	0.511	0.412	0.067		
浇筑 16 ~ 18 节段混凝土,安装第四道横撑,预顶 1 500kN	1.959	2.228	1.828	1.363	1.276	0.928	0.699	0.526	0.412	0.067
浇筑 19 ~ 21 节段混凝土,安装第五道横撑,预顶 800kN	2.458	2.721	2.266	1.920	1.816	1.392	1.830	0.412	2 243	-0.798
浇筑 22 ~ 26 节段混凝土及中横梁	2.999	3.200	2.771	2.434	2.327	1.900	2.337	0.924	2.730	-0.258
全塔浇筑完成	4.301	4.353	3.990	3.673	3.557	3.127	3.569	2.150	4.075	0.951
撤除第五道横撑	4.301	4.353	3.989	3.673	3.560	3.124	3.554	2.166	4.075	0.845
撤除第四道横撑	4.304	4.350	3.398	3.679	3.537	3.153	3.836	1.870	3.608	1.324
撤除第三道横撑	4.283	4.370	3.944	3.730	4.447	2.516	4.588	1.128	3.766	1.178
撤除第二道横撑	3.903	4.781	5.278	2.348	2.966	3.709	4.026	1.702	3.908	1.048
撤除第一道横撑	7.373	1.223	3.865	3.771	2.103	1.583	3.701	2.038	1.195	0.772

注:表中数据为中、上塔柱施工过程中各个施工阶段由自重及横撑顶推产生的叠加应力,压应力为正。

3)横撑结构的确定

根据受力情况,每道横撑由多根钢管(或型钢或桁架,一般多用钢管,其特点是强度高、质量轻)组成,且应顺桥向两两并排对称布置,并排钢管之间用型钢联结组成平面桁架,以增加顺桥向稳定,要注意保证塔吊及电梯附着强度和刚度。为减少横撑的自重挠度,增加竖向整体刚度,也为方便横撑的架设和施力,在横撑中部设置多根钢管立柱(根据现场情况,一般多设置8根)为宜。立柱上设置顺桥向牛腿,来支承横梁。立柱间用型钢联结,同横撑桁架一起组成空间框架,增加施工过程的稳定性。横撑施力前从中部一分为二,两端与塔柱预埋件焊接,中间部位搁置在立柱牛腿上,利用立柱作为工作平台,在横撑中部设置千斤顶施力系统。施力完成后,将中部焊接联成整体。

4)方案实施要点

(1)爬架立模严格按照设计给定坐标(含预偏)定位。

(2)横撑在车间加工制作,保证加工制作精度,注意横撑端头局部加强处理,防止应力集中,确保焊接质量,通过验收后方能使用。

(3)在立柱牛腿上设置限位装置,防止千斤顶施力过程中横撑移动,保证施力安全。

(4)施力过程一般选择在清晨进行,避免日照影响。

(5)千斤顶分三级施力,并做好每级横撑加力和位移记录,顶推力到位后千斤顶持压,同时焊接联结钢板,将横撑联为整体。

(6)待焊接部件强度达到要求后撤除千斤顶。

(7)对每一施工阶段,主要是横撑设置前后,做好中塔柱根部预埋钢弦计记录,随时掌握中塔柱应力情况,如有必要及时调整。

8.在钢索塔的制作中一般采取哪些焊接方法?

答:索塔柱的断面是箱形,所以从焊接姿势分为平焊、立焊和仰焊。

平焊可采用埋弧自动焊,但这种方法存在两个问题:一是焊机台车安装,电源连接及前段的调整工作时间较长,整体作业效率不高;而使用自动电焊机的起、终端各有一部分焊不到位,需手工补焊,焊接头的整体性和焊接质量很难保证。

立焊一般为人工焊,对施工人员的素质要求高。

仰焊可用 CO_2 气体保护手工焊,也可用全自动仰焊机。手工焊对操作人员技术要求高,且受到焊接条件和位置的限制,焊接人员劳动强度极大且效率低。一般情况下可选用全自动仰焊机,这种焊机具有:第一层焊接时能自动控制焊接进度;自动控制坡口方向;自动按钢板面的上下控制焊接电流;能使用控制电源进行自动控制。

9.在索塔制作中,如何防止焊接变形?

答:塔柱在地面组装进行全断面焊接时,构件焊接后,会发生收缩变形,在箱形塔柱四个面的接长全部焊完后，上下两节塔柱的轴心将发生偏心，给安装带来不便，且不能保证精度，修正困难。为保证达到要求，采取以下办法：

(1)在角隅处离开端面10cm开始，设置坡口，保证端面与塔轴的垂直度，且未开坡口的10cm接触面要密贴，形成对焊接收缩的一个约束。在每一阶段加工完后，塔柱的端面应与轴线削成垂直，保证端面垂直度的精度，确保焊接后塔柱轴线是直线，见图17-19。

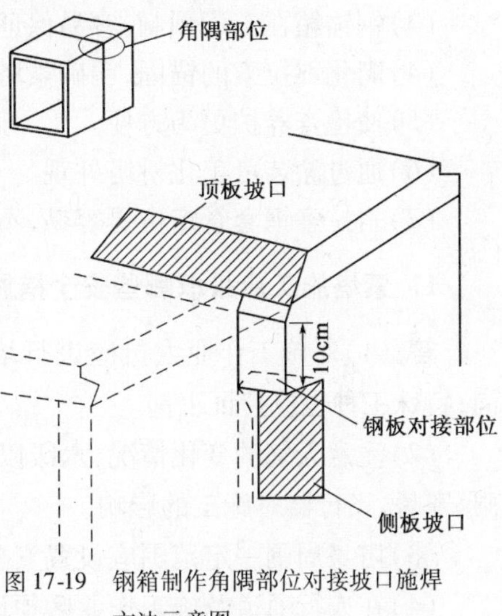

图17-19　钢箱制作角隅部位对接坡口施焊方法示意图

按计算焊接收缩量的变化系数，求焊接收缩量的回归方程，施工时，按计算结果预留一定量。

(2)上、下、左、右四个面同时施焊，且保证左、右方向电流和施焊速度相同。但要注意考虑平焊和仰焊的变形量之差，调整电流和施焊速度。

10. 钢-混凝土混合索塔有何优越性？

答：钢-混凝土混合索塔是指拉索锚固区采用钢锚箱，其他部位采用混凝土的索塔，见图17-20。一般用于特大跨径的、索力很大的斜拉桥。其优越性主要表现在：

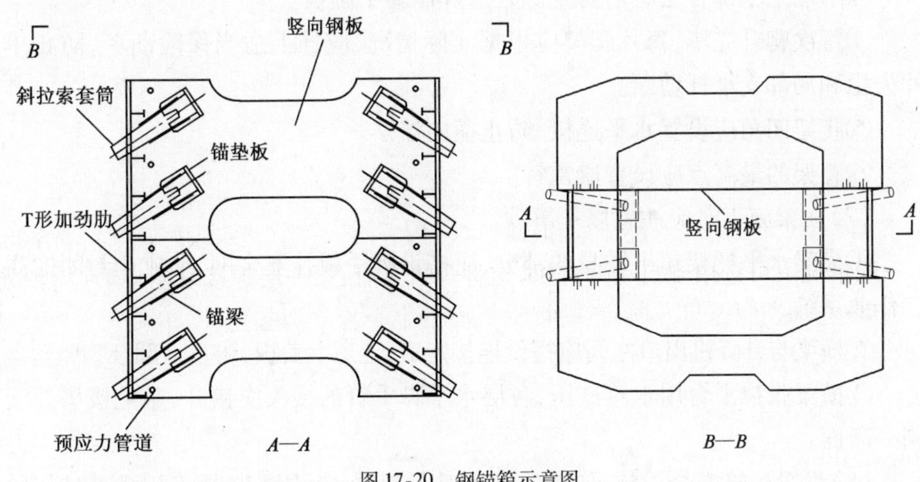

图17-20　钢锚箱示意图

(1)减轻塔顶重力,使地震时塔柱中的轴向力和弯矩减小。

(2)使塔柱顶部施工更加容易。

(3)钢锚箱在工厂预制,容易保证精度。

(4)简化斜拉索的锚固,明确索塔受力。

(5)使检查养护更为方便。

(6)通过涂装可美化桥塔外观。

(7)斜拉索钢套管定位更容易,不需要定位骨架。

11. 索塔施工应采取哪些安全措施?

答:(1)对施工作业人员应进行培训,合格者发给高空作业许可证,持证上岗;特殊工种也应持证上岗。

(2)注意天气的变化情况,六级以上的大风应停止作业,防范雷击、强风、暴雨、寒暑、飞行器对施工的影响。

(3)塔身周围一定范围应设置安全警戒标志。

(4)在人行通道及施工作业区须设置安全防护网或采取相应的安全措施。

(5)为了各个作业面相互联络,作业人员应配备对讲机。

(6)爬架施工时应注意以下事项。

①爬架附墙安装完毕,应进行超载超压试验,确定最不利荷载组合下的极限强度和稳定性。

②爬架周围应铺设安全网,绕塔身四周形成全部封闭的高空作业系统。

③附墙架上部各层距塔身空隙处应焊制脚手翻板。

④每次爬升完毕,每片爬架应根据实际情况,应挂上适当保险葫芦,防止单片失稳和局部支承杆剪断。

⑤爬架四角应设置水平连接,防止横向摇摆。

⑥爬架的最高点应设置避雷针。

(7)横梁施工时应注意以下事项。

①横梁水平托架超出塔身的部分,应搭设脚手板挂安全网,形成全封闭的高空作业系统。

②横梁与升降机出口之间应搭设连接走道,走道上盖板,防止上部杂物坠落。

③横梁张拉平台用水箱试压,各层水平脚手管的接头应错开,避免接头处于同一断面。

(8)设置运输安全设施,如塔吊起重量限制器、断索防护器、钢索防扭器、风压脱离开关等。

(9)为保证塔吊的安装质量和施工安全,必须进行静载(超33%)和动载(超25%)试吊,待塔身垂直度和安全装置等各项技术指标经检查符合要求后,方可进行起重作业。

(10)起重作业时,应合理选择吊点和索具,严禁扔、掷工具,并应集中吊运氧气瓶和乙炔瓶等,以防吊落和作业事故的发生。

(11)升降机应限载,塔吊也应控制起重量,并保证足够的安全系数。

(12)采用两台塔吊时,应合理安排其平面位置,注意防止其吊臂相互碰撞和缠绞。

(13)为防止钢丝绳绞绕,可根据情况适当减少塔吊主钩钢丝绳的股数。

(14)塔吊、升降机传输线路分20m一节附着标准节绑扎,防止坠线过长导致线路坠断、缠绕。

(15)塔吊与爬架之间应设高空走道,根据塔身收分幅度调整走道长度。

(16)塔身施工达下横梁时,可增加竖向混凝土泵管管卡,防止泵送混凝土泵管上下跳动。水平输送管宜三节管一固定,拐角处应浇筑混凝土墩来固定,沿管两侧应竖挡板。

12. 索塔施工质量标准是如何规定的?

答:(1)钢筋混凝土索塔质量控制标准见表17-2。

混凝土索塔施工质量标准 表17-2

项目		规定值或允许偏差
混凝土强度(MPa)		在合格标准内
塔柱底偏位(mm)		10
横梁轴线偏位(mm)		10
倾斜度(mm)	总体	符合设计规定;设计未规定时按塔高的1/3 000,且不大于30
	节段	节段高的1/1 000,且不大于8
塔顶高程(mm)		±20
外轮廓尺寸(mm)	塔柱	±20
	横梁	±10
拉索锚固点高程(mm)		±10
横梁顶面高程(mm)		±10
预埋索管孔道位置(mm)		10,且两端同向

(2)钢索塔架设的质量控制标准见表17-3。

钢索塔架设质量控制标准　表17-3

项目		允许误差(mm)
顶面高程		±2.0×n;≤20
总体垂直度偏差	桥轴向	H/4 000
	垂直于桥轴向	H/4 000
对接口板错边量		δ≤2
塔柱中心距(接头部位)		±4.0
节段轴线相对塔柱轴线的偏差	桥轴向	2h/1000
	垂直于桥轴向	
两塔柱横梁中心处高程的相对差		4
端面金属接触率	壁板	符合设计要求
	腹板	符合设计要求
	加劲板	符合设计要求
斜拉索锚固点高程偏差		±10

注:n—节段总数;H—索塔总高度;h—节段高度。

三、主　梁

13.斜拉桥主梁分几种?其各自特点及适用范围如何?

答:按照材料,主梁分类见表17-4。

斜拉桥的分类及适用范围　表17-4

名称		示意图	特点	适用范围
混凝土梁	实体梁式主梁	混凝土桥面板 混凝土主梁 横梁	施工简单且方便。采用悬臂法施工时,为了减轻挂篮的负荷,可以将两个边主梁先行浇筑,然后在挂索后再浇筑横梁,最后浇筑桥面板	双面索斜拉桥

续上表

<table>
<tr><th colspan="3">名 称</th><th>示 意 图</th><th>特 点</th><th>适用范围</th></tr>
<tr><td rowspan="6">混凝土梁</td><td rowspan="2">实体板式主梁</td><td>纯板式主梁</td><td> 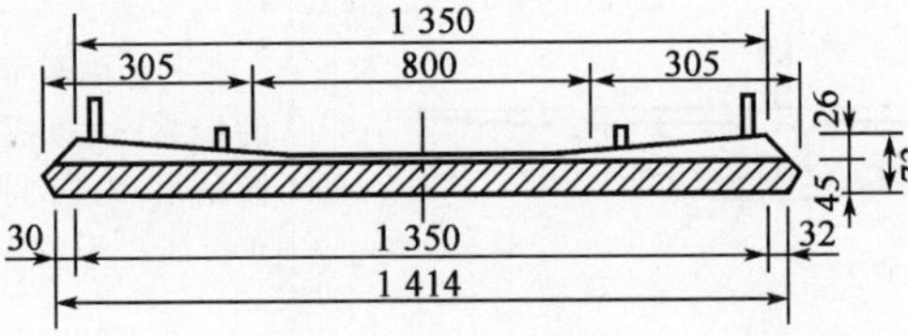1 350
305 800 305
26 73 45
30 1 350 32
1 414</td><td rowspan="2">构造最简单，但截面抗扭能力较小，截面效率较低</td><td rowspan="2">双面密索且宽度较小的桥</td></tr>
<tr><td>矮梁式主梁</td><td> 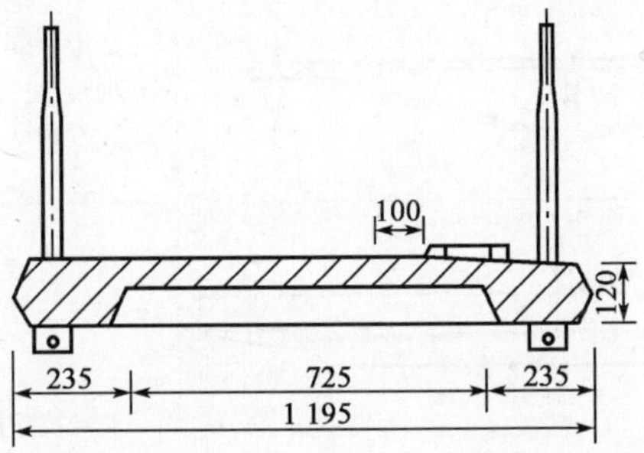100
120
235 725 235
1 195</td></tr>
<tr><td rowspan="4">箱形梁</td><td>半封闭式双箱梁</td><td> 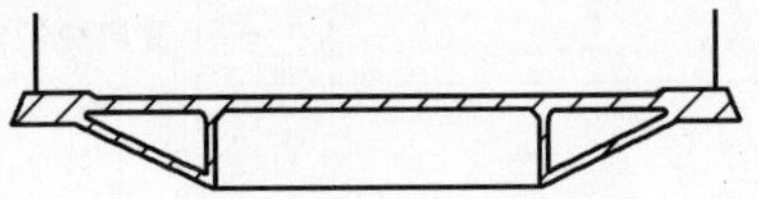</td><td>抗风性能良好，中部无底板，可减轻结构自重</td><td>双索面桥</td></tr>
<tr><td>单箱单室梁</td><td> 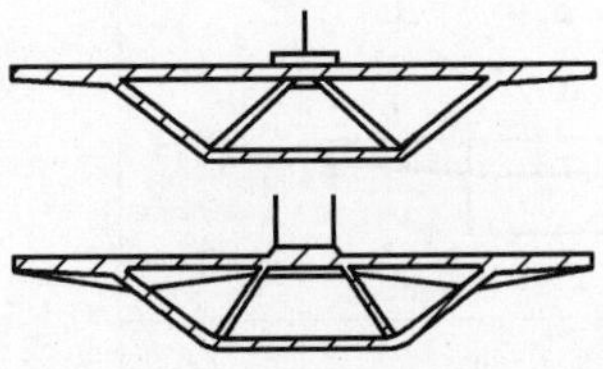</td><td>采用斜腹板，可以改善抗风性能，又可减小墩台的宽度，且箱形截面的抗扭刚度大</td><td>单索面或桥中央双索面的桥</td></tr>
<tr><td>单箱双室梁</td><td> 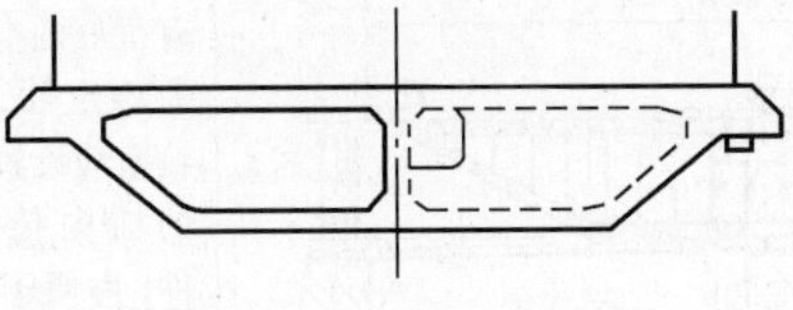</td><td>在单箱的基础上增加一道中腹板，虽然增加了自重，但可减小桥面板的计算跨径</td><td>单索面或双索面桥</td></tr>
<tr><td>单箱三室梁</td><td> 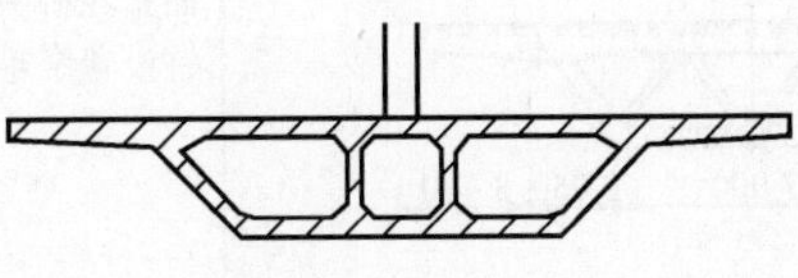</td><td>在悬臂施工时须将截面分成三榀，先施工中箱，待挂完索后，再施工两侧边箱</td><td>单索面桥</td></tr>
</table>

续上表

名称			示意图	特点	适用范围
混凝土梁	箱形梁	准三角形三室箱梁		有利于单索面的传力,边腹板倾角更小,有利于抗风	单索面桥
		三角形箱梁		三角形截面抗扭刚度大,对抗风最有利	双索面或单索面桥
钢主梁	工字型钢主梁	双工字梁	29.3 3.2 3.9 10.75 10.75 3.9	主梁抗扭刚度小,施工简单,尽量避免斜索在外伸的托架上锚固	双面索桥
		多工字梁			
	钢箱梁	矩形钢箱梁		主梁抗扭刚度大。倒梯形钢箱有很好的空气动力稳定性,对单箱室应设置较强的横向传力构件,为便于拉索的锚固,对于单面索在桥中线处宜设置窄箱室	单面索或双面索桥。倒梯形更适用于单面索桥
		梯形钢箱梁	22 400 3 500 18 500 500 7 250 3 000 7 250 500 2 800 2 050 7 000 2 050 3 700 3 700		

续上表

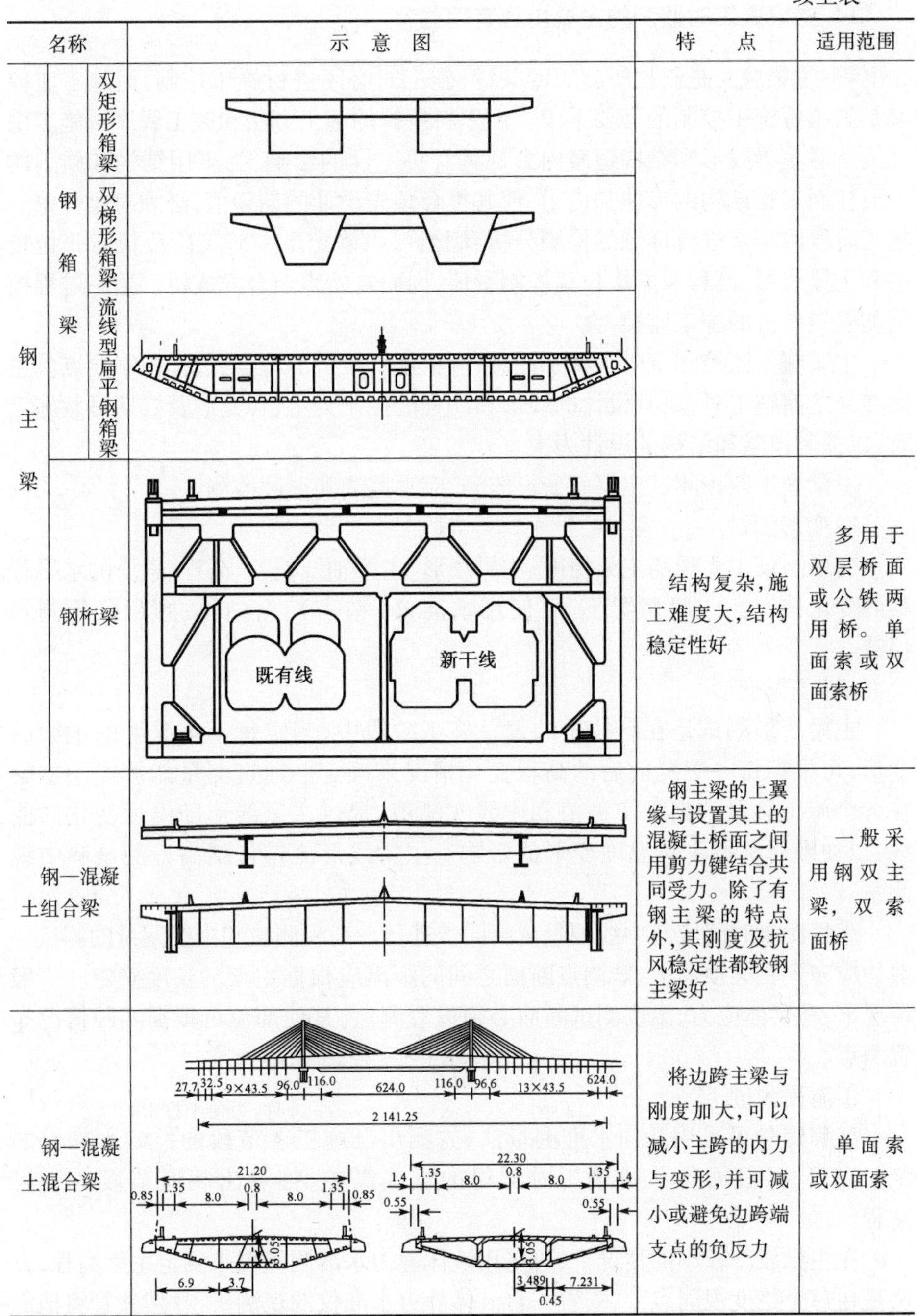

名称			示意图	特点	适用范围
钢主梁	钢箱梁	双矩形箱梁			
		双梯形箱梁			
		流线型扁平钢箱梁			
	钢桁梁			结构复杂,施工难度大,结构稳定性好	多用于双层桥面或公铁两用桥。单面索或双面索桥
钢—混凝土组合梁				钢主梁的上翼缘与设置其上的混凝土桥面之间用剪力键结合共同受力。除了有钢主梁的特点外,其刚度及抗风稳定性都较钢主梁好	一般采用钢双主梁,双索面桥
钢—混凝土混合梁				将边跨主梁与刚度加大,可以减小主跨的内力与变形,并可减小或避免边跨端支点的负反力	单面索或双面索

14. 主梁施工时监测的主要内容有哪些?

答: 主梁施工是斜拉桥施工的关键,施工时必须进行施工控制,而施工监控又是斜拉桥施工控制的必要手段。由于斜拉桥的施工方法和施工程序对施工中及成桥后主梁线形和结构恒载内力都具有决定性的影响,为了用结构和施工的手段控制工程结构的形体和内力,使其符合预先设计的期望值,必须对梁体每一施工阶段的结果进行详细的检测分析和验算,以确定下一施工阶段拉索张拉量值和主梁线形、高程及索塔位移控制量值,周而复始直至合龙成桥。这一过程控制就是斜拉桥的施工监控。

主梁施工监控测试时须特别注意,应根据斜拉桥的特点,选择控制要点。主梁在合龙前施工时,以其设计的线形和高程的控制为主;合龙后及二期恒载施工时,以控制拉索和结构的设计为主。

主梁施工监控测试主要有变形监测、应力监测和温度监测。

1)变形测试

变形测试主要观测主梁挠度、主梁线形、主梁轴线偏差、高程、索塔的水平位移的变化情况。一般情况下,可使用水准仪(精密)、全站仪、倾角仪等测量仪器。

(1)主梁变形

主梁变形测试是在斜拉桥的每一施工阶段中,测定每一工况下的主梁的变形,可根据每一工况前后的高程变化情况来确定。通过测量能够提供主梁在各个施工阶段的高程实测值和中线实测值,提供主梁线形随温度变化的曲线,以便随时掌握主梁温度变形的影响。主梁线形测量包括高程测量和中线测量。

高程测量时间应与中线测量观测同步进行。高程测量和中线测量的测点一般均应布置在梁顶面上,观测点断面之间的距离应根据主梁的长度确定。一般情况下,在梁体应力、温度测试断面必须设置测点,其他部位可根据实际情况布置测点。

①高程测量

高程测量可采用几何水准测量法,先测出已施工各节段的控制水准点的绝对高程,再根据各节段竣工时测得的梁底高差,推算出相应节段的梁底高程。

在主梁坡度较小的情况下,可采用液体静力水准测量仪来测定主梁高程,方法是在每个挠度观测点上,安置一台液体静力水准仪的观测头,并用软管将他们相互连接。在实施测量工作之前,调整各个观测头,使其处在大致相同的高程上,当观测头和软管内充满液体时,根据观测头中液面状态及变化情况即可测定观测点的高程和变化量。采用这种方法不仅可以获得主梁在观测时的瞬时高程和挠度状态,而且还可以进行连续跟踪观测。

为消除日照温差引起的梁体的不规则变化,高程测量应选择在温度变化较小、气候稳定的时间进行,测量工作持续的时间越短越好。

②中线测量

中线测量是观测已施工节段的中线点相对于桥梁中心线的偏距。施工中,由于混凝土收缩和徐变、现浇梁段超重以及施工偏差、塔柱扭转等因素的影响,容易造成梁体产生局部变形甚至引起整个梁体偏离桥轴线。为了保证边、中跨按设计中线正确合龙,必须严格控制主梁中线偏位。

中线测量的一般方法是,在0号块主梁中心点上安置全站仪,以另一墩主梁中心线后视点定向。对于与后视方向同侧的主梁中线测量,可采用视准线法,一般不应偏离上下游各1cm,直接利用钢尺测量每一块主梁中心点的偏离值;对于与后视方向不同侧的主梁中线测量,可采用正、倒镜观测法,依次测量每一块主梁中心点的偏离值,最后取两次测量结果的平均值作为该主梁中心点的偏离值。对于与后视方向不同侧的主梁中线测量,也可采用正倒镜观测确定最前端一块主梁的中心线方向,再以此方向定向,依视准线法直接一次读取每一块主梁的中心点的偏离值。

(2)主塔变位观测

主塔变位测试主要是测定某些关键工况前后索塔沿桥轴线方向的位移值。对于采用空间索的斜拉桥,有时还要对横向水平位移值进行测定。通过测量提供塔柱在日照下随温度变化发生纵横桥向偏移的曲线及在主梁施工过程中塔柱的变位值。主塔变位测量主要采用天顶法、小偏角法(投影法)、测距法等三种方法(具体的测试方法参见第十五章悬索桥有关的内容),所使用的仪器设备主要有经纬仪和全站仪等。测站点的布置一般选在梁顶面上的适当位置,观测点的布置可随不同的测试阶段作相应的调整,一般可设置在塔柱侧壁或顶端部位。

2)应力测试

应力测试主要测定斜拉索索力、支座反力以及梁塔应力在施工过程中某些工况前后的变化情况。一般使用千斤顶油压表、荷载传感器或激振仪、随机振动法等测定斜拉索索力,用各种应变仪(应变片)或测力计等测试主梁塔柱应力。

(1)斜拉索索力测试

斜拉索的索力是反映全桥内力状态的重要指标,拉索索力是否准确直接影响到主梁的内力和线形,乃至施工安全。通过测量能够提供测试阶段的索力值以及关键索力随温度变化的曲线。

索力测量阶段划分一般应与主梁应力测试相同。索力测试可采用脉动法(频谱分析法),通过附着在拉索上的高灵敏度传感器,可以得到拉索在环境激励振动下的振动信号,经过滤波、放大和频谱分析,再根据频谱图来确定拉索的自振频率,最后根据自振频率与索力的关系确定索力。

为保证索力测量的精确度,在正式测量索力前,应将斜拉索按直径进行分类,每一类选择长、中、短三根索,根据缆索工作的索力范围,以不同的吨位进行标定,得出频率与索力的关系,并以此对用理论公式计算得出的索力进行修正。索力换算不仅要符合基频,而且要用前3~4阶频率作验证。

索力测试分为三个状况:监控状况、调索状况和成桥状况。监控状况是指为控制分析提供所需数据。通常情况下,当吊机或挂篮行走到位后,须测量前三对索的索力,为控制分析提供初始数据。即是在将要进行($N+1$)号梁段施工时,需首先测量N号、($N-1$)号、($N-2$)号梁段对应的索力值,然后通过控制分析计算出($N+1$)号梁段的索力值和线形应达到的目标值,以便指导($N+1$)号梁段的施工;调索状况是指当梁段施工完成以及索力张拉到位后,测量前三对及本对索的索力、各持索索力偏离设计值(或目标值)的大小,以便及时进行必要的调整,以免影响后续梁段的正常施工,可进行多次调索;成桥状况是指在全桥合龙、二期恒载完成后,对每一根斜拉索进行一次索力测量,为一次调索提供依据。

(2)索塔的应力测试

索塔的应力测试,主要是测定某些工况前后索塔内某些控制截面的应力变化。索塔主要是承受斜拉索向下传递的竖向力与桥塔两边拉索水平分力所引起的弯矩,同时,施工中的施工荷载以及突发施工事故将使桥塔产生较大的变形与应力,因此,在施工过程中应对这些状态的应力进行监测,根据监测情况制定出相应的措施,以确保施工中结构的安全。

一般应在索塔塔柱底部截面、桥面处塔柱截面以及其他可能出现较大应力的截面埋设传感器,观测索塔施工至下横梁、中横梁、塔柱完成、架设斜拉索、主梁安装架设或悬臂浇筑过程中的应力变化情况。另外,还应对塔在施工过程中可能承受的包括风载在内的其他荷载引起的应力进行监测。

(3)主梁应力测试

斜拉桥主梁应力测试包括梁的安装应力监测和塔的施工应力监测两类。通过测试可以了解梁塔控制截面的应力状况,并可对梁体重量及其他荷载变化情况作出判断,确保结构施工的安全。对于混凝土梁,应在埋设应力测点的相同部位埋设应力计,用来补偿混凝土自身的体积应变、收缩应变以及温度应变,并且在测试工艺上采取有效的措施,使产生的应变减少到最低限度,或根据测量时的龄期、环境温度状态进行修正,以达到施工监控的目的。

施工应力测试截面可由设计单位根据施工计算的控制截面确定,一般包括安装阶段的最大正、负弯矩截面,主塔及其横梁的应力控制截面,以及设计上考虑的其他控制截面。一般情况下梁体应力监测断面可选择6~10个,主塔应力测试截面可选择4~6个。

混凝土施工应力测点一般是用于测试截面的法向应力,对于箱梁截面应在顶板和底板上布设测点,对于边主梁结构应在主梁上下边缘处布设测点,方向与截面法向一致。对于箱梁还应在剪力控制截面、剪力最大部位设置主拉应力测点,在主横梁中部设横向应力测点。对钢箱梁和钢桁架结构,可选择控制部位和控制杆件、连接部位等设置手持式应变计测点或表面式应变计测点,并读取初始读数和钢构件温度及环境温度,结合温度补偿测点的数值,以便正式测量时参照修正。

施工中,应对主梁控制截面应力进行跟踪观测。测试阶段具体划分为:每个梁段吊装就位、斜拉索张拉前后,与斜拉索索力测量同步;全桥合龙前后;二期恒载作用后。

以混凝土斜拉桥悬臂法,采用前支点挂篮施工为例。施工中通常采用埋置式钢弦应变计测试主梁应力。施工一个梁段称为一个阶段,其测试阶段随悬臂施工阶段中工况划分的不同而不同,一般对每个工况都应进行主梁应力测试。一个施工阶段中工况可划分为:挂篮前移并定位立模→第一次张拉前支点斜拉索→主梁混凝土浇筑→预应力张拉、落挂篮→第二次张拉斜拉索至安装索力;或挂篮前移并定位立模→第一次张拉前支点斜拉索→浇筑1/2的主梁混凝土→第二次张拉前支点斜拉索→主梁混凝土浇筑完成→预应力张拉、落挂篮→第三次张拉斜拉索至安装索力。必要时还可以将混凝土分三次浇筑,斜拉索分四次张拉,则一个阶段共分为九个工况,以进一步改善受力状况。

3)温度测试

温度测试主要是观测主梁、塔柱和斜拉索的温度或温度场以及主梁挠度、塔柱位移、索力等随气温和时间而变化的规律。通过温度测试可以提供索、塔、梁各测试断面温度短期变化曲线和季节性温差变化曲线以及索内外温差和中心点温差的对应关系曲线。

温度的影响大体可分为两种:一种是昼夜温差,一种是季节温差。昼夜温差是指太阳每日的起落对桥梁各部位的日照变化在混凝土结构内形成由表及里且深度一般不超过40cm的表层温度梯度,使混凝土产生非均匀变形;季节温差则是由于长期的昼夜变化,使混凝土结构产生基本均匀的伸长和缩短。

当斜拉桥整个结构均匀升温或降温时,温度变化对主梁挠度的影响较小,因此施工控制可不考虑季节温差对主梁线形的影响。日照温差对主梁线形的影响要比季节温差的影响大得多。随着主梁悬臂施工长度的增加,日照温差的影响愈加显著,因此,选择测量工作时间是至关重要的,一般宜在一天中日照温差对结构变形影响最小的时候即清晨日出之前进行测量。

为了便于对施工控制资料进行分析,尚应测量出有代表性的某一天或几天24h内结构温度变化情况,结合塔柱偏移和主梁线形测量结果,总结出结构日照温差变形规律和季节性的温差变形规律。温度测量元件一般选用性能优良的热敏电阻,根据电阻与温度的标定曲线,由测定的电阻值推算温度值。

斜拉桥温度测量包括索、塔、梁三个部分。塔、梁温度测试断面及测点布置通常与预应力测试相同,测量阶段也一样。索的温度场变化与塔、梁不同,索的表面温度与索的内芯温度不同,索的平均温度与索表面温度也没有确切的关系,为此,需制作1~2根各种直径的索作为测温试验段,测温试验段的长度一般为2~3m。在测温段的内部和表面均布置感温元件,在现场条件下,测出索段表面温度和内部温度以及平均温度的关系曲线。施工中,在测得实桥工作索表面温度后,利用测温试验段的标定结果换算工作索的内部温度及平均温度,以供索的调控使用。如图17-21所示,为某测温试验段测点布置示意图。

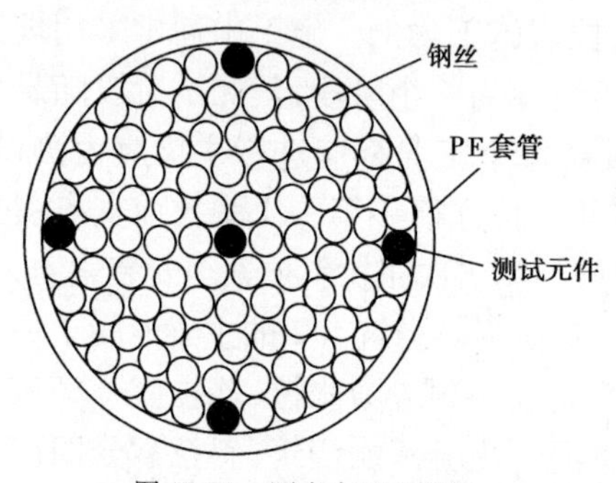

图17-21 测点布置示意图

另外要测试的内容还有挂篮变形(指混凝土浇筑前后挂篮变形)的测试、混凝土弹性模量和结构几何尺寸的测试等。

15. 斜拉桥主梁的施工方法和特点有哪些?

答:斜拉桥主梁的施工方法主要有:顶推法、平转法、支架法、悬臂浇筑法和悬臂拼装(自架设)法,其特点见表17-5所列。

主梁施工方法和特点 表17-5

施工方法	施 工 特 点	适 用 性
顶推法	(1)施工时需在跨间设置临时支墩； (2)顶推过程中主梁要反复承受正、负弯矩	适用于桥下净空较低、支墩不影响桥下通航、修建临时支墩造价不高、抗压与抗拉能力相同并能承受反复弯矩的中小跨径的斜拉桥。多用于钢斜拉桥
平转法	(1)利用结构本身的对称性，在对称轴上设置转动磨心形成转动体系实现转体； (2)将上部构造分别在两岸或一岸顺流方向的矮支架上现浇； (3)在岸上完成所有的安装工序，包括落架、张拉、调索等； (4)结构材料使用比较合理； (5)转体合龙后的后续工作量较少，施工方便	适用于两岸比较开阔，桥址地形平坦，墩身较矮、结构体系适合整体转动并能按转体要求来布置桥梁岸边的中小跨径的斜拉桥。多用于钢筋混凝土斜拉桥
支架法	(1)施工简单方便，能够确保结构满足设计线形的需要； (2)支架法施工大体上有：在支架上现浇；在临时支墩间架托架或劲性骨架现浇；在临时支墩上架设预制梁段等	适用于桥下净空低、通航要求不高或岸跨无通航要求、搭设支架不影响桥下通航的中小跨径的斜拉桥。并多用于城市立交或净高较低的岸跨主梁施工
悬臂拼装法(又可分为吊机拼装、浮吊拼装、绞索起吊、千斤顶起吊法等)	采用悬臂拼装法施工时，由于主梁是预制的，墩塔与梁可以平行施工，由此可以缩短工期，加快施工速度，减少高空作业。主梁预制混凝土龄期较长，收缩和徐变影响小，梁段的施工质量容易得到保证。施工中须配备一定的吊装设备和运输设备，并应有相应的预制场和采用适当的运输方式，安装精度要求也较高	悬臂拼装法施工适用于净高较大的大跨径斜拉桥，结合梁斜拉桥和钢斜拉桥多采用悬臂拼装法
悬臂浇筑法	悬臂浇筑法施工，不需要大量施工支架，不影响桥下交通，施工不受季节的影响，也不受河道水位的影响，相对于支架法施工，其用材比较省，模板也可多次使用，主梁整体性好，施工简便，相对于悬臂拼装法，其施工周期较长。在浇筑一个节段混凝土过程中要分阶段调索，工艺复杂	悬臂浇筑法适用于任意跨径的斜拉桥主梁的施工，但应严格控制挂篮重量、挂篮变形和混凝土收缩和徐变的影响以及混凝土的超重。混凝土斜拉桥多采用悬臂浇筑法

16. 混凝土主梁的施工步骤及注意事项是什么?

答:混凝土斜拉桥普遍采用悬臂法施工,以下主要介绍悬臂浇筑法和悬臂拼装法两种施工方法。

1)悬臂浇筑法

大部分混凝土斜拉桥主梁的施工采用悬臂浇筑法。悬臂浇筑法即从塔柱两侧用挂篮对称逐段就地浇筑主梁混凝土,其施工程序与一般预应力混凝土梁桥悬臂法施工基本相同。悬臂浇筑可分为后锚点挂篮浇筑、前支点挂篮浇筑,劲性骨架挂篮浇筑,见表17-6。

斜拉桥主梁施工常用挂篮形式分类表 表17-6

挂篮形式	主梁断面	挂篮构造示意图	挂篮特点
后锚点挂篮	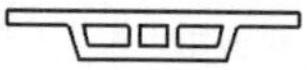	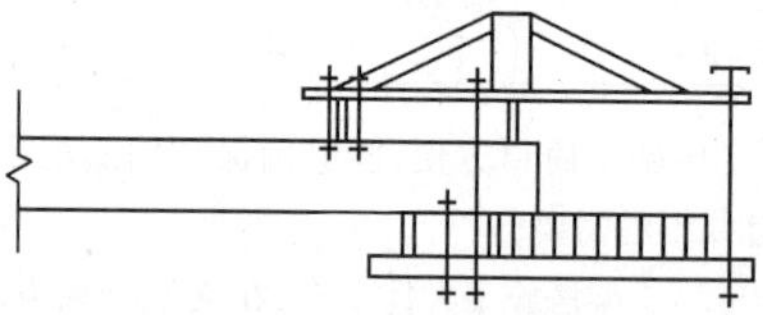	在浇筑一个节段混凝土过程中,挂篮结构和索塔结构无直接关系,挂篮的定位和一个节段的混凝土浇筑过程不需调索,施工工艺简单。但挂篮需承受全部施工荷载,使浇筑节段长度受到限制,且主梁在施工过程中为悬臂受力,要求有较大的刚度
劲性骨架挂篮	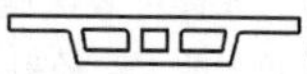	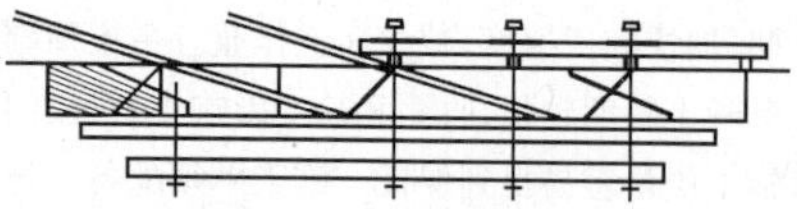	利用斜拉索吊拉主梁中的劲性骨架,减少挂篮所受荷载,施工安全可靠,但钢材用量大
前支点挂篮		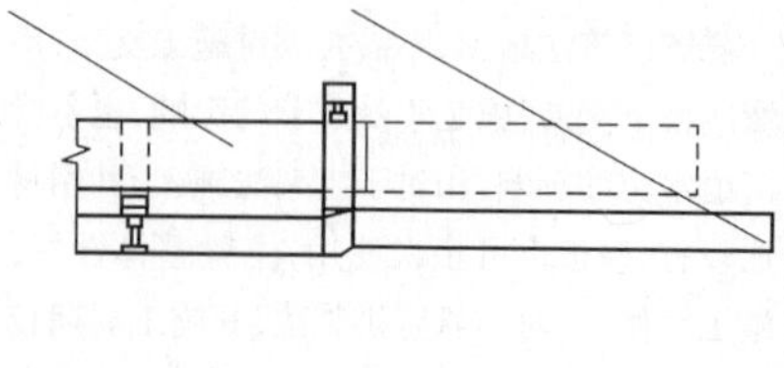	充分利用斜拉索的作用,在浇筑混凝土过程中,采用对斜拉索分批调索的方法,使其参与受力,因而增大了节段划分长度,减轻了挂篮自重,并且针对三维空间索,施工单位还研制了空间转动锚座和水平止推装置,这种挂篮是具有国际水平的新型挂篮

下面以前支点挂篮(牵索挂篮)为例,介绍其施工程序。

(1)挂篮安装就位并锚固试压。

(2)安装模板,同时安装斜拉索并与牵索系统进行连接。

(3)绑扎钢筋,安装预应力管道。

(4)按设计值预拉斜拉索到一定吨位,控制挂篮高程到设计值,并注意索力值误差不超过 ±50kN,此时挂篮尾端因受拉而有离开梁底的趋势,需将后锚点锚紧,防止挂篮脱位。

(5)检查斜拉桥拉索冷铸锚的锚环是否离开模板上的锚垫板,其间距应大于 4cm,如有差异,应通过索塔上的千斤顶与牵索系统的千斤顶进行调节。

(6)检查挂篮连接情况及模板、钢筋安装情况,使其均满足设计要求。

(7)悬臂浇筑肋板混凝土,从挂篮前端分层向后浇,并预留下一段挂篮锚固孔,此时挂篮尾端受向上的压力,检查梁底与挂篮间的支垫,以保持挂篮的正确位置。

(8)第二次张拉斜拉索,观测挂篮前支点高程,检查是否符合设计要求。

(9)浇筑顶板及横隔梁混凝土。

(10)混凝土养生,待强度达到设计规定值后,拆除模板,施加预应力。

(11)将斜拉索锚固端的冷铸锚锚环紧密地锚固在梁体锚垫板上。

(12)松开牵索系统的锚固螺栓,千斤顶回油,解除牵索系统与斜拉索的连接,通过锚环将斜拉索由牵索系统转换至梁体结构上,从而实现体系转换。

(13)第三次张拉斜拉索至设计值,并进行锚固。

(14)解除挂篮的前后约束,降下中挂点千斤顶,使梁体与挂篮脱离,做好挂篮前移准备。

(15)挂篮前移进行下一节段的施工,挂篮行走按下列程序进行。

①斜拉索张拉到设计值锚固后,解除锚固系统的后锚点及水平反力支座。

②铺好行走滑板。

③将 C 形挂钩落在行走滑板上。

④将 1 000kN 自动连续千斤顶平放在滑板前端的顶座上,并将牵引的钢绞线一端与千斤顶连接,另一端与挂篮的 C 形挂钩相连。千斤顶同时反复顶拉,使挂篮前移,反向设置倒链以保安全,挂篮尾部通过行走滚轮前进。

⑤挂篮行走就位后,重新对挂篮进行定位锚固。

悬臂浇筑施工应注意以下事项:

(1)悬臂浇筑的节段长度应根据斜拉索的节间长度、梁段质量进行划分,一个节段长度一般采用一个索距或半个索距,也可一个节段长度采用两个索距。

(2)无索区主梁一般需在支架或托架上进行施工。为消除由各种因素引起的变形,应先对支架或托架进行预压,之后浇筑混凝土,待强度达到要求后,施加预应力,然后拼装挂篮,进行主梁的悬臂浇筑。

(3)挂篮的悬臂梁及挂篮全部构件制作后均应进行检验和试拼,合格后方能用于现场整体组装检验。

(4)在浇筑混凝土前,应按设计荷载及技术要求对挂篮进行预压,同时应对悬臂梁和挂篮的弹性挠度、调整高程性能及其他技术性能进行测定。预压方法主要有砂袋法、加水法、千斤顶加载法等,具体方法参见第十三章中的有关内容。

(5)挂篮设计和主梁浇筑时应考虑抗风振的刚度要求。

(6)拉索张拉时应对称同步进行,以减少其对塔与梁的位移和内力的影响。

(7)漂浮体系的斜拉桥采用悬臂法进行主梁施工时,为确保结构的安全,一般在施工中都需采用适当的措施进行塔梁临时固结,待施工完毕后再拆除。

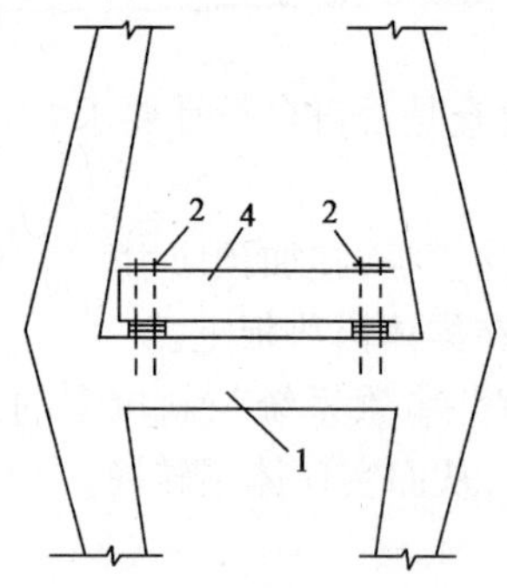

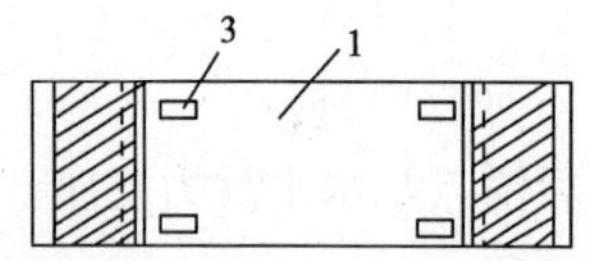

图 17-22 临时固结支座构造

1-下横梁;2-锚筋;3-临时固结支座;4-0 号块

临时固结措施主要有两种:一是加临时支座并锚固主梁,如图 17-22 所示,具体做法是在下横梁上设置 4 个混凝土临时支座,将粗螺纹钢的下端埋在主塔下横梁中,让钢筋中段穿过支座和梁体并锚固在 0 号梁段顶部,钢筋的数量可通过施工反力计算确定,为了方便拆除,在每个支座中间可设 20mm 厚的硫磺砂浆夹层。该方法构造简单,制作和装拆方便且安全可靠;二是设临时支承,具体做法是在塔墩两旁设立临时支承与临时支座,使其共同承担施工反力,临时支承常采用钢管桩或钢护筒,在下塔柱上设置预埋件用作临时支承的锚座。如果塔两侧的主梁不对称,拆除这些支承时,漂浮体系会引起体系转换,梁向一端(通常向岸端)水平移动,索力重新分布,如该水平位移过大,而且是突然发生时,会引起事故,因此拆除支承时应特别注意。当 0 号块尚在支架上即已安装 1 号块和 1 号索时,经过计算,也可以不设临时支承,仅加设一些简单的约束即可。

(8)对于塔梁墩固结的斜拉桥不需进行临时固结。

(9)斜拉索位置和锚头尺寸要精确,否则会使结构内力发生较大的变化,影响工程质量。

(10)为保证梁体的结构安全和线形的平顺,在主梁悬臂浇筑施工过程中,必须进行施工跟踪监控。监控的主要对象是梁体的高程、斜拉索索力和塔柱变位等,同时必须考虑主梁受体系温差影响所引起的高程变化,具体方法参见本章第 14 题。

(11)可通过设置反向斜拉杆或设水平反力支座的方法,平衡斜拉索在挂篮上引起的水平分力并将其传递给主梁。

(12)斜拉索套管定位要准确,以保证斜拉索受力符合设计要求。

(13)长拉索在抗振阻尼支点尚未安装前,应采用钢索或杆件(平面索时)将一侧拉索联结以抑制和减小拉索的振动。

(14)大跨径主梁施工时应缩短双向长悬臂持续时间,尽快使一侧固定,以减少风振的不利影响,必要时应采取设置风缆等如临时抗风措施。

(15)混凝土施工和预应力施工要严格按设计要求进行。

(16)严格进行施工合龙控制,确保合龙段混凝土施工质量,具体实施措施参见本章第 17 题"如何进行斜拉桥施工的合龙控制"。

2)悬臂拼装法

预应力混凝土斜拉桥悬臂拼装法施工,即先在塔柱区现浇(对采用钢梁的斜拉桥为安装)一段放置起吊设备的起始梁段,然后用各种适宜的起吊设备从塔柱两侧依次对称安装节段,使悬臂不断伸长直至合龙。非塔、梁、墩固结的斜拉桥采用悬臂拼装法施工时,须采用临时固结措施,方法与悬臂浇筑法相同。

(1)梁段的预制、移运、整修

为了方便运输,主梁在预制厂的预制应考虑安装顺序。预制台座按设计要求应设置预拱度,各梁段串联预制,以保证各梁段相对位置及斜拉索与预应力管道的相对尺寸。预制块件的长度划分以梁上水平索距为标准,并根据起吊能力决定是采用一个索距还是将一个索距梁段分为有索块和无索块两个节段来进行预制安装。块件的预制工序、移运和整修均与一般预制构件相同。

(2)块件拼装施工应按下列程序进行:

①将预制块件按先后顺序,用平车运至拼装吊机处;

②用千斤顶将块件顶高,挂在三角跑车上滑移至挂篮平台上空,由吊机上中间两个吊点接替后,放到平台内的横梁上;

③横梁顶面铺有不锈钢板,在箱梁底与该钢板之间垫入 2mm 厚的四氟板,用手拉葫芦暂将箱梁横移至离桥轴线 3m 处;

④吊放另一段箱梁,并一次横移到位,回过来将前箱梁横移到位;

⑤用吊机的边上两个吊点将箱梁吊起,用砂筒调整高程;

⑥焊接预埋在箱梁上的钢铰;

⑦挂索并首次张拉,此时拉索的水平推力由钢铰传递;

⑧吊装车行道梁并调整高程;

⑨焊接钢筋,立模浇筑纵横接缝混凝土;

⑩待混凝土强度达到设计要求后,第二次张拉斜拉索;

⑪前移挂篮,进行下一节段的拼装工作。

悬臂拼装法施工应注意以下事项:

(1)主梁采用悬臂拼装时,应严格按照设计要求进行梁段预制。若设计无规定,宜选用长线台座(可分段设置),也可采用多段的联线台座,每联宜多于5段,先预制顺序中的1、3、5段,脱模后再在其间浇2、4段,使各端面啮合密贴,端面不应随意修补。

(2)自重较大的吊机有时难以满足设计对施工荷载的要求,因此,在选用悬拼施工的起吊设备时需遵循自重轻、结构强度高、稳定性好的原则。三角形吊机便是一种适用于斜拉桥主梁悬拼施工的简便可靠、切实可行的施工机械,起重潜力很大,见图17-23。

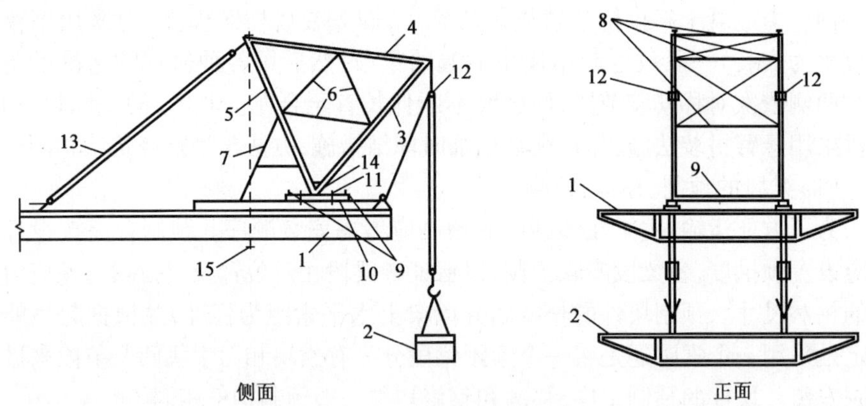

图17-23　三角形吊机构造示意图

1-已拼梁段;2-待拼梁段;3-前杆;4-上弦杆;5-后杆;6-加强腹杆;7-后撑三角架;8-横联架;9-横联底座;10-钢行走板;11-定位销;12-起重滑轮组;13-后锚变幅滑轮组;14-支承结构;15-后锚

(3)应在底模上调整主梁分段形体所受竖曲线的影响,拼装中多段积累的超差值,可用湿接缝调整。

(4)梁段拼合前应试拼,以便及时调整。

(5)湿接缝拼合面应进行表面凿毛和清扫,干接缝应保持结合清洁,黏合料应涂刷均匀。

(6)采用垫片调整梁段拼装线形时,每次垫片调整的高程不应大于20mm。

(7)悬臂拼装施工时,主要控制主梁悬拼块件和相邻已成梁段的相对高差,使之与设计给定的相对高差吻合,以保持主梁线形与设计相符。

(8)采用高程和索力双控的控制办法,当高程和索力与设计不符时,以高程控制为主,依靠斜拉索索力使主梁的高程与设计值吻合。

17.如何进行斜拉桥施工的合龙控制?

答:由于斜拉桥中跨合龙受边跨合龙的影响,边跨合龙又受相邻跨的影响。为了很好地控制主梁线形及斜拉桥体系转换的关键工序,也为中跨合龙的顺利进行,应首先进行边跨合龙,边跨合龙完成后即可进行中跨合龙施工。

1)施工合龙控制的具体措施

(1)在合龙段混凝土浇筑之前,将全部已张拉的斜拉索索力重新测一次,并调整设计数值。

(2)观测合龙前连续2~3日的昼夜温度场变化与合龙高程及合龙口长度变化的关系,选定一天中温度最低、变化幅度最小的时段作为合龙时间。

(3)合龙段混凝土浇筑宜选择在一天中的最低温度时间进行,这样可使混凝土在早期凝结过程中处于升温的受压状态,不会出现不利的拉应力。

(4)为保证合龙段混凝土不出现拉应力,可在合龙段混凝土浇筑前,用千斤顶将合龙空隙顶宽几厘米,在保持支顶力不变的状态下绑扎钢筋,安装模板,并在浇筑混凝土时稍加大支顶力,待合龙段混凝土达到设计强度的85%时放松支顶力,或在合龙段两侧主梁内预埋型钢,用千斤顶将合龙空隙顶宽后,将预埋件焊接成一整体撑架,起到刚性连接的作用。

(5)合龙两端高程在设计允许范围内时,可视情况进行适当压重。

(6)合龙梁段浇筑后至纵向预应力索张拉前应禁止施工荷载的超平衡变化。

2)施工合龙控制的过程(以某斜拉桥悬臂浇筑法施工为例)

(1)移动一端挂篮,到位后立模,将另外一端挂篮移动至影响范围之外并给予拆除。

(2)清理并解除掉无效施工荷载。

(3)测出挂篮的重量、加压使单侧挂篮所产生的不平衡力矩达到平衡。

(4)检测拉索索力、主梁应力和线形以及温度,进行监控计算,如索力、线形、中线出现偏差,应及时给予校正,经过调整,达到设计要求。

(5)解除竖向约束,对悬浮体系,张拉 C_0 索,对于连续梁体系,将临时支座换成正式支座。

(6)采用水箱法加压时,将压重水箱注水,使水的重量等于新浇筑的混凝土的自重。

(7)施加足够的临时连接,使主梁处于正式的支撑状态,并使即将合龙的两相邻梁段形成整体。

(8)由于合龙内力和线形受温度的影响很大,施加临时连接的闭合施焊应选择适当的温度,并应考虑与标准温度进行修正。

(9)解除主梁纵向施工约束,塔上支承为索支承,两边墩为活动支座,使桥成为悬浮体系,以减小主梁在塔处的负弯矩。

(10)在主梁侧放置侧向支座,以限制梁的侧向位移。

(11)再次检查索力、主梁应力和线形,并给予调整。

(12)捆扎钢筋、浇筑混凝土,实施中边浇筑混凝土边放水,直至混凝土浇筑完成。

(13)进行混凝土养护,待其强度达到设计要求后,张拉合龙预应力束。

(14)拆除无效施工荷载,对全桥索力、主梁线形进行检测,并进行监控计算,对索力和线形进行合理的调整,使合龙处于最佳状态。

18. 混凝土梁的施工质量标准是如何规定的?

答:斜拉桥悬臂浇筑混凝土梁和悬臂拼装钢筋混凝土梁的施工质量标准规定如表17-7及表17-8。

混凝土主梁悬臂浇筑施工质量标准 表17-7

项目		规定值或允许偏差
混凝土强度(MPa)		在合格标准内
轴线偏位(mm)	$L \leq 100$mm	10
	$L > 100$mm	L/10 000,且不大于30
塔顶偏位		符合设计和施工控制要求; 未要求时,纵向不大于30,横向不大于20
斜拉索索力(kN)		符合设计和施工控制要求
断面尺寸(mm)	高度	+5,-10
	顶宽	±30
	底宽	±20
	板厚	+10,-0
梁锚固点高程(mm)	$L \leq 100$mm	±20
	$L > 100$mm	±L/5 000
锚具轴线与孔位轴线偏位(mm)		5

注:L为跨径。

混凝土主梁悬臂拼装施工质量标准　　表 17-8

项　目		规定值或允许偏差
合龙段混凝土强度(MPa)		在合格标准内
轴线偏位(mm)	$L \leqslant 100$mm	10
	$L > 100$mm	$L/10\ 000$;且不大于 30
塔顶偏位(mm)		符合设计和施工控制要求;未要求时,纵向不大于 30,横向不大于 20
斜拉索索力		符合设计和施工控制要求
锚具轴线与孔道轴线偏位(mm)		5
梁锚固点高程(mm)	$L \leqslant 100$mm	±20
	$L > 100$mm	$\pm L/5\ 000$

注:L 为跨径。

19. 钢主梁施工注意事项是什么?其质量控制标准如何规定?

答:钢主梁包括钢箱梁和钢桁梁,施工时应注意:

(1)钢梁出厂前,必须按设计精度要求进行预拼装,预拼装节段数视实际情况确定。

(2)钢主梁应由资质合格的专业单位加工制作、试拼,经检验合格后安全运至工地备用。

(3)钢主梁堆放应无损伤、无变形和无腐蚀。

(4)钢梁制作的材料应符合设计要求。焊接材料的选用、焊接要求、加工成品、涂装等项的标准和检验内容,均应参照第十五、十六章的有关内容,并编制相应的工艺操作规程。

(5)钢主梁梁段的长度应从方便架设考虑,另外,节段过长,在架设梁时还需采用临时拉索,比较麻烦,所以宜布置 1 ~2 根拉索和 2 ~4 根横梁。

(6)应根据桥址情况考虑设置辅助墩,以减少塔弯矩和中跨跨中挠度,同时增强抗风稳定性。

(7)在进行钢梁拼装时,应注意以下事项:

①吊机安装完毕后,应进行必要的调试试验,包括荷载试验以及调平、升降、行走等试验。

②主梁架设过程中,对于非标准节段的架设,应注意解决节段长度和节段重量这一对矛盾,因为节段越长,重量越大,吊装越困难,而方向偏差越容易控制,施工中可根据吊装机具,对节段长度作适当的调整。

③在进行钢梁拼装时,应对称张拉两侧拉索。

④高强螺栓完成拼接缝的拼接后,方可进行梁段拼装斜拉索的初张拉。

⑤下一段梁吊装前,必须进行施工监测,符合要求后方可开始吊装。

(8)对于钢梁悬臂拼装,合龙段施工是关键,施工时必须加强合龙控制。施工合龙控制应注意以下事项:

①中孔合龙可采用强迫合龙或自然合龙(预先确定的合龙温度),一般应采用自然合龙,但若无法完成切割工艺,则不适宜采用自然合龙。

②应正确确定合龙段钢梁的长度。施工中,若采用自然合龙,合龙段长度须待梁架设到接近合龙的个别节段时,经实际现场丈量后方能决定,并应对待安装的拉索索力对梁的弹性压缩量和温度变化对长度的影响及合龙时间加以考虑。如南浦大桥叠合梁施工中,12#段钢梁长度的确定按下式计算:

$$L_{12} = L_{实测} + 25 - L_{11} - \Delta_1 - \Delta_2 - \Delta_3 \qquad (\text{mm})$$

式中:L_{12}——12 号钢梁的下料长度;

$L_{实测}$——气温 22℃时的实测距离;

25——测量时,11 号梁段拉索尚未张拉,根据计算和前几节的实测资料,对 11 号梁拉索引起的弹性压缩设计的预估值为 25mm;

Δ_1、Δ_2——分别为 11 号梁与 12 号梁,11 号梁与 10 号梁预拼装时的实际空隙;

Δ_3——考虑降温合龙时,让 12 号梁提早插入,给予所需的操作时间,预估为 20mm。

③边跨合龙前须调整半桥的索力、线形和高程,使其与设计目标状态相符,对吊机的位置、合龙段的重量及作用点的位置应给予考虑。

④边跨合龙前,应进行钢梁的连日温度变形观测对照,正确确定中跨合龙温度及实施程序,并应满足钢梁安装就位及高强螺栓定位所需的时间。

合龙应选在一天当中温度相对稳定的时间进行,一般在夜间,可尽量安排在夜间 10 点 ~ 清晨 6 点之间进行。

⑤边跨合龙前即可解除临时约束,形成静定体系,并可避免合龙后因拆除约束而产生附加内力及拆除时间过长而导致的结构变形。

⑥对全桥温度变形进行控制。整个施工过程中应对温度变形进行监测,特别是对将接近合龙段时的中孔梁段和温度变形更应重点量测,找出温度变形与环境温度的关系。

⑦合龙前应做好一切准备工作,并在有限的时间里顺利完成。钢梁应预先吊装到位,一旦螺孔位置齐平,即打入冲钉,施拧高强螺栓,确保合龙一次成功。

中跨合龙后,应立即拆除临时固结,实现体系转换,形成飘浮体系,避免因温度变形过大对塔、梁造成不利影响。

(9)对于钢箱梁还应注意：

①塔下无索区梁段施工，采用托架支撑时，应在托架与梁体间预留一定高度，以便于安装梁体的精确定位。

②钢箱梁 0 号块的安装精度除应满足表 17-9 规定外还应严格控制加工精度：梁长偏差 ±1mm，上下游外腹板顶面高差 1mm。

③应采取措施消除钢箱梁接缝高差，控制在 ±2mm 以内。

④合龙段施工前应严格控制施工荷载引起的高程和索力变化，对全部梁段的高程、中线、塔顶变位和索力应进行复测，以了解合龙前后，塔、梁的变化情况，为施工监控提供合龙计算依据。

⑤对合龙口梁段的连日温度变形应持续观测 48h，每隔 2h 对合龙口两侧梁端高程和中线以及合龙口宽度进行观测。确定适宜的合龙温度及施工程序，并应满足钢梁安装就位时高强螺栓定位所需的时间。

(10)对于钢桁梁还应注意：

①高强度螺栓副的规格质量、扭矩系数必须符合设计要求和相关标准的规定。

②由板厚小于 32mm 板组成的板束，其板层缝隙必须满足 0.3mm 插片深入缝隙深度不大于 20mm。其他板束必须符合设计要求。

③磨光顶紧节点预拼时，必须按工厂的编号组拼，不得调换、调边或反面拼装，磨光顶紧处缝隙不大于 0.2mm 的密贴面积应不大于 75%。

主梁施工质量控制标准见表 17-9。

钢主梁安装质量标准　　表 17-9

项目		规定值或允许偏差		
		0 号梁段	悬臂拼装梁段	合龙梁段
轴线偏位(mm)		5	$L \leqslant 200$m，10； $L > 200$m，$L/20\,000$	10
塔顶偏位(mm)		符合设计和施工控制要求；未要求时，纵向不大于 30，横向不大于 20		
线形高程(mm)		符合设计和施工控制要求		
梁顶水平度(mm)		20		
梁段上 3 点相对高差(mm)		±3	符合施工控制要求	符合施工控制要求
相邻梁段匹配高差(mm)		2		
索力(kN)		符合设计规定；设计末规定时与设计值相差 10%		
连接	焊缝尺寸	符合设计要求		
	探伤			
	高强螺栓扭矩	±10%		

注：L 为跨径。

20. 钢-混凝土组合梁施工注意事项是什么?

答:将设置混凝土桥面板的钢斜拉桥称为钢－混凝土组合梁斜拉桥,组合梁一般为双面索。组合梁施工中除19题的有关注意事项外,还应注意以下几点:

(1)对组合梁应考虑设置过渡孔并将过渡孔直接压在尾端主梁上,以便于背索的布置和受力。

(2)应对混凝土桥面板给予足够的重视。

①桥面板应尽量采用预制(跨度不大的组合梁可采用现浇桥面板),并在良好的条件下养护较长的时间,以减少混凝土收缩、徐变的影响。应存放6个月以上才能使用。

②应采用高强度等级的早强硅酸盐水泥、高强度混凝土,以获得较低的徐变系数。

③接缝现浇混凝土宜选用微膨胀低收缩的混凝土,且应选用早强混凝土。

④桥面板通常采用全桥等厚,但对于特大跨径的斜拉桥,由于越靠近桥塔处水平分力越大,应根据受力情况将近塔段桥面板增厚。

(3)组合梁的架设施工可采用从塔处起对称平衡悬臂架设以及待边跨先完成支架上架梁后,再中跨开始伸臂架梁、对称挂索两种方法。

(4)对称架设法一般应先将梁体与主塔临时固结,以承受悬臂施工中可能出现的不平衡弯矩和水平剪力。

(5)0号段横向限位块处的主、横梁应加强。若0号段横向限位块置于钢主梁腹板外侧时,应对该段主梁腹板给予加强,可采用强大的水平加强劲防止腹板屈曲并将力传递至横梁。

21. 钢-混凝土混合梁注意事项是什么?

答:混合式斜拉桥的主跨与边跨采用两种不同的材料,即两边跨为预应力混凝土主梁,而主跨则为钢主梁。对于混合式斜拉桥,施工中还应特别重视钢梁与预应力混凝土梁连接位置的选择和连接的可靠性。

(1)预应力混凝土梁与钢梁的连接位置,宜选择在弯矩及剪力较小处。从受力的角度,主塔中心处的主梁,连接部位宜选择在离主塔中心一定距离处,不可偏离主塔中心过大;从施工和经济的角度,预应力混凝土梁,以伸入主跨20～40m为宜,这样,该段梁既可按边跨的架设方法继续施工,又相应减少了主跨钢梁的长度。

(2)为了确保预应力混凝土梁与钢梁的可靠连接,可采用以下措施:

①设计连接钢梁部位的重心应尽量与混凝土梁的重心重合,相对应的腹板和翼板的重心也应该重合,以防止连接部位断面重心突变而引起的附加弯矩和钢梁的腹板、翼板产生局部弯曲和失稳。

②在钢梁上与混凝土梁相重叠的部分焊上抗剪钉或抗剪器。

③施加一定的纵向预应力,以补偿单靠拉索水平分力难以抵消的由于风载和活载所引起的连接部位产生的部分拉应力。

(3)钢梁与混凝土梁的连接方式大致采用以下三种:

①钢板方式,见图17-24a)。

②填充混凝土前板方式,见图17-24b)。

③填充混凝土后板方式,见图17-24c)。

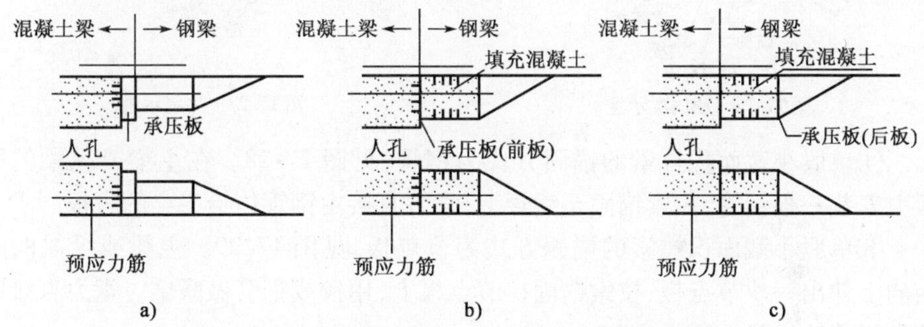

图17-24 混合梁中的钢梁与混凝土梁的连接方式

a)钢板方式;b)填充混凝土前承压板式;c)填充混凝土后承压板式

四、拉　　索

22.斜拉索的锚固方式有哪些?

答:1)斜拉索与主梁的锚固方式

(1)斜拉索与钢主梁的锚固

①由多股拉索组成的大截面积拉索锚固形式为散索鞍座+锚固梁,见图17-25,拉索在散索鞍座上分股,每股用一锚头及一锚块锚固在锚固梁上。索力以剪力的方式由锚固梁传向主梁腹板,并设有纵横向板来分布索力。

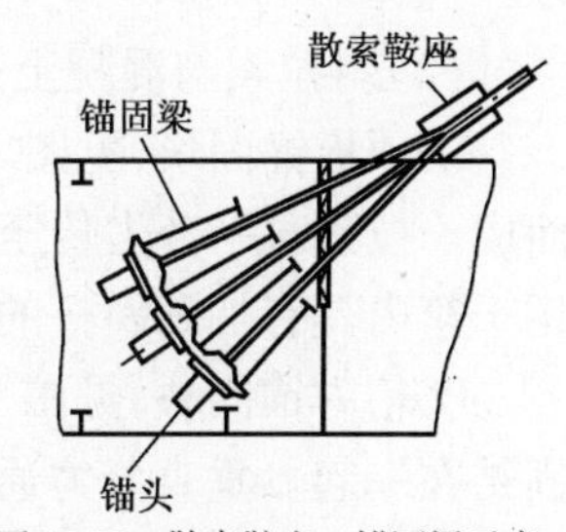

图17-25 散索鞍座+锚固梁示意

②由单股或少股拉索组成的小截面积拉索锚固形式为锚固梁或锚固块，见图 17-26。锚固梁用焊接或高强螺栓与主梁连接，拉索固定在锚固梁上，索力以剪力的方式由锚固梁传向主梁的腹板。

③由单股或少股拉索组成的小截面积拉索锚固形式为支架或牛腿，见图 17-27。这种锚固形式是为双索面的拉索而设计的，主梁每侧伸出一个牛腿，拉索锚固在牛腿上。

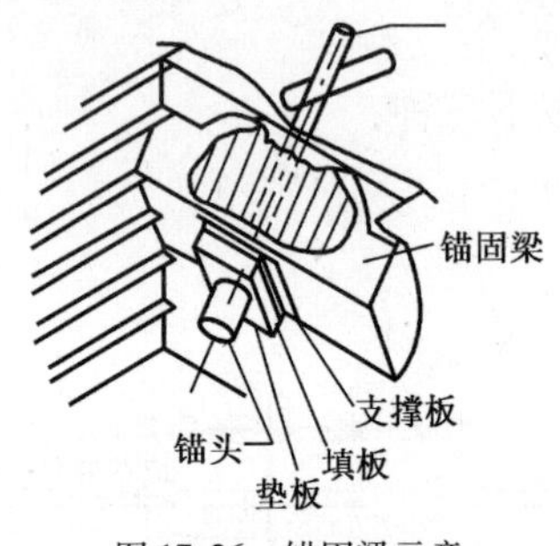

图 17-26　锚固梁示意

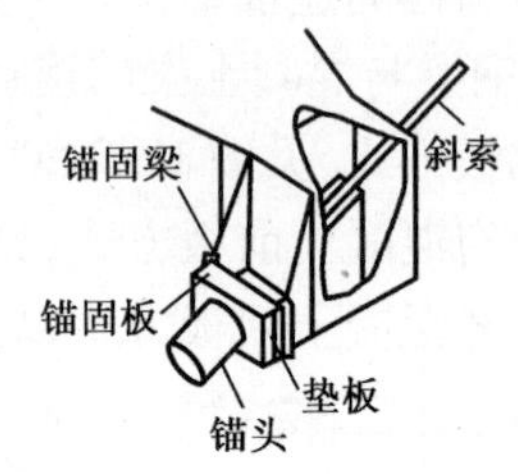

图 17-27　牛腿示意

④单股小截面积拉索的锚固方式为钢管，见图 17-28。在主梁或纵梁的腹板上安装一根钢管，拉索锚固于钢管上，索力直接由钢管传给主梁的腹板。

⑤单股小截面积拉索的锚固方式为节点板，见图 17-29。主梁或纵梁的腹板向上伸出一块节点板，拉索锚固在节点板上，用铰或钢管做联结。索力直接由节点板传给主梁的腹板。

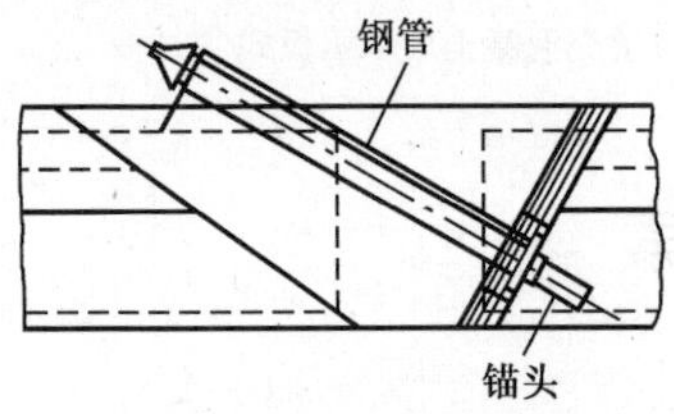

图 17-28　锚固梁示意

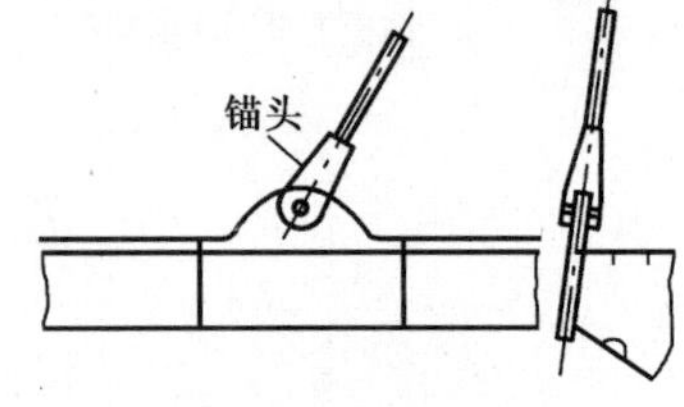

图 17-29　牛腿示意

(2)斜拉索与混凝土梁的锚固

①顶板锚固块，见图 17-30，以箱梁顶板为基础，向上、下两个方向延伸加厚而成。拉索水平分力传至梁截面，垂直分力由加劲斜杆平衡。一般该种形式适用于箱内具有加劲斜杆的单索面斜拉桥。

②箱内锚固块，见图 17-31，锚固块位于顶板之下和两个腹板之间，并与它们固结在一起。垂直分力通过锚固块左右腹板传递。一般适用于两个分离式单箱的双索面斜拉桥和带有中间箱室的单索面斜拉桥。

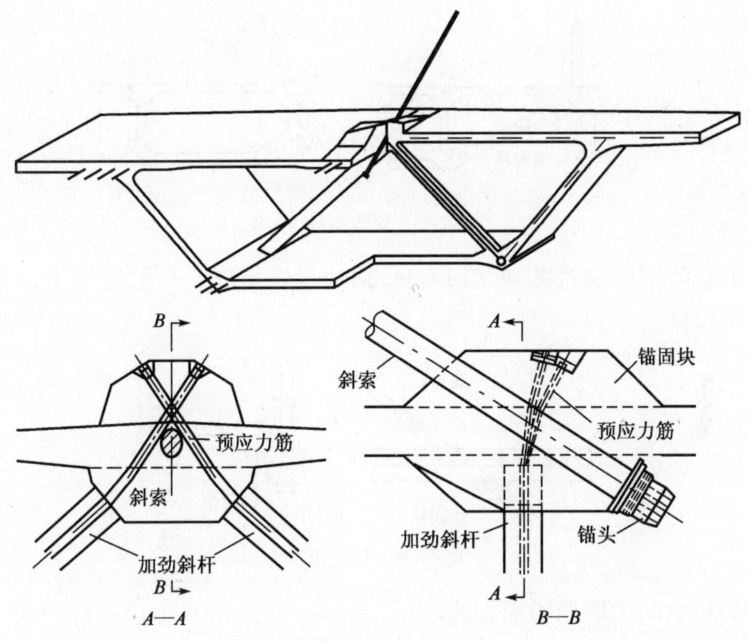

图 17-30　顶板锚固块

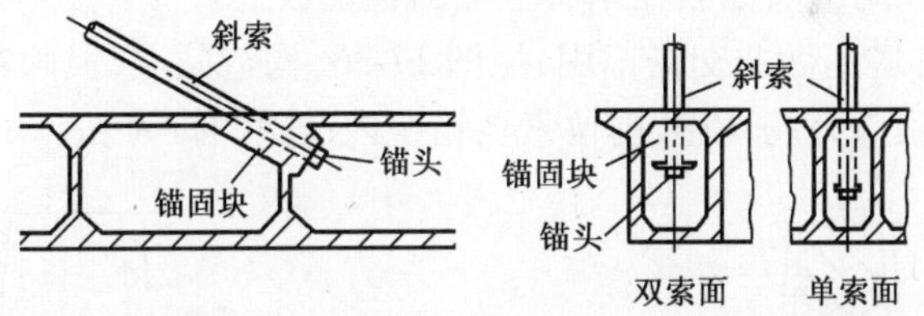

图 17-31　箱内锚固块

③斜隔板锚固，见图 17-32，锚头设在梁底外面，也可埋入斜隔板预留的凹槽内。垂直分力由斜隔板两侧的腹板以剪力形式传递，适用范围同上。

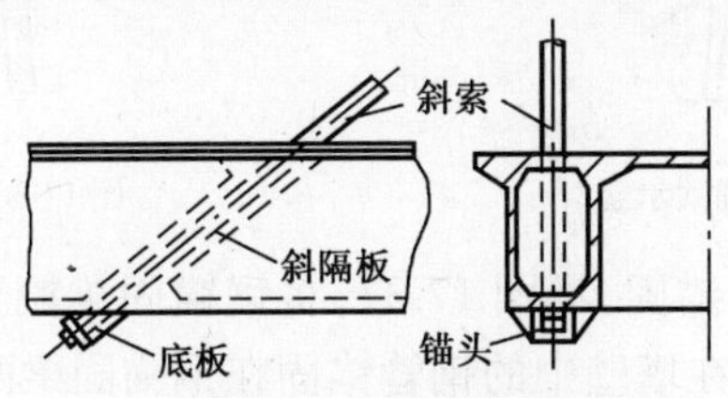

图 17-32　斜隔板锚固

④梁两侧设锚固块，见图 17-33，设在风嘴实体之下或边腹板之下，适用于双索面斜拉桥。

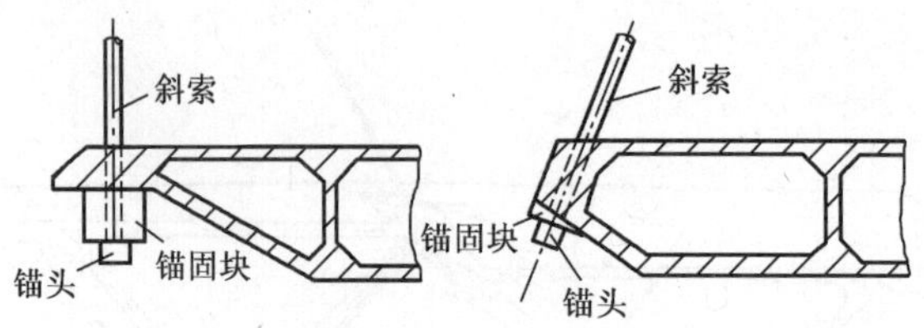

图 17-33　梁体两侧锚固块

⑤梁底两侧设锚固块,见图 17-34,锚块设在梁底。一般适用于双主梁或板式截面斜拉桥。

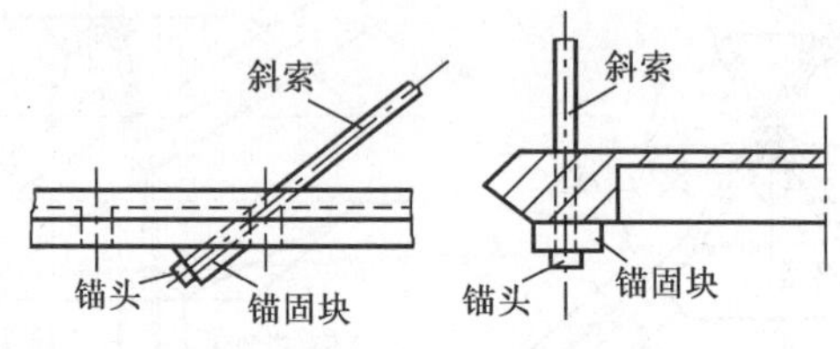

图 17-34　梁底锚固块

2)斜拉索与主塔的锚固方式

(1)在实体塔上交错锚固,见图 17-35,其具体构造是在塔柱中埋设钢管,再将斜拉索穿入和用锚头锚固在钢管上端的锚垫板上。

(2)在空心塔上做非交错锚固,见图 17-36,构造同上,但须在箱形桥塔的壁板内配置环向预应力筋,以抵抗拉索在箱壁内产生的拉力。

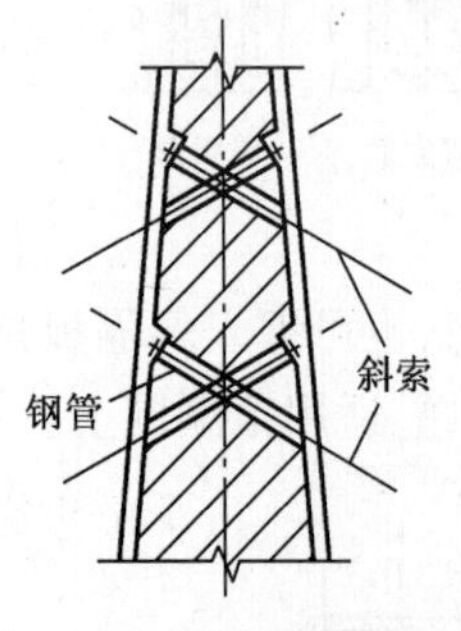

17-35　交错锚固示意

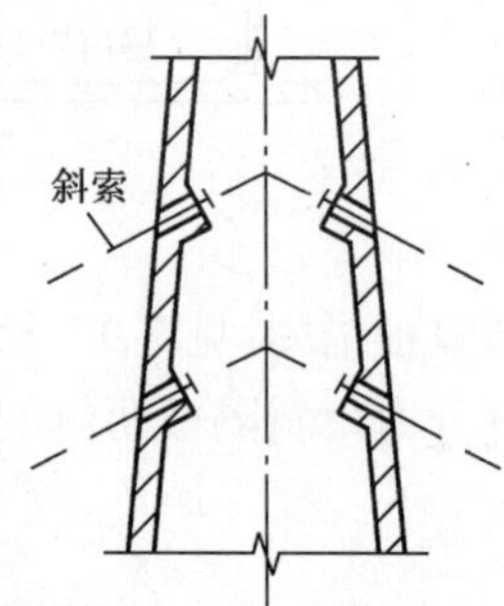

图 17-36　非交错锚固示意

(3)采用钢锚固梁锚固,见图 17-37,将钢锚固梁搁置在混凝土塔柱内侧的牛腿上,斜索通过埋设在塔壁中的钢管锚固在钢锚固梁两端的锚块上。

(4)利用钢锚箱锚固,见图 17-38,整个钢锚箱是由各层的钢锚箱进行上下焊接而成,然后将锚箱用焊钉使之与混凝土塔身连接,另外还要用环形预应力筋将锚箱夹在混凝土塔柱内,以增强对拉索水平荷载的抵抗力。

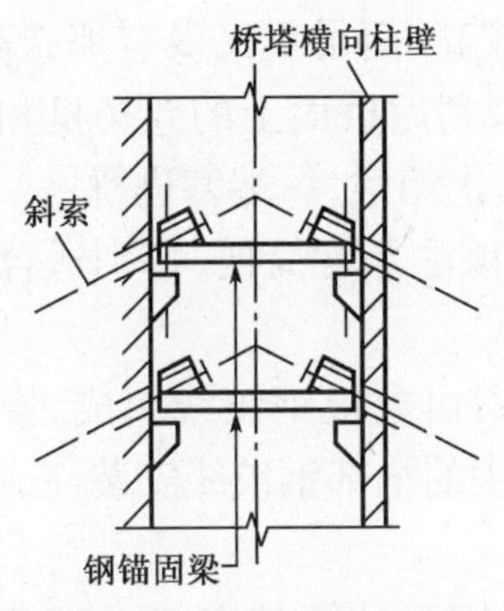

图 17-37 钢锚固梁锚固示意

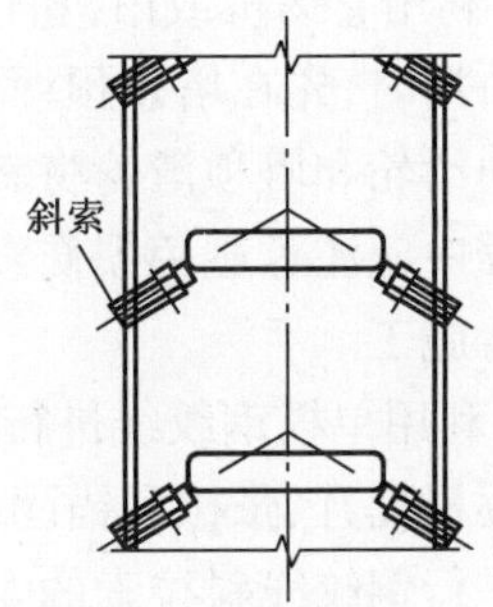

图 17-38 钢锚箱锚固示意

23. 拉索的安装与张拉应注意哪些事项?

答:1)拉索安装可根据塔高、布索方式、索长、索径、索的刚柔程度、起重设备和施工现场状况等综合选择架设方法,一般可采用以下五种方法。

(1)利用工作索道安装,即先在斜拉索的位置下安装一条工作索道,斜拉索沿着工作索道安装就位。该方法目前已经较少采用。

(2)利用临时钢索及滑轮吊索安装,即在待安装的斜拉索之上先安装一根临时钢索(导向索),斜拉索拉在沿导向索滑动并与牵引索相连接的滑动吊钩上,用绞车牵引就位。

(3)利用吊装天线进行安装。例如某铁路斜拉桥拉索安装方法(如图 17-39 所示),即通过单门滑车和吊环与主索系在一起,每个单门滑车上穿入一根白棕绳(白棕绳的作用是捆绑并提升斜拉索),位于主梁两侧,全桥共设两套天线,大致与斜拉索中心线在同一竖直平面。

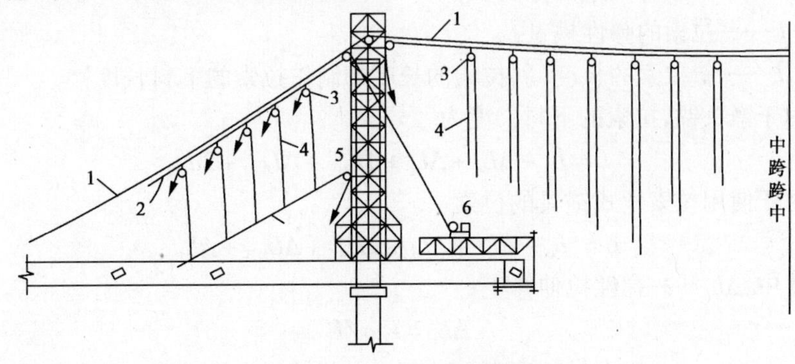

图 17-39 吊装天线布置图

1-主索;2-拉索;3-单门滑车;4-白棕绳;5-滑车;6-电动绞车

(4)利用卷扬机或吊机直接安装。当索塔较高、而吊机又没有那么高时,可在浇筑桥塔时,先在塔顶预埋扣件,挂上滑轮组,利用桥面上的卷扬机和牵引绳通过转向滑轮和塔顶滑轮将斜拉索起吊,一端塞进箱梁,一端塞进桥塔。该法在吊装过程中应注意避免损伤索外的防护材料。该法非常简便,特别适合于密索体系悬臂施工。

(5)利用单根钢绞线进行安装。一根斜拉索由数根钢绞线组成,将每一根钢绞线逐根提升、张拉和锚固,直至一根斜拉索中的全部钢绞线安装完成。该法适合于平行钢绞线斜拉索的安装。

2)安装前应根据索长、索重、斜度和风力等因素计算其安装过程中锚头距索管口2.0m、1.0m,距锚板0.70m以及锚头带锚环时的牵引力,以综合选择架设方案和设备。

不同的拉索,不同的锚具、不同的斜拉桥设计,应采用不同的挂索方式。配装拉锚式锚具的拉索,可以借助卷扬机,直接将锚具拉出索孔后用螺母固定。当索长超过百米,重量超过5t,直接用卷扬机将锚具拉出洞口就有困难,可以将张拉用的连接杆,先接在拉索锚具上,用卷扬机拉至连接杆露出洞口,即可完成挂索。对于更长更重的拉索,由于卷扬机的牵引力有限,连接杆的长度就要相应加大。

拉索上端离塔柱上相应索孔锚板端面的距离ΔL与牵引力T的关系为:

$$\Delta L = L_0 - L + w^2 L_x^2 L_0 / 24T^2 - TL/AE$$

式中:L_0——上下两端索孔锚板中心的几何距离;

w——钢索单位长度重量;

L_x——L的水平投影长度;

A——钢索中钢丝的截面积;

E——拉索的弹性模量;

L——斜拉索的长度(斜拉索的长度即制作拉索的下料长度)。

对于镦头锚,拉索的下料长度为

$$L = L_0 - \Delta L_e + \Delta L_f + \Delta L_{ML} + \Delta L_{MD} + 2d$$

对于使用拉索丝式锚具的拉索

$$L = L_0 - \Delta L_e + \Delta L_f + \Delta L_{ML} + \Delta L_{MD} + \Delta L_J$$

上述式中:ΔL_e——弹性拉伸修正;

$$\Delta L_e = L_0 \sigma / E$$

σ——拉索设计应力;

ΔL_f——拉索垂度修正;

$\Delta L_f = \omega^2 L_x^2 L_0 / 24T^2$

ΔL_{ML}——张拉端锚具位置修正；

ΔL_{MD}——固定端锚具位置修正；

ΔL_J——拉索操作长度；

其他符号含义同上。

3)施工中不得损伤索体保护层和索股以及索端锚头及螺纹,不得堆压弯折索体。

(1)不得用起重钩或易于对索体产生集中应力的吊具直接挂扣拉索,宜用带胶垫的管形夹具尼龙吊带或设置多吊点起吊。

(2)放索时,应避免拉索与桥面接触而受到损伤,可采用铺设地毯、设置滚轮、走管、或安装滚动托架的方法给予解决。索体应贴在特制的滚轮上拖拉。

(3)在放索过程中,为防止转盘转速突变或倾覆导致散盘,危及人身安全,应对转盘设置刹车装置,或以钢丝绳作尾索,用卷扬机控制放索,以限制索盘的转速。

(4)为防止锚头和索体穿入塔、梁索管时的偏位和损伤,应在放管处设置控制的力点或限位器调控。

(5)安装过程中,锚头螺纹应包裹,及时清除拉索的包护物。拉索防护层和锚头损伤应及时修补并记入有关的表格存档以便跟踪维护。

4)施工中,拉索抗振的约束环和减振器未安装前,必须确保索管(特别是梁上索管)和锚端的防水、防腐和防污染。

5)安装过程中,挂索的程序应该是由短到长,并应根据先期挂索的实践,预计下一根较长索的情况,及时作出相应的调整。

6)斜拉索张拉端设于塔部,则先于梁部安装;斜拉索张拉端设于梁部,则先于塔部安装。

7)斜拉索塔部安装时,应注意以下事项。

(1)塔部安装锚固端时,可采用吊点法、吊机安装法、脚手架法、钢管法;塔部安装张拉端时,可采用分步牵引法、桁架床法;对于两端皆为张拉端的斜拉索,可选择其中适宜的方法。

脚手架法、钢管法、桁架法应悬挂斜拉索的位置搭设支架,安装复杂、速度慢,只适用于低塔稀索的情况;多数情况下,可选用吊点法、吊机安装法和分步牵引法。

(2)安装斜拉索前,应计算出克服索自重所需的拖拽力,以便选择卷扬机、吊机和滑轮组的配置方式。

(3)安装张拉端,先要计算出安装索力,当矢跨比小于0.15时,可以用抛物线代替悬链线来计算曲线的长度,如图17-40所示。

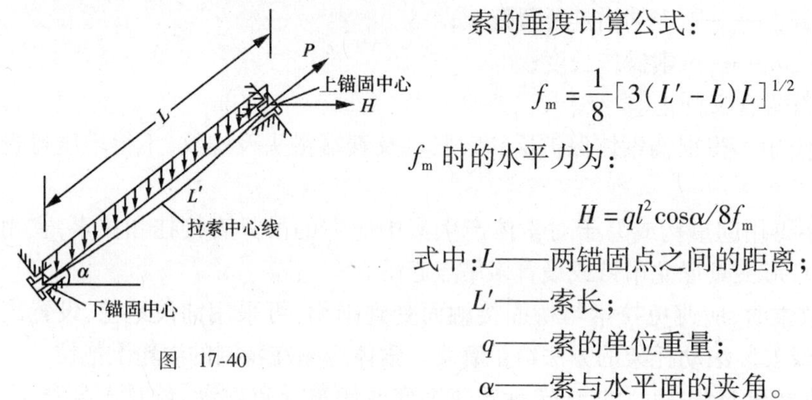

图 17-40

索的垂度计算公式:

$$f_m = \frac{1}{8}[3(L'-L)L]^{1/2}$$

f_m 时的水平力为:

$$H = ql^2\cos\alpha/8f_m$$

式中:L——两锚固点之间的距离;

L'——索长;

q——索的单位重量;

α——索与水平面的夹角。

计算出各施工阶段时的索力后,选择适当的牵引工具和安装方法。

(4)挂索施工中连接件较多,如锚头与拉杆、牵引头的连接、滑轮与塔柱拉索的连接等,任何一处出现问题,都会发生事故,所以应特别注意各处连接的可靠性。

(5)在牵引过程中,应密切注意探杆和锚头的进孔角度,并及时调整。

(6)在牵引过程中,还应注意油泵压力表值,如压力突升应立即关机,查明原因后再继续牵引。

8)斜拉索梁部安装时,可采用吊点法和拉杆接长法。

9)斜拉桥拉索的张拉应按下列各项执行。

(1)张拉施工的设备和方法应根据设计的索型、锚具、布索方式,塔和梁的构造确定。斜拉索的张拉可采用以下三种方法:

①用千斤顶将塔顶鞍座顶起。每一对索都支承在各自的鞍座上,鞍座先就位在低于其最终位置的位置,当斜拉索引架就位后,将鞍座顶到其预定的高程,使斜拉索张拉达到其承载力。

②在支架上将主梁前端向上顶起。斜拉索引架时处于不受力状态,索长比受力状态时要短些,于主梁与斜拉索的连接点上将梁顶起,斜拉索引架完成后放下千斤顶使斜拉索受力。

③利用千斤顶直接张拉。这是最常用也是最方便的方法。

(2)拉索张拉的顺序、级次数和量值应按设计规定执行。应以振动频率计测定的索力或油压表测量值为准,以延伸值作校核,并应视拉索防振圈以及弯曲刚度的状况对测值予以修正。

(3)拉索张拉可于塔端或梁端单端进行，也可顶升索鞍支座进行。平行钢丝拉索宜采用整体张拉，平行钢绞线拉索可用整体或分索张拉，分索张拉应按"分级"、"等力"的原则进行，每根同级的索力允许误差为±1%。

(4)索塔顺桥向两侧拉索(组)和桥横向对称的拉索(组)必须对称同步张拉；同步张拉的不同步索力的相差值不得超出设计规定；两侧不对称的或设计拉力不同的拉索，应按设计规定的索力分级同步张拉，各千斤顶同步之差不得大于油表读数的最小分格，索力终值误差小于±2%。

(5)拉索锚固时不宜在锚环与承压板间加垫，需要加垫时，其垫圈材料和强度应符合承压要求，并应设成两个密贴带扣的半圆。

(6)拉索张拉完成后，悬臂施工跨中合龙前后，当梁体内预应力钢筋全部张拉完且桥面及附属设备安装完毕时，应采用传感器或振动频率测力计检测各拉索索力值，同时应视防振圈及索的弯曲刚度等状况对测值予以修正。

(7)每组及每索的拉力误差超过设计规定时应进行调整，调索的施工步骤及注意事项见下一个题目。

10)安装、张拉拉索均属于高空作业，施工中应严格按照有关高空作业的要求进行，确保施工安全。

24. 拉索索力调整的施工步骤及注意事项是什么？

答：1)施工步骤

(1)索力调整前，应将张拉千斤顶和配套油泵进行标定。对预计的调整值划分级次，根据标定得出的张拉值和油表读数之间的直线公式：

$$Y = aX + b$$

式中：Y——油表读数；

X——张拉力；

a、b——由统计计算得出的常数，计算并列出每级张拉值和相应的油表读数，以便在调索时直接使用。

(2)对调索设备和索力检测仪器进行标定；

调索的主要设备：千斤顶、张拉杆、撑架及锚固螺母、电动油泵及油压表、手拉葫芦、卷扬机、塔吊、塔内提升系统。

索力检测仪器：带筒式传感器的测力仪器、孔幅式传感器的测力仪器、数字直读式测力仪、钢索测力仪、环境随机振动法索力仪。

(3)计算各级调整值并应列出相应的延伸量，计算采用如下公式：

斜拉索受力后的长度变化 ΔL 中包括了拉索的弹性伸长量 ΔL_e 和拉索的垂度修正值 ΔL_f 两部分。即：

$$\Delta L = \Delta L_e + \Delta L_f$$

当索中应力由 σ_1 增至 σ_2 时,分别计算与 σ_1 和 σ_2 对应的 ΔL_e 和 ΔL_f,

$$(\Delta L_e)_1 = L_0\sigma_1/E$$

$$(\Delta L_f)_1 = w^2L_x^2L_0/24T_1^2$$

$$(\Delta L_e)_2 = L_0\sigma_2/E$$

$$(\Delta L_f)_2 = w^2L_x^2L_0/24T_2^2$$

式中:σ_1、σ_2——调索前后索的应力;

E——索的弹性模量;

T_1、T_2——调索前后的索力;

L_0——上、下两个索孔出口处锚固中心的空间距离;

L_x——L_0 的水平投影长度;

w——钢索单位长度重量。

与索力增量对应的延伸量为:

$$\Delta L = (\Delta L_e)_2 - (\Delta L_e)_1 + (\Delta L_f)_1 - (\Delta L_f)_2$$

(4)做好索力的检测和其他各种观测的准备工作。索力的测定通常采用以下方法:

①压力表测定

由于拉索的张拉是使用千斤顶,而千斤顶的张拉油缸中的液压和张拉力有直接的关系,所以只要测定张拉油缸的液压,就可求得索力。

②压力传感器测定

张拉时,千斤顶的张拉力通过连接杆传到拉索锚具,如果在连接杆上套一个穿心式的压力传感器,张拉时处在千斤顶张拉活塞和连接杆螺母之间的传感器,在受压后就输出电讯号,于是就可在配套的二次仪表上读出千斤顶的张拉力。

③频率法

索的拉力和频率之间,存在一定的关系。

对于两端绞支的柔性索,索拉力:

$$T = 4wL^2f_N^2/n^2g$$

式中:T——索的拉力;

w——单位长度索重;

L——索的计算长度；

f_N——第 n 阶自振频率；

n——振动阶数；

g——重力加速度。

对于两端绞接的刚性索，索拉力为：

$$T = 4wL^2f_N^2/n^2g - n^2EI\pi^2/L^2$$

式中：EI——索的弯曲刚度；

其余符号同上。

通过以上两式可知，只要测出斜拉索的振动频率就可得到所需的索力值。振动频率的测定目前有两种方法：一种是用一个周期仪绑在拉索上，再对拉索施加人力激振，当它形成稳定的一阶正弦振动后，测出其振动周期。为消除按频率推算索力过程中其他因素的影响，可在预拉台座中对每一种规格和长度的拉索，在指定的索力范围内，逐级测定其频率和索力的关系，在实桥测定中，根据实测的频率，对照相应的索力和频率的相互关系，即可求得索力，该法的使用具有一定的局限性；另一种是不用人力激振，而用精密的拾振器将微弱的时刻发生着的拉索环境随机振动信号接受下来，通过频谱分析，根据功率谱图上的峰值，判定拉索的各阶频率，通过计算可得索力，该方法特别适用于大跨径的斜拉桥。

用频率法测定索力时，首先要精确测定频率，特别是低阶频率，另外还要准确设定拉索的计算长度。由于拉索的端点并未作绞接处理，在靠近端点处常安装减振器，而拉索自身又具有一定的抗弯刚度，所以拉索的计算长度 L 将稍短于拉索的实际长度 L_0，需要给予适当的修正，修正时，应视拉索和锚具的构造及减振器安装位置而定，如果直接代入上面的两个公式，所得的索力往往会偏大。

在施工调索时，常用周期仪来校核，在合龙后的结构调索中一般采用电测法测出同一时间的各索力。

(5)将张拉工具、设备一一就位。

①将千斤顶撑架用手拉葫芦等固定在斜拉索锚固面上，再将千斤顶用螺栓连接支撑在撑架上；

②将张拉杆穿过千斤顶和撑架，旋接在斜拉索锚头端，再将张拉杆上的后螺母从张拉杆尾端旋转穿进；

③将千斤顶与油泵用油管接好，开动油泵，使千斤顶活塞空升少许，如调索要求降低索力，可根据情况多升一定量；

④将后螺母旋至与活塞接触紧密。

(6)按预定级次的相应张拉力，通过电动油泵进油或回油逐级调整索力。

如果是降低索力,则先进油拉动斜拉索,使锚环能够松动,在旋开锚环后可回油使斜拉索索力降低。在调索过程中如千斤顶达到行程允许伸长量,即可将斜拉索锚头的锚环旋紧,使其临时支撑于锚固支撑面上,这时千斤顶可回油并进行下一行程的张拉。如果调索是在斜拉索锚头还未牵出其锚固面的情况下进行,则临时锚固由叠撑在锚环上的张拉杆前螺母即两半边螺母承担临时锚固。调索过程中,应以检测、校核数据配合油表读数共同控制张拉力,并通过观察结果防止非正常情况的发生。

2)索力调整注意事项

(1)主梁全桥合龙后应进行一次线形、索力以及关键断面的应力测量。为控制索力,一般应至少进行一次全桥索力调整。调整方案由设计计算确定,调整后还应进行全桥索力与高程的测量。

(2)索力的调整可采用四种方法:一次张拉法、多次张拉法、设计参数识别法和卡尔蔓滤波法。具体方法可参见《公路桥涵施工技术规范实施手册》。

(3)索力调整时,可从超过设计索力最大或最小的拉索开始(放或拉),直到调至设计索力。

(4)索力调整时,应对塔和相应梁段进行位移检测,并做出存档记录,记录内容包括日期、时间、环境温度、索力、索伸缩量、桥面荷载状况、塔梁的变位量及主要相关控制断面应力等。

(5)索力调整时,可根据不同的设计要求,在梁上或塔上进行,若塔上不便安装千斤顶,则可在施工脚手架上进行。

(6)在空心塔内进行调索施工时,需在塔内设置施工支架或升降平台,调索设备可通过塔吊、卷扬机、升降平台等运送。H形带隔板的塔上调整,调索设备可设在塔外。

(7)在梁上调索时,宜将斜拉索锚固在箱型梁的箱内,以方便施工,而将斜拉索锚固在箱型梁的悬挑翼板或肋板梁的肋板处,则需要安装吊篮或其他形式的施工支架作工作平台。

(8)利用卷扬机、手拉葫芦等将调索设备吊运到位,千斤顶等设备可用手拉葫芦等工具定位、固定。

(9)调索一般用穿心千斤顶进行。

①当千斤顶及其撑架安装到位后,用张拉杆与斜拉索锚头的内丝孔旋接。

②若要增加索力,用千斤顶顶动张拉杆将斜拉索牵向索管口。

③若要放松索力,受力前预先使千斤顶活塞伸出一定量,然后再用千斤顶顶动张拉杆,使斜拉索锚头上的锚固螺母即锚环刚好松动。

④将锚环松开后,使千斤顶卸载,将斜拉索放出索管口。

⑤当斜拉索锚头还没有被牵出索管就已经开始索力的张拉调整,需要在斜拉索锚环上增加一张拉杆锚固螺母即张拉杆前螺母。

⑥为了便于组装和拆卸,张拉杆螺母可由两半组成。

⑦千斤顶分行程逐步张拉时,应用张拉杆前螺母临时将斜拉索上端锚固。

(10)千斤顶和油泵等张拉机具应由专人管理和使用,并应经常维护,定期检查。

(11)对于下列情况,均应对千斤顶和油泵配套进行重新标定:千斤顶或油泵出厂初次使用;千斤顶使用超过6个月或200次;千斤顶或油泵在使用过程中出现的不正常现象;千斤顶或油泵经过检修;千斤顶和油泵重新配对。

(12)对千斤顶和油泵进行编号,以免标定结果用错。

(13)斜拉索的索力调整应由专业人员进行,并须经过设计部门同意。

(14)索力调整前应将锚头和锚固锚环配对并检查其质量。

(15)索力调整前应将斜拉索锚固面、各个张拉受力支承面及锚头、锚环、张拉杆、张拉杆锚固螺母等丝齿内的杂物逐一清除干净。

(16)锚环、张拉杆、张拉杆螺母等各自的旋紧程度要一致,以免斜拉索、张拉杆在索力的调整过程中受力不匀。

(17)斜拉索、撑架、千斤顶、张拉杆在调索施力的过程中位置要居中,以免拉索、张拉杆受力不均匀。

(18)索力调整的过程中,应注意保护拉索不受伤害。

(19)张拉和索力调整过程中,要及时校核索力的增量和拉伸量值之间的对应关系(按上述公式进行)。

(20)索力调整的过程中,必须同时进行梁段和索塔变位观测并与设计变位校核。超过设计规定范围或出现其他不正常的情况时,应停工,检查原因,并与设计单位研讨,采用适当方法进行修正。

(21)调索过程中要密切注意油泵的压力表值,如遇压力突升应及时关机,查明原因并解决后才能继续工作。

(22)塔上索力调整系高处作业,对施工人员、设备的安全保护应有可靠措施。

第十八章 海洋环境桥梁

一、关键性问题

1. 海洋环境桥梁的施工难点是哪几个方面？

答：(1)测量控制。在宽阔的海面上施工，无法按原始的方法进行测量放样和高程控制。GPS 控制测量须解决：如何保证桩位的放样精度；由于桥位远离中央子午线以及地球曲率的影响，投影长度变形和方向变形将引起桥长缩短，在施工中，如何保证由图纸到地面放样正确；为设置加密网，海上首批施工的承台高程如何控制。

(2)大直径超长钢管桩制造、防腐及施工。在桥梁的引桥部分，桩基有很多采用钢管桩基础，这样就存在超长桩的制造、防腐、沉桩、阴极保护和承载力检测等一系列关键技术。最关键的还是桩锤能否满足超长钢管桩的沉桩要求，配备的船能否适应风浪的环境。

(3)海上钻孔灌注桩的施工。海上钻孔桩多设置在浅海部位，主要问题是滩涂区超长栈桥的设计和安全，浅层气富集区段钻孔桩的施工安全，大型钻孔平台和承台施工方案，以及泥浆选择和钻孔桩桩底压浆等等。

(4)钢管桩基础承台和墩身施工。承台和墩身施工是海上作业量最大的混凝土工程，其特点是数量多、战线长、施工直接受海水环境的影响，施工安全和结构防腐问题非常突出。

(5)大吨位预应力混凝土箱梁整体预制、运输和架设。主要问题是整孔预制、梁上运梁或海上运梁、运梁设备和架梁设备。

(6)混凝土结构的耐久性。目前大桥的设计使用年限一般为 100 年，这么久的时间处在海洋腐蚀的环境之中，耐久性是贯穿桥梁一个重要课题。

2. 海洋环境桥梁施工是否采用预制构件更好？

答：海上桥梁结构，除必须在现场施工的外，尽可能采用预制构件，这样，海上工程就移到了岸上生产，实现工厂化，以最大限度减少海上作业，提高生产效率；鉴于工程量大，施工作业区大部分远离岸区，立足于采用大型预制构件，尽量减少施工工序，减少海上作业时间，加快工程进度；在海上施工风大浪大，自然环境恶劣，优先采用强大的机械设备和先进的施工技术。如桩基、墩身使用预制构件，可以避免围堰等高造价的笨重设施，在深海地区对围堰无法解决的问题也可迎刃而解了。

3. 何谓浅层气？其对土体工程性状有何影响？

答：在海滩区，由于长期的生物化学作用产生的生物气，叫浅层气（浅层天然气）。浅层气压力基本与埋深成正比关系，与气量无明显联系，分布范围一般与古河道一致，呈条带状，主要埋藏于砂层顶部。它对土体工程性状的影响如下：

（1）浅层气在无控条件下释放，会引起其附近粉细砂层土体剧烈扰动，从而会显著降低桩基承载力，诱发不均匀沉降。

（2）浅层气无控释放对土体工程性状的影响，可以认为是一种非饱和土的渗流破坏，诱发对土层的扰动，按扰动程度可分为剧烈扰动区、严重扰动区、轻微扰动区和含气层压密区。其在无控条件下释放，对土体工程性状会有不利影响。

（3）浅层气控制释放对于含浅层气的砂土，不管是粉砂还是细砂，其抗剪强度均随着基质吸力的降低即浅层气气压水平的下降而有所增加。浅层气的释放会引起储气层的沉降，对砂层而言一般为1/1 000～5/1 000。

浅层气对钻孔桩的施工有较大的影响，应认真研究，采取有效措施，防止工程事故的发生。

二、施 工 测 量

4. 海上GPS测量有哪些技术难点？

答：海平面太宽，需要解决以下测量技术问题：

（1）建立连续运行的GPS工程参考站系统，实现实时平面地位精度、实时高程定位精度的精度要求，为桩基施工实时定位提供服务。

(2)建立大桥工程独立的施工坐标系,避免由于投影变形引起的误差,确保放样正确。

(3)在高程贯通测量完成前,海上无高程控制点的情况下,满足海上优先墩承台施工高程控制精度的要求。

5. 海上如何进行沉桩测量定位的?

答:沉桩施工在海域中央进行,常规的测量手段已经不能满足要求,沉桩定位采用海上沉桩 GPS-RTK 测量定位系统来实现。测量定位系统的布置如图18-1所示,船上的 GPS 接收机根据参考站发射过来的数据信号和自身接收到的卫星信号进行实时差分,计算出定位点的实时坐标。

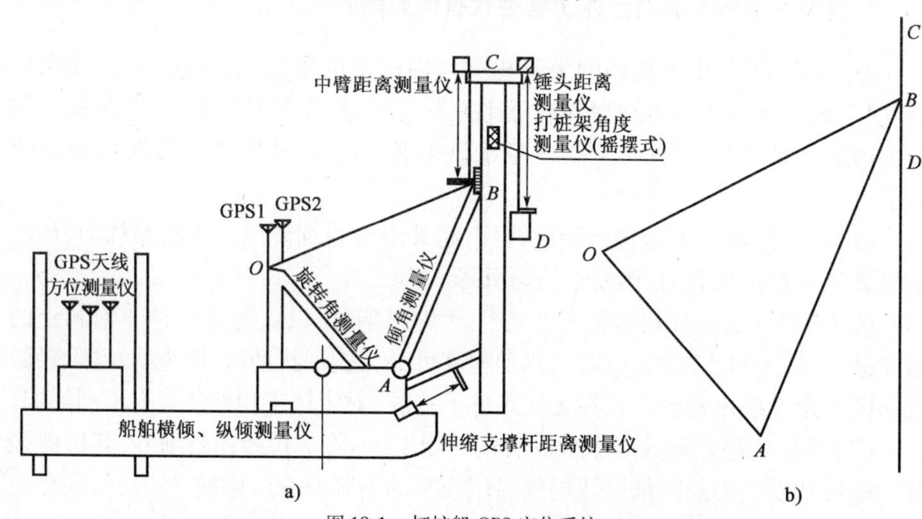

图 18-1 打桩船 GPS 定位系统

a)GPS 定位系统布置示意图;b)船体部位几何位置示意图

具体步骤如下:

(1)桩顶平面位置测量系统

GPS1 和 GPS2 的天线布置垂直于船体旋转车纵轴线位置,利用 GPS1 和 GPS2 测得 O 点坐标,利用倾角测量仪测得 AB 段倾角,结合 OA、AB 段长度计算得出 B 点坐标。利用激光测距仪测出 CB、CD 长度,结合桩架角度测量仪测得桩身倾斜度,计算得出 D 点坐标,即桩顶平面坐标。

(2)桩身倾斜度测量系统

利用桩架上的角度测量仪测得桩架倾斜度,由于沉桩过程中桩身与桩架保持平行,即得出桩身倾斜度。

(3)方位角测量系统

如果旋转车没有转动,即桩架轴线与船体纵轴线在同一直线上,则可利用GPS1 和 GPS2 直接测得 OD 方向的方位角。如果需要旋转车进行转动,即桩架轴线与船体纵轴线不在同一直线上,则需要利用放置角测量仪测出桩架的相对转角,然后计算出桩的方位角。

(4)桩顶高程测量系统

利用 GPS1 和 GPS2 测得 O 点高程,结合 A 点的关系计算出 D 点的高程,即桩顶高程。

(5)锤击能量及贯入度测量系统

在操作室内有自动控制能量系统,并实时监控锤击能量,同时记录锤击数,并结合桩顶下沉量可算出贯入度。

(6)数据显示及记录系统

操作室内设有电脑实时监控系统,对桩的坐标、高程、倾斜度等进行实时监控,记录并打印结果,如图 18-2 所示。

沉桩施工定位测量控制系统运行关系如图 18-3 所示。

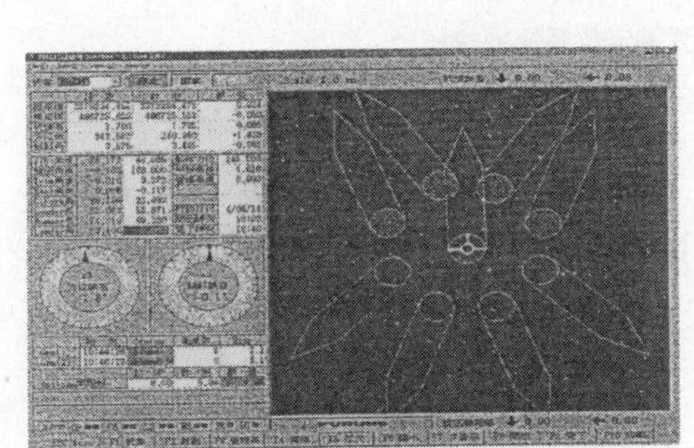

图 18-2　GPS 沉桩定位控制显示图

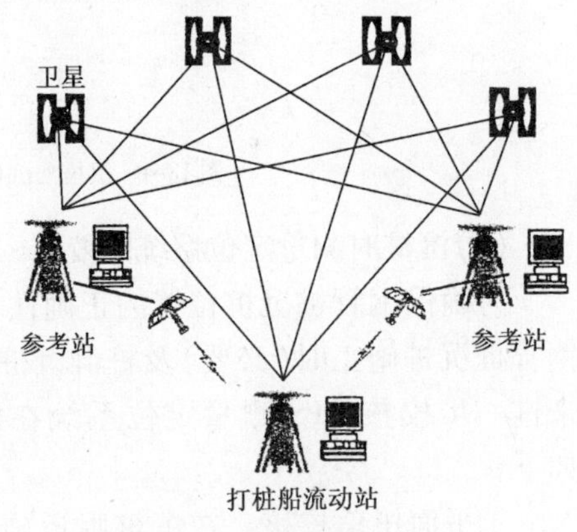

图 18-3　系统运行关系图

6. 如何用常规测量方法对海上沉桩测量定位系统进行校核?

答:(1)沉桩前沉桩测量定位系统的校核(图 18-4)

沉桩施工实施前,为检验校核“海上沉桩 GPS-RTK 测量定位系统”的正确性,保证打桩船沉桩位置的正确性,使用前需进行校核,校核具体步骤:

①用 GPS-RTK 定位方法,在码头上测放两点 P_0、P_1;

②在 P_0、P_1 两点上任一点架设全站仪,另一点为后视点,测定龙口中

心 M_1;

③然后再开 RTK 测定龙口中心点 M_2,将其坐标输入打入桩定位系统内;

④开启打桩定位系统,使其进行自动显示龙口中心 M_0;

⑤分别计算出 M_0 与 M_1、M_0 与 M_2 的差值 d_1、d_2;

⑥若 d_1、d_2 均满足相关技术要求,打桩定位系统的参数不作调整。如果不能满足要求,定位系统研制人员将对定位系统的参数作调整,直到满足要求为止。

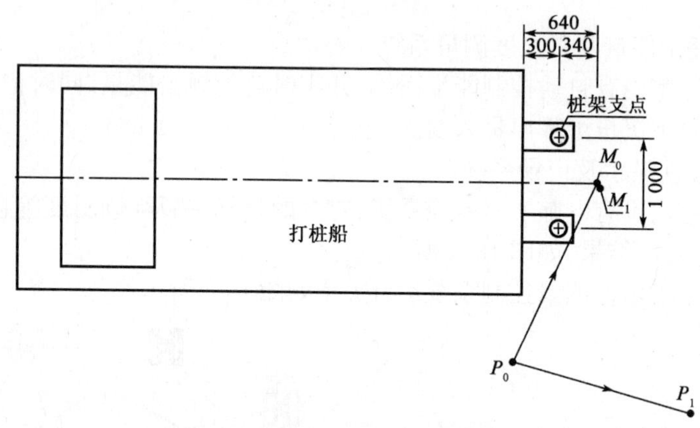

图 18-4 沉桩前沉桩测量定位系统的校核

(2)沉桩时测量定位系统的校核

为确保钢管桩沉桩位置的正确性,应制订常规测量定位方案,在单墩首根钢管桩沉桩施工时(必要)及桩群沉桩过程中随机抽查,用常规测量定位方法来进一步校核 GPS 测量定位系统在沉桩现场施工定位的精度。具体方法如下:

①平面扭角校核。在沉桩附近施工好的承台或临时海上平台上用 GPS-RTK 分别布设两个相互通视的控制点 A_1、A_2(图 18-5),并在打桩船上事先布设两点 B_1、B_2 与船主轴线平行,测量定位系统定位结束后,在 A_1 点上架设全站仪,后视 A_2 点,测出打桩船上两点 B_1、B_2 的坐标,并计算出此两点连线的方位角,推算钢管桩的平面扭角,与设计值比较,以此对测量定位系统测定的平面扭角进行校核。

②倾斜度控制。根据桩群首根钢管桩的设计倾斜度,从钢管桩顶部向下吊线锤,根据垂直距离以及桩顶面至所吊平面位置的桩长来推算倾斜度,与设计倾斜度相比较,来检查和校核钢管桩的倾斜度。

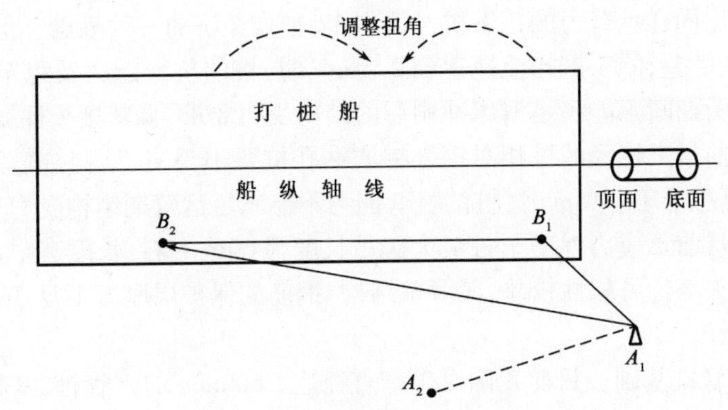

图 18-5 沉桩时测量定位系统的校核

③平面位置控制。用三角高程测出钢管桩适当位置的高程，并推算出此位置的理论坐标，在此处放置棱镜，结合棱镜中心至背面的厚度、钢管桩的半径计算距离，推算出钢管桩中心位置的坐标，再根据倾斜度、平面扭角及所测高程推算出 0 平面处的坐标，与打桩船定位系统的坐标加以对比。

通过以上三种常规测量方法得出的数据与打桩船的系统坐标、倾斜、扭角进行对比，实现校核的目的。

三、桩 基 础

7. 各类基础有何特点，各自的适应性如何？

答：海上常用基础类型为钻孔桩基础、预应力混凝土管桩基础（PHC 桩）、钢管桩基础。

（1）钻孔桩基础。其桩长、桩径可根据设计需要确定，适用范围较广，施工技术成熟，无需大型起重设备，通过改善混凝土性能、增大钢筋保护层厚度及保留钢护筒等措施，可以满足结构的耐久性要求。但成桩须搭设坚固的钻孔平台，需要大量的船机；钻孔桩工序多，周期长，速度慢；钻孔桩施工事故率较高，海上作业处理事故成本高、时间长。

（2）大直径预制混凝土管桩历史悠久，目前可以生产长度最长 65m 的桩。在我国目前能够投入生产的最大桩径为 1 200mm，其特点为：有良好的结构性能，能承受较大的轴向力和波浪、地震、撞击等产生的侧向力；采用适当的防腐手段（一般用环氧类油漆涂装），在桥梁使用期限内一般不会发生太大的锈蚀问题;造价上比同样承载力的钢管桩经济得多,是最经济的一种基础。但其单桩在施工期稳定性差,施工期当流速达到2.5m/s时,桩的抗弯能力及稳定性不能满足要求;运营期间不能满足河床冲刷后的结构受力要求,且其接头裸露处易被海水腐蚀,目前最大桩径的桩相对钢管桩或钻孔桩要小得多,结构抗弯能力差,当海床冲刷高程低于-18m时,桩的抗弯能力不能满足运营期结构受力要求;打桩实施困难,目前预应力混凝土桩最大起吊长度为60m左右,长度有限,但海上接桩困难,接头部位可靠性较差;属薄壁结构,钢筋的保护层厚度不足3cm,防腐难度大。

(3)钢管桩基础。目前我国可生产直径达1 600mm的钢管桩,其特点为:自重轻、承载能力大、抗弯能力强、施工期稳定性好;直径可根据设计需要确定,可设计成斜桩,有利于抵抗水平荷载;吊装运输方便,抗锤击能力强,打桩容易,施工速度快,可适应各类地质条件;钢管桩防腐技术比较成熟,可根据不同的部位的防腐环境采取相应的防腐措施;在深海中经济性比钻孔桩好。但需要大型的打桩船机,并要一定数量的水上混凝土工厂。

综上所述,在浅海及小的海湾桥施工,施工平台容易搭设,可以选择钻孔桩基础,对于浪区小的地区的较小跨海桥,可以根据情况使用大直径预应力混凝土管桩基础;在深海区,可选择钢管桩基础,或根据现场情况混合使用。

8. 为使钢管桩寿命符合设计年限要求,一般应采取哪些有效保护措施?

答:钢管桩的寿命是否符合设计要求,取决于钢管桩的防腐措施,一般多为复合式防腐,目前的防腐办法有以下几种。

(1)采用耐海水腐蚀的高耐候结构钢。

(2)厚壁钢管桩,即钢管桩采用牺牲壁厚防腐。钢管桩垂直沉入地基,在垂直方向不同的区域腐蚀的环境分布变化较大,尤其在空气海水交界面和海水海泥交界面,腐蚀环境更为复杂,容易产生不均匀腐蚀,根据这一特点,不同的腐蚀区段可采用不同的壁厚。如杭州湾大桥对于腐蚀环境较轻的泥下区段预留2mm腐蚀余量,水中及水上预留4mm腐蚀余量。

(3)防腐涂层,主要是环氧粉末。环氧粉末防腐涂层也要根据钢管桩接触的部位不同采用不同的层数和材料,如在泥下部分腐蚀较轻,采用单层防腐;在海水全浸部分,采用双层防腐;在潮差区、飞溅区和大气区采用三层防腐。该种防护可考虑50年的服役。

(4)牺牲阳极,阴极保护。在使用此保护时,应考虑投入资金强度和综合性价比，牺牲阳极的更换周期要设计得相对合理，使大桥使用期间更加经济。

目前的桥梁设计使用年限一般为100年，但以上每种防腐措施都不能单独完成此项使命，需要组合防腐。杭州湾大桥采用的防腐方案是：环氧粉末涂层+牺牲阳极的阴极保护+预留牺牲厚度。

9. 海上沉桩时可能遇到的技术难题有哪些？应对应采取何应急措施？

答：(1)溜桩。某些海床表面以下约20~40m多为淤泥质黏土，强度极低，在沉桩施工早期，时常发生突然溜桩，严重影响桩位的精度，严重时会造成沉桩设备不同程度的损坏。针对这种情况，可采取以下措施：①对于柴油锤，开锤不开油门干打；对于液压锤，开锤时调小能量施打；当桩尖穿过溜桩层时，再正常施打；②安装停锤遥控装置，发生溜桩立即停锤；③延长锤、桩套接部位长度，防止溜桩异步下落脱轨；④放松吊锤钢丝索，发生溜桩时，能保证及时自由跟进。

(2)超长桩穿过硬土层。由于是超长桩，很多时候在施打时遇见密实的砂层和其他的硬土层，换较大能量的桩锤也无济于事，此时可以采取减阻技术，常见的减阻办法是水冲洗泥或水冲减阻。在某些桥梁施工中，常用简单的方法也可达到目的，即在桩尖外侧50cm高度范围内，断续增焊3道大于$\phi25$钢筋，增加桩尖刚度，达到减振的目的，提高沉桩穿透硬层的能力。

(3)超长桩下沉到设计高程中，可能由于种种原因造成打击能量大的柴油锤不如打击能量小的液压锤。这是由于柴油锤能量损失太大，作用在桩头的有效能量低，其中替打消耗能量占的比例较大。这时，对替打进行改造，有些将替打由双层垫板吊钟式结构变为套筒式结构，实践证明效果不错。

(4)浅水区施工，桩长水浅，大型打桩船吃水较深。为克服这一问题，一方面对船只进行改造：加高桩架、加强支架；另一方面利用潮汐，采用低潮位相对较高的小潮汛期间进行施工，不适合潮位时，休整，做相应准备工作。

10. 海上沉桩施工有哪些注意事项？

答：(1)沉桩施工技术人员应提前分析沉桩位处的地质情况(主要是土层的类别、厚度、标贯系数等)，对沉桩工作制订出有效的技术施工方案及技术预案。

(2)桩驳到现场后，由沉桩施工人员(技术、质量及安全)及监理人员共同对钢桩进行检查。

(3)沉桩施工员需准备好桩参数资料、桩位图、计算器、U盘、A4打印纸及画桩工具等。

(4)沉桩前要了解、分析交叉桩的相互关系,沉桩实施时,要让桩朝良好的发展方向控制下桩提前(落后)量和桩平面扭角。

(5)为防止 GPS 出现假锁现象,沉桩施工时要严密注意沉桩系统的各种校核数据,没有异常情况才可进行下一步施工。

(6)严格按停锤标准施工,杜绝小范围内大量出现超高桩。

(7)每个墩子的第一根桩要做比测工作,用两个参考站的定位误差小于 10cm 才能下桩;其他桩定位完成后,测量人员必须到船头目测该桩与相邻桩的相互关系,确定无误后方可沉桩。

(8)下桩前,要检查桩的平面扭角、倾斜度等是否有误,桩是否是朝有利方向发展,要避免碰桩事故的发生。

(9)定位完成后,下桩前要用电脑屏幕拷贝功能保存好下桩屏幕;记好沉桩日记,对沉桩过程中异常情况要记录清楚。

(10)沉桩资料整理要及时,并由施工人员和监理在现场签认,保证桩资料的真实性。

11.何谓超高桩?通常超高桩的处理措施有哪些?

答:在沉桩施工中,当桩锤能量满足要求(根据当时、当地在某条件下通过实验制定的贯入度,桩在实施时贯入度小于规定值,如某桥,柴油锤四档,液压锤 $E \geqslant 160 \sim 180$kJ 时,桩的实施贯入度小于标准规定的贯入度 3mm,其桩顶高差大于停锤标准 1.5m。),桩顶实际高程 - 桩顶设计高程 > 停锤标准时的高差,沉桩施工无法继续而停止时,该桩称为超高桩。

为使超高桩满足要求,需采取以下措施:

(1)充分发挥桩锤的锤击能量,提高有效锤击能量。

①根据每分钟的锤击数及锤芯跳高,判断桩锤能量是否充分发挥。

②检查油路,保证供油充分。

③更换桩锤活塞环,提高压缩比。

④减少桩垫层,提高作用在桩上的有效锤能。

(2)减小地质层对桩身的摩擦阻力。

为了减小土层对桩身的摩擦阻力,沉桩前根据地质资料,判断是否有超高桩的可能性,若地质层内粉砂层厚或有数层粉砂层,则在该区域桩的桩尖处采取特殊处理(见本章问题 10),减小其对桩的摩擦阻力。

(3)当桩沉到某种程度,由于地下障碍物或标贯较高的铁板砂使得桩很难再下沉，且其高程大于沉桩停锤标准中的规定超高，这种情况下，应对标准规定超高以上的桩进行高应变动力测试，根据测试结果，设计单位进行验算，承载力满足要求，可以做截桩处理。

12. 如何选择打桩船？全旋转式打桩船有何优越性？

答：海上施工作业，风大、浪大、潮差大，施工条件恶劣，选择施工载体—船尤为重要，对船体的选择应主要考虑以下两个方面。

(1)锚锭系统的选择。锚锭系统设计主要是进行锚的重量和分布形式的分析和计算，锚的重量由沉桩和抗台驻位两种工况条件确定。其中沉桩工况条件包括内容：水流速度（某年一遇，如20年一遇）、波高（全年实测最大波高）、风速（按某级考虑）、桩的垂直或倾斜锤击力、船型、平面布置（船轴线顺水流）。如图18-6所示。抗台驻位工况包括：水流速度（实测最大流速）、波高（某年一遇）、风速（某年一遇）。

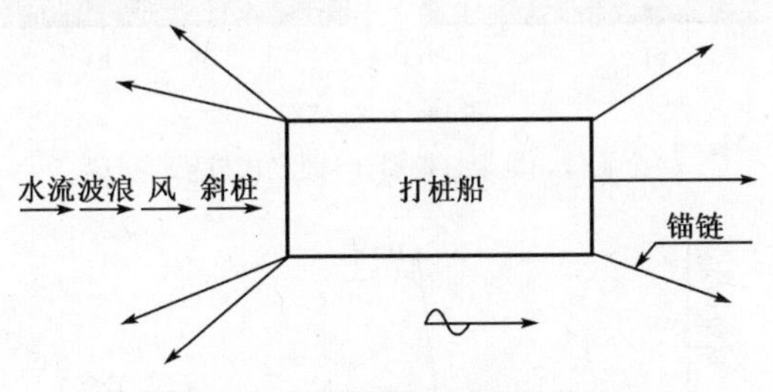

图18-6　打桩船沉桩工况平面布置

(2)船机配置。打桩船的性能必须满足：打桩船桩架高度应满足桩长和水深要求，锚泊、收放等动力系统能适应海上特殊环境。

目前，国内大型打桩船有两大类，全旋转式桩架打桩船和固定式桩架打桩船（固定扒杆式打桩船），如图18-7，两者比较前者优越性明显。

(1)全旋转式桩架打桩船有利于吊桩。运桩驳船在现场不需另外独立抛锚，可直接靠驳打桩船；吊桩时，只要桩架旋转90°，可以方便吊桩进龙口，打桩船和运桩驳可沿桩长方向顺流停靠，减少横流阻力。如果用固定扒杆式打桩船，在运桩驳上吊桩需各自独立抛锚，打桩船和运桩驳须相互垂直，此时打桩船横对大流速的涨落潮，对船的稳定性极为不利，工作效率也比较低。

(2)全旋转式桩架打桩船方便施打平面扭角频繁变化的墩位桩。该船可以一次顺流或顶流抛锚，桩架可360°全旋转，对平面扭角变化较大的钢管桩可减少抛锚次数；同一墩位的钢管桩，只需抛锚一次就可以完成全部打桩作业。固定式桩架打桩船沉放平面扭角变化较大的钢管桩,每沉完一根桩要重新抛锚定位,施工功效得不到发挥,且要进行横流作业,增加了船舶定位难度。旋转式桩架打桩船抛锚定位示意见图 18-8。

a)

b)

图 18-7　打桩船

a)全旋转式桩架打桩船;b)固定式桩架打桩船

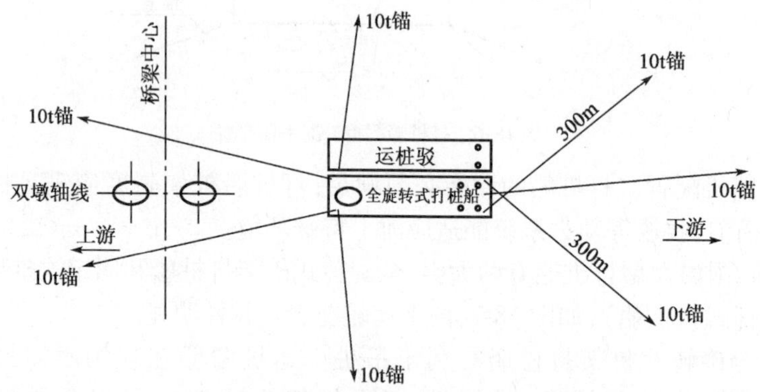

图 18-8　全旋转式打桩船抛锚定位示意图

(3)全旋转式桩架打桩船沉桩不受先后顺序的影响。由于桩架可以外伸 13 ~17m,同时可以上下升降,对于打桩先后、相邻桩的距离以及平面扭角等因素影响较小,方便沉桩和补桩,也适合试桩中复打桩。

(4)全旋转式桩架打桩船桩顶沉入水下时不必另作送桩。桩架可以提升或下降,对于高潮位需要打入水面以下的桩,不需要另外安装送桩,利用可在水下工作的液压锤可直接把桩送入水中;固定式桩架则不能,需换送桩后才能完成。

(5)全旋转式桩架打桩船操作方便、迅速。沉桩操作机械化程度高,除栓扣、解扣需人工外,其他都是机械化作业。工人劳动强度低,安全保障性能好。

13. 如何选择打桩锤？它们有何不同？

答:合理选择打桩锤是沉桩成败的关键,选择打桩锤应考虑以下两方面因素。

(1)桩的情况,如桩的类型(是直桩还是斜桩)、桩身结构强度(混凝土桩或钢管桩等)、桩的长度、桩群密集程度及排布方式。

(2)沉桩地区的地质条件。土体的密实度(通常以标贯击数为指标)不同所需桩锤的冲击能量相差很大,从某个角度讲,沉桩地区的地质条件为沉桩锤击设备选取的决定性因素。

目前沉桩流行使用的打桩锤主要有液压锤和筒式柴油锤两大类,见图 18-9,有多种型号可供选择。两类锤比较如下。

图 18-9　打桩锤

(1)工作原理的比较

柴油锤通过冲入筒体的雾状燃料爆发,使锤芯形成跳高,锤芯以自由落体方式提供冲击能量打击桩体,属于冲击式桩锤。

液压锤也属于冲击式桩锤,按其机构和工作原理可分为单作用和双作用式两种。单作用式是锤芯(冲击块)通过液压装置提升到预定高度后快速释放,锤芯以自由落体方式打击桩体;双作用式是锤芯通过液压装置提升到预定高度后,从液压系统中获得加速度能量来提供高冲击时速度而打击桩体,因此同等锤芯重量的桩锤,双作用式冲击能量比单作用式的大。

(2)适用范围不同

由于两者的作用原理不同,自然适用范围也不同,见表18-1。

柴油锤与液压锤的适用范围　　表18-1

锤型	适用范围	优点	缺点
柴油锤	最适用于打细桩、木桩和±30°范围内的斜桩,适用于钢管桩; 适用于一般土层、砂土、含砾石黏土层,不适用于层厚较大的软弱黏土和坚硬土层	不需要外部能源,桩架轻,移动灵活方便; 燃料消耗少,锤击速度大,锤击力大,工效高	需要用替打,以防损桩; 不能精确控制能量; 存在软启动问题; 噪声大、振动大,有油烟污染
单作用液压锤	适用于打任何形状、任何材质的桩,包括混凝土桩; 适用于打各种直桩和斜桩; 适用于任何土层; 可用于拔桩和水下打桩; 可进行桩架作业和悬挂作业	效率高; 锤芯重,速度低,作用时间长,贯入度大; 低噪声,低振动,无废弃公害; 在任何材料桩施工中不损害桩头; 在桩打入中检查桩承载力,可自动记录控制打桩; 维修简单可靠; 可悬挂或桩架作业	相对柴油锤运费偏高; 有关布置应提前做好; 价格昂贵
双作用液压锤	适用于任何形状的桩,不能广泛应用于混凝土桩的打入; 适用于打各种直桩和斜桩; 适用于各种土层; 可用于拔桩和水下打桩; 可进行桩架作业和悬挂作业	效率高,比同能量的柴油锤高出50%~80%; 锤芯轻,速度高,作用时间短; 低噪声,低振动,无废弃公害; 大部分材质桩施工中不损坏桩头; 在桩打入中检查桩的承载力,可自动记录、控制打桩; 可悬挂或桩架作业	结构复杂,维修保养复杂; 相对柴油锤运费偏高; 油管布置应提前做好; 价格昂贵

(3)工作效率比较(见表18-2)

柴油锤与液压锤效率损失比较 表18-2

造成损失的原因	柴油打桩锤	液压打桩锤
内燃过程(渐慢)	30%~50%	0
摩擦因素:锤头摩擦 老旧活塞环 低质量的柴油	10%	3%(锤芯摩擦)
空气原因:湿度 温度 灰尘	5%~8%	2%~5%
替打 桩罩缓冲垫及校准	15%	15%
共计损失	60%~68%	20%~23%
用于作业的效能	32%~40%	77%~80%

14. 流行桩锤型号、性能及能量是怎样的?

答:流行桩锤型号、性能及能量比较见表18-3。

流行桩锤型号、性能及能量比较 表18-3

序号	桩 锤 型 号	锤芯质量(t)	最大打击能量(kJ)	有效能量系数(%)	有效能量(kJ)
1	D-128柴油锤	12.8	435.2	40	174.08
2	德国DELMAG150-42	33.0	511.5	40	204.6
3	D-160柴油锤	35.0	544.0	40	213.2
4	D-180柴油锤	37.5	590.0	40	236.0
5	DC250液压锤	17.0	250.0		
6	荷兰HHK20S液压锤	36.7	295.0		
7	荷兰IHCS-280液压锤	13.6	280.0	80	224

15. 如何选择替打?

答:替打为锤击沉桩的能量传递设备,同时也是能量损失最多的设备,合理选择替打的结构形式将大大提高能量的利用率。液压锤的替打与桩锤为一整体,选择桩锤时应对其参数进行研究。柴油锤使用的替打形式有多种,按其传力形式主要有以下两种。

(1)壳式替打(吊钟式替打)

此类型替打内部为空心结构,锤击能量通过替打的四周钢结构传递至钢管桩的顶部,以实现沉桩。该类型的替打优点是结构简单,重量大,缺点是能量传递过程中损耗大(包括自身、缓冲垫吸收能量及其他能量传递损失),大能量冲击下结构易破裂,不适应地层较硬、需要传递大能量的沉桩施工。如图 18-10 所示。

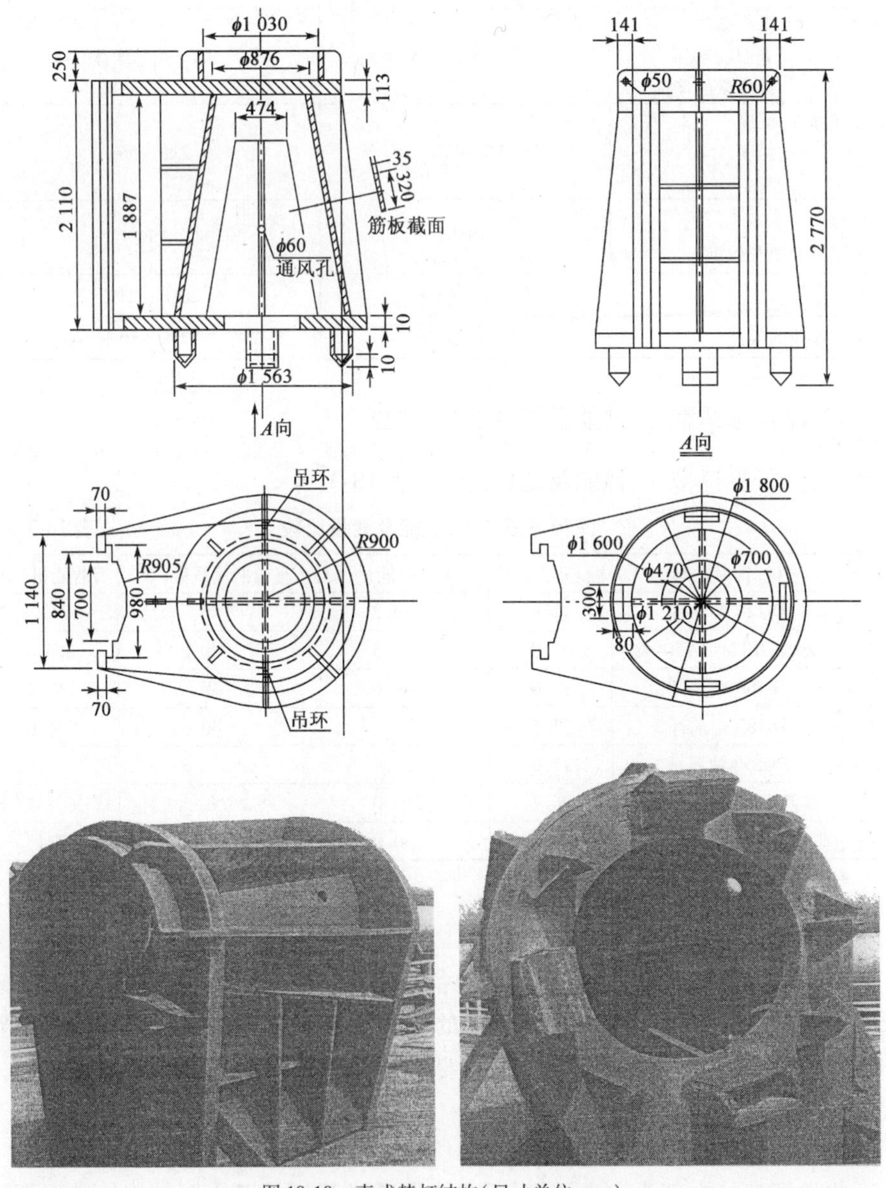

图 18-10　壳式替打结构(尺寸单位:mm)

(2)芯式替打(锅盖式替打)

此类型替打包括壳体和芯体(芯体一般经过热处理),壳体为芯体提供固定和移动功能,芯体为能量传递设备。锤击沉桩时,能量通过芯体传递至钢管桩,以实现沉桩。该替打的缺点是结构复杂,加工周期长,芯体需要经过热处理;优点是重量轻,经过热处理的芯体可以大大减少能量的吸收,不需要缓冲垫及其他损失,并且能承受较大的冲击力而不致损坏,适宜用于需要极大能量的沉桩施工,与大能量的柴油打桩锤的匹配性较好。如图18-11所示。

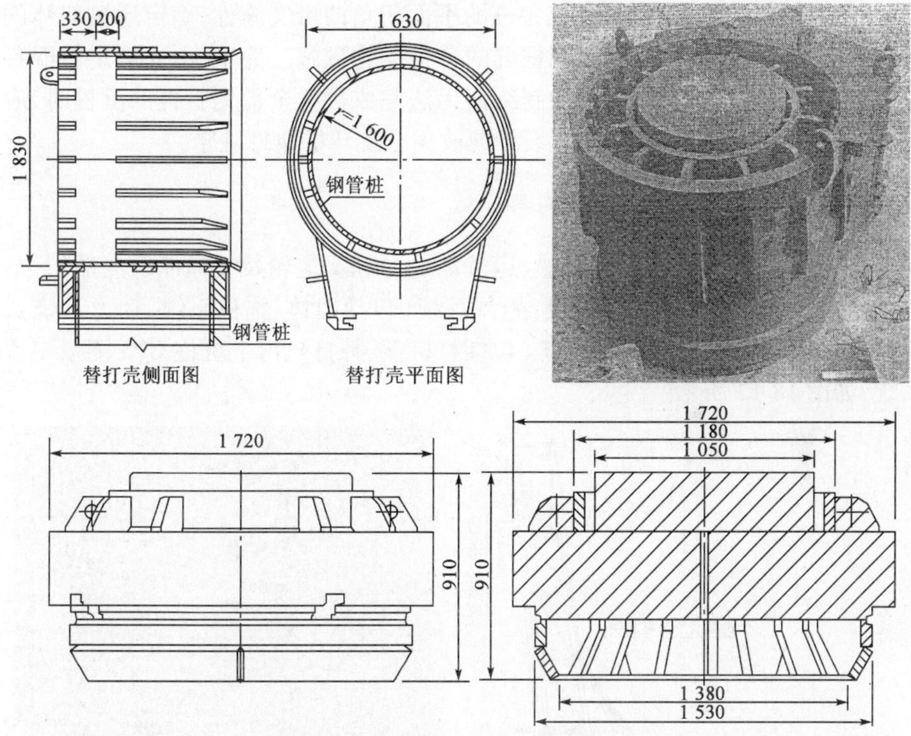

图18-11　芯式替打示意图(尺寸单位:mm)

综上所述,柴油锤选替打很关键,具体根据现场情况,合理选用。

某桥沉桩前期采用的替打为壳式替打,沉桩25根耗费了此种替打4个,并且每沉桩1根就出现开裂,必须补焊1d,最终全部报废。之后采用芯式替打,使D180柴油锤的有效能量超过了40%,沉桩锤击次数明显地减少,沉桩612根仅投入两个,在施工过程中只是对替打的壳体进行了2次修理,替打芯未更换,整个替打结构仍保持良好的使用性能,证明了芯式替打的优越性。

16. 固定桩架打桩船如何确定沉桩顺序?

答:沉桩顺序是否合理,直接影响沉桩进度和施工质量,若顺序不当则影响后续桩的施工,沉桩顺序对于固定桩架的打桩船来说尤为重要。沉桩顺序一般为:逐排打、自桩群中央向四周打。因桩架只可前后倾斜,不可左右倾斜,利用其进行多根不同平面扭角的斜桩沉桩时,应按此原则并根据打桩船的船型特征(船长、船宽及型深等)及钢管桩桩群、单桩的几何参数(桩间距、桩的平面偏角、桩的斜率等)进行模拟定位,校核各桩的平面扭角的可实施性,确定通过船体的平转及不同的沉桩顺序是否能把桩群的各根钢管桩施工完毕,由此确定桩群各桩的沉桩顺序。若因平面扭角的制约而无法完成桩群全部钢管桩的沉桩时,应对部分钢管桩的平面扭角做变更设计或改用全旋转桩架打桩船。

17. 海上沉桩系统包括哪些内容?

答:海上沉桩系统包括打桩船、运桩船、抛锚艇、拖轮及交通船等船舶组合。打桩船主要由以下几个部分组成:船体系统(包括船体、锚位系统、动力系统)、桩架及其吊桩系统、锤击沉桩系统(包括打桩锤、替打)、海上沉桩 GPS 测量定位系统,如图 18-12 所示。

图 18-12　打桩船沉桩系统分布示意图

船体系统:为整个海上沉桩系统的载体,为其提供操作空间和动力,主要包括船体(含密封舱、储水舱、储油舱、生活舱及救生设备等)、锚泊系统、动力系统。

桩架及其吊桩系统:桩架的作用是通过吊桩系统将桩吊到打桩位置,并在打桩过程中引导桩的方向,保证打桩锤能沿要求的方向锤击,吊桩系统包括吊桩绞车及打桩锤起吊绞车,其动力由船体系统中的发电机组提供。

锤击沉桩系统:为对钢管桩施加冲击力,将钢管桩打入土层中的锤击设备组合。锤击沉桩系统主要包括锤击沉桩能量供应设备——打击锤,及锤击沉桩能量传递设备——替打。

海上沉桩 GPS 测量定位系统:沉桩施工在海域中央进行,常规的测量仪器和测量手段已不适用,因此沉桩定位采用“海上沉桩 GPS-RTK 测量定位系统”来实现。

18. 海上施工常用大直径钻孔钻机有哪些?大直径护筒沉放振动锤有哪些?

答:海上多为大直径超长桩基,桩机选择是关键,配套设备要合理,一般为空压机、泥浆净化器、2 个刮刀钻头及泥浆泵。常用钻机为大型全液压钻机,其型号见表 18-4。

钻机性能参数　　表 18-4

名　称	最大钻孔孔径(m)	最大钻孔深度(m)	扭矩(kN·m)	最大转速(r/min)	最大提升力(kN)	排渣方式
ZSD300	3.0	140	210	16	1 500	气举反循环
GD35	3.5	150	240	20	1 600	气举反循环
KP3500	3.5	150				气举反循环
GW35	3.5	150				气举反循环
RC300	3.0	140				气举反循环

注:后三种采用四翼刮刀钻头。

大直径护筒沉放常用振动锤见表 18-5。

护筒沉放常用振动锤性能　　表18-5

<table>
<tr><td rowspan="5">名　称</td><td colspan="3">振动锤外形尺寸(mm)</td><td colspan="3">动力柜外形尺寸(mm)</td><td colspan="3">质量(kg)</td></tr>
<tr><td>长</td><td>宽</td><td>高</td><td>长</td><td>宽</td><td>高</td><td>振动锤</td><td>动力柜</td><td>液压头</td></tr>
<tr><td>3 607</td><td>660</td><td>2 515</td><td>4 724</td><td>2 083</td><td>2 440</td><td>16 363</td><td>11 000</td><td>1 700</td></tr>
</table>

名　称	振动锤外形尺寸(mm)			动力柜外形尺寸(mm)			质量(kg)		
	长	宽	高	长	宽	高	振动锤	动力柜	液压头
ICEV360	3 607	660	2 515	4 724	2 083	2 440	16 363	11 000	1 700
	机械性能								
	偏心力矩	最大激振力	最大上拔力	系统振幅	功率				
	1 300k·N	3 203kN	2 000kN	37mm	990HP/2100RPM				
DZJ200	适合打长度在30m以内、入土深度较浅的护筒								

19. 如何保证在浅层气富集区钻孔桩施工的顺利实施?

答:浅层气急剧释放会使土体产生剧烈的扰动,带走大量的土颗粒和水,引起流沙和土层的坍塌,这在钻孔施工中是十分不安全的,为此,应采取以下措施:

(1)以防为主。在浅层气富集区提前进行有控排气,另在墩位两侧加密进行零星排气,但位置不可选择在墩位上。

(2)钻孔进入含气层时,采取慢速减压钻进、避免快速提钻、加大泥浆密度和动态调整泥浆水头(随潮涨、潮落)等措施,防止气体逸出,引起孔壁坍塌。

(3)在存在表层气区段,由于不便提前排气,可增加护筒的埋置深度,使护筒埋深穿过表层气。

(4)在护筒与护筒之间、护筒与钢管桩之间加焊剪刀支撑,避免护筒晃动而引起周边土液化及浅层气的溢出。

(5)施工过程严格按专用技术规范控制泥浆的各项指标,确保泥浆质量。

(6)严格按施工组织设计技术方案施工,钻孔采用正循环钻进,超过30m以后方可改用反循环施工。

20. 对浅层气预排放钻探施工的注意事项有哪些?

答:(1)开钻前应下入孔口套管,其作用为导向定位,孔口管采用直径

146mm 外接箍厚壁套管，下入海底土层内 5～10m，海水越深，套管下入土层应越深。在流速较大的海区下套管时，采用扶正装置，以避免套管被水流冲斜。孔口管上端外面还应套上一根活动管，管径 168mm，长度大于潮差 3～5m，上端用套管夹板夹牢后，与机台木固定。这样水位因潮汐变化时，活动管随船体升降，仍能起到导向定位的作用。当收到大风浪预报时，需停工撤离现场时，将活动管拔起，起锚后船体可驶离孔位。

(2)在钻进进入含气层时，采取慢速减压钻进措施，并加大泥浆密度，加强泥浆护壁，防止因少量气体逸出引起孔壁坍塌。

(3)当有风浪，但尚可进行钻探作业时，则在钻进过程中，应将钻机立轴上夹持环松开主动钻杆，使主动钻杆可在立轴内自由上下活动，靠钻具自重压力进行钻进，这样船体上下颠簸时不至于折断钻杆和套管。

(4)随时检查锚绳的松紧情况，应根据水位涨落及时调整锚绳长度，使钻探船始终固定在孔位上。

(5)在即将钻到含气砂层时，将钻机泥浆泵回流阀门打开，在万一发生井喷时能减少对钻探平台的冲击。

(6)一旦有气体逸出时，应及时提钻移走。

(7)采用防爆电器，禁止使用明火，钻探船平台处备足消防用品和重晶粉。

21. 如何沉放超长钢护筒？有哪些注意事项？护筒直径多大为宜？

答：(1)浅水区钢护筒沉放

在浅水区进行桩基施工，可以利用栈桥先搭设施工平台，然后再沉放护筒。具体方法是：

①利用 GPS 测出每个桩位的轴线，利用导向架控制钢护筒的平面位置，钢护筒导向架采用型钢与钻孔平台连接为一个整体。

②钢护筒下沉过程中，用两台经纬仪从两个相互垂直方向不间断测量钢护筒垂直度，发现偏差立即纠正。

③钢护筒振沉施工采用履带吊配合相应振动锤进行，利用振动锤的振动将钢护筒振沉。

④钢护筒分两节进行振沉，当振打底节钢护筒至钻孔平台面上 0.5～1.0m 高度时，顶节钢护筒与底节钢护筒对接，然后振打顶节钢护筒至设计高程。在沉入每节钢护筒过程中，要连续进行，尽量避免长时间中断，以免护筒周围土层密实后造成继续下沉困难。

(2)外海(深海)区钢护筒沉放

在外海区施工钻孔桩(群桩),为充分发挥钢护筒的作用,可以考虑利用钢护筒搭建施工平台,这样,就要先沉放钢护筒,其具体方法是:

①在钻孔平台的下游搭设起始平台,目的是为沉放钢护筒,安装移动悬挑式定位导向架,提供具有足够刚度的工作平台。

②在钻孔平台的上游搭设辅助平台,目的是在满足结构受力的前提下为现场提供场地。

③起始平台梁系制作,首先由在钢管上放出钢牛腿的安装线,安装、焊接牛腿;然后在其地面放出梁系的安装线,先安装横桥向梁,再安装顺桥向梁。

④安装移动悬挑式导向架,见图 18-13。导向架全部走出平台后,将其与平台连成整体。导向架采用 ϕ80cm、ϕ30cm 的钢管制作而成,定位架设上、中、下三个限位点限制钢护筒位移。

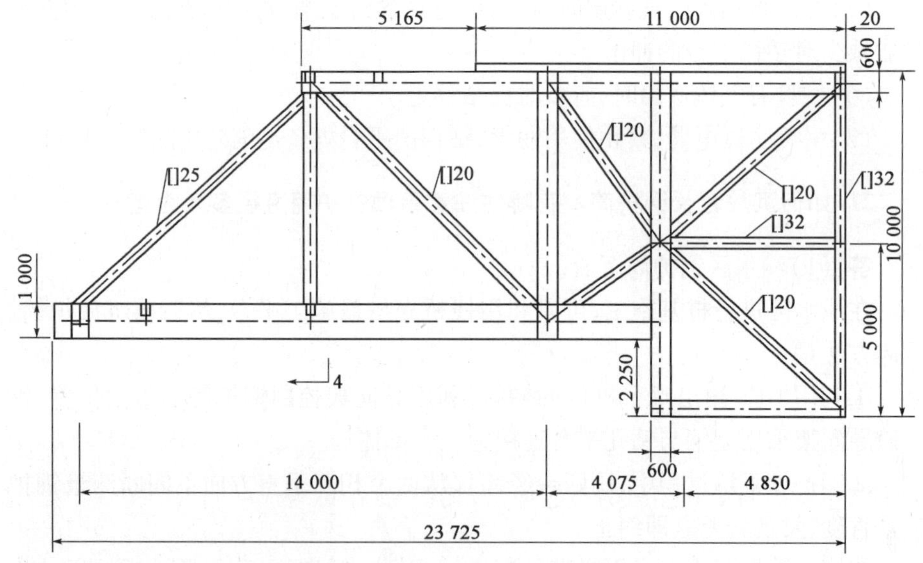

图 18-13　移动悬挑式导向架(尺寸单位:mm)

⑤沉放钢护筒。护筒分两节沉放,钢护筒沉放按照先下游后上游,先中间后两侧的施工顺序进行。钢护筒安装工艺流程如图 18-14 所示,依次安装,直至完成整个平台钢护筒沉放。吊装钢护筒见图 18-15。

⑥为保证钢护筒在海水中的稳定性,护筒之间设置上下层平联。

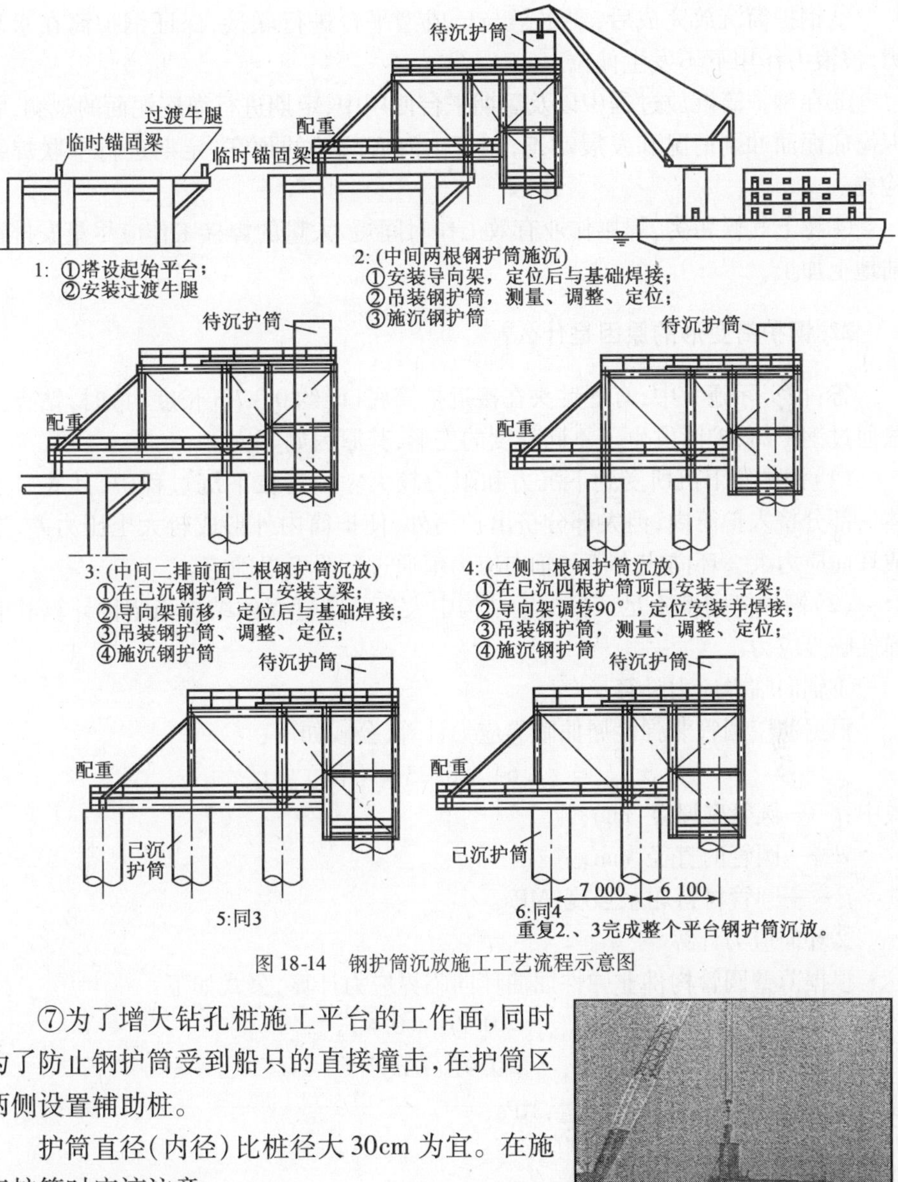

待沉护筒
过渡牛腿
临时锚固梁
配重
临时锚固梁

1: ①搭设起始平台；
②安装过渡牛腿

2: (中间两根钢护筒施沉)
①安装导向架，定位后与基础焊接；
②吊装钢护筒，测量、调整、定位；
③施沉钢护筒

待沉护筒
配重

3: (中间二排前面二根钢护筒沉放)
①在已沉钢护筒上口安装支梁；
②导向架前移，定位后与基础焊接；
③吊装钢护筒、调整、定位；
④施沉钢护筒

待沉护筒
配重

4: (二侧二根钢护筒沉放)
①在已沉四根护筒顶口安装十字梁；
②导向架调转90°，定位安装并焊接；
③吊装钢护筒，测量、调整、定位；
④施沉钢护筒

待沉护筒
配重
已沉护筒

5:同3

待沉护筒
配重
已沉护筒
7 000　6 100

6:同4
重复2、3完成整个平台钢护筒沉放。

图 18-14　钢护筒沉放施工工艺流程示意图

⑦为了增大钻孔桩施工平台的工作面，同时为了防止钢护筒受到船只的直接撞击，在护筒区两侧设置辅助桩。

图 18-15　吊装钢护筒

护筒直径(内径)比桩径大 30cm 为宜。在施工护筒时应该注意：

①采用移动悬挑式导向架进行外海钢护筒的沉放，在沉放第一节钢护筒时，应尽量选择在平潮位、流速小的时段进行，导向架设计时应以刚度设计控制为主。

②钢护筒沉放完成后,要尽早与已成型平台进行联接,保证钢护筒在水流力、波浪力作用下不发生偏位。

③在钢护筒沉放过程中以及后期平台使用中,定期进行海底泥面的观测,掌握海底泥面冲刷情况和发展动态,制订出海底防护的预案,定期进行平联焊缝检查。

④海上气候恶劣,焊接作业有效工作时间短,大量的焊接工作应尽量安排在陆地上加工。

22.钢护筒变形的原因是什么?

答:在实际施工中,有些钻头在接近护筒底口(约0~7m长度内)时,钻头无法通过钢护筒,护筒发生了不同程度的变形,其原因如下:

(1)钢护筒下沉所受到下沉力和阻力较大。护筒在下沉过程中,其底口土体一部分挤入护筒内,但大部分挤出护筒外,使护筒内外形成较大土压力差,造成环向应力大。环向应力值和轴向应力值通过试验可以确定。

(2)钢护筒刚度不足。根据钢结构中大直径圆管壳体结构稳定性计算其非弹性临界应力。

①轴向临界应力计算

根据薄壁圆管非弹性屈曲临界应力计算,公式如下:

$$\sigma_{\phi,\mathrm{cp}} = [1.64 - 0.23 \times (d/t)^{1/4}]f_{\mathrm{y}}$$

式中:t——圆管壁厚度,mm;

d——圆管的直径,mm;

f_{y}——圆管材料屈服强度,MPa。

②环向应力计算

根据薄壁圆管构件非弹性屈曲环向临界应力计算,公式如下:

$$\sigma_{\phi,\mathrm{cp}} = 0.2f_{\mathrm{y}} + 0.4\sigma_{\phi,\mathrm{ce}}$$

$$\sigma_{\phi,\mathrm{ce}} = 0.9E(t/d)^2$$

式中:E——圆管材料弹性模量,MPa;

其余符号意义同上。

一般环向应力计算值小于试验值,钢护筒环向变形的可能性大;轴向应力值较试验值大,轴向变形安全。并由此得出钢护筒的刚度不仅取决于护筒壁厚、直径,还取决于护筒材质的种类。公式的适用条件还是存在差异的,也只能做定性分析。

(3)钢护筒制作误差对变形产生的影响。大量试验证明,试件没有经过特殊加工,其临界应力只能达到计算值的15% ~60%。护筒的不圆度(长轴与短轴之差的一半)/护筒壁厚为0.5时,轴向临界应力降低到25%;当等于1.0时,轴向临界应力降低到14.3%。

综上所述,由于地质条件造成下沉阻力较大,护筒刚度不足,制作时不圆度误差较大,从而使在某土层中沉放钢护筒,其端部在较大的竖向应力和较大的环向应力共同作用下,再加上制作误差降低了护筒临界应力,造成了钢护筒屈曲变形。

23. 怎样处理变形钢护筒?

答:对护筒变形的处理方法有以下三种。

1)更换护筒。对于直径较小、入土较浅的护筒可拔出重打;但对于长护筒,费用和技术难度都高,不适宜。

2)千斤顶顶撑。这种方式只适合很小范围内的调整,多不采用。

3)水下电气法切割护筒。此方法最适用深海钢护筒变形处理,现详细介绍如下。

(1)水下电气法切割钢护筒施工工艺流程见图18-16。

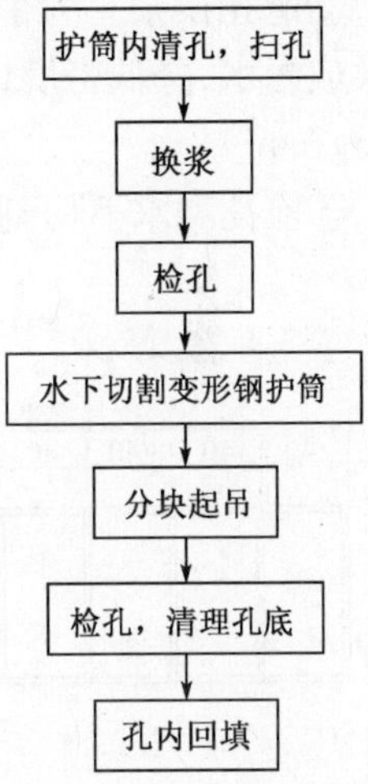

护筒内清孔，扫孔 → 换浆 → 检孔 → 水下切割变形钢护筒 → 分块起吊 → 检孔，清理孔底 → 孔内回填

图18-16　水下电气法切割钢护筒施工工艺流程图

(2)施工机械设备见表18-6。

表18-6

序号	名　称	型　号	数量或消耗量
1	直流电焊机	ZS5-130(45kVA)	1台
2	水下割钳		1把
3	切割电焊条		若干
4	潜水设备		3套
5	氧气		3瓶/h
6	减压舱		1套
7	潜水电话		2部
8	空压机		1台

(3)水下电气法切割钢护筒的施工步骤

①护筒内清孔、扫孔。清孔、扫孔的目的是为了清理变形钢护筒部位的黏

土,以便水下切割。由于变形,大钻头无法通过,利用直径较小且能从变形处钻下去的钻头先钻至护筒口以下1.0m。钻孔时深度不能太深,以防对孔壁稳定性产生影响。为了清理护筒壁上的黏土,在小钻头护圈上沿周长方向均匀安装6~8个用直径大于40mm的钢丝绳制作的、长度为40cm的钢丝刷,在钻进过程中,将护筒周边的黏土一起清理干净,或者采取潜水员利用高压水枪进行清理。

②清孔换浆。为了减小潜水作业的难度,在潜水员下潜之前,将护筒内泥浆置换成海水,降低密度(泥浆的密度一般为1.1~1.2g/cm^3,海水密度为1.02~1.03g/cm^3)。

③检孔和水下切割。检孔采取自制检孔器进行,检孔器结构见图18-17。

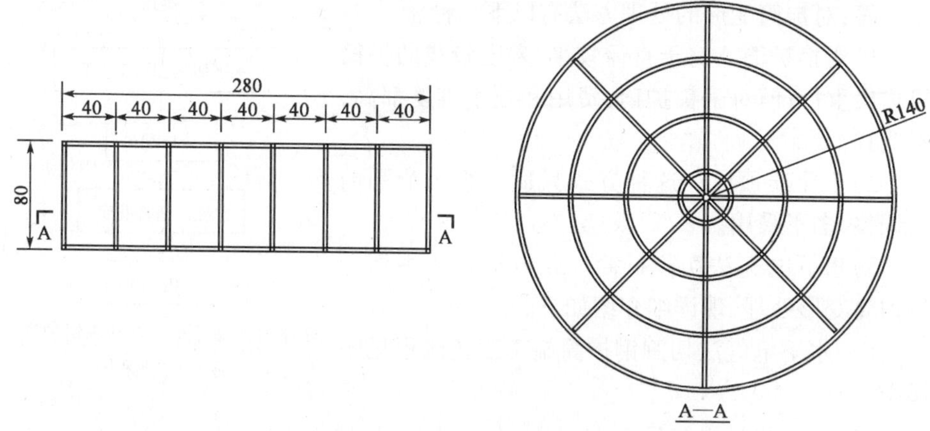

图18-17 检孔器结构图

a)潜水员站在检孔器上,使用起重设备起吊检孔器沿钢护筒下放,当检孔器无法通过,即钢护筒切割上口线。

b)几组潜水员轮换下水,将变形的钢护筒沿竖向切割出四条割缝。

c)由于钢护筒卷制过程中存在应力,所以当竖向割开之后,每个部分会产生错缝。为了能够顺利起吊,还要几组潜水员轮换下水,在其中一条竖缝处割除一条宽约20cm的钢板条,并将其取出。竖向缝切割完成后,进行环向割缝的切割,为了减小起吊难度,环向割缝高度按具体情况设置,不宜大于4m。

d)变形钢护筒所有竖向、环向缝全部切割完成后,进行起吊施工。

e)当变形钢护筒切割完成并分块取出后,重新使用检孔器对孔径进行检查,满足要求后处理结束。若不满足要求,还要按照前面的施工方法继续进行水下切割。

f)变形钢护筒处理结束后,对孔内遗留铁件进行检查,以防影响后续钻孔施工。检查完成后,使用黏土进行孔内回填,以保持孔壁的稳定。

(4)水下切割施工应注意的问题

①切割施工过程中应始终保持孔内水位高于孔外水位,以防出现漏浆和塌孔,给潜水员造成生命危险。

②禁止相邻孔位进行施工,特别是进行混凝土浇筑。

③为了保证起吊作业的安全,水下切割的割缝必须割透,要利用大吨位的起重设备,卸扣的选择要适当;起吊按照先下后上的顺序进行。

④潜水作业时,应严格按照潜水作业操作规程进行。

(5)钻孔漏浆、塌孔及串孔问题处理

切割前孔内泥浆用海水置换,由于护筒底附近承压水的存在,同时变形护筒切除后,周围土体在主动土压力作用下,随时会出现漏浆、塌孔、串孔现象。针对以上情况,宜采取以下措施:

①钢护筒变形切割时,其周围钢护筒严禁同时处理,护筒切割完毕,立即回填黏土。

②根据护筒变形高度,在钢护筒外侧相应高度范围进行高压旋喷,形成帷幕墙。

③根据护筒变形高度,在原来护筒内另设套筒。

④另外还可以采用回填砂浆法、护筒内注浆法、护筒外注浆法、冲击锤加固法等等。

24. 大深钻孔桩糊钻的原因是什么?应采取什么处理措施?

答:钻机在黏土层钻进过程中极易形成糊钻,钻渣无法排除,泥浆无法循环,其原因是:

(1)由于地层中存在塑性黏土层,黏度大,在钻头转动过程中黏在钻头上。

(2)钻孔施工过程中泥浆性能指标较差,黏度大。

(3)钻孔施工时进尺太快,钻压过大。

(4)空压机较小无法将较深的钻渣吸出。

针对以上情况,采取如下措施处理糊钻。

(1)对钻头进行优化。改变钻头刮刀夹角,多做几种,现场试验,选取最佳者使用。

(2)加强泥浆指标的控制,制备高质量的泥浆。在进行黏土层钻进时,由于亚黏土、黏土均具有较强的自身造浆能力,钻进过程中泥浆会出现黏度、密度越来越大的情况,所以需要排浆,可停止除砂,向孔内加入海水、纯碱、PAC 调整泥浆技术参数,严格控制泥浆胶体率和密度,此时含砂率可以稍微偏大,并可适当加入些粗集料避免出现糊钻现象。表18-7可供参考。

各地层钻进时泥浆性能的技术指标　　表18-7

地层情况	相对密度	黏度(s)	含砂率(%)	胶体率(%)	泥皮厚(mm/30min)	pH值
亚黏土	1.10~1.25	18~28	≤4	≥95	≤3	9~11
黏土						
细砂	1.10~1.20	18~28	≤4	≥95	≤3	9~11

(3)加大空压机压力。加大空压机的压力和风包沉没比,将原来的小空压机换成匹配的较大的空压机,改善钻渣的出料效果,减少糊钻的可能性。

(4)加强钻孔操作的控制。在进行黏土层钻进时,特别要注意钻孔操作的控制,进行减压钻进,控制进尺速度,并将钻杆上下提动,将钻渣排出,避免出现糊钻现象。

25. 海上钻孔桩施工造成漏浆的原因有哪些?应采取哪些预防措施?漏浆后如何处理?

答:造成漏浆的原因主要有以下几个方面:

(1)护筒埋置深度不够。大多海域因水利因素不同和边界条件的差异形成了复杂的地貌,也形成了复杂多变的地质条件,特别是浅表土层不稳定,难以精确确定冲刷深度,按照一般的要求,护筒底端的埋置深度应尽可能伸入到不透水层黏性土内1.0~1.5m,但实施时难以达到要求。这样海潮涨落对护筒底部钻孔桩护壁压力的变化较大,破坏压力平衡,造成漏浆。

(2)浅层气影响。由于地表富含浅层气,护筒施打过程对原土层的扰动,破坏了浅层气压力平衡,浅层气沿护筒侧壁逸出,使液化的亚砂土层很难恢复到正常状态。在钻孔桩施工过程中,尤其在钻头穿过护筒底口时,内外压力推动平衡,不同程度地造成漏浆。

(3)钻进过程振动及采用气举反循环过早。泥浆护壁是一个静态的压力暂时平衡。钻进过程振动及采用气举反循环过早,使得护筒周围的亚砂土液化,造成亚砂层的原始应力平衡状态破坏,亚砂层液化、失稳、向孔内流动。这种现象持续进行,导致护筒周围邻近的亚砂土全部流入孔内,护筒底部形成空洞,护筒底部与地面之间形成管涌通道。钻孔内泥浆为保持与护筒外的压力平衡,就会快速大量漏失。这样就降低了护筒与周围土层的摩擦阻力,引起漏浆、护筒下沉等现象。

(4)冲刷影响。一般随着作业面的推进,栈桥也会向前延伸,这样就会改变桥址附近的潮水涨落的流向、流速,护筒四周的冲刷深度加大,远远大于设计冲刷深度,造成护筒埋置过浅。另外,大潮和台风对护筒周围亚砂土层冲刷,导致护筒的实际埋深减小,亚砂土层在潮起潮落和钻孔泥浆动荡的相互作用影响下被扰动、液化、失稳,进而产生流动。

针对以上情况,应采取以下预防措施:

(1)针对不同地域海床面高程变化情况和冲刷观测记录,在确保钢护筒入土深度的前提下,对钢护筒进行不同程度地加深。

(2)护筒施打完成后,及时在护筒外侧填塘泥等进行防护,减少潮水对护筒底部的冲刷,确保护筒的埋置深度。

(3)在护筒与护筒之间、护筒与钢管桩之间加焊剪刀支撑,避免海潮冲刷造成护筒晃动而引发周边亚砂土液化漏浆。

(4)护筒内泥浆高程采用动态控制。

在施工操作中,采用两套不同高度的泥浆循环管来控制护筒内泥浆面高度,避免涨、落潮时护筒内外水头差过大,压力变化引发漏浆。

(5)施工过程严格按专用技术规范控制泥浆的各项指标,确保泥浆质量。

(6)钻头穿越护筒前后,采取慢速钻进,保证泥浆护壁效果,避免振动过大,引发的砂层液化漏浆。

(7)优化钻孔桩施工工艺,成孔过程根据不同的地层采用不同的钻进速度,成孔后快速灌注。

(8)严格按施工技术方案组织施工,钻孔采用正循环钻进至30m以后,方可转入反循环施工。

钻孔桩出现漏浆后,根据漏浆的严重程度,采取以下处理措施:

(1)漏浆速度较慢的,一般采用加强外部防护,补浆钻进。并严格控制泥浆指标,确保护壁质量。

(2)漏浆速度较快或当采取上述措施效果不好使,采取移开钻机、回填黏土、重新加长护筒等措施。等待外侧土层和回填黏土稳定后重新开钻。

26.钢板桩围堰是否适合滩涂区使用?

答:采用钢板桩围堰不仅安装和拆除方便,施工难度小,速度快,而且钢板桩为常备设备,适合多次倒用,在多次重复使用的情况下具有较好的经济性。但在多数大海的滩涂区域,表层多为易冲刷土,而钢板桩的长度有限,由于冲刷,可造成钢板桩围堰止水困难、大潮时局部钢板桩下沉、封底混凝土底下被掏空、封底混凝土开裂等现象。如杭州湾大桥滩涂区承台钢板桩围堰被迫终止,后改用吊箱(套箱)围堰。

27. 如何配制海水泥浆?

答:配制海水泥浆的主要材料有:造浆黏土(优良的为蒙脱石为主的钠基膨润土)、增黏剂(施工规范中规定为:聚阴离子纤维素,简称 PAC;另外,还有羧甲基纤维素,简称 CMC;羧甲基羟丙基纤维素,简称 CMH;羧甲基纤维素的衍生物 PAC 等)、分散剂(纯碱 Na_2CO_3)。

增黏剂可以防止坍塌,在泥浆受盐分或水泥污染时起保护凝胶的作用。分散剂是使进入水中的膨润土颗粒分散开来,形成外包水化膜的胶体颗粒,减少内部阻力。

泥浆的制备包括开孔时的泥浆制备、钻孔过程的泥浆补充以及终孔后的泥浆调整三个部分。开孔时,利用钻机及气举反循环将护筒内土层清至护筒底口以上 2m,再加入相应量的膨润土、分散剂、增黏剂等,充分搅拌循环,同时进行孔内泥浆各项技术参数的检测,根据检测结果调整掺量,直至泥浆的各项技术参数符合要求为止。

在钻孔施工过程中,孔内泥浆通过气举作用,经过钻杆、泥浆净化器、沉淀池、循环池回流至钻孔内,钻渣分离并沉淀,泥浆流回。同时,在钻孔施工过程中,加强对泥浆指标的检测和控制,及时增减膨润土、增黏剂、分散剂、换浆等,调整泥浆性能指标。规范要求见表 18-8。

海水泥浆性能指标 表 18-8

性　　质	施 工 阶 段			试验方法
	新制泥浆	循环再生泥浆	清孔泥浆	
密度(g/cm^3)	≤1.06	≤1.15	≤1.10	1006 型泥浆比重秤
黏度(s)	22 ~ 25	20 ~ 25	18 ~ 22	黏度计
失水量(ml/30min)	<17	<20	<20	失水量仪
泥皮厚(mm)	<1.5	<2	<1.5	钢尺
胶体率(%)	100	≥96	≥98	量筒
含砂率(%)	<0.5	<3.0	<1.0	含砂率测定仪
pH 值	8 ~ 10	8 ~ 10	8 ~ 10	试纸

海水泥浆主要存在的问题:胶体率偏低,稳定性较差,泥浆静止一段时间后易发生清水离析。

28. 海水泥浆是否对钢筋有腐蚀作用？是否需要掺入阻锈剂？

答：根据钻孔桩的施工工艺，海水泥浆对钻孔桩钢筋笼的腐蚀可能发生两种情况：灌注桩身混凝土后，残留在钢筋表面的 Cl^- 对钢筋的腐蚀；钢筋笼在海水泥浆中浸泡引起的腐蚀。从凿出桩头的情况看，泥浆没有残留在钢筋上的痕迹，所以前者可以不考虑。另外，氯离子侵入钢筋表面，破坏钢筋的钝化膜，只是在水、氧同时具备的条件下产生电化学反应，在海水浸泡的混凝土中，由于缺氧，混凝土中的钢筋不会发生锈蚀。对于钢筋笼在海水泥浆中是否锈蚀，通过施工工况试验，其结果见表 18-9。

海水泥浆浸泡钢筋目测试验结果　　表 18-9

项　目	海水泥浆	淡水泥浆	掺阻锈剂海水泥浆
钢筋浸泡 12h	呈墨绿色，未发现锈斑	呈乌黑色，未发现锈斑	光亮
钢筋浸泡 1d	呈墨绿色，未发现锈斑	呈乌黑色，未发现锈斑	光亮
钢筋浸泡 2d	呈墨绿色，未发现锈斑	呈乌黑色，未发现锈斑	光亮
钢筋浸泡 3d	呈墨绿色，未发现锈斑	呈乌黑色，未发现锈斑	光亮
钢筋浸泡 7d	呈墨绿色，未发现锈斑	呈乌黑色，未发现锈斑	光亮

从表中可以看到，在短时间内，钢筋浸泡在海水泥浆和淡水泥浆中的腐蚀速率基本相同，掺除锈剂后的海水泥浆的腐蚀速率远小于不掺的泥浆，且钢筋笼施工时，在泥浆中浸泡时间很短，所以可以不考虑钢筋笼在海水泥浆中的锈蚀问题，同时也没必要在海水泥浆中掺入阻锈剂。

29. 海上钻孔桩成孔有何注意事项？

答：(1)开钻之前，先进行钻杆、钻头的测量，并造册登记，以确定进尺和孔底高程。

(2)护筒内钻进

开钻之前，用电磁铁对护筒内进行扫吸，清除孔内的铁质杂物。钻机就位后先进行护筒内的钻进，由于有护筒的防护，护筒内地层采取高转速、海水护壁进行钻进施工。

护筒内钻进在海水补充速度及风包沉没比能够满足要求的情况下尽量加快进尺速度，为缩短成孔周期争取时间。护筒内钻进的最终高程按护筒底口以上 2.0～3.0m 进行控制，然后进行护筒内造浆。

(3)砂、土层内钻进阶段

当护筒内泥浆的各项技术指标符合要求后,才能开始正式进尺。在护筒外地层内钻进采用刮刀钻头、优质海水泥浆护壁、气举反循环、减压钻进的施工工艺。在护筒底口附近慢速钻进,形成稳定孔壁。然后根据不同土层特点,选择不同的钻速和进尺。砂层中采取大气量、中小钻压、中低速钻进,进尺控制在2m/h;土层中进行钻压控制,中高速钻进,并控制泥浆的黏度在20s内。

海水泥浆存在变异性,在钻孔施工过程中应加强对其的检测和控制。

(4)第一、二次清孔阶段

终孔后,及时进行第一次清孔。清孔时将钻具提离孔底约15cm左右,缓慢旋转钻头,通过气举吸出孔底钻渣,同时流入稀释泥浆进行调整,通过反复循环使清孔的泥浆性能指标达到清孔泥浆指标。

在钢筋笼和导管安装好、混凝土浇筑之前,进行孔底沉渣厚度测量,若沉渣厚度超出规范规定值时,要进行二次清孔。二次清孔是在灌注导管内部安装气管,通过气举反循环将孔内的沉渣清理干净。

30. 如何进行桩底后压浆施工?应注意哪些事项?

答:(1)桩底压浆的机理

钻孔灌注桩后压浆技术是在成桩过程中,在钢筋笼内预置压浆管路,待桩身混凝土达到一定强度后,通过压浆管路采用高压注浆泵注入特殊配制的水泥浆液,使一部分水泥浆液最终进入桩底挤密土层,另一部分水泥浆液沿桩壁的四周向上走,并最终达到一定的高度。所以,进行桩底注浆可以使桩底沉渣及桩壁一定高度内的泥皮隐患得到改善,提高桩底土层的承载力以及桩与桩壁土层之间的极限摩阻力,是最终提高钻孔灌注桩承载力、减小桩的沉降量的一种先进、科学的施工方法。

(2)压浆管路设计与安装

根据设计要求安排压浆管的数量,一般按声测管数量安排,即有几根声测管就安排几个压浆回路,声测管也是压浆回路的一个组成部分。

钢筋笼按设计图纸绑扎成形后,在钢筋笼内侧沿圆周均布设计数量要求的声测管和与声测管数量匹配的压浆管。每节声测管与压浆管随钢筋笼入孔后用套丝接头连接。为方便安装,在钢筋笼加强箍筋上焊接圆环固定声测管和压浆管,为方便压浆,声测管和压浆管顶端和施工平台应高度一致。

桩底每根压浆管与相邻的声测管组成一个U形回路,每个压浆回路底部U

形钢管上设置 3 ~ 5 个直径 6mm 被橡胶套筒紧密包裹的出浆孔，出浆孔孔口向下。其布置如图 18-18 所示。

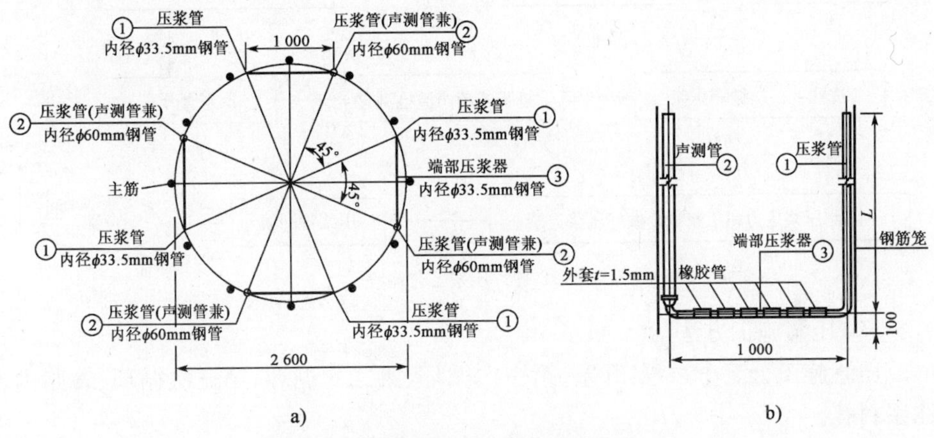

图 18-18　压浆管道布设示意图(尺寸单位:mm)

a)压浆管桩底平面图;b)压浆管路立面图

为避免灌注水下混凝土及下钢筋笼时，破坏 U 形管路，需在 U 形管路上、下两面设置保护支架和保护网。保护支架、保护网与钢筋笼主筋焊接在一起。

(3)压浆液配制

①水泥：采用 P. II 型、强度等级为 42.5 的硅酸盐水泥。

②外加剂：采用减水剂和膨润土。

③水：引用自来水。

④水泥浆性能：初凝时间按配比试验定，但时间短些较好，因为后几次压浆时间根据初凝时间和终凝时间来定，初凝时间最好控制在 <6h；7d 最小抗压强度 >5MPa。

如某桥的压浆配合比为：水泥：膨润土：水：减水剂 =866：87：693：8.66。

(4)压浆控制指标

①压浆总量：根据设计要求或专业技术规范。

②压力：根据设计要求，设计无要求时，一般要求压力大于 4MPa，并持荷 10min。

③桩身上浮量：按设计要求。

目前没有规范规定值，对于上述三个控制指标是同时满足还是满足其中两个或一个，要根据试验确定。根据以往经验，同时满足前两个条件或满足单独第三个条件即可停止压浆。

(5)压浆施工工艺流程(见图18-19)

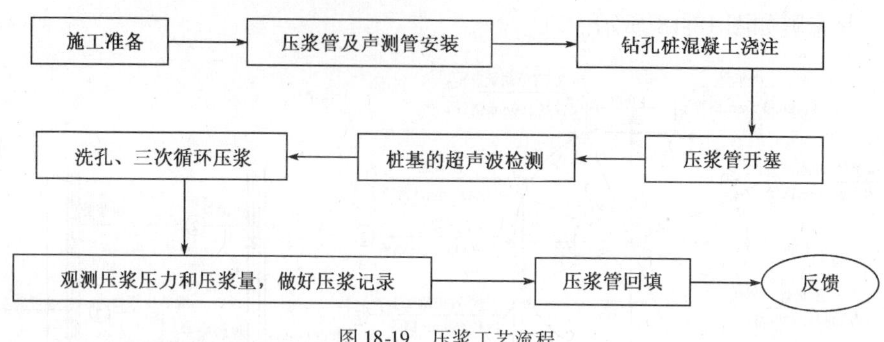

图18-19 压浆工艺流程

(6)压浆施工方法

压浆施工分五个过程:开塞、第一次循环、第二次循环、第三次循环、管路内注浆封孔。

开塞是在混凝土浇筑完毕24~28h,开始对管道进行高压注水,冲开包裹压浆孔的高压胶布,开启压浆孔,劈裂桩底混凝土。在混凝土终凝之前的时间内,要经常用高压水进行循环,防止已经开塞成功的压浆孔重新堵塞。

第一次循环压浆:当混凝土强度达到设计强度并进行超声波无损检测之后进行第一次循环压浆。第一次循环压浆以压浆量控制,每个回路的压浆量按设计要求。

第二次循环压浆:根据浆液的初凝时间确定后两次循环压浆的间隔时间,总的原则是间隔时间大于浆液的初凝时间3~4h,压浆施工方法与第一次一样。

第三次循环压浆:第二次循环压浆完成达到规定时间后,进行第三次循环压浆。第三次压浆根据压浆控制指标进行,满足控制指标即可停止压浆。

管路内注浆封孔:当第三次循环压浆达到设计要求后,对压浆管进行压浆封孔。

压浆过程中应注意以下几个问题:

(1)根据实验室测定的浆液初凝时间和终凝时间来确定每次压浆时间间隔。每次压浆过程中,各回路压浆依次进行,每个回路一次压浆量要达到设计规定值,压浆速度一般为10L/min。每个回路在每次压浆后要用清水冲洗管路,以免堵塞。

(2)在一条回路中注浆时,其他回路的阀门应关紧,保持管中压力,防止浆液从桩底注浆孔进入其他回路造成管路堵塞。注浆时浆液通过滤网压入进浆管,管路中的水从出浆管排出,直到出浆管流出与进浆管相同深度的浆液后关闭出浆管,然后匀速加压注浆,压注完成后缓慢减压。每次压浆后用清水彻底冲洗回路，从进浆管压入清水，并将出浆管排出的浆液回收到储浆箱。

(3)注浆过程中，注浆泵由专人操作，专人控制注浆量，专人观测压力表，及时将结果报给记录员。

(4)一轮注浆后，用清水冲洗全部注浆管路，为避免桩底浆液回流管中堵塞管路，专人负责按时清洗全部管路，前4h每半小时清洗一次，后4h每一小时清洗一次。

四、承　　台

31. 钢套箱由哪几部分组成？

答：钢套箱由底板、侧板和支撑系统三部分组成。

钢套箱侧板由钢板（面板，多采用8mm厚钢板）、横、竖向背肋（横向多为槽钢，竖向多为工字钢）及平台板构件组成。套箱侧板可分块制作并用螺栓连接，侧板内应填设聚氨酯或其他混凝土保温材料。

底板系统由钢板（宜采用8mm厚钢板）、底板框架、底板主梁、底板次梁、减压孔组成。施工中，底板系统直接浇筑在封底混凝土中，同封底混凝土一起做承台底模。套箱底板在混凝土浇筑后可以不拆除，但不得占用承台厚度。

支撑系统（又称梁系）一般由上层桁架梁、下层桁架梁、桁架竖杆、桁架斜撑杆等构件组成。支撑系统根据实际情况设计，其结构示意见图18-20、图18-21、图18-22、图18-23。

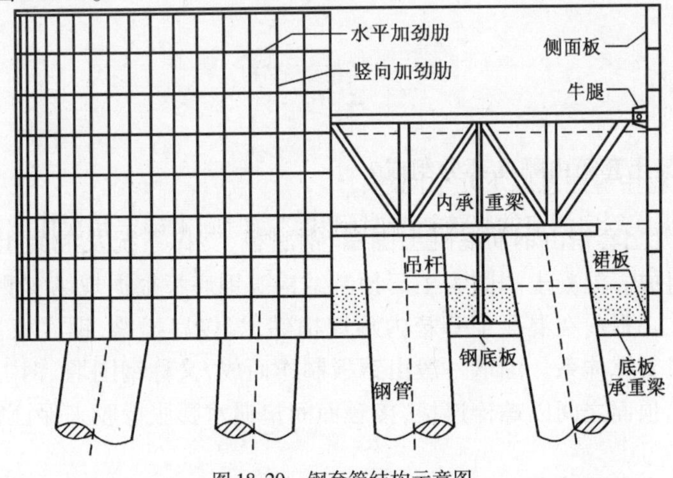

图18-20　钢套箱结构示意图

图 18-21　圆形钢套箱支撑结构

图 18-22　椭圆形钢套支撑结构

图 18-23　钢套箱结构

32. 混凝土套箱由哪几部分组成?

答:混凝土套箱由钢筋混凝土围圈、钢底板、支撑系统及混凝土围圈顶部挡水围堰组成。混凝土围圈为工厂预制结构。钢底板根据现场实测桩位情况预留桩位孔。提前在混凝土套箱内预埋构件,焊接扁担梁,钢底板主、次梁和扁担梁构成支撑体系。围堰一般由钢板制作而成,又称钢围堰,钢围堰底部与混凝土套箱顶面之间以螺栓连接,接触面间垫遇水膨胀橡胶来保证密封性,见图 18-24。

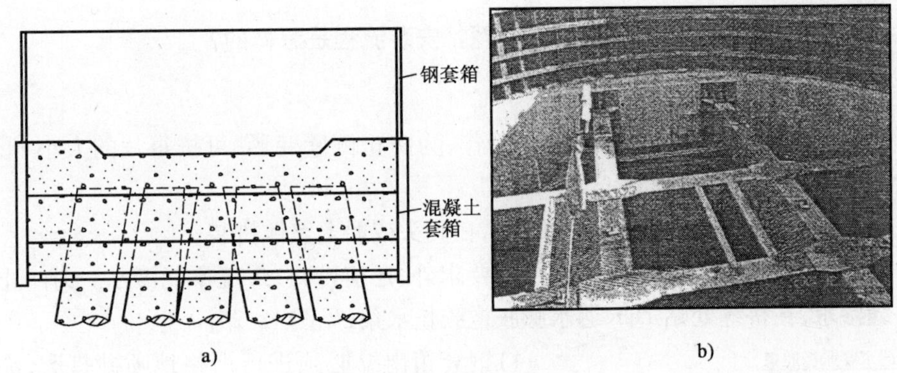

图 18-24　混凝土套箱示意图

a)混凝土套箱布置;b)混凝土套箱结构

33. 套箱分类、特点及使用范围如何?

答:海上作业套箱形式多样,但综合起来无外乎下面几种,通过实践检验,基本是成熟方案,其具体分类见表 18-10。

各类套箱优缺点及使用范围　　表 18-10

序号	类别	优　点	缺　点	适用范围
1	带钢底板的钢套箱	整体拼装、整体安装及整体拆除; 对起重船的起重能力要求较低; 承台裂缝问题相对不突出	施工过程中结构安全及作业安全风险大; 承台表面质量较难保证; 施工环节增多,施工周期相对长	外海(深海)地区作业
2	带钢底板的混凝土套箱与钢套箱围堰	水上作业安装工序少,效率高; 施工过程中结构安全较易保证; 不用拆模,施工人员安全风险小; 套箱工厂预制,外观质量容易保证	套箱裂缝的防止及套箱与承台接缝处理是个难题; 安装起重设备要求高; 承台尺寸增大、阻水面积加大、基础波浪力增加	
3	带混凝土底板的钢套箱	底板预制、安装可节约时间,工序少、工艺简单; 与钢底板比较,成本低; 与带混凝土底板的钢板桩比,可以弥补其缺点	混凝土底板安装受潮水位变化的影响	滩涂(浅水)区施工作业
4	带预制混凝土底板的钢板桩	混凝土底板预制和安装可节约时间,钢板桩采用成品,周转次数多	工序多,工艺复杂,整体稳定性差、渗水、冲刷引起溜桩	
5	钢板桩	采用的是成品,周转次数多,施工成本低	工艺复杂,整体稳定性差、渗水、冲刷引起溜桩及封底混凝土塌陷	
6	无底钢单(双)套箱	加工制作工艺简单,工序少,安装设备要求低,材料可多次周转	封底混凝土塌陷,漏水、套箱下沉偏位,局部冲刷	

34. 钢套箱的制作应注意什么问题？安装流程是怎样的？

答:钢套箱制作应该注意：

(1)侧壁和底板在工厂均分片制作,为防止侧壁变形,可按每片的大小、形状设置胎模。

(2)所有构件制作好后运至码头,在码头或船上整体拼装。

(3)拼装好的钢套箱除满足尺寸要求外,还应密封,焊缝不能渗水。为防止拼缝渗水,在拼缝处贴 1cm 遇水膨胀橡胶止水条,见图 18-25。

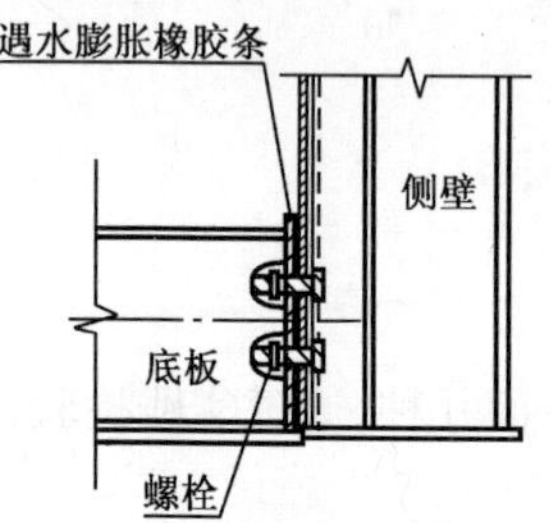

图 18-25 钢套箱底板与侧壁连接示意图

(4)钢套箱内壁必须进行严格地喷砂打磨,涂刷一层环氧防锈漆,以保护钢套箱内壁不受海水锈蚀。

钢套箱的安装尽可能选择在流速小于 2m/s,风速小于 5 级,波高小于1.0m,相对风平浪静的天气条件下进行。根据承台设计底高程,必须在潮水降到适宜高程之前完成各项准备工作,钢套箱在现场处于吊装状态,在低潮位的短暂时间里进行移动定位、安装定位器、安装钢抱箍、安装套箱底板封孔板等。其关键工序如下：

(1)安装前准备工作:海上割桩头,测量桩位并焊接导向槽钢;码头上拼装好的钢套箱,按实测桩位在底板上开孔。

(2)浮吊从码头起吊钢套箱,并运输钢套箱到现场,注意在运输过程中对钢套箱临时稳固。

(3)浮吊运送钢套箱到现场后,抛锚定位。

(4)当潮水高程在 +1.0m 时,移动浮吊粗定位;当潮水水位在 0.5 ~ 0m 时精确定位。

(5)当水位在 -0.8m 时,钢套箱缓慢下放,直到内承重梁支承于桩顶,但此时浮吊不松钩。

(6)钢套箱定位测量主要观测钢套箱的平面偏位情况,并根据偏位是否满足施工规范要求,决定是否进行移位调整。

(7)当钢套箱定位满足要求后,焊接 U 形定位器,将内承重梁与钢管桩头临时焊在一起,对钢套箱进行限位和固定。

(8)浮吊松钩,安装钢管桩周围的钢抱箍,钢抱箍内侧与钢管桩接触面已经事先粘贴一层橡胶皮,以起到套箱底板与钢管桩之间绝缘的目的。然后安装底板封孔板及反压钢板并焊接。

(9)最后,为加强封底混凝土与钢管桩之间的握裹力,在钢管桩周围加设环形钢筋网片和剪力键。

钢套箱安装完成可能需要几个低潮位,但第一个低潮位必须将所有定位器焊接牢固,以防止潮水对套箱的冲击引起的位移。

35. 钢套箱承台混凝土分两次浇筑工序是怎样的? 钢套箱承台混凝土一次、二次浇筑有何不同? 混凝土套箱施工工序是怎样的?

答:承台混凝土分两次浇筑的工序是:

(1)解除桩顶连接焊件,将桩顶切平,退潮过程中整体或部分吊装套箱就位。

(2)焊接支撑系统,使套箱固定在桩头上,焊接封堵板和底板卡箍。

(3)清除沉淀泥砂,灌注封底混凝土。

(4)封底混凝土达到设计强度的70%后,将封底混凝土内预留的减压孔封堵,套箱内抽水,形成干施工条件。

(5)割除拉压杆,绑扎承台钢筋。钢筋不允许与钢管桩接触。埋设承台冷却水管。

(6)第一次浇筑承台混凝土,混凝土顶面要低于钢管桩顶(约30cm)。

(7)当第一次混凝土强度满足设计强度的85%后,拆除桩顶支撑架。

(8)采用高压气枪进行桩芯吸泥;吊装钢管桩内的钢筋笼;桩芯混凝土垫层采用抛碎石处理,厚度约50cm;灌注钢管桩填芯混凝土:免振捣自密实海工混凝土,坍落度200±20mm。

(9)防雷接地、阴极保护引线避免与结构钢筋接触,预埋筋采用涂刷锌加防腐。绑扎上层结构钢筋及冷却管,浇筑第二次混凝土。

(10)套箱内蓄淡水养护,冬天采用塑料薄膜覆盖养护。

(11)混凝土强度满足要求,养护10d以上拆除套箱。

一般有条件的情况下,尽量采取二次浇筑。在安全可行的情况下也可以一次浇筑混凝土,与二次浇筑不同的是:

(1)待封底混凝土达到强度后,即可拆除桩顶支架。

(2)吊装钢筋笼,灌注钢管填芯混凝土。

(3)绑扎承台钢筋,一次浇筑完承台混凝土。

(4)作业面敞开,施工工期短。

(5)整个套箱拆除支撑架后,仅靠封底混凝土固定在钢管桩上,套箱可能出现安全问题。

混凝土套箱施工工序是:套箱用船运至现场,将桩顶切平,退潮时安装套箱;进行桩间加固和安装封孔板;浇筑封底混凝土;安装钢围堰、切吊杆;绑扎第一层结构钢筋,浇筑第一层混凝土;桩芯吸泥及桩芯钢筋混凝土浇筑;拆除扁担梁;依次进行后续钢筋混凝土施工。

36. 钢套箱安装之后,在波流力的作用下对哪些部位影响较大?如何处理?

答:在波流力的作用下,对以下部位影响较大:

(1)钢底板近侧壁处及钢管桩孔口处出现明显应力集中,克服应力可以加强钢管桩与钢底板之间的连接,具体做法是采用带裙边的钢抱箍进行底板封孔,将裙边与钢底板焊牢,这样,既满足了受力要求、加强了钢管桩顶部的约束,同时使底板体系具有了良好的止水功能。按照阴极保护的要求,底板与钢管桩要绝缘,在安装抱箍时,内垫10mm厚的橡胶垫。如图18-26所示。

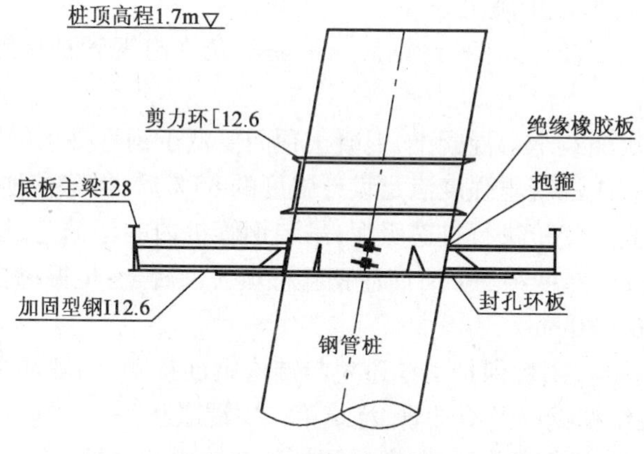

图18-26　封孔加固图

(2)侧板竖向梁在与底板系统连接处应力较大,可在套箱侧壁与底板的连接处,适当加强钢板及铆钉,保证两者构成整体。

(3)钢管桩可能破坏桩周混凝土,为此,在封底抱箍20cm以上位置设置钢抱箍胡须钢筋,使封底混凝土与钢管桩形成良好的握裹力,如图18-27所示。

(4)波浪力和浮力对箱体产生向上推力,为消能和减压,在底板上设置N个30cm的减压孔,减压孔上增焊与封底混凝土齐平高的钢管。

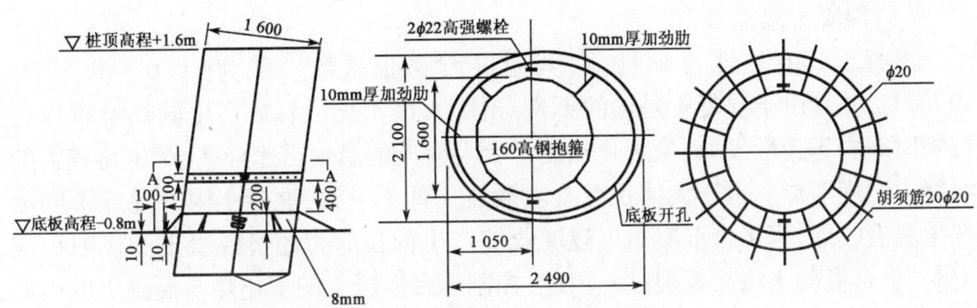

图 18-27　钢抱箍及加强筋布置示意图(尺寸单位:mm)

37.钢套箱与混凝土套箱相比较各自有什么特点?

答:通过施工实践,两种套箱的优缺点得到充分的展示,其表现主要为:

(1)混凝土套箱抗裂性能差,在套箱内灌注承台混凝土时:初期,由于混凝土的侧压力和升温时体积膨胀,套箱外壁被内压力涨裂;后期,由于混凝土收缩,承台混凝土与套箱混凝土之间容易形成贯穿性的收缩裂缝。为减少侧压力,采用混凝土套箱施工时,承台混凝土必须分多次浇筑,而每增加一次浇筑,在新旧混凝土界面处就会增加一批裂缝。这些裂缝只有在完工后进行修补处理。

(2)混凝土套箱起重设备要求高,不适宜在浅水区作业。同样大小的承台套箱,混凝土套箱自重一般是钢套箱自重的3~4倍,这样混凝土套箱就需要大得多的起重船,在浅水区,可能会存在船只不能满足吃水要求。此时,采用钢套箱,可用较小起重船,采用多功能船坐滩施工。对于更大的混凝土套箱不仅需要大型的起重船,而且需在海上浇筑湿接缝,加长施工周期,并增大安全风险。

(3)混凝土套箱施工周期长。混凝土套箱虽减少了拆除模板的工序,但混凝土需多次浇筑完成,施工周期长;钢套箱混凝土浇筑可分两次完成,在海上条件具备的情况下,可以一次浇筑完成,套箱可快速拆除,施工周期短。

(4)混凝土套箱成本高。混凝土套箱不能周转,运输距离长,需要较大的起重船,综合成本高;钢套箱则可多次周转,运距短,降低了成本。

(5)混凝土套箱刚度大,不需拆除,可降低施工船舶碰撞承台的频率,有利于施工安全。

38.海中承台高性能混凝土产生裂纹的原因有哪些?如何预防及处理?

答:海中承台不同程度地会产生竖向裂纹,且裂纹的位置均出现在伸入承台的钢管桩与承台表面的相切面上。造成这种裂缝的原因很多,但归纳起来主要有以下几点。

(1)混凝土温度变形

混凝土具有热胀冷缩性质,其温度线膨胀系数一般为$(1.0\sim1.5)\times10^{-5}/℃$,并且由于混凝土是热的不良导体,水泥水化后释放产生的热量难以在较短时间内迅速散发,大量水化热使承台混凝土的温度迅速升高,产生比较大的混凝土温度变形。由于大体积混凝土散热条件不一致,混凝土内外温度不同易产生温度收缩,当承台混凝土因温度收缩产生的拉应力超过混凝土的极限拉应力时,承台混凝土将出现裂纹。因此,控制承台混凝土的水化热与混凝土的内外温差,对保证承台混凝土的体积稳定性有重要意义。

一般情况下,浇筑承台混凝土时都会采取一系列的现场温控措施,这样就有效地避免了由温度收缩应力产生的混凝土裂纹,但混凝土水化产生的温度变形对承台体积的稳定性影响很大,并可能在混凝土水化初期因混凝土的温度变形已开裂。

(2)混凝土自收缩

在承台混凝土配合比设计中,一般采用低水胶比的高性能混凝土,虽然混凝土的坍落度也在200±20mm,但因高品质的矿物掺和料的减水作用和塑化剂的运用,混凝土的用水量相当低,造成混凝土的自由水量比较少。

虽然承台混凝土的强度和密实性能均非常高,混凝土的抗氯离子渗透性能出众,但承台混凝土由于胶凝材料的颗粒细小、矿物掺和料活性大,混凝土的水化速度和二次水化速度快,混凝土在水化生成硬化水泥石的同时其水化所需的水迅速被消耗,并随着水化的不断进行,使空隙和毛细管中的水也被逐渐吸收而减少,水泥石的内部相对湿度也随之降低,导致毛细孔水从饱和状态趋向不饱和,致使毛细管中的液面形成弯液面而产生毛细孔压力,使水泥石受负压作用引起混凝土的自收缩。自收缩现象是混凝土凝结硬化初期发生的一种物理收缩现象,当混凝土的自收缩应力超过混凝土的强度时,混凝土开始产生自收缩裂纹。

常规混凝土由于用水量比较大,同时其自由水量大,早期混凝土自收缩值相对混凝凝收缩不明显。研究文献表明,高性能混凝土(HPC)随磨细矿渣掺量增加,自收缩值越大,且磨细矿渣掺量越大,这是由于优质粉煤灰含有较多的表面光滑的玻璃微珠,其球状颗粒之间具有较小的接触面积和比较大的空隙半径,使混凝土的浆体形成较大的空隙体积和毛细孔孔径;同时粉煤灰的活性较硅灰和磨细矿渣低,与水泥水化物发生二次水化反应的速度相对比较慢,因而可以降低HPC的自收缩速度,从而掺加优质的粉煤灰可以减少HPC的自收缩。

(3)风浪、潮水作用引起的承台混凝土变形

在气候条件不好的时候,风浪、潮水等形成的急速水流能使承台产生摆动,

承台在摆动时，伸入承台混凝土中的钢管桩会使其周围的混凝土受到拉伸或压缩，长时间的重复作用，会使承台与管桩结合处产生变形。

(4)混凝土塑性收缩

承台海工耐久混凝土是一种高性能混凝土，其水胶比低，自由水分少，混凝土黏聚性强，基本不泌水，在风大风多的海上混凝土表面水分蒸发很快，在承台表面容易产生塑性收缩。因为海中承台模板拆除时间长，一般要10d以上开始拆模，因此混凝土塑性收缩只在承台顶面产生裂纹，并沿顶面向下少量传递，不会对下部承台产生作用。

(5)化学外加剂的使用

使用化学外加剂可以提高混凝土的综合性能，但混凝土的早期收缩值由不加减水剂的 $<70\times10^{-6}$m/m 增加到掺减水剂的 $>200\times10^{-6}$m/m，使混凝土早期出现裂纹的几率大大增加。

(6)与混凝土施工有关的因素

①因为混凝土生产过程中拌和物搅拌不均匀、离析、原材料没按配合比设计要求做到位，造成混凝土的均匀性、密实度、强度出现差别。

②高性能混凝土拌和物很黏稠，混凝土振捣相对困难，现场施工容易出现振捣不充分、过振和漏振，造成混凝土强度下降。

③养护不及时，在风大的海上，混凝土表面更容易产生塑性收缩裂纹。

④因为客观因素造成混凝土分多次浇筑完成，接缝处理不好。

由于裂纹影响到混凝土的耐久性，需要预防为主，从以下几个方面考虑：

(1)优选合理的混凝土配合比

①选择 C_3A、C_3S 含量低、水化热较低的水泥，通过胶凝材料水化热试验与耐久性能试验，确定矿物掺和料及胶凝材料的组分与比例，并尽可能选择比较大的水胶比与比较低的胶凝材料用量混凝土配合比，使混凝土有比较高的体积稳定性。

②选择弹性模量高、热线膨胀系数小、球体率高的碎石作为混凝土粗集料；选择坚固的中粗河砂作为混凝土细集料；集料应级配良好、洁净无污染。

③亚硝酸钙等部分混凝土化学外加剂会对混凝土的工作性能产生负作用，故应慎重选择混凝土化学外加剂的品种与使用量，以降低混凝土化学外加剂对混凝土工作性能、体积稳定性能的影响。

④进行大体积的HPC配合比设计时，应考虑进行混凝土自收缩试验，选择混凝土自收缩较低的配合比，保证混凝土体积的高稳定性，避免由此产生的混凝

土早期开裂,必要时可考虑掺加混凝土减缩剂以减少 HPC 的自收缩。

(2)采用合理的施工技术方案

①混凝土施工工艺

在混凝土施工组织设计时,要充分考虑 HPC 与普通混凝土的性能有较大差异,在施工工艺中需要注意避免各施工环节对 HPC 可能造成的影响,并通过合理配置施工机械设备与施工人员,提高 HPC 的施工效率与质量,避免施工工艺产生的混凝土质量问题与资源浪费现象。

②施工机械设备

a. 混凝土生产系统:混凝土生产系统应有非常高的计量精度、生产能力与材料存储能力,且留有进一步改进、升级系统的能力。施工中要避免由于 HPC 的组成材料由普通混凝土的 4 种增加到 6 种以上后,材料储存能力与设备的生产能力不配套现象,以及由于 HPC 拌和物非常黏稠产生的混凝土生产能力不足现象。

b. 混凝土运输过程中应避免混凝土中水分的散发造成混凝土性能的下降及增加混凝土施工难度,对泵送施工工艺,要特别注意由于混凝土黏聚性大产生的泵送困难对施工的影响。

③加强混凝土施工过程控制

a. 加强 HPC 中各种材料的用前质量检验工作,避免不合格混凝土原材料在施工中使用。

b. 混凝土施工中应将设计混凝土配合比换算成施工配合比,按设计的混凝土投料方式进行施工生产,保证混凝土的搅拌时间符合规定要求,避免在生产过程中混凝土拌和搅拌不均匀、离析,影响混凝土的均匀性、密实度和强度。

c. 混凝土振捣要充分。由于高性能混凝土非常黏稠,混凝土振捣困难,现场施工时应特别注意加强混凝土振捣,同时要注意不要出现振捣不充分和过振现象,避免因混凝土振捣原因影响混凝土强度。

d. 加强混凝土的养护与保温工作。

混凝土施工中一旦出现裂纹或裂缝,应及时进行观察、分析,当裂缝稳定以后再进行处理,处理措施如下。

(1)混凝土裂纹的自修复

当混凝土裂纹开展的宽度比较小或结构的耐久性能要求高时,应考虑利用混凝土在一定条件下能释放或生成新的物质自行封闭、愈合其裂纹的性能,在混凝土外部涂敷一层含有活性外加剂的涂层,并在裂纹涂层表面用水泥基弹性体的材料进行表面覆盖处理。通过保持裂纹处混凝土的湿润,通过渗透结晶、碳酸钙与氢氧化钙结晶沉淀,对裂纹进行填充,实现混凝土的自修复。这项技术应用时,在混凝土表面用水泥基弹性体的材料进行表面覆盖处理与保持裂纹处混凝土的湿润是关键,渗透入混凝土裂纹中的水分是实现渗透结晶、碳酸钙与氢氧化钙结晶沉淀的基础,而水泥基弹性体可以保证长期覆盖在裂纹表面不脱落、不开裂,又能保证水分渗入以及结晶沉淀物不流失。

(2)表面封闭法

表面封闭法适用于裂纹宽度小于0.2mm的浅表性微裂纹,修补时可将渗透性防水剂、聚合物水泥膏或弹性密封胶涂刷在裂纹表面进行修补。

(3)压力灌浆法

对于宽度大于0.2mm或裂纹深度比较大的裂纹,可采用将化学灌浆材料用压力灌浆设备注射到裂纹深处进行修补。

(4)封堵法

对于宽大裂纹可先将裂纹处混凝土凿成U或V形槽,而后填补修补材料即可。

五、墩　　台

39.高墩身设置劲性骨架有何作用?应注意什么问题?

答:墩身劲性骨架分两种,一种是同钢筋一起浇筑在混凝土里,为永久劲性骨架,一般用角钢或槽钢制作;另一种在浇筑混凝土前拆除掉,为临时劲性骨架,一般用钢管做材料,具有重量轻、刚度大的特点。临时劲性骨架构造示意见图18-28,其主要作用是:

(1)高墩身施工,竖向接长钢筋的高度和重量大,绑扎钢筋作临时固定。

(2)在用翻模、滑模或爬模施工时,需要用劲性骨架作定位和临时固定。

(3)劲性骨架内设置爬梯及铺设平台,使工人方便施工。

(4)在劲性骨架上设置竖向主筋的定位装置,可以在墩下组装临时劲性骨架时,把钢筋临时固定在骨架上,一起吊装到墩身上,可以大大节约时间。

(5)永久性劲性骨架还可以增大墩塔的整体刚度。

根据墩塔的实际情况,合理选择劲性骨架类型和相关材料,根据施工方便及吊装能力合理选择施工方法,一般多为车间分片加工。安装时,分块在原有骨架上接长,焊接之前,需进行测量定位。

劲性骨架的自由长度不能太长,一般每节长6m或9m为宜。在斜塔柱内,将会发生位移,使模板安装困难,影响索塔的线形。施工时,采取预偏的方法来保证劲性骨架受力后线形满足塔柱的施工要求。预偏法就是根据侧面钢筋及骨架自重所引起的骨架挠度,在安装时反向预偏一定量,来消除受力后骨架的平面变位。如采用增大骨架刚度的方法,操作困难,而且不经济。

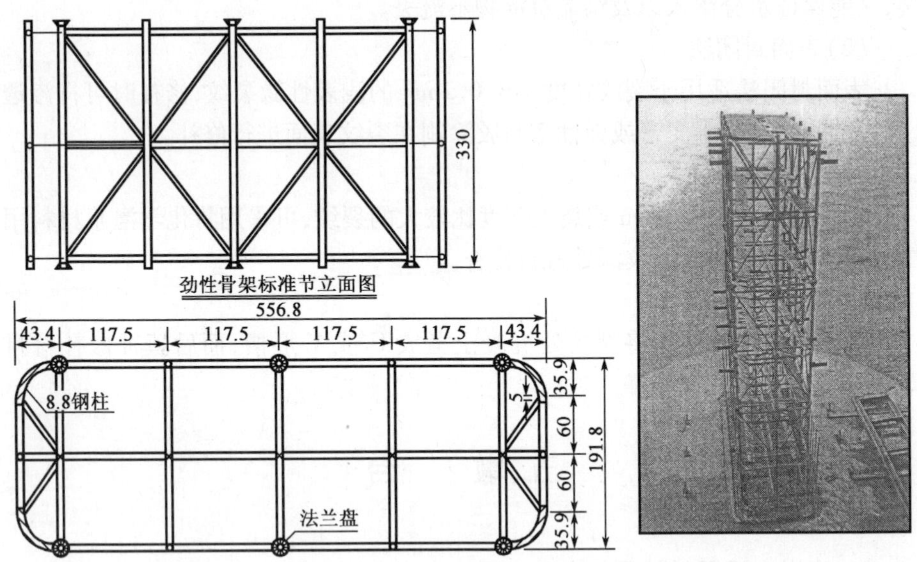

图18-28 劲性骨架构造图(尺寸单位:cm)

如某桥劲性骨架采用钢管桁架做临时骨架,其竖杆采用$\phi90$的无缝钢管,水平杆件平行于墩身两个轴线方向采用$\phi60$无缝钢管,斜杆采用$\phi42$钢管。劲性骨架分节制作,节间采用法兰盘及夹具连接。

40.海上墩身模板设计应考虑哪些因素?

答:海上施工相对来说比较复杂,除考虑风大、浪大外,还要考虑腐蚀等问题,其设计生产应考虑以下几个方面:

(1)为保证墩身上无任何腐蚀通道的要求,墩身模板不允许设置穿过墩身的对拉拉杆。

(2)为满足抵抗风力、急流和大浪的要求,模板必须具有良好的强度、刚度和稳定性。

(3)为提高外观质量,模板的制作精度要高。

综合以上原因,模板结构设计验算方法是:

(1)验算考虑工况:自重大,迎风面积大,可能遭遇台风,底部易受波流合力冲击等。

(2)各项荷载取值:静水压力(包含两种类型,高潮水位时水对模板外壁产生的静水压力和墩身混凝土浇筑时对模板内壁的压力),水流力、波浪力、等效静阵风引起的风荷载(自然风荷载作用在结构物上,除了静风响应,还有抖振响应,后者包括共振响应和背景响应两部分,将静风响应和抖振响应中的背景分量合并在一起,称之为等效静阵风效应。等效静阵风风速算出的风荷载为等效静阵风荷载),施工荷载和临时荷载。

(3)计算模型:选取受力最不利侧模板进行研究、计算。

(4)计算结构总体变形:面板位移所反映的值为模板总体受力变形,即加劲桁架的挠度值。

41. 如何控制海上现浇墩身尽量少出现裂缝?

答:(1)在配合比上采用双高掺技术降低混凝土的水化热。提高粉煤灰和矿粉的掺量,两者均可以提高到30%,或粉煤灰可以高过矿粉到40%。这是因为矿粉在水化过程中也会产生热量,而粉煤灰不会。

(2)夏季施工时降低混凝土入模温度。尽量在夜间施工,保证混凝土入模温度控制在30℃以内;采用船舱底部的较低温度淡水拌和;集料仓上设置遮阳顶棚。

(3)采取冷水降温。为降低墩身的水化热,在混凝土内布设冷却水管。因为海水的含泥量大,一般冷却水用淡水。夏季利用海水对淡水冷却。

(4)冬季保温。在墩身模板外侧加聚氨酯泡沫保温层等。

(5)墩身养护。墩身在拆除模板后,第一时间在裸露在大气中的混凝土喷洒养护剂。根据海上实际情况,2~3d后再补喷养护剂;冬天施工时,选取温度较高时段拆除模板,否则应推迟模板的拆除;墩身模板拆除后立即喷洒养护剂,并在已拆除的墩身周围挂围帘,包裹混凝土表面。

42. 在预制墩身安装中,处理湿接头裂缝有何实践措施?

答:预制墩身吊装到位后,需要通过湿接头的连接使台、墩成为整体。湿接头处在腐蚀环境最恶劣的浪溅区,而湿接头最容易出现的问题就是裂缝,其施工质量直接影响到结构的安全。造成裂缝的原因很多,如配合比水化热、入模温度、膨胀剂的作用、支座(支托墩身的结构)影响、箍筋位置与间距的设置、过厚

的保护层等等。通过一些桥梁施工,得出以下经验:

(1)在混凝土中掺加纤维。

(2)箍筋间距小于10cm为宜,钢筋净保护层不大于8cm。

(3)配合比的胶凝材料尽量靠近规范值的下限400kg/m^3,不得掺膨胀剂。

(4)在湿接头保护层内设置不锈钢防裂网,防裂网固定在湿接头钢筋外表面,保护层厚3cm。

(5)不能过早拆模,拆模时间延长至14d以后。

六、混凝土防腐

43.造成混凝土结构腐蚀的主要原因是什么?提高混凝土结构耐久性的基本措施有哪些?

答:通过调查,沿海地区的混凝土结构腐蚀情况十分严重,其中90%的损坏是由于环境恶劣、保护层不足、氯离子渗透导致钢筋锈蚀引起的。其他锈蚀因素,如混凝土中性化、碱集料反应、硫酸盐侵蚀、海洋生物、泥沙冲蚀、冻融等,不是混凝土结构破坏的主要原因。

从上可知,混凝土结构的使用寿命和混凝土本身的氯离子扩散速率和结构的钢筋保护层厚度密切相关。混凝土氯离子扩散系数越低,结构的钢筋保护层厚度越厚,结构的使用寿命就会越长,因此应从以下几方面采取措施。

(1)采用高性能的海工耐久性混凝土

海工耐久性混凝土指用常规原材料、常规工艺、掺加矿物掺和料及化学外加剂,经配合比优化而制作的,在海洋环境中具有高耐久性、高尺寸稳定性和良好工作性的高性能结构混凝土。其配制原则:选用低水化热和低含碱量的水泥;选用高效减水剂(泵送剂),取用偏低的拌和用水;限制混凝土中胶凝材料的最低和最高用量(见表18-11),并尽可能降低胶凝材料中的硅酸盐水泥用量;掺用矿物掺和料(粉煤灰、磨细高炉矿渣、硅灰等);侵蚀环境为E、F等级(见表18-12)的构件部位的混凝土,应加入适量钢筋阻锈剂;通过适当引气提高混凝土耐久性,新拌混凝土中引气量一般控制在4%~6%,气泡间隔系数小于250μm;混凝土拌和物中,各种原材料引入的氯离子总质量不应超过胶凝材料总量的0.1%(钢筋混凝土结构)和0.06%(预应力混凝土结构)。

最大水胶比和胶凝材料最小用量　　表 18-11

工程部位	最大水胶比 W/B	胶凝材料最小用量(kg/m^3)
基桩,承台,现浇桥墩、台及索塔	0.40	400
预制箱梁,预制桥墩	0.33	450
现浇梁及其他部位混凝土	0.35	450

注:混凝土的胶凝材料总量也不宜高于 $500kg/m^3$,一般不应超过 $550\ kg/m^3$。

结构构件使用环境分类及其侵蚀作用级别　　表 18-12

环境类别	级别	环境分区	工程部位
海水锈蚀环境(以黄海高程划分)	C	浸没于海水的水下区、泥中区	基桩、引桥承台
	D	接触空气中盐分,不与海水直接接触的大气区	引桥基桩、桥墩、索塔、箱梁、其他梁板构件、整体化现浇梁板、混凝土铺装层、附属构件
	E	水位变化区	基桩、承台
	F	浪溅区	承台、墩座、桥墩、索塔

不同的部位采用不同的海工混凝土配合比。

(2)选用合理的钢筋保护层

理论上,结构的保护层厚度越大,氯离子渗透到钢筋表面的时间越长,结构寿命也越长,但是,保护层过大很容易引起结构开裂,同样造成结构耐久性降低。因此,只有保护层合理,结构才会耐久。表 18-13 是一些国家的保护层厚度标准,表 18-14 是我国的保护层厚度标准。

各国标准规定的海工混凝土最小保护层厚度(mm)　　表 18-13

混凝土所处部位	FIP 建议(1986)	AC1357(1989)	BS6235(1982)	BS8110(1985)	DINI045-1(2001)	JTJ268(1996)
大气区	65	65	75	60	40	50
浪溅区	65	65	75	60	50	65
水下区	50	50	60	60	50	50

(3)采用塑料波纹管和真空压浆

为增强预应力孔道压浆的密实性,混凝土预应力管道宜采用耐腐蚀、密封性好的塑料波纹管。并采用优化配合比和高性能真空辅助压浆助剂配制的浆体和配套的压浆进行真空压浆,孔道浆体饱满、密实,可有效提高预应力系统的耐久性。

我国混凝土结构各部位钢筋保护层厚度(mm) 表 18-14

结构部位		腐蚀环境	保护层厚度
钻孔桩		水下区及泥下区	75
承台	海上	水位变动区	70~90
	陆上	大气区	55~75
桥墩		浪溅区及大气区	60
箱梁		大气区	40

注:①应采用与模板点线接触的预制块,其强度和密度应高于构件本身混凝土。

②垫块如果是砂浆或细砂混凝土,水灰比不大于 0.35,如果是塑料应该是耐碱和抗老化性能好、黏结性好、抗压强度不小于 60MPa 的工程塑料。

③构件表面垫块应至少 4 个/m^2,绑扎垫块的铁丝头不得伸入保护层内。

浆体的主要技术指标为:水灰比 0.30~0.35;泌水率在 2.0% 以内,泌水在 24h 内被浆体吸收;浆体流动度在 14~18s;浆体膨胀率小于 5%;初凝时间大于 3h,终凝时间小于 24h;压浆时浆体温度不超过 32℃;浆体强度不小于主体结构混凝土强度的 80%。

(4)其他耐久性辅助措施

上述基本措施基础上,对腐蚀严重部位和特殊的构件采取额外的补充保护措施,进一步提高结构耐久性。

①环氧涂层钢筋。在腐蚀最严重的浪溅区现浇墩身中采用环氧钢筋。施工中涂层容易损伤是该种钢筋的最大缺点,因此钢筋的储存、运输、加工与安装等,应制定详细的规定和采取必要的措施,尽量减少对环氧涂层的损坏。对损坏的要按要求尽快予以修补,修补采用厂家提供的材料,并在相对湿度小于 85% 的环境中进行,修补涂层厚度不得小于 180μm。混凝土在浇筑过程中,振捣棒会损坏涂层,为避免此类问题发生,可在金属振捣器上包裹塑料或橡胶,并尽量避免振捣器与钢筋直接接触。

②钢筋阻锈剂。钢筋阻锈剂的有效性与其存在于混凝土中的数量有直接关系,但其合理的掺量应通过实验确定。侵蚀环境为 E、F 等级的构件部位的混凝

土中,应加入适量掺入型钢筋阻锈剂。采用阻锈剂水剂时,混凝土拌和时间应延长 1min;采用粉剂时,应延长 3min。

③外加电流阴极保护。根据钢筋腐蚀的电化学原理,阳极反应(钢筋腐蚀)必须同时放出自由电子,阴极防护即是采取措施使电位等于或低于平衡电位,不让钢筋表面任何地方再放出自由电子,就可使钢筋不能再进行阳极反应。多使用在有重点防腐要求的混凝土结构部位,如航道桥的主墩承台及浪溅区塔身以下部位。

④硅烷表面浸渍。采用硅烷浸渍,可以使混凝土的吸水率比基准混凝土吸水率下降 50%,并且氯离子吸收量降低效果和渗透深度均满足规范要求,可进一步提高混凝土的抗渗性和耐久性。多用于局部的防腐,如墩与承台接合部分的墩座等。

⑤混凝土表面防腐蚀涂层。这种方法处理防腐比较经济,大面积实施可行性好,比较常用,一般涂层设计年限为 20 年。其材料及配套体系方案见表 18-15。

混凝土表面涂层配套体系方案　　表 18-15

序号	配套涂料名称		涂装方式	涂层干膜最小平均厚度(mm)	
				表湿区	大气区
1	底层	环氧树脂封闭漆	喷涂	无厚度要求	无厚度要求
	中间层	环氧树脂漆	喷涂	0.300	0.270
	面层	聚氨酯磁漆	喷涂	0.100	0.080
2	底层	环氧树脂封闭漆	喷涂	无厚度要求	无厚度要求
	中间层	环氧树脂漆	喷涂	0.320	0.270
	面层	氟碳漆	喷涂	0.080	0.080

⑥混凝土裂纹控制。采取在大体积或大面积混凝土中设置不锈钢混凝土防裂钢筋网片、控制混凝土材料、预应力混凝土可早期张拉 30% 等手段,控制裂缝的产生。海工耐久性混凝土表面裂纹应控制在 0.1mm 以内,宽度大于 0.1mm 的裂纹应进行修补。

⑦渗透可控模板垫料。渗透可控木板垫料是一种新型的提高混凝土表面质量的产品,是一种纤维组织,使用时贴在混凝土模板上。它能使刚刚浇好的混凝土表面多余的空气和水排出,从而使混凝土表面的水灰比大大降低,可提高混凝土表面强度和耐磨性,同时确保混凝土在养护期间保持高湿度,将裂纹风险降到最小。

第十九章 桥面及附属工程

一、支　座

1. 桥梁支座有哪几种？各自的适用范围如何？

答：桥梁支座的分类及适用范围见表 19-1。

桥梁支座的分类及适用范围　　表 19-1

序号	分类名称及结构			适　用　性
1	橡胶支座	板式橡胶支座	 a)矩形普通板式橡胶支座 b)圆形普通板式橡胶支座 普通板式橡胶支座 1-加劲钢板；2-橡胶板	适用于中、小跨径桥梁

续上表

序号	分类名称及结构			适用性
1	橡胶支座	板式橡胶支座	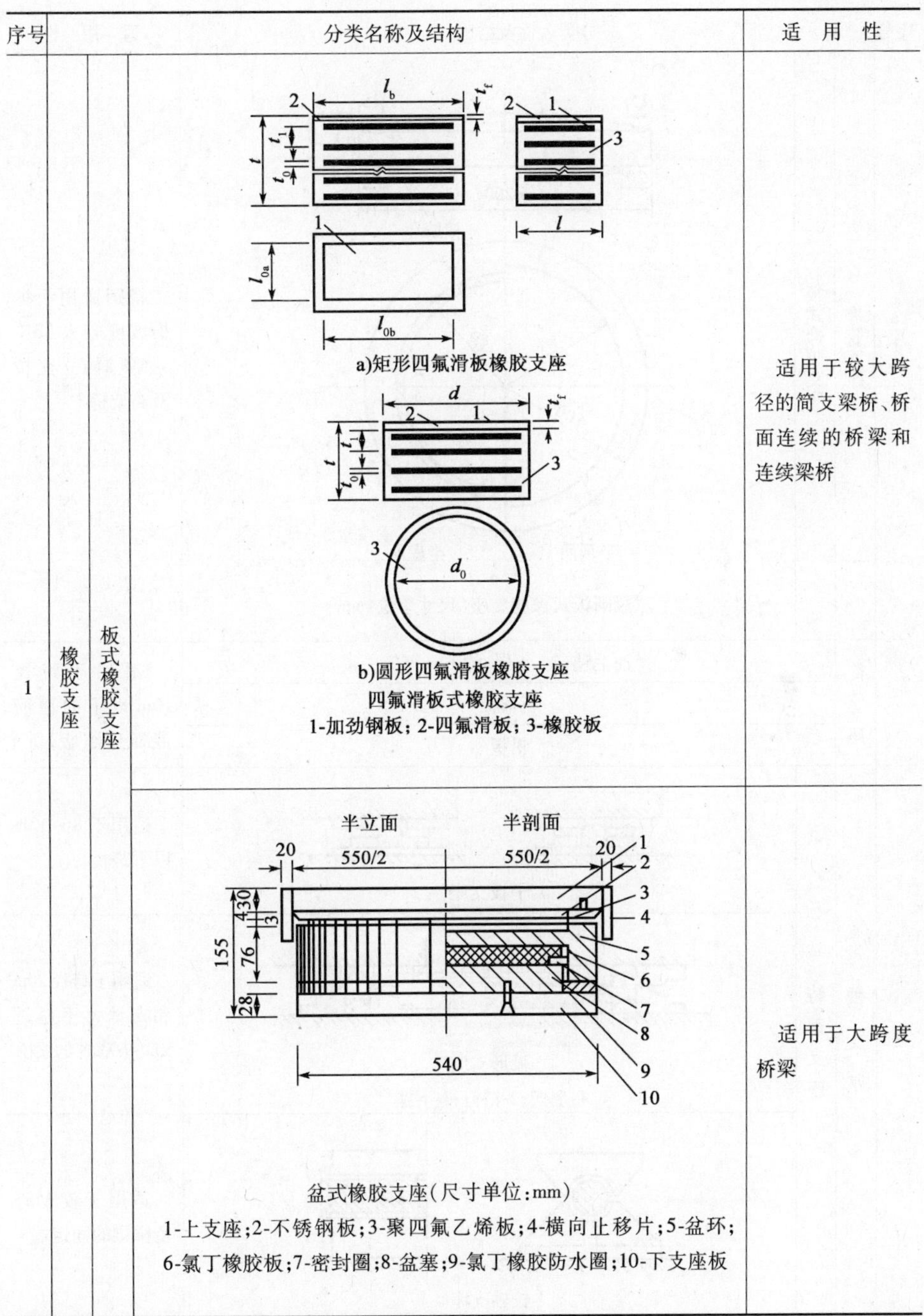 a)矩形四氟滑板橡胶支座 b)圆形四氟滑板橡胶支座 四氟滑板式橡胶支座 1-加劲钢板；2-四氟滑板；3-橡胶板	适用于较大跨径的简支梁桥、桥面连续的桥梁和连续梁桥
			 盆式橡胶支座（尺寸单位：mm） 1-上支座；2-不锈钢板；3-聚四氟乙烯板；4-横向止移片；5-盆环；6-氯丁橡胶板；7-密封圈；8-盆塞；9-氯丁橡胶防水圈；10-下支座板	适用于大跨度桥梁

续上表

<table>
<tr><th>序号</th><th colspan="3">分类名称及结构</th><th>适用性</th></tr>
<tr><td>1</td><td>橡胶支座</td><td>板式橡胶支座</td><td> 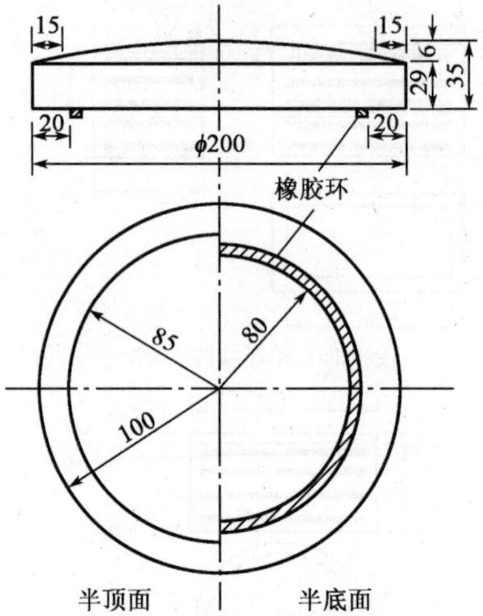
球冠圆板式橡胶支座(尺寸单位:mm)</td><td>特别适用于纵横坡度较大(3%~5%)的立交桥及高架桥</td></tr>
<tr><td rowspan="3">2</td><td rowspan="3">简易支座</td><td colspan="2">油毛毡(2~4层,约1cm厚)</td><td rowspan="3">适用于跨径10m以下的钢筋混凝土梁(板)桥</td></tr>
<tr><td colspan="2">石棉板</td></tr>
<tr><td colspan="2">铅板</td></tr>
<tr><td rowspan="3">3</td><td rowspan="3">钢支座</td><td rowspan="3">铸钢支座</td><td> 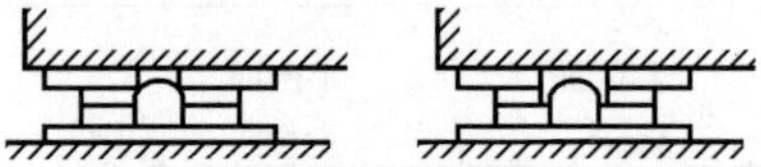平板支座</td><td>适用于8~12m以下跨径</td></tr>
<tr><td> 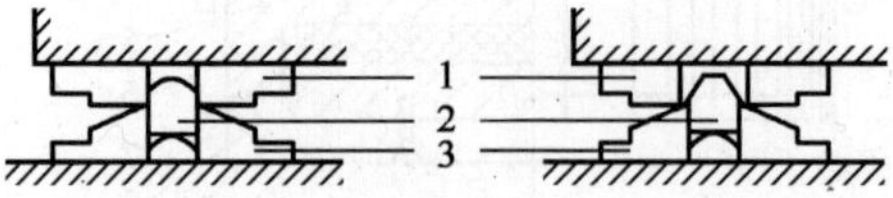
弧形支座
1-上摆;2-销钉;3-下摆</td><td>适用于跨径20m和支承力不超过500~600kN的梁桥</td></tr>
<tr><td> 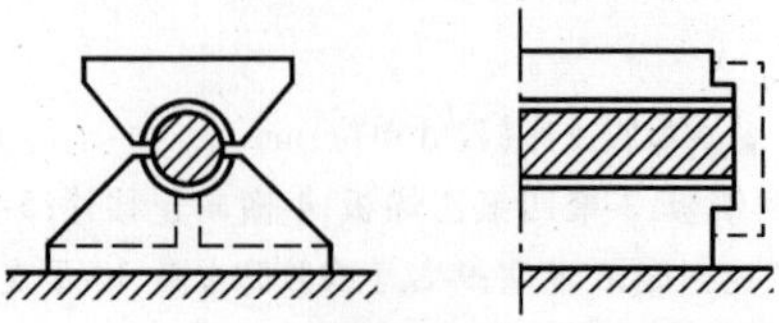铰轴支座</td><td>适用于较大跨径桥梁的固定端</td></tr>
</table>

续上表

序号	分类名称及结构			适用性
3	钢支座	铸钢支座	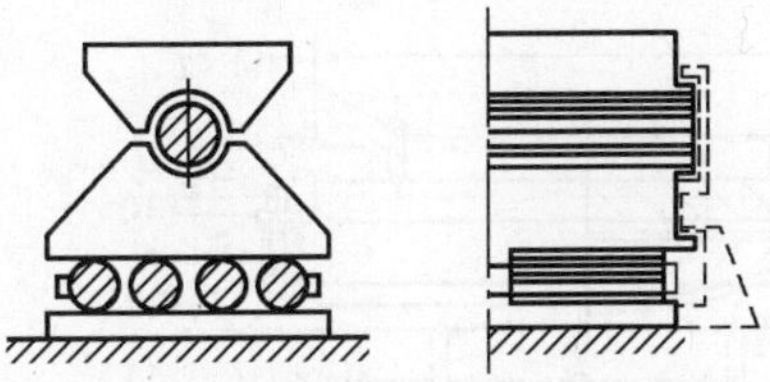 滚轴支座	适用于较大跨径桥梁的固定端
3	钢支座	铸钢支座	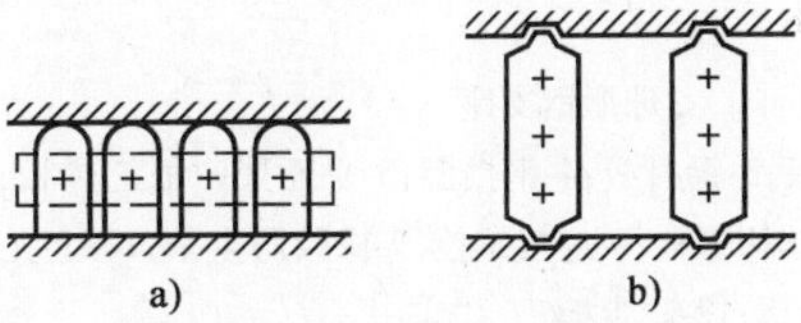 a)　b) 摆轴支座 a)借削减圆轴的一部分以减小垫块； b)在垫块的缺口内设置摆轴	适用于各种大型桥梁
4	钢筋混凝土支座		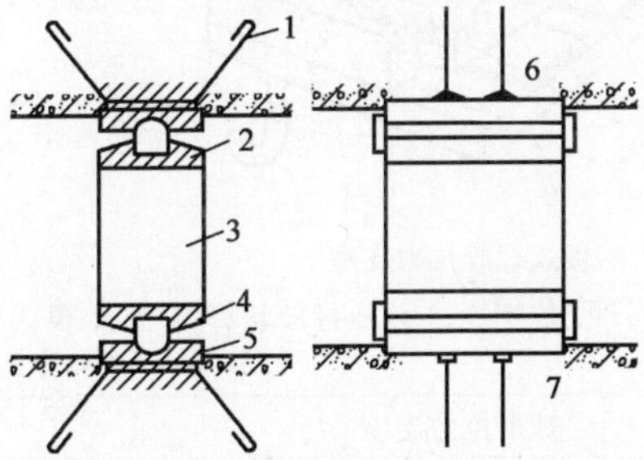 1　2　3　4　5　6　7 摆柱式支座 1-锚固筋；2-弧形钢板；3-钢筋混凝土摆柱； 4-齿板；5-钢垫板；6-梁体；7-墩台	适用于跨径大于或等于 20m 的公路桥梁
4	钢筋混凝土支座		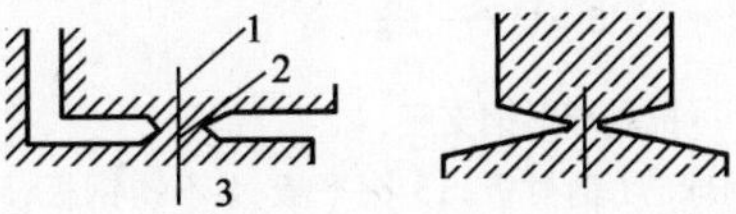 1　2　3 混凝土铰 1-钢筋；2-混凝土铰；3-桥台	适用于大跨桥梁，支承反力可达 10 000kN

续上表

<table>
<tr><th>序号</th><th colspan="3">分类名称及结构</th><th>适 用 性</th></tr>
<tr><td rowspan="8">5</td><td rowspan="8">特殊功能支座</td><td colspan="2"> 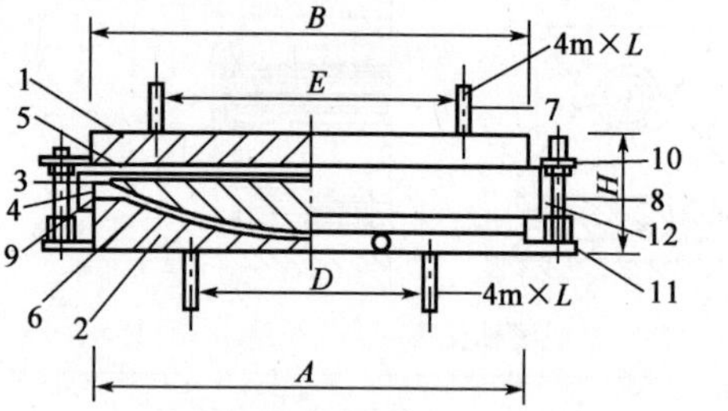球形钢支座
1-支座板;2-下支座板;3-钢衬板;4-钢挡圈;5-平面聚四氟乙烯板;6-球面聚四氟乙烯板;7-锚固螺栓;8-连接螺栓;9-橡胶防尘条;10-上支座连接板;11-下支座连接板;12-防尘板</td><td>适用于多向转动且转动量较大的情况。适用于坡道桥、斜桥及大跨径桥梁,特别适用于曲线桥和宽桥,且特别适用于低温地区</td></tr>
<tr><td rowspan="3">拉力支座</td><td> 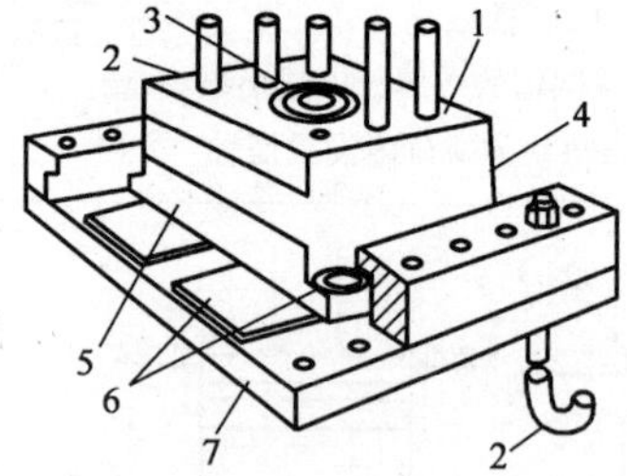板式橡胶拉力支座
1-上支座板;2-锚筋;3-受拉螺栓;4-承压橡胶块;5-滑板;6-奥氏体钢;7-下支座板</td><td rowspan="3">适用于连续梁桥、悬壁梁桥、斜桥、宽悬臂翼缘箱梁桥、小半径曲线桥会出现拉力的支点处。
板式橡胶拉力支座适用于拉力较小的桥梁;球形、盆式拉力支座适用于反力较大的桥梁</td></tr>
<tr><td>球形拉力支座</td></tr>
<tr><td>盆式拉力支座</td></tr>
<tr><td rowspan="3">抗震支座</td><td> 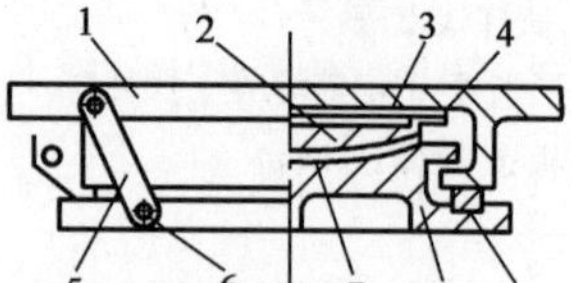抗震球形钢支座
1-上支座板;2-支架钢球芯(钢衬板);3-圆平板;4-不锈钢板;5-搭板;6-螺栓;7-球形板;8-下支座板;9-橡胶密封圈</td><td rowspan="3">用于桥梁的抗震和减震</td></tr>
<tr><td>铅芯橡胶支座</td></tr>
<tr><td>高阻尼橡胶支座</td></tr>
</table>

2. 支座安装时应注意哪些事项?

答:支座安装的注意事项见表 19-2。

桥梁支座的施工注意事项　　表 19-2

序号	类别	注 意 事 项
1	普通板式橡胶支座	(1)橡胶支座在进场后,应检查支座上是否有制造商的商标或永久性标记;检查产品合格证书中有关技术性能指标,不符合要求不得使用。 (2)支座下宜设置支承垫石,垫石长度、宽度应比支座相应的尺寸增加50mm 左右,其高度应为 100mm 以上;垫石内应布置钢筋网,钢筋直径为 8mm 时,间距宜为 50mm × 50mm,桥梁墩台内应由竖向钢筋延伸至支座垫石内,支座垫石的混凝土强度等级不应低于 C30;支座垫石表面应平整、清洁、干爽、无浮沙;支座顶面高程要求准确无误;在平坡情况下,同一片梁两端垫石及同一墩台上垫石应处于同一设计高程平面内,其相对高差不应超过 ±1.5mm,同一支座垫石高差应小于 0.5mm。 (3)安装时应将墩、台支座垫石处理干净,用干硬性水泥砂浆抹平,并使其顶面高程符合设计要求。砂浆水灰比不大于 0.5,水泥: 砂为 1:3。 (4)将设计图上标明的支座中心位置标在支座支承垫石及橡胶支座上,橡胶支座准确安放在支承垫石上,要求支座中心线同支承垫石中心线相重合。 (5)当墩、台两端高程不同,顺桥向有纵坡时,支座安装方法应按设计规定办理。 (6)吊装梁、板前,抹平的水泥砂浆必须干燥并保持清洁和粗糙。梁板安放时必须仔细,使梁、板就位准确且与支座密贴,就位不准时,或支座与梁板不密贴时,必须吊起,采取措施垫钢板而使支座位置限制在允许偏差内,不得用撬棍移动梁、板。 (7)支座安装尽可能安排在接近年平均气温的季节里进行,以减少由于温差变化过大而引起的剪切变形。 (8)支座周围应设排水坡,防止积水,并注意及时清除支座附近的尘土、油脂与污垢
2	聚四氟乙烯滑板式支座	(1)墩台上设置的支座垫石,其高程应考虑预埋的支座下钢板厚度,或在支座垫石上预留一定深度的凹槽,将支座下钢板用环氧树脂砂浆黏结于凹槽内。 (2)在支座下钢板上及四氟滑板式支座上标出支座位置中心线,两者中心线相重合放置,为防止施工时移位,应设置临时固定措施。安装时宜在与年平均气温相差不大时进行。 (3)梁底预埋有支座上钢板,与四氟滑板式支座密贴接触的不锈钢板嵌入梁底上钢板内,或用不锈钢沉头螺钉固定在上钢板上,并标出不锈钢板中心线位置。安装支座时,不锈钢板、四氟板表面均应清洁、干净,在四氟滑板表面涂上硅脂油,落梁时要求平稳、准确,无振动,梁与支座密贴,不得脱空。 (4)支座正确就位后,拆除临时固定装置,采取安装防尘围裙措施

续上表

序号	类别	注意事项
3	盆式橡胶支座	(1)安装前对支座垫石进行检查,安装支座的高程应符合设计要求,平面纵横两个方向应水平,支座承压≤5 000kN 时,其四角高差不得大于 1mm,支座承压 >5 000kN 时,不得大于 2mm;全面查看支座零件有无丢失、损坏。活动支座的聚四氟乙烯板和不锈钢板不得有刮伤、撞伤。氯丁橡胶板块密封在钢盆内,要排除空气,保持紧密。 (2)安装支座时,其底面与顶面(埋置于墩顶和梁底面)的钢垫板,必须埋置密实。 (3)垫板与支座间平整密贴,支座四周不得有 0.3mm 以上的缝隙,严格保持清洁。 (4)活动支座在安装前用丙酮或酒精仔细擦洗各相对滑移面,擦净后在四氟滑板的倾油槽内注满硅脂类润滑剂,并注意硅脂保洁,坡道桥注硅脂应注意防滑。 (5)安装纵向活动支座时,其上、下座板的导向挡块必须保持平行,交叉角不得大于 5′,否则会影响位移性能。 (6)支座上、下各部件纵横向必须对中,当安装温度与设计温度不同时,活动支座上、下各部件错开的距离必须与计算值相等。 (7)盆式橡胶支座的顶板和底板可用焊接或锚固螺栓栓接在梁底面和墩台顶面的预埋钢板上;采用焊接时,应防止烧坏混凝土;安装锚固螺栓时,其外露螺杆的高度不得大于螺母的厚度。 (8)现浇主梁的桥梁先将支座上、下座板临时固定相对位置,整体吊装支座,固定在设计位置上,预制全梁吊装的桥梁,支座的上、下座板,只能有一件先行固定,一般是先固定上座板于大梁上,而后据其位置确定底盆在墩台上的位置,最后给予固定。 (9)顶推的连续梁应将下座板固定于墩台上。墩台同时设置临时支座,当主梁就位位置准确后,拆除临时支座,使梁落在支座上
4	球形支座	(1)支座开箱并检查清单及合格证。 (2)安装支座板及地脚螺栓,在下支座板四周用钢楔块调整支座水平,并使下支座板底面高符合设计要求,找出支座纵、横向中线位置,使之符合设计要求。用环氧砂浆灌注地脚螺栓孔及支座底面垫层。 (3)环氧砂浆硬化后,拆除支座四角临时钢楔块,并用环氧砂浆填满抽出楔块的位置。 (4)支座的相对滑动面应用丙酮、酒精仔细擦净,不得夹有灰尘和杂质,然后在其表面均匀地涂满硅脂。 (5)支座在出厂时,应由厂家按用户订货要求将支座调整好并拧紧连接螺栓以防止支座在安装过程中发生转动和倾覆。 (6)支座支承面四角高差不得大于 2mm;下支座板底面宜高出桥墩顶面 20~50mm。 (7)在梁体安装完毕后,或现浇混凝土梁体形成整体并达到设计强度后,在张拉梁体预应力之前,拆除上、下支座连接板,以防止约束梁体正常转动。 (8)拆除上、下支座连接板后,检查支座外观,并及时安装支座外防尘罩。 (9)当支座与梁体及墩台采用焊接连接时,应先将支座准确定位后,用对称间断焊接,将下支座板与墩台上预埋钢板焊接,焊接时应防止烧伤支座及混凝土。 (10)桥梁梁体及墩台支承部分混凝土强度等级不得低于 C40,特殊情况需征得设计单位同意

续上表

序号	类别		注 意 事 项
5	钢支座	平板式	(1)安放支座前,除做好放样工作以外,应对切线支座和摆柱式支座的各部分进行检查,支座钢板与支承面间必须接触严密,并逐副检查配对、编号,如有焊渣影响吻合时,须预先铲除。 (2)支座座板、垫板的轴线方向、位置及高程应符合设计要求,不可偏扭歪斜。墩台上预埋钢板下面如有空隙应修整密实。 (3)支座钢板安装前,应做初步的防锈处理,擦去污锈,涂防锈油漆一道,防止短期内重新生锈。 (4)安设摆动活动支座时,应根据安装时的温度调整摆轴顺桥向的倾斜度,以免在使用过程中出现最大温差时,摆轴倾斜过大影响安全。 (5)钢支座各层部件间的空隙,应从支座底部或垫板以下垫实以消除之。 (6)固定支座与活动支座均应按设计图安装,一般先安装固定支座,后安装活动支座。每片梁的支座位置均应以固定端为准。活动支座安装在施工温度下相应的计算位置。 (7)当一孔梁架设安装完毕,把支座的下座板与墩台上的预埋垫板焊接
		弧形支座	
		铰轴及滚轴支座	
		摆轴支座	

注:①对支座上、下所垫钢板应做防锈处理。

②检查每联或每跨桥的滑移支座的个数及方向是否符合要求。

3. 活动支座在施工温度下的位置如何确定?

答:在安装支座时,设计所要求的支座位置须在一定的温度下,但实际施工中可能与设计有出入,这就需要在安设支座时将其作适当调整。其调整公式为:

$$\delta = (t - t_0)\alpha l$$

式中:δ——座板中心线与上摆中心线的正常位移(正号表示梁伸长时的方向),cm;

α——线膨胀系数,钢取0.000 011 8,钢筋混凝土为0.000 01;

l——梁跨长度,cm;

t——安设支座时的温度,℃;

t_0——设计要求支座位置适合的温度,即底板、摆轴和上摆各中心线一致时的温度。

设 $t_{平}$ 为多年最高和最低温度的算术平均值(℃)。因梁承受活载时跨中产生的挠度将导致梁端发生顺桥向位移,这部分位移应在安装支座时预先考虑。设位移值为 $\Delta_{活}$(cm),其每端当量温度:

$$t_{活} = \Delta_{活}/(2\alpha l)$$

则
$$t_0 = (t_{平} + t_{活}) = [t_{平} + \Delta_{活}/(2\alpha l)]$$

温度值在摄氏零上用正号,摄氏零下用负号。

4. 造成支座通病的原因及防止措施是什么?

答:1)造成支座通病的原因主要是设计不尽合理和施工不严格。

(1)设计方面

①由于支座设计简陋或支座上下支承面未进行合理的设计,造成支座的上下支承面脱空或不密贴,同一块梁板底面的支座不能均匀、平衡受力,引起梁板的翘翘板现象,导致桥面铺装出现开裂,特别是出现沿铰缝处的纵向裂缝。

②由于支座上下支承面未进行合理的纵横坡设计,使梁板的上、下面不能形成平顺的纵横坡,而是出现台阶形的上下面,使得桥面铺装厚度不均一,受力差异大,引起桥面开裂。

(2)施工方面

由于支座上下支承面施工不符合要求,特别是对支座下承面即盖梁垫石的作用认识不够或贪图施工方便,不重视盖梁垫石高程、几何尺寸及表面平整度的事先计算和施工控制,造成盖梁垫石的施工高程不准、几何尺寸偏离、表面平整度差等问题,在支座及梁板安装时,不得已采用钢板及砂浆等进行调高或整平,使支座的密贴性及梁板的上下面平顺度大大降低,桥面病害随之增加。

2)为防止以上问题的出现,从设计及施工上应采取以下措施:

(1)设计方面的措施

①重视支座设计,杜绝油毛毡等简易支座的出现。支座的几何尺寸和有关力学技术指标要在图中注明,以免施工时随意使用支座。

②完善支座上下支承面的设计。在设计时,可综合考虑支座及支座上下支承面的纵横坡调控因素后,再适当调整盖梁及立柱顶面高程,使支座的上下支承面既能达到密贴而均匀受力,又能使桥面高程符合要求的目的。

(2)施工方面的措施

①为达到支座安放平整、密贴,梁板横坡平顺的目的,在施工时,应根据纵横坡情况,对支座上承面可提出调整纵坡或横坡的补充设计,如设置楔形钢

板;对支座下承面应通过垫石高程及几何尺寸的事先精确计算来指导和控制施工。

②在支座安装前应在实地精确确定好各支座的中心及摆放位置,测定高程误差,必要时事先采用水灰比不大于0.5的1∶3水泥砂浆抹平(而非调高)。支座顶面除按设计要求设置调坡或滑动钢板外,一律不得设置调高钢板。支座底面若高程不足,可在抹平后垫一块相应厚度的钢板(钢板应做防锈处理,尺寸应比支座周边各宽3cm以上)来调整,但不得用2块以上的钢板叠加调整,严禁采用油毛毡、橡胶板、木板、砂浆、薄混凝土等材料垫高支座。

5. 支座安装的质量标准是如何规定的?

答:支座安装的质量标准见表19-3。

支座安装规定值或允许偏差　　表19-3

项次	检查项目		规定值或允许偏差
1	支座中心与主梁中线(mm)		2
2	支座顺桥向偏位(mm)		10
3	高程(mm)		符合设计规定,未规定时±5
4	支座四角高差(mm)	承压力≤5 000kN	<1
		承压力>5 000kN	<2

二、伸缩装置

6. 桥梁伸缩装置的种类有哪些?其适用范围如何?

答:公路桥梁伸缩装置的分类、适用范围见表19-4。

7. 梳形钢板伸缩装置的安装施工程序及安装时应注意的问题有哪些?

答:梳形钢板伸缩装置的安装施工程序如下:

桥面整体铺装→切缝→缝槽表面清理→将构件放入槽内→用定位角钢固定构件位置及高程→布设焊接锚固筋→在混凝土接缝表面涂底料→浇筑树脂混凝土→及时拆除定位角钢→养生→填缝→结束。

梳形钢板伸缩装置安装时应注意以下问题。

伸缩装置的分类、组成及适用范围 表 19-4

<table>
<tr><th>序号</th><th colspan="3">分类及名称</th><th>组　成</th><th colspan="2">适用范围</th></tr>
<tr><td rowspan="5">1</td><td rowspan="5">公路桥梁伸缩装置</td><td colspan="2">模数式伸缩装置</td><td>伸缩体由中梁钢和80mm的单元橡胶密封带组合而成</td><td colspan="2">适用于伸缩量为160～2 000mm的公路桥梁</td></tr>
<tr><td rowspan="2">橡胶式伸缩装置</td><td>板式</td><td>伸缩体由橡胶钢板或角钢硫化为一体</td><td>适用于伸缩量<60mm的公路桥梁</td><td rowspan="2">不宜用于高速公路、一级公路</td></tr>
<tr><td>组合式</td><td>伸缩体由橡胶板和钢板体组合而成</td><td>适用于伸缩量≤120mm的公路桥梁</td></tr>
<tr><td colspan="2">梳齿板式伸缩装置</td><td>伸缩体由钢制梳齿板组合而成</td><td colspan="2">适用于伸缩量≤300mm的公路桥梁</td></tr>
<tr><td colspan="2">异型钢单缝式伸缩装置</td><td>伸缩体完全由橡胶密封带组成</td><td colspan="2">由单缝钢和橡胶密封带组成的装置,适用于伸缩量≤60mm的公路桥梁;由边梁钢和橡胶密封带组成的装置,适用于伸缩量≤80mm的公路桥梁</td></tr>
<tr><td>2</td><td colspan="3">公路桥梁波形伸缩装置</td><td>由波形板、专用密封胶、U形底槽、锚固钢筋泡沫棒组成。外形为波浪形</td><td colspan="2">适用伸缩量为20～100mm的公路桥梁连接处</td></tr>
</table>

(1)施工前必须认真做好伸缩装置部位的清理工作。

(2)采用焊接接长梳形钢板时,应按设计的锚栓孔位置及平面尺寸弹线定位,并用夹板固定,应对焊后产生的变形进行矫正。

(3)按设计高程将锚栓预埋入预留孔内,然后焊接锚板,并调整封头板使之与垫板齐平。

(4)安装时要将构件固定在定位角钢上,以确保安装精度,同时应防止产生梳齿不平、扭曲及其他变形,要严格控制好梳齿间的间隙。

(5)两齿板宜用同一块用仿形切割而成,安装时配对就位,锯齿的表面要有一定的光洁度,防止误差造成齿、槽相顶。

浇筑混凝土时,一定要振捣密实,不得有空洞。在钢梳齿根部钻适量ϕ20mm的小孔,以便混凝土中的空气能顺利排出。

(6)混凝土浇筑完成后,应及时将定位角钢拆除,以保证伸缩装置在温度变化时能自由伸缩。

(7)施工中应加强锚固系统的锚固,防止锚固螺栓松动,螺帽脱落。

(8)加强混凝土养护工作。

（9）梳形钢板伸缩装置安装时的间隙，应按安装时的梁体温度决定，计算见下题。

8. 如何计算梳形钢板伸缩装置安装时的间隙？

答：梳形钢板伸缩装置安装时的间隙，应按安装时的梁体温度决定，一般采用下式计算：

$$\Delta l = l - l_1 + l_2$$

式中：Δl——安装时的梳形板间隙，cm；

l——梁的总伸缩量，cm；

l_1——施工时梁的伸长量（应考虑混凝土干燥收缩引起的收缩量，预应力混凝土梁还应考虑混凝土徐变引起的收缩量），cm；

l_2——富裕量，cm。

9. 橡胶式伸缩装置的安装注意事项是什么？

答：（1）应有成品解剖检验证明。

（2）根据气温高低，对橡胶收缩体进行必要的预压缩；气温在5℃以下时，不得进行橡胶伸缩装置施工；施工中尽量避免预压工艺。所以，收缩体安装最好在适当的温度下进行。

板式系列橡胶伸缩装置在加工制造时，已预留4只预压缩定位孔，需要进行预压时，由定位柱插入定位孔，将压缩螺杆穿在相应的一对定位柱上，再用连杆将压缩螺杆连接起来，防止拧动螺母时发生扭转变位，这样就可以拧动螺母压缩定位柱，使伸缩装置达到预压缩目的。

（3）桥面板端部预留的空间尺寸、钢筋应不受损伤；当为沥青混凝土桥面铺装时，应采用后开槽工艺安装伸缩装置，以提高与桥面顺适度。

（4）根据安装时的环境温度计算橡胶板伸缩装置的模板宽度与螺栓间距，将准备好的加强钢筋与螺栓焊接就位，浇筑混凝土并及时养生。

（5）将混凝土表面清洁后，涂防水胶黏材料。利用调正压缩的工具，将伸缩装置就位。安装前必须认真清理伸缩缝部位。施工中加强锚固系统的锚固，防止锚固螺栓松动，螺帽脱落，锚固螺栓筋的直径不得小于18mm。

（6）现浇混凝土时宜在接缝伸缩开放状态下浇筑，应防止已定位的构件变位；梁端加强角钢下的混凝土应饱满密实，不得有空洞。

（7）伸缩缝两边的组件及桥面应平顺，无扭曲。

（8）向伸缩装置螺栓孔内灌注防蚀剂后，注意及时盖好盖帽。

10. 如何计算橡胶伸缩装置的预压缩量?

答:由于温度、混凝土收缩等的关系,在不能满足设计所要求的温度时,应对橡胶伸缩体进行预压缩,其压缩计算式为

$$\Delta S = \Delta L_t^{(-)} + \Delta L_s + \Delta L_c - A$$

式中:ΔS——橡胶体预压缩量;

ΔL_t——温度变化引起的伸缩量,即

$$\Delta L_t = \alpha L(T_{max} - T_{min}),$$

$$\Delta L_t^{(+)} = \alpha L(T_{max} - T_{set}),$$

$$\Delta L_t^{(-)} = \alpha L(T_{set} - T_{min})$$

其中:$\Delta L_t^{(+)}$——温度升高引起的梁的伸长量;

$\Delta L_t^{(-)}$——温度降低引起的梁的缩短量;

α——材料膨胀系数;

L——梁体长度;

T_{max}——设计最高环境温度;

T_{min}——设计最低环境温度;

T_{set}——伸缩装置安装时的温度;

ΔL_s——由于干燥收缩引起的梁的收缩量,即

$$\Delta L_s = 20 \times 10^{-5} L\beta$$

其中:β——徐变、收缩的递减系数,见表19-5;

递 减 系 数　　表19-5

混凝土的龄期(月)	0.25	0.5	1.0	3.0	6.0	12	24
徐变、干缩递减系数	0.8	0.7	0.6	0.4	0.3	0.2	0.1

ΔL_c——由于徐变引起的梁的收缩量,即

$$\Delta L_c = (\sigma_\rho / E_c)(\psi L\beta)$$

σ_ρ——预应力等引起的平均轴向力;

E_c——混凝土的弹性模量;

ψ——混凝土的徐变系数,一般取2.0;

A——橡胶板伸缩缝允许的拉伸量。

该公式同样适用与其他系列伸缩装置的施工计算。

11. 弹塑体材料填充式伸缩装置的分层灌注施工工艺如何？应注意哪些问题？

答：(1)分层浇灌铺筑法施工工艺

①在梁端变形缝填入海绵体，不留一点空隙。

②用活性黏合剂涂刷槽底，槽边，注意均匀无堆积，同时晾干(10～15min)。

③浇入融化的弹塑体材料，并用刮板均匀涂抹在槽底、槽边约1～2mm厚。

④放置跨缝板时，注意对中压紧，并每隔300mm距离钉一个定位钉。

⑤铺入加热的石子2～4cm厚，摊平。

⑥浇弹塑体材料，要淹没石子，注意槽口两边的材料必须饱满。

⑦铺第二层石子2～4cm厚，摊平捣实。

⑧根据槽口深度不同，可二次或三次铺浇。最后一次铺石子要略高于设计要求，振捣后刮平石子，再振捣一次，然后浇上弹性体材料，淹没石子。

⑨为防止摊铺材料冷却，在施工中可按1m为段落逐次由一端向另一端进行。

⑩对于精心施工的产品不需修整，待材料自然冷却后即可开放交通。对急需通车的地段，也可用冷水强制冷却。

(2)分层浇灌铺筑法施工应注意的问题

①伸缩体由高黏弹塑性材料和碎石结合而成的称为填充式伸缩装置。它适用于伸缩量小于50mm的中、小跨径桥梁工程。适应温度为－25～60℃。应按设计要求设置。

②弹塑体材料物理性能应符合有关规定，产品应附有效的合格证书。弹塑体材料加热熔化温度应按要求严格控制。主层石料压碎值不大于30%，扁平及细长石料含量少于15%～20%，石料使用前应清洗干净。其加热温度控制在100～150℃，槽口温度为40℃左右。

③混凝土槽口的预留宽度最好比实际窄50～100mm，待施工时再将槽口切至要求宽度，以便新鲜接头黏结更牢固。

④风力大于3级、气温低于10℃及有雨时，不宜施工。

施工可采用分段分层浇灌铺筑法，亦可采用分段分层拌和铺筑法。

12. 模数式伸缩装置安装时应注意哪些事项？

答：随着我国高等级公路和特大型桥梁发展的需要，对伸缩装置位移伸缩量的要求越来越高，因而出现了大位移量伸缩装置——模数式伸缩装置。为使该

装置更能发挥其作用,安装时应注意以下几个问题:

(1)伸缩装置运到工地后不能马上进行安装时,应将其垫离地面30cm存放,并应用苫布覆盖。

(2)要按照设计核对预留槽尺寸,预埋锚固筋若不符合设计要求,必须首先处理,满足设计要求后方可安装伸缩装置。

(3)伸缩装置安装之前,应按照安装时的气温调整安装时的定位值,用专用卡具将其固定。

(4)安装时,伸缩装置的中心线应与桥梁中心线重合,其偏差最大不能超过10mm;其顶面高程与设计高程相吻合。伸缩装置应按桥面横坡定位、焊接,焊接时最好是两侧同时进行,焊接完毕,即可放松卡具,使其自由伸缩。

(5)浇筑混凝土前将间隙填塞,防止浇筑混凝土把间隙堵死,影响伸缩,并防止混凝土渗入模数式伸缩装置位移控制箱内,也不允许将混凝土溅填在密封橡胶带缝中及表面上,如果发生此现象,应立即清除,然后进行正常养护。

(6)待伸缩装置两侧混凝土强度满足设计要求后,方可开放交通。

13. 安装模数式毛勒伸缩缝的一般步骤及注意事项是什么?

答:1)安装毛勒式伸缩缝的一般步骤

(1)在桥梁施工中,按设计要求预留伸缩缝槽口,埋设伸缩缝连接锚固钢筋。

(2)沥青混凝土铺装前,在槽口底部梁头横缝上加盖板材(木板、钢板或方木),然后用砂或碎石将槽口填至与沥青混凝土铺筑层底高程相平。

(3)与道路一同铺筑沥青混凝土面层。

(4)待桥面沥青混凝土养护成型后,放出伸缩缝中线,并由中线向两侧各量50~60cm,画出切割标线。

(5)用混凝土切缝机按标线位置切割沥青混凝土面层,为保证切缝顺直,切缝机必须走专用轨道。

(6)用空压机配合人工清除伸缩缝范围内的沥青混凝土及松散多余的水泥混凝土,清除干净后,用水车彻底清洗。

(7)预留槽缝清洗完毕后,人工配合吊车将伸缩缝吊装入位,然后用自制钢支撑架加倒链吊住伸缩缝(或用多个千斤顶顶起)。调整伸缩缝槽口处的预埋钢筋。

(8)伸缩缝的平面位置调整。整个伸缩缝的位置调整宜先粗后细。横向位置调整应在其就位过程中完成;纵向位置调整采用拉线的方法,控制缝的中线,拉线应从“V”字上口穿过，且其两端要与梁体伸缩缝中心位置对应，拉线应与缝“V”字底线重合，避免在左右偏移。

(9)伸缩缝的平面位置调整正确后，用支撑架和倒链把伸缩缝提吊起来，在梁缝内安堵聚乙烯泡沫板，其高度应与伸缩缝底面高程齐平，但要将其与预埋筋连接固定。伸缩缝底部“V”字形橡胶下边也要用聚乙烯泡沫板填塞紧，并固定牢固。

(10)将伸缩缝放回预留槽内，并检测平面位置是否正确，然后调整高程；高程调整用支撑架上的倒链（或千斤顶）进行，并用3m直尺沿纵桥向控制伸缩缝测点高程（测点沿横桥向每2m设一个）。操作时，伸缩缝比相邻两侧的沥青路面低1mm为宜（因最大允许误差为：+1mm，-2mm）。

(11)伸缩缝平面位置及高程调整好后，用两台电焊机由中间向两端将伸缩缝的一侧与纵向预埋筋点焊定位；如果位置、高程有变化，要采取边调边焊，且每个焊点焊长不小于5cm，点焊完毕后再加焊。点焊间距控制在小于1m为宜。

(12)焊完一侧后，用气割解除锁定，调整伸缩缝在某温度下的上口宽度。上口宽度调整正确后，将活动边也与锚固筋点焊牢固。

(13)再次检查伸缩缝各项指标，确定无误后，焊接所有连接钢筋。

(14)在伸缩缝过渡段上铺一层或两层（视所浇混凝土厚度而定）$\phi6\sim\phi10$的钢筋网，间距为10cm×10cm，混凝土保护层厚度宜控制在2.5~3.0cm。

(15)浇筑水泥混凝土，所用水泥混凝土应按设计要求进行，配合比应具备缓凝早强、高强性能。

(16)伸缩缝完成后，再安装（或现浇）附近的内外护栏，然后将现场清理干净。

2)安装毛勒式伸缩缝的注意事项

(1)在桥面沥青混凝土铺筑完成后，再行安装伸缩缝。

(2)铺筑沥青混凝土时要保持连续作业，在伸缩缝两边各20m范围内不能停机，以免因机器停止、起动影响伸缩缝周围的平整度，从而影响伸缩缝的安装质量。

(3)沥青混凝土铺筑完成后，必须立即在伸缩缝处凿一条5~10cm宽的槽，保持伸缩缝处能自由伸缩，避免沥青混凝土层被挤坏。

(4)切割沥青混凝土时，伸缩缝中线两侧的宽度一定要相同。

(5)伸缩缝两侧新浇筑的混凝土厚度要保证大于10cm，并在操作时确保沥青混凝土断面的边角整齐。

(6)上口宽度调整要自制一种专用夹具，用此夹具一边可卡住伸缩缝的固定边，一边顶丝能推动缝的活动边。

(7)全部点焊完毕后,要仔细检查一遍,看其梁缝及"V"字底部橡胶缝内堵挡的聚乙烯泡沫板是否挤紧,如有空隙或烧坏,则应重新堵塞紧密牢固,以防浇筑混凝土时,混凝土跑进毛勒缝底部橡胶缝中及桥预留伸缩缝中,而导致伸缩缝不起作用。

(8)将伸缩缝上口的橡胶缝填满砂后,用宽胶纸将缝封严,以防混凝土落入难于清理,同时将沥青混凝土边角也用宽胶纸粘贴,然后再盖上土工布,以防止浇筑混凝土时污染沥青混凝土面层及损坏沥青混凝土边角。

(9)待混凝土接近初凝时,要及时进行第二次压浆抹面,使混凝土表面平整光滑,二次抹面结束后用土工布覆盖,并浇水养护14d。

14. 安装模数式毛勒伸缩缝时,如何确定其上口宽度?

答:当温度不同时,由于物体的热胀冷缩原理,需要在同一温度下有相应的伸缩缝宽度,该宽度可按下式计算:

(1)中墩伸缩缝:

$$\delta = 0.000\,01 \times L \times (t_{最高} - t_{安}) + 1.0$$

(2)边墩伸缩缝:

$$\delta = 1/2 \times 0.000\,01 \times L \times (t_{最高} - t_{安}) + 1.0$$

式中:δ——伸缩缝上口安装宽度,cm;

L——相邻两联梁长的平均值,cm;

$t_{最高}$——伸缩缝使用地区设计最高温度,℃;

$t_{安}$——点焊伸缩缝与桥面预埋筋时的大气温度,℃。

15. 模数式DS布朗伸缩缝的锁缝宽度及调整方法如何?

答:在伸缩缝的制作运输中,为保证其稳定性,要对缝宽进行锁定,安装焊接完毕后进行解锁。DS布朗伸缩缝制作安装时,缝宽锁定宽度为25mm,其值是在按下式计算的基础上,考虑混凝土收缩徐变的影响及伸缩富裕量等因素取定的。

$$X = (T_{max} - T_x) \times \Delta L / [n \times (T_{max} - T_{min})]$$

式中:X——为制作安装时锁定宽度;

T_{max}——当地最高日平均气温;

T_{min}——当地最低日平均气温;

n——为缝数,单缝取为1;双缝取为2;

ΔL——为伸缩缝的伸缩量,mm;

T_x——为安装当月平均气温。

由以上公式可以看出，该伸缩缝的解锁与毛勒缝不同，对气温要求较高，实际施工中，根据经验在25±3℃范围内解锁均能满足要求，若气温偏高或偏低，则需要重新计算X值，并在原有锁定宽度的基础上，调整锁缝宽度。

16. 伸缩缝安装过程中应怎样进行质量检查?

答:桥梁是否跳车，与伸缩缝的安装至关重要。根据规范及以往经验，在伸缩缝安装时，应按表19-6、表19-7和表19-8所列项目检查。

伸缩缝缝体检验表　　表19-6

检　测　项　目	规定值和允许偏差	检查方法及频率
型钢焊缝数量	≤5处/条	数量
成品缝顺直度	1mm/2m	2m直尺连续测量
锁定缝宽	±3mm	尺量，每条缝测5点
成品缝长度	≥桥面实际净宽	尺量
锚固体系焊缝长度	≥5cm	尺量

伸缩缝开槽后检验表　　表19-7

检　测　项　目	规定值和允许偏差	检查方法及频率
预留槽杂物清理	无杂物	目测
预留槽宽度	±2.5cm	尺量，每半幅测3点
预留槽深度	±1.0cm	尺量，每半幅测3点
梁体间隙宽度	±1.0cm	尺量，每半幅测3点
梁体间隙杂物清理	无杂物	目测
墩台帽杂物清理	无杂物	目测
预埋筋方向	符合设计要求	量角器
预埋筋数量	符合设计要求	数量
预埋筋牢固性	牢固	用撬棍撬

伸缩缝安装检验表　　表19-8

检　测　项　目	规定值和允许偏差	检查方法及频率
混凝土强度	符合设计要求	打混凝土试件5组/道
钢筋焊接长度	按设计或焊接规范要求	尺量
开锁温度	按伸缩缝厂家提供的温度	温度计，1次/道

续上表

检 测 项 目	规定值和允许偏差	检 查 方 法 及 频 率
伸缩缝混凝土平整度(横向)	3mm/2m	3m 直尺,1 处 ×3 尺(半幅)
伸缩缝混凝土平整度(纵向)	2mm/2m	2m 直尺,5 处 ×1 尺(半幅)
缝轨高差	单缝 1mm,双缝 1.5mm	尺量≥5 处/道
安装后伸缩缝顺直度	6mm/每条缝	用线绳测
外观鉴定:外观无污染、无划痕,油漆饱满		目测

注:对现场温度不符合开锁温度要求的需计算确定缝宽。

17. 对远距离运输伸缩缝混凝土有何要求?对混凝土抹面有何要求?

答:一般来说,伸缩缝混凝土均采用高强度混凝土,如浇筑 C40 环氧树脂混凝土或 C50 钢纤维混凝土,也可用 C50 以上强度等级的混凝土。由于运距较远,在气温较高时,混凝土的坍落度较难控制,若坍落度偏大,则影响其质量,偏小则罐车出料困难或无法出料,一般现场坍落度控制在 8 ~ 10cm 较合适。因此,拌和站出料时一定要考虑气温及运输对坍落度的影响。

混凝土浇筑完毕,其表面纵横向平整度要达到要求,抹面是一个关键工序。要求第一次找平时用 3m 铝合金直尺纵横向初平,木抹抹面,铁抹收面,待混凝土表面较干硬时(未初凝),再用 3m 直尺测量,铁抹精心收面。

18. 沥青埋置式无缝伸缩缝的适用性是什么?

答:沥青埋置式无缝伸缩缝适用于水平位移小于 5cm、竖向位移小于1.5mm 的中小型桥梁伸缩缝。它的基本原理是将接缝上面的窄条桥面铺装层(顺桥向宽 30 ~ 50cm)替换成一种高性能的特殊沥青混合料,用以扩散车辆荷载带来的局部振动能量,并满足由于季节、温度差变化引起桥梁所产生的伸缩变形。

19. 沥青埋置式无缝伸缩缝的主要施工工序是什么?

答:沥青埋置式无缝伸缩缝的主要施工工序是:

(1)一般按标出尺寸线开一宽度为 30 ~ 50cm,深度不小于 6cm 的槽。

(2)清除槽内杂物、松动部分,用水冲洗泥砂和浮土,用喷火枪烘干槽内的水气,使之充分干燥。

(3)用泡沫海绵塞住接缝,将T形搭接钢板平稳置于接缝之中,在槽口表面均匀充分地涂一层融化的弹性体材料。

(4)将粗石料烘干至180~200℃,以2:1的比例,将热的粗石料与弹性黏结料拌和在一起。用拌好的粗混合料摊铺底层,底层的表面应距槽口顶10mm左右。

(5)将细石料烘干至180~200℃,以4:1的比例,将热的细石料与弹性黏结料拌和在一起。用拌好的细混合料摊铺上层,上层表面应与路面平齐。用铁铲拍打密实,然后用熔化的弹性黏结料做整平表面。

20. 安装伸缩缝的质量标准是如何规定的?

答:安装伸缩缝的质量标准见表19-9。

安装伸缩装置的允许偏差　表19-9

项次	项　目		规定值或允许偏差
1	长 度(mm)		符合设计要求
2	缝 宽(mm)		符合设计要求
3	与桥面高差(mm)		2
4	纵坡(%)	一般	±0.5
		大型	±0.2
5	横向平整度(mm)		3

注:缝宽应按安装时的气温折算。

三、桥 面 铺 装

21. 桥面铺装应注意哪些事项?

答:1)沥青混凝土桥面铺装

(1)沥青混凝土铺装前应对桥面进行检查,桥面应平整、粗糙、干燥、整洁。

(2)铺筑前应洒布黏层沥青,黏层沥青应采用快裂的洒布型乳化沥青,也可采用快、中凝液体石油沥青或煤沥青,石油沥青洒布量为0.3~0.5L/m²。洒布沥青时应严格按以下要求进行:

①沥青应均匀洒布,浇洒过量的局部地段或积聚石油较多时应予刮除;

②当气温低于10℃或水泥混凝土面层潮湿,不得浇洒黏层沥青;

③黏层沥青洒布后,应紧接铺筑沥青混凝土面层,但乳化沥青应待破乳、水分蒸发完后铺筑;

④对涂刷防水层的桥面,在上沥青混凝土之前应撒布沥青砂和沥青石屑,用以防止运料车辆破坏防水层;

⑤洒布沥青黏层前宜在路缘石上方涂刷石灰水或粘帖保护纸张,以免沥青沾染缘石。

(3)铺筑沥青混凝土面层应采用机械摊铺,并宜以伸缩缝的间距确定一次铺筑的长度,要求在相邻两个伸缩缝之间尽量不设施工缝。桥面宽度内的摊铺应在一天内完成,每次铺筑的纵向接缝宜在上次铺筑的沥青混凝土的实际温度未降至100℃时予以接缝铺筑并碾压。

(4)根据水泥混凝土面层的平整度、沥青混凝土面层的厚度和结构层次决定一次铺筑或两次铺筑。沥青混凝土面层厚度大于6cm时,宜采用两次铺筑以提高沥青混凝土面层的平整度。

(5)沥青混合料必须缓慢、均匀、连续不间断地摊铺,摊铺速度一般应控制在2~6m/min,可根据沥青供应及机械配套情况、摊铺层厚度、宽度确定。

(6)摊铺好的沥青应紧接进行碾压,如因故不能碾压或遇雨时,应停止摊铺,对卸下的沥青混凝土要覆盖保温。

(7)当先铺筑的沥青混凝土的实际温度降至80℃以下时,与后铺筑的沥青混凝土应按冷接缝方式处理,即铣刨接缝处的沥青混凝土,要求接缝顺直。纵缝的铣刨宽度宜为20~30cm,横缝的铣刨宽度应用3m直尺测量后决定,一般不宜小于100cm。当无铣刨机时,可先画线,然后用切缝机切割后,再凿处。

(8)沥青混凝土面层的铺筑和碾压宜从下坡向上坡进行。施工车辆和施工机械不准停留在新铺筑的沥青混凝土面层上,也不准柴油之类的油料滴漏在沥青混凝土面层上,以免引起沥青混凝土软化、壅包。

2)水泥混凝土桥面铺装

(1)水泥混凝土桥面铺装的厚度应符合设计规定,对施工中可能造成桥面铺装不能满足设计要求厚度时,应保证最小铺装厚度为8cm的要求。其使用材料、铺装层结构、混凝土强度、防水层设置等均应符合设计要求。

(2)必须在横向联结钢板焊接工作完成后,才可进行桥面铺装工作,以免后焊的钢板引起桥面水泥混凝土在接缝处发生裂纹。

(3)浇筑桥面水泥混凝土前使预制桥面板表面粗糙,清洗干净,按设计要求铺设纵向接缝钢筋网或桥面钢筋网,然后浇筑;所有钢筋均应正确留有保护层厚度,马镫撑筋的架设应满足保护层要求;对采用双层钢筋网时,两层钢筋之间应有足够数量的定位撑筋,以保证两层钢筋之间的正确位置。

(4)浇筑铺装层时,必须严格要求,不得在钢筋上搁置重物或运料小车直接在钢筋网上运行,必须架设走道支架。走道一般用钢筋支立木板即可。

(5)水泥混凝土桥面铺装,其表面应采取防滑措施:当其直接用作路面时,第二次抹平后,应用压槽设备直接压槽或待混凝土达到设计强度后用刨槽机均匀刨槽,槽的方向为横桥向,槽深3~4mm;当其上需铺沥青混凝土时,第二次抹平后,应沿桥横坡方向拉毛或采用机具压槽,拉毛和压槽深度应为1~2mm,拉毛或压槽必须在混凝土初凝前进行。

(6)浇筑混凝土时,宜从下坡向上坡进行;为防止铺装层出现收缩裂缝,应采用分仓浇筑,分仓原则应同伸缩缝一致;对于全宽桥面应一次浇筑到位,对留有施工缝的地方,应在面板表面以下进行凿毛,以防接缝不齐;接缝应平整密实。

(7)混凝土桥面的振捣应采用平板式振动器,其大小、注意事项见第十章有关题。

(8)钢纤维水泥混凝土桥面铺装,除应按桥涵规范有关规定执行外,宜符合现行中国工程建设标准化协会标准《纤维混凝土结构技术规程》(CECS 38:2004)的规定。

22. 如何保证桥面铺装厚度?

答:在预应力桥梁施工中,无论是预制梁还是现浇梁,由于预应力的作用,在抵消自重力的影响后,梁体将产生上挠度,上挠度过大时,将使桥面铺装产生困难,导致桥面铺装层在跨中较薄而支承点处较厚,常常不能满足设计厚度的要求。这就要求在施工中注意以下几点来保证桥面铺装厚度。

(1)施工时严格按设计进行,严格控制梁板厚度及规格标准化。

(2)在施工时应通过设计部门在底模上预设适量的下拱度,使上拱减到最小。

(3)当已完成的梁体实际上挠度已经超过标准,不能保证桥面铺装层的设计厚度时,应通过设计部门适当调整桥面高程,以保证铺装层厚度。

23. 桥面铺装施工的允许偏差是如何规定的?

答:桥面铺装施工的允许偏差见表19-10。

混凝土桥面铺装施工允许偏差　　表 19-10

<table>
<tr><th>项次</th><th colspan="3">检 查 项 目</th><th colspan="2">规定值或允许偏差</th></tr>
<tr><td>1</td><td colspan="3">强度或压实度</td><td colspan="2">符合设计要求</td></tr>
<tr><td rowspan="2">2</td><td colspan="3" rowspan="2">厚度(mm)</td><td>沥青混凝土</td><td>水泥混凝土</td></tr>
<tr><td>+10，-5</td><td>+20，-5</td></tr>
<tr><td rowspan="5">3</td><td rowspan="5">平整度</td><td rowspan="2">高速公路、一级公路</td><td>IRI(m/km)</td><td>2.5</td><td>3.0</td></tr>
<tr><td>σ(mm)</td><td>1.5</td><td>1.8</td></tr>
<tr><td rowspan="3">其他公路</td><td>IRI(m/km)</td><td colspan="2">4.2</td></tr>
<tr><td>σ(mm)</td><td colspan="2">2.5</td></tr>
<tr><td>最大间隙 h(mm)</td><td colspan="2">5</td></tr>
<tr><td rowspan="2">4</td><td colspan="2" rowspan="2">横 坡(%)</td><td>水泥混凝土面层</td><td colspan="2">±0.15</td></tr>
<tr><td>沥青混凝土面层</td><td colspan="2">±0.3</td></tr>
<tr><td>5</td><td colspan="3">抗滑构造深度</td><td colspan="2">符合设计要求</td></tr>
</table>

注:①桥长不足100m时,按100m处理。
②高速公路、一级公路上的小桥可按路面进行质量控制。

四、桥面防护设施

24. 栏杆构件在预制和安装时应注意哪些问题?

答:(1)安装应在人行道板施工完成后进行。

(2)金属制栏杆构件在安装前应进行质量检查和试验,只有被确认符合质量标准的栏杆产品才能使用,并按设计图或产品供货商提供的详细施工安装方法进行施工。

(3)栏杆必须全桥对直、校平(弯桥、坡桥要求平顺),其高程应符合设计要求,以线形顺适,外表美观,不得有明显下垂和拱起。

(4)栏杆的连接必须牢固。栏杆立柱就位和嵌固是施工的重点,必须严格保证填充水泥砂浆(或混凝土)的强度、捣实及养生工作符合要求。

(5)栏杆的外表应平整、光洁、美观。钢筋混凝土栏杆不应出现蜂窝、麻面,不合格的构件一定要废除;金属构件在安装过程中应尽量避免损坏保护层,安装完成后，应对被损坏的保护层按规定的方法修复；钢栏杆或混合式栏杆的外露钢筋，要采用双层防腐，确保防腐效果。

(6)栏杆的伸缩缝的设置和施工质量需保证栏杆节间随主梁一同伸缩，伸缩缝内应填满橡胶或沥青胶泥等弹性、不透水的材料，不应有松散的砂浆和活动时有可能剥落的砂浆薄皮。

(7)对金属栏杆连接螺栓和拼装螺栓初始不宜过早拧紧，以便在安装过程中充分利用横梁和立柱法兰盘的长圆孔进行调整，使其线形顺适，不应出现局部的凹凸现象，最后拧紧螺栓。

(8)对于焊接的金属栏杆，所有外露接头在焊接后应做磨光或补漏的清面工作。

25.栏杆、护栏安装应符合怎样的要求？

答：栏杆、护栏安装质量应符合表19-11的要求。

栏杆、护栏安装要求　　表19-11

项　目	规定值或允许偏差（mm）
护栏、栏杆平面偏位	4
扶手高度	±10
栏杆柱顶面高差	4
护栏、栏杆柱纵、横向竖直度	4
相邻栏杆扶手高差及护栏接缝两侧高差	3

26.现浇防撞钢筋混凝土挡墙的施工质量应从哪些方面进行控制？

答：现浇防撞栏的施工质量应从以下几个方面进行控制。

(1)施工放线线位准确、顺直。

(2)钢筋的下料及制作应符合设计要求，否则就会使钢筋外露或模板不能按要求安装，或保护层厚度不够而造成墙身表面裂纹。

(3)钢筋混凝土防撞栏必须在跨间的支架及脚手架拆除后，桥跨处于自承的状态下才能进行。

(4)防撞栏的内侧模板的拐角一般为圆弧状，为防止蜂窝麻面应分层浇筑，分层振捣，振捣要密实到位，混凝土坍落度不宜过大。

(5)相间10～15m预留伸缩缝，在主梁伸缩缝处应同主梁一致。

(6)倒角一定要认真处理,倒角模板须平直、光滑。墙身顶面要用铁抹细抹。

(7)注意拆模时间并及时养生,杜绝裂缝的产生。

(8)每侧挡墙所用材料必须一致,砂、石须是同一料源,水泥是同一厂家的同一批水泥。

五、桥头的处理

27. 产生桥头跳车的主要原因是什么?

答:产生桥头跳车的原因是多方面的,包括地基地面条件、填料、施工材料以及设计、施工方面的诸多因素。其主要表现为桥(涵)台与相邻路堤之间产生沉降差,造成错台或纵坡不顺以及构造物的附加变形(指伸缩缝),导致跳车。

(1)桥涵、通道与路基大都是同年平行进行施工的,桥面是刚性体,其地基强度一般都有较高的要求,沉降较小或不沉降(岩石地基),而路基填土虽经压实仍会产生较大的工后沉降,最后形成错台;对于软土地基部分,桥涵地基一般进行加固处理,但路基部分与桥涵部分的工后沉降仍不相同。

(2)在台背和路基的连接部位,因施工场地狭小以致压实不足,经长时间的车辆碾压及自身重量的作用,也能使沉陷不一,造成错台。

(3)施工工期、工序安排不当,对桥台施工及台背回填不能有充足的时间安排,为赶工期不得不违章作业。

(4)对台背基坑的回填材料使用不当,对桥头和锥坡的压实控制不严。

(5)软土地基、湿陷性黄土地基浸水等造成路基沉降。

(6)压实机具与压实厚度不能配套。

28. 施工中防止跳车的措施有哪些?

答:(1)桥(涵)台背的填料应采用渗水性较好的砂砾土、碎石土以及坚硬的有一定级配的山坡土,其最大粒径不得大于0.6倍的压实厚度。

(2)施工时应将台身与回填施工统筹安排。要给回填有充分的时间。在桥台回填时应先做回填,填筑沿路基方向长度上部应大于搭板长至少2.0m,下部应根据台高按1:2坡度计算,且不得小于20m,亦应横向分层填筑。在涵洞施工过程中,一般都先于路基完成,其上部沿路基方向长度应不小于孔径长度,下部长度按涵台高按1∶2计算,采用横向分层填筑。斜交涵洞台背填料应从洞身两侧在小于2倍孔径范围内,同时按水平分层对称填筑和横向碾压,以减缓偏土压力的影响。

(3)当工期安排采用缺口填筑时,上部缺口长度不小于台高增加2.0m;下部距基础内缘不小于2.0m;结合部位路基土应据压实层开挖台阶,台阶宽度大于1.0m,横向分层填筑。

(4)施工时应严格控制填土质量和密实度。当为柱、肋式桥台时,在桥台基础完成后,要彻底清除淤泥,回填砂砾,承台应建在密实的砂砾层上,台建成后,应暂不施工台帽,以便于压路机或小型压实机具能顺畅地压实,待回填完成后,在填方上直接施工台帽。

(5)在施工中尽量扩大施工场地,以便尽可能使用大型压实设备。当台背支撑桥头搭板的牛腿妨碍机械压实时,可将难于压实的部分用贫混凝土填筑。

(6)施工中,应保证作业面的排水坡度,设置必要的地下排水设施。

(7)在涵洞的翼墙周围特别容易产生压实不足而给以后带来沉陷,要注意压实。

(8)在高填方的拱涵及涵洞与侧墙的相接部位,应尽量使用内摩擦角大的填料进行填筑,而且要注意施工时的填料土压平衡,不得发生偏压,以免造成工程事故。

(9)在软土地区施工应进行加载预压,待其沉降稳定后再进行桥台及涵洞施工及回填,做计划时要充分考虑并提前施工。

(10)桥头搭板的施工,应严格控制两端点的质量,在桥台上的支点处,要考虑搭板另一端沉陷时变位的需要,应设柔性薄支座,对于路基上的支点,应考虑填土扩散的需要,枕梁宽度宜大不宜小。

(11)台背回填不可使用容易产生崩解的风化岩碎屑,以免因填料风化崩解而产生下陷。

29. 产生桥头跳车的补救措施有哪些?

答:在施工中,由于种种原因,可能会使个别台背回填压实度不足,针对具体情况,应采取补救措施。

(1)桥涵两端设10m长的过渡段,对路基上部0.5~0.8m厚的路基土应用水泥或石灰稳定处理,也可采用二灰稳定碎石进行填筑,以期提高整体强度。路基压实不足时,可用压力注浆予以加固。

(2)在桥头高填土路基上,除进行换填土外,还可采用铺设混凝土预制块路面的措施,以便在高路基发生沉降后重新调平路面。

(3)当路面铺装以后产生沉降时,所形成的台阶高度 < 20mm,纵坡差 < 4‰时,因对车速的影响不太严重,可以不予修补;当台阶高度≥20mm、纵坡差 > 4‰时,对跳车的影响加剧,应予修补,修补长度应视台阶高度、形状而异,一般以10 ~15m 为宜,缓和段的坡度控制在0.5%以内。为了使沉降后的路面与缓和段端部衔接舒顺,应对端部开挖处理,一般下挖15 ~20mm 左右。错位沉降的修补可用热拌沥青混凝土加铺,以求增大与原路面的黏结能力,加铺层的强度也较稳定。

第二十章 涵 洞

一、管 涵

1. 圆管涵施工时应注意哪些事项?

答:圆管涵施工时应注意以下事项。

(1)涵洞施工前应进行详细的调查,以核实涵洞的平面位置、用途、孔径、高程等是否符合实际情况及当地农田排灌的需要和要求。对于需要变更施工的涵洞应及时向监理、设计、业主报告。

(2)进场管涵须按用途进行内、外压和泌水试验,一般情况下,对高速公路用管可只做外压试验。试验要有专业检测单位鉴定,满足要求,方可使用。外压试验中,当管表面裂缝≥0.2mm 时,为不合格产品,在沿海及空气腐蚀性较大的地区,管涵不得有裂缝。

(3)管壁内外侧表面应平直圆滑,如有蜂窝,每处面积不得大于 30mm × 30mm,其深度不得超过 10mm;总面积不得超过全面积的 1% 并不得露筋,蜂窝处应修补完善后方可使用。

(4)应按涵顶填土高度取用相应的管节,这点应特别注意。曾有很多用于低填土的管节安装在高填土处,结果使管节多处发生裂缝,给工程造成很大损失。

(5)涵管安装完成后,管外侧应用沥青涂刷,以防水的腐蚀。

(6)各管节应顺流水坡度安装平顺,当管壁厚度不一致时应调整高度使内壁齐平,管节必须垫稳坐实,管道内不得遗留泥土等杂物。

(7)对插口管,接口应平直,环形间隙应均匀,并应按特制的胶圈或用沥青、麻絮等防水材料填塞,不得有裂缝、空鼓、漏水等现象;对平接管,接缝宽度应不大于 10 ~ 20mm,禁止用加大接缝宽度来满足涵洞长度要求;接口表面应平整,并用有弹性的不透水材料嵌塞密实,不得有间断、裂缝、空鼓和漏水等现象。

(8)有圬工基础的管座混凝土浇筑时应与管座紧密相贴,浆砌块石基础应加做一层混凝土管座,使圆管受力均匀,无圬工基础的圆管基底应夯填密实,并做好弧形管座。

(9)长度较大的管涵设计有沉降缝的,管身沉降缝应与圬工基础的沉降缝位置一致。缝宽2~3cm,应采用沥青、麻絮或其他具有弹性的不透水材料,从内、外侧仔细填塞。设计无沉降缝的,在施工时,应按涵长每4~6m设置一道沉降缝。

(10)长度较大、填土较高的管涵应设预拱度。预拱度大小应按照设计规定设置。设计无规定时,当基底土为卵石、碎石土、砾石土、粗砂、中砂时,上拱度取$H/80$cm(H为涵洞中心线底面至路面顶面高度);当基底土为半干硬状态、硬塑状态粘质土、黄土时,上拱度取$H/50$cm。一般上拱线形采用三角形;当上拱尺寸较大,路基较宽、涵身较长时,可考虑用抛物线形。当基底土为岩石、涵洞顶填土高度不足2m以及洞身纵坡较陡的涵洞(5%)可不设上拱度。

(11)在管节接头处抹砂带的部位,应在抹带前进行凿毛处理。

(12)涵洞完成后,当砂浆或混凝土强度达到85%以上时,才能进行回填。涵洞处路堤缺口填土应从涵洞洞身两侧不小于2倍孔径范围内,同时按水平分层、对称地按设计要求的回填材料、压实度填筑。当用机械填筑时,涵洞顶上填土厚度必须大于0.5~1.0m时,才能使用机械在其上通过。

2. 管涵的安装方法有哪些?

答:管涵的安装方法多种多样,在安装时需根据现场的环境及现有设备状况具体确定。

(1)滚动安装法

管节在垫板上滚动至安装位置前,转动90°使其与涵管方向一致,略偏一侧。在管节后端用木撬棍拨动至设计位置,然后将管节向侧面推开,取出垫板再滚回原位。

(2)滚木安装法

先将管节沿基础滚至安装位置前1m处,旋转90°,使其与涵管方向一致。把薄铁板放在管节前的基础上,摆上圆滚木6根,在管节两端放入半圆形承托木架,以衫木杆插入管内,用力将前端撬起,垫入圆滚木,再滚动管节至安装位置,将管节侧向推开，取出滚木及铁板，再滚回来并以撬棍仔细调整。

(3)压绳下管法

当涵洞基坑较深，需沿基坑边坡侧向将管滚入基坑时，可采用压绳下管法。下管前，应在涵管基坑外3～5m处埋设木桩，木桩直径不小于25cm，长2.5m，埋深最少1m。桩作缠绳用。在管两端各套一根长绳，绳一端紧固于桩上，另一端在桩上缠两圈后，绳端分别用两组人或两盘绞车拉紧，徐徐松绳，使管子下入基坑内。

(4)龙门架安装法

这种方法多用于孔径大的管节安装。移动龙门架时，可在龙门架下垫滚杠，用撬棍移动。龙门架的结构与形式可按具体情况设计制作。

(5)吊车安装法

一般运用汽车吊比履带吊更灵活，但场地要平整坚固，不致使吊车发生倾覆。吊装时注意对涵管的保护，严防与钢丝绳接触处破皮、掉块。注意吊装时的人员安全。

(6)装载机安装法

适用于基坑较浅的管涵安装。安装时应注意装料斗缓慢上抬；管涵起吊部分边缘要铺垫柔和材料，以防钢丝绳拉、挤坏涵管。

3. 斜交管涵进出口管节外端面的处理方法有哪些？

答：斜交管涵进出口管节的外端面目前有以下几种处理方法。

(1)按斜交角度特别制斜交管节。

(2)斜涵正做，即管节端面不做任何处理，管节大部分斜伸出涵洞端帽石路基边坡之外。

(3)斜涵正做，但路基两端边坡处的管节一端按设计角度做成斜管，该管由预制场或现场制作，最后与路基走向一致。

(4)管节外端面也不做处理，但管节全部不伸出路基边坡外，管节两侧另加砌长度不同的涵台，涵顶伸出管节部分现浇梯形钢筋混凝土盖板，涵洞帽石与路基边坡贴合。

4. 管涵施工的质量标准是如何规定的？

答：管涵施工的质量标准有以下规定。

(1)管涵施工各部尺寸允许偏差见表20-1。

管涵施工允许偏差　表20-1

项　目	规定值或允许偏差(mm)
轴线偏位	50
流水面高程	±20
涵管长度	+100,-50
管座或垫层宽度、厚度	≥设计值
相邻管节底面错台(应下游低于上游)	3 (管径≤1.0m)
	5 (管径>1.0m)

(2)管身顺直,进出水口平整,无阻水现象。

(3)帽石及一字墙或八字墙平直,无翘曲现象。

二、拱涵、盖板涵、箱涵

5.采用土胎建造拱圈或盖板时应注意哪些事项?

答:采用土胎建造拱圈或盖板时应注意以下事项。

(1)当用松散砂石料堆筑土胎时,表面应包300mm厚黏土保护层。

(2)土胎填土应在涵台砌筑砂浆或现浇混凝土强度达到设计强度的75%以后进行,应分层夯填,每层厚度宜为0.2~0.3m,土的压实度应在90%以上。

有条件时,涵台外侧的填土可与土胎填土同时进行。涵台高度较高,采取土胎单侧填土时,应验算涵台的稳定性。

(3)填土宽度应伸出端墙外0.5~1.0m,并保持1:1.5的边坡。土胎顶部应用样板拉线进行检查校正。

(4)土胎表面应设保护层,保护层应具有一定的强度和适当的光滑度,并易于脱模。

(5)施工时应防止土胎被水浸蚀。

(6)当河沟中有少量流水而采用土胎施工时,除采用木排架土胎外,亦可根据水流大小,在全填土土胎下设渗水沟,埋设钢筋混凝土管、瓦管或用木料做成三角形泄水孔。

(7)拱圈和端墙的施工,应由两侧拱脚向拱顶同时对称进行。

(8)拱圈和盖板混凝土的现场浇筑施工,应连续进行,尽量避免施工缝。当涵身较长时,可沿涵长方向分段进行,每段应连续一次浇筑完成;施工缝应设在涵身沉降缝处。

6.预制拱圈和盖板安装时应注意哪些问题?

答:预制拱圈和盖板安装时应注意以下问题。

(1)成品混凝土强度达到设计强度的85%时,方可搬运安装。

(2)成品安装前,应检查成品及拱座、墩、台的尺寸。

(3)安装后,成品拱圈和盖板上的吊装孔,应以砂浆填塞,如系吊环应锯掉。

(4)拱座与拱圈、拱圈与拱圈的拼装接触面,应先拉毛或凿毛(沉降缝处除外),安装前应浇水湿润,再以M10水泥砂浆砌筑。

7.拱架和支架拆除及拱顶填土应注意哪些事项?

答:拱架和支架拆除及拱顶填土,应注意以下事项。

(1)拱圈圬工强度达到设计值的85%时,即可拆除拱架,但填土必须达到设计值后方可进行。

(2)当拱架未拆除,拱圈强度达到设计值的70%时,可进行拱顶填土,但应在拱圈强度达到设计值后,方可拆除拱架。

(3)拱涵拆除拱架可用木楔。木楔用比较坚硬的木料斜角对剖制成,并将剖面刨光。两块木楔接触面的斜度为1:6~1:10。在垫楔时应使上面一块的楔尖各伸出下面一块楔尾以外,这样在拆架时敲击木楔比较方便。木楔垫好后用钉钉牢。

(4)拆除拱架时应沿桥涵整个宽度上将拱架同时均匀降落,并从跨径中点开始,逐步向两边拆除。

8.箱涵施工应注意哪些事项?

答:箱涵施工应注意以下事项。

(1)软土地基施工的箱涵应早于其他工程动工,先进行软基加固处理,为加载预压抢出时间,然后二次开挖进行箱涵施工。

(2)箱涵混凝土浇筑应按设计进行,若设计没有要求,可二次浇筑成型,第一次浇筑至底板以上30cm处,第二次浇筑时应处理好施工缝,并防止由于第一次混凝土的收缩而造成施工缝处有漏浆或模板变形。

(3)为方便施工,涵内顶、侧模板宜用防水胶合板,外侧可用组合钢模板。

(4)由于是大面积混凝土施工,要防止模板及支架变形,防止漏筋及漏浆现象的发生。振捣要密实,要连续作业。若箱涵较长,应按中部沉降缝为界进行分段浇筑。

(5)拆模后应立即洒水养生,防止出现裂纹。

(6)混凝土强度达到100%设计强度后方可进行箱背回填,回填要在两侧均匀进行,以免由于受力不均而造成箱涵裂缝。

(7)箱背回填前应对混凝土墙身涂刷防护层,材料按设计要求或用沥青。

(8)箱涵应符合以下标准:

①其涵身裂纹不应≥0.15mm。

②表面蜂窝麻面面积不得超过0.5%,其深度超过10mm的必须进行处理。

③箱涵允许偏差见表20-2。

箱涵施工允许偏差 表20-2

项次	检查项目		规定值或允许偏差
1	轴线偏位(mm)		明涵20,暗涵50
2	流水面高程(mm)		±20
3	涵长(mm)		+100,-50
4	混凝土强度(MPa)		在合格范围内
5	高度(mm)		+5,-10
6	宽度(mm)		±30
7	顶板厚(mm)	明涵	+10,-0
		暗涵	不小于设计值
8	侧墙和底板厚度(mm)		不小于设计值
9	平整度(mm)		5

9. 拱涵、盖板涵施工的质量标准是如何规定的?

答:拱涵、盖板涵施工的质量标准规定如下:

(1)各部尺寸允许偏差见表20-3及表20-4所列。

拱涵施工允许偏差　表 20-3

项次	检 查 项 目		规定值或允许偏差
1	轴线偏位(mm)		50
2	流水面高程(mm)		±20
3	涵底铺砌厚度(mm)		+40，-10
4	涵长(mm)		+100，-50
5	孔径(mm)		±20
6	净高(mm)		±50
7	混凝土或砂浆强度(MPa)		在合格范围内
8	涵台断面尺寸(mm)	石料	±20
		混凝土	±15
9	垂直度或斜度(mm)		0.3% 台高
10	顶面高程(mm)		±10
11	拱圈厚度(mm)	石料	±20
		混凝土	±15
12	内弧线偏离设计弧线(mm)		±20

盖板涵施工允许偏差　表 20-4

项次	检 查 项 目		规定值或允许偏差
1	轴线偏位(mm)		明涵 20，暗涵 50
2	流水面高程(mm)		±20
3	涵底铺砌厚度(mm)		+40，-10
4	涵长(mm)		+100，-50
5	孔径(mm)		±20
6	净高(mm)		明涵 ±20，暗涵 ±50
7	混凝土或砂浆强度(MPa)		在合格范围内
8	涵台断面尺寸(mm)	石料	±20
		混凝土	±15
9	垂直度或斜度(mm)		0.3% 台高
10	顶面高程(mm)		±10
11	盖板高度(mm)	明涵	+10，-0
		暗涵	不小于设计值
12	盖板宽度(mm)	明涵	±20
		暗涵	±10
13	盖板长度(mm)		±20，-10
14	支承面中心偏位(mm)		10
15	相邻板最大高差(mm)		10

(2)涵身顺直,涵底铺砌紧密平整,拱圈圆滑。

(3)进出水口与上下游沟槽连接圆顺,流水畅通。

三、倒虹吸管、渡槽

10. 倒虹吸管涵施工时应注意哪些事项?

答:倒虹吸管涵施工时应注意以下事项。

(1)管节一般为钢筋混凝土圆管,管径可按有压力式的流量选择,一般为0.5~1.5m,节长1m,调整管节长0.5m。

(2)埋置深度应符合以下要求:

①管顶面距路基边缘深度不少于50cm;

②管顶距边沟底覆土不少于25cm;

③管节顶部必须埋置在当地最深冰冻线以下。

(3)倒虹吸管内水流系有压力式水流,水流状态与管底纵坡大小无关,一般均做成水平。

(4)混凝土基础下面宜填筑15~30cm砂砾垫层,并用重锤夯实。圆管应采用混凝土外包形式。

(5)水流落入竖井前和进入倒虹吸管之前各设沉淀池一个,一般沉淀池深为30cm。

(6)对于不外包管施工时管节接头及进出水口砌缝要求应特别严格,不能漏水,填土前应做灌水试验,符合要求方可填土。

(7)倒虹吸管的进出水口应在竣工后及时盖上。

(8)应设置拦污栅,其可用钢筋或扁钢制成,用现浇混凝土固定于竖井框壁。

(9)在冰冻期施工虹吸管,为防止管被冻裂,应将管内的积水排干。

11. 倒虹吸管施工质量的标准是如何规定的?

答:倒虹吸管施工质量的标准规定如下。

(1)各部尺寸允许偏差参见表20-5所示。

(2)灌水试验渗水量限值见表20-6所示。

倒虹吸施工允许偏差 表20-5

项次	检查项目		规定值或允许偏差
1	轴线偏位(mm)		20
2	流水面高程(mm)		±20
3	涵管长度(mm)		+100,-50
4	管座或垫层混凝土强度(MPa)		在合格标准内
5	管座或垫层宽度、厚度		≥设计值
6	相邻管节底面错台(mm)	管径≤1m	3
		管径>1m	5
7	砂浆强度(MPa)		在合格标准内
8	井底高程(mm)		±15
9	井口高程(mm)		±20
10	圆井直径或方井边长(mm)		±20
11	井壁井底厚(mm)		+20,-5

倒虹吸管灌水试验渗水量限值 表20-6

管径(m)	最大渗水量(混凝土和钢筋混凝土)		管径(m)	最大渗水量(混凝土和钢筋混凝土)	
	$m^3/(d \cdot km)$	$L/(h \cdot m)$		$m^3/(d \cdot km)$	$L/(h \cdot m)$
0.75	27	1.13	1.50	42	1.75
1.00	32	1.33	2.00	52	2.17
1.25	37	1.54	2.50	62	2.58

12. 如何选择渡槽施工方案?

答:渡槽施工因时间不同,可分为三种方案(见表20-7),施工时可根据地质条件、工程特点择优选取施工方法。

三种渡槽施工方案比较 表20-7

方案	路堑施工前修建	路堑施工后修建	路面完成通车后修建
适用条件	路堑较浅,渡槽设于路堑中部,不影响路堑土方施工	路堑完工后,铺筑路面之前的时间,够渡槽施工	前两种方案不能采用时
优越性	1. 可与路堑平行作业,争取工期; 2. 不必设临时水道渡槽; 3. 可以节省架设渡槽梁的工序,节省其辅助设备	1. 基坑开挖支撑较简单; 2. 墩、台基础施工方便; 3. 可免除通车后在防护下施工的麻烦	1. 不影响路面铺筑进度; 2. 材料运输可利用汽车直达工地; 3. 竖直运输可利用路堑做缆索吊装; 4. 支柱可利用汽车吊吊装

续上表

方案	路堑施工前修建	路堑施工后修建	路面完成通车后修建
缺点	1. 挖基及施工效率低； 2. 雨季施工时需要防护设备； 3. 增加了基坑支撑工作量	1. 不能与土石方平行作业，施工工期长； 2. 架设渡槽辅助设备多； 3. 渠道不能断水时，需设临时渡槽	1. 干扰行车； 2. 施工设备高度受汽车行车净空控制； 3. 工效低，造价高； 4. 基础施工时，需考虑维持通车； 5. 渠道不能断水时，需设临时渡槽

四、其　　他

13. 涵洞施工时，确定地基承载力的简便方法有哪些？

答：当涵洞地基建成后，应立即对基底进行是否满足设计所要求的承载力及其他力学性能指标的鉴定，鉴定方法为：①取土样做土的物理力学性能试验；②各种现场试验，如标准贯入试验、荷载板试验等；③对复合地基应做静载试验。

(1)黏性土、黄土地基承载力检测

对于黏性土和黄土地基，可现场取有代表性的土样(一般每个基底不少于4个土样)进行土工试验，得到地基土的有关物理力学指标，由规范求出承载力。对于一般黏性土和新近沉积黏性土地基，测土样含水率、湿重度、液限、塑限和颗粒密度，求出天然孔隙比和液性指数，据表20-8和表20-9确定容许承载力。对于老黏性土和残积黏土地基，可取土样进行压缩试验，求得土样压缩模量，据表20-10和表20-11确定容许承载力。对于新近堆积黄土地基，按土含水比(天然含水率 w 和液限 w_L 的比值)确定容许承载力，见表20-12。对于一般新黄土地基，按天然含水率和液限比(液限 w_L 与天然孔隙比 e 的比值)确定容许承载力，见表20-13。对于老黄土地基，按天然孔隙比 e 和含水比 w/w_L 确定容许承载力，见表20-14。

一般黏性土的容许承载力[σ_0](kPa)　　　表20-8

e \ [σ_0] \ I_L	0	0.1	0.2	0.3	0.4	0.5	0.6	0.7	0.8	0.9	1.0	1.1	1.2
0.5	450	440	430	420	400	380	350	310	270	240	220	—	—

续上表

I_L / $[\sigma_0]$ / e	0	0.1	0.2	0.3	0.4	0.5	0.6	0.7	0.8	0.9	1.0	1.1	1.2
0.6	420	410	400	380	360	340	310	280	250	220	200	180	—
0.7	400	370	370	330	310	290	270	240	220	190	170	160	150
0.8	380	330	300	280	260	240	230	210	180	160	150	140	130
0.9	320	280	260	240	220	210	190	180	160	140	130	120	100
1.0	250	230	220	210	190	170	160	150	140	120	110	—	—
1.1	—	—	160	150	140	130	120	110	100	90	—	—	—

注：①一般黏性土是指第四纪全新世(Q_4)(文化期以前)沉积的黏性土，一般为正常沉积的黏性土。

②土中含有粒径大于2mm的颗粒重量超过全部重量的30%以上时，$[\sigma_0]$可酌量提高。

③当$e<0.5$时，取$e=0.5$，$I_L<0$时，取$I_L=0$。此外，超过表20-8列范围的一般黏性土，$[\sigma_0]$可按下式计算：$[\sigma_0]=57.22E_s^{0.57}$，式中：$E_s$—土的压缩模量，MPa。

新近沉积黏性土的容许承载力$[\sigma_0]$(kPa)　　表20-9

I_L / $[\sigma_0]$ / e	≤0.25	0.75	1.25	I_L / $[\sigma_0]$ / e	≤0.25	0.75	1.25
≤0.8	140	120	100	1.0	120	100	80
0.9	130	110	90	1.1	110	90	—

注：新近沉积的黏性土是指自文化期以来沉积的黏性土，一般为欠固结，且强度较低。

老黏性土的容许承载力$[\sigma_0]$　　表20-10

E_s(MPa)	10	15	20	25	30	35	40
$[\sigma_0]$(kPa)	380	430	470	510	550	580	620

注：老黏性土是指第四纪晚更新世(Q_3)及其以前沉积的黏性土。一般具有较高的强度和较低的压缩性。

残积黏性土的容许承载力$[\sigma_0]$　　表20-11

E_s(MPa)	4	6	8	10	12	14	16	18	20
$[\sigma_0]$(kPa)	190	220	250	270	290	310	320	330	340

注：表20-11适用于西南地区碳酸盐类岩层的残积红土，其他地区可参照使用。

新近堆积黄土的容许承载力[σ_0]　表 20-12

w/w_L	0.4	0.5	0.6	0.7	0.8	1.0	1.2
[σ_0](kPa)	130	120	110	100	90	80	70

注:表 20-12 列新近堆积黄土为湿陷性黄土地基时,经人工处理后,其承载力按下列系数提高:

①人工夯实(用 0.5kN 的普通石夯,落距 50cm,分别夯 3 遍),提高 1.2。

②换土夯实[表层换填卵石 16cm,三七石灰土(体积比为三分石灰七分土)4cm,电动蛙式机夯打 3~4 遍],提高 1.3。

③重锤夯实(包括表层 1.0~1.5m 厚度的夯实和回填夯实),提高 2.0。

④打石灰砂桩(基础底面地基加固),提高 4.0。

一般新黄土的容许承载力[σ_0](kPa)　表 20-13

[σ_0] W_L/e \ W	≤10	13	16	19	22	25	28	31	34
22	190	180	170	150	130	110	90	70	50
25	200	190	180	160	140	120	100	80	60
28	210	200	190	170	150	130	110	90	70
31	230	210	200	180	160	140	120	100	80
34	250	230	210	190	170	150	130	110	100
37	—	250	230	210	190	170	150	130	110
40	—	—	250	230	210	190	170	150	130
43	—	—	—	250	230	210	190	170	150

老黄土的容许承载力[σ_0](kPa)　表 20-14

[σ_0] W/W_L \ e	<0.7	0.7~0.8	0.8~0.9	>0.9
<0.6	700	600	500	400
0.6~0.8	500	400	300	250
>0.8	400	300	200	200

注:山东老黄土性质较差,容许承载力[σ_0]应降低 100~200kPa。

(2)砂土、碎石地基承载力检测

对于砂类土、碎石土地基承载力可按其分类和密实度确定,砂类土和碎石土的分类可以按桥规规定确定。砂土的密实度可用相对密度表示。在工程中常用标准贯入度的锤击数来确定相对密度和密实度,其承载力见表 20-15 所示。碎石土的密实度根据钻探情况按规范而定,其容许承载力见表 20-16。

砂土的容许承载力[σ_0](kPa)　　表 20-15

土　名	密实度 / [σ_0] / 湿　度	密　实	中　密	松　散
砾砂、粗砂	与湿度无关	550	400	200
中砂	与湿度无关	450	350	150
细砂	水上	350	250	100
	水下	300	200	—
粉砂	水上	300	200	—
	水下	200	100	—

碎石土的容许承载力[σ_0](kPa)　　表 20-16

密实程度 / [σ_0] / 土　名	密　实	中　密	松　散
卵石	1 200 ~ 1 000	1 000 ~ 600	500 ~ 300
碎石	1 000 ~ 800	800 ~ 500	400 ~ 200
圆砾	800 ~ 600	600 ~ 400	300 ~ 200
角砾	700 ~ 500	500 ~ 300	300 ~ 200

注:①由硬质岩组成,填充砂土者取高值;由软质岩组成,填充黏性土者取低值。

②半胶结的碎石土,可按密实的同类土的[σ_0]值提高 10% ~30%。

③松散的碎石土在天然河床中很少见,需特别注意鉴定。

④漂石、块石的[σ_0]值,可参照卵石、碎石适当提高。

(3)用标准贯入试验测土类的容许承载力

根据标准贯入试验的锤击数 N 估计天然地基的容许承载力,见表 20-17 和表 20-18。估计砂土的密实度,见表 20-19。

砂土的容许承载力[σ_0](kPa) 表20-17

N	10~15	15~30	30~50
[σ_0]	140~180	180~340	340~500

一般黏性土和老黏性土的容许承载力[σ_0](kPa) 表20-18

N	3	5	7	9	11	13	15	17	19	21	23
[σ_0]	120	160	200	240	280	320	360	420	500	580	660

砂 土 密 实 度 表 表20-19

分级	相对密度 D_r	实测平均锤击数 N	分级		相对密度 D_r	实测平均锤击数 N
密实	$D_r \geq 0.67$	30~50	松散	稍松	$0.33 > D_r \geq 0.20$	5~9
稍密	$0.67 > D_r \geq 0.33$	10~29		极松	$D_r < 0.20$	<5

14. 为什么要对涵洞设置防水层?为什么要严格控制管节间的接缝宽度?

答:钢筋混凝土涵洞在水的作用下就会使水侵入到混凝土内部,从而使混凝土内的钢筋锈蚀,对涵洞的受力造成影响,缩短结构使用寿命。在北方严寒地区,即是使用无筋混凝土涵洞,由于水的侵入仍会在冻胀的情况下给涵洞造成结构破坏。因此,涵洞防水层的设置不能忽视,而且应严格按设计文件执行,若设计无规定,一般情况下用沥青加热涂刷二遍,每遍涂刷厚度为1.0~1.5mm。

在钢筋混凝土管节的生产和安装中,由于预制管节端面不易与轴线完全垂直以及端模粗糙不平整等原因、或为弥补管长不足的情况,容易造成加大管节接缝宽度。接缝宽度太宽,塞缝料不易嵌紧,易漏水;若改用水泥砂浆处理过宽的接缝,由于砂浆是无弹性材料,涵洞稍有不均匀沉降,就会造成开裂而漏水。因此,在施工中要严格控制接缝宽度,一般缝宽为10~20mm。

第二十一章 通道桥涵的顶进施工

1. 后背施工应注意哪些事项?

答:后背施工应注意以下事项。

(1)如后背与滑板设计为整体时,混凝土应连续浇筑,不留施工缝;在后背抗力不足时,可在滑板上堆土压重,使地梁上的顶力除由后背抵抗外,一部分由滑板上堆土所产生的摩阻力来抵抗。

(2)在浇筑后背梁混凝土时,后背梁与板桩或后墙之间应以油毡隔离,以利竣工后板桩或墙的拆除。

(3)拼装式后背的预制块和预制桩,宜在工厂集中预制,后背的垫层用浆砌片石或填筑砂石等;垫层后的填土应分层夯实。

(4)不论是块石后背或是钢筋混凝土后背,在设计和修建时要注意在底部设置台阶或阶坎,以增加后背抗力。

(5)后背梁安装顶入采用横顶铁时,应使接触面保持平直,不得有空隙,并须垂直于桥涵中线。

(6)以工作坑壁原土作顶管后背时,应符合下列要求:

①计算原土后背横排方木面积时,应满足顶力所需的土的容许承压应力,若缺乏试验资料时,对一般土质,可按不超过150kPa考虑;

②方木应置于工作坑以下一定深度,使千斤顶的着力点约在方木高度的2/5处;

③后背土壁应铲修平整,并使设置横木处的壁面与管道顶入方向垂直。

2. 如何计算桥涵顶入时所需的顶力?

答:桥涵顶入时所需的顶力必须克服桥涵重力产生于滑板上摩阻力、周围土的摩阻力及前刃角切土时的阻力。顶力可按下式进行计算:

$$P = k[N_1f_1 + (N_1 + N_2)f_2 + 2Ef_3 + RA]$$

式中:P——最大顶力,kN;

N_1——桥涵顶面上的荷载(包括线路加固材料重力),kN;

f_1——桥涵顶面与其上荷载的摩擦系数,由试验确定;无试验资料时,可视顶上润滑处理情况,采用下列数值:涂石腊为0.17~0.34,涂滑石粉浆为0.30,涂机油调制的滑石粉浆为0.20,覆土较厚时用0.7~0.8;

N_2——桥涵重力,kN;

f_2——桥涵底面与基底土的摩擦系数,由试验确定;无试验资料时,视基底土的性质可采用0.7~0.8;

E——桥涵两侧土压力,kN;

f_3——侧面摩擦系数,由试验确定;无试验资料时,视土的性质可采用0.7~0.8;

R——土壤对钢刃角正面的单位面积阻力,由试验确定;无试验资料时,视刃角构造、挖土方法、土的性质而采用:

细粒土为500~550kPa;

粗粒土为1 500~1 700kPa;

A——钢刃角正面积,m^2;

k——系数,一般采用1.2。

3. 小桥与箱涵顶进施工应注意哪些事项?

答:(1)每次开镐前及交接班时都应检查油泵等液压系统有无故障、挖土是否符合要求、顶铁安装是否合格、后背变形等情况。

(2)刃脚一经切土,应暂停顶进作业,组织人员及设备尽快出土,连续作业,保证箱身不断顶进。

(3)挖土时根据地质情况控制进尺在20~50cm左右;应掌握土坡的平整,并保持与刃脚坡度一致,严禁出现逆坡。

(4)挖土工作必须与观测工作紧密配合,根据涵身顶进时的偏差情况,随时改进挖土方法。

(5)无论何种原因使顶进中断时,也应间歇性地顶动涵身,以防止箱涵在之后的顶进时阻力增大。

(6)顶进至铁路线路底下、列车通过时,顶进的机械设备有故障时,应停止挖土顶进。

(7)顶进时,顶柱和后背处严禁站人,以防顶柱弓起崩出或后背产生意外发生事故。

(8)顶进中需做好记录,随班交接。

4. 管涵顶进时应注意哪些事项?

答:(1)顶进设备中,千斤顶活塞的外伸长度不能超出规定的行程范围,以防损坏设备;发现压力骤然增大时,应立即停泵检查原因。

(2)顶进一旦开始,应连续进行。尽量避免长时间停顿,以防地下渗水量增加,土拱坍塌,造成顶力大幅上升。

(3)顶进挖土时应按以下要求进行:

①土质良好时,允许在管前超挖10~30cm后再顶管;

②土质差不能形成土拱时，管前超挖量应小，并随挖随顶;

③管节下部135°范围内不应超挖,土弧要与管外壁吻合,保持原状土地基;

④尽量避免管顶上部超挖,土质好时超挖量不得大于15mm,在重要建筑物和铁路下及土质差时均不得有超挖现象;

⑤穿越铁路、公路时,是否向前超挖应以保证线路上的交通安全为原则。

(4)千斤顶的排列要对称于管中线,以便均匀加力。

(5)顶进速度应适中。过快,产生偏差后不易纠正;过慢,易出现坍方。

5. 如何计算顶管顶进速度?

答:顶速是单位时间内顶进管节的长度,单位为:cm/min,可用下式计算:

$$v = [S - (\Delta_1 + \Delta_2)]/t$$

式中:v——顶进速度,cm/min;

S——千斤顶活塞杆行程,cm;

Δ_1——后背压缩量,cm;

Δ_2——顶铁压缩量,cm;

t——千斤顶行程所需时间,min。

6. 顶进过程中会出现哪些问题? 应怎样预防和处理?

答:顶进过程中会出现的问题、产生的原因以及其预防和处理措施如表21-1所示。

顶进事故处理及预防 表21-1

事故类型	产生原因	处理及预防措施
顶铁外崩	顶力线偏斜产生偏心荷载所致,主要有以下四方面引发: (1)单行纵顶铁安装不直。 (2)单行纵顶铁长度超过1.5m,接头多。 (3)涵体强度不匀,一边被顶破裂。 (4)后背土质不均,发生倾斜	(1)单行纵顶铁安装要平直,长度控制在1.5m以内且尽量用一根完整顶铁。 (2)高压顶进涵管时,管口一定要加上整体边圈,或圆弧顶铁,使顶铁顶力均匀分布,避免管裂。 (3)安装后背时要严格检查土质是否一致,对不一致的土要进行加强措施
后背破坏	(1)后背土壤抗剪刀不足。 (2)后背土壤局部压缩不匀,使顶力产生偏心荷载。 (3)后背制作时土壤壁不竖直。 (4)安装传力工具时不与中轴线垂直	(1)安装后背时应严格按要求去做,对不均匀土壤应换填砂砾或垫木板。 (2)对已破坏的后背应查明原因拆除并弥补不足重新安装
刃头卡土	顶进大的箱涵用挖土机挖土时: (1)先开千斤顶,后开挖土机。 (2)先停挖土机,后停千斤顶	(1)顶进时先开挖土机,后开千斤顶。 (2)先停千斤顶,后停挖土机。 (3)电压不足时,避免同时启动,应先开挖土机空转,后开其他设备,全部开动后再顶进。 (4)刃头卡土时,挖土机阻力增加不能再次启动,必须先用人工挖去埋上齿的土,或用人工慢慢搬运,使之旋转切土,或间断瞬时开动电机,使刃齿慢慢移动,直至旋转全部切土为止
管节破裂	(1)顶力过大。 (2)管材混凝土强度低于规定强度。 (3)管端不平,应力集中。 (4)管壁薄,接触面小,在顶力突然增加的情况下	(1)下管时应检查管端面是否平直。 (2)管壁薄的要使用边圈或弧形铁以加大承压面积。 (3)管壁与顶铁间加垫层
顶进中障碍物处理	(1)箱涵:①顶进中遇马蹄管,边顶边拆除。②顶进中遇到基础类障碍物,用风镐凿碎后随土运出。③遇有大型基础,可在下面把土适当掏空,而于上面以箱涵作支点,用小千斤顶将其顶裂,并由其他机械设备拉出。④遇到小型管道,或预先挖出,或直接用箱涵顶进的力量顶出。 (2)管涵顶进:①遇木桩、树根,在管外边缘锯断。②遇灰土时,按管外壁錾成弧形壁。③遇空洞时,管下的空洞用土填实,管上部分应灌浆。④遇管线时应及时与有关单位联系,采取改线	

附 录

附表 1 截面力学特性的计算公式

截面力学特性的计算公式

附表 1-1

特性名称	计算公式	图形	说明
静矩	$S_x = \int_A y_0 dA = A_{y0}$ $S_y = \int_A x_0 dA = A_{x0}$		A——图形的全面积； x_0、y_0——重心与 x、y 的距离
惯性矩	$I_x = \int_A y^2 dA = r_x^2 A$ $I_y = \int_A x^2 dA = r_y^2 A$		r_x、r_y——分别为截面对于 x 轴和 y 的回转半径（惯性半径）
极惯性矩	$I_\mu = \int_A \rho^2 dA = \int_A (x^2 + y^2) dA = I_x + I_y$		
惯性积	$I_{xy} = \int_A xy dA$		
平行轴惯性矩间的关系	$I_{x1} = I_x + a^2 A$ $I_{y1} = I_y + b^2 A$		
平行轴惯性积间的关系	$I_{x1y1} = I_{xy} + abA$		如果 x、y 轴包括图形的对称轴，则 $I_{xy} = 0$，$\therefore I_{x1y} = abA$

截面力学特性的计算公式

附表 1-2

特性名称		计算公式	图形	说明
两轴(通过任一点 o)旋转 α 角(以逆时针方向为正)后	惯性矩的关系	$I_{x1}=I_x\cos^2\alpha+I_y\sin^2\alpha-I_{xy}\sin^2\alpha$ $I_{y1}=I_y\cos^2\alpha+I_x\sin^2\alpha+I_{xy}\sin^2\alpha$		
	惯性积的关系	$I_{x1y1}=\frac{1}{2}(I_x-I_y)\sin^2\alpha+I_{xy}\cos^2\alpha$		
主形心轴的方位角 α_0		$\tan^2\alpha_0=\frac{2I_{xy}}{I_y-I_x}$	截面形心	通过截面形心并有一定方位角 α_0 的两个互相垂直的轴 x_0 和 y_0 称为主形心轴。此时,截面对主形心轴 x_0 和 y_0 的主形心惯性矩,一个为最大,另一个为最小,而且惯性积必等于零
主形心惯性矩		$I_{x0}=I_x\cos^2\alpha+I_y\sin^2\alpha_0-I_{xy}\sin^2\alpha_0$ $I_{y0}=I_x\cos^2\alpha_0+I_y\cos^2\alpha_0+I_{xy}\sin^2\alpha_0$		

续上表

特性名称	计算公式	图形	说明
组合截面的惯性矩	$I_x = I_{x1} + I_{x2} + \cdots + I_{xn} = \sum_{i=1}^{n} I_{xi}$	2, 1, 3, x, y	组合截面的惯性矩等于各组成部分惯性矩的总和
截面系数(抵抗矩)	$W_{x1} = \frac{I_{x0}}{y_1}$ $W_{x2} = \frac{I_{x0}}{y_2}$	y_0, o, x_0, y_1, y_2	W_{x1}、W_{x2}——分别为截面上边缘及下边缘的截面系数； I_{x0}——截面对形心轴 x_0 的惯性矩； y_1、y_2——分别为形心至截面上边缘及下边缘的距离
截面的回转半径	$r_x = \sqrt{\frac{I_x}{A}}$		r_x——截面对 x 轴的回转半径； I_x——截面对 x 轴的惯性矩； A——截面积
截面的核心半径	$\rho = \frac{W}{A}$		ρ——截面对中性轴的核心半径

附表 2　各种截面的力学特性表

各种截面的力学特性表　　附表 2-1

截面形状	截面积 (A)	重心轴至边缘距离 $(y_1、y_2)$	惯性矩 $(I_1、I_2)$	截面系数 $\left(W_1=\frac{I_1}{y_1}\right)$ $\left(W_2=\frac{I_2}{y_2}\right)$	回转半径 $\left(r_1=\sqrt{\frac{I_1}{A}}\right)$ $\left(r_2=\sqrt{\frac{I_2}{A}}\right)$
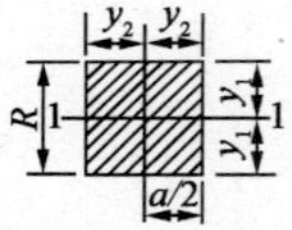	$A=a^2$	$y_1=y_2=\frac{a}{2}$	$I_1=I_2=\frac{a^4}{12}$	$W_1=W_2=\frac{a^3}{6}$	$r_1=r_2=0.289a$
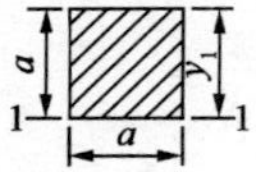	$A=a^2$	$y_1=a$	$I_1=\frac{a^4}{3}$	$W=\frac{a^3}{3}$	$r_1=\frac{a}{\sqrt{3}}=0.577a$
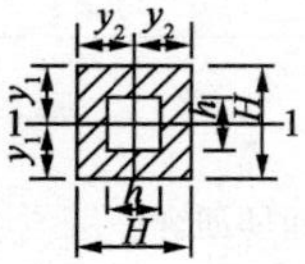	$A=H^2-h^2$	$y_1=y_2=\frac{H}{2}$	$I_1=I_2=\frac{H^4-h^4}{12}$	$W=\frac{H^4-h^4}{6H}$	$r_1=r_2=\sqrt{\frac{H^2+h^2}{12}}$ $=0.289\sqrt{H^2+h^2}$
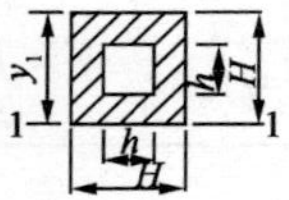	$A=H^2-h^2$	$y_1=H$	$I_1=\frac{1}{12}(4H^2+h^2)\cdot(H^2-h^2)$	$W=\frac{(4H^2+h^2)(H^2-h^2)}{12H}$	$r_1=\sqrt{\frac{4H^2+h^2}{12}}$ $=0.289\sqrt{4H^2+h^2}$

续上表

截面形状	截面积 (A)	重心轴至边缘距离 (y_1、y_2)	惯性矩 (I_1、I_2)	截面系数 $\left(W_1=\frac{I_1}{y_1}\right)$ $\left(W_2=\frac{I_2}{y_2}\right)$	回转半径 $\left(r_1=\sqrt{\frac{I_1}{A}}\right)$ $\left(r_2=\sqrt{\frac{I_2}{A}}\right)$
	$A=bh$	$y_1=\frac{h}{2}$ $y_2=\frac{b}{2}$	$I_1=\frac{bh^3}{12}$ $I_2=\frac{hb^3}{12}$	$W_1=\frac{bh^2}{6}$ $W_2=\frac{hb^2}{6}$	$r_1=0.289h$ $r_2=0.289b$
	$A=bh$	$y_1=h$	$I_1=\frac{bh^3}{3}$	$W_1=\frac{bh^2}{3}$	$r_1=\frac{h}{\sqrt{3}}=0.577h$
	$A=bh-b_1h_1$	$y_1=\frac{h}{2}$	$I_1=\frac{bh^3-b_1h_1^3}{12}$	$W_1=\frac{bh^3-b_1h_1^3}{6h}$	$r_1=\sqrt{\frac{bh^3-b_1h_1^3}{12(bh-b_1h_1)}}$
	$A=BH-bh$	$y_1=H$	$I_1=\frac{1}{12}(4BH^3-$ $bh^3-3bhH^2)$	$W_1=\frac{I_1}{H}$	$r_1=\left(\frac{4BH^3-bh^3-3bhH^2}{12(BH-bh)}\right)^{\frac{1}{2}}$
	$A=\frac{\pi d^2}{4}$ $=0.785d^2$	$y_1=\frac{d}{2}$	$I_1=\frac{\pi d^4}{64}=0.049d^4$	$W_1=\frac{\pi d^3}{32}=0.098d^3$	$r_1=r_2=\frac{d}{4}$

附表 2-2

各种截面的力学特性表

截面形状	截面积 (A)	重心轴至边缘距离 $(y_1、y_2)$	惯性矩 $(I_1、I_2)$	截面系数 $\left(W_1=\frac{I_1}{y_1}\right)\left(W_2=\frac{I_2}{y_2}\right)$	回转半径 $\left(r_1=\sqrt{\frac{I_1}{A}}\right)\left(r_2=\sqrt{\frac{I_2}{A}}\right)$
	$A=\frac{\pi}{4}(D^2-d^2)$ $=0.785(D^2-d^2)$	$y_1=\frac{D}{2}$	$I_1=\frac{\pi}{64}(D^4-d^4)$ $=0.049(D^4-d^4)$	$W_1=\frac{\pi}{32D}(D^4-d)$	$r_1=\frac{1}{4}\sqrt{D^2+d^2}$
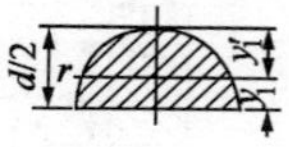	$A=\frac{\pi d^2}{8}=0.393d^2$	$y_1=0.2122d$ $y'_1=0.2878d$	$I_1=0.00686d^4$ $I_2=\frac{\pi d^4}{128}\approx 0.025d^4$	$W_1=0.0323d^3$ $W'_1=0.0238d^3$ $W_2=0.0125d^3$	$r_1=0.132d$ $r_2=\frac{d}{4}$
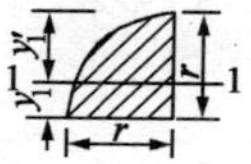	$A=\frac{\pi r^2}{4}=0.785r^2$	$y_1=0.4244r$ $y'_1=0.5756r$	$I_1=0.055r^4$	$W_1=0.1296r^3$ $W'_1=0.0956r^3$	$r_1=0.264r$
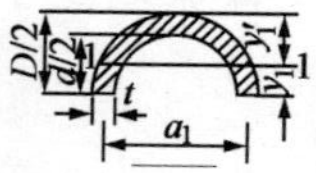	$A=\frac{\pi}{8}(D^2-d^2)$ $=0.393(D^2-d^2)$	$y_1=\frac{2D^2+Dd+d^2}{3\pi D+d}$ $y'_1=\frac{D}{2}-y_1$	$I_1=0.00686(D^4-d^4)-\frac{0.0177D^2d^2(D-d)}{D+d}$		$r_1=\sqrt{\frac{I_1}{A}}$

续上表

截面形状	截面积 (A)	重心轴至边缘距离 (y_1、y_2)	惯性矩 (I_1、I_2)	截面系数 $\left(W_1=\frac{I_1}{y_1}\right)$ $\left(W_2=\frac{I_2}{y_2}\right)$	回转半径 $\left(r_1=\sqrt{\frac{I_1}{A}}\right)$ $\left(r_2=\sqrt{\frac{I_2}{A}}\right)$
	$A=\alpha\frac{D^2}{4}$	$y'_1=\frac{D}{2}(1-\frac{2\sin\alpha}{3\alpha})$ $y_1=D\frac{\sin\alpha}{3\alpha}$ $y_2=\frac{D}{2}\sin\alpha$	$I_1=\frac{D^4}{64}(\alpha+\sin\alpha\cdot\cos\alpha-\frac{16\sin^2\alpha}{9\alpha})$ $I_2=\frac{D^4}{64}(\alpha-\sin\alpha\cdot\cos\alpha)$		$r_1=\frac{D}{4}\left(1+\frac{\sin\alpha\cos\alpha}{\alpha}-\frac{16\sin\alpha^2-\alpha)^{\frac{1}{2}}}{9\alpha^2}\right)$ $r_2=\frac{D}{4}(1-\frac{\sin\alpha\cos\alpha}{\alpha})^{\frac{1}{2}}$
	$A=\alpha Dt$	$y_1=\frac{D}{2}(\frac{\sin\alpha}{\alpha}-\cos\alpha)$ $y'_1=\frac{D}{2}(1-\frac{\sin\alpha}{\alpha})$	$I_1=\frac{D^3t}{8}(\alpha+\sin\alpha\cdot\cos\alpha-\frac{2\sin^2\alpha}{\alpha})$ $I_2=\frac{D^3t}{8}(\alpha-\sin\alpha\cos\alpha)$		$r_1=\frac{D}{2}(\frac{\alpha+\sin\alpha\cos\alpha}{2\alpha}-\frac{2\sin^2\alpha}{\frac{\alpha}{2\alpha}})^{\frac{1}{2}}$ $r_2=\frac{D}{2}\sqrt{\frac{\alpha-\sin\alpha\cos\alpha}{2\alpha}}$
	$A=\frac{\pi}{4}ab$ $=0.785ab$	$y_1=\frac{a}{2}$ $y_2=\frac{b}{2}$	$I_1=\frac{\pi a^3b}{64}$ $I_2=\frac{\pi ab^3}{64}$	$W_1=\frac{\pi a^2b^2}{32}$ $W_2=\frac{\pi ab}{32}$	$r_1=\frac{a}{4}$ $r_2=\frac{b}{4}$
	$A=\frac{\pi}{4}(ab-a_1b_1)$ $=0.785(ab-a_1b_1)$	$y_1=\frac{a}{2}$ $y_2=\frac{b}{2}$	$I_1=\frac{\pi}{64}(a^3b-a_1^3b_1)$ $I_2=\frac{\pi}{64}(b^3a-b_1^3a_1)$	$W_1=\frac{\pi}{32a}(a^3b-a_1^3b_1)$ $W_2=\frac{\pi}{32b}(ab^3-a_1b_1^3)$	$r_1=\frac{1}{4}\sqrt{\frac{a^3b-a_1^3b_1}{ab-a_1b_1}}$ $r_2=\frac{1}{4}\sqrt{\frac{a^3b-a_1^3b_1^3}{ab-a_1b_1}}$

附表 2-3

各种截面的力学特性表

截面形状	截面积 (A)	重心轴至边缘距离 $(y_1、y_2)$	惯性矩 $(I_1、I_2)$	截面系数 $\left(W_1=\frac{I_1}{y_1}\right)$ $\left(W_2=\frac{I_2}{y_2}\right)$	回转半径 $\left(r_1=\sqrt{\frac{I_1}{A}}\right)$ $\left(r_2=\sqrt{\frac{I_2}{A}}\right)$
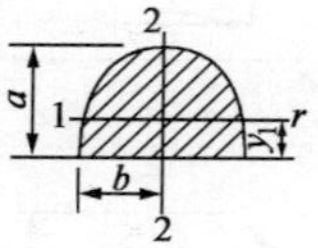	$A=\frac{1}{2}\pi ab$ $=1.5708ab$	$y_1=\frac{4a}{3\pi}$	$I_1=a^3b(\frac{\pi}{8}-\frac{8}{9\pi})$ $I_2=\frac{1}{8}\pi ab^3$ $I_3=\frac{1}{8}\pi a^3b$	$W_1=0.19076a^2$	$r_1=0.2643a$
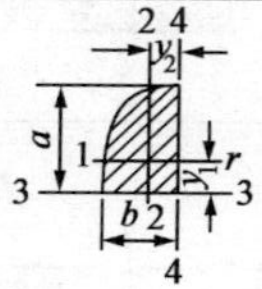	$A=\frac{1}{4}\pi ab$ $=0.785ab$	$y_1=\frac{4a}{3\pi}$ $y_1=\frac{4b}{3\pi}$	$I_1=a^3b(\frac{\pi}{16}-\frac{4}{9\pi})$ $I_2=ab^3(\frac{\pi}{16}-\frac{4}{9\pi})$ $I_3=\frac{1}{16}\pi a^3b$ $I_4=\frac{1}{16}\pi ab^3$	$W_1=0.095346a^2$	$r_1=0.2643a$
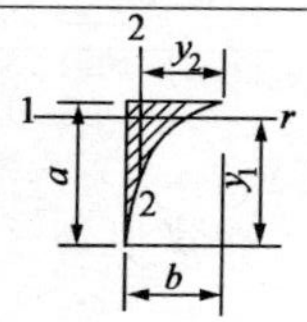	$A=ab(1-\frac{\pi}{4})$ $=0.215ab$	$y_1=\frac{a}{6(1-\frac{\pi}{4})}$ $y_2=\frac{b}{6(1-\frac{\pi}{4})}$	$I_1=a^3b\cdot[\frac{1}{3}-\frac{\pi}{16}-\frac{1}{36(1-\frac{\pi}{4})}]$ $I_2=ab^3\cdot[\frac{1}{3}-\frac{\pi}{16}-\frac{1}{36(1-\frac{\pi}{4})}]$	$W_1=\frac{I_1}{y_1}$ $W_2=\frac{I_2}{y_2}$	$r=\sqrt{\frac{I}{A}}$

续上表

截 面 形 状	截面积 (A)	重心轴至边缘距离 (y_1、y_2)	惯性矩 (I_1、I_2)	截面系数 $\left(W_1=\frac{I_1}{y_1}\right)$ $\left(W_2=\frac{I_2}{y_2}\right)$	回转半径 $\left(r_1=\sqrt{\frac{I_1}{A}}\right)$ $\left(r_2=\sqrt{\frac{I_2}{A}}\right)$
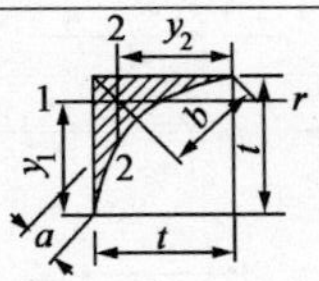	$A=(1-\frac{\pi}{4})t^2$ $=0.2146t^2$	$y_1=y_2=0.7766t$	$I_1=I_2=0.0075t^4$	$W_1=W_2=0.00966t^3$	$r_1=r_2=0.18693t$
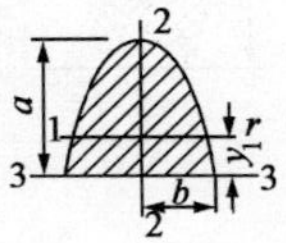	$A=\frac{4}{3}ab$	$y_1=\frac{2}{5}a$	$I_1=\frac{16}{175}a^3b$ $I_2=\frac{4}{15}ab^3$ $I_3=\frac{32}{105}a^3b$		
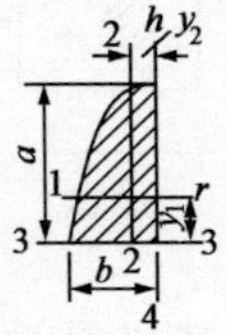	$A=\frac{2}{3}ab$	$y_1=\frac{2}{5}a$ $y_2=\frac{3}{8}b$	$I_1=\frac{8}{175}a^3b$ $I_2=\frac{19}{480}ab^3$ $I_3=\frac{16}{105}a^3b$ $I_4=\frac{2}{15}ab^3$		
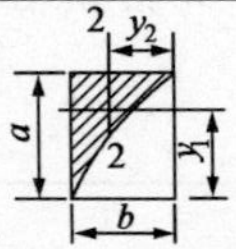	$A=\frac{1}{3}ab$	$y_1=\frac{7}{10}a$ $y_2=\frac{3}{4}b$	$I_1=\frac{37}{2100}a^3b$ $I_2=\frac{1}{80}ab^3$		

各种截面的力学特性表

附表 2-4

截面形状	截面积 (A)	重心轴至边缘距离 $(y_1、y_2)$	惯性矩 $(I_1、I_2)$	截面系数 $\left(W_1=\frac{I_1}{y_1}\right)$ $\left(W_2=\frac{I_2}{y_2}\right)$	回转半径 $\left(r_1=\sqrt{\frac{I_1}{A}}\right)$ $\left(r_2=\sqrt{\frac{I_2}{A}}\right)$
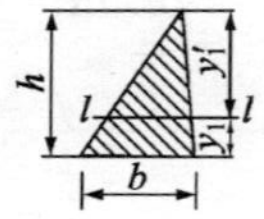	$A=\frac{1}{2}bh$	$y_1=\frac{1}{3}h$ $y'_1=\frac{2}{3}h$	$I=\frac{bh^3}{36}$	$W_1=\frac{bh^2}{12}$ $W'_1=\frac{bh^2}{24}$	$r_1=0.236h$
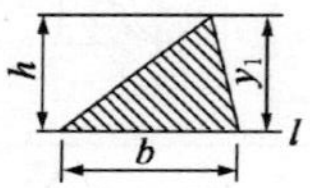	$A=\frac{1}{2}bh$	$y_1=h$	$I=\frac{bh^3}{12}$	$W_1=\frac{bh^2}{12}$	$r_1=\frac{h}{\sqrt{6}}=0.408h$
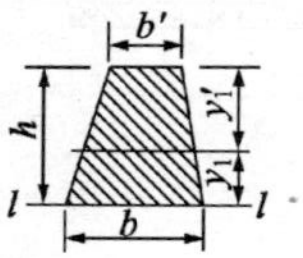	$A=(\frac{b+b'}{2})h$	$y_1=\frac{b+2b'}{3(b+b')}h$ $y'_1=\frac{2b+b'}{3(b+b')}h$	$I_1=\frac{h^3(b^2+4bb'+b'2)}{36(b+b')}$	$W_1=\frac{I_1}{y_1}$ $W'_1=\frac{I_1}{y_1}$	$r_1=\frac{h}{6(b+b')}\cdot$ $[2(b^2+4bb'+b'^2)]^{\frac{1}{2}}$
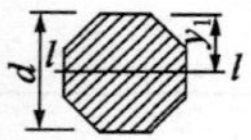	$A=2d^2\tan22\frac{1}{2}°$ $=0.828d^2$	$y_1=\frac{d}{2}$	$I_1=0.055d^4$	$W_1=0.1095d^3$	$r_1=0.257d$

续上表

截面形状	截面积（A）	重心轴至边缘距离（y_1、y_2）	惯性矩（I_1、I_2）	截面系数 $\left(W_1=\frac{I_1}{y_1}\right)$ $\left(W_2=\frac{I_2}{y_2}\right)$	回转半径 $\left(r_1=\sqrt{\frac{I_1}{A}}\right)$ $\left(r_2=\sqrt{\frac{I_2}{A}}\right)$
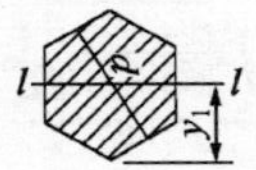	$A=\frac{3}{2}d^2\tan30°$ $=0.866d^2$	$y_1=\frac{d}{2\cos30°}$ $=0.577a$	$I_1=0.06d^4$	$W_1=0.104d^3$	$r_1=0.264d$
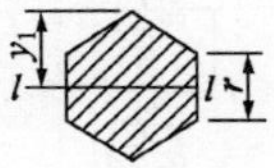	$A=2.598r^2$	$y_1=r$	$I_1=0.5413r^4$	$W_1=0.5413r^3$	$r_1=0.456r$
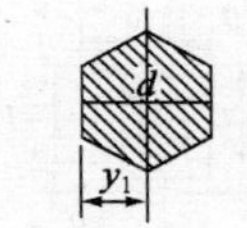	$A=\frac{3}{2}d^2\tan30°$ $=0.866d^2$	$y_1=\frac{d}{2}$	$I_1=0.06d^4$	$W_1=0.120d^3$	$r_1=0.264d$
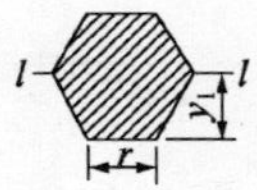	$A=2.598r^2$	$y_1=0.866r$	$I_1=0.5413r^4$	$W_1=\frac{5}{8}r^3$	$r_1=0.456r$
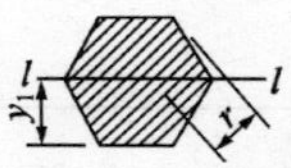	$A=2.828r^2$	$y_1=0.924r$	$I_1=0.6381r^4$	$W_1=0.6906r^3$	$r_1=0.475r$

各种截面的力学特性表

附表 2-5

截面形状	截面积(A)	重心轴至边缘距离(y_1、y_2)	惯性矩(I_1、I_2)	截面系数 $\left(W_1=\frac{I_1}{y_1}\right)$ $\left(W_2=\frac{I_2}{y_2}\right)$	回转半径 $\left(r_1=\sqrt{\frac{I_1}{A}}\right)$ $\left(r_2=\sqrt{\frac{I_2}{A}}\right)$
	$A=bc_1+a(h+h_1)+BC$	$y_1=\frac{1}{2}aH^2+B_1c^2+b_1c_1\frac{(2H-c_1)}{aH+B_1c+bc_1}$ $y'_1=H-y_1$	$I_1=\frac{1}{3}(By_1^3-B_1h^3+by'_1{}^3-b_1h_1^3)$	$W_1=\frac{I_1}{y_1}$ $W'_1=\frac{I_1}{y'_1}$	$r_1=\sqrt{\frac{I_1}{A}}$
	$A=bd-h(b-t)$	$y_1=\frac{d}{2}$	$I_1=\frac{bd^3-h^3(b-t)}{12}$	$W_1=\frac{bd^3-h^3(b-t)}{6d}$	$r_1=\sqrt{\frac{bd^3-h^3(b-t)}{12[bd-h(b-t)]}}$
	$A=bd-h(b-t)$	$y_1=\frac{b}{2}$	$I_1=\frac{2sb^3+ht^3}{12}$	$W_1=\frac{2sb^3+ht^3}{6b}$	$r_1=\sqrt{\frac{2sb^3+ht^3}{12[bd-h(b-t)]}}$
	$A=bd-h(b-t)$	$y_1=\frac{d}{2}$	$I_1=\frac{bd^3-h^3(b-t)}{12}$	$W_1=\frac{bd^3-h^3(b-t)}{6d}$	$r_1=\sqrt{\frac{bd^3-h^3(b-t)}{12[bd-h(b-t)}}$

续上表

截 面 形 状	截面积(A)	重心轴至边缘距离(y_1、y_2)	惯性矩(I_1、I_2)	截面系数 $\left(W_1=\frac{I_1}{y_1}\right)$ $\left(W_2=\frac{I_2}{y_2}\right)$	回转半径 $\left(r_1=\sqrt{\frac{I_1}{A}}\right)$ $\left(r_2=\sqrt{\frac{I_2}{A}}\right)$
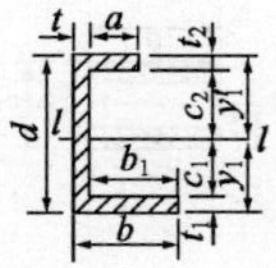	$A=dt+b_1t_1+at_2$	$y_1=\frac{\frac{1}{2}d^2t+\frac{1}{2}t_1^2b}{A}+\frac{at_2\left(d-\frac{1}{2}t_2\right)}{A}$ $y'_1=d-y_1$	$I_1=\frac{by_1^3-b_1c_1^3}{3}+\frac{(a+t)y_1'^3-ac_1^3}{3}$	$W_1=\frac{I_1}{d-y_1}$	$r=\sqrt{\frac{I_1}{A}}$
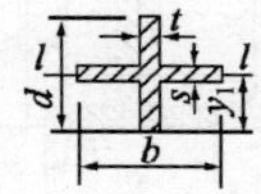	$A=td+s(b-t)$	$y_1=\frac{d}{2}$	$I_1=\frac{td^3+s^3(b-t)}{12}$	$W_1=\frac{td^3+s^3(b-t)}{6d}$	$r_1\sqrt{\frac{td^3+s^3(b-t)}{12[td+(b-t)]}}$
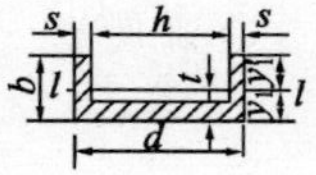	$A=bd-h(b-t)$	$y'_1=\frac{\frac{1}{2}b^2d-\frac{1}{2}}{bd}\cdot\frac{h(b-t)^2}{-h(b-t)}$ $y_1=d-y'_1$	$I_1=\frac{1}{3}[dy_1^3-h(y_1+t)^3+2sy_1'^3]$	$W_1=\frac{I}{b-y_1'}$	$r\sqrt{\frac{I_1}{A}}$

附表 2-6

各种截面的力学特性表

截面形状	截面积(A)	重心轴至边缘距离(y_1、y_2)	惯性矩(I_1、I_2)	截面系数 $\left(W_1=\frac{I_1}{y_1}\right)$ $\left(W_2=\frac{I_2}{y_2}\right)$	回转半径 $\left(r_1=\sqrt{\frac{I_1}{A}}\right)$ $\left(r_2=\sqrt{\frac{I_2}{A}}\right)$
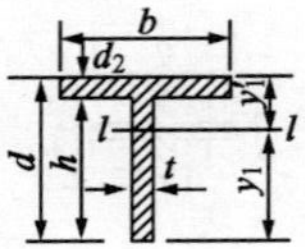	$A=bs+ht$	$y'_1=\frac{d^2t+s^2(b-t)}{2A}$ $y_1=d-y'_1$	$I_1=\frac{ty_1^3+by'^3_1}{3}-\frac{(b-t)(y_1-s)^3}{3}$	$W_1=\frac{I}{d-y'_1}$	$r_1=\sqrt{\frac{I_1}{A}}$
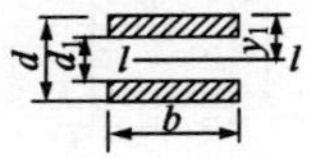	$A=b(d-d_1)$	$y_1=\frac{d}{2}$	$I_1=\frac{b(d^3-d_1^3)}{12}$	$W_1=\frac{b(d^3-d_1^3)}{6d}$	$r_1=\sqrt{\frac{d^3-d_1^3}{12(d-d_1)}}$
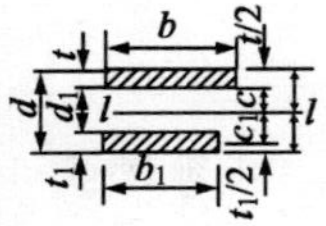	$A=bt+b_1t_1$	$y'_1=\frac{\frac{1}{2}bt^2}{A}+\frac{b_1t_1\left(d-\frac{1}{2}t_1\right)}{A}$ $y_1=d-y'_1$	$I_1=\frac{dt^3}{12}+btc^2+\frac{b_1t_1^3}{12}+b_1t_1c_1^2$	$W'_1=\frac{I_1}{y'_1}$ $W_1=\frac{I'_1}{y'_1}$	$r_1=\sqrt{\frac{I_1}{A}}$

续上表

截面形状	截面积(A)	重心轴至边缘距离(y_1、y_2)	惯性矩(I_1、I_2)	截面系数 $\left(W_1=\frac{I_1}{y_1}\right)$ $\left(W_2=\frac{I_2}{y_2}\right)$	回转半径 $\left(r_1=\sqrt{\frac{I_1}{A}}\right)$ $\left(r_2=\sqrt{\frac{I_2}{A}}\right)$
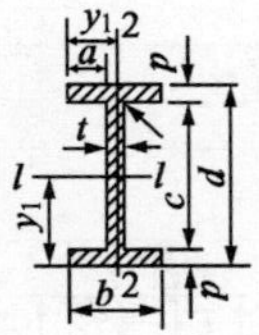	$A=dt+4aP+4\left(1-\frac{\pi}{4}\right)r$	$y_1=\frac{d}{2}$ $y_2=\frac{b}{2}$	$I_1=\frac{bd^3-2ac^3}{12}+4\left[0.0075r^4+0.2146r^2\left(\frac{c}{2}-0.2234r\right)^2\right]$ $I_2=\frac{2Pb^3+ct^3}{12}+4\left[0.0075r^4+0.2146r^2\left(\frac{t}{2}+0.2234r\right)^2\right]$	$W_1=\frac{I_1}{y_1}$ $W_2=\frac{I_2}{y_2}$	$r=\sqrt{\frac{I}{A}}$
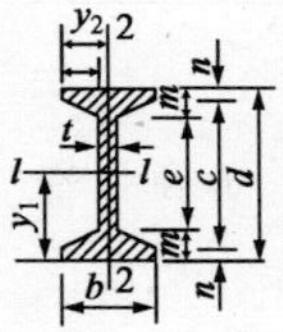	$A=dt+2a(m+n)$	$y_1=\frac{d}{2}$ $y_2=\frac{b}{2}$	$I_1=\frac{bd^3}{12}-\frac{\frac{a}{4(m-n)}(c^4-e^4)}{12}$ $I_2=\frac{2nb^3+et^3}{12}+\frac{\frac{3m-n}{4a}(b^4-t^4)}{12}-Ay_2^2$		

附表 2-7

各种截面的力学特性表

截面形状	截面积 (A)	重心轴至边缘距离 (y_1、y_2)	惯性矩 (I_1、I_2)	截面系数 $\left(W_1=\frac{I_1}{y_1}\right)$ $\left(W_2=\frac{I_2}{y_2}\right)$	回转半径 $\left(r_1=\sqrt{\frac{I_1}{A}}\right)$ $\left(r_2=\sqrt{\frac{I_2}{A}}\right)$
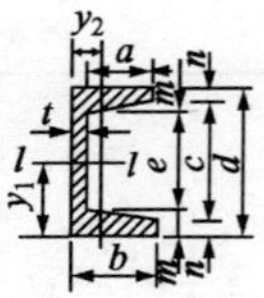	$A=dt+a(m+n)$	$y_1=\frac{d}{2}$ $y_2=\frac{b^2n-\frac{ct^2}{2}}{A}+\frac{\frac{a(m-n)}{3}\cdot(b+2t)}{A}$	$I_1=\frac{bd^3}{12}-\frac{\frac{a}{8(m-n)}\cdot(c^4-e^4)}{12}$ $I_2=\frac{2nb^3+ct^3}{3}+\frac{\frac{m-n}{2a}(b^4-t^4)}{3}-Ay_1^2$	$W_1=\frac{I_1}{y_1}$ $W_2=\frac{I_2}{y_2}$	$r_1=\sqrt{\frac{I}{A}}$
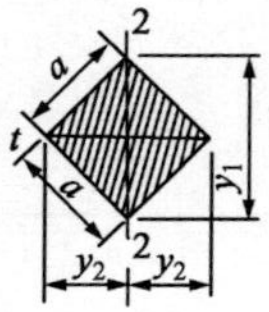	$A=a^2$	$y_1=y_2=\frac{\sqrt{2}}{3}a$	$I_1=I_2=\frac{a^4}{12}$	$W_1=W_2=0.1179a^3$	$r_1=r_2=0.289a$
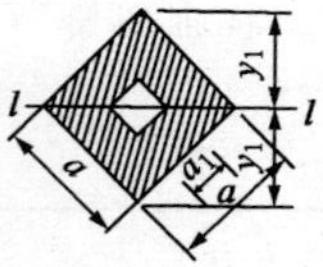	$A=a^2-a_1^2$	$y_1=\frac{a}{2}\sqrt{2}$	$I_1=\frac{a^4-a_1^4}{12}$	$W_1=0.1179\frac{a^4-a_1^4}{a}$	$r_1=\sqrt{\frac{a^2+a_1^2}{12}}$

续上表

截面形状	截面积 (A)	重心轴至边缘距离 $(y_1、y_2)$	惯性矩 $(I_1、I_2)$	截面系数 $\left(W_1=\frac{I_1}{y_1}\right)$ $\left(W_2=\frac{I_2}{y_2}\right)$	回转半径 $\left(r_1=\sqrt{\frac{I_1}{A}}\right)$ $\left(r_2=\sqrt{\frac{I_2}{A}}\right)$
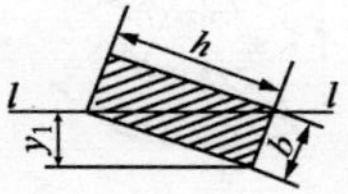	$A=bh$	$y_1=\frac{bh}{\sqrt{b_2+h_2}}$	$I=\frac{b^3h^3}{6(b^2+h^2)}$	$W_1=\frac{b^2h^2}{6\sqrt{b^2+h^2}}$	$r_1=\frac{bh}{\sqrt{6(b^2+h^2)}}$
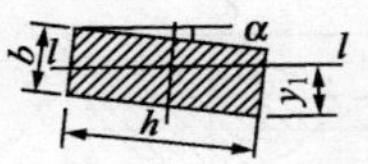	$A=bh$	$y_1=\frac{h\cos\alpha+b\sin\alpha}{2}$	$I=\frac{bh}{12}(h^2\cos^2\alpha+b^2\sin^2\alpha)$	$W_1=\frac{bh}{6}\cdot\frac{h^2\cos^2\alpha+b^2\sin^2\alpha}{h\cos\alpha+b\sin\alpha}$	$r_1=[(h^2\cos^2\alpha+b^2\sin^2\alpha)/12]^{\frac{1}{2}}$
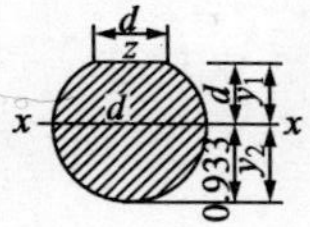	$A=0.763d^2$	$y_1=0.433d$ $y_2=\frac{d}{2}$	$I_x=0.044d^4$		

各种截面的力学特性表

附表 2-8

截面形状	截面积 (A)	重心轴至边缘距离 $(y_1、y_2)$	惯性矩 $(I_1、I_2)$	截面系数 $\left(W_1=\frac{I_1}{y_1}\right)$ $\left(W_2=\frac{I_2}{y_2}\right)$	回转半径 $\left(r_1=\sqrt{\frac{I_1}{A}}\right)$ $\left(r_2=\sqrt{\frac{I_2}{A}}\right)$
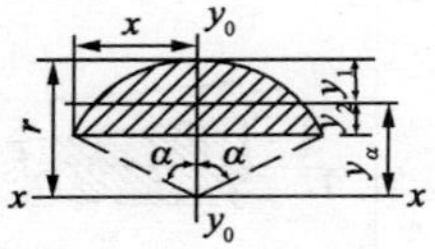	$A=\frac{r^2}{2}(2\alpha-\sin2\alpha)$	$y_\alpha=\frac{4}{3}r\times\frac{\sin^3\alpha}{2\alpha-\sin2\alpha}$ $y_1=r-y_\alpha$ $y_2=r(1-\cos\alpha)-y_1$ $x=r\cdot\sin\alpha$	$I_x=\frac{r^4}{8}(2\alpha-\sin2\alpha\cos2\alpha)$ $I_y=\frac{r^4}{24}[6\alpha-\sin2\alpha\cdot(3+2\sin^2\alpha)]$		
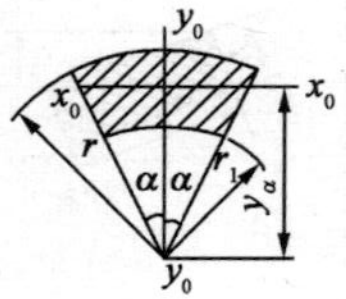	$A=\alpha(r^2-r_1^2)$	$y_\alpha=\frac{2}{3}\cdot\frac{r^3-r_1^3}{r^2-r_1^2}\cdot\frac{\sin\alpha}{\alpha}$	$I_{xo}=\frac{1}{4}(\alpha+\sin\alpha\cdot\cos\alpha)-\frac{16\sin^2\alpha}{9\alpha}(r^4-r_1^4)-\frac{4\sin^2\alpha r^2r_1^2(r-r_1)}{9\alpha(r+r_1)}$ $I_{yo}=\frac{1}{4}(\alpha-\sin\alpha\cdot\cos\alpha)\cdot(r^4-r_1^4)$		
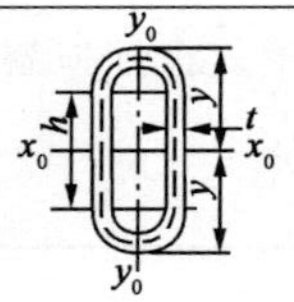	$A=2(\pi r+h)t$	$y=r+\frac{h+t}{2}$	$I_{xo}=\pi r^3t+4r^2th+\frac{\pi}{2}rth^2+\frac{1}{6}th^3+\left(\frac{\pi R}{4}+\frac{h}{3}\right)t^3$		

续上表

截 面 形 状	截面积 (A)	重心轴至边缘距离 (y_1、y_2)	惯性矩 (I_1、I_2)	截面系数 $\left(W_1=\frac{I_1}{y_1}\right)$ $\left(W_2=\frac{I_2}{y_2}\right)$	回转半径 $\left(r_1=\sqrt{\frac{I_1}{A}}\right)$ $\left(r_2=\sqrt{\frac{I_2}{A}}\right)$
B, b, h, x_0, H, y	$A=BH-bh$	$y=\frac{H}{2}$	$I=\frac{1}{12}(BH^3-bh^3)$		
2, h_1, h_2, h, y_1, t, b_2, b_1, b	$A\approx\frac{1}{3}t(2b+5.2h)$	$y_1=\frac{h+t}{2}$	$I_1=\frac{64}{105}(bh_1^3-b_2h_2^3)$ $b_1=\frac{1}{4}(b+2.6t)$ $b_2=\frac{1}{4}(b-2.6t)$ $h_1=\frac{1}{2}(h+t)$ $h_2=\frac{1}{2}(h-t)$	$W_1=\frac{2I_1}{h+t}$	$r=\sqrt{\frac{3I_1}{t(2b+5.2h)}}$
2, b/4, l, h_1, h, b/2, b	$A=2\left(\frac{\pi b}{4}+h_1\right)t$ $h_1=h-\frac{b}{2}$	$y_1=\frac{h+t}{2}$	$I_1=\frac{t}{4}(\frac{\pi b^3}{16}+b^2h_1+$ $\frac{\pi bh_1^2}{2}+\frac{2}{3}h_1^3)$ $h_1=h-\frac{1}{2}b$	$W_1=\frac{2I_1}{h+}$	$r=\sqrt{\frac{I_1}{A}}$

各种截面的力学特性表

附表 2-9

截面形状	截面积 (A)	重心轴至边缘距离 $(y_1、y_2)$	惯性矩 $(I_1、I_2)$	截面系数 $\left(W_1=\frac{I_1}{y_1}\right)$ $\left(W_2=\frac{I_2}{y_2}\right)$	回转半径 $\left(r_1=\sqrt{\frac{I_1}{A}}\right)$ $\left(r_2=\sqrt{\frac{I_2}{A}}\right)$
y_2 2 y_2 y_1 y_1 1 1 d a 2	$A=a^2-\frac{\pi d^2}{4}$	$y_1=y_2=\frac{a}{2}$	$I_1=I_2=\frac{a^4}{12}-\frac{\pi}{64}d^4$		$r_1=\sqrt{\frac{I_1}{A}}$ $r_2=\sqrt{\frac{I_2}{A}}$
b 1 1 h	$A=\frac{1}{2}bh$	$y_1=\frac{b}{2}$	$I_1=\frac{hb^3}{48}$	$W_1=\frac{6^2h}{24}$	$r_1=0.204b$
α 1 1 a h	$A=\frac{a+b}{2}h$	$y_1=\frac{b}{2}$	$I_1=\frac{h}{48}-\frac{b^4-a^4}{b-a}$	$W_1=\frac{h}{24}-\frac{b^4-a^4}{b^2-ab}$	$r=\sqrt{\frac{b^4-a^4}{24(b^2-a^2)}}$

续上表

截面形状	截面积 (A)	重心轴至边缘距离 $(y_1、y_2)$	惯性矩 $(I_1、I_2)$	截面系数 $\left(W_1=\frac{I_1}{y_1}\right)$ $\left(W_2=\frac{I_2}{y_2}\right)$	回转半径 $\left(r_1=\sqrt{\frac{I_1}{A}}\right)$ $\left(r_2=\sqrt{\frac{I_2}{A}}\right)$
	$A=BH-\frac{a+b}{2}h$	$y_1=\frac{3BH^2-h^2(b+2a)}{6BH-3h(a+b)}$	$I_1=\frac{BH^3}{3}-\frac{h^3}{12}\cdot(b+3a)-Ay_1^2$	$W_1=\frac{I_1}{y_1}$ （下边缘） $W_2=\frac{I_1}{H-y_1}$（上边缘）	$r=\sqrt{\frac{I_1}{A}}$
	$A=d_0h+bd$	$y_1=\frac{1}{2}\cdot\frac{d_0h^2+bd^2}{d_0h+bd}$ $y_2=h-y_1$	$I_1=\frac{d_0h_3+bd^3}{3}-Ay_1$	$W_1=\frac{I_1}{y_1}$ （上边缘） $W'_1=\frac{I_1}{y_2}$ （下边缘）	$r=\sqrt{\frac{I_1}{A}}$
	$A=bd+\pi R^2$	$y_1=R=\frac{d}{2}$ $y_2=\frac{1}{2}(b+d)$	$I_1=\frac{bd^3}{12}+\frac{\pi d^4}{64}$ $I_2=\frac{db^3}{12}+\frac{\pi R^2}{4}\cdot(R^2+b^2+1.696bR)$	$W_1=\frac{bd^2}{6}+\frac{\pi d^3}{32}$ $W_2=\frac{2I_2}{b+d}$	$r_1=\sqrt{\frac{I_1}{A}}$ $r_2=\sqrt{\frac{I_2}{A}}$

附表 2-10

各种截面的力学特性表

截面形状	截面积 (A)	重心轴至边缘距离 $(y_1、y_2)$	惯性矩 $(I_1、I_2)$	截面系数 $\left(W_1=\frac{I_1}{y_1}\right)$ $\left(W_2=\frac{I_2}{y_2}\right)$	回转半径 $\left(r_1=\sqrt{\frac{I_1}{A}}\right)$ $\left(r_2=\sqrt{\frac{I_2}{A}}\right)$
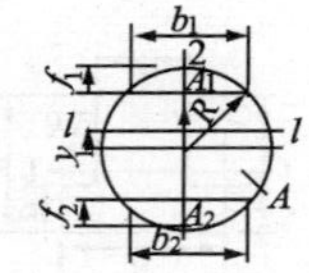	$A=\frac{\pi d^2}{4}-(A_1+A_2)$	$y_1=\frac{b_2^3-b_1^3}{12A}$	$I_1=A\left(\frac{R_2}{4}-y_1^2\right)-\frac{1}{16}\cdot[b_1^3(R-f_2)+b_2^3(R-f_2)]$ $I_2=\frac{1}{4}AR_2+\frac{1}{48}\cdot[b_1^3(R-f_1)+b_2^3(R-f_2)]$		$r_1=\sqrt{\frac{I_1}{A}}$ $r_2=\sqrt{\frac{I_2}{A}}$
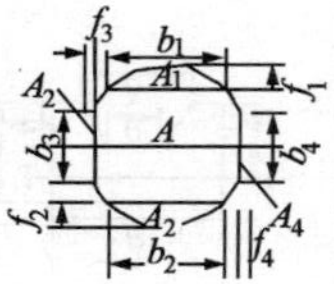	$A=\frac{\pi d^2}{4}-(A_1+A_2+A_3+A_4)$	$I_1=\frac{1}{4}AR^2\ \frac{1}{16}[b_1^3(R-f_1)+b_2^3(R-f_2)]+\frac{1}{48}[b_3^3(R-f_3)+b_4^3(R-f_4)]$ $I_2=\frac{1}{4}AR^2\ \frac{1}{16}[b_3^3(R-f_3)+b_4^3(R-f_4)]+\frac{1}{48}[b_1^3(R-f_1)+b_2^3(R-f_2)]$			$r_1=\sqrt{\frac{I_1}{A}}$ $r_2=\sqrt{\frac{I_2}{A}}$
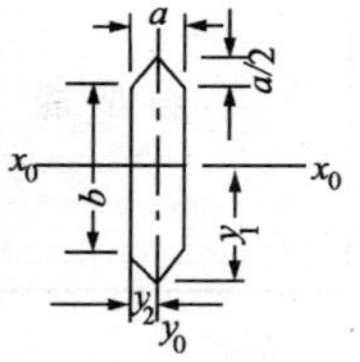	$A=ab+\frac{1}{2}a^2$	$y_1=\frac{a+b}{2}$ $y_2=\frac{a}{2}$	$I_{xo}=\frac{a}{48}(4b^2+6b^2a+4ba^2-a^3)$ $I_{yo}=\frac{ba^3}{12}+\frac{a^4}{48}$		

续上表

截面形状	截面积 (A)	重心轴至边缘距离 $(y_1、y_2)$	惯性矩 $(I_1、I_2)$	截面系数 $\left(W_1=\frac{I_1}{y_1}\right)$ $\left(W_2=\frac{I_2}{y_2}\right)$	回转半径 $\left(r_1=\sqrt{\frac{I_1}{A}}\right)$ $\left(r_2=\sqrt{\frac{I_2}{A}}\right)$
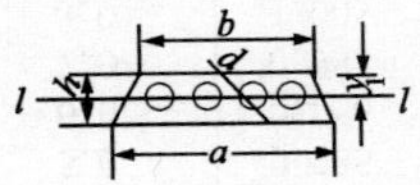	$A=\frac{a+b}{2}h-\pi d^2$	$y_1=\frac{2a+b}{a+b}\cdot\frac{h}{3}$	$I_1=\frac{a^2+4ab+b^2}{36(a+b)}\cdot h^3-\frac{\pi d^4}{16}$	$W_1=\frac{a^2+4ab+b^2}{12(2a+b)}\cdot h^2-\frac{3\pi d^4(a+b)}{16h(2a+b)}$	$r_1=\sqrt{\frac{I_1}{A}}$
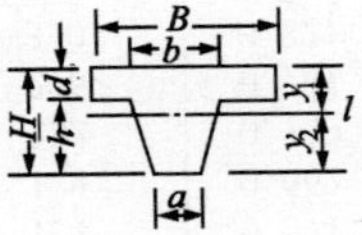	$A=Bd+\frac{h}{2}(b+a)$	$y_1=\frac{3d(Bd+bH+ah)}{6Bd+3h(b+a)}+\frac{h^2(b+2a)}{6Bd+3h(b+a)}$ $y_2=H-y_1$	$I_1=\frac{1}{12}Bd^2+Bd\cdot\left(y_1-\frac{d}{2}\right)^2+\frac{h^3(b^2+4bc+a^2)}{36(b+c)}+\frac{h(b+c)}{2}\cdot\left[y_2-\frac{h(a+2b)}{3(b+a)}\right]^2$		
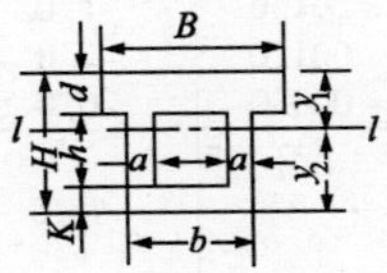	$A=Bd+2ah+bK$	$y_1=H-y_2$ $y_2=\frac{1}{2}\cdot\left[\frac{2aH^2+(b-2a)K^2}{Bd+2ah+bK}-\frac{(B-2a)(2H-d)d}{Bd+2ah+bK}\right]$	$I_1=\frac{1}{3}[by_2^3+By_1^3-(b-2a)(y_2-K)^3-(B-2a)(y_1-d)^3]$		
常用铁路钢轨截面（近似式）	$A\approx0.238h^2$	$y\approx0.5h$	$I_1\approx0.032h^4$	$W\approx0.064h^3$	$r\approx0.37h$

注：钢轨截面近似公式中 h 为钢轨高度(cm)。

附表3　基础沉降系数表

矩形基础中心沉降系数 δ_1　　附表3-1

2z/b	L/b											
	1.0	1.2	1.4	1.6	1.8	2.0	3.0	4.0	5.0	6.0	10.0	条　形
0.0	0.000	0.000	0.000	0.000	0.000	0.000	0.000	0.000	0.000	0.000	0.000	0.000
0.2	0.100	0.100	0.100	0.100	0.100	0.100	0.100	0.100	0.100	0.100	0.100	0.100
0.4	0.197	0.198	0.198	0.198	0.198	0.198	0.199	0.199	0.199	0.199	0.199	0.199
0.6	0.290	0.292	0.293	0.293	0.294	0.294	0.294	0.294	0.294	0.294	0.294	0.294
0.8	0.375	0.379	0.381	0.383	0.384	0.385	0.385	0.385	0.385	0.385	0.385	0.385
1.0	0.450	0.457	0.462	0.465	0.466	0.467	0.469	0.470	0.470	0.470	0.470	0.470
1.4	0.571	0.588	0.599	0.605	0.610	0.613	0.619	0.621	0.621	0.621	0.621	0.621
1.8	0.662	0.688	0.705	0.717	0.726	0.732	0.745	0.748	0.749	0.750	0.750	0.750
2.2	0.729	0.764	0.788	0.806	0.819	0.828	0.850	0.856	0.858	0.859	0.860	0.860
2.6	0.781	0.823	0.854	0.877	0.894	0.907	0.939	0.949	0.953	0.954	0.956	0.956
3.0	0.821	0.870	0.906	0.933	0.955	0.971	1.014	1.029	1.035	1.037	1.040	1.040
3.4	0.854	0.907	0.948	0.980	1.005	1.025	1.079	1.099	1.107	1.110	1.114	1.115
3.8	0.880	0.938	0.983	0.019	1.047	1.070	1.135	1.160	1.171	1.176	1.181	1.182
4.2	0.902	0.963	1.012	1.051	1.082	1.108	1.183	1.214	1.228	1.235	1.242	1.244
4.6	0.920	0.985	1.036	1.078	1.113	1.141	1.225	1.262	1.279	1.288	1.297	1.300
5.0	0.935	1.003	1.057	1.102	1.138	1.169	1.262	1.304	1.325	1.336	1.348	1.351
6.0	0.966	1.039	1.099	1.149	1.190	1.225	1.338	1.394	1.423	1.439	1.460	1.465
7.0	0.988	1.065	1.130	1.183	1.228	1.267	1.396	1.463	1.501	1.523	1.553	1.562
8.0	1.005	1.085	1.153	1.209	1.258	1.299	1.441	1.518	1.564	1.591	1.633	1.646
10.0	1.028	1.113	1.185	1.246	1.299	1.345	1.506	1.600	1.659	1.697	1.761	1.788
12.0	1.044	1.133	1.207	1.271	1.327	1.376	1.551	1.658	1.727	1.774	1.861	1.904
14.0	1.055	1.146	1.223	1.290	1.347	1.400	1.584	1.700	1.778	1.833	1.940	2.002
16.0	1.064	1.156	1.235	1.303	1.363	1.415	1.609	1.732	1.817	1.878	2.003	2.087
20.0	1.076	1.171	1.252	1.322	1.384	1.439	1.644	1.778	1.873	1.944	2.099	2.229
25.0	1.086	1.182	1.265	1.338	1.402	1.458	1.673	1.816	1.920	1.999	2.183	2.372
30.0	1.092	1.190	1.274	1.348	1.413	1.471	1.692	1.842	1.952	2.036	2.241	2.488

注：L——基础长度(m)；b——基础宽度(m)；z——计算点离基础底面垂直距离(m)。

附表 3-2

矩形基础中心压力系数 α_1

2z/b	L/b										
	1.0	1.2	1.4	1.6	1.8	2.0	3.0	4.0	5.0	6.0	10.0	条 形
0.0	1.000	1.000	1.000	1.000	1.000	1.000	1.000	1.000	1.000	1.000	1.000	1.000
0.2	0.994	0.995	0.996	0.996	0.996	0.997	0.997	0.997	0.997	0.997	0.997	0.997
0.4	0.960	0.968	0.972	0.974	0.975	0.976	0.977	0.977	0.977	0.977	0.977	0.977
0.6	0.892	0.910	0.920	0.926	0.930	0.932	0.936	0.936	0.937	0.937	0.937	0.937
0.8	0.800	0.830	0.848	0.859	0.866	0.870	0.878	0.880	0.881	0.881	0.881	0.881
1.0	0.701	0.740	0.766	0.782	0.793	0.800	0.814	0.817	0.818	0.818	0.818	0.818
1.4	0.522	0.569	0.603	0.628	0.645	0.658	0.685	0.692	0.694	0.695	0.696	0.696
1.8	0.388	0.433	0.469	0.496	0.517	0.534	0.573	0.585	0.590	0.591	0.593	0.593
2.2	0.293	0.333	0.366	0.393	0.416	0.433	0.482	0.499	0.505	0.508	0.511	0.511
2.6	0.226	0.260	0.290	0.315	0.337	0.355	0.408	0.429	0.438	0.442	0.446	0.447
3.0	0.179	0.208	0.233	0.256	0.276	0.293	0.348	0.373	0.384	0.389	0.395	0.396
3.4	0.144	0.169	0.191	0.211	0.229	0.244	0.299	0.326	0.339	0.345	0.353	0.354
3.8	0.119	0.139	0.158	0.176	0.192	0.206	0.259	0.287	0.301	0.309	0.318	0.320
4.2	0.099	0.116	0.133	0.148	0.163	0.176	0.225	0.254	0.270	0.278	0.290	0.292
4.6	0.084	0.099	0.113	0.127	0.139	0.151	0.197	0.226	0.242	0.252	0.265	0.268
5.0	0.072	0.085	0.097	0.109	0.121	0.131	0.174	0.202	0.219	0.229	0.244	0.248
6.0	0.051	0.060	0.070	0.078	0.087	0.095	0.130	0.155	0.172	0.184	0.202	0.208
7.0	0.038	0.045	0.052	0.059	0.065	0.072	0.100	0.122	0.139	0.150	0.171	0.179
8.0	0.029	0.035	0.040	0.046	0.051	0.056	0.079	0.098	0.113	0.125	0.147	0.158
10.0	0.019	0.022	0.026	0.030	0.033	0.037	0.053	0.067	0.079	0.089	0.112	0.126
12.0	0.013	0.016	0.018	0.021	0.023	0.026	0.038	0.048	0.058	0.066	0.088	0.106
14.0	0.010	0.012	0.013	0.015	0.017	0.019	0.028	0.036	0.044	0.051	0.070	0.091
16.0	0.007	0.009	0.010	0.012	0.013	0.015	0.022	0.028	0.034	0.040	0.057	0.079
20.0	0.005	0.006	0.007	0.008	0.009	0.009	0.014	0.018	0.023	0.027	0.040	0.064
25.0	0.003	0.004	0.004	0.005	0.005	0.006	0.009	0.012	0.015	0.017	0.027	0.051
30.0	0.002	0.003	0.003	0.003	0.004	0.004	0.006	0.008	0.010	0.012	0.019	0.042

注：L——基础长度（m）；b——基础宽度（m）；z——计算点离基础底面垂直距离（m）。

矩形基础角点压力系数 α_2　　表 3-3

z/b	L/b											
	1.0	1.2	1.4	1.6	1.8	2.0	3.0	4.0	5.0	6.0	10.0	条　形
0.0	0.250	0.250	0.250	0.250	0.250	0.250	0.250	0.250	0.250	0.250	0.250	0.250
0.2	0.249	0.249	0.249	0.249	0.249	0.249	0.249	0.249	0.249	0.249	0.249	0.249
0.4	0.240	0.242	0.243	0.243	0.244	0.244	0.244	0.244	0.244	0.244	0.244	0.244
0.6	0.223	0.228	0.230	0.232	0.232	0.233	0.234	0.234	0.234	0.234	0.234	0.234
0.8	0.200	0.207	0.212	0.215	0.216	0.218	0.220	0.220	0.220	0.220	0.220	0.220
1.0	0.175	0.185	0.191	0.195	0.198	0.200	0.203	0.204	0.204	0.204	0.205	0.205
1.4	0.131	0.142	0.151	0.157	0.161	0.164	0.171	0.173	0.174	0.174	0.174	0.174
1.8	0.097	0.108	0.117	0.124	0.129	0.133	0.143	0.146	0.147	0.148	0.148	0.148
2.2	0.073	0.083	0.092	0.098	0.104	0.108	0.121	0.125	0.126	0.127	0.128	0.128
2.6	0.057	0.065	0.072	0.079	0.084	0.089	0.102	0.107	0.110	0.111	0.112	0.112
3.0	0.045	0.052	0.058	0.064	0.069	0.073	0.087	0.093	0.096	0.097	0.099	0.099
3.4	0.036	0.042	0.048	0.053	0.057	0.061	0.075	0.081	0.085	0.086	0.088	0.089
3.8	0.030	0.035	0.040	0.044	0.048	0.052	0.065	0.072	0.075	0.077	0.080	0.080
4.2	0.025	0.029	0.033	0.037	0.041	0.044	0.056	0.063	0.067	0.070	0.072	0.073
4.6	0.021	0.025	0.028	0.032	0.035	0.038	0.049	0.056	0.061	0.063	0.066	0.067
5.0	0.018	0.021	0.024	0.027	0.030	0.033	0.043	0.050	0.055	0.057	0.061	0.062
6.0	0.013	0.015	0.017	0.020	0.022	0.024	0.033	0.039	0.043	0.046	0.051	0.052
7.0	0.009	0.011	0.013	0.015	0.016	0.018	0.025	0.031	0.035	0.033	0.043	0.045
8.0	0.007	0.009	0.010	0.011	0.013	0.014	0.020	0.025	0.028	0.031	0.037	0.039
10.0	0.005	0.006	0.007	0.007	0.008	0.009	0.013	0.017	0.020	0.022	0.028	0.032
12.0	0.003	0.004	0.005	0.005	0.006	0.006	0.009	0.012	0.014	0.017	0.022	0.026
14.0	0.002	0.003	0.003	0.004	0.004	0.005	0.007	0.009	0.011	0.013	0.018	0.023
16.0	0.002	0.002	0.003	0.003	0.003	0.004	0.005	0.007	0.009	0.010	0.014	0.020
20.0	0.001	0.001	0.002	0.002	0.002	0.002	0.004	0.005	0.006	0.007	0.010	0.016
25.0	0.001	0.001	0.001	0.001	0.001	0.002	0.002	0.003	0.004	0.004	0.007	0.013
30.0	0.001	0.001	0.001	0.001	0.001	0.001	0.002	0.002	0.003	0.003	0.005	0.011

注：L——基础长度(m)；b——基础宽度(m)；z——计算点离基础底面垂直距离(m)。

表 3-4

矩形基础角点沉降系数 δ_2

z/b	L/b										
	1.0	1.2	1.4	1.6	1.8	2.0	3.0	4.0	5.0	6.0	10.0	条 形
0.0	0.000	0.000	0.000	0.000	0.000	0.000	0.000	0.000	0.000	0.000	0.000	0.000
0.2	0.050	0.050	0.050	0.050	0.050	0.050	0.050	0.050	0.050	0.050	0.050	0.050
0.4	0.099	0.099	0.099	0.099	0.099	0.099	0.099	0.099	0.099	0.099	0.099	0.099
0.6	0.145	0.146	0.146	0.147	0.147	0.147	0.147	0.147	0.147	0.147	0.147	0.147
0.8	0.187	0.189	0.191	0.191	0.192	0.192	0.192	0.193	0.193	0.193	0.193	0.193
1.0	0.225	0.229	0.231	0.232	0.233	0.234	0.234	0.235	0.235	0.235	0.235	0.235
1.4	0.286	0.294	0.299	0.303	0.305	0.307	0.310	0.310	0.311	0.311	0.311	0.311
1.8	0.331	0.344	0.353	0.359	0.363	0.366	0.372	0.374	0.375	0.375	0.375	0.375
2.2	0.365	0.382	0.394	0.403	0.409	0.414	0.425	0.428	0.429	0.430	0.430	0.430
2.6	0.391	0.411	0.427	0.438	0.447	0.453	0.469	0.474	0.476	0.477	0.478	0.478
3.0	0.411	0.435	0.453	0.467	0.477	0.486	0.508	0.514	0.517	0.519	0.520	0.520
3.4	0.427	0.453	0.474	0.490	0.503	0.513	0.539	0.549	0.553	0.555	0.557	0.557
3.8	0.440	0.469	0.491	0.509	0.524	0.535	0.567	0.580	0.585	0.588	0.591	0.591
4.2	0.451	0.482	0.506	0.525	0.541	0.554	0.591	0.607	0.614	0.617	0.621	0.622
4.6	0.460	0.492	0.518	0.539	0.556	0.570	0.613	0.631	0.639	0.644	0.649	0.650
5.0	0.468	0.501	0.529	0.551	0.569	0.584	0.631	0.652	0.662	0.668	0.674	0.676
6.0	0.483	0.520	0.550	0.574	0.595	0.613	0.669	0.697	0.711	0.719	0.730	0.733
7.0	0.494	0.533	0.566	0.592	0.614	0.634	0.698	0.731	0.750	0.761	0.777	0.781
8.0	0.502	0.543	0.576	0.605	0.629	0.650	0.720	0.759	0.782	0.796	0.816	0.823
10.0	0.514	0.557	0.593	0.623	0.650	0.672	0.753	0.800	0.829	0.848	0.881	0.894
12.0	0.522	0.566	0.604	0.636	0.664	0.688	0.776	0.829	0.864	0.887	0.930	0.952
14.0	0.528	0.573	0.612	0.645	0.674	0.699	0.792	0.850	0.889	0.916	0.970	1.001
16.0	0.532	0.578	0.618	0.652	0.682	0.708	0.804	0.866	0.909	0.938	1.002	1.043
20.0	0.538	0.586	0.626	0.661	0.692	0.720	0.822	0.889	0.937	0.971	1.050	1.114
25.0	0.543	0.592	0.633	0.669	0.701	0.729	0.836	0.908	0.960	0.999	1.091	1.186
30.0	0.546	0.596	0.637	0.674	0.707	0.736	0.846	0.921	0.976	1.017	1.120	1.244

注：L——基础长度（m）；b——基础宽度；z——计算点离基础底面垂直距离（m）。

圆形基础中心压力系数 α_3 和沉降系数 δ_3 附表 3-5

2zD	α_3	δ_3
0.0	1.000	0.000
0.2	0.992	0.100
0.4	0.949	0.197
0.6	0.864	0.287
0.8	0.756	0.368
1.0	0.646	0.438
1.2	0.547	0.498
1.4	0.461	0.548
1.6	0.390	0.591
1.8	0.332	0.627
2.0	0.284	0.658
2.2	0.246	0.684
2.4	0.213	0.707
2.6	0.187	0.727
2.8	0.165	0.745
3.0	0.146	0.761
3.2	0.130	0.774
3.4	0.117	0.787
3.6	0.106	0.798
3.8	0.096	0.808
4.0	0.087	0.817
4.2	0.079	0.825
4.4	0.073	0.833
4.6	0.067	0.840
4.8	0.062	0.846
5.0	0.057	0.852
6.0	0.040	0.877
7.0	0.030	0.894
8.0	0.023	0.907
9.0	0.018	0.918
10.0	0.015	0.926
12.0	0.010	0.939
14.0	0.008	0.948
16.0	0.006	0.955
18.0	0.005	0.960
20.0	0.004	0.964

注:D——圆形基础直径(m);z——计算点离基础底面垂直距离(m)。

上海市地基土的 c、ϕ、E_{1-2} 统计值　　附表3-6

c——土的内聚力（公斤/厘米^2）；

ϕ——土的内摩擦角（度）；

E_{1-2}——压缩模量（公斤/厘米^2）

土名		轻亚黏土						亚黏土					
塑性指数		$7 \leq I_P \leq 10$						$10 < I_P \leq 13$					
土层		褐黄色表土层			灰色淤泥质轻亚黏土层			褐黄色表土层			灰色淤泥质亚黏土层		
		c	ϕ	E_{1-2}	c	ϕ	E_{1-2}	c	ϕ	E_{1-2}	c	ϕ	E_{1-2}
天然孔隙比 e	0.70～0.75	0.14	23	84				0.18	21	84			
	0.75～0.80	0.14	22	72				0.17	20	72			
	0.80～0.85	0.13	22	62				0.15	20	62			
	0.85～0.90	0.12	22	53				0.14	20	53			
	0.90～0.95	0.11	22	46				0.13	20	46			
	0.95～1.00	0.10	21	41				0.12	19	41			
	1.00～1.05				0.08	18	46				0.09	18	42
	1.05～1.10				0.07	18	42				0.09	17	39
	1.10～1.15				0.06	18	38				0.08	17	36
	1.15～1.20				0.06	17	35				0.08	16	33
	1.20～1.25										0.07	15	31
	1.25～1.30												
	1.30～1.35												
	1.35～1.40												
	1.40～1.45												
	1.45～1.50												
	1.50～1.55												
	1.55～1.60												

附表 4　双向板在均布荷载作用下的内力及变形系数

双向板在均布荷载作用下的内力及变形系数

1. 符号说明

刚度：

$$K=\frac{Eh^3}{12(1-v^2)}$$

E——弹性模量；

h——板厚；

v——泊松比，对钢筋混凝土板，$v=1/6$；对于钢板，$v=0.3$；

f、f_{max}——分别为板中心点的挠度和最大挠度；

M_x——为平行于 l_x 方向板中心点的弯矩；

M_y——为平行于 l_y 方向板中心点的弯矩；

M_X^0——固定边中点沿 l_x 方向的弯矩；

M_y^0——固定边中点沿 l_y 方向的弯矩。

正负号的规定：

弯矩——使板的受荷面受压者为正；

挠度——变位方向与荷载方向相同者为正。

2. 均布荷载作用下四边简支板计算系数(见附表 4-1)

附表 4-1

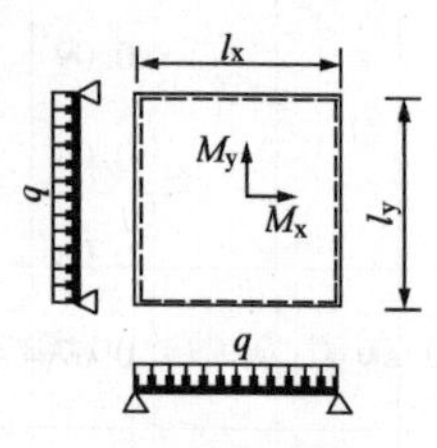

挠度 = 表中系数 × $\frac{ql^4}{K}$

弯矩 = 表中系数 × ql^2

式中 l 取 l_x 和 l_y 中的较小者

l_x/l_y	f	M_x	M_y	l_x/l_y	f	M_x	M_y
0.50	0.010 13	0.096 5	0.017 4	0.80	0.006 03	0.056 1	0.033 4
0.55	0.009 40	0.089 2	0.021 0	0.85	0.005 47	0.050 6	0.034 8
0.60	0.008 67	0.082 0	0.024 2	0.90	0.004 96	0.045 6	0.035 8
0.65	0.007 96	0.075 0	0.027 1	0.95	0.004 49	0.041 0	0.036 4
0.70	0.007 27	0.068 3	0.029 6	1.00	0.004 06	0.036 8	0.036 8
0.75	0.006 63	0.062 0	0.031 7				

3. 均布荷载作用下三边简支、一边固定的板计算系数(见附表4-2)

附表4-2

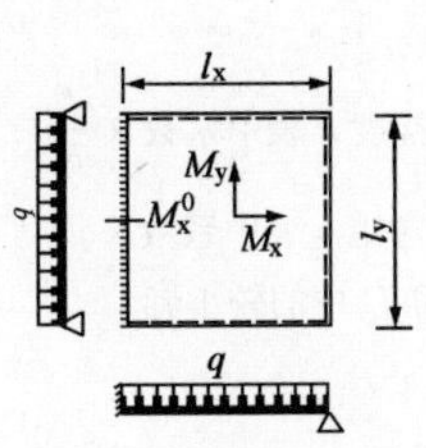

挠度 = 表中系数 × $\frac{ql^4}{K}$

弯矩 = 表中系数 × ql^2

式中 l 取 l_x 和 l_y 中的较小者

l_x/l_y	l_y/l_x	f_{max}	M_x	M_y	M_x^0	l_x/l_y	l_y/l_x	f	M_x	M_y	M_x^0
0.50		0.005 04	0.058 3	0.006 0	−0.121 2		0.95	0.003 24	0.032 4	0.028 0	−0.088 2
0.55		0.004 92	0.056 3	0.008 1	−0.118 7		0.90	0.003 68	0.032 8	0.032 2	−0.092 6
0.60		0.004 72	0.053 9	0.010 4	−0.115 8		0.85	0.004 17	0.032 9	0.037 0	−0.097 0
0.65		0.004 48	0.051 3	0.012 6	−0.112 4		0.80	0.004 73	0.032 6	0.042 4	−0.101 4
0.70		0.004 22	0.048 5	0.014 8	−0.108 7		0.75	0.005 36	0.031 9	0.048 5	−0.105 6
0.75		0.003 99	0.045 7	0.016 8	−0.104 8		0.70	0.006 05	0.030 8	0.055 3	−0.109 6
0.80		0.003 76	0.042 8	0.018 7	−0.100 7		0.65	0.006 80	0.029 1	0.062 7	−0.113 3
0.85		0.003 52	0.040 0	0.020 4	−0.096 5		0.60	0.007 62	0.026 8	0.070 7	−0.116 6
0.90		0.003 29	0.037 2	0.021 9	−0.092 2		0.55	0.008 48	0.023 9	0.079 2	−0.119 3
0.95		0.003 06	0.034 5	0.023 2	−0.088 0		0.50	0.009 35	0.020 5	0.088 0	−0.121 5
1.00	1.00	0.002 85	0.031 9	0.024 3	−0.083 9						

4. 均布荷载作用下两边简支、两边固定的板计算系数(见附表 4-3)

附表 4-3

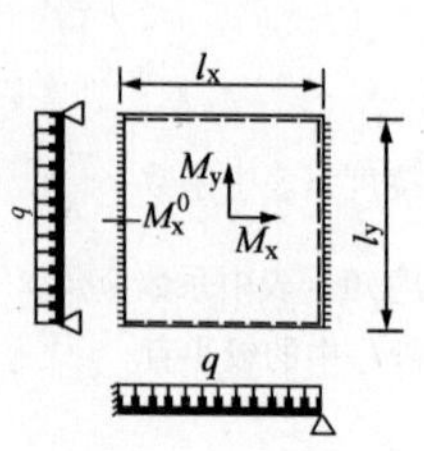

挠度 = 表中系数 × $\frac{ql^4}{K}$

弯矩 = 表中系数 × ql^2

式中 l 取 l_x 和 l_y 中的较小者

l_x/l_y	l_y/l_x	f	M_x	M_y	M_x^0	l_x/l_y	l_y/l_x	f	M_x	M_y	M_x^0
0.50		0.002 61	0.041 6	0.001 7	−0.084 2		0.95	0.002 23	0.029 6	0.018 9	−0.074 6
0.55		0.002 59	0.041 0	0.002 8	−0.084 0		0.90	0.002 60	0.030 6	0.022 4	−0.079 7
0.60		0.002 55	0.040 2	0.004 2	−0.083 4		0.85	0.003 03	0.031 4	0.026 6	−0.085 0
0.65		0.002 50	0.039 2	0.005 7	−0.082 6		0.80	0.003 54	0.031 9	0.031 6	−0.090 4
0.70		0.002 43	0.037 9	0.007 2	−0.081 4		0.75	0.004 13	0.032 1	0.037 4	−0.095 9
0.75		0.002 36	0.036 6	0.008 8	−0.079 9		0.70	0.004 82	0.031 8	0.044 1	−0.101 3
0.80		0.002 28	0.035 1	0.010 3	−0.078 2		0.65	0.005 60	0.030 8	0.051 8	−0.106 6
0.85		0.002 20	0.033 5	0.011 8	−0.076 3		0.60	0.006 47	0.029 2	0.060 4	−0.111 4
0.90		0.002 11	0.031 9	0.013 3	−0.074 3		0.55	0.007 43	0.026 7	0.069 8	−0.115 6
0.95		0.002 01	0.030 2	0.014 6	−0.072 1		0.50	0.008 44	0.0234	0.079 8	−0.119 1
1.00	1.00	0.001 92	0.028 5	0.015 8	−0.069 8						

5. 均布荷载作用下一边简支、三边固定的板计算系数(见附表 4-4)

附表 4-4

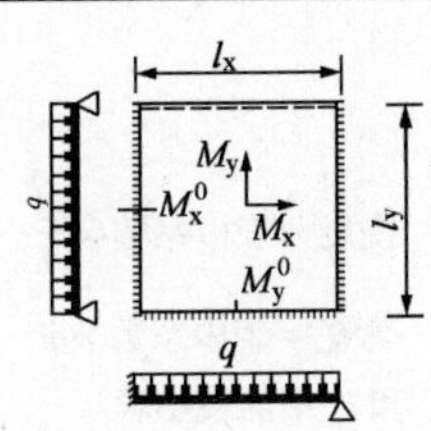

挠度 = 表中系数 × $\frac{ql^4}{K}$

弯矩 = 表中系数 × ql^2

式中 l 取 l_x 和 l_y 中的较小者

l_x/l_y	l_y/l_x	f_{max}	M_x	M_y	M_x^0	M_y^0
0.50		0.002 58	0.040 8	0.002 8	−0.083 6	−0.056 9
0.55		0.002 55	0.039 8	0.004 2	−0.082 7	−0.057 0
0.60		0.002 49	0.038 4	0.005 9	−0.081 4	−0.057 1
0.65		0.002 40	0.036 8	0.007 6	−0.079 6	−0.057 2
0.70		0.002 29	0.035 0	0.009 3	−0.077 4	−0.057 2
0.75		0.002 19	0.033 1	0.010 9	−0.075 0	−0.057 2
0.80		0.002 08	0.031 0	0.012 4	−0.072 2	−0.057 0
0.85		0.001 96	0.028 9	0.013 8	−0.069 3	−0.056 7
0.90		0.001 84	0.026 8	0.015 9	−0.066 3	−0.056 3
0.95		0.001 72	0.024 7	0.016 0	−0.063 1	−0.055 8
1.00	1.00	0.001 60	0.022 7	0.016 8	−0.060 0	−0.055 0
	0.95	0.001 82	0.022 9	0.019 4	−0.062 9	−0.059 9
	0.90	0.002 06	0.022 8	0.022 3	−0.065 6	−0.065 3
	0.85	0.002 33	0.022 5	0.025 5	−0.068 3	−0.071 1
	0.80	0.002 62	0.021 9	0.029 0	−0.070 7	−0.077 2
	0.75	0.002 94	0.020 8	0.032 9	−0.072 9	−0.083 7
	0.70	0.003 27	0.019 4	0.037 0	−0.074 8	−0.090 3
	0.65	0.003 65	0.017 5	0.041 2	−0.076 2	−0.097 0
	0.60	0.004 03	0.015 3	0.045 4	−0.077 3	−0.103 3
	0.55	0.004 37	0.012 7	0.049 6	−0.078 0	−0.109 3
	0.50	0.004 63	0.009 9	0.053 4	−0.078 4	−0.114 6

6. 均布荷载作用下两边简支、两边固定的板计算系数(见附表4-5)

附表4-5

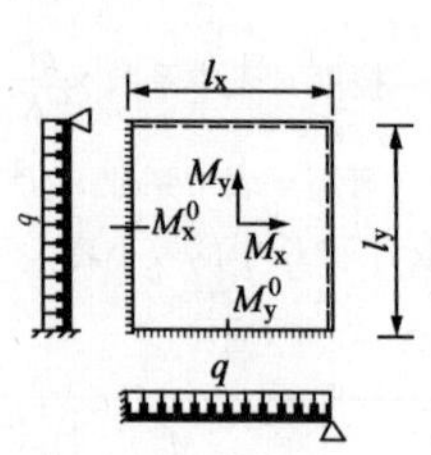

挠度 = 表中系数 × $\frac{ql^4}{K}$

弯矩 = 表中系数 × ql^2

式中 l 取 l_x 和 l_y 中的较小者

l_x/l_y	f_{max}	M_x	M_y	M_x^0	M_y^0
0.50	0.004 71	0.055 9	0.007 9	-0.117 9	-0.078 6
0.55	0.004 54	0.052 9	0.010 4	-0.114 0	-0.078 5
0.60	0.004 29	0.049 6	0.012 9	-0.109 5	-0.078 2
0.65	0.003 99	0.046 1	0.015 1	-0.104 5	-0.077 7
0.70	0.003 68	0.042 6	0.017 2	-0.099 2	-0.077 0
0.75	0.003 40	0.039 0	0.018 9	-0.093 8	-0.076 0
0.80	0.003 13	0.035 6	0.020 4	-0.088 3	-0.074 8
0.85	0.002 86	0.032 2	0.021 5	-0.082 9	-0.073 3
0.90	0.002 61	0.029 1	0.022 4	-0.077 6	-0.071 6
0.95	0.002 37	0.026 1	0.023 0	-0.072 6	-0.069 8
1.00	0.002 15	0.023 4	0.023 4	-0.067 7	-0.067 7

7. 均布荷载作用下四边固定的板计算系数(见附表4-6)

附表 4-6

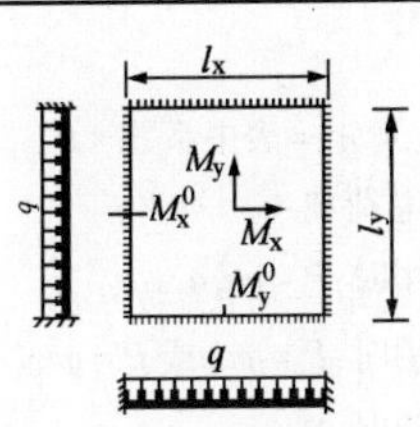

挠度 = 表中系数 × $\frac{ql^4}{K}$

弯矩 = 表中系数 × ql^2

式中 l 取 l_x 和 l_y 中的较小者

l_x/l_y	f	M_x	M_y	M_x^0	M_y^0
0.50	0.002 53	0.040 0	0.003 8	−0.082 9	−0.057 0
0.55	0.002 46	0.038 5	0.005 6	−0.081 4	−0.057 1
0.60	0.002 36	0.036 7	0.007 6	−0.079 3	−0.057 1
0.65	0.002 24	0.034 5	0.009 5	−0.076 6	−0.057 1
0.70	0.002 11	0.032 1	0.011 3	−0.073 5	−0.056 9
0.75	0.001 97	0.029 6	0.013 0	−0.070 1	−0.056 5
0.80	0.001 82	0.027 1	0.014 4	−0.066 4	−0.055 9
0.85	0.001 68	0.024 6	0.015 6	−0.062 6	−0.055 1
0.90	0.001 53	0.022 1	0.016 5	−0.058 8	−0.054 1
0.95	0.001 40	0.019 8	0.017 2	−0.055 0	−0.052 8
1.00	0.001 27	0.017 6	0.017 6	−0.051 3	−0.051 3

8. 集中荷载作用下四边固定的板计算系数(见附表4-7)

附表 4-7

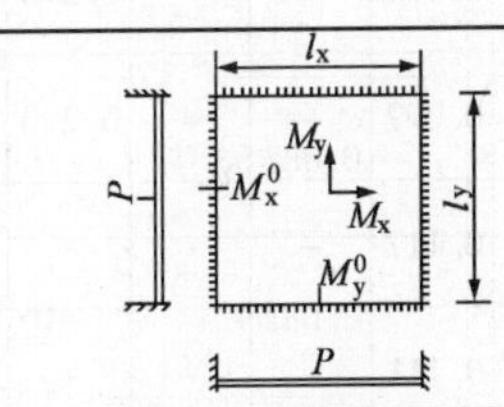

弯矩 = 表中系数 × P

l_x/l_y	M_x	M_y	M_x^0	M_y^0	l_x/l_y	M_x	M_y	M_x^0	M_y^0
1.00	0.108	0.108	−0.094	−0.094	1.60	0.156	0.086	−0.162	−0.040
1.10	0.118	0.104	−0.113	−0.083	1.70	0.160	0.083	−0.167	−0.035
1.20	0.128	0.100	−0.126	−0.074	1.80	0.162	0.080	−0.171	−0.030
1.30	0.136	0.096	−0.139	−0.063	1.90	0.165	0.078	−0.174	−0.026
1.40	0.143	0.092	−0.149	−0.055	2.00	0.168	0.076	−0.176	−0.022
1.50	0.150	0.088	−0.156	−0.047					

9. 局部均布荷载作用下四边简支板的计算系数(见附表4-8)

附表4-8

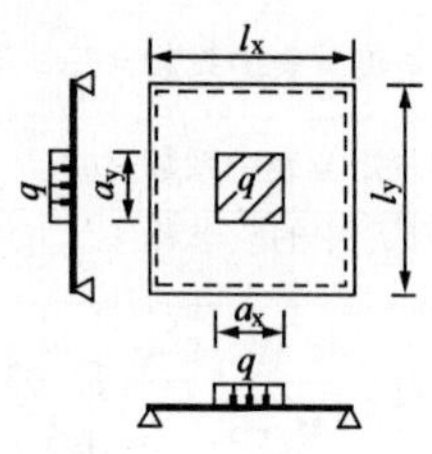

弯矩 = 表中系数 × P

式中:P——总荷载

当 q 为面作用时:$P = qa_x a_y$

当 q 为线作用时:$P = qa_x$ 或 $P = qa_y$

当 q 为点作用时:$P = q$

表中$\frac{a_x}{l_x} = \frac{a_y}{l_y} = 0$时,即为集中荷载的情况

a_x/l_x	l_y/l_x	a_y/l_y											
		1.0		0.8		0.6		0.4		0.2		0.0	
		M_x	M_y	M_x	M_y	M_x	M_y	M_x	M_y	M_x	M_y	M_x	M_y
0.0	1.00	0.109	0.060	0.133	0.073	0.160	0.093	0.196	0.121	–	–	0.146	0.146
	1.20	0.112	0.046	0.154	0.067	0.180	0.086	0.216	0.114	–	–	0.179	0.141
	1.40	0.112	0.034	0.169	0.061	0.195	0.080	0.229	0.108	–	–	0.214	0.138
	1.60	0.111	0.025	0.179	0.057	0.204	0.074	0.238	0.104	–	–	0.244	0.135
	1.80	0.107	0.018	0.184	0.053	0.209	0.070	0.243	0.101	–	–	0.270	0.132
	2.00	0.103	0.013	0.188	0.048	0.212	0.068	0.246	0.097	–	–	0.290	0.130
0.2	1.00	0.088	0.058	0.105	0.072	0.124	0.090	0.144	0.117	–	–	–	–
	1.20	0.094	0.045	0.125	0.065	0.144	0.083	0.164	0.111	–	–	–	–
	1.40	0.096	0.034	0.140	0.060	0.158	0.078	0.175	0.105	–	–	–	–
	1.60	0.096	0.025	0.150	0.055	0.166	0.073	0.185	0.100	–	–	–	–
	1.80	0.094	0.019	0.155	0.051	0.172	0.069	0.190	0.097	–	–	–	–
	2.00	0.090	0.012	0.158	0.048	0.175	0.066	0.193	0.094	–	–	–	–

续上表

a_x/l_x	l_y/l_x	a_y/l_y											
		1.0		0.8		0.6		0.4		0.2		0.0	
		M_x	M_y	M_x	M_y	M_x	M_y	M_x	M_y	M_x	M_y	M_x	M_y
0.4	1.00	0.070	0.055	0.084	0.067	0.096	0.084	0.108	0.108	0.117	0.144	0.121	0.196
	1.20	0.077	0.043	0.103	0.063	0.115	0.078	0.127	0.102	0.135	0.127	0.141	0.190
	1.40	0.081	0.031	0.117	0.056	0.129	0.073	0.139	0.097	0.149	0.126	0.153	0.184
	1.60	0.082	0.024	0.126	0.052	0.137	0.068	0.147	0.092	0.154	0.125	0.160	0.180
	1.80	0.082	0.017	0.131	0.048	0.142	0.065	0.152	0.088	0.161	0.123	0.165	0.177
	2.00	0.078	0.012	0.135	0.048	0.146	0.062	0.156	0.085	0.163	0.120	0.168	0.173
0.6	1.00	0.056	0.050	0.066	0.061	0.076	0.076	0.084	0.096	0.090	0.124	0.093	0.160
	1.20	0.064	0.039	0.085	0.057	0.096	0.070	0.102	0.091	0.107	0.118	0.103	0.153
	1.40	0.069	0.029	0.097	0.051	0.105	0.065	0.113	0.085	0.118	0.111	0.119	0.147
	1.60	0.071	0.022	0.106	0.047	0.114	0.061	0.119	0.081	0.125	0.107	0.126	0.144
	1.80	0.070	0.014	0.110	0.044	0.119	0.057	0.125	0.076	0.129	0.104	0.131	0.141
	2.00	0.068	0.011	0.113	0.041	0.121	0.056	0.127	0.075	0.133	0.102	0.133	0.139
1.0	1.00	0.036	0.036	–	–	0.050	0.056	0.055	0.070	0.058	0.088	0.060	0.109
	1.20	0.043	0.030	–	–	0.063	0.051	0.068	0.065	0.070	0.083	0.072	0.105
	1.40	0.047	0.024	–	–	0.072	0.048	0.077	0.059	0.080	0.079	0.080	0.101
	1.60	0.048	0.019	–	–	0.078	0.044	0.081	0.057	0.084	0.076	0.084	0.098
	1.80	0.048	0.015	–	–	0.081	0.041	0.085	0.054	0.088	0.072	0.088	0.095
	2.00	0.047	0.012	–	–	0.082	0.040	0.087	0.053	0.090	0.071	0.091	0.093

附表5　钢结构性能表

1. 钢材的物理性能(见附表5-1)

钢材的物理性能指标　　附表5-1

弹性模量 E (MPa)	剪切模量 G (MPa)	泊松比 μ	线膨胀系数 α (以摄氏每度计)	质量密度 ρ (kg/m^3)
206×10^3	79×10^3	0.30	1.2×10^{-5}	7 850

2. 钢材的强度设计值(见附表 5-2)

钢材的强度设计值(MPa)　　附表 5-2

钢材 牌号	钢材 厚度或直径(mm)	抗拉、抗压或抗弯 f_d	抗剪 f_{vd}	端面承压(刨平顶紧)f_{cd}
Q235 钢	≤16	185	105	275
	>16~40	180	100	270
	>40~60	170	95	255
	>60~100	165	90	245
Q345 钢	≤16	275	160	410
	>16~40	260	150	390
	>40~60	235	135	350
	>60~100	220	125	330
Q390 钢	≤16	310	180	465
	>16~40	295	170	440
	>40~60	280	160	420
	>60~100	265	150	395
Q420 钢	≤16	335	195	500
	>16~40	320	185	480
	>40~60	305	175	450
	>60~100	285	165	425

注:①表中厚度系指计算点的钢材厚度,对轴心受拉和受压构件系指截面中较厚板件的厚度。
②本表数据引自《公路钢结构桥梁设计规范》(JTG D64)总校稿。

3. 钢铸件和锻钢等的强度设计值(见附表 5-3)

钢铸件、35 号锻钢和 45 号钢的强度设计值(MPa)　　附表 5-3

强度种类	钢号 ZG230-450	ZG270-550	ZG310-570	35 号锻钢	45 号钢
抗拉、抗压和抗弯 f_d	170	200	225	250	280
抗剪 f_{vd}	100	115	130	145	160
铰轴紧密接触时径向受压 f_{rd1}	85	100	110	125	140
辊轴或摇轴自由接触时径向受压 f_{rd2}	6.5	8.0	9.0	10.0	11.0
销孔承压 f_{sd}	—	—	—	190	210

注:本表数据引自《公路钢结构桥梁设计规范》(JTG D64)总校稿。

4. 普通螺栓和锚栓连接的强度设计值(见附表5-4)

螺栓连接的强度设计值(MPa) 附表5-4

螺栓的性能等级、锚栓和构件钢材的牌号		普通螺栓						锚栓
		C级			A级、B级			
		抗拉f_t^b	抗剪f_v^b	承压f_c^b	抗拉f_t^b	抗剪f_v^b	承压f_c^b	抗拉f_t^b
普通螺栓	4.6级、4.8级	145	120	—	—	—	—	—
	5.6	—	—	—	210	190	—	—
	8.8级	—	—	—	400	320	—	—
锚栓	Q235钢	—	—	—	—	—	—	125
	Q345钢	—	—	—	—	—	—	160
构件	Q235钢	—	—	265	—	—	350	—
	Q345钢	—	—	340	—	—	450	—
	Q390钢	—	—	355	—	—	470	—
	Q420钢	—	—	380	—	—	500	—

注:①A级螺栓用于$d \leqslant 24$mm和$l \leqslant 10d$或$l \leqslant 150$mm(按较小值)的螺栓;B级螺栓用于$d > 24$mm或$l > 10d$或$l > 150$mm(按较小值)的螺栓。d为公称直径,l为螺杆公称长度。

②A、B级螺栓孔的精度和孔壁表面粗糙度,C级螺栓孔的允许偏差和孔壁表面粗糙度,均应符合现行国家标准《钢结构工程施工质量验收规范》(GB 50205)的要求。

③本表数据引自《公路钢结构桥梁设计规范》(JTG D64)总校稿。

5. 铆钉连接的强度设计值(见附表5-5)

铆钉连接的强度设计值(MPa) 附表5-5

铆钉钢号和构件钢材牌号		抗拉(钉头拉脱)f_{td}^r	抗剪f_{vd}^r		承压f_{cd}^r	
			Ⅰ类孔	Ⅱ类孔	Ⅰ类孔	Ⅱ类孔
铆钉	BL2或BL3	105	160	135	—	—
构件	Q235	—	—	—	390	320
	Q345钢	—	—	—	500	405
	Q390钢	—	—	—	520	425

注:①属于下列情况者为Ⅰ类孔:

a. 在装配好的构件上按设计孔径钻成的孔;

b. 在单个零件和构件上按设计孔径分别用钻模钻成的孔;

c. 在单个零件上先钻成或冲成较小的孔径,然后在装配好的构件上再扩钻至设计孔径的孔。

②在单个零件上一次冲成或不用钻模钻成设计孔径的孔为Ⅱ类孔。

③沉头和半沉头铆钉连接表中数值应乘以折减系数0.8。

④本表数据引自《公路钢结构桥梁设计规范》(JTG D64)总校稿。

6. 普通螺栓标准直径及截面积(见附表5-6)

普通螺栓标准直径及截面积　　附表 5-6

螺栓外径(mm)	10	12	14	16	18	20	22	24	27	30	36
螺栓内径(mm)	8.051	9.727	11.400	13.400	14.750	16.750	18.750	20.100	23.100	25.450	30.800
螺栓毛面积(cm^2)	0.785	1.130	1.540	2.010	2.543	3.140	3.799	4.521	5.722	7.065	10.170
螺栓净面积(cm^2)	0.509	0.744	1.020	1.408	1.708	2.182	2.740	3.165	4.180	5.060	7.440

7. 螺栓和铆钉的容许距离(见附表 5-7)

螺栓和铆钉的容许距离　　附表 5-7

<table>
<tr><th rowspan="2">名　称</th><th rowspan="2" colspan="2">位置和方向</th><th rowspan="2">杆力种类</th><th colspan="2">容许距离</th></tr>
<tr><th>最大的</th><th>最小的</th></tr>
<tr><td rowspan="5">中心距离</td><td colspan="2">沿对角线方向</td><td></td><td>—</td><td>3.5 d_0</td></tr>
<tr><td>靠边行列</td><td>在板上或角钢上</td><td rowspan="2">拉力或压力</td><td>$7d_0$ 或 $16t$ 中的较小者</td><td rowspan="4">$3d_0$</td></tr>
<tr><td rowspan="3">中间行列</td><td>垂直内力方向</td><td>$24t$</td></tr>
<tr><td rowspan="2">顺向力方向</td><td>拉力</td><td>$24t$</td></tr>
<tr><td>压力</td><td>$16t$</td></tr>
</table>

续上表

名　称	位置和方向		杆力种类	容许距离	
				最大的	最小的
中心至杆件边缘距离	机切或焰割	顺内力方向或沿对角线方向	拉力或压力	8t 或 120mm 中的较小者	$2d_0$
	滚压边或刨边				
	机切或焰割	垂直内力方向			$1.5d_0$
	滚压边或刨边				$1.3d_0$

注:①表中 d_0 符号为螺栓或铆钉的孔径,t 为栓(或铆)部分外层较薄钢板或型钢厚度;

②表中所列"靠边行列"系指沿板边一行的螺栓或铆钉线;对于角钢,距角钢背最近一行的螺栓或铆钉线也作为"靠边行列"。

③有角钢镶边的翼肢上交叉排列的螺栓或铆钉,其靠边行列最大间距可取 $14d_0$ 或 $32t$ 中较小者。

④由两个角钢或槽钢中间夹以垫板(或垫圈)并用螺栓或铆钉连接组成的构件,顺内力方向的螺栓(或铆钉)之间的最大中距,对于受压或受压—拉构件规定为 $40r$,但不应大于 160mm;对于受拉构件规定为 $80r$,但不应大于 240mm,其中 r 为一角钢或槽钢绕平行垫板或垫圈所在平面轴线的回转半径。

8. 钢构件容许最大长细比[λ](见附表 5-8)

钢构件容许最大长细比[λ]　　附表 5-8

类　别	杆　件	长细比
主桁杆件	受压弦杆 受压或受压—拉腹杆	100
	仅受拉力的弦杆 仅受拉力的腹杆	130 180
联结系杆件	纵向联结系、支点处横向联结系和制动联结系的受压或受压—拉杆件	130
	中间横向联结系的受压或受压—拉杆件	150
	各种联结系的受拉构件	200

参考文献

[1] 中华人民共和国行业标准. JTG/T F50—2011 公路桥涵施工技术规范. 北京:人民交通出版社,2011
[2] 交通部第一公路工程总公司. 公路施工手册—桥涵(上、下). 北京:人民交通出版社,2000
[3] 张宏. 灌注桩检测与处理. 北京:人民交通出版社,2001
[4] 张俊义. 桥梁施工常用数据手册. 北京:人民交通出版社,2005.
[5] 陈宝春. 钢管混凝土拱桥设计与施工. 北京:人民交通出版社,1999
[6] 陈明宪. 斜拉桥建造技术. 北京:人民交通出版社,2003
[7] 杭州湾大桥工程指挥部. 杭州湾跨海大桥建设技术. 北京:人民交通出版社,2005
[8] 组合钢模板施工手册编写组. 组合钢模板施工手册. 北京:中国铁道出版社,1984
[9] 中华人民共和国行业标准. JGJ 18—2003 钢筋焊接及验收规程. 北京:中国建筑工业出版社,2003
[10] 中华人民共和国国家标准. GB/T 5223—2002 预应力混凝土用钢丝. 北京:中国标准出版社,2002
[11] 中华人民共和国行业标准. JG 225—2007 预应力混凝土用金属波纹管. 北京:中国标准出版社,2007
[12] 中华人民共和国行业标准. JGJ 107—2010 钢筋机械连接技术规程. 北京:中国建筑工业出版社,2010
[13] 刘吉士,阎洪河,李文琪. 公路桥涵施工技术规范实施手册. 北京:人民交通出版社,2001
[14] 中华人民共和国行业标准. JTG D62—2004 公路钢筋混凝土及预应力混凝土桥涵设计规范. 北京:人民交通出版社,2004
[15] 刘自明,王邦楣. 桥梁工程检测手册. 北京:人民交通出版社,2002
[16] 中华人民共和国行业标准. JTG E30—2005 公路工程水泥及水泥混凝土试验规程. 北京:人民交通出版社,2005
[17] 中华人民共和国行业标准. JGJ 52—2006 普通混凝土用砂、石质量及检验方法标准. 北京:中国建筑工业出版社,2006

[18] 中华人民共和国行业标准. JGJ 63—2006 混凝土用水标准. 北京:中国建筑工业出版社,2006
[19] 王伯惠,上官兴. 中国钻孔灌注桩新发展. 北京:人民交通出版社,1999
[20] 向中富. 桥梁施工控制技术. 北京:人民交通出版社,2001
[21] 张联燕,程懋方,谭邦明,陈俊卿. 桥梁转体施工. 北京:人民交通出版社,2002
[22] 邓新安. 桥梁高塔模板设计综述//技术交流会论文汇编(中港二航局),2000
[23] 中华人民共和国行业标准. JT/T 4—2004 公路桥梁板式橡胶支座. 北京:人民交通出版社,2004
[24] 黄绳武. 桥梁施工及组织管理(上). 北京:人民交通出版社,1999
[25] 李长城,陈立春. 工程测量. 北京:北京理工大学出版社,2010
[26] 周孟波. 悬索桥手册. 北京:人民交通出版社,2003